Anke Abraham

# Der Körper im biographischen Kontext

D1668124

Anke Abraham

# Der Körper im biographischen Kontext

*Ein wissenssoziologischer Beitrag*

Westdeutscher Verlag

Bibliografische Information Der Deutschen Bibliothek
Die Deutsche Bibliothek verzeichnet diese Publikation in der Deutschen Nationalbibliografie;
detaillierte bibliografische Daten sind im Internet über <http://dnb.ddb.de> abrufbar.

1. Auflage November 2002

Der Westdeutsche Verlag ist ein Unternehmen der Fachverlagsgruppe BertelsmannSpringer.
www.westdeutscher-verlag.de

Umschlaggestaltung: Horst Dieter Bürkle, Darmstadt
Druck und buchbinderische Verarbeitung: Rosch-Buch, Scheßlitz
Gedruckt auf säurefreiem und chlorfrei gebleichtem Papier
Printed in Germany

ISBN 3-531-13829-4

*"... der Körper, das ist doch alles ganz normal: Wenn ich gesund bin, bin ich gesund, wenn ich krank bin, bin ich krank, das ist so meine Haltung! Da weiß ich nicht, was Sie da 'rauskriegen wollen."*
(Frau G., Jahrgang 1932).

*"Also das ganze Spektrum, das könnt' schon riesig werden oder sein, also jetzt im Punkt – – – Sex sagen wir mal."*
(Herr G., Jahrgang 1932).

*"... das is' eigentlich 'n bisschen sehr intim – Frau Doktor."*
(Herr H., Jahrgang 1935)

*"... aber bei mir hat der Körper – bei all diesen Belastungen, bei all dem Stress, den ich hatte, der Körper als solcher nie negativ reagiert. Und deswegen konnt' er jetzt auch nicht positiv reagieren."*
(Herr D., Jahrgang 1923)

*"... jetzt kommt mir immer Ihre Rede von dem Körper dazwischen (lacht), weil ich sofort dran dachte, dass ich also so – als 'Trampelchen' verschrie'n war."*
(Frau E., Jahrgang 1929)

*"Mein Körper – das bin ja ich! (lacht)."*
(Frau B., Jahrgang 1912)

Mein besonderer Dank gilt allen, die bereit waren,
gemeinsam mit mir ein Stück weit in ihr gelebtes Leben einzutauchen,
sich einzulassen und Persönliches mitzuteilen,
und sich der Zumutung – oder Herausforderung – auszusetzen,
über ihren Körper und Körperliches nachzudenken und zu sprechen.

Für Michael und Esther.

# Inhalt

## Teil 2: Methodologie und Empirie

# Einleitung

Die vorliegende Arbeit widmet sich – in einem komplexen und vielschichtigen *soziologischen* Zugriff – dem menschlichen Körper. Um die Orientierung zu erleichtern, scheint es ratsam, die einzelnen Facetten dieser Auseinandersetzung sowie ihren inneren Zusammenhang in wesentlichen Akzentsetzungen kurz zu umreißen:

In *theoretischer* Hinsicht interessieren vor allem folgende Fragestellungen: Wie gehen soziologische Theorien mit dem Phänomen der 'leiblich' gebundenen Existenzweise und der Körperlichkeit des Menschen um? Welche Ansätze zur Erforschung des Körpers und der Körperlichkeit als einem sozialen und kulturellen Phänomen liegen in der Soziologie (und in angrenzenden Wissenschaftsbereichen) vor? Wie könnte eine 'Soziologie des Körpers' aussehen? Vor welchen besonderen Schwierigkeiten steht die sozialwissenschaftliche Erfassung des Phänomens 'Körper'?

Die *methodologischen* und *empirischen* Anliegen der Arbeit sind eng miteinander verwoben und zielen auf drei Fragerichtungen ab:

*Erstens* (und übergreifend) auf das körperbezogene *Alltagsbewusstsein* und die Erschließung typischer 'Wissensbestände' in diesem Rahmen (Deutungen und Deutungsmuster, Diskurse und Mythen, aber auch körperbezogene Handlungsweisen und Umgangsformen, sowie die darin jeweils enthaltenen affektiven Momente im Sinne eines 'Verhältnisses' zum (eigenen) Körper).

*Zweitens* (und etwas spezieller) auf die Vernetzung von *Biographischem* und *Körperlichem*, also wie der Körper und Körperliches in spezifische Lebenskontexte eingebunden wird, welche Umgangsformen und Beziehungsmuster die Akteure des Alltags dort entwickeln und wie der Körper als ein Moment des eigenen Lebenszusammenhangs und der eigenen Geschichte von ihnen wahrgenommen und thematisiert wird.

*Drittens* auf die (eher 'exotisch' wirkende) Frage, warum und wie der Körper des/der Forschers/in zum einen eine sträflich vernachlässigte Dimension der Methodologie ist und wie und warum er zum anderen zu einer gewichtigen Erkenntnisquelle ausgebaut werden könnte – und in meinen Augen auch müsste.

Zur Entfaltung und Absicherung eines sinnvollen und tragfähigen Zugangs zur Erforschung körperbezogenen *Alltagswissens* und *biographischer Repräsentationen* wird Rekurs genommen auf die 'verstehende Soziologie' (im Anschluss an Max Weber, vor allem aber an Alfred Schütz) und ihre vielfältigen theoretisch und/oder methodologisch ausformulierten Spielarten – insbesondere auf die hermeneutische Wissenssoziologie und auf die sozialwissenschaftliche Biographieforschung.

In diesem Sinne – und auf das *empirische* Anliegen hinführend – werden im theoretischen Teil der Arbeit die zentralen Grundlegungen einer phänomenologisch orientierten und auf das Verstehen von Sinn gerichteten Soziologie ausführlich dargestellt – und zwar so, wie sie von Alfred Schütz entfaltet wurden (vgl. Teil 1/bes.

Kap. 2.2.1. und 2.2.2.). Darauf aufbauend wird verfolgt und diskutiert, wie die Schütz'schen Grundlegungen Eingang in die – insbesondere von Peter L. Berger und Thomas Luckmann ausgelöste – Neubegründung einer Wissenssoziologie gefunden haben (Teil 1/Kap. 3.). Außerdem wird auf die – ebenfalls an Schütz orientierten – theoretischen Prämissen der sozialwissenschaftlichen Biographieforschung eingegangen und das 'Biographische Konzept' in zentralen Dimensionen vorgestellt (besonders hinsichtlich seiner soziohistorischen Genese, seiner sozialstrukturellen Einbindung und seinen sozialen Funktionen sowie hinsichtlich seiner Bedeutung für die Generierung von subjektivem Sinn, Selbstvergewisserung und Identität) (Teil 1/Kap. 4.).

Ergänzt werden diese (eher theoretischen) 'Einführungen' in die Wissenssoziologie und die Biographieforschung im methodologischen Teil der Arbeit durch eine ausführliche Diskussion grundlegender Prämissen und Probleme einer sozialwissenschaftlichen Hermeneutik sowie der in diesem Rahmen entwickelten Fragerichtungen, 'Lösungen' und methodischen Verfahren. Dabei kommen insbesondere zur Sprache: die hermeneutische Wissenssoziologie, die objektive (oder auch strukturale) Hermeneutik, die biographische Narrationsanalyse, die lebensweltliche Ethnographie und die Deutungsmusteranalyse (vgl. Teil 2/Kap. 1.) sowie einige Hinweise zur Diskursanalyse (vgl. Teil 2/Kap. 4.1.).

Die Intention einer *soziologischen* Arbeit kann (sicherlich) nicht darin liegen, den 'Leib als Phänomen' zu erforschen – das ist genuines Feld der Phänomenologie und der philosophischen Anthropologie. Aber es kann für die Soziologie durchaus sinnvoll sein (und in meinen Augen ist es sogar notwendig), sich mit der Frage der *leiblichen Fundierung* menschlicher Existenz – und darüber auch mit der leiblichen Fundierung der sozialen Welt und sozialen Lebens – auseinanderzusetzen.

Ganz in diesem Sinne wird im theoretischen Teil ein *zweiter Diskussionstrang* parallel mitgeführt, der sich der Frage widmet, inwieweit der Körper bzw. das Phänomen der Leiblichkeit Eingang in die theoretischen Grundlegungen einer phänomenologisch orientierten Sozialtheorie gefunden hat und dort (systematisch?) berücksichtigt wird. Auch hierzu wird zunächst auf Alfred Schütz rekurriert, der in seinem frühen Werk unter dem Titel "Theorie der Lebensformen" ausgesprochen gewinnbringende – und leider (bisher) viel zu wenig beachtete – Einsichten zur leiblichen Verankerung des Menschen und dem Zusammenhang von leiblicher Konstitution und dem Prozess der Sinnbildung entfaltet hat (vgl. Teil 1/bes. Kap. 2.1.). Ausgehend von diesen wertvollen Hinweisen wird nach dem Verbleib der Dimension der Leiblichkeit in den nachfolgenden Schütz'schen Werken gefragt und das 'Schicksal' des Körpers im 'sinnhaften Aufbau' und in den 'Strukturen der Lebenswelt' verfolgt (Teil 1/Kap. 2.2.).

Da der 'Leib' (hier gemeint als eine 'phänomenale' Erscheinung) im Zuge des Schütz'schen Werkes zusehends von der "Symbolhülle" geschluckt wird und auch der 'Körper' (verstanden als ein Produkt sozialen Handelns und eine 'soziale Tatsache') von Schütz nicht stringent zum Thema gemacht wird, muss 'Schützenhilfe' gesucht werden: So wird zum einen (nun doch) auf die philosophische Anthropologie Bezug genommen und mit Helmuth Plessner nach Möglichkeiten gesucht, wie der 'Leib' in seinen konstituierenden Momenten systematisch in die sozialwissenschaftliche Theoriebildung integriert werden könnte (Teil 1/Kap. 2.3.). Zum anderen – und darüber hinaus – wird verfolgt, wie der Körper (bzw. der "Organismus") in der wissenssoziologischen Konzeption von Berger/Luckmann Berücksichtigung findet und wie sich hieraus eine 'Soziologie des Körpers' begründen und entwickeln ließe (Teil 1/bes. Kap. 3.1.2.).

Da der 'Leib' bzw. der 'Körper' im Schütz'schen Werk (bedauerlicherweise) mehr oder weniger 'versackt', übersieht Schütz weitgehend auch die methodologischen Implikationen und Chancen, die mit dem Körper als einem Erkenntnisinstrument (oder vielleicht treffender: als einer *Quelle* von Erkenntnis) gegeben sind. Dieser in den Sozialwissenschaften insgesamt vernachlässigten Perspektive wird in dem Exkurs: "Der Körper als Erkenntnisquelle" in sondierender Weise nachgegangen (Teil 1/Kap. 6.). Im Sinne einer 'Vorarbeit' hierzu sowie zur Vertiefung des Verständnisses von Erfahrung, Erinnerung und mentaler Repräsentation in biographischen Narrationen wird in Kapitel 5. des ersten Teils dezidiert auf die fundamentalen und spannenden Zusammenhänge zwischen 'Leiblichkeit' (bzw. 'Körperlichkeit'), der Aufschichtung von Erfahrung und Erinnerung, des Aufbaus biographischer Schemata und subjektiver wie kollektiver Wissensformen und deren sprachlicher Rekapitulation im Sinne "mentaler Repräsentanzen" aufmerksam gemacht. Ein besonderes Augenmerk gilt dabei dem Körper als einem Ort der Integration von Erfahrung und des Wissens (im Sinne eines 'impliziten Wissens' und eines 'KörperWissens').

Hinweise zur Durchführung der empirischen Untersuchung sowie die Erträge der Interpretation und Auswertung des erhobenen Materials werden in den nachfolgenden Kapiteln des 2. Teils (Kap. 2., Kap. 3., Kap. 4.) entfaltet. Aus Platzgründen muss hierbei exemplarisch verfahren und wertvolle Detaillierungen sowie ganze Diskussionsstränge können nicht präsentiert werden. Dies betrifft insbesondere die *Fein*analysen zum Themenkomplex 'Sexualität' (auf zentrale und typische Thematisierungen dieses gewichtigen und von den Befragten stark repräsentierten Bereichs wird selbstverständlich eingegangen) und es betrifft – was besonders bedauerlich ist – die subtile Verfolgung einzelner Lebenswege im Hinblick auf die Frage nach dem biographisch 'gewordenen' Körperumgang und Körperverhältniss im Alter; hierzu bleibt mir nur, auf die entsprechenden Schriften bzw. Publikationen zu verweisen (Abraham 2000a, 2000b, 2001).

Eingeleitet wird die Arbeit durch einige Vorüberlegungen, die der Tatsache Rechnung tragen, dass der Körper bzw. der Leib ein "merkwürdig unvollkommen konstituiertes Ding" (Husserl) und von daher ausgesprochen schwer 'in den Griff' zu bekommen ist. Das Ungreifbare des Leibes hängt damit zusammen, dass er sowohl Bedingung der Möglichkeit menschlicher Existenz und damit auch menschlicher Reflexivität ist, dass er diese Möglichkeiten zugleich auch begrenzt und dass die Konstitution des Leibes selbst und der leibbedingte Prozess der Konstitution der Welt nicht (restlos) aufgeklärt werden können. Vor diesem Hintergrund werden unterschiedliche – konstitutionell bedingte *und* sozial erzeugte – Formen der 'Unzu-

gänglicheit' des Leibes bzw. des Körpers aufgezeigt und – in einer ersten Annäherung – gefragt, wie der Körper *dennoch* 'sichtbar' gemacht und (sozial)wissenschaft-
lich zur Sprache gebracht werden kann (vgl. Teil 1/ Kap. 1.).

Eine umfangreiche wissenschaftliche Arbeit entsteht nie isoliert, sondern ist immer
eingebunden in persönliche Beziehungen und in den Fortgang der eigenen Geschichte. In diesem Sinne sei hier auch eine persönliche Bemerkung gestattet:
     Der Körper bzw. das körperzentrierte Erleben besitzt für mich eine biographisch
hohe Bedeutung: schmerzvolle und euphorisierende Erfahrungen im Hochleistungs-
sport und im Künstlerischen Tanz, der Kontakt zu einem leiborientierten therapeutischen Verfahren und die beglückende leiblich-affektive Nähe zu meiner kleinen
Tochter sind dabei von besonderer Eindringlichkeit. Mich diesem existenziellen
Bereich immer wieder auch 'reflexiv' zu nähern, erlebe ich als Bereicherung, aber
auch als eine mitunter stark belastende und absorbierende Gratwanderung.
     Mein Dank gilt deshalb vor allem meinem Partner, der mir unterstützend den
Freiraum zur erlebenden und reflektierenden Auseinadersetzung mit dem Körperphä-
nomen gewährt hat und gewährt. Und er gilt auch unserer kleinen Tochter, die eine
ständige Quelle leiblich-sinnlicher Freuden ist und die immer wieder meine Abwesenheit aushalten muss.
     Fachlicher und kollegialer Dank gilt insbesondere Ronald Hitzler für seine
ebenso wohlwollenden wie kritischen Anmerkungen zu dieser Arbeit und Michael
Klein, der meinen wissenschaftlichen Weg angestoßen, begleitet und durch zahlreiche Ideen und Assoziationen immer wieder 'gewürzt' hat. Anne Honer danke ich für
ihre spontane Hilfe bei der Recherche zu Luckmann-Texten, Ludger Veelken für die
interessierte Anteilnahme und seine Impulse zur Ausarbeitung des Themas 'Biographie, Körperlichkeit und Alter', Michael Meuser für seine konstruktive fachliche
Stellungnahme und Carin Liesenhoff, die meinen ersten Entwurf zur Arbeit gelesen
und mir Mut zu diesem Unterfangen gemacht hat.

# Teil 1: Theorie

# 1. Probleme mit dem Körper

## 1.1. Sprachloser Leib und verschmähter Körper – einige Anmerkungen zu der Schwierigkeit, den Körper zu erforschen

Sich mit dem Thema 'Körper' auseinander zu setzen, ist in mehrfacher Hinsicht *riskant*. Daran scheinen drei miteinander verwobene Problemfelder einen besonderen Anteil zu haben:

(1) Die weitreichende *Widersprüchlichkeit* und *Paradoxie*, dass der Körper einerseits aus dem öffentlichen Raum verbannt, diszipliniert, unterdrückt, tabuisiert und 'vergessen' wurde, andererseits aber *gleichzeitig* – in historischen Wellen und kulturspezifischer Typik – immer wieder neu 'entdeckt', aufgewertet und zum Gegenstand einer intensiven Aufmerksamkeit und Fürsorge gemacht wurde und wird. Eine Paradoxie, die in den Humanwissenschaften – insbesondere in der Sozialwissenschaft und den psychoanalytisch beeinflussten Theorien – mit ihrem je eigenen Vokabular nachgezeichnet wird (vgl. hierzu u.a. die Darlegungen Bettes "Zur Semantik und Paradoxie moderner Körperlichkeit" [Bette 1989] sowie den Einblick, den von Polenz in den wechselvollen Umgang mit dem Körper in psychoanalytischer Theorie und Praxis gibt [von Polenz 1994]).

(2) Der Umstand, dass der Körper im Sinne des dominanten Weltzugangs in unserer Kultur (Reflexivität, Rationalität, Sprache) *'sprachlos'* ist bzw. dass ein *reflexiver* Zugang zu seinen Ausdrucksformen nur über Bewusstsein und Sprache gelingen kann, womit andererseits jedoch systematisch Probleme der 'Übersetzung' und des Verlusts 'anderer' Repräsentationen und 'Wahrheiten' verbunden sind.

(3) Schließlich die *defizitäre Forschungslage* und die nachholende Behandlung des Themas 'Körper' in den Kultur- und Sozialwissenschaften.

Hier sollen nicht die Motive und Begründungen, die eine Beschäftigung mit der Thematik sinnvoll und dringlich erscheinen lassen, diskutiert werden, sondern es geht vor allem um die Skizzierung jener generellen Probleme und Fallstricke, die sich im Rahmen einer sozialwissenschaftlichen Erforschung des Körpers bzw. der Körperlichkeit ergeben. Bevor die oben angedeuteten Problemfelder ([1] bis [3])) näher analysiert werden, sei ein kurzer Exkurs gestattet, der die 'Wiederkehr' des Körpers im öffentlichen Raum illustrieren und der weiteren Entfaltung der Problematik dienen soll.

Die historisch jüngste 'Entdeckung' des Körpers im sozialen Leben setzte in den 1970er Jahren ein. Angestoßen wurde diese Besinnung auf den Körper durch parallel verlaufende soziale Bewegungen, von denen die Studentenbewegung, die neue

Frauenbewegung, der akademische Diskurs unter kritischen Intellektuellen und eine körperorientierte und selbsterfahrungsbezogene 'Revolution' klassischer Therapieformen sowie der Versuch der Rückgewinnung von Sinnlichkeit und Körpererfahrung in den pädagogischen Alltag wohl die entscheidendsten Impulse setzten. Trotz aller Heterogenität der Bewegungen lag ein gemeinsamer Impetus in der Kritik an der Erstarrung von Traditionen und überkommenen Umgangsformen sowie an der Lebensferne und Sterilität von Wissenschaft und Technik. Leitend war der Wunsch nach einer emanzipatorischen Rückgewinnung von Selbstbestimmung und Selbstentfaltung, bei der die Enttabuisierung und Befreiung des Körpers, die Erschließung sinnlicher Potenziale und die Hinwendung zur eigenen Subjektivität und Innerlichkeit eine besondere Rolle spielte.

Seitdem ist der Körper zu einem 'Dauerbrenner' des öffentlichen Diskurses geworden und es scheint inzwischen gesellschaftlich fast so etwas wie eine 'Körperhysterie' ausgebrochen zu sein – wobei die medialen und marktförmigen Verbreitungen zum Körperthema eine besondere steuernde und suggestive Kraft zu besitzen scheinen. So stellt Silvia Bovenschen 1997 in einem Artikel in der ZEIT fest: "So viel Körper war nie" und verweist mit Schaudern – das nicht alle teilen mögen – auf das tägliche mediale Bombardement zu Fragen des Körpers und auf die inzwischen flächendeckenden Formen seiner Eroberung, Zurichtung und Suspendierung durch einen Körpermarkt, der neben Design und Implantat auch genetische und digitalvirtuelle Ersetzungen des Körpers im Programm hat (DIE ZEIT, Nr.47, 1997, 63/64).

Die Ausweitung körperbezogener Konsumangebote in Mode, Ernährung, Kosmetik, Gesundheit, Sport und Therapie sowie deren Präsenz und Spezialisierung ist immens und das Bewusstsein bezüglich der Gestaltung des eigenen Körpers und der Verwendung des Körpers als sozialem Zeichen, das Prestige, Zugehörigkeit und Abgrenzung sowie Protest auszudrücken vermag, ist enorm gestiegen. Die Dauerpräsenz und Bedeutung des Körperthemas, an dem es offensichtlich immer noch etwas zu entdecken und zu enthüllen gibt, wird auch deutlich an der Fülle und Beliebtheit medialer Ereignisse wie Gesprächsrunden und 'Talks' zum Körper.

Soziologisch ist die Frage interessant, was den Reiz dieser Dauerrede über den Körper ausmacht, durch welche kulturellen Tiefenschichten sie gespeist wird und welche Funktion diese Form der Rede nicht nur für die Medien, sondern auch für die Gesellschaft und für den Einzelnen erfüllt. Zu vermuten wäre, dass auch hier – in einer besonderen Spielart – jene Paradoxie wirksam ist, die Karl-Heinrich Bette unter Rückgriff auf systemtheoretische Annahmen gewinnbringend herausgearbeitet hat: Dass nämlich die fundamentale Verdrängung des Körpers (in Einheit mit der funktionalen Differenzierung moderner Gesellschaften) den paradoxen Effekt zeitigt, dass der Körper zu einem zentralen sozialen Magneten und Fokus wird, den unterschiedliche soziale Systeme – hier: die Medien – (aber auch Wirtschaft, Technik, Politik, Pädagogik, Therapie, Sport etc.) mit ihren je eigenen Begierden und Begehrlichkeiten okkupieren können (vgl. Bette 1989, 1992).

Festzuhalten ist: Das Körperthema ist in der Öffentlichkeit durchaus – in einer spezifischen Weise – präsent. Diesem medialen und marktförmigen 'Dauerbeschuss' wohnt aber zugleich auch eine eigentümliche Hohlheit, Indifferenz und Bewusstlosigkeit dem Körper gegenüber inne. Neben journalistischen und künstlerischen Publikationen zum Körper haben in den 1980er und 1990er Jahren auch die wissenschaftlichen Veröffentlichungen zum Thema rasant zugenommen. Aber auch hier stellt sich ein Unbehagen ein, ein Gefühl der 'Leere' und die Ahnung, dass noch nicht annähernd 'entdeckt' und gesagt wurde, wie der Körper in seiner kulturellen Einbettung und in seiner Bedeutung für die Menschen dieser 'Kulturen' verstanden werden kann. Das Vexierbildhafte des Körpers, seine permanenten Verweisungen auf die sozialen Felder, in denen er steht und 'behandelt' wird, sowie seine prinzipielle 'phänomenale' Unerreichbarkeit mögen zu diesem desillusionierenden Eindruck beitragen.

Wenden wir uns dennoch – oder gerade deshalb – ein wenig systematischer den eingangs erwähnten Schwierigkeiten im Rahmen der Erforschung des Körpers zu. Es bietet sich an, mit jener Schwierigkeit zu beginnen, die im Gegenstand selbst liegt und unter Punkt (2) angedeutet wurde: der weitgehenden 'Sprachlosigkeit' des Körpers.

Zunächst einmal ist der Körper ein Phänomen, das zwar 'Regungen' zeigt und sich in einer eigenen Weise artikuliert (durch Reaktionen und Zeichen, die sichtbar, hörbar, riechbar, schmeckbar, fühlbar sind), diese Regungen oder Zeichen müssen jedoch wahrgenommen und interpretiert werden, um Zugang zu unserem Bewusstsein zu erlangen und mitteilbar zu werden – oder anders formuliert: Sie können überhaupt nur als 'interpretierte' Zeichen in unser Bewusstsein gelangen. Der Körper kann also nur zum Gegenstand unserer Betrachtung und 'kommunikabel' werden, wenn wir ihn in seinen Erscheinungen in Sprache übersetzen – und dies gilt für den Alltag ebenso wie für die Wissenschaft. Ganz in diesem Sinne bemerkt Utz Jeggle:

> "Körper reden nicht. Sie müssen zum Sprechen gebracht werden. Mit der Sprache schiebt sich ein anderes Instrument dazwischen, das es nicht auszublenden gilt. Es wäre naiv zu glauben, irgendeine Erfahrung ereigne sich sprachlos, die spezifische Form von Weh oder Glück käme ohne symbolbildnerische Fähigkeiten überhaupt zustande. Durch die Sprache wird der Körper, sein Fühlen und Erleben immer schon besprochen, gedeutet und in Erfahrungszusammenhänge gestellt. Die Erinnerung an Körpererlebnisse arbeitet wie der Historiker. Sie selektiert, gestaltet, interpretiert und behauptet dann, sie erzähle, wie es 'wirklich gewesen war'. Die erinnerte Geschichte wird als vergangenes Ereignis ausgegeben" (Jeggle 1983, 91).

Sobald wir also vom Körper sprechen, nehmen wir Distanz zu ihm und machen ihn – obgleich wir ihn dabei auch als Medium der Artikulation nutzen – zu einem Gegenstand der Betrachtung. Wir haben also keinen direkten Zugriff auf den Körper, sondern nur einen, der durch das Nadelöhr unserer sprachlichen und gedanklichen Konstruktionen gegangen ist – ein Umstand, der für alle 'Gegenstände' gilt, die wissenschaftlich 'behandelt' werden.

Hinzu kommt des Weiteren ein Gesichtspunkt, den man anthropologisch, phänomenologisch und alltagstheoretisch auslegen kann: Der Körper ist ein Phänomen, mit dem und in dem wir täglich leben. Dabei gehen wir nicht nur in täglichen (und nächtlichen) Verrichtungen mit ihm um, sondern wir sind zugleich auch *in* ihm oder – noch 'symbiotischer': wir *sind* der Körper, weil wir *körperlich* sind. Hier werden

zwei Momente der unmittelbaren Nähe und Vertrautheit wirksam: ein phänomenologisches Moment im Sinne des *Leib-Seins* und ein alltagstheoretisches im Sinne
basaler Gewissheit und Handlungsroutine bzw. von *Handlungsselbstverständlich-
keit*. So stellt auch Cornelia Helfferich den Körper als "Alltagsphänomen" vor und
bemerkt: "Die Erfahrung des eigenen Körpers bewegt sich überwiegend auf jener
Ebene des Halbbewussten, die den Phänomenen des Selbstverständlichen, Alltäglichen, immer Vorhandenen – jedenfalls solange sie fraglos funktionieren – eigen ist.
In diesem Sinn ist der Körper ein Alltagsphänomen" (Helfferich 1994b, 9).

Gerade diese Nähe ist jedoch das Problem. Denn es ist ein philosophischer und
methodologischer Gemeinplatz, dass die vertrautesten Dinge am schwersten zu
erkennen und zu verstehen sind, und dass Erkenntnis zentral aus der Wahrnehmung
von Differenz erwächst. Nicht umsonst hat es die Ethnologie in gewisser Weise
leichter, das 'Fremde' zu verstehen, und liegt ein konstruktiver methodologischer
Ansatz, Vertrautes zu erschließen, in der *Verfremdung* – oder in der "Dummheit als
Methode", wie es Ronald Hitzler so humorik formuliert hat (Hitzler 1991; ähnlich
auch Legnaro 1974). Aufgrund dieser Voraussetzungen ist auch der Körper dem
Denken und der Reflexion nur schwer zugänglich, und es bedarf besonderer Anstrengungen und eines besonderen Anliegens, um ihn in das Bewusstsein zu holen
und gedanklich fassbar zu machen. Dies gilt sowohl für den Alltag, in dem der Körper in der Tat meist nur dann zum Thema wird, wenn er durch Dysfunktionen 'aus
der Reihe tanzt' (oder auch wenn er über Momente der Stilisierung zum Zwecke der
Identitätsgewinnung 'aus der Reihe tanzen *soll*'), als auch für die Wissenschaft, in
der der Körper über weite Strecken völlig vergessen wurde und in der ein Zugang zu
ihm – insbesondere ein sozialwissenschaftlich *verstehender* Zugang – größte methodologische Schwierigkeiten bereitet.

'Risikohaft' ist der Körper also auch in diesem Sinne. Er steht in einem eigentümlichen Widerspruch: Auf der einen Seite ist er uns so vertraut und so selbstverständlich wie kaum ein anderes Phänomen unserer alltäglichen Erfahrungswelt, auf der
anderen Seite geraten wir regelmäßig in eine bezeichnende Sprachlosigkeit und
irritierende Leere, wenn wir über ihn nachdenken oder Rechenschaft ablegen sollen.
So weist auch Peter M. Wiedemann darauf hin, dass wir immer vor einem massiven
"Beschreibungsproblem" stehen, wenn wir aufgefordert werden, über unseren Körper nachzudenken und zu berichten: Darstellungen zum eigenen Körper werden
selten abgefragt, das Körpererleben wird in der Regel nicht reflektiert und fällt einem 'Vergessen' anheim und entsprechend haben sich kaum kollektiv geteilte Erzählmuster ausgebildet. Das Fehlen solcher "Erzählschablonen" oder "Normalfor-
merwartungen" – etwa im Hinblick auf die sprachliche Belebung einer 'Körperepisode' oder einer 'Körpergeschichte' – setzt seinerseits die Sensibilität und
Bewusstheit bezüglich des eigenen Körpers herab und stürzt Befragte in ein Vakuum der 'Sprachlosigkeit', wenn nicht entsprechende erzählgenerierende Impulse und
Strukturierungshilfen geboten werden (vgl. Wiedemann 1995, bes. 208f.; vgl. auch
Rosenthal 1995a, bes. 100f.).

Zu diesen grundsätzlichen Problemen des Zugangs tritt eine weitere, sozial hervorgebrachte und entscheidende Komponente: die massive *Tabuisierung* des Körpers. So ist davon auszugehen, dass die Dominanz sprachlich-diskursiver und rationaler Welterschließung, die sich im Zuge der Aufklärung gegen andere Wissensformen und Zugänge zur Welt durchsetzte, ebenso an dieser 'Sprachlosigkeit' angesichts der Körperthematik mitgewirkt hat wie der damit verbundene Prozess der Verdrängung des Körpers. Die Eindämmung der Triebe und Affekte und das sich immer dichter aufbauende Netz von Sprach- und Erlebensverboten des Körpers ist Produkt eines langen zivilisatorischen Prozesses, dessen Ausgangspunkt nicht exakt auszumachen ist und der in immer neuen Schüben und Wellen Mechanismen der Regulierung von Körpervorgängen und dem Körperumgang etabliert hat. Die Höhepunkte der Disziplinierung fallen systematisch mit dem Bedarf an politischer und ökonomischer Kontrolle und an einheitlichen, planmäßig funktionierenden Körpern zusammen. Besonders nachhaltig wurde diese Regulierung von Affekten und die Disziplinierung des Körpers im westlichen Europa mit Beginn des Frühkapitalismus durchgesetzt, in den Phasen der Restauration an den Herrscherhöfen, in den Wellen der Etablierung des Bürgertums, in den Industrialisierungsschüben und der Taylorisierung der Arbeit, in der Militarisierung und Faschisierung und in der Bewältigung anomischer Strukturen nach Kriegskatastrophen (etwa durch eine besondere Prüderie und propagierte 'Sauberkeit' und 'Anständigkeit'). Diese fundamentalen Prozesse wurden von Norbert Elias und Michel Foucault ja anschaulich dargelegt und vielfältig rezipiert (Elias 1976 [zuerst 1939], Foucault 1977). Zugleich ist der Prozess der Tabuisierung und Verdrängung des Körpers nie einheitlich und total gewesen, und es scheint zum Charakter dieses Prozesses zu gehören, dass (allzu) disziplinierende Momente von besonders freizügigen bis zügellosen oder körperbejahenden und sinnenbetonten Bewegungen unterwandert, abgelöst oder konterkariert wurden und werden. Auch das ausgehende 19. Jahrhundert und das 20. Jahrhundert zeigen zahlreiche solcher 'Konterbewegungen': Hysterie und Hypochondrie, Reformpädagogik, Jugendkultur und Nacktbewegung, Exzess und Ekstase mit Kokain und Charleston, 'Rock around the clock', Bauch und Busen als Protestmittel, Flow-Erlebnis und Thrill, Bodystyling und Bodyshaping, wummernder Techno und Ekstasy, um nur einige der vielfältigen 'modernen' Körperinszenierungen – in einer zugegebener Maßen verwegenen Reihung – stichwortartig zu benennen; dass jede dieser Erscheinungen ihr ganz eigenes Gesicht hat und subtil auf Entstehungskontext, Gestalt, Wirkung und Bedeutung untersucht werden muss, versteht sich.

Dennoch ist festzuhalten, dass sich der Körper nicht nur aus den oben genannten phänomenologischen und alltagstheoretischen Gründen in einer Wahrnehmungsfalte befindet, sondern dass er zusätzlich – und vielleicht dadurch begünstigt – in vielschichtigen sozialen Prozessen abgesondert, unterdrückt und ins Abseits gedrängt wurde. Diese Ächtung und Schmähung des Körpers hat sein 'Übersehen' und 'Vergessen' beschleunigt und er kann vielleicht auch von daher nicht so ohne weiteres gedanklich aufgewertet – dies wäre eine Grundvoraussetzung, um ihn überhaupt zum Thema zu machen – und sprachlich wiederbelebt werden.

Gabriele Rosenthal macht in ihrer Analyse zu Gestalt und Struktur biographischer Erzählungen deutlich, wie eng die hier aufgeführten Dimensionen der Verdrängung des Körpers und der Sprachlosigkeit angesichts des Leibes miteinander zusammenhängen, wie sich diese Sprachlosigkeit in biographischen Erzählungen niederschlägt und wie sie auch in der soziologischen Forschung zum Ausdruck kommt. So geht sie in Anlehnung an Alfred Lorenzer davon aus, dass im Rahmen der (kollektiven) Herausbildung und des (individuellen) Erwerbs biographischer Erzählmuster bestimmte Themen, Phänomene oder Assoziationen unter ein – oft heimliches, unbewusstes oder latentes – Sprachverbot fallen und von daher selbst bei Anfrage oder Nachfrage nicht oder nur höchst einseitig und bruchstückhaft sprachlich belebt und verbal vermittelt werden können. Sie bemerkt dazu:

> "Im Laufe der Sozialisation lernt man, welche Bereiche des Lebens in welchen Situationen erzählbar sind, welche besser verschwiegen werden und welche Darstellungsformen angemessen sind. Einige dieser Regeln zur Darstellung der Lebensgeschichte werden dem Individuum latent im Sozialisationsprozess vermittelt; d.h., diese 'kollektiv unbewussten Verhaltensregeln' sind für es ebenso wie für seine Sozialisationsagenten 'sprachlos gemachte und nicht in Sprache zugelassene Verhaltensregeln' (...). Der 'sprachlose Leib' in biographischen Erzählungen, der meist nur in der Einbettung in eine Krankengeschichte als Thema auftaucht, jedoch kaum bei Lusterfahrungen, ist zum Teil Ausdruck einer solchen Regel" (Rosenthal 1995a, 100).

Und sie vermutet weiter, dass auch die Wissenschaft in den Bann dieser Sprachlosigkeit und einer spezifischen Reduktion des Körperlichen geraten ist, wenn sie anmerkt: "Diese nicht in Sprache zugelassene Regel zur Ausblendung des Leibes in unserem Kulturkreis wirkt m.E. auch in der Soziologie, in der der Körper – abgesehen von wenigen Arbeiten in der Medizinsoziologie – als soziologisch irrelevantes Phänomen behandelt bzw. nicht thematisiert wird. Selbst in Arbeiten über den Leib wird dann die Lusterfahrung zum Teil ausgeklammert. So geht z.B. Herbert Plügge (1967) in seiner beeindruckenden phänomenologischen Studie über den Leib davon aus, dass Körperliches sich nur als störend Anwesendes, als Fremdes, als Unlusterfahrung bemerkbar macht" (a.a.O.).

Offensichtlich sind uns so die Worte ausgegangen, mit denen wir uns auf den Körper beziehen könnten – eine typische Erscheinung der *Dekulturation*: Was nicht im kollektiven Bewusstsein verankert ist und einen geschätzten und lebendigen Platz in der Kultur einnimmt, wird auch sprachlich ausgedörrt. Ein Gegenbeispiel der Kulturalisierung und der regen Verankerung eines an sich selbstverständlichen und in diesem Kulturkreis allgegenwärtigen Phänomens bieten die Grönländer, die über eine ganze Klaviatur von Worten für die unterschiedlichen Qualitäten des Eises verfügen: für seine Struktur, seine Festigkeit, die Art seiner Kälte, seine Farben, ja sogar für seinen Geruch. Peter Hoeg greift diese Fähigkeit der Inuk in seinem Roman "Fräulein Smillas Gespür für Schnee" auf, und vielleicht ist es kein Zufall, dass es ein Literat ist – also ein Künstler – , der einen berührenden Eindruck von der Differenziertheit und Fülle dieser Wahrnehmungen vermitteln kann (vgl. Hoeg 1994). Das Gefühl der 'Leere', das sich vielfach bei der Lektüre von wissenschaftlichen Arbeiten zum Körper einstellt, hat vielleicht auch etwas mit dieser kulturell erzeugten Phantasielosigkeit und Taubheit dem Körper gegenüber zu tun, der offenbar nur so reich und vielgestaltig sein kann, wie wir ihn machen oder – in einer etwas passiveren und akzeptierenden Haltung – wie wir zulassen, dass er sein darf und uns anrührt.

Um diesen Zusammenhang besser zu verstehen, muss man sich klar machen, welches spezifische Verhältnis zum Körper sich in neuzeitlichen europäischen Gesellschaften herausgebildet hat. Als fundamental für die Konstituierung dieses Verhältnisses werden die philosophischen und naturwissenschaftlichen Erkenntnisse der französischen Aufklärung angesehen, die die Spaltung von 'Körper' und 'Geist', von 'Objekt' und 'Subjekt', von (materialem) 'Sein' und (geistigem) 'Bewusstsein' eingeleitet und nachhaltig untermauert haben (vgl. u.a. Bast 1997, List 1997). In der Philosophie René Descartes ist diese Spaltung besonders klar angelegt; Helmut Bast zeichnet einen zentralen Denkschritt dabei wie folgt nach:

> "Sind allein die Gewissheitsbestimmungen von Klarheit und Deutlichkeit im methodischen Prozess des Denkens maßgebend, müssen alle ungewissen, nicht klar und deutlich erkannten Wirklichkeitsbereiche wie die Sinne, Körper, Gestalt, Ausdehnung und so weiter ausgeblendet werden. Als Rest dieser Verfahrensschritte bleibt das körperlose *Ich* übrig. Das *Ich*, Bewusstsein oder Denken, das sich gewiss ist, dass es existiert, ist das auch durch einen trügerischen Gott nicht mehr hintergehbare Prinzip, dessen Existenz klar und deutlich einsehbar ist. Nur die Gewissheit des *cogito ergo sum* hält auch dem radikalen methodischen Zweifel stand und da es für Descartes diese Gewissheit gegenüber der materiellen Welt nicht gibt, wird aus der methodischen Unabhängigkeit der Ich-Gewissheit vom Körper eine Verschiedenheit zweier Substanzen: *res cogitans* und *res extensa*. Die Methode trennt zuerst das *cogito* von jeder gegenständlichen Gewissheit; aus der Unabhängigkeit der Gewissheit wird die Unterschiedlichkeit der Substanzen gefolgert" (Bast 1997, 21).

Damit sind entscheidende Weichen gestellt: Das Sein verdankt sich dem Bewusstsein bzw. dem denkenden Ich, Phänomene wie der Körper, die Sinne, das 'Materiale' überhaupt werden zu einem ungewissen und nicht klar bestimmbaren Rest, der abgesondert und streng geschieden wird von einem Ich, das körperlos ist, aber die Macht klarer Einsicht und Erkenntnis besitzt. Die hier angelegte Dichotomisierung von Körper/Geist zog in ihrer weiteren Ausarbeitung auch so fundamentale Phänomene wie Natur/Kultur, Frau/Mann, geschlossenes Sein/expansive Wirkung, Innen/Außen, Privatheit/Öffentlichkeit in den Sog einer binären Codierung. In besonderer Weise auf die Spitze getrieben wird dieses Denken im Zuge der bürgerlichen Aufklärung und der Polarisierung der Geschlechterrollen (vgl. zusammenfassend u.a. Bublitz 1993). Entscheidend ist hierbei, dass damit nicht nur Polaritäten im Sinne einer zweiwertigen Logik gebildet wurden, sondern auch Momente der *Hierarchisierung* im Sinne der Überlegenheit – und das heißt im Kern: Der Geist, das Bewusstsein, das denkende Ich verfügt über die Fähigkeit der klaren Erkenntnis und ist damit dem Körper überlegen, der diffus, unklar, ungewiss bleibt. Und das heißt auch: Um mit diesem Diffusen und Ungewissen zurecht kommen zu können – und nicht möglicherweise zum Spielball seiner Unberechenbarkeiten zu werden – muss es zum 'Objekt' gemacht, beobachtet, kontrolliert und beherrscht werden. 'Kontrolle' und 'Herrschaft' werden somit zu einem zentralen Moment im Verhältnis zum Körper.

Und in der Tat laufen im Körper ja 'Sensationen' ab, die uns zum einen nicht unmittelbar bewusst werden können (wie etwa die chemischen Prozesse der Ver-

dauung, der Strom des Blutes im Kreislauf, der Moment der Einnistung eines be-
fruchteten Eies), und die uns zum anderen – in Form physiologischer Störungen
oder Krankheiten – oft plötzlich überrollen oder mit archaischer Wucht in unser
Leben einbrechen. Dies hat zur Folge, dass der Körper nicht nur als eine permanente
Quelle von Gefahr angesehen wird, sondern dass er auch als 'fremd' erlebt wird, als
etwas, das nicht als mir oder meinem 'besten Selbst' (Goffman) zugehörig empfunden und im Falle der Störung abgespalten und bekämpft wird (vgl. dazu u.a. Rittner
1982). Alois Hahn und Rüdiger Jacob bieten als Erklärung für die erlebte Fremdheit
des Körpers und seiner Bedrohlichkeit die systemtheoretische Vorstellung an, dass
der Körper als ein biologisches System zu verstehen ist, das – anders als psychische
Systeme, die auf der Grundlage von Bewusstsein arbeiten – selbst keinen 'Sinn'
produziert, sondern einer eigenen Logik folgt, der Logik von Zellen und Organen
(Hahn/Jacob 1994; vgl. dazu auch Bette 1992, 116ff.).

Aufgrund dieser organischen Dispositionen wird verständlich, dass die Modi von
Kontrolle und Herrschaft wesentlich das Körperverhältnis bestimmen – *zwingend* ist
dieses Körperverhältnis jedoch keinesfalls, denn es wären trotz der physiologischen
Eigenständigkeit des Körpers auch andere Haltungen dem Körper gegenüber denkbar und möglich. Dass die partielle Eigenständigkeit des Körpers als 'bedrohlich'
und 'verräterisch' *wahrgenommen* wird, verweist ja gerade darauf, dass hier eine
(spezifische) *Haltung* eingenommen, ein Verhältnis *konstituiert* wird, das dann entsprechende Gegenmaßnahmen heraufbeschwört. So ist viel eher zu vermuten, dass
nicht der Körper oder physiologische Gegebenheiten für diese Haltung 'verantwortlich' sind, sondern dass bestimmte geistige Einstellungen und Präferenzen die Physiologie zum *Anlass* genommen haben, die Herrschaft des Geistes durchzusetzen.
Analoges lässt sich für die Herstellung der "Ordnung der Geschlechter" sagen, in der
bezeichnenderweise die Physiologie zum Anlass genommen wurde, die Differenz
der Geschlechter und die psychische wie geistige Minderwertigkeit der Frau nach-
zuweisen – Claudia Honegger hat diesen Vorgang für seine 'Blütezeit' im 18. und
19. Jahrhundert anhand historischer Quellen mit Akribie und mit der nötigen humo-
rigen Durchlässigkeit angesichts der mitunter abstrusen Konstruktionen nachgezeichnet (Honegger 1991).

Offensichtlich hat der Prozess der Spaltung von 'Körper' und 'Geist' und die wis-
senschaftlich-analytische Besetzung des Körpers (insbesondere seine naturwissen-
schaftlich-medizinische Erforschung) dazu geführt, dass sich der *symbolische* Raum,
in dem der Körper einmal stand – die Stimmungen, Ahnungen, Visionen und Phantasien, die er auszulösen vermochte – deutlich verkleinert hat. In diesem Sinne konstatiert Herbert Will: "Jean Baudrillard (1994) merkt an, dass der Durchbruch der
anatomischen Wissenschaft das Ende des Körpers und des Todes als *Metaphern*
bedeutete, weil er sie als biologische Realität etablierte. Ebenso kennzeichnet der
Durch-bruch der Psychologie das Ende der Transzendenz der Seele zugunsten eines
analytischen Verständnisses der Innenwelt. So scheint sich der *symbolische Raum*
des Menschen im Bereich seiner Kultur zu verkleinern dadurch, dass sich der reale
erweitert" (Will 1995, 64).

Begleitet und abgestützt wurde und wird dieser Vorgang durch den Einbau des Körpers in sich ausdifferenzierende gesellschaftliche Teilsysteme, die ihn auf ihre je eigene Weise vereinnahmt und insgesamt 'zerstückelt' haben. Gemäß der Parzellierung von Raum und Zeit, von sozialem Handeln und Lebensführung in den segmentierten Teilwelten der Arbeit, der Bildung, der Freizeit, des Wohnens, der Familie, des Verkehrs etc. wurde auch der Körper parzelliert und als gesunder/ kranker Körper, als zu therapierender und pädagogisch zu unterweisender Körper, als essender, schlafender, zu kleidender und pflegender, sowie als männlicher, weiblicher, kindlicher und sexueller Körper sozial ausformuliert. Der symbolische Raum wurde somit verengt auf die spezifischen 'Symboliken', mit denen die Medizin, die Technik, die Kommunikation, der Konsum, der Sport etc. dem Körper begegnen, und auf jene Präferenzen, Wertsetzungen, Bedeutungen und Bilder verkürzt, die diese Segmente anbieten. Dies könnte zwar 'Vielfalt' bedeuten, wahrscheinlicher ist jedoch, dass es eine Vereinseitigung bedeutet. Dafür spricht die Tatsache, dass in allen sozialen Systemen die Tendenz besteht, einer 'einsinnigen' Logik zu folgen und alternative Elemente abzudrängen; dass die Subjekte wenig Chancen haben, den dominanten Code zu unterlaufen (alternative Bewegungen zeigen allerdings, dass es immer wieder versucht wird und auch gelingt); dass die zentralen Systeme in hochdifferenzierten Gesellschaften (Wirtschaft, Bildung, Arbeit, Medizin, Sport) einer ähnlichen Logik folgen (Rationalität, Leistung/Erfolg, Fortschritt), sich dadurch gegenseitig stabilisieren und Alternativen eben noch 'unwahrscheinlicher' machen; und dass die präformierten Codes in einer spezifischen Weise 'entzaubert' sind, also wenig Raum für Kontingentes, Überschießendes, Anderes lassen. Und selbst dort, wo dennoch etwas 'rätselhaft' oder 'unerklärlich' ist, wird es schon mit dieser Benennung als 'Noch-nicht-Erklärtes' in den Code des Klärens und Erklärens eingemeindet.

Prekär ist, dass angesichts der Diversifizierung von sozialen Feldern, die auf den Körper Bezug nehmen, und der damit verbundenen 'Zerstückelung' des Körpers eine zentrale Aufgabe an die Subjekte delegiert wird: Die Subjekte müssen die kulturell erzeugten Symbolfetzen sinnhaft aufeinander beziehen, die entstehenden Reibungen und Brüche aushalten und die körperbezogenen symbolischen Angebote (nahegelegte Interpretationen, Bedeutungen, Verhaltensformen) psychisch, biographisch und handelnd integrieren.

Hieraus ergeben sich zentrale Forschungsfragen, die die Analyse der 'alltagsweltlichen' Thematisierungen des Körpers (auch in dieser Arbeit) anregen können: Lässt sich eine derartige 'Zerstückelung' und symbolische Verarmung des Körpers, wie sie systemtheoretische Überlegungen nahelegen, in den Wahrnehmungen und Interpretationen der Subjekte ausmachen? Welche symbolischen Angebote werden übernommen, welche sind dabei dominant? Wie stark sind die systemspezifischen Deutungsmuster jeweils verinnerlicht? Wie werden sie aufeinander bezogen und wie werden die einzelnen Elemente sinnhaft im Erleben und in der eigenen Biographie verankert? Und natürlich auch die Frage, welche *Konsequenzen* die oben angedeutete 'Zerstückelung' und symbolische Verarmung des Körpers – wenn sie denn wirksam ist – für die Befindlichkeit und die Lebensgestaltung der Befragten hat.

Fassen wir kurz zusammen: Ausgangspunkt war die Frage nach der Schwierigkeit, den Körper zu erforschen. Dabei wurden immer wieder typische Widersprüche und Paradoxien deutlich: 1. Der Körper ist uns vertraut, selbstverständlich und allgegenwärtig, *zugleich* aber auch fremd, partiell nicht wahrnehmbar, bewusstlos und unbewusst, nicht expliziert und letztlich 'unerreichbar'. 2. Er wurde kulturell ins Abseits gedrängt, abgewertet und weitreichend überflüssig gemacht, *zugleich* aber auch zum Gegenstand einer neuen sozialen Aufmerksamkeit, die mitunter obsessive Züge trägt. 3. Er ist Gegenstand vielfältigster (medialer, wissenschaftlicher) Reflexionen, *zugleich* aber hält sich der Eindruck, dass es sich um ein 'vergessenes' Thema handelt, zu dem noch nichts Substanzielles gesagt wurde. 4. Der Körper wird zwar vielfach 'besprochen', er selbst aber entzieht sich als 'sprachloser' Leib jedem Diskurs und bleibt ungreifbar und 'ungesagt'.

Wer sich trotz dieser Widersprüchlichkeiten mit dem Körper befasst, setzt sich selbst neuen Widersprüchlichkeiten aus: Er oder sie begibt sich in Gefahr, gähnende Langeweile zu erzeugen – "Schon wieder 'was zum Körper!" – und angesichts der 'Alltäglichkeit' des Körpers lediglich Trivialitäten (oder das, was als solches wahrgenommen wird) zu eruieren: "Das wissen wir doch alles!"; *zugleich* aber hantiert er/sie mit einem Phänomen, das in weiten Teilen unzugänglich und von daher äußerst schwierig 'in den Griff' zu bekommen ist. Psychische Momente im Sinne eines 'Unbewussten', alltagstheoretische Momente im Sinne des nichtexplizierten (oder auch gar nicht explizierbaren) 'Allzu-Vertrauten' und soziokulturelle Momente der Abdrängung, der Tabuisierung und der einsinnigen Wahrnehmung des Körpers stellen hierbei eine nur schwer zu überwindende Erkenntnismauer dar. Um sich den Weg nicht allzu schwer zu machen, tun Eingrenzungen not. So kann es in der vorliegenden Untersuchung nicht darum gehen, 'den Körper' zu analysieren oder reflektorisch 'in den Griff' zu bekommen – das wäre ein Unterfangen mit höchst geringer Aussicht auf Erfolg –, sondern es soll darum gehen, die *soziale Präsenz* des Körpers in einer bestimmten Kultur einzufangen und auch dies wiederum in einer spezifischen Weise: nämlich in Form jener mentalen sozialen Repräsentationen, die man auch als 'Alltagswissen' bezeichnen könnte und über die alltagsweltlich handelnde Subjekte in dieser Kultur bezüglich des Körpers verfügen. Mit welchem theoretischen und methodologischen Rüstzeug dieses Vorhaben realisiert werden kann, wird Gegenstand der nachfolgenden Kapitel des theoretischen sowie des methodologischen Teils sein. Dazu erfolgt zunächst ein kurzer (und eher als exemplarisch zu verstehender) Blick auf den 'Forschungsstand' zur Körperthematik in den Kultur- und Sozialwissenschaften.

## 1.2.    Die Erforschung des Körpers in den Kultur- und Sozialwissenschaften

Eine ähnliche Widersprüchlichkeit und Dynamik, wie sie oben für die mediale Beredsamkeit über den Körper und die gleichzeitige Hohlheit, Indifferenz und Bewusstlosigkeit dem Körper gegenüber konstatiert wurde, lässt sich auch in den Kultur- und Sozialwissenschaften beobachten: Trotz einiger herausragender Analysen zum Verhältnis von Körper und Gesellschaft, von denen das zivilisationstheoretische Werk von Norbert Elias (Elias 1976), die Untersuchungen Michel Foucaults im Kontext von Macht, Disziplinierung und Körperlichkeit (Foucault 1977), die Arbeiten Pierre Bourdieus zur Vermittlung von Sozialstruktur und Leiblichkeit (Bourdieu 1976, 1993) sowie die sozialanthropologischen Studien von Mary Douglas (Douglas 1981) wohl zu den prominentesten und einflussreichsten gehören, und trotz der steigenden Publikationsdichte im Bereich sozialwissenschaftlicher Einzelstudien hält sich hartnäckig der Eindruck, dass eine substantielle Analyse des Körperthemas noch nicht einmal begonnen wurde. Der 'materiale' Reichtum zum Körperthema ist immens, wie die folgenden Beispiele andeuten mögen:

So spricht Elmar Brähler schon für die 1970er Jahre von einer "publizistische(n) Renaissance des Körpers" (ausgehend zunächst vom Therapie- und Selbsterfahrungsbereich, dann auch in der Bildenden Kunst, in der Literatur, in Film und Theater) und er konstatiert für die 1980er Jahre: "Inzwischen vollzieht sich auch in der Wissenschaft eine 'Wende zum Körper', eine große Flut von Büchern und Aufsätzen, die den Körper zentral zum Gegenstand haben, ist erschienen" – eine Flut, die er exemplarisch in etwa 100 (!) aufgelisteten Titeln zu bündeln sucht (Brähler 1995 [erste Auflage 1986], 4f.). In dem 1983 von E. Arthur Imhof herausgegebenen Band "Leib und Leben in der Geschichte der Neuzeit", der im Anschluss an drei Kongresse mit den Themen "Mensch und Gesundheit in der Geschichte" (1978 in Berlin), "Ursachen und Folgen der zunehmenden Lebenserwartung seit dem 17. Jahrhundert" (1979 in Paris) und "Mensch und Körper in der Geschichte der Neuzeit" (1981 in Berlin) erstmals wesentliche Aspekte und Beiträge zur Körperthematik aus historischer Sicht zusammenträgt, erscheinen sogar nicht weniger als 350 Titel, die sich im Näheren und Weiteren mit dem Körper befassen – eine erstaunliche Fülle für einen 'schweigenden' Gegenstand, selbst wenn man die besondere Akribie in Rechnung stellt, die Historikern bei ihren Recherchen in der Regel nachgesagt wird (Imhof 1983). Und auch der 1982 von Dietmar Kamper und Christoph Wulf herausgegebene Band "Die Wiederkehr des Körpers" (Kamper/Wulf 1982), der in einer interdisziplinären Zusammenschau kultur- und sozialwissenschaftlicher Beiträge zum Körperthema so etwas wie eine 'Initialzündung' für die großflächige 'Entdeckung' des Themas bedeutete, erstaunt und besticht durch die Fülle des ausgebreiteten Materials, beflügelt die Phantasie und macht Lust auf weitere Auseinandersetzung.

Trotz dieser Fülle wissenschaftlicher Publikationen steht eine substanzielle theoretische wie empirische Aufarbeitung der vielfältigen sozialen – und insbesondere der alltagsweltlichen – Bezüge des Körpers in den Sozial- und Kulturwissenschaften insgesamt und in der Soziologie im Besonderen weitgehend aus. So fällt auf, dass der Körper in der Soziologie – trotz seiner Fundamentalität und strukturgenerierenden Kraft und trotz entsprechender wiederholter Hinweise und Anregungen, ihn in dieser Weise ernst zu nehmen, keinen systematischen Platz erhalten hat (vgl. als anregende Hinweise u.a. die Ausführungen zum Stellenwert des Organismus bei Berger/Luckmann, das Habitus-Konzept Bourdieus zur Verknüpfung von Leiblichkeit und Sozialstruktur sowie die Hinweise von Fischer/Kohli 1987, Strauss 1988, Rosenthal 1995a, auf die in dieser Arbeit mehrfach Bezug genommen wird). Es existiert keine ausgearbeitete 'Soziologie des Körpers', Kardinalthemen wie die

Prozesse der Modernisierung, des sozialen Wandels und der sozialen Ungleichheit werden ohne stringenten Einbezug des Körpers behandelt und sogar in den subjekt-bezogenen Forschungsbereichen wie der Sozialisationsforschung und der Biogra-phieforschung wird der Körper kaum reflektiert.

So steht eine profunde Theorie und Empirie zur 'Körpersozialisation' seit langem aus und es ist symptomatisch, dass im umfangreichen "Neue(n) Handbuch der Sozialisationsforschung" der Körper auf nur wenigen Seiten und bezeichnenderweise im Rahmen der "Geschlechtersozialisation" (da aber von Bilden auch recht oberflächlich) abgehandelt wird (vgl. Hurrelmann/Ulich 1991, bes. 279ff.). Und auch in der Biographieforschung wird beklagt, dass der Körper bisher weitgehend ausgeblendet wurde. Wolfram Fischer nennt als die fünf wichtigsten lebenszeitlichen Stränge: "die Entwicklung der *Leiblichkeit* (sic!), die Karriere der *Geschlechtsidentität*, die *familiale* Karriere, die *berufliche* Karriere, die Gruppe der *Freizeitkarrieren* (Sport, musische Aktivitäten, Reisen etc.)" (Fischer 1982, 10), stellt jedoch an anderer Stelle fest: "Die theoretische Ausarbeitung von 'Leiblichkeit' oder die Kritik des 'Körpers' als sozialer Kategorie steht in der Soziologie noch weitgehend aus" (Fischer/Kohli 1987, 28).

Diese 'Körperabstinenz' der Soziologie spiegelt sich auch auf institutioneller E-bene: Es gibt weder eine soziologische Fachzeitschrift zu dem Themenfeld 'Körper und Gesellschaft' noch eine Sektion (etwa im Rahmen der Deutschen Gesellschaft für Soziologie), die hier Akzente setzen, wesentliche Fragen bündeln und entspre-chende Forschungen anregen könnte. (Allerdings wurde inzwischen – zu Beginn des Jahres 1998 – ein Arbeitskreis 'Soziologie des Körpers' in der DGS gegründet, der sich u.a. der Frage widmet, ob und wie das Körperthema in den Kanon soziologi-scher Grundthemen aufgenommen und dort sinnvoll weiter entfaltet werden kann.)

Immer wieder wird in den Kultur- und Sozialwissenschaften von dem Körper als einem unerforschten Terrain gesprochen, auf sein 'Vergessen' hingewiesen und wer-den jeweils eigene Versuche gestartet, ein mögliches Feld von Fragen und Themati-sierungen abzustecken. So konstatiert der Historiker und Volkskundler Utz Jeggle zu Beginn der 1980er Jahre zwar, dass der Körper "zur Zeit von den Sozial- und Verhaltenswissenschaften entdeckt" wird, seine Verwunderung darüber, dass dies *erst jetzt* geschieht, ist jedoch nicht zu überhören: "Es ist auffällig, dass die Wissen-schaftler die Körperlichkeit so umfassend vergessen haben, und es ist sicher, dass sie sie nicht vergessen, sondern verdrängt haben". Dies sei "mindestens genauso auffäl-lig wie die jetzt vollzogene, überschwengliche Neuentdeckung" (Jeggle 1980, 172).

Ähnlich wie den Historiker Imhof zu gleicher Zeit interessiert Jeggle, wie der Körper in die Fragestellungen ihres Wissenschaftsgebietes eingearbeitet werden und wie das Thema Impulse für neue Fragen und Konzeptionen liefern könnte. Anselm Strauss sieht die Lage zum Ende der 1980er Jahre für die Soziologie wesentlich pessimistischer. So stellt er unter anderem fest: "Tatsächlich wurde mir erst in den letzten Jahren klar, dass sich die Soziologie dem 'Körper' gegenüber auf Distanz hält und ihn lediglich in umgrenzten und isolierten Bereichen (...) konzeptuell abhandelt (...). Oder sie handelt ihn auf einer deskriptiven Ebene, z.B. in Studien zu Massagesalons, Prostitution, Sport ab" (Strauss 1988, 93). Aber, so bemerkt er abschließend: "(...) es gibt keine analytische Rechtfertigung dafür, das Thema 'Körper' aus den Überlegungen zu alltäglichem Handeln und dessen kulturellen Mustern auszuschließen. (...) wir haben uns selbst zu fragen, warum wir dem Thema 'Körper' in unserer Theorie und Forschung keinen Stellenwert eingeräumt haben bzw. warum wir es ignoriert und nicht so in unsere zentralen Überlegungen einbezogen haben, wie dies erforderlich wäre" (a.a.O., 100).

Die Grundprobleme hinsichtlich der Erforschung des Körpers, die ähnlich in allen Wissenschaftsbereichen auftauchen, scheinen darin zu bestehen, dass a) zunächst eine *sondierende Arbeit* bezüglich inhaltlich relevanter Aspekte des Körpers und der Körperlichkeit und entsprechender fokussierender Fragestellungen geleistet weden muss, diese Arbeit aber aufgrund fehlender '*Körpertheorien*' äußerst schwer fällt, dass b) das *methodologische Werkzeug* zur Erhebung und Auswertung aussagekräftiger Daten zum Körper bzw. zur Körperlichkeit nicht hinreichend ausgearbeitet ist, und dass c) ausgearbeitete Theorien oder tiefergehende Fragestellungen fehlen, die eine sinnvolle *Einordnung* des erhobenen oder sich darbietenden 'Materials' erlauben würden und die sich auf *Generalthemen* der jeweiligen Disziplin zuführen ließen – und ohne diese letztgenannten Voraussetzungen ist die unter a) genannte Aufgabe natürlich schwer oder kaum zu erfüllen.

Viel simpler – aber vielleicht umso treffender – ist der Gedanke, dass der Forschungsstand deshalb so desolat ist, weil dieses Thema in der 'großen' Wissenschaft, im Rahmen 'großer' Theorien und unter den einflussreichsten Koryphäen des Faches bisher keine Lobby hatte: Angesichts der sozialen Bedeutung und Wirkmächtigkeit ökonomischer, politischer, technischer und geistiger Kräfte sowie deren evolutionärer und struktureller Implikationen, hatte der Körper als 'strukturbildende Größe' bisher keine Chance. Dort jedoch, wo Theorien bzw. eine stringente theoretische Gedankenführung fehlen, schafft sich die Poesie Bahn. So wirft Bette den kulturwissenschaftlichen Ausführungen Kampers und Wulfs aus den frühen 1980er Jahren vor:

"In der esoterischen Fachsemantik einiger Körpersoziologen und Soma-Archäologen hat sich zur Verdeutlichung seiner Idee von einer zunehmenden Körperdisziplinierung und Affektkontrolle (gemeint ist das Werk von Norbert Elias "Zum Prozess der Zivilisation"; d.V.) eine bisweilen dichterisch ambitionierte Begrifflichkeit eingebürgert, in der von einem 'Schwinden der Sinne', einem 'verstummten', zum 'Schweigen gebrachten', dann aber 'wiedergekehrten Körper' die Rede ist. Beeindruckt und, wie wir meinen, auch blockiert durch die eigenen schönklingenden Worte, ist es in der Rekonstruktion der Geschichte des Körpers nicht nur zu einer Dominanz der Form über den Inhalt gekommen, sondern auch zu theoretischen Einseitigkeiten und Unschärfen" (Bette 1989, 13f.).

Was Bette an der Vorgehensweise stört, ist die zwar wortreiche und berührende, aber einseitige Stilisierung des Körpers zum Opfer eines Prozesses, in dem er unterjocht, korrumpiert, sündig gemacht und dem Menschen enteignet wurde, dass dieser Prozess selbst aber nicht hinreichend beleuchtet wird und von daher beispielsweise eine bezeichnende Erklärungslücke auftritt, wenn es um die (plötzliche) 'Wiederauferstehung' des Körpers geht. Bette präzisiert seine Kritik im Hinblick auf dieses theoretische Defizit wie folgt:

"Wer Interesse an Erkenntnisgewinn hat und über eine pauschal angesetzte Problemskizze hinausgehen will, kann bei dieser Diagnose nicht stehenbleiben. Wenn die Theorielage trotz inflationärer Behandlung deflationär in dem Sinne ist, dass kohärente und informationsreiche Aussagen knapp sind, ist es notwendig, Substitutionsarbeit zu leisten. Die Metaphorik des menschlichen Körpers, seiner Gliedmaßen und Sinnesorgane zur Analyse komplexer Prozessverläufe einzusetzen und hermeneutisch auszureizen, erscheint uns als wenig erfolgversprechend. Kurzformeln und Kunstgriffe dieser Art besitzen nur eine geringe Anschlussfähigkeit. Was für die Generierung von Aufmerksamkeit in ästhetisch sensiblen Debattierzirkeln durchaus funktional sein kann, erweist sich für die Herstellung theoretischer Tiefenschärfe als Sackgasse" (a.a.O., 14f.).

In seiner eigenen Arbeit leistet Bette in der Tat eine substanzielle theoretische 'Pionierarbeit', wenn er die systemtheoretischen Erträge Niklas Luhmanns einsetzt, um die Paradoxie der Gleichzeitigkeit von Körperabwertung (im Sinne der Distanzierung, Verdrängung und Disziplinierung des Körpers) und Körperaufwertung (im Sinne einer 'unwahrscheinlichen' Aufmerksamkeit dem Körper gegenüber, die ihn sogar zum "Kultobjekt" erhebt [vgl. auch Bette 1992]) strukturell erklären zu können. Andererseits halte ich die Kritik Bettes ihrerseits für 'einseitig', weil sie übersieht, welche wichtige Funktion die eloquente Versprachlichung von Sachverhalten haben kann – gerade in einem Bereich, der so ganz anders beschaffen ist als das rationale Denken und an den man sich vielleicht weitaus eher und ergiebiger in einer poetischen Versenkung und hermeneutischen Entschlüsselung annähern kann als mit stringenter Theoriebildung. Der *aufschließende* Charakter von nuancierten und plastischen Sprachbildern ist hierbei nicht zu unterschätzen.

So plädiert beispielsweise Jeggle dafür, literarische Zeugnisse verstärkt in die (historische) Analyse der Körperlichkeit einzubeziehen. Der Gang in die Literatur käme dem Besuch eines Gewächshauses gleich, "in dem Pflanzen treiben, die auf dem freien Feld des Alltags verkümmern" (Jeggle 1983, 92). Mit der Fähigkeit zu Muße, Besinnung und lauschender Wahrnehmung ist der Literat prädestiniert, für das Erleben im Alltag Worte zu finden und die Helden der Romane mit einer Empfindsamkeit auszustatten, die wie in einem Brennglas schärfer und genauer das breite Spektrum des Gefühls- und Körpererlebens darzustellen vermag, als es dem Alltagsmenschen in seiner Routine und Gewöhnung zugänglich ist. Ähnliche Hoffnungen bezüglich eines systematischeren und umfänglicheren Blicks durch die Freisetzung von alltäglichem Handlungsdruck werden ja auch für die hermeneutische Wissenschaft artikuliert und in Anspruch genommen – wenn auch nicht im Sinne der 'poetischen Versenkung', sondern eher im Sinne der 'streng rationalen Kontemplation' (vgl. u.a. Soeffner 1989, Oevermann 1993). Jeggle ist sogar der Ansicht, dass die "Genauigkeit der Gefühle (...) sicherlich in der Literatur mit mehr methodischer Strenge verfolgt worden (ist) als in der kunstlosen und ängstlichen Wissenschaft" und "dass die künstlerischen Erfahrungsformen die wissenschaftlichen auch auf deren eigenem Feld, wo es um die Exaktheit und Überprüfbarkeit von Erkennen geht, längst und weit hinter sich gelassen haben" (Jeggle 1983, 92). Auch wenn man diese Sicht nicht gleich total bejahen muss, so relativiert sie doch die Selbstüberschätzung der Wissenschaft und erinnert daran, dass auch andere Erfahrungsbereiche und -stile 'Erkenntnisse' produzieren.

Entscheidend ist natürlich, was man jeweils 'entdecken' will – und da lassen sich unterschiedliche Erkenntnisinteressen ausmachen, die zunächst einmal alle 'legitim' sind. Bettes Interesse gilt in erster Linie dem strukturellen Verständnis des Prozesses des 'Auftauchens' und 'Verschwindens' des Körpers und den jeweiligen sozialen Formen, in denen dies geschieht. Der Fokus der vorliegenden Arbeit ist auf die Subjekte gerichtet und es geht darum, jene Deutungen zu erschließen, mit denen sie ihren Körper umgeben, und sich an jene Schnittstellen heranzutasten, an denen sich das gelebte Leben und die Wahrnehmung und Aufbereitung dieses Lebens mit den Momenten der Körperlichkeit berühren, also die wechselseitige Durchsetzung von 'Biographie' und 'Körperlichkeit' entlang der Darlegungen der Subjekte nachzuzeichnen. Es liegt nahe, dass eine solche Fragestellung, die es methodologisch mit Sprachbildern des Alltags zu tun hat – also im Kern auch mit 'Literatur' – , auf eine Sensibilität dem Seufzer, dem Wort, dem Satz, der Metapher gegenüber und auf die eigene Eloquenz in der Vermittlung von Eindrücken und Bildern zutiefst angewiesen ist. Dass dazu auch ein (wie auch immer 'geregeltes') methodisches Können nötig ist und dass erst eine theoretische Einbindung der Beschreibungen eine 'Erkenntnis' ausmacht, gehört zu den Grundbedingungen der Sozialwissenschaft, die durch die Zulassung "künstlerischer Erfahrungsformen" in diesem Forschungskontext in meinen Augen aber nicht untergraben, sondern eher bereichert und 'Sinn-voll' gemacht werden.

Die nachfolgenden Ausführungen sollen dazu dienen, solche kultur- und sozialwissenschaftlichen Strukturierungsvorschläge und Forschungsanregungen kurz vorzustellen, die wichtige Impulse für die vorliegende Arbeit enthalten – insbesondere dazu, wie der Körper als ein *kulturelles Phänomen* verstanden und wie ein Zugang zum *Erleben* des Körpers gefunden werden kann.

### 1.2.1. *Anregungen zur Erforschung des Körpers in der Soziologie*

Auf den ersten Blick ist der Beitrag von Anselm Strauss zur soziologischen Analyse des Körpers enttäuschend (Strauss 1988). Er liefert – wohlgemerkt auf den ersten Blick – ein wildes Sammelsurium von Ideen, persönlichen Eindrücken, Theoriefetzen, gänzlich theorielosen Statements und beliebig wirkenden Ableitungen. Nach der – immer noch ersten – Lektüre ist man wirr im Kopf und fragt sich, wie diese Anhäufung von Zufälligkeiten, scheinbaren Beliebigkeiten und Ad-hoc-Wahrnehmungen weiterhelfen soll. Der Frust ist auch deshalb so groß, weil der Aufsatz in dem vielversprechenden Sammelband "Kultur und Alltag" erschienen ist (herausgegeben von Hans-Georg Soeffner als einem Spezialisten des 'Alltags') und weil es so wenige Beiträge in dieser Richtung gibt.

Da Enttäuschungen aber bekanntlich proportional mit der Höhe der Erwartungen steigen, sollten auch die Erwartungen überprüft werden. Wer erwartet, dass ein stringenter Aufriss eines Forschungsprogramms zur Körpersoziologie erfolgt, dass aufgezeigt wird, wie die Kardinalthemen der Soziologie mit der Körperthematik zu verbinden wären oder wer gar hofft, dass deutlich wird, wie die systematische Einführung des Themas Körper zu einer Revolutionierung des soziologischen Programms insgesamt führen müsste, der kommt nicht auf seine Kosten. Wer sich jedoch dennoch nicht von dem kryptischen Titel des Beitrags ("Körperliche Störungen und Alltagsleben? oder Körper, Handlung/Leistung und Alltagsleben?") abschrecken lässt und zu einer aufmerksamen mehrmaligen Lektüre bereit ist, kann dem vordergründigen Chaos eine tiefergründige Ordnung abgewinnen und entdeckt einige gewichtige systematische Gedanken. Da der Aufsatz einer der wenigen Versuche ist, den Körper als soziologisch zu erforschendes *Alltagsphänomen* zu erfassen, sollen wesentliche Aspekte hier vorgestellt werden.

Strauss skizziert in seinem Aufsatz ein breites Spektrum von 'Körperphänomenen' und macht dabei sowohl auf die gesellschaftliche Einbettung und soziale Gestaltung des Körpers (als empirische Erscheinungen) als auch auf mögliche soziologische Fragerichtungen (als theoretischem Zugang) aufmerksam. Das oben angedeutete Chaos lichtet sich ein wenig, wenn man die Aussagen folgenden Dimensionen zuordnet: (1) der Thematisierung von Verhaltensweisen und Haltungen dem Körper gegenüber, die für moderne westliche Gesellschaften typisch sind und die sich um die soziologisch ausgearbeitete Kategorie des Handelns gruppieren lassen, (2) der Akzentuierung sozialpsychologischer Aspekte des Körpers und der Körperlichkeit und (3) der Fokussierung körperbezogener sozialstruktureller und institutioneller Momente.

Ausgangspunkt seiner Beobachtungen zu Punkt (1) sind *chronische Krankheiten*, wobei er Krankheit als einen Zustand begreift, der ab einem bestimmten Punkt in ein "Versagen des Körpers" übergeht. Zunächst wirkt dieser Einstieg etwas willkürlich, aber bei näherer Betrachtung wird deutlich, dass hiermit zentrale Kategorien kultureller Einstellungen, Orientierungen und Verhaltensweisen berührt sind: Für das menschliche Handeln scheint der *'normal' arbeitende Körper* eine Grundvoraussetzung darzustellen; entsprechend geraten kulturelle und soziale Vorstellungen von 'Normalität' bezogen auf störungsfreie und reibungslose Abläufe täglichen Handelns immer dann ins Wanken, wenn der Körper *nicht* mehr in dem Maße funktioniert, wie es von ihm erwartet wird. Dieser zunächst einmal 'natürlich' und selbstverständlich wirkende Zusammenhang gewinnt in modernen westlichen Gesellschaften nun allerdings eine spezifische Dynamik, die sich als eine Spirale von *Konkurrenz- und Leistungsbezogenheit* auf der einen Seite und *Kontrollbedürfnissen* auf der anderen Seite beschreiben lässt: Je höher die Ansprüche und Leistungserwartungen sind, die an menschliches Handeln und an den 'Träger' dieses Handelns (den Körper) gestellt werden, desto stärker muss der Körper kontrolliert und dienstbar gemacht und desto intensiver muss in die *Abwehr* von 'Störungen' investiert werden. Zu dieser Einschätzung passt der oben zitierte Hinweis von Gabriele Rosenthal, dass der Körper in unserem Kulturkreis stark mit Krankheit, Störungen und Unlusterfahrungen in Verbindung bzw. nur dann oder überwiegend so öffentlich zur Sprache gebracht wird.

Wie stark diese Fixierung auf ein einwandfreies Funktionieren des Körpers und die Orientierung an 'Störungen' im Alltagsbewusstsein westlicher Gesellschaften verankert ist, wird auch in Untersuchungen zum Verständnis von Gesundheit und

Krankheit deutlich: Gesundheit wird in doppelter Negation begriffen als das "Schweigen der Organe" oder das "Fehlen von Krankheit" oder aber auch als das "perfekte Funktionieren aller Organe" (vgl. Schaefer 1992, bes. 50ff.). Gerhard Schaefer merkt hierzu an, "dass wir in der Bundesrepublik Deutschland einen stark *negativen* und überwiegend *partiellen* Gesundheitsbegriff haben" (der sich allein auf den Körper bezieht und hierin sogar meist nur auf einzelne Organe), und der darüber hinaus ausgesprochen *materialistisch* geprägt ist, "in dem Sinne, dass viele Befragte meinen, mit materiellen Mitteln, also mit 'Chemie' und 'Physik', weitgehend in der Lage zu sein, Gesundheit zu erhalten bzw. wiederherzustellen" (a.a.O., 68). Entsprechend dieser Orientierungen wird 'Gesundheit' in westlichen Kulturen auffällig stark assoziiert mit 'Krankheit', 'Krankenhaus', 'Arzt' und 'Arznei', wohingegen etwa in asiatischen Ländern Gesundheit mit 'Körper'/'körperlich' und mit 'gesund', 'gut', 'stark' und 'Umwelt' in Verbindung gebracht wird (vgl. a.a.O., bes. 57ff.). Auffällig und beachtenswert ist, dass der Körper offensichtlich von der Krankheit 'geschluckt' wird (er also als Größe nicht mehr in das Bewusstsein gelangt, wenn von 'Gesundheit/Krankheit' die Rede ist), und dass er in ein soziales Umfeld hineingedacht wird, das durch Institutionen und Experten vordefiniert ist. Offensichtlich – so wäre zu folgern – hat sich in westlichen Gesellschaften eine Auffassung durchgesetzt, die den Körper auf die medizinische Sichtweise des wieder funktionstüchtig zu machenden Körpers (oder gar Körperteils [!]) reduziert. Eine gewichtige und in dieser Arbeit zu überprüfende Vermutung.

Eng damit verbunden ist die von Strauss ausgeführte Tatsache, dass eine generelle, psychisch und sozial motivierte und kulturell immer weiter vorangetriebene Tendenz darin besteht, die individuellen körperlichen *Grenzen zu erweitern* und *zu übersteigen*. Zum einen im Hinblick auf die zu erwerbenden *Körpertechniken* (in körperlichen Handlungsabläufen immer schneller, sicherer, geschickter, beweglicher, aus-dauernder und ökonomischer zu werden), zum anderen im Hinblick auf die künstliche Verlängerung körperlichen Vermögens und die Verschiebung angeborener Gren-zen in Richtung eines weiterreichenden und von körperlichen Beschränkungen unab-hängigeren Handelns durch Hilfsmittel vielfältigster Art (von Kleidung und Behau-sung über optische und akustische Verstärker, Kommunikations- und Transportmittel bis hin zu medizinischen Prothesen und Substanzen). In diesem Sinne sind körperliche Handlungen und ihr 'Gestörtsein' stets zu sehen a) im Kontext von Umweltbedingungen (Klima, Höhenlage, Ernährungsressourcen etc.), b) im sozialen Vergleich (Ansprüche und Konkurrenz) sowie damit verbunden c) in der Abhängigkeit vom eigenen Zustand (der Geübtheit, Kondition, Befindlichkeit etc.) und der gestellten Aufgabe oder Herausforderung.

Folgt man den Ausführungen von Strauss, so wäre der Körper in modernen Gesellschaften also vor allem in folgender Hinsicht zu begreifen und zu untersuchen: in seiner Rolle als *Leistungsträger* und in den Formen, in denen er unter diesem Blickwinkel zum Gegenstand der Aufmerksamkeit wird (*Erweiterung* seiner Grenzen, *Kontrolle* seiner Funktionen), die Strauss unter dem Aspekt 'Aktionen am Körper, mit dem Körper, für den Körper' bündelt. Eine spannende Frage liegt auch darin, den Übergang zu verfolgen, an dem aus einer (leichten) 'Störung' eine (massive) 'Krankheit' wird, wie dieser Übergang sozial definiert und geregelt wird und welche Konsequenzen diese Regelungen für den Einzelnen und für die Gesellschaft haben. Wichtig festzuhalten ist Strauss überdies, dass "trotz möglicher körperlicher Defizite erfolgreiches Handeln möglich ist" (Strauss 1988, 99) bzw. dass – so wäre zu ergänzen – gesellschaftlich und individuell viel investiert wird, dass trotz dieser Defizite gehandelt werden kann.

Eine Anmerkung zum Umgang mit den eben entfalteten Anregungen scheint mir dringlich zu sein: Es fällt auf, dass sich in den Ausführungen von Strauss Einschätzungen und Befunde zu der Beschaffenheit moderner Gesellschaften und ihrem (vermuteten) Körperumgang stark mit den Perspektiven vermischen, die er zur Erforschung des Körpers vorschlägt, dass er zwischen Befund und Forschungsfrage nicht ausreichend trennt, und dass die 'Befunde' selbst überdies nicht hinreichend empirisch abgesichert sind bzw. die entsprechenden Verweise fehlen. So besteht zum einen die Gefahr, vorschnell etwas als 'gegeben' anzunehmen, was systematisch zu überprüfen wäre, und zum anderen das entscheidende Manko, die Forschungsperspektive auf diese (ungeprüften) Vorannahmen vorzeitig einzugrenzen. Beiden Versuchungen soll in der vorliegenden Arbeit nach besten Kräften widerstanden werden! So werden die hier angedeuteten 'Befunde' nicht für wahr genommen, sondern kritisch am Material überprüft, und es wird Wert darauf gelegt, sich für die Erschließung anderer, neuer und 'unvorhergesehener' Aspekte im Umgang mit dem Körper offen zu halten.

In Anlehnung an sozialpsychologische Theorien – insbesondere an die identitäts- und interaktionstheoretischen Beiträge George Herbert Meads – entwirft Strauss eine weitere Forschungsperspektive. Er bemerkt dazu unter der Generalthese, dass der Körper zum 'Objekt' der Betrachtung wird: "Wie einige Philosophen (*Merleau-Ponty* 1962, *Plessner* 1970, *Mead* 1938) klargestellt haben, macht es, sozialpsychologisch gesehen, keinen Sinn, über Körperphänomene nachzudenken, ohne dieser Selbstbeobachtung des Körpers und der Handlung des Selbst im Hinblick auf den Körper Aufmerksamkeit zu widmen. Ein bemerkenswertes, wenn auch kaum bemerktes Charakteristikum dieses internalisierten Dialoges ist es, dass jeder Mensch – zumindest in der westlichen Welt – ein spezifisches Verhältnis zwischen den Vorstellungen von seinem Geist ('mind'), seinem Körper und seinem Selbst entwirft" (Strauss 1988, 96). So geht Strauss davon aus, dass eine "kontinuierliche internalisierte Interaktion zwischen verschiedenen Aspekten des Selbst" (a.a.O.) stattfindet, die entlang folgender Fragen erschlossen werden könnte: Welche Vorstellungen, Bilder, Entwürfe zum (eigenen) Körper liegen vor? Wie sind die Reaktionen (eigene, fremde) auf diese Vorstellungen sowie die Reaktionen auf die Reaktionen beschaffen? Welche Handlungen werden wie auf den Körper bezogen/ gerichtet? Wie wird der Körper in Aktionen/Handlungen beobachtet? Wie fallen die Reaktionen auf diese Aktionen/Handlungen aus? Anhand einer Reihe von Beispielen illustriert Strauss die hier virulent werdenden Momente:

(a) Etwa anhand der *Spaltung der Befindlichkeit* angesichts massiver Krankheiten (hier: vorgeführt an den subjektiven Reaktionen nach einem Herzinfarkt, einem Schlaganfall, einer Krebserkrankung und Multipler Sklerose), in der die 'Unvereinbarkeit' von (schwachem, labilem Körper) und (voll leistungsfähigem) Geist zur Zerreißprobe wird und in der die Betroffnen spezifische 'Lösungen' finden (Deutungen, Uminterpretationen), um sich das Geschehen irgendwie verstehbar zu machen, die Konflikte zu bewältigen und/oder die Identität zu wahren.

(b) Anhand des Problems der *Stigmatisierung* angesichts körperlicher Mängel und Besonderheiten (vgl. hierzu auch die Arbeiten von Erving Goffman, insbesondere Goffman 1967).

(c) Anhand der Frage der körperlichen *Präsentation* und der Selbstdarstellung nach außen und den damit verbunden psychischen und sozialen Komponenten.

Auf diese Beispiele kann hier nicht weiter eingegangen werden, aber insbesondere die Ausführungen zu den Wahrnehmungen, Gefühlen und Interpretationen nach schweren Krankheiten sensibilisieren für kulturtypische Einstellungen und Haltungen dem Körper gegenüber und für deren differenzierte Beschreibung und Analyse (vgl. dazu auch die empirischen Arbeiten von Glaser/Strauss 1974 [zuerst 1965] und Strauss 1994, bes. 73ff.).

Der dritte Fokus, den Strauss anbietet, verdankt sich den Beobachtungen, dass a) Körpervorgänge in zwischenmenschlichen Interaktionen eine herausragende Rolle spielen, und dass b) in modernen Gesellschaften ganze Industriezweige und Professionen mit der Sorge für oder um den Körper beschäftigt sind. So käme es in seinen Augen darauf an, "zu beobachten, welche Rolle Körperphänomene im gesamten menschlichen Verhalten und damit auch in institutionell geprägter Interaktion spielen", denn auch die institutionell geprägte Interaktion ist in spezifischer Weise verknüpft mit den alltäglichen Tätigkeiten und Befindlichkeiten des Körpers. Es wäre zu fragen, wie körperliche Handlungen institutionelle Abläufe strukturieren und welche körperlichen Vorgänge institutionelles Handeln hervorrufen und/oder beeinflussen. Hier hinein würden dann auch Fragen der Körperprägung durch Arbeits- und Berufsumwelten und der Habitualisierung von 'Körperhaltungen' (in physiologischer und symbolischer Hinsicht) gehören. Strauss verleiht dieser Perspektive besonderen Nachdruck, wenn er mit Blick auf das 'Übersehen' des Körpers in der Soziologie ergänzt: "Darüber hinaus ist zu fragen, in welcher Weise und wie signifikant dieser Typus von Interaktion in den gesamten Themenkomplex, mit dem sich Soziologen beschäftigen, eingebettet ist. Hier, so meine ich, haben wir uns auch zu fragen, ob wir in unserer Arbeit nicht ständig grundlegende Phänomene übersehen, die wir zu berücksichtigen und dann in ihrer Komplexität zu untersuchen hätten" (Strauss 1988, 100).

Wenn von der Erforschung des Körpers im Sinne struktureller und institutioneller Einbindung gesprochen wird, so muss sicherlich auch noch auf folgende Aspekte hingewiesen werden, zu denen Strauss zwar Andeutungen macht, die er aber nicht explizit ausformuliert: a) auf die Tatsache, dass auch kulturell etablierte Auffassungen vom Körper als strukturelle Aspekte, etwa im Sinne herrschender und steuernder Ideologien und Gewissheiten, zu begreifen sind (Strauss spielt darauf an, wenn er bemerkt, dass in seinen Ausführungen "kulturelle Werte und Muster (...) implizit mitbehandelt worden" sind; a.a.O., 99), und b) auf die Tatsache, dass natürliche Körpervorgänge an die Gesellschaft den Auftrag stellen, kulturell beantwortet und geregelt zu werden. Beide Aspekte werden nachdrücklich von Berger/Luckmann herausgearbeitet – wie noch zu zeigen sein wird.

Unternimmt man den Versuch, die von Strauss aufgeführten Aspekte (unter Hinzuziehung weiterer und bisher nicht genannter Momente) zu sortieren – was sich angesichts der auch von Strauss bemerkten Komplexität des Themas anbietet – , so ließe sich das Gegenstandsfeld 'Körper' für eine soziologische Analyse in folgender Hinsicht aufschließen:

*Soziologisch relevante Dimensionen des Körpers / der Körperlichkeit*

1. Dispositionen und Reaktionen des Körpers
*(organische Ebene)*
organische Voraussetzungen des menschlichen Lebens / unwillkürliche, autonome Körpertätigkeit / Grenzen körperlicher Belastungsfähigkeit / Reaktionen des Körpers auf Umweltbedingungen

2. Körpererleben
*(Ebene subjektiven Erlebens und subjektiver Erfahrung)*
sich seines Körpers inne sein / Körperwahrnehmung / Selbstbild/Selbstverständnis und der eigene Körper / Haltung dem Körper gegenüber / Körperpräsentation

3. Körperumgang
*(Ebene der Handlung und Habitualisierung)*
Regelung organischer Vorgänge/Pflege/Kontrolle des Körpers (Aufmerksamkeit, Fürsorge) / Körpertechniken (der Körper als 'Werkzeug') / Körpersprache (der Körper als Medium der Kommunikation) / Körperpräsentation / körperliche Rituale, Sanktionen

4. Körperbilder
*(symbolische Ebene)*
Vorstellungen vom Körper / Bedeutung des Körpers / Erwartungen an den Körper / Haltungen dem Körper gegenüber

Typischerweise lassen sich die einzelnen Dimensionen zwar analytisch gegeneinander abgrenzen, aber es wird sofort offensichtlich, dass in jeder der aufgeführten Ebenen die anderen jeweils auch enthalten sind und mitschwingen. So haben etwa 'Körperpräsentationen' natürlich auch eine organische Seite (der Körper wird in seiner Materialität beeinflusst), sie sind zugleich auf einer symbolischen Ebene angesiedelt, sie müssen durch Handlungen umgesetzt werden und sie sind eng mit dem Erleben der Subjekte verknüpft. Analoges ließe sich für alle anderen Beispiele ausführen. Für alle vier Dimensionen wäre weiter anzumerken, dass sie ein spezifisches Wissen über den Körper enthalten sowie soziale Normierungen und Tradierungen, die im Prozess der Sozialisation vermittelt und internalisiert werden sowie subjektiv ausgestaltet und angewandt werden müssen.

Knifflig und strittig ist die Frage, wie mit der ersten Dimension – der organischen Ebene – umzugehen ist: Ist sie eine Dimension, die unabhängig von kulturellem Wissen existiert? Ist sie eine kulturell überformte Größe? Oder ist sie nur ein 'Effekt' unseres Denkens? Ohne hier in die Grundsatzdebatte zu dem Verhältnis von Natur und Kultur einsteigen zu können, sei angemerkt, dass für diese Arbeit folgende paradox wirkende aber zugleich ergiebige Lösung gewählt wird: Der Körper besitzt eine *materiale Eigenständigkeit* (wie sie auch die Systemtheorie annimmt) und reagiert im Rahmen seiner Möglichkeiten und Grenzen. *Zugleich* ist der Körper in dieser Materialität den kulturellen Einflüssen ausgesetzt und (in nicht genau anzugebender Weise) ein *Produkt* dieser formierenden Einflüsse, und er ist überdies immer nur kulturspezifisch wahrnehmbar. Von daher können wir also nicht sagen, wie der Körper 'wirklich' ist, sondern (lediglich), wie er sich uns aufgrund unserer gewonnenen Überzeugungen und Präferenzen kulturell darbietet. Wobei diese kulturellen Präferenzen weder beliebig noch unwichtig sind, sondern ja gerade die Welt bestimmen und ausmachen, in der wir leben und uns orientieren (müssen). Insofern soll der Körper *sowohl* als ein eigenständiges Phänomen mit einer eigenen Materialität, die sich wehren kann, *als auch* als ein symbolisches Konstrukt betrachtet werden. Gesa Lindemann hat zum Verhältnis von 'Körper' und 'Leib' instruktive Beiträge geliefert, auf die in Kap. 2.4. und Kap. 6. des ersten Teils ausführlich Bezug genommen wird.

### 1.2.2.   Die Erforschung des Körpers und des 'Körpererlebens' im kulturellen und biographischen Kontext

Utz Jeggle hat bereits zu Beginn der 1980er Jahre grundsätzliche Gedanken zu der Frage vorgelegt, wie das 'Körper*erleben*', also die subjektive Sicht auf den Körper und die damit verbundenen Wahrnehmungen und Empfindungen des Einzelnen oder bestimmter Gruppen, in der Volkskunde erforscht werden könnte (Jeggle 1980, 1983). Wesentlich – und zentral auch für den vorliegenden soziologischen Versuch, Wahrnehmungs-, Erfahrungs- und Erlebensmuster bezüglich des eigenen Körpers und der Körperlichkeit zu eruieren –, scheinen mir dabei besonders folgende Überlegungen zu sein, die das Körpererleben dezidiert als ein kulturelles Geschehen begreifen:

*1. Das 'Körpererleben' ist zu verstehen als eine kulturspezifische und historisch konkrete Erlebnisform, die in jeweils typische kulturelle Gefühls- und Erfolgsmuster eingebunden ist.* Damit wird ausgesagt, dass Wahrnehmungen und Beschreibungen des Körpers und des Körpererlebens keine 'Universalien' darstellen, sondern stets zu sehen und zu verstehen sind vor dem Hintergrund ihrer jeweiligen kulturellen und historisch überaus variablen Einbettung; zu dieser Einbettung gehören die konkreten Arbeits- und Lebensbedingungen ebenso wie die jeweils existierenden 'Regeln' bezüglich des Umgangs mit Gefühlen und mit physischen und psychischen Belastungen sowie die jeweils bestehenden Körper-Bilder, Körper-Vorstellungen und Deutungen des Körpers. Gerade historische und ethnologische Studien können verdeutlichen, wie 'kulturrelativ' der Umgang mit und das Erleben des Körpers gestaltet ist und wie wichtig, aber zugleich auch wie schwierig es ist, das Körpererleben einer fremden Kultur oder Epoche im Rahmen seiner Verankerung in der *Gesamtkultur* zu begreifen und es vor allem auch im Sinne des jeweils *eigenen Sinns* (bzw. des sinnhaften Aufbaus) dieser Kultur zu verstehen (und nicht etwa zu reduzieren auf den Sinn der Herkunftskultur des Interpreten oder so umzubiegen, dass es in diese Muster passt). Barbara Duden hat in ihrem historischen Versuch, das Körpererleben von Frauen im 18. Jahrhundert nachzuzeichnen, eindrücklich auf die Probleme des Verstehens in diesem Kontext hingewiesen (vgl. Duden 1991).

Zwar geht es in der vorliegenden Untersuchung nicht um die Erforschung einer 'fremden' Kultur, sondern um Wahrnehmungen und Deutungen, die 'relativ' vertraut sind ('relativ', weil auch hier Momente geschlechtlicher, alters- und kohortenspezifischer, regionaler, milieubedingter und persönlicher Differenzen für zahlreiche Brechungen sorgen und das 'Vertraute' partiell 'fremd' machen), aber es ist auch hier festzuhalten, dass es um eine *bestimmte* Kultur geht und dass jene 'Regeln' herauszuarbeiten sind, nach denen Wahrnehmungen und Erfahrungen in *dieser* Kultur strukturiert werden, dass die Bedeutungs- und Deutungshorizonte, in die die Mitglieder dieser Kultur den Körper jeweils stellen, auszuloten sind, und dass dies alles im Hinblick auf den *Gesamtbestand* an existierenden Gefühls-, Orientierungs- und Handlungsmustern in dieser Kultur zu geschehen hat. Damit ist eine doppelte Fragerichtung impliziert: Auf welchen kulturellen Gesamtbestand an 'Mustern' oder 'Regeln' *verweist* das Erleben des Körpers jeweils? Wie *prägen, steuern oder beeinflussen* dominante kulturelle Muster das Körpererleben und die Körperwahrnehmung?

Hinzu kommen müssen weitere Fragen, die auf Abweichungen, Brechungen und Sonderformen eingehen und das Feld der Wahrnehmungen und Deutungen – etwa im Sinne von Subkulturen, spezifischen Anpassungsleistungen oder Konterbewegungen – inhaltlich und strukturell ausdifferenzieren. Denn trotz (möglicherweise) dominanter Muster ist keineswegs von einer 'Einheitskultur' auszugehen, sondern weitaus eher von bereichs-, situations-, geschlechts- und personenspezifischen Umgangsformen mit dem Körper, die sich entlang typischer sozialer Konflikte, Brüche, Ungleichheiten und Ungleichzeitigkeiten auffinden lassen und die Zeugnis davon ablegen, welche 'Antworten' die Menschen jeweils auf diese sozialen Herausforderungen und Zumutungen, denen sie persönlich augesetzt waren und sind, gefunden haben. So ist beispielsweise zu vermuten, dass die Anforderungen an die tägliche Arbeit zu jeweils typischen Profilen im Umgang mit dem Körper und seiner Wahrnehmung beitragen bzw. geführt haben und dass dies eng mit der Geschlechtszugehörigkeit, mit dem Herkunftsmilieu und mit jenen sozialen Umbrüchen und historischen Ereignissen verknüpft ist, die für die Lebensläufe der in Frage stehenden Kohorten prägend waren. Ganz in diesem Sinne führt Jeggle einen weiteren zentralen Gesichtspunkt in der Analyse des Körpererlebens ein:

*2. Das Körpererleben wäre zu untersuchen in seiner sozialen Differenzierung, die in erster Linie durch die konkrete Tätigkeit, also durch die Arbeit, hervorgerufen wird.* Wenn Jeggle als Historiker und Volkskundler von 'Arbeit' und 'konkreter Tätigkeit' spricht, so hat er damit überwiegend (auch) jene 'vormodernen' Arbeitsformen im Auge, die für das harte körperliche Schaffen auf dem Lande, im Bergbau, in Handwerksberufen und in der Haus- und Pflegearbeit typisch waren und in diesen Bereichen auch dort noch sind. Aber auch 'moderne' Arbeitsformen an und mit Maschinen und technischen Geräten, im Umgang mit Substanzen, in ihrer geforderten Mobilität usw. setzen Menschen in andauernden und intensiven Bezügen (im Sinne eines 'Arbeitslebens') spezifischen körperlichen und psychischen Belastungen aus. In der soziologischen Biographie- und Lebensverlaufsforschung wird darauf hingewiesen, dass der Arbeit als existenzsicherndem und damit auch stark orientierendem Kern im Lebenslauf in unserer Kultur eine besondere Bedeutung zukommt – auch dann, wenn das moderne berufs- und erwerbsarbeitszentrierte Lebenslauf-Modell ("Normalbiographie") ausgesprochen brüchig (geworden) ist und für bestimmte Populationen sogar nie lebbar war (vgl. dazu ausführlicher bes. Teil 1/Kap. 4.3. und 4.4. sowie Teil 2/4.5.).

Wenn das Körpererleben in einer modernen Kultur wie der unseren untersucht werden soll, wäre also zunächst einmal zu fragen, welche Berufs- und Erwerbskarrieren hier jeweils vorliegen, wie sie beschaffen sind, wie sie erzwungen, ermöglicht und gestaltet wurden, welche typischen Bildungs- und Berufspfade sich abzeichnen (auch welche Verhinderungen und Sackgassen sichtbar werden) und welche subjektive Bedeutung Arbeit und Beruf in dem jeweiligen Lebenslauf einnehmen. Von dort aus wäre dann zu untersuchen, wie sich die Berufsbiographien und das konkrete berufliche Tun (sowie die aufscheinenden Alternativen) auf das Körpererleben auswirken, wie sie Wahrnehmungen beeinflussen, Erfahrungen ermöglichen oder verunmöglichen, Handeln und Gefühle dem Körper gegenüber steuern, moderieren oder gar determinieren.

Schließlich macht Jeggle auf einen dritten gewichtigen Aspekt aufmerksam, wenn er bemerkt:

*3. Eine Untersuchung des Körpererlebens hätte jene biologisch begründeten Dimensionen zu berücksichtigen, die uns daran erinnern, dass wir in unserer Existenz körperliche Wesen sind:* die Prozesse des Wachstums (Größe, Statur, Kraft, Geschicklichkeit ect.), die Entwicklung der Geschlechtlichkeit (Geschlechtsmerkmale, sexuelle Funktionen), die Prozesse des Abbaus, der Degeneration, der körperlichen Einschränkung und des Verfalls bis hin zum Tode. Sehr zu Recht bemerkt Jeggle auch hier, dass der Schreck (oder die geheimnisvolle Freude) über die Menarche, die Wut darüber, (noch) zu klein zu sein, die Angst vor körperlichen Einbußen und die Verleugnung des Alter(n)s kulturelle Muster des Umgangs mit diesen organischen Dispositionen und organisch bedingten Prozessen darstellen, dass es also auch hier nicht um 'Universalien' geht, sondern um spezifische kulturelle Antworten auf körperliche Vorgaben und Prozesse.

Während Jeggle wichtige Anregungen zur Erforschung des Körpererlebens im kulturellen Kontext gibt, vertiefen Elmar Brähler und Peter M. Wiedemann in ihren Ausführungen zur Erforschung des Körpererlebens im medizinischen und psychosomatischen Bereich den Aspekt des methodologischen Zugangs zum Körpererleben. Zentrale Momente sollen hier nachgezeichnet werden.

Ausgangspunkt der Überlegungen von Brähler und Wiedemann ist die Tatsache, dass sich die medizinische und psychologische Forschung seit Beginn der 1970er Jahre verstärkt unter neuen Denkvoraussetzungen mit dem Körper auseinandersetzt. Die dominierende iatrotechnische Medizin (die in mechanischen, physikalischen, chemischen und organbezogenen Konzepten denkt) folgt einem naturwissenschaftlichen Verständnis von Körper, Krankheit und Heilung und hat so zu gravierenden Verkürzungen auf die Sicht des Menschen und des Lebens geführt (vgl. dazu u.a. die dezidierte Kritik von Rothschuh, auf die sich auch Brähler ausführlich bezieht; Rothschuh 1978, Brähler 1995, 7f.). Typisch für dieses traditionelle medizinische Verständnis ist die Spaltung von Soma und Psyche sowie von objektivem Befund und subjektivem Erleben, wobei die zentrale Orientierung des Faches auf den jeweils erstgenannten Größen liegt, der 'andere' Teil sträflich vernachlässigt und an andere Fachbereiche (insbesondere an die Psychotherapie) delegiert wurde und wird. Mit der Entwicklung der Psychosomatik wurde dieses Denkschema deutlich gelockert und die Verbindung zwischen körperlichen und seelischen Prozessen in das Zentrum der Aufmerksamkeit gerückt, allerdings mit der nicht zu unterschätzenden Gefahr, dass Krankheit hier im Sinne einer 'Einbahnstraße' konzipiert wird, die einseitig der Logik folgt: "seelischer Konflikt – körperliches Leiden". Es liegt auf der Hand, dass hier nicht auf die verzweigten Entwicklungspfade, komplexen Konzepte und diffizilen Einzelfragen der Psychosomatik eingegangen werden kann. Wichtig festzuhalten ist jedoch, dass mit der Entwicklung der Psychosomatik ein Zugang zu der Bedeutung und den Formen des subjektiven Körpererlebens des Patienten ermöglicht wurde, und dass sich in der (schul)medizinischen und psychologischen Forschung die Bemühungen mehren, diese Dimension als wichtige Größe im Heilungsprozess ernst zu nehmen.

Vor diesem Hintergrund sind die Versuche von Brähler und Wiedemann zu sehen, das Körpererleben zu thematisieren und methodologisch zugänglich zu machen. In diesem Sinne hebt Brähler die Wichtigkeit des Körpererlebens in der Medizin hervor: "Dem Körperleben des Menschen kommt unabhängig von den herrschenden Theorien eine wichtige Bedeutung zu, da es die Lebenswirklichkeit des Menschen widerspiegelt, unabhängig vom philosophisch konstruierten Leib-Seele-Problem oder der System-Umwelt-Betrachtungsweise. Die stärkere Beachtung des Körpererlebens ist zentraler Bestandteil einer patientenzentrierten Medizin (...) und dient der Einführung des Subjekts in die Medizin (...)" (Brähler 1995, 3f.). Brähler untermauert an anderer Stelle die Bedeutung des Körpererlebens als einer eigenständigen Dimension menschlicher Existenz, wenn er darauf abhebt, dass das Körperleben "elementarer Ausdruck menschlichen Lebens ist und nicht nur als Indiz für organische oder psychische Störungen fungieren darf" (a.a.O., 11): "Wenn die Medizin dem Menschen dienen soll und nicht nur der Freude der Mediziner an ihrer

Wissenschaft, ist die Beachtung des Körpererlebens der Patienten unerlässlich, und es ist genauso ernst zu nehmen, wie der organische Befund, weil die Medizin sonst an der Wirklichkeit der Patienten vorbeigeht, die durch ihr subjektives Erleben konstituiert wird" (a.a.O., 9f.).

Wenn Brähler im Anschluss hieran feststellt, wie der Arzt mit den sprachlichen Angeboten und Bedeutungen, die der Patient zu seinem Befinden anbietet, umzugehen hätte, so lässt sich das analog auf die Situation der sozialwissenschaftlichen Forschung beziehen, in der es ja ebenfalls darum zu gehen hat, wie die Subjekte ihre Lebenswirklichkeit wahrnehmen, strukturieren und interpretieren und welchen 'Sinn' sie diesen Wahrnehmungen und Deutungen verleihen, und nicht etwa darum, die Vorannahmen des/der Forschenden zu bestätigen oder zu widerlegen. Die "grounded theory" (Glaser/ Strauss) hat zur Ausarbeitung dieser Perspektive in der qualitativen und explorativen Sozialforschung ja bekanntlich Substanzielles geleistet (vgl. dazu u.a. Glaser/Strauss 1979, Filstead 1979). Brähler führt hierzu aus: "Da es um das Leben und Erleben des Patienten geht, ist vom Arzt zu verlangen, dass er sich bemüht, dies zu verstehen und als Lebenswirklichkeit des Patienten zu begreifen. Er sollte nicht umgekehrt vom Patienten erwarten, dass er sein Erleben den Erkenntnissen des organischen Befunds anpasst, was auch bei besten Bemühungen des Patienten oft nicht gelingen kann, und auch nicht durch Bemühen des Arztes, die Wirklichkeit des Patienten konstituieren zu wollen" (Brähler 1995, 10).

Sehr zu Recht weist Brähler in Anlehnung an von Uexküll und Wesiak (1979) darauf hin, dass es sich bei diesem Austausch zwischen Patient und Arzt (wie zwischen Befragtem und Forscher) um ein "sprachliches Problem" handelt und "dass Aussagen auf verschiedenen Bedeutungsebenen vorliegen" (a.a.O.). In der konkreten Arzt-Patient-Interaktion liegt die Schwierigkeit wohl vor allem darin, dass der Arzt qua Ausbildung in keinerlei Hinsicht auf einen kommunikativen Austausch vorbereitet wird, in der das Erleben oder Empfinden des Patienten Raum hätte (dazu würde gehören: sich einlassen können, zuhören können, Geduld haben, Erzählungen stimulieren, 'fremde' Wahrnehmungen und Deutungen ernst nehmen, damit umgehen können, eigene Gefühle reflektieren etc.), dass der strukturelle Rahmen darauf nicht ausgerichtet ist (äußerst knappes Zeitbudget, eindeutige Diagnosen und Therapievorschläge im Sinne des gängigen medizinischen Verständnisses werden erwartet) und dass auch der Patient in diese Dynamik eingesogen wird und im Umgang mit dem medizinischen System 'lernt', entsprechend knappe und medizinkonforme Angaben zu seinem Zustand zu machen (vgl. zur Analyse der Arzt-Patienten-Kommunikation und den darin angelagerten Pro-blemen u.a. den Sammelband von Petra Löning und Jochen Rehbein [Löning/Rehbein 1993]).

Dort jedoch, wo sich 'Überschießendes' und 'Nicht-Medizin-Konformes' zeigt, entstehen in der Tat "Sprachprobleme", die im Kern "Deutungsprobleme" sind. Der Mediziner ist hier in der Regel *über*fordert (zumindest solange, wie das medizinische System nicht durchgreifend anders strukturiert und 'Krankheit' bzw. 'Heilung' nicht anders begriffen wird), der Sozialwissenschaftler jedoch *heraus*gefordert, sich diesen genuin 'hermeneutischen' Schwierigkeiten zu stellen. Genau auf dieses Moment der 'Versprachlichung' von Empfindungen – das ja nicht nur Problem, sondern auch Chance ist – rekurriert Wiedemann in seinen methodologischen Überlegungen zur Erfassung des Körpererlebens in Medizin und Psychologie – wie im Folgenden etwas ausführlicher gezeigt werden soll.

Wiedemann unternimmt in seinem Beitrag "Konzepte, Daten und Methoden zur Analyse des Körpererlebens" den Versuch, dem "Konstitutionsprozess der Daten zum Körpererleben" (insbesondere in der medizin- und gesundheitsbezogenen Psychologie und der Psychosomatik) nachzugehen und bisherige Untersuchungen in diesem Bereich mit folgenden Fragen zu konfrontieren: "Welche Daten werden von welchen Verfahren erbracht und welche Aspekte des Körpererlebens in welcher Perspektive werden damit fokussiert und welche ausgeblendet?" (Wiedemann 1995, 199). Mit Nachdruck verweist Wiedemann auf den Umstand, "dass das Körpererleben erst in der sprachlichen Symbolisierung Gestalt gewinnt und nur gedeutet zugänglich ist", wobei bei dem Versuch der Erfassung des Körpererlebens notwendigerweise zweimal gedeutet wird: "(...) zuerst vom Untersuchten, der sein Körpererleben in Konzepte (gewöhnlich Verbalisierungen) fassen muss und dann noch einmal vom Untersucher, der diese Konzeptualisierungen des Untersuchten als Daten abbildet. Die Daten zum Körpererleben sind somit Deutungen von Deutungen" (a.a.O., 200). Dieser sozialwissenschaftlich-hermeneutische Gemeinplatz der doppelten Brechung des Erlebens – in der Schütz'schen Terminologie bezeichnet als "Konstruktionen ersten Grades" (Deutungen der alltagsweltlich handelnden Subjekte) und "Konstruktionen zweiten Grades" (Deutungen der Deutungen durch den Sozialforscher) – erzwingt eine besondere Aufmerksamkeit für die Gestaltung des kommunikativen Prozesses, in dem Daten erhoben, gewonnen und ausgewertet werden; Wiedemann stellt dazu fest: "(...) mit den Datenerhebungs- und Auswertungsverfahren wird der Kommunikationsprozess gestaltet, d.h. die Bedingungen der Kommunikation festgelegt: Welche Chance der Untersuchte hat, seine Deutungen seines Körpererlebens auszudrücken, welche Aspekte vom Untersucher fokussiert und welche ausgeblendet werden und wie hoch die Korrespondenz zwischen den Deutungen des Untersuchers und des Untersuchten ist. Damit ist die Frage aufgeworfen, in welchen Daten sich das Körpererleben am besten erfassen lässt und wie der entsprechende Kommunikationsprozess der Datengewinnung zu gestalten ist" (a.a.O.).

Von herausragender Bedeutung für eine angemessene Erfassung des Körpererlebens ist es, sich über die Beschaffenheit dieses Erlebens klar zu werden: Erst wenn man weiß und in Rechnung stellt, wie Erfahrungen und Erinnerungen aufgeschichtet, aufbereitet und wiedergegeben werden, kann man beurteilen, welche Verfahren diesen komplexen Prozess so einfangen können, dass er möglichst 'ganz' zur Darstellung gelangen kann. Wiedemann verweist in diesem Zusammenhang vor allem auf folgendes konstitutive Moment: Wahrnehmung und Erleben liegt immer in komplexen *Gestalten* (oder Schemata) vor, in denen körperliche Empfindungen, Emotionen, Kognitionen und Handeln eng verknüpft sind. Um ein möglichst vollständiges und subjektspezifisches Bild von körperlichem Erleben erhalten zu können, wäre es also notwendig, dem Untersuchten die Gelegenheit zu geben, diese Dimensionen so umfassend wie möglich und nach seinen eigenen Relevanzen ins Spiel bringen zu können. Entsprechend kritisiert Wiedemann an herkömmlichen Verfahren zur Analyse des Körpererlebens, dass sie das Erleben in singuläre und voneinander unabhängige Faktoren auflösen, diese Faktoren selektiv abprüfen und überdies zumeist das Spektrum des Reaktionsverhaltens derart einengen, dass lediglich das eingespeiste Raster von Antwortmöglichkeiten 'erhoben' wird, ein echter Erkenntnisgewinn jedoch ausbleibt. Hierin spiegelt sich die typische, berechtigte (und inzwischen zu 'Geschichte' gewordene) Kritik an quantifizierenden, faktorenanalytischen, geschlossenen und normativen Verfahren, die für den Bereich der psychologischen und medizinischen Forschung etablierte Praxis sind und gegen die die Ausformulierung qualitativer, ganzheitlich oder gestalttheoretisch orientierter, offener und 'subjektiver' Forschungszugänge eine produktive Alternative darstellt.

In Kontrast zu jenen Modellen, die das Körpererleben atomistisch und mechanistisch auf singuläre Faktoren reduzieren bzw. es als eine isolierte Einheit betrachten, entwickelt Wiedemann einen Ansatz zur Erforschung des Körpererlebens, den er "kontextualistisch" nennt und der sich strukturell als "Drama" konzeptualisieren lässt. Typisch für 'Dramen' ist, dass sie situations- und praxisgebunden sind, in Interaktionen mit anderen geschehen, zeitlich strukturiert und begrenzt sind, sich um den Kern eines Geschehens zentrieren (Ereignis, Höhepunkt) und dass sie – auf einer übergeordneten persönlichkeitsgenerierenden Ebene – so etwas wie "Ursprungsszenen der Erfahrungsbildung" darstellen: "sie bilden als Erlebnisverarbeitungen den Grundstock von Erfahrungen, mit denen spätere ähnliche Ereignisse ausgedeutet werden" (a.a.O., 204). In den Ausführungen zum autobiographischen Gedächtnis und den Strukturen von Erfahrung und Erinnerung wird noch ausführlich auf diese Momente hingewiesen (Teil 1/Kap. 5.). Warum das Modell des Dramas zur Erforschung des Körpererlebens so vielversprechend ist, begründet Wiedemann treffend wie folgt: "In Bezug auf das Körpererleben ist Ähnliches anzunehmen: Auch hier sind Dramen die Analyseebene, auf die es primär ankommt. Zum einen wird der Körper nicht losgelöst von situativen Umständen erlebt, und das Körpererleben wird auf Episoden bezogen, die in irgendeiner Weise auffällig waren (...). Es ist davon auszugehen, dass der Körper in Zusammenhang mit Situationsmerkmalen, mit bestimmten Gefühlen, bestimmten Kognitionen und Verhaltensweisen erlebt wird und auch zeitlich strukturiert ist" (a.a.O.).

Wiedemann schlägt vor, das Körpererleben in Verschränkung mit Handlungsabläufen zu erfassen und bietet dazu drei Ebenen der Fokussierung an, die sich in erster Linie durch die gewählte Zeitperspektive voneinander unterscheiden: 1. "Körperbiographien", die sich als biographische Längsschnitte erheben lassen, 2. "Körpergeschichten", die zeitlich eingegrenzte Episoden (Handlungseinheiten, Erlebnisse) umfassen und 3. "Szenisches Körpererleben", das Mikroprozesse des Körpererlebens (situatives Empfinden) in den Blick nimmt.

Die so eröffneten Möglichkeiten zur Erforschung des Körpererlebens – die hier nicht weiter entfaltet werden können – sind in meinen Augen produktiv und sollen auch in der vorliegenden Untersuchung genutzt werden. Produktiv deshalb, weil sie nicht nur den Eigentümlichkeiten von Erfahrung und Erinnerung gerecht werden (etwa deren hierarchischer Ordnung in 'dramatischen' Einheiten), sondern weil sie den Körper und das Erleben des Körpers in unterschiedichen zeitlichen Dimensionen in umfassende kontextuelle Bezüge stellen – Situationen, Handlungen, Gefühle, Überlegungen – und so auch den Zugang zu einer weitreichenden *biographischen* Perspektive erlauben, in der sich 'dramatische' Einheiten zu Ereignisketten und Sinnmustern aufbauen.

Dezidierter als Wiedemann würde ich jedoch den Fokus der Betrachtung genau umkehren: Nicht *Körper*biographien wären zu erheben, sondern *Biographien*, in denen auch der Körper 'eine Geschichte' hat, die jedoch weder losgelöst von der Lebensgeschichte betrachtet noch losgelöst von ihr verstanden werden kann. Diese Option liegt nicht nur aus inhaltlichen und strukturellen Gründen nahe – weil 'Körperliches' zutiefst an das gelebte Leben gebunden ist – , sondern auch aus methodologischen Gründen. Denn es scheint ja ausgeprochen schwierig, wenn nicht unmöglich zu sein, von den Befragten elaborierte "Körperbiographien" geliefert zu bekommen. Dies würde voraussetzen, dass sie über ein Strukturierungsschema verfügen, das es ihnen ermöglicht, Körperereignisse und Körperprozesse auszuwählen, zu ordnen und gemäß einer 'Idee' oder eines 'Konzepts' (Wiedemann spricht hier auch von "Kohärenzstrukturierung") sinnhaft aufeinander zu beziehen. Gerade diese Leistung ist jedoch höchst unwahrscheinlich, da wir in unserer Kultur – wie auch Wiedemann selbst ausführlich feststellt – über eben diese Interpretationsfolien und die entsprechende lebenszeitliche Aufmerksamkeit dem Körper gegenüber nicht verfügen. So scheint es wesentlich sinnvoller zu sein, sich jener Erzählschemata zu bedienen, die relativ etabliert sind – nämlich Narrationen über den eigenen Lebenslauf – und von hier aus einen Zugang zum Körpererleben zu finden. Die situative oder kontextuelle Einbettung des Körpererlebens – etwa in die Entstehungs- und Begründungszusammenhänge von Handlungsabläufen oder in subjektive biographische Zentralthemen und Relevanzen – wäre hiermit in hervorragender Weise eingelöst. Dazu lassen sich auch die konzeptuellen Anregungen zu 'Körperepisoden' und 'Körperszenen' gut als differenzierende Untereinheiten in der Analyse von *biographischen* Körperthematisierungen nutzen – etwa wenn es um die Fokussierung von spezifischen Körperereignissen, von dominanten Körperthemen oder von körperbezogenen Gefühlen geht.

## 1.3.    Forschungslücken

Fassen wir zunächst noch einmal den Ertrag der vorstehenden Überlegungen zusammen: Ein stringenter Einbezug des Themas 'Körper' in grundlegende Fragestellungen und Analyseschwerpunkte der Kultur- und Sozialwissenschaften hat bisher nicht stattgefunden – ausgeführt wurde dies vor allem für die hier besonders interessierende sozialhistorische und soziologische Forschung. Auf der anderen Seite wird die kulturelle Bedeutsamkeit des Körperthemas zunehmend erkannt, gibt es – wie ausführlich gezeigt wurde – durchaus fruchtbare grundlegende Anregungen zur

Erschließung des Gegenstands und haben sich Einzelstudien zu körperbezogenen Fragestellungen in den letzten zehn Jahren fast explosionsartig vermehrt.

'Träger' bzw. 'Motor' dieser Entdeckung des Körpers waren vor allem solche wissenschaftlichen Felder, in denen der Körper in besonderer Weise thematisch ist (Forschungen zu Sport/Sportpädagogik, Tanz, Gesundheit/Krankheit, Körpertherapie) und in denen auf soziale Gruppen Bezug genommen wird, die in körpergebundene Vorgänge immer noch stark involviert sind (Frauen, Landbevölkerung, Arbeiter) oder bei denen körperliche Prozesse und Veränderungen ein besonderes Gewicht haben (Kinder, Jugendliche, alte Menschen, kranke Menschen). In diesen Feldern kann der Körper offenbar nicht so leicht 'übersehen' werden. Gerade der 'typische' Wissenschaftler jedoch – der männlich ist, sich als aktiv Schaffender immer in den 'besten Jahren' befindet (bzw. sich dies verordnet) und der durch seine einseitige geistige bis rationalistische Zentrierung besonders intensiv am körperdistanzierenden Fortschritt partizipiert – scheint sich in denkbar größter Distanz zu körpernahen Vorgängen zu befinden und sie damit notwendigerweise 'übersehen' zu müssen.

So verwundert es andererseits nicht, dass es vor allem aus dem Bereich der (frühen) soziologischen, psychologischen und historischen Frauenforschung – wie neuerdings auch im Rahmen der Geschlechterforschung – immer wieder Impulse von Frauen (neuerdings auch von Männern) gegeben hat und gibt, den Körper als zentralen Fokus von Individuierung, Vergesellschaftung und sozialer wie kultureller Analyse zu nutzen bzw. einzubeziehen; exemplarisch sei hierzu auf frühe und folgende feministische Studien hingewiesen, die den Körper als einen zentralen Angelpunkt der Identitätsbildung und der Vergesellschaftung von Frauen erkennen (Irigaray 1976, Wex 1980, Hardach-Pinke 1982, Merchant 1987, List 1993), auf die Arbeiten von Emily Martin zum medizinischen Umgang mit dem weiblichen Körper (Martin 1989) und Barbara Duden zur historischen Körperwahrnehmung von Frauen (Duden 1991) sowie auf die Analysen von Hannelore Bublitz zur körperbezogenen kulturellen Erfahrung von Arbeitern (Bublitz 1992).

Und auch im Bereich der soziologisch orientierten Sportwissenschaft und der Tanzforschung (auch hier mit einem deutlichen Frauenanteil) sowie in der sich neu etablierenden Gesundheitsforschung und den damit verknüpften sozialpsychologischen Zugängen hat sich eine Sensibilität dem Körper gegenüber entfaltet (für den Sport und den Tanz seien vor allem erwähnt die Arbeiten von Fritsch 1988, Bette 1989, Abraham 1992, Klein 1992, Sobiech 1994, Alkemeyer 1995, 1996, Blanke 1995, König/Lutz 1995, Rose 1995; für den Bereich der sozialpsychologisch orientierten Forschung zu Gesundheit und Krankheit Horn/Beier/Wolf 1983, Leithäuser/Volmerg 1988, Flick 1991, Jacob 1995). Auch in der jüngeren Geschlechterforschung und der (männlichen) Sozialisationsforschung wird dem Körper dezidierter ein Platz eingeräumt (ausführlich und theoretisch gesättigt bei Lindemann 1992, 1995, Hirschauer 1994; als wichtiger Fokus im Rahmen geschlechtsspezifischer Sozialisation und somatischer Kulturen bei Helfferich 1994a, Kolip 1997, Meuser 1998). In der Erforschung weiblicher Sozialisation überwiegen jedoch psychologisch und psychoanalytisch geprägte Ansätze (vgl. u.a. Hagemann-White 1984,

Flaake/King 1993, Vogt/Bormann 1994, Freese 1996), zudem sind Arbeiten, die den Körper explizit als Fokus geschlechtlicher Sozialisation und der Identitätsfindung wählen, äußerst selten (so aber Helfferich 1994a).

Dieses vielfältige – aber in gewisser Weise eben auch einseitige – Aufgreifen des Körpers hat jedoch (bisher) nicht dazu geführt, dass der Körper als Analyseebene in die 'klassischen' Felder makrosoziologischer Forschung Eingang gefunden hat (Modernisierung und sozialer Wandel, Sozialstrukturanalyse und soziale Ungleichheitsforschung, Soziologie sozialer Probleme) oder in der Mikrosoziologie systematisch berücksichtigt würde (Sozialisationsforschung, Biographieforschung, Sozialpsychologie etc.).

In der Ungleichheitsforschung beispielsweise fällt auf, dass zwar zunehmend 'Körperliches' in die Analyse einbezogen wird – etwa in Rahmen der Frage nach Gesundheitsbewusstsein, Gesundheitsverhalten und gesundheits- bzw. krankheitsfördernden Umweltbedingungen (vgl. z.B. Hradil 1994) oder im Sinne körperbezogener Lebensstile und Lebensführungsmuster (Freizeitverhalten, Konsum von Mode, Schönheitsartikeln, Körpertraining, Essverhalten etc.; vgl. hierzu die frühe Arbeit von Luc Boltanski [Boltanski 1976]). Dieser Einbezug geschieht jedoch entlang bereits sozial 'geronnener' und bereichsspezifischer Körperthematisierungen, in denen ein Körperverhalten sozusagen *manifest* geworden und an bestimmten (sozial auffälligen und bedeutsamen, aber auch willkürlich gewählten) Indikatoren ablesbar wird. Was im Dunkeln bleibt, ist das subtile *Verhältnis*, das Menschen zu ihrem Körper lebenszeitlich aufbauen, das Identitäten generiert, soziales Handeln bedingt und beeinflusst und so auch ein wichtiger Baustein in der Herstellung und Verfestigung sozialer Lagen und sozialer Chancen ist. Auf diese Lücke in den Konzepten zur Erforschung sozialer Ungleichheit und Benachteiligung habe ich an anderer Stelle (Abraham 2002) ausführlicher hingewiesen (zur Rezeption dieser Anregung vgl. auch Enders-Dragässer/Sellach 2002).

Darüber hinaus liegt ein gravierender Mangel soziologischer Erforschung des Körpers und der Körperlichkeit darin, dass es wenige Versuche gibt, den Körper in seiner *kulturellen Präsenz* zu erforschen. Mit 'kultureller Präsenz' wird hier die weitreichende Vorstellung verbunden, dass der Körper (als Phänomen) in zentraler Weise 'Soziales' hervorbringt und steuert, dass er zugleich Produkt dieser Steuerung ist und dass er darüber hinaus *das* Bindeglied zwischen sozialen Strukturen und dem Individuum darstellt: 'Soziales' kann nur über den Körper des Einzelnen aufgenommen, integriert, verarbeitet und hervorgebracht werden. Insofern hätte der Körper eine Grundkategorie – wenn nicht *die* Grundkategorie – soziologischer Forschung zu sein und müsste als Vermittlungsgröße zwischen Individuum und Gesellschaft systematisch berücksichtigt werden. Zur kulturellen Präsenz des Körpers gehören in meinen Augen folgende zentrale und bisher sträflich vernachlässigte Dimensionen:

(a) Wissen über den Körper / Deutungen des Körpers / Haltungen dem Körper gegenüber (Beziehung zum Körper, Körperverhältnis) / Körpererleben sowie

(b) der Zusammenhang von Körperlichkeit und Identität / eine systematische Analyse der Körpersozialisation / die biographische Einbindung der Körperlichkeit.

Im Kern sind hier Fragen berührt, die sich mit der Repräsentanz des Körpers im subjektiven Bewusstsein befassen – etwa im Sinne eines 'Alltagsbewusstseins' und eines 'Alltagswissens' über den Körper – und mit den daraus resultierenden Verhaltens- und Handlungsweisen in dem Körper und dem Körper gegenüber (siehe Punkt [a]) sowie Fragen, die darauf zielen, die Gestalt, die Bedeutung und die Funktion des Körpers im Rahmen der lebenslangen Genese von Subjektivität zu analysieren (siehe Punkt [b]). Dabei wird davon ausgegangen, dass die mentalen Repräsentanzen des Körpers zutiefst an soziale Lebensverhältnisse gebunden sind und dass Wissen, Deutungen, Haltungen, Erlebensformen etc. bezüglich des Körpers stets auch an ein *kollektives* Wissen rühren und somit auf kulturelle Tiefenstrukturen verweisen. Die 'Haltung' des Einzelnen dem Körper gegenüber ist immer auch Ausdruck einer 'sozialen' Haltung (im Sinne der Teilnahme an und des Erwerbs in einem sozialen Kontext) und Hinweis auf gesellschaftlich etablierte Möglichkeiten sowie Unmöglichkeiten des Seins. Ebenso verhält es sich mit dem sozialisatorischen und biographischen Erwerb von Identität: Auch diese Prozesse sind nicht ohne Sozialität denkbar und geschehen nie unabhängig von ihnen.

Zwar wird im Rahmen der Erforschung von Gesundheit und Krankheit seit einiger Zeit nach subjektiven Repräsentanzen und Bewusstseinsformen geforscht (vgl. bes. Fischer 1982, Horn/Beier/Wolf 1983, Flick 1991, Jacob 1995), aber es geht hierbei eben nicht zentral um den 'Körper', sondern um Umgangsformen mit Krankheit und Gesundheit, also wiederum um ein Feld, das zwar stark von 'Körperlichem' tangiert ist, das aber seine eigene Struktur und Logik aufweist. So interessieren hier spezifische Fragen, die in auffälliger und typischer Weise um institutionelle Arrangements sowie um das Verhältnis von 'Laien-' und 'Expertentum' kreisen und bei denen die subjektiven Formen der *Bewältigung* von Krankheit (oder der Strategien, "trotz allem gesund zu bleiben" [vgl. Dross 1991]) im Vordergrund stehen. Der Körper in seinen oben angedeuteten komplexen und weitreichenden Verweisungen kommt so nicht systematisch in den Blick, auch wenn in den Forschungsbefunden implizit durchaus wichtige Hinweise zur individuellen wie sozialen Stellung und Bedeutung des Körpers enthalten sind und sich in einem weiteren Forschungsschritt erschließen lassen würden.

Neben der Vernachlässigung von 'Alltagswissen' und 'Alltagshandeln' im Bereich der Körperlichkeit – die nicht nur aus der oben ausführlich diskutierten 'Verdrängung' des Körpers resultiert, sondern zudem mit der Marginalisierung des Alltags in der soziologischen Forschung zusammenhängt (vgl. dazu u.a. Hammerich/Klein 1978, Soeffner 1988) – , neben dieser Vernachlässigung lässt sich eine weitere Forschungslücke ausmachen, die mit der oben angedeuteten fehlenden *kulturellen* Repräsentanz des Körpers eng verbunden ist: die fehlende historische bzw. zeitliche Tiefenschärfe des Gegenstands. So ist es in meinen Augen kein Zufall, dass die historisch und volkskundlichorientierten Ansätze zur Erforschung des Körpers faszinierender und überzeugender sind als etwa die Ausführungen von Anselm

Strauss. Die Darlegungen von Strauss bleiben in gewisser Weise flächig, schematisch und ahistorisch, der Rekurs auf *ein* dominantes modernes Muster des Körperumgangs ('Leistung/Störung/Kontrolle') erschöpft sich schnell und führt eher dazu, sich gelangweilt vom Körper abzuwenden, als ihn in seiner kulturellen, sozialen und individuellen Vielschichtigkeit zu entdecken oder entdecken zu wollen. In den historischen Arbeiten wird jedoch spürbar, in welche sozialen und historisch gewachsenen Ordnungen der Körper eingebunden ist, welche Tradierungen vorliegen und damit auch welche Verbindungen der Generationen, aber auch welche Brüche, Übergänge und Verwerfungen es in diesem Kontext gibt und wie über zeitlich sich hinstreckende Prozesse der Sozialisation körperbezogene Haltungen und Handlungsweisen vermittelt und eingeübt werden. Dieser Blick auf gewachsene und gewordene Momente kann nicht nur kulturelle *Tiefenstrukturen* angemessener erfassen, sondern trifft auch die Verankerung des Körpers in kulturell herausgebildeten Lebenszusammenhängen wesentlich besser. Und dies scheint mir überaus wichtig, denn nur wenn wir wissen, wo wir 'herkommen' – wie Menschen über *den* Körper und über *ihren* Körper gedacht, über ihn verfügt, ihn gefühlt oder nicht gefühlt haben und fühlen – , können wir verstehen, wo wir bezüglich unseres Körperumgangs 'hingehen', welche Qualitäten und Präferenzen wir ausbilden, und vielleicht auch, *warum* wir dies so tun.

## 2. Die Bedeutung des Körpers in den theoretischen Ansätzen von Alfred Schütz und Helmuth Plessner

### 2.1. Die "Theorie der Lebensformen" – der 'lebensphilosophische' Beitrag von Alfred Schütz

Eine soziologische Arbeit in ihrer theoretischen Verortung mit einem lebensphiloso-phisch orientierten Theoriestück zu beginnen, bedarf einer Erläuterung. Der Rekurs auf den frühen Schütz und sein 1925 begonnenes und unvollständiges Manuskript, das überschrieben ist mit dem Titel "Die Theorie der Lebensformen des Ich und ihrer Sinnstruktur", ist getragen von dem Gedanken, der philosophischen und er-kenntnistheoretischen Fundierung der phänomenologisch inspirierten Sozialtheorie möglichst nahe zu kommen – einer Sozialtheorie, die durch den späten Schütz ihre entscheidendsten Impulse erhielt und die von Berger und Luckmann zu einer zentra-len soziologischen Theorie entwickelt wurde, die weite Bereiche soziologischen Denkens und soziologischer Forschung durchdrungen hat und deren Einfluss heute kaum mehr zu überblicken ist.

Bereits an dieser Stelle sei ein kurzer Einschub erlaubt, der die Charakterisierung des Schütz'schen Theoriegebäudes betrifft. In Ermangelung einer schlüssigen über-greifenden Benennung bin ich geneigt, den Ansatz von Schütz als 'phänomenolo-gisch inspiriert', 'handlungstheoretisch orientiert' und 'konstruktivistisch weiterge-führt' zu bezeichnen: 'Handlungstheoretisch orientiert' deshalb, weil eine zentrale Quelle der Auseinandersetzung für Schütz der handlungstheoretische Ansatz Max Webers war, 'konstruktivistisch weitergeführt' in Bezug auf den Neuansatz von Ber-ger/Luckmann und 'phänomenologisch *orientiert*' deshalb, weil Schütz in seinem Bemühen um eine tiefergreifende Fundierung des Weber'schen Ansatzes zentrale 'Anleihen' bei der Phänomenologie macht, insbesondere bei der Husserl'schen Kon-zeption der Lebenswelt.

Von einer 'phänomenologischen Sozialtheorie' zu sprechen (wie es vielfach ge-schieht) wäre jedoch nicht nur verkürzend, sondern auch begrifflich unkorrekt. Luckmann greift diese Charakterisierung recht deutlich als einen "begrifflichen Widerspruch" an (Luckmann 1979): So etwas wie eine 'phänomenologische Sozio-logie' kann es nicht geben, denn Phänomenologie (als eine Form der Philosophie) und Soziologie (als eine Form der empirischen Wissenschaft) folgen – auch wenn es Überschneidungen in den Zielen gibt – je eigenen Erkenntnisinteressen und bedie-nen sich dazu auch verschiedener Methoden. Einen zentralen Unterschied markiert Luckmann wie folgt: "So beginnt der Prozess *phänomenologischer* Erklärung mit der unmittelbarsten zugänglichen Evidenz: mit der Untersuchung unmittelbarer Erfahrung. Für die soziologische, d.h. kausale und funktionale Erklärung ist die Evidenz von komplexerer Natur. Sie besteht aus den sozial konstruierten histori-schen Wirklichkeiten des Alltagslebens"; und er fährt fort: "Deshalb erfüllt die phänomenologische Beschreibung der elementaren Strukturen des Alltagslebens eine Funktion, die für die methodologische Fundierung der Sozialwissenschaften wesentlich ist" (a.a.O., 205). In diesem Sinne bezeichnet Luckmann die Phänomenologie auch als "Proto-Soziologie" und er betont: "Eine Proto-Soziologie ist keine Soziologie, noch nicht und nicht mehr" (a.a.O.).

Anlass einer erneuten Beschäftigung mit dem Schütz'schen Frühwerk war vor allem auch, dass der "Leib" hier in besonderer Weise eine Rolle spielt, und dass durch diese lebensnahe 'Treue' zum Körper spezifische Grundprobleme sozialwissenschaftlicher Forschung besonders plastisch und nachhaltig sichtbar werden.

In der Darstellung der grundlegenden Elemente des Schütz'schen Ansatzes beziehe ich mich (neben dem Original) vor allem auf die vorzüglichen Hinweise von Srubar, der die "Theorie der Lebensformen" ediert und mit einem instruktiven Vorwort zu der (eher unbekannten) Schütz'schen Rezeption des lebensphilosophischen Beitrags von Bergson versehen hat (vgl. Srubar 1981). Folgende Aspekte sollen hier vor allem herausgearbeitet werden:

—   die Intention des Schütz'schen Ansatzes;
—   die Grundzüge der "Theorie der Lebensformen";
—   die besondere Bedeutung des 'Leibes' und
—   die methodologischen Implikationen und Probleme, die sich hier andeuten.

Dabei kann es in diesem Rahmen natürlich nicht um eine ausführliche Werkanalyse gehen, sondern (lediglich) um die exemplarische und thematisch fokussierte Darstellung wesentlicher Aspekte.

### 2.1.1.   Die Intention des Schütz'schen Ansatzes

Schütz versteht Sozialwissenschaft in erster Linie als eine Wisenschaft vom menschlichen Handeln. In Max Webers Ansatz einer 'verstehenden Soziologie' sah er eine in diesem Sinne vielversprechende Konzeption, die auch eine echte Alternative zu naturwissenschaftlichen Modellen in den Sozialwissenschaften bot. Weber geht aus von einem 'subjektiv sinnhaften Handeln', das sich an dem Verhalten anderer orientiert. Schütz kritisiert, dass dabei das Problem der Sinnkonstruktion und das Problem der Intersubjektivität nicht hinreichend geklärt ist, weil es auf nicht explizierten bzw. ungeklärten philosophischen Implikationen beruht. Schütz suchte im Kern in seinen frühen Ansätzen also zunächst nach einer philosophischen Fundierung der Soziologie Max Webers.

Hinzu kam, dass Schütz auch mit den philosophischen und erkenntnistheoretischen Konzeptionen seiner Zeit (den Schulen der Neokantianer und des Wiener Kreises) nicht zufrieden war: Ihre Suche nach einer "Methode richtiger Erkenntnis", durch die dann der Gegenstand der Erkenntnis konstruiert wird, war Anstoß seiner Kritik. Denn dies verfehle das Wesentliche: "nämlich die Grundlage sowie die einzelnen Stufen des Prozesses aufzuzeigen, in dem sich menschliches Wissen konstituiert" (Srubar 1981, 21). Schütz sah es als einen massiven Fehler an, das äußerst komplexe Gebilde der 'Logik' – etwa im Sinne einer 'Struktur des reinen Denkens' oder im Sinne der Reduktion der Sinn- und Intersubjektivitätsfrage auf die 'logische Diskursivität von Sätzen' – als die einfachste Ebene und als quasi 'natürliches' Werkzeug des Verstehens anzusehen, statt nach den *konstitutiven*

Werkzeug des Verstehens anzusehen, statt nach den *konstitutiven Voraussetzungen* der Sinngeltung der logischen Strukturen zu fragen! Srubar bemerkt hierzu treffend: "Wie wir sehen, kehrt Schütz hier das Fundierungsverhältnis zwischen Sinn und Logik um. Er erkennt, dass die Sinnhaftigkeit der logischen Erkenntnisstruktur, der logisch diskursiven Sätze etc., zwar eine der Regionen sinnhafter Weltkonstitution darstellt, dass die Grundlagen dieser Konstitution jedoch im Bereich des alogischen, des vorwissenschaftlichen Erlebens zu suchen sind" (a.a.O., 21f.).

Schütz verfolgte ein zweifaches Ziel: Er wollte den Prozess der Sinnsetzung in seinen verschiedenen Stufen und Formen erfassen, und er wollte die gemeinsame Struktur aufzeigen, die diesem Prozess in allen seinen Formen zugrundeliegt und ihn trägt. Dabei war er fest davon überzeugt, dass diese Struktur den *ganzen Erlebensbereich* des Menschen umfassen muss. In seiner "Theorie der Lebensformen" versuchte Schütz dieses Programm einzulösen. Wesentliche Impulse erhielt er dazu aus dem Gedankengut der Lebensphilosophie, vor allem wegen deren Betonung der Rolle des *Erlebens* im Sinnsetzungsprozess und deren Methode des Verstehens. So lockten ihn beispielsweise Nietzsche und dessen Fundierung der Sinnsetzung im Erlebnisstrom (vorgeführt anhand der These von der dionysischen Grundlage der Künste) und Dilthey mit seiner eindeutigen Betonung der im Erleben begründeten und gleichzeitig doch sozialgeschichtlich bedingten Genese von Sinn und Sinnverstehen. Aber auch diese deutschen, sich als hermeneutisch und erkenntniskritisch verstehenden Ansätze der Lebensphilosophie befriedigten Schütz nicht. Er wollte den Dualismus von Erleben und Erkennen überwinden, um so den Zugang zur Analyse des Sinnsetzungsprozesses auf allen seinen Stufen zu erreichen. Hierzu fand er in der Lebensphilosophie Henri Bergsons die entscheidenden Ansatzpunkte.

Entscheidend war, dass Bergson "den Nachweis geführt hatte, dass alle Kategorien des Verstandes sowie alle sozial entstehenden Instrumente der Welterfassung (so die Sprache, die sozial institutionalisierten Betrachtungsweisen etc.) schon immer eine Rekonstruktion der ursprünglich im Erleben gegebenen Realität darstellen, eine Rekonstruktion, die bereits eine verzerrende Reduktion bedeutet, weil sie aus der kontinuierlichen, heterogenen Abfolge qualitativer Erlebnisse in unserer inneren Dauer einzelne Momente herausgreift, sie außerhalb ihres Erlebniskontextes fixiert und so objektivierend in die quantifizierbare zeiträumliche Welt des Intellekts und des instrumentellen Handelns versetzt" (a.a.O., 25). Hierin erblickte Schütz die Möglichkeit, "zu den Quellen der Sinnsetzung im Erleben Einzelner hinabzusteigen und den Sinnsetzungsprozess in allen seinen Phasen zu durchleuchten" (a.a.O.).

So konnte er auch seine Kritik an dem Weber'schen Ansatz des 'Verstehens' und seiner 'idealtypischen Methode' präzisieren: Weber unterlegt dem Handeln rational konstruierte idealtypische Modelle (Modelle rationalen Handelns), um so das Irrationale (die irrationalen Komponenten des Handelns) einzukreisen und es, so weit möglich, deuten zu können. Hier liegt also kein Ausschluss oder keine Leugnung des Irrationalen vor, sondern eher der Versuch, über Kontrastierung und Nutzung einer 'hoch' entwickelten Form des Weltzugangs – der Rationalität – andere Daseinsformen, Horizonte oder Sinnschichten zu erhellen. Die Rationalität dient dabei nicht nur als Erkenntnisinstrument, sondern auch als Erkenntnisfolie. Die Schütz'sche Kritik bezieht sich in diesem Zusammenhang auf zweierlei: Weber übergeht die Ebene, die der rationalen Sinnsetzung *vorausgelagert* ist, und er setzt ein 'Verstehen' auf der Ebene des faktischen Handelns voraus, geht aber dem *Zustandekommen* dieses Verstehens nicht nach.

Schütz zu Folge erfordert die Verstehbarkeit des 'Du' (des Gegenübers) eine besondere *Methode*. Wichtig ist in diesem Zusammenhang seine Unterscheidung von "Erfahrungsgegenstand" (wohl zu verstehen als bereits sozial und begrifflich geronnene Objektivationen) und "Erlebnisinhalt" (als 'vorwissenschaftliche' Erlebensschicht) und er fordert, dass der wissenschaftlich begrifflichen Bearbeitung von 'Du' und 'Sinn' als Erfahrungsgegenständen eine 'vorwissenschaftliche' Untersuchung des Du-Erlebnisses und des Sinnes vorausgehen muss.

Hierzu ist anzumerken, dass Schütz im Rahmen seiner "Theorie der Lebensformen" (und auch in seinen späteren Werken) keine 'Methode' des Verstehens entwirft, sondern zunächst und vornehmlich eine *theoretische Grundlegung* der Konstitutionsbedingungen der Entstehung von Intersubjektivität und Sinn schafft. (Es verwundert ein wenig, dass Srubar dieses Selbstmissverständnis hier nicht erhellt oder kommentiert.) In seinen Ausführungen zur Sprache jedoch unternimmt Schütz den Versuch, das grundlegende Problem zu lösen, das sich in verwandter Form allen verstehenden und hermeneutisch operierenden Erkenntniszugängen stellt: Wie lässt sich mit den Mitteln der Sprache die Sprache selbst unterlaufen, um so die 'vorsprachlichen' Lebensformen darzustellen? Schütz 'löst' das Problem, indem er die Sprache als ein zwischen Subjektivität und Objektivität vermittelndes Medium begreift.

In der Abgrenzung von der transzendentalen Phänomenologie Husserls, an der sich Schütz vor allem in seinen späteren Schriften reibt, tritt das Anliegen von Schütz besonders deutlich hervor: Dies ist die Einsicht, "dass eine adäquate wissenschaftliche Erfassung der sozialen Realität die Analyse der Sinnstruktur des 'täglichen Lebens' zur Bedingung hat und in ihr fundiert sein muss" (a.a.O., 69). So schreibt Schütz in einer späteren Phase an seinen Freund Aron Gurwitsch: "Ich finde und habe immer gefunden, dass Phänomenologie der natürlichen Einstellung viel dringlicher ist und viel fruchtbarer. Wenn alle transzendentale Phänomenologie auf der Lebenswelt fundiert ist – obwohl, Wunder über Wunder, – letztere durch die erstere konstituiert wird, dann ziehe ich es vor, mich vor allem der Erforschung der Lebenswelt hinzugeben. Wir haben jetzt vielleicht zwanzig 'Zugänge' zur transzendentalen Sphäre, aber ich sehe keinen 'Exit' aus ihr" (zit.n. Srubar 1981, 70).

Zur Erfassung der alltäglichen sozialen Realität bedient sich Schütz zwar der Phänomenologie als Erkenntnisinstrument, er weist jedoch den Anspruch einer transzendentalen Begründung von Wissenschaften sowie einer transzendentalen Theorie der Intersubjektivität zurück. Zentral ist für ihn die Analyse der Konstitution des *mundanen* Sinnsetzungsprozesses. Zum Kern dieses Sinnsetzungsprozesses gehört die Frage nach der Konstitution der als objektiv geltenden Welt sowie die Frage nach der komplexen sinnsetzenden Beziehung zwischen alter und ego; nur über eine präzise Entschlüsselung dieses intersubjektiven Vorgangs können für Schütz die konstitutiven Voraussetzungen des von Max Weber eingeführten und für die Sozialwissenschaften fundamentalen Konzepts des sozialen Handelns geklärt werden.

### 2.1.2. Grundzüge der Theorie der Lebensformen

Schütz entwirft in Anlehnung an wesentliche Eckpfeiler der Lebensphilosophie Bergsons eine Stufung von Bewusstseinsschichten, die er "Lebensformen" nennt und in deren Verbindung das einheitliche Ich aufgehoben ist. Diese Schichten des Erlebens bzw. Lebensformen werden wie folgt benannt:

a. die Lebensform der reinen Dauer des Ich

b. die Lebensform der gedächtnisbegabten Dauer des Ich

c. die Lebensform des handelnden Ich

d. die Lebensform des Du-bezogenen Ich

e. die Lebensform des redenden Ich

f. die Lebensform des begrifflich denkenden Ich

(vgl. Srubar 1981, 37).

Diese Stufen bilden ein Kontinuum zwischen dem Pol der reinen Dauer, der sich durch Qualität, Unausgedehntheit, Kontinuität, Heterogentität, Freiheit und 'Bilder' auszeichnet, und dem Pol des begrifflichen Denkens, der charakterisiert ist durch Raumzeitlichkeit, Quantifizierbarkeit, Ausdehnung, Diskontinuität, Homogenität, Notwendigkeit und Begrifflichkeit. Schütz sieht jedoch die Gefahr, dass Bergson in einen unproduktiven Dualismus verfällt, in dem das qualitative Erleben einem objektivierten zeiträumlichen Erleben gegenübersteht, und er bemüht sich, ein Stufenmodell zu konzipieren (im Sinne einer Pluralität von Lebensformen), das sich vor allem dadurch auszeichnet, dass Übergänge und Durchstiege zu den jeweils benachbarten höheren und niederen Stufen möglich sind. Erst diese Vernetzung garantiert, dass weder die Vielfalt der Daseinsformen noch die Einheit des Subjekts geopfert werden müssen.

Medium dieser Vernetzung ist der Vorgang der *Symbolisierung*, der es erlaubt, Erlebnisse der niederen Lebensformen von den jeweils höheren her auszudeuten. Unter dem Prozess der Symbolisierung "versteht Schütz den Vorgang der Hervorhebung der Erlebnisse aus dem kontinuierlichen Erlebnisstrom durch dessen Zerlegung sowie die Fixierung dieser Erlebnisse zu umgrenzten Einheiten = Symbolen" (a.a.O., 39). Über diesen Vorgang, in dem Symbolisiertes und Symbol zu einer Einheit werden, die dann als Symbol auf der nächsthöheren Stufe präsent wird, gelingt die Verbindung der Daseinsbereiche.

Entscheidend für das Problem der Sinnsetzung ist dabei der Gedanke, dass die abgelaufenen (oder "entwordenen") Erlebnisse niederer Lebensformen im Prozess der Symbolisierung eine Deutung vom jeweiligen 'Jetzt' und 'So' her erfahren. Der von dieser Symbolbeziehung getragene oder konstituierte Zusammenhang der Lebensformen ist somit zu begreifen als ein *Sinnzusammenhang*. Für die Erfahrung der Subjekte bedeutet das: Sie ist unmittelbar verknüpft mit dem Prozess der Symbolisierung und erhält ihren Sinn auf den jeweiligen Stufen dieses Prozesses. Zugleich heißt das aber auch, dass die Erfahrung (zumindest potenziell) immer auch mit der untersten Ebene des Daseins verbunden ist: mit dem "Bereich des unmittelbaren Erlebens, in dem uns die Welt durch komplexe Erlebnisse gegeben ist" (a.a.O., 40). Dabei ist jedoch zu beachten, dass "deren emotionelle und perzeptionelle Bestandteile in ihrer reichen Nuancierung nicht in ihrer ganzen Fülle in die höheren Lebensformen übertragbar sind" (a.a.O.). Es entsteht also die gewichtige Frage, wie die qualitative Dichte und Unmittelbarkeit des ursprünglichen Erlebnisstromes in höheren Lebensformen präsent werden kann. Eine Schlüsselfunktion nimmt dabei das *Gedächtnis* ein.

Schütz konzipiert das Gedächtnis dazu in einer zweifachen Funktion: In seiner ersten Funktion stellt das Gedächtnis ein lückenloses Bild der Erlebnisse in reiner Dauer her; in seiner zweiten Funktion hält das Gedächtnis jedoch nicht die Erlebnisse selbst fest, sondern ihre Gedächtnis*bilder*, also Symbolisierungen der ursprünglichen Erlebnisse. Damit werden Erlebnisse auf der Ebene der Dauer nicht einfach widergespiegelt, sondern sie werden aus dem Strom des Erlebens herausgehoben, eingegrenzt und fixiert. Damit erhalten sie einen Sinn und werden deutbar. Entscheidend ist hierbei zweierlei: Das Gedächtnis kann sich nur auf Erlebnisse beziehen, die bereits abgelaufen sind, und es kann Sinn nur herstellen, indem es die abgelaufenen und umgrenzten Erlebnisse in einen kontextuellen Rahmen stellt. Dieser kontextuelle Rahmen ergibt sich durch den Vergleich mit zeitlich angrenzenden anderen Erlebnissen und unter der Diskrepanzerfahrung zum 'Jetzt' und 'So'. Srubar fasst diese zentralen Annahmen wie folgt zusammen: "In der reinen Dauer gibt es kein herausgehobenes Jetzt und So, von dem aus ein Bezug auf die entwordenen Erlebnisse möglich wäre. Die in der reinen Dauer aktuell werdenden Erlebnisse sind daher sinnlos. Erst indem sie im reflexiven Zugriff ex post durch das Gedächtnis in ihrem Kontext in der Dauer umgrenzt und fixiert werden, erhalten sie einen Sinn und werden deutbar. Durch die symbolisierende Funktion des Gedächtnisses gehen also Erlebnisse der reinen Dauer in die höheren Lebensformen als ein sinnhaftes Erleben über" (a.a.O., 42).

Es ist jedoch nicht zu übersehen, dass sich hinsichtlich der reflexiven Zugänglichkeit der Lebensform der reinen Dauer des Ich und der Doppelfunktion des Gedächtnisses Widersprüche und Ungereimtheiten ergeben. Schütz war zunächst davon überzeugt, dass es keinen Zugang zu der untersten Schicht geben und dass die *volle* Qualität des Erlebnisstromes nicht in höhere Bewusstseinsschichten hinübergerettet werden kann. Wie Bergson konstatierte er, dass diese Schichten des Erlebens im Dunkeln bleiben müssen – "ineffabile" seien – , zugleich aber ließ ihm der Gedanke keine Ruhe, dass sein Entwurf Irrationalitäten enthielt. Ein besonderer Stachel mag dabei Husserls Bemerkung in "Formaler und transzendentaler Logik" gewesen sein: "Für philosophische Kinder mag das der dunkle Winkel sein, in dem die Gespenster des Solipsismus oder auch des Psychologismus, des Relativismus spuken. Der rechte Philosoph wird, statt vor ihnen davonzulaufen, es vorziehen, den dunklen Winkel zu durchleuchten" (Husserl zit.n. Srubar 1981, 65).

In der Konzeptualisierung des Zeitbewusstseins bei Husserl entdeckte Schütz dann jedoch das 'Licht', mit dem er das diffuse Grau der Ausgangsschicht des Sinngebungsprozesses aufheben konnte. Kennzeichnend für die Konzeption Husserls ist, dass das Zeitbewusstsein die konstitutive Ebene des Bewusstseins darstellt und dass auf der Ebene des Zeitbewusstseins eine Verschmelzung der beiden Zeittypen – der phänomenologischen Zeit des Bewusstseinsstroms und der objektiven (zeiträumlich begrenzten) Zeit – gedacht wird. Dieses einheitliche Zeitbewusstsein wird dadurch hergestellt, dass im leistenden Vollzug des Zeitbewusstseins "sowohl die Wahrnehmung als Zugriff als auch das Wahrgenommene als ihr gegenständliches Korrelat konstituiert werden" (a.a.O., 67). Srubar führt dazu weiter aus: "Die Subjektivität des inneren Erlebnisstromes wird so auf einer Ebene mit der evidenten Objektivität seiner Korrelate in einheitlichen Sinnsetzungsprozessen konstitutiv verknüpft und dem reflexiven Blick zugänglich gemacht, ohne dass dadurch eine qualitative Wesensveränderung des betrachteten Gegenstandes eintreten würde, wie dies im Bergson'schen Modell der Fall ist" (a.a.O.).

Widersprüchlich bleibt, dass auf der einen Seite deutlich gemacht wird, dass Symbole aus dem Strom des Erlebens herausgehobene, abgegrenzte und sinnbehaftete Bilder sind und eben nicht die reine Widerspiegelung der Dauer sein können, und dass auf der anderen Seite suggeriert wird, dass durch den Kunstgriff der Implementierung eines einigenden Zeitbewusstseins und des Zusammenfalls von Wahrnehmungsprozess und objektivem Korrelat (Symbol) ein ungetrübter oder ihr 'Wesen nicht verändernder' Zugriff auch auf die unterste Daseinsschicht möglich sei. 'Lösen' lässt sich dieser Widerspruch vermutlich nur durch die Doppelaussage, dass ein Zugriff auf den qualitativen Strom des Erlebens möglich ist, aber eben nur im Sinne repräsentierender Symbole, die zwar subjektives Erleben und Formen der Objektivierung vereinigen können, die aber niemals das Erleben bzw. den Erlebnisstrom 'an sich' bedeuten.

Als ein zentrales Merkmal des Schütz'schen Ansatzes sei abschließend noch hervorgehoben, dass es sich um einen *egologischen* Ansatz handelt: Das Problem des Verstehens der Welt und des Anderen wird aus der Perspektive des Ich und der Bewusstseinsleistungen des Ich analysiert. Dies ist plausibel, weil wir zum Bewusstsein anderer keinen unmittelbaren Zugang haben und weil ein Verstehen des Anderen nur möglich wird über den Prozess der Rückübersetzung und Deutung des vom Anderen gemeinten Sinns im Rahmen unserer eigenen Bewusstseinsstrukturen. 'Verstehen' ist also vielleicht auch gar nicht anders zu denken als ein '*Ich*-verstehe'. Eine solche Sicht muss sich jedoch den Vorwurf gefallen lassen, dass sie den Blick auf subjektunabhängige oder jenseits der subjektiven Ebene angesiedelte 'objektive' Strukturen vernachlässigt. Andererseits hat Schütz mit seinen späteren Arbeiten – insbesondere mit "Der sinnhafte Aufbau der sozialen Welt" – maßgeblich dazu beigetragen, dass neben der "Konstitution des Sinns in subjektiven Bewusstseinsleistungen" auch der "im gesellschaftlichen Handeln hervorgebrachte Aufbau der Wirklichkeit (der ja nicht in der Vereinzelung subjektiven Bewusstseins zustande kommen kann [sic!]) rekonstruiert werden" soll (Luckmann 1990, 11). Und auch Srubar macht an anderer Stelle (Srubar 1979) einen gewinnbringenden Vorschlag, wie der Kritik an der 'egologischen' Zentrierung des Schütz' schen Ansatzes begegnet werden kann. Im Zusammenhang mit zentralen Eckpfeilern der Schütz'schen Konzeption des Sinnverstehens wird auf diesen Vorschlag genauer eingegangen (Teil 1/Kap. 2.2.).

### 2.1.3.  Die besondere Stellung des Leibes

Von zentraler Bedeutung ist, dass Schütz den Leib im Kontext der 'Lebensform des handelnden Ich' nachhaltig einführt und ihm dort eine Schlüsselfunktion als *Mittler* zwischen dem der 'reinen Dauer' verhafteten Ich und der Außenwelt zuspricht. Er weist darauf hin, dass jedem Augenblick der 'reinen Dauer' ein *Qualitätsbild* unseres Leibes zugeordnet ist und dass der Leib *ausgedehnt* ist, was ihn mit den Qualitäten des Außen verbindet. Diese Doppelqualität – die stark an das von Plessner entwickelte Doppelverhältnis des ('dauernden') 'Körper-Seins' und des ('reflexiven') 'Körper-Habens' erinnert – prädestiniert den Körper zu dieser Vermittlerrolle: "So gleichermaßen unserem inneren Ich und dem Außen zugeordnet, bietet der Leib ein besonderes geeignetes Vermittlungsglied zwischen der Welt des Außen und des Innen dar. Er ist ein Bild unter anderen Bildern des Außen, aber es ist ein ganz besonders und einzigartig ausgezeichnetes Bild, ausgezeichnet dadurch, dass er unserem Ich mehr als Bild ist, nämlich an unserer Dauer teilhat" (Schütz 1981, 92).

Neben dieser Vermittlerrolle zwischen dem 'dauernden Ich' und der Außenwelt kommt dem Leib noch eine zweite zentrale Funktion zu: Er ist Werkzeug oder Träger des *handelnden* Ich und ermöglicht uns damit "in noch höherem Maße die Erkenntnis des Außen" (a.a.O.). Dies tut er, indem er sich bewegt, indem er agiert oder handelt, und somit an Raum, Zeit und Materie ('Dingen', 'Gegenständen') teilhat. In der Bewegung, im Handeln fliessen wiederum die Komponenten des Innen und Außen zusammen und zwar durch die Umsetzung des Wahrgenommenen in die Handlung. Im Handeln gibt es keinen Zwiespalt zwischen der ausgedehnten reinen Dauer (Innen) und dem ausgedehnten Raumzeitlichen (Außen).

Den Zugang zur Welt des Ausgedehnten erlangen wir durch die Fähigkeit des Körpers, Grenzen und Differenzen wahrzunehmen. Dies gelingt über das "somatische Lebensgefühl" (physiologische Bewegungen wie Atmung und Herzschlag, kinästhetische Wahrnehmungen zu Muskelspannung und Lage) sowie über die Sinnesorgane (insbesondere den Tastsinn, der uns die Grenze unseres eigenen Körpers deutlich macht). Indem wir unseren Körper als Ausgedehntes begreifen, als einen Körper im Raum, sind wir in der Lage, auch das Ausgedehnte des Außen zu erfassen. Schütz drückt das so aus:

"Ich handle, wenn der Ausdruck gestattet ist (...) gewissermaßen zu den Dingen hin, ich ziehe sie in den Bereich meiner Aktionssphäre (...). Und indem ich sie zum Ziel oder Mittel meiner körperlichen Bewegung mache, bekommen sie durch Berührung mit meinem Leibe Körperlichkeit, Dinglichkeit. Denn ich stelle fest, dass sie mit meinem Körper die Ausdehnung, die Raumerfüllung gemeinsam haben" (Schütz 1981, 190).

Gemäß seiner Idee einer Verknüpfung aller Lebensformen und einer Verbindung des Ich mit allen Ebenen des Daseins (im Sinne eines "einheitlichen Ich, welches in allen diesen Formen zugleich ist und wirkt und lebt") schafft Schütz auch Korrespondenzen zwischen dem Gedächtnis und dem somatischen Lebensgefühl: "Auf der einen Seite das Gedächtnis in seiner Funktion als Bewusstsein des dauernden Ich, auf der andern Seite das somatische Lebensgefühl als Bewusstsein des handelnden Ich" (a.a.O., 157). Um die angestrebte Einheit des Ich zu erreichen, zeigt Schütz auf, wie "das handelnde Ich vom somatischen Lebensgefühl her als eine Lebensform sui generis zu deuten" ist (a.a.O.).

Zwei Erkenntnisse sind in diesem Rahmen höchst bedeutsam: Die Qualitätserlebnisse der Grenzen des Leibes sind der 'reinen Dauer' und dem 'somatischen Lebensgefühl' gemeinsam und durch das leibgebundene Handeln wird eine Synthese zwischen Qualitätserlebnis und somatischen Gefühl geschaffen. Entscheidend ist, dass die Qualitätserlebnisse der *Grenze* für das handelnde Ich durch seine *Bewegung* zu einem Erlebnis des Raumes 'umgedeutet'werden: Dies erst schafft uns den Zutritt zur Welt des Ausgedehnten. Schütz sagt dazu: "Dies ganz allein vermittelt uns das Erlebnis des Raumes und damit der Zeit und der Dinge (...) dies allein verschafft dem Leib seine privilegierte Stellung. (...) Nur als Handelnder vollziehe ich den höchst bedeutsamen Schritt aus der undimensionierten Mannigfaltigkeit der Qualitäten in die Diskontinuität des homogenen, von Quantitäten erfüllten Raumes" (Schütz 1981, 164).

Diese Vorrangstellung des Leibes unterstreicht das Anliegen einer 'mundanen', im lebendigen Dasein, in der Evidenz des Erlebens gegründeten Verstehens der Sinnkonstitution gegenüber einem Ansatz, der die Welt als *Erkenntnis* (und eben nicht als *Erlebnis*) hinnimmt. Dabei gesteht Schütz zu, dass auch bei dem Unternehmen, die Welt als "Erlebnisobjekt" aufzufassen, gewisse Setzungen im Sinne eines Apriori des Erlebens nötig sind (so etwa "innere Dauer", "Gedächtnis", "somatisches Lebensgefühl", "Mitmensch", "Du" als unerklärbare Residua oder apriorische Tatbestände hingenommen werden müssen), er betont jedoch zugleich, dass diese Apriuritäten des Erlebens lange *vor* den Apriuritäten des Erkennens liegen und dass letztere durch erstere motiviert und deduzierbar gemacht werden. Und er verweist darauf, dass diese Apriori möglicherweise nicht mitteilbar sind, dass das aber bei weitem nicht bedeute, dass sie nicht *wirksam* oder *erlebbar* wären. In diesem Zusammenhang hebt er auch hervor, dass die konstruierten Lebensformen lediglich Idealtypen darstellen, die natürlich "wiederum erkenntnismäßig, also kategorial bedingt" sind, dass daraus aber nicht der Schluss gezogen werden könne, sie würden das tatsächliche Erleben erfassen, denn dies sei "ungemein und über alle Typik hinaus irrational", eben gerade "weil es *erlebt* und nicht *erkannt* (Herv. d.V.) wird."

## 2.1.4. *Methodologische Implikationen*

Es wird deutlich, dass Schütz mit seinem Ansatz auf zwei Ebenen in ein strukturell ähnliches, paradox anmutendes Dilemma gerät: a) Er konstituiert einen Erkenntnisgegenstand – das "Erlebnisobjekt" –, den er deutlich abhebt von dem Erkenntnisgegenstand der transzendentalen Philosophie – den er beschreibt als Erkennen, als Logik, als Erfahrung; zugleich aber muss er sich der Methode des Erkennens bedienen, um seinen Gegenstand kommunikabel zu machen; b) er konstatiert, dass das Erleben letztlich irrational und unzugänglich sei, zugleich aber schließt er es "erkenntnismäßig" oder "kategorial" auf.

Hierin zeigt sich ein fundamentales Dilemma hermeneutischer Analysen, die sich dem *Erleben* nähern und es verstehen wollen. Der Hiatus zwischen der Evidenz des Erlebens und seiner symbolischen Repräsentationen im Gedächtnis, in der Sprache, in Begriffen oder kulturellen Objektivationen (Mythen, Religionen, Kunst) ist ein methodologisches Grundproblem, zu dem es bisher keine tatsächliche Lösung gibt und vielleicht auch gar nicht geben kann. Die strukturale oder objektive Hermeneutik gibt zu dieser Frage zwar eine eindeutige und wie ich finde auch produktive Antwort, indem sie die Uneinholbarkeit des Erlebens anerkennt und sich 'diesseits' der Evidenzen bewegt, nämlich strikt gebunden an den symbolischen bzw. noch spezifischer an den sprachlichen Raum ihre Analysen betreibt – mit Schütz könnte man sagen: "die Symbolhülle" durchleuchtet. Zugleich begibt sie sich damit aber auch in Gefahr, erstens die Konstitutionsbedingungen des Erkennens nicht angemessen zu würdigen oder mitzudenken und sie geht zweitens das Risiko ein, gegenüber dem Irrationalen, dem Unerklärlichen, dem 'Jenseitigen' blind zu werden. Beide Momente sind meines Erachtens jedoch wichtig, um dem Leben als Ganzem gerechter zu werden.

Das Problem der Nichtmitteilbarkeit der untersten Daseinsstufe der 'reinen Dauer' formuliert Schütz gegen Ende seiner Theorie der Lebensformen wie folgt: "Dass jede weitere Zurückführung nicht mitteilbar ist, ergibt sich daraus, dass wir, symbolgebunden wie wir durch unser Erkennen, Denken, Reden, Handeln, Sich-Erinnern einmal sind, über die Sphäre jener letzten Lebensform der gedächtnisbegabten Dauer, nicht hinauskönnen. Besteht doch unsere letzte Möglichkeit zur Mitteilung nur darin, die Symbolhülle zu durchleuchten, nicht aber in ihrer Durchbrechung! Diese kann nur durch das eigenste primitivste ursprünglichste Hingegebensein jedes einzelnen von uns an sein eigenstes primitivstes ursprünglichstes Leben erfolgen" (Schütz 1981, 181). Und er fährt fort: "Und nun prüfe jeder, ob nicht vielleicht gerade dieses Hingegebensein an das eigene Leben ihm nicht evident mache, dass auch Gedächtnis, innere Dauer, somatisches (...) Lebensgefühl etc. nur Mitteilbarkeiten des Erlebens sind, hinter denen das Geheimnis steht, das zwar jeder unsere Atemzüge, aber keiner unsere Gedanken enträtselt!" (a.a.O.).

Wie bereits oben angedeutet, wurde Schütz von der indirekten Aufforderung Husserls, sich nicht vor den Gespenstern des Irrationalen zu fürchten und jeden dunklen Winkel mit dem Licht der Logik zu erhellen, so infiziert, dass er das 'Geheimnis' nicht weiter verfolgte und seine Kraft in den 'diesseitigen' Aufbau der sozialen Wirklichkeit investierte. Aber auch wenn man anerkennt, dass die "Symbolhülle" nicht zu durchbrechen ist, so kann es dennoch lohnend sein, sich für die Ränder und Übergänge von der Symbolhülle in ein 'Jenseits' offen zu halten und sehr wachsam zu registrieren, an welchen Stellen und in welcher Gestalt sich Dinge dem rationalen Zugriff entziehen, wo sie vage, diffus und 'unlogisch' werden. Gerade bei der

Erforschung des Körpers und der Körperlichkeit im Rahmen subjektiven Erlebens und subjektiv bewahrten und vermittelten Sinns ist mit solchen Übergängen und Grenzverwischungen zu rechnen und eine angemessene Sensibilität ihnen gegenüber zu entwickeln.

Festzuhalten bleibt an dieser Stelle, dass Schütz in seiner 'Theorie der Lebensformen' den überzeugenden und gewinnbringenden Versuch unternimmt, die Konstitutionsbedingungen von 'Sinn' und 'Handeln' aufzuklären und dabei nachhaltig auf die Bedeutung der leiblichen Verankerung von Erleben, Erinnerung, Handeln aufmerksam macht, dass er aber diesen Strang der leiblichen Fundierung nicht weiter verfolgt, sondern sich – insbesondere in seinen nachfolgenden Werken – intensiv dem symbolgetragenen Aufbau der sozialen Welt widmet. Dabei kommen Dimensionen ins Spiel, die im Hinblick auf die Erfassung sozialer Wirklichkeiten von immenser Bedeutung sind – dies sind vor allem die Ausführungen zum Sinnverstehen, aber auch die Hinweise zu den Strukturen der Lebenswelt sowie zur Genese, Struktur und Funktion des Wissens. Die von Schütz unterbreiteten Vorschläge zur Aufgabe und zur Vorgehensweise einer auf *Sinnverstehen* ausgerichteten Sozialwissenschaft haben wegweisenden Charakter.

Da die Schütz'schen Grundlegungen zum Sinnverstehen auch in der vorliegenden Arbeit zum Tragen kommen (sollen), werden im Folgenden zumindest einige der zentralen Bausteine der von Schütz vertretenen 'verstehenden Soziologie' vorgestellt und diskutiert. Ein weiteres Augenmerk gilt der Verfolgung der Spuren des 'Leibes' in den Schütz'schen Hauptwerken (in den "Strukturen der Lebenswelt" ist auch vom 'Körper' die Rede) und der Frage, wie der 'Leib' (bzw. der 'Körper') dort repräsentiert ist, und welche Bedeutung ihm in den theoretischen und methodologischen Überlegungen im 'sinnhaften Aufbau' der sozialen Welt und in den 'Strukturen der Lebenswelt' zukommt.

## 2.2.    "Der sinnhafte Aufbau der sozialen Welt" – der Schütz'sche Beitrag zu einer verstehenden Soziologie und das 'Schicksal' des Körpers

Wenn im Folgenden auf das (erste) Hauptwerk von Schütz – "Der sinnhafte Aufbau der sozialen Welt. Eine Einleitung in die verstehende Soziologie" (Schütz 1993, zuerst 1932) – eingegangen wird, so geschieht das unter zwei Fragestellungen, die vor allem in methodologischer Hinsicht von hoher Relevanz sind: 1. Wie ist Sinnverstehen möglich? 2. Welche Rolle spielt der Körper im Prozess der Konstituierung von Sinn und des Sinnverstehens? Dabei wird wie folgt vorgegangen:

Um die besondere Leistung von Schütz für die Konstituierung einer 'verstehenden Soziologie' besser einschätzen und die hier herausgestellten Aspekte sinnvoll verorten zu können, wird sein Anliegen einleitend noch einmal kurz skizziert, und zwar so, wie er es selbst im 'sinnhaften Aufbau' in der Reibung an Max Weber umrissen hat. Dann werden die zentralen Eckpfeiler einer 'verstehenden Soziologie', wie sie Schütz konzipiert, in ihren wesentlichen Dimensionen vorgestellt und auf ihre Schwachpunkte und 'Ungereimtheiten' hin befragt. Als zentral und für die vorliegende Arbeit von besonderem Wert werden dabei vor allem erachtet: die Bestim-

mung des subjektiven und des objektiven Sinns sowie des Erfahrungs- und Sinnzu-
sammenhangs, die Bedeutung der Typenbildung sowie die Ausführungen zur Beobachtung und zum Fremdverstehen. Und schließlich wird nach der Stellung und
Bedeutung des Körpers bzw. des "Leibes" im Konzept des 'sinnhaften Aufbaus der
sozialen Welt' gefragt (Schütz benutzt hier konsequent den lebensphilosophisch
geprägten Begriff 'Leib', in den 'Strukturen der Lebenswelt' schwankt er [bzw.
Luckmann] jedoch unkommentiert zwischen 'Leib' und 'Körper'). Dabei interessiert
vor allem auch der 'Verbleib' des Körpers im Hinblick auf die von Schütz geleistete
Vorarbeit in der 'Theorie der Lebensformen': Wo lassen sich Parallelen, Anschlüsse
oder Fortführungen der dort entwickelten Gedanken finden, wo brechen die entworfenen Ideen ab oder 'versanden' sie stillschweigend?

### 2.2.1.   Die zentrale Leistung von Schütz für eine verstehende Soziologie

Ziel und Aufgabe jeder Wissenschaft bestimmt Schütz (mit Verweis auf Husserls
Untersuchungen über die formale und transzendentale Logik) im Sinne der Explizierung vorgegebener Sachverhalte, die sich von den nicht-wissenschaftlichen (alltäglichen) Erklärungen und Deutungen *qualitativ* in folgender Hinsicht abhebt: "Alles
wissenschaftliche Urteilen hat zum Ziel, die Welt in einem Maximum expliziter
Deutlichkeit und Klarheit zu erkennen" (Schütz 1993, 315). Für die Sozialwissenschaft und damit auch für die verstehende Soziologie präzisiert Schütz dieses Erkennen im Sinne einer maximalen "Verdeutlichung und Explizierung dessen, was
gemeinhin von den in der Sozialwelt Lebenden über diese gedacht wird" und führt
dazu aus: "Innerhalb des wissenschaftlichen Urteils kann keine Voraussetzung und
Vorgegebenheit als schlicht vorhanden und nicht weiter aufklärungsbedürftig hingenommen werden, vielmehr muss das, was in den Urteilen des täglichen Lebens, sei
es in den meinen, sei es in denen anderer alter egos, welche ich mit- oder nachvollziehe, als fraglos gegeben unterstellt, als nicht weiter aufklärungsbedürftig, bloß
vermeint oder auch undeutlich verworren gedacht enthalten ist, in schrittweiser
Explizierung verdeutlicht werden" (a.a.O.).

Die Akteure des Alltags folgen einem pragmatischen Verstehen der sie umgebenden Welt und haben in der Regel keinen Bedarf, das als 'selbstverständlich' und
'gewiss' Geltende aufzuklären – es sei denn, diese Gewissheiten werden erschüttert
oder reichen zur Bewältigung der Handlungsprobleme nicht mehr hin. In diesem
Sinne bemerkt Schütz: "Wir brechen vielmehr im täglichen Leben unsere Bemühungen um die Sinndeutung des Partners auf jener Klarheitsstufe ab, deren Erreichung
durch unsere Interessenlage bedingt ist, oder mit anderen Worten, die für die Orientierung unseres Verhaltens gerade noch relevant ist" (a.a.O., 49).

Aufgabe einer verstehenden Sozialwissenschaft ist es jedoch gerade, diese impliziten Gewissheiten und Selbstverständlichkeiten explizit zu machen. Auch im Alltag
geht es also um die Erfassung von Sinn und um das Verstehen – allerdings rangiert
das Verstehen hier auf einer weniger elaborierten "Deutlichkeitsstufe". Das hängt
vor allem damit zusammen, dass das alltägliche Leben gekennzeichnet ist durch
'lebendiges Erleben', während die Wissenschaft nach einer "ordnenden Betrachtung"
strebt (vgl. a.a.O., 18). Die besondere Crux der Sozialwissenschaft ist dabei, dass sie

sich im Prinzip in den gleichen Bedingungen, Möglichkeiten und Verfahren der Herstellung und des Erfassens von Sinn – der Sinnkonstitution – bewegt und bewegen muss wie die Alltags-Akteure und somit bereits immer schon in dem Gegenstand *ist*, den sie zu erforschen beabsichtigt. Mit anderen Worten: Die Sozialwissenschaft bzw. hier die verstehende Soziologie verfeinert also lediglich einen Verstehenszugang, der in der Sozialwelt bereits angelegt ist und – wenn auch unreflektiert – praktiziert wird.

Umso dringlicher ist es, der Beschaffenheit der Sinnkonstitution und des Verstehens in der Alltagswelt nachzugehen – und genau dies unternimmt Schütz, wenn er im 'sozialen Aufbau' zunächst aus der Perspektive des "einsamen Ichs" (was ihm vemutlich den Vorwurf egologischen Denkens einbringt) und in enger Tuchfühlung mit Bergson nach der "Konstitution des sinnhaften Erlebnisses in der je eigenen Dauer" fragt und dann den Übertritt zum 'alter ego' schafft und die komplizierten Wechselprozesse von Selbstverstehen und Fremdverstehen expliziert. Insbesondere durch die Differenzierung der Sozialwelt in "Umwelt" (im Sinne der unmittelbar und leiblich erlebten Welt) und "Mitwelt" (als in unterschiedlichen Graden abstrahierte Welt) sowie durch die Einführung der Idee der Typenbildung gelingt Schütz dann schließlich auch der bruchlose Übergang in die Sphäre der Wissenschaft, ohne die Verbindung mit und die Fundierung in der untersten Stufe des Sinnsetzungsprozesses aufgeben zu müssen.

In der Profilierung seiner verstehenden Soziologie orientiert sich Schütz stark an den Vorgaben Max Webers, dessen Leistung er immer wieder als wegweisend herausstellt. Besonderes Gewicht verleiht er dabei dem Gedanken Webers, die Erfassung der Beschaffenheit der Sozialwelt auf die Ebene des Handelns des Einzelnen zurückzuführen:

"Worauf es uns ankommt, ist, dass Max Weber alle Arten sozialer Beziehungen und Gebilde, alle Kulturobjektivationen und Regionen des objektiven Geistes auf das ursprünglichste Geschehenselement des sozialen Verhaltens Einzelner zurückführt. Zwar behalten alle komplexen Phänomene der Sozialwelt ihren Sinn, aber dieser Sinn ist eben derjenige, den die in der Sozialwelt Handelnden mit ihren Handlungen verbinden. Nur das Handeln des Einzelnen und dessen gemeinter Sinn ist verstehbar, und nur in der Deutung des individuellen Handelns gewinnt die Sozialwissenschaft Zugang zur Deutung jener sozialen Beziehungen und Gebilde, die sich in dem Handeln der einzelnen Akteure der sozialen Welt konstituieren" (a.a.O., 13f.).

In diesem Sinne hebt Schütz Gegenstandsgebiet und Verfahren einer verstehenden Soziologie auch am Ende seiner Untersuchungen noch einmal hervor: "Aufgabe dieser Wissenschaft ist zunächst und vor allem die Beschreibung der Sinndeutungs- und Sinnsetzungsvorgänge, welche die in der Sozialwelt Lebenden vollziehen. Diese Deskription kann eine empirische oder eidetische sein, sie kann Individuelles oder Typisches zum Gegenstand nehmen, sie kann an konkreten Situationen der mundanen Sozialität oder in einem hohen Allgemeinheitsgrad durchgeführt werden. Darüber hinaus aber will die verstehende Soziologie mit den so gewonnenen Deutungsschemata an eben jene Kulturobjekte herantreten, die sich in den Sinnsetzungs- und deutungsvorgängen in der sozialen Welt konstituierten, und diese Kulturobjekte durch Rückfrage nach dem sie konstituierenden Sinn 'verstehen'" (a.a.O., 348f.).

Sicherlich ist es für empirische Untersuchungen von Nutzen, zwischen dem Verstehen der Sinnsetzungen der "in der Sozialwelt Lebenden" und dem Verstehen von "Kulturobjekten" zu unterscheiden, bei genauerer Betrachtung verschwimmen die Grenzen jedoch zusehens. Nicht nur, dass die Kulturobjekte auch aus Sinnsetzungsakten hervorgegangen sind und in Sinnzusammenhänge eingebunden werden (wie Schütz hervorhebt), sondern auch, dass umgekehrt die Sinnsetzungen der in der Sozialwelt Lebenden letztlich nur in Form von 'Erzeugnissen' zu haben sind, denn um wissenschaftlich handhabbar zu werden, müssen sie in irgendeiner Form fixiert oder protokolliert werden und sind damit immer schon 'Produkt'.

Das Anliegen des Schütz'schen Werkes speist sich nun, wie bereits im vorangegangenen Kapitel angedeutet wurde, aus dem Wunsch, dem Ansatz von Max Weber eine phänomenologisch orientierte Fundierung zu geben. Dabei setzt Schütz an entscheidender Stelle (zur Explikation der Entstehung von Sinn und des Selbstverstehens) an jenen Momenten an, die er in der 'Theorie der Lebensformen' entfaltet hat, erweitert diesen Zugang jedoch in den sozialen Raum hinein (insbesondere durch die Einführung des 'alter ego', die Differenzierung der sozialen Sphären, die genaue Analyse von 'objektivem' und 'subjektivem Sinn' und den subtilen Unterscheidungen hinsichtlich des möglichen Blickwinkels des Beobachters). Und die damit verbundenen Fragen betreffen eben nicht nur das Problem des Verstehens in der sozialen Alltagswelt, sondern sind zugleich Möglichkeit und Problem des Verstehens in der Sozialwissenschaft.

Zentrale Angelpunkte der *verstehenden* Soziologie Max Webers (im Gegensatz zu einer 'messenden/statistischen', 'philosophischen' oder 'theoretischen' Soziologie) waren bereits das soziale Handeln, die Ausbildung von Sinn und das Verstehen von Sinn, und Weber bestimmte die Aufgabe einer in dieser Weise angelegten Soziologie bekanntlich so, dass "soziales Handeln deutend zu verstehen" sei. Schütz kritisiert Weber jedoch in einem entscheidenden Punkt: Die zentralen Kategorien – das Handeln, der Sinn und das Verstehen – beruhen auf einer Reihe stillschweigend gemachter Voraussetzungen, werden nicht hinreichend reflektiert und nicht konsequent genug auf ihre "echten" und "urspünglichen Elemente" hin untersucht (vgl. a.a.O., 14ff.). Schütz bemüht sich, die nicht-explizierten Ebenen und Dimensionen der von Max Weber gebrauchten Begriffe einer radikalen Analyse zu unterziehen, die "Unterschichten" der Grundbegriffe zu erhellen und sie auf gesicherte philosophische Grundpositionen zurückzuführen.

So kritisiert Schütz beispielsweise, dass Weber keine Differenzierung vom Handeln als Entwurf, als Ablauf und als vollzogener Handlung einführt (was zu einer Vermischung vom Sinn einer Handlung mit dessen Motiven führt), dass er nicht unterscheidet zwischen dem Sinn des Erzeugens und dem Sinn des Erzeugnisses und dass er den Sinn eigenen Handelns, des eigenen Erlebnisses und des Selbstverstehens nicht hinreichend abhebt vom Sinn fremden Handelns, des fremden Erlebnisses und des Fremdverstehens. Damit pocht Schütz zum einen auf die Beachtung der Prozesshaftigkeit sozialen Handelns und zum anderen auf die genaue Analyse des Zusammenhangs und der Differenz von 'eigenem' und 'fremdem' Erleben sowie 'eigener' und 'fremder' Sinnkonstitution. In diesem letztgenannten Sinne wirft er Weber vor: "Er fragt nicht nach der besonderen Konstitutionsweise des Sinnes für den Handelnden, nicht nach den Modifikationen, die dieser Sinn für den Partner in der Sozialwelt oder für den außenstehenden Beobachter erfährt, nicht nach dem eigenartigen Fundierungszusammenhang zwischen Eigenpsychischem und Fremd-psychischem, dessen Aufklärung für die präzise Erfassung des Phänomens 'Fremd-verstehen' unerlässlich ist" (Schütz 1993, 15).

Diese Analyse des Fundierungszusammenhangs von Sinnbildung und Sinnver-stehen im Erleben des Ich ('ego') und im Erleben *vom* Anderen ('alter ego') sowie im Erleben *des* Anderen bildet den Kern des 'sinnhaften Aufbaus' und soll im Folgen-den ein wenig genauer betrachtet werden. Dabei kann es allerdings nicht darum gehen, die detaillierten Darlegungen von Schütz erneut nachzuzeichnen, sondern lediglich darum, wesentliche Zusammenhänge knapp aufzuzeigen und sie auf ihre methodologische Bedeutung hin zu befragen.

### 2.2.2. Zentrale Elemente im 'sinnhaften Aufbau': 'objektiver' und 'subjektiver Sinn', Typenbildung und 'echtes Fremdverstehen'

Für eine vordringliche Aufgabe hält Schütz die Klärung des Sinnbegriffs. Dazu stellt er bereits einleitend fest: Wenn "das Sinnphänomen in seiner ganzen Extension als Sinn eigener und fremder Erlebnisse durchleuchtet werden soll", bedürfe es "weit-läufiger philosophischer Zurüstungen" (a.a.O., 20). Entscheidend ist für ihn, das Sinnproblem als ein *Zeitproblem* zu begreifen, und zwar als "ein solches des 'inneren Zeitbewusstseins', des Bewusstseins der je eigenen Dauer, in dem sich für den Erle-benden der Sinn seiner Erlebnisse konstituiert" (a.a.O.). Und er fügt hinzu: "Erst in dieser tiefsten, der Reflexion zugänglichen Erlebnisschicht, die nur in streng philo-sophischer Selbstbesinnung erschlossen werden kann, ist der letzte Ursprung der Phänomene 'Sinn' und 'Verstehen' aufweisbar" (a.a.O.).

Ein entscheidender erster Schritt der Begriffsklärung liegt darin, dass Schütz je-des Verhalten und Handeln als 'sinnvoll' bezeichnet. 'Sinnvoll' ist es insofern, als es eines Aktes der Zuwendung bedarf, um ein Erlebnis aus dem Strom der Erlebnisse herauszuheben und als Verhalten oder Handlung wahrzunehmen. Mit dem Akt der Zuwendung also wird ein Erlebnis zu einem '"wohlumgrenzten Erlebnis'", mit dem ein Sinn verbunden ist. Schütz führt dazu aus: "Dass ich überhaupt des Sinnes eines Erlebnisses inne werde, setzt voraus, dass ich es in den Blick fasse und aus allen anderen Erlebnissen, in denen ich lebe, 'heraushebe'" (a.a.O., 53). Entsprechend dieser Setzung vertritt Schütz einen höchst elementaren Sinnbegriff. Er begreift Sinn als "die Bezeichnung einer bestimmten Blickrichtung auf ein eigenes Erlebnis" (a.a.O., 54). Damit kritisiert er den von Weber gebrauchten Ausdruck, das Handeln mit Sinn zu *verbinden* ('"Handeln' soll dabei ein menschliches Verhalten [einerlei ob äußerliches oder innerliches Tun, Unterlassen oder Dulden] heißen, wenn und inso-fern als der oder die Handelnden mit ihm einen subjektiven Sinn verbinden"; Weber zit.n. Schütz, a.a.O., 24), weil er die *Konstitutionsweise* von Sinn außer Acht lässt. Nach Schütz ist Sinn "eine besondere Attitüde des Ich zum Ablauf seiner Dauer" (a.a.O., 54) und das Handeln wird nicht mit Sinn 'verbunden', sondern Sinn ergibt sich, indem auf das Handeln (oder die Handlung) reflexiv geblickt wird. Mit anderen Worten: Erst der Akt der *Zuwendung* konstituiert das Handeln als Handeln und ist so nicht zu trennen von der Sinnkonstitution. Einen ähnlichen Sinnbegriff hat auch Husserl vertreten, indem er die Sinngebung als Leistung der *Intentionalität* begreift, "durch welche die bloß sensuellen Erlebnisse (...) erst 'beseelt' werden" (vgl. a.a.O., 46).

Von entscheidender Bedeutung ist die Differenzierung von 'subjektivem' und 'objektivem' Sinn – dies weniger für den Alltags-Handelnden, dem diese Differenz in der Regel nicht zum Problem wird, sondern mehr für den Beobachter der Sozial- welt. Im Kern richtet sich der objektive Sinn auf kulturelle oder soziale Gegenständ- lichkeiten, der subjektive Sinn auf die Intentionalitäten und Bewusstseinsleistungen des/der Handelnden. Die Unterscheidung beinhaltet und impliziert jedoch weitaus mehr. Schütz beschreibt die beiden Blickrichtungen zunächst für das 'einsame Ich':

Der Zugang zum *objektiven* Sinn ist dann gegeben, wenn auf die sich darbieten- de Welt als eine fertig konstituierte und vorgegebene hingesehen wird, ohne dass die leistenden Intentionalitäten des Bewusstseins (in denen sich der Sinn dieser Welt zuvor konstituiert hatte) in den Blick genommen werden. Dieser Blick auf die realen und idealen Gegenstände der Welt und die Wahrnehmung ihres objektiven Sinns ist aber nur möglich, wenn eine ganze Serie hochkomplexer Sinngehalte als fraglos gegeben vorausgesetzt werden. Der objektive Sinn eines Sinngebildes ist "an sich sinnvoll", egal von wem, wann und wo so geurteilt wurde – er besteht also losgelöst von den Personen, die es konstituiert haben und von denen, die es in den Blick neh- men und kann als 'invariant' bezeichnet werden.

Der *subjektive* Sinn ergibt sich, wenn auf die leistenden Intentionalitäten des Bewusstseins gesehen wird, in denen und durch die sich die Sinngebung vollzog. Unternimmt das 'einsame Ich' diese Blickwendung, dann blickt es auf eine sich be- ständig konstituierende, niemals fertige Welt und damit letztlich auf die ursprüng- lichste Tatsache, auf das Bewusstsein vom Ablauf des Lebens, auf die eigene Dauer (die 'durée' nach Bergson) oder auf das 'innere Zeitbewusstsein' (Husserl) (vgl. a.a.O., 47). Diese Blickwendung wird jedoch "im schlichten Dahinleben" (in der "natürlichen" Einstellung) in der Regel nicht vollzogen, der Handelnde lebt hier vielmehr *in* den sinngebenden Akten selbst und bekommt nur "die in ihnen konstitu- ierte Gegenständlichkeit 'objektiver Sinn' in den Blick": "Für das in natürlicher Ein- stellung dahinlebende einsame Ich wird also die durch die Termini objektiver und subjektiver Sinn gekennzeichnete Problematik noch gar nicht sichtbar" (a.a.O., 48).

Entscheidend ist nun jedoch, dass dem Begriffspaar "'objektiver-subjektiver' Sinn" beim Übergang in die soziale Sphäre eine neue und soziologisch relevante Bedeutung zukommt: "Ich kann die Phänomene der äußeren Welt, welche sich mir als Anzeichen fremder Erlebnisse präsentieren, einmal an sich betrachten und deu- ten: Dann sage ich von ihnen, sie hätten objektiven Sinn; aber ich kann auch durch sie auf den sich konstituierenden Prozess im lebendigen Bewusstsein eines Ver- nunftwesens hinsehen, für welche eben diese Phänomene der äußeren Welt Anzeichen sind (subjektiver Sinn)" (a.a.O.). Während die Welt des objektiven Sinns auch in der Sphäre der Sozialwelt losgelöst von den Konstitutionsprozessen eines sinngebenden Bewusstseins betrachtet werden und als invariant und anonym gesetzt bzw. erlebt werden kann, "zielt die Rede vom subjektiven Sinn in der Sozialwelt auf die Konstitutionsprozesse im Bewusstsein dessen, der das objektiv Sinnhafte erzeugte, also auf den von ihm 'gemeinten Sinn'" (a.a.O.).

Für die soziologische Forschung entscheidend sind nun folgende Postulate: a) Dass von jedem objektiven Sinngehalt die Frage nach seinem Aufbau im fremden Bewusstsein, also die Frage nach seinem subjektiven Sinn gestellt werden kann; b) dass die Erfassung dieses Konstitutionsprozesses mit maximaler Klarheit vollzogen werden kann, wenn unter 'subjektivem Sinn' nichts anderes verstanden wird, als die Rückbeziehung konstituierter Gegenständlichkeiten auf fremdes Bewusstsein überhaupt. *Nicht* eingelöst werden kann die Erfassung des subjektiven Sinns, wenn unter 'subjektivem Sinn' der fremde '*gemeinte* Sinn' verstanden wird, der, so Schütz, "immer und auch bei optimaler Deutung" ein "Limesbegriff" bleibt (a.a.O., 49). Damit wird ausgesagt, dass der Beobachter niemals einen vollgültigen Zugang zum Bewusstsein des Anderen erhalten kann, der es erlauben würde, dieses Bewusstsein in seiner ganzen Inhaltsfülle und Einmaligkeit zu erfassen, und dass somit auch der Sinn, den der andere seinem Handeln unterlegt, nicht tatsächlich erfasst werden kann. Das hängt vor allem damit zusammen, dass Bewusstsein und Sinnkonstitution aus einem je einmaligen Reservoir von Erfahrungen und damit verbundenen aus je individuell verschachtelten und aufgeschichteten Erfahrungs-, Sinn- und Deutungsschemata verbunden sind. Kein Beobachter ist in der Lage, diese höchst spezifische Konstellation nachzuempfinden oder zu erhellen – insofern muss jedes Bewusstsein im Kern 'einsam' bleiben.

Ganz in diesem Sinne weist Schütz sowohl in den 'Strukturen' als auch in den 'Gesammelten Aufsätzen' immer wieder auf die fundamentale Bedeutung der *biographischen* Situiertheit des Einzelnen hin, die seinen spezifischen zeitlichen, räumlichen und sozialen Standort markiert und damit entscheidenden Einfluss auf die Ausbildung von Bewusstseins- und Relevanzstrukturen ausübt. Besonders deutlich wird dies im Rahmen der Überlegungen zur biographischen Artikulation und zum Lebenslauf ausgeführt (vgl. Schütz/Luckmann 1994, 85ff., 124 ff.) sowie zur biographischen Prägung des Wissensvorrats (vgl. a.a.O., 145ff.) und zur biographisch bestimmten Situation im Kontext sozialen Handelns (vgl. u.a. Schütz 1971a, 87ff.).

Hinzu kommt, dass sich die Sinnstruktur "mit dem jeweiligen Jetzt und So verändert, von dem aus die Betrachtung vollzogen wird" (a.a.O., 87). Dies gilt sowohl für das Ich wie für den Betrachter. Der 'gemeinte Sinn' des Ich trägt also immer den Index des jeweiligen 'Jetzt und So' der Sinndeutung. Mit anderen Worten: Der Sinn, der einem Erlebnis, Ereignis, Gegenstand beigemessen wird, variiert je nach Situation und Interessenlage, kann sich von dem ursprünglich intendierten oder 'gemeinten' Sinn weit entfernen, einen völlig neuen oder gar konträren Sinn ausbilden. Diese Zusammenhänge werden im Rahmen der Analyse von Erzählungen höchst bedeutsam und im Zuge der Probleme der Biographieforschung zu diskutieren sein.

Aus alledem ergibt sich: Der subjektive Sinn kann nur in Annäherungen erfasst werden. Zentrales 'Hilfsmittel' dieser Annäherung ist die Typisierung (auf die weiter unten eingegangen wird).

Neben dem Phänomen der Typisierung ermöglicht ein zweites Moment (bzw. eine zweite Setzung) die Erfassung subjektiven Sinns in der oben skizzierten Weise: die Tatsache (bzw. Annahme), dass wir in einer gemeinsam geteilten Welt leben, die uns als "eine einzige äußere Welt", nämlich als bzw. durch "die Welt jedermanns" vorgegeben ist, und in der sich Sinn als ein *intersubjektives* Phänomen konstituiert. In dieser Welt, die Schütz in den "Strukturen der Lebenswelt" als die Alltagswelt (oder "alltägliche Lebenswelt") herausstellt und mit der Kraft ausstattet, den fundierenden Geltungsboden der Lebenswelt auszumachen (vgl. Schütz/Luckmann 1994, bes. 25ff., 47ff.), haben die Phänomene "nicht nur Sinn für mich oder für dich", "sondern für uns alle": "Es weist daher jede Sinngebung dieser Welt durch mich zurück auf die Sinngebung, die diese Welt durch dich in deinem Erleben erfährt, und so konstituiert sich Sinn als intersubjektives Phänomen" (Schütz 1993, 43). Diese Annahme der Intersubjektivität und die Annahme der *Reziprozität der Perspektiven* (vgl. ausführlich dazu auch Schütz 1971a, 12ff.) sind Schlüsselmomente im 'sinnhaften Aufbau', denn erst sie eröffnen die Möglichkeit, auf fremdes Bewusstsein so hinzublicken, dass auch etwas 'verstanden' wird.

Für die Sozialwissenschaft bzw. für eine verstehende Soziologie ergeben sich angesichts des Doppelaspekts von Sinn zwei unterschiedliche Fragemöglichkeiten: Es können die sozialen Erzeugnisse oder "Kulturobjektivationen" als fertig konstituierte Gegenständlichkeiten beschrieben oder theoretisch bearbeitet werden, ohne nach den Bewusstseinsleistungen der dahinter stehenden Akteure zu fragen (objektiver Sinn); oder es können diese Gegenständlichkeiten als Zeugnisse für den Bewusstseinsablauf dessen, der sie hervorgebracht hat, interpretiert werden – denn alle Erzeugnisse eines Handelns sind auch Zeugnisse für das Bewusstsein des Handelnden, der sie erzeugt hat (subjektiver Sinn). Wird die erste Möglichkeit gewählt, so gilt folgende allgemeine Feststellung: "Wird ein Erzeugtes schlicht als Erzeugnis, als Gegenständlichkeit an sich interpretiert, so heißt dies, dass der Deutende seine erfahrenden Akte von diesem Gegenstand in Selbstauslegung unter seine vorrätigen Deutungsschemata subsumiert" (Schütz 1993, 187). Für den zweiten Fall, der das eigentliche Anliegen der verstehenden Soziologie ist, gilt: "Wird ein Erzeugnis als Zeugnis aufgefasst, so wird darüber hinaus die Blickwendung auf die konstituierenden Bewusstseinsakte des Erzeugenden (...) gerichtet, in welchen sich das Erzeugte aus den erzeugenden Akten konstituierte" (a.a.O.). Somit lässt sich sagen: *"Objektiver Sinn steht daher nur in einem Sinnzusammenhang für das Bewusstsein des Deutenden, subjektiver Sinn verweist daneben und darüber hinaus auf einen Sinnzusammenhang für das Bewusstsein des Setzenden. Subjektiver Sinnzusammenhang liegt also dann vor, wenn das, was in einem objektiven Sinnzusammenhang gegeben ist, von einem Du seinerseits als Sinnzusammenhang erzeugt wurde"* (a.a.O., 188).

Bei der Erfassung des subjektiven Sinns geht es nicht (nur) um die Deutung dessen, was ausgedrückt wird (also die ideale Gegenständlichkeit des Ausdrucks oder dessen invariante Bedeutung), sondern vielmehr um die Deutung des Phänomens, "dass gerade A es ist, welcher jetzt, hier und so diese Setzung vollzog" (a.a.O., 45). Damit ist zum einen das Moment der Kontextualisierung des Handelns angesprochen (als unumgängliche Voraussetzung des Verstehens) und zum anderen die Entschlüsselung von *Motiven* des Handelns – wobei Schütz bekanntlich zwischen "Um-zu-Motiv" und "echtem Weil-Motiv" unterscheidet und damit das Handeln konsequent als ein *prozessuales* Geschehen theoretisch erschließt. Und auch diese Motivzusammenhänge werden wiederum konsequent in den biographischen Horizont eingebaut und darin verankert, indem das 'Um-zu-Motiv' in die Zukunft des Handelns verweist, das 'Weil-Motiv' in die gelebte Vergangenheit.

Ebenso wie das Erfassen von Sinn ist auch die Typenbildung keine Angelegenheit, die der Wissenschaft vorbehalten wäre. Auch im Alltag typisieren wir und ordnen die Welt aufgrund typisierender Vorstellungen. Die Typenbildung vollzieht sich in jener sozialen Sphäre, die Schütz die 'Mitwelt' nennt: "Das Wesen der mitweltlichen Situation besteht darin, dass ein alter ego mir zwar nicht in *Leibhaftigkeit*, also in räumlicher und zeitlicher *Unmittelbarkeit* gegeben ist, *dass ich aber dennoch von seiner Koexistenz mit mir, von dem gleichzeitigen Ablauf seiner Bewusstseinserlebnisse mit den meinen weiß. Dieses Wissen ist ein mittelbares,* niemals habe ich das alter ego in der Mitwelt *als ein Selbst* gegeben" (a.a.O., 252). Aus der Tatsache, dass der "Nebenmensch" dem Ich in der Mitwelt nur mittelbar (im Sinne einer "Ihrbeziehung" und nicht einer "Wirbeziehung") gegeben ist, folgt, dass auch seine Bewusstseinserlebnisse nur in *typisierender* Erfassung zugänglich sind.

Im Gegensatz dazu besteht in der 'Umwelt' die Chance, das Du "in der Fülle seiner Symptome" und als ein "Selbst" zu erfassen, da wir in diese Form der Beziehung "leibhaftig", "unmittelbar" und in "Selbsthabe" involviert sind. Hier altert das Ich mit dem Du und "erfährt das Ich alle Wandlungen des Du und alle ihm zuwachsenden Bewusstseinserlebnisse, soweit sie", und das ist besonders beachtenswert, "in der jeweiligen aktuellen Konkretisationsstufe der Wirbeziehung überhaupt manifest werden" (a.a.O., 252f.). Das Leben und 'schlichte Dahinleben' in umweltlicher Beziehung zeichnet sich nach Schütz eben gerade dadurch aus, dass es weniger in reflexiver Zugewandtheit verläuft als vielmehr in konkreter und unmittelbarer Teilhabe und als ein Sein *in* dem Strom der Erlebnisse.

Die in der mitweltlichen Situation konstruierten Typen haben eine entscheidende Bedeutung hinsichtlich des sinnhaften Aufbaus der sozialen Welt: Sie sind die tragende Form alltäglichen Wissens und Träger der Sinngeltung der Alltagswelt. Oder anders ausgedrückt: Die Sinngeltung der Alltagswelt wird durch Typen getragen, die zentraler Bestandteil alltäglichen Wissens sind bzw. genauer: die maßgeblich zur Strukturierung von Wissen beitragen. Die Entstehungsbedingungen, die Struktur, Relevanz und Typik individuellen (oder lebensweltlichen) sowie gesellschaftlichen Wissens sind ausführlich in den 'Strukturen der Lebenswelt' dargestellt worden. Srubar weist darauf hin, dass den Sinnzusammenhang 'Alltagswelt' eine Konstruktion typisierter Erfahrungen und Erwartungen ausmacht und führt dazu aus: "Die Sinngeltung der Alltagswelt manifestiert sich im alltäglichen Wissen. In diesem

Wissen, dem alltäglichen 'Wissensvorrat', ist die Welt nicht in der Totalität ihrer ungeordneten Mannigfaltigkeit gegeben, sondern sie wird, durch Relevanzselektion und Situationsbezug bestimmt, als typisiert erfahren. Mit Schütz'schen Worten: 'Das Alltagswissen des Einzelnen von der Welt ist ein System von Konstruktionen ihrer typischen Aspekte'" (Srubar 1979, 44).

Bezüglich der Orientierung in der Alltagswelt erfüllen die Typen eine entscheidende Funktion. Die in unmittelbarer Teilhabe gewonnenen Erfahrungen werden als Sedimentierungen im Gedächtnis abgelagert und zwar in Form einer Abstraktion (als "konstruktiver Typus" oder auch "Idealtypus"), die als Matrix der Handlungsorientierung in gleichen und vergleichbaren, aber auch in neuen und unbestimmten Situationen dient. Der Typus hat somit einen doppelten zeitlichen Horizont: Er reicht aufgrund seiner Bindung an die unmittelbare Erfahrung in die (biographische) Vergangenheit, er weist aber auch in die Zukunft, indem er Handlungsantizipationen und einen ganzen Hof alternativer Handlungsmöglichkeiten mitträgt. Damit ist der Typus auch in anderer und gravierender Hinsicht 'doppeldeutig': Er trägt den Charakter der Subjektivität wie der Intersubjektivität. Da der Typus immer nur als sedimentierte Erfahrung möglich ist, ist er immer auch biographisch und individuell bestimmt – Srubar spricht hier von der "subjektbezogene(n) Perspektivität" des Typus. Zugleich aber stellt der Typus jene Folie dar, in der die soziale Welt intersubjektiv verbindlich und damit 'wirklich' wird (der Typus als tragende Form der Sinngeltung der Alltagswelt!). Somit ist der Typus zwar eine elegante Form, die Ebene der unmittelbaren und subjektiven Erfahrung der Welt mit der Ebene der übersubjektiven Sinngeltung der Alltagswelt zu verbinden, er ist aber auch problematisch, eben weil er so Konträres 'vereint'. In diesem Sinne bemerkt Srubar: "Die Unstimmigkeit zwischen dem intersubjektiven Anspruch der typisierten sozialen Wirklichkeit und ihrer Perspektivität, ist Schütz nicht entgangen" (a.a.O., 47).

'Verträglich' gemacht wird diese Unstimmigkeit durch die "Generalthese der Reziprozität der Perspektiven" im Alltag, die zwei Idealisierungen enthält: die Idealisierung der Vertauschbarkeit der Standorte und die Idealisierung der Kongruenz der Relevanzsysteme (vgl. dazu bes. Schütz 1971a, 12f., 1971b, 364f.). Zur Plausibilisierung dieser Setzungen sind zwei weitere Annahmen (oder auch 'Idealisierungen') nötig: Es muss eine Ebene geben, auf der die unterschiedlichen Perspektiven synchronisiert werden, und es muss eine annähernd identische Art und Weise des Erlebens gegeben sein. Die Synchronisation der Perspektiven erfolgt in der "Weltzeit", die Schütz als Schnittpunkt zwischen "kosmischer" (übersubjektiver) und "innerer" (subjektiver) Zeit bestimmt und als eine öffentliche, äußere Zeit, die die je individuelle Perspektive zweier Bewusstseinsströme vereint. Hinzu tritt die Annahme, dass der Erlebnisstrom des Du "die gleichen Urformen" aufweist wie der des Ich bzw. (später und in erweiterter Form), "dass der Gedankenstrom des Anderen die gleiche Grundstruktur wie mein Bewusstsein aufweist" (vgl. Srubar 1979, 48). Diese letztgenannte Setzung ist zentral für die Möglichkeit des Verstehens fremden Sinns (Fremdverstehen). Weil das Bewusstsein des Anderen in seiner *strukturellen* Anlage (in der Fähigkeit des Handelns und Denkens, bzgl. des inneren Zusammenhangs des

Gedankenstroms und analoger zeitlicher Strukturen, in den Erfahrungen der Retention und Reflexion, Protention und Erwartung) ähnlich beschaffen ist wie das Bewusstsein des Ich, können die Sinngebungsakte des Anderen in "Selbstauslegung" erfasst werden – ich komme darauf zurück.

Srubar weist darauf hin, dass Schütz das Handlungs- und das Sinnproblem konsequent und überzeugend als ein Zeitproblem herausgearbeitet hat, dass er es aber versäumte, die Zeit auch bei der Konstitution des Typus systematisch einzuführen: "Dadurch, dass Schütz den erfassbaren Ablaufzusammenhang der wiederkehrenden Abläufe nicht analysiert, sondern die Wiederholbarkeit von Handlungen auf ihre abstract generelle, im Rahmen der persönlichen durée gegebenen Möglichkeit stützt 'ich kann immer wieder', lässt er eine Dimension der von ihm selbst postulierten Zeitstruktur der Alltagswirklichkeit in der Typenbildung unberücksichtigt: die übersubjektive Zeit" (a.a.O., 52). Was also versäumt wird ist, die Typen *konstitutionsmäßig* auch in einer 'Zeitart' zu verankern, die der Mitwelt angehört (und sie nicht allein auf eine umweltliche Zeitart zu beschränken).

Srubar führt dazu aus, dass die soziale Wirklichkeit durch zwei Zeittypen strukturiert wird: durch die subjektive Zeit (durée), die Srubar auch die "konstituierte Zeit" nennt, und durch eine übergeordnete, öffentliche Zeit, die er als "produzierte Zeit" bezeichnet. Diese öffentliche Zeit wird von Schütz allzu vage und soziologisch wenig ergiebig als Schnittpunkt von innerer und kosmischer Zeit bestimmt. Srubar schlägt vor, die öffentliche Zeit als "soziale Zeit" theoretisch fruchtbar zu machen, indem sie in ihrem strukturgebenden Charakter bezüglich alltäglicher Orientierung und alltäglichen Handelns präzisiert wird: als Zeit, die durch den Ablauf materieller Prozesse gesetzt wird, die Verbindlichkeiten und Erwartbarkeiten schafft, indem sie das System unserer Handlungen und Handlungspläne bestimmt, und die im Alltag als ein übergreifender äußerer, anonymer Zwang wirkt – also insgesamt eine sozial produzierte, verbindliche, übersubjektive und nicht beliebig auslegbare Matrix der Handlungsorientierung schafft. Durch eine so beschaffene "produzierte" Zeit kann nicht nur die intersubjektive Geltung von Typisierungen im Alltag plausibilisiert werden, sondern es kann zudem auch der hartnäckige Vorwurf entkräftet werden, der Schütz'sche Ansatz sei ahistorisch und 'egologisch'. (Srubar zieht hierzu exemplarisch die von Jürgen Habermas geäußerte Kritik heran, die auf die Unmöglichkeit der Konstitution einer intersubjektiven sozialen Erfahrungswelt im Rahmen eines auf ichhafter Konstitution gründenden phänomenologischen Ansatzes abhebt; vgl. a.a.O., 43f.).

Von höchster methodologischer Bedeutung ist schließlich – um noch einen zentralen Aspekt der Typenbildung kurz vorzustellen – , wie Schütz die konstruierbaren Idealtypen charakterisiert und aufeinander bezieht. Er unterscheidet bekanntlich zwischen dem "personalen Typus" und dem "materialen" oder auch "Ablauftypus", wobei der Ablauftypus eine fundierende Rolle erhält: Aus der typisierenden Erfassung von Handlungsabläufen können auf Personen bezogene Typisierungen abgeleitet werden. Ganz in diesem Sinne stellt Schütz fest: "Die Technik der personalen idealtypischen Konstruktion besteht ja gerade darin, Subjekte zu konstruieren, für

welche die vorher material-idealtypisch gesetzten, d.h. als invariant und konstant erfahrenen Handlungsabläufe in einem motivationsmäßigen Sinnzusammenhang stehen können" (Schütz 1993, 265).

Personale Typen können überhaupt nur als ein objektiver Sinnzusammenhang
konstituiert werden, wenn bzw. weil sie in einem als objektiv geltenden oder erfahrenen Sinnzusammenhang des Handelns bzw. einer Handlung fundiert sind. Entscheidend ist der Hinweis, dass die Einheit des fremden Handelns als objektiver
Sinnzusammenhang "nur ein Segment" darstellt, "welches der Deutende aus der
Totalität des faktischen Ablaufes herausschneidet"; denn: "Was als Einheit der
fremden Handlung erfasst wird, (...) hängt von der jeweiligen spezifischen Problem-
lage und weiter von dem jeweiligen spezifischen Interesse ab" (a.a.O., 266). Ebenso
"problembedingt" ist die Auswahl der je unterstellten Motive und damit letztlich
auch die Konstituierung des personalen Idealtypus: "*er trägt den Index der bestimmten Fragestellung, die zu beantworten er konstruiert wurde*" (a.a.O.). Weiteres
Kennzeichen des personalen Idealtypus ist seine Künstlichkeit. Er führt ein "Schein-
leben" in einer fiktiven Zeit und "wird nur mit jenen Erlebnissen ausgestattet, die
vorausgesetzt werden müssen, um den vorgegebenen objektiven Handlungsablauf
als subjektiven in sich geschlossenen Sinnzusammenhang fremder (...) Bewusstseinserlebnisse, und zwar vor allem als motivationsmäßigen Zusammenhang erfassbar zu machen" (a.a.O., 267).

So wie die "Praxis des Lebens" auf der mitweltlichen Ebene ständig Idealtypen
bildet, so geht auch die verstehende Sozialwissenschaft bei der Konstruktion personaler Idealtypen vor. Sie sucht "gewissermaßen zu einem bestimmten Handlungsablauf das Modell eines Bewusstseins", für das "das Erlebnis dieses Handelns in einem
dem objektiven Sinnzusammenhang kongruenten subjektiven, nämlich motivationsmäßigen Sinnzusammenhang stehen kann" (a.a.O.). Dadurch ergibt sich für die
Soziologie die Notwendigkeit eines Wissens darüber, was in einer je gegebenen
Sozialwelt als objektive und motivationsmäßige Sinnzusammenhänge unterstellt
werden kann; ein Umstand, der etwa auch in der objektiven Hermeneutik zum Tragen kommt und dort unter der Frage nach *plausiblen* Konstruktionen von Lesarten
behandelt wird, wobei sich die Pausibilität vor allem daran bemisst, inwieweit bzw.
dass die Lesarten mit den je sozialweltlich vorgegebenen Konstruktionen verträglich
sind.

Die bis hierher vorgestellten Elemente der Schütz'schen Konzeption mögen genügen, um die eingangs gestellte Frage – Wie ist Sinnverstehen möglich? – präzisieren und näherungsweise beantworten zu können. Beginnen wir mit dem Hinweis,
dass Selbstverstehen eine radikal andere Bedeutung hat als Fremdverstehen. Ausgehend von der Sinnkonstitution des 'einsamen Ich' bestimmt Schütz das Deuten *eigener* Erlebnisse als einen Akt der Rückführung und Einordnung von in Zuwendungen
Erfasstem unter Schemata der Erfahrung, welche einen Sinn- und Deutungszusam-
menhang bilden. Die in Prozessen des Erlebens aufgeschichteten Erfahrungs- und
Deutungsschemata müssen wiederum so beschaffen sein, dass sie trotz der subjektiv
je einmaligen Aufschichtung von Erfahrungen intersubjektiv geteilt werden können

(und in einen objektiven Sinnzusammenhang einstellbar sein), um nicht permanent an den Sinngeltungen der Alltagswelt zu scheitern oder in ihr gar nicht kommunikabel zu sein.

In seinem Aufsatz "Don Quixote und das Problem der Realität" hat Schütz amüsant veranschaulicht, welche Schwierigkeiten sich ergeben können, wenn verschiedene "Subuniversen" (bzw. "Realitätsbereiche geschlossener Sinnstruktur", wie Schütz sie in den 'Strukturen' nennt) aufeinander treffen, die ihren je eigenen Sinnzusammenhängen und Logiken folgen, und wie in diesem Falle das "private Subuniversum der Phantasie" Don Quixotes, seine Welt des Rittertums, letzlich von der Wirklichkeit der Alltagswelt eingeholt und zerschlagen wird (vgl. Schütz 1972b, 102ff.) Aus der Perspektive der Alltagswelt betrachtet wirkt das Bemühen Don Quixotes deshalb so amüsant, weil er sich hartnäckig den alltäglichen Selbstverständlichkeiten verweigert. Selbst als er nicht mehr umhin kommt, etwa die Windmühlenflügel als Windmühlenflügel anzuerkennen (und nicht weiter als zuschlagende feindliche Riesen wahrzunehmen), gelingt es ihm durch die geschickte Einführung eines Zauberers (der die Riesen in Flügel verwandelt hat) den geschlossenen Sinnbereich seiner Phantasiewelt nicht verlassen zu müssen (vgl. auch Schütz 1971b, 237ff., Schütz/Luckmann 1994, 55ff.).

Das Verstehen eigener Erlebnisse (ihre reflexive sinnhafte Erfassung und ihre Einordnung in übergreifendere Sinnzusammenhänge) ist Grundvoraussetzung für das Fremdverstehen, das sich auf das Verstehen der Erlebnisse, Handlungen und Sinnsetzungen eines/des Anderen ('alter ego') bezieht. Von zentraler Bedeutung ist dabei die Differenzierung zwischem dem Verstehen der Erlebnisse *vom* alter ego und dem Verstehen der Erlebnisse *des* alter ego. Im ersten Fall wird das Erleben des Anderen wie ein Gegenstand aufgefasst, der – wie andere Gegenständlichkeiten der Sozialwelt auch – in Selbstauslegung zu erfassen ist: Die eigenen Erlebnisse vom alter ego – der Ablauf seines Handelns – werden in den Gesamtzusammenhang der eigenen Erfahrung eingeordnet, und zwar im Sinne eines Aktes der Selbstinterpretation der eigenen Erlebnisse vom Anderen. Zur Erfassung der Erlebnisse *des* alter ego bedarf es jedoch einer anderen Einstellung des Blicks:

> "Von der vollzogenen Einordnung der eigenen Erlebnisse *vom* alter ego in einen objektiven Sinnzusammenhang kann aber jederzeit die Blickwendung auf die Erlebnisse *des* alter ego durchgeführt werden. Denn die wahrgenommenen Abläufe stehen auch für das alter ego, welches dieses Handeln setzte, in einem Sinnzusammenhang, und das deshalb, weil das alter ego befähigt ist, seinerseits auf seine die Handlung konstituierenden polythetischen Akte in einem monothetischen Blickstrahl hinzusehen. Erst wenn diese Blickwendung vollzogen wird, wenn also (...) der Übergang vom objektiven zum subjektiven Sinnzusammenhang vorgenommen wird, kann von Fremdverstehen im eigentlichen Sinne gesprochen werden" (Schütz 1993, 309f.).

Das sozialwissenschaftlich relevante 'echte Fremdverstehen' – im Sinne des Verstehens subjektiven Sinns und subjektiver Sinnzusammenhänge des alter ego – liegt also dann vor bzw. ist möglich, wenn folgende Prämissen gelten und zum Einsatz kommen: 1. Subjektiver Sinn kann nur mittelbar erfasst werden und zwar über 'Erzeugnisse' alsProdukte des Handelns. 2. Im Zentrum der Zugangsmöglichkeiten zum subjektiven Sinn steht damit das Handeln (der Ablauf des Handelns, Handlungen) sowie die damit verbundenen Setzungen von Zeichen. 3. Diese 'Erzeugnisse' werden "als Zeugnisse für die Bewusstseinsabläufe dessen, der sie gesetzt hat" interpretiert. 4. Ein Zugang zu den Bewusstseinsabläufen des anderen ist möglich aufgrund der oben skizzierten Annahmen: der strukturellen Ähnlichkeit der Sinnsetzungsakte im Bewusstsein des 'einsamen Ich' und des 'Du', der Generalthese der Reziprozität der Perspektiven (dass der Beobachter unter den gleichen Bedingungen so urteilen würde wie das alter ego) und der Generalthese der Intersubjektivität (dass Beobachter und alter ego in den gleichen objektiven Sinnbezügen leben).

Überdies kann, wie bereits angedeutet, der Zugang zu den subjektiven Bewusstseinsleistungen in der Sozialwissenschaft nur in *Typisierungen* gelingen. Schütz betont immer wieder, dass der Soziologe das alter ego niemals in umweltlicher, sondern stets nur in mitweltlicher Beziehung und damit typisiert erfassen kann, auch wenn die mitweltliche Erfassung auf der umweltlichen Erfahrung gründet. Die Typen stellen jedoch stets Selektionen und Abstraktionen der ursprünglichen Abläufe dar. Echtes Fremdverstehen ist darum niemals die Erfassung der *tatsächlichen* Bewusstseinsabläufe und des tatsächlich gemeinten Sinns des alter ego – diese vollständige Annäherung kann noch nicht einmal in der umweltlichen Beziehung gelingen. Denn das würde voraussetzen, dass der Beobachter dazu fähig ist, "die einzelnen Erlebnisse, und zwar die Urimpressionen, die reflexiven Akte, die aktiven Spontaneitäten, die Phantasieerlebnisse usw. in der gleichen Reihenfolge und mit den gleichen Höfen von Protentionen und Retentionen in seinem (des Beobachters) Bewusstsein vor(zu)-finden" und "*alle* vorvergangenen Erlebnisse des Beobachteten in freier Reproduk-tion zu durchlaufen, er müsste also dieselben Erlebnisse in ihrer Totalität, und zwar in ihrer gleichen Abfolge erlebt und in gleicher Weise Zuwendungen zu ihnen vollzogen haben, wie der Beobachtete selbst" (a.a.O., 139), um die Erlebnisse des alter ego in der nämlichen Weise auszulegen, wie das alter ego die Selbstauslegung seiner Erlebnisse vollzieht – mit anderen Worten: Der Bewusstseinsstrom müsste identisch sein. Dies ist jedoch nur in einem Grenzfall möglich: wenn Beobachter und Beobachteter ein und dieselbe Person sind. Vielmehr dienen dem Beobachter äußere Anzeichen und Zeichen sowie Erzeugnisse im weitesten Sinne als Anknüpfungspunkt, um in hypothetischer Konstruktion auf mögliche (d.h. in erster Linie im Sinne der alltagsweltlichen Realität verträgliche) Bewusstseinsabläufe des alter ego schließen zu können.

Kern des echten Fremdverstehens ist also "die Deutung der Bewusstseinsabläufe des alter ego, welche wir signitiv vermittels der äußeren Abläufe erfahren haben" (a.a.O., 156). Dabei weiß der Deutende, "dass dem Sinnzusammenhang, in welchem *für ihn* die Signa und das Repräsentierte stehen, auch ein spezifischer Sinnzusammenhang *im fremden Bewusstsein* entspricht" (a.a.O., 157). In der Blickwendung auf das fremde Bewusstsein fragt der Deutende dann etwa: Was geht in dem Anderen vor? Welchen Sinn verbindet er mit seiner Tätigkeit? "Oder korrekter: In welcher Weise vollzieht er die Zuwendung zu seinem Bewusstseinserlebnis spontaner Aktivität? Weiter: Was meint derjenige, der mich anspricht, damit, dass er dies tut, dass er also überhaupt mit mir spricht, und zwar jetzt, hier, so? Um wessen willen tut er dies (Um-zu-Motiv) und welche Veranlassung gibt er hierfür an (echtes Weil-

Motiv)? Was bedeuten ferner die von ihm ausgesprochenen Worte in seinem Mund und bei dieser Gelegenheit?" (a.a.O.).

Schütz entfaltet das (echte) Fremdverstehen dann weiter über die Differenzierung von Anzeichen und Zeichen, von Ausdrucksbewegungen und Ausdruckshandeln, von Ausdrucksschemata und Deutungsschemata sowie durch die Einstellung der Zeichen in ein Zeichensystem, die objektive, subjektive und okkasionelle Bedeutung von Zeichen und den Aufbau von Sinnzusammenhängen durch Erfahrung, Ausdruck, Sinnsetzung und Deutung. Diesen Differenzierungen kann hier nicht weiter nachgegangen werden. Ein anderer Umstand verdient jedoch noch Beachtung: Ein Umstand, der zu nicht unerheblichen Einbußen und Verlusten hinsichtlich der Erfassung und Gestaltung der wissenschaftlichen Erkenntnissituation führt, wie abschließend kurz angedeutet werden soll.

## 2.2.3.  *Systematische Verluste*

Im Hinblick auf die Erkenntnissituation des Sozialwissenschaftlers, der subjektive Bewusstseinsleistungen und Sinnzusammenhänge erfassen und in objektive Sinnzusammenhänge einstellen will, markiert Schütz mit einiger Schärfe einen radikalen Unterschied zum Verstehen in der Alltagswelt. Die entscheidenden Unterschiede liegen vor allem darin, dass der Sozialwissenschaftler stets nur einen mittelbaren (mit- oder vorweltlichen) Zugang zu seinem Gegenstand hat und dass er sich anderer Deutungsschemata bedient als der alltägliche Beobachter. Schütz führt dazu aus, dass der Erfahrungszusammenhang der Sozialwissenschaften "ausschließlich auf positionale explizite Urteilsvollziehungen, auf konstituierte ideelle Gegenständlichkeiten, nämlich auf Denkergebnisse, niemals aber auf vorprädikative, in Selbsthabe erlebte Erfassungen eines alter ego gegründet" ist, und dass er somit "durch und durch mitweltliche (oder vorweltliche) und zwar explizite Erfahrung" ist und "nirgends auf die umweltliche Erfahrung zurück(weist)". Und er hebt hervor:

> "Weiter sind in den Gesamtzusammenhang der wissenschaftlichen Erfahrung die gesamten Denkergebnisse der Wissenschaften von Welt überhaupt eingegangen, und die von der Sozialwissenschaft verwendeten Deutungsschemata müssen mit diesem Gesamtzusammenhang der wissenschaftlichen Erfahrung von Welt überhaupt (nicht nur von der Sozialwelt allein) verträglich sein. Das Ur- und Grundschema der Wissenschaft, das Ausdrucksschema ihrer Aussagen und das Deutungsschema ihrer Explikationen ist deshalb wesensmäßig das der *formalen Logik*. Wissenschaft ist darum immer objektiver Sinnzusammenhang, und das Thema aller Wissenschaften von der Sozialwelt ist, einen *objektiven Sinnzusammenhang von subjektiven Sinnzusammenhängen überhaupt oder von besonderen subjektiven Sinnzusammenhängen zu konstituieren"* (a.a.O.,316f.).

Insgesamt laufen diese Hervorhebungen auf ein 'rationalistisches' Wissenschaftsverständnis zu, für das Schütz im letzten Teil des 'sinnhaften Aufbaus' unter Rückgriff auf Max Weber unmissverständlich plädiert, wenn er bemerkt: "Wissenschaft kann nicht betrieben werden, es sei denn 'rational'. (...) Gewiss ist das Postulat einer Verstehenswissenschaft historisch aus dem Bedürfnis nach einer Durchbrechung der Schranken entstanden, welche der rationalen Fachwissenschaft bei der Erfassung des lebendigen Erlebens gesetzt sind. Aber Leben und Denken sind eben zweierlei und die Wissenschaft bleibt eine Angelegenheit des Denkens auch dort, wo ihr Thema das Leben, etwa das Leben der Sozialwelt ist. Sie kann sich daher nicht auf eine vage und ungeklärte Einfühlung oder auf vorgegebene Werte berufen und sich nicht auf Deskriptionen stützen, die der begrifflich gedanklichen Strenge entbehren" (a.a.O., 339).

Auch eine 'verstehende' Sozialwissenschaft kann, will die als *wissenschaftlich* gelten, nicht an der Tatsache vorbei, dass der Garant für ihre 'Objektivität' (denn nur dann liegt Wissenschaftlichkeit vor) die deutliche und klare Explizierung der je gegebenen Sinnzusammenhänge ist – auch jener Zusammenhänge, worauf sich das eigene Denken stützt (!) – , die Anwendung der Gesetze der formalen Logik als zentralem Deutungsschema sowie einer maximalen Exaktheit bei der Etablierung und Anwendung von Begriffen. Auch wenn der Feststellung, dass Wissenschaft nicht anders als 'rational' betrieben werden kann, weil sie gedankliche und begriffliche Arbeit erfordert und weil sie notwendig 'reflexiv' ist, zunächst einmal zuzustimmen ist, so beinhalten die eben zitierten Verweise doch einige Denk- und Merkwürdigkeiten:

Es erstaunt zutiefst, dass Schütz gegen Ende seiner Abhandlung einen derartig tiefen Graben zwischen der alltäglichen und der sozialwissenschaftlichen Beobachtung zieht – etwa wenn er bemerkt, dass der sozialwissenschaftliche Erfahrungszusammenhang "niemals" auf der in Selbsthabe erlebten Erfassung des alter ego gründet und "nirgends" auf die umweltliche Erfahrung zurückweist. Diese Behauptungen stehen in Widerspruch zu seiner sorgfältigen Analyse der Fundierung von Sinn im Dauerablauf des einsamen Ich, zur Herausarbeitung der Bedeutung der umweltlichen Erfahrung als Grundlage der mitweltlichen Erfahrung und der Typenbildung sowie zu dem Hinweis, dass Selbstauslegung und Selbstinterpretation die Voraussetzung zum Fremdverstehen bilden. Sie vertragen sich nicht mit der Annahme, dass alltagsweltliches und sozialwissenschaftliches Erfassen von Sinn auf den gleichen Voraussetzungen gründen und in gleicher Weise verfahren und dass ihre Erkenntnisse lediglich *graduelle* Abstufungen auf einer Skala der Deutlichkeit und Klarheit sowie der Explizierung darstellen. Mit der Einführung exklusiver wissenschaftlicher Deutungsschemata, die nun ihrerseits einen eigenen objektiven Sinnzusammenhang ausmachen, wird dieser 'Graben' zur Alltagswelt weiter vertieft.

Diese Spaltung von 'Denken' und 'Leben' setzt sich auch auf der Ebene der Differenzierung von alltäglichem und wissenschaftlichem Erkenntnisstil fort. Während Schütz für den Aufbau von Wissen und Relevanzen im Alltag immer wieder auf die biographische Situiertheit der Subjekte verweist, löst er den Wissenschaftler in seiner theoretischen Einstellung und in der Haltung des desinteressierten Beobachters vollends aus sozialen und biographischen Bezügen heraus und verpflichtet ihn allein dem "corpus" seiner Wissenschaft (den in diesem Rahmen geltenden Wissensformen). Schütz hebt hervor, dass das Bezugszentrum des Wissenschaftlers so "radikal verändert" wird und mit ihm auch die Hierarchie der Pläne und Entwürfe: "Der Wissenschaftler hat sich entschieden, einen Plan wissenschaftlicher Arbeit zu verfolgen, geleitet durch ein desinteressiertes Suchen nach der Wahrheit in Übereinstimmung mit vorgegebenen Regeln, wissenschaftliche Methode genannt: So betritt der Wissenschaftler ein Gebiet vorgeordneten Wissens, den *corpus* seiner Wissenschaft. (...)

Nur innerhalb dieses Rahmens darf er sein besonderes wissenschaftliches Problem auswählen und seine wissenschaftlichen Entscheidungen fällen. Dieser Rahmen konstituiert sein 'In-einer-wissenschaftlichen-Situation-Sein', das an die Stelle (sic!) seiner biographischen Situation als menschliches Wesen in der Welt tritt" (Schütz 1971, 43).

Es spricht unbestreitbar einiges dafür, wissenschaftliches Tun (bzw. die 'theoretische Einstellung') so zu konzipieren, wie Schütz es hier entfaltet: als einen vom Alltag deutlich abgesetzten Wirklichkeitsbereich, der gerade durch diese Absetzung – oder vielleicht auch sogar: *nur* durch diese Absetzung – etwas 'erkennen' kann. Denn nur so kann die nötige Freisetzung von Handlungsdruck gelingen, die die Chance des Zweifels an den im Alltag unhinterfragt bleibenden 'Selbstverständlichkeiten' eröffnet und die Herausbildung und den Einsatz von Begriffen, Modellen und Deutungsschemata ermöglicht, die zur Klärung und Konturierung 'diffuser' alltagsweltlicher Gegebenheiten beitragen können. Übersehen wird bei dieser 'Loslösung' des Wissenschaftlers aus (seinen eigenen) biographischen Bezügen in meinen Augen jedoch zweierlei:

Zum einen ist es eher unwahrscheinlich, dass eine derartige Loslösung tatsächlich gelingt, und zum zweiten werden mit dem Pochen auf diese 'Entbiographisierung' wichtige Chancen vertan. Meines Erachtens käme es vielmehr darauf an, die besondere biographische Situation des/der Wissenschaftlers/in in Rechnung zu stellen und methodologisch als ein Moment ernst zu nehmen, das forschungsbezogene Relevanzen in hohem Maße mitbestimmt: Der 'Ort', an dem sich ein Wissenschaftler im wissenschaftlichen System befindet, die 'Wahlen', die er dort trifft, und die Grenzerweiterungen, die er vorantreibt, sind nicht allein dem 'corpus' der Wissenschaft geschuldet, sondern gründen auch auf biographischen Erfahrungen jenseits der Wissen-schaft. Es käme also darauf an, diese biographischen Erfahrungen nicht künstlich auszugrenzen, sondern offensiv einzusetzen, zu explizieren und zu nutzen.

Analoges lässt sich für die Ebene der sinnlich-leiblichen Wahrnehmung sagen: Auch hier käme es auf eine Nutzung statt Ausgrenzung der Potenziale an. Eng damit verbunden ist die Frage des 'desinteressierten Beobachters' und der ausschließlichen Fixierung auf abstrahierende Begriffs- und Modellbildungen. Die künstliche Position des desinteressierten Beobachters und das Primat der Abstraktion, das sich im Forschungsprozess ohnehin nicht streng durchhalten lässt (besonders nicht in den Bereichen feldnaher Forschung), wäre zumindest partiell und phasenweise in eine Erkenntnishaltung zu modifizieren, die sich offensiv in konkrete Bezüge involvieren und 'verwickeln' lässt, und die eigene 'leibhaftige' Verwicklung, das Berührt-Sein und das Angestoßen-Werden als Erkenntnisaspekt und Datum bewusst entstehen lässt, ernst nimmt und auswertet. Die Chancen (und Probleme) der konkreten Arbeit im Feld finden in der Schütz'schen Konzeption zur Methodologie der Sozialwissenschaft keinen Raum und der Zugang zu ihnen wird eher verstellt als eröffnet. Dies ist umso erstaunlicher und bedauerlicher, als Schütz mit seinen Ausführungen zur leiblichen Fundierung der sozialen Welt und der Beschreibung der umweltlichen

Situation wichtige Grundlagen in dieser Richtung gelegt hat. In dem Exkurs "Der Körper als Erkenntnisquelle" werden diese Ideen weiterentwickelt (Teil 1/Kap. 6.).

Mit den oben zitierten Absetzungen des wissenschaftlichen Verstehens vom all-täglichen Verstehen folgt Schütz zwar einem etablierten und auch begründeten Ver-ständnis von Wissenschaft, er überzieht in meinen Augen die Spaltung von 'Denken' und 'Leben' hier jedoch so, dass er hinter seinem eigenen Ansatz zurückbleibt. Es entsteht der Eindruck, dass alle Erkenntnisse, die sich aus der Aufklärung der Fun-dierungsprobleme ergeben haben, hier über Bord geworfen werden. Gerade die Idee der Fundierung von Sinn im Erleben und in der Erfahrung und die Darstellung der stufenförmigen Erweiterung der Akte der Sinnsetzung und des Verstehens hätten die besondere Chance geboten, die Abhängigkeit der Wissenschaft von diesen 'Urgrün-den' zu betonen und die damit verbundenen Probleme zu analysieren. Stattdessen erscheint die Wissenschaft hier wie eine abgehobene Sonderwelt, die allein ihren eigenen objektiven Sinnsetzungen und Prinzipien verpflichtet ist. Der Kontakt mit der lebendigen Umwelt sowie mit der Alltagswelt scheint jedoch radikal durch-schnitten.

Zieht man die 'Theorie der Lebensformen' hinzu, so entsteht ein bezeichnender Spannungsbogen der Gedankenführung: Was bei der leiblichen Fundierung des Erlebens des Einzelnen begann und sich durch die sozialen Sphären des Verstehens in der alltäglichen Lebenswelt bewegte, endet in den körperlosen Höhen einer auf Abstraktionen ausgerichteten Erkenntnisweise, die sich zudem in ihrem eigenen Sinngebäude bewegt (in dem 'corpus' der Wissenschaft, in ihren eigenen Deutungs-schemata). Was diese Wissenschaft mit den leiblichen und alltagsweltlichen Erfah-rungen ihrer Akteure anfängt, wie diese Erfahrungen sich auf das wissenschaftliche Urteilen auswirken, wie sie kontrolliert, aber auch wie sie als Erkenntnispotenzial genutzt werden können, bleibt ungeklärt. Wenn Schütz betont, dass der sozialwis-senschaftliche Erfahrungszusammenhang "niemals" auf der in Selbsthabe erlebten Erfassung des alter ego gründet und "nirgends" auf die umweltliche Erfahrung zu-rückweist, so widerspricht das nicht nur seiner eigenen Aussage, dass auch der Sozi-alwissenschaftler in umweltlichen Bezügen lebt (ohne die jede Form der Typisie-rung – auch die sozialwissenschaftliche (!) – nicht möglich wäre), sondern es lässt auch außer acht, dass der Sozialwissenschaftler sehr wohl in einen direkten Kontakt mit dem alter ego seiner Forschung treten und es "in Selbsthabe" erfassen kann (auch wenn dieser direkte Kontakt bereits 'typisierender' angelegt, weniger 'dicht' und konsequenzloser sein mag als die Erfahrung des Anderen im gemeinsamen alltagsweltlichen 'Dahinleben'). Die alleinige Verortung wissenschaftlichen Erken-nens im abstrakt-symbolischen Raum (als Auseinandersetzung mit 'Denkergebnis-sen' und entlang spezifischer modellhafter Typisierungen) verstellt so auch den Blick für die lebendige soziale Beziehung, in die auch der forschende Sozialwissen-schaftler eingebunden ist, die ihm zum Problem, aber auch zur Chance werden kann, und die zunächst und vor allem 'leiblich' gebunden ist.

### 2.2.4. Die Bedeutung des 'Leibes' im 'sinnhaften Aufbau' und das 'Schicksal' des Körpers

Anknüpfend an das eben skizzierte Problem der Spaltung von 'Denken' und 'Leben' und dem 'rationalistischen' Bias der Schütz'schen Konzeption des 'sinnhaften Aufbaus der sozialen Welt', kann vorgreifend schon an dieser Stelle Folgendes bemerkt werden: Obwohl der 'Leib' in der Konzeption zunächst eine Schlüsselstellung erhält und Schütz hierbei wesentliche Gedanken aus der 'Theorie der Lebensformen' aufgreift und fortführt – wie im Weiteren kurz erläutert werden soll – , wird dieses 'Denken über den Leib' und die Fundierung allen Verstehens im Leiblichen nicht weiter verfolgt, sondern 'übertönt' durch Klärungen und Differenzierungen eines begrifflichen Instrumentariums auf abstrakt-symbolischer Ebene (Motive, Typen, Sinn, Logik der Wissenschaft). Das Verstehen von Handeln und von Sinn vollzieht sich in einem gedanklich-idealen Raum, in dem die 'Spuren', die zum Körper (bzw. 'Leib') zurückführen würden, bis zur Unkenntlichkeit verwischt sind.

Im Grunde wird der 'Leib' schon in dem Moment preisgegeben, in dem betont wird, dass sich 'Erinnern', 'Erkennen', 'Verstehen' und mithin auch 'Sinn' nur ergeben können, wenn der reflexive Blick Segmente aus dem Strom des Erlebens heraustrennt, fixiert und ins Bewusstsein hebt. Von diesem Moment an spielt sich 'Leben' zusehends mehr abstrakt vermittelt im symbolischen Raum ab (dessen zentrales Medium die Sprache ist) und das an den 'Leib' geknüpfte *Erleben* wird zu einer Art 'Ursuppe', die gedanklich nicht fassbar ist und somit auch 'vergessen' werden kann. Das 'Schicksal' des Körpers (bzw. des 'Leibes') scheint also auch hier an jener Stelle besiegelt, an der das 'Denken' – das 'In-den-Blick-Fassen' und 'Fixieren' – auf den Plan tritt. Wobei die besondere Verwickeltheit des Problems darin besteht, dass der 'Leib' ja überhaupt nur 'gegenständlich' und kommunikabel werden kann – etwa in der ihm zugewiesenen Stellung als 'Urgrund' des Seins in der Dauer und als Fundament des Erlebens – , indem er 'gedacht' wird. Wie und warum der Körper zu einem 'Opfer des Denkens' wird, kann mit Plessner ein wenig genauer analysiert werden – hier geht es jedoch zunächst um das 'Auftauchen' und 'Verschwinden' des Körpers (bzw. des 'Leibes') in der Konzeption von Schütz.

Betrachtet man die drei Hauptwerke von Schütz ("Theorie der Lebensformen", "Der sinnhafte Aufbau der sozialen Welt", "Strukturen der Lebenswelt"), so stellt der 'sinnhafte Aufbau' eine Art Zwischenstufe in der Entwicklung des Gesamtwerkes dar, die zum einen zwar deutliche Anklänge an das erste Werk enthält, die zum anderen aber auch wesentliche Vorarbeiten für das posthum erschienene Werk leistet und die Weichen für das zentrale Anliegen von Schütz stellt – für eine Theorie der Strukturbedingungen und der Strukturierung der Sozialwelt. Im Zuge des dabei insgesamt entfalteten Gedankenganges findet nicht nur eine deutliche Verlagerung vom lebensphilosophischen und phänomenologischen Rüstzeug auf eher sozialwissenschaftlich und soziologisch geprägte Theorien statt, sondern auch eine zunehmende Verdünnung im Hinblick auf die Thematisierung des Körpers bzw. des 'Leibes' – wobei die Wahl des theoretischen Zugangs daran einen entscheidenden Anteil hat.

Auch wenn in der 'Theorie der Lebensformen' noch überwiegend aus der lebensphilosophischen Tradition heraus argumentiert und das Phänomen der Ich-Konsti-
tution im quasi 'vorsozialen' Raum betrachtet wird, so klingt bereits hier das Ziel-
thema an – die Hinführung des 'einsamen Ich' zur sozialen Welt. Dennoch wird in
der subtilen Analyse der daran beteiligten 'Stufen' der Leib in seinen zentralen Funktionen ausführlich gewürdigt: als Vermittler zwischen dem 'der reinen Dauer verhafteten Ich' zur Außenwelt, als Werkzeug und Träger des 'handelnden Ich' und durch
die Deutung des 'handelnden Ich' vom somatischen Lebensgefühl her (das somatische Lebensgefühl als Bewusstsein des 'handelnden Ich'). Diese Analysen sind ein
klares Votum für die existenzielle Funktion des Leibes als Basis allen Handelns und
jeglicher Form sozialen Lebens.

Im posthum erschienenen Hauptwerk, das sich ganz der Beschreibung der Strukturen der sozialen Welt widmet, wird der Körper allenfalls gestreift: Zwar steht er
nach wie vor an prominenter Stelle, anderen Themen wird jedoch die zentrale Aufmerksamkeit gewidmet (insbesondere den Strukturen der Lebenswelt des Alltags
und anderen 'geschlossenen Sinnbereichen' und der Genese, Struktur und Funktion
von Wissen). Für die ungebrochene Prominenz des Körpers im Schütz'schen Denken
spricht etwa die im ersten Kapitel getroffene Feststellung, dass in der natürlichen
Einstellung des Alltags gerade auch die Körperlichkeit des Menschen als fraglos
gegeben hingenommen wird und – neben anderen alltagsweltlichen Evidenzen – die
'Realität' dieses Wirklichkeitsbereichs verbürgt.

Im 'sozialen Aufbau' ist der Körper (genauer: der 'Leib') noch an zentralen Stellen präsent. Schütz verweist insbesondere an folgenden Punkten immer wieder auf
die Leiblichkeit: 1. im Zuge der Beschreibung der Konstitution des 'einsamen Ich';
2. im Rahmen der Skizzierung der umweltlichen Beziehung; 3. im Kontext seiner
Analyse des Fremdverstehens. Dem 'Leib' werden im 'sinnhaften Aufbau' damit
zwei Schlüsselfunktionen eingeräumt: Er ist und bleibt konstitutives Moment des
Seins und des Erlebens (Punkt 1. und 2.) und er ist zentrales Medium im Prozess des
Verstehens (Punkt 3.). Das beinhaltet: Der 'Leib' wird zum einen als Fundament des
Daseins, des Handelns und der Sinnkonstitution begriffen und er wird zum anderen
bedeutsam als ein Feld des Ausdrucks, über das Anzeichen und Zeichen vermittelt
werden, die ihrerseits einen Zugang zum Verstehen fremden Erlebens und fremder
Sinnsetzung ermöglichen. Zu Punkt 1. und 2. nur einige knappe Hinweise. Zentral
ist, dass der Leib in seiner je aktuellen Verfasstheit die Basis bildet, von der aus ein
Ereignis zu einem ("wohlumgrenzten" und sinnhaften) Erlebnis wird, indem er ein
spezifisches 'So' des Moments herstellt, von dem aus ein Ereignis in den Blick gefasst wird. Schütz sagt dazu: "Das Ich hat in jedem Augenblick seiner Dauer Bewusstsein von seinen Leibzuständen, seinen Empfindungen, seinen Wahrnehmungen, seinen stellungnehmenden Akten und den Zuständen seines Gemütes. Alle
diese Komponenten konstituieren das So des jeweiligen Jetzt, in dem das Ich lebt"
(Schütz 1993, 53).

Ob das Ich tatsächlich "in jedem Augenblick seiner Dauer Bewusstsein von seinen Leibzuständen" hat, sei dahingestellt (treffender wäre wohl der Hinweis, dass

sich das Ich beständig in spezifischen leiblichen und seelischen Zuständen befindet und sich diese bis zu einem gewissen Grade auch bewusst machen *kann*); entscheidend ist der Punkt, dass diese leiblichen und seelischen Zustände dem jeweiligen 'So' des Moments ihre Farbe geben und somit auch moderieren, *wie* etwas in diesem Moment (oder 'Zustand') erlebt wird.

Die zweite entscheidende fundierende Funktion erhält der Leib im Rahmen der Analyse der umweltlichen Beziehung: Schütz knüpft die umweltliche Beziehung (oder auch "Wirbeziehung") an die "leibhaftige Vorgegebenheit des umweltlichen Du", also an das konkrete Gegenüber, das mit seinem Körper und in allen seinen leiblichen und seelischen Regungen unmittelbar erfahren werden kann. In diesem Rahmen siedelt Schütz auch die "lebendige soziale Beziehung" an (im Sinne der wechselseitigen Wahrnehmung und Wirkung von ego und alter ego) und führt dazu aus: "Die *lebendige soziale Beziehung* (...) kann in verschiedenen Modifikationen auftreten. *In ihrer Reinheit und Fülle ist sie* (...) *an die leibhaftige Vorgegebenheit des umweltlichen Du geknüpft. Als solche ist sie lebendige umweltliche Beziehung oder reine Wirbeziehung.* Aus ihr leiten alle nicht der Sphäre der sozialen Umwelt zugehörigen Akte der Fremdeinstellung, alle Deutungsweisen des subjektiven Sinns, alle Möglichkeiten der Blickwendung auf Mitwelt und Vorwelt ihr ursprüngliches und originäres Recht ab" (a.a.O., 219).

Hier wird noch einmal deutlich, was bereits herausgestellt, aber von Schütz beim Übergang in den Bereich der Wissenschaft nicht hinreichend berücksichtigt wurde: dass alle Akte des Sinnverstehens auf mitweltlicher (bzw. vorweltlicher und folge-weltlicher) Ebene auf der Teilhabe an und dem Erleben in umweltlichen Bezüge beruhen. Nur in der konkreten Wahrnehmung des Du gewinnen wir jenes Basismaterial der Anschauung, das wir zur Erschaffung mitweltlicher Abstraktionen benötigen. In der Analyse des Problems des Übergangs von der umweltlichen zur mitweltlichen Erfassung des Du bringt Schütz noch einmal sehr klar zum Ausdruck, worin die besondere Eigenschaft und Kraft der leiblich gebundenen umweltlichen Beziehung liegt:

> "Als ich mit dem Du in einer umweltlichen Wirbeziehung stand und in der lebendigen Intentionalität der reflexiven Spiegelungen eben dieses Du in seinem Sosein erlebte, als ich in Gleichzeitigkeit auf den konstitutiven Aufbau seiner Erlebnisse hinzusehen vermochte, da war es mir in seiner Leibhaftigkeit und Unmittelbarkeit gegeben, die Fülle seiner *Symptome* war meiner Auslegung offen und in steter Berichtigung und Bereicherung wandelten sich meine Erfahrungen von diesem Du. (...) Der Strom des Wir war ein kontinuierlicher mit mannigfachen beständig wechselnden Inhalten erfüllter Ablauf. Er glich meiner und deiner Dauer, er war unsere Dauer, von der die meine nur ein Teil war. All dies aber eben nur, solange ich *in* ihm lebte, solange das alter ego mir *umweltlich* vorgegeben war" (a.a.O., 247f.).

In der mitweltlichen Situation ist hingegen weder das 'hautnahe' Erleben des Anderen noch das gemeinsame Erleben in einem 'Strom des Wir' möglich, was erlauben würde, den Anderen in unmittelbarer 'Selbsthabe' zu erfahren: "Ich 'habe' nicht mehr dein jetziges Selbst, sondern dein soeben gewesenes; du bist mit mir zwar gleichzeitig in deinem Jetzt und So, *aber ich weiß von diesem deinem neuen So nichts mehr.* Seit du aus dem reinen Wir meiner Umwelt heraustratest, bist du gealtert, hast neue

Erlebnisse in neuen attentionalen Modifikationen erfahren, bist mit jedem Zuwachs deiner Erfahrungen, mit jedem neuen synthetischen Vollzug, mit jeder Wandlung deiner Interessenlage ein anderer geworden" (a.a.O., 248). Schütz weist in diesem Zusammenhang auch darauf hin, dass die Aussagen, die wir über ein Du machen können, und das 'Verstehen' des von ihm 'gemeinten Sinns' umso genauer und inhaltsgefüllter ist, je mehr wir die Chance hatten, diesem Du in umweltlicher Beziehung zu begegnen, mit ihm zu leben und sein Erleben mitzuerleben – über diese konkreten Erfahrungen konnten wir ein 'Wissen' über das Du sammeln, das uns in der mitweltlichen Beziehung nicht gegeben ist.

Zum Themenkreis der das Erleben fundierenden Funktion des Leibes – die auch in den Ausführungen im 'sinnhaften Aufbau' zwar mitschwingt, aber von Schütz nicht eigentlich zum Thema gemacht wird – , gehört schließlich auch der wichtige Hinweis, dass "die Erlebnisse der Leiblichkeit des Ich" nur begrenzt erinnerbar und 'rationalisierbar' sind (a.a.O., bes. 70). Ein Hinweis, der in Widerspruch steht zu der oben bereits kritisierten Aussage, das Ich habe in jedem Augenblick seiner Dauer Bewusstsein von seinen Leibzuständen. Schütz rekurriert hier auf Scheler, der davon ausgeht, dass es so etwas wie einen "innersten Kern des Ich" gibt, den er als die "'absolut intime Person'" beschreibt. Diese 'Person' bzw. dieser Kern des Ich bleibt dem Miterleben absolut verschlossen. Ebenso gibt es für die Erkenntnis des eigenen Ich eine Sphäre absoluter Intimität, von der man zwar weiß, dass sie 'da' ist, die aber nicht in den reflektierenden Blick kommen kann. Und es gibt entsprechend Erlebnisse, "welche zwar in ihren jeweiligen Jetztphasen erlebt werden, auf die aber entweder überhaupt nicht oder nur in einem äußerst vagen Zugriff reflektiert werden kann und deren Reproduktion über die bloße Leervorstellung des 'Etwas erlebt habens' hinaus – also in anschaulicher Weise – nicht gelingt"; Schütz nennt diese Gruppe von Erlebnissen "*'wesentlich aktuelle' Erlebnisse*", "weil sie wesensmäßig an eine bestimmte Zeitstelle des inneren Bewusstseinsstromes gebunden sind" (a.a.O., 69). In diesem Zusammenhang stellt Schütz fest, dass die Wiedererinnerung an ein Erlebnis der äußeren Wahrnehmung (ein äußerer Ablauf oder Gegenstand) relativ problemlos in freier Reproduktion, also an beliebigen Punkten der Dauer, gelingen kann, dass dies jedoch ungleich schwerer für Erlebnisse der inneren Wahrnehmung ist, insbesondere dann, wenn sie der 'intimen Person' sehr nahe stehen – hier wird "die Erinnerung an das Wie unvollziehbar, die Erinnerung an das Dass dieser Erlebnisse nur im schlichten Zugriff erhaschbar" (a.a.O., 70). In diesem Kontext wird u.a. dann auch die Erinnerungsfähigkeit an leibliche Zustände verortet: "Hierher gehören zunächst alle Erlebnisse der Leiblichkeit des Ich (sic!), also des Vital-Ich (Muskelspannungen und -entspannungen als Korrelate der Leibesbewegungen, 'physischer' Schmerz, Erlebnisse der Geschlechtssphäre usw.). Aber auch jene psychischen Phänomene, welche unter der vagen Bezeichnung der 'Stimmungen' zusammengefasst werden, in gewisser Hinsicht auch die 'Gefühle' und 'Affekte' (Freude, Trauer, Ekel usf.)" (a.a.O.).

Überaus erhellend ist, was unmittelbar im Anschluss folgt: "Die Grenzen der Erinnerbarkeit decken sich genau mit den Grenzen der 'Rationalisierbarkeit', wofern man dieses höchst äquivoke Wort (...) im weitesten Verstande, also für 'Sinngebung überhaupt' gebrauchen will. Erinnerbarkeit ist ja die oberste Voraussetzung aller rationalen Konstruktion. Das Nichterinnerbare – stets ein prinzipielles Ineffabile – kann eben nur 'gelebt', aber in keiner Weise 'gedacht' werden: Es ist wesentlich unartikuliert" (a.a.O.). Hier wird noch einmal die Schere aufgezeigt, die sich zwischen 'Leben' und 'Denken' ergibt: Es gibt Bereiche des Erlebens, die 'ineffabile' bleiben, die nur 'gelebt', nicht aber gedacht werden können. Und gerade auch die Leiblichkeit ragt in ihren 'intimsten' Anteilen weit in dieses Reich des Nichterinnerbaren und Nichtrationalisierbaren hinein.

In der Argumentation, die Schütz im 'sinnhaften Aufbau' entfaltet, nimmt der 'Leib' jedoch weniger in der eben angedeuteten fundierenden Funktion eine Schlüsselstellung ein, sondern vielmehr in seiner Funktion als *Ausdrucksfeld* (Punkt 3.). Auch hierzu einige kurze Bemerkungen: Der 'Leib' kommt massiv ins Spiel, weil er Träger und sichtbares Feld konkreten, 'tätigen' Handelns ist. Denn Handeln – so Schütz – bietet sich uns nicht als Serie von Erlebnissen des Anderen dar, sondern (zunächst) als ein Ablauf in der äußeren Welt, "als eine wahrgenommene Veränderung an jenem Gegenstand, der da fremder Leib heißt" (a.a.O., 29). Das fremde Ich, dessen Handeln und Akte der Sinnsetzung wir verstehen wollen, ist uns zunächst also als ein fremder Leib gegeben. Die Ausdrucksbewegungen und Ausdruckshandlungen, die das alter ego mit seinem Leib vollzieht, dienen dem Beobachter als Material, die Bewusstseinserlebnisse und Motive des Anderen zu rekonstruieren. Wie bereits erwähnt, kann neben dieser leiblichen Präsenz auch das Produkt des Handelns (die vollzogene Handlung oder ein anderes 'Erzeugnis') als Ausgangsmaterial des Fremdverstehens dienen.

Die Bewegungen des Leibes des Anderen als "Signum" für seine Bewusstseinserlebnisse zu nehmen, bedeutet jedoch keineswegs ein einfaches 'Schließen' oder 'Urteilen' – denn es wird nicht direkt von den Ausdrucksformen auf innere Prozesse 'geschlossen', wie Schütz bemerkt. Vielmehr geht es um einen Vorgang, den Schütz als einen "besonderen intentionalen Akt eines fundierten Auffassens" beschreibt, "bei welchem wir nicht auf das Angeschaute, nämlich den Leib, sondern durch dessen Medium auf die fremden Erlebnisse selbst gerichtet sind" (a.a.O., 142). Er führt dazu aus:

> "Wesentlich für diese Erfassungsweise fremder Erlebnisse ist also, dass Bewegungen des fremden Leibes als *Anzeichen* für Erlebnisse des Anderen aufgefasst werden, für Erlebnisse, auf die auch er, der Andere, hinzusehen vermag; denn es sind seine Erlebnisse in seinem Dauerablauf und aus diesem kann er sie, indem er sich ihnen zuwendet, als wohlumgrenzte herausheben, er kann sie in polythetisch gegliederten Akten zu Sinnzusammenhängen ordnen und kann sie in Selbstauslegung deuten. Die beobachtete fremde Leibesbewegung ist daher ein Signum nicht nur für ein Erlebnis des Anderen schlechtweg, sondern für ein solches, mit welchem der Andere 'gemeinten Sinn verbindet'" (a.a.O.).

In enger Verzahnung mit der Analyse des Leibes als Ausdrucksfeld differenziert Schütz auch das Fremdverstehen aus. Erkenntnistheoretisch zentral ist dabei seine Unterscheidung von Ausdrucksbewegung und Ausdruckshandeln. Während der Ausdrucksbewegung zunächst nur Sinn für den Beobachter zukommt (er kann die Bewegung als ein Anzeichen von fremden Erlebnissen nehmen und sie in einen

Sinnzusammenhang einstellen, indem er nach dem aktuellen und motivationsmäßigen, nach dem objektiven und subjektiven Sinn fragt), ist das Ausdruckshandeln immer auch mit einer Kundgabeabsicht verbunden und hat somit stets auch Sinn im Bewusstseinsablauf des Handelnden. Problematisch ist, dass über den äußeren Ablauf allein nicht entschieden werden kann, ob bei der am fremden Leib beoachteten Bewegung eine Ausdrucksbewegung oder eine Ausdruckshandlung (mit Kundgabefunktion) vorliegt. Im Alltag wird dieser Unterschied auch weitgehend überspielt und nicht zum Thema. Um jedoch darüber Klarheit zu erlangen, muss nach dem *Motiv* gefragt werden, das den Handelnden zur Setzung des Zeichens veranlasst haben könnte.

Erfasst man die leibliche Bewegung schlicht als das, was sie ist (etwa die drohend erhobene Faust als Ausdruck des Zorns), so hat man lediglich ihre objektive Seite erfasst – ein Vorgang, den Schütz im Rückgriff auf Weber als "aktuelles Verstehen" kennzeichnet. Das "erklärende" oder "motivationsmäßige Verstehen" hingegen sucht nach dem subjektiven Sinn, den der Beobachtete seinem Handeln beimisst, und bedarf der Kenntnis der Vergangenheit und der Zukunft des Handelnden: Nur wenn die leibliche Bewegung in einen übergeordneten Sinnzusammenhang eingestellt werden kann (wenn etwas über die Vergangenheit und über die Zukunft des Handelnden bekannt ist), können überhaupt Motivzuschreibungen entwickelt werden. Schütz stellt am Beispiel des Zornesausbruchs und seinen leiblichen Manifestationen das 'echte Fremdverstehen' noch einmal wie folgt heraus:

> "Indem ich alle diese Abläufe im Ausdrucksfeld des fremden bewegten Leibes als Zornesausbruch deute, habe ich nur die Selbstauslegung meiner Wahrnehmungen von diesem Ausdrucksfeld, das da fremder Leib heißt, vollzogen (...). Erst vermittels einer weiteren Blickwendung, die sich freilich in der lebendigen Intentionalität unmittelbaren Erfassens des Du in Gleichzeitigkeit mit jener ersten innig verflicht, ordne ich diesem Ablauf am bewegten Leib ein besonderes Erlebnis des Du zu, nämlich den Affekt 'Zorn', und vollziehe also ganz echtes Fremdverstehen. Diese Wendung zum echten Fremdverstehen ist mir nur dadurch möglich, dass ich in meiner Erfahrung von derartigen Affekten weiß, sei es, dass ich sie selbst – in selbstgebender Aktivität meines Gemütes oder in freier Phantasie – durchlebt habe, sei es, dass ich ihren Ablauf im Bewusstsein Anderer durch deren 'Äußerung' erfahren habe" (a.a.O., 163f.).

Hier wird noch einmal deutlich gemacht, dass das Verstehen fremden Sinns notwendig auf Akten der Selbstauslegung objektiven Sinns basiert (das Deuten der Geste als Geste) sowie auf die Zuwendung zur eigenen Erfahrung und – was in diesem Zitat nicht angesprochen wird – auf die Inanspruchnahme der strukturellen (oder prinzipiellen) Ähnlichkeit des Erlebnisstroms, des Bewusstseins und des Leibes (sic!) angewiesen ist. Denn nur so ist die Generalthese der 'Reziprozität der Perspektiven' einlösbar, die wiederum Voraussetzung dafür ist, dass die Erlebnisse und Sinnsetzungen des Du vom erkennenden Ich (annähernd) erfasst werden können.

Um das Bild bezüglich der Stellung und Bedeutung des Körpers bzw. des Leibes im Schütz'schen Gesamtwerk abzurunden und die soeben angedeuteten Bezugspunkte zu vertiefen, soll abschließend noch ein Blick auf die Erwähnungen des Körpers in den "Strukturen der Lebenswelt" geworfen werden.

### 2.2.5. Der Körper in den "Strukturen der Lebenswelt" und das Wissen über den Körper in der Lebenswelt des Alltags

In den "Strukturen der Lebenswelt" (Schütz/Luckmann 1994, zuerst 1979) sowie insbesondere in seinem Aufsatz "Über die mannigfaltigen Wirklichkeiten" (Schütz 1971, Teil III) entfaltet Schütz die Aufschichtung und die Strukturen der sozialen Welt und hebt dabei bekanntlich die Zone des 'alltäglichen' Lebens und Erlebens (die "alltägliche Lebenswelt" oder auch "Lebenswelt des Alltags") von anderen Wirklichkeitsbereichen (wie dem Traum, der Phantasie und ihren Spielarten, der Welt der wissenschaftlichen Theorie) als den "unbefragten Boden der natürlichen Weltanschauung" und als fundierenden Horizont aller Erfahrung ab.

Die Ebene alltäglichen Denkens und Handelns markiert er als 'vorwissenschaftlich' und als einen Bereich, "an der der Mensch in unausweichlicher, regelmäßiger Wiederkehr teilnimmt" (Schütz/Luckmann 1994, 25). Die alltägliche Lebenswelt wird ferner als ein Bereich konzipiert, der eine Wirkzone besonderer Art darstellt und der die Kommunikation und intersubjektive Verständigung unter Menschen garantiert ("Nur in der alltäglichen Lebenswelt kann sich eine gemeimsame kommunikative Umwelt konstituieren" [a.a.O.]). Entsprechend bezeichnet Schütz die Lebenswelt des Alltags als "die vornehmliche und ausgezeichnete Wirklichkeit des Menschen" (a.a.O.). Sie behält so lange den "Realitätsakzent" (als Ausdruck dafür, dass wir die Dinge der Welt in natürlicher Einstellung als fraglos gegeben ansehen und hinnehmen), bis ein "besonderes Schockerlebnis" die Sinnstruktur des Alltags durchbricht und dazu zwingt, das Selbstverständliche zu überprüfen. (Ein vergleichbarer 'Schock' ist nötig, um andere Wirklichkeitsbereiche wieder zu verlassen.)

Bereits im Zuge dieser ersten Charakterisierung der alltäglichen Lebenswelt – also an prominenter Stelle – taucht ein Hinweis auf den 'Leib' auf: "Die alltägliche Lebenswelt ist die Wirklichkeitsregion, in die der Mensch eingreifen und die er verändern kann, indem er in ihr durch die Vermittlung seines Leibes wirkt" (a.a.O.). Im gleichen Kapitel wird konstatiert, dass die Akteure des Alltags in der natürlichen Einstellung u.a. Folgendes als fraglos gegeben hinnehmen: "a) die körperliche Existenz von anderen Menschen; b) dass diese Körper mit einem Bewusstsein ausgestattet sind, das dem meinen prinzipiell ähnlich ist" (a.a.O., 27). Ausgebaut werden diese Andeutungen insbesondere im Rahmen der Analyse der räumlichen Aufschichtung der alltäglichen Lebenswelt, bei der dem Leib eine zentrale orientierende, handlungstragende und begrenzende Funktion zugesprochen wird. So wird u.a. hervorgehoben, dass die Lebenswelt des Alltags "der Bereich meiner leiblichen Handlungen" ist, die Widerstand bieten und Anstrengung erfordern (a.a.O., 62), und es wird darauf hingewiesen, dass die vorherrschende Form der Spontaneität im alltäglichen Leben – korrespondierend zu der typischen Bewusstseinsspannung der hellen Wachheit und vollen Aufmerksamkeit – das sinnvolle Handeln ist, "das durch Leibbewegungen in die Außenwelt eingreift" (a.a.O., 63). Im Zuge der Beschreibungen der Welt in aktueller und potenzieller Reichweite sowie der Analyse der Wirkzonen wird der Leib konsequent als ursprüngliches und fundierendes Koordinatensystem und als ermöglichendes wie steuerndes und begrenzendes Medium lebensweltlicher Situiertheit und lebensweltlichen Handelns aufgefasst und theoretisch eingearbeitet (vgl. a.a.O., bes. 63ff.) – diese Analyse soll hier jedoch nicht en detail nachgezeichnet werden.

Zentral sind weiterhin die Erläuterungen, die Schütz im Rahmen seiner Charakterisierung des Wissensvorrats unterbreitet und bei denen der Leib ganz im Sinne der oben angedeuteten Ausführungen eine Schlüsselstellung innehat (vgl. a.a.O., bes. 133ff.). Da diese Erläuterungen sowohl hinsichtlich ihrer Aussagen zur strukturellen Beschaffenheit von Wissen (als einer Grundkonstituente der alltäglichen Lebenswelt) als auch im Hinblick auf inhaltliche Fragen zum Wissen über den Körper von besonderem Gewicht sind, soll ihnen hier etwas ausführlicher nachgegangen werden.

Schütz beschreibt die "Begrenztheit der Situation" als ein erstes Grundelement des Wissensvorrats. Neben der biographischen Prägung des Wissens und den Routinen im Wissensvorrat (die Schütz auch als "Gewohnheitswissen" [Fertigkeiten, Gebrauchswissen, Rezeptwissen] kennzeichnet) begrenzen vor allem auch grundlegende 'gliedernde' Konstanten die Situation. In erster Linie sind dies universelle zeitliche und räumliche Dimensionen, die sich im Sinne von Weltzeit, biologischer Zeit, sozialer Zeit und innerer Dauer sowie im Sinne der raumeröffnenden und -begrenzenden Kraft des körpergebundenen Daseins auswirken. So stellt Schütz etwa fest: "In jeder Situation wirkt mein Körper als ein Koordinatenzentrum in der Welt, mit einem Oben und Unten, einem Rechts und Links, Hinten und Vorn" (a.a.O., 136).

In Analogie zu den zeitlichen Dimensionen des 'In-der-Welt-Seins' (insbesondere der Weltzeit) wird auch die Körperlichkeit als ein Grundelement des Wissensvorrats bezeichnet, auf der die Orientierung in allen Situationen beruht, das jeder Erfahrung mitgegeben ist, das aber nur in der theoretischen Einstellung reflektierend in den Griff des Bewusstseins kommen kann, in der natürlichen Einstellung des Alltags hingegen vielmehr "notwendiger Bestandteil eines jeden Erfahrungshorizonts" bleibt, "ohne selber Erfahrungskern zu werden" (a.a.O., 135). Entsprechend führt Schütz dazu aus: "In einem verwandten Sinn ist auch jede Situation durch die Vorgegebenheit meines Körpers 'begrenzt'. Denn der Körper und sein gewohnheitsmäßiges Funktionieren sind in jeder Situation und jeder Erfahrung vorausgesetzt, ohne notwendig zum Erfahrungskern zu gehören. Die Grenzen meines Körpers gegenüber einer Welt, deren Gegenstände ihm Widerstand leisten, und das gewohnheitsmäßige Funktionieren des Körpers in ihr sind die Basis der ersten 'Selbstverständlichkeiten' des Wissensvorrats" (a.a.O.).

Die Grundelemente des Wissensvorrats (die Begrenztheit der Situation sowie die zeitliche, räumliche und soziale Gliederung der subjektiven Erfahrung der alltäglichen Lebenswelt), zu denen eben auch das Wissen um die körpergebundene Existenzweise gehört, kennzeichnet Schütz als "auferlegt" und "selbstverständlich" und als "Grundstrukturen der Erfahrung der Lebenswelt überhaupt". Es handelt sich dabei also um universelle Elemente ontologischer Struktur, die prinzipiell unveränderlich sind (allerdings können auch hier Verschiebungen auftreten, wie Schütz bezogen auf die Körperlichkeit mit Hinweis auf die Unterschiede in der Weltkonstitution des Blinden im Gegensatz zum Sehenden verdeutlicht).

Schütz stellt in diesem Zusammenhang fest: "Die Grundelemente des Wissensvorrats sind für jedermann, gleich in welche relativ-natürliche Weltanschauung er sozialisiert wurde, vorhanden" ( a.a.O., 143). Er nimmt aber zugleich auch gewichtige Differenzierungen vor: "Die relativ-natürlichen Weltanschauungen unterscheiden sich allenfalls hinsichtlich des Grades, bis zu welchem diese Grundelemente thematisiert und sprachlich objektiviert sind" (a.a.O.). Und er fährt fort: "Der Wissensvorrat im engeren Sinn ist dagegen von einer relativ-natürlichen Weltanschauung zur anderen verschieden und weist außerdem eine mehr oder minder komplexe Verteilung innerhalb der Gesellschaft auf" (a.a.O.). Dazu erläutert er weiter unten: "Schon im Grenzbereich zwischen den Grundelementen des Wissensvorrats und dem Routinewissen gibt es Formen des Wissens vom eigenen Körper, die nicht in allen Gesellschaften gleich sind und nicht einmal innerhalb derselben Gesellschaft gleich sein müssen. So sind die Grenzen des Körpers und sogar die Erfahrung des Körpers als einer Einheit nicht in gleicher Weise und nicht einmal im gleichen Grad gesellschaftlich (das heißt vor allem auch sprachlich) objektiviert" (a.a.O.).

Mit anderen Worten: Es sind offensichtlich zwei Formen des Wissens über den Körper zu unterscheiden: ein Wissen im Sinne einer universalen Grunderfahrung, das in der natürlichen Einstellung (in der Regel) nicht thematisiert und versprachlicht wird, und ein Wissen im Sinne kulturrelativer Auslegungen und Handhabungen des Körpers, das sich auf kultur- und bereichsspezifische konkrete Erfahrungen und erworbenes Wissen im Körperumgang bezieht (besonders ausgeprägt ist dieses Wissen im Bereich körpergebundener "Fertigkeiten", die auf jenen Bereich kultureller Aktualisierungen des Körpers verweisen, die Marcel Mauss im Sinne der "Körpertechniken" beschrieben hat [vgl. Mauss 1989]). Diese beiden Formen des Wissens über den Körper hebt Schütz an anderer Stelle noch einmal klar durch je eigene Weisen des 'Vertraut-Seins-mit' voneinander ab:

> "Das Wissen um die Begrenztheit der inneren Dauer, um die Historizität und Endlichkeit der individuellen Situation innerhalb der Weltzeit, um die Grenzen der Leiblichkeit und um die räumlichen, zeitlichen und sozialen Strukturen der Erfahrung ist der Untergrund der Bestimmung der Situation. Spezifische Elemente des Wissensvorrats dagegen, aus spezifischen Erfahrungen sedimentiert, werden als Kern einer Erfahrung thematisiert und spielen bei Thematisierungen jedenfalls eine unmittelbare Rolle. In Anbetracht dieser Umstände ist die 'Vertrautheit' der Grundelemente des Wissensvorrats wesentlich anderer Art als die Vertrautheitsstufen der spezifischen und erworbenen Inhalte des Wissensvorrats" (a.a.O., 172f.).

Allerdings sind die Hinweise zur spezifischen Vertrautheit und zum Explikationsgrad der ersten Wissensform auch uneindeutig und widersprüchlich. Auf der einen Seite stellt Schütz fest, dass die Grundstrukturen bzw. Grundelemente des Wissensvorrats in der natürlichen Einstellung im Gegensatz zu spezifischen Erfahrungen nicht als Erfahrungskern in den Griff des Bewusstseins kommen (vgl. auch a.a.O., 138), andererseits eröffnet er mit der Frage, bis zu welchem Grad diese Grundelemente in der relativ-natürlichen Weltanschauung thematisiert und objektiviert sind, die Möglichkeit ihrer Bewusstmachung (vgl. bes. a.a.O., 143). Wäre eine Bewusstmachung generell ausgeschlossen, so kämen diese Dimensionen selbst in der theoretischen Einstellung nicht in den Blick. So lässt sich dieser Widerspruch wohl dahingehend auflösen, dass *in der Regel* in der natürlichen Einstellung die 'Grundelemente' – in diesem Fall also die Beschaffenheit und die Funktion des Körpers – nicht thematisiert werden, dass ihre Thematisierung und Auslegung aber prinzipiell möglich ist und sehr wohl auch kultur- und bereichsspezifisch variierend geschieht: etwa in dem Übergang von der erfahrungsstrukturierenden Dimension der Körperlichkeit zu den noch besonders körperbezogenen Formen des Gewohnheitswissens (den Fertigkeiten und dem Gebrauchswissen; das Rezeptwissen liegt dann bereits auf einer körperferneren, abstrahierenderen Ebene), vor allem aber auch bezogen auf so grundlegende Fragen wie die der Bestimmung der Grenzen des Körpers (Körperschema) oder des Körpers als einer Einheit. Ganz in diesem Sinne konstatiert Schütz, dass zwischen bestimmten Grundelementen des Wissensvorrats und bestimmten Bereichen des Gewohnheitswissens keine scharfe Grenzziehung möglich ist und dass letztere an erstere anknüpft.

Von besonderer Bedeutung für das Wissen über den Körper sind schließlich die Hinweise auf die besondere und paradoxe Relevanzstruktur des Gewohnheitswissens. Das Gewohnheitswissen ist "von größter Relevanz und dennoch von sozusagen untergeordneter Relevanz". Typisch für Routinen ist, dass sie ohne Aufmerksamkeitszuwendungen ständig griffbereit sind, dass sie also "ohne in Erfahrungskernen thematisch zu werden" ausgeführt werden können. Mit anderen Worten: "Gewohnheitswissen ist ständig, jedoch marginal relevant" (a.a.O., 143). In Übertragung auf den Körper und das Wissen über den Körper bedeutet das: Der Körper ist im Sinne seiner erfahrungsstrukturierenden und Handlungen ermöglichenden Kraft von größter Relevanz und ständig 'im Einsatz', es bedarf jedoch einer gesonderten Anstrengung, ihn in dieser Funktion dem Bewusstsein zugänglich zu machen. Er hat die Angewohnheit, immer wieder in seiner tragenden Rolle sowie in Routinen und Selbstverständlichkeiten zu versinken und damit in die Marginalität abzugleiten.

Nimmt man diese Hinweise als quasi 'ontologische' Gegebenheiten ernst, so ist in der vorliegenden Untersuchung zum einen zu erwarten, dass es deutliche Abstufungen hinsichtlich der Ausformulierung körperbezogenen Wissens geben wird (Stufen der Klarheit, der Inhaltsfülle, der Konkretion, des erfahrungsgesättigten Wissens) und dass es zugleich Bereiche und Ebenen geben wird, die unthematisiert bleiben und vielleicht auch gar nicht thematisiert werden können, weil Folien der sprachlichen Objektivierung fehlen, also kulturell und/oder individuell nicht ausgebildet und etabliert wurden.

### 2.2.6.  Fazit

Schütz hat mit seinem Gesamtwerk wesentliche Grundlagen für einen sozialkonstruktivistischen und wissenssoziologischen Zugang zur Erfassung sozialer Wirklichkeiten geschaffen. Diese Verdienste sind allgemein bekannt und bedürfen keiner gesonderten Untersuchung. Für die vorliegende Arbeit sind die Schütz'schen Beiträge vor allem deshalb von besonderer Relevanz, weil es im empirischen Teil im Kern um die Analyse von zentralen, in der Lebenswelt des Alltags verankerten Wissensbeständen im Kontext von Körper und Körperlichkeit geht, und weil die im Rahmen biographischer Erzählungen virulent werdenden und transportierten Sinnsetzungen, Denkformen und Handlungsmuster erschlossen werden sollen. Schütz hat mit seiner oben angedeuteten umfassenden Konzeption des Sinnverstehens wertvolle Anregungen hierzu geliefert, die in ihren Kernbeständen Eingang in den Methodenkanon einer sozialwissenschaftlichen Hermeneutik gefunden haben. So wird auch in den nachfolgenden Skizzen zu zentralen Anliegen und Problemen der Wissenssoziologie und der Biographieforschung sowie in methodologischen Überlegungen immer wieder auf Schütz rekurriert, auch wenn die Bezüge zu den Schütz'schen Wurzeln nicht immer wieder ausführlich expliziert werden können.

Mit anderen Worten: Die theoretischen und methodologischen Grundlagen, die Schütz mit seinen Konzeptionen der Strukturen der Lebenswelt und der Struktur, Genese und Bedeutung des Wissens, mit der 'natürlichen' und 'theoretischen Einstellung', der Typenbildung, der Generierung von Sinn, der Ausbildung von Motivzusammenhängen, von Erfahrungs- und Deutungsschemata sowie der Erfassung fremden 'gemeinten Sinns' (Fremdverstehen) bereitgestellt hat, reichen hin, ein *spezifisches* empirisches Anliegen umsetzen zu können – den Körper als ein in alltagsweltlichen Bezügen 'sinnhaft gedeutetes Ding' zu analysieren und sich dabei dem heimlichen Sog zu beugen, dem das Schütz'sche Gesamtwerk unterliegt: dem Sog, die soziale Welt und Wirklichkeit ganz und ausschließlich im Sinne ihrer *symbolischen Konstruiertheit* aufzufassen und zu durchleuchten. Das ist legitim, und es spricht Einiges, wenn nicht alles dafür, das so zu tun. Insbesondere dann, wenn man – wie Schütz – immer wieder darauf insistiert, dass nicht nur das wissenschaftliche Erfassen der Welt ein rein rationaler Akt des Denkens sein kann, sondern dass auch die Modelle von der Wirklichkeit Modelle rationalen Handelns zu sein haben. Auch für diese Perspektive gibt es gute Gründe, wie Schütz nachvollziehbar plausibilisiert (vgl. bes. Schütz 1971a, 3ff.).

Bei einem derartigen Zugang bleibt jedoch auch einiges auf der Strecke, was weiter oben als 'systematische Verluste' gekennzeichnet wurde. Unberücksichtigt bleiben all jene Bereiche der menschlichen Existenz, die sich dem rationalen Zugriff nicht so eindeutig öffnen, die andere Seinsmodalitäten aufweisen – insbesondere den Modus der *passiven* Leiberfahrung und des leiblichen Spürens – , die unter der Oberfläche des 'Gewussten' als latente Schichten wirken, die mehr 'Untergrund' und 'Modus' sind als expliziter Ausdruck, die aber gleichwohl eine gewichtige Quelle der Wahrnehmung und Erkenntnis darstellen (können). Um den Leib, die Sinne, die Gefühle, vielleicht auch die Intuition als Erkenntnisquelle entfalten und nutzen zu können, bedarf es besonderer 'Vorkehrungen' (etwa der Bereitschaft des Sich-Einlassens, der Übung, der angemessenen Einordnung dergestaltiger Erkenntnisse) und muss das Problem der 'Übersetzung' von der leiblichen zur sprachlichen Ebene beachtet werden (vgl. dazu auch Teil 1/Kap. 5. und Kap. 6.).

In der Verfolgung des 'Schicksals', das dem Leib (bzw. dem Körper) in den Schütz'schen Schriften widerfährt, konnte jedoch deutlich werden, wie sich der Fokus allmählich verschiebt: von der Analyse dieser fundierenden und erfahrungsnahen bzw. erlebnisnahen Schicht der leibgebundenen Existenz hin zu den symbolgebundenen (sprachlichen und rationalen) Konstruktionen der sozialen Welt. So verlässt Schütz den 'phänomenalen' Raum des Leibes und begreift den Körper zusehends (lediglich) in jenen Dimensionen, in denen er als 'Horizont' (Grundelement des Wissensvorrats) in das alltagsweltliche Leben eingeht und dort mehr oder weniger explizit thematisch wird (etwa im Sinne eines Wissens um sein Funktionieren und seinen Gebrauch). Damit vergibt Schütz jedoch wertvolle theoretische und methodologische Chancen. Die nachfolgenden Ausführungen zu der theoretischen Verortung des Leibes bei Helmuth Plessner sowie die phänomenologisch und zeichentheoretisch inspirierten Weiterführungen von Gesa Lindemann können vielleicht ein wenig deutlicher machen, welche Verluste sich mit dem von Schütz nicht konsequent (genug) weitergeführten Aspekt der leiblichen Fundierung der Sozialwelt ergeben.

## 2.3. "Die Stufen des Organischen und der Mensch" – zur Bedeutung des Körpers in der philosophischen Anthropologie Helmuth Plessners

### 2.3.1. Das Anliegen Plessners

Während Schütz nach einer philosophischen Fundierung des *sozialen Handelns* und der *Sinnkonstitution* als zentralem Fokus der *Soziologie* gesucht hat, widmet sich Plessner der philosophischen Fundierung des *Menschseins* als zentralem Gegenstand der *Anthropologie*. Im Hinblick auf die erkenntnistheoretischen Grundlagen lassen sich durchaus Parallelen zwischen Schütz und Plessner feststellen: Der Rückgang auf die Phänomenologie Husserls prägt beide Ansätze und auch bei Plessner finden sich lebensphilosophische Anklänge (insbesondere durch den kritischen Rückgriff auf Diltheys Lebensphilosophie des Historischen). Als ständiger Prüfstein seiner Überlegungen fungiert der von Kant entwickelte Kritizismus, der die Frage nach der eigenen Legitimierung als Philosophie aufwirft und dazu anhält, Rechenschaft über das eigene gedankliche Vorgehen abzulegen. Plessner nimmt die Forderung Kants ernst, dass in jedem philosophischen gedanklichen Anfang bereits die Regel enthalten sein muss, nach der sich das aufgebaute System auch am Ende der Betrachtungen als philosophisch 'rechtsgültig' legitimieren lässt (Relation von Anfang – System). Für die Frage nach der Beschaffenheit des Menschen bedeutet das: "eine Philosophie des Menschen kann sich nur legitimieren als eine Philosophie des 'gesamten Menschen', ihre Systematik als eine Architektur, die diese Gesamtheit im voraus proportioniert, ihren 'Anfang' als einen Anfang, in dem schon im voraus von dieser Proportion (die gleichzeitig auch Objektivität, richterliche Unparteilichkeit bedeutet) Rechenschaft abgelegt wurde" (Redeker 1993, 52).

Hieraus ergibt sich die Notwendigkeit, das Menschsein in Bedingungen ansetzen zu lassen, die bereits in ihrem Keim all jene Prinzipien und Merkmale enthalten, die den Menschen in seiner Daseinsweise als System auch nach Abschluss der Überlegungen vollgültig bestimmen. Um dieser Forderung gerecht werden zu können, sieht Plessner sich gezwungen, noch 'tiefer' anzusetzen als dies bei seinen Gewährsleuten der Fall war: 'tiefer' als die Intentionalität von Husserl, 'tiefer' als Dilthey, der das menschliche Leben als Geschichte, Geist und Kultur bestimmt, und 'tiefer' als Kant, der sich allein im Horizont der kritischen Vernunft und Urteilskraft bewegt. Ausgangspunkt seines Denkens ist daher die Bestimmung des Lebendigen – Was macht ein 'Ding' zu einem 'lebenden Ding'? – und die Frage, wie sich aus der Beschaffenheit von 'Leben' der Mensch erklären lässt. Plessner bemüht sich darum, die vorstehenden Ansätze so zu nutzen und zu verbinden, dass das Menschsein in seinen unhintergehbaren Prinzipien und Merkmalen – die *vor* jeder 'Intention', 'Kultur' oder 'Vernunft' liegen – erschlossen werden kann. Redeker fasst Plessners philosophische Anthropologie komprimiert als "radikale Skepsis und systematische Kritik des historischen Menschen auf der Grundlage einer Philosophie des Organischen mit phänomenologischen Mitteln" (a.a.O., 53). Zumindest die Hinweise auf die 'Kritik des historischen Menschen' und die Anwendung 'phänomenologischer Mittel' seien kurz erläutert, um das Anliegen Plessners zu verdeutlichen.

Plessners Kritik an Diltheys Konzeption des historischen Menschen zielt darauf ab, dass Dilthey "den Menschen in allem aufgehen lässt, worin er sich innerhalb des wechselnden Stroms des historischen Geschehens 'ausspricht'" (a.a.O., 59). Er reduziert damit das Menschsein und das menschliche Leben auf das Reich des Geistes, auf Sprache, auf Ausdruck, Sinn und Bedeutung und auf jene Erklärungen, die der Mensch über sich selbst abgibt. Diese Kritik könnte in leicht abgewandelter Form auch für den Schütz'schen Ansatz gelten, wobei jedoch nicht vergessen werden darf, dass Dilthey und Schütz je eigene historische und geisteswissenschaftliche bzw. soziologische Anliegen verfolgten – und eben keine anthropologischen!

Plessner hingegen sucht nach Bedingungen und Begründungen des Menschseins, die sich nicht den jeweils wechselnden historischen und kulturellen Gegebenheiten verdanken oder aus ihnen rekonstruiert werden, sondern die einen prinzipiellen und in gewisser Weise 'universalen' Charakter tragen. Dies veranlasst Plessner, auf der Ebene des *Organischen* nach den entsprechenden 'Urgründen' zu suchen, und er entfaltet eine philosophische Anthropologie, die 'tiefer' zum Menschen als Ursprung und Vollzieher jeder Kultur durchzudringen vermag: zum unreduzierten Menschen 'aus Fleisch und Blut', 'mit Haut und Haar' und in seinen körperlichen und sinnlichen Aspekten. In diesem Sinne entwickelt Plessner auch eine "Ästhesiologie von Geist und Körper", in der er darauf besteht, dass das Reich des Geistes zwar das Reich von Bedeutung und Sinn ist, dass aber diese Bedeutung und der Sinn immer auf eine bestimmte Weise sinnlich-materiell realisiert werden und auf das Sinnlich-Körperliche als eine ihrer Bedingungen verweisen. Umgekehrt beachtet Plessner in seinem Entwurf (im Anschluß an Kants Axiom der Relation von Anfang – System), dass dem Menschsein seine Kulturhaftigkeit nicht als eine nachträglich eingefügte 'Sonderbedingung' angehängt werden darf, sondern dass diese Kulturhaftigkeit bereits im Keim mit angelegt sein muss und so überzeugend als Kern des Menschseins ausgewiesen werden kann.

Die Phänomenologie bietet sich für Plessners Anliegen als Erkenntnisweise vor allem deshalb an, weil sie in der Lage ist, Gebiete zu erschließen, die der kritischen Methode und den (naturwissenschaftlich orientierten) Wissenschaften entgehen.

Drei Vorteile zeichnen sich hier gegenüber rein formallogischen oder kritischen Operationen ab: a) Die Phänomenologie setzt in ihrem Zugriff auf die Dinge 'tiefer' an, weil sie sich in einer ursprünglicheren Schicht der Erfahrung bewegt und so unmittelbar und ursprünglich wie möglich auch von den alltäglichsten Intentionalitäten ausgeht, die als mögliche Bedingungen gemeinsam unsere Welt konstituieren; b) ihr gelingt dieser Zugriff durch eine besondere Methode des 'intuitiven Schauens'; c) sie ist durch den Zugriff auf die Intentionalitäten und das intuitive Schauen in der Lage, den Bruch zwischen Kategorialem und Materiellem sowie zwischen dem Sinnlichen und dem Denkenden aufzuheben. Damit eröffnet die Phänomenologie die Möglichkeit, an jene 'Unterschichten' des Menschseins heranzukommen, die durch den einseitigen Blick auf die geistige Sphäre systematisch verstellt werden.

Entsprechend wehrt sich Plessner gegen eine Reduktion des Menschen auf 'Geist' und 'Sprache' und sucht nach einem neuen Ausgangspunkt, der dichter an den existenziellen Wurzeln des Menschseins liegt und der die Trennung von 'Mensch als Geist' und 'Mensch als Natur' aufzuheben in der Lage ist. Ein zentraler Anknüpfungspunkt ist dabei für ihn der 'Ausdruck', der als grundlegende Lebenskategorie die körperliche und die geistig-symbolische Ebene verbindet. Redeker akzentuiert diesen Anknüpfungspunkt, den Plessner vor allem in seiner den 'Stufen des Organischen' folgenden 'Ästhesiologie' (verstanden als Philosophie der Sinnlichkeit) gegen die Einseitigkeiten der Hermeneutik Diltheys ausbaut, wie folgt: "Ausdruck ist nämlich als indifferent in Bezug auf den Gegensatz des Körperlichen und des Geistigen zu verstehen. Als Lebenskategorie umfasst Ausdruck sowohl das Gebiet von Mimik und Gestik, wie es sich körperlich ausdrückt, als auch alle Formen, in denen der Mensch uns bei Dilthey als Geschichte, Kunst, Kultur und Geist erscheint. Ausdruck umfasst das Körperlich-Akzentuierte in Gebärde, Tanz, Mimik, greift auf das spezifisch Sinnliche über als ein Aspekt von Körperlichkeit in Sprache, Kunst, Wahrnehmung, Phantasie und dringt ein in die 'spirituellsten' Gebiete der menschlichen Kultur" (Redeker 1993, 63), und er fährt fort:

> "Wenn man mit Plessner die Philosophie der Sinnlichkeit Ästhesiologie nennt, dann ist eine Ästhesiologie des Geistes die Radikalisierung, der tiefere Ansatz von Diltheys Hermeneutik als Hermeneutik der Sinnlichkeit und als Konsequenz der fundamentalen Einheit, der Urtatsache, dass der Geist nicht ohne das Körperliche existiert, aber auch der Körper sich immer schon innerhalb einer menschlichen Existenz als Ausdruck, Verhalten, Kunst, Sprache, Handlung oder Wahrnehmung realisiert. Und soweit auch eine Ästhesiologie der Sinne sich schließlich tiefer in der Körperlichkeit fundieren muss, umfasst sie auch so etwas wie eine 'Ästhesiologie der Körperlichkeit', wie auch vom Geist aus gesehen Hermeneutik sich teilweise als Hermeneutik der Körperlichkeit konstituieren müsste. Hermeneutik und Ästhesiologie verschmelzen dann schließlich zu einer Philosophie als philosophische Anthropologie" (a.a.O., 63f.).

Dieses anspruchsvolle Programm hat Plessner nur noch im Ansatz tatsächlich ausführen können. In der Ästhesiologie werden Grundprobleme angesprochen und Gedanken entwickelt, die – so Redeker – *vor* der Ausarbeitung der 'Stufen' hätten hinlänglich geklärt werden müssen. Plessner kommt also am Ende seiner Ausarbeitung des ästhesiologischen Systems zu Fundierungsproblemen, die Voraussetzung für seine Anthropologie sind. Denn in der Ästhesiologie werden u.a. die Sinne als typische Vermittler zwischen dem Menschen und seiner Körperlichkeit analysiert und es wird eine gewinnbringende Differenzierung der Qualitäten und Erscheinungsweisen unserer Erfahrung entfaltet (unsere Erfahrungen als 'darstellbar', 'präzisierbar' und 'prägnant').

Gerade auch diese Differenzierungen der Modalitäten unseres Erfassens von Welt erlauben instruktive erkenntnistheoretische und methodologische Einsichten – etwa die, wie begrenzt jene Form des Verstehens und Begreifens ist, auf die sich die Wissenschaft verpflichtet (die Darstellbarkeit und die schematische Erklärung), und die, welche anderen Formen des Erfassens möglich sind, wie auch sie notwendigerweise in wissenschaftliches Denken einfliessen (insbesondere das Moment der Präzisierbarkeit von Erfahrung durch Sprache), dort aber eher als Störfaktor eliminiert, angestrengt 'vereindeutigt' oder stillschweigend geduldet werden, ohne sich ihres Potenzials bewusst und gezielt zu bedienen. Hierzu gehört vor allem die *prägnante* Erfahrung, das was uns erfüllt, überwältigt, in den Bann schlägt, und was sich in moderierten Stufen als 'sinnliches Schauen' und 'geistiges Schauen' darbietet. Diese Erfahrungen liegen als reinste sinnliche Erfahrungen in ihrer qualitativen Fülle als Wahrnehmung vor, sie begegnen uns als Geistesblitz, Vision, Erleuchtung, Intuition und sie *fundieren* alle anderen Erfahrungsformen (vgl. dazu auch Redeker 1993, 180ff.).

Die philosophischen Anstrengungen Plessners sind darauf gerichtet, für seinen Entwurf des Menschen einen Ausgangspunkt zu finden, der 'neutraler' und 'objektiver' ist als jener Punkt, der den Menschen bereits in einen spezifischen geistigen, kulturellen oder historischen Horizont stellt. Entsprechend bemerkt er, dass das vermeintliche Wissen um den Menschen vernichtet und der Mensch als ein historisch 'offenes' und 'unergründliches' Wesen konzipiert werden muss. Zentrale Basis und Ausgangspunkt seiner Überlegungen ist das 'Vitale' und 'Organische' (sowie 'Ausdruck' und 'Verhalten' als neutrale Kategorien des menschlichen Daseins) und er bemüht sich darum, den Menschen von dieser Verankerung im Prinzip des Lebendigen her zu begreifen. Trotz dieses 'tiefen' Ansatzes im Vitalen verliert er nicht aus dem Auge, dass der Mensch mit spezifischen Möglichkeiten begabt ist, die ihn von anderen Formen des Lebendigen unterscheiden. Indem Plessner auf der einen Seite den Menschen so integral wie möglich in die Welt der lebenden Organismen zurückbringen will, auf der anderen Seite aber von Anfang an seine besondere Position als kulturschaffendes Wesen mitdenkt und sein Konzept auf die menschlichen Lebensbereiche hin entwirft (also keinem 'Biologismus' oder 'Vitalismus' folgt), erzeugt er eine produktive Spannung. Ihm gelingt es so, über die Frage nach den konstitutiven Bedingungen der Erscheinungsweisen alles Lebendigen den Menschen nicht nur in seiner organisch fundierten Konstitution und seiner Verbindung mit anderen Formen des ('vormenschlichen') Lebens (Pflanze, Tier) zu begreifen, sondern zugleich auch die spezifische Sondersituation des Menschen und seine damit verbundenen Probleme (zentral seine 'Zerfallenheit mit sich selbst') und Aufgaben (die Notwendigkeit der Errichtung einer symbolischen Welt) historisch 'unverstellt' zu erkennen.

## 2.3.2. Zentrale Momente der Plessner'schen Konzeption des Menschen

In seiner Bestimmung des kategorialen Aufbaus des Lebens in Pflanze, Tier, Mensch sucht Plessner nach qualitativen, irreduziblen Letztheiten, also nach 'konstitutiven Wesensmerkmalen' des Lebens im phänomenologischen Sinne. Ein zentrales Prinzip, das Leben auf allen Stufen strukturiert, fundiert, herstellt, erkennt er in dem Prinzip der 'Doppelaspektivität'. Plessner geht davon aus, dass jedes (unbelebte und belebe) 'Ding' unserer Wahrnehmung grundsätzlich 'mehr' repräsentiert als das, was im Sinne eines sinnlich belegbaren, reellen Objekts nachweisbar ist. Er entfaltet diese Eigenschaft unter dem Stichwort der 'Aspektivität'. Damit wird die Tatsache verbunden, dass jedes Ding von unendlich vielen Seiten (Aspekten) wahrgenommen werden kann, und dass das, was von dem Ding reell erscheint, nicht das 'ganze Ding' ist (das nie auf ein Mal sinnlich belegbar ist). Plessner führt dazu aus:

> "Die reell präsente Seite *impliziert* nur das ganze Ding und erscheint ihm eingelagert, obwohl weder für das ganze Ding noch für die Art und Weise des Eingelagertseins ein sinnlicher Beleg beizubringen ist. Man mag das Ding wenden, um es herumgehen, es zerschneiden, wie man will: Was sinnlich belegbar da ist, bleibt Ausschnitt aus einer selbst nicht auf einmal erscheinenden, trotzdem als das daseiende Ganze anschaulich mitgegebenen Struktur. Das reelle (belegbare) Phänomen weist auf dieses tragende Ganze von sich aus hin, es überschreitet gewissermaßen seinen eigenen Rahmen, indem es als Durchbruch, Aspekt, Er-Scheinung, Manifestation des Dinges selbst sich darbietet" (Plessner 1975, 82).

Der Verweisungszusammenhang von 'Außenseite' und 'Kern' wird durch eine 'doppelte Blickführung' wahrgenommen: durch einen Blick, der 'um' das Ding 'herum' führt und durch einen Blick, der 'in' das Ding 'hinein' geht. Erst in dieser doppelt gerichteten Blickgebung erscheint das räumlich sinnliche Phänomen als "kernhaft geordnete Einheit von Seiten, als Ding" (a.a.O., 83).

*Lebendige* 'Dinge' zeichnen sich dadurch aus, dass sie nicht nur – wie ein unbelebtes Ding auch – kraft des Doppelaspekts *erscheinen* (also als äußere Struktur, Oberfläche, Form im Raum etc. *sowie* als eine 'dahinter' sich verbergende Einheit von außen gesehen werden), sondern dass sie im Doppelaspekt *sind*. Damit wird verbunden, dass bei diesen 'Dingen' die *Divergenz* der gegenstandsbedingenden Sphären – eines 'Innen', das nie nach außen sinnlich wahrnehmbar erscheint, und eines 'Außen', das nie Kerngehalt werden kann – selbst den Gegenstand der Anschauung bildet. Daraus folgt: "Körperliche Dinge der Anschauung, an welchen eine prinzipiell divergente Außen-Innenbeziehung als zu ihrem Sein gehörig gegenständlich auftritt, heißen *lebendig*" (a.a.O., 89). Plessner präzisiert diese spezifische Doppelaspektivität lebender Wesen unter dem Stichwort der 'Positionalität' und setzt sich dabei vor allem mit dem Problem der Grenze sowie mit den raumhaften und zeitlichen (prozessualen und dynamischen) Momenten des Lebendigen auseinander. Wesentliche Feststellungen hierzu seien zumindest angedeutet:

Plessner geht davon aus, dass belebte Körper (im Gegensatz zu unbelebten Körpern) ihre Grenze zu einem benachbarten Medium nicht in einem "leeren Zwischen" haben (in dem die Grenze keinem oder beiden gehört und "reiner Übergang vom Einen zum Anderen" ist), sondern dass belebte Körper ihre Grenze *selbst* haben: Die Grenze gehört dem Körper an, sie ist nicht wechselseitige, sondern "absolute" Be-

grenzung: "Die Grenze gehört reell dem Körper an, der damit nicht nur als begrenz-
ter an seinen Konturen den Übergang zu dem anstoßenden Medium gewährleistet,
sondern in seiner Begrenzung *vollzieht* und dieser Übergang selbst ist. Deshalb wird
hier die Grenze seiend, weil sie nicht mehr (...) der selbst nichts für sich bedeutende
leere Übergang ist, sondern von sich aus das durch sie begrenzte Gebilde als solches
von dem Anderen als Anderem prinzipiell unterscheidet" (a.a.O., 103). Dieses besondere Grenzverhältnis kann im Gegensatz zur Begrenzung lebloser Objekte nicht
demonstriert oder dargestellt, sondern nur intuiert oder erschaut werden (vgl. a.a.O.,
128).

Daraus folgt, dass ein Körper, der sich in diesem Sinne zu seinen eigenen Grenzen verhält (dem die Grenze selbst angehört und dem die Grenze sowohl selbst als
auch dem Anderen 'entgegen' ist), auch den Übergang oder das 'Übergehen' selbst
haben muss. Denn seine eigene Grenze schließt den Körper nicht nur ein, sondern
ebenso dem Medium gegenüber auf (setzt ihn mit ihm in Verbindung) und ist somit
"über ihm hinaus". Ein so gearteter Körper ist also "sowohl über ihm hinaus als ihm
entgegen", womit das zentrale Kriterium der Doppelaspektivität eines physischen
Systems angesprochen wird. Plessner bemerkt dazu zusammenfassend:

"Als Körperding steht das Lebewesen *im* Doppelaspekt ineinander nicht überführbarer Richtungsge-
gensätze nach Innen (substanzieller Kern) und nach Außen (Mantel der eigenschaftstragenden Seiten). Als Lebewesen tritt das Körperding mit dem gleichen Doppelaspekt als einer Eigenschaft auf,
der infolgedessen das phänomenale Ding in doppelter Richtung transzendiert, es einerseits über es
hinaus setzt (streng genommen: außerhalb seiner setzt), andererseits in es hineinsetzt (in ihm setzt)"
(a.a.O., 128f.).

Plessner begründet seine Wahl des Begriffes 'Setzen' (hinaus gesetzt, hinein gesetzt)
damit, dass hier sowohl das Moment des 'Angehobenseins' und 'In-Schwebe-Seins'
anklingt wie auch das Moment des 'Aufruhens' und 'Festseins'. In dem Zusammen-
klang dieser Aspekte liegt die besondere Brisanz des Menschseins – die Spaltung
und innere Zerrissenheit, in der sich der Mensch befindet, und die Plessner zum
Ende seiner Analyse als ein bedeutendes Wesensmerkmal des Menschen hervorhebt.

Der organische Körper unterscheidet sich von dem anorganischen vor allem also
durch seinen *positionalen Charakter* oder seine *'Positionalität'*: "Hierunter sei derjenige Grundzug seines Wesens verstanden, welcher einen Körper in seinem Sein zu
einem gesetzten macht. (...) In den spezifischen Weisen 'über ihm hinaus' und 'ihm
entgegen' wird der Körper von ihm abgehoben und zu ihm in Beziehung gebracht,
strenger gesagt: Ist der Körper außerhalb und innerhalb seiner. Der unbelebte Körper
ist von dieser Komplikation frei. Er ist, soweit er reicht. (...) Er bricht ab. Ihm fehlt
diese Lockerung in ihm selber. (...) Es kann also nicht zu der doppelsinnigen Rückbeziehung auf das System, nicht zu der Selbstbeziehung des Systems kommen"
(a.a.O., 130f.).

Auch im Hinblick auf das 'Verhalten' im Raum wird dieser gravierende Unterschied deutlich: Während unbelebte Dinge raumerfüllend sind, können belebte Dinge (einen/ihren) Raum *behaupten*. Damit verbunden ist die entscheidende Eigenschaft der Rückbezüglichkeit: "Jedes raumerfüllende Gebilde ist an einer Stelle. Ein

raumbehauptendes Gebilde dagegen ist dadurch, dass es über ihm hinaus (in ihm hinein) ist, zu der Stelle 'seines' Seins in Beziehung. Es ist außer seiner Räumlichkeit *in den Raum hinein* oder *raumhaft* und hat insofern seinen natürlichen Ort" (a.a.O., 131 f.).

Und schließlich ist die Feststellung bedeutsam, dass ein Ding positionalen Charakters nur sein kann, indem es *wird:* "der Prozess ist die Weise seines Seins" (a.a.O., 132). Ganz in diesem Sinne bemerkt Plessner, dass sich Lebendigkeit in voller Deutlichkeit für die Anschauung erst in der Bewegung ankündigt. Und im Hinblick auf die eben skizzierten Merkmale führt er unter diesem Gesichtswinkel noch einmal aus: "Ein Ding wird aber nur dann wirklich in die Lage versetzt, von dem Bereich seines Seins wesenhaft abzustehen, d.h. aus ihm hinaus, in ihm hinein zu sein, wenn es nicht in den Begrenzungen bleibt, die ihm – obwohl nicht zufällig – gezogen sind. Sein 'Sein' ist damit wesenhaft zum Übergehen bestimmt" (a.a.O.).

Allen belebten oder lebendigen 'Dingen' (Pflanze, Tier, Mensch) ist also gemein, dass die Grenze und der Übergang ihnen selbst angehört, dass sie raumbehauptend sind und dass sie prozesshaft und dynamisch organisiert sind. In seinem Vorwort zur zweiten Auflage der 'Stufen' unterstreicht Plessner die Bedeutung, die das Verhältnis des begrenzten Körpers zu seiner Grenze für die Bestimmung des Lebendigen hat, und hebt in diesem Kontext noch einen weiteren Aspekt hervor: die durch diese spezifische Art der Begrenzung gewährleistete *Selbständigkeit* eines für belebt geltenden physischen Körpers. Die Grenze als Übergang sowie die dadurch ermöglichte Selbständigkeit fungieren damit als organische Modale und zentrale 'Letztheiten', sie sind Ausgangspunkt und zugleich Hypothese der Bestimmung der Stufen des Organischen und der besonderen Situation des Menschen darin (vgl. a.a.O., XX).

Zentrale Elemente der 'Stufen' liegen zum einen in der Bestimmung der 'offenen' (Pflanze) und der 'geschlossenen Organisationsform' (Tier, Mensch) organischer Körper, zum anderen in der Differenzierung der Positionalitätsformen von Tier und Mensch: die 'zentrische' Positionalität des Tieres, deren Ausweitung und letztmögliche Entwicklungsstufe die *'exzentrische Positionalität'* des Menschen ist. Einige kurze Striche müssen auch hier genügen, um die wesentlichen Gesichtspunkte zu umreißen:

Unter der 'offenen Organisationsform', deren Prototyp die Pflanze darstellt, versteht Plessner diejenige Form, "welche den Organismus in allen seinen Lebensäußerungen unmittelbar seiner Umgebung eingliedert und ihn zum unselbständigen Abschnitt des ihm entsprechenden Lebenskreises macht" (a.a.O., 219). Die 'offene' Form bezeichnet also nicht – wie man aufgrund eingefahrener Denkgewohnheiten zunächst meinen könnte – die freiere und unabhängigere Form, sondern jene Organisation von Leben, bei der der Körper sozusagen 'gleichsinnig' in das ihn umgebende Positionsfeld und den ihm vorgegebenen Lebenskreis eingesogen wird – es besteht keine Freiheit zur Wahl. Dennoch ist auch dieser Körper – im Gegensatz zum anorganischen – raumbehauptend, dynamisch und zum Übergehen bestimmt. Und auch die Pflanze steht in der doppelsinnigen Spannung von Innen und Außen und in einer Rückbeziehung auf 'sich selbst'.

Plessner hebt an dieser Stelle mit Bedacht hervor, dass auf der allgemeinen Ebene (bzw. hier: der 'untersten' Stufe) der organischen Modale nicht von 'selbst' oder einer 'Selbstbeziehung des Systems' gesprochen werden kann, sondern eigentlich das Wortungetüm 'Ihmbeziehung' (der Körper steht in einer 'Ihmbeziehung') bemüht werden müsste. Denn das Wort 'Selbst' ist für einen speziellen Fall zu reservieren – für die besondere Situation des Menschen. Denn nur dem Menschen kann ein 'Selbst' zukommen, weil nur er Bewusstsein besitzt.

Entsprechend der Bestimmung der offenen Organisationsform zeichnet sich die geschlossene Form, deren Prototyp das Tier und der Mensch sind, dadurch aus, dass der Körper *mittelbar* in seine Umgebung eingegliedert und zu einem *selbständigen Abschnitt* des ihm entsprechenden Lebenskreises gemacht wird (vgl. a.a.O., 226ff.). Entscheidend ist, dass mit dieser Organisationsform ein neues "Seinsniveau" (oder eine neue "Existenzbasis") erreicht wird bzw. werden muss. Denn wenn der Körper als 'geschlossen' gelten soll und *zugleich* Kontakt mit der Umwelt möglich sein muss, so kann das nur gelingen, wenn der Körper eine Art 'Zwischenschicht' zum angrenzenden Medium entwickelt, die diese Vermittlerrolle übernimmt. Dies hat zur Folge, dass der Körper "die Grenze in ihm selber haben, d.h. in ihm selber in einen Antagonismus zerfallen muss" (a.a.O., 227). Denn nun sind quasi 'zwei Körper' nötig, um die Vermittlung nach innen und nach außen zu gewährleisten und so die Abgeschlossenheit trotz Aufrechterhaltung des Kontakts nach außen zu ermöglichen.

Diese 'zwei Körper' stellt Plessner so vor: Der lebendige Organismus bildet eine Art Zentrum aus, das die Vermittlung nach außen übernimmt, der Organismus als Ganzer steht also nicht mehr in direktem Kontakt mit dem umgebenden Medium, sondern lediglich mittels seines Körpers: "Der Körper ist die Zwischenschicht zwischen dem Lebendigen und dem Medium geworden" (a.a.O, 230). Daraus folgt: "das Lebewesen grenzt mit seinem Körper an das Medium, hat eine Realität 'im' Körper, 'hinter' dem Körper gewonnen und kommt deshalb nicht mehr mit dem Medium in direkten Kontakt" (a.a.O.). An dieser Stelle taucht dann auch der Begriff 'Leib' auf: Der Körper des Organismus wird zum 'Leib', zu jener konkreten Mitte, durch die das Lebenssubjekt mit dem Umfeld zusammenhängt (a.a.O., 230f.). Über diese 'Verdoppelung' des Körpers durch den 'Leib' wird die Möglichkeit eröffnet, dass die Mitte, der Kern, das Selbst oder das Subjekt des Habens trotz vollkommener Bindung an den lebendigen Körper *Distanz* zu ihm hat; Plessner führt dazu aus: "Mit diesem Leib existiert das lebendige Ding als mit einem Mittel, einer zugleich verbindenden und trennenden, öffnenden und verdeckenden, preisgebenden und schützenden Zwischenschicht, die in seinen Besitz gegeben ist" (a.a.O., 231).

An anderer Stelle – im Zusammenhang mit der Exzentrizität des Menschen – präzisiert Plessner die Unterscheidung von 'Körper' und 'Leib' dahingehend, dass er den Körper (oder auch das "Körperding") an beliebigen Orten des Einen Raum-Zeit-Kontinuums ansiedelt (eine Auffassung, die den Körper zum Ding unter Dingen macht und ihn in einem mathematisch-physikalischen Raum verortet) und den Leib als System begreift, das in absoluten Raum-Zeit-Richtungen um eine absolute Mitte konzentrisch geschlossen ist (eine organologische Auffassung). Körper und Leib sind keine material voneinander trennbaren Systeme, sondern radikal verschiedene Aspekte ein und desselben 'Dings'. Man könnte an dieser Stelle formulieren, dass der Körper das 'Gesehene' und der Leib das 'Seiende' ist.

Die geschlossene Organisationsform des Tieres beschreibt Plessner auch als 'zentrisch'. Das Tier hat zwar ein Selbst, das 'hat', und sogar ein rückbezügliches Selbst (oder ein 'Sich') – es ist also sich selbst gegenwärtig, weil es von dem Punkt in sich abgehoben ist, auf den es rückbezogen als Ein Ding lebt – , aber es 'hat' diesen Punkt (noch) nicht. Deshalb ist das Tier auch noch nicht 'Ich' geworden (vgl. a.a.O., 238). Das Tier geht im Hier-Jetzt auf, ohne dass ihm dies gegenständlich würde. Es hat und beherrscht zwar seinen Leib und mit ihm das ihm gegebene Feld (das ihm als 'Gegenüber' entgegentritt und auf das es aus dem Zentrum heraus spontan reagiert, also handelt), *aber ihm ist dieses 'Haben' verborgen*. Mit anderen Worten: "Das Tier lebt aus seiner Mitte heraus, in seine Mitte hinein, aber es lebt nicht *als* (Herv.d.V.) Mitte. (...) Soweit das Tier Leib ist, soweit ist es sich gegeben, auf die positionale Mitte bezogen und kann als der im Hier-Jetzt stehende Gesamtkörper auf ihn Einfluss nehmen, zentralen Impulsen physischen Erfolg verschaffen. Aber der Gesamtkörper ist noch nicht vollkommen reflexiv geworden" (a.a.O., 288).

In der Organisationsstufe des Tieres ist die Möglichkeit der totalen Reflexivität angelegt (denn auch das Tier verfügt bereits über dieses Prinzip, wenn auch in der oben dargestellten eingeschränkten Form), die auf der Stufe des Menschen dann durch eine abermalige Verdoppelung des Prinzips der Vermittlung realisiert wird. Der Mensch ist somit seinem vermittelnden Zentrum vermittelt: Er ist "in das in seine eigene Mitte Gesetztsein gesetzt" und "steht im Zentrum seines Stehens" (a.a.O., 290). Indem das Zentrum der Positionalität Distanz zu sich selbst gewinnt, eröffnet es – von sich selbst abgehoben – die Möglichkeit der totalen Reflexivität des Lebenssystems. Plessner führt hierzu aus:

"Eine weitere Steigerung darüber hinaus ist unmöglich, denn das lebendige Ding ist jetzt wirklich hinter sich gekommen. Es bleibt zwar wesentlich im Hier-Jetzt gebunden, es erlebt auch ohne den Blick auf sich, hingenommen von den Objekten des Umfeldes und den Reaktionen des eigenen Seins, aber es vermag sich von sich zu distanzieren, zwischen sich und seine Erlebnisse eine Kluft zu setzen. Dann ist es diesseits und jenseits der Kluft, gebunden im Körper, gebunden in der Seele und zugleich nirgends, ortlos außer aller Bindung in Raum und Zeit und so ist es Mensch. (...) Der Mensch als das lebendige Ding, das in die Mitte seiner Existenz gestellt ist, weiß diese Mitte, erlebt sie und ist darum über sie hinaus" (a.a.O., 291).

Da der Mensch die Bindung im absoluten Hier-Jetzt, die Spannung zum Umfeld und die Regungen des Leibes gegen das Zentrum seiner Position *erlebt*, ist er von diesem Zentrum nicht mehr gebunden: "Er erlebt das unmittelbare Anheben seiner Aktionen, die Impulsivität seiner Regungen und Bewegungen, das radikale Urhebertum seines lebendigen Daseins, das Stehen zwischen Aktion und Aktion, die Wahl ebenso wie die Hingerissenheit in Affekt und Trieb, er weiß sich frei und trotz dieser Freiheit in eine Existenz gebannt, die ihn hemmt und mit der er kämpfen muss. Ist das Leben des Tieres zentrisch, so ist das Leben des Menschen, ohne die Zentrierung durchbrechen zu können, zugleich aus ihr heraus, exzentrisch" (a.a.O., 291f.).

In dem hier anklingenden Doppelaspekt der Existenz des Menschen – seiner unaufhebbaren 'Zentrierung' und Bindung an den Leib und der *gleichzeitigen* Freisetzung aus dem Zentrum – liegt seine Chance, aber auch seine 'Tragik'. Plessner kennzeichnet diesen Doppelaspekt als "Bruch seiner Natur": Physisch bleibt der Mensch 'Tier', psychisch (erlebend und denkend) ist er über diese Stufe hinaus. Dies ermöglicht einerseits die Chance der Wahl und der Gestaltungsmöglichkeit, andererseits katapultiert es den Menschen auch in ein 'Nichts', in einen ungefüllten Raum, in eine Situation des 'Nirgendwo' und 'Nirgendwann'.

Als Person steht der Mensch mithin in einer dreifachen Position: Als Lebendiges *ist* er Körper (ein 'Ding unter Dingen' in der 'Außenwelt'), ist er *im* Körper (im Sinne einer 'Innenwelt', als Seele und Erlebnis) und ist er *außer* dem Körper (als Blickpunkt auf die Positionen, im Sinne einer 'Mitwelt' sowie als geistiges und kulturschaffendes Wesen). Im Zuge der Charakterisierung der Innenwelt entfaltet Plessner eindrucksvoll die fatale Lage des Menschen, die sich aus seiner Fähigkeit zur Reflexion bzw. aus dem Hinausgeschleudert-Sein aus der eigenen Mitte ergibt. Schon beim Tier lässt sich aufgrund der geschlossenen Organisationsform und seiner mittelbaren Eingliederung in den Lebenskreis eine primäre Unerfülltheit und Bedürftigkeit feststellen: Das Tier ist im Gegensatz zur Pflanze, die unmittelbar in den Lebenskreis eingegliedert ist, darauf angewiesen, sich *aktiv* Befriedigung und Erfüllung zu verschaffen. Plessner bemerkt dazu in genereller Hinsicht: "Ein Maximum an Geschlossenheit bedingt ein Maximum an Dynamik der rastlosen Getriebenheit, der Friedlosigkeit, des Kämpfenmüssens" (a.a.O., 233). In dieser Situation steht auch der Mensch. Für ihn verschärft sich jedoch die Lage aufgrund seiner Fähigkeit zur Reflexivität und der damit verbundenen 'Orientierungslosigkeit': Er findet sich wieder im 'Nirgendwo', im nicht durch Instinkte oder Triebe vorgegebenen sondern zu gestaltenden Raum.

Damit lässt sich der Mensch als ein in hohem Maße 'labiles' Wesen charakterisieren, das ein Gegengewicht zur Stabilisierung braucht. Die philosophische Betrachtung, so wie sie Plessner in den 'Stufen' vorführt, markiert das Wesen des Menschen als exzentrisch und damit zugleich als in hohem Maße dialektisch. Bezogen auf das Innenleben bedeutet das: Das psychische Selbstsein, das man ist, wird zugleich gespürt, erlitten, durchgemacht; Anlage, Temperament und Charakter ist vorgegeben, aber zugleich gezügelt, beobachtet, analysiert, gesteigert, übersteigert. Mit einem Wort: "Wirkliche Innenwelt: Das ist die Zerfallenheit mit sich selbst, aus der es keinen Ausweg, für die es keinen Ausgleich gibt" (a.a.O., 299). Plessner findet für diesen Zustand des Menschen ausdrucksstarke Worte. Er spricht von einer 'keimhaften Spaltung', der 'Kluft' und dem 'Hiatus', dem 'Bruch' und der 'Gebrochenheit'. Zentral ist, dass er diese innere 'Zerfallenheit' und die damit verbundenen Dichotomien, die die menschliche Existenz durchziehen, nicht als eine historisch entstandene (und nachträglich fundamentalisierte) Erscheinung auffasst, sondern viel basaler als das unhintergehbare Wesensmerkmal eines exzentrisch organisierten Lebenssubjekts: der Mensch ist nur Mensch, weil er in dieser Spaltung steht (vgl. dazu auch Redeker 1993, bes. 83ff.). So kann und muss Plessner die paradox anmutende Frage stellen, welche Grundmerkmale die Existenz des Menschen annehmen muss, die der Mensch als Lebewesen besitzt, und er kann den hochphilosophischen und tief empfundenen Satz aussprechen: "Als exzentrisch organisiertes Wesen muss er sich zu dem, was er *schon ist, erst machen*" (a.a.O., 309). Dies bedeutet, dass der Mensch durch seine Existenzform – in dem Gestelltsein zu stehen – auch vor eine spezifische Aufgabe 'gestellt' ist: Er muss das Leben 'realisieren', indem er es 'vollzieht' und 'führt'. Als ein erstes anthropologisches Grundgesetz fasst Plessner daher auch das Gesetz der "natürlichen Künstlichkeit", das er wie folgt einführt: "Weil dem Menschen durch seinen Existenztyp aufgezwungen ist, das Leben zu führen, welches er lebt, (...) braucht er ein Komplement nichtnatürlicher, nichtgewachsener Art. Darum ist er von Natur, aus Gründen seiner Existenzform *künstlich*". Als exzentrisches Wesen nicht im Gleichgewicht, ortlos, zeitlos im Nichts stehend, konstitutiv heimatlos, muss er 'etwas werden' und sich das Gleichgewicht – schaffen" (a.a.O., 310).

Nur wenn das Geschaffene 'gewichtig' genug ist, kann es die 'Wucht' des Hinausgeschleudert-Seins und die 'Last' der Heimatlosigkeit – zumindest annähernd und ersatzhaft kompensieren. Entsprechend bemerkt Plessner, dass der Mensch aus der unerträglichen "Hälftenhaftigkeit" seiner Existenz heraus will, dass das aber nur mit Dingen gelingen kann, "die schwer genug sind, um dem Gewicht seiner Existenz die Waage zu halten" (a.a.O., 311). Die besondere Bedürftigkeit und 'Nacktheit' des Menschen ist der größte Antrieb für "alle spezifisch menschliche, d.h. auf Irreales gerichtete und mit künstlichen Mitteln arbeitende Tätigkeit": für die Hervorbringung von *Kultur*. Sehr klar fasst Plessner diese Zusammenhänge und das spezifisch Menschliche (wie 'Allzu-Menschliche') gegen Ende seiner Darstellung:

"Dass der Mensch mit seinen natürlichen Mitteln seine Triebe nicht befriedigen kann, dass er nicht zur Ruhe kommt in dem, dass er ist und mehr sein will, als er ist und dass er ist, dass er gelten will und zur Irrealisierung in künstlichen Formen des Handelns, in Gebräuchen und Sitten unwiderstehlich hingezogen wird, hat seinen letzten Grund nicht im Trieb, im Willen und in der Verdrängung, sondern in der exzentrischen Lebensstruktur, im Formtypus der Existenz selber. Die konstitutive Gleichgewichtslosigkeit seiner besonderen Positionalitätsart – und nicht erst die Störung eines ursprünglich normal, harmonisch gewesenen und wieder harmonisch werden könnenden Lebensystems ist der 'Anlass' zur Kultur" (a.a.O., 316).

Mit dem Bereich der Kultur eng verbunden ist jenes spezifisch menschliche Daseinsfeld, das Plessner die 'Mitwelt' nennt. Grundlegend ist auch hier, dass die Mitwelt dem Ich nicht erst bewusst werden muss, sondern dass sie durch die Existenzform bereits gebildet und gewährleistet ist (so wie auch der Andere nicht durch Einfühlung oder Übertragung als Mensch erkannt wird, sondern durch Beschränkung): "Mitwelt ist die vom Menschen als Sphäre anderer Menschen erfasste Form der eigenen Position. (...) Die Existenz der Mitwelt ist die Bedingung der Möglichkeit, dass ein Lebewesen sich in seiner Stellung erfassen kann, nämlich als ein Glied dieser Mitwelt" (a.a.O., 302f.). Entsprechend gilt, dass die Mitwelt nicht die Person *umgibt* (dies wäre ein Modus der Außenwelt), und dass sie die Person auch nicht *erfüllt* (wie der Modus der Innenwelt), sondern: "Die Mitwelt *trägt* die Person, indem sie zugleich von ihr getragen und gebildet wird" (a.a.O., 303). Diese Bestimmung eines zentralen menschlichen Daseinsfeldes zeigt deutliche Parallelen zum sozialkonstruktivistischen und wissenssoziologischen Verständnis von Sozialwelt und Kultur und wird gerade auch in dem Schütz'schen Ansatz und den Fortführungen von Berger/Luck-mann ähnlich akzentuiert und umgesetzt – wie im übrigen auch die Gedanken zu der Gebrochenheit der menschlichen Existenz, der unaufhebbaren Dialektik von 'Leib' und 'Körper', hinter der die Frage von 'Sein' und 'Haben' steht, und der 'natürlichen Künstlichkeit' Eingang in diesen Entwurf finden.

### 2.3.3. Fazit

Sicherlich kann die Fülle und analytische wie argumentative Differenziertheit des Plessner'schen Werkes mit dieser kurzen Skizze nicht annähernd wiedergegeben, geschweige denn kritisch durchdrungen sein – aber eine 'Plessner-Exegese', so lohnend sie ist, war ja auch nicht das Ziel. Der Rückgriff auf Plessner wurde vorgenommen, weil mit ihm die Hoffnung verbunden war, jene 'Dürre' zu beleben, die die Ausführungen von Schütz bezüglich des 'Körpers' bzw. des 'Leibes' als fundierender Schicht menschlichen Daseins hinterlassen haben. Was hat dieser Rekurs nun gebracht?

(1) Zunächst einmal ist festzuhalten, dass das Vorgehen Plessners, seine Anthropologie im 'Vitalen' und 'Organischen' ansetzen zu lassen, nicht nur philosophisch und erkenntnistheoretisch überzeugend begründet wird, sondern dass die Wahl dieses Anknüpfungspunkts vor allem auch inhaltlich gehaltvoll und weitreichend ist. Mindestens drei Aspekte werden deutlich: a) Der Mensch hat als 'lebendiges Ding' Verbindung mit allen anderen Formen organischen Lebens und er ist in seiner physischen (bzw. 'leiblichen') Beschaffenheit ähnlich strukturiert wie das Tier; b) seine körperlich-sinnliche Konstitution ist 'Urgrund' aller geistigen Aktivität; c) durch die Bindung an eine physische Existenz bei gleichzeitiger bewusstseinsmäßiger bzw. geistiger Loslösung ist der Mensch ebenso gebannt wie verletzlich und in ständiger 'Spannung'.

(2) Von herausragender soziologischer Bedeutung ist sicherlich auch die Tatsache, dass Plessner seine Anthropologie auf *Kultur* hin entwirft bzw. schärfer noch: die Kulturhaftigkeit des Menschen als notwendige *Konsequenz* seiner Existenzweise nachweist – also auf jenen Bereich, in dem bzw. durch den der Mensch sich selbst und seine Welt schafft und deren 'konstruktiver' Aufbau zentraler Gegenstand des hier vornehmlich interessierenden soziologischen Ansatzes ist.

(3) Aber: Auch Plessners Entwurf endet in der Welt des Bewusstseins. Höhepunkt seiner Konzeption ist die spezifisch menschliche Sphäre der Mitwelt, in der Bewusstsein, Geist und Kultur ihren Platz finden und von der aus auch Außenwelt und Innenwelt aus der beim Tier anzutreffenden Hier-Jetzt-Bezogenheit gelöst werden und ihr besonderes Gepräge erhalten, indem reflexiv auf sie 'geblickt' wird. Zwar ist das menschliche Leben – das wird deutlich – im Organischen fundiert und trägt gerade auch das nachhaltige Verhaftetsein in organischen ('leiblichen') Bezügen zu der 'Zerrissenheit' des Menschen bei (der Mensch will 'mehr', als er aufgrund seiner physischen Konstitution kann, deshalb ist er bemüht, seine körperlichen Fesseln los zu werden, sucht nach 'Entgrenzung' oder leugnet die physischen Schran-

ken), doch all diese Zusammenhänge verblassen vor der Tatsache, dass der Mensch nur Mensch ist, wenn er ein geistiges, 'irreales', symbolisches Leben führt.

Das philosophische Axiom, dass bereits im 'Anfang' die tragende Idee oder der Kern des zu untersuchenden Gegenstands enthalten sein muss, hat Plessner möglicherweise zu einer stark auf das Bewusstsein hin orientierten Analyse verleitet. Nicht umsonst spricht er davon, dass das Tier *noch nicht* hat, was das nächsthöhere Lebenssubjekt auszeichnet (es *ist* ein Selbst, aber es *hat* es noch nicht; es ist sich seiner Sinnes- und Aktionsfelder bewusst, indem es sie steuern und beherrschen kann, aber es hat noch *kein Bewusstsein* von diesen Vorgängen, keine Distanz zu ihnen, keine echte Freiheit zur Wahl), und nicht umsonst wird die menschliche Existenz als höchste Stufe identifiziert, zu der es keine Steigerung des Seinsniveaus gibt und auf der das Lebenssubjekt vollkommen 'hinter' sich gekommen ist.

Man könnte dem Plessner'schen Ansatz vorwerfen, dass er 'anthropozentrisch' angelegt ist und – zugegebenermaßen höchst kunstvoll und aufwendig – das herleitet und bestätigt, was ohnehin über den Menschen gedacht wird (dass er das 'Ziel' der Schöpfung ist und dass Bewusstsein, Geist, Vernunft, Moral und Kulturfähigkeit ihn als das höchstentwickelte Lebewesen auszeichnen). Und mehr noch: Gerade weil Plessner so 'tief' im Organischen ansetzt, weil er für sich reklamiert, damit einen 'neutralen' und 'objektiven' Erkenntnisboden gefunden zu haben und nach strengen philosophischen Regeln zu verfahren, gewinnt das 'Ergebnis' ein immenses Gewicht. Es besteht die Gefahr, dass durch dieses Vorgehen das Verständnis des Menschen als bewusstseinsbegabtem Wesen geradezu *zementiert* wird.

Sicherlich ist der Erkenntnis zuzustimmen, dass der Mensch die Fähigkeit zur Distanzierung und Reflexion besitzt, überaus erhellend ist auch die Darstellung der damit verbundenen Konsequenzen: das menschliche Schicksal der 'Zerfallenheit' und seine existenzielle Kulturhaftigkeit. Bedenken stellen sich jedoch an dem Punkt ein, an dem die Beschreibung als 'Höhepunkt' endet: Klimax ist das Bewusstsein und das kulturelle Schaffen. *'Körper' und 'Leib' versinken als Thema.* Sie erscheinen im Rückblick wie Durchgangsstufen durch das 'Organische', die zu überwinden sind und am Ende – wenn der Mensch ganz 'hinter' sich gekommen ist – tatsächlich glücklich überwunden wurden. Mithin bildet Plessner mit der Betonung des Bewusstseins als Endpunkt seiner Anthropologie und dem sang- und klanglosen Untergang des 'Leibes' als Thema sowohl inhaltlich wie strukturell – bewusst oder eher unbemerkt – genau jenes 'Schicksal' ab, das dem Körper kulturell zukommt. Damit wird jedoch (erneut) die Chance vertan, menschliches Leben in seinen 'leiblichen' Wurzeln zu begreifen und den im Bereich des Leiblichen, Sinnlichen und Intuitiven angesiedelten Formen der Wahrnehmung und Erkenntnisgewinnung näher zu kommen.

Plessner hat jedoch mit seinem Entwurf des Menschen ein Konzept vorgelegt, das u.a. nicht nur wertvolle Einsichten in die Verknüpfung von leiblichen und kulturellen Dimensionen erlaubt, sondern das auch Anknüpfungspunkte für eine vertiefte Durchdringung des Verhältnisses von 'Körper' und 'Leib' sowie von 'Natur' und 'Kultur' bietet. Gesa Lindemann nutzt den Plessner'schen Ansatz der Differenzierung von 'Körper' und 'Leib' in diesem Sinne produktiv zur Klärung einer Kardinalfrage, die im Zuge konstruktivistischen (und radikalkonstruktivistischen) Denkens aufgeworfen wird: die Frage nach der kulturellen Konstruktion des Körpers und das damit virulent werdende Problem des Verbleibs seiner 'materialen' Eigenschaften (Lindemann 1996). Es lohnt sich, der Beziehung zwischen 'Körper' und 'Leib', die Lindemann mit Hilfe zeichentheoretischer Überlegungen herausarbeitet, ebenso nachzugehen wie der Erweiterung des Plessner'schen Ansatzes durch ein an Hermann Schmitz orientiertes phänomenologisches Leibverständnis: Zum einen, weil grundlegende Differenzierungen und Einsichten bezüglich des Verhältnisses von Körper und Kultur gewonnen werden können und weil der spezifische Zugriffspunkt (bzw. die gewählte Analyseebene) der vorliegenden Arbeit klarer definiert werden kann, zum anderen, weil die Erweiterungen in Anlehnung an Schmitz insbesondere für die Frage nach der Nutzung des Körpers als 'Erkenntnisquelle' im sozialwissenschaftlichen Forschungsprozess höchst anregend sind. Daher sei es erlaubt – im Sinne eines 'Weiterdenkens' Plessners – die konstruktiven Überlegungen von Lindemann zumindest ansatzweise zu umreißen und zu diskutieren.

## 2.4. 'Körper' und 'Leib' – einige Bemerkungen zu den besonderen Eigenschaften des Leibes

Anknüpfungspunkt der Überlegungen Gesa Lindemanns zum Verhältnis von Körper und Leib ist das mit der Etablierung konstruktivistischen Denkens (insbesondere seiner radikal zugespitzten Formen) hervortretende Problem, ob und wie "überhaupt noch zwischen sozialer bzw. kultureller Konstruktion und ihr vorausgesetzten natürlichen Gegebenheiten zu unterscheiden" ist (Lindemann 1996, 146). Für den Bereich der Geschlechterforschung etwa wird dieses Problem dergestalt virulent, dass ein radikal betriebener Konstruktivismus die in der Tat etwas naive Differenzierung von 'sex' (als einer biologisch oder 'material' konnotierten Analyseebene) und 'gender' (als kultureller oder symbolischer Ebene) nicht nur obsolet macht, sondern dass – weitaus folgenreicher – das 'Materiale' auf den 'Effekt' diskursiver Praktiken zusammengeschmolzen und damit als eine eigene und wirkmächtige Realität oder 'Formation' ausgelöscht wird (wie etwa in dem Ansatz von Judith Butler [Butler 1991, 1995]).

Die zentrale Frage ist also, ob der Körper tatsächlich *ausschließlich* als ein kulturelles Produkt angesehen werden kann (dass der Begriff und das Verständnis von Körper je spezifisch sozial konstruiert ist, steht dabei außer Frage, insbesondere dann, wenn man sich dem Thema wissenssoziologisch nähert) oder ob mit dieser Sichtweise nicht wesentliche Dimensionen (und ihre entsprechenden Implikationen) übersehen werden. In einschlägigen Theorien zum Körper taucht systematisch ein Dilemma auf, das Lindemann unter Rückgriff auf die diskurstheoretischen Ausführungen Foucaults zur Sexualität wie folgt markiert: "Der Körper wird zwar auf vielfältige Weise zum Objekt gemacht, indem er mit Diskursen überzogen und die Art und Weise seiner Verwendung geregelt wird usw., aber auf die Frage, was da zum Objekt gemacht wird, was mit Diskursen überzogen wird, wessen Verwendung geregelt wird, erhält man keine Antwort" (a.a.O., 149f.). Vergleichbares lässt sich auch für Bourdieu und seine Idee vom Leib als Speicher von Erfahrung sagen: "Auch bei Bourdieu bleibt es unklar, von was er spricht, wenn er vom Leib redet. Auch wenn der Leib als Speicher beschrieben wird, sucht man vergebens nach einer Charakterisierung der Materie des Speichers" (a.a.O., 151). Mit anderen Worten: Selbst konstruktivistische Ansätze kommen nicht umhin, Momente zu postulieren, die jenseits von Kultur liegen, sie transportieren dieses 'Etwas' jedoch unterschwellig und explizieren es nicht.

Einen Ausweg aus dem Dilemma sieht Lindemann in einem zeichentheoretisch inspirierten Zugang zu dem Problem, der bei Bourdieu bereits angedeutet aber nicht entfaltet wurde. Die unproduktive Entgegensetzung von 'Natur' und 'Kultur' kann überwunden werden, wenn der Körper als Träger von Bedeutung aufgefasst und die Frage nach dem Verhältnis zwischen 'Natur' und 'Kultur' verschoben wird auf die Frage nach der Beziehung zwischen materiellem Bedeutungsträger und Bedeutung. So muss das 'Materiale' nicht aufgegeben werden, es steht aber auch nicht 'jenseits' von Kultur – im Gegenteil: Mit der Frage nach dem Körper bzw. dem Leib als Bedeutungsträger kann es gelingen, auch den Leib umfassend als einen gesellschaftlich geformten zu beschreiben, und zwar auch in jenen Dimensionen, die traditionell als die 'natürlichsten' oder 'kreatürlichsten' gelten: die Bereiche, in denen der Leib zuständlich gespürt wird.

Entscheidend ist nun, dass Lindemann zur Überwindung der traditionellen Dichotomisierung von 'Natur' und 'Kultur' jene Differenzierung aufgreift und im Sinne der Zeichentheorie erweitert, die Plessner mit seiner Unterscheidung von 'Körper' und 'Leib' eingeführt hat. Eine Abgrenzung und Profilierung des Leibes gegenüber dem Körper vollzieht Lindemann anhand der folgenden zentralen Leitthesen: "1. Der Leib ist im Unterschied zum visuell-taktil wahrnehmbaren Körper eine Gegebenheit eigener Art. 2. Der Leib ist nicht ein diffuses Bündel insignifikanter Erregungen, die beliebig in Diskurse integriert und dabei mit Bedeutungen belegt werden können, sondern ein strukturiertes Gebilde, das als solches dazu geeignet ist, Bedeutungen zu tragen, also in zeichenhafte Verweisungszusammenhänge integriert zu werden. 3. Der Leib steht zum Körper in einem Verhältnis wechselseitigen Bedeutens" (a.a.O., 151f.).

Wie bereits gezeigt, ist bei Plessner die 'Verdopplung' des Körpers und die Ausdifferenzierung in 'Körper' und 'Leib' ein Spezifikum belebter Körper. Bereits auf der Ebene der Organisationsform der Pflanze ist die Einspannung in einen Richtungsgegensatz (Wechselbezug von Innen und Außen) gegeben und die Relation von 'Selbst' und 'Haben' als Voraussetzung für die Entstehung von Bewusstsein angelegt. Weiter entfaltet wird diese 'doppelte' Seinsweise dann auf der Stufe des Tieres, das seinen Körper als Mittel seines Umweltbezuges hat und sich selbst und seinen Körper merkt. Der Körper, der von diesem Selbst als Mittel des Umweltbezugs gehabt wird, ist der Leib. Das Tier ist sich jedoch seines Selbst und der Differenz von (physischem) Körper und (selbsthaft bezogenem) Leib nicht bewusst. In der entfaltetsten Stufe – beim Menschen – wird das Selbst hingegen zum bewusstseinsbegabten Subjekt, indem es aus seinem Leib sowohl 'hinausgesetzt' wird (Distanz zu sich und seinem Leib gewinnen kann) als auch in seinen Leib 'hineingesetzt' ist. Der Mensch ist mithin ein Wesen, das (ein physischer) Körper ist, das als Selbst des Habens im Körper ist, – dies markiert die Stufe des Leibes – und das außerhalb des Körpers ist und von diesem Punkt aus beides erfassen kann.

Lindemann weist darauf hin, dass Plessner für die exzentrische Position die Relation von Haben und Sein meist umkehrt: "Auf der Stufe der zentrischen Position gilt: Das Tier *ist* ein Körper, für den gilt, was für alle physischen Körper gilt. Als ein Selbst dagegen *hat* das Tier seinen Körper als Mittel des Umweltbezuges, d.h. als seinen Leib. Exzentrische Position: Der Mensch *ist* Leib, d.h. er geht in der Umweltbeziehung auf, er bildet ein nicht-relativierbares Hier-Jetzt. Und insofern er aus dieser Umweltbeziehung herausgesetzt ist, realisiert er, dass er einen Körper *hat*, der sich an einer nur relativ bestimmbaren Raum-Zeit-Stelle befindet" (a.a.O., 158).

Zeichentheoretische Überlegungen können nun genau an jener Stelle einhaken, an der Plessner zwischen 'Leibsein' und 'Körperhaben' unterscheidet, weil mit dieser Unterscheidung zwei völlig verschiedene Zugänge zum Körper eröffnet werden. Lindemann hebt in diesem Kontext den physikalisch zu vermessenen 'Dingkörper' von dem alltäglich erfahrenen, rein qualitativ zu erschließenden oder gefühlten Körper ab, macht aber zugleich darauf aufmerksam, dass sich diese Trennung nicht durchhalten lässt, weil sich die jeweiligen Wissenskontexte (etwa die über den medizinischen Diskurs etablierten Vorstellungen vom Körper mit geschlechtsspezifisch getönten Erlebnisweisen des Körpers) im Alltag durchmischen.

Die Erweiterung, die Lindemann nun mit Hilfe der Leibphänomenologie von Schmitz vornimmt, lässt sich wie folgt kennzeichnen: Schmitz stellt im Gegensatz zu Plessner, der eher eine 'Außenperspektive' eingenommen und das Charakteristikum des Lebendigen am gegenständlichen, anschaulichen Körper herausgearbeitet hat, die Art und Weise in den Mittelpunkt, wie dem Selbst (bzw. dem Ichmoment) der Leib gegeben ist. Aus diesem Wechsel der Perspektive ergibt sich: "Die Phänomene, die Schmitz durch diese Verschiebung ins Zentrum seiner Leibphänomenologie gera-ten, sind nicht anschaulich im Sinne von Schauen/Sehen fassbar, sondern nur noch einer Selbstbeobachtung, die das Spüren des eigenen Leibes in den Mittelpunkt stellt, zugänglich. Schmitz ist damit einer der wenigen Phänomenologen, der mit der Beschränkung auf das Sehen bricht" (a.a.O., 161).

Als das zentrale Ergebnis der Analyse (die den Weg der Selbstbeschreibung leiblicher Erfahrungen geht), stellt Lindemann heraus: Der Leib ist ein Phänomen, das durch Gegensätze strukturiert bzw. noch radikaler, das in Gegensätzen fundiert ist. Die zentralen Gegensatzpaare sind 'Enge' und 'Weite' sowie die ortsfindende und ortsauflösende Tendenz des Leibes. 'Enge' und 'Weite' sind dabei zu denken als Verdichtungen/Spannungen bzw. Lösungen/Entspannungen des leiblichen Empfindens, mit den ortsfindenden/ortsauflösenden Tendenzen wird eine Binnendifferenzierung des Leibes angesprochen, nach der unterschiedliche Areale oder 'Leibesinseln' ausgemacht und in einem Kontinuum von punktueller Konzentration (etwa einem spitzen, lokalisierbaren Schmerz) bis zu diffuser Auflösung (ein allgemeines, dumpfes Unwohlsein) wahrgenommen werden können (vgl. dazu auch Schmitz 1996).

Mit der Herausarbeitung der Fundierung des Leibes in dem Strukturgitter von Enge und Weite gelingt Schmitz die Plausibilisierung der Grenzen des Leibes sowohl nach innen wie nach außen. Bei der maximalen Enge bricht jede lokalisierende Binnenempfindung in sich zusammen (der von Schmerz Gepeinigte weiß nicht mehr, wo es ihn schmerzt, sondern nur noch, dass es ihn schmerzt und er möchte nur noch aus seinem Leib heraus), in der maximalen Weite findet eine Entgrenzung statt, der Leib löst sich als erfassbares Phänomen auf. In diesem Zusammenhang bemerkt Lindemann: "Im Gegensatz von Enge und Weite wird (...) eine Grenze gezogen, denn es ist sehr deutlich, wo der Leib ist und wo er zu Ende ist. Dabei ist es wichtig festzuhalten, dass der Leib nur zu Ende ist, indem er über sich hinaus ist, d.h. zu der Weite in Beziehung ist, vor deren Hintergrund sich die Enge des schmerzenden Leibes abhebt. (...) Der Leib ist das in diesem Gegensatz fundierte Phänomen. Wenn die Pole des Gegensatzes Enge und Weite aus diesem herausfallen, d.h. nicht mehr aufeinander bezogen sind, hört der Leib auf zu existieren" (a.a.O., 163).

Dies impliziert: "Der Leib ist ein rein struktural, d.h. in und durch einen Gegensatz zu begreifendes Phänomen und fundiert als ein solches die Erscheinung einer sinnvollen Welt, in der man zu Hause sein kann" (a.a.O.). Zusammengefasst lassen sich somit als Charakteristika des Leibes festhalten: "1. Der Leib bildet einen absoluten Ort. 2. Die Räumlichkeit des Leibes existiert nur in und durch eine Gegensatzstruktur. (...) 3. Die Räumlichkeit des Leibes bezeichnet räumlich ausgedehnt existierende Gebilde, deren Ausdehnung nicht teilbar ist. Man kann das gespürte Areal nicht zerschneiden und in seine Einzelteile zerlegen. (...) Teilbar ist nur der Körper. 4. Im Unterschied zu Körpern können sich leibliche räumliche Gebilde verkleinern, vergrößern, verschwinden und wieder bilden. (...) 5. Der Leib hat eine 'ökonomische' Dimension, denn leibliche Erfahrungen können an Intensität zu- und abnehmen" (a.a.O., 164f.).

Die Reichweite dieser Überlegungen wird vollends deutlich, wenn Lindemann die oben angekündigte Beziehung von Körper und Leib herausarbeitet: "die Verschränkung von Körper und Leib als ein Verhältnis wechselseitigen Bedeutens" (166ff.). Dann nämlich kann der Leib (und darüber der Körper als Ganzer) sowohl als eine Realität eigener Art als auch als ein kulturell geformtes Produkt begriffen werden. Es lohnt sich, diesen Zusammenhang etwas genauer zu betrachten:

Es wurde festgestellt, dass der Leib als Leib eine strukturierte Materie bildet, die als solche dazu geeignet ist, in Bedeutungsrelationen integriert zu werden. Diese Integration kann auf zweifache Weise geschehen: "1. als ein Verweis leiblicher Phänomene auf sich selbst" (etwa indem körperliche Regungen aufgrund vorangegangener Erfahrungen als Einstiegssequenz einer beginnenden Migräne interpretiert werden), "2. als Verweis leiblicher Phänomene auf den Körper" (a.a.O., 169). Das wechselseitige Bedeuten von Körper und Leib veranschaulicht Lindemann an dem Beispiel der Gebärmutter als 'wandernder Nomadin' und ihrer 'Sesshaftmachung' durch medizinische Urteile etwa ab dem 16. Jahrhundert. Eine Aufklärung des Phä-

nomens gelingt, indem zum einen angenommen wird, dass der Leib als Bedeutungsträger fungiert und der Körper als Bedeutung – dies ist im ersten Fall gegeben, bei
dem die Frauen zwar von der Existenz einer Gebärmutter wissen, sich aber nicht der
nur vom Hören-Sagen bekannten Vorstellung beugen, sie habe einen festen Platz im
Leib, sondern sie vielmehr als eine Region des gespürten Leibes wahrnehmen, die
durch andere Regionen des Leibes wandert.

Der zweite Fall wird plausibel, wenn angenommen wird, dass sich das Verhältnis
genau umkehrt: Der Körper zum Bedeutungsträger wird und der Leib zur Bedeutung. Mit anderen Worten: der Körper – und hier eine spezifische anatomische Sicht
auf den Körper – zeigt an, wie der Leib einer Person gespürt wird. Oder schärfer und
normativer formuliert: "Der Körper bedeutet den Leib, indem er dem Leib bedeutet,
wie er zu sein hat" (a.a.O., 167). Lindemann führt dazu aus: "Der Körper, den ich
habe, bedeutet die Form des körperlichen Leibes, und er bedeutet dem körperlichen
Leib, welche Form er haben sollte. Mein Körper, verstanden als mein Wissen über
seine visuelle Gestalt, vermittelt zwischen mir und meinem Leib. Ohne diese Annahme bliebe es unverständlich, warum die Gebärmutter europäischer Frauen mit
der Verbreitung anatomischen Wissens 'sesshaft' wurde" (a.a.O., 172). In diesem
Falle wird der Leib mit der Aufnahme der neuen Form zu etwas anderem, eine gespürte Topographie wird an eine visuell-bildhafte Topographie, die der Gebärmutter
einen festen Platz im Leib zuordnet, angeglichen.

Fazit dieser Überlegungen ist, dass die Analyse wechselseitigen Bedeutens von
Körper und Leib dazu zwingt, sich mit der Doppelbödigkeit, Uneindeutigkeit oder
Zwitterhaftigkeit des Leibes auseinanderzusetzen. Zum einen wird klar, dass der
gespürte Leib eine eigene Realität besitzt und dass es sich alle Ansätze zu einfach
machen, die meinen, der Leib sei derart durch Diskurse geformt, dass es an ihm
außer den formenden Mächten nichts zu untersuchen gäbe; zum anderen wird deutlich, dass es keinen unvermittelten Zugang zum Leib gibt, weil der Leib in seiner
räumlichen Struktur selbst einer kulturellen Formung unterworfen wird. Mithin
konstatiert Lindemann: "Der phänomenologischen Reduktion gelingt es lediglich,
die Strukturalität des Leibes als ein vorläufig universales Phänomen auszuweisen,
jede bestimmte Form der Leibes muss dagegen als historisch variabel verstanden
werden" (a.a.O., 173). Und sie fügt ergänzend hinzu, dass eine kulturelle Formung
des Leibes unabdingbar zu sein scheint, weil der Leib und der Leib-Umwelt-Bezug
eines Halts, einer Kontur und einer regulierenden Struktur bedarf. Dies deckt sich
mit dem Hinweis Plessners, dass der exzentrisch organisierte Mensch eines kulturellen und symbolischen Halts bedarf. Die Bilder, das Wissen über den Körper wären
in diesem Sinne also nicht zu verstehen als gewaltsame Übergriffe auf den Leib oder
gar als degenerative Verformungen seiner vermeintlichen Ursprünglichkeit, sondern
vielmehr als ein notwendiges konstituierendes Wesensmerkmal.

Zusammenfassend kommt Lindemann zu dem paradox anmutenden Schluss,
dass der Leib einerseits total natürlich ist, weil das Faktum seiner Strukturalität nicht
das Resultat kultureller Formung ist, sondern ein universales Phänomen, dass er aber
andererseits kulturspezifisch total relativ ist: "denn seine Form ist eine je historische,

an der kein Substrat feststellbar ist, das sich diesseits von ihr befände" (a.a.O., 175). Dabei ist festzuhalten, dass der Leib in seiner historischen Existenzweise nie alle Möglichkeiten ausschöpft, die ihm durch die die leibliche Struktur tragenden Gegensätze potenziell gegeben sind. Und es muss bedacht werden, dass die historische Form, die der Leib jeweils annimmt, nicht von einem Stoff (oder der Materie) unterschieden werden kann, der geformt wird, denn der Leib existiert – wie gezeigt – nicht im Sinne einer Trennung von Stoff und Form, sondern nur in der und durch die Gegensatzstruktur, also als eine durch Gegensätze strukturierte Materie, bei der Stoff und Form zusammenfallen.

Mit der Herausarbeitung des Leibes als einer Realität eigener Art und der Einbeziehung leibphänomenologischer Überlegungen eröffnet Lindemann zugleich einen Zugang zu einer in der sozialwissenschaftlichen Forschung weitgehend übersehenen Perspektive, den sie bereits an anderer Stelle ausführlicher entfaltet hat (Lindemann 1992). Hierzu nur einige kurze Hinweise:

Lindemann kritisiert den 'aktivistischen' Bias, mit dem der Körper besonders auch in der Soziologie zum Gegenstand gemacht wird: "Als soziologisch relevant gilt der Körper, insofern er als Mittel gesehen werden kann, das dazu dient, etwas zu tun. Dieser kann in der praktischen Weltbewältigung bestehen (...) oder in der expressiven Darstellung einer sozialen Ordnung" (a.a.O., 332). Übersehen wird jedoch eine Dimension, die sie als "zuständliche" oder "passive Leiberfahrung" einführt. Dieses passive Eingebundensein in die soziale Welt sowie in emotionale und leibliche Zuständlichkeiten wird (gerade auch in mikrosoziologischen Analysen) nicht hinreichend bedacht. Lindemann will dementsprechend plausibel machen, "dass Leiblichkeit und Affektivität Phänomene sui generis sind und man nicht nur von einer sozialen Konstruktion der Gefühle, sondern auch umgekehrt von einer leiblich-affektiven Konstruktion sozialer Realität auszugehen hat" (a.a.O., 331). Dementsprechend hebt sie etwa auch hervor, dass Menschen ihre Gefühle nicht nur regulieren, sondern sie zunächst einmal unmittelbar *sind* und sich nicht beliebig von ihnen distanzieren können. Mit anderen Worten: Gefühle und das passive Ausgeliefertsein an leiblich-affektive Zuständlichkeiten sind ein Regulativ sozialer Vorgänge und wirken in Prozessen der Interaktion und der Konstitution von Realität heftig mit.

Vernachlässigt die Mikrosoziologie das passive leiblich-affektive Eingebundensein der Teilnehmenden in das soziale Feld, so vergibt sie die Chance, die Stabilität sozialer Konstruktionen zu verstehen. Lindemann verdeutlicht diesen Zusammenhang am Beispiel der Identifizierung von Geschlecht in der sozialen Interaktion: 'Geschlecht' wird gerade deshalb so nachhaltig reproduziert, weil der Betrachtende von einer doppelten Warte aus urteilt: "Insofern ein Individuum aus der leiblichen Interaktion, d.h. aus der positionalen Mitte, herausgesetzt ist, nimmt es eine prototypische, auf eine binäre Unterscheidung bezogene Körperform wahr und insofern es in der leiblichen Interaktion aufgeht, erlebt es diese Differenz als Gleichheit und Verschiedenheit" (a.a.O., 344). Die Nachhaltigkeit der Reproduktion von 'Geschlecht' verdankt sich also nicht nur der Existenz bestehender Bilder, binärer Codierungen und dem wechselseitigen Anzeigen des wahrgenommenen Geschlechts, sondern auch dem 'übersehenen' Umstand, dass die Person sich in einem Beziehungsgefüge und einer entsprechend leiblich-affektiv aufgeladenen Situation (im Sinne des passiven Eingebundenseins in ein geschlechtlich polarisiertes Feld) als das zugewiesene Geschlecht *erlebt*. Diese Hinweise sind – wie noch gezeigt werden soll – gerade dann besonders instruktiv, wenn man das leibliche und interaktive 'Einbezogensein' des Forschers in das Feld, das er jeweils untersucht, zum Gegenstand der Betrachtung macht (vgl. dazu den Exkurs "Der Körper als Erkenntnisquelle", Teil 1/Kap. 6.).

# 3. Wissenssoziologie

## 3.1. Die gesellschaftliche Konstruktion der Wirklichkeit

### 3.1.1. Der Beitrag von Peter L. Berger und Thomas Luckmann zur Neubegründung einer Theorie der Wissenssoziologie

Peter L. Berger und Thomas Luckmann haben in den 1960er Jahren ihre Arbeit "The Social Construction of Reality" vorgelegt (zuerst erschienen 1966 in New York), die sich einreiht in die phänomenologische Tradition nach der Suche einer angemessenen erkenntnistheoretischen Fundierung des wissenschaftlich zu beschreibenden Prozesses der Herausbildung von Bewusstsein, Denken und Handeln.

Nach den bahnbrechenden Überlegungen Edmund Husserls zur "Lebenswelt" und zur "natürlichen Einstellung" im Rahmen seines transzendentalphilosophischen Ansatzes haben vor allem Maurice Merleau-Ponty, Aron Gurwitsch und Alfred Schütz jeweils eigene Ansätze einer phänomenologisch orientierten Sozialtheorie vorgelegt, die keinesfalls – so Grathoff in einem klärenden Beitrag zu den phänomenologischen Bedeutungen von Alltag und Lebenswelt – eine "bloße Wesensschau" oder eine "Eidetik der sozialen Formen und Gestalten" darstellten, sondern zu sehen sind als konsequente und 'radikale' "Weiterführungen der *Husserl*schen Phänomenologie der Lebenswelt, die in eine Analyse der politischen und sozialen Dimensionen des Alltäglichen Lebens führen" (Grathoff 1978, 79). Grathoff zählt Berger und Luckmann zu den "Schülern der ersten Generation", die bei und mit Schütz gearbeitet haben, und er ordnet ihre Arbeit wie folgt ein: "Sozialpsychologische und wissenssoziologische, rollentheoretische und gesamtgesellschaftliche Theoriestücke werden hier zu einem Programm zusammengefügt, das bereits alle Charakteristiken der phänomenologischen Sozialtheorie (im engeren Sinne) impliziert" (a.a.O.).

Die 'phänomenologische Sozialtheorie im engeren Sinne' knüpft nach Grathoff an Husserls lebensweltlicher Fundierung von Erfahrung und Urteil an und kreist um die zentralen Aspekte von Intersubjektivität, Intentionalität, Reduktion und Typik. Diese Ansatzpunkte erfahren im Schütz'schen Beitrag zur "Soziologie des Alltags" jeweils eine spezifische 'mundane' Wendung – besonders deutlich wird dies im Rahmen seiner Auffassung von Intersubjektivität und den daraus resultierenden forschungsmethodologischen Konsequenzen, aber auch hinsichtlich der Frage nach Sinnstruktur und Reduktion, die eine spezifische Differenz von Lebenswelt und Alltag hervorbringt und zugleich den besonderen Anspruch der Soziologie auf den Forschungsbereich des Alltags begründet.

Luckmann weist darauf hin, dass Schütz, indem er "die mundan-phänomenologische Beschreibung der Strukturen der Lebenswelt pragmatisch-anthropologisch fun-

dierte" einen entscheidenden Beitrag zur philosophischen 'Begründung' der Sozialwissenschaften geleistet habe, nicht zuletzt darum, weil mit dieser Wendung das
Grundproblem der Sozialwissenschaft 'lösbar' scheint. Dieses Grundproblem besteht
darin, "dass die objektiven Eigenschaften historischer sozialer Wirklichkeiten im
intersubjektiven menschlichen Handeln hervorgebracht werden ('sozial konstruiert'
sind) und dass dieses auf den universalen Strukturen der subjektiven Orientierung in
der Welt beruht" (Luckmann 1990, 12). Dahinter steht, dass Schütz sich immer
klarer wurde, "dass die transzendentale Phänomenologie mit ihrer Methode der
Reduktion und der eidetischen Variation wohl die Sinnstruktur der Lebenswelt in
ihrem Entstehungszusammenhang, nämlich in den Bewusstseinsleistungen des Subjekts, aufklären, aber nicht über die lebensweltliche Seinsstruktur Rechnung ablegen
könne (...). Diese werde in der *intersubjektiven Wirkensbeziehung* (Herv.d.V.) – in
der Grundform gesellschaftlichen Handelns – hervorgebracht und stehe in einem
Bedingungszusammenhang, den nicht mehr die transzendentale Phänomenologie,
sondern die philosophische Anthropologie erfassen könne" (a.a.O., 11).

Anknüpfend an diese Erkenntnisse, die Schütz insbesondere in seinem Werk
"Der sinnhafte Aufbau der sozialen Welt" (1932) entfaltet und dargelegt hat, entwerfen Berger/Luckmann ihren Neuzugang zur Wissenssoziologie. Im Zentrum steht
die ebenso einfache wie schlüssige und weitreichende These, dass die Wirklichkeit
gesellschaftlich konstruiert ist – also ein Produkt menschlichen Handelns darstellt –
und dass die Wissenssoziologie die Prozesse zu untersuchen hat, in denen dies geschieht. "Wirklichkeit" (in einer ersten Annäherung verstanden als die Qualität von
Phänomenen, die ungeachtet unseres Wollens vorhanden sind) und "Wissen" (ebenso vorläufig verstanden als die Gewissheit, dass Phänomene wirklich sind und be-
stimmbare Eigenschaften haben) stellen in ihrem Konzept die Schlüsselbegriffe dar.
Die beiden Hauptaufgaben der Wissenssoziologie bestehen für sie darin, 1. die *Vielfalt* gesellschaftlicher Wirklichkeiten und gesellschaftlichen Wissens zu analysieren
und diese kulturelle Relativität bei der Analyse von Gesellschaften zu berücksichtigen, und 2. den *Prozess* der Konstitution von Wissen und deren Etablierung im
Sinne gesellschaftlicher Wirklichkeit zu erforschen. Berger/Luckmann bemerken
dazu unter anderem:

> "Wissenssoziologie darf ihr Interesse nicht nur auf die empirische Vielfalt von 'Wissen' in den
> menschlichen Gesellschaften richten, sondern sie muss auch untersuchen, aufgrund welcher Vorgän-
> ge ein bestimmter Vorrat von 'Wissen' gesellschaftlich etablierte 'Wirklichkeit' werden konnte. (...)
> Insofern nämlich alles menschliche 'Wissen' schließlich in gesellschaftlichen Situationen entwickelt,
> vermittelt und bewahrt wird, muss die Wissenssoziologie zu ergründen versuchen, wie es vor sich
> geht, dass gesellschaftlich entwickeltes, vermitteltes und bewahrtes Wissen für den Mann auf der
> Straße zu außer Frage stehender 'Wirklichkeit' gerinnt" (Berger/ Luckmann 1996, 3).

Die Arbeit ist von dem Wunsch getragen, die Wissenssoziologie von ihrem "intel-
lektualistischen Irrtum", in dem sie die Bedeutung theoretischen Denkens und Wissens überschätzt, zu befreien. Berger/Luckmann gehen mit Schütz davon aus, dass
das Alltagswissen (das sie auch als "Allerweltswissen" oder "Wissen des Jedermann" bezeichnen) die zentrale Bedeutungs- und Sinnstruktur bildet, ohne die es

keine menschliche Gesellschaft gäbe, und dass alle Wissensbestände – auch die theoretischen und philosophischen – in der Alltagswelt *gründen*. Entscheidend ist, dass 'Wissen' nicht als isolierter und von sozialen Bezügen abgehobener Fakt behandelt wird (oder im Sinne eines absoluten Wissens, bei dem über den ontologischen oder erkenntnistheoretischen Stellenwert einer Aussage und über ihre Gültigkeit oder Ungültigkeit entschieden werden soll), sondern dass ihm ein systematischer Ort im Rahmen der Konstituierung und der Beschaffenheit der Alltagswirklichkeit zugesprochen wird. Entsprechend hat der Begriff der Alltagswelt und ihrer 'Wirklichkeit' herausragende Bedeutung. Auch wenn der Begriff der 'Lebenswelt' von Berger/ Luckmann nicht mehr explizit aufgegriffen wird (Schütz hat subtil zwischen 'Lebenswelt' und 'Alltagswelt' unterschieden; vgl. dazu Grathoff 1978, Soeffner 1989), so lässt sich die produktive Spannung, die sich aus ihrer Differenz ergibt, noch erahnen; etwa bei dem Hinweis, dass die Alltagswelt in doppelter Weise gegenwärtig und zu analysieren sei: als *Hintergrund* des alltäglichen Agierens von 'Jedermann' (Schütz würde das den finiten Sinnbereich der Lebenswelt nennen) und als *Produkt* dieses Agierens (das sich dem kognitiven Stil der Praxis des Alltags verdankt und sich in ihm niederschlägt).

Der Alltagswirklichkeit wird in Anlehnung an Schütz gegenüber anderen Wirklichkeiten ein ganz besonderer Status zugesprochen, sie erscheint als 'ausgezeichnete Wirklichkeit': "Unter den vielen Wirklichkeiten gibt es eine, die sich als Wirklichkeit par excellance darstellt. Das ist die Wirklichkeit der Alltagswelt. Ihre Vorrangstellung berechtigt dazu, sie als die oberste Wirklichkeit zu bezeichnen. In der Alltagswelt ist die Anspannung des Bewusstseins am stärksten, das heißt, die Alltagswelt installiert sich im Bewusstsein in der massivsten, aufdringlichsten, intensivsten Weise" (Berger/Luckmann 1996, 24).

Andere Wirklichkeiten erscheinen als "umgrenzte Sinnprovinzen, als Enklaven in der obersten Wirklichkeit. Ihre Grenzen sind markiert durch fest umzirkelte Bedeu-tungs- und Erfahrungsweisen. Die oberste Wirklichkeit umhüllt sie gleichsam von allen Seiten und das Bewusstsein kehrt immer wieder wie von einer Reise zu ihr zu-rück" (a.a.O., 28). Zu diesen anderen Wirklichkeiten zählen zum einen alle Erfahrungswelten, die jenseits der "im Zustand voller Wachheit" erlebten Alltagswirklichkeit liegen (wie etwa der Traum, das Spiel, der Rausch/die Ekstase, die Kontemplation, der Wahnsinn) – die also eine andere Bewusstseinsform darstellen – und all je-ne 'Sonderwelten' oder "Sinnprovinzen", die sich durch ein eigenes Spezial- oder Ex-pertenwissen auszeichnen (wie die Religion, die Kunst, die Wissenschaft, die Tech-nik, die unterschiedlichsten beruflichen Fachdisziplinen, das Militär, der Sport etc.). Zwar sprechen Berger/Luckmann in ihren Illustrationen zu den vielfältigen Wirklichkeiten und ihrem Bezug zur Alltagswirklichkeit den Traum ebenso an wie die Bereiche des Expertentums, sie machen jedoch nicht hinreichend deutlich, wie sich diese Wirklichkeiten kategorial voneinander abheben. So wäre auch genauer zu klä-ren, wie sich die "Anspannung des Bewusstseins" und die "volle Wachheit" in der Alltagswelt von jenen Bewusstseinsleistungen und konzentrativen Herausforderungen unterscheidet, die in den Enklaven der Expertenschaften vorfindbar ist. Zur Klärung dieser Sachverhalte empfiehlt sich der Rückgang auf Alfred Schütz:

In Anlehnung an die Untersuchungen von William James zum Wirklichkeitssinn geht Schütz davon aus, dass die Erfahrung, etwas sei 'wirklich' oder 'Wirklichkeit', einen *Sinnhorizont* markiert, und dass es "mehrere, wahrscheinlich sogar unendlich viele Wirklichkeitsbereiche" gibt (vgl. Schütz 1971b, 237). James nennt diese Wirklichkeitsbereiche "subuniversa", Schütz entfaltet sie als "geschlossene Sinnbereiche" oder auch als "Realitätsbereiche geschlossener Sinnstruktur" (vgl. Schütz/Luckmann 1994, 48ff.). Unter diesen Wirklichkeitsbereichen mit ihren je eigenen Sinnhorizonten nimmt der Alltag (bzw. die alltägliche Lebenswelt) eine besondere Stellung ein und wird von Schütz als "vornehmliche Realität", "Vorzugsrealität", "vornehmlichste(r) Wirklichkeitsbereich", "ausgezeichnete Wirklichkeit" ausgewiesen (a.a.O.). An-dere zentrale Wirklichkeitsbereiche sind der Traum, die Phantasiewelten in ihren spielerischen, künstlerischen, religiösen und mystischen Ausprägungen sowie die Welt der Theorie bzw. der theoretischen Einstellung der Wissenschaft (vgl. a.a.O., bes. 54). Diese Wirklichkeitsbereiche (oder auch 'Subsinnwelten') weisen zwar eine in sich geschlossene Sinnstruktur auf, Übertritte von einem Bereich zum anderen sind jedoch möglich, wenn sie auch zumeist von einem "Schock" oder "Schockerlebnis" ausgelöst und/oder begleitet werden.

Hauptkriterien der je gegebenen Sinnstruktur sind der Grad der Aufmerksamkeits- oder Bewusstseinsspannung und der jeweils vorherrschende Erkenntnisstil. Auf der Ebene der Bewusstseinsspannung hebt sich der Alltag mit seinem auf das Außen gerichteten höchsten Grad an 'heller Wachheit' besonders deutlich vom Traum ab, der den höchsten Grad nach innen gerichteter Versunkenheit aufweist. Auf der Ebene des Erkenntnisstils bildet die Wissenschaft in ihrer 'theoretischen Einstellung' (also insbesondere in ihrer Bezogenheit auf die Denksysteme der Wissenschaft, in ihrem auf Denkakten beruhendem Handlungsmodus sowie in ihrer Kultivierung des Zweifels) das deutlichste Pendant zur Lebenswelt des Alltags mit seiner 'natürlichen Einstellung'. Die natürliche Einstellung bezieht sich auf die intersubjektiv geteilten 'Selbstverständlichkeiten', sie zweifelt die als 'real' und 'wirklich' geltenden Gegebenheiten nicht an und sie folgt einem Handlungsmodus, der an pragmatischen Motiven orientiert und auf das leibgebundene Wirken fixiert ist. Der Alltag bzw. genauer: der Sinnhorizont der alltäglichen Lebenswelt nimmt vor allem deshalb eine Vorzugsstellung ein, weil wir durch unsere körpergebundene Existenzweise immer wieder auf diesen Horizont zurückverwiesen werden, und weil wir nur im Rahmen dieses Horizonts in kommunikative und interaktive Auseinandersetzung mit anderen Menschen treten können.

Es wäre zu fragen, ob diese kategorial und qualitativ verschiedenen Wirklichkeiten in gleicher Weise der Erkenntnis zugänglich sind. Diese Frage stellen Berger/Luckmann jedoch nicht und sie weisen mehrfach darauf hin, dass sie die Wissenssoziologie und den von ihnen vorgelegten Entwurf als ein Teilgebiet der *empirischen* Wissenschaft Soziologie und der *theoretischen* Soziologie verstehen, dass erkenntnistheoretische und methodologische Fragen jedoch an anderer Stelle behandelt werden müssen. Dies ist eine klare Entscheidung für eine theoretische Soziologie, die allerdings nicht unbeträchtliche methodologische Probleme hinterlässt.

Auch Berger/Luckmann stellen fest, dass zum Charakteristikum der Alltagswelt gehört, dass sie als eine Wirklichkeit hingenommen wird, die als 'normal', 'natürlich', 'selbstverständlich' gilt. Sie wird in der Regel nicht hinterfragt und ihr Charakter wird nicht expliziert. Die Notwendigkeit zur Explikation bzw. das Gewahrwerden ihres Charakters geschieht meist erst dann, wenn ihre Selbstverständlichkeit durch Ereignisse plötzlich in Frage gestellt wird, wenn Störungen und Irritationen auftauchen. Und es ist kennzeichnend, dass Zweifel an den Gewissheiten und Routinen des Alltags abgewehrt werden müssen, um die Sicherheit und den Bestand der Wirklichkeit im Bewusstsein der in ihr Handelnden nicht zu gefährden. Dies führt zu mindestens zwei methodologischen Grundproblemen: 1. Zu dem grundsätzlichen erkenntnistheoretischen und methodologischen Dilemma, dass Menschen, die diese 'oberste Wirklichkeit' (bzw. nach Schütz den die Lebenswelt fundierenden Boden der natürlichen Einstellung) erforschen wollen, quasi ständig sich selbst 'transzendieren' müssen, um den Selbstverständlichkeitscharakter der Alltagswelt, der sie selbst angehören und deren eingeschliffene Routinen ihnen ebenso zur 'Natur' geworden sind wie ihrem Untersuchungsgegenstand, erkennen und analysieren zu können; 2. zu der nicht zu unterschätzenden Schwierigkeit, dass die Mitglieder der Gesellschaft zusätzlich zu der generellen Schwierigkeit, das Vertraute zu explizieren, der Aufdeckung von Handlungsselbstverständlichkeiten, Routinen und tradierten Gewissheiten im Erkenntnisprozess verständlicherweise einigen Widerstand entgegensetzen, weil diese 'Dekonstruktion' als identitäts- und existenzgefährdend wahrgenommen wird.

Schütz 'löst' dieses Dilemma, indem er die wissenschaftliche *Theorie* (nicht die Wissenschaft als 'Betrieb' in ihren alltagspragmatischen Anteilen) streng als einen vom Alltag abgetrennten Bereich konzipiert, der allein seinen eigenen Deutungsschemata und Relevanzstrukturen verpflichtet ist. Über die Konstruktion von 'Modellen' über die Wirklichkeit (als "Konstruktionen zweiten Grades"), die den Charakter von künstlichen "Homunculi" tragen – wie Schütz offensiv betont –, kann der (relativ) freie und unbeeinflusste Blick auf die Vorgänge in der sozialen Wirklichkeit und die Fixierung des 'Typischen' an diesen Vorgängen gelingen.

Um der Gefahr zu entgehen, dass die wissenschaftlichen Konstruktionen zu freischwebenden Phantasiegebilden werden und einer realitätsgerechten Anbindung an die alltägliche Lebenswelt entbehren, führt Schütz das Postulat der Adäquanz ein: "Die Erfüllung dieses Postulats verbürgt die Konsistenz der Konstruktionen des Sozialwissenschaftlers mit den Konstruktionen, die von der sozialen Wirklichkeit im Alltagsdenken gebildet werden" (Schütz 1971a, 50). Das Postulat besagt genau: "Jeder Begriff in einem wissenschaftlichen Modell menschlichen Handelns muss so konstruiert sein, dass eine innerhalb der Lebenswelt durch ein Individuum ausgeführte Handlung, die mit der typischen Konstruktion übereinstimmt, für den Handelnden selbst ebenso verständlich wäre wie für seine Mitmenschen, und das im Rahmen des Alltagsdenkens" (a.a.O.). Im Kern geht es Schütz um die Konstruktion von rationalen Handlungsmustern, zu der er in Übereinstimmung mit dem Postulat der Adäquanz das Postulat der Rationalität einführt:

"Die Typen rationaler Handlungsabläufe und die personalen Typen müssen so konstruiert werden, dass ein Handelnder in der Lebenswelt dieses typisierte Handeln ausführen würde, falls er völlig klares und bestimmtes Wissen von allen Elementen, und nur von diesen Elementen hätte, die der Sozialwissenschaftler als für sein Handeln relevant voraussetzt, und falls er die konstante Neigung hätte, die angemessensten zur Verfügung stehenden Mittel zur Erreichung seiner vermittels der Konstruktion definierten Zwecke einzusetzen" (a.a.O., 51).

Zum Kernbestand der Theorie von Berger/Luckmann gehört die Doppelperspektivik, dass Gesellschaft sowohl durch eine "objektive Faktizität" (im Rückgang auf Emile Durkheims Feststellung, dass soziologische Tatbestände wie Dinge zu betrachten seien) als auch durch "subjektiv gemeinten Sinn" (in Anlehnung an Webers Konzept, dass das Objekt der soziologischen Erfassung der Sinnzusammenhang des Handelns sei) gekennzeichnet ist: "Es ist ja gerade der Doppelcharakter der Gesellschaft als objektive Faktizität *und* subjektiv gemeinter Sinn, der sie zur 'Realität sui generis' macht" (a.a.O., 20). Aus diesem Doppelcharakter der Gesellschaft leiten sie eine weitere zentrale Frage der Wissenssoziologie ab, die sie sogar als "Grundfrage der soziologischen Theorie" bezeichnen: "Wie ist es möglich, dass subjektiv gemeinter Sinn zu objektiver Faktizität *wird*? Oder, in der Terminologie Webers und Durkheims: Wie ist es möglich, dass menschliches *Handeln* (Weber) eine Welt von *Sachen* hervorbringt?" (a.a.O.). Dieses Programm berücksichtigt also, um es noch einmal hervorzuheben, folgende zentrale Dimensionen: a) das subjektbezogene sinnhafte wie sinnkonstituierende Handeln, b) den Fakt einer objektiv gegebenen, bereits vorarrangierten Wirklichkeit, auf die sich die Subjekte beziehen und die zugleich Produkt ihres Handelns ist, und c) den Prozess der Konstruktion einer (mehr oder weniger) gemeinsam geteilten Wirklichkeit in intersubjektiven Akten.

Mit der Betonung des *Prozesses* der Wirklichkeitskonstruktion – die dem Charakter des Lebens und der Gesellschaft Rechnung trägt und durchaus angemessen ist – tut sich eine weitere methodologische Schwierigkeit auf, die man auch als unaufhebbare Crux der Soziologie bezeichnen kann: Dass sie nämlich der Zeitgebundenheit und *Flüchtigkeit* des prozessualen sozialen Geschehens nahe kommen muss, um ihm gerecht zu werden – dem 'Werden' und 'Entwerden' des Lebens, um das Vokabular des frühen Schütz aufzugreifen – , dass sie dazu aber auf die *Fixierung* des 'Entwerdenden' und 'Entwordenen' angewiesen ist – vornehmlich über die Symbolsysteme von Sprache und Schrift, die selbst Objektivationen darstellen und zugleich maßgeblich zur Objektivation von Wissen und Sinn beitragen – und dass der Soziologie dieser Zugriff stets nur 'ex post' gelingen kann. Denn alles Erfasste ist bereits vergangen, wenn es erfasst ist.

Der Vollständigkeit halber sei hier noch ein weiteres (viertes) methodologisches Problem kurz angesprochen, das im Zusammenhang mit der Erfassung sozialer 'Wirklichkeit' virulent wird: das Problem, dass ein rekonstruktiver und auf das Medium der Sprache angewiesener Rückgriff auf die Praxis – also auf die reale, konkrete und gelebte Wirklichkeit – nie das einholen kann, was die Praxis tatsächlich ausmacht; oder anders ausgedrückt: der simple Umstand, dass eine Aussage über die Praxis nicht die Praxis selbst ist. Dieses Dilemma ist nicht zu lösen und eine gängige Form des Umgangs damit besteht darin, diese Differenz zu ignorieren (was natürlich zu bedenklichen Verzerrungen führt) oder aber das Problem offensiv anzugehen, seine Unlösbarkeit offen zuzugeben und die gesamte soziologische Analyse – also den Gegenstand der Betrachtung ebenso wie den methodischen Zugang – auf die Ebene der zu Objektivationen geronnenen Wirklichkeiten zu heben (im Kern sind dies 'Protokolle' oder 'Texte' über die Wirklichkeit). Die Wissenssoziologie ermuntert und legitimiert diesen Schritt durchaus – offen bleibt jedoch die Frage, wie der Kern ihres Programms, nämlich den flüchtigen *Prozess* der Konstruktion sozialer Wirklichkeit zu analysieren, umgesetzt werden kann. Gleiches gilt für die Frage nach den Möglichkeiten des Zugangs zum Subjekt und seinem tatsächlichen Erleben.

Bezogen auf die vorliegende Arbeit, ihre zentralen Blickrichtungen und Fragestellungen, eröffnet der theoretische Entwurf der Wissenssoziologie von Berger/Luckmann dennoch ein produktives 'Feld', das wertvolle Ansatzpunkte bietet und zahlreiche Verknüpfungen zulässt. Es sei erlaubt, diese Punkte hier kurz zu benennen:

(1) Für die vorliegende Arbeit zentral ist zunächst einmal die besondere Bedeutung und Stellung, die der *Körper* und die organische Gebundenheit des Menschen in der wissenssoziologischen Konzeption Berger/Luckmanns innehat. Als Vermittler zwischen Subjekt und Welt kommt dem Körper im Prozess der Konstituierung von 'Wissen' und 'Wirklichkeit' eine Schlüsselstellung zu. Die Dialektik von 'Natur' und 'Gesellschaft', die Berger/Luckmann herausarbeiten, stellt einen aussichtsreichen Rahmen dar, sowohl das leiblich fundierte und vom Organismus begrenzte Handeln als auch die gesellschaftliche Einflussnahme auf den Körper in den Blick zu bekommen. Diese 'gesellschaftliche Einflussnahme' stellt den Körper (unter anderem) als eine soziale Konstruktion im Sinne bestehenden 'Wissens' her, das sich sowohl auf der Ebene sozialer Vorstellungen, des Bewusstseins über und der Ansprüche an den Körper niederschlägt als auch in etablierten Regulationen und Gestaltungen. Von hier aus eröffnet sich dann auch die Möglichkeit, eine 'Soziologie des Körpers' zu entfalten.

(2) Die Konzeption des *'Wissens'* und seine theoretische Einbettung können als Ausgangspunkt dienen für die Frage nach dem spezifischen Wissen, das in 'unserer' (abendländischen, hochindustrialisierten, 'postmodernen') Gesellschaft bezüglich des Körpers "entwickelt, vermittelt und bewahrt" wird. Dabei kann die Differenzierung zwischen 'Alltagswissen' über den Körper und dem Körperwissen exklusiver Expertenschaften produktiv zur Bestimmung von Grenzziehungen, Überschneidungen und Vermischungen dieser Wissensbestände genutzt werden, ebenso wie die Reichweite, die Relevanz und die Etabliertheit des Wissens – etwa im Sinne 'unumstößlichen', relativ etablierten, weniger gesicherten und diffusen bis schemenhaften Wissens – aufgedeckt werden kann.

(3) Eng verbunden mit dem 'Wissen' ist die *Sprache* als Trägerin und Vermittlerin kultureller Objektivationen oder zur 'Wirklichkeit' geronnener Tatsachen. Berger/Luckmann widmen der Sprache (und dem Hinweis auf die notwendige Entwicklung einer Soziologie der Sprache und ihre Integration in den theoretischen Kernbe-

stand der Soziologie) viel Aufmerksamkeit und es lassen sich – was ja gerade im Kontext einer hermeneutischen Wissenssoziologie und der hier angestrebten Analyse biographischer 'Texte' von großer Bedeutung ist – noch einmal grundlegende Hinweise zur Funktion der Sprache im Aufbau der sozialen Wirklichkeit entnehmen.

(4) Neben der Konstruktion von Wissen und der fundamentalen Bedeutung von Sprache verweist der Entwurf auch auf die damit verknüpften Prozesse der *Reflexion*, der *Erinnerung* und des *Gedächtnisses* sowie auf Momente der *Sedimentierung von Erfahrung und Wissen* und der *Traditionsbildung* über Generationen. Auf die immense Bedeutung, die diese Momente im Rahmen der Biographieforschung haben, kann hier nur hingewiesen werden, in den entsprechenden Kapiteln wird darauf ausführlicher eingegangen (vgl. bes. Teil 1/Kap. 4. und Kap. 5.).

(5) Ein ausgeprochenes Verdienst der vorgelegten Theorie ist es, die Ebene des *Subjekts* als einer zentralen strukturbildenden und -tragenden Dimension so breit berücksichtigt zu haben. Die Subjekte tragen in ihrer körpergebundenen und mit Bewusstsein ausgestatteten Existenzweise in hohem Maße zur Generierung sozialer Wirklichkeiten bei, indem sie Wissen herstellen, vermitteln und bewahren, über ein gemeinsam geteiltes Wissen verfügen, eine Wirklichkeit schaffen und sich einer Wirklichkeit gegenüber sehen, von der sie eingeholt und – mitunter bis zu einem Gefühl der Ohnmacht – 'bestimmt' werden.

Berger/Luckmann machen deutlich, dass dem Prozess der *Sozialisation* im Prozess des Aufbaus und der Vermittlung von 'Wissen' und 'Wirklichkeit' eine Schlüsselstellung zukommt, und sie lassen erahnen – insbesondere im Rahmen ihrer Hinweise auf die anthropologischen Voraussetzungen und die organische Gebundenheit des Menschen und auf die 'innerliche' Dialektik von 'Natur' und 'Gesellschaft' – wie notwendig die Selbstsetzung und der Aufbau einer *Identität* für den Menschen ist und wie fragil und störungsanfällig dieser Prozess zugleich ist. Damit begründen sie eine soziologische Theorie des Subjekts, schaffen den Übergang zu einer soziologischen Sozialpsychologie und zu anderen kulturwissenschaftlichen (anthropologischen, psychologischen, historischen) Theorien des Subjekts.

In seinem Konzept der "persönlichen Identität" hat Luckmann die eben genannten zentralen Dimensionen menschlicher Existenz aufeinander bezogen und in zahlreichen Aufsätzen im Hinblick auf sozialwissenschaftliche Grundfragen weiter ausgearbeitet (vgl. Luckmann 1972, 1980, 1986, 1988a, 1988b, 1993, 1996 [zuerst 1979]). Ihn interessiert dabei besonders die Frage des spezifischen Verhältnisses von Individuum und Gesellschaft in modernen Gesellschaften und die 'Problemhaftigkeit' der Ausbildung und Sicherung von Identität. Dabei konzipiert er 'persönliche Identität' als Schnittpunkt von Leiblichkeit, Bewusstsein und Gesellschaftlichkeit und als eine zunächst einmal grundlegende und allgemeine menschliche Daseinsweise oder auch 'Lebensform' (die sich spezifischen naturgeschichtlichen und sozialgeschichtlichen Entwicklungen verdankt), die aber in modernen Gesellschaften hochgradig 'reflexiv' besetzt und als 'Problem' thematisch wird.

(6) Bindeglied oder umfassende Klammer zwischen dem Sozialisationsprozess und den unter (4) genannten Momenten der Reflexion/Erinnerung und der Sedimen-

tierung/Traditionsbildung ist der *Lebenslauf*, in dem sich zum einen im zeitlichen Ablauf des Lebens Erfahrungen aufschichten, Erinnerungen ablagern und über Generationen tradiert werden, der zum anderen aber auch selbst wiederum eine 'Konstruktion' darstellt und im Sinne biographischen Wissens und biographischer Muster zu einer Objektivation gerinnt. Martin Kohli, Wolfram Fischer-Rosenthal und zuletzt auch Gabriele Rosenthal haben das – wohl nicht 'zufällig' unter Rekurs auf Schütz – in ihren Grundlegungen zu einer soziologischen Biographieforschung treffend herausgearbeitet, wie noch zu zeigen sein wird (vgl. Teil 1/Kap. 4.1.).

### 3.1.2.  Die besondere Stellung und Bedeutung des Körpers in der Wissenssoziologie von Berger/Luckmann

Die beiden Hauptstücke der Ausführungen zur Konstruktion der Wirklichkeit und der theoretischen Neubegründung einer Wissenssoziologie von Berger/Luckmann beginnen und enden mit dem Körper bzw. dem "Organismus". Die entsprechenden Kapitel sind überschrieben mit "Organismus und Aktivität" (in Teil II des Gesamtwerkes) und "Organismus und Identität" (in Teil III). Stellung und Inhalte dieser Kapitel sind keine Frage der 'Formalität' oder 'Zufälligkeit', sondern haben eine systematisch-inhaltliche Bedeutung. Bereits ohne genauere Kenntnis der Ausführungen in diesen Kapiteln lässt sich vermuten, dass mit der Anfangs- und Schlussstellung des Organismus in spezifischer Weise auf eine Schlüsselfunktion des Körpers im Prozess der Herstellung von Wirklichkeit hingewiesen wird bzw. sie hierin ihren Ausdruck findet: der aktive, handelnde Körper als *Ausgangspunkt* des Handelns in der Welt und der Wirklichkeitskonstruktion sowie der Körper des Subjekts, der die Konstitution eines Selbst sowie Identität ermöglicht und verleiht, als das *Produkt* dieses Konstruktionsprozesses. Sehen wir uns jedoch genauer an, wie Berger/Luck-mann den Körper in ihrer Theorie verorten und welche Implikationen und Konsequenzen dies für zentrale Fragestellungen der vorliegenden Arbeit hat (für die Frage nach der Konstruktion von 'Körperwissen' und für die Frage nach einer theoretischen Grundlegung sowie nach den Aufgaben einer Soziologie des Körpers).

Bereits in den "philosophischen Prolegomena" des einleitenden Teils (Teil I: "Die Grundlagen des Wissens in der Alltagswelt") wird der Körper in besonderer Weise eingeführt: "Die Wirklichkeit der Alltagswelt ist um das 'Hier' meines Körpers und das 'Jetzt' meiner Gegenwart herum angeordnet. Dieses 'Hier' und 'Jetzt' ist der Punkt, von dem aus ich die Welt wahrnehme. (...) Am nächsten ist mir die Zone der Alltagswelt, die meiner direkten körperlichen Handhabung erreichbar ist. Diese Zone ist die Welt meiner Reichweite, die Welt, in der ich mich betätige, deren Wirklichkeit ich modifizieren kann, die Welt, in der ich arbeite" (Berger/Luckmann 1996, 25).

Mit dem "Hier" und "Jetzt" sind fundamentale Konstituenten des 'In-der-Welt-Seins' (um an dieser Stelle einen zentralen Begriff der phänomenologischen Anthropologie Merleau-Pontys zu gebrauchen) und der Orientierung in der Welt angesprochen: der Ort oder Raum und die Zeit. Sowohl der Raum als auch die Zeit erschließen sich über den Körper, genauer noch: über den bewegten, sich bewegenden und handelnden Körper. Zum einen haben wir über die physiologischen Rhythmen unseres Organismus Teil an der Zeit und an einem Bewusstsein über die Zeit (a.a.O., 29), zum anderen ermöglicht uns der Körper über kinästhetische Wahrnehmungen, über die Tätigkeit unserer Nah- und Fernsinne und über expandierende Bewegungen in den Raum die Erfahrung der räumlichen Ausgedehntheit unseres Körpers, der Stellung unseres Körpers im Raum und darüber vor allem auch die Erfahrung der gegenständlichen und personalen Welt jenseits der Grenzen unseres eigenen Körpers. Nur über den Körper wird uns die Welt gegenwärtig und gelingt uns ein Zugang zu ihr, nur durch ihn können wir sie 'begreifen' – was ontogenetisch durchaus wörtlich zu nehmen ist, denn das Denken und Verstehen entwickelt sich aus dem sensomotorischen Vorgang des Betastens und Greifens – und nur durch den Körper können wir in der Welt wirken und etwas bewirken.

So ist auch die Fähigkeit des Menschen zur Kontaktaufnahme, zum Austausch und zum Aufbau einer intersubjektiv geteilten Wirklichkeit ein zutiefst körpergebundener Vorgang: Berger/Luckmann weisen auch in diesem Zusammenhang schon an früher Stelle darauf hin, dass die fundamentale Erfahrung des Anderen in "lebendiger Gegenwart" geschieht und dass die Grundlegung der Intersubjektivität in der Alltagswirklichkeit (die ja die 'oberste' Wirklichkeit darstellt und alle anderen Wirklichkeiten umhüllt) in nahen "vis à vis Situationen" vonstatten geht. Dass sich "leibhaftige Menschen" hier "leibhaftig" gegenüberstehen und sich über körpergebundene Zeichen des Ausdrucks (unwillkürliche Körpersignale, Haltung, Mimik, Gestik, Laute, Sprache) mitteilen, beim Anderen einen Eindruck hinterlassen und so den für den Aufbau einer gemeinsam geteilten Wirklichkeit konstitutiven Prozess der Reziprozität der Perspektiven und der Fähigkeit zur Spiegelung und Widerspiegelung in Gang setzen (vgl. a.a.O., bes. 31ff.). So hat die leibhaftige, unmittelbare Begegnung gerade auch auf den hoch entwickelten Stufen der Kommunikation die entscheidende Funktion, die zu starren Typisierungen geratenen Bilder aufzulösen, zu individualisieren und der Wahrnehmung der Einzigartigkeit und Besonderheit des jeweils konkreten Gegenübers zu öffnen (a.a.O., 34f.). Diese Fähigkeit und Chance, in der vermittelnden Gegenwart des Körpers sich selbst und den Anderen jeweils *spezifisch* wahrnehmen und zur Typisierung geronnene Objektivationen überprüfen, lockern und korrigieren zu können, hat auch für die Methodologie sozialwissenschaftlicher Forschung eine besondere Bedeutung.

Im zweiten Hauptteil des Buches legen Berger/Luckmann dar, wie es zu dem Aufbau der Alltagswirklichkeit, des diese Wirklichkeit konstituierenden und abstützenden Wissens und der Generierung einer "objektiven Wirklichkeit" im Sinne 'soziologischer Tatsachen' (Durkheim) oder gesellschaftlicher Faktizität kommt. Der zentrale Vorgang, den die Autoren hier plastisch und theoretisch gesättigt beschreiben, ist der Prozess der Institutionalisierung, in dessen Kern die objektivierende Fixierung und Festigung von Handlungsmustern sowie von handlungsleitenden und sinngebenden 'Gewissheiten' steht. Bedeutsam ist, dass und wie der Körper bzw. (biologischer gedacht) der "Organismus" mit diesem Prozess der Institutionalisierung in Verbindung gebracht wird. Berger/Luckmann gehen insbesondere in Anlehnung an Helmuth Plessner, Arnold Gehlen und Adolf Portmann von einer biologi-

schen Sonderstellung des Menschen aus, die vor allen Dingen aus folgenden anthropologischen Besonderheiten resultiert: aus der Tatsache, dass der Mensch eine
'Frühgeburt' ist und in einem "extrauterinen Frühjahr" (Portmann) überlebensnot-
wendig auf die versorgende und schützende Nähe anderer Menschen angewiesen ist;
der Instinktarmut des Menschen (Gehlen spricht von "Instinktresiduen") und der
Ungerichtetheit und geringen Spezialisierung der Triebe des Menschen; der gleichzeitig hohen Bildbarkeit des Instinktapparates; der insgesamt hohen Elastizität und
Anpassungsfähigkeit des menschlichen Organismus sowie seiner gleichzeitigen
Begrenztheit hinsichtlich Anpassungs- und Belastungsfähigkeit. Dies kulminiert in
der "Weltoffenheit" des Menschen, die gleichermaßen die *Fähigkeit* und die *Notwendigkeit* der aktiven Auseindersetzung mit der Umwelt, der Anpassung an die
Umwelt und des Lernens bedingt.

Aus diesen besonderen anthropologischen Voraussetzungen resultiert, dass der
Mensch zutiefst auf die Existenz anderer Menschen und auf einen strukturierenden
Halt angewiesen ist, soll er nicht im biologischen Chaos versinken. Die frühe Geburt, die Verkümmerung der Instinkte und die Ungerichtetheit der Triebe machen
ihn abhängig von der Zuwendung anderer und verlangen nach Mechanismen der
Regulation, die Ordnung, Gerichtetheit und Stabilität herstellen. Das 'Unfertige' und
auf der Ebene der Triebe und Instinkte 'Unspezifische' des Menschen stellt neben der
Notwendigkeit der Regulation zugleich auch die Bedingungen der Möglichkeit eines
solchen regulativen und die Existenz sichernden Eingreifens dar. Ein zentraler Mechanismus und anthropologische Notwendigkeit ist daher die *Externalisierung*, die
Schaffung von kulturellen Produkten oder Objektivationen, die den Menschen in
einen von ihm selbst in intersubjektiven Akten hervorgebrachten haltgebenden
Rahmen stellen und ihm als biologischem Mängelwesen so die nötige 'künstliche'
Sicherheit gewährt. Ganz im Sinne Plessners konstatieren Berger/Luckmann: "Die
eingeborene Instabilität seines Organismus zwingt den Menschen dazu, sich eine
stabile Umwelt zu schaffen, um leben zu können. Selbst muss der Mensch seine
Triebe spezialisieren und richten. Diese biologischen Fakten sind die notwendigen
Voraussetzungen für das Entstehen einer gesellschaftlichen Ordnung" (a.a.O., 56).

Berger/Luckmann betonen – und das ist zentral – , dass keine gesellschaftliche
Ordnung biologisch abgeleitet werden kann, dass sie weder "Teil der 'Natur der
Dinge'" noch Resultat irgendwelcher "Naturgesetze" ist, sondern dass Gesellschaft
und gesellschaftliche Ordnung ein Produkt der unaufhörlichen Externalisierung und
damit ein Produkt menschlichen Handelns ist. Und dieses Handeln ist immer soziales Handeln, eingebunden in und gespeist aus bereits vorliegenden Objektivationen.
In diesem Prozess der Externalisierung schafft der Mensch jedoch nicht nur Ordnungen, sondern – über die Mechanismen des intersubjektiven Austauschs und der
Reflexion – auch sich selbst. Diese Selbstproduktion ist *möglich* aufgrund der "exzentrischen Positionalität" (Plessner) des Menschen, die neben der Existenz *in* einem
Körper auch die Reflexion *auf* und Beziehung *zu* dem eigenen Körper erlaubt (etwa
im Sinne eines Dialogs zwischen Organismus und Selbst), und sie ist *nötig* aufgrund
der oben skizzierten Offenheit und Unbestimmtheit des Menschen. Zu lesen viel-

leicht auch als eine unablässige, nie enden wollende und letztlich auch nie *tatsäch-lich* entlastende und beruhigende Aufgabe, sich seiner Selbst gewiss und 'sicher' zu werden. Die ganze Brüchigkeit, Verletzlichkeit und Unvollkommenheit menschli-cher Selbstsetzung und Selbstvergewisserung wird hier spürbar (auch wenn Ber-ger/Luckmann diesen Akzent nicht explizit setzen).

Sowohl die Schaffung kultureller Objekte als auch die Selbstproduktion sind immer eine "gesellschaftliche Tat" und als solche weder biologisch ableitbar oder gar als biologisch oder genetisch determiniert anzusehen, noch als ein 'natürliches' Geschehen zu begreifen. Im Sinne dieser Betonung der 'Kulturhaftigkeit' des Men-schen formulieren Berger/Luckmann: "Das spezifisch Menschliche des Menschen und sein gesellschaftliches Sein sind untrennbar verschränkt. *Homo sapiens* ist im-mer und im gleichen Maßstab auch *Homo socius*" (a.a.O., 54). Gehlen fasst dies in der griffigen Formel zusammen, "dass der Mensch von Natur ein Kulturwesen sei" und bemerkt unter anderem: "Eine Unterscheidung von Naturmenschen und Kul-turmenschen ist daher unpräzise und falsch, wenn man sie buchstäblich nimmt – es gibt und gab je nur eine Kulturmenschheit, allerdings mit ganz ungemeinen Unter-schieden des kulturellen Inventars" (Gehlen 1993, 78).

Was jedoch bezogen auf die besondere Stellung des Organismus gilt, ist, dass a) die *Notwendigkeit* der Externalisierung und der Schaffung gesellschaftlicher Ord-nung überhaupt in den anthropologischen Voraussetzungen des Menschen gründet, und dass b) die biologische Verfasstheit des Menschen seinen Konstruktionen der Wirklichkeit und seinem Leben in ihnen spezifische physiologische und – so würde ich ergänzen – psychophysische Grenzen setzt. Die kulturelle Varianz hinsichtlich der Wahrnehmung und Respektierung physiologischer Grenzen, ihrer Verschiebung und ihrer Überschreitung sowie die Bewertung von Gewinn, Kosten und Konse-quenzen dieser Prozesse ist erheblich und könnte ein zentrales Thema einer 'Sozio-logie des Körpers' sein. Festzuhalten ist aber eben auch, dass eine Grenzerweiterung und Grenzüberschreitung der organischen Gegebenheiten keinesfalls beliebig und 'endlos' ist.

Im letzten Teil des Buches bündeln Berger/Luckmann die Essenz des bisher Ge-sagten und die sich hierin bereits ankündigende *wechselseitige Bedingtheit* von 'Or-ganismus' und 'Sozialität' bzw. von 'Natur' und 'Kultur' wie folgt: "Der Mensch ist biologisch bestimmt, eine Welt zu konstruieren und mit anderen zu bewohnen. Die-se Welt wird ihm zur dominierenden und definiten Wirklichkeit. Ihre Grenzen sind von der Natur gesetzt (sic!). Hat er sie jedoch erst einmal konstruiert, so wirkt sie zurück auf die Natur. In der Dialektik zwischen Natur und gesellschaftlich kon-struierter Welt wird noch der menschliche Organismus umgemodelt. In dieser Dia-lektik produziert der Mensch Wirklichkeit – und sich selbst" (Berger/Luckmann 1996, 195).

Diese doppelte Setzung von 'Natur' *und* 'Kultur' und das Insistieren auf ihre wechselseitige dialektische Durchdringung ist in meinen Augen produktiv und um-geht die Einseitigkeit und die Gefahren eines biologisch-genetischen Determinismus ebenso wie die eines dogmatischen Kulturalismus oder Soziologismus, dessen Glaube an die voluntative Macht des Subjekts und die eigengesetzliche und grenzenlose Dynamik seiner Schöpfungen, die biologischen Fundamente und Schranken dieses Wirkens aus dem Auge verliert. Erst der nachhaltige Blick auf den Organismus und das "biologische Substrat" des Menschen macht die tatsächlichen Voraussetzungen und die Beschaffenheit der von ihm konstruierten Wirklichkeit deutlich, und erst die genaue Analyse der Dialektik von Organismus und Gesellschaft kann zeigen, in welchem Spannungsfeld der Mensch steht und über welche Mechanismen und in welcher Weise menschliche Identität hergestellt wird. Berger/Luckmann verweisen dabei insbesondere auf folgende Wechselwirkungen zwischen Organismus und Gesellschaft:

*(1) Die "harten Tatsachen der Biologie" beschränken die gesellschaftlichen Möglichkeiten des Einzelnen.* Berger/Luckmann rekurrieren hier auf das besonders deutliche Beispiel, dass Männer nicht gebären können; denkbar sind natürlich auch vielfältige andere biologische Tatsachen, die die Möglichkeiten unseres Handeln begrenzen, erschweren, einengen. Vielfach sind uns diese Beschränkungen gar nicht bewusst, weil wir gelernt haben, mit ihnen zu leben; vielfach ignorieren wir diese Beschränkungen aber auch und übersteigen das biologisch Mögliche – oft unter hohen Kosten für unseren Körper, unsere Psyche, unser Miteinander und die Umwelt, was sich in einer hochtechnisierten Umwelt eben nicht nur in den Extrembereichen des Sports, sondern gerade auch in den alltäglichen Fehlbelastungen (Bewegungsarmut, Unterbelastung, einseitige zerebrale, neuronale und feinmotorische Überbelastung) im Arbeitsbereich, in der Fortbewegung, in der Freizeit zeigt. Letztlich ließe sich die gesamte Kulturgeschichte des Menschen als der unablässige und hartnäckige Versuch deuten, die biologischen 'Fesseln' zu lockern oder ganz abzustreifen. Beispiele hierzu lassen sich seit Beginn der Menschheitsgeschichte finden und die entsprechenden Interpretationen durchziehen weite Bereiche der Philosophie, der Psychologie und der Kultur- und Sozialwissenschaft. Folgt man einer gängigen psychoanalytischen Erklärung, so ist dieser Wille zur *Überwindung* des Körpers vielleicht deshalb so stark, weil der Mensch es nicht erträgt und es ihn unendlich kränkt, nicht 'allmächtig' zu sein, sondern schwach, verletzlich, sterblich und endlich.

*(2) Die Gesellschaft nimmt in vielfältiger Weise Einfluss auf die Biologie des Menschen.* Etwa indem sie seine biologischen Möglichkeiten beschränkt (z.B. in Form der Verkürzung der Lebensdauer durch Unterversorgung oder große Belastungen); indem sie körperliche Verhaltensweisen reguliert (etwa sexuelles Verhalten, Körperpflege, Ernährung, Umgang mit Gesundheit und Krankheit); indem sie körperliches Bewegungs- und Ausdrucksverhalten stilisiert und codiert (Haltung, Gang, Expressivität, Gestik, Artikulation, verbaler Ausdruck etc.); aber auch indem sie die biologischen Grenzen immer weiter ausdehnt und ihr manipulierender Zugriff auf den Organismus und auf Organisches immer stärker wird (etwa über medizinische Techniken und Therapien, Bioengeneering, Gentechnik etc.). Auf diese letztgenannte Dimension – die technische Erweiterung des biologischen Spielraums – weisen Berger/Luckmann nicht hin, vermutlich weil dieser Aspekt zur Zeit ihres Entwurfs

in den 1960er Jahren noch nicht mit der heutigen Massivität und in seinen immensen Konsequenzen für das individuelle und soziale Leben sichtbar war.

Die unter (1) und (2) genannten Begrenzungen zwischen Organismus und Gesellschaft fassen die Autoren als eine 'äußerliche' Dialektik auf; dem fügen sie eine 'innerliche' Dialektik hinzu, die sich zwischen "der biologischen Grundlage des Einzelnen und seiner gesellschaftlichen Identität" abspielt: "Was die innere Seite betrifft, so zeigt sich die Dialektik als Widerstand des biologischen Substrats gegen seine gesellschaftliche Formung" und sie konstatieren, dass dieser Widerstand im Laufe der Sozialisation zwar gebrochen und abgemildert wird, dass er jedoch als Frustration überlebt (a.a.O., 194). So gibt sich das "niedere Selbst", das gespeist wird aus den Antrieben des biologischen Substrats und seinen 'Bedürfnissen', auch im "vollsozialisierten Menschen" nicht widerstandslos den Verhaltenserwartungen und Forderungen des "höheren Selbst" (oder des 'besseren Ich') hin: Es wehrt sich und muss in beständigen kleinen oder größeren Kämpfen gezähmt, besänftigt oder auch unterdrückt – mit einem Worte: 'reguliert' – werden, um die gesellschaftlich konstruierte Ordnung nicht zu gefährden.

Der hier für die Ontogenese und die Sozialisation des Einzelnen angedeutete Vorgang ist im Sinne eines weitreichenden historischen Prozesses ja von Norbert Elias materialreich und in produktiver Verschränkung von soziogenetischen und psychogenetischen Dimensionen für die abendländische Gesellschaft beschrieben worden und als "Prozess der Zivilisation" und der Zivilisierung des Ich in den theoretischen wie inhaltlichen Grundbestand kultursoziologischer und körper- und affektbezogener Subjektforschung eingegangen (vgl. Elias 1976). Und auch die Arbeiten Michel Foucaults sind zu lesen als die Beschreibung eines fundamentalen sozialen Prozesses, in dem sich eine gesellschaftliche Ordnung in die Körper einschreibt, gesellschaftliche Machtstrukturen in den Körpern der Subjekte ihre materiale Gestalt gewinnen – soziale Ordnung also zutiefst auch als eine körperliche Ordnung (im Kern als eine Ordnung durch Unterwerfung und Disziplinierung des Körpers) zu verstehen ist.

Diese Komponente der sozialstrukturierenden Kraft von Körperlichkeit – wenn sie in dem Wechselspiel von gegebenen sozialen Lebensbedingungen und Lebensformen, von sozialem Verhalten und sozial modellierter Körperlichkeit verstanden wird – lässt sich schließlich auch bei Pierre Bourdieu finden. Zentraler Anker seines *Habitus-Konzepts* ist ja gerade die Annahme, dass sich soziale Strukturen und Ordnungen in den Körpern der Subjekte niederschlagen und dass die körperlich geronnenen 'Haltungen' und Ausdrucksformen die sozialen Lebensverhältnisse widerspiegeln und 'verkörpern', in denen die Subjekte leben und ihre Orientierungen gewinnen. In der Kultursoziologie, aber auch in der Soziologie sozialer Ungleichheit wird in steigendem Maße auf dieses Konzept Bezug genommen. Zur Dialektik von Organismus und Gesellschaft ließe sich also als dritter Punkt hinzufügen:

*(3) Das biologische Substrat oder die "Animalität" des Menschen steht in ständigem Widerstreit mit den kulturellen Setzungen und Forderungen, denen der Mensch in und mit seinem Körper ausgeliefert ist.* Denn: "unsere Animalität wird durch

Sozialisation zwar transformiert, aber nicht aufgehoben" (Berger/Luckmann 1996, 192). Festzuhalten bleibt also, dass die gesellschaftliche Wirklichkeit nicht nur die Aktivität und das Bewusstsein bestimmt, "sondern zu beträchtlichem Anteil auch organische Funktionen"; dies reicht von den äußeren motorischen Handlungen und Ausdrucksbewegungen, die "den Stempel der Gesellschaftsstruktur tragen", bis hinein in die innersten Vorgänge der Übelkeit und Verdauung oder der sexuellen Erregung und des Orgasmus. Selbst hier zeigt sich noch die regulative, ermöglichende oder verhindernde, und gestaltende Kraft der gesellschaftlichen Lenkung (vgl. a.a.O., 193).

Was in den großen soziologischen 'Körpertheorien' – wenn man die Ansätze von Elias, Foucault, Bourdieu einmal etwas grob unter diesem Fokus der sozialen Formierung des Körpers und der Körperlichkeit zusammenziehen will – implizit durchscheint bzw. angenommen wird, wird auch im Bereich der Psychosomatik, der anthropologischen Medizin und einer neu entstandenen (soziologischen und psychologischen) Gesundheitswissenschaft seit längerem diskutiert und kann inzwischen auch empirisch im Bereich der Biochemie (insbesondere im Bereich der Stressforschung, der Immunologie, der Hormonforschung, der Genetik) belegt werden: Der Körper des Menschen wird unter den sozialen Bedingungen und Anforderungen, unter denen er existiert, biologisch zu einem jeweils 'anderen' Körper. So stellen beispielsweise auch Annelie Keil und Herbert Maier in einem grundlegenden Aufsatz zum Zusammenhang von psychosomatischen Störungen und Gesellschaft fest, dass wir "bis in jede einzelne Körperzelle Kinder unserer Zeit" sind und dass sich alles, was uns im Laufe unseres gesellschaftlichen Daseins widerfährt, in den Körper eingräbt und dort seine Spuren hinterlässt. Sie führen dazu u.a. aus: "Die Anpassungsfähigkeit des Or-ganismus setzt ihn bis ins innere Mark dem Einfluss des Wahrgenommenen, seiner psychischen Verarbeitung oder Verdrängung aus, welches seinerseits in vollem Umfang von den sozialen Lebensbedingungen berührt und von ihnen geprägt wird. Deshalb können wir auch an der Zivilisation erkranken" (Keil/Maier 1984, 114).

An dieser Schlüsselstelle zu der gesellschaftlichen Beeinflussung von Aktivität, Bewusstheit und organischen Funktionen (Berger/Luckmann sprechen hier sogar von 'Determination'), die sich tief in die Subjekte hineinsenkt und maßgeblich den Prozess des Identitätsaufbaus bestimmt, erfolgt ihr Hinweis auf eine Soziologie des Körpers: "Auch die Art, wie der Organismus tätig ist – Expressivität, Gang, Gestik – trägt den Stempel der Gesellschaftsstruktur. Die Möglichkeit einer Soziologie des Körpers, die damit auftaucht, können wir hier nicht verfolgen. Das Entscheidende ist, dass die Gesellschaft dem Organismus Grenzen setzt – wie der Organismus der Gesellschaft" (a.a.O., 193f.).

Insgesamt lassen sich also aus den Ausführungen Berger/Luckmanns folgende zentrale Prämissen für eine 'Soziologie des Körpers' ableiten: 1. Eine 'Soziologie des Körpers' hat die Dialektik von 'Natur' (hier verstanden als die biologische Gebundenheit des Menschen und die besondere Beschaffenheit des biologischen Substrats) und 'Gesellschaft' (verstanden als der von Menschen konstruierte und belebte Wirklichkeitszusammenhang, der sich sowohl im Sinne objektiver Faktizität als auch im Sinne subjektiv wahrgenommenen und gemeinten Sinns konstituiert) in Rechnung zu stellen. 2. Vor dem Hintergrund dieser Dialektik sind folgende grundlegende Fragerichtungen denkbar: a) Fragen im Sinne einer 'äußerlichen' Dialektik – die Frage nach dem gesellschaftlichen Umgang mit den biologisch gegebenen Begrenzungen und deren Überschreitung; die Frage nach der Regulation, Kontrolle und Gestaltung körpergebundener Vorgänge (etwa der Regulation organischer Vorgänge, der Gestaltung des Ausdrucksverhaltens, der Entwicklung von Körpertechniken und körpergebundenen Symbolsystemen); b) Fragen im Sinne einer 'innerlichen' Dialektik – die Frage nach der gesellschaftlichen Einwirkung auf den Körper der Subjekte; die Frage nach der Bedeutung und den Folgen dieser Einwirkung für die Subjekte (etwa für den Aufbau ihrer Identität und für die Möglichkeiten ihres Erlebens und Handelns in der Welt).

## 3.2.  Fokus und Anliegen der 'neueren' Wissenssoziologie

Es kann und soll an dieser Stelle nicht darum gehen, einen vollständigen Abriss der Entwicklung der Wissenssoziologie zu geben, auf die Ansätze bedeutsamer Vertreter der sogenannten 'klassischen' Wissenssoziologie oder auf die Hintergründe der auffälligen Verschiebungen im Fokus der Wissenssoziologie in der Zeit nach dem zweiten Weltkrieg einzugehen – so spannend und aufschlussreich das auch ist – (vgl. dazu u.a. Stehr/Meja 1980, Dewe 1991), sondern es kann lediglich darum gehen, zentrale Akzente der 'neueren' Wissenssoziologie, die insbesondere im Anschluss an eine phänomenologisch orientierte Sozialtheorie und sozialkonstruktivistische Vorgaben herausgebildet wurden, zu skizzieren. Dieser Rekurs ist sinnvoll und nötig, weil er deutlich machen kann, welche Art von 'Wissen' hier verhandelt wird und mit welchen weitreichenden soziologischen Perspektiven dieses Wissensverständnis ausgestattet ist. Zugleich soll so das theoretische Fundament gefestigt werden, auf dem die hier zur Diskussion stehende Frage nach dem 'Wissen' im Rahmen der Körperlichkeit und der biographischen Ordnung des Lebens gestellt und erschlossen werden soll.

Die Wissenssoziologie hat sich seit ihren Anfängen in den 1920er Jahren (zu deren maßgeblichen 'Begründern' in Deutschland Max Scheler und Karl Mannheim zählen, in Frankreich deutlich früher Emile Durkheim, Lucien Lévy-Bruhl und Marcel Mauss) einem Paradigma verbunden gefühlt, das sich auf ein ebenso grundsätzliches und großflächiges wie (damit) zugleich auch ambivalentes (oder bewusst ambivalent formuliertes) Anliegen bezieht. Die zentralen Formeln lauten: Das wissenssoziologische Interesse gilt "der Seinsverbundenheit des Denkens" und "der Erforschung der zwischen Wissen und Gesellschaft bestehenden Relationen" (Stehr/Meja 1980, 11f.). So hat Karl Mannheim mit seiner Denkfigur des "Relationismus" bereits zu dieser Zeit einen zentralen Fokus der Wissenssoziologie eröffnet: den Hinweis auf die wechselseitige Bestimmung von sozialer Lage und den in diesem Kontext entworfenen Wertvorstellungen, Denkstrukturen und Gedankengehalten. Berger/ Luckmann akzentuieren diesen Fokus als "das nüchterne Zugeständnis, dass Wissen immer Wissen von einem bestimmten Ort aus ist", und sie ziehen mit Mannheim daraus den weitreichenden methodologischen Schluss, dass der Gegenstand des Denkens fortschreitend deutlicher wird durch die Vielfalt der Perspektiven, die sich auf ihn richten; dieser Klärungsprozess – die Standortgebundenheit des Denkens und seine damit notwendig 'relative' Beschaffenheit zu analysieren – sei bereits für Karl Mannheim (ungeachtet seines eher hinderlichen 'Ideologieverdachts', mit dem er das gesellschaftliche Denken umgab) die zentrale Aufgabe der Wissenssoziologie gewesen (Berger/Luckmann 1996, 9ff.).

Das oben formulierte Paradigma wurde in den Entwicklungsphasen, die die Wissenssoziologie seit ihrer Begründung durchlebt hat, recht unterschiedlich ausgelegt. Trotz gewisser Überschneidungen und des Problems, dass die gewählten Begrifflichkeiten und Denkmuster einen breiten Interpretationsspielraum bieten und trennscharfe Abgrenzungen von daher äußerst schwer fallen, lässt sich doch eine bezeichnende Akzentverschiebung feststellen.

Nico Stehr und Volker Meja identifizieren in diesem Zusammenhang drei Phasen der Entwicklung: "Die erste Phase umfasst Theorieansätze, die man insgesamt gesehen zu den einflussreichen *Vorläufern* der eigentlichen, d.h. sowohl intellektuell als auch institutionell ausdifferenzierten, Wissenssoziologie zählen kann. Zu diesen intellektuellen Wegbereitern der Wissenssoziologie zählt man allgemein *Francis Bacon, Auguste Comte, Karl Marx*, aber auch *Friedrich Nietzsche, Vilfredo Pareto* und *Sigmund Freud*" (Stehr/Meja 1980, 11). Schon an der Zusammenstellung so disparater Denker wie Bacon, Marx, Nietzsche und Freud wird ersichtlich, mit welch weit gestecktem Horizont die Wissenssoziologie angetreten ist. Dieser "ersten Phase" folgt eine "zweite Phase", in der die Wissenssoziologie – unter maßgeblicher Führung der oben genannten Vertreter (Scheler, Mannheim) – "als ein identifizierbares, selbständiges geisteswissenschaftliches Spezialgebiet begründet wurde". Eine dritte Phase schließlich, die in der Zeit nach dem zweiten Weltkrieg einsetzte und bis in die 1980er Jahre andauerte, hat eine entscheidende *Reduktion* des anspruchsvollen und weit in andere Disziplinen (insbesondere in die Philosophie) hineinreichenden Programms gezeitigt. Stehr/Meja bezeichnen diese Etappe als "Phase der Normalisierung" und bemerken dazu: "In dieser, in mancher Hinsicht andauernden Entwicklungsphase wird das Erkenntnisobjekt der Wissenssoziologie immer restriktiver ausgelegt, werden die Außenbeziehungen der Wissenssoziologie durch die Disziplin vermittelt (d.h. sie sind und sollen nicht mehr unmittelbare Beziehungen sein), wird eine Reihe von ursprünglich als relevant angesehenen Fragen als soziologisch nicht relevante Problemstellung ausgeklammert und arbeitsteilig anderen Fachdisziplinen zugewiesen oder überlassen; nicht zuletzt gehört zu dieser Phase die Einsicht, dass man eine Anzahl ursprünglich schwieriger, offener Fragen zu einer Lösung gebracht hat. Von nicht unerheblicher, fördernder Bedeutung für die Normalisierung der Wissenssoziologie ist der zu dieser Zeit vorherrschende Wissenschaftsbegriff, der den kognitiven Gehalt der Wissenschaft in erster Linie unter logischen und nicht historischen Gesichtspunkten interpretierte" (a.a.O.).

Die entscheidende und hier in erster Linie interessierende Akzentverschiebung verläuft nun zwischen jener "Phase der Normalisierung", in der die Wissenssoziogie ihren Gegenstand 'kleinarbeitete' und ihren soziologischen Anspruch auf den einer 'Bindestrich-Soziologie' zurückschraubte, und jenem Neuanfang, den Stehr/ Meja als eine "radikale Neuorientierung in der Wissenssoziologie" bezeichnen und der sich im wesentlichen auf die sozialkonstruktivistischen Anregungen von Berger/Luckmann stützt. Dieser Neuanfang bedeutet zwar eine Beschneidung im Hinblick auf die erkenntnistheoretischen und disziplinübergreifenden Ambitionen etwa Karl Mannheims (die andererseits auch in ihren erkenntnistheoretischen Erträgen von so heterogenen Theorieströmungen wie der 'Frankfurter Schule' und dem 'Strukturfunktionalismus' als gescheitert angesehen wurden und in ihren ideologiekritischen Schlussfolgerungen eher problematisch sind; vgl. Dewe 1991, bes. 502ff.), zugleich erfolgte jedoch mit der Fokussierung der Alltagswelt und den in ihr ausgebildeten Sinnstrukturen und Wissensbeständen eine ausgesprochen fruchtbare Eingrenzung des Gegenstandsfeldes, die wiederum gegenüber den partikularistischen und kognitivistischen Tendenzen der 'normalisierten' Wissenssoziologie nicht nur zu einer enormen Ausweitung des wissenssoziologischen Anspruchs beigetragen, sondern der Soziologie insgesamt eine völlig neue, weitreichende und produktive Perspektive verliehen hat.

In diesem Sinne konstatiert Gernot Böhme zu Beginn der 1980er Jahre, dass die Wissenssoziologie bisher mit einem viel zu geringen Anspruch aufgetreten sei: Sie hat 'Wissen' nicht nur zu einem Gegenstand unter anderen gemacht, sondern sich zudem die Bestimmung von 'Wissen' von der Erkenntnistheorie und der Wissenschaftstheorie weitgehend aus der Hand nehmen lassen. Und auch der Anspruch einer bloßen Untersuchung der funktionalen Beziehungen zwischen Wissensformen und Sozialformen ist in seinen Augen zu gering, schon allein deshalb, weil ein derartiger Zugang die soziale Funktion von Wissen und die Bedeutung von Wissen als Moment des Sozialen unterschätzt. In diesem Sinne kann eine Wissenssoziologie, die die Bedeutung von Wissen für Sozialität wirklich ernst nimmt, nicht eine Bindestrichsoziologie sein, sondern muss als eine "Soziologie in einer *bestimmten Perspektive* (Herv.d.V.)" verstanden werden: nämlich als eine Soziologie, "die Sozialität von der Partizipation an den ideellen Beständen der Gesellschaft her betrachtet" (Böhme 1980, 446).

Dieses Verständnis von Wissenssoziologie reicht ebenso wie das von Berger/Luckmann weit in die konstitutiven Bestände von Gesellschaft und Sozialität hinein und kann als eine Zugangsweise verstanden werden, die Konstitution von Sozialität entlang der Herstellung, Erzeugung und Verteilung von 'Wissen' aufzuzeigen und zu verstehen – oder noch weiter gefasst: Gesellschaft überhaupt in ihrer Strukturiertheit als das Resultat der Produktion, Verteilung und Reproduktion von ideellen Beständen (und deren Bedeutung, Bewertung und sozialer 'Aufladung' etwa auch im Sinne von Einfluss und Macht) zu begreifen. Wenn Böhme 'Wissen' als die *Partizipation* an diesen ideellen Beständen definiert, so liegt das genau in dieser weitreichenden letztgenannten Denklinie: Erst die Teilhabe an bestimmten Wissensinhalten schafft Sozialität. Mit anderen Worten: 'Wissen' wird soziologisch erst dann interessant, wenn es im Kontext seiner Zugangschancen, seiner Machtpotenziale und seiner Formen der Tradierung sowie Ablösung und Ersetzung betrachtet wird, die wiederum stets an Personen, soziale Gruppen und Institutionen gebunden sind und auf diesem Wege Gesellschaft herstellen. Von daher kann sich die Wissens*soziologie* nicht auf die Erforschung bestimmter Inhalte oder Stile des Wissens oder funktionaler Bezüge zwischen Wissensträgern und Wissensinhalten beschränken (was nicht heißt, dass diese Momente nicht auch wichtig und zu erforschen wären), sondern muss nach der strukturierenden Kraft von Wissen fragen und nach seiner Verankerung in den Lebensbezügen der Subjekte. In diesem Verständnis von Wissenssoziologie kann auch ihre Aufgabe nie 'gelöst' oder abgeschlossen sein, sondern sie beginnt im Rahmen einer sich in permanentem Wandel befindenden Gesellschaft ständig neu.

So ist es sicher auch kein Zufall, dass die 'neuere' Wissenssoziologie – so wie die Soziologie überhaupt – eine 'Krisenwissenschaft' ist, die gerade dann virulent wird, wenn soziale Konflikte sichtbar werden, wenn sich vertraute Werthaltungen auflösen, inkompatibles oder revolutionäres Denken auftaucht und die Gesellschaft insgesamt Erschütterungen erlebt und nach neuen Orientierungen sucht – für die 1970er Jahre kann in diesem Sinne durchaus von einer 'Krise' gesprochen werden (vgl. auch Stehr/Meja 1980, 16f). Ein nicht unerheblicher Teil dieser Krise hat sich auch in der Wissenschaft selbst abgespielt, wobei eine gesamtgesellschaftlich spürbare 'Erstarrung' und 'Lebensferne' im wissenschaftlichen Umfeld unter anderem als Konflikt zwischen einer am naturwissenschaftlichen Paradigma orientierten Wissenschaftstheorie und einer lebens- und alltagsweltlich orientierten Soziologie ausgetragen wurde.

Obwohl die schematische Entgegensetzung von Bezügen und Fragestellungen, die die Wissenschaftstheorie einerseits und die Wissenssoziologie andererseits vornehmen, durchaus problematisch und viel zu undifferenziert ist, so kann diese Gegenüberstellung doch zumindest dazu dienen, noch einmal wesentliche Angelpunkte und Anliegen der Wissenssoziologie zu profilieren. Böhme stellt in diesem Zusammenhang das (naturwissenschaftlich inspirierte) wissenschaftliche Wissen dem lebensweltlichen Wissen gegenüber (nicht ohne dabei auf die Problematik dieser Entgegensetzung hinzuweisen) und hebt dabei Folgendes hervor: Während wissenschaftliches Wissen von der Trennung zwischen Theorie und Praxis lebt, es ihm um Produktion neuer Wissensinhalte und Innovationen geht und Relevanzstrukturen jenseits des eigenen (engen) Horizonts ausgeblendet werden, so geht es bei der Erforschung lebensweltlichen Wissens gerade nicht lediglich um die kognitiven Strukturen des Wissens, sondern auch um seine praxisbezogenen Anteile (Können, Vermögen, Tätigkeit) und das handlungsbezogene Wissen – also um genau das, was Pierre Bourdieu den kognitiven Stil der Praxis und die Logik der Praxis genannt hat –, es geht um die Teilhabe an und die Reproduktion von Wissen und es geht um den Anwendungsbezug und die Relevanz von Wissen in bestimmten Teilausschnitten der Gesellschaft ('Lebenswelten'), die von einem spezifischen Typus von Wissen erfasst oder tangiert werden (vgl. Böhme 1980, 447f). Um einen Wissenstypus in seiner ganzen Komplexität erfassen zu können, sind mindestens vier Aufmerksamkeitsrichtungen zu beachten: die Bestimmung der Träger von Wissensformen, die Form ihrer Partizipation, die Funktion ihrer Partizipation und die Reproduktionsformen der Erzeugung, Vermittlung und Tradierung von Wissen.

Diese Erforschung eines 'Wissenstypus' kann sich auf lebensweltliches Wissen natürlich ebenso beziehen wie auf wissenschaftliches Wissen (auch von daher ist die obige Entgegensetzung problematisch), denn auch die Wissenschaft besitzt als Betrieb einen 'Alltag', auch wenn sie gegenüber der Alltagswelt aufgrund ihrer theoretischen Einstellung einen Sonderstatus einnimmt und eine gesonderte Subsinnwelt darstellt. Die Wissenschaft ist mit der Alltagswelt verbunden, weil die 'Wissenschaffenden' Subjekte durch ihre Herkunft und ihre soziale Einbindung immer auch Teil dieser Alltagswelt sind und bleiben und weil sie wesentliche Orientierungen (wenn auch zumeist unbemerkt oder unreflektiert) aus dieser Welt in die Wissenschaft hineintragen. Und auch die Kommunikation unter Wissenschaftlern vollzieht sich auf dem Boden der Alltagswelt. Schütz hat diese Zusammenhänge unmissverständlich klargestellt, indem er den Umgang mit der Wissenschaft und mit wissenschaftlichen Angelegenheiten innerhalb der Sozialwelt deutlich geschieden hat von der spezifischen wissenschaftlichen (oder auch theoretischen) *Einstellung* des Wissenschaftlers zu seinem Gegenstand (vgl. Schütz 1971, bes. 42).

Ein ausgezeichnetes Beispiel für die Erforschung des naturwissenschaftlichen *Alltags* und den zutiefst *sozialen* Prozess der Herstellung von Wissen liefert Karin Knorr unter dem programmatischen Titel "Die Fabrikation von Wissen. Versuch zu einem gesellschaftlich relativierten Wissensbegriff" (Knorr 1980). Sie enttarnt dabei Begriffe wie 'Wahrheit', 'Wissen' und 'Erkenntnis' als Resultate spezifischer kommunikativer Prozesse. Neben dem 'Zufall' und bestimmten praktischen Überlegungen und Rahmenbedingungen sind in diesem Prozess der *Erzeugung* von Wissen höchst alltagsweltliche Abläufe im Spiel. Weitaus stärker als an wissenschaftsinternen Kriterien wie 'Wahrheit' oder 'Objektivität' orientiert sich die Arbeit im Labor an Kriterien wie 'Erfolg', an dem praktischen 'Funktionieren' von Sachen sowie an Fragen der Ökonomie, und es resultiert aus höchst komplexen Prozessen der Selektion und Entscheidung, aus Meinungsbildungen, aus der Erhärtung und Stabilisierung von Überzeugungen durch kollegiale Zirkel und Interessen sowie aus der Bindung an Auftraggeber und andere einflussreiche soziale Felder.

Karin Knorr-Cetina hat so auch einige "Spielarten des Konstruktivismus" im Hinblick auf ihre zentralen Annahmen und Fragestellungen untersucht (den Sozialkonstruktivismus à la Berger/Luckmann, die kognitions- oder erkenntnistheoretische Variante und die empirische Variante) und dabei insbesondere die produktiven Momente des *empirisch* orientierten Konstruktivismus (genauer: des "empirische(n) Programm(s) des Konstruktivismus") herausgearbeitet (vgl. Knorr-Cetina 1989). Wesentliche Überlegungen sollen kurz skizziert werden, weil sie zum einen der Einordnung der oben skizzierten Anliegen des Sozialkonstruktivismus und der neueren Wissenssoziologie in die Theorielandschaft soziologisch relevanter konstruktivistischer Ansätze dienen und zum anderen dazu beitragen können, das theoretisch eröffnete Feld methodologisch und forschungspraktisch weiter zu denken.

### 3.3.     Erweiterung des Sozialkonstruktivismus im Sinne eines empirischen Konstruktivismus

Die Fragen, die der Sozialkonstruktivismus mit der neueren Wissenssoziologie teilt, bestehen nach Karin Knorr-Cetina darin, a) ob und in welcher Hinsicht Tatbestände als von Menschen produziert angesehen werden müssen und b) wie es zur funktionierenden Unterstellung ihres Gegebenseins kommt. Unter der Annahme der "'Selbstproduktion' des Menschen" und der Konstruiertheit sozialer Tatsachen werden diese Fragen in der Konzeption von Berger/Luckmann auf das Problem zugespitzt, "wie es dazu kommen kann, dass die selbstproduzierte Sozialordnung von deren Teilnehmern gleichzeitig als 'objektive', 'äußere' und quasi 'naturgegebene' erfahren wird" (Knorr-Cetina 1989, 87), bzw. wie soziale Ordnung als kollektiv produzierte zustande kommt. Der Sozialkonstruktivismus beschäftigt sich somit mit der Wirklichkeit der Sozialordnung und mit dem 'Wissen' von dieser Ordnung, das man auch als 'gesellschaftliche Erfahrung' beschreiben kann.

Wie bereits weiter oben angedeutet, werden über die Ausarbeitung der Begriffe 'Institutionalisierung', 'Objektivierung' und 'Legitimation' Mechanismen identifiziert, die den Zusammenhang zwischen (kollektiver) Produktion und übersubjektiver Geltung von Wirklichkeit erklären können. Besonders im Rahmen der Herausarbeitung der Medien der Objektivierung (Habitualisierung, Typisierung, Symbolisierung, Sprache) gelingt die plastische Analyse zentraler wirklichkeits-generierender Mechanismen. Knorr-Cetina weist jedoch darauf hin, dass hiermit 'lediglich' nach Mechanismen der "Erhärtung" sozialer Tatbestände (allgemein: Handlungsmuster, Wissensformen, Strukturierungen etc., spezieller: soziale Kategorien wie Rasse, Status, Geschlecht) gesucht und damit die Konstruktion sozialer Wirklichkeit quasi "von der Seite her" aufgerollt wird, denn: "Die soziale Konstruiertheit von Wirklichkeit wird dann entweder mit diesem Härtungsprozess gleichgesetzt oder vorweg unterstellt" (a.a.O., 88). Damit kritisiert sie, dass der Sozialkonstruktivismus kein Verfahren liefert, das die Konstruiertheit sozialer Tatsachen tatsächlich – und unabhängig von dem Prozess der 'Erhärtung' oder 'Verfestigung' – nachweisen kann. Die kognitivistische Variante kann – trotz anderer Einseitigkeiten – diese erkenntnistheoretische Lücke zumindest vom Ansatz her schließen. Ein zweites Defizit sieht Knorr-Cetina in dem generalisierenden Vorgehen des Sozialkonstruktivismus. Dies meint: Es wird nach einer phänomenalen Typik des Ursprungs sozial gefestigter Verhältnisse gesucht, und zwar "unter Abstraktion von spezifischen (lokalen) gesellschaftlichen Reproduktionsprozessen" (a.a.O.). Damit kommt die besondere Gestalt der je historisch, regional oder kulturell eigentümlichen Ausprägungen der 'Objektivierungen' (sowohl im Sinne des Prozesses oder der 'Genealogie' als auch im Sinne des Produktes) nicht hinreichend in den Blick. Hier können die Forschungszugänge, die im Rahmen des empirischen Programms des Konstruktivismus entfaltet werden, zu entscheidenden Erweiterungen beitragen.

Kennzeichnend für den kognitionstheoretischen Ansatz ist die Verschmelzung von experimentellen Ergebnissen aus Neurophysiologie und -biologie mit Versatzstücken aus kognitiver Psychologie, Philosophie und systemtheoretischen Erkenntnissen (insbesondere zum Modell autopoietischer Systeme); die elaboriertesten Synthesen und Konzepte haben hierzu Glasersfeld, Maturana und Varela vorgelegt (auf die sich auch Knorr-Cetina ausführlich bezieht). Einen entscheidenden Mangel der kognitionstheoretischen Variante sieht Knorr-Cetina darin, "dass die Frage nach dem Status unseres Wissens auf die Ebene des individuellen Bewusstseins verfrachtet und zunächst nur hier plausibel beantwortet wird" (a.a.O., 90). Problematisch ist dabei vor allem die Annahme der informationalen Geschlossenheit und einer rein internen Rekursivität des Systems – und zwar auch dann, wenn man über das Einzelbewusstsein hinausgeht und größere soziale Einheiten (wie etwa das System 'Wissenschaft') als 'kognitive' Systeme untersucht. Und schließlich ist auch das Kriterium der 'Nützlichkeit' bzw. der 'Orientierungsleistung' des Wissens nicht weniger problematisch als das Kriterium der Wahrheit. Im Kern läuft dieser Ansatz auf einen aktionistischen, normativen Pragmatismus hinaus (wie etwa bei Maturana), den Knorr-Cetina übergreifend auch als einen "utilitaristisch-pragmatischen Falsifikationismus" beschreibt.

Während Alfred Schütz in seinem 'egologischen' Ansatz eine sukzessive Ausweitung des 'einsamen Ich' in den sozialen Raum hinein vornimmt und eben nicht beim 'Einzelbewusstsein' und seinen Konstruktionen stehen bleibt, verengt der kognitionstheoretische Ansatz die Sichtweise entscheidend: Die Umwelt bleibt außen vor, Kommunikation und Interaktion werden nicht in Betracht gezogen und das Bewusstsein kommuniziert lediglich mit sich selbt. Obwohl mit dem Hinweis auf die Bewusstseinsrelativität jeden Wissens und der Konstruiertheit von Wissen wichtige Zusammenhänge erfasst (und auch erkenntnistheoretisch 'korrekt' hergeleitet werden), führen sie soziologisch in eine Sackgasse: Denn sie markieren lediglich *einen* Mechanismus und *eine* Variante eines operativen Systems und sie vernachlässigen gerade jene Dimensionen, die soziologisch von besonderer Relvanz sind.

Entscheidende Erweiterungen sowohl gegenüber dem Sozialkonstruktivismus als auch gegenüber den Einseitigkeiten der kognitionstheoretischen Variante sieht Knorr-Cetina in dem *empirischen Programm* des Konstruktivismus. Zwar macht die empirische Variante ihre theoretischen Annahmen wenig explizit, deutlich wird jedoch, dass sie sich im Wesentlichen auf die neuere Wissenssoziologie bezieht und dass sie als eine analytisch markante Alternative zum kognitionstheoretischen Konstruktivismus gelten kann. Das 'empirische Programm' stellt kein einheitliches Forschungsfeld dar und ist daher auch keiner bestimmten Wissenschaftsrichtung zuzuordnen, sondern versammelt nach Knorr-Cetina vielmehr Beiträge aus der konstruktivistischen Wissenssoziologie (insbesondere der Naturwissenschaften), mikrosoziologische und vor allem ethnomethodologische Perspektiven sowie eher anthropologisch orientierte Arbeiten und Ansätze zur Erforschung sozialer Praxis (Bourdieu, Foucault).

Der entscheidende Beitrag des empirischen Konstruktivismus liegt in seiner Fähigkeit zur "Erweiterung von Welt", die ihm gerade durch die Anwendung seines analytischen Zugangs auf sich selbst gelingt. So können Bereiche sozialen Lebens erschlossen werden, die bisherigen sozialwissenschaftlichen Analysen verborgen blieben. Auch hier geht es nicht um 'Wahrheit' oder die 'wahrheitsgetreue' Wiedergabe von Realität, sondern vielmehr um die Vertiefung von Kenntnissen über einen Realitätsbereich und um die Eröffnung neuer Perspektiven und Horizonte in der und durch die Betrachtung. Knorr-Cetina markiert konstruktivistische Analysen als "nichts anderes als Choreographien von Choreographien" (a.a.O., 94). Diese 'Choreographien zweiten Grades' (oder 'zweiter Stufe'), wie man sie in Anlehnung an Schütz nennen könnte, sind dann gelungen, wenn uns die Analyse eines sozialen Bereichs in die Lage versetzt, uns in diesem Bereich entsprechend der 'Tanzordnung' bewegen zu können. Damit werden uns neue, andere Welten erschlossen und das entscheidende Kriterium einer gelungenen 'Choreographie zweiter Ordnung' ist mithin ihr *welterweiternder* Charakter.

Ein entscheidender Grund dafür, dass dieser Ausflug in die "Spielarten des Konstruktivismus" unternommen wurde, liegt in einer Bemerkung, die von Knorr-Cetina eher randseitig erfolgt. Sie hebt hervor, dass der empirische Konstruktivismus, will er zu einer Erweiterung von Welt beitragen, ein entsprechendes Instrumentarium benötigt: Er braucht eine "Entdeckungstechnologie". Dazu gehört u.a., dass er nicht umhinkommt, invasiv vorzugehen (etwa Dinge anzusprechen, die man für gewöhnlich nicht anspricht, sich dumm zu stellen, zu konfrontieren) und sich eines 'Sezierbestecks' zu bedienen, um tieferliegende Details eines Entdeckungsraums zu isolieren (die Sequenzanalyse könnte als ein solches 'Sezierbesteck' dienen), und dass er Vorgaben so einsetzt, dass sie nicht einengen, sondern zu Erweiterungen beitragen (ungeeignet sind standardisierte Fragebögen, Vorgaben können jedoch bei entsprechend offenem Reaktionsspielraum auch eine reizvolle Herausforderung sein und zur Aufdeckung impliziter Bedeutungsstrukturen beitragen).

In Randbemerkungen verweist Knorr-Cetina auf zwei Punkte, die für die vorliegende Arbeit von zentraler Relevanz sind: a) auf die Bedeutung des *Körpers* in diesem Forschungskontext und, eng damit verbunden, b) auf die Bedeutung der *Nähe* zum Untersuchungsgegenstand. Eine Erschließung von Entdeckungsräumen kann nur gelingen, wenn Phantasie freigesetzt wird. Modellbildungen auf Distanz sind jedoch nicht in der Lage, diese Phantasie zu erzeugen. Ganz in diesem Sinne wird die Nähe zum Untersuchungsfeld nicht gesucht, um die Beschreibungen 'besser' oder 'wahrer' zu machen, sondern um Entdeckungen *überhaupt* möglich zu machen: Nähe ist Bedingung der Möglichkeit und Motor von Entdeckung.

Die Nähe zum Gegenstand und die Intimität mit dessen Bestandteilen setzt voraus, dass sich der/die Forscher/in in das Feld 'hineinbegibt'. Das kann er/sie nur bzw. am unmittelbarsten, wenn er/sie sich leiblich, 'mit Haut und Haar' der Situation im Feld stellt. Und dann wird möglich, was Knorr-Cetina als einen wichtigen Bestandteil der notwendigen 'Entdeckungstechnologie' beschreibt: Den Körper des/der Forschers/in als "Informationsverarbeitungsapparatur" so einzusetzen, dass er dazu beiträgt, die Beobachtung zu einem "technisch raffinierten Weltsondierungsinstrument" auszubauen.

Leider folgt dem Hinweis auf den Körper als Erkenntnisinstrument keinerlei vertiefende Erläuterung und in der Wahl der Begrifflichkeiten schwingt eine stark technizistische Note mit (der Körper als "Informationsverarbeitungsapparatur", "Entdeckungstechnologie", Beobachtung als "technisch raffiniertes Weltsondierungsinstrument"), so als ob die Unwägbarkeiten und Unschärfen, die sich bei einer auf qualitativen Momenten (Beobachtung, Nähe, Beschreibung) basierenden Analyse notwendigerweise auftun, durch ein technologisch hochgerüstetes 'Instrumentarium' gebannt und in 'harte' Fakten verwandelt werden sollten und könnten. Auf der anderen Seite hebt Knorr-Cetina hervor, dass der *aufschließende* Charakter des empirischen Konstruktivismus ja gerade durch solche 'irrationalen', qualitativen und in gewisser Weise 'poetischen' Momente wie der Phantasie und der Nachzeichnung von Choreographien, das die Note des ästhetisch Gestalteten beinhaltet, verbürgt wird. Entsprechend stellt sie abschließend das *Analysierbarkeitsprinzip* der empirischen Variante (im Gegensatz zum Objektivitätsprinzip der traditionellen Wissenschaft und zum Fiktionalitätsprinzip der kognitionstheoretischen Variante) heraus: "Entdeckungsräume mögen nicht 'erkennbar' sein, aber sie können der Analyse zugänglich gemacht werden" (a.a.O.).

Gerade im Hinblick auf diesen 'Zugang' zur sozialen Welt, der die Voraussetzung jeder Analyse ist, scheint mir der Körper besondere Potenziale zu besitzen, die allerdings bisher eher implizit eingesetzt, nicht systematisch genutzt oder auch als zu 'subjektiv' und damit als 'unwissenschaftlich' verurteilt und eliminiert wurden. Um das Potenzial des Körpers als Erkenntnis*quelle* (und nicht lediglich als Erkenntnis*instrument*) erschließen zu können, scheint mir der von Knorr-Cetina angedeutete technizistisch konnotierte Verwendungsmodus jedoch eher ungeeignet. Der Körper kann in diesem Kontext sicherlich mehr bieten, als bloß eine "Informationsverarbeitungsapparatur" zu sein (auch wenn er das *auch* ist). Inwiefern er 'mehr' sein kann als das, soll in dem Exkurs "Der Körper als Erkenntnisquelle" näher ausgeführt werden (vgl. Teil 1/Kap. 6.).

# 4. Biographie und Biographieforschung

## 4.1. Zur Theorie einer soziologischen Biographieforschung

Zu Beginn der 1970er Jahre und verstärkt in den 1980er Jahren ist es zu einem starken Wiederaufgreifen des biographischen Konzepts gekommen – unter anderem ausgelöst durch die wiederbelebte Diskussion handlungstheoretischer und wissenssoziologischer Ansätze und begleitet durch die fast inflationäre Verwendung und Ausgestaltung des Identitätsbegriffs in den 1970er Jahren. Diese Rückbesinnung auf das Subjekt und die Hinwendung zu qualitativen Verfahren und Zugangsweisen zur Erforschung sozialer Prozesse geht sicherlich auch zurück auf die wahrgenommene 'Lebensferne' und technizistische Erstarrung eines dominierenden positivistischen Forschungsparadigmas in der empirischen Sozialforschung zu dieser Zeit. Jenseits dieses wissenschaftsinternen Umschwungs (der ja, solange die Sozialwissenschaft nicht völlig den Kontakt zur sozialen Wirklichkeit verloren hat, auch nicht im 'sozialfreien Raum' stattfindet) spielen die in den letzten Jahrzehnten stark beschleunigten Prozesse sozialen Wandels – insbesondere die paradox anmutende Doppelbewegung von 'Individualisierung' und 'Institutionalisierung' – eine entscheidende Rolle.

Im Gegensatz zu den Vorläufern und früheren Ansätzen einer "biographischen Methode", deren soziologische Wurzeln vor allem in den Arbeiten von William I. Thomas und Florian Znaniecki, in den Impulsen der "Chicagoer Schule" in den 1920er und 1930er Jahren und in der noch weiter zurückreichenden polnischen autobiographischen Forschungstradition zu sehen sind (vgl. dazu besonders den zusammenfassenden Beitrag von Martin Kohli [Kohli 1981a]), tritt die neu erwachte soziologische Biographieforschung nicht nur mit einem verfeinerten methodologischen Instrumentarium an (neue Techniken der Datengewinnung, neue Methoden der Datenanalyse), sondern vor allem auch mit einem ebenso komplexen wie weitreichenden *theoretischen* Anspruch. Im Kern ist dies der Anspruch auf die Stärkung und Etablierung einer spezifischen Weise soziologischen Denkens, die "quer zur bequemen Unterscheidung von Mikro- und Makrosoziologie liegt" (Fischer/Kohli 1987, 30) und nach einer Aufhebung des dualistischen Subjekt-Objekt-Verhältnisses sucht bzw. die dialektische Verwobenheit dieser beiden Seiten sichtbar machen und zum besseren Verständnis von Gesellschaft und sozialen Vorgängen nutzen möchte.

Zu diesem theoretischen Standort der Biographieforschung und seinen strukturtheoretischen Annahmen haben Wolfram Fischer und Martin Kohli einen instruktiven Beitrag geleistet. Sie arbeiten dabei vor allem auch die phänomenologische und handlungstheoretische Orientierung ihres Ansatzes im Rückgriff auf Schütz und Berger/Luckmann deutlich heraus (Fischer/Kohli 1987). Auch wenn diesen Ausführungen hier nicht im Detail nachgegangen werden kann, so sollen doch zumindest wesentliche Elemente kurz angedeutet werden.

Biographieforschung betrachtet nicht in erster Linie (oder 'nur') das Subjekt, sondern ihr Gegenstand ist das soziale Konstrukt 'Biographie' im Sinne eines "sozialweltliche(n) Orientierungsmuster(s)", eines "Regelsystems" oder einer "Institution". Das Konstrukt 'Biographie' verweist auf fundamentale Dimensionen der Sozialität – Wissen, Erfahrung, Handeln vor dem Hintergrund einer bereits vorstrukturierten Alltagswelt – und ist gekennzeichnet durch seine 'Horizonthaftigkeit', die von herausragender Bedeutung für die Klärung des Spannungsverhältnisses von subjektivem Erleben und sozial vorstrukturierter Welt ist. Indem Biographien nämlich sowohl 'Bestimmtes' wie 'Unbestimmtes' enthalten, indem sie individuelles und kollektives Leben sowohl 'determinieren' als auch 'entdeterminieren', verschaffen Biographien den Subjekten sowohl einen Ort in der sozialen Welt als auch Spielräume der Gestaltung, Freiheitsgrade der Artikulation und Entfaltung und eine Folie der Strukturierung und Sinnsetzung, die auf die individuelle *Übersteigung* des Vorgegebenen angelegt ist.

Fischer/Kohli sehen in den Konzepten, von denen Biographien maßgeblich getragen werden – den Strukturen der Alltagswelt, der leiblich gebundenen wie raumzeitlich strukturierten Erfahrung und Handlung einerseits, und den Strukturen oder 'Regeln', die Biographien auszeichnen, andererseits – genau in dieser Hinsicht eine entscheidende Gemeinsamkeit: nämlich die, dass in allen diesen Phänomenen sowohl die Möglichkeit der Reproduktion des Gegebenen angelegt ist, als auch die Chance seiner Transformation. Sie führen u.a. dazu aus:

> "Der Strukturbegriff, den wir der Genese biographischer Schemata im Einzelfall und somit auch der biographischen Analyse zugrunde legen, zeichnet sich durch die gleiche Ambiguität aus, die wir in der Diskussion der Lebenswelt und ihren Elementen der Erfahrung und Handlung aufgezeigt haben. Er beinhaltet einerseits Regeln jenseits intentionaler Repräsentationen, die der Erzeugung biographischer Gebilde (z.B. Texte) vorausliegen (Aspekt der Reproduktion); andererseits ist er geprägt durch Offenheit, die eine individuierte singuläre biographische Konstitution erst möglich und notwendig werden lässt (Aspekt der Transformation). (...) Ebenso wie Erfahrung und Handeln für Konsistenz stehen und gleichzeitig auf anderes, Emergentes verweisen, beinhaltet der Begriff biographischer Struktur Kontinuität und Diskontinuität als offenen Horizont biographisch noch nicht ausgelegter Möglichkeiten" (Fischer/Kohli 1987, 46). Daraus ergibt sich, dass 'Biographie' mehr ist als ein gegebenes soziales Regelsystem: "sie ist zugleich das Mittel der Artikulation neuer sozialer Orientierungsmuster par excellence" (a.a.O.).

Der Alltag – als gegebene, vorgeordnete Wirklichkeit – vollzieht sich in sozialer Zeit und gesellschaftlicher Geschichte. Biographien stellen in diesem Kontext historisch variable Präskripte dar, die eine Ordnung in der Zeit präfigurieren ('Was nacheinander kommen soll oder muss', 'Was gleichzeitig durchlebt werden kann') und die generelle Deutungsperspektiven transportieren (z.B. 'Entwicklungsschemata', 'Vorstellungen über ein sinnvolles Leben'). Die Alltagswelt wird bevölkert von konkreten, lebendigen Menschen, die über eine endliche Lebenszeit verfügen, deren soziales Korrelat die 'Lebensgeschichte' darstellt. Lebensgeschichten werden 'gemacht': durch Erfahrungen und durch Handeln in konkreten sozialen Interaktionen und unter Rückgriff auf sozial konstituierte Wissensbestände. Dabei ist sowohl die Erfahrung wie auch das Handeln stets weder rein 'subjektiv' (denn es ist sozial hervorgebracht und orientiert sich an vermittelten Deutungsschemata) noch rein sozial determiniert (denn es enthält stets die je eigene individuelle Färbung des Erfahrenden und Handelnden).

Ein zentrales Strukturelement von Biographien ist die 'Leibhaftigkeit' des Menschen, seine Gebundenheit an einen Körper und seine Leiblichkeit. Der Körper erlaubt einen doppelten Zugang zur Welt: einen passiv-rezeptiven und einen aktiv-verändernden; und er begrenzt zugleich das Spektrum der möglichen Erfahrungen und Handlungen sowie den Handlungsrahmen (beispielsweise über die Prozesse des Alterns und die zur Verfügung stehende Lebenszeit). Die Bindung des Menschen an seinen Körper hat für soziologische Fragestellungen eine Schlüsselfunktion, denn sie verweist auf die besondere Bedeutung der raumzeitlich strukturierten Erfahrung und des Handelns. Dieser Zusammenhang wurde jedoch – so bedauern Fischer/Kohli – noch nicht hinreichend erkannt und ernst genommen: "Die theoretische Ausarbeitung von 'Leiblichkeit' oder die Kritik des 'Körpers' als sozialer Kategorie steht in der Soziologie noch weitgehend aus" (a.a.O., 28).

In enger Verbindung mit der besonderen Bedeutung leibvermittelter Erfahrung und Handlung steht auch das Subjekt-Objekt-Verhältnis, das Fischer/Kohli im Sinne einer Verschränkung zwischen subjektivem Erleben und objektiven Vorgaben lösen, wobei der subjektiven Prozessierung ein besonderes Gewicht gegeben und in ihrem Biographiekonzept die Struktur des Sozialen entsprechend als "ambigue" aufgefasst wird. Sie bemerken dazu:

> "Zum anderen drückt sich im Leibbegriff, zumal wenn er auch in seinen temporalen Dimensionen gefasst wird, die konkrete, singuläre Verarbeitung präformierter biographischer Schemata als Lebensgeschichte aus. (...) Das Grundkonzept von Biographie als Orientierungsmuster muss (...) die dichotome Begrifflichkeit 'objektive Struktur' – 'subjektive Verarbeitung' schon im Ansatz so integrieren, dass die Orientierung stiftende 'Regel' (z.B. eine spezifische Ablaufregel) in actu prinzipiell immer zur Disposition steht, d.h. in Form eines emergenten individuellen Schemas verwirklicht wird, das zugleich die Produktionsregeln des sozialen Schemas variieren, neu bilden oder affirmieren kann" (a.a.O., 28f.).

Analog zu der Beschaffenheit von Biographien, sowohl die Reproduktion als auch die Transformation bestehender sozialer Schemata leisten zu können – und damit das 'Subjektive' wie das 'Objektive' zu transportieren –, heben Fischer/Kohli eine weitere strukturelle Komponente hervor, die in besonderer Weise dazu geeignet ist, die bereits genannten Verschränkungen zu leisten und darüber hinaus die im Rahmen biographischer Analyse virulent werdende Spannung von 'Erleben' und 'Erzählen' (oder allgemeiner von 'Handeln' und 'Reflektieren') auffangen zu können: Es ist dies die typische temporale Strukturierung von Biographien, ihre "Sequenzialität". Die integrative Leistung von Biographien – ihre Vermittlung von Zeithorizonten – wird dabei konsequent aus dem Rückgang auf die Struktur des Handelns und der Erfahrung abgeleitet. Das Handeln besitzt immer Prozesscharakter und ist in der Zeitfolge "irreversibel sequenzialisiert gestuft"; diese Stufung oder Sequenzialisierung erschöpft sich jedoch nicht lediglich in linearer Abfolge, sondern die nicht umkehrbaren Sukzessionen von Handlungselementen schaffen in der jeweils gegebenen Gegenwart (als "Ort der Wirklichkeit") einen doppelten und stets sich wandelnden Zeithorizont, der prinzipiell in beide Richtungen – Vergangenheit und Zu-

kunft – offen ist: "'Vergangenheit' steht nicht einfach für unwiederbringlich Abge-
sunkenes und 'Zukunft' nicht einfach für Kontingentes, sondern beide Teil-Horizonte
sind als Erinnerungs- und Erwartungsinhalte aus der Gegenwart bestimmt und enthalten zugleich interpretationsbedürftige Leerstellen" (a.a.O., 43). So schafft auch
die Biographie über die Integration der Zeithorizonte durch ihre spezifische Sequenzialität und ihren emergenten Charakter eine Verbindung von 'Faktizität' (als irreversibel Gewesenem) und 'Auslegung' (als offenem, reversiblem Horizont). Dies geschieht in dreifacher Weise: 1. indem sie aus der Perspektive der Gegenwart Vergangenes in-terpretiert; 2. indem sie das Vergangene als Sinnhorizont dieser
Interpretation nutzt; 3. indem sie gegenwärtige und aus der Vergangenheit gespeiste
Interpretationen vor einem Horizont des Zukünftigen vornimmt.

Mit anderen Worten, so wäre zu folgern: Biographien leisten nicht nur eine Integration von 'Subjektivem' und 'Objektivem', sondern auch von 'Realem' und 'Sym-
bolischem'. Denn in Biographien geht sowohl das leibhaftig Erlebte ein – das zu
objektiver Faktizität gerinnt und 'materiale' Spuren hinterlässt – als auch die Aufbereitung und historisch variable 'Verarbeitung' des Realen, die sich in spezifischen
interpretativen Mustern und Ausdrucksformen äußert. Es wäre jedoch nicht korrekt
zu behaupten, dass Biographien 'real' *und* 'fiktiv' sind. Viel treffender ist es anzunehmen, dass Biographien *weder* fiktiv, *noch* real sind. Sie enthalten zwar 'reale' und
'interpretative' Momente, diese Momente verweben sich jedoch zu einer Einheit
ganz eigener Art, die Biographien eben gerade ihre durchlässig-schwebende und
integrative Kraft verleiht. Dieser Aspekt wird von Fischer/Kohli so hier nicht akzentuiert und auch nicht weiter ausgebaut. Im Rahmen methodologischer Überlegungen
zum Verhältnis von 'Erleben' und 'Erzählen' und dem damit verbundenen Problemen
der Gültigkeit und Reichweite biographischer Analysen wird jedoch noch einmal
dizidiert auf das Problem von 'Fiktion' und 'Realität' einzugehen sein (vgl. dazu
besonders Teil 2/Kap. 1.5.).

In einem 10 Jahre später (1997) erschienenen Aufsatz präsentieren Wolfram Fischer-Rosenthal und Gabriele Rosenthal die Grundprämissen und Anliegen einer
soziologischen Biographieforschung erneut, wobei sich in dem veränderten Vokabular nicht nur eine Anpassung an gewandelte Sprachkonventionen zeigt, sondern sich
offensichtlich auch der Blickwinkel leicht verschoben hat: von der subjektbezoge-
nen Erfahrungs- und Handlungszentrierung in dem grundlegenden Beitrag von Fi-
scher/Kohli 1987 zu einer stärkeren Fokussierung der Funktionen biographischer
Muster im Sinne sozialer Orientierung, sozialer Integration und sozialer Ordnung
(Fischer-Rosenthal/Rosenthal 1997a, 1997b).

Möglicherweise ist diese leichte Verschiebung auch Ausdruck der im Laufe der
1990er Jahre immer deutlicher werdenden 'Entstandardisierung' und Aushebelung
vertrauter Lebensbezüge und verlässlicher Strukturierungen, die die 'Verunsicherung' (vgl. Keupp/Bilden 1989) und Desintegration weiter Bevölkerungskreise e-
norm vorantreibt – bis hin zu der realen Erfahrung der Zerstörung und Vernichtung
der Existenz durch vielfältige 'Erosionserscheinungen': etwa durch Arbeitslosigkeit
und identitätsgefährdende Auflösungen von Arbeitsstätten und Betrieben; zunehmende familiale Brüche und Krisen, die nicht mehr ausreichend abgepuffert werden

können; nicht zu stoppende oder zu kompensierende soziale Abstiege und kumulati-
ve Armutsprozesse; Orientierungs-, Motivations- und Sinnverluste in den Endlos-
Schleifen von Bildung und prekärer Beschäftigung; Prozesse der Diskriminierung
und Marginalisierung durch Krankheit; die schwindende Verlässlichkeit sozialstaat-
licher Absicherungen usw., um nur einige der zunehmend stärker diskutierten und
sozial immer augenfälliger werdenden Problemkonstellationen zu benennen. Die
derartig zum fatalen 'Risiko' gewordenen Freiheiten auf der Ebene des realen Handelns (das durch eine entsprechende sozialpolitische Gegensteuerung nicht gemildert
wird, weil noch zum Ende der 1990er Jahre gar nicht oder mit alten politischen
Konzepten auf eine völlig veränderte Gesellschaftsstruktur reagiert wird) schaffen
möglicherweise einen gesteigerten Bedarf an Vergewisserung und Orientierung
(auch) auf symbolischer Ebene, womit die zunehmende Aufmerksamkeit sowohl der
Gesellschaftsmitglieder als auch der soziologischen Forschung gegenüber der orientierenden und sinnstiftenden Funktion von Biographien und biographischen Selbstpräsentationen zusammenhängen mag.

Fischer-Rosenthal/Rosenthal begreifen Biographien so auch als einen zentralen
Grundzug moderner Gesellschaften und als einen historisch konkreten Ordnungs-
rahmen, der entscheidenden Anteil an der Orientierung und Verortung der Subjekte
im sozialen Raum trägt. Funktion und Gestalt von Biographien und biographischen
Selbstpräsentationen sind zu sehen vor dem Hintergrund eines spezifischen sozialen
Wandels, in dessen Zentrum der – insbesondere von Ulrich Beck im Rahmen seiner
'Individualisierungsthese' immer wieder herausgestellte (vgl. Beck 1986) – Zerfall
traditionaler Bindungen steht, die "topisch" ausgelegt waren und eindeutige Zugehö-
rigkeiten etwa durch Religion, Stand, Zunft markierten. So arbeitet auch Martin
Kohli schlüssig heraus, wie die vielfältigen Momente des Modernisierungsprozesses
sowohl die Möglichkeit wie auch die Notwendigkeit eröffneten, den Tendenzen der
Entstrukturierung und der damit einhergehenden Multiplikation von Wahlmöglichkeiten und Entscheidungszwängen zu begegnen: Die "Institutionalisierung des Lebenslaufs", zu dessen innerer und symbolischer Abstützung Biographien unentbehr-
lich sind, ist die Antwort der Moderne auf diesen massiven Prozess der 'Freisetzung'
des Individuums (vgl. Kohli 1985). Biographien als "Phänomen(e) sozialer Semantik" (Fischer-Rosenthal/Rosenthal 1997a, 405) und als notwendig gewordene und
zunehmend nachgefragte Schemata reflexiver Selbstbeschreibungen und Selbstpräsentationen sind damit sowohl für den Biographen selbst wie auch für seine soziale
Umwelt zur zentralen orientierenden und handlungsleitenden Strukturierungskatego-
rie aufgestiegen. Und dies nicht nur im Sinne einer Strukturierung des individuellen
Lebens, sondern auch im weitreichenden Sinne der Formierung sozialer Strukturen
und der Konstituierung moderner Gesellschaften.

Entsprechend des theoretischen Anspruchs auf eine Überwindung des Subjekt-
Objekt-Dualismus (etwa im Sinne der unfruchtbaren, weil unrealistischen Trennung
von subjektivem Erleben und objektiven sozialstrukturellen Bedingungen) und der
Entgegensetzung von Mikro- und Makrosoziologie wird die Biographieforschung
dabei dezidiert zwischen einem individualistisch-idiosynkratischen und einem struk-

turdeterministischen statisch-quantifizierenden Verständnis angesiedelt. So betonen Fischer-Rosenthal/Rosenthal, dass es nicht darum geht, "in wertkonservativer Haltung dem 'einzelnen Leben' sein Recht innerhalb 'anonymer Gesellschaftsstrukturen' (zurück-)zugeben", dass es bei der Erforschung von Biographien aber auch nicht lediglich "um eine Spielart von 'Datenerfassung'" geht, sondern dass der gesellschaftstheoretisch fundierte Anspruch besteht, "die Genese und Aufrechterhaltung einer historisch konkreten sozialen Ordnung, für die biographische (Selbst-) Beschreibungen konstitutiv sind", zu erhellen (a.a.O.).

Wenn davon ausgegangen wird, dass Gesellschaften der Moderne über die Lebenszeit erstreckte, biographische Formen sozialer Koordinierung ausbilden und akzentuieren und dass sie dies in einem breit gefächerten Spektrum tun, das von alltagssprachlich vermittelten Selbstpräsentationen in familialen Settings und Milieus bis hin zu institutionalisierten Laufbahn- und Karrieremustern reicht, so setzt die soziologische Biographieforschung genau hier an und untersucht bzw. rekonstruiert die Gestalt, die Genese und die Leistungen biographischer Orientierungen und Ordnungsformen im Kommunikations- und Institutionsbereich (vgl. a.a.O., bes. 406). Das Rollenkonzept und das Identitätskonzept sind offenbar nicht mehr in der Lage, den Prozess der Identitätsherstellung und -sicherung und der sozialen Orientierung in fortgeschrittenen Gesellschaften der Moderne zu erfassen. Denn der 'Wert' von Personen wird zunehmend an dem 'Weg' bemessen, den sie genommen haben und Selbstwert, Selbstgewissheit und Identität werden zunehmend gewonnen aus der Bilanzierung von Erfahrungen und von Erreichtem sowie aus dem Entwurf des eigenen Werdegangs in die Zukunft. Das Biographie-Konzept scheint diesen Prozessen eher gerecht zu werden.

Fischer-Rosenthal/Rosenthal machen deutlich, dass sich die zentralen Anliegen einer soziologischen Biographieforschung auf zwei Ebenen bewegen: auf einer eher vordergründigen und auf einer tieferliegenderen, grundsätzlicheren: "Zunächst und vordergründig geht es bei der 'Erforschung des Biographischen als soziale Größe' sowohl um die Frage nach der gesellschaftlichen Funktion von Biographien als auch um die sozialen Prozesse ihrer Konstitution" (a.a.O., 411) – also um die Fragen nach Sinn und Bedeutung von Biographien für Gesellschaftsmitglieder im soziohistorischen und sozialisatorischen Verlauf; nach der Funktion der Biographie auf der Ebene alltäglichen sozialen Handelns und auf gesamtgesellschaftlicher Ebene; und um die Frage, wie biographische Strukturen erzeugt, erhalten und verflüssigt werden. Biographien werden also – ganz im Sinne der wissenssoziologischen Konzeption von Berger/Luckmann – als Bestandteil gesellschaftlichen Wissens aufgefasst, nach dessen Beschaffenheit und nach dessen Konstituierung man fragen kann.

Tiefergründig geht es jedoch um mehr: Es geht um das Bemühen, einer Grundfrage der Soziologie näher zu kommen: dem Verhältnis von Individuum und Gesellschaft. Folgt man den Vorgaben Berger/Luckmanns (was Fischer-Rosenthal/Rosenthal hier nicht explizieren, was sie aber sehr wohl transportieren), so kann dieses Verhältnis nur begriffen werden als ein höchst komplexer und spannungsreicher *dialektischer* Prozess. Denn soziale Angebote und Strukturvorgaben, die zu Objektivationen oder objektiven Wirklichkeiten geronnen sind, existieren *sozial* (analytisch aber sehr wohl!) nicht in ihrer Faktizität, sondern werden zu alltäglicher Wirklichkeit nur, indem und wie sie *gelebt* werden; d.h. indem und wie sie von Menschen begriffen, aufgegriffen, angeeignet, umgesetzt, bewertet, dargestellt oder sonstwie 'behandelt' werden. Dies gilt nicht nur für die institutionalisierten Strukturen im Bereich der gesellschaftlichen Systeme und Arrangements wie Familie, Bildung, Beruf, Kultur, Freizeit etc., sondern auch für die angebotenen oder verbindlichen Lebenslaufmuster sowie für die etablierten biographischen Schemata oder 'Semantiken'. Durch die Art, wie Menschen diese Vorgaben aufgreifen, sie einsetzen und subjektiv modifizieren, schaffen und gestalten sie Wirklichkeit, bestätigen oder verändern sie die bestehenden sozialen Ordnungen.

Biographien eröffnen also nicht nur – wie oft fälschlich unterstellt wird – den Zugang zum Subjekt, seiner Erfahrungs- und Erlebniswelt und seiner Sicht auf das eigene Leben, das sich unter anderem auch in biographischen Selbstthematisierungen Ausdruck verschafft, sondern Biographien eröffnen gleichzeitig immer auch den Zugang zur Gesellschaft; denn Biographien oder biographische Thematisierungen entstehen nicht im 'luftleeren Raum', sondern sind ihrerseits sozial konstituiert, verweisen auf gesellschaftliche Ordnungen und sind an der Herstellung und Aufrechterhaltung dieser Ordnung beteiligt. Fischer-Rosenthal/Rosenthal markieren das 'Soziale' in biographischen Selbstdarstellungen u.a. wie folgt:

> "In der 'biographischen Selbstpräsentation' finden wir nicht nur Zugang zum lebensgeschichtlichen Prozess der Internalisierung der sozialen Welt im Laufe der Sozialisation, sondern auch zur Einordnung der biographischen Erfahrungen in den Wissensvorrat und damit zur Konstitution von Erfahrungsmustern, die zur gegenwärtigen und zukünftigen Orientierung in der Sozialwelt dienen. Diese Einordnung, die sowohl den Erfahrungssinn konstituiert als auch die *biographische Gesamtsicht* und die damit verbundenen biographischen Entwürfe des Subjekts erzeugt, kann keinesfalls als zufällige, individuelle Leistung verstanden werden. Auch sie ist vielmehr sozial konstituiert" (a.a.O., 412).

Andererseits begreift die soziologische Biographieforschung das Subjekt nicht lediglich als passive Projektionsfläche gesellschaftlicher Prozesse, sondern als einen *aktiven Konstrukteur* der eigenen Geschichte, der sich zwar gesellschaftlicher Vorgaben bedient, aber nicht in ihnen aufgeht, sondern sie – in sozialen Akten und mit Hilfe sozial etablierter Deutungsangebote – subjektiv gestaltet und aufbereitet. Mit anderen Worten: Das Subjekt wird konzipiert als von sozialen Prozessen hervorgebrachtes und getragenes Wesen, das aber dennoch nicht gänzlich determiniert wird, sondern sich in eigenwilligen und ganz eigenen Umsetzungen Momente der Idiosynkrasie bewahrt. Damit verbunden ist die Absage an einen sozialen Determinismus oder die einseitige Betonung gesellschaftlicher Dominanz, die den 'subjektiven Faktor' als Schwäche gesellschaftlicher Analyse begreift und zu eliminieren trachtet: "Individuelle Erfahrungen werden nicht als methodisch zu 'heilende' Varianten einer sozialstrukturellen Allgemeinheit angesehen, sondern als (end-)gültiger realer Ausdruck allgemeiner Sozialität und Gesellschaft" (a.a.O., 412). Dies bedeutet im Kern: Soziologie – als der Versuch einer analytischen Erfassung der Gesellschaft – wird nur dann der sozialen Wirklichkeit gerecht, wenn sie konsequent auf allen Ebenen von Theorie und Methode den oben skizzierten dialektischen Konstitutionsprozess von Subjekt und Gesellschaft im Auge behält.

Die Analyse biographischer Selbstpräsentationen – die methodologisch vornehmlich als "Narrationsanalysen" umgesetzt werden – sind demnach "Analysen gelebter und alltagssprachlich gedeuteter Gesellschaftsgeschichte und als solche gleichermaßen von hoher Spezifizität und Allgemeinheit" (a.a.O., 421). Fischer-Rosenthal/Ro-senthal machen darauf aufmerksam, dass dieser Doppelcharakter biographischer Präsentationen nur dann ärgerlich ist, wenn man nach "numerischen Allgemeinheitskonzeptionen" sucht (etwa im Sinne der Frage nach einer repräsentativen Stichprobe oder dem Gültigkeitsrahmen von Verallgemeinerungen), nicht aber, wenn man die oben dargelegte Dialektik und die Konzeptionierung der Biographie als ein sozial konstituiertes und sozial wirksames Ordnungsschema ernst nimmt und akzeptiert, "dass sich die Gültigkeit einer regulativen und orientierenden Struktur bereits an einem einzigen Fall herstellt". So kann es gelingen, "präzise Rekonstruktionen gesellschaftlicher Strukturen unter voller Berücksichtigung realer Handlungserfahrungen" zu gewinnen (a.a.O.).

Es liegt auf der Hand, dass den grundsätzlichen Anliegen und den speziellen Fragen des jeweiligen Forschungsprojekts sowie den Instrumenten der Erfassung und Auswertung biographischer Selbstthematisierungen ein besonderes Gewicht zukommt, wenn die Spannung von 'Spezifik' und 'Typik' besonders groß ist, wenn also auf der Ebene des Einzelfalls nach allgemeinen Strukturen gesucht wird. Methodologische Fragen, die sich gewissenhaft der Grundproblematik stellen, wie aus dem 'Besonderen' das 'Allgemeine' gültig zu erschließen ist, müssen deshalb hier mit besonderer Aufmerksamkeit und mit der größtmöglichen Offenheit und Präzision verfolgt und diskutiert werden.

Dass das oben dargelegte Verständnis von Soziologie in wachsendem Maße soziologisches Denken bestimmt, zeigt sich nicht nur an der Etablierung und Ausweitung einer programmatisch anspruchsvollen Biographieforschung und den Vertiefungen und Verfeinerungen im Rahmen wissenssoziologischer, hermeneutischer und subjektzentrierter sozialpsychologischer Forschung auf der Ebene der Theoriebildung wie der Methodologie, sondern beispielsweise auch in neuen Zugängen und Konzepten im Rahmen der Sozialstrukturanalyse und sozialer Ungleichheit – also in Bereichen, die zu den klassischen Feldern eines makrosoziologisch angelegten strukturanalytischen und eher quantifizierenden Vorgehens zählen. Mit Begriffen wie 'dynamische Sozialstrukturanalyse' und 'Sozialstrukturerfahrung' wird die Idee transportiert, dass Sozialstrukturen angemessen nur erfasst werden können, wenn sie als Schnittpunkt von Individuum und Gesellschaft begriffen werden: und zwar sowohl als im Laufe eines Lebens individuell und wechselhaft durchschrittene und gelebte Stationen – im Sinne einer *Dynamik*, die sich aus der Ereignisfolge und ihrer Bewältigung im Lebensverlauf ergibt – als auch als erfahrene, bewertete, gedeutete – eben *interpretierte* – Wirklichkeit (vgl. hierzu insbesondere Berger/Hradil 1990, Berger 1990, noch deutlicher: Berger/Sopp 1995). Wesentliche Aspekte dieser Diskussion sollen im Folgenden kurz skizziert werden. Dazu werden unter dem Stichwort der "Biographisierung" in knappen Strichen der soziohistorische Prozess der

Herausbildung des Biographie-Konzepts sowie seine alltagsweltlichen Funktionen beleuchtet.

## 4.2.  'Biographie' als Wissensform der Moderne und der Prozess der 'Biographisierung'

Peter Alheit und Bettina Dausien konzeptualisieren 'Biographie' und die Fähigkeit zur biographischen Artikulation bzw. zum biographischen Denken in Anlehnung an Schütz und Luckmann als zentrale Kategorien der sozialweltlichen Orientierung und als unabdingbare Voraussetzung der Handlungsfähigkeit in der sozialen Welt (Alheit/Dausien 1992). In diesem Sinne sehen sie in der Existenz und sozialen Wirksamkeit von Biographien so etwas wie eine 'anthropologische Konstante' mit hoher Persistenz und einem fast unhintergehbaren Selbstverständlichkeitscharakter – was den theoretischen Zugriff auf den Gegenstand so enorm schwierig macht, was aber zugleich seine Wirkmächtigkeit als eine Kraft "in unserem Rücken" (a.a.O., 161) unterstreicht. Zentral ist, dass biographische Muster – also Formen der Thematisierung, der Darstellung und der Dramaturgie individueller Lebensverläufe als 'Ganze' oder in episodenhaften situations- bzw. ereigniszentrierten Teilausschnitten – nicht nur zur Selbst- und Fremdorientierung im sozialen Raum und zur Strukturierung des Lebens beitragen, sondern dass diese Muster selbst sozial konstruiert, sozial vermittelt und sozial tradiert werden. Auch Biographien sind also Teil eines kulturell tradierten Wissens und sie nehmen – gerade und zunehmend in modernen Gesellschaften – eine zentrale Funktion der Steuerung der Erfahrungen und des Handelns ein. Den Prozess der Erfahrungsaufschichtung und der Bearbeitung und Verarbeitung von Erfahrung haben Peter Alheit und Erika M. Hoerning als "biographische Konstruktion von Erfahrung" zu fassen versucht und in einem Sammelband mit Beiträgen zu einer Theorie lebensgeschichtlicher Erfahrung entfaltet (Alheit/Hoerning 1989).

Angesichts der fundamentalen Bedeutung biographischen Wissens erstaunt es, dass sich weder die Wissenssoziologie noch die Soziologie des Alltags im Zuge ihrer Etablierung der biographischen Dimension systematisch angenommen hat – ein Blick in einschlägige Sammelbände verdeutlicht dies (vgl. die Sonderhefte der Kölner Zeitschrift für Soziologie und Sozialpsychologie: Wissenssoziologie [1980], Materialien zur Soziologie des Alltags [1978]). Die Wissenssoziologie dieser Zeit macht einen eher 'verkopften' Eindruck und kreist um elitäre, philosophische Themen; die Soziologie des Alltags ist stark mit grundlegenden Fragen befasst, die ein Paradigma des Alltags und der Lebenswelt allererst (neu) begründen soll – die Auswahl exemplarischer Anwendungsbereiche und Analysen (deshalb) auch eher zufällig als systematisch auf zentrale alltagsweltlich wirksame Muster der Strukturierung gerichtet. Eine Bearbeitung der Biographiethematik hat offensichtlich eher im Kontext historischer und literaturwissenschaftlicher Arbeiten stattgefunden und verblieb dort in einem 'Außenseiterstatus'.

Das forcierte Aufgreifen erkenntnistheoretischer und methodologischer Probleme in den Sozialwissenschaften sowie die fortschreitende Entfaltung hermeneutischer Methoden im Zuge des qualitativen Paradigmas hat auch die Frage nach dem alltagsweltlichen Status von Biographien belebt und Möglichkeiten ihrer soziologischen Konzeptualisierung eröffnet. Eine dieser Möglichkeiten besteht darin, Biographien als ein "modernes Deutungsmuster" aufzufassen.

Folgt man Alheit/Dausien, so stellen Biographien eine *moderne soziale Wissensform* dar: "*Modern*", weil sich Biographien in einem historischen Prozess als reflexive Sicht der Subjekte auf sich selbst und auf ihr Leben durchgesetzt haben. Dieser *historische* Prozess der Durchsetzung der biographischen Perspektive wird von ihnen als "Biographisierung" bezeichnet und deutlich abgesetzt von der Missdeutung und partiellen 'Pathologisierung' des Begriffs als einer "Dramatisierung krisenhafter selbstreferenzieller 'Dauerreflexion'", die sie bei einigen Autoren vermuten (vgl. Alheit/Dausien 1992, 167); eine "*soziale Wissensform*" deshalb, weil Biographien – ganz im Sinne eines Deutungsmusters – als sozialer Wissensbestand oder als Set von Typisierungen verstanden werden können, "die uns zur Interpretation und Bewältigung von problematischen Situationen der Sozialwelt zur Verfügung stehen"(a.a.O., 166).

Hier tut sich jedoch eine erste Definitionsschwierigkeit auf. Bei Biographien handelt es sich – zumindest auf den ersten Blick – nicht nur um ein ausgesprochen komplexes und vieldeutiges Gebilde, das man nicht so einfach als eindeutiges 'Muster' identifizieren kann, sondern vor allem auch um ein Sammelbecken individuell hochspezifischer Erfahrungsbestände mit enormer Kontingenz, "deren jeweiliger 'Sinn' nicht einfach in institutionalisierten Deutungsmustern aufgeht" (*a.a.O.*). Sieht man jedoch genauer hin, so wird deutlich, dass das Einzigartige und Individuelle von Biographien auf spezifischen 'Regeln' beruht. Eine dieser zentralen Regeln besteht in der situationsspezifischen *Selektivität*, die im Rahmen biographischer Rekapitulationen zum Tragen kommt. Dies meint die schlichte Tatsache, dass wir 'Biographisches' nicht jedem und bei jeder Gelegenheit in gleicher Weise mitteilen, sondern dass wir hier nach bestimmten Kriterien selegieren. Mit anderen Worten: Es scheint so etwas wie institutionalisierte Muster zu geben, an denen wir uns in unserer biographischen Reflexion und Präsentation ausrichten. Diese Ausrichtung wirkt natürlich wiederum auf uns zurück und beeinflusst nicht nur die Wahrnehmung und Gestaltung unserer Biographie, sondern wirkt sich aus bis auf die Ebene konkreten Handelns und Planens und bestimmt damit auch den faktischen Ablauf des Lebens – den Lebenslauf.

Biographien als modernes Deutungsmuster zu begreifen verweist jedoch noch auf einen weiteren gewichtigen Zusammenhang und auf damit verbundene typische 'Regeln'. Alheit/Dausien bemerken hierzu: "Der 'Biographisierungsprozess' etabliert – um einen Foucault'schen Terminus zu variieren – offenbar erfolgreich ein '*Individualitätsdispositiv*', eine Struktur der Verzahnung normativer gesellschaftlicher Erwartungen und komplementärer subjektiver Dispositionen" (a.a.O., 167). Und sie führen dazu aus: "Moderne Individuen sind zur Selbstreflexion ihres biographischen Handelns gezwungen. Zu den entscheidenden Rahmenbedingungen dieser Selbstreferenzialität gehören Verzeitlichung und Sequenzialisierung der Handlungsabläufe, d.h. moderne Subjekte bilanzieren und planen ihr Leben. Das Bild, das sie sich von ihrer Biographie machen (sollen), ist unübersehbar an der Bildungs- und Berufskarriere des *bürgerlichen Mannes* orientiert" (a.a.O., 168).

In der Literatur herrscht Einigkeit darüber, dass die Entwicklung einer biographischen Perspektive auf das Engste mit der Herausbildung 'moderner' Lebensformen verknüpft ist. Entscheidend sind hier die Prozesse der Freisetzung des neuzeitlichen Menschen aus feudalen und klerikalen Bindungen, die Entwicklung frühkapitalistischer Formen des Handels und der Konkurrenz und die selbstbewusste 'Entdeckung' des 'Ich'. Sie hat als geistige Emanzipation in der Renaissance eingesetzt und eine Wendung auf die eigene Person eingeleitet, aber erst im Laufe des 18. und 19. Jahrhunderts den allmählichen Aufbau einer *psychischen* Identität erlaubt – im Gegensatz zu einer *sozialen* Identität, die sich eher an formalisierten 'Typen' und 'Positionen' in der sozialen Ordnung orientiert und noch entsprechend beliebig von der Person ablösbar und substituierbar ist, wie Alheit/Dausien (1992) anhand einer biographischen Episode aus dem späten 16. Jahrhundert deutlich machen. Diese Episode ist deshalb so beachtenswert, weil sie in einem entscheidenden Punkt den Übergang von einem vormodernen zu einem modernen Identitätsverständnis markiert:

> Ein Mann namens Arnaud du Tilh nimmt die Identität eines verschollenen (und später zurückkehrenden) Martin Guerre an. Die Dorfbewohner wissen, dass du Tilh nicht Guerre ist, aber sie dulden das Spiel, weil du Tilh die soziale Rolle des Guerre in allen Details funktional so perfekt ausfüllt, dass kein Grund zur Beanstandung besteht und du Tilh in sein Spiel sogar Eigenarten des du Tilh einfliessen lassen kann, ohne damit Anstoß zu erregen und die äußere Rolle zu stören. Der Fall kommt jedoch vor das Gericht und die Rechtsgelehrten sowie das städtische Publikum haben offensichtlich bereits eine andere Auffassung von 'Identität': Sie rekonstruieren die Biographie des Guerre auf das Penibelste und wollen du Tilh aufgrund dieses Indizienprozesses und seiner Täuschung zum Tode verurteilen. Du Tilh gelingt es fast, durch das Einbringen intimster Details aus der Biographie Guerres einen Freispruch zu erwirken – die Rückkehr Guerres und seine Identifikation durch nahe Verwandte geben dann jedoch den Ausschlag zur Verurteilung du Tilhs.

Die Episode macht deutlich, dass ein 'vormodernes' und ein 'modernes' Biographieverständnis in der Periode des Übergangs parallel existierten. Sowohl du Tilh wie auch das Gericht und das Publikum verfügen – im Gegensatz zu den Dorfbewohnern – bereits über eine moderne Vorstellung von Identität und ihrer biographischen Repräsentation: nämlich als die Vorstellung einer *persönlichen* und *psychischen Identität*, die nicht nur plakativ und funktional nach außen gerichtet ist, sondern die auch über eine 'innere' Realität verfügt – die auffällige Betonung des Intimen verweist darauf – und die die Integrität einer Person als unverwechselbar und einzigartig begründet.

Diese Entwicklung, die Herausbildung des Individuums, das auf die Etablierung des Konzepts vom modernen bürgerlichen Subjekt hinausläuft, ist begleitet von einem zunehmenden Zwang zur Selbstbehauptung, zur Gefühlskontrolle und zur Entwicklung einer planenden 'Langsicht' – wie es Norbert Elias herausgearbeitet hat (Elias 1976). Typisch für diesen Prozess ist, dass die Momente der Individualisierung und des Zugewinns an Freiheiten zugleich beständig von den Momenten des Zwanges und der Kontrolle begleitet werden, dass sich diese Bewegungen gegenseitig vorantreiben und dass der Zwang und die daraus resultierenden Lebensformen letztlich zu einer Lebensnotwendigkeit werden. Dieser Prozess der Herausbildung von Individualität ist jedoch keinesfalls so eindeutig und einsinnig, wie eine schematische Darstellung seiner Grundzüge es suggeriert, sondern widersprüchlich, gebrochen und 'ungleichzeitig'.

Eine entscheidende 'Unstimmigkeit' sehen Alheit/Dausien darin, dass das herausgebildete oder von bestimmten sozialen Gruppen so akzentuierte 'Individualitätsdispositiv' einem höchst eindimensionalen Verständnis folgt und im Kern an der sozialen Lage des bürgerlichen Mannes festgemacht wird bzw. genauer: den Notwendigkeiten und Möglichkeiten dieser Lage entspringt. Und genau das ist die zweite große Schwierigkeit, von Biographie als einem einheitlichen modernen Deutungsmuster zu sprechen: Biographien sind nur scheinbar universalistisch – so die These von Alheit/Dausien – tatsächlich folgen sie jedoch abhängig von der Klassenlage und vom Geschlecht unterschiedlichen 'Logiken' – wie die Autoren anhand autobiographischer Rekonstruktionen von Frauenbiographien der unteren Schichten anschaulich vorführen.

### 4.3.   'Biographie' als geschlechtstypische und klassenspezifische Wissensform

Alheit/Dausien arbeiten heraus, dass Frauen unterer Schichten offensichtlich über andere Wissensformen verfügen und ihre Biographie anders sehen und aufbereiten, als dies das männlich-bürgerliche Konzept nahelegt. Auch wenn in dem vorliegenden Fall – die Autoren beziehen sich hier auf die Autobiographie eines 1844 geborenen Dienstmädchens namens Sophia Lemitz – deutliche Impulse hinsichtlich des Wunsches nach Bildung und Entfaltung sichtbar werden und schon der Akt des Schreibens entsprechende Ambitionen der Selbstsetzung und des Selbstbewusstseins offenbart, so 'fehlen' doch typische Momente der Individualisierung und einer individualisierten Darstellung der eigenen Geschichte. Die Erzählerin folgt nicht den üblichen Erwartungen einer zeitlichen Rahmung und Verortung in der Zeit; typisch ist die situative Verdichtung und 'Verknotung' der Erzählung; die Dimension einer übergreifenden biographischen Planung, eines Lebensentwurfs ist wenig ausgebildet; wesentliche Lebensphasen werden nicht als Entwicklungsprozesse begriffen, sondern als ein 'Stand' oder ein andauernder Zustand. Alheit/Dausien schlagen nun jedoch vor, die Biographie der Sophia Lemitz (und vergleichbare andere) nicht als 'noch-nicht-beherrschte' Form der linear-biographischen Rekapitulationsform zu diskreditieren, sondern sie als eine *alternative Form der Erfahrungsverarbeitung* anzusehen, die aus der engen Tuchfühlung mit den gegebenen Lebensumständen und dem Arrangement mit der vorfindbaren Realität erwachsen ist; nur so kann – und so sehe ich es auch – die spezifische Eigenart der Thematisierungen überhaupt erkannt werden (vgl. Alheit/Dausien 1991, 1992).

Dabei wird deutlich, dass sich Sophia Lemitz der Prinzipien einer modernen Lebensführung – etwa der Planung und der Entfaltung der Talente – durchaus bewusst ist, dass die Einlösung dieser Ideale jedoch schmerzlich an der Realität scheitert. In den Erzählknoten, die so 'unmodern' wirken, stellt sie gerade dar, wie es zur Verhinderung von Entwicklung kam – sie liefert also eine Erklärung ihres So-gewordenSeins. Und sie folgt in ihrer Erzählung dem Prinzip einer nüchternen Bilanzierung und dem Erkennen und Benennen objektiver Schranken, stellt die eigene Person also durchaus realitätsgerecht und 'modern' in den Kontext der wirksamen Umweltbedingungen. Zentral ist die Orientierung auf das 'Reale' und eine Konzentration auf das alltägliche, notwendige Tun – die Arbeit. Anders als in der modernen individualisierten Form, wird Arbeit hier jedoch nicht als Medium der Selbstverwirklichung, als Projekt und Laufbahn im sozialen Raum aufgefasst, sondern als fest situierte, beständige Größe, als Lebenskern, auf den man immer wieder zurückfällt und der trotz andauernder und mühevoller Wiederholungen Quelle des Selbstgefühls und der Freude ist, der letztlich in dieser in sich ruhenden Verlässlichkeit auch die Verankerung der eigenen Existenz garantiert.

Die Autoren konstatieren, dass sich die biographische Identität von Sophia Lemitz im Gegensatz zum etablierten Deutungsmuster eines linearen, entwicklungs- und aufstiegsorientierten Lebenslaufs offenbar an anderen Formen sozialen Wissens – an spezifischen "Erinnerungsschemata" – orientiert: an sozialstrukturell abgelagerten und vermutlich auch tradierten Erfahrungen von Scheitern und Resistenz. Sie führen dazu aus: "Ursache für diese ebenso unbestreitbare wie begrenzte biographische Autonomie scheint ein soziales Wissen zu sein, das weniger mit großflächigen modernen Deutungsmustern als mit sozial- und geschlechtsspezifischen Alltagsroutinen zu tun hat, sozusagen ein präskriptives, praktisches Bewusstsein, das aber grundsätzlich reflexiv zugänglich bleibt und deshalb auch die Basis einer durchaus konstatierbaren sozialen 'Selbstgewissheit' darstellt" (a.a.O., 179). Offenbar geht es hier also weniger um aufwendige 'Trajekte' – um Laufbahnen und Karrieren im sozialen Raum – , sondern mehr um die räumliche und zeitliche Nähe des alltagsweltlichen Horizonts, der ein *praktisches* Hintergrundwissen bereitstellt.

Ähnlich akzentuiert Klaus Bergmann in seiner Untersuchung zur Entwicklung und Funktion autobiographischen Schreibens der 'kleinen Leute' die Spannung zwischen 'Individualitätsdispositiv' und den Formen der biographischen Selbstreflexion von Arbeitern, Dienstboten und anderen Mitgliedern des Proletariats. Im Zentrum seiner Analyse steht die *Erfahrung des Widerspruchs*, die sich für Angehörige der unteren Schichten zwischen den bürgerlichen Ansprüchen an Individuierung und Entfaltung und den für sie selbst vorliegenden Bedingungen und Realisierungsmöglichkeiten ergibt. Das autobiographische Schreiben hat hier die zentrale Funktion, die täglich und schmerzlich erlebten Widersprüche zu bearbeiten und Formen zu entwickeln, das eigene Schicksal erträglicher zu machen: etwa durch Legitimationen oder Schuldbekenntnisse, durch Appelle an die Obrigkeit, durch Abgrenzung 'nach unten' und Streben nach 'Höherem', durch die Beschwörung einer Idylle oder durch das Konstatieren von 'ostentativer Normalität' und einer kollektiven Zugehörigkeit (vgl. Bergmann 1991).

Ganz in diesem Sinne stellen auch Alheit/Dausien zusammenfassend fest: "In den oberen Sphären der sozialen Topologie mag die Chance für Biographien nach dem Individualitätsdispositiv sozialräumlich besonders günstig sein. In den 'Niederungen' bestand offenbar historisch das Problem, die extern verursachten Abweichungen zu verarbeiten. Hier wirkte und wirkt das Dispositiv tendenziell repressiv und dysfunktional (...). Aber hier scheint es auch durch Wissensformen konterkariert zu werden, die ein 'modernes' Überleben unter eingeschränkten Bedingungen zumindest gestatten" (Alheit/ Dausien 1992, 179).

Für die Frage nach der Biographie als modernem Deutungsmuster heißt das nun aber: Es gibt kein einheitliches Deutungsmuster 'Biographie', sondern neben dem linearen 'modernen' biographischen Modell – das sich auf den ebenso abstrakten wie idealen Vorstellungen vom modernen männlichen bürgerlichen Subjekt gründet und in dieser Form durchaus als 'Speerspitze' in der Durchsetzung einer individualisierten Moderne oder moderner Individualität angesehen werden kann – neben diesem dominanten Modell existieren andere Wissens- und Artikulationsformen. Diese Erkenntnis ist von großer Tragweite für die biographische und wissenssoziologische Forschung. Es wird darum gehen müssen, 1. die Vielfalt und den Variantenreichtum biographischer Selbstpräsentationen zu erkennen; 2. die auftauchenden Formen nicht als 'missglückte' oder 'noch-nicht-entwickelte' Varianten des 'eigentlichen' Musters zu etikettieren, sondern sie in ihrer Eigenwürde und ihrer spezifischen Funktion zu verstehen; 3. die Gestalt und Funktion der jeweiligen Formen als Ausdruck einer "sozialstrukturellen Brechung" zu begreifen und sehr genau vor dem Hintergrund des sozialen Entstehungskontextes und unter Einbeziehung der dort etablierten "Erinnerungsschemata" – die Sedimentierungen von Erfahrungen darstellen – zu analysieren. Dabei kann es natürlich durchaus hilfreich sein, die jeweiligen 'Alternativen' miteinander in Beziehung zu setzen und das jeweils 'Eigene' *auch* in der Kontrastierung mit dem linearen Modell herauszuarbeiten. Eine wichtige Frage wird sein, wie stark und in welcher Weise hierbei klassenspezifische und geschlechtsspezifische Momente zur Bewahrung oder Erzeugung 'alternativer' Wissensformen zum Tragen kommen. Instruktive Forschungsansätze und -ergebnisse liegen hierzu bereits in der historischen Biographieforschung und der 'Oral History' vor (vgl. Niethammer 1985, Mitterauer 1991, Hämmerle 1991).

Die Frage nach Mischung und Gewichtung der Einflüsse von 'Klasse' und 'Geschlecht' auf die soziale Lage und die Chancen der Entfaltung wird auch im Rahmen der Erforschung sozialer Ungleichheit inzwischen (wieder) stark diskutiert – vermutlich unter anderem deshalb, weil sich im Rahmen der Frauen- und Geschlechterforschung die Gefahr abzeichnet, 'Geschlecht' allzu pauschal als Differenzierungskriterium und 'Erklärungsformel' einzusetzen und so den Unterschieden zwischen Frauen, aber auch den Differenzen zwischen Männern und Frauen verschiedener Klassenlagen nicht hinreichend auf die Spur zu kommen (vgl. dazu u.a. Frerichs/Steinrücke 1993, Frerichs/Pokora/Steinrücke 1996, Frerichs 1997). Dabei ist jedoch entscheidend, dass diese neue 'Class and Gender'-Debatte auf einem für das Geschlechterverhältnis sensibilisierten Boden steht und von dort aus sehr viel differenzierter auf klassenbedingte Einflüsse eingehen kann, als das noch vor einigen Jahrzehnten der Fall war. Zu vermuten ist (und die ersten systematischen Untersuchungen hierzu bestätigen das), dass die Unterschiede zwischen Männern und Frauen eine deutliche 'Brechung' aufgrund der jeweiligen Klassenzugehörigkeit erfahren, und dass Frauen der unteren Schichten in der größten 'Spannung' zu dem skizzierten 'Individualitätsdispositiv' stehen.

### 4.4.     Funktionen der biographischen Selbst- und Fremdthematisierung in einer dynamisierten Gesellschaft

Knüpfen wir noch einmal an die Überlegungen des vorangegangenen Abschnitts an. Es mag zwar durchaus sein, dass sich das lineare biographische Modell historisch von den oberen zu den unteren Schichten durchgesetzt hat – für diese Tradierungs-richtung sprechen viele Befunde auch im Rahmen anderer kultureller Prozesse wie dem der Ausbreitung spezifischer familialer Lebensformen oder der sozialen Ver-breitung von Geschmacksurteilen und 'Distinktion' –, und dass dabei in höchst 'un-gleichzeitigen' Schüben die Frauen – nochmals strukturell gebrochen durch ihre Klassen- bzw. Schichtzugehörigkeit – nachgerückt sind bzw. sehr lange und länger als die Männer ihrer Schicht in traditionalen, vormodernen Bezügen verblieben sind. So spricht auch Ulrich Beck von der 'halbierten Moderne' und spielt damit auf die fast ständischen Residuen unbezahlter reproduktiver Arbeit und ihre Delegation an Frauen an. Dieser Prozess – der noch besser empirisch belegt und in seinen Diffe-renzierungen noch genauer bearbeitet werden müsste – darf jedoch nicht den Blick verstellen für die erheblichen *Divergenzen*, die sich gerade in einer fortgeschrittenen (postmodernen oder nachindustriellen) Moderne hinsichtlich des Aufgreifens und der Ausdifferenzierung biographischer Muster ergeben. Hier helfen einfache ge-schlechtsspezifische Polarisierungen nicht nur nicht weiter, sondern sie verhindern einen Zugang, der die Vielfalt und die möglicherweise ganz *neu* entstehenden Inhal-te und 'Regeln' biographischer Selbstthematisierung aufschließen kann.

Die Suche nach neuen und anderen biographischen Orientierungsmustern liegt auch deshalb nahe, weil eine Orientierung an dem linearen biographischen Modell – das ohnehin eher als eine 'Fiktion' zu bezeichnen ist, denn als ein real umgesetztes und gelebtes Muster – immer 'unwahrscheinlicher' wird. Dazu tragen vor allem bei: die zunehmende 'Zersetzung' der Arbeitsgesellschaft (durch Umstrukturierungen, Abbau von Arbeitsplätzen, Arbeitslosigkeit) – also eine Zersetzung des Kerns, um den herum moderne Lebensläufe zentriert sind: die Erwerbsarbeit (vgl. Kohli 1985) – sowie die Verschiebungen in der klassischen Rollenverteilung, die die eindeutige Zuordnung des erwerbszentrierten Lebenslaufs zum Mann und des familienzentrier-ten Lebenslaufs zur Frau 'verflüssigen' (vgl. dazu u.a. Soerensen 1990).

So verweist auch Martin Osterland in einem Grundsatzartikel zu dem Phänomen der "Normalbiographie" darauf, dass die Institutionalisierung des Lebenslaufs im Sinne eines Ordnungsmusters, das auf eine kontinuierliche, existenzsichernde, ar-beits- und sozialrechtlich abgestützte Vollzeitbeschäftigung ausgerichtet ist, seit der Nachkriegszeit zwar stark propagiert wurde und in einer kurzen Phase des Wachs-tums (zumindest für weite Teile der männlichen Erwerbstätigen) auch annähernd umgesetzt werden konnte, dass dieses die "Normalbiographie" begründende "Nor-malarbeitsverhältnis" jedoch nie über einen längeren Zeitraum tatsächlich Bestand hatte. Bestimmte soziale Gruppen waren von ihm stets systematisch ausgeschlossen und spätestens seit der ökonomischen Krise Ende der 1970er Jahre stellte es zwar

eine *strukturbildende* Kraft dar (denn sozialstaatliche und unternehmerische Regelungen orientieren sich nach wie vor massiv an dieser Illusion, mit fatalen Konsequenzen für die von diesem Muster Ausgeschlossenen), blieb jedoch letztlich eine –
wenn auch herrschende – *Fiktion* (Osterland 1990). Gerade aber die immense *Spannung* zwischen dem Leitbild durchgängig gesicherter Erwerbstätigkeit und der hohen ökonomischen, sozialen wie emotionalen Bedeutung von Arbeit auf der einen
Seite und der *faktischen* Unterhöhlung dieses Lebensmusters auf der anderen Seite
bringt die Menschen immer stärker in prekäre Lebenslagen und massive Lebenskri-
sen.

Angesichts der weitreichenden Destabilisierung der "Normalbiographie", die inzwischen ein Gemeinplatz ist und auch im Rahmen der Biographie- und Lebenslaufforschung entsprechend breit und mitunter sehr kreativ erforscht wird (vgl. u.a. die
Forschungsprojekte zu den "Zeitpionieren", Brose/Wohlrab-Sahr/Corsten 1993; anders auch Hoerning/Corsten 1995, Giegel 1995, Wohlrab-Sahr 1995), scheint es
umso dringender, sich nicht von dem linearen Modell paralysieren zu lassen, sondern die je eigenen 'Logiken', nach denen Menschen ihr Leben gestalten und biographisch reflektieren, sensibel zu rekonstruieren. Dabei geht es nicht um die krampf-
hafte Suche nach Originalität, sondern um die Wachheit dem jeweiligen Fall gegenüber und um die Vermeidung eines allzu schnellen Abgleichs der vorliegenden
Biographie an dem dominanten linearen Modell. Denn gerade die *Spannung* zwischen herrschender Fiktion und gelebter Realität bietet einen wichtigen Schlüssel
zum Verstehen (erzählter) Lebensgeschichten.

Eine grundlegende Funktion biographischer Thematisierungen liegt in der Notwendigkeit, dass Menschen, die sich nicht mehr in einer stabilen sozialen Ordnung
befinden (die Rollen, Lebenswege und Selbstauffassungen weitgehend vorgibt), andere Formen der Sozialintegration und Vergesellschaftung ausbilden müssen; Formen, die es erlauben, eigene Ziel- und Sinnsetzungen zu entwickeln, eigene Orientierungen mit den gegebenen sozialen Bedingungen und Forderungen auszugleichen,
soziale Beziehungen und soziales Handeln zu organisieren und eine Identität aufzubauen. In dem Maße, wie die Ordnung des eigenen Lebens und die *Lebensführung*
in modernen Gesellschaften weitgehend als verantwortungsvolle Aufgabe den Subjekten zufällt, wird die biographische Reflexion zu einem konstitutiven Merkmal
von Subjektivität. Martin Kohli differenziert diese Grundfunktion wie folgt aus: als
ein "Fremdverstehen", das der Sinnbereicherung und Handlungsorientierung dient,
als eine nach außen gerichtete "Selbstdarstellung" ('für andere'), über die verschiedene Formen der Legitimation eingeholt werden können (Erklärungen, Anspruchs-
begründungen), und als eher nach innen gerichtetes "Selbstverstehen" ('für mich'),
das Selbstvergewisserung und Handlungsplanung erlaubt.

Im Zentrum der Selbstvergewisserung steht die Frage nach der eigenen Identität.
Dabei scheint es einer sozialen und psychischen Notwendigkeit zu entsprechen, dass
Menschen für sich und für andere eine Kontinuität und Konsistenz der eigenen Person über Zeiträume und Handlungen hinweg darstellen. Dazu gehört das Bedürfnis
und die Fähigkeit, sich als 'ganze Person' stimmig wahrzunehmen und darzustellen

und das eigene Tun in einen kontinuierlichen Zusammenhang zu bringen, was durch die Wechselwirkung von Handeln und Reflektieren bewerkstelligt wird. Typisch ist daher auch, dass biographische Thematisierungen gerade dann besonders intensiv einsetzen, wenn die eigene Person bzw. Identität durch Ereignisse von außen und innere Erschütterungen bedroht wird – etwa bei Krisen durch Krankheit und Partnerverlust, an den Schnittstellen biographischer Übergänge und Statuspassagen, bei Konversionen, bei gesellschaftlichen Umbrüchen.

So stellt beispielsweise Michael Mitterauer im Rahmen des großen Wiener Projekts zur "Dokumentation lebensgeschichtlicher Aufzeichungen" fest, dass es nicht nur darum gehen sollte, die traditionalen Welten in der eigenen Heimat autobiographisch vor dem Versinken zu retten (was sicherlich auch ein wichtiges Anliegen ist), sondern dass es gerade auch für Migranten und Einwanderer wichtig und heilsam sein kann, über den Prozess des Erzählens und der schriftlichen Niederlegung von Eindrücken, Erfahrungen und Gefühlen die mit dem Übergang in eine andere Kultur verbundenen (kollektiven wie individuellen) *Brüche* anzusehen und zu bearbeiten – ein Gedanke, der sicherlich angesichts der zukünftig noch stärker zu erwartenden Wanderungsbewegungen und der kulturellen Durchmischung von einiger Bedeutung sein wird oder sein könnte.

Und auch der Systemumbruch der DDR war und ist ein besonders 'großflächiges' und eindrückliches Beispiel für die Notwendigkeit der Anpassung an neue soziale Verhältnisse und der damit einhergehenden Neubewertung der eigenen Ziele und der eigenen Person sowie einer partiellen 'Umschreibung' von Biographien. Im Rahmen der Erforschung ostdeutscher Biographien nach der Wiedervereinigung wird deutlich, dass ein typisches Grundmuster der Bewältigung des Umbruchs darin besteht, Altes, Vertrautes und zu 'Handlungsselbstverständlichkeiten' geronnene Erfahrungen und 'Pattern' nicht einfach aufzugeben, sondern so umzumodeln, dass sie sich – quasi als 'Altes im Neuen' – den veränderten Anforderungen fügen (vgl. Dietzsch/Dölling 1996, Woderich 1996, Woderich/Bude 1996). So konstatiert Heinz Bude in einem Gespäch mit Rudolf Woderich: "Alle Studien über Umbrüche biographischer Strukturen besagen: Der Mensch ist einer, der es gar nicht so gerne hat, dass er sich ändert" (Woderich/Bude 1996, 6). Die Schwelle, an der tatsächliche Veränderungen des biographischen Konzepts und des Identitätskonzepts eintreten, liegt offenbar recht hoch. So bemerkt Bude an anderer Stelle: "Die biographische Kontinuitätsnotwendigkeit oder der Zwang zur Konsistenzsicherung kann es verlangen, dass dramatische Veränderungen in der Umwelt weggeschoben werden. Selbst politische Kollektivereignisse werden gar nicht wahr- oder erst nach einer gewissen Zeit zur Kenntnis genommen. Es muss schon viel passieren, ehe neue Erfahrungen irritierende Effekte zeitigen. Zunächst reagiert das Subjekt mit Abwehr" (a.a.O., 5). Eine weiterhin von Bude beobachtete Strategie besteht darin, den Fundus vertrauten Wissens in neue Handlungssituationen so einzubringen, dass er nach außen keinen Anstoß erregt, nach innen aber – im Sinne eines *psychologischen* "accounts" – die nötige Rückenstärkung bietet (Bude verdeutlicht dies an dem Beispiel eines Unternehmers, der marktwirtschaftlich völlig adäquat "als der reinste Okkasionalist" handelt, der sich jedoch zur inneren Abstützung dieses Handelns und völlig losgelöst von ihm auf seine guten Marx-Kenntnisse bezieht [vgl. a.a.O., 6]).

Interessant ist andererseits aber auch der Befund Woderichs, dass beispielsweise Lehrerinnen in der DDR bereits deutlich vor der 'Wende' persönliche Krisen durchgemacht, Brüche bewältigt und biographische Umstrukturierungen vorgenommen haben, und er kommt zu dem Schluss: "Biographische Einschnitte und Wendepunkte von lebensgeschichtlicher Relevanz fallen häufig nicht mit den politischen Einschnitten und Wendepunkten zusammen" (Woderich 1996, 43). Im Falle der Lehrerinnen begründet Woderich diese 'Ungleichzeitigkeit' mit den bereits zu DDR-Zeiten wahrgenommenen Widersprüchen im schulischen Alltag und der Suche nach Strategien, die Unzumutbarkeit der offiziellen Forderungen so zu kompensieren, dass sie persönlich lebbar und vertretbar wurden. Allgemeiner verweist das auf die Tatsache, dass der Horizont des *alltäglichen* Handelns und Planens zunächst einmal entscheidender für die Entwicklung der biographischen Perspektive zu sein scheint als politische Umwälzungen auf der 'Makroebene': Denn genau hier – in der "Alltagswirklichkeit" (Berger/Luckmann) – wird Identität erworben, aufgebaut, gesichert und nach außen vertreten (vgl. hierzu auch Fischer-Rosenthal 1996).

Insgesamt folgen auch Woderich und Bude der These Kohlis, dass ein zentrales Moment in der Herstellung von Identität und ihres Niederschlages in biographischen (Selbst)thematisierungen in dem Prinzip der *Kontinuitätssicherung* liegt. Kohli unterscheidet subtil zwischen *Konstanz*, *Kontinuität* und *Konsistenz* auf der sozialen und der subjektiven Ebene: Im sozialen Sinne liegt Konstanz als stabiles Milieu oder Status vor, Kontinuität als regelhafte Sequenz (etwa als Karriere) und Konsistenz als kollektive Identität; diese Gegebenheiten sorgen für Stabilität und Erwartbarkeit von Ereignissen. Auf der subjektiven Ebene meint *Konstanz* die innere Konstanz der Person trotz äußerer Veränderungen (etwa seiner Überzeugung treu zu bleiben), *Kontinuität* eine innere Kontinuität trotz Veränderung des Handelns (im Sinne von 'Ich habe mich weiterentwickelt.') und *Konsistenz* den sinnhaften Zusammenhang der Person oder des individuellen Lebens trotz innerer Veränderung ('Ich hatte ein Schlüsselerlebnis.'); hier werden also Zusammenhänge und Sinn durch die Eigenleistung der Subjekte hergestellt (vgl. Kohli 1981b, bes. 512ff.). Kontinuitäten auf der sozialen Ebene im Sinne von Milieu, Status, Karriere, kollektiver Identität geben dabei sozusagen den 'Hintergrund' und 'Boden' für den biographischen Aufbau ab und ermöglichen so die Generierung 'kontinuierlicher' Identität.

Biographien sichern aber nicht nur die personale Kontinuität, sondern auch die *soziale*. In diesem Sinne sind Biographien immer auch eine *soziale* Leistung und erwachsen aus dem Zwang der Reproduktion und Erhaltung der Gesellschaft. Entsprechend tief verankert und spezifisch ausgestaltet sind die biographischen Muster, die Gesellschaften zu ihrer Stabilisierung kolportieren und nahelegen. Das lässt sich beispielsweise eindrücklich an den institutionalisierten und tradierten Formen biographischer Reflexion ablesen. So verweist Gabriele Rosenthal darauf, dass die kognitive Verfügbarkeit von Biographien *erlernt* wird. Kinder sind beispielsweise erst ab einem bestimmten Alter in der Lage, ihre Lebensgeschichte 'biographisch' aufzubereiten, also einer bestimmten "Formtradition" (Fuchs 1984) zu folgen. Institutionen tragen massiv zur Etablierung und Ausgestaltung dieser 'Formen' und biographischen Muster bei – sowohl in struktureller wie in inhaltlicher Hinsicht: beispielsweise die Kirche in Form der Beichte im Katholizismus und des Tagebuchs im Protestantismus, die Literatur über die literarische Gattung des Bildungsromans, der Autobiographie, der Arbeitsmarkt in Form aussagekräftiger Lebensläufe zum Bildungsweg und beruflichen Werdegang, das Gericht, der Arzt, die Psychotherapie, die Sozialarbeit in ihren Anamnesen, die Medien und nicht zuletzt die Wissenschaft mit Umfragen und Interviews (vgl. Rosenthal 1995a, bes. 100ff.; vgl. auch Fuchs 1984, bes. 30ff.).

Neben dieser Funktion der Absicherung personaler und sozialer Kontinuität hat die biographische Thematisierung auch Funktionen, die stärker *psychischer* Natur sind (wobei eine Trennung von psychischen und sozialen Dimensionen immer nur wissenschaftsanalytisch gemeint und 'künstlich' sein kann). So hat bereits auf der Ebene alltäglicher Kommunikation das biographische Erzählen eine wichtige *entlastende* Funktion. Das Gespräch mit dem Kumpel in der Kneipe, der Austausch zwischen Partnern auf längeren Autofahrten, das Telefonat mit der besten Freundin oder die Kommunikation im Wartezimmer gibt Gelegenheit, Unbestimmtes und Diffuses im Inneren nach außen zu bringen und kann zur Klärung eines Problems beitragen – allein schon dadurch, dass man einen Sachverhalt klarer und distanzierter vor sich sieht und er damit handhabbar wird. Primär liegt der Gewinn jedoch darin, dass ein psychischer Druck gelöst wird, Aufgestautes abfliessen kann. Der Volksmund weiß um diese Wirkung, wenn er davon spricht, 'sich das Herz auszuschütten' oder 'sich etwas von der Seele zu reden'. So konstatiert Heiko Ernst: "Die reinigende Kraft von Beichten, Geständnissen und Aussprachen war in allen Kulturen zu allen Zeiten bekannt", und er fährt fort: "Neu ist jedoch, dass belastende Gedanken und Gefühle – wenn wir sie zu lange mit uns herumtragen – nicht nur unsere psychische, sondern auch unsere körperliche Gesundheit ruinieren können" (Ernst 1990, 22).

Das Sprechen über Belastendes hat also eine wichtige *psychohygienische* Funktion. Dass dieses Sprechen häufig 'Biographisches' enthält, hängt damit zusammen, dass Erfahrungen und Erinnerungen stets in eine 'Geschichte' eingebunden sind und dass aktuelle Erfahrungen nur verstanden werden können, wenn sie vor dem Hintergrund eines 'So-geworden-Seins' betrachtet werden. Die Subjekte haben für diese Einbindung des Erlebens in eine Genese und in einen inneren Zusammenhang ein intensives Gespür, und es scheint ein Grundbedürfnis des Menschen zu sein, dem Leben eine 'Gestalt' zu geben, es als eine Einheit zu verstehen, die ein Gesicht hat, eine Leitlinie, einen Sinn. Gabriele Rosenthal hat diesen Gestaltaspekt von Biographien und biographischen Erzählungen deutlich herausgearbeitet (vgl. Rosenthal 1995a; vgl. auch Ernst 1994).

Der *Bedarf* an Austausch und biographischer Reflexion scheint immer mehr zu steigen. Die *Ursachen* dafür – die zum Teil schon angedeutet wurden – liegen auf mehreren Ebenen und können hier nur stichwortartig benannt werden (vgl. dazu u.a. auch Beck 1995): Die wachsende Zunahme von Wahlmöglichkeiten und Optionen verlangt nach ständiger Selbstvergewisserung und Abklärung der persönlichen Ziele und Möglichkeiten: Ist das noch mein Weg? Was verpasse ich? Was will ich noch realisieren? Prozesse der Destabilisierung und der schwindenden sozialen Integration verlangen eine verstärkte Stabilisierung der eigenen Person. Nicht mehr die äußeren Umstände integrieren verlässlich (Milieu, Arbeitsplatz, Familie), sondern der 'Verlass' und die integrative Kraft liegt in der eigenen Person. Die Ordnung des täglichen Lebens, in dem sich viele Wege und Optionen praktisch überschneiden, muss geleistet werden. Das funktioniert nur, wenn die innere Linie klar ist, wenn also eine Art 'Lebensplan' oder 'Lebenskonzept' vorliegt. Die 'Biographisierung' des Lebens wird aber auch durch den steigenden öffentlichen Zwang zur Legitimation, Rechtfertigung und Demonstration von Lebensleistungen und Lebensplänen ('Karrierebewusstsein') vorangetrieben. Und sie erhält beständig Nahrung durch das Einfliessen therapeutischen und sozialpädagogischen Wissens in den Alltag und seine mediale Aufbereitung – wobei das Aufgreifen dieses Wissens und der gesteigerte Bedarf an Therapie, Selbsterfahrung und Selbstreflexion ja nicht 'zufällig' geschieht, sondern auch als Folge der und (angemessene) Reaktion auf die oben skizzierten integrativen Leistungen zu sehen ist. Hinzu kommt auf der anderen Seite die schwindende Möglichkeit, sich in einer anonymisierten Welt über Pläne oder Belastendes auszutauschen, 'Biographisches' zu thematisieren.

So ist es etwa auch kein 'Zufall', dass die biographische Arbeit – insbesondere auch mit älteren Menschen – mittlerweile zu einem festen Bestandteil sozial- und kulturpädagogischer Bildungsarbeit geworden ist. Davon zeugen vor allem die inzwischen weit verbreiteten Angebote von Gesprächsrunden, Erzählcafés, Wissensbörsen und Schreibwerkstätten, die sich in der Erwachsenen- und Altenarbeit etabliert haben (vgl. u.a. Mitterauer 1991, Kerkhoff 1995, 1996, Oostrik 1996, Herriger 1998). Im Rahmen der "Geragogik/Sozialgeragogik" werden Zielstellungen und Konzepte einer neuen Form der *Altenbildung* entwickelt, die dezidiert auf die gewandelten soziokulturellen und sozialstrukturellen Voraussetzungen des Alterns und des Alters reagieren und Bildungsarbeit im Alter als einen biographie-, identitäts- und erfahrungsbezogenen Entwicklungsprozess begreifen und fördern (vgl. dazu bes. Veelken 1990, Veelken/Gösken/Pfaff 1994, Veelken 2000). Eine zentrale Funktion der 'institutionalisierten' Reflexion und des Austausches innerhalb der älteren Generation, aber auch zwischen jüngeren und älteren Menschen (und zwischen Pädagogen und Sozialarbeitern sowie historisch und sozial interessierten Wissenschaftlern und älteren Mitbürgern) besteht darin, gerade auch im fortgeschrittenen Alter eine Flexibilität und Lebendigkeit in Gang zu halten (oder wieder in Gang zu bringen), die die Anpassung an die Veränderungen im Alter erleichtert. Engelbert Kerkhoff hebt in diesem Sinne im Rahmen des 2. Europäischen Kongresses für Soziale Arbeit hervor: "Erlebte und erzählte Geschichte (...) eröffnet die Verständigungschancen über menschliches Fehlen, über menschliches Erkennen, eröffnet auch Einsicht und Veränderung. Diese Form der Altenkulturarbeit verknüpft das gesellschaftsgeschichtliche Geschehen mit dem sozialen und individuellen Kontext der betreffenden Person, sie zeigt deren persönliche Lebenssituation in gesamtge-

sellschaftlichen Zusammenhängen auf, und sie führt zu einer Selbst- und Fremdbe-
wertung des jeweiligen individuellen Sich-Einbringens und Verantwortlich-Seins,
d.h. es erfolgen nun, in der Gegenwart, Positionsbestimmungen und Bewertungen
des damaligen Tuns und Lassens. Und genau das ist das Motiv dieser sozialen Arbeit mit älteren Menschen: Lernen aus der Vergangenheit für die Gegenwart"
(Kerkhoff 1996, 455).

Norbert Herriger hat in einem Überblicksaufsatz auf den veränderten Umgang
mit Biographien im sozialarbeiterischen Alltag aufmerksam gemacht (Herriger
1998). Während 'Biographie' häufig lediglich als "Steinbruch für Lebensdaten" fungierte, zur Erstellung einer Sozialanamnese diagnostisch ausgeschlachtet wurde und
sich dieser Prozess des Rekapitulierens und der reflexiven Aufarbeitung vornehmlich im Kopf des Sozialarbeiters abspielte, wird nun wesentlich dialogischer und
adressatenzentrierter verfahren. Die gemeinsame Rückschau auf markante, besonders belastende oder lebensthematisch bedeutsame Schlüsselstellen soll dazu beitragen, sich der starken und guten Seiten des Lebens wie der eigenen Person zu erinnern und Kraft zu gewinnen, neu anzufangen oder 'Liegengelassenes' wieder aufzugreifen und anzugehen. Zentral ist dabei der Gedanke, dass Menschen, die
sozialer und psychologischer Hilfe bedürfen, in der Regel ihr Leben als Niederlage
und "Verlust-Biographie" begreifen und aufbereiten und dass – noch gravierender –
der Faden zur eigenen Vergangenheit gänzlich abgerissen ist. Die hermetische Ab-
riegelung gegen das Gewesene und der Einschluss der Schattenseiten des Lebens in
ein inneres Gefängnis führt zur Blockierung einer ganz wesentlichen Lebensquelle –
nämlich die *Zukunftsoffenheit* und die *Erwartung einer Zukunft*. Diese Diagnose
bringt auf den Punkt, was an vielen Stellen bereits angedeutet wurde: Biographien
und das Denken und Erleben in biographischen Zusammenhängen sind ein wesentlicher Integrationspunkt der *Zeithorizonte*, in denen wir stehen – sie verbinden uns in
der Gegenwart mit unserer Vergangenheit und der Zukunft. Wenn jedoch dieser
Fluss gestoppt ist, weil die Vergangenheit bzw. der Zugang zu ihr 'blockiert' wird, so
können sich auch keine Energien in die Zukunft hinein entfalten – das Leben tritt
resigniert auf der Stelle.

In diesem Sinne macht Herriger auf zentrale Funktionen der biographischen
Selbst- und Fremdthematisierung (hier des Klienten und des Betreuers) aufmerksam,
die zusammenfassend kurz skizziert werden sollen. Zum einen, weil sie nicht nur im
Rahmen alltäglichen Austausches oder sozialpädagogisch begleiteter Reflexionen
von Bedeutung sind – und insofern einen 'Gegenstand' der Soziologie darstellen –,
sondern weil sie auch im sozialwissenschaftlichen Forschungsgespräch virulent werden – also im Rahmen des methodischen Zugangs – und dort *Wirkungen* hinterlassen. Die Chancen, die mit diesem neuen Zugang zur Biographie des Adressaten
sozialer Arbeit verknüpft werden, beziehen sich auf folgende fünf Überlegungen:

1. Es ist von fundamentaler Wichtigkeit, dass sich das Leben ordnen lässt, einen
'roten Faden' erhält und eine kohärente Gestalt. Nur so kann sich so etwas wie 'Lebenssinn' einstellen und das Gefühl, man selbst sei trotz aller Wechselfälle des Lebens eine identifizierbare und einheitliche Person. Damit ist nicht gemeint, dass

keine Widersprüche oder Brüchigkeiten im Selbstbild zugelassen werden, sondern es wird mehr – so verstehe ich es – auf das existenziell notwendige Grundgefühl abgehoben, eine Person mit einer eigenen, erkennbaren Gestalt zu sein und über eine eigene Geschichte zu verfügen, die Kontinuität besitzt und ebenfalls eine Gestalt hat.

2. Ziel biographischer Arbeit ist es, an die Stärken des gelebten Lebens zu erinnern bzw. sich seiner darin gezeigten Stärken wieder zu vergewissern. Denn oft sind diese Erinnerungen an die eigene Stärke verschüttet oder die eigene Stärke wurde gar nicht wahrgenommen, weil es allzu selbstverständlich ist, das Leben zu meistern. Erinnert und mit hoher Energie besetzt werden meist nur die Einbrüche, das beginnende Elend und das eigene Versagen. Mit dem Erkennen der gelebten Stärke kann das Selbstvertrauen und der Mut für zukünftiges Handeln zurückgewonnen werden.

3. Biographisches Erzählen hat neben (oder als Teil) der Selbstversicherung auch die wichtige Funktion, sich seiner sozialen Zugehörigkeit zu erinnen. Die Verbundenheit mit Orten, Menschen, Situationen ist ein wesentlicher Bestandteil der sozialen Verortung und des Grundgefühls, nicht allein zu sein, sondern im Verbund mit anderen Menschen zu leben. Dies zu erkennen ist gerade auch dann wichtig, wenn die Beziehung zu anderen stark belastet ist.

4. Von besonderer Bedeutung ist die Durcharbeitung von belastenden Lebensereignissen und den Krisenpunkten der eigenen Biographie. Dabei müssen auch schmerzliche Prozesse des Erkennens und Anerkennens von Lebensniederlagen durchlebt werden. Dies kann jedoch in zweierlei Hinsicht einen Gewinn bedeuten. Das Eingeständnis entlastet, weil Fassaden aufgegeben werden können, und es macht den Weg frei für die Annahme der Schattenseiten (die Energie muss nicht länger in die Abspaltungs- und Verdrängungsarbeit investiert werden).

5. In biographischen Erzählungen wird nicht nur eine 'Geschichte' rekapituliert, sondern auch Zukunft angelegt. Denn das Nachdenken über das Gewesene ist ebenso Analyse der Vergangenheit wie Wegweiser und Wegbereiter für zu Realisierendes. Im Nachdenken entwirft der Reflektierende immer auch Visionen, legt Fäden aus, schafft gedanklich neue Horizonte. Damit ist ein Neuanfang zwar noch nicht realisiert, aber er ist virtuell vorbereitet und *ermöglicht*.

### 4.5.    Biographische Erzählungen als Chance der Bewältigung traumatischer Erfahrungen

Neben der alltäglichen Notwendigkeit zur psychischen Entlastung und Selbstvergewisserung besitzen biographische Thematisierungen auch im Kontext weitreichender und dramatischer Lebenserfahrungen eine wichtige Funktion. Gabriele Rosenthal hat eindringlich auf die "heilende Wirkung biographischen Erzählens" aufmerksam gemacht und verweist im Rahmen ihrer Studien mit Überlebenden der Shoah auf die kathartische Wirkung des Erzählens (Rosenthal 1995a, 167ff., Rosenthal 1995b). So kommt sie zu der Einschätzung: "M.E. führt das Nicht-Erzählen-Können von traumatisierenden Erlebnissen und Lebensphasen zu einer zweiten Traumatisierung nach der Leidenszeit. Wenn es nicht gelingt, Erfahrungen in Geschichten zu bringen, werden die in den erlebten Situationen entstandenen Traumatisierungen weiter verstärkt" (Rosenthal 1995a, 172). Auch wenn sich in der vorliegenden Untersuchung keine Personen mit traumatischen Erfahrungen im Sinne der Holocaust-Opfer befanden, so lassen sich aus den Ausführungen Rosenthals doch gewichtige Erkenntnisse gewinnen, die auch im Kontext weniger belastender Lebenserfahrungen genutzt werden können. Und ohnehin ist der Übergang vom 'Trauma' zu anderen krisenhaften Belastungen (wie Krieg und Kriegseinsatz, Flucht, das Leid der Nachkriegszeit, aber auch bedrückende familiale Verhältnisse, Krankheiten und schwere persönliche Krisen) eher fliessend und auch diese Krisen können sich zu traumatischem Erleben ausweiten. In *diesem* Sinne sind durchaus einige Lebensschicksale in dem Sample der vorliegenden Arbeit vertreten.

Rosenthal sieht im narrativen biographischen Interview eine "sanftere" Form der Reorganisation von Erfahrungen als es etwa das Erzählen in der psychoanalytischen Therapie oder der Gestalttherapie ist, weil im biographischen Interview nicht interveniert wird, um Verdrängtes hervorzuholen (etwa durch Traumarbeit, Körperarbeit), sondern eine Rekapitulation von Erinnerungen und Ereignissen angeregt wird, die 'erzählbar' sind. Über diese 'moderatere' Form der Selbstentäußerung (ob sie das tatsächlich ist, wird weiter unten thematisiert) kann dennoch ein entscheidender Prozess in Gang gesetzt werden: Durch das Erzählen von Ereignisketten und -abläufen kann sich eine (latente) Gesamtsicht auf das eigene Leben herauskristallisieren und bewusst werden. Eine wichtige Funktion nimmt hierbei das Gegenüber ein: Denn bisher übergangene oder fraglos als gegeben hingenommene Sachverhalte müssen plötzlich detailliert und plausibilisiert werden (vgl. hierzu auch die Ausführungen von Fritz Schütze zu den "Zugzwängen des Erzählens" und ihre aufschließßende Funktion [Schütze 1976]). Damit geraten alte Sichtweisen ins Wanken, es werden neue Blickwinkel eröffnet und es können im Erzählfluss plötzlich Dinge virulent werden, die bisher unter hohem Energieaufwand zurückgehalten wurden (etwa Wendepunkte, Krisen, Traumatisches). Dieser Vorgang kann nicht nur eine psychische Erleichterung verschaffen (indem sich ein innerer 'Druck' oder 'Stau' löst), sondern auch zur Integration der zurückgehaltenen traumatischen Anteile in die gesamte Lebensgeschichte führen und damit zum Aufbau einer "konsistenten Identitätskonzeption" beitragen.

Im Rahmen ihrer Untersuchung mit Überlebenden der Shoah konnte Rosenthal weitreichende positive Wirkungen in dieser Richtung feststellen:

— Die Befragten sprachen von einer befreienden Wirkung des Abgeben-Könnens von Belastendem; das Schreckliche blieb nicht weiter dumpf, sondern wurde wiederbelebt und damit handhabbar.

— Das Schreckliche wurde mitteilbar und damit auch 'teilbar' mit anderen. So wurden etwa auch Freunde, die Familie durch die Initialzündung des Interviews in das Erlebte einbezogen und die Erzählenden erlebten ein Interesse und ein Verstehen-Wollen in einem Bereich, der sie ausgegrenzt hat.

- Es entstand eine Mitteilungsfreude, ein Mitteilungsbedürfnis. Darüber fielen auch wieder vergessene Erlebnisse ein, die wie ein 'Geschenk' neu entdeckt werden konnten.
- Durch das Erzählen konnte Distanz zu den damaligen Ereignissen gewonnen werden und die Gefühle haben die Betroffenen nicht weiter gefesselt und 'übermächtigt'.
- Zentral war auch, dass über die Erzählung eine Brücke zwischen der vergangenen und der jetzigen Welt, der Verfolgung und dem heutigen Alltag, hergestellt und das Leben damit zumindest auf symbolischer Ebene 'ganz' gemacht werden konnte. So konnten auch verschüttete Kontinuitäten wiederentdeckt und die Einsicht gewonnen werden, dass es ein Leben vor der Verfolgung gegeben hat und dass das unzerstörbar ist.
- Die Erzählenden konnten sich auch als Akteure der Handlung erleben und mitunter erkennen, dass sie gar nicht so passiv und hoffnungslos ausgeliefert waren, sondern sich auch gewehrt haben und aus eigener Kraft überlebt haben.
- Auch das Aussprechen der eigenen Schuldgefühle war wichtig, wobei auch hier oft Verbindungen in die abgebrochene Zeit vor der Verfolgung hergestellt und problematische Aspekte und Konflikte dieser Zeit (etwa eine frühere Schuld gegenüber Verwandten) offener angesehen werden konnten.

Der Umgang mit traumatischen Erfahrungen im Kontext biographischer Forschung erfordert eine große Sensibilität bezüglich der Belastbarkeit und der psychischen Stabilität der Befragten, und auch ein 'soziologisches' Interview muss sich auf die damit verbundenen psychischen Risiken einstellen. Rosenthal schätzt jedoch auch ein – und in meinen Augen zu Recht – , dass die Gefahr der Erschütterung der Selbst- und Lebensgewissheit oder des Überrollt-Werdens von traumatischen Ereignissen bis zum psychischen Zusammenbruch weitaus geringer ist, als man gemeinhin annimmt. Zum einen stehen den 'Gefahren' die oben genannten positiven Effekte gegenüber, die, wenn es sich nicht gerade um einen extremen Fall der Erschütterung handelt, kompensierend mit zu Buche schlagen und stabilisierend wirken. Zum anderen verfügen Menschen in der Regel über recht gut funktionierende psychische Schutzmechanismen, die sie vor allzu großen Erschütterungen bewahren. Zum dritten machen Abspaltungen und permanente Verdrängungen weitaus instabiler als eine phasenweise Destabilisierung durch aufdeckende Mitteilungen. Und zum vierten wird in der Regel das thematisiert, was ohnehin psychisch 'da' ist (z.B. in Empfindungen, Träumen, Bildern) und zur Entäußerung drängt. So konstatiert auch eine der Befragten von Rosenthal: "Irgendwann kommt es sowieso raus. (...) ob man will oder nicht, da können sie verdrängen soviel sie wollen, es kommt wieder. (...) Da ist es doch besser, ich spreche auch darüber" (Rosenthal 1995a, 171). Entscheidend ist hier vor allem, nicht zu *bedrängen*, sondern einen Freiraum zu eröffnen, eine Atmosphäre des Interesses und der Anteilnahme herzustellen und hinzuspüren, was sich entäußern will.

Allerdings teile ich nicht die Einschätzung, dass therapeutische Vorgehensweisen gegenüber narrativen Interviews stets schroffer und invasiver sind. Im Bereich gestalttherapeutischer und tiefenpsychologisch fundierter Vorgehensweisen in der

Gesprächstherapie und der Körper- und Bewegungstherapie gibt es Ansätze, die stark auf die innere Bereitschaft des Klienten setzen und sehr viel Zeit und Spielraum geben, Dinge wirken und sie *von sich aus* 'kommen' zu lassen (also die *Abwehr* des Klienten als Schutz respektieren und sie behutsam nur in dem Maße lockern oder abbauen, wie auch Gegenressourcen mobilisiert und für den Klienten spürbar und einsetzbar werden). Ich sehe das narrative Interview als potenziell invasiver an. Denn die 'Zugzwänge des Erzählens' können den Befragten leicht dazu verleiten, sich über das persönlich vertretbare und gesunde Maß hinauszubegeben. Wenn dann noch ein/e ehrgeizige/r Forscher/in hinzu kommt, dem/der diese Öffnung willkommen ist und der/die die entstehende Dynamik unterschätzt und auch nicht auffangen kann, so kann es gefährlich werden (wobei auch hier in der Regel auf beiden Seiten psychische Schutzmechanismen bzw. 'Warnsysteme' wirksam werden). Problematisch wird es auch, wenn in dem Forschungsgespräch in diffuser Weise 'heilende' Aspekte mitschwingen und der/die Interviewer/in nicht in der Lage ist, seine/ihre Kompetenzen und den Unterschied zwischen therapeutischem und soziologischem Gespräch richtig einzuschätzen (auch wenn die Übergänge fliessend sein mögen). In der Regel hat der/die Sozialwissenschaftler/in wenig Chancen, die Effekte eines Gesprächs – gerade auch die längere Zeit nachwirkenden Reaktionen des Gegenübers – zu kontrollieren und entsprechend helfend oder unterstützend einzuspringen.

Diese und andere forschungsethische Fragen sind sorgfältig zu bedenken in Erhebungsverfahren, die stark auf eine Selbstöffnung des Gegenübers ausgerichtet sind (vgl. dazu auch die Ausführungen in Teil 2/Kap. 2.2.2.: "Die emotionale Seite biographischer Arbeit – forschungsethische Fragen").

# 5. Wissen, Biographie und Körperlichkeit

*"Die 'Geschichte im Ich'*
*ist weit über das hinaus wirksam,*
*was dem 'Ich in der Geschichte'*
*bewusst ist."*
*(Mitterauer 1991, 19).*

In diesem Teil der theoretischen Vorbereitungen soll der Anlage und Fragerichtung der Arbeit eine kulturelle, soziale und individuelle 'Tiefendimension' verliehen werden. Dabei interessiert besonders die Biographie als Ort der individuellen wie kollektiven Wissensintegration, die Konzeptualisierung von Erfahrung, Erinnerung und Gedächtnis und die (besondere) Stellung, die der Körper in diesem Zusammhang einnimmt. Damit werden natürlich zugleich – wie in der gesamten Arbeit – in hohem Maße Prozesse der *Sozialisation* thematisch, die hier allerdings nicht in der nötigen Breite diskutiert, sondern nur im Hinblick auf einige für die vorliegende Arbeit wertvolle Gedanken 'gestreift' werden können.

Das Gebiet der Sozialisationsforschung ist in den letzten Jahrzehnten derart angeschwollen, dass selbst eine sinnvolle Rezeption zentraler Prämissen und Befunde den Rahmen dieser Arbeit sprengen würde. Auf der anderen Seite sind wesentliche Einsichten der Sozialisationsforschung bereits so in das Grundverständnis soziologischer Forschung zur Genese der Persönlichkeit und zur gesellschaftlichen Integration des Subjekts eingegangen, dass Ausführungen hierzu eher banal und überflüssig wären. So ist es inzwischen ein Gemeinplatz, dass Sozialisation als ein *aktiver* und *lebenslanger* Prozess verstanden wird, in dem der Mensch nicht (passiv) in die Gesellschaft 'eingegliedert' wird und (lediglich) lernen muss, sich 'den Normen unterzuordnen' und 'anzupassen', sondern in dem der Mensch vor der schwierigen Aufgabe aber auch Chance steht, sich und seine Umwelt in Auseindersetzung mit vorliegenden Bedingungen zu erschaffen, also kreativ und flexibel etwa mit Erwatungen und Anforderungen umzugehen, und dies im Sinne einer lebenslang zu bewältigenden Aufgabe zu leisten hat.

In diesem Zusammenhang fällt auf, dass beispielsweise Studenten/innen in den Neuen Bundesländern – vermutlich aufgrund ihrer besonderen Sozialisationserfahrungen in der DDR – fast hartnäckig einem Sozialisationsverständnis folgen, das von einer deterministischen 'Eingliederung', 'Anpassung' und 'Unterordnung' lebt. Das Beharren auf dieser Perspektive macht zum einen deutlich, wie 'prägend' bereitgestellte Erfahrungsmöglichkeiten (hier: die Erfahrungen in einem totalitären Staat) sein können und wie tief und nachhaltig diese Prägungen und Deutungsrepertoires weiterwirken, es regt zugleich aber auch zu der Überlegung an, die Sozialisationsforschung selbst unter sozialisatorischen Gesichtspunkten zu reflektieren. Denn die

Sozialisations*erfahrungen*, die eine/r macht, werden das Verständnis von Sozialisation maßgeblich (mit)beeinflussen.

So ist zu vermuten, dass etwa auch die Mitglieder einer Arbeiter-Kolonie um die Jahrhundertwende ein ähnlich 'angepasstes' Verständnis vom 'Mitglied-Werden' in der Gesellschaft haben. Denn von der Schule, über die Lehrzeit bis in das weite Erwachsenendasein hinein haben sie die Erfahrung gemacht, durch Lehrer, Pfarrer, Kolonieverwalter, Hausmeister und Vorgesetzte in den Fabriken sowie durch die entsprechenden Erlasse, Verordnungen, Anweisungen und Strafen drangsaliert und eingeschüchtert zu werden und – zusätzlich zu den ohnehin ärmlichen Verhältnissen, die keine 'großen Sprünge' erlauben – ständigen Mechanismen der Kontrolle und Disziplinierung ausgesetzt zu sein.

Sehr schön ist das u.a. von Lothar Steinbach beschrieben worden, der die Lebens- und Sozialisationserfahrungen von Arbeitern in Mannheim von der Jahrhundertwende bis zum zweiten Weltkrieg untersucht hat (Steinbach 1985). Und so ist es sicher kein Zufall, dass das oben angedeutete 'neue' Verständnis von Sozialisation zum einen zwar die 'neuen' Anforderungen an das moderne, selbständige und lebenslang flexible Subjekt widerspiegelt, dass dieses Verständnis aber auch getragen wird von Menschen (Wissenschaftler/innen), die so aufwachsen konnten, dass sich zumindest eine *Ahnung* davon entwickeln konnte, den Bedingungen nicht ohnmächtig ausgeliefert zu sein und durch eigene Anstrengung ein aktives und zufriedenstellendes Leben (bis ins hohe Ater) führen zu können. Diese *Vision* war und ist vielen sozialen Gruppen jedoch systematisch verstellt. Insofern wird es auch in dieser Arbeit darauf ankommen, die 'modernen' Vorstellungen von Sozialisation nicht allzu schnell und ungeprüft als Maßstab an die biographischen Erfahrungen der Befragten anzulegen, sondern vielmehr der ganz eigenen 'Logik' ihrer Vergesellschaftung nachzuspüren.

Anregende Hinweise zur Erforschung sozialisatorischer Prozesse im biographischen Verlauf lassen sich aus der historischen Sozialisationsforschung gewinnen (vgl. überblickshaft Herrmann 1991). Dieser Ansatz begreift sich als "Lebenslaufforschung unter dem Gesichtswinkel der Bedeutung, Verarbeitung, Bewertung und Wirkung von Sozialisationserfahrungen" (a.a.O., 237) und misst den Selbstinterpretationen der Betroffenen eine besondere Bedeutung zu. Ausgangsmaterial der Forschung bilden biographische und autobiographische Quellen, es wird aber zugleich auf eine systematische Vernetzung mit übergreifenden Theorien und Befunden zum Sozialen Wandel, zu soziokulturellen und sozioökonomischen Veränderungsprozessen und zu den historisch je gegebenen besonderen Lebensumständen des untersuchten Personenkreises Wert gelegt. In diesem Sinne wird umfangreiches 'Vorwissen' genutzt, um die subjektiven Berichte besser einordnen, verstehen und angemessen beurteilen zu können, das subjektive Erleben wird jedoch zugleich als zentrales Moment der 'Korrektur' und Erweiterung bestehenden Wissens zu der Zeit, den Lebensumständen und den spezifischen sozialisatorischen Prozessen eingesetzt. Ein Ziel ist "die Rekonstruktion von individuellen Lebensläufen im Hinblick auf die Genese von individuellen Persönlichkeitsstrukturen, -profilen und -gestalten" (a.a.O., 238). Damit steht die historische Sozialisationsforschung auch in großer Nähe zur sozialwissenschaftlichen Biographieforschung.

### 5.1.  Biographien als Ort der Wissensintegration

Zieht man zur Diagnose moderner Gesellschaften systemtheoretische Überlegungen heran, so wird die Funktion und Bedeutung von 'Biographie' und biographischer Selbstvergewisserung noch einmal sehr deutlich. Typisch für den Prozess der Herausbildung moderner Gesellschaften ist die Ausdifferenzierung funktionaler Teilbereiche sowie deren Spezialisierung und partielle Entkoppelung von anderen Funktionsbereichen. Eine Entkoppelung, die unter dem Generalziel der Maximierung von Effizienz zur Ausbildung einer prekären Eigendynamik von Systemen (oder Systemteilen) führen kann. Mit der expansiven Ausweitung der je eigenen 'Logik' eines Systems können nicht nur andere Systeme dominiert und entmachtet werden, sondern es kann gesamtgesellschaftlich zu einer prekären Schieflage von Machtverteilungen kommen (etwa wenn die Wirtschaft das politische und wissenschaftliche System korrumpiert oder wenn juristische Bestimmungen soziale Austauschprozesse blockieren) und damit auch zu (verheerenden) Ungleichverteilungen in der Durchsetzungsmöglichkeit bestimmter Orientierungen, Gestaltungs- und letztlich Lebensoptionen führen – beispielsweise zu einer fundamentalen Rationalisierung der Welt, in der andere Daseins-Modalitäten marginalisiert werden und sich dann möglicherweise in exaltierter, überschießender Form (wieder) Gehör verschaffen (müssen). Für den Bereich der Körperlichkeit und der Sinnlichkeit lassen sich eine solche Marginalisierung (und entsprechende Konterbewegungen) gut nachzeichnen.

Alois Hahn hat diese Entwicklung der Ausdifferenzierung, partikularen Dynamisierung und Entkoppelung von Systemen als einen besonderen Typus von 'Krise' bezeichnet und verweist dabei nicht nur auf Erkenntnisse der Systemtheorie, sondern auch auf frühe Diagnosen Max Webers:

> "Gerade die durchgängige Rationalisierung der einzelnen Lebensbereiche führt zu Entwicklungen, in denen die Gesamtbilanz von Erwartungen und Erreichbarem negativ wird. Man könnte dies in der Sprache der Systemtheorie so formulieren: Die outputs eines Subsystems richten sich immer weniger danach, ob diese outputs als mögliche inputs anderer Systeme Verwendung finden können. Umgekehrt: Die Eigendynamik eines Systems führt zu neuen Bedürfnissen an Gütern, Motiven, Leistungen und Legitimationen, die von anderen Systemen nicht mehr bereitgestellt werden. Lässt man den systemtheoretischen Jargon beiseite, so zeigt sich, dass es vor allem Max Weber war, der diesen Typus der Krise für die moderne Gesellschaft prognostiziert hat: Die Eigendynamik der Bürokratisierung z.B. erzeugt Zwänge, die mit den Ansprüchen an lebenswertes Leben nicht mehr vereinbar sind. Oder: Die Leistungsdisziplin des Kapitalismus, ursprünglich Antwort auf ein religiöses Sinnproblem, verselbständigt sich derart, dass die Ziele, die ursprünglich mit diesem Verhalten angestrebt wurden, völlig aus dem Blick geraten" (Hahn 1979, 502).

Neben dieser 'Schieflage' im Machtgefüge kann die Entkoppelung und Ausdifferenzierung von Teilsystemen auch zu einer massiven Zerstückelung von Lebenszusammenhängen führen und den Einzelnen vor gewichtige Orientierungsprobleme stellen. In diesem Zusammenhang macht Michael Klein darauf aufmerksam, zu welchem zentralen Sammelpunkt Biographien gerade in einer Gesellschaft werden, die durch eine weitreichende Brüchigkeit und Widersprüchlichkeit gekennzeichnet ist. Und er folgert, dass Biographien *der* Zugriffspunkt sind (oder sein könnten), um die (mindestens ebenso 'gebrochenen') Abläufe von Sozialisationsprozessen einfangen und somit einen realitätsgerechten und angemessen differenzierten Blick auf gesamtgesellschaftliche Entwicklungsprozesse zu gewinnen: "Wird Gesellschaft in ihrer Struktur und in ihren Handlungsanforderungen an das Individuum als zutiefst widersprüchlich diagnostiziert, dürfte gerade die Rekonstruktion einer in sich brüchigen Biographie mit widersprüchlichen und 'defizitären' Handlungsmustern am präzisesten den Ablauf des Sozialisationsprozesses beschreiben, wie umgekehrt eine solche gebrochene Biographie und dergestalt 'defizitäre' Bewältigungsstrategien die Beschaffenheit der Gesellschaft und das Hineinwachsen des Individuums in sie widerspiegelt" (Klein 1991, 15).

Wenn man den Prozess der Modernisierung aus der Perspektive des Subjekts als eine Ausdifferenzierung und Spezialisierung von *Wissenssystemen* begreift – so wie Hahn es tut (Hahn 1979) – , so stellt sich in diesem Rahmen die zentrale Frage, wie das sozial verteilte, hochgradig parzellierte und oft nur bruchstückhaft zugängliche 'Wissen' – das Personen lebenslang durch ihre Einbindung in diverse soziale Welten und durch ihr Handeln in diesen Kontexten erwerben – so integriert werden kann, dass die Subjekte nicht selbst als Person 'dynamisiert', zerstückelt und zerrissen werden. Hahn stellt – im Hinblick auf die Frage nach der gesellschaftlichen Vermittlung und Tradierung von 'Ideen' – die Biographie als *das* Sammelbecken für individuelle und kollektive Erfahrungen und als einen zentralen Ort der *Wissensintegration* heraus. Er führt u.a. dazu aus, dass es für die Wirksamkeit einer 'Idee' nicht ausreiche, dass sie vermittelt wird, sondern sie muss der Person wichtig erscheinen, schlüssig und plausibel für sie sein und als stimmig im Kontext von anderen bereits gemachten Lebenserfahrungen fungieren können, also *integrierbar* sein. Biographien sind ein Ort, an dem der sinnhafte Bezug zwischen individueller Erfahrung und sozialem Wissen hergestellt und an dem individuelles wie soziales Wissen sinnhaft *aufgeschichtet* und *abgelagert* wird. Damit wird deutlich, dass Biographien in enger Verwobenheit *beides* beinhalten: das Eigene im Spiegel des Sozialen und das Soziale im Spiegel des Eigenen.

Insofern ist es berechtigt, davon auszugehen, dass 'Soziales' sich nur dann erhalten, auswirken und verändern kann, wenn es von Personen getragen wird, die es zu 'ihrem' Bestand machen, indem sie es mit *Sinn* füllen, und es leben, indem sie es in *Handeln* umsetzen, bewahren und vermitteln. Und genau dies ist ja auch die Perspektive, die die subjekt- und handlungszentrierte Sozialforschung einnimmt und die in den Ausführungen zum hermeneutisch-interpretativen Vorgehen und dem Anliegen einer wissenssoziologischen Hermeneutik als der zentrale theoretische Fokus ständig mitschwingt.

Gewendet auf die Fragestellung nach der 'Eigenständigkeit' von Ideen – und dem dahinter stehenden Problem des Wechselbezugs von Daseinsbedingungen und Bewusstseinsstrukturen – lässt sich somit im Anschluss an Hahn feststellen: "Es geht nicht um die Eigenständigkeit von Ideen, sondern um den Zusammenhang zwischen unseren Erfahrungen, um die Integration verschiedener Bewusstseinsinhalte. (...) Gearbeitet und gewirtschaftet wird immer in einer Welt, die manifest oder latent mittels kulturspezifischer (...) Kategorien ausgelegt ist. Die 'Basis' ist also nicht nur vom 'Überbau' beeinflusst, sondern zumindest in bestimmten Gesellschaften selbst undurchschauter 'Überbau'" (a.a.O., 504). Diese Aussage verweist darauf, dass alle Lebensbedingungen – in schwer zu entziffernder Weise – (immer auch) Produkt von Auslegungen sind und nur insofern 'realitätsmächtig' und 'realitätsträchtig' werden, wie sie von Subjekten mit Sinn versehen werden. Unter diesen Prämissen – der Verbindung von sozialem und individuellem Wissen und der sinnkonstituierenden Leistungen des Subjekts – kann die Biographie als ein Ort verstanden werden, der das Subjekt davor bewahrt, in eine Zerstückelung seines Lebens hineingetrieben zu werden: Denn in der Biographie können die sozial hergestellten Bruchstücke der Erfahrung und des Wissens in eine Ordnung gebracht werden, eine kohärente Gestalt bilden und für das Subjekt im Sinne einer eigenen und selbst 'ausgelegten' Geschichte sinnhaft (gemacht) werden.

## 5.2.    Autobiographische Erinnerung (...)

Wenn man sich mit der Rekonstruktion von Lebensgeschichten auseinandersetzt, kommt man nicht umhin, sich mit der Beschaffenheit von Erinnerungen und der menschlichen Gedächtnistätigkeit und -fähigkeit zu befassen. Um beispielsweise mit 'Erzählungen' zum eigenen Leben angemessen umgehen zu können, muss man den *Aufbau von Erinnerungen* und die *Wirkungsweise des autobiographischen Gedächtnisses* in Rechnung stellen. Einige wesentliche Aspekte sollen hierzu im Folgenden vorgestellt werden.

Zunächst einmal ist von grundlegender Bedeutung, dass die 'Speicherkapazität' des menschlichen Gehirns begrenzt ist und dass das *Bewusstsein* nur einen geringen Teil der Totalität menschlicher Erfahrungen aufbewahren kann. Berger/Luckmann bezeichnen diesen Prozess der Ablagerung von Erfahrungen im Bewusstsein als "Sedimentbildung" oder Sedimentierung: "Was es (das Bewusstsein; d.V.) behält, wird als Sediment abgelagert, das heißt: Die Erfahrung erstarrt zur Erinnerung und wird zu einer erkennbaren und erinnerbaren Entität. Ohne solche Sedimentablagerung könnte das Individuum sich keinen Vers auf seinen Lebenslauf machen" (Berger/Luckmann 1996, 72).

Während Erfahrungen in der unmittelbaren Auseinandersetzung mit der Praxis gewonnen werden, stellen Erinnerungen einen Abdruck dieser Erfahrungen dar, ein kondensiertes Bild: Erfahrungen *macht* man, Erinnerungen *hat* man. Ganz so einfach oder schematisch ist das Verhältnis von Erfahrung und Erinnerung jedoch keineswegs. Denn erstens werden auch in den Prozess des 'Erfahrung-Machens' beständig Erinnerungen eingeschleust, die das aktuelle Tun steuern und begleiten, und zweitens sind Erinnerungen keinesfalls mit der stattgehabten Handlung und den daraus resultierenden Erfahrungen abgeschlossen – eher das Gegenteil ist der Fall. Erinnerungen sind stets Rückblenden oder das Abrufen von gespeicherten Bewusstseinsinhalten, die sich mit dem gelebten Leben, mit den dazugekommenen Erfahrungen und dem aktuellen Selbstverständnis des Erinnernden mitbewegen und *wandeln*. Zwar lässt sich so etwas wie ein Erinnerungskern ausmachen, aber die Ausschmückung eines Erlebnisses, seine Platzierung im Erinnerungsspektrum und seine Bedeutungshaltigkeit – wie wichtig es heute ist, wofür es steht, wie es bewertet wird – können erheblich variieren und sagen viel über die aktuelle Lage und das momentane Identitätsgefüge des Erzählenden aus.

So wurde beispielsweise in psychologischen Untersuchungen festgestellt, dass wir ein Ereignis oder eine Geschichte nie 'minutiös' oder vollständig erinnern oder in unterschiedlichen Zeitabständen jeweils identisch rekonstruieren (können), sondern dass in der Regel bei einer nacherzählten Episode um einen relativ stabilen Kern der Erinnerung herum neue Geschichten *erfunden* werden. Der Psychologe Bartlett fand heraus, dass ein Erzähler, der eine Kurzgeschichte zu unterschiedlichen Zeitpunkten erinnern und nacherzählen soll, die urspüngliche Geschichte immer mehr zersetzt, indem er sie seiner eigenen Sprache angleicht, immer weniger Details angeben kann, dafür aber immer stärker mit seinen eigenen Vorstellungen ausschmückt und neue Einzelheiten hinzufügt (vgl. Zimmer 1987, 52ff.). Bartlett kommt zu der wichtigen Erkenntnis, dass wir unsere Erinnerungen in Erzählungen jeweils so aufbereiten, wie es unseren momentanen Interessen, Kenntnissen, Vorlieben und Gemütsverfassungen entspricht. Noch deutlicher verweist Peter L. Berger auf die identitätsschaffende und identitätssichernde Funktion der Um- und Neuinterpretation von Erinnerungen, wenn er sagt:

> "Wir selbst sind es, die unser Leben immer wieder neu und um interpretieren. Henri Bergson hat von der Erinnerung als von einem unaufhörlichen Akt der Interpretation gesprochen. Indem wir uns der Vergangenheit erinnern, interpretieren wir sie schon, und zwar in Übereinstimmung mit unseren jeweils aktuellen Auffassungen von dem, was wir für wichtig halten oder nicht. (...) Die gängige Auffassung, dass die Vergangenheit im Unterschied zum ewig strömenden Fluss der Gegenwart fest stehe, starr und unveränderlich sei, ist also falsch. Ganz im Gegenteil, sie ist geschmeidig, biegsam und dauernd im Fluss für unser Bewusstsein, je nachdem die Erinnerung sie umdeutet und neu auslegt, was sich ereignet hat" (Berger 1977, 67).

Mit anderen Worten: Nicht nur Erfahrungen werden 'gemacht', sondern auch Erinnerungen werden 'gemacht', und unter dieser Perspektive wäre die Umkehrung der obigen Behauptung die korrektere Version: Erfahrungen *hat* man und Erinnerungen *macht* man. Denn Erinnerungen werden in der Regel so aufbereitet, dass sie zu dem aktuellen Selbstverständnis des Erzählenden 'gut passen', bzw. sind in ihrer Entstehung immer (auch) vor dem Hintergrund des aktuellen Seins und der aktuellen Interessen zu sehen und nur so zu begreifen.

Auf diesen Sachverhalt hat im übrigen auch schon Maurice Halbwachs in den 1920er Jahren hingewiesen, indem er in der Auseinandersetzung mit der psychoanalytischen Traumarbeit darauf aufmerksam machte, dass auch das Unbewusste Erinnerungen nicht als erstarrte Bilder aufbewahrt, sondern dass diese Bilder im Zuge der Rekonstruktion und Übersetzung in das Bewusstsein von der Perspektive der Gegenwart aus neu erschaffen werden. So lautet eine zentrale These in "Der Traum und die Erinnerungsbilder": "Das Gedächtnis lässt die Vergangenheit nicht wiederaufleben, sondern es rekonstruiert sie" (vgl. Halbwachs 1985, 25ff.). Dieser Umstand macht Lebenserzählungen zu einem ausgesprochen günstigen Feld, die Identitäts-, Sinn- und Handlungsstrukturen einer Person im 'Hier und Jetzt' zu erschließen

– wie es um die 'Wahrheit' von Erzählungen bestellt ist und ob sie überhaupt dazu geeignet sind, 'Vergangenes' zu erforschen, ist eine heikle Frage. Mit Sicherheit lässt sich allerdings sagen, dass Erinnerungen *nicht* dazu geeignet sind, etwa historische Ereignisse oder soziale Vorgänge 'exakt' und 'richtig' wiederzugeben. Zu dem komplizierten Verhältnis von 'Fiktion' und 'Realität' in Erzählungen wird im methodologischen Teil der Arbeit noch ausführlicher Stellung genommen (vgl. Teil 2/Kap. 1.5.).

Zurück zu der Qualität von Erinnerungen. Wenn oben in Anlehnung an Berger/Luckmann darauf hingewiesen wurde, dass Erfahrungen stets nur zu einem kleinen Teil als Erinnerungen im Bewusstsein abgelagert werden, so bedarf das einer wesentlichen Ergänzung. Erfahrungen werden nicht nur im Bewusstsein gespeichert, sondern beispielsweise auch im Vorbewussten und im Unbewussten. Und sie werden in Handlungsmustern und Routinen transportiert. Und sie werden – was häufig übersehen und vernachlässigt wird – zu einem ganz wesentlichen Anteil *körperlich* gespeichert. Mithin verfügen wir nicht nur über Erinnerungen, die unmittelbar durch das Bewusstsein abrufbar sind, sondern auch über solche Erinnerungen, die man als 'Spuren' im Unbewussten und als 'Körperspuren' bezeichnen könnte und die etwa durch psychoanalytische und körpertherapeutische Techniken dem Bewusstsein zugänglich gemacht werden können (Traumarbeit, Hypnose, Katathymes Bilderleben, Konzentrative Bewegungsarbeit, Improvisation und Ausdruck im Tanz etc.). Mit anderen Worten: Nicht nur unser 'Geist' erinnert sich, sondern auch unser Körper ist ein riesiger 'Erinnerungsspeicher'.

John Kotre rührt an einigen Stellen seiner Beschreibung des autobiographischen Gedächtnisses an diesen Bezug zur Körperlichkeit, auch wenn er diesen Zusammenhang nicht expliziert (vgl. Kotre 1996, bes. 108ff.). Seinen Ausführungen soll auch deshalb hier ein Stück weit gefolgt werden, weil sie wesentliche Erkenntnisse zur Wirkungsweise des Gedächtnisses relativ systematisch bündeln. Die Parallelen, die sich zu den eingangs referierten Darlegungen von Schütz ergeben (insbesondere im Hinblick auf den markanten Übergang von der "Lebensform der reinen Dauer des Ich" zu der "Lebensform der gedächtnisbegabten Dauer des Ich") sind unübersehbar.

Kotre geht davon aus, dass der "Strom der Ereignisse" einen "Strom der Erinnerungen" ausbildet und fragt nach zentralen Mechanismen dieser Erinnerungsbildung. Ein zentraler Mechanismus besteht in der *Hierarchisierung* von Ereignissen. Hierbei spielt zum einen der *Zeitfaktor* eine wichtige Rolle: Relativ junge Ereignisse können fast vollständig rekapituliert werden (Kurzzeitgedächtnis), je weiter ein Ereignis zurückliegt, desto blasser wird die Erinnerung (Langzeitgedächtnis). Das bedeutet aber nicht, dass wir uns an 'Früheres' überhaupt nicht mehr erinnern können, sondern dass diese Erinnerungen eine andere Qualität haben! Je weiter etwas zurückliegt, desto stärker verblasst das *Wann* des Geschehens und desto stärker tritt das *Was* (der Inhalt, das Thema) in den Vordergrund. Zentral sind dabei Bezugspunkte, die die Zeit organisieren ('Das Jahr, in dem der Blitz bei uns einschlug und alles abbrannte.', 'Es muss im Herbst gewesen sein, ich erinnere mich an die roten Äpfel.').

Zum zweiten schafft das Gedächtnis 'Ordnung' und Hierarchien, indem es Ereignisse zu Gruppen zusammenfasst und mit 'Überschriften' versieht bzw. sie *thematisch bündelt* (Oberthemen, Unterthemen). Die zentrale hierarchiebildende Funktion kommt jedoch dem *Sinngebungsprozess* zu: "Bevor wir einer Erfahrung im Gedächtnis einen dauerhaften Platz zuweisen können, müssen wir entscheiden, was sie bedeutet" (Kotre 1996, 110). Mit anderen Worten: Nur das erhält einen dauerhaften Platz, was subjektiv mit Bedeutung besetzt ist, was *sinnhaft* für uns ist! Besonders eindrücklich prägen sich dem Gedächtnis dabei folgende Situationen und Ereignisse ein, wobei die genannten Momente bezeichnenderweise eng miteinander verbunden sind und meist in einer spezifischen Häufung auftreten: 1. Situationen, die ein 'erstes Mal' bedeuten ('Als ich zum ersten Mal allein mit dem Fahrrad gerollt bin.', der berühmte 'erste Kuss'); 2. Situationen, die die gewohnte Routine durchbrechen und durch ihren 'neuartigen' Charakter die Aufmerksamkeit steigern (auch dadurch, dass sie auf physiologischer Ebene neuronale 'Blitze' freisetzen, was zu einer vermehrten Hormonausschüttung und erhöhter Kortexaktivität führt); 3. Ereignisse, die im Nachhinein als bedeutsam interpretiert werden (das Gedächtnis wertet ex post Ereignisse auf, wenn sie im weiteren Leben eine emotionale Bedeutung erlangen); 4. Ereignisse, die einen Wendepunkt einleiteten; 5. vor allem aber Situationen und Ereignisse, die mit starken Gefühlen verbunden waren (mit großen Ängsten, mit Scham, mit unbändiger Freude etc.). Besonders die beteiligten *Gefühle* und *Empfindungen* erhalten Erinnerungen lebendig. Sie wirken wie ein Scheinwerfer, der es erlaubt, Dinge intensiv wahrzunehmen und viele Details zu speichern. Gefühle können aber auch das Gedächtnis betäuben, so dass wir – etwa im Zustand des Schocks, der Lähmung oder der traumatischen Besetzung eines Geschehens – nichts mehr aufnehmen können oder nur noch eine paralysierte, fokussierte Wahrnehmung haben.

Ich denke, dass in der emotionalen und 'empfindsamen' Besetzung von Erinnerungen auch der Schlüssel für die Bedeutsamkeit von Körpererinnerungen liegt, denn Emotionalität, Empfindsamkeit und Körperlichkeit liegen sehr eng beieinander und bilden die Grundschicht unserer Wahrnehmung und Erfahrung.

Eine zentrale Funktion des autobiographischen Gedächtnisses besteht darin, *das Selbst mit Sinn zu versorgen*. In dieser Hinsicht sind Erfahrungen bzw. deren Bewertung und Platzierung im Gedächtnis als Erinnerungen vor allem auch deshalb lebendig (oder fallen unter den Tisch), weil oder wenn sie einen *symbolischen Wert* für uns besitzen (oder nicht besitzen). So kann ein Eindruck, eine Stimmung, eine Begegnung, eine Situation, eine Handlung zu einem symbolischen Bild für eine allgemeine Lebenserfahrung werden. Je näher dieses Symbol an den Kern der Identität oder an Grunderfahrungen und Grunddeutungen des Lebens rührt, desto 'höher' ist es in der Hierarchie der Erinnerungen angesiedelt und desto nachhaltiger wird es in 'Geschichten' konserviert und ausgestaltet. Noch schärfer könnte man formulieren: Die Grunderfahrungen eines Menschen *'suchen'* sich ihre Bilder!

Die Einzelerlebnisse und die Grunderfahrungen stehen somit in einem spannenden dialektischen Wechselbezug: Einzelerlebnisse verdichten sich im Laufe des

Lebens (vor allem durch Wiederholungen und starke emotionale Besetzungen) zu Grunderfahrungen und bilden sogenannte 'Skripte' aus; diese Grunderfahrungen (Skripte) suchen sich zu ihrer Bestätigung immer wieder ihr 'Material' in neu hinzukommenden Einzelereignissen, so dass sich in zunehmendem Maße ein dichtes Lebensskript aufbaut, in dem sich Erfahrungen und Symbolisierungen gegenseitig abstützen.

Die Hierarchie von Erinnerungen ließe sich im Hinblick auf den Abstraktions- und Generalisierungsgrad so skizzieren: An der Spitze der Hierarchie stehen die Leitmotive des Lebens (Ebene der stärksten Generalisierung), auf der untersten Ebene stehen Erinnerungen an konkrete Ereignisse (Situationen, Episoden, Details) und allgemeine Zustände (Ebene der stärksten Konkretion). Zwischen diesen Ebenen wird interpretativ vermittelt, indem aus dem Grundbestand an Einzelerlebnissen bestimmte Erinnerungen nach bestimmten Regeln aufgegriffen, miteinander verknüpft und zu Erinnerungsgestalten verdichtet werden, wobei sich dieser Prozess auf unterschiedlichen Abstraktionsniveaus wiederholt. So wird ein Erinnerungsnetz gewebt, in das neue Partikel eingeordnet werden können, diese Partikel auch zu leichten Umarbeitungen zwingen können oder aber ausgestoßen (also 'vergessen') werden, weil sie 'nichts Neues' bringen oder weil sie nicht in das Netz passen.

Spannend wird es jedoch dann, wenn Erlebnisse den leitmotivischen Generalisierungen erheblich widersprechen. Ein Weg ist hier, die neuen Erfahrungen so umzudeuten, dass sie dennoch in das Gesamtkonzept passen, ein anderer Weg besteht darin, das Leitmotiv zu überprüfen – dies allerdings kann zu erheblichen Irritationen führen und eine deutliche persönliche 'Krise' auslösen, weil die Person eine neue Kalibrierung ihres Selbst- und Lebensverständnisses finden muss. Solche Umschwünge oder Bruchstellen im Leben müssen keinesfalls immer an negative Erfahrungen geknüpft oder mit einem 'Abstieg' oder 'Absturz' verbunden sein, sondern können ebenso mit positiven Erlebnissen oder als 'Durchbruch' und 'Wende zum Guten' assoziiert werden (wobei durchaus auch ein negatives Erlebnis zum 'Durchbruch' verhelfen und umgekehrt ein positives Erlebnis den 'Anfang vom Ende' bedeuten kann). Gerade aber diese Wendepunkte im Leben und Ereignisse mit einer besonderen lebensthematischen Bedeutung (und einer entsprechenden emotionalen und symbolischen Aufladung) werden besonders intensiv erinnert: Man kann diese Ereignisse bzw. Erinnerungen als "Schlüsselerlebnisse" des Lebens bezeichnen.

Anknüpfend an die Erkenntnis, dass das Gedächtnis nur Bruchstücke des früher Erfahrenen aufbewahrt, stellt Steinbach die Frage, "ob es eine besondere Qualität von Erfahrungen gibt, die uns so tief prägen, dass sie in unserem Langzeitgedächtnis verankert bleiben" (Steinbach 1985, 393). Und auch er räumt hier den "Schlüsselerlebnissen" eine besondere Bedeutung ein. Bezogen auf den Erinnerungs- und Erzählprozess vergangener Erfahrungen – insbesondere bei der Befragung älterer Menschen – bemerkt er unter anderem, "dass Erlebnisbruchstücke aus der Kindheit zumeist in episodenhafter Verdichtung erinnert werden, das Gedächtnis jedoch vorran-gig Erfahrungen und Erlebnisse aus der Adoleszenz und dem frühen Erwachsenenalter bereithält" (a.a.O., 398).

Diese (und vergleichbare andere) Überlegungen sind insofern von Bedeutung, als man sich bei der Durchführung narrativer Interviews mit älteren Menschen fragen muss, was in diesem Rahmen leistbar ist, und was möglicherweise eine Überforderung – sowohl der Befragten wie des Forschungsanliegens – darstellt. So gibt Steinbach zu bedenken, ob das Untersuchungsfeld: Kindheit, Jugend, frühes und mittleres Erwachsenenalter nicht viel zu umfangreich ist, um mit den älteren Befragten (und in seiner Untersuchung unter dem anspruchsvollen Ziel der systematischen Rekonstruktion typischer Arbeitererfahrungen) realisiert werden zu können. Umso eindringlicher plädiert er für eine Vorgehensweise, die bei den Schlüsselerlebnissen der Befragten ansetzt: "Gerade deshalb ist es für die Interviewgestaltung unabdingbar, die Gespräche mit alten Menschen auf die von ihnen selbst für bedeutsam gehaltenen Erfahrungen und Schlüsselerlebnisse zu konzentrieren. Dieses Verfahrensziel entspricht der besonderen Qualität lebensgeschichtlicher, im Gespräch überlieferter Mitteilungen, die subjektive Erinnerung kennzeichnet: Das Gedächtnis bewahrt in erster Linie lebensgeschichtliche Schlüsselerfahrungen auf, und nur aus diesem Blickwinkel lassen sich die Schnittstellen zwischen individueller Biographie und kollektiver Geschichte erkennen" (a.a.O., 406).

Dieses Vorgehen wird aber nicht nur der Qualität von Erinnerung und Gedächtnis gerecht und dem Leistungsvermögen älterer Menschen (die sich eventuell weniger systematisch und genau erinnern und sich auch nicht so ausdauernd punktuell konzentrieren können), sondern auch einer zentralen Forderung qualitativ-interpretativer Sozialforschung: Nämlich den *Relevanzstrukturen* der Befragten zu folgen und sie zu einer breiten und ausführlichen Entfaltung dieser subjektiven Relevanzen anzuregen. Dass "Schlüsselerfahrungen" von besonderer subjektiver Relevanz sind, sollte deutlich geworden sein.

Steinbach hat in dem obigen Zitat bereits ein weiteres Stichwort geliefert, dem im Folgenden nachgegangen werden soll: der Erfahrung, Erinnerung und biographischen Erzählung als Schnittstelle zwischen individueller Biographie und *kollektiver Geschichte*.

### 5.3.    (...) und kollektives Gedächtnis

Der Kulturanthropologe Maurice Halbwachs hat die zentrale These vertreten, dass das 'Soziale' (Gesellschaft, Gruppen, Kultur und Geschichte) die Grundlage allen menschlichen Wissens bildet und dass von daher auch das Denken und das Gedächtnis nicht losgelöst vom sozialen und historischen Kontext menschlichen Lebens gedacht werden kann. Diese Perspektive ist – gemessen an dem oben ausführlich dargelegten sozialkonstruktivistischen Verständnis von 'Wirklichkeit' und der Genese von Sozialität – nicht unbedingt 'neu', aber sie macht in ihren Ausdifferenzierungen, die Halbwachs vor allem in seinem diesbezüglichen Hauptwerk "Das Gedächtnis und seine sozialen Bedingungen" vornimmt, doch auf wesentliche Einseitigkeiten bestimmter psychologischer und kognitivistischer Annahmen aufmerksam und setzt dem ein umfassenderes *soziales* Verständnis entgegen (vgl. Halbwachs 1985 [zuerst 1925]).

So wundert sich Halbwachs beispielsweise "bei der Lektüre psychologischer Abhandlungen, in denen vom Gedächtnis die Rede ist, dass der Mensch dort als ein isoliertes Wesen betrachtet wird" und dass hier regelmäßig der Eindruck erzeugt wird, dass man zunächst alle Bindungen durchtrennen müsse, die das Individuum "an die Gesellschaft von seinesgleichen fesseln" (a.a.O., 20).

Augustin E. Echabe und José L.G. Castro zeichnen nach, wie sich – insbesondere im Rahmen der Psychologie – ab Mitte der 1970er Jahre mit der sogenannten 'Kognitionswissenschaft' ein Forschungsfeld etabliert hat, das in eklatantem Maße jene Auslassungen wiederholt und fortführt, vor denen Halbwachs bereits zu Beginn des 20. Jahrhunderts gewarnt hatte. So scheinen soziale Bestimmungsmomente zur Erklärung menschlichen Denkens entbehrlich, Kognitionen werden lediglich als interne psychische und neuronale Vorgänge betrachtet und das Gehirn wird konzipiert als 'Computer' oder als 'kalkulierender Rechenautomat', der ohne die Berücksichtigung von Gefühlen und Stimmungslagen seinen Dienst versieht. Welchen starken Einfluss jedoch Gefühle und Stimmungen auf die Leistungen des Gedächtnisses, auf die Kreativität und die Gehirntätigkeit insgesamt haben, wurde – kurioserweise besonders von der naturwissenschaftlich orientierten Neuropsychologie – inzwischen deutlich gemacht (vgl. u.a. Damasio 1997). Sofern 'Umwelt' in den Konzepten der Kognitionsforschung überhaupt vorkommt, wird sie reduziert auf die Funktion einer Stimulusquelle, die Reize setzt und zur Verarbeitung aufgibt (vgl. Echabe/Castro 1995).

Die Kulturanthropologie zeigt jedoch auf, dass 'Soziales' wesentlich komplexer ist und dass die soziale Beeinflussung und Durchdringung des Menschen weitaus vielschichtiger und vor allem totaler ist, als es das 'Stimulusmodell' annimmt. So geht auch Halbwachs von der 'Geschichtlichkeit' des Denkens und des individuellen Gedächtnisses aus und beschreibt umfassend, wie Denken und Gedächtnis immer wieder auf Gewesenes und Gewordenes im Horizont der je gegebenen eigenen Kultur zurückgreifen: auf die Erinnerung und das Wissen anderer, auf die gewordene Sprache, auf tradierte Erfahrungen und kulturelle Fakten oder Bestände. Und mehr noch: Erinnerungen können sich überhaupt nur ausbilden und sprachlich wiederbelebt werden, wenn Menschen in diesem Prozess beständig durch andere angeregt, bestätigt und sozusagen 'wiedererinnert' werden. In diesem Sinne bemerkt Halbwachs: "Meistens erinnere ich mich, weil die anderen mich dazu antreiben, weil ihr Gedächtnis dem meinen zu Hilfe kommt, weil meines sich auf ihres stützt. (...) sie (die Erinnerungen; d.V.) werden mir (...) von außen ins Gedächtnis gerufen, und die Gruppen, denen ich angehöre, bieten mir in jedem Augenblick die Mittel, sie zu rekonstruieren, unter der Bedingung, dass ich mich ihnen zuwende und dass ich zumindest zeitweise ihre Denkart annehme" (Halbwachs 1985, 20f.).

Und er zieht daraus den weitreichenden Schluss: "Es würde in diesem Sinne ein kollektives Gedächtnis und einen gesellschaftlichen Rahmen des Gedächtnisses geben, und unser individuelles Denken wäre in dem Maße fähig sich zu erinnern, wie es sich innerhalb dieses Bezugsrahmens hält und an diesem Gedächtnis partizipiert" (a.a.O., 21). In dieser Hinsicht gibt es kein vollkommen individuelles Gedächtnis, weil jede Erfahrung und Erinnerung auf kollektivem Wissen aufruht. Aber es gibt ein *idiosynkratisches* Gedächtnis, weil sich jeder Mensch an spezifische Aspekte eines Gegenstandes erinnert und im Laufe seines Lebens einen unverwechselbaren und einmaligen Erfahrungsschatz aufbaut, je nachdem, mit welchen Ereignissen, Gruppen, Sichtweisen, Haltungen er in Berührung kam und mit welchen psychischen Prägungen er entsprechend ausgestattet wurde. Das Gedächtnis – so betont Halbwachs nachdrücklich – ist jedoch schon in seinem *Ursprung* sozial und es ist auch sozial in seinen *Funktionen*: Es bildet Identitäten aus, es tradiert Erfahrungen und es bewahrt – oder aber verdrängt und vergisst auch – kulturelles Wissen. Diesen engen Verweisungszusammenhang zwischen der Sphäre des individuellen und des kollektiven (kultur-, milieu- oder gruppenspezifischen) Gedächtnisses bringt Halbwachs an anderer Stelle so auf den Punkt: "Man kann ebenso gut sagen, dass das Individuum sich erinnert, indem es sich auf den Standpunkt der Gruppe stellt, und dass das Gedächtnis der Gruppe sich verwirklicht und offenbart in den individuellen Gedächtnissen" (a.a.O., 23).

In der vorliegenden Arbeit soll es *nicht* darum gehen, das kollektive Gedächtnis einer bestimmten Gruppe (etwa einer Familie oder einer Berufsgruppe) zu rekonstruieren. Und es soll schon gar nicht der eher problematischen (weil künstlich trennenden und normativ angelegten) These Emile Durkheims gefolgt werden, die davon ausgeht, dass jeder Mensch zwei Formen des Bewusstseins in sich verankert (ein persönliches, ganz individuelles und ein kollektives, das von der ganzen Gesellschaft [oder einzelnen Gruppen] geteilt wird) und dass ein sozialer Zusammenhalt oder "Solidarität" dann gewährleistet ist, wenn individuelles und kollektives Bewusstsein 'konform' sind (vgl. dazu auch Echabe/Castro 1995, bes. 122ff.). In dieser Arbeit wird eher davon ausgegangen, dass zwischen individueller und kollektiver Erfahrung wie Erinnerung ein enger Wechselbezug besteht und dass mithin in allen individuellen Rekonstruktionen (hier: biographischen Erzählungen) auch etwas 'Kollektives' durchscheint und sichtbar gemacht werden kann. Dieses 'Kollektive' – das sich als ein klassen-, milieu-, generationen- oder auch geschlechtsspezifisches 'Wissen' niederschlagen kann – gilt es im Hinblick auf die Frage nach Körpererfahrungen, Körpererinnerungen und Umgangsweisen mit dem Körper zu erschließen.

Ganz in diesem Sinne fragt beispielsweise auch Alheit, wie sich in alltäglichen Erzählungen Formen sozialen Wissens zeigen (Alheit 1989). Bei der vorgeführten Analyse einer erzählten Episode (einer "Schnitterhochzeit") geht es ihm allerdings weniger um die *Inhalte* eines kollektiven Wissens: Das wird auch rekonstruiert und es wird sehr plastisch die besondere Funktion der so inszenierten und kolportierten Hochzeitsfeier deutlich – nämlich ihre Funktion als soziale Abgrenzung gegen ein bürgerliches Verständnis von Feiern und Leben. Alheit geht es jedoch vor allem um den Prozess der *Strukturbildung* biographischen Wissens, also in welchen Formen sich soziales Wissen (das natürlich immer auch individuell präsentiert wird) ablagert und welchen Prozess der Traditionsbildung es dabei durchmacht bzw. auf welcher Stufe der Tradierung es sich zum Zeitpunkt der Vermittlung befindet.

Dabei unterscheidet Alheit zwischen "Erinnerungsschemata" und "Deutungs-schemata" als Schichten eines sozialen Gedächtnisses. Ähnlich wie in der Hierarchi-sierung des autobiographischen Gedächtnisses bei Kotre wird auch hier davon aus-gegangen, dass soziale Gruppen (in diesem Fall die Schnitter in einer Schnitterka-serne) über eine geschichtete Tradierung von Erfahrungen verfügen. Die dabei angesprochenen und ausgebildeten Erinnerungsschemata reichen von der Ebene des unmittelbaren Ereignisses und Erlebens über Formen der spontanen narrativen Re-kapitulation bis hin zu einer beginnenden und festen Traditionsbildung; die Deu-tungsschemata umfassen dann noch stärker sedimentierte Wissensbestände wie die alltagsweltliche Deutungspraxis, organisierte und institutionalisierte Deutungssys-teme und schließlich (dominante) normative Orientierungen. Ergänzt wird dieses Schema durch einen zweiten Modus der Wissensbildung, den Alheit als Spannung zwischen einem *dominanten Wissenshabitus* (einer Gesellschaft oder Gruppe) und dem *Kontrastwissen* (einer Subkultur oder Subgruppe) konzipiert. Die Ebenen der Erinnerungs- und Deutungsschemata ergeben in Korrespondenz mit den beiden Wissensprofilen ein recht brauchbares Koordinatensystem, den Typus von Wissen und den jeweiligen Stand seiner Traditionsbildung und kulturellen Verankerung zu bestimmen. Als heuristisches Instrument könnte dieses Schema auch in der vorlie-genden Arbeit gute Dienste leisten.

Auf eine – gerade für diese Arbeit und ihre Argumentationsrichtung – höchst be-deutsame Anmerkung von Echabe/Castro sei abschließend noch verwiesen. Die Autoren stellen fest:

> "Schließlich sollte festgehalten werden, dass der aktuelle Trend in der Sozialpsychologie, sprachliche Aspekte des Gedächtnisses zu betonen, Gefahr läuft, andere – nicht deklarative – Elemente des Ge-dächtnisses und des sozialen Wissens zu vernachlässigen. Soziale Praktiken wie Rituale (Gedächtnis-feiern, Zeremonien etc.) ermöglichen uns, besser zu verstehen, dass Gedächtnis mehr umfasst als eine kognitive Fähigkeit. Ein weiterer Faktor, der größere Aufmerksamkeit verdiente, ist der soziale Raum, in dem Dinge sich ereignen und Handelnde interagieren. Wir denken, dass dieser Raum eine wesentliche Rolle im Gedächtnis und Erinnern spielt" (Echabe/Castro 1995, 139).

Wie spät etwa der Raum in der Soziologie als Forschungsfeld entdeckt wurde und dann – mit weiterer Verzögerung – Eingang in die Sozialisations- und Lebenslauf-forschung gefunden hat, lässt sich beispielsweise daran ablesen, dass erst gegen Ende der 1980er Jahre ein Sammelband zum Thema "Lebenslauf und Raumerfah-rung" vorgelegt wurde (der inzwischen vergriffen ist!) und in dem die Autoren unter Rekurs auf Alexander Mitscherlich anmerken: "Die bis heute vorhandene Forschungslücke (sic!), die ansatzweise mit dieser Textsammlung geschlossen werden soll, wurde schon vor fast einem Vierteljahrhundert von A. Mitscherlich bezeichnet: 'Wie weit das Cachet der Städte ... wie weit diese ganz eigentümliche Lebensluft bestimmend in die Biographie der Bürger hineinwirkt, wissen wir keineswegs. Wahrscheinlich wirkt sie sehr tief" (Bertels/Herlyn 1990, 1).

Fast wichtiger als der Hinweis auf den Raum oder die besondere Bedeutung von Ritualen und Bräuchen für die Generierung (gerade kollektiver) Erinnerungen scheint mir der generelle Verweis zu sein, dass das Gedächtnis eben *nicht* nur von sprachlichen Elementen lebt und wachgehalten wird – auch wenn Sprache *das* Medium zur Herstellung von Bewusstsein ist – , sondern zentral (und vielleicht sogar noch weitreichender und nachhaltiger) auch von *nicht deklarativen* Elementen: Gefühle, Empfindungen und körperlich verankerte Erinnerungen dürften hier von besonderer Bedeutung sein.

### 5.4.  Das 'Wissen' des Körpers – der Körper als Ort individueller und kollektiver Erfahrung

Wenn Aussagen über soziale und individuelle Präsenzen des Körpers und der Körperlichkeit gemacht werden sollen, muss der Hauptgegenstand dieses Frageinteresses – zumindest näherungsweise – umrissen werden. Dabei kann es nicht um die Beantwortung der Frage gehen: 'Was oder wie ist der Körper?', sondern allenfalls um das Aufzeigen einiger Eigenschaften und Besonderheiten unter jeweils spezifischen Blickwinkeln. Dies soll hier wie folgt geschehen: a) im Hinblick auf die besondere Stellung, die der 'Körper' im Verhältnis zum 'Geist' einnimmt (die neuropsychologische Forschung hat hierzu anregende Befunde zu bieten); b) im Hinblick auf die Bedeutung, die der Körper als 'Speicher' individueller und kollektiver Erfahrungen inne hat; und c) im Hinblick auf die Frage, inwieweit diese (und ergänzende) Befunde zu der Annahme berechtigen, dass auch der Körper über ein 'Wissen' verfügt, und welche Konsequenzen diese Annahme für die Erforschung der sozialen Präsenzen des Körpers hat.

Die ebenso faszinierenden wie weitreichenden Erkenntnisse der neueren neuropsychologischen Forschung machen eines ganz deutlich: Unser Denken, unser Bewusstsein und die Qualität unserer Vorstellungen wären ohne den Körper nicht das, was sie sind. Der Neuropsychologe Antonio R. Damasio führt eindrücklich vor, "dass der Körper, wie er im Gehirn repräsentiert ist, möglicherweise das unentbehrliche Bezugssystem für die neuronalen Prozesse bildet, die wir als Bewusstsein erleben" und dass es unser Organismus ist, der "den Orientierungsrahmen abgibt für die Konstruktionen, die wir von unserer Umgebung anfertigen, und für die Konstruktion der allgegenwärtigen Subjektivität, die wesentlicher Bestandteil unserer Erfahrung ist" (Damasio 1997, 17).

Damasio unterscheidet in seiner Analyse zwischen "Organismus", "Körper" und "Gehirn", wobei 'Organismus' den Oberbegriff für den Körper auf der einen Seite (der Körper im engeren Sinne umfasst die Organe, den Gelenkapparat, die Muskeln) und das Nervensystem (das "Gehirn") auf der anderen Seite abgibt. 'Gehirn' und 'Körper' stehen unauflöslich in einem wechselseitig aufeinander abgestimmten Prozess (über biochemische und neuronale Schaltkreise) miteinander in Verbindung. Gewöhnlich (und einseitig) wird zuerst daran gedacht, dass sensorische und motorische Nerven des peripheren Systems Signale aus jedem Körperbereich in das Gehirn und vom Gehirn in jeden Körperbereich befördern. Mindestens ebenso wichtig – wenn nicht vielleicht sogar noch grundlegender – ist jedoch, was gern übersehen wird, dass auch der Körper auf einem evolutionär sehr viel älteren Weg 'eigene' Signale aussendet – und zwar chemische Signale, die über den Blutkreislauf durch Hormone, Neurotransmitter und Modulatoren zum Gehirn befördert werden.

Nun könnte man diese Hinweise einfach abtun mit der Bemerkung, dass die Spaltung des Körpers in Organismus, Körper (im engeren Sinne) und Gehirn lediglich ein Kunstgriff oder naturwissenschaftliche Spitzfindigkeit ist und dass eigentlich nichts anderes gesagt wird, als dass innerhalb dessen, was wir uns im allgemeinen unter 'Körper' vorstellen, bestimmte Wechselprozesse ablaufen. Dieser Einwand würde jedoch der tatsächlichen Bedeutung der hier vorgetragenen Erkenntnisse nicht gerecht. Dazu müssen allerdings weitere Annahmen eingeführt werden:

Nicht nur 'Körper' und 'Geist' stehen in einem engen Wechselbezug (und der Körper reagiert ebenso auf das Nervensystem/Gehirn wie das Nervensystem/Gehirn auf den Körper), sondern beide stehen (auf ihre je eigene Weise und in ihrer Vernetzung mit der Außenwelt) in Kontakt und reagieren auf die Umwelt. Für den Prozess der Wahrnehmung bemerkt Damasio so beispielsweise: "Die Umgebung wahrzunehmen heißt demnach nicht nur, dass das Gehirn direkte Signale von einem bestimmten Stimulus empfängt, von unmittelbaren Bildern ganz zu schweigen. Vielmehr verändert sich der Organismus auch selbst, so dass die Schnittstellen aufeinander abgestimmt werden. Der Körper im engeren Sinne ist nicht passiv" (a.a.O., 300).

Eine zweite wichtige These führt Damasio ein, wenn er davon ausgeht, dass viele der neuralen Schaltkreise (aus deren Aktivität der Geist entsteht) während der Evolution durch funktionelle Bedürfnisse des Organismus gebildet wurden und "dass normale geistige Funktionen nur möglich sind, wenn in diesen Schaltkreisen grundlegende Repräsentationen des Organismus vorliegen und wenn sie fortlaufend die Zustände des Organismus verfolgen" (a.a.O., 301). Mit anderen Worten: Der Körper ist Ursache und "Urgrund" geistiger Aktivitäten und unseres Lebensgefühls überhaupt, und ohne ein 'Bild' vom Körper (neuronale Repräsentationen des Körpers im Gehirn) wären geistige Leistungen nicht in der Art möglich, wie wir über sie verfügen. Der Körper liefert in dieser Hinsicht also wesentlich mehr als 'nur' grundlegende Lebensfunktionen oder modulatorische Effekte: Er liefert einen *Inhalt*, der wesentlicher Bestandteil normaler geistiger Funktionen ist.

Dies macht die Annahme nötig, dass der Geist oder geistige Leistungen nicht in einem körperlosen Gehirn entstehen (können), sondern zutiefst der Anwesenheit und des sensorischen bzw. neuralen Abtastens eines Körpers bedürfen. In diesem Sinne bezeichnet Damasio den Körper in Bewegung (und das ist er ja, solange wir atmen und unser Blut zikuliert, permanent) auch als eine" Grundfrequenz" und verbindet damit zweierlei: Zum einen liefert der Körper dem Gehirn ein Bezugssystem für Metrik und Räumlichkeit und das, was das Gehirn über die Außenwelt weiß, weiß es durch den Körper in Bewegung und durch die Repräsentationen seiner Störung; zum zweiten – und das ist von großem Gewicht – spielen *Urrepräsentationen* des bewegten Körpers auch eine Rolle für das Bewusstsein und die Wahrnehmung des Selbst. Damasio führt dazu aus:

"Nach meiner Ansicht bilden sie (die Urrepräsentationen des bewegten Körpers; d.V.) den Kern der neuronalen Repräsentation des Selbst und liefern damit ein Bezugssystem für das, was dem Organismus innerhalb und außerhalb seiner Grenzen zustößt. Das grundlegende Bezugssystem im Körper enthebt uns der Notwendigkeit, einem Homunculus die Herstellung der Subjektivität zuzuschreiben. Stattdessen gibt es, wie ich glaube, aufeinanderfolgende Zustände des Organismus, jeder von Augenblick zu Augenblick neu, in vielfältig aufeinander abgestimmten Karten neuronal repräsentiert und jeder ein Wurzelgrund des Selbst, das in jedem dieser Augenblicke existiert" (a.a.O., 313).

Spannend ist in diesem Zusammenhang – das sei hier nur am Rande angemerkt –, dass Damasio davon ausgeht, dass die neuronale Grundlage des Selbst auf der ständigen Reaktivierung mindestens zweier Kategorien von Repräsentationen beruht: auf den eben genannten Urrepräsentationen des Körpers und auf den "Repräsentationen von Schlüsselereignissen in der Autobiographie des Individuums", mit deren Hilfe sich (über entsprechende topographisch organisierte 'Karten') immer wieder und quasi in jeder 'Sekunde' neu ein Identitätsbegriff (Wer bin ich?) rekonstruieren lässt (vgl. a.a.O., 317f.).

Was bringen diese Hinweise? Eines machen sie in meinen Augen sehr deutlich: Menschliches Leben und menschliches Dasein werden nicht angemessen erfasst, wenn sie auf Hirnfunktionen, geistige Aktivitäten und Bewusstseinsleistungen reduziert werden. Der Körper ist in diesem Ensemble nicht nur Stichwortgeber oder Motor, um die nötigsten Funktionen des Organismus aufrecht zu erhalten, sondern er stellt einen eigenen Kern des Daseins dar und er rangiert – evolutionär wie funktional – *vor* dem Geist: Ohne den Körper gäbe es keine Bilder von der Außenwelt und von uns selbst, keine Empfindungen und keine geistigen Leistungen, jedenfalls keine, die etwas mit dem zu tun haben, was wir als Menschen darunter verstehen bzw. wie wir sie als Menschen bisher erfahren haben.

Warum der Körper dennoch so in den 'Hintergrund' tritt – uns in der Regel nicht bewusst wird, aber bei Bedarf jederzeit ins Bewusstsein geholt werden kann – hängt mit genau dieser evolutionären Entwicklung zusammen. Damasio vermutet, dass der Geist (bzw. das Nervensystem/Gehirn) inzwischen so nachhaltige Repräsentationen des Körpers angefertigt hat, dass diese als Bezugssystem zwar vorhanden sind, aber nicht ständig auch im Bewusstsein aktiviert werden müssen. Dieses evolutionär bedingte 'In-den-Hintergrund-Treten' des Körpers könnte auf der Ebene kultureller und sozialer Umgangsweisen mit dem Körper Entwicklungen begünstigt haben (wobei die wechselseitige Beeinflussung von biologischer und gesellschaftlicher Evolution stets eine offene Frage bleibt), die den Körper immer deutlicher aus dem Aufmerksamkeitshorizont der Gesellschaft und des Einzelnen drängen.

So 'neu' sind die Erkenntnisse von Damasio nun allerdings auch wiederum nicht, denn bereits in den 1960er Jahren hat etwa der Embryologe Erich Blechschmidt festgestellt, dass über alle frühen Leistungen der körperlichen Organisation auch das sich aufbauende Nervensystem 'versorgt' wird. Annelie Keil und Herbert Maier machen in diesem Zusammenhang auf zwei grundlegende Typen von 'Körperwissen' aufmerksam. Zum einen gibt es – im Sinne eines gattungsgeschichtlichen 'Protokolls' – ein in jede Körperzelle eingelagertes 'Wissen' über die gattungsgeschichtliche Entwicklung sowie über die Voraussetzungen und Zusammenhänge lebendiger Funktionen und lebendigen Funktionierens. Auf dieser Ebene liegt auch das Wissen des Körpers im Sinne angeborener Reflexe, unwillkürlicher Bewegungen und genetisch vorausgelegter Programme, die durch Üben und Lernen aktiviert und ausgebaut werden können. Zum anderen stellt der Körper – ganz in dem oben ausgeführten Sinne – die Basis dar, von der Empfindungen, Gefühle und intellektuelle Funktionen ihren Ausgang nehmen, und er reagiert mit seinem gesamten Stoffwechsel permanent auf diese emotionalen und geistigen Impulse (vgl. Keil/Maier 1984, bes. 113f.). In diesem Sinne stellt der Körper sein 'Wissen' für den gesamten Prozess der Lebensbewältigung bereit und er sammelt beständig ein 'Wissen' an, indem er auf die Reize seiner Umwelt reagiert und jeweils ein 'anderer' wird, je nachdem, ob er lacht, sich ärgert, nachdenkt, läuft oder liebt.

Entscheidend für unseren Denkzusammenhang ist die Verlängerung dieses zweiten Typs von Körperwissen in den kulturellen, historischen und sozialen Raum hinein. Die zentrale These lautet hier: Die je gegebenen Lebensbedingungen und die Formen, in denen sich die Menschen im Rahmen dieser Bedingungen bewegen, wirken in vielfältigster Weise auf den Körper ein und schaffen ihn jeweils beständig um und neu – Lebensbedingungen und Lebensweisen *konstituieren* den Körper. Diese Konstituierung geschieht nicht nur auf der Ebene des Körperbaus und der Statur oder der konditionellen Beschaffenheit des Körpers, und auch nicht nur im Hinblick auf erworbene Haltungen und Bewegungsmuster, sondern weit in die subtilsten Stoffwechselvorgänge hinein und bis hinunter auf die basale Ebene der Körperzelle. Das heißt aber umgekehrt eben auch, dass der Körper die ihm angetragenen 'Konfigurationen' aus Belastungen, Unterdrückungen, Ermöglichungen, Förderungen etc. in seine Sprache umsetzt (etwa in Form von Zell- und Stoffwechselveränderungen, hormonellen Veränderungen, neuronalen und muskulären Reaktionen) und als 'Wissen' speichert. Besonders deutlich sichtbar werden die 'Niederschläge' sozialer Verhältnisse in somatischen und psychosomatischen Reaktionen, die für bestimmte Kulturen eine je spezifische Gestalt annehmen (als besonders typisch für westliche Gesellschaften wurde in den 1970er und 80er Jahren der Herzinfarkt und die 'Infarktpersönlichkeit' diskutiert, inzwischen haben asthmatische und Hauterkrankungen zunehmend an Bedeutung gewonnen; vgl. u.a. Rittner 1982, Milz 1992) und sie werden sichtbar an dem, was der Körper zu leisten in der Lage ist und wie er sich bewegt, hält und ausdrückt.

Um diese Art von 'Körperwissen', das in nächster Nähe zu der Funktion des Körpers als Speicher von individueller und kollektiver Erfahrung steht, ein wenig anschaulicher zu machen, seien folgende Beispiele angeführt:

(1) Beim letzten Italienurlaub konnte ich in Assisi auf der Piazza del Commune folgende Beobachtung machen: *Eine Ordensfrau – unschwer zu erkennen durch ihr langes Gewand und die Kopfbedeckung – unterhält sich mit einem Zivilisten, beide sehen auf die Uhr und verständigen sich über ein kurzes Handzeichen, die Straße abwärts (in Richtung des Klosters) zu gehen. Es wird deutlich, dass sie es eilig haben, denn das Tempo ihres Gehens ist sehr zügig. Obwohl beide gleich schnell vorankommen, fällt ein markanter Unterschied in der Qualität des Gehens oder besser Eilens auf: Während der Zivilist durch das Tempo in einen ruckenden, fast stolpernden Schritt gerät und man der Bewegung das Angestrengte, Hastende ansieht, scheint die Ordensfrau fast über den Boden zu schweben – sie gleitet fliessend, fast ansatzlos dahin und keine Nuance zeigt an, dass sie es eilig haben könnte, obwohl*

*sie mindestens so schnell ist wie der Zivilist. Während sie sich faktisch leicht versetzt vor ihm bewegt, scheint sie sich in ihrer ganzen Haltung zurückzuhalten und erweckt den Eindruck, ruhig und gelassen hinter ihm zu gehen.*

Es wird deutlich, dass sich diese Ordensfrau eine besondere Technik des Gehens angeeignet hat und dass diese Technik ihr so in Fleisch und Blut übergegangen ist, dass sie souverän und wie selbstverständlich darüber verfügt. Aber es ist noch mehr als dies: Diese Technik scheint die körperliche Antwort auf einen typischen Konflikt zu sein, in dem Ordensfrauen in der Regel stehen. Der Glaube gebietet es ihnen, nicht zu hasten und zu eilen – denn dies verträgt sich nicht mit einer demütigen, bescheidenen Lebensweise und der Anerkennung der eigenen Ohnmacht angesichts der Fügungs- und Verfügungsmacht Gottes. Zugleich aber sind Ordensschwestern durch ihren gestrafften Tagesablauf, die vielfältigen Pflichten und die stets gebotene Sorgsamkeit und Zuwendung in der Erfüllung der Aufgaben gezwungen, sehr schnell und präzise zu handeln. Für diesen permanenten Widerspruch hat der Körper offenbar eine passende Antwort ausgebildet: Er hat eine Gangart entwickelt und habitualisiert, die beiden Momenten gerecht wird und die man als eine Technik des 'Eilens-ohne-zu-Eilen' bezeichnen könnte.

Mit anderen Worten: Der Körper ist *der* Ort, an dem sich die spezifischen Lebensbedingungen der Ordensschwester – religiöse Überzeugungen und Gebote sowie widersprüchliche Verhaltensanforderungen – niederschlagen, indem sie zur Ausbildung bestimmter Bewegungsmuster und Ausdrucksformen anregen oder zwingen. In der Haltung, im Gang, in jeder Geste sind diese Widersprüche gespeichert und haben körperlich Gestalt angenommen. Insofern transportiert der Körper nicht nur die persönliche Geschichte dieser Ordensschwester, sondern auch die *kollektive* Geschichte dieser geistlichen Frauen und der Kirche. Die Zurückhaltung, der Gleichmut und die weitgehende Entbundenheit von der Erde, die in dem schwebenden Gang zum Ausdruck kommt, ist verkörpertes Bild und körperlich gespeicherte *Erfahrung* dieser religiös bestimmten Lebenshaltung – und auch die Widersprüche haben sich ihren Körperausdruck gesucht: Er liegt in der Suggestion und dem Schein bzw. Anschein, den die Bewegung erzeugt: eilen, ohne zu eilen. Welche Selbstbeherrschung, welche Kontrolle und vielleicht auch welche Selbstverleugnung hierin angelagert sind, lässt sich nur erahnen.

(2) Ein ähnlich plastisches Beispiel für körperlich verankerte Erfahrungen und kollektive Tradierungen gibt Utz Jeggle, wenn er auf die besonderen Sozialisationsbedingungen von Kindern in einem ungarischen Dorf (das in den 1950er Jahren intensiv erforscht wurde) aufmerksam macht (Jeggle 1983). Jeggle zeichnet nach, wie die Kinder der Hofbauern und die der Knechte über ihre je eigenen Spielformen – die sich oft nur in Kleinigkeiten unterschieden, aber in ihrer sozialen Bedeutung und in ihren sozialen Konsequenzen weitreichend waren – und die Weise, in der sie in den Arbeitsprozess der Erwachsenen eingegliedert wurden, in die Mentalitäten ihres Herkunftsstandes eingeführt wurden:

Während die Söhne der begüterten Gespannbauern bereits ab dem sechsten Lebensjahr in die Arbeitswelt der Väter einbezogen wurden, im Stall beim Ausmisten und Streuen halfen, die Eisengabel benutzen lernten, das eigene Körpergewicht auf der Egge spüren und ihre Souveränität gegenüber Ochsen und Pferden ausbilden konnten, waren die Söhne von gespannlosen Tagelöhnern und Knechten auf eine längere 'müßige' Spielzeit (mit armseligem Spielzeug) angewiesen. Sie lernten nicht den besonderen Schwung, den die Eisengabel erforderte, und wurden nicht daran gemessen, wieviele Geräte sie schon beherrschten, und so in ihrem Wachstum und ihrer steigenden Vollwertigkeit unterstützt, sondern mussten sich früh mit der Hacke auf fremden Feldern krümmen.

Die körperliche Verankerung einer Herrschaftshaltung (auf dem Kutschbock, in der Führung von Tieren oder im Umgang mit schwierigen Geräten) und einer Knechtshaltung (in der gebückten Stellung bei der Feldarbeit) könnte keine deutlichere Sprache sprechen. Jeggle bemerkt ganz in diesem Sinne: "So wurde vom Spielen an der soziale Unterschied zwischen Gespannbauer und Fußvolk eingebleut, in den Bewegungen, in der Körperhaltung, in der Geschicklichkeit, in der Ausdauer; so wuchs langsam und kulturell definiert, aber quasiorganisch erlebt, hier eine Knechtsmentalität und dort ein herrschaftlicher Sinn" (a.a.O., 96).

Gerade diese körperlich-organische Vermittlung von Wissen und sozialer Zugehörigkeit ist von so besonderer Bedeutung, weil sie sich nachhaltig, tief und unauslöschlich in den Körper des Menschen hineinversenkt und von dort aus auch die Empfindungen, Gefühle und das Denken bestimmt. So ist es vermutlich auch kein Zufall, dass Erinnerungen – besonders aber Kindheitserinnerungen – einen deutlichen körperlichen Anker besitzen oder sogar um ein Körpererlebnis herum gruppiert sind, und dass Schlüsselerlebnisse immer auch auf der körperlichen Ebene repräsentiert sind und dort ihre nachhaltigsten und erinnerungsfähigsten Spuren hinterlassen. So könnte man zugespitzt auch formulieren: Wir erinnern uns, *weil sich unser Körper erinnert*. Im Material der vorliegenden Untersuchung lassen sich für diesen Zusammenhang viele Belege finden.

(3) Auf einer ähnlichen Linie liegt ein Zusammenhang, den Rosmarie Beier anlässlich der Ausstellung "Lebensstationen in Deutschland 1900 bis 1993" herausstellt (Ausstellung des Deutschen Historischen Museums im Zeughaus Berlin 1993; vgl. Beier/Biedermann 1993). In der Ausstellung geht es um die Konstruktion kollektiver Lebensstationen und nicht das Individuelle, sondern das Allgemeine, Gewöhnliche, Massenhafte von Festtagen und Ereignissen der jeweiligen Epoche steht im Zentrum. Es geht also um Stationen, "an die wir unsere entscheidenden Erinnerungen heften", und die – trotz individueller Ausdeutungen – durch Verbindlichkeiten und kulturelle Vorgaben strukturiert sind. Das Besondere dieser Ausstellung ist ein ungewohnter Zugang zu den Exponaten. Beier bemerkt hierzu:

"Es ist üblich, gerade für die wichtigsten Tage eines Lebens die Funktion der Dinge vom Geschehen her zu bestimmen: Zur Einschulung beispielsweise gehört die Schultüte. Sie ist Attribut des ersten Schultages. Dass es sich auch umgekehrt verhalten könnte, dass das Geschehen der Einschulung wie allgemein jeder Lebensstation Attribut der an diesen Tagen vorgezeigten und gehandhabten Gegenstände sein könnte, war eine wichtige Überlegung für die Auswahl der in der Ausstellung präsentierten Exponate – denn: 'Es gibt Gegenstände, die uns im Rahmen von Ritualen und Zeremonien vorgezeigt werden. Kreuze, goldene Ringe, Löffel, Torten, Grabgebinde. Sie sollen, das ist vorher festgelegt, Lebensabschnitte beenden oder andere beginnen. (...) Die Gesten, die Sätze werden zum Attribut der Gegenstände. Die Gegenstände tragen die Inhalte des Geschehens. Die Personen sind auf die Gegenstände abgestimmt. Die Gegenstände sind der Plan, die überdeutliche Karte, das Schnittmuster, nach dem die Personen handeln. (...)'" (a.a.O., 12).

Dieses Denken von den Gegenständen aus bringt auch den Körper ins Spiel: Beier spricht in Anlehnung an die Literatin Herta Müller von der "Macht der 'Gegenstände, wo die Haut zu Ende ist'". Man könnte auch sagen: Die Gegenstände enden nicht dort, wo die Haut beginnt, sondern sie 'verleiben' sich uns ein aufgrund ihrer kollektiven und rituellen Macht. Sie 'durchdringen' uns in einem leiblich-affektiven Sinne und werden so zu einer Art innerem Plan, dem wir folgen, wenn wir feiern oder trauern. Über die Gegenstände finden Zeremonien und Feste einen 'leiblichen' Anker – und gerade diese leibliche Verankerung macht besondere Lebensstationen zu einem derart machtvollen Geschehen.

(4) Auf einen weiteren spannenden Aspekt macht das (im Rahmen der Deutungsmusteranalyse inzwischen viel zitierte) Dortmunder Projekt zur Erkundung milieuspezifischer Lebensstile aufmerksam (vgl. Matthiesen 1992). Das Projekt ist u.a. an der Frage interessiert, wie sich der Strukturumbruch des östlichen Ruhrgebiets und seiner 'Montan-Kultur' in den Weltbildern, Lebensentwürfen und Lebensstilen der dort lebenden Menschen – und zwar verschiedener Generationen, Wohnmilieus und Berufsgruppen auch jenseits des 'Stahlarbeiters' – niederschlägt und zu welchen Wandlungsprozessen es in dieser Hinsicht kommt. Ein zentraler Befund ist, dass sich Wandlungen – sowohl im Hinblick auf neu entstehende medial vermittelte Angebote als auch im Hinblick auf sich neu herausbildende Lebensstile und Kulturen in hohem Maße auf einer 'nicht-textförmigen' Ebene bewegen: also auf einer Ebene des Erlebens, der Erfahrung, der Körperlichkeit, des Handelns und der Distinktionspraxis. Dies wäre nun jedoch nicht besonders ungewöhnlich, da sich die Lebenspraxis angewöhnt hat, in der Regel immer (auch) auf einer praktischen Ebene abzulaufen (ungewöhnlich ist allenfalls die neue *Aufmerksamkeit*, die dieser Ebene – etwa im Gegensatz zu mentalen und eher textförmig organisierten Aspekten der Lebensführung – gezollt wird), wenn das Projekt nicht auch noch andere Beobachtungen mitzuteilen hätte. Entgegen der gängigen These vom Zerfall traditionaler Bindungen und weitreichender Erosionen gewachsener Kulturen (etwa durch die Einführung neuer Technologien) scheint sich in den ehemaligen Stahlgebieten ein ganz anderer Trend abzuzeichnen, den Matthiesen als eine generationenübergreifende "Recodierung von Körperlichkeit" und als eine "enttextlichende Re-Hierarchisierung der milieubedeutsamen kulturellen Erlebnismodi" kennzeichnet und an folgendem Beispiel illustriert:

"Reste der Malocherkultur der von schwerer Arbeit in den respektiven 'Knochenmühlen' gedrückten Großväter und Urgroßväter gehen dabei mit den milieutypischen Stilformen des neuen, internationalen, sportiv-lasziven Leiblichkeitskultes der Enkel überraschende Verbindungen ein: Während die Generation der Väter seit Mitte der 50er Jahre die Fluchtbewegung weg von der schweren Maloche in Suchbewegungen nach Arbeits- und Lebensformen umpolten, die sozial sichtbar körperloser, sauberer, leichter und natürlich besser bezahlt sind, optieren die Enkel – auf dem Wege über Lebensstile – für Teilsegmente einer fast schon untergegangenen Lebensform: Nicht perhorreszierender Traditionsabbruch, sondern stilistisch gebändigter, teilweise beinahe jubilatorischer Rückanschluss an die körperbasierte Maloche-Kultur der Großväter, an deren Begrüßungs- und Imponierspiele mit ihren handfesten Ritualen (...). Den Verhaltensmodus dieser Sozialität-stiftenden Syntheseversuche modischer mit proletaroid-traditionalen Körperlichkeitsformen mag man probeweise 'stilisierte Deftigkeit' nennen" (a.a.O., 108).

In der körperdominierten Lebensweise der Großväter haben sich offensichtlich körperbezogene Wissensformen angesiedelt und eine Tiefenstruktur gebildet, die im Zuge der Umstrukturierung nicht sofort und völlig 'verpuffen', sondern – trotz der Gegenbewegung der Väter – für die Enkel noch spürbar und greifbar werden. Dass gerade in Zeiten großer struktureller Umbrüche der Rückgriff auf körperlich verankerte kollektive Erfahrungen und Ausdrucksformen und auf körperbezogene Lebensformen überhaupt (etwa im Sinne einer neuen Sportlichkeit) eine besondere Bedeutung erlangt, würde die These unterstreichen, dass vom Körper bzw. von körpergebundenen Modi der Welterfahrungen und Welterschließung eine besondere Kraft ausgeht und dass auf dieser Ebene offensichtlich hohe integrative und identitätssichernde Momente enthalten sind, die in 'unsicheren' Zeiten zur Selbstvergewisserung aufgesucht werden.

Für Ulf Matthiesen haben diese Beobachtungen auch methodologische Konsequenzen: Mit der im Alltag auffindbaren Bedeutungsverschiebung von textuellen (mentalen, argumentativen, reflektorischen) Selbstvergewisserungs- und Lebensstilformen zu den oben angedeuteten nicht-textuellen Formen müsste sich auch der wissenschaftliche Zugang zur Wirklichkeit verändern. So plädiert er dafür, "(...) noch einmal mit gesteigertem Nachdruck an das sozialphänomenologische Paradigma der Lebenswelt von 'doxisch' aufeinander verweisenden, aber nicht 'restlos' auf ein hyperdominantes Medium reduzierbaren Modi von Wirklichkeitserfahrungen und ihren je spezifischen Ausdrucksgestalten zu erinnern" (a.a.O., 110). Dies würde bedeuten, dass neben textstrukturell und textanalytisch vorgehenden Verfahrensweisen auch andere Methoden entwickelt werden müssten, die körper- und handlungsbezogenen Formen der Wirklichkeitserfahrung gerechter werden. Matthiesen schlägt vor, neben den herkömmlichen hermeneutisch-strukturgenerierenden Verfahren "neue fallnahe Beschreibungs- und Analyseverfahren zu entwickeln", die dann allerdings die 'Wissenschaftlichkeit'-verbürgende eherne Grenze zwischen hermeneutischer Analyse und journalistisch-reportageartigen Beschreibungsmethoden "wohl nicht werden ganz intakt lassen können" (a.a.O., 112).

(5) Das sich hier andeutende (sozialwissenschaftliche) Grundproblem der Spannung von 'Text' und 'Handlung' oder der Versprachlichung von Praxis und die damit verknüpfte Frage nach der Beschaffenheit und Erreichbarkeit sprachlich-expliziten und körperlich-impliziten Wissens wird auch von Ingo Peyker aufgegriffen (Peyker 1992). Da die Überlegungen Peykers sowohl das 'Wissen' des Körpers als auch die methodologisch bedeutsame Übersetzungsproblematik von körperlichem Wissen in sprachlich-kognitives Wissen aufgreifen, soll diesen Überlegungen hier abschließend nachgegangen werden.

Als Sportwissenschaftler ist Peyker ständig der kulturell erzeugten und tief verankerten Spannung ausgesetzt, sich quasi zwischen 'zwei Welten' bewegen zu müssen: der Welt der Sprache und der theoretischen Erkenntnis auf der einen Seite, und der Welt des Bewegungshandelns und des praktischen körperlichen Vollzugs auf der anderen Seite. Diese Spannung wird immer dann zum Problem, wenn sich die Notwendigkeit der 'Übersetzung' von einer Welt in die andere ergibt – und das ist im Rahmen der Vermittlung und Optimierung von sportlicher Bewegung (Training) eigentlich ständig der Fall. Dieses Übersetzungsproblem – Peyker spricht hier auch von "Brückenphänomenen" – stellt sich in beiden Richtungen ein: Wie kann eine Beobachtung/Wahrnehmung an einem Bewegungsablauf adäquat in Sprache ausgedrückt werden? Und inwieweit ist Sprache überhaupt dazu geeignet, Bewegungshandeln anzuleiten und dem Körper Informationen zu geben, mit denen er auch etwas anfangen kann? Die im Trainingsalltag feststellbaren Reibungen und Bruchstellen zwischen dem, was 'man' weiß und versteht (als außenstehender Trainer, aber auch als kognitiv orientierter Ausführender) und dem, was der Körper weiß und versteht, werden von Peyker plastisch illustriert:

Ein häufig anzutreffendes Phänomen ist beispielsweise, dass der Sportler erst *im Vollzug* der Bewegung 'versteht', was der Trainer mit einer sprachlichen Handlungsanweisung gemeint hat, was darauf verweist, dass der Körper seine eigene Logik ausbildet und Abläufe auf seine Weise reguliert. Und auch das Lehren eines Bewegungsablaufs über Bilder, Graphiken, Lehrbildreihen greift nicht recht, wenn die Bewegung nicht ausprobiert und umgesetzt wird. Das *Erleben* des Ablaufs rangiert also deutlich vor der visuellen Informationsaufnahme und der Körper 'versteht' am besten, indem er es *tut*. Im Gegensatz zu wortreichen Erklärungen, exakten graphischen Aufbereitungen oder gar einer digitalisierten Zersplitterung eines Bewegungsablaufs (Standbilder im Film, Zeitlupenaufnahmen mit hoher Zeitauflösung) sind paralinguistische und rhythmische Momente der Unterstützung, aber auch sprachliche Bilder oder Gesten – die auf einer analogen Ebene der Vermittlung liegen – weitaus 'körpergerechter': die Begleitung eines Skischwungs mit 'wong-wong-wopp' oder rhythmisiertes Klatschen zur Koordination des Anlaufs beim Hochsprung greifen viel besser, weil sie der 'Logik' des Körpers wesentlich näher sind als Informationen, die auf einer digitalen Ebene angesiedelt sind.

So nützt dem Diskurswerfer beispielsweise auch eine Hochfrequenzkamera, die mit 300 Bildern/sec. zeigt, dass die Hüfte der Schulter um 1/1000sec. vorausläuft, für die Umsetzung seines Bewegungsablaufs gar nichts! Denn der Körper organisiert seine Bewegungen anders und ist mit einer derartigen Reizüberflutung überfordert (was nicht selten dann auch zum Bewegungsabbruch führt). Im Gegensatz zur Sprache, die sequenziell abläuft, hat der Körper die Fähigkeit zu simultanem Erleben und weist eine dynamische Erlebnisstruktur auf. Der Körper kann viele Informationen gleichzeitig aufnehmen und koordinieren und schafft somit immer wieder ein stimmiges Gesamtbild einer Situation. So hat beispielsweise Niki Lauda von sich gesagt, er habe einen sensiblen Hintern: Das Gesäß 'erlebt' die Fahrt, es fühlt den Boden der Rennbahn, ihre Griffigkeit, ihre Erhebungen und Neigungen, die Beschleunigungen und Fliehkräfte und organisiert so das Fahrverhalten.

Diese ausgeprägten Fähigkeiten und das Wissen des Körpers, die sich in der sportlichen Praxis immer wieder auf verblüffende Weise zeigen und denen die Sprache oft machtlos gegenübersteht – 'Ich kann es machen, aber nicht sagen, wie ich es mache oder warum es funktioniert.' – dieses Phänomen ist auch im Bereich manueller und stark körperbezogener 'praktischer' Arbeit anzutreffen. Hier zeigt sich, dass das 'Körperwissen' dem theoretischen Wissen oftmals voraus ist – dass es also adäquater und stimmiger Probleme löst als technische Messungen oder exakte lehrbuchmäßige Anweisungen dies könnten – dass dieses 'Körperwissen' aber durch 'Theorien' oder eine schulmäßige und exakte Aufbereitung nicht einzuholen ist: Sobald man es festhalten, katalogisieren, systematisieren oder vermitteln will, 'zerfällt' es vor dem rationalen Verständnis. Das *Erfahrungswissen* von Fabrikarbeitern und Maschinisten ist hier Legende: der Arbeiter, der ein sensibles Gespür für die Maschine hat, das sich bei Fehlverhalten bis zur Schmerzempfindung steigern kann, der genau hört, ob alles richtig läuft, der intuitiv weiß, wo es hakt, der das Gefühl in den Händen sitzen hat und genau sagen kann, wann das Seil die richtige Spannung hat: 'Mit der Meßuhr allein könnte man da nichts machen.'

Dieses praktische Wissen, das an die Person und ihre Erfahrung gebunden ist – und das Michael Polanyi auch als implizites Wissen bezeichnet hat (vgl. Polanyi 1985) – droht im Zuge der Technologisierung und Digitalisierung, aber auch der sich ausweitenden Dominanz sprachlicher und theoretischer Welterschließungsmodi, an der die 'Verwissenschaftlichung' der Welt ihren guten Anteil hat, immer mehr verdrängt zu werden. Peyker sieht in der Verdrängung körperbezogenen Erfahrungswissens im Arbeits- und Produktionsprozess in meinen Augen treffend zwei Gefahren: die faktische Erosion und Zurückdrängung eines besonderen Wissenstypus und damit verbunden – aber auf einer kulturell bedeutsameren und 'tiefer' angelegten Ebene – die fortschreitende *Abwertung* dieser Wissensform und das Verschwinden des Bewusstseins darüber, "was die Körperlichkeit von Arbeit für die Entwicklung eines besonderen Wissens und einer damit verbundenen individuellen wie kollektiven Identität bedeutet (bzw. ehemals bedeutet hat)" (Peyker 1992, 84f.). Er führt dazu aus: "Da dieses 'Wissen', dieses 'Gespür' als eigenständige Form des Begreifens von Wirklichkeit objektiv nicht überprüfbar, rational nicht begründbar, sich nicht exakt beschreiben lässt und dennoch 'wahr' und 'notwendig' ist, kann es auch nicht theoretisch vermittelt werden, nicht zu einem 'verbalisierten Speicher gesellschaftlicher Erfahrungen' und nicht gelernt werden. Dieses Wissen kann nur im unmittelbaren Umgang mit der Materie, mit Geräten, mit dem fremden und eigenen Körper erworben werden" (a.a.O., 85).

Polanyi geht davon aus, dass sich die beiden Wissensformen – das körper- und handlungsbezogene implizite Wissen und das beschreibbare, kognitiv gebundene explizite Wissen – ergänzen und in allen theoretischen wie praktischen Lebensvollzügen enthalten sind (insofern würde auch der Wissenschaftler im Rahmen seiner wissenschaftlichen Arbeit über implizites Wissen verfügen und dieses weitgehend unreflektiert zum Einsatz bringen). Das implizite Wissen, das nicht in Worten ausgedrückt werden kann, dient als 'Unterlage' des expliziten Wissens (so wie der Körper 'Urgrund' geistiger Prozesse ist).

Das heißt auf der anderen Seite aber auch, dass in jeder sprachlichen Äußerung auch Momente enthalten sind, die sich auf der analogen Ebene bewegen und die einem sprachlichen Ausdruck seine Gesamtgestalt und letztlich seine Bedeutung geben. Denn in jeder sprachlichen Mitteilung wird neben der rein faktisch-inhaltlichen Seite auch eine unausgesprochene 'auratische' Seite transportiert – Medium der Vermittlung dieser Seite sind beispielsweise die Lautstärke, der Klang, die Modulation der Stimme oder auch Assoziationen oder Bilder, die einen Inhalt nicht fixieren und auf den Punkt bringen, sondern einen Bedeutungshof erzeugen und *Möglichkeiten* der Auslegung bereitstellen. Insofern wären die beiden Welten nicht als total voneinander getrennt zu konzeptualisieren, sondern als zwei Welten, die zwar ihrer je eigenen Logik folgen und auch nicht bruchlos oder gar vollständig ineinander übersetzbar sind, die aber dennoch gemeinsame Berührungspunkte haben und in einem intermediären Raum – in einem Raum der Bilder, Assoziationen, Empfindungen, des Hinspürens oder Hineinspürens – vermittelbar sind. Denn wären die Phänomene ei-nes impliziten und körperbezogenen Wissens *gänzlich* unzugänglich, so könnten wir sie noch nicht einmal denken. Es spricht jedoch Vieles dafür, dass eine sprachliche *Annäherung* auch an diesen Erfahrungsmodus möglich ist und dass die Sprache durchaus in der Lage ist, sich zu der Ebene der Erfahrung hinunterzuneigen und Ausdrucksformen für ihre besondere Qualität zu finden. Das gelingt jedoch nur um den Preis der Aufgabe eines wissenschaftlichen Exaktheitsanspruchs und des Glaubens an die Überlegenheit dieser Form von Erkenntnis.

Auf zwei Zugangsmöglichkeiten zu der Ebene impliziten und körpergebundenen Wissens sei hier verwiesen:

(a) Heinz Bude hat darauf aufmerksam gemacht, dass wir auch Erfahrungen machen, die *nicht* in Erzählform dargestellt werden können. Entsprechend hebt er hervor, dass in jedem sprachlichen Kunstwerk, aber auch in jeder alltäglichen Äußerungssequenz in unterschiedlichen Graden und Gewichtungen "lyrische", "epische" und "dramatische" Stilformen beteiligt sind (vgl. Bude 1985).

Der epische Charakter der Erzählung entspricht unserem Bedürfnis nach Kontinuierung unserer Erfahrung und Bude vermutet, dass die Erzählung das Schema abgibt, nach dem wir unsere Erfahrungen nacheinander aufschichten und in eine Entwicklungslinie in der Zeit bringen. Zugleich wird aber auch in jedem Darstellungsvorgang das Bedürfnis virulent, unsere Erfahrungen 'auf den Begriff' zu bringen, dramatisch zuzuspitzen und nach Wesentlichkeiten und übergeordneten Sinnaspekten zu strukturieren. Ebenso bedeutsam ist andererseits die Tendenz der Zersplitterung der Erfahrungen, wobei genau genommen nicht die Erfahrung 'zersplittert' ist – denn sie ist was sie ist und in ihrer Einheitlichkeit und Eigentümlichkeit letztlich nicht einholbar – , sondern die Sprache bzw. der sprachliche Ausdruck, in dem Erfahrungen kommunikabel werden, ist zersplittert. Gerade aber dieses *unterste* Strukturniveau der Sprache bzw. Darstellung ist der Erfahrung am nächsten: die assoziative und fragmentarische Form des Denkens und Sprechens, bei der collageartig einzelne Erinnerungspartikel auftauchen und zusammengefügt werden, bei der der Sprecher sich in den Strom seiner Erfahrungen fallen lässt und bei der der normale Sprachfluss stockt, Bilder und Analogien gesucht werden und ein evozierender

Sprachstil Raum greift – genau auf dieser 'regressiven' Stufe des Sprechens werden Gefühle, Stimmungen, Ahnungen und im weitestem Sinne 'Unbewusstes' greifbar und ebenfalls 'spürbar'.

In einer lebensweltlich orientierten Untersuchung mit Tänzerinnen – in der es um die Erkundung der Lebens- und Arbeitsverhältnisse im Kunstbetrieb sowie um die Wahrnehmung des eigenen tänzerischen Schaffens, des Verhältnisses zum (eigenen) Körper und des Selbstverständnisses als Tänzerin ging – wurde deutlich, wie wichtig die Beachtung dieser 'lyrischen' Sprechweise im Rahmen der Interpretation des Interviewmaterials war (vgl. Abraham 1992). Denn dort, wo das Wort 'eigentlich' versagt – und das ist im Rahmen der Thematisierung von Tanz, künstlerischem Schaffen, Körperlichkeit und Identität in hohem Maße erwartbar und kaum zu umgehen – wo Sätze abgebrochen werden, unvollständig bleiben, 'unlogisch' werden, wo kreativ nach Umschreibungen gesucht wird, nach neuen sprachlichen Figuren – dort beginnt nicht nur das Reich der unmittelbaren Erfahrung, des Erlebens, der Praxis, sondern auch das Reich der problematischen Bezüge zur eigenen Person und der Auflösung von Handlungs- und Orientierungsselbstverständlichkeiten: Das Vertraute und 'Normale' wird brüchig und der Sprachstil verweist auf diese Brüchigkeit, die – verfolgt man sie in ihrer kontextuellen Einbettung und Bedeutung – zu wichtigen Einsichten über die Identitäts- und Sinnstiftungen der Person führen kann.

Martin Sexl, der anhand des Bergsteigens auf den Unterschied von implizitem und explizitem Wissen aufmerksam macht, hebt in diesem Zusammenhang den besonderen Wert der *Literatur* – als sprachlich gebundener Form der Kunst – hervor: Der Literatur kann noch am ehesten der sprachliche Brückenschlag zu dem eng an die Erfahrung gebundenen impliziten Wissen gelingen – einem Wissen, das immer auch leiblich verankert ist. Er führt dazu aus:

> "Wie gezeigt wurde, ist das implizite Wissen – unsere Erfahrung – sehr schwer in Worten auszudrücken ('Wie klingt eine Klarinette?'). Nun glaube ich, dass Literatur (und Kunst allgemein) *eher* dieses implizite Wissen als menschliche Erfahrung ausdrücken und vermitteln kann, da literarische Texte keine Regeln aufstellen und keine generalisierten Wahrheiten vermitteln, sondern Beispiele bringen. Literatur ist exemplarisch, sie spricht von Situationen, von kontextgebundenem Wissen, von Erfahrung. Das implizite Wissen, das uns die Literatur vermitteln kann, ist keine erlernbare Information, die erklärbar wäre, sondern handelt von menschlicher Erfahrung, die nur intuitiv verstehbar ist. Kunst vermag etwas zu vermitteln, was rational konstruierte Systeme nicht vermitteln können: Erfahrungen von Sinnlichkeit, Bewegung, Zeit, Schmerz, Berührung, Freude, Fremdheit. Freude oder Schmerz oder der Klang einer Klarinette sind nur erfahrbar, nicht erklärbar. (...) Erst die Erfahrung selbst, und Kunst ist eine Erfahrung – eröffnet uns dazu die Zugänge" (Sexl 1996, 149).

Im Rahmen des sozialwissenschaftlichen Zugangs zur 'Gewalt' wird eine 'literarische' Annäherung an das Phänomen seit einiger Zeit kontrovers diskutiert (vgl. von Trotha 1997, Nedelmann 1997). Um das Phänomen als ein körperliches, an das Zufügen und Erleiden von physischem (und psychischem) Schmerz gebundenes Geschehen erfassen zu können, bietet sich ein möglichst 'dicht' beschreibender Zugang an, der in die Nähe von Kunst gerät. Zu Recht warnt Birgitta Nedelmann jedoch davor, das Unternehmen der Deskription von Gewalt, gewalttätigem Handeln und seiner körperlichen Folgen in eine "schriftstellernde Fleischbeschau" ausufern zu lassen (Nedelmann 1997, 74). Damit wäre einer *soziolgischen* Analyse des Phä-

nomens sicherlich nicht gedient. Nedelmann entfaltet so auch konstruktive Vorschläge, wie die Analyse von Gewalt theoretisch 'gesättigt' werden könnte (etwa
durch eine Verbindung des Themas mit dem Problem der Konstituierung des Selbst
bzw. der sozialen Subjektivität, durch die Verbindung mit kulturspezifischen Interpretationen des Leibes, durch den Einbezug des organisatorischen, institutionellen
und situativen Kontextes).

Ähnlich argumentiert Trutz von Trotha: Zwar steht er einer erlebensnahen Beschreibung gewalttätigen 'Antuns' und Erleidens sehr aufgeschlossen gegenüber,
aber er plädiert ebenfalls für einen soziologisch kontrollierten Einsatz dieses Zugangs. In dem von Clifford Geertz vorgelegten Konzept der 'dichten Beschreibung'
sieht er einen aussichtsreichen Anknüpfungspunkt. Andererseits macht von Trotha
zu Recht darauf aufmerksam, dass sich die im Kontext der Gewalt virulent werdenden Momente nur begrenzt einfangen lassen – eindrucksvoll gelingt ihm das in seinem "Exkurs über Gewalt und Schmerz" (a.a.O. 28ff.). So konstatiert er unter anderem: "Aber unser Vokabular der Schmerzqualifikation ist bemerkenswert kärglich.
Das gilt besonders für Zuschauer. Unsere reduzierte Beobachtersprache für den
Schmerz ist Folge des Umstandes, dass wir keinen Zugang zum Schmerz haben. Der
Schmerz, wie Sofsky (...) sagt, 'entzieht sich der Kommunikation. (...) Er ist reines
Empfinden. (...) Er ist nur er selbst'" (a.a.O., 29). Mit anderen Worten: Es gibt gerade im Bereich der Körperlichkeit bzw. Leiblichkeit Phänomene, die nur sind, *indem*
sie erlebt, durchlebt, erlitten werden, und deren Darstellung nicht (oder nur sehr
begrenzt) gelingen kann. Die Beobachterposition, die der/die Forschende einzunehmen 'chronisch' gezwungen ist, trennt von dem Erleben des Anderen ab und dieses
Erleben kann selbst 'literarisch' nicht eingeholt werden.

(b) Ingo Peyker beschreibt einen aufschlussreichen Vorgang, der auf eine zweite
Möglichkeit der Annäherung an implizites Wissen verweist: *In der Auswertung
einer Bildsequenz zu einem Sprungablauf konnte und konnte er – selbst nach fünf-
zigmaliger Betrachtung des Sprunges – nicht herausfinden, wo der Fehler liegt.
Plötzlich jedoch wurde ihm deutlich, dass er an einer bestimmten Stelle des Ablaufs
eine veränderte Körperspannung an sich selbst bemerkte und dass sich diese Spannung immer an der gleichen Stelle verstärkte bis hin zu einem Kreuzschmerz. Diese
eigene körperliche Wahrnehmung führte ihn zu dem Punkt im Bewegungsablauf, der
nicht stimmte und mit einem Mal konnte er den Fehler förmlich spüren und auch in
dem fremden Ablauf lokalisieren.*

Dieses Beispiel steht für einen Zugang, der von der körperlichen und sinnlichen
*Einfühlung* in eine andere Person lebt. Es ist der Versuch, sich in die Bewegung oder
die Haltung eines anderen Menschen hineinzuversetzen, sich seinen Habitus und die
Gesamtgestalt seines Ausdrucks anzuverwandeln, so dass ein innerer und im eigenen Körper situierter Eindruck und Nachhall des anderen erzeugt wird. Dass dieses
Sich-Hineinversenken auch nur partiell und näherungsweise gelingen kann, liegt auf
der Hand, denn der andere ist ein anderer und ich werde mit meiner physischen und
psychischen Struktur nie tatsächlich das empfinden und erleben können, was der
andere empfindet und erlebt. Dennoch ist dies eine Möglichkeit, auf einer körperbezogenen Ebene mehr über den anderen zu erfahren.

In der therapeutischen Körperarbeit wird diese Möglichkeit seit langem genutzt. So lebt beispielsweise auch der 'Verstehende Ansatz' der Motologie zentral von dieser Einfühlung in den anderen (vgl. Seewald, bes. 1991, 1995, 1997, Amft/Seewald 1996). Die Ausführungen Jürgen Seewalds zum 'Verstehenden Ansatz' in der Motologie sind auch deshalb lesenswert, weil er sich als Theoretiker *und* Praktiker mit genau den gleichen Problemen der Vermittlung und Transferierbarkeit von Handlung/Praxis und Sprache/Reflexion herumschlägt, wie sie oben ausgeführt wurden. Und auch er kommt zu dem Schluss, dass die "vortheoretische phänomenologische Ebene" und die "vorrepräsentative Qualität der Bewegung" ernst zu nehmen und als ein bedeutsamer Sinnkontext zu würdigen ist, und dass entsprechend intensiv nach *Anschlussstellen* zwischen dem Erleben und der Beschreibung von Erleben zu suchen ist.

Im Gegensatz zur (objektiven) Hermeneutik, die – wie im methodologischen Teil zu zeigen sein wird – das 'Text-Handlungs-Problem' eindeutig (und einsinnig) in Richtung der Entscheidung für den Text und die sequenzielle Ordnung des Lebens gelöst hat – wofür unter etablierten wissenschaftlichen Gesichtspunkten einiges, wenn nicht alles spricht und letztlich auch gar kein anderer Weg gangbar erscheint – plädiere ich dafür, sich zumindest auch für andere Wege offen zu halten. Ein wichtiger Schritt in diese Richtung besteht darin, sich der Bedeutung des impliziten und körpergebundenen Wissens bewusst zu werden und aktiv nach Möglichkeiten zu suchen, wie dieses Wissen – das sowohl bei den alltagsweltlich agierenden Subjekten als auch beim Forschenden stets mitschwingt und in beiden Fällen eine wichtige Ebene des Zugangs zur Welt darstellt – trotz seines nicht-textuellen Charakters sicht-bar und reflektierbar gemacht werden kann.

# 6. Exkurs: Der Körper als Erkenntnisquelle – Anmerkungen zu einer übersehenen Perspektive sozialwissenschaftlicher Forschung

## 6.1. Vorbemerkung

In den folgenden Ausführungen wird es um die Frage gehen, inwiefern und mit welchen Begründungen der Körper des/der Forschers/in als Instrument der Erkenntnis in der sozialwissenschaftlichen Forschung bisher 'übersehen' bzw. nicht systematisch genutzt wurde, welche Chancen damit vertan werden und wie eine Nutzung des komplexen 'leiblichen Sensoriums' im Forschungsprozess sowohl vertreten und begründet als auch entfaltet und eingesetzt werden kann. Dazu ein paar Vorbemerkungen:

Das Kapitel ist als ein 'Exkurs' angelegt: Es gehört nicht notwendig zum Hauptstrang der Arbeit (die theoretische und methodologische Fundierung der empirischen Untersuchung käme auch ohne die hier entwickelten Gedanken aus), sondern stellt eine Art 'sur plus' dar. Diese Sonderstellung ermöglicht den Luxus, Gedanken lediglich anzureißen, Fäden auszurollen, ohne sie konsequent zu Ende zu spinnen oder zu verknüpfen, Fragezeichen, Widersprüche, Ungeklärtes oder Unklärbares lediglich zu benennen, Probleme nur anzudeuten, ohne sie befriedigend zu lösen. Hinsichtlich der Platzierung des Kapitels ebenfalls ein kurzer Hinweis: Inhaltlich und im Sinne der thematischen Logik wäre das Kapitel eigentlich an einer anderen Stelle besser aufgehoben – als Exkurs am Ende des methodischen Teils der Arbeit (nach der Vorstellung der herkömmlichen Verfahren der Textanalyse und als eine zu elaborierende Ergänzung zu diesen Verfahren). Da die Überlegungen zum Körper als Erkenntnisquelle in der vorliegenden Untersuchung jedoch (noch) nicht systematisch eingesetzt werden, würden mit der Platzierung dort vielleicht falsche Hoffnungen geweckt.

Hinzu kommt, dass im theoretischen Teil der Arbeit, an dessen Ende nun der Exkurs steht, bereits wesentliche 'Spuren' ausgelegt wurden, die der Ausarbeitung der oben angedeuteten Fragestellungen dienen können und die jetzt noch relativ 'frisch' im Gedächtnis haften (was die Nachvollziehbarkeit der Anknüpfungspunkte erleichtern kann). Außerdem handelt es sich bei der folgenden Diskussion nicht (nur) um 'Methodisches' im engeren Sinne, sondern es werden über weite Strecken erneut auch theoretische Anstrengungen erforderlich. Also auch aus diesem Grund ist die Platzierung des Exkurses an dieser Stelle vertretbar.

Es sei erlaubt, die vielfältigen Themen und Anknüpfungspunkte, die bis hierher bezüglich des in Frage stehenden Zusammenhangs angedeutet wurden, zunächst einmal kursorisch aufzulisten, um sie dann in einem zweiten Schritt etwas systematischer zu bündeln, zu vertiefen und gedanklich auszuweiten:

1. In den Ausführungen von Alfred Schütz zum Fremdverstehen können besonders jene Momente als Anknüpfungspunkte dienen, in denen von der 'umweltlichen'
respektive 'leiblichen' Begegnung die Rede ist, und in denen der Körper als Ausdrucksfeld angesprochen wird. Bedauerlicherweise hat Schütz die hier geleistete
subtile Arbeit nicht für seinen weiteren Entwurf der methodologischen Konzeptualisierung der Sozialwissenschaft genutzt, sondern sich – wie gezeigt – ganz der Beschreibung des symbolischen, 'modellbildenden' und 'rationalen' Charakters der
Sozialwissenschaft gewidmet.

2. Mit der Unterscheidung von 'Körper' und 'Leib' eröffnet Helmuth Plessner die
Möglichkeit, an jene Modi des Weltzugangs und des (Selbst)erlebens heranzukommen, die Gesa Lindemann so treffend als "passive Leiberfahrung" und das leiblich-
affektive Einbezogensein in ein Feld gekennzeichnet hat. In seiner Aesthesiologie
und in den Hinweisen zur 'Anmutung' werden diese 'übersehenen' Erfahrungsmoda-
litäten explizit angesprochen.

3. Im Rahmen der Ausweitung und Ergänzung etablierter konstruktivistischer
Ansätze im Sinne eines empirischen Konstruktivismus hat Karin Knorr-Cetina darauf aufmerksam gemacht, dass die Güte qualitativer und mikrosoziologischer Untersuchungen gerade in dem Zulassen von 'Nähe' liegt und dass dem Einsatz des Körpers als 'Weltsondierungsinstrument' hier eine bedeutende Rolle zukommen könnte.

4. Pierre Bourdieu bezeichnet den Körper als Speicher von Erfahrung (vgl.
Bourdieu 1993), Michael Polanyi spricht von einem impliziten Wissen, das primär
leiblich verankert ist (Polanyi 1985). Das hiermit verbundene 'Körperwissen' stellt
einen wesentlichen Baustein im Hinblick auf die Nutzung des Körpers als Erkenntnisquelle dar. Im voranstehenden Kapitel wurde dazu bereits einiges gesagt und
kann im Folgenden aufgegriffen und vertieft werden.

5. Ausgesprochen gewinnbringend sind die leibphänomenologischen Weiterführungen Gesa Lindemanns, insbesondere ihre Hinweise auf eine andere Perspektive
im Körperzugang, die sie mit Hermann Schmitz im Sinne eines Wechsels vom 'ge-
sehenen' zum 'gespürten' Leib vollzieht und bei der die analytische Außenschau
durch eine 'gespürige' Innenschau (Selbsterfahrung, Selbstbeobachtung, Selbstbeschreibung) ergänzt wird.

6. Ein weiterer Impuls entstammt der neueren Soziologie der Gewalt. Im Rahmen der Suche nach neuen Ansatzpunkten für eine Soziologie der Gewalt plädieren
Trutz von Trotha und Birgitta Nedelmann dafür, sich stärker als bisher um ein mik-
rosoziologisches Verstehen des *Phänomens* 'Gewalt' zu bemühen (anstatt lediglich
quantifizierend oder kausalanalytisch vorzugehen und nach Verteilungen oder Ursachen zu fragen; vgl. von Trotha, Nedelmann 1997). Interessant werden die Überlegungen für den hier anstehenden Zusammenhang, weil sie Gewalt zentral als ein
*körperliches* Phänomen begreifen und weil sie nach alternativen 'aufschließenden'
Methoden suchen, die Gewalt als ein leibliches Ereignis zu erfassen vermögen.
Dabei bringen sie insbesondere jene Konzeption ins Spiel, die Clifford Geertz als
"dichte Beschreibung" zum Verstehen kultureller Systeme entfaltet hat (vgl. Geertz

1994). Auch dieser methodische Zugang enthält einigen Aufforderungscharakter für das hier in Frage stehende Problem.

7. Wertvolle Impulse können auch aus dem Blick in 'nachbarschaftliches Gelände' gewonnen werden. Die Motologie (insbesondere der 'Verstehende Ansatz' der Motologie) – ein eher unbekanntes Feld pädagogischer sowie therapeutischer Körper- und Bewegungs-Praxis mit gleichzeitigem Anspruch wissenschaftlicher Reflexion der Denkvoraussetzungen und des Handelns – bietet hier vielversprechende Möglichkeiten: Zum einen geht es auch hier um Prozesse des Verstehens fremden Sinns und es lassen sich wesentliche Berührungspunkte zu den oben angedeuteten leib-phänomenologischen Orientierungen finden (motologisches Denken und Handeln wurzelt zentral in der Leibphänomenologie Merleau-Pontys), zum anderen bietet die hier virulent werdende und engagiert geführte Diskussion zum leiblichen Bezug von Pädagoge/Therapeut und Klient wertvolle Anregungen und Übertragungsmöglichkeiten auf das Problem des leiblichen Bezugs von Forscher/in und Forschungssubjekt. Dabei sind selbstverständlich die je unterschiedlichen Zielstellungen von 'empirischer Wissenschaft' und praxisbezogenem bzw. pädagogischem und therapeutisch orientiertem Verstehen in Rechnung zu stellen und die 'Übertragungsmöglichkeiten' finden hier eine Grenze.

## 6.2.  Die leiblich-affektive Wahrnehmung als ein 'anderer' Zugang zum Verstehen

Das Problem, um das es hier gehen soll, kann vielleicht durch ein Beispiel noch einmal verdeutlicht werden. In Peter Hoegs Roman "Der Plan von der Abschaffung des Dunkels" findet sich folgende Textstelle:

> "Ich fand die Regel, indem ich Biehl spürte. (...) Ihn spüren konnte man nur, indem man ein klein wenig die Zeit losließ und nicht mehr auf das hörte, was gesagt wurde, und stattdessen seine Stimme und sein Gesicht und seinen Körper spürte. Und das war sehr riskant. Man wirkte dann plötzlich weit weg und verlor das Zeitgefühl und hörte nicht, was gesagt wurde, und konnte nicht schnell wieder da sein, wenn man angesprochen wurde. (...) Wenn Biehl sich dem Wesentlichen näherte, wurde er gewissermaßen verdichtet. Es gab eine kurze Pause. Dann kam es ohne besonderen Nachdruck, beinah alltäglich. Nur eben verdichtet. Als ich mich soweit herangespürt hatte, war es unverkennbar. Danach verstand ich" (Hoeg 1995, 57)

Hier werden zentrale Probleme des Verstehens und eine 'andere', nicht rationale Weise der Wirklichkeitserfassung und des Erkennens angesprochen. Ein paar Hinweise zum Kontext: Ein entwurzelter Waisenjunge, der (in seinem Erleben) der Willkür einer Erziehungsanstalt ausgeliefert ist, will die Regeln und das Muster verstehen, nach denen das Internatsleben geordnet ist – für ihn ein existenzielles, weil Orientierung schaffendes Anliegen, in der Soziologie ein zentrales Forschungsmotiv. So will er u.a. auch verstehen, welche historischen Zahlen aus dem strömenden Redefluss des Geschichtslehrers (Biehl) von Belang sind, wenn die plötzliche Abfrage der Zahlen kommt. Für unseren Zusammenhang bedeutsam ist der 'Erkenntnisweg', den er dabei einschlägt. Er verlagert seine Aufmerksamkeit von einer kognitiven Erfassung des sprachlich-symbolischen (oder diskursiven) Inhalts auf ein spürendes Erfassen der leiblichen Elemente der Begegnung – auf die Stimme, das Gesicht, den Körper des Gegenübers. Durch dieses Vorgehen entdeckt er nicht die Logik des Inhalts (die es bei angeblich 'wichtigen' Geschichtszahlen vielleicht auch gar nicht zu entdecken gibt), sondern die Logik der Gestaltung oder Inszenierung der Rede selbst, die nicht kognitiv zu erkennen, sondern eben vor allem körperlich-sinnlich zu 'erspüren' ist: an der Stimme, dem Ausdruck, der Haltung, den Pausen, der Ballung oder 'Verdichtung' von Energie.

Überdies erhalten wir Einblick in die Technik und die besonderen Schwierigkeiten dieses Erkenntnisweges: Diese Art des Erkennens ist 'sehr riskant', weil sie andere als die gewöhnlichen und üblichen Modalitäten des In-der-Welt-Seins verlangt, zum Beispiel, dass die Zeit außer Kraft gesetzt wird, die einen sonst an den 'normalen' Strom der Ereignisse bindet, dass man sich in etwas hineinfallen lässt, dass man für die 'normalen' Eindrücke nicht mehr so empfänglich ist, weil die Sinne auf etwa anderes gerichtet sind, was zu Komplikationen in der alltäglichen Interaktion führen kann.

Man fühlt sich ein wenig an das Subuniversum der Phantasiewelt des Don Quixote erinnert, das Schütz in seiner Spannung zur Alltagswelt beschreibt (Schütz 1972b). Hier liegt jedoch keine 'Phantasiewelt' vor, die allein der Einbildung folgt, sondern ein anderer, körperlich-sinnlicher Zugang zu dem, was ist. Diesen Zugang hat Schütz zwar auch gesehen und ihn insbesondere in seiner 'Theorie der Lebensformen' theoretisch erschlossen, aber er hat ihn methodisch nicht systematisch ausgebaut. Seine Form des Verstehens bewegt sich vornehmlich auf der Ebene rationalen Erfassens von Sinn. Dabei ist u.a. für ihn entscheidend, dass mit einem äußersten Maß expliziter Deutlichkeit und Klarheit vorgegangen wird. Das aber kann das 'leibliche' Verstehen nicht einlösen, wie auch in der oben zitierten Roman-Passage angedeutet wird. Bei dieser Art von Entdeckung oder Erkenntnis gibt es in der Vermittlung 'Sprachprobleme', Probleme der Übersetzung. Den entscheidenden Punkt des Entdeckungszusammenhangs fasst Hoeg in den Satz: "Wenn Biehl sich dem Wesentlichen näherte, wurde er gewissermaßen (sic!) verdichtet (sic!)". Wenn der Leser sich in den Kontext der Geschichte, die Personen, den Stil eingefühlt hat, ahnt er unmittelbar, was hier das eigentümliche Wort 'verdichtet' bedeutet – aber eben nur 'gewissermaßen': Es bleibt etwas offen. Und das ist typisch für diese Art von Erkenntnis. Dabei ist zu bedenken, dass eine rationalistisch verfahrende Wissenschaft das Problem der 'Unfassbarkeit' lebendigen Geschehens auch nicht löst, sondern – und das ist wesentlich bedenklicher – hinter der Fassade einer vermeintlichen Exaktheit verschleiert, indem sie *suggeriert*, eine maximale Klarheit und Genauigkeit wäre möglich und durch entsprechende Anstrengungen zu erreichen. Dies läuft dann meist auf eine künstliche Vereindeutigung hinaus, die nicht den untersuchten Phänomenen, sondern den Gütekriterien und Interessen der Forschung gerecht werden.

René König und Michael Klein machen in einer Rezension des Sammelwerks "Der Wissenschaftler und das Irrationale" (Duerr 1981) vehement auf die Einseitigkeiten einer rationalistischen Wissenschaft aufmerksam und stellen so unter anderem fest, dass 'Rationalität' als privilegiertes Denk- und Beschreibungssystem durch ein "abgrundtiefes Misstrauen gegenüber dem Dialog und dem Menschen gekennzeichnet" sei (König/Klein 1982, 579) und bekunden ihr Erschrecken, "dass einer solchen Wissenschaft die Menschen überhaupt verloren gehen" (a.a.O., 578). Durch eine einseitige Logik, die eine Denkfigur für das Ganze hält, und durch Abspaltung und Verdrängung des Chaotischen, Bedrohlichen verstellt die rationalistische Wissenschaft nicht nur den Zugang zu anderen Möglichkeiten des Erkennens, sondern auch des Lebens. Die Grenzen rationalen Erkennens werden so von sensiblen Forscher/innen auch mit Schmerzen registriert und als 'Leere' und 'Enttäuschung' erfahren: "Der beste Forschungsbericht kann eben die 'Sinnlücke' der unmittelbaren sinnlichen Erfahrung nicht überbrücken und eben dies macht (...) das Wissen des Kindes 'besser' und gehaltvoller und verursacht die 'Enttäuschung' des Forschers, sich mit Zweitrangigem abzugeben" (a.a.O., 577).

Angesichts dieser Diagnose scheint es lohnend, den körperlich-sinnlichen Zugang zu den Phänomenen zu stärken, um so 'dichter' an die gelebte und 'verkörperte' Wirklichkeit heranzukommen und die beklagte Sinnlücke vielleicht ein wenig mehr zu schließen. Dabei könnte es hilfreich sein, den 'Spuren eines Kindes' zu folgen: Das ganze körperlich-sinnliche Sensorium, an dem und mit dem das Kind täglich arbeitet, das es zur Welterschließung in alle Richtungen öffnet, durch eine entsprechende Ansprache und Ausbildung so zurückzugewinnen, dass es wie ein Echolot die Schwingungen und Wellen auffängt, die vom Gegenüber ausgehen.

Das etablierte wissenschaftliche Denken begegnet einer dergestalten Erkenntnis jedoch mit massiver Skepsis und Abwehr, in ihrer radikalsten und vernichtendsten Form dann, wenn der körperlich-sinnlichen Erfassung von Welt 'Unwissenschaftlichkeit' vorgeworfen wird. Dabei wird vor allem auf folgende Kriterien rekurriert: Diese Form der Erkenntnis ist zu ungenau. Sie ist zu subjektiv. Und sie ist sprachlich nicht vermittelbar. Zu dem Problem der Ungenauigkeit und der sprachlichen Vermittlung wurde bereits etwas gesagt: In *jeder* Form qualitativ verfahrender und auf Momente des Verstehens gerichteter Forschung muss mit diesen Problemen umgegangen werden. Es kann also nicht darum gehen, diese Schwierigkeiten auszuschalten oder zu umgehen, sondern sie zu akzeptieren und Wege zu finden, sie produktiv zu gestalten. Ähnlich ist es mit dem Problem der 'Subjektivität'. *Jede* Forschung ist zunächst einmal 'subjektiv', denn der/die Erkennende verfügt über eine je eigene, biographisch gewonnene Aufschichtung von Erfahrungen, die beim Einsatz des 'objektiven' Repertoires an wissenschaftlichem Wissen steuernd, moderierend und modifizierend mitwirkt und sozusagen die 'Geschichte im Untergrund' schreibt, die der Erkenntnis die besondere Richtung, Note und Betonung gibt. Und gerade im Rahmen von Interpretationen und 'dichten' Beschreibungen wirken diese subjektiven Erfahrungen und Präferenzen bei der Auswahl des Blickwinkels und der selektierten Aspekte erheblich mit. Dies ist jedoch in meinen Augen kein Nachteil oder gar 'unwissenschaftlich', sondern vielmehr eine Chance: Je 'reicher' und 'umfassender' die Erfahrung eines Interpreten, desto differenzierter wird er auch dem begegnen können, was ihm am Gegenstand seiner Analyse 'entgegenkommt'. Und auch der 'eingeschränkte' oder 'exklusive' Blickwinkel kann spannende und ertragreiche Erkenntnisse zu Tage fördern (etwa wenn der/die Forscher/in mit einer völlig fremden Welt konfrontiert wird).

Voraussetzung ist allerdings, dass die Subjektivität des Blickwinkels gesehen (und nicht negiert oder verschleiert) wird und dass eine maximale Offenlegung der eigenen Perspektive erfolgt. Und genau dies ist der heikle Punkt: Denn es ist nicht nur fraglich, ob der/die Wissenschaftler zu einer solchen Offenlegung des eigenen biographischen Hintergrunds und der gewählten Blickrichtung bereit sind (dies würde systematisch die Intimsphäre der Person tangieren), sondern es ist vor allem höchst fraglich, ob eine derartige 'Offenlegung' – selbst bei gutem Willen – überhaupt gelingen *kann*! Der/die Interpretin wäre gefangen in einem unendlichen Regress, in dem sie die eigene Biographie, die vorgenommene Interpretation und den vermutlichen Zusammenhang von Biographie und Interpretation in immer neuen Schleifen und von einem jeweils neuen Niveau aus kritisch reflektieren müsste, wobei keinesfalls sichergestellt wäre, ob die *tatsächlich* wirksamen Momente so jemals erfasst werden können.

Um dieser zirkulären Selbstreflexion nicht ausgesetzt zu sein, hat man das Problem verlagert: Der 'Regress' wird delegiert an die Forschergemeinschaft, die mit ihrem Urteil über die vorliegende Interpretation auch ein Urteil über den gewählten Blickwinkel und die möglicherweise dahinter stehende Biographie des Interpreten fällen kann (wobei das Interesse an der Biographie meist nur dann virulent wird, wenn ausgesprochen ungewöhnliche oder einseitige Interpretationen vorliegen, die stutzig machen, weil sie den 'common sense' sprengen). Korrektiv jeder Beschreibung und Interpretation von Wirklichkeit ist letztlich die Forschergemeinschaft: Sie kann darüber entscheiden, ob eine Interpretation plausibel ist, Sinn macht und zu erweiterter Erkenntnis beiträgt.

Dabei ist jedoch zu beachten, dass die Chancen der Nachprüfbarkeit von Interpretationen von der Art des Datenmaterials abhängen. Die Überprüfbarkeit ist dann am größten, wenn ein Protokoll des Geschehens vorliegt (Interviewprotokoll, audiovisuelle Aufzeichnungen), sie ist jedoch gleich Null, wenn die Situation 'nur' erlebt, nicht aber in reproduzierbarer Form fixiert wurde. Aber selbst die audio-visuellen Protokolle dürfen nicht als eine Wiedergabe der Realität aufgefasst werden, sondern sind immer schon spezifisch hergestellte, bearbeitete und damit interpretierte Ausschnitte von Wirklichkeit, die mit dem *tatsächlichen* Geschehen keinesfalls identisch sind (vgl. dazu auch Bergmann 1985).

Mit diesen Hinweisen ergibt sich ein besonderes Problem für die leibliche Erfassung von Welt, das aber zugleich auch wieder entschärft wird. Im Hinblick auf das Spüren des Gegenübers gibt es keine verlässlichen, intersubjektiv überprüfbaren Protokolle, hier ist der Spürende ganz auf sich allein angewiesen und auf seine Fähigkeit, das Gespürte in Sprache zu übersetzen und mitteilbar zu machen. Ein Korrektiv durch den Rückgriff auf die 'Urszene' des Geschehens gibt es nicht. Auf der anderen Seite entschärft der Hinweis, dass selbst so vermeintlich objektive Medien wie Videoaufzeichnungen die Wirklichkeit nur gebrochen und bereits 'interpretiert' wiedergeben können, die Forderung nach 'Objektivität' oder 'Authentizität'. Überdies ist zu bedenken, dass auch das Ansehen und Verstehen eines Videobandes u.a. wiederum auf unser körperlich-sinnliches Sensorium angewiesen ist – ohne den Einsatz von Auge und Ohr und des Spektrums unserer emotionalen Empfänglichkeit sehen und verstehen wir gar nichts.

Um die soziologische Relevanz leiblicher Wahrnehmung und leiblichen Erkennens sowie die damit verbundenen Schwierigkeiten besser verstehen und einordnen zu können, sei kurz erläutert, worum es dabei im Kern geht:

Der Einsatz des körperlich-sinnlichen und leiblich-affektiven Sensoriums wird gedacht als eine Ergänzung zu den verschrifteten Protokollen der Gespächsinteraktion ('Texte') im Sinne einer teilnehmenden und interagierenden Beobachtung. Zentral ist dabei der Gedanke, dass der/die Forscher/in nicht nur in herkömmlicher Weise 'beobachtet', also lediglich das Außengeschehen, das Handeln, Agieren und den Ausdruck der Forschungssubjekte im Blick hat, sondern dass bewusst eine Wendung nach innen im Sinne einer Selbstbeobachtung vollzogen wird: Was beginnt da in mir zu schwingen, wenn ich diese Person ansehe, ihr zuhöre, ihren Geruch aufnehme, ihre Spannung gewahre? Wie reagiert mein Körper auf die Körperhaltung des Gegenübers, wo beginnt er etwa sich zu versteifen oder zu schmerzen, wo wird er gelockert und wird er insgesamt eher belebt, vitalisiert, lustvoll fühlbar oder eher fühllos, taub und abgetrennt vom Erleben? Welche Energie fange ich da auf? Welche Stimmung und Gestimmtheit überträgt sich mir? Mit anderen Worten: Der Körper bzw. treffender das leiblich-affektive Empfindungsvermögen kann dazu genutzt werden, eine Dimension des Gegenübers wahrzunehmen und zu erkennen, die so nicht (immer) in den 'Texten' zu lesen ist und die den Gesamteindruck abrundet. Häufig deckt sich das anhand der 'Texte' herausgearbeitete Profil mit dem Eindruck und den Schwingungen, die das Gegenüber beim Forschenden hinterlässt; aber es kann ebenso der Fall sein, dass der unmittelbare Eindruck ganz andere und mindestens ebenso bedeutsame 'Wahrheiten' über die Person vermittelt als in den Interviewprotokollen sichtbar wird, oder dass neue Elemente ins Spiel kommen, die das Bild revidieren, verschieben, vollständiger machen. Der Einsatz des leiblich-affektiven Sensoriums stellt also einen *erweiternden* Zugang zu dem Gegenstand der Betrachtung dar.

Im Rahmen der vorliegenden Untersuchung konnte die Entdeckung gemacht werden, dass eine Offenheit und Wachheit auf der Ebene leiblich-affektiver Wahrnehmung zu einem beachtenswerten Phänomen führt. Bevor überhaupt in eine verbale Auseinandersetzung eingetreten wird, nimmt man das Gegenüber in seiner 'Gestalt' wahr, was weitaus mehr meint, als die Person in ihrer Statur oder ihrem Aussehen zu erfassen. Die Person 'überträgt' sich quasi auf das eigene Empfinden und wird in all jenen Momenten spürbar, die sich auf einer qualitativen, atmosphärischen, energetischen Ebene bewegen und die so schwer greifbar und darstellbar sind. Man spürt die untergründige Spannung, die von einer Person ausgeht, es springt eine bestimmte Kopfhaltung ins Auge, es berührt die Art der Geste, mit der das Tischtuch glatt gestrichen wird, und all das verdichtet sich zu einem Gesamteindruck, der sehr viel über die innere Gestimmtheit, die Lebenshaltung und das 'Da-Sein' des Gegenübers verrät. Vielleicht trifft dieser Ausdruck am besten, was passiert: 'Es weht einen etwas an.' Bei einer entsprechenden Durchlässigkeit und Aufmerksamkeit für diese Ebene auch während des Gesprächs, verdichtet sich dieser atmosphärische Eindruck weiter. Die körperlichen und emotionalen Äußerungen des Gegenübers, die während des Gesprächs mitlaufen, stellen ein zentrales Aufmerksamkeitsmoment und 'Datum' in dieser Hinsicht dar. Und auch die oben angedeuteten Momente der 'Selbstbeobachtung' (Was passiert in diesem Kontakt mit mir auf körperlicher und emotionaler Ebene?) sind ein wichtiges 'Datum'.

Kurzum: Der Einsatz der leiblich-affektiven Wahrnehmung legt in zweifacher Hinsicht eine 'Spur' aus, der man folgen kann. Die Erkenntnis, die man auf diesem Wege über die Person gewinnt, kann bzw. muss wiederum in doppeltem Sinne genutzt werden. Sie *kann* als Leitfaden der Analyse dienen (damit werden der 'erste Eindruck' und die parallel laufenden Wahrnehmungen im Sinne fallstrukturierender Momente behandelt), sie *muss zugleich* aber auch am verschrifteten Material überprüft werden. Dabei kann der Fall eintreten, dass sich die Daten der 'Wahrnehmung' und der 'Textanalyse' widersprechen, und es wird darum gehen müssen, diese Spannung ernst zu nehmen, sie eventuell als konstitutiv für den vorliegenden Fall anzusehen, und zu möglichen Erklärungen dieses Widerspruchs zu gelangen. Weitaus häufiger ist jedoch der Fall gegeben, dass sich die leiblich-affektive 'Erscheinung' und der 'Text' ergänzen und gleichsinnig kommentieren, so dass der 'Text' bestätigt, vertieft und ausdifferenziert, was der 'Eindruck' vermittelt – und umgekehrt. In dem Zusammenschluss dieser beiden Analyseebenen erhält man also ein komplexeres und damit auch valideres Bild von der Person, als wenn man sich allein auf den 'Text' beschränken würde.

Um diesen Zusammenhängen noch mehr Gewicht zu verleihen, sei ein kurzer Abstecher in die Theorie und Praxis der Motologie erlaubt, genauer: in den 'Verstehenden Ansatz' der Motologie.

### 6.3. Leibliche Wahrnehmung in der pädagogischen und therapeutischen Praxis – Anregungen aus der Motologie

In der Motologie findet seit einigen Jahren eine Auseinandersetzung statt, die für eine Sozialforschung, die ihr methodisches Repertoire um die leiblich-affektive Wahrnehmung bereichern will, einiges zu bieten hat. Zum einen, weil hier zentral mit den Medien 'Körper' und 'Bewegung' gearbeitet wird und der Kultivierung der 'leiblichen Wahrnehmung' als unhintergehbarem Rüstzeug des Pädagogen/Therapeuten eine besondere Aufmerksamkeit gewidmet wird, zum anderen, weil es auch hier um ein 'Verstehen' geht. Was soll in der Motologie 'verstanden' werden und wie geht dieses 'Verstehen' vor sich? Jürgen Seewald, der maßgeblich zur Profilierung des 'Verstehenden Ansatzes' beigetragen hat, umreißt das Anliegen anhand eines Beispiels wie folgt:

"Stellen wir uns, um das Erkenntnisinteresse konkret werden zu lassen, also eine Gruppe Kinder vor, die in eine Turnhalle kommt und zusammen mit dem Psychomotoriker diesen Raum als Bewegungsraum nutzt. Was zeigen diese Kinder in und durch ihre Art des Sich-Bewegens, was gibt es daran zu verstehen, was bleibt unverständlich, was hat das, was sie zeigen mit ihrem Leben und ihrer Geschichte zu tun. Bewegung verstehen geschieht in interaktiven Situationen, und es dient letztlich dazu, dem Förderprozess Richtung und Ziel zu geben. Der Theoretiker nimmt dabei die Position eines Beobachters der Akteure ein (nicht der Beobachter), und er rekurriert auf eigene Erfahrungen als Ak-

teur. Vom Theoretiker ist allerdings auch zu erwarten, dass er sich selbst in die Reflexion mit ein-
schließt sowie nach gesellschaftlichen Bezügen fragt, in denen sich die Subjekte ohne ihr Wissen
immer schon befinden" (Seewald 1995, 199f.).

Diese kurzen Andeutungen verweisen auf zentrale Zusammenhänge: Ausgangspunkt
der motologischen Analyse ist das 'Bewegungsmaterial', das die Klienten (meist
Kinder und Jugendliche) im freien Spiel oder in strukturierten Bewegungsangeboten
entfalten. Bei der Analyse des Materials wird u.a. darauf geachtet, welches Spektrum an Verhaltensweisen sich zeigt, welche Stereotype und Einseitigkeiten auftauchen, welche Qualitäten Haltung, Spannung, Bewegung auszeichnet, mit welchem
Ausdruck, welcher Stimmung, welchen Kommentaren das Tun begleitet wird. Ziel
der Beobachtung ist es, Anhaltspunkte dafür zu finden, warum ein Kind sich so
bewegt, wie es sich bewegt. Es wird dabei zum einen darauf geachtet, inwiefern die
Bewegung 'gestört' wirkt (denn Anlass der Teilnahme an einer psychomotorischen
Stunde sind in der Regel 'Verhaltensauffälligkeiten'), zum anderen aber darauf, auf
was sie verweist: Was sie *ausdrückt* und was sich *in ihr* ausdrückt. Ziel ist es, im
gemeinsamen Tun mit dem Klienten herauszufinden, wo Bewegungs- und Ausdrucksmöglichkeiten blockiert sind, womit das zusammenhängen könnte – hier wird
auch der Rekurs auf biographische Hintergründe bedeutsam (etwa durch Gespräche
mit den Eltern und Geschwistern und natürlich mit dem Klienten selbst) – und welche Bewegungsangebote dabei helfen könnten, die Entwicklung des Klienten jeweils
sinnvoll zu unterstützen. In dem letztgenannten Punkt liegt wohl auch der größte
Unterschied zu einem wissenschaftlichen Anliegen. Sozialwissenschaftlicher Forschung geht es nicht um eine 'Entwicklungsförderung' oder gar 'Heilung' (was nicht
ausschließt, dass auch im Forschungskontakt und durch Forschung Entwicklungen
angestoßen, aber natürlich auch verfestigt oder blockiert werden können), sondern
um eine möglichst umfassende Analyse dessen, was *ist*.

Um den anderen in seinem Tun verstehen zu können und so auch den 'Sinn' zu
begreifen, der sein Tun trägt und in ihm enthalten ist, ist es notwendig, den Menschen als Ganzen und in seiner Individualität zu begreifen. Seewald fasst dieses
Moment in dem Begriff des 'Antlitzhaften' zusammen: "Im Kern des Verstehenden
Ansatzes steht der Versuch, das Einmalige des Klienten zu erfassen oder zu erschau-
en, ich nenne es umschreibend das Antlitzhafte", und er führt dazu aus:

"Wir alle kennen folgenden Prozess: Durch ein Telefongespräch wird uns ein Kind angekündigt, aus
den wenigen Informationen machen wir uns ein erstes Bild. Wenn das Kind zum ersten Mal kommt,
taucht aus der Anonymität zum ersten Mal sein 'Gesicht' auf. Ich meine dies im wörtlichen und übertragenen Sinne. Wir nehmen über viele uns zum Teil unbekannte Kanäle etwas vom ganz Besonderen
des anderen auf, vielleicht erst ganz verschwommen, aber schon unverwechselbar. Indem wir etwas
zusammen tun, uns bewegen, spielen, Abenteuer bestehen, Geschichten hören, zeigen wir uns etwas
voneinander und entdecken vielleicht neue Seiten an uns. Das Gesicht bekommt klarere Züge" (Seewald 1997, 8).

Beachtenswert ist in diesem Kontext und für die hier zur Diskussion stehende Frage
ein Hinweis, den man zunächst vielleicht überliest: "Indem wir etwas zusammen tun
(...) zeigen wir uns etwas voneinander und entdecken vielleicht neue Seiten an uns".
Dieser Hinweis soll uns im Folgenden beschäftigen. Seewald greift in der Darstel-

lung der motologischen Arbeitsweise an zentraler Stelle auf die phänomenologischen Überlegungen Maurice Merleau-Pontys zurück. Hierzu ein paar knappe Hinweise:

Edmund Husserls Anliegen war es, sich aus den Fallstricken einer Bewusstseinsphilosophie, die sich immer nur selbst begegnet, zu befreien. Er entwickelte dazu bekanntlich ein Verfahren, das es ermöglichen sollte, die Vorurteile über die Welt außer Kraft zu setzen, so dass die Welt in *statu nascendi* und die Dinge in ihrem Wesen erkannt werden können – also auch vor und jenseits der Sprache. Seewald merkt an, dass Husserl mit dem Begriff der 'fungierenden Intentionalität' der leiblichen Konstitution von Welt zwar recht nahe kam und dass auch der Zentralbegriff der 'Lebenswelt' auf einen letzten Geltungsboden verweist, der in seiner konstitutiven Wirkung und gleichzeitigen bewusstseinsmäßigen Undurchdringlichkeit ein Pendant zum Leiblichen darstellt, dass Husserl diese Fäden jedoch nicht weiter verfolgt hat und letztlich in einer Bewusstseinsphilosophie verhaftet blieb. Merleau-Ponty hat nach einer radikalen Fortsetzung der Absichten Husserls gesucht und er widmet dem Zusammenhang von Leib und Welt eine besondere Aufmerksamkeit (insbesondere in seiner "Phänomenologie der Wahrnehmung" [Merleau-Ponty 1966]). Zentrales Anliegen war auch für Merleau-Ponty, an jene Schichten von Welt heranzukommen, die *vor* dem Denken und Sprechen liegen, also den Weg zurück zu finden vom *vorstellenden* zum *erlebenden* Bewusstsein oder, wie Seewald zitiert, "von der Geographie zu 'der Landschaft, in der wir allererst lernten, was dergleichen wie Wald, Wiese, Fluss überhaupt ist'" (Seewald 1995, 214). Mit anderen Worten: Es geht um eine Art der Welterfassung und des Wissens, das über die unmittelbar leiblich-sinnliche Erfahrung angeeignet wird und den strukturierenden Untergrund kognitiven Wissens bildet.

Was uns hier interessiert, ist die Frage nach dem Verstehen des Anderen und seiner Bewegung. Merleau-Ponty beantwortet diese Frage – so Seewald –, "indem er auf eine dem bewussten Denken vorausliegende Sphäre der Zwischenleiblichkeit verweist", und er führt dazu aus: "Es ist mein Leib, der den Leib des Anderen wahrnimmt, und er findet in ihm so etwas wie eine wunderbare Fortsetzung seiner eigenen Intentionen, eine vertraute Weise des Umgangs mit der Welt" (a.a.O., 217). Hier wird ein Sachverhalt angesprochen, der uns in ähnlicher Weise bereits bei Schütz begegnet ist: Schütz verweist im Rahmen des Fremdverstehens auf die strukturelle Ähnlichkeit der Konstitution von Erlebnissen im Bewusstseinsstrom von 'ego' und 'alter ego' und stellt diese Ähnlichkeit als die Bedingung der Möglichkeit des Verstehens fremden Sinns heraus. Analog lässt sich sagen: Die strukturelle Ähnlichkeit des Leibes, seiner Beschaffenheit und seiner Fähigkeiten, ermöglicht so etwas wie ein 'leibliches Verstehen'. So ist der Leib beispielsweise in der Lage, die Intentionen eines anderen Leibes wahrzunehmen, was sich in unwillkürlichen Mitbewegungen oder auch in Konterbewegungen zeigen kann, ohne dass dabei das Bewusstsein eingeschaltet werden müsste: Der Leib reagiert auf den Leib des Anderen über seine eigenen Kanäle. Hermann Schmitz spricht hier auch von einer 'wechselseitigen Einleibung' und verbindet damit die oben angedeutete Tatsache, dass wir mit Hilfe dieser wechselseitigen Einleibung die Atmosphäre und Gefühle des Anderen am eigenen Leibe spüren können, besonders dann, wenn wir uns dem anderen in seinen Bewegungen anpassen und sie mitahmen (vgl. a.a.O., 217f.). Sehr richtig verweist Seewald mit Merleau-Ponty an dieser Stelle aber auch auf die spezifische Grenze des Verstehens, wenn er bemerkt: "(...) denn trotz einer gemeinsamen Welt behält der andere etwas Fremdes. Das Privileg des Leibes, *mein* Leib zu sein, schließt mich aus demselben Grunde von der unmittelbaren Gegenwart des Anderen aus. Dessen Trauer und Zorn 'haben niemals für ihn und mich denselben Sinn'" (a.a.O., 218). In vergleichbarer Weise zieht ja auch Schütz – wie bereits gezeigt – eine Grenze auf der Ebene bewusstseinsmäßigen Verstehens. Die Nähe und Vertrautheit einerseits und die gleichzeitige Andersartigkeit und Fremdheit machen Verstehen bzw. Nicht-Verstehen möglich und setzen so Prozesse der Verständigung in Gang.

Mit dem Konzept der 'Zwischenleiblichkeit' (Merleau-Ponty) und der 'wechselseitigen Einleibung' (Schmitz) kann also beschrieben und erklärt werden, dass und wie ein Verstehen auf leiblicher Ebene möglich ist. Damit gewinnen wir auch einen neuen Zugang, den oben hervorgehobenen Zusammenhang umfassender zu begreifen: "Indem wir etwas zusammen tun (...) zeigen wir uns etwas voneinander und entdecken vielleicht neue Seiten an uns". Worauf es mir hier ankommt, ist der Hinweis auf das 'Wir' und das 'Uns'. Damit wird zum einen transportiert, dass der Prozess (leiblichen) Verstehens nicht nur in einer Richtung verläuft (der Beobachter versteht den Beobachteten), sondern als ein Wechselspiel zu denken ist, zum anderen aber wird vor allem deutlich, dass der Prozess auch den Beobachter nicht unberührt lässt: Er zwingt ihn zur Artikulation und Wahrnehmung seiner eigenen Person, es treten Veränderungen ein (er entdeckt neue Seiten an sich), der Prozess 'macht' etwas mit ihm.

Um diesen zentralen Zusammenhang der *wechselseitigen* Wahrnehmung und Beeinflussung noch ein wenig genauer zu verstehen, sei ein Rekurs auf die 'leibliche Interaktion' gestattet, wie sie Gesa Lindemann in Anlehnung an Plessner und Schmitz entfaltet (vgl. Lindemann 1992):

Lindemann geht mit Plessner davon aus, dass die positionale Umweltbeziehung eine doppelte Richtung hat: "sie geht vom leiblichen Selbst auf das Feld und im Gegensinne zu ihm zurück", was für die exzentrische Position zu dem bekannten und komplizierten Umstand führt, dass "es sowohl ein Erleben des Erlebens der Umwelt gibt, als auch ein Erleben der eigenen Zuständlichkeit" (a.a.O., 340). Lindemann zeigt nun anhand einer Situation geschlechtlicher Interaktion, wie die Wahrnehmung eines Anderen mit der Binnenerfahrung des eigenen Leibes und der Konstellation einer Situation verschränkt ist.

Sie bezieht sich dabei auf folgende Szene: *Ein Therapeut begegnet in der sexualmedizinischen Ambulanz einer älteren Dame, die ein Mann ist und zum ersten Mal in ihrem Leben als Frau in die Öffentlichkeit tritt. Sie schlägt die Beine verführerisch übereinander und beginnt heftig zu flirten. Der Therapeut konstatiert mit einiger Verwirrung einen Affekt, der ihm sehr zu schaffen macht: Obwohl er weiß, dass er einen Mann vor sich sitzen hat, wird er für Momente in den erotisierenden Bann der alten Dame gezogen und fühlt eine schamhafte Röte in sich aufsteigen.* Lindemann kommentiert diesen Vorgang so: "In dieser Begegnung findet etwas statt, das man als *Einhaken* bezeichnen könnte. Der Therapeut ist nicht seiner selbst mächtig, sondern sein Gegenüber greift in ihn ein. Dies meint nicht einen virtuellen inneren Raum, in dem sich die Seele oder ein psychischer Apparat aufhalten. Es geht um die Binnenerfahrung des eigenen Leibes: Es ist nicht die Psyche, die 'schamhaft erröten' könnte und es ist unwahrscheinlich, dass der Therapeut durch einen raschen Blick in den Spiegel den Rötegrad seiner Gesichtshaut kontrolliert hat. Vielmehr spürt er eine heftige leibliche und affektive Erregung" (a.a.O., 341). Und sie fährt fort:

> "Aufgrund der Entsprechung von affektiv wahrgenommenem Objekt und dem affektiven Zustand des Wahrnehmenden scheint es mir unwahrscheinlich zu sein, dass die Erregung eine Reaktion auf eine Gestaltwahrnehmung ist; eher wird der Gegenstand erst in und durch die Erregung zu dem, was für ihn erotisch bedeutungsvoll ist. Es handelt sich um eine spontane, explizit erotische geschlechtliche Polarisierung der Situation, in der es kein Nacheinander im Sinne einer Reaktion auf etwas gibt. Die Gleichzeitigkeit dieser Polarisierung ist der Gleichzeitigkeit von Bewegungen vergleichbar, die Buytendijk (...) etwa beim Aufeinanderbezogensein kämpfender Tiere festgestellt hat" (a.a.O.).

Für die Konstitution von Geschlecht haben diese Feststellungen weitreichende Konsequenzen: Geschlecht ist in diesem Sinne zu begreifen als eine interaktive Konstruktion, bei der – das ist die herkömmliche Annahme – geschlechtliche Identität durch Zuschreibungen wechselseitig verliehen wird, bei der aber darüber hinaus davon auszugehen ist, dass die Zuschreibung oder das Verleihen des Geschlechts immer schon von einer vergeschlechtlichten Position aus erfolgt. Denn die Person, die sich auf die Umwelt bezieht und andere als Geschlecht wahrnimmt, erlebt sich immer auch schon als Geschlecht und urteilt von der eigenen geschlechtlichen Position aus im Sinne einer Gleich- oder Verschiedengeschlechtlichkeit. Lindemann bezeichnet diesen Vorgang des leiblichen und affektiven Erlebens der eigenen Person als Geschlecht als 'Verleiblichung' und stellt fest: "In der Verleiblichung wird aus dem binären System von Mann und Frau ein System von Gleich- und Verschiedengeschlechtlichkeit" (a.a.O., 340). Entsprechend entfaltet sich auch das Begehren im Sinne einer Subjektivierung: Die eigene, subjektive geschlechtliche Position wird zum Ausgangspunkt des auf das andere Geschlecht gerichteten Begehrens. Gemäß dieses Blickwinkels sprechen wir auch nicht von 'Frauenliebenden' und 'Männerliebenden', sondern von Homo- und Heterosexualität (wobei eben das eigene Geschlecht des/der Liebenden zur Bezugsgröße wird).

In der Übertragung auf die Forschungssituation als einer interaktiven Situation lässt sich mithin Folgendes festhalten: Der Beobachter (im Beispiel: der Therapeut) ist immer schon in die Situationen verstrickt, in denen er 'neutral' zu forschen vermeint. Dabei spielen drei Dimensionen eine Rolle: 1. Der Beobachter ist immer schon ein definiertes und sich fühlendes Subjekt. 2. Das Gegenüber greift in die Person des Beobachters ein. 3. Beide werden von einer je spezifischen Konstellation eingesogen, die ihre Beziehung, ihr Empfinden, ihre Wahrnehmung des anderen evoziert (im Beispiel: die Gleichzeitigkeit der erotischen, geschlechtlichen Polarisierung). Zentral ist dabei die – zugegebenermaßen 'gewöhnungsbedürftige' – Umkehrung des Wechselspiels: Nicht die Erregung ist eine Reaktion auf die Gestaltwahrnehmung (also nicht: 'Ich nehme wahr und bin daraufhin erregt.'), sondern der Gegenstand wird im Sinne eines simultanen Geschehens durch die leiblich-affektive Erregung (und die spezifische 'Aufgeladenheit' der Situation) zu dem, als was er wahrgenommen wird (im Beispiel: die erotische Attraktivität des Andersgeschlechtlichen).

In diesem Sinne ist die traditionelle wissenschaftliche Erkenntnishaltung, nach der die *Distanz* zum Gegenstand und eine vermeintlich qualitätssichernde und zu erreichende *'Neutralität'* oberste Priorität haben, unhaltbar. Sie verkennt und unterschätzt nicht nur die Wirkmächtigkeit der eben dargestellten Zusammenhänge, sondern verhindert in meinen Augen dadurch auch eine weitreichende Erkenntnis. Denn sie beraubt den/die Forschende/n des größten Erkenntnispotentials, das ein Mensch besitzen kann: der Fähigkeit, die eigenen leiblichen, sinnlichen und bewusstseinsmäßigen *Erfahrungen* ins Spiel zu bringen und als Erkenntnisquelle zu nutzen. In diesem Sinne habe ich eingangs mit Bedacht von dem Körper bzw. Leib als Erkenntnis*quelle* und nicht als Erkenntnis*instrument* gesprochen. Natürlich ist der Leib immer auch Medium oder Instrument unseres Zugangs zur Welt, aber er ist noch mehr als dies: Er ist ein Speicher von Erfahrung und Wissen *ganz besonderer Art* und er kann uns so auch zu *anderen* Erkenntnissen führen – insofern ist er eine 'Quelle' von Erkenntnis. Verstehen – auch sozialwissenschaftliches Verstehen – ist überhaupt nur möglich, wenn der um Verstehen Bemühte die Dinge so nah an sich herankommen lässt, dass er von ihnen ergriffen wird und sie in ihm etwas auslösen. In der Ethnologie wird dieses Moment unter dem Stichwort 'catch and surrender' diskutiert. Dahinter steht die Einsicht, dass Erkennen nur möglich wird, wenn ich mich als Beobachter dem Risiko aussetze, tangiert zu werden, dass etwas in mir in Schwingung gerät und dass ich nicht der oder die bleibe, die ich war. Nur Veränderung schafft Differenz und die Erfahrung von Differenz ist unabdingbare Voraussetzung von Wahrnehmung, Erkenntnis und Verstehen. Diese Erkenntnishaltung kann allerdings nur dann zu tragfähigen Aussagen führen, wenn Momente wie das Sich-Einlassen, das Sich-gefangen-nehmen-Lassen und das Hinunterspüren an sich selbst und seinen leiblich-affektiven Regungen so weit wie möglich methodisch kontrolliert und mit anderen Elementen der Datengewinnung in Beziehung gesetzt werden.

Damit die eben genannten Momente wirksam werden können, muss nicht nur die Bereitschaft vorhanden sein, diese 'anderen' Erkenntnisformen und -inhalte als wertvolle Daten zu akzeptieren, sondern es muss auch die Fähigkeit erworben werden, sich dergestalt auf den Forschungsprozess einzulassen, dass das 'Hinunterspüren' am eigenen Leib (vgl. dazu auch Schmitz 1996) sowie die Nutzung eines leiblich gebundenen Erfahrungswissens gelingen kann. Martin Sexl veranschaulicht – unter Rückgriff auf Michael Polanyi – anhand der Entwicklung des Bergsteigens, wie sich dieses 'Erfahrungswissen' (oder auch 'implizite Wissen' oder 'Körperwissen') von einem expliziten Wissen unterscheidet und wie es erworben wird (Sexl 1996).

Folgt man Sexl, so ist die Geschichte des Bergsteigens als eine Geschichte der Distanzierung von Bergsteiger und Berg zu lesen. Während die ersten Hochgebirgstouren ausschließlich von 'Einheimischen' und solchen Leuten ausgeführt wurden, die mit dem Berg 'verwachsen' waren, wurde das Bergsteigen durch erweiterte

Transportmöglichkeiten, verbesserte technische Ausrüstung und eine Ausweitung von Freizeit und Tourismus nicht nur zu einer Angelegenheit von 'Massen', sondern zugleich von Personen, die in dem jeweiligen Gelände fremd waren. Dies führte dazu, dass immer mehr Menschen auf Informationen 'aus zweiter Hand' angewiesen waren. Das implizite Wissen, das sich jene 'Einheimischen' und 'Unerschrockenen' durch das Leben in den Bergen und mit dem Berg sowie durch ständiges Üben und das Sammeln von Erfahrung im Gelände angeeignet haben, wurde immer mehr ersetzt durch ein explizites Wissen. Dadurch, dass das explizite Wissen als standardisierte Information ausgegeben werden muss, die von den je konkreten und aktuellen Situationen am Berg losgelöst ist, geht ein wesentliches Element verloren: Das durch Erfahrung gewonnene implizite Wissen und das 'Gespür' für den Berg kann so nicht vermittelt werden. Wesentlich für unseren Zusammenhang ist ein Hinweis Sexls, der sich auf die *Aneignung* impliziten Wissens bezieht:

> "Erst durch häufiges Bergsteigen eignen wir uns jene Erfahrung an, die für die Ausübung einer jeden Handlung notwendig ist. Heute stellt sich oft das Problem, dass Anfänger über großes formulierbares Wissen verfügen (durch Kurse, Lehrbücher, Gebietsführer) und dieses für ausreichend halten: Die Tragik vieler schwerer Bergunfälle resultiert keineswegs aus einer schlechten Ausbildung (die ist besser als je zuvor), sondern aus einer Verwechslung von explizitem und implizitem Wissen, also aus einem Zuwenig an Erfahrung" (a.a.O., 144).

Diese Einschätzung lässt sich auf den Bereich wissenschaftlicher Forschung übertragen. Auch hier dominiert das 'formulierte Wissen' (was konstitutiv und damit unabdingbar für die Wissenschaft ist), in der Ausbildung völlig vernachlässigt wird jedoch das konkret-leibliche 'Erfahrungswissen', das sich nur in der Forschungspraxis, im Feld und in konkreten Interaktionen sammeln und aneignen lässt. Zwar entstehen hier in der Regel keine tragischen Unfälle, die Leib und Leben gefährden, aber es entstehen geistige und inhaltliche Unfälle – allen voran eine eindimensionale Erfassung von Welt. Und wer weiß, ob nicht auch dies uns letztlich umbringt. In dieser Richtung bemerkt Jürgen Seewald zu Recht, dass an den Hochschulen eine "Tendenz zur Kognitivierung" herrscht und dass die Sicherheit des Denkens und Besprechens der Welt nur ungern verlassen wird (Seewald 1996, 89). Angesichts der Theorielastigkeit und gleichzeitigen Entsinnlichung von fachlichen und personalen Bezügen hat es die 'Praxis' (hier: die Praxis motologischer Lehre, generell: die Praxis und Lehre einer interaktiven Forschungstätigkeit) besonders schwer, angenommen und verstanden zu werden – nicht nur von den Kollegen/innen, sondern auch von den Studenten/innen. Ganz im Sinne des bisher Gesagten konstatiert Seewald: "Praxis bedeutet hier, sich persönlich verwickeln zu lassen, um mit sich selbst in Kontakt zu kommen. Diese Erfahrungen münden in Kompetenzen, die nicht theoretisch erworben werden können. Sie holen 'das Andere der Vernunft' aus dem Schattendasein heraus und machen es begreifbar. Deshalb ist Motologie nicht im Fernstudium zu lernen, sondern nur durch die Erfahrung 'am eigenen Leibe'" (a.a.O.).

Diese 'Erfahrung am eigenen Leibe' fällt nicht vom Himmel, sondern muss kultiviert, geübt, erworben werden. So weist auch Seewald darauf hin, dass man sein leibliches Spüren *üben* kann, etwa indem man es sich immer wieder bewusst macht und darzustellen versucht. In der motologischen Arbeit ist das eigenleibliche Spüren und die leibliche Wahrnehmung die wichtigste Quelle von Erkenntnis, um verstehend arbeiten zu können, und es wird eine entsprechende Aufmerksamkeit auf die Ausbildung der Fähigkeit der Selbstbeobachtung gelegt (vgl. Seewald 1997, 12). Denn die leibliche Wahrnehmung zielt ab "auf das Unthematische, auf die Verwicklungen mit den eigenen Gefühlen, Stimmungen und inneren Bildern" (Seewald 1996, 87) und sie ergänzt das, was man *am Anderen* wahrnimmt, durch das, was man in der Begegnung mit dem Anderen *an sich* wahrnimmt.

In meinen Augen täte es gut, wenn in jenen Bereichen der Sozialwissenschaft, die sich daran machen, andere Menschen, menschliche Sinngebungen, interaktive Strukturen oder soziale Konstellationen verstehen zu wollen, die leiblich-affektive Selbsterfahrung (ergänzt durch therapeutisches Wissen und Erfahrung gerade in Übertragungssituationen) intensiv geschult sowie systematisch eingesetzt und kontrolliert würde. Im Bereich der Körper- und Bewegungstherapien gibt es aussichtsreiche Ansätze, wie eine Sensibilisierung der leiblichen Wahrnehmung angeregt und zum persönlichen 'Inventar' gemacht werden kann. Ein Blick über den Zaun, das sporadische Verlassen des akademischen Sessels und der Kontakt mit 'Berührungen' würde sich lohnen.

Doch gehen wir noch einmal einen Schritt zurück. Es sollte noch etwas genauer geklärt werden, was – bezogen auf die Forschungssituation – unter 'leiblich-affektiver Wahrnehmung' und einem impliziten, leiblich gebundenen 'Erfahrungswissen' verstanden werden kann. Dazu ist es hilfreich, einigen Anregungen von Hermann Schmitz zu folgen (vgl. Schmitz 1996).

Schmitz charakterisiert den Leib als das "intimst Zugehörige" jedes Menschen, das uns zwar innigst vertraut, aber zugleich begrifflich "fremd wie eine Märchenwelt" ist. Er entfaltet den Leib als eine spezifisch räumlich und dynamisch organisierte Einheit, wobei der "Leib als Ganzort", die Ausbildung von "Leibesinseln" als absolute Orte (die allerdings auch sekundär als relative Orte in einem System räumlicher Orientierung lokalisiert werden können), die antagonistische dynamische Struktur und der "vitale Antrieb" zu den Schlüsselkategorien gehören, deren Skizzierung hier allerdings nicht vorgenommen werden soll. Hier geht es lediglich um jene Aspekte, die zur Klärung der Frage beitragen können, wie die Beschaffenheit und die Fähigkeit des Leibes zum Verstehen des anderen in interaktiven Situationen beitragen kann. Hinsichtlich dieser Fragestellung ist Folgendes hervorzuheben:

1. Die leibliche Dynamik ist die Grundform aller Wahrnehmung und aller sozialen Kontakte. Eine Schlüsselstellung nimmt dabei der vitale Antrieb ein: Er ist die zentrale Achse der leiblichen Dynamik sowie die Quelle der leiblichen Kommunikation und wird von Schmitz als ein *Dialog zweier Impulse* ('Engung' und 'Weitung') gekennzeichnet. Dabei können zwei unterschiedliche Situationen auftreten: a) das Widerfahrnis (oder der Widerstand; Schmitz spricht auch vom 'Widersacher') und die eigene leibliche Zuständlichkeit liegen beide im Binnenraum des Leibes (etwa beim Schmerz), b) das Widerfahrnis liegt außerhalb des Leibes (ist also nicht mehr dessen eigener Zustand) und wird als leibliche Zuständlichkeit spürbar (etwa beim Sturz, beim Gehen gegen den Wind; vgl. a.a.O., 22f.).

2. Wenn der Dialog der Impulse über den eigenen Leib hinausgreift – sich also auf etwas außerhalb des Leibes Gelegenes bezieht – und den Leib mit den begegnenden Gegenständen ad hoc zu einem Ganzen zusammenschließt, dann spricht Schmitz von *Einleibung*. Diese Einleibung geschieht beim Sehen, beim Hören, bei Berührung in je spezifischer Weise und über je spezifische Kanäle. Kennzeichnend ist das Koagieren verschiedener Ebenen ohne erkennbare Reaktionszeit: Der Körper, das motorische Körperschema, der Blick, der Leib reagieren gemeinsam und spontan. Zum Ausweichen auf der Straße im Auto etwa gehört eine doppelte Einleibung: "optisch in das Umfeld der Straße und taktil in das eigene Fahrzeug; das motorische Körperschema stimmt beide Einleibungen aufeinander ab" (a.a.O., 24).

3. Der Blick hat dabei eine besondere Stellung inne: Er koordiniert in herausgehobenem Maße die Abstimmung unserer Bewegungen in Interaktion, und er wird sowohl am eigenen Leib gespürt als auch am begegnenden fremden Leib gesehen. Schmitz bezeichnet den Blick daher als einen der wichtigsten Überträger der Einleibung.

4. Die leiblichen Dispositionen bilden "eine relativ autonome Unterschicht" der Person, vergleichbar mit dem, was man volkstümlich 'Temperament' nennt. Schmitz entwickelt hier in Abwandlung der Konstitutionstypen von Kretschmer eine Typologie leiblicher Dispositionen, bei denen der vitale Antrieb und das Verhältnis der Po-laritäten von 'Engung' und 'Weitung' (oder auch 'Spannung' und 'Schwellung') das moderierende Prinzip darstellt.

5. Gewichtig ist der Zusammenhang, den Schmitz im Hinblick auf die Verbindung von leiblichen Dispositionen und Gefühlen entfaltet. Die leibliche Disposition ist für die Empfänglichkeit von Gefühlen von besonderer Bedeutung. Gefühle sind nach Schmitz "räumlich ortlos ergossene Atmosphären, die den betroffenen Menschen leiblich spürbar ergreifen, so dass Ergriffenheit von Gefühlen ein Spüren am eigenen Leibe ist" (a.a.O., 27). Von den Gefühlen als Atmosphären hebt Schmitz das 'Fühlen der Gefühle' ab, was er wiederum in zwei Aspekten darstellt: "Fühlen als bloßes Wahrnehmen der Atmosphäre und Fühlen als affektives Betroffensein oder Ergriffensein von ihr" (a.a.O., 28). Die Ergriffenheit von Gefühlen ist immer leiblich, "ein am eigenen Leibe spürbares Betroffensein von der ergreifenden Macht des atmosphärischen Gefühls" (a.a.O.).

Typisch ist hier, dass der so affektiv-leiblich Ergriffene nicht zu fragen braucht, wie man das Gefühlte in Gebärden umsetzt: "Der Frohe weiß zu hüpfen, der Bekümmerte schlaff und wie gebrochen dazusitzen (...)" (a.a.O.). Mithin gibt es eine enge Zusammenschaltung von Fühlen und körperlichem Ausdruck, und unser Körper 'weiß', wie Gefühle zu erfassen und leiblich bzw. körpersprachlich umzusetzen sind. Je dichter und unmittelbarer uns ein Gefühl ergreift, desto spontaner und echter ist der leibliche Ausdruck. Schmitz stellt in diesem Zusammenhang weiter fest: "Die Empfänglichkeit für Gefühle als ergreifende Mächte richtet sich nach der dauerhaften leiblichen Disposition und dem jeweiligen leiblichen Befinden des den Atmosphären ausgesetzten Menschen. Sie wächst mit der Beweglichkeit und Elastizität des von den ergreifenden Gefühlen formbaren vitalen Antriebs" (a.a.O.). Und er

fährt fort: "Durch leibliche Kommunikation und Sensibilität für Gefühle als ergreifende Mächte ist der Leib der Herd aller Resonanz und Initiative, sogar noch bei der
Person, die auch in entfalteter Gegenwart nur durch ihre Leiblichkeit offen wird für
das, was betroffen macht und Gestaltungskraft weckt; daher ist es wichtig, die Verdrängung des Leibes bis zum Verschwinden aus der Besinnung in der dominanten
europäischen Intellektualkultur mit ihrem Körper-Seele-Dualismus zu korrigieren"
(a.a.O., 29).

Wie können nun diese – hier nur knapp umrissenen – Ausführungen von Schmitz
zur Klärung der Frage beitragen, wie die 'leiblich-affektive Wahrnehmung' und das
leiblich gebundene 'Erfahrungswissen' (oder auch 'Körperwissen') zu verstehen ist
und wie diese Dimensionen im Forschungsprozess genutzt werden können? Folgendes sollte, auch unter Rückgriff auf die vorangegangenen Erläuterungen, deutlich
geworden sein:

(1) Die Organisationsweise des Leibes sowie die Fähigkeit, sich von Gefühlen
ergreifen zu lassen, sie leiblich zu spüren und ihnen körperlich Ausdruck zu verleihen, ist bei allen Menschen in ähnlicher Weise angelegt. Diese *strukturelle Ähnlichkeit* erlaubt es, einen Wechsel von der eigenen Person zum Gegenüber vorzunehmen
und sich in seine Lage zu versetzen und einzufühlen. Dieser Wechsel vom 'ego' zum
'alter ego' ist möglich, aber er ist zugleich immer auch gebrochen. Das 'Ich' ist stets
ein Anderer als das 'Du' und das spezifische Erleben des Anderen bleibt uneinholbar
– es kann allenfalls in Annäherungen erfasst werden.

(2) Die leiblich-affektive Wahrnehmung des Anderen kann grundsätzlich auf
zwei verschiedene Arten erfolgen: a) als ein Ergriffen-Sein von dem, was mir beim
Anderen entgegenkommt, und b) als ein Sich-Hineinversetzen in die Lage und Befindlichkeit des Anderen. Im ersten Falle lasse ich den Anderen auf mich wirken und
gewahre den Zustand meiner leiblich-affektiven Befindlichkeit (die Frage wäre hier:
Was löst der Andere in mir aus?). Im zweiten Falle ahme ich die sichtbare, hörbare,
taktil wahrnehmbare leibliche Verfasstheit des Anderen mit oder nach und spüre
dann meiner inneren Befindlichkeit nach (die Frage wäre hier: Was geschieht mit
mir, wenn ich die Haltung, die Spannung, die Energie, die Stimmung des Anderen
'am eigenen Leibe' nachvollziehe?). Den Kern bildet in beiden Formen das Hinunterspüren an sich selbst als Beobachter, im ersten Fall wird jedoch – etwas distanzierter oder passiver – nur der Wirkung des Anderen auf mich nachgespürt, im zweiten Fall wird aktiver eine 'Anverwandlung' des leiblich-affektiven Ausdrucks des
Anderen vollzogen.

(3) Unser Körper verfügt aufgrund seiner leiblichen Organisationsform und Dispositionen über ein 'Wissen' darüber, wie leibliche Regungen sich anfühlen und wie
Gefühle leiblich repräsentiert werden. Dieses 'Wissen' ist uns zu einem großen Teil
unwillkürlich gegeben, es kann aber auch blockiert werden (etwa im Sinne einer
emotionalen Resonanzstörung) und es kann umgekehrt angeregt, gefördert, erweitert
werden – wir können sensibilisiert werden, empfänglich werden für kleinste Nuancen der leiblich-affektiven Verfasstheit bei uns selbst und damit auch – bei entsprechender Aufmerksamkeit und Übung – beim Anderen.

(4) Das mitgegebene 'Körperwissen' kann zu einem reichen 'Erfahrungswissen' werden, wenn wir die oben angesprochenen Momente schulen. Dazu ist nicht nur die Aufmerksamkeit unseren eigenen Regungen gegenüber nötig, sondern vor allem auch die Auseinandersetzung mit anderen 'Gegenständen'. Der komplexeste und unergründlichste Gegenstand ist dabei der andere Mensch. Nur in Situationen konkreter, leibhaftiger Interaktion kann die 'Spur' eines Anderen aufgenommen werden und kann sich ein 'Gespür' dafür entwickeln, wie ähnlich, aber auch wie fremd mir der Andere ist.

(5) In der konkreten leiblichen Interaktion, aber auch dann, wenn wir einen 'Text' leiblich-affektiv auf uns wirken lassen, kann es gelingen, dass leiblich verankerte und im Körper gespeicherte Erinnerungen wachgerufen werden. Voraussetzung dafür ist eine entsprechende Bereitschaft und durchlässige Haltung sowie eine Sensibilisierung und das Geübtsein in dieser Hinsicht. So kann auf vielfältige Weise leiblich gespeichertes Material *evoziert* werden – innere Bilder, Assoziationen, Stimmungen, Gedankenblitze. Dieses Material kann für den Prozess des Verstehens genutzt werden, indem es eine 'Spur' zum Verstehen des Anderen auslegt, das Verstehen vertieft oder ihm eine neue Richtung gibt.

### 6.4.    Das 'leibliche' Verstehen im Spiegel ethnologischen Verstehens

Seit geraumer Zeit wird im Rahmen mikrosoziologischer Analysen das von Clifford Geertz entwickelte ethnographische Konzept der 'dichten Beschreibung' herangezogen (Geertz 1994, zuerst 1983). Die kritische Auseinandersetzung mit einem zentralen Punkt dieses methodischen Ansatzes soll abschließend dazu beitragen, das hier zur Diskussion stehende Problem des 'leiblichen' Verstehens noch ein wenig plastischer herauszuarbeiten.

Kurz einige Hinweise zu dem Konzept der dichten Beschreibung. Geertz entfaltet die dichte Beschreibung als eine Möglichkeit des Verstehens kultureller Systeme und spricht in diesem Sinne auch von einer "deutenden Theorie von Kultur". Methodisch gehört die dichte Beschreibung in das Repertoire der Ethnographie bzw. ethnographischer Beschreibung, theoretisch ist sie angelegt als ein semiotischer Zugriff auf Kultur (als einer spezifischen Gegebenheitsweise sozialer Wirklichkeit). Entsprechend wird ein *semiotischer Kulturbegriff* entfaltet, bei dem Kultur als ein Gewebe von Bedeutungen aufgefasst wird, und es geht zentral um die Herausarbeitung von kulturellen Bedeutungen und Bedeutungsstrukturen, in die der Mensch verstrickt ist und die sich etwa in Phänomenen wie einem 'öffentlichen Code' oder einem 'sozialen Diskurs' finden lassen. Die Nähe zu wissenssoziologisch inspirierten Untersuchungen ist unübersehbar.

Bedeutungen lassen sich jedoch nicht experimentell, sondern 'lediglich' interpretativ herausarbeiten. Die Interpretation ist der Dreh- und Angelpunkt des ethnographischen Ansatzes und genau hier liegt der wunde Punkt. Geertz bemerkt hierzu: "Um zu begreifen, was ethnologische Interpretation ist und in welchem Ausmaß sie *Interpretation* ist, kommt es hauptsächlich darauf an zu verstehen, was die Forderung, die Symbolsysteme anderer Völker aus der Sicht der Handelnden darzustellen, bedeutet und was sie nicht bedeutet" (Geertz 1994, 21f.). Entlang dieser Linie – was die oben genannte Forderung bedeutet und was sie nicht bedeutet – spannt Geertz eine Polemik auf, die für den Aspekt der 'leiblich-affektiven Wahrnehmung' einigen Zündstoff bietet und damit aber auch zu Klärungen beitragen kann. Wenden wir uns zunächst dem zu, was die Forderung *bedeutet*.

Hier begegnen wir Vertrautem: Ethnologische Schriften sind notwendigerweise Interpretationen zweiter oder gar dritter Ordnung, eine gültige Grenze zwischen Darstellungsweise (erster, zweiter und dritter Ordnung) und zu Grunde liegendem Inhalt (die gelebte Kultur) kann nicht gezogen werden. Es kann mithin nicht darum gehen, eine Kultur so darzustellen, wie sie 'wirklich' ist, sondern nur darum, möglichst 'gute Berichte' darüber anzufertigen, wie sich die Mitglieder einer Kultur verständigen und welche Bedeutung das jeweils Gesagte oder Getane in ihrem kulturellen Kontext hat. Ein weiteres Gütekriterium eines 'guten Berichts' und seiner Triftigkeit ist, inwieweit seine "wissenschaftliche Imagination uns mit dem Leben von Fremden in Berührung zu bringen vermag" (a.a.O., 24) und inwieweit es dem Außenstehenden gelingt, sich anhand des Berichts in der fremden Kultur orientieren zu können.

In der Kennzeichnung dessen, was die Forderung *nicht* bedeutet, greift Geertz tief in das Arsenal wissenschaftlich verpönter Erkenntnishaltungen und Vorstellungen. Es geht *nicht* um "eine Art Telepathie" oder um "eine Form des Phantasierens über Kannibaleninseln" (a.a.O., 21), es geht *nicht* darum, zum 'Eingeborenen' zu werden oder die 'Eingeborenen' nachzuahmen (a.a.O., 20), es geht *nicht* um "übermenschliche Fähigkeiten der Selbstaufgabe und des Einfühlungsvermögens" (a.a.O., 308) oder um eine besondere psychische Disposition und schon *gar nicht* um eine "mystische Kommunion", in der der Forscher in die Haut des Anderen schlüpft, um zu werden wie er (und ihn so zu verstehen; a.a.O., 309). Das mit dieser Verzichtshaltung entstehende erkenntnistheoretische Problem bringt Geertz treffend so auf den Punkt:

> "Wenn ethnologisches Verstehen nicht, wie man uns glauben machte, einer außerordentlichen Sensibilität, einer beinahe übernatürlichen Fähigkeit entspringt, zu denken, zu fühlen und die Dinge wahrzunehmen wie ein Eingeborener ('im strengen Sinne des Wortes', sollte ich schleunigst hinzufügen), wie ist dann ethnologisches Wissen darüber, wie Eingeborene denken, fühlen und wahrnehmen, überhaupt möglich? (...) Wenn wir auf der strengen Forderung beharren, die Dinge aus der Perspektive des Eingeborenen zu betrachten – was wir meiner Meinung nach müssen –, wie stellt sich dann unsere Position dar, wenn wir nicht länger eine einzigartige psychologische Nähe oder eine Art transkultureller Identifikation mit unserem Gegenstand beanspruchen können? Was wird aus dem *Verstehen*, wenn das *Einfühlen* entfällt?" (a.a.O., 290).

Auf der anderen Seite merkt Geertz am Ende seiner Ausführungen zum Problem des ethnologischen Verstehens an:

> "Kurz, man kann Erklärungen der Subjektivität anderer Völker versuchen, ohne dazu übermenschliche Fähigkeiten der Selbstaufgabe und des Einfühlungsvermögens heucheln zu müssen. Eine normale Entwicklung derartiger Fähigkeiten wie auch deren weitere Ausbildung sind natürlich unabdingbar, wenn wir erwarten, dass Menschen unser Eindringen in ihr Leben überhaupt ertragen und uns als Personen, mit denen man sich unterhalten kann, akzeptieren sollen. Ich wollte hier keiner unsensiblen Verhaltensweise das Wort reden und habe das hoffentlich deutlich genug gemacht" (a.a.O., 308).

Zweierlei fällt auf: die Vehemenz, mit der Geertz gegen jene Momente vorgeht, die er höchst undifferenziert (fast ist man versucht zu sagen: grobschlächtig) in dem Begriff 'Einfühlung' zusammenfasst, und die Nonchalance, mit der er gegen Ende 'derartige Fähigkeiten' (fast überraschend) als eine Selbstverständlichkeit einführt. Nicht nur, dass eine 'normale Entwicklung' dieser Fähigkeiten angenommen und begrüßt wird, und dass zugestanden wird, dass diese Fähigkeiten durch 'Ausbildung' weiter zu entwickeln sind, nein, sie erscheinen plötzlich sogar 'unabdingbar'!

Zu dem ersten Punkt eine kurze Bemerkung: Die Vehemenz, mit der Geertz gegen das oben aufgelistete Sammelsurium von 'Einfühlung' angeht, hängt in meinen Augen mit dem Profilierungsdruck zusammen, dem eine derart "weiche Wissenschaft" (wie Geertz das ethnographische Vorgehen selbst einordnet) ausgesetzt ist. Entsprechend bemerkt er an anderer Stelle: "Wer allerdings einen semiotischen Begriff von Kultur und einen deutenden Ansatz zu ihrer Untersuchung vertritt, macht sich damit eine Auffassung von ethnographischer Erklärung zu eigen, die (...) 'in hohem Maße anfechtbar' ist" (a.a.O., 42). Jede Art von 'Obskurantismus' oder 'Magie' (und alles, was nur irgend in diese Nähe kommt) muss scheinbar energisch bekämpft werden, um nicht in den Ruch der Unwissenschaftlichkeit zu geraten. Geertz 'braucht' diese Polemik also als ein Mittel der Abgrenzung, denn nur vor diesem 'Gegenhorizont' kann das 'in hohem Maße anfechtbare' Unternehmen ethnographischer Beschreibung als ein wissenschaftliches Projekt anerkannt werden. Der Nachweis der Wissenschaftlichkeit wird u.a. dadurch erbracht, dass die 'dichten Beschreibungen' auf einer 'höheren' analytischen Ebene im Sinne einer 'Spezifizierung' oder 'Diagnose' zu allgemeineren Aussagen über den je gegebenen Fall verdichtet werden. Geertz bemerkt hierzu: "Unsere Aufgabe ist eine doppelte: Sie besteht darin, Vorstellungsstrukturen, die die Handlungen unserer Subjekte bestimmen – das 'Gesagte' des sozialen Diskurses – , aufzudecken und zum anderen ein analytisches Begriffssystem zu entwickeln, das geeignet ist, die typischen Eigenschaften dieser Strukturen (das, was sie zu dem macht, was sie sind) gegenüber anderen Determinanten menschlichen Verhaltens herauszustellen" (a.a.O., 39).

Die Beschreibung ist dann besonders 'gut', wenn sie "mikroskopisch" verfährt, sich der Analyse "von der sehr intensiven Bekanntschaft mit äußerst kleinen Sachen her nähert" (a.a.O., 30) und so präzise wie möglich die jeweiligen Bedeutungsebenen und Kontexte des 'Gesagten' herausarbeitet: etwa "ob Zwinkern von Zucken und wirkliches Zwinkern von parodiertem Zwinkern unterschieden wird" (a.a.O., 24). Zentrales Anliegen ist es, herauszufinden, wie sich die Subjekte jeweils selbst verstehen (und nicht, eine innere geistige oder psychische Korrespondenz zu ihnen herzustellen). Dazu ist es u.a. nötig, in möglichst intime Bekanntschaft mit ihnen zu gelangen, die symbolischen Formen zu untersuchen, mit denen sie sich vor sich selbst und vor anderen darstellen (Worte, Bilder, Institutionen, Verhaltensweisen), und sich 'erfahrungsnäherer' (praxisgebundener) und 'erfahrungsfernerer' (theoretisch gesättigter) Begrifflichkeiten als Analyseinstrument zu bedienen (vgl. a.a.O., bes. 290ff.).

Kommen wir zu dem zweiten Punkt: Es fällt auf, dass die 'präzise' Erläuterung des Anliegens und der Vorgehensweise durchsetzt ist von Begrifflichkeiten, die in

hohem Maße auslegungsbedürftig, dehnbar und alles andere als 'präzise' sind: Was
heißt 'dicht' und was heißt 'gut' genau? Was sind 'äußerst kleine Sachen'? Wann ist
eine Bekanntschaft 'intensiv', wann ist sie 'intim'? Was ist 'erfahrungsnah'? Alle
diese Kategorien entziehen sich – das ist nicht zu umgehen – einer exakten Bestimmung, weil sie *qualitativ* sind. Geertz sieht dieses Problem zwar (etwa indem er an
mehreren Stellen die Anfechtbarkeit ethnographischer Analysen und deren Charakter der Annäherung betont), er blendet dieses Moment in meinen Augen jedoch an
jener Stelle aus, an der es um die 'Einfühlung' geht. Hier wird das Kontinuum einer
Annäherung an die Phänomene verlassen und eine schroffe Polarisierung eingeführt:
Unabdingbare 'normale' menschliche Fähigkeiten des In-Kontakt-Kommens und
Sich-Einlassens auf andere (die sich auch mit Takt, Sensibilität, Gespür übersetzen
ließen) werden in einem Nebensatz als selbstverständliche Marginalien angedeutet,
auf der anderen Seite werden mit großem Aufwand (und aus den oben vermuteten
Gründen) *übermenschliche* Fähigkeiten imaginiert, die dem Reich der Magie, der
Mystik, der Telepathie und ähnlicher 'Monstrositäten' entstammen. Dies hat den
bedauerlichen Effekt, dass weder die Möglichkeiten noch die Schwierigkeiten, die
mit der Nutzung leiblich-affektiver Wahrnehmung verbunden sind, ernsthaft diskutiert oder entfaltet werden. Dieser Bereich wird über weite Strecken mit Stillschwei-
gen übergangen oder – wie gezeigt und nicht eben konstruktiv – als selbstverständlich vorausgesetzt bzw. ins Groteske verlagert. Dies ist umso bedauerlicher, als
Geertz die konkrete Nähe zu den Subjekten seiner Forschung, die persönliche Erfahrung, den direkten Austausch und das Ins-Gespräch-Kommen (das mehr meint als
nur 'Reden') als zentralen Ausgangspunkt der 'guten' dichten Beschreibung prokla-
miert. So notiert er etwa: "Uns in sie zu finden, dieses entmutigende Unterfangen,
das – wenn überhaupt – nur annähernd gelingt, ist es, woraus ethnographische Forschung als persönliche Erfahrung besteht. Und in dem Versuch festzuhalten, auf
welcher Grundlage man – immer im Überschwang – in sie gefunden zu haben meint,
besteht die ethnologische Schriftstellerei als wissenschaftliches Projekt" (a.a.O., 20.)
     Hinter der oben angedeuteten Polemisierung steht jedoch nicht nur ein taktisches
und berufspolitisches Motiv, sondern auch ein seinerseits ernst zu nehmendes er-
kenntnistheoretisches Moment. Es kann in der Tat nicht darum gehen – und zu dieser Klärung trägt die Polemik bei – , wie ein 'Eingeborener' zu werden, in seine Haut
zu schlüpfen oder sich seine Psyche anzuverwandeln. Sehr zu Recht verweist Geertz
darauf, dass es darum geht festzuhalten, *auf welcher Grundlage* man meint, 'in sie
gefunden zu haben'. Und diese Grundlage wird nicht durch eine totale Identifikation
mit den Subjekten garantiert, sondern durch die Analyse der Symbolbestände, mit
denen sie umgehen. Eine totale Identifikation – oder ein So-werden-wie-der-Andere
– ist ohnehin nicht möglich (das hat ja auch Schütz sehr klar gesehen), und selbst
wenn sie möglich wäre, so wäre sie erkenntnismäßig unergiebig: Bei einer totalen
Identifikation sähe man nämlich gar nichts mehr.
     Und dennoch: Es ist bedauerlich, dass die ernsthafte Auseinandersetzung mit
dem Problem der leiblich-affektiven Wahrnehmung auf diese Weise blockiert wird.
Sie hätte, gerade in einem 'erfahrungsnahen' Forschungsfeld wie der Ethnologie,
einen würdigeren Platz verdient. Welche Chancen der Erkenntnis, aber auch welche

spezifischen Grenzen ein derartiger Erkenntniszugang bietet, konnte in dem Exkurs – so hoffe ich – ein wenig deutlich werden. Ich plädiere dafür, die 'Einfühlung' nicht durch Banalisierung oder Karikierung aus dem Verstehensprozess herauszukatapultieren, sondern genauer zu untersuchen, *welche Art* der 'Einfühlung' hilfreich sein könnte. Dazu abschließend noch einmal folgende Hervorhebungen:

1. Grundsätzlich gilt: Eine 'Einfühlung' in den Anderen ist nicht in der Weise möglich, dass ich sein Erleben tatsächlich nachempfinden könnte – ich kann nicht 'er' werden. Erst recht nicht kann das 'Verstehen gemeinten Sinns' durch Einfühlung erfasst werden, denn das Sinnverstehen liegt auf einer anderen (symbolisch vermittelten und rational strukturierten) Wahrnehmungsebene bzw. Erkenntnisebene als das Spüren.

2. Aber: Diese Wahrnehmungsebenen sind nicht hermetisch gegeneinander abgeschlossen, sondern das Spüren, die leiblich-affektive Wahrnehmung, ist ein wesentliches Element des Erlebens und damit auch der Sinnkonstitution. Auf die innere Verbindung von Erleben und Sinn hat Schütz insbesondere in seiner 'Theorie der Lebensformen' ja intensiv aufmerksam gemacht.

3. Mit 'Einfühlung' wären vor diesem Hintergrund beispielsweise folgende Möglichkeiten des Verstehens verbunden: sich auf die Atmosphäre einzulassen, die von dem Gegenüber ausgeht, und die Reaktionen zu beobachten, die diese Atmosphäre bei mir (dem Beobachtenden) auslöst; den körperlichen Ausdruck (Haltung, Mimik, Gestik) des Gegenübers wahrzunehmen und auf mich wirken zu lassen; den körperlichen Ausdruck nicht nur wahrzunehmen, sondern auch selbst auszuführen (Seewald spricht hier von 'Mitahmen') und nachzuspüren, wie sich das anfühlt, was es bei mir auslöst; ein Sensorium für die Stimmung und Gestimmtheit des Gegenübers zu entwickeln, auch kleinste Gefühlsregungen zu erfassen und auf ihre mögliche Bedeutung zu befragen; ein Gespür dafür zu entwickeln, ob die wahrgenommenen Haltungen, Regungen, Gefühlsausdrücke echt sind oder gespielt, ob sie etwas verbergen oder enthüllen, ob sie spontan sind oder taktisch eingesetzt werden, ob sie einer Absicht folgen (und wenn ja, welcher) oder ob sie unwillkürlich 'herausbrechen'. Diese Nuancen zu gewahren ist diffizil und bedarf der Übung, aber man kann darin sicherer und geschickter werden. Dabei ist aber nie ausgeschlossen, dass man sich gründlich irrt und in seinen Wahrnehmungen und Schlussfolgerungen 'voll daneben' liegt. Deshalb muss noch einmal betont werden:

4. Die auf dieser Ebene eingeholten Erkenntnisse tragen den Charakter einer 'Spur': Sie können den Weg weisen und wichtige Aspekte zu Tage fördern, sie müssen aber mit den anderen Möglichkeiten der Erkenntnisgewinnung und des Sinnverstehens (etwa der Analyse am 'Text') in Verbindung gebracht und überprüft werden. Dabei gilt es dann, Widersprüche nicht einzuebnen oder zu vereindeutigen, sondern auszuhalten, zu benennen und im Sinne einer erweiterten Erkenntnis zu nutzen.

5. Ein grundsätzliches Problem besteht in der Unterscheidung zwischen (innerer) Selbstwahrnehmung und (äußerer) Fremdwahrnehmung: Nehme ich mich (als Beobachter) in meinen inneren Reaktionen auf den Anderen wahr (Was löst der andere bei mir aus?) oder nehme ich den Anderen wahr (Was er tut, sagt, an Energie verströmt.)? Auch hier sind keine eindeutigen Trennlinien zu ziehen.

Besonders deutlich wird das an dem Beispiel der 'verströmenden Energie'. Ich kann eine 'verströmende Energie' nicht ausschließlich als einen außer mir liegenden Fakt wahrnehmen, sondern nur, indem etwas in mir angestoßen wird, in Schwingung gerät und von mir im Sinne einer Selbstbeobachtung wahrgenommen wird. Die 'Kanäle', über die ich etwas wahrnehme, sind in spezifischer Weise strukturiert und tendieren entweder zu dem Pol der Außenwahrnehmung – hier dominiert das Sehen – oder zu dem Pol der Innenwahrnehmung – hier dominiert das Spüren. In allen Wahrnehmungsformen sind jedoch immer beide Pole (Innen und Außen) beteiligt.

Nicht unerheblich ist die bekannte Tatsache, dass unsere westliche, rational strukturierte Kultur stark auf das Sehen fixiert ist (bezeichnenderweise ja auch von dem Forschenden als 'Beobachter' spricht) und das Spüren weitaus weniger kultiviert hat – den Forschenden systematisch als 'Spürer' anzusprechen, wirkt lächerlich. Aber wenn wir uns noch einmal an das Kind in Peter Hoegs Roman erinnern, das eine 'Verdichtung' spürte, wenn das Gegenüber 'wesentlich' wurde, so wirkt diese Erkenntnishaltung gar nicht mehr so lächerlich ...

6. Ein ähnlich gelagertes Problem, mit dem seriös umgegangen werden muss, liegt in der Unterscheidung zwischen den 'Eigenanteilen' und den 'Fremdanteilen' einer Deutung. Die entscheidende Frage lautet: Was ist 'meins' und was ist 'deins'? Wenn ich (als gespüriger Beobachter) beispielsweise angesichts der Haltung des Gegenübers einen bestimmten Affekt an mir wahrnehme oder mir eine bestimmte Erinnerung oder ein Bild kommt, so habe ich mir stets mindestens drei Fragen zu stellen: Was hat dieser Affekt (oder das Bild) mit mir und meiner Geschichte zu tun? Was hat er mit der Konstellation der Situation zu tun? Und was hat er mit dem Anderen zu tun? Diese Elemente müssen gesehen, gegeneinander abgewogen und mit anderen Daten über das Gegenüber verglichen werden. Auch hier geht es wieder nur um eine zu überprüfende 'Spur' und keinesfalls um die Gleichsetzung von Affekten und Bildern mit dem Erleben, der Befindlichkeit oder der Strukturiertheit des Gegenübers.

Jürgen Seewald hat einen so akzentuierten Verstehensprozess sehr schön in seinen wesentlichen Zügen benannt. Angesichts der Auslassungen und Schwächen eines auf die sprachlich-diskursive Symbolebene fixierten Verstehens ist es nötig, dieses 'andere', an leiblich-präsentativer Symbolisierung orientierte Verständnis von Verstehen immer wieder (gedanklich und praktisch) in den Verstehensprozess hineinzuholen:

"Verstehen wächst und erweitert sich am Nicht-Verstehen, es läuft immer wieder vom Teil zum Ganzen, es erweitert sich, es wechselt die Ebene und die Figur/Grund Verhältnisse, es schließt Sinnlücken, es korrigiert sich, läuft in Sackgassen und bleibt stecken. Es wechselt vom expliziten Handlungsverstehen zum impliziten 'leiblichen' Verstehen und zurück. Es nimmt Theorien zu Hilfe, es fragt zurück, es entschlüsselt verborgenen Sinn, es folgt subtilen Stimmungen, es verweist auf den zurück, der verstehen möchte, es ist unabschließbar und immer erweiterbar. Im Verstehen von Bewegung bleibt ähnlich wie im Verstehen eines guten Gedichts ein unaufklärbarer Rest, ein Bedeutungsüberhang, den es auszuhalten gilt" (Seewald 1995, 232f.).

# Teil 2: Methodologie und Empirie

## 1. Die sozialwissenschaftliche Hermeneutik und ihre Verfahren

### 1.1. Grundprämissen einer sozialwissenschaftlichen Hermeneutik

Im Zentrum der vorliegenden Arbeit steht die Erhebung und Interpretation jener subjektiven Wissensformen, die Menschen in 'unserer' Gesellschaft bezüglich des biographischen Aufbaus ihres Lebens und bezüglich ihrer *eigenen* sowie *der* Körperlichkeit entwickeln, und die Erfassung jener Arrangements (Vorgaben, Vorstellungen, Routinen, Gewissheiten, Spielräume etc.), die sich in dieser Hinsicht sozial etabliert haben und den Subjekten zur Auseinandersetzung angetragen werden. Mit anderen Worten: Es geht um einen äußerst komplexen und hochgradig 'ungesicherten' Vorgang des *Entdeckens* und *Verstehens* von alltagsweltlichen Bewusstseinsleistungen, von Handlungsweisen und von sozialen Bedingungen des Handelns in ihrer jeweiligen inhaltlichen und strukturellen Beschaffenheit. Es liegt nahe und wurde mit dem Rückgriff auf die phänomenologisch orientierte Sozialtheorie, die Wissenssoziologie und die sozialwissenschaftliche Biographieforschung ja auch ganz in diesem Sinne angelegt und bis hierher entfaltet, dieses Vorhaben im Rahmen der *qualitativen Sozialforschung* und einer *sozialwissenschaftlichen Hermeneutik* anzusiedeln.

Folgt man Hans-Georg Soeffner und Ronald Hitzler (Soeffner/Hitzler 1994), so zeichnet sich die sozialwissenschaftliche Hermeneutik durch eine doppelte Theoriebindung aus: Zum einen steht sie in der Tradition der (klassischen) Hermeneutik der Geisteswissenschaften (der es in erster Linie um das 'Was' des Verstehens ging) und zum anderen in einer immer deutlicher Kontur gewinnenden Tradition, der vordringlich auch an dem 'Wie' des Verstehens – oder genauer: an dem *Verstehen des Verstehens* im Alltag wie auch in der wissenschaftlichen Praxis – gelegen ist, und die im Kern bereits durch Max Webers Forderungen an eine 'verstehende Soziologie' eingeleitet und von Alfred Schütz im Hinblick auf die damit verbundenen alltäglichen, sozialwissenschaftlichen und erkenntnistheoretischen Probleme dezidiert aufgegriffen und präzisiert wurde (vgl. auch Hitzler 1993).

Inzwischen hat sich die sozialwissenschaftliche Hermeneutik zu einem ausgesprochen schillernden Forschungsfeld entwickelt, das nicht nur so heterogene Theorieströmungen nutzt bzw. von ihnen getragen wird, wie die idealistisch-strukturalistische Theorietradition, die Theorie des Symbolischen Interaktionismus, die phänomenologische Protosoziologie und die "anthropologisch und historisch informierte Wissenssoziologie", sondern die auch über zahlreiche und höchst divergierende Ansätze bezüglich Anspruch, Anliegen und Verfahrensweise verfügt. Soeffner/Hitzler heben als die prominentesten und einflussreichsten Ansätze heraus: die objektive Hermeneutik, die historisch wissenssoziologische Hermeneutik, die kultursoziologische Hermeneutik, die Deutungsmusteranalyse sowie Dokumentarische Methode, Bildhermeneutik, Milieuanalyse, Lebensweltanalyse, Empirischer Konstruktivismus, Typologische Analyse, Geschichtenanalyse, Narrationsanalyse, Gattungsanalyse und Konversationsanalyse (Soeffner/ Hitzler 1994, 32).

In der Zusammenstellung, die Ronald Hitzler und Anne Honer zum Thema 'sozialwissenschaftliche Hermeneutik' vorlegen (Hitzler/Honer 1997), tauchen die oben genannten Ansätze ebenso auf und werden in drei Gruppen gebündelt ("kulturtheoretisch orientierte Verfahren", "biographieanalytisch applizierte Verfahren", "textstrukturell interessierte Verfahren"), wobei die Autoren bemerken, dass diese Ordnung "so" aber auch "anders" sein könnte. Dieser Hinweis trifft u.a. insofern, als eine Differenzierung zwischen "kulturtheoretisch" und "textstrukturell" notwendigerweise kein sehr hilfreiches Abgrenzungskriterium in einem Feld sein kann, in dem es bei allen Verfahren letztlich um das Aufzeigen kultureller (und kulturtheoretisch explizierbarer) Zusammenhänge vermittels der Analyse von 'Texten' und 'Textstrukturen' geht.

Um dem Forschungsanliegen im Hinblick auf die Fragestellung und das Untersuchungsziel sowie im Hinblick auf die einzusetzenden Verfahren der Erhebung und Auswertung von Daten und die daraus legitimerweise zu ziehenden (oder eben nicht zu ziehenden) Schlüsse und Erkenntnisse noch deutlicher Kontur zu verleihen und es zudem auf den Boden einer *empirischen* Wissenschaft zu stellen, sollen im Folgenden wesentliche Prämissen und zentrale Probleme der sozialwissenschaftlichen Hermeneutik dargestellt und diskutiert werden.

Die Auseinandersetzung mit methodologischen und methodischen Fragen soll dazu genutzt werden, das Anliegen der Forschung (ihre Fragen und ihren 'Gegenstand') zu präzisieren, indem die Sensibilität dafür geschärft wird, was gefragt werden kann, wie gefragt werden kann und wie das Anliegen möglicherweise so zu modifizieren ist, dass es empirisch und nach wissenschaftlichen Kriterien erfassbar wird. Dabei soll aber der 'Gegenstand' nicht an den 'Methoden' kleingearbeitet und auf das Machbare (oder wissenschaftlich Übliche, Vertretbare) zurechtgestutzt werden, sondern auch die 'Methoden' hätten sich am gewählten 'Gegenstand' zu reiben und es müssten neue Möglichkeiten kreiert werden. Im Kern zielt dies auf einen produktiven dialektischen Prozess, in dem 'Gegenstand' und 'Methode' sich gegenseitig inspirieren und der die Soziologie nicht nur in Bezug auf ihren Gegenstand, sondern auch im Hinblick auf den Erkenntnisprozess zu einer 'lebendigen' und in die Zukunft 'offenen' Wissenschaft macht.

Der gesamte Forschungsprozess lässt sich als eine hermeneutische Spirale verstehen und lief auch in der Praxis der vorliegenden Arbeit so ab: In vielfachen Schleifen, die sich auf jeweils neuem Niveau wiederholten, sich gegenseitig kommentierten und bereicherten, wurde das Anliegen allmählich konstituiert – durch Lektüre zum Thema, durch Gespräche, durch Kontakte im Feld, durch theoretische und methodologische Auseinandersetzungen, durch den Prozess der Datenerhebung und die damit verbundenen Erfahrungen, über die euphorische Durchsicht der noch 'heißen' Protokolle und die disziplinierende Distanz zum 'erkalteten' Text, durch Zweifel und ökonomische Zwänge, durch Gedankenblitze und wieder Lektüre. So scheint es auch keinesfalls befremdlich, sondern eher angemessen und typisch, dass sich das Anliegen der Forschung erst gegen Ende der Untersuchung abzeichnete – also im Prozess des Forschens entstand – und dass beispielsweise auch die verwendeten Verfahren der Dateninterpretation und ihre besondere Form der Mischung und des variablen Einsatzes ein Produkt der Auseinandersetzung mit dem jeweils erhobenen 'Text' und den daraus sich unmittelbar aufdrängenden Fragen sind (Welcher Text braucht welches Verfahren? Mit welchem Verfahren kann ich was erkennen?). Die Verfahren wurden also ihrerseits 'erfunden' und zwar mit Rücksicht auf die Qualität des Textes und die Art der Fragestellung bzw. die Intention der Analyse, und nicht einfach 'hart' und bereits im Vorfeld entschieden an den Text angelegt, um ihn zu 'brechen' (was natürlich durchaus auch eine mögliche und sinnvolle Vorgehensweise sein kann).

Diese Haltung des 'Anschmiegens' des Verfahrens an den Gegenstand oder – nicht ganz so 'weich' – der Interaktion von Verfahren und Text steht zunächst einmal in Kontrast zu dem Plädoyer Ulrich Oevermanns, dass die objektive Hermeneutik die "unverzichtbare methodologische Grundlage für die Analyse der Subjektivität" sei und dass *allein* die objektive Hermeneutik – im Gegensatz zu allen anderen Hermeneutiken, die nach Oevermann lediglich "Nachvollzugshermeneutiken" sind – in der Lage sei, sich von den alltagsweltlichen Fundierungen des Verstehens (Fremdverstehen, Introspektion) so frei zu machen, dass über die von ihr entwickelten Verfahren (im Kern: die Sequenzanalyse) eine 'objektive' Analyse 'objektiv' wirkender 'Regeln' (oder "Fallstrukturgesetzlichkeiten") möglich ist (vgl. Oevermann 1993). Wie dieser Allein-Anspruch begründet wird, inwiefern er berechtigt ist und welche wichtigen Impulse er für die Überarbeitung interpretativen Vorgehens gegeben hat, soll noch gezeigt werden. Festzuhalten ist aber eben auch, dass die objektive Hermeneutik den Anspruch reklamiert, die *einzig* gültige (!) Verfahrensweise entwickelt zu haben und dass damit ein dialektischer Prozess, in dem auch das Verfahren auf die Frage und auf die Daten reagiert – und nicht nur umgekehrt die Frage und die Daten ein Produkt des ('einzigen')Verfahrens sind – zumindest definitorisch unmöglich gemacht wird. Ob das tatsächlich so ist und welche 'Schlupflöcher' sich vielleicht auch hier (zwangsläufig) auftun, wird noch zu zeigen sein.

Ausgehend von der 'Logik', die sich in dem Forschungsprozess und der gegenseitigen Kommentierung von Theorie, Methodologie, Verfahren, Daten, Interpretation und Erkenntnis auch in dieser Untersuchung ergeben hat, wäre es adäquat, wenn die einzelnen Bestandteile in einer ganz anderen – eben 'spiralförmigen' – Ordnung niedergelegt würden und wenn etwa die Verfahren der Textauslegung parallel zu dem Vollzug der Textauslegung und den gewonnenen Interpretationen beschrieben und in ihrer tatsächlich zum Tragen kommenden Form dokumentiert würden. Die damit angesprochenen *Darstellungsprobleme*, die ein hermeneutischer Forschungprozess aufgibt, liegen nicht nur auf dieser Ebene, sondern in allen Phasen der Erkenntnisgewinnung: von der ersten Idee, über die Sondierung des theoretischen und methodologischen Horizonts und die 'Feldphase' bis hin zur Auswertung der Daten und der

Formulierung von Resultaten muss mit dem Problem umgegangen werden, wie der Prozess der Erkenntnisgewinnung – als ein Teilstück des *Verstehens des Verstehens* – mitreflektiert oder zumindest ansatzweise so transparent gemacht wird, dass er für den/die Rezipienten/in erkennbar und nachvollziehbar wird. Auch wenn diese Darstellungsprobleme in der vorliegenden Arbeit nicht unbedingt besonders elegant gelöst oder als ein wichtiges Thema forciert aufgegriffen und 'stilbildend' bearbeitet wurden, so wird ihnen zumindest insofern Rechnung getragen, als zentrale Elemente des Erkenntniszirkels vertiefend diskutiert werden (der theoretische Hintergrund, die methodologischen Vorüberlegungen zur Erforschung des Körpers, die Prämissen und Probleme sozialwissenschaftlicher Hermeneutik, die Demonstration von Interpretationen sowie entsprechende Hinweise zu den jeweils gewählten Verfahren und deren Grenzen und die Beschreibung der Lückenhaftigkeit der Ergebnisse bzw. bezeichnender Leerstellen).

In einer sich gegenseitig kommentierenden und 'anregenden' Spirale sollen auch die Grundprämissen der sozialwissenschaftlichen Hermeneutik sowie die Intentionen und Schwachstellen der objektiven Hermeneutik und der hermeneutischen Wissenssoziologie – als zwei der besonders starken und hier zentral interessierenden Ansätze – entfaltet werden. Auch wenn damit die Gefahr der Redundanz verbunden ist, weil sich ähnliche und gewichtige Argumente in je anderem Gewande zeigen und die Kritik von der einen Seite die Intentionen der anderen Position spiegelbildlich doppelt, soll dieser Weg eingeschlagen werden. Es wird gehofft, dass so am besten die generellen unverbrüchlichen Grundannahmen, die gemeinsamen Probleme und die spezifischen Antworten und 'Problemlösungen' der jeweiligen Ansätze herausgearbeitet werden können. So soll ein Fundament geschaffen werden, von dem aus die im Rahmen dieser Arbeit gewählten methodologischen Positionen und Verfahrensweisen substanziell begründet werden können. Da wesentliche Grundannahmen und Leitlinien der sozialwissenschaftlichen Hermeneutik inzwischen gut ausgearbeitet und umfangreich dokumentiert sind (vgl. u.a. die Sammelbände von Bonß/Hartmann 1985, Garz/Kraimer 1991, Jung/Müller-Doohm 1993, Garz/Kraimer 1994, Schröer 1994, Hitzler/Honer 1997, Sutter 1997), können die Ausführungen hier recht knapp gehalten werden. Bei diesem ersten Grundriss wird vor allem auf die Darlegungen Hans-Georg Soeffners und Ronald Hitzlers Bezug genommen, die das Problem eines "methodisch kontrollierten Verstehens" und der "Hermeneutik als Haltung und Handlung" intensiv behandelt haben (vgl. ausführlich dazu Soeffner 1989 sowie Hitzler 1993, Soeffner/Hitzler 1994).

Wie bereits oben angedeutet, tritt die sozialwissenschaftliche Hermeneutik mit einem doppelten Erkenntnisziel auf: Es geht ihr – sehr grob formuliert – nicht nur um die Erforschung und das Verstehen der sozialen Wirklichkeit, in der sich 'Menschen wie du und ich' bewegen, orientieren, handeln und in der sich spezifische Strukturen, 'soziale Tatsachen' oder 'Objektivationen' herausgebildet haben, sondern es geht auch um das Verstehen des eigenen Tuns in dem Prozess der Erkenntnisgewinnung. Entsprechend konstatieren Soeffner/Hitzler: "Wer über die Akte der Deutung nichts weiß und sich über ihre Prämissen und Ablaufstrukturen keine Rechenschaftspflicht auferlegt, interpretiert auf der Grundlage impliziter alltäglicher Deutungsroutinen und Plausibilitätskriterien, d.h. – aus der Sicht wissenschaftlicher Überprüfungspflicht – einfältig. (...) Die erkenntnistheoretische Bedeutung verstehender Ansätze liegt also sozusagen in einer 'Reform' sozialwissenschaftlichen Denkens im Allgemeinen, die mit der Aufklärung der eigenen Praxis beginnt" (Soeffner/Hitzler 1994, 49).

Zu einem zentralen Fokus wird dabei die Alltagswelt, in die der Gegenstand der Betrachtung – das soziale Leben und seine 'Spuren' – ebenso eingebunden ist wie die Wissenschaft, die sich anschickt, diese Welt zu beobachten, zu beschreiben und zu erklären, also insgesamt zu verstehen. Fundamental für die Frage nach der Möglichkeit von Erkenntnis ist damit die Frage, wie diese soziale Wirklichkeit beschaffen ist, welchen grundlegenden Konstitutionsbedingungen sie sich verdankt. Denn erst wenn der Sozialwissenschaftler hinreichend darüber Rechenschaft ablegt, wie er handelt und aufgrund welcher 'Regeln' er handelt, kann seine Erkenntnis als "methodisch kontrolliert" und damit wissenschaftlich gelten. Der Gegenstand der Erkenntnis und das Erkenntnismittel sozialwissenschaftlicher Forschung lässt sich mithin präzisieren, wenn die Verständigungsprozesse und die impliziten Regeln der Konsensherstellung als zentrale konstitutive Momente eingeführt werden: "Das Beschreiben und auslegende Verstehen sozialer Orientierung, sozialen Handelns, sozialer Handlungsprodukte und des jeweiligen historischen 'subjektiven' oder 'kollektiven' Selbstverständnisses menschlicher Individuen, Gruppen oder Gesellschaften ist demnach grundsätzlich verbunden mit dem Auffinden, Beschreiben und Auslegen der 'Praktiken', 'Regeln', 'Muster', derer wir uns bedienen, wenn wir uns orientieren, vergewissern, artikulieren, verständigen – wenn wir handeln, wenn wir produzieren und interpretieren" (Soeffner/Hitzler 1994, 51).

Aber genau hier zeigt sich auch das letztlich unlösbare Grunddilemma hermeneutischen Verstehens: Da der Sozialwissenschaftler selbst Mitglied der Gemeinschaft ist, die er erforschen will, und der Gegenstand seiner Erforschung – die in der Alltagswelt wirksamen Zusammenhänge, Umstände und 'Regeln' – zugleich die Bedingungen der Möglichkeit seiner Erkenntnis darstellen, steht er in der unentrinnbar paradoxen Situation, etwas aufklären zu wollen (die in der Alltagswelt wirksamen Regeln), zu dessen Hilfe er aber genau das benötigt (die alltagsweltlich fundierten Regeln des Verstehens), was er aufzuklären im Begriff ist. Für den Prozess der Aufklärung des eigenen Tuns ist die Lage noch verzwickter, weil er hier die Regeln, die es allererst zu erkennen gilt, auf sich selbst als Erkennenden anwenden muss. Das Bild des Lügenbarons Münchhausen, der sich (angeblich) am eigenen Schopfe aus dem Sumpf gezogen haben soll, versinnbildlicht diese Paradoxie ebenso plastisch wie die von Jo Reichertz entworfene Analogie der sich selbst auf dem Monitor beobachtenden Kamera: "Man sieht gerade nicht die beobachtende Kamera bei der Selbstbeobachtung, sondern man sieht – nichts (Bekanntes)" (Reichertz 1997, 99).

Die sozialwissenschaftliche Hermeneutik bietet zur 'Lösung' dieses Dilemmas folgenden Weg an, den man auch als 'Kunstgriff' bezeichnen kann: Es wird zugestanden, dass das Tun des Wissenschaftlers auf den gleichen alltagsweltlichen Regeln basiert, mit denen und in denen sich auch die Akteure der Alltagswelt bewegen, dass es dem Wissenschaftler aber zugleich möglich ist, den Gegenständen der Alltagswelt gegenüber eine "besondere theoretische Einstellung" oder "Haltung" einzunehmen, die einen günstigeren und erhellenderen (oder etwas bescheidener vielleicht: einen anderen) Zugang zu den Vorgängen des Alltags erlaubt. Einen Zugang, der den Akteuren im Alltag systematisch verstellt ist, weil sie in das alltagsweltliche Geschehen eingebunden sind, dort unter Handlungsdruck stehen und der Alltagswelt (aus guten Gründen und in spezifischer Weise) relativ 'reflexionsarm' begegnen (müssen). Eine wesentliche Anstrengung der sozialwissenschaftlichen Hermeneutik besteht somit darin, die *Differenz* zwischen 'Alltag' und 'Wissenschaft' in größtmöglicher Spannung zu halten, dazu die entsprechenden (definitorischen und praktischen) Vorkehrungen zu treffen und anzuwenden und diese Differenz so genau wie möglich zu protokollieren. Auf diese produktive Differenz hat – wie gezeigt wurde – ja auch Alfred Schütz intensiv aufmerksam gemacht.

Insbesondere Hans-Georg Soeffner (Soeffner 1989), aber auch Ronald Hitzler (Hitzler 1993) haben die Gemeinsamkeiten und die produktive Spannung von 'Alltag' und 'Wissenschaft' ausführlich herausgearbeitet und weisen einleuchtend darauf hin, dass es sich dabei nicht um prinzipielle, sondern vielmehr um graduelle Unterschiede handelt und dass wissenschaftliche Kompetenz auf bereits im Alltag angelegten (aber dort weniger systematisch angewandten) Kompetenzen beruht. Soeffner verweist hier a) auf den testenden Umgang mit Realität, b) die Intersubjektivität der Orientierung, c) die Fähigkeit zur Hypothesenbildung und d) die gemeinsam geteilte Annahme der prinzipiell möglichen expliziten Versprachlichung von Wissen ("prinzipielle Ausdrückbarkeit"). Beide Autoren sehen andererseits in der *Entlastung* des Wissenschaftlers von Handlungsdruck und seiner Entbindung von praxisbezogenen Bedürfnissen des Lebensvollzugs (bezogen auf den Untersuchungsgegenstand!) die besondere Chance, eine Haltung einzunehmen, die der eines "pragmatisch desinteressierten Beobachters" (mit einem "professionellen Sonderwissen") entspricht und die die Möglichkeit eröffnet, sozusagen unbelastet, ungetrübt rational, kritisch und vorurteilsfrei mit den vorliegenden Daten umzugehen. Die handlungsbezogene und zeitliche Freisetzung aus aktuellen Bezügen ist die optimale Voraussetzung dafür, sich dem Gegenstand im Sinne eines "methodischen Skeptizismus" oder einem professionalisierten *Zweifel* gegenüber den Selbstverständlichkeiten des Alltags (und den eigenen Vorurteilen!) anzunähern und ihn ausgesprochen extensiv 'hin und her' wenden zu können, was seinerseits dazu beitragen soll, die üblichen Denkgewohnheiten zu durchbrechen und den Daten nicht nur 'neue' oder bisher übersehene Aspekte abzugewinnen, sondern die soziale Wirklichkeit insgesamt klarer, folgerichtiger und systematischer zu erkennen.

Dieses klarere und systematischere Erkennen der Wissenschaft gegenüber dem Alltag verdankt sich auch der Tatsache, dass der Soziologe den Gegenstand "nach expliziten Kriterien des Erkenntniswertes" auswählt, systematisch klassifiziert und die für ihn relevante Wirklichkeit "streng empirisch" überprüfbar definiert. In diesem Sinne kann Hitzler konstatieren: "Sozialwissenschaftliches Verstehen ist, so gesehen, eine Kunstlehre, eine artifizielle Methode, die dazu dienen soll, gesellschaftliche Wirklichkeit(en) angemessen und stimmig, zuverlässig, gültig und überprüfbar zu rekonstruieren" (Hitzler 1993, 229).

Hier tut sich ein zweites generelles Problem auf, das sich u.a. so formulieren lässt: Wie kann der nach wissenschaftlichen Interessen und Kriterien 'ausgewählte' Zugang zur Alltagswelt überhaupt das einfangen, was die Alltagswelt auszeichnet? Wird durch die so vorgenommenen Selektionen die Wirklichkeit nicht eher vergewaltigt und können die dort wirksamen 'Relevanzen' – um die es ja zentral zu gehen hätte – so überhaupt eingefangen werden? Und ist es nicht eher unwahrscheinlich, dass dieser Zugang die soziale Wirklichkeit "angemessen und stimmig", "zuverlässig" oder gar "gültig" (was immer das sein mag) rekonstruiert? Stellen wir die letzte Frage – die peinlich an den existenziellen Nerv der Sozialwissenschaften rührt, weil sie auf ihre Güte und damit letztlich auch auf ihren Nutzen abhebt (denn was nützt eine 'unzuverlässige' Wissenschaft?) – zunächst einmal zurück und wenden uns dem ersten Teil des Problems zu.

Die sozialwissenschaftliche Hermeneutik hat hierzu eine gangbare 'Lösung' gefunden, die auf folgenden Prämissen beruht: 1. Dass jede soziale Erscheinung bereits vorab (also vor dem 'Erkennen' durch den Sozialwissenschaftler) eine *'gedeutete'* und mit *'Sinn'* belegte Erscheinung ist, und 2. dass Soziales (also mit 'Sinn' umgebene Phänomene) prinzipiell – im Alltag wie in der Wissenschaft – uns nur zugänglich ist (kommunikabel und verstehbar), weil oder sofern es in *Typisierungen* vorliegt. Diese grundlegenden Annahmen, die bereits von Max Weber im Sinne der Konstruktion von Idealtypen und von Alfred Schütz als Verstehen von Typischem erkenntnistheoretisch und methodologisch ausgearbeitet wurden, eröffnen die Möglichkeit, einen spezifischen und – wenn diese Prämissen als zutreffend akzeptiert werden – auch "gültigen" Zugang zur sozialen Wirklichkeit zu erlangen. Aufgabe der Sozialwissenschaften wäre mithin, den 'Eigen-Sinn' von sozialen Phänomenen und die 'Sinn-Stiftungen' (von Einzelnen, Gruppen, Gesellschaften) zu entschlüsseln. Gelingen kann ihr das dadurch, dass diese Sinnformationen in Typisierungen vorliegen, also in stilisierten und kondensierten Ausdrucksgestalten, über die und mit denen eine intersubjektive Verständigung möglich ist. Ganz in diesem Sinne hat Alfred Schütz ja bemerkt, dass "mir in der Mitwelt das alter ego nicht leibhaftig und unmittelbar gegeben, sondern nur mittelbar gegeben" ist, "es ist gewissermaßen anonymisiert, an seine Stelle tritt ein Typus, der aus den vorgegebenen Erfahrungen von bestimmten Handlungsabläufen konstruiert wird" (Schütz 1993 [zuerst 1932], 312) und konsequent gefolgert: "Mitwelt und Vorwelt können überhaupt nur idealtypisch erfasst werden" (a.a.O., 320).

Um uns in der Welt zurechtzufinden und nicht in einem unstrukturierten Chaos (oder dem "Erlebnisstrom der reinen Dauer" [Schütz]) zu versinken, müssen wir die Dinge – materiale und symbolische Gegenstände, die anderen, unser Handeln, unsere Erinnerungen und unser Selbst – in eine Ordnung bringen: Wir bilden 'Typisierungen' aus. Entsprechend dieser Setzungen verweist Hitzler ganz im Schütz'schen Sinne darauf, dass 'Verstehen' als Vorgang aufgefasst werden kann, der einer Erfahrung Sinn verleiht, und dass das Fremdverstehen (des Wissenschaftlers, aber auch des Alltagsmenschen), einem bereits vorab von alter ego mit Sinn versehenem Vorgang Sinn zumisst und den 'subjektiv gemeinten Sinn' zu erschließen hat (vgl. Hitzler 1993, bes. 223f.). Soeffner/Hitzler führen dazu aus: "Sozialwissenschaftliche Hermeneutik beruht auf der Prämisse, dass Menschen versuchen, ihrem Handeln einen einheitlichen Sinn zu geben, weil sie grundsätzlich bestrebt sind, mit sich selber eins zu sein, weil sie ihre Sichtweisen als Teil ihrer selbst betrachten. Diese Sinn-'Stiftung' ist (strukturell) zu rekonstruieren" (Soeffner/Hitzler 1994, 51).

Problematisch bleibt: Wie kann der Forscher sicherstellen, "dass er die Perspektive des anderen auch tatsächlich eingeholt hat"? (Hitzler 1993, 231). Hier muss die Sozialwissenschaft ein im Hinblick auf die oben genannten Prämissen zwar 'angemessenes' aber auch zutiefst ernüchterndes Zugeständnis machen. Das Zugeständnis, dass wir 'eigentlich' den 'subjektiv gemeinten Sinn' des anderen *überhaupt nicht* verstehen können. Was wir verstehen, ist nicht das unmittelbare Erleben des anderen oder seine zutiefst gespürten und 'gemeinten' Sinnsetzungen, sondern es ist immer etwas 'Typisches': "Selbst völlig einmalige Informationen erfahren wir in Form von Typischem: Sie werden in sprachlichen Typisierungen ausgedrückt, müssen in solchen Typisierungen ausgedrückt werden. Nur durch und in Typisierungen bewältigen wir unseren Alltag. Das ist sozusagen die erste Lektion, die Soziologen lernen müssen, um zu verstehen und um Verstehen zu verstehen" (a.a.O., 232).

Damit sind zwei weitere konstitutive Setzungen eingeführt: 1. Die Genese von Typisierungen und von Sinn ist unaufhebbar mit einer zentralen Determinante kulturellen Daseins verbunden: mit der Sprache und dem sprachlichen Ausdruck. 2. Zwischen der Welt der unmittelbaren Erfahrung und der Welt des Ausdrucks dieser Erfahrungen in (sprachlichen) Typisierungen besteht eine unüberbrückbare Kluft. Mit anderen Worten: Die Sozialwissenschaft muss damit leben, dass sie zu den Erfahrungen und Sinnsetzungen des anderen keinen 'reinen' Zugang hat und sie insofern auch nicht adäquat abbilden kann, sondern dass sie diese Dimensionen – über das Vehikel der 'Typisierung' (mit den darin enthaltenen Möglichkeiten der Versprachlichung und des intersubjektiven Verstehens) – allenfalls *annäherungsweise* einfangen kann. Es besteht also

"eine unüberbrückbare Differenz zwischen wissenschaftlicher Expost-Interpretation eines Sinnes und der ursprünglichen Sinnschicht – einer alltäglichen Interaktionssituation, in der die 'records' aufgenommen wurden, die der Interpretation zugrundeliegen. Der Interpret kann weder diese Ursprungsszene wieder erstehen lassen noch sich in das konkrete Milieu und die Perspektive der darin agierenden Personen versetzen. Seine Interpretationen der 'records' und Dokumente besteht letztlich darin, das Unverstehbare (Singuläre) des Einzelfalles in das Verstehbare (Allgemeine) einer intersubjektiven Perspektive zu übersetzen. Was nicht übersetzbar, verallgemeinert und damit sozial verstehbar gemacht werden kann, ist für die Interpretation verloren – was aber nicht heißt, dass es nicht vorhanden und wirksam gewesen wäre und auch noch wirksam sein kann" (Soeffner/Hitzler 1994, 35f.).

So macht die Sozialwissenschaft auch darauf aufmerksam, dass es sich bei der Annahme, wir würden uns im Alltag vollständig verstehen und könnten die Perspektive des Anderen 'ungebrochen' einholen, um zwar pragmatisch sinnvolle Unterstellungen, aber zugleich auch um eine ständige Fiktion handelt. Die Sozialwissenschaft hat im Gegensatz zu dieser "Akteursfiktion" (vgl. Reichertz 1997) die Aufgabe, das vermeintlich vollständige und sinnhaft geschlossene Verstehen auf seine Lücken, Brüche und Ungereimtheiten zu befragen und den selbstverständlichen Konsens aufzubrechen, um an die Tiefenstruktur eines Ausdrucks heranzukommen. Alle hermeneutischen Verfahren zielen im Kern auf diese 'Brechung' selbstverständlicher Alltagsgewissheiten, um sie in ihrer Struktur und ihrer (wahren) sozialen und persönlichen Bedeutung (besser) verstehen zu können.

Festzuhalten ist aber auch, dass die sprachlichen Typisierungen die Chance bieten – oder *das* Plateau darstellen – auf einer quasi 'stilisierten' und der unmittelbaren Wirklichkeit enthobenen Ebene *überhaupt* Dinge zu explizieren und kommunikabel zu machen. Ob die unmittelbaren Erfahrungen und das Erleben damit 'verarmt' werden, ob es andere Formen des Austausches und des Verstehens jenseits sprachlicher Typisierungen gibt bzw. geben kann oder ob die (soziale) Wirklichkeit überhaupt erst und nur durch Sprache konstituiert wird – dies sind gewichtige Fragen, die aber hier nicht 'letztgültig' entschieden werden können (und vermutlich auch gar nicht in diesem Sinne entscheidbar sind). Hier geht es (lediglich) um das Nachzeichnen von Positionen, die es erlauben (sollen), einen pragmatischen Zugang zur sozialen Wirklichkeit zu finden und die selbstkritisch mit den dabei auftretenden Schwierigkeiten umgehen. Und zu dieser Pragmatik gehört auch – um das abschließend noch einmal herauszustellen – , dass das Erleben nicht mit der Mitteilung über das Erleben verwechselt werden darf (bzw. dass hier eine kategoriale und unüberbrückbare Differenz besteht) und dass dem Sozialwissenschaftler ein Zugang zum Erleben (oder zu der Evidenz der Praxis und der Erfahrung) nur vermittels symbolisch verdichteter (im Kern: sprachlicher) Typisierungen möglich ist. Damit gerät (notwendigerweise) die Auseinandersetzung mit der Erhebung und der Interpretation versprachlichter oder zu versprachlichender Ausdrucksgestalten in das Zentrum sozialwissenschaftlicher Analyse – die Sozialwissenschaft wird zu einer 'Textwissenschaft'.

Mit den bis hierher entfalteten Annahmen und Zugeständnissen wird klar, dass sich die sozialwissenschaftliche Hermeneutik dafür entschieden hat, dass es aus der "Symbolhülle" kein Entrinnen gibt und dass es mithin darum gehen muss, diese Symbolhülle möglichst umfangreich und treffend auszuleuchten, um sowohl das Handeln der Akteure der Alltagswelt als auch das Handeln als Wissenschaftler verstehen zu können. Die zentralen Anstrengungen sind also darauf gerichtet, wie ermöglicht und garantiert werden kann, dass die Entäußerungen von 'alter ego' in ihrem typischen Sinngehalt verstanden werden werden können. Folgende zentrale Bedingungen werden dabei immer wieder herausgestellt (vgl. u.a. Soeffner/Hitzler 1994, 51f.): 1. Die Entlastung des Wissenschaftlers von alltagsweltlichem Handlungsdruck. 2. Die rationale und skeptische Einstellung zur Alltagswirklichkeit und ihren Mitteilungen gegenüber. 3. Die Relevanz des Gegenstands und des Sinngehalts für den Forscher und die systematische Aufklärung und Offenlegung dieser Relevanz. 4. Die systematische Überprüfung und Offenlegung von 'Vorurteilen' dem Gegenstand gegenüber. 5. Die Beantwortung der Frage, welche Bedeutung die vorliegenden Objektivationen (Mitteilungen) im Hinblick auf kulturell bereitstehende Optionen (Wahlen) haben bzw. haben könnten.

Dabei wird nicht nur deutlich, dass auch diese Bedingungen nur *annäherungsweise* eingelöst werden können, sondern dass es mitunter sogar eher kontraproduktiv wäre, sie *vollständig* einlösen zu wollen, weil der Wisenschaftler damit die (alltagsweltliche) Basis seiner Erkenntnis unterhöhlen und letztlich gar nichts mehr erkennen würde. So könnte die radikale Offenlegung von 'Vorurteilen' (soweit dies überhaupt möglich ist) dazu führen, dass das gesamte 'Vorwissen', das ja ein wichtiger Grundstock des Erkennens ist, gleich mit aufgelöst wird, weil alles ins Wanken gerät und keinerlei Referenzpunkt mehr auszumachen ist. Insofern scheint der Wissenschaftler in einen ständigen Balanceakt gezwungen zu werden zwischen der *Betrachtung* seines Tuns und dem *Tun selbst*, das notwendigerweise voll ist von (unaufgedeckten) Vorurteilen, Relevanzen und Vorlieben, die Handeln allererst möglich machen und ihm auch seinen ganz eigenen Reiz verleihen. Gerade dieser Balanceakt scheint nun aber auch ebenso gewollt (weil produktiv) zu sein wie der Zwang, die vordergründigen Gewissheiten durch extensive Auslegung des Textes zu 'brechen', wie dies Ulrich Oevermann in der Ausarbeitung seines sequenzanalytischen Verfahrens besonders nachhaltig vorgeführt hat.

Bevor auf die methodologischen Annahmen Oevermanns und die Sequenzanalyse näher eingegangen wird, sei noch kurz angemerkt, dass auch der oben zitierte Punkt 5., die Bedeutung vorliegender Objektivationen vor dem Hintergrund kulturell bereitstehender Optionen zu reflektieren, keinesfalls unproblematisch ist, weil auch hier – in wiederum paradoxer Zirkularität – vorausgesetzt wird, dass bereits gewusst wird, was zu entdecken der Forscher sich gerade aufmacht. Was Oevermann in verfahrenstechnischer Weise als die Bildung von 'Lesarten' beschreibt, erscheint hier als das Wissen über kulturell bereitstehende Optionen – in beiden Fällen muss der Wissenschaftler also auf ein 'Vorwissen' über die soziale Wirklichkeit zurückgreifen, womit systematisch ein Einfallstor für Irrtümer, Fehleinschätzungen und Vorurteile geöffnet ist. Andererseits – und darum geht es ja zentral, wenn aus dem Verstehen ein *wissenschaftliches* Tun werden soll – wird diese Gefahr eingeschränkt, indem der Forscher immer wieder angehalten wird, seine 'Wahlen' im Zuge des Forschungsprozesses und insbesondere im Rahmen der Interpretation der Daten ausführlichst zu *explizieren* und damit vor sich selbst und vor anderen diskurs- und kritikfähig zu machen.

## 1.2. Die objektive (oder strukturale) Hermeneutik als Analyseinstrument – Kritik und Würdigung

Unter Insidern gilt Jo Reichertz als besonders ausgewiesener und kritischer Kenner des Oevermann'schen Ansatzes (vgl. u.a. Hitzler/Honer 1997, 16). Gegen Ende der 1980er Jahre hat er eine harsche (und immer wieder zitierte) Kritik an dem Impetus und der Fragestellung der objektiven Hermeneutik geäußert. Wenn diese Kritik hier zur Einführung in die Intentionen Oevermanns genutzt wird, obwohl sie so nicht (mehr) haltbar ist, weil Oevermann sein Konzept inzwischen präzisiert und teilweise auch modifiziert hat (vgl. dazu u.a. Schröer 1994, Sutter 1994), so geschieht das nicht, um die oben angedeutete Zitiertradition fortzusetzen, sondern aus einem gewichtigen inhaltlichen Grund. Über diese Kritik kann nämlich eine Kardinalfrage der sozialwissenschaftlichen Hermeneutik äußerst plastisch erschlossen werden: die Frage nach den 'Strukturen' und 'Regeln', um deren Erforschung es gehen soll, oder – noch umfassender – die Frage danach, was denn eigentlich und überhaupt 'verstanden' werden soll. Dies scheint eine Frage zu sein, die angesichts des Bemühens um das 'Wie' der Erkenntnisgewinnung ein wenig zu verkümmern droht, es ist zugleich aber auch eine Frage, an der sich die Geister besonders intensiv scheiden und entlang der gerade die objektive Hermeneutik und die hermeneutische Wissenssoziologie – in mitunter heftigen und polemischen Abgrenzungskämpfen – ihr je eigenes Profil entwickelt haben.

Reichertz stellt in dem berühmten Aufsatz "Verstehende Soziologie ohne Subjekt? Die objektive Hermeneutik als Metaphysik der Strukturen" (Reichertz 1988) die produktiv-provokante These auf, dass die objektive (oder strukturale) Hermeneutik *nicht* Teil einer verstehenden Soziologie ist. Um diese These zu plausibilisieren, untersucht er zum einen sehr genau den Strukturbegriff, den die objektive Hermeneutik (seit etwa 1978) verwendet, und geht zum anderen dezidiert der Frage nach, auf welche Frage die verstehende Soziologie (im Sinne Max Webers) eine Antwort geben will. Abgesehen davon, dass Strukturen weder ein 'Modell' noch ein 'Verhaltensmuster' meinen, zeichnen sie sich bei Oevermann – so ein zentraler Befund von Reichertz – vor allem durch eine eigentümliche Tendenz zur Autonomie aus: Sie sind dabei nicht nur 'wirklich' und 'zeitlos' (sic!), sondern sie haben vor allem auch den Hang, sich selbst zu bilden, sich zu entwickeln, zu agieren und die Subjekte handeln *zu lassen.*

Reichertz arbeitet heraus, dass 'Strukturen' bei Oevermann zum einen 'wie Subjekte' behandelt werden, weil ihnen die Fähigkeit zur Selbstbildung (Reproduktion) und Umbildung (Transformation) zugesprochen wird, dass sie zum anderen aber auch einen Status erhalten, der sie zum *Lenker* der Subjekte macht. Die "Klugheit" und die "Gewalt" der Strukturen, ihre Mächtigkeit als Regulator menschlichen Handelns, geht so weit, dass die Menschen zum ausgelieferten Spielball der Strukturen werden, auch weil ihnen geringe Zugangs- und keine Einflussmöglichkeit auf die das Leben regulierenden Strukturen zugestanden wird. Reichertz beschreibt diesen besonderen und die Subjekte verdrängenden Status bildreich u.a. so:

"Strukturen tummeln sich ungesehen – da Bewohner einer dritten Region (im Sinne Poppers Dritter Welt; Anm.d.V.) – , aber dennoch von sozialen Gebilden ( = Menschen o.ä.) getragen, auf dem Spielplatz der Geschichte. (...) Sie spielen ihren irdischen Trägern zum Tanz auf, derweil diese – bereits im Tanz befindlich – sich als Herren ihrer Lebenspraxis wähnen. Die Tanzenden selbst haben für die Strukturen keine Bedeutung. Sie können als Subjekte auf die Strukturen nicht zurückwirken. Allein dadurch, dass sie aufgrund ihres Tanzes den Strukturen neue Erfahrungen zuführen – quasi als Sinnesorgane der Strukturen arbeiten – , wirken sie auf diese ein. (...) Das menschliche Subjekt, verdammt dazu, auf ewig die Strukturen zu tragen, vermag nur eins: zu versuchen, seine Antriebsbasis zu erkennen" (Reichertz 1988, 214f.).

Hierin zeigt sich auch der Kern der Oevermann'schen Prämisse: Die Strukturen, um die es Oevermann geht, sind etwas 'Drittes' bzw. müssen zurückgeführt werden auf etwas 'Drittes': Sie sind weder individuell und historisch (können also auch nicht als mentale Repräsentanzen eingefangen werden), noch sind sie biologisch, natürlich, vorsozial oder dinglich (mithin auch nicht aus Naturgesetzen ableitbar), sondern sie bilden ein eigenes Terrain zwischen Kultur und Natur, ein Reich des objektiven Geistes und der Abstraktion. In diesem Sinne wirken Strukturen – und die sie in Gang haltenden Regeln – als gattungsspezifische *invariante* und *universale* Strukturierungsgesetzlichkeiten von Sozialität und repräsentieren bzw. beinhalten den ob-

jektiven Geist von sozialen Abläufen. Zwar gibt auch Oevermann zu, dass es indivi-
duierte und historische Strukturen (im Sinne subjektiver und spezifischer Gestalten
und Geschichten) gibt und dass die Typik der Struktur durch Aktualisierung und
Zusammenbringen universeller und historischer Regeln bestimmt wird, die individuierten und historischen Formen verhüllen jedoch die universalen und objektiven
sozialen Strukturen; und durch diese (eher verzerrenden und zufälligen) Einkleidun-
gen hindurch müssen die universalen Strukturen bzw. die sie hervorrufenden Regeln
(regulative, konstitutive Regeln) erkannt werden.

Zugespitzt auf die Frage: "Wen 'versteht' die objektive Hermeneutik – Strukturen
oder Subjekte?" lässt sich das Anliegen Oevermanns wie folgt auf den Punkt bringen: Die Suche gilt nicht den Subjekten (und ihrem Handeln sowie ihren Sinnsetzungen), sondern jenen objektiven Strukturen (bzw. Regeln), die Soziales (und darin
auch menschliches Handeln) herstellen. Entsprechend ist das Wissen der Subjekte
für Oevermann lediglich eine *Erscheinung* von Sozialität und von daher marginal,
während Strukturen das *Wesen* von Sozialität darstellen und mithin der zentrale
Gegenstand sozialwissenschaftlicher Forschung zu sein haben. Da diese objektiven
Strukturen außerhalb des Bewusstseins des Menschen liegen und der Handelnde
wenig von den 'Gewalten' weiß, die ihn beherrschen, wäre es überdies völlig falsch,
sie aus der Sicht der Handelnden rekonstruieren zu wollen (dies würde lediglich das
falsche Bewusstsein verdoppeln, das Menschen von den sie antreibenden Kräften
haben).

Es liegt auf der Hand, dass Oevermann mit diesem Anspruch (ebenfalls) vor erheblichen methodischen Schwierigkeiten steht: Er muss ein Verfahren entwickeln,
das es erlaubt, 'verborgene' objektive Strukturen zu entdecken; dabei muss er
zwangsläufig auf die (in seiner Perspektive) systematisch verzerrten Dokumente der
sozialen Wirklichkeit und die in dieser Wirklichkeit ausgebildeten Kompetenzen des
Verstehens, durch die er selbst als Erkennender auch eingeschränkt wird (!), zurückgreifen. Gerade aber diese unhintergehbare (kollektive wie subjektive!) erkenntnis-
mäßige Begrenzung scheint Oevermann (wie im übrigen auch Vertreter der Systemtheorie und des Strukturalismus) nicht anerkennen zu wollen. So wähnt er sich in
einer Position, die jenseits des hermeneutischen Zirkels (durch entsprechende Vorkehrungen) nicht nur *objektive Strukturen* zu entdecken in der Lage ist, sondern die
dies zudem *objektiv* bewerkstelligen kann, die also gültig zu erhellen meint, was den
Handelnden systematisch verschlossen ist (vgl. auch Reichertz 1997).

Reichertz' Kritik richtet sich im Kern (in meinen Augen zu Recht und treffend)
gegen zwei unangemessene und unproduktive Setzungen: Erstens gegen die Tendenz, dass der 'subjektive Faktor' in der Konstruktion von Sozialität derart entmachtet wird, dass er letztlich zu einem irrelevanten Epiphänomen "gewaltvoll" waltender
Strukturen verkommt, und zweitens gegen die Etablierung *universaler* Strukturierungsgesetzlichkeiten, die ihrer Tendenz nach von konkreter Geschichte und Gesellschaft so bereinigt sind, dass sie für eine *Sozial*wissenschaft völlig uninteressant und
letztlich beliebig werden. Überdies – so Reichertz – gehört die Annahme solcher
universellen und generativen Strukturen letztlich in das Reich der Metaphysik und ist
mit empirischen Mitteln nicht zu 'beweisen'.

An diesen zentralen (und hier recht 'verkürzt' wiedergegebenen) Kritikpunkten macht Reichertz dann auch seine These fest, dass die objektive Hermeneutik *keine* Methode der verstehenden Soziologie ist (eine These – wie gesagt – , die angesichts des Gestaltwandels der objektiven Hermeneutik inzwischen differenzierter zu betrachten ist). Im Gegensatz zu Max Webers Ansatz einer verstehenden Soziologie gelingt es Oevermann nicht, zwei mögliche soziologische Zugänge zur sozialen Wirklichkeit tatsächlich zu verbinden – die Systemtheorie (oder den Strukturalismus; vgl. Schröer 1994, 9ff.) und die Handlungstheorie (oder den Interaktionismus) – , sondern er kippt den einen Pol sozialwissenschaftlicher Analyse entgegen seiner eigenen Behauptungen aus dem Geschehen heraus: und zwar jenen Pol, der auf die Binnenperspektive der Subjekte, auf ihre Sinnstrukturierungen und auf ihr Handeln rekurriert, und der dies nicht tut, um es lediglich als Effekt oder 'Niederschlag' sozialer Strukturen zu *erklären*, sondern um es in seinem internen Ablauf zu *verstehen*. Reichertz führt dazu programmatisch für das Anliegen der verstehenden Soziologie aus: "Die verstehende Soziologie will rekonstruieren, aufgrund welcher Sinnbezüge gehandelt wurde, wie gehandelt wurde. Zu diesem Zweck zeichnet sie – aus der virtuell übernommenen Perspektive des Handelnden – die Bedeutung nach, die das Handeln für den Handelnden hatte. Belanglos ist dabei, ob dem Handelnden zum Zeitpunkt seines Tuns alle diese Bedeutungen klar bewusst waren. (...) Pointiert gesagt: Die verstehende Soziologie rekonstruiert, wie handelnde Subjekte sich in einer historisch vorgegebenen, sozialen Welt immer wieder neu 'finden' und 'erschaffen'" (Reichertz 1988, 220).

Damit ist klar entschieden, wo die 'Demarkationslinie' zwischen objektiver Hermeneutik und einem verstehenden und wissenssoziologisch orientierten Ansatz verläuft. Im Zentrum des Interesses der verstehenden Soziologie steht das handelnde und 'Sinn' ausbildende Subjekt, wobei selbstverständlich in Rechnung gestellt wird, dass dem Subjekt dieses Handeln und die Bedingungen dieses Handelns nicht bewusst sein müssen (hier nicht gemeint im psychoanalytischen Sinne des 'Unbewussten', sondern im alltagstheoretischen Sinne des Nicht-Gewussten bzw. Nicht-Explizierten), und dass es vielfältige Faktoren gibt, die das Handeln 'hinter dem Rücken' der Subjekte beeinflussen oder 'regeln'. Der objektiven Hermeneutik geht es (in dem hier zur Diskussion stehenden Stadium) jedoch um etwas ganz anderes: um die Herausarbeitung jener objektiv wirksamen, universellen und generativen Strukturen, die – in der Sprache Oevermanns – "die Gattung Mensch und die Sozialität als solche" (vgl. Reichertz 1988, 211) bestimmen und menschliches Handeln letztlich beherrschen und determinieren. Dies treibt Reichertz unter Rückgriff auf Äußerungen Oevermanns zu dem zynischen Fazit, eine Soziologie, die "Persönlichkeitsstrukturen als Niederschläge sozialer Strukturen und nichts anderes" (Oevermann) betrachtet, konsequenterweise erst da beginnen zu lassen, "wo sie im Prinzip ohne ein Subjekt auskommen kann" (Oevermann), und er fährt fort: "Diese Soziologie versteht (wenn überhaupt) die Strukturen – Menschen, Kultur und Geschichte harren derweil weiter auf eine verstehende Soziologie" (a.a.O., 221). Dass auch Reichertz davon ausgeht, dass Menschen und Kulturen 'Strukturen' besitzen, und dass er mit dieser Bemerkung kein Ausschlussverhältnis von 'Struktur hier' und 'Mensch, Kultur,

Geschichte da' etablieren will, muss wohl nicht eigens angemerkt werden – die obigen Ausführungen sollten verdeutlicht haben, wie es 'gemeint' ist.

Wie bereits erwähnt, hat die objektive Hermeneutik seit ihren Anfängen Mitte der 1960er Jahre einen (oder mehrere) Gestaltwandel durchlaufen, die man mit Norbert Schröer (Schöer 1994, 9f.) wie folgt beschreiben könnte: Einer streng strukturalistischen Weltdeutung folgte der Versuch der Integration von strukturalistischem und interaktionistischem Zugang mit einer starken Betonung der interaktionistischen Seite, die angestoßen wurde durch den Einbezug einer 'neuen' Form von Daten (vertextete Handlungsprotokolle) und der Datenauswertung (hermeneutische Auslegung der Handlungsprotokolle). Dies führte jedoch schließlich zu der Eingemeindung der interaktionistischen in die strukturalistische Seite mit der Zielsetzung, dass die hermeneutische Auslegung von Handlungsprotokollen (lediglich) als eine Methode zur Gewinnung von Strukturellem, Invariantem, allseits Handlungsprägendem fungierte. Diese Konsequenz wurde von Oevermann vermutlich vor allem auch deshalb gezogen, weil die interaktionistische Sicht (gemäß einer gängigen Auffassung von Wissenschaft) Probleme bei der Aufstellung gültiger Theorien hat.

Ein zentrales Problem im Verstehen und der Rezeption der objektiven Hermeneutik bestand lange Zeit darin, dass die Arbeitsgruppe um Oevermann nicht hinreichend geklärt hat, was unter "Strukturellem, Invariantem, allseits Handlungsprägendem" – bzw. unter der von ihr entworfenen Zentralkategorie der "latenten Sinnstrukturen" – denn nun eigentlich genau zu verstehen sei (vgl. auch Sutter 1994). Und in der Tat ließ und lässt sich Vieles darunter verstehen: universale Regeln, historisch konstituierte aber latente Regeln, kulturell explizite Regeln, subjektiv latente Regeln usw.. Dies gab zwar Anlass zu vielen Missverständnissen und Rätselraten, aber vielleicht eröffnete diese 'Unbestimmtheit' auch die Chance, das Konzept inhaltlich anders zu füllen und das damit verbundene Erhebungsverfahren auf andere Untersuchungsinteressen anzuwenden. Genau dies ist – mehr oder weniger explizit – im Rahmen der Weiterentwicklung verstehender und wissenssoziologischer Ansätze geschehen (vgl. u.a. auch Schröer 1997), wobei Oevermann diese 'Übertragungsmöglichkeit' maßgeblich vorbereitet und im Kern auch angelegt hat. Denn im Verlauf der 1980er und 90er Jahre hat er nicht nur den Begriff der "latenten Sinnstrukturen" erheblich präzisiert und eine Differenzierung zwischen generativen und historisch-konkreten Regeln eingeführt, die für die Untersuchung von Subjektivität von zentraler Bedeutung ist, sondern vor allem auch mit dem Konzept der "Fallstrukturgesetzlichkeit" eine Möglichkeit eröffnet, die Explikation von Regeln für eine je konkrete Lebenspraxis und einen konkret gegebenen subjektiven Fall auszuführen (vgl. dazu besonders Oevermann 1993).

So wird nun unterschieden zwischen *generativen Regeln*, die universell oder gattungsspezifisch sind und wie ein Algorithmus funktionieren, und *historisch-konkreten* Regeln, die determinieren "welche konkreten Auswahlen unter den von den generativen Regeln eröffneten Optionen je getroffen werden" – (erst) dieser zweite Typ von Regeln "verweist auf das, was im strengen Sinne den Namen 'Subjektivität' verdient" (a.a.O., 181f.). Die generativen und historisch-konkreten Regeln sind ihrerseits dem vorgelagert, was Oevermann die "subjektiv intendierten Bildungen" nennt – etwa Selbstbilder und intentional repräsentierte Handlungspläne – mit anderen Worten, all jenes, worüber Subjekte sich und anderen Rechenschaft ablegen, was sie ausdrücken und 'meinen' und was in der Wissenssoziologie u.a. als 'mentale Repräsentanzen' bezeichnet wird. Oevermann vereint diese Prämissen unter Einbeziehung des Prinzips der 'Fallstrukturgesetzlichkeit' in folgendem anschlussfähigen und überzeugenden Modell:

> "Diese Überlegungen führen zu einem Modell, in dem, bevor man zur Realität der je subjektiv intendierten Bildungen (...) vorstößt, zwei objektive Realitäten als konstitutionstheoretisch vorgelagert anzunehmen sind: einerseits die generativen Regeln, die im Sinne algorithmischer Prozeduren die Möglichkeiten und Optionen entwerfen, unter denen andererseits im Sinne einer rekonstruierbaren Fallstrukturgesetzlichkeit wie selbstverständlich die als Regelmäßigkeit oder Gesetzmäßigkeit angebbaren immergleichen Auswahlen getroffen werden, die die unverwechselbare Identität eines je konkreten Falles objektiv ausmachen. Diese Fallstrukturgesetzlichkeit ist ihrerseits der Gegenstand einer subjektiven, praktischen Konstruktion, deren Ergebnis dann der subjektive Identitätsentwurf ist, wovon das Selbstbild eine entscheidende Dimension darstellt" (a.a.O., 183).

Typisch für das Prinzip der 'Fallstrukturgesetzlichkeit' ist, dass es einen Gesetzestyp repräsentiert, der einerseits *singulär* (oder besonders) ist bezogen auf die Gesamtheit gleichartiger Merkmalsträger (etwa auf die Mitglieder einer bestimmten Kultur oder Population oder auf Kulturen unter anderen Kulturen), und der zugleich fallintern wie ein *allgemeines Gesetz* formuliert und zur Prämisse von Erklärungen und Prognosen für diesen Fall gemacht werden kann: "Es ist insofern so etwas wie ein 'Naturgesetz' der je individuierten autonomen Lebenspraxis, deren 'Lebensgesetz'". Diese fallinterne Gesetzlichkeit bezieht Oevermann (sinnvollerweise) nun aber nicht nur auf die Lebenspraxis eines Subjekts (im Sinne einer Lebensgeschichte), sondern allgemeiner und offener auf "konkrete Praxisform(en)" oder konkrete "Geschichte(n)" (womit auch die Strukturgesetze von Gruppen, Institutionen, Milieus etc. erfassbar werden). Gleichwohl können die hiermit verbundenen Anregungen und Chancen sicherlich auch für die Analyse von Biographien und das Aufsuchen von darin enthaltenen individuierten "Lebensgesetzen" genutzt werden. Hinzugefügt werden sollte an dieser Stelle jedoch, dass sich die Rekonstruktion der internen Fallstruktur natürlich nicht darin erschöpfen darf, den *'Code'* zu entschlüsseln, nach dem Wahlen oder (Lebens-)entscheidungen getroffen werden (oder fallen), sondern dass es auch darum gehen muss, den *Kontext* der Wahlen zu erhellen – also die sozialen Bedingungen und Möglichkeiten zu analysieren, unter denen sich Entscheidungen und Regelmäßigkeiten herausbilden bzw. -gebildet haben (diese Perspektive vernachlässigt Oevermann an dieser Stelle).

Darüber hinaus nimmt Oevermann eine weitere wichtige Differenzierung auf der Ebene der Subjektivität vor: Subjektivität liegt zum einen in Form einer objektiv gegebenen und von außen rekonstruierbaren Fallstrukturgesetzlichkeit vor, zum anderen aber auch in Form eines Selbstbildes, eines Selbstentwurfs und einer biographischen Ordnung, die vom Subjekt erstellt wird und angebbar ist. Beide Momente sind in der Weise dialektisch verwoben, dass die Fallstrukturgesetzlichkeit den Subjekten nicht nur äußerlich bleibt, sondern auch von ihnen begriffen wird (oder werden kann) und in Graden verfügbar ist und so ihrerseits in den Selbstentwurf eingeht und somit auch auf dieser Ebene ein konstitutiver Bestandteil der Transformations-

und Bildungsgeschichte ist. Insgesamt folgt daraus, dass Subjektivität mithin auch nicht einfach gleichgesetzt werden kann (oder soll) mit Psyche/Seele, mit Mentalem oder mit 'Identität' und 'Person', sondern *strukturell* aufgefasst wird: "als die durch eine Fallstrukturgesetzlichkeit rekonstruierbar gekennzeichnete Entscheidungsmitte (...) eines individuierten Lebens" (a.a.O., 183f.).

Oevermann hat nun ein umfangreiches und elaboriertes Konzept vorgelegt, wie objektive bzw. latente Bedeutungs- und Sinnstrukturen und die Strukturgesetzlichkeiten eines Falles objektiv rekonstruiert werden können. Wesentliche Eckpfeiler dieses Konzeptes seien kurz skizziert, weil sie inzwischen zwar zum Basisbestand hermeneutischen Vorgehens gehören, zugleich aber aufgrund ihrer relativen Künstlichkeit immer wieder Probleme bereiten.

Kerngedanke 'objektiver' Erkenntnisgewinnung ist, dass vor einer Aussage zu den Intentionen oder Funktionen einer Handlung die Frage beantwortet werden muss, "was diese Handlung objektiv nach geltenden Regeln der Bedeutungserzeugung bedeutet" (a.a.O., 112f.). Um diese Frage beantworten zu können, muss geklärt werden, welche Optionen oder Wahlen ein Subjekt in einer gegebenen Kultur nach den dort geltenden Regeln potenziell hat und was die jeweils gewählte Lösung in dieser Kultur bedeutet. Damit wird ein umfassendes Regelwissen vorausgesetzt (!), um die im Einzelfall wirksamen Regeln herausarbeiten zu können. Dass diese Setzung keineswegs unproblematisch ist, wurde im vorigen Kapitel ja bereits erwähnt – allerdings erstaunt es, wie wenig dieser Punkt bei Oevermann kritisch reflektiert wird.

Weiter wird davon ausgegangen, dass die Welt der 'Subjektivität' (mit ihren subjektiven Dispositionen wie Affekten, Emotionen, Motiven, Vorstellungen, psychischen Prozessen) einem direkten methodischen Zugriff am weitesten entzogen ist, dass die Welt der beobachtbaren Handlungen methodisch schon eher greifbar wird, dass ein tatsächlicher methodischer Zugriff jedoch erst auf der Ebene von "Ausdrucksgestalten" möglich wird. Dies sind nicht die Handlungen oder Äußerungen von Subjekten selbst, sondern deren "Protokolle" oder "Spuren" bzw. die darin enthaltenen "Texte". 'Protokolle' und 'Spuren' bezeichnen dabei die materiale Seite des Ausdrucks (das konkret vorliegende Dokument: etwa ein Bild, ein Tonbandprotokoll, ein Transkript), 'Texte' beinhalten den abstrakten Sinnzusammenhang, also die 'geistige' Seite des Ausdrucks, der prinzipiell versprachlichbar sein muss oder ist. Alles – so die Grundprämisse der objektiven Hermeneutik –, was nicht in Sprache übersetzbar ist, ist für die wissenschaftliche Analyse verloren. Entsprechend geht sie davon aus, dass durch diese Setzung umgekehrt die Wirklichkeit in ihrer Flüchtigkeit, Einmaligkeit und Subjektivität prinzipiell nicht eingefangen werden kann – eben weil die (objektive) Hermeneutik auf die *Übersetzung* der Praxis in versprachlichte Daten angewiesen ist.

Ein weiteres Kernstück der objektiven Hermeneutik besteht darin, dass die zu untersuchende Lebenspraxis bzw. die darin agierenden Subjekte und die Vorgehensweise hinsichtlich der Rekonstruktion objektiver bzw. latenter Sinnstrukturen dem gleichen Modell folgen: Beide Bereiche werden konzipiert als ein *Entscheidungs- und Begründungszusammenhang* unter objektiv gegebenen Bedingungen. Im Akt der Interpretation geht es darum, unter Anwendung der auch in der sozialen Wirklichkeit wirksamen Regeln jene 'Wahl' zu treffen, die die Realität des Falles zutreffend beschreibt, weil sie die objektive Bedeutung eines Ausdrucks angibt. Die objektive Bedeutung kann deshalb vom Interpreten erschlossen werden, weil er alle in der gegebenen Kultur möglichen 'Lesarten' (Bedeutungsmöglichkeiten) vorurteilsfrei an den Text anlegt und gezwungen wird, seine Entscheidung für die in diesem Fall seiner Meinung nach zutreffende Lesart ausführlichst zu begründen. Die Gesamtstruktur eines Falles (einer protokollierten Interaktionsszene, einer biographischen Beschreibung etc.) ergibt sich so in einem ausgesprochen aufwendigen Zug-um-Zug-Verfahren, in dem jede neu hinzukommende Entscheidung an den bereits gefällten überprüft werden muss. Wenn die neue Entscheidung nicht mit der bisherigen Fallstruktur vereinbar ist, muss sie durch eine passendere ersetzt werden, solange, bis sich die Gesamtstruktur des Falles schlüssig und widerspruchsfrei darstellt.

Ungeklärte und problematische Stellen in diesem sequenzierten Vorgehen sind nach wie vor u.a.:

- Wie kann der Interpret tatsächlich *alle* objektiv möglichen Lesarten (er)finden? (Denn nur, wenn ihm dies gelingt, kann er ja sicher sein, dass er keine 'falsche' Entscheidung getroffen hat.)
- Wie kann er tatsächlich vorurteilsfrei an den Gegenstand herantreten? Und wie lässt sich diese Forderung damit vereinbaren, dass er systematisch ("unabgekürzt" und "vollständig"!) sein Wissen über die möglichen Optionen einsetzen soll?
- Wie lässt sich entscheiden, ab welchem Punkt eine Sinnstruktur objektiv gültig erschlossen wurde, wenn die Protokolle bzw. Texte lediglich einen (zufälligen) Ausschnitt aus der sozialen Wirklichkeit darstellen (können)?
- Wie kann der Interpret sicher sein, dass er die kulturell geltenden Regeln tatsächlich richtig erfasst hat und dass seine Kompatibilitätseinschätzungen zwischen Lesart, Regel und Text ebenso richtig sind?

Wenn Oevermann darauf verweist, dass beispielsweise alle Techniken willkommen sind, die dazu beitragen, den Pool an Lesarten zu vergrößern, dass es unerheblich ist, woher die Lesarten kommen, und dass es von großer Wichtigkeit ist, jeden Partikel auf seine sinnlogische Motiviertheit hin zu überprüfen, so könnte das (auch) als Versuch gedeutet werden, den Interpreten in eine intensive, ja penible Auseinandersetzung mit dem Text zu zwingen, ihn zur Ausweitung seines Bedeutungshorizonts anzuregen und ihn für 'angemessene' im Sinne sorgsam bedachter, umsichtiger und vorsichtiger Urteile über den vorliegenden Fall zu sensibilisieren. Dies hätte also (auch) eine "forschungspsychologische" Funktion (wie sie ebenso in der historisch-rekonstruktiven und wissenssoziologisch orientierten Hermeneutik gesucht und immer wieder betont wird), und in der Tat gebraucht sogar Oevermann – der sich auf inhaltlicher Ebene ja heftigst gegen 'psychologisierendes' Deuten wehrt und auch auf der Ebene des praktischen Forschungshandelns von 'Intuitionen' und 'Betroffenheiten' höchst wenig hält – den Begriff "forschungs*psychologisch*" (vgl. Oevermann 1993, u.a. 129). Dies wäre aber auch zu lesen als Eingeständnis an die Unumgehbarkeit 'irrationaler' Momente im Forschungsprozess und stünde in deutlichem Kontrast zu dem ansonsten strikt rationalistischen Vorgehen und dem hartnäckigen Versuch und Glauben (!) daran, zu einer *objektiven* Erkenntnis gelangen zu können bzw. dies mit dem Konzept der "latenten Sinnstrukturen" auf der theoretischen Ebene eingeleitet und mit der Sequenzanalyse auf der methodischen Seite eingelöst zu haben.

Zutreffend kritisieren daher Wolfgang Bonß und Heinz Hartmann bereits Mitte der 1980er Jahre (Bonß/Hartmann 1985), dass "objektivistische Eindeutigkeitsunterstellung(en)" an einem zentralen konstitutiven Moment sozialer Wirklichkeit vorbeischlittern: an der *Mehrdeutigkeit* der Realität, an der subjektiven und situativen *Relativität* von Wahrnehmungen und an der Notwendigkeit des *Aushandelns* von Wirklichkeitsdeutungen. Entsprechend zeigt sich, dass Wirklichkeitswahrnehmungen keinesfalls unabhängig von den Methoden sind (sondern die Methoden eine spezifische Wirklichkeit herstellen), was wiederum deutlich macht, dass "eine vorgängig subjektunabhängig geordnete, potenziell eindeutig identifizierbare Wirklichkeit (...) sich vor diesem Hintergrund kaum annehmen" lässt (a.a.O., 20f.). Bezeichnenderweise verflüchtigt sich so auch – wie bereits Adorno angemerkt hat – mit der Zunahme von Präzision, technischer Exaktheit und 'vollständiger' Transformation der Wirklichkeit in subjekt- und situationsunabhängige Tatsachen die *Sinnhaftigkeit* von Erkenntnis. Unter diesen Denkvoraussetzungen kommen die Autoren zu dem folgenreichen Schluss: "Angesichts dieses Aushandlungscharakters der Wirklichkeit erscheint die Dichotomisierung der Welt in 'falsche' und 'richtige' Zusammenhänge ebenso unsinnig wie das Ideal einer 'unverzerrten' Erkenntnis. Sinnvoll ist allein die Vorstellung einer *angemessenen*, weil auf die Probleme des jeweiligen Handlungsfeldes bezogenen Erkenntnis. Das objektivistische Postulat der 'Richtigkeit' (...) muss durch die Maxime der 'Angemessenheit' ersetzt werden" (a.a.O., 21).

Mit dieser Verschiebung des Fokus von 'objektiven' zu 'angemessenen' Urteilen und Verstehensleistungen wird zwar ein neues Problemfeld eröffnet – die Frage nach den Kriterien, mit denen die Angemessenheit einer Methode und einer interpretativen Aussage 'angemessen' beurteilt werden kann (was wiederum den Charakter des hermeneutischen Zirkels als einem 'unendlichen Regress' verdeutlicht) – , aber die Verschiebung hat den großen Vorteil, dass sie Methode und Gegenstand, Interpretation und intersubjektiv geteiltes Urteil in einer produktiven *Schwebe* hält und eben nicht einsinnig (und vermeintlich 'richtig') auf eine Deutung zuspitzt oder gar auf eine einzige Sinnsetzung – nämlich die des Interpreten – herunterbricht. Wenn das 'Unbestimmte', 'Mehrdeutige' und 'Relative' ein Kennzeichen von Sozialität ist, warum sollte gerade die Sozialwissenschaft versuchen, dieses Konstitutivum künstlich zu vereindeutigen (etwa indem sie 'universale Strukturen' und 'objektive Bedeutungen' herausdestilliert)? Wäre es so nicht weitaus 'angemessener', sich auf die Mehrdeutigkeiten einzulassen, sie aufzugreifen, vielleicht auch zu ordnen, und auf ihre Gestalt, ihre Struktur, ihre kontextuelle Bedeutung und ihre Funktion hin zu untersuchen? Dass auch dazu ein entsprechendes Rüstzeug und eine besondere Haltung dem Gegenstand gegenüber eingenommen werden muss, und dass das sequenzierte Vorgehen Oevermanns bei entsprechender Fragestellung *eine* (!) Möglichkeit dazu sein kann, steht außer Frage.

## 1.3.    Der besondere Fokus der hermeneutischen Wissenssoziologie

Die hermeneutische Wissenssoziologie grenzt sich in spezifischer Weise gegen die objektive Hermeneutik ab, und zwar weniger *forschungspraktisch* (da lassen sich deutliche Parallelen und Anleihen erkennen), sondern vor allem *konzeptionell*. Die zentralen Momente der Differenz liegen – wie bereits angedeutet – a) in der Stellung, die dem Subjekt eingeräumt wird, und b) in dem Verständnis von 'Strukturen'.

So stellt Norbert Schröer an die objektive Hermeneutik die kritische Frage, warum von der Existenz subjektlos wirkender Strukturen ausgegangen werden sollte, und ob die Annahme solcher Strukturen, von denen man nicht weiß, wie man sie erheben soll, und die letztlich im Reich des Metaphysischen liegen, denn überhaupt erforderlich ist (vgl. Schröer 1994, bes. 13f.). Er kommt zu dem Fazit, dass eine solche Annahme *nicht* erforderlich ist, sondern dass es vollkommen reicht, sich darauf zu besinnen, dass wir in einen vorstrukturierten sozialen Raum hineingeboren werden und diese Vorstrukturierungen (oder 'Vorauslegungen') den Horizont unseres Handelns, Denkens und Fühlens bestimmen.

Was Schröer hier in Bezug auf die von Oevermann konzeptualisierten und zu erhebenden universalen Strukturen vorschlägt, ist nichts anderes, als den Strukturbegriff (abermals) alltags- oder lebensweltlich zu wenden und das 'soziohistorische Apriori' (Luckmann) oder den 'historisch-konkreten Interaktionsraum' (Soeffner) in das Zentrum der Analyse zu stellen. Strukturen werden hier also verstanden als "tradierte institutionalisierte Vorauslegungen der sozialen Wirklichkeit" und als Handlungsrahmen, in den die Subjekte hineinsozialisiert werden, der bestimmte 'Typen' von Handlungsmöglichkeiten nahelegt (im Sinne der *Reproduktion* des Vorausgelegten), der aber auch zur Lösung von Handlungsproblemen und damit zur Veränderung des Handlungsrahmens herausfordert (im Sinne der *Transformation* des Vorausgelegten) (vgl. Schröer 1997, bes. 275). Der Strukturbegriff, den die wissenssoziologische Hermeneutik zum Ausgangspunkt ihrer Überlegungen macht, lässt sich mithin so beschreiben: "Auch eine hermeneutische Wissenssoziologie ist (...) strukturtheoretisch angelegt: Die Besonderheiten beobachtbarer Handlungen werden als typische Besonderheiten begriffen. Bezugsrahmen der Analyse sind stets die im gemeinsamen Wissensvorrat abgelagerten Handlungstypen, mit denen den Interaktanten eine relativ abgestimmte Handlungsorientierung ermöglicht ist, und die invarianten Strukturen der Lebenswelt" (Schröer 1994, 18).

Bezogen auf die Stellung und Bedeutung des Subjekts setzt die hermeneutische Wissenssoziologie somit folgenden Akzent: Sie geht von einer 'leistenden' Subjektivität aus, bei der die gesellschaftliche Wirklichkeit und ihr Schicksal nicht bereits in den Strukturen beschlossen liegt, sondern maßgeblich (auch) durch das Handeln der Subjekte – ihre Auslegungen, Aktionen und Reaktionen – hergestellt wird (vgl. auch Schröer 1997, bes. 273ff.). So determinieren die Strukturen keineswegs restlos das Handeln, und die soziale Wirklichkeit kann unter diesen Voraussetzungen auch nur dann 'angemessen' erfasst werden, wenn sie das konstitutive Moment subjektiven Handelns und subjektiver Sinnauslegung mit in Rechnung stellt. So bemerkt Schröer weiter: "Trotz dieser strukturtheoretischen Akzentuierung bleibt das Subjekt aber keineswegs außen vor: Die handlungsstrukturierenden Vororientierungen müssen vom Subjekt stets – auf welcher Reflexionsstufe auch immer – realisiert, 'akzeptiert' und konstituiert werden, um wirklichkeitsstiftend sein zu können. Deshalb muss eine empirische Sozialwissenschaft – will sie ihren Gegenstand nicht von vornherein verfehlen – bei der Rekonstruktion des typisch subjektiv gemeinten Sinns ansetzen" (Schröer 1994, 18).

Reichertz macht in diesem Zusammenhang noch einmal dezidiert darauf aufmerksam, dass es bei der Rekonstruktion subjektiven Handelns selbstverständlich *nicht* um die Rekonstruktion der "von den jeweiligen Individuen *gewussten singulären Perpektive*" geht, sondern um die rationale Konstruktion egologischer Perspektiven*typen*. In diesen 'Typen' ist das eingelassen und kann auch – wie gezeigt – nur in ihnen (oder als 'Typus') greifbar werden, was an strukturellen Rahmenbedingungen in einem jeweiligen Ausschnitt sozialer Wirklichkeit vorgegeben und was handlungsmäßig innerhalb dieses Rahmens realisierbar ist (vgl. Reichertz 1997, bes. 101). Das 'Typische' bzw. die Rekonstruktion des Typischen *schwebt* somit auch zwischen der detaillierten Beschreibung des Einzelnen (als ideographischem Zugang) und dem sich gesetzmäßig oder regelhaft in ihm zeigenden Allgemeinen (als nomothetischem Zugang) (vgl. u.a. Schröer 1994, 17).

Neben dem spezifischen Strukturbegriff und der besonderen Stellung des Subjekts zielt die hermeneutische Wissenssoziologie auch auf einen besonderen Inhalt ab: auf das sozial hergestellte und Strukturen bildende wie konservierende *Wissen*. Wissen wird dabei nicht als konkrete Widerspiegelung einer objektiv gegebenen und unabhängig existierenden äußeren Wirklichkeit verstanden, sondern als Ergebnis eines spezifischen gesellschaftlichen Konstruktionsprozesses: "Das jeweils nur historisch gültige Wissen dient den Mitgliedern einer Interaktionsgemeinschaft als das wichtigste Handwerkszeug (Medium), sich ihre problematische Umwelt 'passend' und handhabbar zu machen. Was für 'wahr' gehalten wird und was als 'wirklich' gilt, ist demnach Resultat eines gesellschaftlichen Austauschprozesses" (Reichertz 1997, 100). Vor diesem Hintergrund lässt sich dann auch präzisieren, was das Spezifische der *wissenssoziologischen* Perspektive ist: "*Wissenssoziologisch* ist diese Perspektive, weil sie (...) die Großfragestellung untersucht, wie Handlungssubjekte – hineingestellt und sozialisiert in historisch und sozial entwickelte Routinen und Deutungen des jeweiligen Handlungsfeldes – diese einerseits vorfinden und sich aneignen (müssen), andererseits diese immer wieder neu ausdeuten und damit auch erfinden (müssen). Diese Deutungen und Routinen werden ihrerseits den Mitgliedern eines Handlungsfeldes als *Wissen* zur Verfügung gestellt, und neue Deutungen und Routinen werden ebenfalls als Wissen in das Handlungsfeld wieder eingespeist" (a.a.O.).

Mit anderen Worten: Gegenstand der Strukturrekonstruktionen der hermeneutischen Wissenssoziologie sind die "gesellschaftskonstitutiven Wissensbestände der handelnden Subjekte" (vgl. Schröer 1994, 20) und es geht darum, herauszuarbeiten, aufgrund welcher Sinnbezüge (oder Wissensbestände) gehandelt wurde, wie gehandelt wurde (vgl. Schröer 1997, 286). Die hermeneutische Wissenssoziologie entwickelt damit einen besonderen Blick auf die Genese von Sozialität: Über den Zugriff auf singuläre und subjektive Erscheinungen (das beobachtbare und protokollierbare Alltagshandeln) versucht sie zu rekonstruieren, auf welche Wissensbestände (Deutungen, Routinen, Handlungsmuster, Phantasien etc.) die Mitglieder einer Gesellschaft zurückgreifen und welche gesellschaftlichen Bedeutungen sie damit herstellen und transportieren. Im Zentrum stehen damit nicht die 'gewussten Bewusstseinsinhalte' von Subjekten (denn auch für die Wissenssoziologie müssen die Subjekte mit ihrem subjektiv gemeinten Sinn letztlich intransparent bleiben), sondern die Frage nach der 'typischen' oder 'objektiven' Bedeutung eines Handlungsakts in einer je konkret gegebenen Gesellschaft und die Frage nach der Rekonstruktion von Sozialität: Wie sie entsteht, wie sie gesichert wird, wie sie auf Veränderungen reagiert (vgl. Reichertz 1997, 129).

Nach wie vor problematisch ist in meinen Augen jedoch auch hier, dass und wie von subjektiven Leistungen der Sinnsetzung auf 'objektive' soziale Strukturen geschlossen werden soll bzw. kann. Denn dies kann ja nur gelingen, wenn a) vorab hinreichend geklärt ist, was unter 'sozialen' Strukturen überhaupt verstanden werden soll (und wo etwa die Grenze zu persönlichen, psychischen, natürlichen oder metaphysischen Strukturen gezogen werden soll) und wenn b) bereits vorab ein Bild davon existiert, wie die in einer Situation möglichen Bedeutungen aussehen könnten oder welche Handlungsoptionen die Mitglieder haben, denn nur so kann ja angegeben werden, warum und inwiefern ein Handeln in dieser oder jener Weise 'typisch' ist. Für den zweiten Teil des Problems bietet Schröer eine pragmatische 'Lösung' an, wenn er offensiv dafür plädiert, das 'Vorwissen' des Interpreten (das an die Verstehenskompetenz des 'Alltagsmenschen' und gemeinsam geteilte Erfahrungstypen anknüpft) als konstitutiven und notwendigen Baustein der Analyse anzuerkennen:

> "Der Sozialforscher verfügt demnach bei der Rekonstruktion der sozialen Wirklichkeit über zwei Bezugspunkte: den die soziale Wirklichkeit protokollierenden Text und das in alltagsweltlicher Teilhabe gewonnene Vorwissen des Interpreten. Beide Anschlüsse sind aber problematisch: Der Text ist entkontextualisiert und so für sich betrachtet nichtssagend; das Vorwissen auch des wissenschaftlichen Interpreten steht vorab immer im Verdacht, verkürzt oder gar verzerrt zu sein! Mit der Bezugnahme beider Anschlüsse aufeinander im Interpretationsakt können die Mängel der Tendenz nach überbrückt und kompensiert werden. Denn: Die Rekontextualisierung des abstrakten Textes mithilfe des Vorwissens des Interpreten macht es möglich, dem Text Informationen über die soziale Bezugswirklichkeit abzugewinnen. Mit dieser 'Reanimation' wird das Vorwissen des Interpreten gleichzeitig auf die Probe gestellt" (Schröer 1997, 286f.).

Der erste Teil des Problems lässt sich vermutlich nur definitorisch lösen (wobei alle hier skizzierten und nicht skizzierten wissenschaftlichen Annahmen letztlich eine Frage von Definitionen und Entscheidungen sind). So könnte man sich hier 'wissenssoziologisch' sowie handlungs- und interaktionstheoretisch aus der Affäre ziehen, indem man feststellt: Alles ist 'Sozial', was auf *Akten der Deutung* beruht, was für die Mitglieder einer bestimmten Gemeinschaft – für ihr Handeln, ihr Erleben und die Gestaltung ihres Lebens – *Bedeutung* erlangt und was in intersubjektiven Prozessen ausgetauscht werden kann und wird. In dieser Weise wäre 'Soziales' dann auch methodisch zugänglich und zu erforschen. Dass dies zwar ein möglicher und sinnvoller, aber bei Leibe nicht der einzige Zugang zu 'Sozialem' ist (und sein kann) und dass etwa die Systemtheorie oder der Strukturalismus eine ebenso legitime Perspektive darstellen, steht außer Frage.

Etwas aufwendiger, aber philosophisch und erkenntnistheoretisch 'gesättigter', könnte man das 'Soziale' dann auch so bestimmen: als menschliche Umwelt oder Lebenswelt, die für uns den *Horizont* unseres Daseins abgibt und die sich mit uns und unserem Handeln bewegt und verändert – die also weder ein antagonistisches 'Gegenüber' noch ein Gefängnis oder ein grenzenlos offener Raum ist. In diesem Sinne würde sich dann 'Soziales' in allen Aktionen des Menschen niederschlagen – in einer das Handeln bedingenden als auch durch Handeln hergestellten Form – und wäre so etwa auch in den 'Protokollen' subjektiven Handelns enthalten und rekonstruierbar. Diese Perspektive gilt – wohlgemerkt – für eine Soziologie, die sich für die gesellschaftlichen Orientierungs-, Handlungs-, Produktions-, und Wissensformen interessiert und die sich in doppelter Hinsicht – inhaltlich und methodisch – auf die spezifisch menschliche, zeichen- und symbolhaft konstituierte Wirklichkeit bezieht, 'hinter' die (so die zentrale Setzung) Menschen nicht zurückgreifen können (vgl. dazu auch Soeffner/Hitzler 1994, 37).

## 1.4.    Anregungen aus der lebensweltlichen Ethnographie

Auch wenn in der vorliegenden Untersuchung *nicht* der Versuch unternommen wird, soziale Präsenzen des Körpers in (bestimmten) Lebenswelten vornehmlich mit Mitteln der Feldforschung zu rekonstruieren, so lassen sich aus der lebensweltlichen Ethnographie und einer *explorativen* Sozialforschung doch höchst anregende Impulse gewinnen, die einen eher *interpretativ* orientierten Zugang zur sozialen Wirklichkeit am 'Text' deutlich ergänzen und bereichern können (zur Unterscheidung von explorativen und interpretativen Strategien in der Sozialforschung vgl. auch Hitzler/Honer 1997, 12ff.). In diesem Sinne soll und kann hier keinesfalls der Versuch unternommen werden, Anliegen und Vorgehensweise der lebensweltlichen Ethnographie mit der nötigen Ausführlichkeit zu würdigen, sondern es soll darum gehen, zwei Hauptmerkmale feldbezogener Forschung zu skizzieren, die eine wertvolle Kompensation bzw. Blickverschiebung typischer Einseitigkeiten eines (rein) interpretativen Vorgehens ermöglichen. Dies sind a) das intensive *Sich-Einlassen* auf das Geschehen im sozialen Feld und – eng damit verbunden – b) die besondere Bedeutung, die der *Erfahrung* des/der Forschenden in diesem Kontext eingeräumt wird. Anne Honer, die – nicht zuletzt durch ihre inhaltlich subtilen und methodologisch wegweisenden Beiträge zur Erforschung 'kleiner Lebenswelten' – als Expertin in Sachen Ethnographie (des Alltags) gelten kann, hat auf diese beiden Aspekte anschaulich aufmerksam gemacht; ihren Ausführungen soll im Folgenden nachgegangen werden (vgl. Honer 1989, Honer 1993).

Zunächst einmal finde ich es äußerst sympathisch – und diese persönliche Bemerkung sei an dieser Stelle erlaubt -, dass Honer die 'Reportage' als eine soziologische Stärke begreift und entschieden dafür eintritt, diese Art sozialwissenschaftlicher Studien als Erkenntnisquelle zu akzeptieren und sie nicht in das Geschirr endloser Methodenkontroversen zwingen zu wollen, was zweifellos ihren impressionistischen und veranschaulichenden Charakter zerstören würde.

Roland Girtler kann als virtuoser Prototyp für diese 'Gattung' stehen, mit der versucht wird, Ausschnitte des Lebens 'wie es gelebt wird' einzufangen, sich dabei mitten in das Geschehen hineinzubegeben, 'hemdsärmelig' an ihm teilzunehmen, das Abenteuer schon um die nächste Ecke aufzusuchen (und als solches zu erkennen!) und von ihm in dichten und detailreichen Beschreibungen zu berichten. Diese Form der reportageartigen 'Literarisierung' von sozialem Geschehen hat sicherlich insofern eine wichtige Funktion, als sie uns – allen am Lebenszusammenhang und den Problemen anderer Interessierten – einen Einblick in 'Fremdes' gewährt, Neugier für vermeintlich 'Vertrautes' weckt, soziale Orientierung und Verortung ermöglicht und für soziales Geschehen insgesamt sensibilisiert. So besteht eine wichtige Aufgabe ethnographisch und lebensweltlich inspirierter Studien darin, zum einen immer wieder das Staunen über den eigenen vertrauten Alltag zu wecken und ihn neu, anders und vielleicht auch besser und die eigenen Spielräume erweiternd zu begreifen, und zum anderen darin, das Geschehen 'um die Ecke', das uns aufgrund unserer eigenen sozialen Platzierung und unserer Routinen 'fremd', unzugänglich oder gar abstoßend erscheint, zu verstehen. Ronald Hitzler hat so beispielsweise im Zusammenhang mit der Erforschung der 'Lebenswelt des Techno' diese Funktion als sozial bedeutsame 'Übersetzungsarbeit' zwischen den Kulturen, Milieus und Gruppierungen einer Gesellschaft bezeichnet (Hitzler 2000).

Unter den oben ausführlich dargelegten Prämissen sozialwissenschaftlicher Hermeneutik und ihrem Interesse an der Rekonstruktion von 'objektiven' Gehalten, strukturellen Zusammenhängen und fallinternen wie fallübergreifenden Typisierungen und 'Regeln' kann diese Deskription und nachvollziehende Abbildung eines Geschehens jedoch nicht genügen. Honer macht ihre Bedenken vor allem an der (subjektiven) Qualität der Daten fest und der ebenso unumgehbaren wie folgenreichen Differenz, die zwischen *Mitteilungen* über soziale Phänomene und den *Phänomenen selber* besteht. Das führt – wie gezeigt – zu dem paradoxen Dilemma, dass die sozialwissenschaftliche Forschung zum einen auf subjektive Daten angewiesen ist, dass die soziale Wirklichkeit – das, was andere 'wirklich' denken, meinen, fühlen, wie Handlungen 'wirklich' ablaufen, wie eine soziale Situation 'wirklich' beschaffen ist – über diese Daten aber grundsätzlich nie in ihrer vollen 'Authentizität' erreichbar ist, sondern stets nur annäherungsweise. Aus diesem Dilemma weist jedoch ein relativ produktiver Weg, wenn man beide Komponenten miteinander verbindet: Nämlich die subjektive Erfahrung und Beschreibung der Wirklichkeit ausführlich betreibt und ernst nimmt, sie aber zugleich (bzw. im Anschluss daran) einer systematischen Kontrolle und Reflexion im Sinne der oben genannten Prämissen und interpretativen Auswertungsschritte unterzieht.

So hat sich in der Ethnographie eine Vorgehensweise entwickelt, die diese beiden Stränge der Forschung aufeinander bezieht und in einem – wiederum spiralförmig – angelegten Prozess gegeneinander ausreizt. Dabei wird großer Wert darauf gelegt – und dieser Aspekt soll hier besonders herausgehoben werden – , dass Aussagen über die Wirklichkeit nur durch ein "existenzielles Engagement" im Feld gewonnen und phänomenologisch erschlossen werden können und dass die Phänomenologie deshalb offensiv bei den eigenen subjektiven Erfahrungen des Forschers/der Forscherin ansetzt: Diese *Erfahrungen* sind die "allein evidente Datenbasis" phänomenologischer Erkenntnisgewinnung. Honer führt dazu aus: "Was immer dann an phänomenologischen 'Operationen' auf welches Erkenntnisinteresse hin auch vollzogen wird, die alleinige, weil allein *evidente* Datenbasis des Phänomenologen sind (und bleiben) seine eigenen, subjektiven Erfahrungen" (Honer 1993, 244).

Diese phänomenologische Erkenntnisgewinnung hebt Honer ab von der soziologischen, die sich eher auf Daten vom 'Hörensagen' stützt – auf das, was Forscher lesen, beobachten, und gesagt bekommen – und worauf sie ihre 'Konstruktionen zweiten Grades' aufbauen. Diese Unterscheidung mag zwar in der Tendenz die jeweiligen Akzentsetzungen treffen, auf der anderen Seite hat diese Unterscheidung aber auch etwas ausgesprochen Künstliches: Denn auch das Lesen, die Beobachtung und vor allem die Interaktion mit einem Gesprächspartner (etwa in einem biographischen Interview) hat stets eine Erfahrungsseite, stellt ein Sich-Einlassen dar und kann im Forscher vielgestaltige und tiefgreifende Prozesse des Erlebens und der Erlebensverarbeitung darstellen. Und auf der anderen Seite wird auch der Phänomenologe seine Erfahrungen durch Lektüre, Gespräche, Beobachtungen ergänzen bzw. kann er diese Erfahrungen überhaupt nur im sozialen Raum und unter Benutzung sozial verfügbarer Symbolbildungen und 'Medien' machen.

Die Ethnographie fordert im phänomenologischen Sinne dazu auf, sich mit der zu erforschenden Welt über alle möglichen zur Verfügung stehenden Informationsquellen hochgradig vertraut zu machen, praktisch am sozialem Geschehen teilzunehmen und sogar so etwas wie eine temporäre Mitgliedschaft zu erwerben, um so möglichst umfassende eigene Erfahrungen zu machen, die den Erfahrungen der Mitglieder der untersuchten Wirklichkeit in typischer Weise nahe kommen (dass auch dies nur graduell gelingen kann und die Chance zu einer derartigen flüssigen Mitgliedschaft eher selten ist, ist ein Grundproblem 'naher' Feldforschung). Diese eigenen Erfahrungen sollen in Anlehnung an die Phänomenologie und unter Einbeziehung sozialwissenschaftlicher Interessen aber eben nicht verleugnet, als 'subjektivistisch' abgetan ('Das ist doch *nur* die Erfahrung von Forscher/in X.') oder 'objektivierend' überformt werden ('So *ist* dieser Sachverhalt, weil Forscher/in X. ihn so erfahren hat.'), sondern als das genommen werden, was sie sind: als gültiger subjektiver Ausdruck sozialen Geschehens *und* als entsprechend zu überprüfendes und methodisch zu kontrollierendes Datum.

Die Betonung der erstgenannten Seite – die subjektive Erfahrung als einen gültigen und gewinnbringenden Ausdruck von Sozialität ernst zu nehmen – scheint mir deshalb so wichtig, weil mit dem Anspruch der Sicherung 'objektiver' Erkenntnis der Interpret disziplinierend in ein Korsett gezwängt wird, das wie ein 'Brett vor'm Kopf' wirken kann und ihn so daran hindert, das Vertrauen in seine Kompetenz als erfahrender, spürender, berührbarer und empfindsamer Mensch voll zu entfalten und diese Kompetenz weitreichend einzusetzen. Gerade die Fähigkeit zum Sich-Einlassen, zum 'Rankommen' an die Dinge, zum 'Ergriffen-Werden' ist eine wichtige Quelle der Erkenntnis, die nicht methodologisch zugestellt, sondern offensiv, kreativ und ermöglichend erschlossen und bestärkt werden sollte.

René König hat in einem Grundsatzartikel zum Verhältnis von Soziologie und Ethnologie die Bedeutung, aber auch die subtilen Qualitätsunterschiede im Hinblick auf dieses 'Sich-Einlassen' herausgestellt (König 1984). Während Leo Frobenius dem Umstand, durch die Wirklichkeit selbst überwältigt zu werden, sobald man sich ihr (und ihrer Fremdheit) aussetzt, noch als "Ergriffenheit" übersetzte, und auch Kurt H. Wolff mit der Formel "surrender and catch" eine eher 'passive' Haltung umschrieb, gibt René König – der ja selbst fast mehr Ethnologe als Soziologe war, zumindest aber die Soziologie durch seine empirischen Studien ethnologisch stark bereicherte – zu bedenken: "ich finde 'Hingabe' besser, weil es keinen Zustand, sondern die Aktivität unterstreicht" (a.a.O., 25f.). Eindeutiger kann man die bewusste, ja existenzielle Auseinandersetzung mit dem Feld wohl kaum formulieren.

Diese Fähigkeit zur *Hingabe* und Einfühlung in das Gegenüber verleiht beispielsweise auch der dokumentarischen Interviewliteratur Erika von Hornsteins ihre besondere Kraft und Faszination: Gerade weil sie sich an kein Schema hält und keinem Vorbild folgt, sondern sich stattdessen mit größtem persönlichen Engagement und intensiver innerer Anteilnahme ihren Gesprächspartnern auch als Person aussetzt, kann sie die Geschichten, die Gefühle und die Atmosphäre ihrer literarischen Fälle im direkten Kontakt derart substanziell aufsaugen, dass sie im Nachgang (und mit Hilfe zusätzlicher Tonbandprotokolle und stichwortartiger Notizen) äußerst plastische und auf das Essenzielle verdichtete 'Geschichten' bzw. erzählende Monologe entwerfen kann, die 'ergreifen' und dennoch ein gültiges 'Dokument' sind (vgl. dazu ausführlich Schröder 1995).

Die Bestärkung dieser Seite ist in meinen Augen nicht einfach abzutun als 'introspektive Selbstbeschau' oder gar 'Gefühlsduselei' (wie es objektivistisch besessene Hermeneuten gern tun), sondern als notwendige Erweiterung und Ausdifferenzierung des Sensoriums zu begreifen, mit dem der Forscher/die Forscherin sich an die Erforschung sozialer Phänomene heranmacht. Zu dieser notwendigen und überfälligen Stärkung des Sensoriums sozialwissenschaftlicher Forscher/innen gehört vor allem auch die Erhöhung körperlichen, sinnlichen und emotionalen Wahrnehmungsvermögens (vgl. dazu Kap. 6. des Theorie-Teils). Anne Honer gibt dieser Perspektive Rückendeckung (auch wenn sie die Bedeutung von Erfahrungen und der körperlich-sinnlichen Dimensionen an ihnen nicht derart forciert betont), indem sie anmerkt: "Ich meine (...), dass man das, was der Phänomenologe, meines Erachtens mit Erfolg tut, nämlich seine eigenen Erfahrungen reflektieren, stärker in die empirische Sozialforschung integrieren sollte, ja dass man, wenn man sich für die Konstruktion von Wirklichkeit interessiert, dieses Prinzip sogar integrieren *muss*" (a.a.O., 244f.).

## 1.5.  Anliegen und Methode der narrativen biographischen Analyse

In der vorliegenden Untersuchung soll die Frage nach sozialen Präsenzen des Körpers im Rahmen der *biographischen Verankerung* des subjektiven Körpererlebens und des Körperbezugs gestellt werden. (Zur Begründung dieses Zugangs sei besonders auf die Ausführungen zur Erforschung des Körpererlebens in Kap. 1.2.2. des Theorie-Teils sowie in Kap. 2.1. in diesem Teil der Arbeit verweisen). So scheint es mir sinnvoll und nötig – zumindest in groben Zügen – wesentliche Annahmen, Schwierigkeiten und Vorgehensweisen der biographischen Analyse zu skizzieren. Zentrale Anliegen und Hinweise zur *theoretischen* (Selbst)verortung einer sozialwissenschaftlichen Biographieforschung wurden ja bereits ausführlich vorgestellt (vgl. Teil 1/Kap. 4.1.), so dass hier vor allem jene Aspekte aufgegriffen werden können, die um methodische Fragen kreisen. Wolfram Fischer-Rosenthal und Gabriele Rosenthal haben hierzu – so weit ich sehe – im deutschsprachigen Raum das theoretisch wie methodisch elaborierteste Konzept ausgearbeitet; auf ihre Ausführungen werde ich mich im Folgenden stützen (vgl. zusammenfassend vor allem Fischer-Rosenthal/Rosenthal 1997a, 1997b). Wichtige grundsätzliche und kritische Überlegungen (insbesondere zur Gültigkeitsproblematik biographischer Sozialforschung) finden sich auch bei Uta Gerhardt (Gerhardt 1985) sowie (zum Teil etwas sehr) pragmatische Hinweise zur Auswertung biographischer Texte bei Gerald Schneider und Bernhard Haupert (Schneider 1988, Haupert 1991).

Kurz zur Erinnerung: Es wurde herausgearbeitet, dass die sozialwissenschaftliche Biographieforschung zwei Großfragestellungen verfolgt: Zum einen untersucht sie 'Biographisches' als soziale Größe, indem sie nach dem Sinn, der Funktion und dem Prozess der Konstitution von Biographien fragt, und zum anderen zielt sie ab auf die soziologische Grundfrage der dialektischen Verschränkung von subjektivem Erleben und Handeln und objektiven (gesellschaftlichen) Strukturbedingungen. In diesem Sinne dienen erzählte Lebensgeschichten als "Ausgangsmaterial zur Rekonstruktion bestimmter sozialer Milieus und sozialen Handelns in seiner Entstehungsgeschichte und unter Berücksichtigung der Eigendeutungen durch die Gesellschaftsmitglieder selbst" (Fischer-Rosenthal/Rosenthal 1997a, 409). Als zentrales Medium dient dabei das insbesondere von Fritz Schütze entwickelte *narrative Interview* (vgl. bes. Schütze 1976), das mit der Annahme arbeitet, *Erzählungen* seien (etwa im Gegensatz zu Beschreibungen und Argumentationen) jene Darstellungsform, die dem Handeln und Erleben in der Praxis besonders nahe kommen. Fischer-Rosenthal/Rosenthal merken hierzu grundlegend an:

"Wenn wir uns nicht damit zufriedengeben wollen, nur etwas über die übersituativen Alltagstheorien der Gesellschaftsmitglieder zu erfahren, die von den Erlebnissen und Erinnerungen abgehoben sind, und wenn wir nicht den sozialwissenschaftlich verbreiteten Dualismus von Denken und Handeln vertiefen wollen, sondern wenn wir rekonstruieren wollen, was Menschen im Laufe ihres Lebens erlebt haben, und wie dieses Erleben ihre heutige biographische Gesamtsicht bestimmt, das heißt, ihren heutigen Umgang mit ihrer Vergangenheit und ihre gegenwärtigen Handlungsorientierungen konstituiert, dann müssen wir Erinnerungsprozesse und deren sprachliche Übersetzung in Erzählungen hervorrufen. Nur die Erzählung einer Geschichte ermöglicht, neben der Reinszenierung vergangener Situationen im sprachlichen Spiel, die Annäherung an eine ganzheitliche Reproduktion des damaligen Handlungsablaufs oder der damaligen Ereignisgestalt im Kontrast zu der heutigen kognitiven, aber auch emotionalen und leiblichen Sicht auf diesen Vorgang" (Fischer-Rosenthal/Rosenthal 1997a, 413).

Fischer-Rosenthal/Rosenthal weisen in diesem Zusammenhang immer wieder darauf hin, dass mit der "Homologieannahme" Schützes keinesfalls die Differenz zwischen 'Erleben' und 'Erzählen' eingeebnet wird oder werden soll, sondern dass damit lediglich behauptet wird, dass (spontane und ausführliche) Erzählungen dem Strom des Erlebens – auf einer symbolischen Ebene (!) – einen relativ adäquaten Ausdruck verleihen können. Vermutlich deshalb, weil der/die Erzählende hier nicht kognitiv überhöht reflektiert, räsoniert oder begründet, sondern im Sprechen noch einmal in die vergangene Situation eintaucht, erneut Kontakt zu dem Gewesenen bekommt und das damalige Handeln, 'wie es gewesen' ist, sprachlich nachzeichnet. Deshalb wird Wert darauf gelegt, den Berichtenden zu möglichst ausführlichen Narrationen zu animieren und ihn in diesem 'Erzählteil' möglichst wenig oder gar nicht zu unterbrechen, damit er die Gelegenheit zur Darstellung nach seinen eigenen Relevanzen und Sinnsetzungen erhält. Entscheidend ist dabei nicht so sehr, ob etwas *tatsächlich* so ablief (also ob etwa ein Außenstehender das genauso gesehen hätte), sondern dass der Handelnde es *so* rekapituliert, wie er es rekapituliert.

An dieser Stelle sei noch einmal an den gewichtigen Beitrag von William I. Thomas und Florian Znaniecki zur allgemeinen soziologischen Theoriebildung in den 1920er Jahren erinnert, indem sie den subjektiven Faktor (bei Znaniecki auch als "humanistischer Koeffizient" bezeichnet; vgl. Kohli 1981a, 276) als konstitutives soziales Moment einführten. Sie traten nachhaltig dafür ein, dass nicht objektiv verursachte Kausalbeziehungen das soziale Leben von Menschen regulieren, sondern Entscheidungen, Interpretationen, Sicht- und Erlebensweisen von Subjekten einen konstitutiven Anteil daran tragen und subjektive Deutungen von daher selbst ein soziales Datum darstellen und *Wirklichkeitscharakter* besitzen. Sie insistierten auf der Wechselwirkung von objektiven Faktoren und subjektiven Anteilen und machten dies u.a. an der besonderen Konzeptionalisierung von "value" (als einem Objekt, das eine Bedeutung als Objekt von Handlungen hat) und "attitude" (als subjektiver Handlungstendenz im Hinblick auf objektiv gegebene Tatsachen) deutlich. Zugespitzt wird diese Sicht im sogenannten Thomas-Theorem, das besagt: 'Wenn Menschen Situationen als real definieren, so sind auch ihre Folgen real' (vgl. dazu auch Hitzler 1999).

Gewendet auf die Erzählung eigenerlebter Erfahrungen ließe sich damit sagen: Wenn Menschen in dieser und jener Weise von diesen und jenen Ereignissen oder Erlebnissen berichten, so *schaffen* sie damit Realität. Die so geschaffene Realität hat nicht nur Konsequenzen für das Handeln der Subjekte und die Reaktionen anderer auf dieses Handeln, sondern sie ist zugleich auch Ausdruck der besonderen Genese und Konstitution des Subjekts und verweist auf seine 'Geschichte', sein 'Geworden-Sein' und seine aktuelle Lage. Die Darstellung des Gewesenen geschieht notwendigerweise aus der Sicht des 'Hier und Jetzt' und sie wirft ein bezeichnendes Licht auf die *gewordenen* Dispositionen und Relevanzen des Subjekts (Befindlichkeiten, Sichtweisen, Haltungen, Wissensstrukturen, Selbstverortungen etc.). Mit anderen Worten: In der ausführlichen und möglichst ungesteuerten Erzählung können die strukturgenerierenden Faktoren des 'Falles' – *wie* eine/r geworden ist und *warum* sie/er so geworden ist – relativ ungetrübt zur Entfaltung kommen und entsprechend rekonstruiert werden. Fischer-Rosenthal/Rosenthal führen zum Anliegen und der Bedeutung des narrativen Interviews aus: "Zentrales Anliegen eines narrativen Interviews (...) ist es, die Gesprächspartnerinnen und Gesprächspartner zu einer längeren Erzählung von eigenerlebten Ereignissen zu motivieren und sie in einen Erinnerungs- und Erzählstrom zu bringen. So wird eine Datenbasis gewonnen, die es erlaubt, situierte Handlungsabläufe, die darauf hinführende Handlungsgeschichte und ex post

Bewertungen zu rekonstruieren. (...) Im Unterschied zu anderen offenen Interview-verfahren, sind die Vertreterinnen und Vertreter des narrativen Ansatzes an der Handlungsgeschichte interessiert; Kognitionen, Gefühle und Motive interessieren in ihrer Einbettung in die Handlungsgeschichte" (Fischer-Rosenthal/Rosenthal 1997b, 139f.).

Unter "Handlungs*abläufen*" soll dabei der Prozess sozialen Handelns, der in Er-zählungen präsentiert wird, verstanden werden, bei der Konstruktion der "Hand-lungs*geschichte*" geht es um die Frage, "wie sich die lebensgeschichtlichen Erfah-rungen im Verlauf der erlebten Lebensgeschichte aufbauen und für aktuelles ('jetzi-ges' und 'künftiges') Handeln orientierungswirksam werden" (a.a.O., 156). Bei der angestrebten Rekonstruktion der Beschaffenheit, Genese und Bewertung von Hand-lungsabläufen steht die biographische Forschung jedoch immer wieder vor einem grundsätzlichen Problem: Wie kann sie methodisch sauber mit der Vermischung von Fiktion und Realität in Erzählungen umgehen bzw. wie kann sie sicherstellen, dass 'Fiktionales' im Sinne einer erfundenen Geschichte von 'Realem' im Sinne objektiv nachweisbarer Fakten und tatsächlicher Begebnisse getrennt wird?

Unter Berücksichtigung der oben angedeuteten Beschaffenheit von Erzählungen und ihrem *wirklichkeitskonstituierenden* Charakter erweist sich, dass die Frage so falsch gestellt ist. Biographische Erzählungen sind weder rein fiktional noch können sie 'real' sein. Sigmund Freud hat in diesem Zusammenhang recht desillusionierend zu verstehen gegeben: "Wer Biograph wird, verpflichtet sich zur Lüge, zur Verheim-lichung, Heuchelei, Schönfärberei und selbst zur Verhehlung seines Unverständnis-ses, denn die biographische Wahrheit ist nicht zu haben, und wenn man sie hätte, wäre sie nicht zu gebrauchen" (zit.n. Schlüter 1996, 21). Bezeichnend und typisch ist die Doppelaussage, dass Biographien zwar 'Lügengebilde' seien, dass sie zugleich aber auch gar nicht anders zu haben sind: Würde man in oder an ihnen die 'Wahrheit' suchen (oder über andere Menschen 'wahre' Biographien anfertigen wollen), würden sie sich vermutlich vor den Augen des Betrachters auflösen wie eine Fata Morgana, der man zu nahe gekommen ist. Mit anderen Worten: Gerade die spezifische Mi-schung aus Illusion, Phantasie, Mythos, Realitätshaltigkeit und nachweisbarer Fakti-zität konstituiert Biographien als Lebens*geschichten*.

Eine Perspektive allerdings, die Erzählungen *ausschließlich* als Fiktion und 'ret-rospektive Illusion' begreift und davon ausgeht, dass Narrationen über die Vergan-genheit lediglich der Erfassung aktueller Selbstbilder und Deutungsmuster dienen können (so wie es Fischer-Rosenthal/Rosenthal an der überzogenen Kritik von Heinz Bude monieren), übersieht, dass erzählte Lebensgeschichten nicht beliebig sind, sondern auf tatsächlich *Erlebtem* in einem *bestimmten strukturellen Rahmen* basie-ren und dass dieses Leben und Erleben unter diesen Voraussetzungen die heutige Lage und Verfasstheit der Person geprägt hat. Andererseits wäre es in der Tat naiv, wenn davon ausgegangen würde, dass Erzählungen eine 'reine' Widerspiegelung objektiver Gegebenheiten und Ereignisse sein könnten (ein Problem, das die histori-sche Forschung insbesondere im Rahmen des 'Oral-History'-Ansatzes lange beschäf-tigt hat; vgl. u.a. Niethammer 1985). Dabei sollte angemerkt werden, dass *jede* Er-zählung oder Darstellung von Vergangenem eine *spezifische* Sicht auf die Dinge einnimmt und ohne Selektionen und subjektive Einfärbungen nicht auskommt. Insofern sind alle Erzählungen *Rekonstruktionen* von einem *bestimmten Standpunkt* aus. Wie wenig diese Einsicht Eingang in das (Alltags)verständnis und die Einschätzung der Qualität und Bedeutung von Erinnerungen und Erfahrungen gefunden hat, lässt sich beispielsweise auch an folgender hübschen Note ablesen, die die Oberzensurstelle des Deutschen Heeres im Jahre 1915 bezüglich der Tauglichkeit von Kriegserfahrungen und -erinnerungen des 'kleinen Mannes' ausgegeben hat: "Es ist nicht erwünscht, dass Darstellungen, die größere Abschnitte des Krieges umfassen, von Persönlichkeiten veröffentlicht werden, die nach Maßgabe ihrer Dienststellung und Erfahrung gar nicht imstande gewesen sein können, die Zusammenhänge überall richtig zu erfassen. Die Entstehung einer solchen Literatur würde in weiten Volkskreisen zu ganz einseitiger Beurteilung der Ereignisse führen" (Baron/Müller 1995, 345). Damit wird nicht nur unterstellt, dass es möglich ist, Zusammenhänge 'überall richtig' zu erfassen, sondern zugleich, dass es bestimmte Personengruppen gibt, die diese Zusammenhänge aufgrund ihrer sozialen Lage und den ihnen möglichen Erfahrungen eben *nicht* 'richtig', sondern 'ganz einseitig' wiedergeben und beurteilen würden. Das Argument von der (vermeintlich) fehlenden 'Objektivität' von Erzählungen ('solcher' Leute) erfährt damit eine Verlängerung ins Groteske: Die Erinnerungen und Erfahrungen von einfachen Kriegsteilnehmern – ihr Dabeisein und Ausgesetztsein an vorderster Front – werden als grundsätzlich verzerrt eingestuft und müssen als 'falsche' Erfahrungen aus dem (offiziellen) Kanon der 'richtigen' Darstellungen vom Krieg herausfallen.

Es drängt sich die naheliegende Vermutung auf, dass das Etikett der 'Objektivität' hier – wie bei Kriegsberichterstattungen und Geschichtsschreibung allgemein, aber bei weitem nicht nur dort – als Vehikel eingesetzt wird, um das Denken und die Sichtweise der Obrigkeit gegen die Erfahrungen der unteren Schichten durchzusetzen. Dass die eigene Sicht ebenso 'verzerrt' und 'einseitig' ist, muss hinter der Fassade der (vermeintlich) objektiven Einschätzungen nicht eingestanden werden. Mit anderen Worten: Das Schutzschild 'Objektivität' wird eingesetzt, um *Herrschaftswissen* als das allein gültige Wissen durchzusetzen – ein Prozess, der im Rahmen großer kultureller Umbrüche wie etwa der Etablierung linearer biographischer Muster und eines modernen Identitätsverständnisses (vgl. Alheit/Dausien 1991) oder der Durchsetzung modernen medizinischen Wissens gegen 'vormoderne' Erfahrungs- und Wissensformen (vgl. dazu auch Böhme 1980) inzwischen anschaulich rekonstruiert wurde.

Auch die Sozialwissenschaften haben sich zu fragen, wie sie mit den (berichteten) Erfahrungen der Subjekte umgehen und ob nicht auch hier unter dem Deckmantel der Objektivität 'Herrschaftswissen' durchgesetzt wird oder werden soll. So besteht in meinen Augen – insbesondere in jenen Bereichen, die sich auf der Suche nach objektiver Erkenntnis befinden und sogar meinen, sie erreicht zu haben – die Gefahr, dass etwa Erzähldaten nicht (mehr) als gültiger Ausdruck von Subjektivität und eines so gelebten Lebens ernst genommen werden, sondern dass sich der Zweifel, die Skepsis, der Verdacht gegen die 'verzerrten' Darstellungen der Subjekte derart verselbständigt, dass vor lauter Bäumen ('gegen den Strich' zu bürstenden Details, 'objektiven' Bedeutungen und Strukturen) der Wald nicht mehr gesehen wird – nämlich die Gestalt und die besondere Aura eines gelebten Lebens. Hiermit sollen keinesfalls die oben ausführlich diskutierten Forderungen an ein methodisch kontrolliertes Verstehen über Bord geworfen werden – ich halte die erkenntnistheoretischen Prämissen für unumgehbar und die entworfenen Standards und ihre forschungspraktischen Konsequenzen durchaus für sinnvoll – , sondern es soll lediglich daran erinnert werden, dass eine professionalisierte chronische Skepsis leicht zu einem überheblichen und unangemessenen Vertrauensschwund in das Erleben und Leiden des Gegenübers führen kann. Damit die subjektive Sicht tatsächlich zu einer Bereicherung soziologischer Forschung führen kann, dürfen nicht nur die methodischen Instrumente verfeinert und eine 'besondere theoretische Einstellung' gefördert werden, sondern es muss parallel dazu auch eine andere 'Haltung' mitwachsen: der Respekt vor den Entäußerungen der Subjekte und die Würdigung der Tatsache, dass diese Entäußerungen im Hinblick auf das gelebte Leben wertvoll, sinnvoll und 'wahr' sind. Diese 'Haltung' führt dann auch zu entsprechenden methodologischen Konsequenzen.

Bei Fischer-Rosenthal/Rosenthal wird dieser 'Eigenwert' und die fallbezogene 'Gültigkeit' von Äußerungen in Rechnung gestellt und zu einem wesentlichen Eckpfeiler der Interpretation narrativer Daten. So wird die Erzählung als Ganze zunächst einmal für 'wahr' genommen und bewegt sich der Prozess der Auswertung biographischer Erzählungen in einem ständigen Abgleich zwischen 'objektiven' und 'subjektiven' Momenten der erlebten und erzählten Lebensgeschichte, die allein der Erzählung selbst entnommen werden. (Nachteilig kann dabei allerdings sein, dass die Angaben der Befragten nur durch ihre Glaubwürdigkeit und innere Stimmigkeit 'überpüft' werden können, dass validierende externe Kriterien jedoch in der Regel nicht systematisch als aufschlussreiches Korrektiv einbezogen werden.) Zentrales Ziel ist es, die *interne Struktur* eines Falles zu rekonstruieren (biographische Fallrekonstruktion). Dabei werden zwei unauflöslich ineinander verwobene Ebenen angenommen: die Ebene der *erlebten* und die der *erzählten* Lebensgeschichte, die getrennt voneinander einer sequenziellen Analyse unterzogen und dann miteinander konfrontiert und aufeinander bezogen werden (vgl. ausführlich dazu auch Rosenthal 1995a). Da diese Unterscheidung ebenso folgenreich wie produktiv für den Forschungsgang ist, seien die beiden Ebenen kurz näher erläutert (vgl. Fischer-Rosenthal/Rosenthal 1997b, 147ff.):

Bei der Analyse der *erlebten* Lebensgeschichte (genetische Analyse) wird – soweit dies die Äußerungen des Befragten (oder besser: des Autobiographen) erlauben – die zeitliche bzw. *chronologische Abfolge* der biographischen Ereignisse und Erlebnisse rekonstruiert (was zuerst und was später kam). Die Analyse relativ unverbrüchlicher Daten (wie Geburt, Anzahl der Geschwister, Ausbildung, Berufsstationen, Familiengründung, Wohnortwechsel, Wehrdienst, Krankheiten etc.) liefern dazu einen wichtigen Grundstock. Es geht aber auch um die Rekonstruktion der *Bedeutung,* die die Erlebnisse *damals* für den Autobiographen hatten. Und es geht um die *biographischen Orientierungsstrukturen*, die sich im Verlauf der Sozialisation herausgebildet haben sowie um deren Reproduktionen (als beständige Wiederherstellung und Verfestigung) und Transformationen (als Veränderung, Umgestaltung) im lebensgeschichtlichen Ablauf.

Bei der Analyse der *erzählten* Lebensgeschichte geht es primär um die *Gestalt* der Erzählung – also *wie* der Autobiograph seine Geschichte aufbereitet, in welchen Sequenzen sie gestaltet wird, welcher Darstellungsformen er sich dazu bedient (Erzählung, Bericht, Argumentation), was er möglicherweise weglässt usw.. Zusätzlich wird gefragt, welche *Bedeutung* die berichteten Erfahrungen *heute* haben, wie sich die biographische *Gesamtsicht* und *Bewertung* der Biographie darbietet und wie sich der Erzählende in seinen Darstellungen präsentiert (aktuelle *Selbstpräsentation*, aktuelles *Selbstverständnis*).

Die Versuchung liegt nahe, diese Aufteilung in zwei Ebenen weiter zu dichotomisieren und folgende Zuordnungen vorzunehmen: Die erlebte Geschichte könnte stehen für den *objektiven Gehalt* der Lebensgeschichte, ihre abgelaufenen Ereignisse (Vergangenheit) und den *Inhalt* der Erfahrungen; die erzählte Geschichte für den *subjektiven Gehalt* und die Auslegung der objektiven Ereignisse, für die *aktuelle Situation* und Perspektive des Sprechers (Gegenwart) sowie seine über das 'Jetzt' hinausreichenden Orientierungen (Zukunft) und für die *Struktur* des Falles. Schaut man jedoch genauer hin, so erweist sich eine solche – bequeme und Übersichtlichkeit schaffende – Gegenüberstellung als unzutreffend und unsinnig: Denn es ist ja gerade das Besondere, Widerständige und Vertrackte, dass beide Ebene beständig ineinander enthalten sind und dass etwa die objektiven Fakten nicht ohne ihre subjektive Auslegung zu haben sind, dass die abgelaufenen Erfahrungen die Sicht auf diese Erfahrungen und das heutige Selbstverständnis bedingen und dass sich schließlich die Strukturen des Falles nur mit, in und durch seinen Inhalt erschließen lassen.

*Gegen* diese faktische Verwobenheit von Inhalt und Darstellung, von vergangenem Ereignis und gegenwärtiger Mitteilung setzt die biographische Forschung bewusst eine Vorgehensweise, die auf die Differenz dieser Ebenen immer wieder aufmerksam macht und dazu anhält, sie analytisch zu unterscheiden, in ihrer je eigenen Sequenzierung zu betrachten und dann wieder so aufeinander zuzuführen, dass die Gesamtgestalt der Biographie und die darin enthaltenen Handlungsabläufe und Handlungsgeschichten in ihrer Genese, ihrer Funktion und in ihrer subjektiven Bedeutung sichtbar und verstehbar werden (zu dieser Vorgehensweise siehe im Einzelnen Fischer-Rosenthal/Rosenthal 1997b, 151ff.). Mit der Kontrastierung von erlebter und erzählter Lebensgeschichte wird das zentrale Ziel der 'biographischen Fallrekonstruktion' eingelöst: "Nun können wir uns bei der Kontrastierung der erzählten und erlebten Lebensgeschichte fragen, welche Funktion diese Präsentation für den Autobiographen hat und umgekehrt, welche biographischen Erfahrungen zu dieser Präsentation führen" (a.a.O., 155).

Während die Rekonstruktion der internen Fallstruktur und der methodische Zugang zur Herausarbeitung fallgenerierender Strukturen in der (hier ja nur angedeuteten) Konzeptionierung überzeugen, und auch der Übergang vom Einzelfall zur fallvergleichenden Typenbildung durchaus nachvollziehbar ist (und im Kern so vorgenommen wird, wie es sich in der sozialwissenschaftlichen Hermeneutik unter Rückgriff auf Max Webers 'Idealtypenkonstruktion' und dem von Schütz vorgeschlagenen 'rationalen Typenverstehen' eingebürgert hat [vgl. auch Gerhardt 1985, Hitzler 1993, Soeffner/Hitzler 1994]), so lässt sich das für den Übergang – oder treffender: den *Sprung* – vom Einzelfall zu "präzise(n) Rekonstruktionen gesellschaftlicher Strukturen" bzw. zu dem umfassenden Anspruch, der in diesem Zusammenhang erhoben wird, nicht sagen. Dieser Anspruch besteht darin, mit der biographischen Analyse situierter Handlungsabläufe und -geschichten eine grundlagentheoretische Konzeption des Verstehens und *Erklärens* (sic!) sozialer Wirklichkeit entwickelt zu haben, die über etablierte Theorien der verstehenden Soziologie und deren strukturalistische Varianten *hinausgeht* (sic!). Die Autoren bemerken hierzu weiter:

> "Narrationsanalysen biographischer Selbstpräsentationen sind Analysen gelebter und alltagssprachlich gedeuteter Gesellschaftsgeschichte und als solche gleichermaßen von hoher Spezifität *und* Allgemeinheit. Aus der Perspektive einer numerischen Allgemeinheitskonzeption ist dies ein ärgerliches Paradox; akzeptiert man jedoch, dass sich die Gültigkeit einer regulativen und orientierenden Struktur bereits an einem einzigen Fall zeigt, erlaubt der narrationsbiographische Zugang präzise Rekonstruktionen gesellschaftlicher Strukturen unter voller Berücksichtigung realer Handlungserfahrungen" (Fischer-Rosenthal/Rosenthal 1997b, 157).

Offen bleibt die entscheidende Frage, wie vom hochspezifischen Einzelfall auf allgemeine gesellschaftliche Strukturen geschlossen werden kann. Dazu müsste geklärt werden (können), was das 'Besondere' ist, wo das fallübergreifende 'Allgemeine' beginnt und wie sich diese beiden Ebenen voneinander trennen lassen. Diese Schwierigkeit beginnt im Grunde genommen schon bei der Typenbildung. Eine entscheidende Frage, die oft – und nicht nur im Rahmen der Biographieforschung – vernachlässigt wird, ist hier, in Hinblick *worauf* sich denn Typisches zeigt und Typen bilden lassen. Um das bestimmen zu können, muss ein 'Wissen' vorhanden sein (Vorstellungen, Konzepte, Theorien), die gesellschaftlich Relevantes bereits vorab fokussiert haben und die überhaupt – noch grundlegender – definiert haben, was gesellschaftliche Strukturen sein sollen, wie sie Eingang in das Besondere des Einzellebens finden und wie sie sich dort so niederschlagen, dass sie "präzise" (!) rekonstruiert werden können.

Es zeigt sich also erneut – auch aus dieser Perspektive –, dass sich eine hermeneutisch orientierte Sozialwissenschaft in einem Zirkel bewegt (und bewegen muss), der (in Teilen) immer schon das voraussetzt, was erschlossen werden soll. Anzumahnen wäre in diesem Zusammenhang, dass 'präziser' zwischen den Strukturtypen, um die es im jeweiligen Untersuchungsfall gehen soll, unterschieden wird – so ist die Rekonstruktion der inneren 'Logik' eines Einzelfalls etwas gänzlich Anderes als die Rekonstruktion gesellschaftlicher Strukturen, auch wenn das 'Soziale' im Einzelfall (notwendigerweise) enthalten ist; und dass nicht vorschnell vom Einzelfall auf die gesellschaftliche Ebene gesprungen wird, ohne diesen Schritt im Hinblick auf seinen Geltungsbereich und die ihn abstützenden Theorien und Konzepte zu plausibilisieren. Es soll hiermit nicht gesagt sein, dass die oben zitierten Autoren sich dieser Probleme nicht bewusst sind und dass sie diesen Übergang nicht entsprechend sorgfältig registrieren und kommentieren, aber es fällt insgesamt auf – auch in anderen einschlägigen Veröffentlichungen zur sozialwissenschaftlichen Hermeneutik –, dass gerade an dieser heiklen Stelle regelmäßig eine bezeichnende *Lücke* klafft und allzu selbstverständlich vorausgesetzt wird, dass sich dieser Übergang – unter Einsatz entsprechend vager und dehnbarer Begrifflichkeiten – quasi wie von selbst ergibt.

Hinnehmen lässt sich dieser Sprung vom Einzelfall zum Gesellschaftlichen allenfalls dann – und so ist es vermutlich auch gemeint – , wenn mit 'gesellschaftlichen Strukturen' impliziert wird, dass auch *Handlungen* strukturiert sind, von (übergeordneten) Strukturen getragen werden und eine strukturbildende Kraft besitzen, dass sie einen zentralen Umschlagplatz von individuellen und gesamtgesellschaftlichen Faktoren darstellen und somit zutiefst 'sozial' sind und dass mithin die analysierten 'Handlungsstrukturen' und deren Genese als gesellschaftliche Strukturen *verstanden werden* können und sollen. Diese Einordnung sollte dann allerdings immer wieder klar herausgestellt und nicht verwischt werden.

Ursache dieser 'Übersprungshandlung' könnte sein, dass die qualitative Sozialforschung und mit ihr die hermeneutischen Ansätze (immer noch) unter dem (unangemessenen) Stigma leiden, zur Ausbildung 'großer Theorien' nicht in der Lage zu sein, und dass deshalb auf Biegen und Brechen eine übergreifende und generalisierende Perspektive eingenommen wird, die ein ähnliches Kaliber wie Struktur- und Systemtheorien aufweisen soll. Dies wird der eigenen Sache jedoch nicht gerecht und das hat die qualitative Forschung auch gar nicht nötig. Statt dieses Gewaltaktes wäre es weitaus sinnvoller, das eigene wertvolle Potenzial zu stärken und die subjekt- und handlungszentrierte Zugangsweise als *einen* (!) wichtigen Blickwinkel auf gesellschaftliche Vorgänge und Zusammenhänge zu begreifen. *Dass* (und wie) die historisch-rekonstruktiven, die wissenssoziologischen und die biographietheoretischen Ansätze einen wertvollen Beitrag zur Erschließung sozialer Wirklichkeit leisten (können), sollte bis hierher ja hinreichend deutlich geworden sein.

### 1.6. Der Körper als Deutungsmuster? – Deutungsmusteranalyse als heuristisches Instrument

Um das konzeptionelle und methodische Repertoire abzurunden, das sich für die Untersuchung des in Frage stehenden Anliegens eignet und es – so die Hoffnung – möglichst ertragreich vorantreiben kann, soll abschließend noch auf den Deutungsmusteransatz eingegangen werden. Die Heranziehung dieses Konzepts – das Christian Lüders zu Beginn der 1990er Jahre aufgrund seiner theoretischen und methodischen Unschärfe noch als "risikoreich" bezeichnet hat (Lüders 1991), das aber gegen Ende dieser Dekade deutlich an Kontur gewonnen hat (vgl. bes. Lüders/Meuser 1997) – erfolgt aus folgenden Gründen: Das Deutungsmusterkonzept steht in großer Nähe zu dem angezielten wissenssoziologischen Zugang zu einem körperbezogenen 'Alltagswissen' und kann diesen Fokus in einer besonderen – noch zu zeigenden – Weise bereichern. Darüber hinaus ist das Konzept geeignet, neben der (eher fallbezogenen) biographischen Perspektive eine ergänzende zweite (eher fallübergreifende) Fragerichtung im Hinblick auf die soziale Präsenz des Körpers und der Körperlichkeit zu entfalten.

Die Unschärfe und methodische Unausgereiftheit, die das Deutungsmusterkonzept seit seinen Anfängen (die durch einen Entwurf von Ulrich Oevermann eingeleitet wurden [Oevermann 1973]) begleitet hat und die erst im Laufe der 1990er Jahre partiell abgebaut werden konnte (vgl. auch Meuser/Sackmann 1992), ist nicht nur als 'Schwäche' zu werten, sondern kann auch als eine besondere Chance angesehen werden. So betont Lüders zu Recht die *heuristische* Kraft eines solchen Konzepts und die wichtige Funktion, die eine derart ambigue Erkenntnisfolie im Hinblick auf die Flexibilität und Geschmeidigkeit empirischer Forschung haben kann. Er führt dazu unter anderem aus: "(...) die Qualität einer Analyse bemisst sich nicht an der methodischen Reife des Konzepts und seiner 'richtigen' Anwendung, sondern an dem heuristisch-fallbezogen einzulösenden Verhältnis von Fragestellung, Gegenstand und Methode" (Lüders 1991, 402). Diese Perspektive bekräftigend bemerken Lüders/ Meuser auch später an anderer Stelle: "Rekonstruktive Sozialforschung ist verwiesen auf die Reflexion des wechselseitigen Verhältnisses von Gegenstand, Methode und Theorie, was auch bedeutet, dass die eigene Auslegung des Deutungsmusterbegriffes sinnvollerweise immer nur im Kontext konkreter Forschungsfragestellungen erfolgen kann" (Lüders/Meuser 1997, 64). Mit anderen Worten: Je offener und auslegungsfähiger ein Konzept ist, je besser es auf die Wechselwirkung von Frage, Gegenstand und Methode reagieren kann, desto besser kann es den Forschungsinteressen und - umständen angepasst werden und desto größer ist die Chance, zu kreativen, neuen und situationsangemessenen Erkenntnissen zu gelangen. Diese fallbezogene Flexibilität ist nun jedoch keinesfalls als "Freibrief" für methodisch unkontrolliertes Vorgehen misszuverstehen, sondern erfordert – im Gegenteil – eine explizite fallspezifische Eingrenzung und Präzisierung. Bevor auf diese nötigen Präzisierungen genauer eingegangen wird, sollen jene zentralen Grundannahmen und inzwischen erfolgten theoretischen wie methodischen Verortungen der Deutungsmusteranalyse skizziert werden, die für die vorliegende Arbeit von besonderer Bedeutung sind.

Christian Lüders und Michael Meuser begreifen die Deutungsmusteranalyse "als eine Variante der interpretativen Soziologie und als ein Verfahren der qualitativen, rekonstruktiv verfahrenden Sozialforschung" (Lüders/Meuser 1997, 57). Und sie stellen zum Begriff 'Deutungsmuster' fest: "In seiner allgemeinsten Bedeutung meint er die Organisation der Wahrnehmung von sozialer und natürlicher Umwelt in der Lebenspraxis des Alltags" (a.a.O., 58). Zum Kernbestand der Begriffsauffassung gehören inzwischen folgende Annahmen, die hier in Anlehnung an eine Zusammenstellung von Meuser/Sackmann (leicht gekürzt und konzentriert) wiedergegeben werden (vgl. Meuser/Sackmann 1992, 19): Deutungsmuster stehen in einem funktionalen Bezug zu objektiven Handlungsproblemen; sie stellen kollektive (nicht individuelle oder singuläre) Sinngehalte dar; sie haben eine normative Geltungskraft und variierende Geltungsbereiche; sie weisen eine interne konsistente Struktur auf, die auf generative Regeln zurückzuführen ist; sie sind auf einer latenten, tiefenstrukturellen Ebene angesiedelt und mithin nur begrenzt reflexiv verfügbar; sie haben den Status 'relativer Autonomie' im Hinblick auf ihre Konstruktionsprinzipien und Gültigkeitskriterien und stellen so eine "eigene Dimension sozialer Wirklichkeit" dar; sie sind recht (oder sogar "beträchtlich") stabil, aber im Prinzip entwicklungsoffen.

An anderer Stelle beziehen Meuser/Sackmann diese Eckpfeiler des Deutungsmusterkonzepts wie folgt aufeinander und führen zugleich eine zentrale Weiterung ein: "Deutungsmuster stellen eine kulturelle, kollektiv bzw. überindividuell (re)-

produzierte Antwort auf objektive, Handlungsprobleme aufgebende gesellschaftliche Bedingungen dar. Die Struktur von Deutungsmustern kann folglich nur dann erfasst werden, wenn die sozialen Strukturprobleme, auf die jene eine Antwort darstellen, in der Analyse berücksichtigt werden" (a.a.O., 15). Damit wird angezeigt, dass die Entstehung eines Deutungsmusters sowie dessen interne Logik nur dann wirklich voll verstanden werden kann, wenn seine Rekonstruktion und Bewertung vor dem Hintergrund der je gegebenen gesellschaftlichen Verhältnisse geschieht. Und das heißt – wiederum – , dass auch das Deutungsmusterkonzept nicht umhin kommt, mit Vorannahmen und Theorien zur Beschaffenheit der jeweiligen strukturellen Bedingungen oder des "Problemhintergrunds" zu operieren. Wenn Lüders/Meuser bemerken, dass wissenssoziologische Deutungsmusteranalysen "sowohl den Problemhintergrund, auf dem die Entstehung des Deutungsmusters plausibel wird, als auch dessen interne Logik zu rekonstruieren" in der Lage sind, so ist dies ein ähnlich kühner und leider ebenso wenig erläuterter Schluss, wie er oben (im Rekurs auf den Schluss vom Einzelfall zu gesellschaftlichen Strukturen) kritisiert wurde. Dieser (Kurz-)schluss wird in meinen Augen auch nicht dadurch gemildert, dass diese Rekonstruktionsleistung lediglich "idealiter" angenommen wird (vgl. Lüders/Meuser 1997, 66). Der "Problemhintergrund" mag sich zwar in einem subjektiven Dokument abzeichnen und in ihm hochgradig virulent sein, um ihn jedoch vollständig rekonstruieren zu können, ist man auf weitreichende Zusatzinformationen und (soziologische) Theorien jenseits des Falles angewiesen.

Anhand des Deutungsmusterkonzepts lassen sich sehr schön noch einmal die unterschiedlichen sozialwissenschaftlichen Zugangswege gegeneinander absetzen, die hier diskutiert wurden. Dies soll hier geschehen, um das eigene Anliegen besser verorten zu können. Lüders/Meuser unterscheiden zwei Varianten einer strukturtheoretischen Perspektive, und zwar a) eine strikt strukturale Perspektive und b) eine interaktionistische Perspektive (die oben auch als historisch-rekonstruktiver Ansatz bezeichnet wurde), und c) einen wissenssoziologischen Zugang. Diese Besonderung der wissenssoziologischen Perspektive verwundert ein wenig, weil – wie oben gezeigt – ja auch die hermeneutische Wissenssoziologie durchaus als 'strukturtheoretisch' verstanden werden kann (vgl. inbesondere Schröer 1994); leider wird die vorgenommene Zweiteilung von den Autoren nicht begründet.

Die strukturtheoretischen Positionen – so Lüders/Meuser – verbindet, dass sie sich auf einen generativen Regelbegriff stützen: "im Kern ist diesen Ansätzen gemeinsam, dass sie Deutungsmuster als eine sozialem Handeln zugrundeliegende, genauer: soziales Handeln erzeugende Regelstruktur begreifen, mit deren Hilfe Akteure ihren Alltag deuten, ordnen, organisieren bzw. ihre Deutungs- und Handlungsprobleme lösen" (a.a.O., 60). Während eine strikt strukturale Perspektive, wie sie insbesondere von Oevermann vertreten wird, regulierende Muster als eigenlogische Systeme auffasst, als eine Wirklichkeit eigener Art, und sie mit einer hohen, die Gestaltungsmöglichkeiten der Subjekte weitgehend aushebelnden Determinierungskraft ausstattet, vertritt der interaktionistische Ansatz ein Konzept, das Deutungsmuster als *Interpretationsmuster* der Weltdeutung und Problemlösung begreift, die historisch entstanden sind und in Interaktionen ausgebildet wurden, und das die generierende und gestaltende Rolle handlungsfähiger Subjekte betont (vgl. a.a.O., 61ff.).

Davon abgehoben wird der wissenssoziologische Zugang, der dem historisch-rekonstruktiven sehr nahe steht, aber stärker um den Wissensbegriff kreist als um den Handlungsbegriff. Lüders/Meuser machen in diesem Zusammenhang noch einmal auf die ausgesprochen wichtige Differenz von 'Oberflächenstrukturen' und 'Tiefenstrukturen' aufmerksam und es wird greifbar, wie diese *kulturellen* (und nicht etwa gattungsmäßigen) Tiefenstrukturen erschlossen werden können, ohne sich dabei im hehren Reich (oder methodologischen Niemandsland) universaler Strukturen verlieren zu müssen. Das Schlüsselwort, das zu erheblicher Klarheit und Abgrenzbarkeit gegenüber den "latenten Sinnstrukturen" Oevermanns beitragen kann, heißt (latente) "Sinnschicht" und wird bei Lüders/Meuser wie folgt inhaltlich gefüllt:

> "Deutungsmuster gehören einer Ebene des Wissens an, die jenseits oder unterhalb dessen liegt, was den Akteuren als Handlungspläne, Einstellungen, Meinungen intentional verfügbar ist. Begriffe wie implizites Wissen, praktisches Bewusstsein, latenter Sinngehalt verweisen darauf, dass die soziologische Analyse nicht bei der Oberfläche des Abfragbaren stehenbleiben darf, sondern zu einer Sinnschicht vordringen muss, die, obwohl den Handelnden nicht in vollem Umfang reflexiv verfügbar, an ihren Handlungen ablesbar ist. In der Tradition Mannheims ist eine Handlung immer auch Dokument für etwas, das in der Handlung realisiert wird, aber nicht in dieser aufgeht" (a.a.O., 64f.).

Diese Sichtweise, die sich der Mannheim'schen These von der "Seinsverbundenheit des Wissens", Denkens und Deutens ebenso verpflichtet fühlt wie dem hier breit rezipierten Ansatz der gesellschaftlichen Konstruktion von Wissen und Wirklichkeit (Berger/ Luckmann), eröffnet weitreichende Möglichkeiten: Mit einem solchen Verständnis müssen die 'oberflächlich' vorfindbaren Entäußerungen von Subjekten nicht als 'verzerrt' entlarvt oder gar als gänzlich untauglich über Bord geworfen werden, sondern sie sind als der unhintergehbare Ausgangspunkt soziologischer Analyse ernst zu nehmen. In dieser Analyse geht es dann auch nicht so sehr darum, irgendwelche geheimnisvollen 'Regeln' oder verborgene Strukturen zu erschließen, sondern – weitaus schlichter und zugleich lebensnaher – , darum, das explizit zu machen, was in den Handlungen oder Äußerungen der alltagsweltlich agierenden Subjekte ohnehin bereits *angelegt* ist, was in unterschiedlichen Graden auch bereits gewusst oder geahnt wird und was prinzipiell jedem bewusst gemacht werden kann, was aber aufgrund bestimmter Voraussetzungen oder Notwendigkeiten des Alltags und im Alltag *nicht reflektiert* wird oder werden kann und soll.

Neben diachronisch angelegten Deutungsmusteranalysen, die an der Schnittstelle von Soziologie und Historiographie angesiedelt sind und dem kulturgeschichtlichen oder epochalen Wandel von Deutungsmustern nachgehen (inzwischen prominente Beispiele dafür sind die Analyse des Deutungsmusters "Mutterliebe" von Yvonne Schütze und die Untersuchung zur "Ordnung der Geschlechter" von Claudia Honegger [Schütze 1992, Honegger 1991]), werden Deutungsmusteranalysen auch in gegenwartsdiagnostischer Absicht unternommen: "Gegenstand einer synchronisch ansetzenden Forschung sind kulturelle Leitbilder, Diskurse der öffentlichen Meinung, aber auch alltagsweltliche Wissensbestände" (der von Uwe Flick herausgegebene Sammelband zum Alltagswissen über Gesundheit und Krankheit oder die Analyse des Deutungsmusters 'Krankheit' von Rüdiger Jacob wurden ja in diesem Sinne bereits an anderer Stelle erwähnt [Flick 1991, Jacob 1995]) (vgl. Lüders/Meuser 1997, 66f.).

Um *kollektive* Sinngehalte in ihrer *lebensweltlichen Verankerung* – und darum geht es im Kern ja bei der Deutungsmusteranalyse – untersuchen zu können, ist es nötig, auf Selbstzeugnisse der Akteure (und nicht etwa auf medial vermittelte Wissensbestände) in Gestalt von Briefen, Tagebüchern u.ä. zurückzugreifen oder eigene Erhebungen durchzuführen. Zur Erhebung und vor allem Auswertung der Daten sind bisher keine eigenen Verfahren entwickelt worden, sondern man bedient sich verschiedener Varianten einer rekonstruktiv verfahrenden Sozialforschung (wie sie vor allem von Soeffner, Reichertz, Schröer vertreten wird), was der Beschaffenheit des Deutungsmusterkonzepts und der oben angedeuteten flexiblen Umgangsweise damit sicherlich entgegenkommt.

An die Forschungspraxis wird der dringende Appell gerichtet, "präziser, als dies bisher üblich ist (...) vor jeder empirischen Analyse im Horizont der Forschungsfragestellung und des Gegenstandes die Analyse- und Theorieebenen und die damit einhergehenden kategorialen Festlegungen" zu bestimmen (a.a.O., 75). Diese Forderung ist zwar unmittelbar einsichtig, aber ungleich schwerer zu erfüllen, da der Forschende – wie in allen hermeneutischen Verfahren – mit einer Reihe 'ungelöster Probleme' umzugehen hat. Ähnlich wie bei der Fallrekonstruktion sind zentrale Kategorien wie 'Konsistenz' (die innere Geschlossenheit und Stabilität von Deutungsmustern) oder 'Latenz' (ihr vager, untergründiger, noch-nicht-realisierter Status bzw. ihre gebrochene Zugänglichkeit auf der reflexiven Ebene) nicht hinreichend geklärt und bereitet die Frage der Zugehörigkeit einzelner Elemente und der Gestaltschließung große Schwierigkeiten (Welche Elemente sind konstitutiv, welche marginal? Wann ist ein Deutungsmuster vollständig erkannt?): "In der Forschungspraxis befördern derartige Entscheidungsprobleme gelegentlich die Neigung zur Bescheidenheit und zu wachsweichen 'Lösungen': Man ist zufrieden, wenn man eine Struktur einigermaßen plausibel nachzeichnen kann, verzichtet aber großzügig darauf, genau anzugeben, ob und inwiefern das rekonstruierte Muster vollständig ist, welche interne Struktur es aufweist, wie Brüche und Inkonsistenzen zu erklären sind und wie sich die verschiedenen Muster zueinander verhalten" (a.a.O.).

Dieser Mahnungen gedenkend – die ja auch Anregung und Herausforderung sind –, soll abschließend kurz skizziert werden, wie der Deutungsmusteransatz die Frage nach der sozialen Präsenz des Körpers und der Körperlichkeit in der vorliegenden Arbeit bereichern könnte. Eine zentrale Chance liegt in meinen Augen darin, dass über das Konzept der Deutungsmusteranalyse ein Zugang zu dem *kollektiven* und *latenten Sinngehalt* alltagsweltlichen 'Wissens' über den Körper gefunden werden kann. Damit erhalten die subjektiven Mitteilungen im Kontext des Körpererlebens und der Körpererfahrung eine deutliche Tiefenschärfe und kulturelle Einbindung: Denn sie können nicht nur fallübergreifend und fallvergleichend dazu genutzt werden, allgemeinere, gesellschaftlich typische, kulturell (mehr oder weniger) tief verankerte und (mehr oder weniger) latente Muster der Deutung des Körpers zu erschließen, sondern die subjektiven Äußerungen und die darin transportierten 'Wissensformen' würden ihrerseits vor dem erarbeiteten kollektiven Sinnhorizont an Kontur und gesellschaftlicher 'Erdung' gewinnen. Mit anderen Worten: Die gegenseitige Durchdringung individueller Wissensformen und kollektiver Deutungsmuster könnte zu einer deutlicheren Profilierung beider Seiten beitragen (vgl. dazu auch die Hinweise zum kollektiven Gedächtnis in Kap. 5. des Theorie -Teils).

Dazu müssten im Einzelfall die Mitteilungen in folgender Weise unterschieden werden: Der singuläre und nur auf den Fall bezogene Gehalt wäre abzuheben von einer Sinnschicht, in der grundlegendere, allgemeingültigere und die eigene Geschichte übergreifende Aspekte tangiert werden. Diese Verweisungen auf kulturelle Tiefenschichten lassen sich vermutlich in ganz unterschiedlichen Ausdrucksformen finden: als direkte und bewusste Hinweise, als Andeutungen und implizite Erwähnungen, als unterschwellig transportierte Botschaften, als fast unkenntliche 'Spuren' oder vielleicht sogar als 'Löschungen' und blinde Flecken. In diesem Sinne wäre – neben Fingerspitzengefühl und Geduld – ein Instrumentarium zu entwickeln, das diese Formen, ihren Inhalt und ihre Bedeutungen zu identifizieren in der Lage ist. Im Fallvergleich ließe sich dann die Dominanz, die Reichweite und die eventuelle gruppenspezifische Verteilung (Klasse, Geschlecht, Berufsgruppen etc.) von Deutungen des Körpers eruieren. Fragen wären hier beispielsweise: Welche Deutungen tauchen gehäuft auf und wie sind sie beschaffen? In welchem sozialen Kontext werden sie virulent? Wer thematisiert sie in dieser Weise? Welche Varianten und Brechungen eines Musters gibt es? Wo zeichnen sich Wandlungen eines Musters ab und von wem werden diese Wandlungen wie thematisiert?

Hinsichtlich der Präsenz kollektiver Deutungen zum Körper drängen sich folgende grundsätzliche Fragen bzw. Vermutungen auf, die in der empirischen Untersuchung zu überprüfen und – falls sich dafür Belege finden lassen – weiter auszudifferenzieren wären: 1. Aufgrund der eingangs diskutierten sozialen 'Zerstückelung' des Körpers und der vielfältigen Verweisungszusammenhänge, in denen der Körper auch aufgrund seiner Disposition als organischer Lebensbasis steht, ist zu vermuten, dass es *kein einheitliches* Deutungsmuster 'Körper' gibt, sondern dass der Körper bereichsspezifisch thematisiert wird. 2. Weiter ist zu vermuten, dass die Thematisierungen des Körpers starke *Verflechtungen* mit anderen Lebensbezügen und entsprechend auch mit anderen, dort wirksamen Deutungsmustern zeigen werden. Eine spannende Frage wäre in diesem Rahmen, welche Konkurrenzverhältnisse sich dort auftun, in welchen Bereichen Körperdeutungen besonders massiv durch andere Deutungen überlagert, eingemeindet oder gar erstickt werden und welche Rolle dabei spezifische Handlungsorientierungen und geschlechtsspezifische Dispositionen spielen. 3. Vermutlich lässt sich eine *Hierarchie* körperbezogener Deutungsmuster ausmachen. So wird es so etwas wie 'basale' Deutungen geben, die von hoher Dominanz sind, eine große Reichweite mit entsprechend starken Ausstrahlungseffekten auf andere soziale Bereiche haben und denen somit eine deutliche strukturbildende Kraft zukommt. Sie würden sozusagen das Zentrum der Tiefenstruktur körperbezogener Deutungen ausmachen. Dann wird es vermutlich so etwas wie Deutungsmuster mittlerer Reichweite geben, die zwar einen festen Kern besitzen, die aber zugleich über einen relativ freien Spielraum der subjektiven Auslegung und Ausgestaltung verfügen. Schließlich lässt sich auch vorstellen, dass es Muster gibt, die ausgeprochen 'anfällig' sind, die sich in Fluktuation befinden oder die massiv durch gegenläufige Deutungen gebrochen werden und so einen stark inkonsistenten und schillernden Charakter tragen. Diese Muster ausfindig zu machen und als 'Muster' zu begründen, wird vermutlich sehr schwer werden. 4. Eine wichtige Frage wird schließlich sein, welche historischen Wandlungsprozesse sich in den gefundenen Mustern widerspiegeln und auf welche allgemeinen gesellschaftlichen Strukturbedingungen die Muster verweisen bzw. zurückzuführen sind. Dies sind natürlich Fragen, die sich nicht nur für die Deutungsmuster stellen, sondern ebenso für das 'Alltagswissen' über den Körper.

Zu befürchten ist allerdings, dass eine ausführliche Bearbeitung auch dieser (unter Punkt 4. genannten) Fragen die Kapazität der Arbeit deutlich übersteigen würde. So ist es wohl angemessener, diese Fragen weitgehend auszulagern und sich hier mit einigen Verweisen zu begnügen. Die Herausarbeitung der *Beschaffenheit* und kontextuellen *Einbindung* der körperbezogenen Wissensformen und Deutungsmuster ist Aufgabe genug. Selbstverständlich stellen diese Überlegungen ohnehin keinen Forschungskatalog dar, der nun penibel abgearbeitet werden soll, und selbstverständlich erheben diese Fragen und Vermutungen keinesfalls den Anspruch, in irgendeiner Weise 'komplett' zu sein. Im Gegenteil: Die Fragen haben – ebenso wie das Deutungsmusterkonzept selbst – eine heuristische Funktion und sollen im Vorfeld zum Nachdenken, Sortieren und Abwägen beitragen. Erst die Begegnung mit dem Text wird zeigen, welche dieser Überlegungen Sinn machen, welche tunlichst über Bord geworfen werden sollten und welche ganz neuen Herausforderungen und Impulse durch den Text hervorgerufen werden. Diese Bereitschaft, sich von dem Material nicht (nur) zu Antworten, sondern vor allem zu *Fragen* hinleiten zu lassen, halte ich für eine der wichtigsten Voraussetzungen eines qualitativ-interpretativen Vorgehens.

# 2. Konsequenzen für die Erforschung des Körpers und die Durchführung der empirischen Untersuchung

## 2.1. Präzisierung des Anliegens der empirischen Untersuchung

Das Anliegen der empirischen Untersuchung kann und soll jetzt präzisiert werden, wobei inbesondere im Rahmen der Aufbereitung grundlegender methodologischer Zugangswege – ihrer Intentionen und Probleme – sich ja schon recht deutlich abzeichnete, 'worum es gehen soll' (und worum es *nicht* gehen soll und kann).

Im Zentrum der Fragestellung steht die *soziale Präsenz* des Körpers. Das Augenmerk ist dabei *nicht* – was sicherlich auch spannende Möglichkeiten wären – auf den Körperumgang im institutionellen Kontext oder in einer besonderen Lebenswelt gerichtet und es geht auch *nicht* um eine Erschließung institutioneller oder medial erzeugter und vermittelter Diskurse über den Körper – , sondern es geht um die Situierung des Themas 'Körper' und 'Körperlichkeit' im subjektiven *alltagsweltlichen Bewusstsein* – also in dem Bewusstsein von Menschen 'wie du und ich'. Dass bezüglich der Verankerung dieses Themas im subjektiven Bewusstsein institutionalisierte Umgangsweisen mit dem Körper und sozial etablierte Diskurse über den Körper eine immense Bedeutung haben, ja, dass diese Präformierungen sogar *konstitutiv* sind und entsprechend auch in den Bewusstseinsleistungen und ihren Ausdrucksformen zum Tragen kommen und sichtbar werden, muss wohl nicht noch einmal betont werden.

In diesem Zusammenhang interessiert die Frage, wie Mitglieder 'unserer' Gesellschaft mit dem Körper als Phänomen und mit ihrem Körper – im weitesten Sinne des Wortes – 'umgehen'. Dieser Körperumgang kann und soll auf zwei Ebenen erfasst werden, wobei die Ebenen nicht als unabhängig voneinander gedacht werden, sondern als sich gegenseitig bedingende und kommentierende Dimensionen eines Sachverhalts: a) auf einer Ebene, die danach fragt, was Menschen mit ihrem Körper *tun*, und b) auf einer Ebene, die danach fragt, wie Menschen ihren Körper *erleben* – etwa welchen Stellenwert der Körper und Körperliches für sie hat, mit welchen Phantasien und Gefühlen der Körper besetzt ist, welche 'Bilder' Menschen vom Körper entwerfen, in welcher Form er überhaupt in ihrem Denken einen Platz hat, wann und unter welchen Bedingungen er zur Sprache kommt und welche innere Haltung sie Körperlichem und ihrem eigenen Körper gegenüber entwickelt haben. Beides – der 'tätige' Umgang mit dem Körper (den die Befragten in ihren Erzählungen explizit und implizit sprachlich vermitteln und den sie durch ihre leibliche Präsenz in der Interviewsituation auch 'verkörpern') sowie das Erleben des Körpers (das ebenfalls sprachlich und leiblich repräsentiert wird) – kann und wird dabei jeweils als *Aspekt* körperbezogenen 'Alltagswissens' aufgefasst.

Das Anliegen der Arbeit richtet sich also auf die Frage nach alltagsweltlich situierten körperbezogenen *Bewusstseinsformen* ('Alltagswissen' über den Körper) einerseits und auf den *Körperumgang* und das *Verhältnis zum (eigenen) Körper* (als ein

Aspekt des 'Alltagswissens') andererseits. Dieses Anliegen wird – aus inhaltlichen und methodologischen Gründen – dezidiert in einen *lebensthematischen* bzw. biographischen Kontext gestellt.

Ein *inhaltlicher* Grund liegt darin, dass davon ausgegangen wird, dass der Körper – natürlicherweise – kein statischer Gegenstand ist, sondern dass er sich im Laufe des Lebens und mit diesem Leben permanent wandelt. Um dem Thema in dieser Hinsicht gerecht werden zu können, liegt es nahe, diesen Wandlungsprozess mit in den Blick zu nehmen und ihn aus der Perspektive der Subjekte zu rekonstruieren (also etwa auch nach Körpererfahrungen und Körpererinnerungen aus der Kindheit und Jugend zu fragen). Damit verbunden, jedoch weitaus gewichtiger, ist eine zweite *inhaltliche* Überlegung: Erst über die Rekonstruktion einer Lebensgeschichte kann das 'Geworden-Sein' verständlich werden. Das meint: Die Haltungen, Umgangsweisen und Sinngebungen, die die Befragten ausgebildet haben (und die in ihren Darstellungen präsent werden) haben eine Geschichte und sind Produkt einer Geschichte – und erst diese Geschichte, die man im umfassenden Sinne auch als eine spezifische Sozialisationsgeschichte bezeichnen kann – macht die eingenommenen Haltungen verständlich und verleiht ihnen einen tieferen Sinn. Aufgrund dieser Tatsache bekommt auch das Forschungsanliegen einen neuen und vertiefenden Akzent, so dass man sagen kann: *Ein zentrales Interesse der vorliegenden Arbeit besteht darin, den Umgang mit dem Körper und die Haltungen dem Körper gegenüber in Bezug auf und im Wechselspiel mit der jeweiligen Lebensgeschichte zu analysieren.* So ist nicht so sehr mehr allein der Körper das Thema, sondern vielmehr (auch) die Lebensgeschichte und ihre Bezüge zur (eigenen) Körperlichkeit.

Der *methodologische* Grund für die Einbindung der Frage nach dem Körper in einen biographischen Forschungsrahmen wurde ja bereits genannt: Aufgrund der kulturell erzeugten 'Sprachlosigkeit' angesichts des Körpers (vgl. Teil 1/Kap. 1.1.) muss nach einer Möglichkeit gesucht werden, wie die Subjekte zum Sprechen (und zu einem möglichst umfassenden Erzählen) ermuntert werden können. Da biographische Selbstthematisierungen ein relativ selbstverständliches Medium der Kommunikation und Präsentation darstellen und in der Regel – gerade auch von älteren Menschen – gern und mit Gewinn wahrgenommen werden, bietet es sich an, diese mehr oder weniger 'elaborierte' Folie einzusetzen. Aufgrund der überaus engen Verzahnung von Lebensgeschichte und Körperlichkeit hat dieser Zugang auch den großen Vorteil, dass er den Befragten eine *Brücke* bieten kann, von ihrem Leben (in dem sie sich gut auskennen und das sie sich mehr oder weniger gut 'zurechtgelegt' haben) auf ihren Körper zu sprechen zu kommen (der – so ist zu vermuten – ein eher 'steiniges' Gelände darstellt und von Ratlosigkeit wie Wortlosigkeit umgeben ist): Lebenserinnerungen, Ereignisse und Episoden sowie Schlüsselerfahrungen des Lebens können den Weg zum Körper ebnen und ihn in das Geschehen hineinholen (vgl. dazu auch Teil 1/Kap. 1.2.2. sowie Kap. 5.2.).

Ergänzend zu der lebensgeschichtlichen Einbettung des Körperumgangs und des erworbenen Körperverhältnisses soll nach dem 'Alltagswissen' über den Körper im engeren Sinne und nach möglichen kollektiv verankerten und mehr oder weniger latenten Sinnschichten im Rahmen der Körperthematisierungen gefragt werden.

Beim 'Alltagswissen' geht es vor allem darum, in welcher Form und inwieweit institutionalisierte und kulturell etablierte Wissensbestände, Wissensformen und Deutungen des Körpers in das Alltagsbewusstsein Eingang gefunden haben, aber auch darum, welche abweichenden oder ganz 'neuen' Wissensformen (etwa im Sinne eines "Kontrastwissens") die Subjekte ausbilden, wie diese Formen verarbeitet und präsentiert werden und welche Funktion bzw. Bedeutung die subjektive Aufbereitung in dem je gegebenen Lebenskontext einnimmt. Die Analyse körperbezogener kollektiver Deutungsmuster und Diskurse liegt auf der gleichen Linie, verfolgt jedoch stärker als die Analyse alltagsweltlicher Wissensbestände eine kulturelle Tiefendimension.

Beide Fragerichtungen lassen sich zwar auch an den Einzelfall anlegen, deutlicher jedoch lassen sich Aussagen hierzu durch fallvergleichende und fallübergreifende Analysen gewinnen. Ein brauchbares Bindeglied zwischen Formen des Alltagswissens und den dieses Wissen stützenden (oder auch tragenden) Deutungsmustern stellen *Diskurse* dar. Über die Analyse von Diskursen, die in den biographischen Erzählungen mitschwingen und zum Einsatz gebracht werden, kann die soziale Präsenz des Körpers im engeren Sinne eingefangen werden. (Zur Vertiefung des Zusammenhangs von Alltagswissen, Deutungsmustern, Diskursen und Mythen sowie zur Diskursanalyse erfolgen in Teil 2/Kapitel 4.1. noch entsprechende Hinweise.)

Mit der so formulierten Zielstellung ist auch das weitere Vorgehen – die Erhebung der Daten und deren Auswertung – im Prinzip vorgezeichnet. Da es im Kern um die Erhebung von Bewusstseinsformen bzw. von *mentalen Repräsentanzen* geht – und nicht etwa um die Erhebung von Handlungs- und Verhaltensweisen im konkreten Alltag – können die Daten nicht durch Beobachtung gewonnen werden, sondern nur durch Befragung bzw. durch den expliziten Einsatz von Sprache und den expliziten Rekurs auf die Sinnsetzungen und Wirklichkeitskonstruktionen der Befragten. Dass auch in diesem Rahmen 'gehandelt' wird und dass etwa das Protokoll eines Gespächs ein Handlungs- und Interaktionsprotokoll darstellt, eröffnet die große Chance, dass der Interpret den Text wie eine Abfolge von Handlungssequenzen begreifen und neben dem Inhalt des Gesagten vor allem auch die Struktur der Handlung/Interaktion rekonstruieren kann. Und gerade auf dieser strukturellen Ebene (*wie* etwas gesagt wird, in welchen *Kontext* es eingebettet ist, zu welcher *Reaktion* es beim Gegenüber führt etc.) liegt ja der Zugang zu den Konstruktions- und Sinnsetzungsleistungen der Subjekte.

Betont werden soll noch einmal, dass es bei der Erhebung von 'Wissen', Deutungen, Bewusstseinsformen oder mentalen Repräsentanzen des Körpers bei weitem nicht darum geht, lediglich abzurufen und als Erkenntnis vorzuführen, was die Subjekte über den Körper 'wissen' und was sie in ihren Darstellungen inhaltlich an Beschreibungen, Erklärungen, Begründungen und Beurteilungen abgeben. Ein solches Anliegen würde sich auf der Ebene der Paraphrase bewegen und lediglich das erneut abbilden, was die Befragten explizieren und was sie vor sich selbst und vor anderen als geronnene Überzeugungen vertreten. Das Anliegen hermeneutischer Analysen reicht weiter:

*Erstens* wird nicht nur interpretativ herausgearbeitet, was 'gewusst' wird, sondern natürlich auch, wie agiert und gehandelt wird und welche Wissensformen in diesem Handeln *transportiert* werden. Ein Zugriff auf das Handeln und das damit verbundene Wissen ergibt sich auf zwei Ebenen: auf der Ebene des Erzählinhalts (*was* die Subjekte an Handlungsweisen im weitesten Sinne im Rahmen ihrer biographischen Erzählung thematisieren) und auf der Ebene der Erzählstruktur (*wie* sie im Rahmen der Erzählung, also etwa in der Art ihrer Präsentation und dem strukturellen Aufbau ihrer Darlegungen, handeln). Diese beiden Stränge werden parallel verfolgt und bezüglich ihrer jeweiligen Verweisungen miteinander verglichen. Dieses Vorgehen ist ja im Rahmen der Analyse 'erlebter' und 'erzählter' Lebensgeschichten bereits angesprochen worden.

*Zweitens*, und eng mit dem eben Gesagten verknüpft, geht es im Kern darum, die latenten Sinnschichten und die Struktur des Falles zu rekonstruieren. Also gerade *nicht* um das bloße Nachzeichnen der dargebotenen Perspektiven, sondern um die Entschlüsselung der darin enthaltenen *impliziten* oder *latenten* Sinnstrukturen (die vom Forscher zu explizieren sind), um die innere Logik des Falles (seine Struktur- und Handlungsprinzipien) und um die in ihm aufscheinende Genese (wie es dazu gekommen ist). Etwas konkreter hieße das beispielsweise für die vorliegende Untersuchung, dass die Haltung oder das Verhältnis zum eigenen Körper nicht (allein) an dem abgelesen wird, wie die Befragten dieses Verhältnis inhaltlich beschreiben oder bewerten, sondern aus der Qualität der Gesamtdarstellung, den vermittelten Kontexten und den bezeichnenden Auslassungen, den transportierten Stimmungen und Gefühlen etc. *erschlossen* wird. Mit anderen Worten: Es wird davon ausgegangen, dass sich der Körperumgang und das Körperverhältnis nicht in dem erschöpft, was die Subjekte darüber 'wissen' und aussagen, sondern dass es sich vielmehr umfassend in der Gesamtpräsentation der Person – zu der auch die 'leibliche' Präsentation im unmittelbaren Interaktionsgeschehen der Forschungssituation gehört (!) – in der biographischen Erzählung *zeigt*.

## 2.2.   Erhebung der Daten

Das Forschungsanliegen erfordert eine Form der Datenerhebung, die relativ 'standardisiert' erfolgen muss. Wenn in der qualitativ-interpretativen Forschung von 'standardisiert' gesprochen wird, so meint das keinesfalls, dass der Forscher mit einem vorentworfenen Raster von Fragen oder gar mit bereits vorab angefertigten Antwortmöglichkeiten in das Feld geht, sondern es hebt ab auf den mehr oder weniger starken Einfluss, den der Forscher auf die Erzeugung der Daten überhaupt hat. Insofern werden auch die 'nicht-standardisierten' Daten, die man erhält, wenn man beispielsweise an einem sozialen Geschehen teilnimmt oder es audiovisuell so aufzeichnen kann, dass sein Ablauf ungestört bleibt, spätestens dann 'standardisiert', wenn sie in Beobachtungsprotokolle oder Beschreibungen gefasst werden müssen, um weiter bearbeitet werden zu können. Und schon das Beobachten selbst oder der Blick einer Kamera sind 'Standardisierungen', weil sie notwendigerweise eine bestimmte Perspektive auswählen, einen 'Ausschnitt' des Gesamtgeschehens erfassen und damit selektiv eingreifen. (Zur Abgrenzung und Beschreibung standardisierter

und nicht-standardisierter Daten in der qualitativen Sozialforschung vgl. u.a. Rei-
chertz/Schröer 1994, Reichertz 1997).

In diesem Sinne weisen die Daten ein relativ hohes Niveau an 'Standardisierung'
auf: Durch die Festlegung auf biographische Interviews, die in der Regel und be-
währtermaßen als narrative Interviews geführt werden, ist vom Forscher ein Rahmen
vorgegeben – der dann allerdings ganz nach den Relevanzen des Befragten gefüllt
werden kann. Entscheidend ist hier, wie der Interviewer seine Erzählaufforderung
setzt, wie eng oder weit er das Thema eingrenzt, wieviel Spielraum er dem Befragten
lässt und vor allem, an welcher Stelle und wie er Nachfragen platziert. Je offener er
im Einstieg vorgeht, desto größer ist die Chance, dass die Befragten in ihren eigenen
Rhythmus und in ihre Darstellungsweise hineinfinden und tatsächlich 'erzählen' (vgl.
Fischer-Rosenthal/Rosenthal 1997b).

Als eine zweite Einflussgröße kommt hinzu, dass das Forschungsinteresse auf
*Ansprache* des Themas angewiesen ist: Über den Körper wird – auch im Rahmen
eines biographischen Interviews – in der Regel nicht spontan geprochen (es sei denn,
der/die Befragte hat in dieser Hinsicht lebensthematisch höchst bedeutsame Erfahrungen gemacht) und schon gar nicht ausführlich, sondern das Thema muss *eingeführt* und *angeregt* werden. Über diese vom Forscher zu leistende Thematisierungs-
arbeit, vor allem aber über die Impulse und Hilfen, die er im Verlauf des Gesprächs
gibt, ist sein Einfluss beträchtlich.

Andererseits muss dieser Einfluss die Qualität des Gesprächs und seine Erträge
keinesfalls automatisch mindern – im Gegenteil. Die Interventionen des Forschers
gehen in das Interaktionsprotokoll ebenso ein wie die Äußerungen des Befragten und
können entsprechend kontrolliert werden. Im Akt der Interpretation – und das ist,
darin sind sich alle hermeneutisch orientierten Sozialwissenschaftler einig, der *entscheidende* Forschungsschritt – können diese Interventionen und die darauffolgenden
Reaktionen und Gegenreaktionen als ein äußerst wichtiges und aufschlussreiches
Datum genutzt werden. Denn die Akzentuierungen und Aussagen des Interviewers,
der in der Regel der gleichen Sprach- und Deutungsgemeinschaft angehört wie der
Befragte, transportieren ihrerseits gewichtige Grundverständnisse und Aufberei-
tungsformen des Themas, die zur Analyse kulturell etablierter Wissensformen und
Deutungsmuster herangezogen werden können. Wichtiger als dieser Aspekt ist jedoch die Beobachtung des Interaktionsgeschehens zwischen Interviewer und Befragten und deren genaue Rekonstruktion: Welche Impulse setzt der Interviewer, welche
Lösungen ergreift oder verwirft der Befragte, welche Reaktionen löst der Befragte
beim Interviewer aus und umgekehrt etc.?

Wenn im Rahmen des biographischen narrativen Interviews dafür plädiert wird,
nach einer möglichst offenen Erzählaufforderung eine ausführliche und ungesteuerte
Erzählphase zu ermöglichen, in der der Interviewer sich jeder kommentierenden oder
nachfragenden Äußerung enthält, so ist das unter dem Gesichtspunkt der Gewinnung
weitgehend 'nicht-standardisierter' Daten, die die Relevanzstrukturen des Befragten
so ungetrübt wie möglich zur Geltung bringen sollen, sicherlich durchaus plausibel.
Es spricht jedoch auch Einiges dagegen. So kann die Situation etwas sehr Künstliches annehmen und das Gegenüber durch das Schweigen eher verunsichert als zum

Erzählen ermuntert werden. In solchen Fällen wäre es ratsam, dem Gegenüber durch kleine bestätigende Hinweise oder durch erzählgenerierende Impulse (Erinnerungsstützen wie Lebensphase, Ort, Zeit etc.) anzuregen und aus seiner Unsicherheit zu befreien.

Wenn Maurice Halbwachs darauf hinweist, dass wir uns erinnern, weil oder wenn andere unserem Gedächtnis auf die Sprünge helfen und unsere Erinnerung unterstützen, so könnte das auch für die Forschungssituation genutzt werden. In diesem Sinne wäre ein echtes Gespräch – also ein Dialog – statt eines eher künstlichen Monologs die angemessenere weil sozial vertrautere Form. Selbstverständlich gilt das Interesse allein der Lebensgeschichte des Befragten. Und es geht ebenso selbstverständlich darum, dass der/die Befragte so ungestört und weitreichend wie nur irgend möglich *seine/ihre* Geschichte entfalten kann – entscheidend ist jedoch die Frage, *wie* dies am besten angeleitet wird und geschehen kann. Und da bin ich der Meinung, dass eine spürbare Anteilnahme, die dem Gegenüber das Gefühl vermittelt, interessiert wahrgenommen und angehört zu werden, kleine kommentierende Einwürfe (wie 'Ja?', 'Aha!') oder auch Erinnerungsstützen, eventuell sogar persönliche Bemerkungen oder eigene Gedanken und Phantasien, die zu einem berichteten Inhalt entstehen, ein wichtiges Hilfsmittel sein können, die auch den Interviewer als Person präsent machen und die Begegnung 'verlebendigen'. Mit anderen Worten: Es kann der Anregung von Erzählungen und ihrer Offenheit durchaus dienlich sein, wenn der/die Interviewer/in sich selbst offen zeigt und 'mitspielt' und nicht steril einen Bericht entgegennimmt. Dabei muss er/sie mit Fingerspitzengefühl vorgehen, damit das 'Mitagieren' nicht in 'Manipulation' umkippt – er/sie muss also stets *'hinter' dem Befragten* bleiben: eine Technik, über die gute Psychologen und Analytiker subtil verfügen.

Ein Grundprinzip wissenschaftlicher Redlichkeit besteht darin, den Forschungsprozess aus Gründen der Nachvollziehbarkeit und Plausibilisierung so offen (und ausführlich) wie möglich darzulegen. Dieser Forderung soll im Folgenden nachgekommen werden. Dazu werden die Befragten (das 'Sample') vorgestellt und es wird auf die Durchführung der Interviews eingegangen, wobei nicht lediglich der formale Rahmen skizziert, sondern auch von einigen Besonderheiten und Schwierigkeiten berichtet werden soll. Damit ist die Hoffnung verbunden, dass die Gesamtanlage der Untersuchung, die Herangehensweise und die Atmosphäre der Datenerhebung ein wenig greifbarer und dass eine Einstimmung auf die 'Fälle' ermöglicht wird, um deren Analyse es im empirischen Teil der Untersuchung geht.

### 2.2.1.   Die Befragten und die Durchführung der Interviews

Bei der Auswahl der Befragten waren folgende Kriterien zentral: Es sollte sich um ältere Menschen handeln (Menschen über fünfzig Jahre), es sollten Männer und Frauen vertreten sein und das Sample sollte bezüglich seiner sozialen Zusammensetzung (in erster Linie gemessen am Bildungsstand, an der Berufs- und der Schichtzugehörigkeit) möglichst *heterogen* sein. Diese Kriterien konnten überwiegend erfüllt werden, wobei der Frauenanteil leicht höher ist als der Männeranteil und sich ein deutliches Übergewicht in den mittleren Statuslagen ergibt (was zum einen der sozialstrukturellen Verteilung der Bevölkerung in der BRD entspricht und zum anderen vermutlich auch Ausdruck der sozialen Nähe und somit auch leichteren Zugänglichkeit zwischen Forscherin und Befragten aus dieser Statusgruppe ergibt). Zu dem Sample im Einzelnen:

Insgesamt konnten von fünfundzwanzig angesprochenen Personen achtzehn Personen für ein (in der Regel mehrphasiges und ausführliches) Gespräch unter Forschungsbedingungen (also unter Einsatz eines Tonbandgerätes und in einer ruhigen, von Dritten abgeschirmten Atmosphäre) gewonnen werden. Von den achtzehn Befragten waren zehn Frauen und acht Männer. Der Altersdurchschnitt in der Kerngruppe der Frauen (acht Frauen) lag zum Zeitpunkt der Interviews bei 73 Jahren (die Jüngste war 64, die Älteste 84 Jahre alt), bei den Männern betrug der Altersdurchschnitt 79 Jahre (der Jüngste war 61, der Älteste 91 Jahre alt).

Erfasst wurden somit Vertreter/innen der Jahrgänge 1905 bis 1935, was einerseits die Vielfalt der Ergebnisse erhöhen und zu spannenden Differenzierungen führen kann, was aber andererseits natürlich in der Analyse auch entsprechend sorgsam immer wieder beachtet werden muss, denn es macht einen erheblichen Unterschied, ob jemand den ersten Weltkrieg als Kind noch miterlebt hat oder ob er in der Weimarer Republik und im zweiten Weltkrieg ein Kind, ein Jugendlicher oder ein (junger) Erwachsener war. In Anlehnung an Fischer-Rosenthal und Rosenthal lassen sich innerhalb dieses Samples recht deutlich zwei Gruppen identifizieren: die "Jugendgeneration der Weimarer Republik" (im vorliegenden Fall sind das die Jahrgänge 1905 bis 1913) und die typische "Hitlerjugend" (hier die Jahrgänge 1923 bis 1935; vgl. Fischer-Rosenthal 1996, bes. 70ff.). Die erste Gruppe hat zwei Weltkriege erlebt und erhebliche wirtschaftliche und soziale Notlagen, den ersten Weltkrieg zumeist als kleines Kind, den zweiten Weltkrieg im Alter von 30 bis 40 Jahren, also in einer entscheidenden Phase beruflicher und familialer Konsolidierung. Die zweite Gruppe ist im Nationalsozialismus aufgewachsen und hat den zweiten Weltkrieg als Kind oder Jugendlicher erlebt, beruflicher Aufbau und Familiengründung wurden zum Teil verschoben und fielen in die Phase des allgemeinen Wiederaufbaus in West- wie in Ostdeutschland nach 1945.

In die Gruppe der Frauen wurden zwei jüngere Frauen aufgenommen (Jahrgang 1960 und Jahrgang 1949), um gegenüber den Aussagen und Profilen der älteren Frauen eine Kontrastfolie zu erhalten und nach Unterschieden im Generationenvergleich fragen zu können. Für die Männer wurde Gleiches versucht, doch es erwies sich als ausgesprochen schwierig, entsprechende Personen zu gewinnen (nach drei Ablehnungen von jüngeren Männern wurde nicht weiter nach möglichen Kandidaten gesucht). Man könnte natürlich einwenden, dass nicht mit dem nötigen Nachdruck nach Probanden gesucht wurde, gewichtiger ist in meinen Augen jedoch etwas Anderes: Offensichtlich zeigt sich hier eine deutliche *soziale Barriere* und die Wahrnehmung und Analyse dieser Barriere scheint mir mindestens ebenso lohnend wie das angestrengte Durchbrechen der unsichtbaren Wand.

Meine Vermutung ist, dass hier vor allem folgende Momente zum Tragen kommen: Zum einen haben Männer – und besonders Männer in den 'besten' Jahren –

vermutlich die geringste Neigung, sich reflexiv der eigenen Person zuzuwenden, vor allem dann nicht, wenn ein zentraler Fokus der Aufmerksamkeit der eigene Körper ist. Dies hat sicherlich viel mit dem Selbstbild und dem Selbstverständnis (junger) Männer zu tun, das darauf ausgerichtet ist, stark zu sein, zu funktionieren, alles im Griff und keine Probleme zu haben – das Nachdenken über und das Eingehen auf den Körper könnte diese Gewissheiten irritieren und mit den schwachen, labilen und eher problematischen Anteilen der eigenen Person konfrontieren. Die selbstkritischen Äußerungen von Sportlern, aber auch Untersuchungen zum Körperselbstbild von Männern verweisen darauf (vgl. u.a. Hoischen 1983, Bongers 1995).

Zum anderen wirkt hier sicherlich zusätzlich auch eine unausgesprochene und latente Spannung: Die latente *sexuelle Attraktion* zwischen den Geschlechtern (hier des männlichen Erzählenden und der weiblichen Zuhörerin/Interviewerin) – die im Rahmen der Thematisierung des Körpers in besonderer Weise virulent wird – könnte dazu führen, dass das reflektierte *Sprechen* über den Körper und der Austausch über die damit verbundenen intimen Bereiche der Person als ein unmöglicher Bruch und als Zumutung erlebt bzw. antizipiert wird. Vielleicht haben das bereits im Vorfeld (bei der ersten Kontaktaufnahme) beide Seiten gespürt. Und vielleicht kommt in diesem Zusammenhang noch ein dritter Aspekt zum Tragen: Die Interviewsituation würde das tradierte Geschlechterverhältnis genau umkehren: Der sich öffnende Mann käme in eine angreifbare und verletzliche Rolle, die Interviewerin hätte die stärkere Position, weil sie das Thema initiieren und steuern kann. Diese 'ungewohnte' Position könnte Unsicherheit und Angst auslösen. Allerdings kann die eingefahrene Rollen- und Machtverteilung im Interview auch kippen: Dann wäre die Frau – obwohl sie vom Setting her die 'Führung' hätte – in der faktisch schwächeren Position und der Mann als 'Befragter' würde das Gespräch dominieren. Mit anderen Worten: Es könnten auch Fragen der Macht- und Rollenverteilung virulent werden und es wäre in jedem Falle riskant, sich auf dieses Spiel einzulassen.

Bei einem entsprechenden Altersabstand werden diese Motive möglicherweise weitaus weniger virulent, hier dominiert eher der Respekt und die Neugier auf die Erfahrungen einer anderen Kohorte und einer anderen sozialen Gruppe: Die Altersdistanz ermöglicht Nähe. Das muss alles keinesfalls tatsächlich und immer so sein, im Rahmen der vorliegenden Untersuchung haben diese Motive (und latenten Schwingungen) jedoch eine nicht unerhebliche Rolle bei der Rekrutierung der männlichen Befragten gespielt. Zumindest lässt sich das mit einiger Sicherheit für die Interviewerin sagen; ob diese Motive und Schwingungen auch bei den männlichen 'Aspiranten' mitgespielt haben, muss Vermutung bleiben.

Auf einige Besonderheiten des Samples sollte aufmerksam gemacht werden: Fünf der Befragten waren zum Zeitpunkt des Interviews verheiratet (zwei Männer, drei Frauen), fünf Männer waren Witwer und nur ein Mann war ledig, die Frauen waren jedoch zum Teil Witwen, zum Teil geschieden, zum Teil ledig (drei Witwen, zwei Geschiedene, zwei Ledige). Mit anderen Worten: Dreizehn der Befragten lebten zum Zeitpunkt des Interviews allein, lediglich fünf hatten noch einen Partner (wobei ein Ehepaar unter den Befragten ist: Herr und Frau G., beide Jahrgang 1932). Ebenso deutlich wird, dass unter den Frauen eine größere Variabilität der Lebensform besteht und dass die Männer einen 'monomaneren' Familienstand aufweisen: Von den acht Männern ist nur einer ledig, alle anderen sind oder waren verheiratet. Das mag damit zusammenhängen, dass die befragten Männer im Schnitt einer etwas älteren Kohorte angehören als die Frauen (fünf der Männer sind über achtzig Jahre, aber nur zwei der Frauen) und dass für diese Jahrgänge Heirat und Ehe eine größere Selbstverständlichkeit waren als für etwas jüngere Frauen oder aber für Frauen überhaupt.

So fällt auch auf, dass eine ganze Reihe der Frauen sehr eigenständig waren und sind: Sie haben sich einen eigenen Beruf erkämpft – zum Teil in stark männlich geprägtem Terrain, sie haben allein Kinder großgezogen, sie haben sich von ihren Männern getrennt und haben ihrem Leben (auch nach dem Tod des Mannes) noch einmal eine neue Wende gegeben. Angesichts der geringen Fallzahl kann natürlich nicht geschlossen werden, dass dies für Frauen dieser Kohorten (also im Kern der Jahrgänge 1912 – 1932) generell typisch ist, andererseits ist es auch nicht der reine Zufall. Denn betrachtet man die Lebenswege dieser Frauen im Einzelnen, so werden starke Parallelen sichtbar und es drängt sich der Eindruck auf, dass das Alleinsein, das Auf-sich-gestellt-Sein und das Ringen um einen eigenen Weg typisch *für eine bestimmte Gruppe* jener Frauengeneration ist, die den Krieg und/oder die Nachkriegszeit im jungen Erwachsenenalter erlebt hat.

Dass gerade dieser Frauen-Typus in dem Sample so stark vertreten ist, hängt vermutlich auch damit zusammen, wie die Befragten rekrutiert wurden. Aufschlussreich ist hier, dass der Kontakt zu den Frauen auf einem gänzlich anderen Weg hergestellt wurde bzw. werden konnte als zu den Männern, mit der Konsequenz, dass sich die Männer in einer anderen Wohn- und Lebenssituation befanden als die Frauen: Die Frauen lebten alle in ihrer eigenen Wohnung und versorgten sich (und zum Teil auch einen Ehemann) selbst, fünf der Männer lebten jedoch in einem Alten- und Pflegeheim, zwei mit ihren Ehefrauen zusammen und lediglich einer versogte sich allein zu Hause (ein Künstler mit seiner Werkstatt). Diese Zusammensetzung kam wie folgt zustande:

Die Kontaktaufnahme wurde angebahnt durch die Vermittlung einer Fachhochschuldozentin, die in der Altenarbeit tätig ist. Sie verfügte über eine Liste mit Personen, mit denen sie des öfteren oder regelmäßig zu tun hatte und von denen sie sich vorstellen konnte, dass sie zu einem derartigen biographischen Interview bereit sind. Bezeichnenderweise waren in dieser Liste deutlich mehr Frauen als Männer vertreten, was nicht nur zeigt, dass Frauen offenbar stärker im Bereich der sozialen (Alten)-arbeit engagiert sind, sondern auch, dass Frauen dazu neigen, mit Frauen Kontakt zu pflegen (vgl. dazu auch Veelken 1994b, 218). Die potenziellen Kandidaten/innen wurden von der Dozentin angefragt und vorbereitet und erhielten zugleich ein Anschreiben von der Interviewerin, in dem das Anliegen ausführlich beschrieben und Möglichkeiten der Kontaktaufnahme avisiert wurden. Auf diese Weise ließen sich spontan und relativ problemlos Kontakte mit sieben Frauen arrangieren (die weiteren Kontakte ergaben sich aus Begegnungen und der Eigeninitiative der Interviewerin), aber lediglich mit einem Mann (und der auch nur, weil er der Ehemann einer der weiblichen Aspirantinnen war). In einem erneuten Anlauf konnte ein zweiter Kontakt mit einem (verheirateten) Mann hergestellt werden – weitere Probanden konnten so jedoch nicht gewonnen werden. So entstand die Idee, sich an ein Alten- und Pflegeheim zu wenden, um gezielter Männer ansprechen zu können, und dort konnten dann in der Tat mit Unterstützung der Heimleitung Termine mit weiteren fünf Männern arrangiert werden; der achte Mann wurde schließlich von einer der befragten Frauen vermittelt.

Und auch diese Kontaktaufnahme und die Zusammensetzung des Samples – vor dem Hintergrund eines biographischen Gesprächs und der Thematisierung des Körpers – ist in meinen Augen keineswegs purer Zufall, sondern hat Methode. Denn wenn man sich von den sozialen Verhältnissen in einem sensiblen und positiven Sinne 'treiben' lässt, die Widerstände der Verhältnisse spürt, ihnen nachgibt und sie nicht gewaltsam bricht, so kann man aufschlussreiche Entdeckungen machen. Frauen sind im Alter offensichtlich 'öffentlicher' als Männer: sie engagieren sich, werden greifbar, tun sich um; Männer 'privatisieren' sich im Alter, sie sind weitaus weniger zugänglich, werden häufig auch von ihren Ehefrauen abgeschirmt und sie sind oft nur noch in einem institutionalisierten Rahmen zu haben. Und die reflexive Sicht auf das eigene Leben, der Bedarf nach Mitteilung sowie die Bereitschaft, sich mit dem Körper auseinanderzusetzen scheint unter Frauen deutlich höher zu sein als unter Männern. Dies jedenfalls sind zentrale Erfahrungen, die sich bei der Kontaktaufnahme mit den Untersuchungskandidaten/innen ergaben.

Die Gespräche fanden überwiegend in den Wohnungen bzw. Unterkünften (Zimmer im Alten- und Pflegeheim) der Befragten statt. In drei Fällen baten die Befragten (es handelte sich stets um Frauen) darum, das/die Gespräch/e bei der Interviewerin führen zu dürfen. Die je gewählten Begründungen der Ortswahl sind selbst ein wichtiges Datum und können aufschließend in die Analyse der Fälle einbezogen werden. Die Gespräche waren von höchst unterschiedlicher Dauer und Intensität, wobei die Gespräche mit den Frauen in der Regel länger waren. Die beiden kürzesten Gespräche (zwei Stunden) fanden mit Männern im Altersheim statt, das längste mit einer 84jährigen Witwe: Es dauerte neun (!) Stunden. (Dies war ein Grenzfall, bei dem das [fast pathologische] Mitteilungs- bzw. Redebedürfnis der Befragten und das Forschungsinteresse der Interviewerin zu einer kommunikativen Falle wurde.) Die meisten Gespräche mit den Frauen erstreckten sich über vier bis sechs Stunden, wobei entweder Pausen eingelegt oder zwei getrennte Termine vereinbart wurden, die Gespräche mit den Männern dauerten durchschnittlich drei Stunden und fanden jeweils nur an einem Termin statt. Eine Ausnahme bildete ein Künstler, der ausführlich seine Werkstatt vorführte und bei dem die Interviewerin insgesamt über fünf Stunden zu Gast war (die Gesprächsaufzeichnung umfasst dreieinhalb Stunden).

Bezüglich der Gesprächsführung wurde folgende Strategie eingeschlagen: Alle Befragten hatten vorab ein Anschreiben bekommen, in dem das Anliegen der Untersuchung beschrieben wurde (dass Lebensgeschichten von Männern und Frauen gesammelt und ausgewertet werden sollen und dass es dabei besonders um Erinnerungen an und Erfahrungen mit dem eigenen Körper geht); dieses Anliegen wurde noch einmal wiederholt, es wurde Gelegenheit zu Gegenfragen/Nachfragen gegeben und die Befragten wurden dann gebeten, zunächst einmal ihre Lebensgeschichte darzulegen – und zwar so ausführlich und mit so viel Zeit, wie sie sich dazu nehmen möchten. Das weitere Vorgehen entschied sich dann am Fall und nahm ganz unterschiedliche Formen an. Folgende 'Typen' des Gesprächsverlaufs entstanden:

(a) Die Lebensgeschichte wurde ganz im Sinne einer ungesteuerten Einstiegserzählung mehr oder weniger detailliert dargeboten; nach Abschluss dieser Einstiegssequenz (die von zehn Minuten bis zu über einer Stunde dauerte) wurden entweder besonders markante Erlebnisse herausgegriffen und ausführlicher auch im Hinblick auf die darin angelagerten Körpererfahrungen betrachtet, oder es wurde ein zweiter Durchgang durch die Lebensgeschichte unternommen (dies war die häufigere Variante), wobei die Stationen der Kindheit, der Jugend, des jungen und mittleren Erwachsenenalters und des Alters als Aufhänger dienten, einen Zugang zu Körpererfahrungen und Körpererinnerungen zu suchen. Da die Befragten über die Einstiegserzählung in der Regel tief in ihr gelebtes Leben eingetaucht waren und auch die Interviewerin jetzt ein Bild bezüglich wesentlicher Abläufe, Grunderfahrungen und Haltungen dem Leben gegenüber hatte, konnten die Körpererfahrungen gut in diesen biographischen Abläufen verankert und lebensthematisch ausgebreitet werden.

(b) Es wurden bereits in die Rekapitulation der Lebensgeschichte von den Befragten explizit, aber auch implizit, deutliche Körperthematisierungen eingebracht. Hier stand die schwierige Entscheidung an, ob der Lebensgeschichte weiter gefolgt werden soll, oder ob die Erzählung für einen Moment retardiert wird, um der (oft spannenden und gewichtigen) Körperepisode zu folgen und sie zu vertiefen. Es zeigte sich jedoch in den meisten Fällen, dass die Befragten über eine so starke innere Linie und über ein so ausgeprägtes Bedürfnis verfügten, ihre Lebensgeschichte in allen wichtigen Episoden und Details zu artikulieren, dass die 'Schlenker' auf vertiefende Körperthematisierungen dieser Gesamterzählung keinen Abbruch taten: Die Befragten nahmen souverän immer wieder den Erzählfaden auf und führten 'ihre' Geschichte fort. Bei diesem 'Typ' konnten dann im Anschluss an die Lebens- und Körpergeschichten gezielt bestimmte Körpererfahrungen noch einmal in den Blick genommen werden.

(c) Ein dritter 'Typ' zeichnete sich dadurch aus, dass er spontan und zum Teil auch sehr intensiv und biographiebezogen auf das Körperthema ansprach. In diesen Fällen war der Körper entweder ein sehr wichtiges Feld des Selbsterlebens oder aber das Körperthema irritierte und verunsicherte stark, so dass es zunächst einmal deutlich im Vordergrund stand und die Assoziationen, Ängste und Bedenken 'abgearbeitet' werden mussten. In beiden Fällen wurde der Körperthematisierung ein entsprechend breiter Raum eingeräumt und es gelang meistens, dann von hier aus den Einstieg in eine biographische Erzählung zu finden. Häufig war die Erzählung dann nicht chronologisch angelegt, sondern nahm von einem biographisch bedeutsamen Punkt ihren Ausgang, aber es gelang in der Regel auch in diesen Fällen, alle Lebensphasen zu thematisieren und oft hatten die Befragten auch das Bedürfnis 'weiter' auszuholen, 'von ganz vorne' anzufangen und ihre Biographie in einem zweiten Schritt sozusagen 'auf die Füße' zu stellen, indem sie etwa von ihren Eltern, den Geschwistern, der Kindheit berichteten.

Zu allen Gesprächen wurden *ausführliche Notizen* unmittelbar nach dem Gespräch und im Nachgang am nächsten Tag angefertigt. Dabei ging es vor allem um die Notierung eines ersten Gesamteindrucks und um die Notiz zu auffälligen Merkmalen und Erscheinungen im Vorfeld und Umfeld der Gesprächsaufzeichnung: Eindrücke bei der ersten Kontaktaufnahme – in der Regel war das ein Telefongespräch, das in Reaktion auf das Anschreiben erfolgte –, Eindrücke bei der Begrüßung im Rahmen des direkten Kontakts, das Sitzarrangement, die Lage und Einrichtung der Wohnung, Störungen und Unterbrechungen von außen etc.. Eine besondere Aufmerkamkeit galt den Eindrücken, die sich im Hinblick auf die Körperlichkeit und den Körperumgang der Befragten ergaben: So wurde sehr wachsam darauf geachtet (und anschließend protokolliert), wie die Befragten aussahen (Größe, Statur, Hauttyp, gesundheitlicher Eindruck etc.), wie sie sich kleideten, wie sich ihr Händedruck anfühlte, wie sie sich bewegten, setzten und saßen, wie oft und wie sie während des Gesprächs 'unterwegs' waren, was ihre Mimik und ihr Gesichtsausdruck mitteilten – kurzum, welche Atmosphäre insgesamt von ihrer Körperhaltung und ihren Körperbewegungen ausging und welche Zeichen des Ausdrucks (nach Schütz: Ausdrucksbewegungen bzw. Ausdruckshandlungen mit und ohne 'Kundgabeabsicht') sie auf der körperlichen Ebene bzw. mittels ihres Körpers setzten.

Ein zweiter Arbeitsgang bestand darin, das Tonband abzuhören und parallel dazu die jeweils begleitenden und das Sprechen kommentierenden Gesten zu protokollieren. Als Erinnerungsstütze diente zum einen die Tonaufnahme selbst (etwa wenn ein kommentierender Schlag mit der flachen Hand auf den Tisch oder ein Zurückrutschen mit dem Stuhl hörbar war), zum anderen aber auch die während der Gesprächsdurchführung angefertigten Notizen, in besonders eindrücklichen Passagen genügte das Gedächtnis. So konnte im Nachhinein natürlich nicht rekonstruiert werden, an welcher Stelle der/die Befragte mit welchem Augenaufschlag reagiert hat (dazu hätte eine Kamera installiert werden müssen, was jedoch den technischen Aufwand und vor allem auch den Eingriff in die Intimsphäre der Person derart unangenehm gesteigert hätte, dass es nicht zu vertreten war), aber es ließen sich – angeregt durch die Stimmführung, die Artikulation, den Klang der Stimme und das nochmalige Eintauchen in die Atmosphäre der Situation – bestimmte *typische* Gesten und körperliche Ausdrucksformen wiedererinnern und als wichtiges Datum der Mitteilung festigen.

### 2.2.2. *Die emotionale Seite biographischer Arbeit – forschungsethische Fragen*

Biographische Arbeit ist nie eine rein kognitive Rekapitulation von Gewesenem, sondern immer auch 'Gefühlsarbeit'. Wenn Personen in ihre eigene Vergangenheit zurücksteigen, sich an Einzelheiten zu erinnern beginnen und sie erzählbar machen, so werden damit nicht nur alte und vielleicht auch unangenehme Stimmungen, Eindrücke und Gefühle *wiederbelebt*, sondern in der aktuellen Situation auch – mitunter heftige – Gefühle *ausgelöst*. Aber mehr noch: Um sich überhaupt erinnern und Details, Orte, Personen, Situationen vor dem inneren Auge wiedererstehen lassen zu können, ist ein *Durchstieg* durch Gefühle, oft auch durch Trauer und durch einen Prozess der Verarbeitung unabdingbar. Ohne das Durchschreiten dieser Schutzschicht, die jeder mehr oder weniger stark um das Gewesene errichtet, um nicht von ihm überschwemmt zu werden, ohne diesen Durchstieg durch das besänftigende 'Vergessen' oder das 'Vergessene' erhalten wir keinen Zugang zur Vergangenheit. Insofern ist Erinnerungsarbeit immer auch partiell bedrohlich und sie ist sehr oft auch schmerzlich.

Aber diese Arbeit und diese Schmerzen halten in der Regel auch einen beträchtlichen Gewinn bereit – im Rahmen der Hinweise zur Bewältigung traumatischer Erfahrungen wurde dazu ja bereits Wesentliches gesagt (vgl. Teil 1/Kap. 4.5.). Indem Dinge angesehen und konkret gemacht werden, können sie ihren bedrohlichen und zum Teil ja auch lähmenden und einschränkenden Charakter verlieren, das Aufsuchen und Ansprechen von belastenden Situationen und Gefühlen kann zur Annahme, Akzeptanz und Integration der 'Schattenseiten' des Lebens führen. Ganz in diesem Sinne verweist beispielsweise Ruth Kibelka im Rahmen eines Projekts zur Erforschung von Migrantenschicksalen in Litauen auf die wertvollen Aspekte dieser Art von 'Trauerarbeit' und auch hier wird deutlich, durch welche Schutz- und Abwehrmechanismen Menschen steigen müssen, um an den 'Gewinn' biographischer Selbstthematisierung heranzukommen:

> "Die Bereitschaft zu erzählen ist groß. Es sind in etwa zehn Standardsätze, mit denen das Schicksal umrissen wird – eine augenscheinlich bereits vielfach wiederholte Kurzbiographie. Danach kommt eine kurze Pause, ein Blick und der lakonische Schlußsatz: 'Na ja, ein Schicksal wie alle'. Dann versuche ich, mir den früheren Wohnort in Gedanken zu vergegenwärtigen. Ich frage nach Details: der Entschluss, nach Litauen zu gehen, die Situation der Wanderung, Weggefährten. Angesichts der Einzelheiten wird die mühsam gehaltene Distanz der Erzähler zum Schicksal brüchig. Nun kommen erst einmal Tränen. Zuerst habe ich immer davor Angst gehabt, dass Interviewpartner in einem Gespräch weinen. Ich fühlte mich unangenehm berührt, schuldig, denn ich hatte ja mehr oder weniger diesen Tränenausbruch veranlasst. Inzwischen habe ich begriffen, dass dieses erzählerische Nacherleben für die Leute auch ein Teil Trauerarbeit ist, was ihnen hilft, einen Teil ihrer Biographie zu bewältigen" (Kibelka 1996, 180).

Deutlich wird hier auch, dass der "Detaillierungszwang" (der sich in Narrationen einstellt und durch Nachfragen zusätzlich angeregt werden kann) die Chance enthält, dass Erinnerungsbruchstücke zu Bildern und ganzheitlichen Erlebnis- und Lebensgestalten zusammengefügt werden können, dass also Zerrissenes, Fragmentarisches, Lückenhaftes im Erinnerungsprozess wieder 'ganz' werden kann und plötzlich 'Sinn' macht. Umgekehrt lösen Kognitionen, die Details zu Gestalten zusammensetzen, auch auf der Gefühlsebene vergessene und verdrängte Gestalten bzw. Konnotationen aus. Biographische Interviews sind so auch immer ein Stück *affektive* Interaktionsarbeit: Sie bedürfen eines sympathischen, also 'mitleidenden' Mitgehens des Zuhörenden und einer Unterstützung in der Zusammenfügung und Gestaltschließung der Erinnerungen.

Menschen, die sich auf ein biographisches Interview einlassen bzw. nicht einlassen, haben ein gutes Gespür für den Nutzen und die befreiende Wirkung des lebensthematischen Erzählens, aber auch für die damit verbundenen 'Gefahren' und reagieren im Sinne ihrer Geschichte durchaus angemessen darauf. So gab es im Vorfeld dieser Untersuchung – aber auch während der Untersuchung – bezeichnende Ablehnungen bzw. 'Verweigerungen', von denen einige hier kurz skizziert seien.

(1) Eine persönlich angesprochene Frau nahm von dem Gespräch Abstand, nachdem sie das Anschreiben erhalten hatte. Sie begründete ihren Schritt am Telefon wie folgt (sinngemäße Paraphrase):

*'Bei Ihrem Brief wurde mir klar, dass es doch tiefer geht, weiter zurück. Also das gelebte Leben wieder hochgeholt wird. Ich habe schon viel aufgearbeitet. Mit einem Gestalttherapeuten, in einer Gruppe, der konnte das sehr gut auffangen. Aber es ist auch viel noch nicht verdaut. Über den Körper sprechen könnte ich ganz gut. Da fühle ich mich im Moment sehr im Einklang, mache Tanz, Meditation. Aber – die Vergangenheit hochholen, das will ich im Moment nicht. Ich bin gut in der Balance im Moment, habe viel zu tun mit Kindern, Hausumbau, das will ich nicht gefährden. Ich will meine momentan gefundene Stabilität nicht verlieren.'*

Und sie ergänzt:

*'Über das, was gewesen ist, haben wir keine Macht, dagegen können wir nicht kämpfen, das überrollt uns.'*

Hier wird deutlich, wie angstauslösend die Auseinandersetzung mit der Vergangenheit sein kann, aber auch, dass diese Frau gelernt hat, entsprechende Schutzmechanismen aufzubauen (die unter therapeutischen Gesichtspunkten auch als 'Abwehr' zu bezeichnen wären). Da es im biographischen Interview nicht um 'Therapie' geht und gehen kann, werden diese Schutzmechanismen selbstverständlich respektiert (und nicht etwa der Versuch unternommen, die Abwehr zu bearbeiten und an das 'Unverdaute' heranzukommen).

(2) In einem anderen Fall wurden Gefühle in einer ganz anderen Form virulent: Herr S. (Jahrgang 1909) brachte beim ersten direkten Kontakt nicht zu überwindende Widerstände gegen eine Tonbandaufnahme vor, und das (immerhin über zweistündige und bewegte) Gespräch konnte so nicht aufgezeichnet und damit auch nicht in die Analyse einbezogen werden. Dies ist umso bedauerlicher, als Herr S. als Vertreter der Arbeiterschicht (sein Vater war Heizer, er selbst Rangierer bei der Bahn) das Sample sehr bereichert hätte. Ausführliche Notizen erlauben es, hier dennoch etwas zu dem spezifischen Umgang mit Gefühlen aussagen zu können.

Als ältester von zehn Kindern und einem überwiegend arbeitslosen Vater hat Herr S. die Not eines armen Lebens voll zu spüren bekommen – dazu gehörte auch eine Bettel-Wanderschaft (1923 – 26), das Schlafen unter Brücken und die tägliche Demütigung, bei fremden Leuten um ein Stück Brot für die Geschwister bitten zu müssen, nach einem Tagesmarsch mit einem Apfel abgespeist oder gar herrisch abgewiesen zu werden und die aufgehetzten Hunde hinter sich zu spüren oder sich irgendwelche Vergehen für die Beichte ausdenken zu müssen, um anschließend vom Pfarrer ein paar Kartoffeln oder einen 'Fünfer' zugesteckt zu bekommen. Die Erinnerung an die bittere Armut und die Demütigungen treiben ein kratziges Würgen in seine Stimme: *'Nein, das ist nicht der Reizhusten, das ist hier (!) (*er klopft sich auf die untere Brust, Herzgegend*), das will nicht raus.'* Er erläutert, er habe viel erlebt, sehr viel Schlechtes, aber auch Gutes. Doch das Gute, das würde er nicht rauslassen, das behalte er ganz für sich, das nehme er mit ins Grab.

Aus diesen Erfahrungen hat sich ein Deutungsschema des Lebens und der Welt entwickelt, das Herr S. immer wieder in neuen Varianten anbietet und das sich zuspitzen ließe auf die Formel: 'Die Welt ist schlecht, ich misstraue der Welt zutiefst – aber ich bin gut, ich habe immer helfen wollen, ich bin auch hier (im Altersheim) noch beliebt'. Und aus diesem tiefen Argwohn gegen die Welt speist sich auch die Ablehnung der Tonbandaufnahme. Herr S. begründet sie damit, dass er als SPD-Angehöriger und frühes, aktives Gewerkschaftsmitglied in der Zeit des Nationalsozialismus heftigen Verfolgungen und Repressalien ausgesetzt war (Einsperrung, "Prügel"). Dies habe ihn sehr misstrauisch gemacht und er ist ausgesprochen vorsichtig geworden, sich öffentlich zu äußern und etwas 'protokollieren' zu lassen: *Das wird ja doch immer nur gegen einen verwandt.'*

Mit der *Aufzeichnung* des Gesprächs wird also nicht ein Austausch zwischen zwei gleichrangigen Menschen assoziiert, sondern ein 'Obrigkeitsverhältnis', ein Machtgefälle und der Entzug von Kontrollmöglichkeiten. Hier scheinen jedoch nicht nur individuelle, sondern zugleich auch tief verankerte *kollektive* Wahrnehmungen zum Tragen zu kommen: Wenn der Austausch zwischen Angehörigen unterer Schichten mit Mitgliedern höherer Schichten sozusagen 'offiziell' und 'amtlich' wird, ist höchste Vorsicht und Rückzug geboten! Dass diese Reaktion im vorliegenden Fall 'objektiv' gesehen unangemessen ist (denn vergleichbare Konsequenzen der Denunziation oder gar Verfolgung sind ja schon aus Gründen der Anonymisierung nicht möglich und vor allem ja in keinster Weise auch nur angelegt) zeigt, wie hartnäckig sich derartig einschneidende Erfahrungen halten und wie sie die subjektive Wahrnehmung der Welt – bis hin zu 'objektiv' völlig unrealistischen und verzerrenden Reaktionsweisen – blockieren können. Das Ressentiment und die *Einschließung* von Erfahrungen und Gefühlen wurde ja auch in den oben skizzierten Reaktionen deutlich und scheint gerade für Männer mit diesen sozialen Erfahrungen ein typisches und 'angemessenes' Verhaltensmuster zu sein.

Auch in diesem Fall wurde natürlich das Anliegen des Befragten respektiert und keine Aufzeichnung gemacht. Als die Interviewerin am Ende des Gesprächs ihr Bedauern darüber und ihre Sorge zum Ausdruck brachte, wie sie diese wertvolle Erzählung jetzt auswerten solle, entwickelte Herr S. eine ebenso einfache wie überzeugende 'Methodologie': "Schreiben Sie die Geschichte mit dem Herzen."

(3) Und ein dritter Fall kann einen Eindruck davon vermitteln, wie 'Gefühle' im Rahmen biographischer Arbeit virulent werden können:

Mit Frau A. (Jahrgang 1921) fand ein anregendes und lebendiges Gespräch statt, von dem beide Seiten profitierten. Wie in allen Fällen wurde auch Frau A. gefragt, ob sie das Protokoll des Gesprächs (das Tonband oder das Transkript) haben wolle. Auf Wunsch wurde ihr das Transkript zugeschickt und ein weiterer Gesprächstermin vereinbart, in dem es um Vertiefungen gehen sollte. Frau A. teilte beim zweiten Termin jedoch mit, dass auf eine weitere Arbeit verzichtet werden müsse und sie auch keine Bearbeitung oder gar Veröffentlichung ihrer Geschichte wünsche. Sie sei *entsetzt (!)* von dem Protokoll und könne sich gar nicht vorstellen, dass sie *so* spreche und *das alles* gesagt habe. Selbstkritisch und fast selbstzerfleischend ist sie dann das Protokoll durchgegangen und hat der Interviewerin vorgeführt, wie stillos und unmöglich ihre eigene Ausdrucksweise sei und wie peinlich oder intim diese und jene Äußerungen sind – das dürfe niemand zu Gesicht bekommen! Auch der Hin-

weis, dass alle Angaben anonymisiert werden und das Angebot, dass sie nicht als ein
Beispielfall herangezogen wird, sondern ihre Aussagen lediglich in den Pool der
fallübergreifenden Auswertungen einfliessen, konnte sie nicht umstimmen.

Offenbar hat hier eine intensive narzisstische Kränkung stattgefunden: Frau A.
konnte es nicht ertragen, sich und ihr Leben im Spiegel ihrer eigenen sprachlichen
Äußerungen zu sehen und sie konnte das Gesagte nicht mehr mit ihrer Person bzw.
mit ihrem Selbstbild in Verbindung bringen. Deutlich wurde – nicht nur in dieser
Reaktion, sondern auch im Gespräch und in der körperlichen Gesamtpräsentation
von Frau A. – ein überaus hoher Ehrgeiz sowie hohe Ansprüche an Perfektion und
äußere Wirkung. Im Nachhinein stellte sich natürlich die Frage, ob es ein Fehler war,
das Protokoll anzubieten. Im Hinblick auf den Materialverlust war es sicher ein Fehler, im Hinblick auf die Stimmigkeit des Falles und das Erleben der Befragten kann
nicht von einem 'Fehler' gesprochen werden – es kam, wie es in der Logik des Falles
kommen musste und das Geschehen ist gültiger Ausdruck der 'Fallstruktur' ... allerdings mit 'vernichtenden' Konsequenzen für den weiteren Forschungsgang.

Diese Beispiele machen deutlich, welche erheblichen 'Turbulenzen' biographische Selbstthematisierungen auslösen können – und das Material selbst bietet natürlich eine Fülle emotionaler Reaktionen und Umgangsweisen mit Gefühlen, auf die
hier selbstverständlich nicht im Einzelnen eingegangen werden kann (das ist Sache
der Auswertung). Und sie zeigen, wozu der/die Forschende in diesem Kontext herausgefordert ist: zu einer sensiblen Wahrnehmung der Gefühle und zu einer flexiblen
Anpassung seines Anliegens an die Bedürfnisse und Möglichkeiten des Gegenübers.
Nicht das Forschungsinteresse hat im Vordergrund zu stehen, sondern die Anliegen
und das Vermögen der Menschen, die bereit sind, von sich etwas mitzuteilen. In
diesem Zusammenhang sei noch auf eine weitere forschungsethische Frage hingewiesen, die man durchaus kontrovers diskutieren kann.

Michael Mitterauer greift den Vorwurf auf, dem die 'Oral-History' oft ausgesetzt
ist, dass nämlich ein biographisches Gespräch eine Form der *Ausbeutung* darstelle
und dass Gefühle und Erinnerungen von Menschen zu Forschungszwecken missbraucht würden. Und er warnt in diesem Zusammenhang davor, gerade älteren und
meist einsamen Menschen mit dem Forschungskontakt Hoffnungen zu machen auf
eine dauerhafte persönliche Nähe und Zuwendung, die dann nicht eingelöst werden
können. Um diesen Gefahren zu begegnen, schlägt er vor, a) lebensgeschichtliche
Gesprächskreise einzurichten, in denen der Kontakt regelmäßig und nicht allein an
den Forscher gebunden ist, sondern vor allem auch unter den Teilnehmern hergestellt
wird, und b) vom 'Erzählen' mehr auf das 'Schreiben' überzugehen, weil die Berichtenden hier ihre Mitteilungen besser selbst kontrollieren können, weil sie mehr
Zeit haben und auch stärker in Details gehen können. Oberstes Prinzip sollte immer
sein, es für sich persönlich niederzuschreiben und nicht im Hinblick auf irgendein
Forschungs- oder gar Veröffentlichungsinteresse (vgl. Mitterauer 1991, bes. 20ff.).

Was die Hoffnung auf Nähe und dauerhafte Zuwendung angeht, so kann ich Mitterauer voll zustimmen: Es wäre unseriös und ausbeuterisch, in dieser Hinsicht Hoffnungen zu wecken. Deshalb sollte im Aushandeln des Forschungskontrakts deutlich
herausgestellt werden, was das Anliegen ist und dass es sich um einen zeitlich be-

grenzten Austausch handelt. Da auf der anderen Seite mit der Entstehung emotionaler und dynamischer Prozesse zu rechnen ist, sollte der Forschende dies stets einkalkulieren und je nach Lage der Dinge entsprechende abfedernde Angebote machen können: etwa das Angebot, sich noch einmal zu treffen und 'Liegengebliebenes' erneut anzusprechen oder das Angebot, sich bei entstehenden Problemen oder unguten Gefühlen noch einmal melden zu können. Dies wurde so auch in der vorliegenden Untersuchung praktiziert.

Die Gefahr des Missbrauchs und der Ausbeutung sehe ich jedoch nicht. Zum einen gehen die Befragten den Kontrakt alle *freiwillig* ein und haben in der Regel ein recht starkes Eigeninteresse daran, sich mitzuteilen und etwas loszuwerden. Unabdingbar ist eine gute Information im Vorfeld, damit die Befragten genau wissen, worauf sie sich einlassen und eine seriöse Entscheidungsgrundlage haben. Bei dem Körperthema lag die Versuchung nahe, dieses Anliegen zunächst nicht zu thematisieren und erst im Zuge der biographischen Erzählung einzubringen, weil es so leichter gewesen wäre, Probanden zu finden. Unter forschungsethischen Gesichtspunkten wäre ein solches Vorgehen jedoch nicht zu vertreten gewesen und vielleicht hätten die Befragten sogar dann – und mit Recht! – das Gespräch abgebrochen. So wurde von Anfang an 'mit offenen Karten' gespielt. Zum anderen – und darauf wurde ja bereits mehrfach hingewiesen – haben die Befragten von einem solchen Gespräch häufig ja auch einen echten Gewinn: Sie sehen Dinge vielleicht plötzlich klarer, sie konnten sich etwas Belastendes von der Seele reden oder sie haben einfach Freude daran gehabt, sich noch einmal zu erinnern und Dinge 'wiederzuentdecken', die sie schon verloren zu haben glaubten. So war eine zentrale Erfahrung in den hier vorliegenden Gesprächen auch, dass die Menschen gern erzählten, dass sie mit Staunen feststellten, was doch alles passiert war und wie reich ihr Leben doch war oder auch, dass sie sich nach dem Gespräch gelöster, leichter und vitaler fühlten: Sie hatten eine *Bereicherung* erfahren.

Gegen das Argument, dass schriftliche Niederlegungen weniger invasiv sind und zudem auch noch wissenschaftlich gehaltvoller, weil ein schriftliches Überdenken nach Mitterauer "tiefer greift", gäbe es Einiges einzuwenden. Zunächst einmal ist die Barriere, die ältere Menschen überwinden müssen, um zur Feder zu greifen, wesentlich höher als der Schritt, sich mit anderen Menschen zu unterhalten. Hierbei muss allerdings einschränkend bemerkt werden, dass das auch eine Frage der Schichtzugehörigkeit ist: So werden die Schreibhürden in unteren Schichten höher sein als in oberen Schichten.

Interessant ist in diesem Zusammenhang, dass das Schreiben mit dem Sprechen in Konkurrenz geraten kann: Zwei der von mir angefragten Personen lehnten ein Interview ab, weil sie gerade an ihren autobiographischen Erinnerungen saßen und aus diesem Gedankenstrom nicht herausgerissen werden wollten – und beide gehörten deutlich der oberen Bildungsschicht an (eine ehemalige Bürgermeisterin, ein emeritierter Professor). Das zeigt wiederum, wie eng Identität, Selbstbild und die Sicht auf das eigene Leben zusammenhängen, wie identitätsgefährdend offenbar die Irritation dieser Balance wirken kann und wieviel dementsprechend investiert wird, dass das eigene Bild nicht 'gestört' und ins Wanken gebracht wird.

Das Schreiben geschieht in der Regel allein und es fehlt ein Austausch, der auftauchende Trauer oder Verzweiflung auffangen oder zumindest abpuffern könnte. Außerdem fehlen Impulse, die dem Erinnern auf die Sprünge helfen könnten und es kann für den Schreibenden zur Qual werden, sich erinnern zu wollen, aber die 'Ideen' dazu fehlen. Außerdem – und das ist ein gewichtiges Argument gegen die Güte von schriftlichen Erzählungen – verführt das Schreiben weitaus mehr als das Sprechen dazu, Dinge zu beschönigen, zu umgehen und auszuschmücken und sie damit immer weiter von einer realitätsgerechten Sachhaltigkeit wegzubringen. Berühmtes Beispiel solcher 'Erfindungsarbeit' ist das 300seitige Manuskript des polnischen Auswanderers Wladek, den die Geldnot zu höchsten Phantasieleistungen antrieb (vgl. Fuchs 1985). Das Gespräch hat den Vorteil, dass der Erzählende einer gewissen sozialen Kontrolle unterliegt und durch die Zugzwänge des Erzählens (Schütze) zu stimmigen Detaillierungen und Plausibilisierungen angehalten wird. Außerdem hat es den großen Vorteil der sozialen Unterstützung im Sinne einer Anregung und Motivation: Nicht dem Papier wird erzählt, sondern einem anteilnehmenden Menschen.

Für die vorliegende Untersuchung wäre eine schriftliche Biographie nicht in Frage gekommen. Da es um den Körper geht, ist natürlich die *körperliche Präsenz* des Befragten von unschätzbarem Wert für die Analyse. Außerdem war es wichtig, das Gegenüber in seinen Darstellungen zu spüren und den gewonnenen Eindruck mit dem 'Text' vergleichen zu können. Und es sollte die eben angedeutete doppelte Chance genutzt werden: Erzählungen sowohl anregen und herausfordern als auch 'kontrollieren' und 'auf den Punkt' bringen zu können.

Nach einem aufwühlenden Gespräch, aber auch nach dem Eintauchen in die Transkriptionsarbeit, bei der man intensiv das Gespräch noch einmal durcherlebt und durch das sorgfältige Vor- und Rückspulen des Bandes auf Details aufmerksam wird, die man vorher übersehen bzw. überhört hatte, stellte sich mir oft die zweifelnde Frage: 'Darf ich das überhaupt alles wissen? Habe ich ein Recht, so tief in das Leben anderer Menschen einzudringen?' Ich sprach mit meinem Partner darüber (der soziologisch und therapeutisch versiert ist) und erhielt eine verblüffend einfache und überzeugende Antwort: 'Ja. Du darfst das. Weil es Dich interessiert.' Ich habe das so verstanden: Das echte Interesse an dem Leben und Schicksal anderer Menschen ist Legitimation genug, denn echtes Interesse ist aufmerksam, gibt Raum und verhilft dem anderen zur Entfaltung – und dies ist ein Geschenk, das man gibt. Ich denke, wenn man mit dieser interessierten, offenen und aufmerksamen Haltung an ein biographisches Gespräch herantritt, dann ist die Gefahr der 'Ausbeutung' relativ gering. Dass die Skrupel bleiben und dass mitunter eine tiefe Enttäuschung und Ohnmacht auftaucht, wenn man an dem Schicksal eines anderen Menschen teilnehmen durfte und ihn dann wieder allein lassen muss (es sei denn, man wechselt den Beruf und wird Therapeut/in oder Sozialarbeiter/in) ist der Tribut, den man zahlen muss. Doch *ohne* Skrupel und *ohne* Frustrationen wäre diese Form der Wissenschaft im Wortsinne 'Skrupel-los'.

## 2.3.    Hinweise zur Auswertung der Daten

Um das mündliche Protokoll einer qualitativen Erhebung (in diesem Fall die Tonbandaufnahme des biographisch-fokussierten Interviews) methodisch kontrollieren und immer wieder 'hin und her' wenden zu können, muss es in eine fixierte, verschriftete Form gebracht werden. Diese zeit- und materialaufwendige Arbeit der *Transkription* ist nicht nur ein äußerst lehrreicher, sondern auch ein heikler Akt.

*Lehrreich* deshalb, weil hier noch einmal das Geschehen durchlebt wird und zwar in einer intensivierten, weil repetetiven und gebrochenen Form, bei der jede sprachliche und akustische Feinheit genauestens registriert und niedergelegt werden muss (Betonungen und Akzente, abgebrochene und verschluckte Silben, Lautstärke, Dialekte, Pausen, begleitende Laute [wie Luftholen, Stöhnen, Schlucken, Husten, Räuspern etc.], emotionale Reaktionen [wie Lachen, Weinen, 'belegtes' oder schrilles Sprechen etc.]). In dem Prozess der Verschriftung kommt man dem Geschehen und der Besonderheit des Befragten auf intensive Weise noch einmal nahe, und ich halte es deshalb für überaus wichtig, dass der/die Forscher/in diesen Schritt des Forschungsgangs *selbst* vollzieht. So habe ich die Erfahrung gemacht, dass mir in den Fällen, in denen ich das Tonband nicht selbst verschriftet habe (das war lediglich in drei Fällen so), das Schriftprotokoll sehr viel fremder war als in den übrigen Fällen und ich viel mehr Zeit brauchte, wieder Anschluss an die Person und das Geschehen zu finden. So bin ich auch der Meinung, dass nur in der Einheit von Erleben der Interviewsituation, Transkription des Protokolls und Interpretation des Textes die ganze Fülle und die besondere Qualität des Falles erfasst und die unterschiedlichen Ebenen der Wahrnehmung gewinnbringend aufeinander bezogen werden können. Dies ist ein eindeutiges Plädoyer für die Nutzung aller Sinne und Wahrnehmungspotentiale im Forschungsgang: Ein 'Text' erschließt sich in meinen Augen eben nicht nur auf der sprachlich-kognitiven Ebene, sondern umfassend und letztlich 'gültig' nur dann, wenn auch der Klang einer Stimme, die Qualität einer Haltung, die Atmophäre, die von einer Person ausgeht, und ihr Gesamtausdruck in die Interpretation miteinbezogen wird. Denn dies sind alles Elemente, die das Gesagte kommentieren und ihm mitunter eine völlig neue und andere Bedeutung geben können, die ein Außenstehender, der nur den verschrifteten Text kennt, niemals erschließen könnte.

*Heikel* ist die Transkriptionsarbeit deshalb, weil auch sie bereits einen Akt der Interpretation darstellt. Insbesondere wenn es um die Notierung von sprachlichen Ausdrucksqualitäten und emotionalen Äußerungen geht, muss der/die Protokollierende von seiner/ihrer Wahrnehmung und seinem/ihrem Eindruck Gebrauch machen: Er/sie 'deutet'. Dieses Deuten lässt sich nicht vermeiden und stellt unter objektivistischen Ansprüchen natürlich eine 'Fehlerquelle' dar. Versteht man qualitative Forschung jedoch anders und wertet den Eindruck des/der Forscher/in als Kompetenz und als ein Qualitäten auf- und erschließendes Sensorium, so kann das sehr genaue Hinhören zu einem Gütekriterium werden. Das genaue Hinhören, die sorgsame Dokumentation und vor allem auch die ständige selbstkritische Überprüfung, ob der gewonnene Eindruck und seine 'Übersetzung' auch tatsächlich stimmen (denn auch hier können sich ja Vorurteile und einsinnige Interpretationen einschleichen und verfestigen) erfordert sehr viel Geduld und sehr viel Zeit. Doch wie bemerkte Karl Valentin so nett lakonisch: "Kunst ist schön. Macht aber viel Arbeit" ...

Mit dem Transkript liegt das Material vor, auf das sich dann die weitere und 'eigentliche' Forschungsarbeit stützt: die *Kunst* der Interpretation. Die 'Kunst' liegt in meinen Augen darin, ein möglichst ergiebiges Zusammenspiel zu entfalten zwischen methodischer Konsequenz und kreativem Einfall, zwischen disziplinierter und hartnäckiger Suche nach plausiblen (weil kulturell gesättigten) 'Lesarten' und dem Gespür für den Fall. Ohne die kreativen, intuitiven und letztlich nicht beschreibbaren Anteile des Erkennens wäre hermeneutisches Verstehen ein technizistischer und toter Akt, der allenfalls 'Regeln' oder 'Strukturen' aufzeigen, aber nichts wirklich *verstehen* würde. Gelebtes Leben erschließt sich nicht durch die exakte und vollständige Anwendung von Regeln, sondern durch das Einbringen der eigenen Lebendigkeit, der Neugier, der Erfahrungen und der Gefühle. Nur Menschen verstehen Menschen.

Um einem Missverständnis vorzubeugen: Die ausführliche Analyse sozialwissenschaftlich-hermeneutischer Methodologie wurde nicht geleistet, um das Gesagte jetzt über Bord zu werfen und einer 'gefühligen' Interpretationsarbeit Platz zu machen. Die im empirischen Teil der Arbeit vorgeführte interpretative Arbeit orientiert sich so gewissenhaft wie möglich an den vorgestellten Prämissen und Verfahrensweisen. Ich halte es jedoch für nötig, darauf hinzuweisen, dass Interpretationen erst dann beginnen, 'Sinn' zu machen, wenn sie nicht vom 'menschlichen Faktor' gereinigt werden (sollen), sondern wenn dieser Faktor als konstitutiv und konstruktiv gewürdigt wird.

Ganz in dem oben angedeuteten Sinne folgte die interpretative Arbeit nicht einem festen (oder gar einzig (!) gültigen) Interpretationsverfahren, sondern es wurde ein flexibles eigenes Vorgehen entwickelt, das a) in der Lage war, den Fällen auf eine je angemessene Weise zu folgen und ihnen gerecht zu werden, und das b) der Einlösung des Forschungsinteresses dienen konnte: die Verwobenheit von Biographie und Körper im Sinne einer Fallrekonstruktion zu leisten sowie fallübergreifend körperbezogene Formen des 'Alltagswissens', der Diskurse und Deutungsmuster herauszuarbeiten zu können. Folgende Arbeitsschritte wurden dabei vollzogen:

(1) Jede Biographie wurde nach objektiven Daten und Angaben zum Lebenslauf durchforstet, um einen chronologischen Lebenslauf rekonstruieren zu können und einen ersten, auch mit anderen Fällen vergleichbaren, biographischen Überblick zu erhalten sowie die Fälle in ihrer jeweils besonderen Erscheinung erfassen zu können (die Bedingungen des Aufwachsens, der Bildungs- und Berufsweg, die familiale Karriere, die Alterssituation sowie besondere biographische Ereignisse und besondere körperliche Merkmale/Ereignisse waren hierbei vor allem von Interesse).

(2) In einem zweiten Schritt wurden alle Texte erneut durchgegangen und in thematische Abschnitte gegliedert, um einen besseren Überblick über die angesprochen Themen sowie deren Gewichtung im Gesamttext zu erhalten (z.B. 'Elternhaus', 'Kindergarten', 'Sport mit Freunden', 'Aufklärung', 'Streit', 'Urlaub'). Dies erleichterte nicht nur das Auffinden bestimmter Abschnitte im Rahmen der thematisch-fokussierten Analyse, sondern verschaffte auch einen guten Überblick über die biogra-

phisch gewichtigen, weniger gewichtigen und (im Vergleich mit anderen Fällen und/oder potenziell möglichen Themen) völlig ausgesparten Bereiche.

(3) In einem dritten Schritt wurden alle Texte in folgender Hinsicht farblich markiert: 'orange': alle Passagen, in denen der Körper explizit angesprochen wird; 'gelb': alle Passagen, in denen Gefühle thematisiert werden, 'grün': alle Passagen, in denen von Bildung/Beruf die Rede ist, 'rosa': alle Passagen, in denen Beziehungen (Familie, Geschwister, Partner, Nachbarn etc.) zum Thema werden. Dieser scheinbar banale Schritt war ungeheuer wirksam, denn es wurde Folgendes optisch sehr deutlich: Einige Biographien waren extrem 'grün', also stark bildungs- und berufslastig, andere kreisten stark um Beziehungen; äußerst spannend war zu beobachten, wie sich die körperlichen und die gefühlsbezogenen Äußerungen überlagerten, wie 'Berufliches' mit Körper und Gefühlen besetzt war oder wie es diese Themen 'abdrängte' und wie sich das gleiche (oder anderes) im Hinblick auf die Beziehungen ergab. Kurzum: Die *Gewichtung* und die *Verwobenheit* dieser vier Themenbereiche (Bildung/Beruf, Beziehung, Körper, Gefühle) wurde sehr schön sichtbar und hat zu einer weiteren Orientierung und Einordnung des Falles beigetragen – auch wenn es natürlich mitunter Abgrenzungprobleme gab, insbesondere zwischen Körper und Gefühl, was andererseits ja auch wieder ein wichtiger Hinweis ist.

Nach dieser ersten groben Strukturierung aller Fälle – die im Kern dazu diente, einen Überblick über das gesamte Material zu gewinnen und noch keine Interpretationsarbeit im engeren Sinne darstellt – wurden solche Fälle zu einer eingehenden Fallrekonstruktion ausgewählt, die a) im Sinne des Gesamtpools weitgehend kontrastreich waren (also etwa durch das Herkunftsmilieu oder durch eine besondere Berufsbindung bzw. eine besondere Beziehungsbindung ein relatives 'Extrem' verkörperten), die vor allem aber b) durch ihren besonderen Bezug zum Körper auffielen (bei denen also anzunehmen war, dass sich körperbezogene Aspekte und ihre spezifische biographische Verankerung und Bedeutung mit Gewinn herausarbeiten ließen). Ergänzend zu diesen eher auffälligen, besonderen und zum Teil auch sehr reizvollen Fällen (sieben Fälle) wurden c) drei weitere Fälle ausgewählt, die nach den unter a) genannten Kriterien eher in einem Mittelbereich lagen und/oder die gemäß der unter b) genannten Kriterien nach dem ersten Eindruck eher unscheinbar, wenn nicht sogar nichtssagend und 'unergiebig' wirkten. Gerade auch in diesen Fällen den Körperbezug in interpretativer Feinarbeit herauszupräparieren war nicht nur spannend, sondern vor allem auch inhaltlich wichtig: Denn das 'Typische' an dem Körperverhältnis in modernen Gesellschaften scheint ja genau das zu sein: äußerlich versteckt und 'unthematisiert', aber tatsächlich (vermutlich) voller Verweisungen und zu entdeckender Bezüge.

Die zehn ausgewählten Fälle wurden dann *sequenzanalytisch* und *narrationsanalytisch* interpretiert, wobei wie folgt vorgegangen wurde: 1. Die Einstiegssequenz des Textes (die erste umfassendere Sinneinheit, bei zu kleinen Einheiten auch die nächsten ein bis zwei Einheiten) wurde ganz im Sinne der objektiven Hermeneutik einer extensiven Sequenzanalyse unterzogen. 2. Der gesamte Text wurde im Sinne der biographischen Narrationsanalyse ausgewertet, bei der ein besonderes Gewicht auf das Wechselspiel von 'gelebter' und 'erzählter' Lebensgeschichte gelegt wurde und bei der natürlich mit besonderer Aufmerksamkeit den Verflechtungen zwischen den oben genannten vier Dimensionen (Bildung/Beruf, Beziehung, Körper, Gefühl) nachgegangen wurde. 3. Textpassagen, in denen der Körper in besonderer Weise thematisch wurde und 4. Textpassagen, die stutzig machten und Fragen wie Ungereimtheiten enthielten, wurden ebenfalls extensiv sequenzanalytisch interpretiert.

Über die Zusammenschau der sequenzanalytischen Erträge (1., 3., 4.) mit der biographischen Gesamtanalyse (2.) konnte die Struktur und die Genese des Falles im Hinblick auf zentrale Handlungs-, Sinn-, und Orientierungsmuster rekonstruiert werden und Wesentliches zu der Einbettung des Körpers in diesen biographischen Sinn- und Handlungskontext ausgesagt werden. Die Mischung zwischen Sequenzanalyse und Narrationsanalyse hat sich als sehr produktiv erwiesen, da hierbei weder auf die subtilen und strukturerhellenden Schlüsse der Feinanalyse, noch auf die gestaltbildende und das 'Ganze' im Auge behaltende Sicht der biographischen Analyse verzichtet werden muss. In diesem Sinne monieren auch Fischer-Rosenthal/Rosenthal am sequenzanalytischen Vorgehen, dass die Interpreten/innen allzu leicht der Illusion aufsitzen, sie könnten bereits durch die Analyse einer herausgegriffenen textuellgeschlossenen Sequenz den Fall in seiner Entstehungsgeschichte verstehen und sie bemerken kritisch: "So fehlt bei der sequenziellen Feinanalyse im Stil der objektiven bzw. strukturalen Hermeneutik ein systematischer Auswertungsschritt zur Rekonstruktion der sequenziellen Einbettung der jeweils zu analysierenden Textstelle in die Gesamtgestalt des Textes" (Fischer-Rosenthal/Rosenthal 1997b, 150).

Entsprechend dieses methodenpluralen und multiperspektivischen Vorgehens bewegte sich die Interpretationsarbeit auch in mehreren Richtungen gleichzeitig. Zum einen wurde der sequenziellen Abfolge der Ereignisse (der Erzählung bzw. der Interaktion zwischen Befragtem und Interviewerin) gefolgt, zum anderen wurde immer wieder auch vor- und zurückgesprungen: Bereits ausgelegte Stellen wurden an neu hinzugekommenen überprüft und eventuell entsprechend modifiziert, strukturell ähnlich gelagerte Passagen wurden mit konträren Passagen verglichen und die gewonnenen interpretativen Befunde wurden immer wieder auf das Gesamtgeschehen und die Gesamtgestalt des Textes bezogen. Auf diese Weise wurde durch ein minutiöses Zug-um-Zug-Verfahren und durch das textumspannende Vor- und Zurückgehen das Einzelne am Gesamten überprüft und das Gesamte durch das Einzelne konstituiert.

Im Rahmen dieser Vorgehensweise waren auch die Anregungen Hans-Georg Soeffners hilfreich, der ein Verfahren vorschlägt, das von der 'Paraphrase', über die 'polythetische Brechung' der Sicht des Befragten zur Sinnschließung voranschreitet:

Die Paraphrase kann ein wichtiger Einstieg sein und bietet sich an, weil sie den Interpreten zwingt, sozusagen in die Sprache und die Gestalt des Befragten hineinzuschlüpfen und sich seine Äußerungen 'anzuverwandeln', indem er sie inhaltlich und sinngemäß nachvollzieht. Dieser Zugang – den Soeffner in Anlehnung an Schütz als die "Rekonstruktion der 'idealisierten' egologisch-monothetischen Perspektive" des Sprechenden bezeichnet – muss ergänzt werden durch die polythetische 'Brechung' der Perspektive des Befragten, indem der Text mit der Perspektive des Interpreten konfrontiert wird: In diesem Schritt wird die interaktive Kompetenz des Interpreten genutzt (der Interpret tritt in eine offensive Interaktion mit dem Text ein), um die

Äußerung(en) des Befragten auf ihren überschießenden Sinn (wie es noch gelesen werden kann), aber vor allem auch auf ihre Inkonsistenzen, Brüche, Leerstellen und Ungereimtheiten – die beim Interpreten deutliche Nachfragen hinterlassen und ihn ins Grübeln bringen – zu befragen. Diese beiden Perspektiven – so das Vorgehen Soeffners – werden dann in einem dritten Schritt unter dem Anliegen der "Sinnschließung" aufeinander bezogen, wobei die möglichen Lesarten des Textes zu einer Gesamtbeurteilung des 'objektiven' Sinnes ('objektiv' unter den je gegebenen kulturellen und subjektiven Bedingungen des Falles) und der Grundstruktur des Textes (einer Äußerung, einer längeren Sequenz, eines umfangreichen Protokolls) verdichtet werden (vgl. dazu ausführlich Soeffner 1989, bes. 185f.).

Bezeichnend und typisch ist, dass die Beschreibung des interpretativen Vorgehens erst am Text tatsächlich verständlich wird (Soeffner führt sein Verfahren an einer Textsequenz vor), und dass im Rahmen der *Beschreibung* des Tuns und dem *tatsächlichen* Tun nicht unerhebliche Kontingenzen, Diskrepanzen und erklärungsbedürftige bzw. unerklärte Lücken auftauchen. Mit anderen Worten: Ein interpretatives Vorgehen kann noch so akribisch beschrieben werden – das, was tatsächlich geschieht, ist etwas anderes.

Bezüglich des zweiten Forschungsanliegens – der Rekonstruktion eines körperbezogenen 'Alltagswissens' und möglicher kollektiver Deutungsmuster und Diskurse – wurde wie folgt vorgegangen: Im Rahmen der biographischen Fallrekonstruktionen hatte sich herausgestellt, dass es bestimmte Bereiche gibt, in denen der Körper von den Befragten fast durchgängig und auch recht ausführlich thematisiert wurde, *ohne* dass ein entsprechender Impuls von der Interviewerin gekommen wäre. An erster Stelle stand hierbei – erstaunlicherweise – das Thema Sexualität (ein noch ausführlich zu analysierender Umstand), ebenso durchgängig wurde der Sport (insbesondere im Kontext von Kindheit, Jugend und Nationalsozialismus) thematisch. Spannende Verbindungen ergaben sich auch zwischen den Bildungs- und Berufswegen der Befragten (die auch in geschlechtsspezifischer Hinsicht sehr aufschlussreich waren) und dem Umgang mit dem eigenen Körper sowie zwischen den familialen Karrieren und Beziehungsmustern und dem Körperumgang. So wurde die Entscheidung getroffen, im Sinne "thematisch fokussierter Analysen" das gesamte Material entlang dieser Themen durchzuarbeiten.

Unter Rückgriff auf die biographischen Fallrekonstruktionen und die thematisch fokussierten Analysen wurde dann in einem dritten Schritt die Frage nach sozial auffälligen und dominanten Formen des 'Alltagswissens' und der Diskurse über den Körper und nach den durchscheinenden kollektiven Deutungsmustern im Rahmen der Körperlichkeit gestellt und es wurde nach zentralen Umgangsweisen mit dem Körper gefragt. Diese drei Auswertungsschritte – biographische Fallrekonstruktion, themtisch fokussierte Analyse und fallübergreifende Analyse zu den kulturellen und sozialen Präsenzen des Körpers und der Körperlichkeit – folgen der klassischen sozialwissenschaftlich-hermeneutischen Linie vom 'Besonderen' zum 'Allgemeinen' und vom 'Einzelfall' zum 'Typischen' vorzustoßen.

Die ausführliche Darstellung des Vorgehens und seiner Einbettung in grundlegende theoretische und methodologische Prämissen und Probleme einer sozialwissenschaftlichen Hermeneutik sowie die ausführliche Entfaltung und Diskussion der jeweiligen Erträge im nachfolgenden empirischen Teil der Arbeit sollen diese Schlüsse auf das 'Typische' nachvollziehbar, plausibel und kritisierbar machen.

# 3. Lebensgeschichten und Körpergeschichten – sequenzanalytische Einzelfallauswertungen

*Vorbemerkung*

Die nachstehende Analyse verfolgt drei Erkenntnisziele:
1. Es soll dem Zusammenhang von Biographie und Körperlichkeit nachgegangen werden.
2. Es sollen zentrale (oder auch 'typische') Muster der Einbettung des Körpers in alltägliche Lebenszusammenhänge herausgearbeitet werden.
3. Es soll auf einer allgemeineren Ebene nach zentralen alltäglichen Wissensbeständen, Diskursen und Deutungsmustern im Hinblick auf den eigenen Körper und die Körperlichkeit gefragt werden.

Zur Orientierung sei kurz angemerkt:
Unter dem Titel "Lebensgeschichten und Körpergeschichten" werden fünf Fälle einer ausführlichen Einzelanalyse unterzogen. Die ersten beiden Fälle beginnen mit einer extensiven sequenzanalytischen Auswertung und es wird (zumindest im Ansatz) vorgeführt, wie ein Fall in diesem Sinne zu interpretieren und aus seinen eigenen Strukturen heraus zu verstehen ist. Bei den drei nachfolgenden Fällen wird auf eine ausführliche Demonstration des sequenziertenVorgehens verzichtet und es werden in komprimierter Form zentrale Fallstrukturen vorgestellt. Da sich die Auswertung der Fälle dicht entlang der vorliegenden 'Protokolle' bzw. 'Texte' bewegt und den 'eigensinnigen' Strukturen des Falles folgt, können und sollen die Fälle nicht in einem einheitlichen Schema vorgestellt werden. Auf eine – möglicherweise – bessere Lesbarkeit und Vergleichbarkeit der Fälle wird somit zu Gunsten der 'Treue' zum Fall und seinen Strukturgesetzlichkeiten sowie und zu Gunsten der besseren Nachvollziehbarkeit des Prozesses der interpretativen Arbeit verzichtet.

Die fünf Fälle wurden ausgewählt, weil sie zum einen als 'prototypisch' im Hinblick auf geschlechtsspezifische Umgangsweisen mit dem Körper gelten können (dies trifft inbesondere auf die ersten beiden Fälle zu), und weil bei ihnen der Körper in einer besonderen Weise thematisch wird. In ihnen zeigen sich Momente, die auf gewichtige generelle Fragen und Probleme hinsichtlich des Körperbezugs verweisen und sie – in einer zum Teil zugespitzten aber damit umso deutlicheren Form – veranschaulichen können.

Der zweite Teil der Auswertung ("Alltagswissen im Kontext der Körperlichkeit") widmet sich in fallübergreifenden Analysen der Herauspräparierung allgemeinerer Wissensbestände, Diskurse und Deutungsmuster im Kontext der Körperlichkeit sowie typischer Umgangsweisen mit und Haltungen dem Körper gegenüber.

**3.1. Die Beziehung zum Körper als Abbild der Lebensführung – eine Leistungsgeschichte (Herr D., Jahrgang 1923)**

*3.1.1. Der Einstieg in das Gespräch und der erste Erzählbogen*

Die Analyse dieses Falles soll – ganz im Sinne sequenzanalytischen Vorgehens – mit der Interpretation der ersten protokollierten Interaktionssequenz begonnen werden. Auffällig an dem Einstieg in das Gespräch mit Herrn D. und dem ersten Erzählbogen sind in diesem Sinne folgende Momente: a) die Art, in der Herr D. die Aufforderung der Interviewerin umsetzt, sich im Rahmen einer Sprech- und Aufnahmeprobe hörbar zu machen, b) die Art, in der Herr D. die Startbedingungen für das Gespräch herstellt und c) die Qualität des ersten Erzählbogens. Diese Auffälligkeiten seien im Folgenden kurz erläutert.

*zu a) Die 'Sprechprobe':*
Die Tonband-Aufzeichnung (bzw. das Transkript) des Geprächs mit Herrn D. beginnt wie folgt:

*Beginn Band 1/A (Sprechprobe)*
*I.: "(aus dem Hintergrund:) So – mhm – ja – "*
*Herr D.: "(sehr deutlich artikuliert, jede Zahl betonend:)/Eins – Zwei – Drei – Vier – Fünf -/"*
*I.: "(aus dem Hintergrund:) Mhm, Sie sind gut zu verstehen – das schlägt wunderbar aus. – Joah."*
*(Band wird angehalten) (Neustart:)*

Die Aufzeichnung des Gesprächs beginnt also damit, dass die Interviewerin (vorerst nur hörbar aus dem Hintergrund) mit einem "So – ja" den Start für Herrn D. gibt, im Sinne einer Sprechprobe etwas von sich zu geben, damit die Aussteuerung des Geräts geprüft werden kann. Herr D. reagiert auf diese Aufforderung, indem er sehr deutlich, sehr langsam und jedes Wort einzeln betonend zählt: "Eins – Zwei – Drei – Vier – Fünf". Die Interviewerin bestätigt darauf hin: "Mhm, Sie sind gut zu verstehen – das schlägt wunderbar aus".

Für die Aufgabe, sich im Rahmen einer Sprechprobe hörbar zu machen, gibt es vielfältige Lösungen, zumal wenn die Interviewerin (wie sie es in allen Fällen, bei denen ihre Sprechaufforderung aufgezeichnet wurde, nachweislich gemacht hat) total offen lässt, wie die Befragten an dieser Stelle 'antworten'. Herr D. wählt als Lösung die betonte und korrekte Reihung von Zahlwörtern. Dabei fällt besonders auf, dass die Zahlen völlig 'pur' dastehen: Sie werden durch kein zusätzliches Wort eingeleitet, sie werden durch kein Wort miteinander verbunden, es folgt kein 'Abspann', kein Hinweis zu einem Ende und auch keinerlei kommentierende Äußerung (weder verbal noch nonverbal). Die Aufzählung wirkt sehr konzentriert und kontrolliert, vor allem durch die deutliche Artikulation jeder Zahl, die klaren Pausen, die gleich langen

Abstände zwischen den Worten und den beständigen Grundrhythmus, in dem die Zahlen gesprochen werden (besonders bei der Überprüfung des gesprochenen Worts, also beim Abhören des Bandes, wird der fast metronomisch genaue Grundschlag und die konsequent bis zum letzten Wort durchgehaltene jeweils gleiche Stimmführung deutlich).

Inhaltlich zieht sich Herr D. mit der Wahl von Zahlen auf einen 'unverfänglichen' Bereich zurück, der abstrakt und neutral ist, bei dem man nicht viel 'falsch' machen kann und bei der man sich nicht als Person einbringen muss (wie etwa bei der Äußerung: 'Oh, was soll ich denn jetzt sagen?' oder: 'Na, dann red' ich einfach mal 'was.'). Andererseits verhält sich Herr D. mit dieser Wahl der Situation gegenüber durchaus angemessen und er unterstreicht damit den technischen Charakter, den die Sache (für ihn) hat. Und noch weiter: Er verhält sich nicht nur angemessen, sondern geradezu 'professionell': Denn im Tonstudio etwa werden Lautsprecheranlagen und Mikrophone häufig genau so überprüft, aber auch bei technischen und naturwissenschaftlichen Experimenten (Laborversuche, Testreihen) werden solche 'count downs' gezählt. Herr D. zählt darüber hinaus nicht nur 'bis Drei', sondern er zeigt Energie und Ausdauer und geht über das nötige Maß hinaus (was vermutlich nur dadurch 'gebremst' wird, dass die Interviewerin eine positive Rückmeldung gibt).

Fasst man die inhaltlichen und gestalterischen Aspekte dieser Äußerung zusammen, so ergibt sich folgender Eindruck: Herr D. ist vermutlich ein Mensch, der Aufgaben korrekt, gewissenhaft und präzise erledigt, und der eventuell dazu neigt, Dinge auch in einem Übermaß zu erfüllen. Dabei könnte die Tendenz entstehen, dass die Pflichterfüllung und 'Professionalität' zu einer gewissen Einseitigkeit (Monotonie) führt und dass dabei oder dahinter auch die eigene Person etwas ins Abseits gerät oder 'versteckt' wird. Dies ist jedoch tatsächlich nur ein 'Eindruck' und es ist im weiteren Verlauf der Analyse zu überprüfen, ob sich dieser Eindruck verdichtet, ob und wie er modifiziert wird oder ob er gänzlich fallen gelassen werden muss.

*zu b) Startbedingungen:*
Nach der gelungenen Sprechprobe ergibt sich folgende Gesprächssequenz:

*I.: "Ja, ich hab' Ihnen ja 'n bisschen äh einstiegs erläutert, worum es mir geht. Können Sie einfach so loslegen – oder brauchen Sie noch 'ne Information?"*
*Herr D.: " – - Öh, ja – darf ich jetzt noch mal genau fragen, was Sie jetzt von mir hören wollen?"*
*I.: "Ja, vielleicht äh – stellen Sie einstiegs erstmal so 'n groben Rahmen, so Ihren Lebenslauf dar, Ihre Biographie. Dass ich so 'n paar Anhaltspunkte hab', das überhaupt einordnen kann: Wann sind Sie geboren (lacht)..."*
*Herr D.: "Mhm – "*
*I.: "... wo sind Sie aufgewachsen..."*
*Herr D.: "(holt Luft)"*
*I.: "... was haben Sie beruflich vielleicht auch gemacht?"*

Offensichtlich hat vor der Sprechprobe (und dem Beginn der Aufzeichnung) ein Gespräch zwischen der Interviewerin und Herrn D. stattgefunden, in dem die Interviewerin vermutlich Grundlegendes zu ihrem Anliegen und ihrem Forschungsinteresse mitgeteilt hat. Darauf bezieht sie sich jetzt und fragt nach, ob diese Erläuterungen ausreichen, damit Herr D. "loslegen" kann, oder ob er noch weitere Informationen braucht. Der saloppe Ausdruck "loslegen" zu können verwundert an dieser Stelle, weil er nicht so ganz in den 'gediegenen' Diskurs zwischen Erwachsenen passt und etwas jugendlich Überschäumendes transportiert. Vielleicht hat die Interviewerin gespürt, mit welchem Ernst und welcher Anspannung Herr D. dem Gespräch begegnet und sie möchte (bewusst oder unbewusst) der wahrgenommenen 'Korrektheit' und 'Pflichterfüllung' einen (etwas gewollten) Impuls der Leichtigkeit und Gelöstheit entgegensetzen.

Herr D. greift, nach einem kurzen Zögern, den zweiten Teil des Angebots auf und bittet um weitere Informationen. Auffällig ist zunächst die zweifache Wiederholung des "jetzt", was andeuten könnte, dass Herr D. sich *jetzt* (erst) in der Situation befindet oder fühlt, etwas erzählen oder darstellen zu sollen, in diesem 'Hier und Jetzt' aber ratlos ist, was er tun soll. Auffällig ist weiter, dass er "jetzt noch mal *genau*" etwas fragen möchte. Das, was vorher gesagt wurde, reicht ihm als Information offensichtlich nicht und er möchte es in dem Moment, wo es zur Sache gehen soll, *genau* wissen. Also auch hier wird wiederum deutlich, dass Herr D. Dingen mit Ernst nachgeht und eine gewisse 'Präzision' wünscht. Dabei bringt er jedoch sein Bedürfnis nach genauem Wissen nicht auf den Punkt, sondern kleidet es in eine fragende Formulierung, was zu dem inhaltlich schiefen Satz führt: "darf ich jetzt noch mal genau fragen" (womit er indirekt ausdrückt, etwas genau *wissen* zu wollen). Er hätte auch sagen können: "darf ich jetzt noch mal fragen"; dass er in diese Struktur jedoch das sprachlich 'schiefe' "genau" einfügt, unterstreicht, wie dringlich es ihm mit *genauen* Informationen zu sein scheint.

Der Inhalt seiner Frage wird erläutert im zweiten Satzteil mit "was Sie jetzt von mir hören wollen". Herr D. möchte also genau wissen, was das Gegenüber von ihm hören möchte. Würde die Interviewerin diesem Bedürfnis tatsächlich nachkommen und Herrn D. genau darlegen, was sie von ihm hören möchte, so würde sie damit das Gespräch ad absurdum führen. Herr D. läuft mit seinem Bedürfnis nach genauem Wissen (in der Art, wie er es formuliert) also Gefahr, das Gepräch in seine Unmöglichkeit zu treiben und es damit letztlich zu verhindern. Dies vor allem dadurch, dass er kein eigenes Angebot macht (etwa darüber, was er dem bisher Gesagten entnommen hat, was ihm unverständlich war, was er gern erzählen würde, was ihm gerade spontan dazu eingefallen ist, wo er Probleme sieht usw.), sondern dass er sich gänzlich in die Position des Passiven begibt, von dem etwas gewollt wird. Und dass er darum bemüht scheint, genau das zu liefern, was in der Situation gewollt und verlangt wird, also in gewisser Weise 'richtig' zu liegen, vielleicht sogar 'perfekt' zu sein.

Die Interviewerin kann schon aus rein alltagspragmatischen Gründen der Kommunikation nicht genau sagen, was sie hören will; aber besonders forschungsmethodisch wäre dies fatal, denn je präziser die Vorgaben, desto weniger werden die Relevanzstrukturen des Befragten sichtbar. Dennoch aber muss sie in irgendeiner Form auf das Bedürfnis des Gegenübers eingehen, will sie nicht den Zusammenbruch des Gesprächs riskieren. Sie wählt (vermutlich auch deshalb) den Weg, ein klar strukturiertes Angebot zu machen, das ein denkbarer Rahmen für einen Erzähleinstieg sein könnte, wobei sie diesen Rahmen (den Lebenslauf bzw. die eigene Biographie zu erzählen) durch zusätzliche Angebote präzisiert und quasi 'vorstrukturiert' (durch zentrale 'Eckdaten' zum Lebenslauf wie Geburtstag, Ort des Aufwachsens, Beruf). Damit kommt sie Herrn D. in seinem Bedürfnis nach Genauigkeit fast übereifrig entgegen und spiegelt insofern sein Verhalten (statt es wie oben mit dem "loslegen" zu konterkarieren). Dies könnte zum einen darauf hinweisen, dass die Interviewerin Angst hat, den Gesprächspartner zu verlieren, wenn sie sich ihm nicht genügend anpasst (was andererseits auf eine Stärke oder auch Autorität und Macht von Herrn D. verweisen könnte), es kann aber auch darauf hindeuten, dass die Interviewerin selbst ein starkes Bedürfnis nach Klarheit, Präzision und Systematik besitzt, und sich die Gesprächspartner in dieser ('professionellen') Haltung gut treffen.

Auffällig ist, dass die Interviewerin hier nur auf einen Teil ihres Anliegens, die biographische Ordnung, (und auf diesen mit sehr genauen Vorgaben) eingeht, dass sie aber das Körperthema an dieser Stelle mit keinem Wort erwähnt (im Vorgespräch wurde das Interesse an Körpererinnerungen und -erleben thematisiert). Zu vermuten ist, dass sie Herrn D., den sie eventuell als sehr korrekt und strukturiert wahrnimmt, vielleicht auch als etwas distanziert und 'festgehalten', nicht mit einem so wenig konturierten, diffusen und chaotischen Thema wie dem Körper 'verschrecken' möchte und ihm daher zunächst einmal einen klar vorgezeichneten Weg anbietet, auf dem sich die Gesprächsbeziehung stabilisieren und Herr D. Sicherheit und Zutrauen gewinnen kann.

Zu prüfen wäre im weiteren Kontext, wann und wie das Körperthema dann doch zur Sprache kommt und ob sich Belege finden, dass die Interviewerin mit der ihr hier unterstellten Vermutung recht (oder nicht recht) hat, dass Herr D. dem Körperthema gegenüber Berührungsängste hat oder hier spezifische Blockierungen und Einseitigkeiten sichtbar werden.

*zu c) Der erste Erzählbogen:*
Unmittelbar an die oben zitierte Einstiegssequenz schließt sich ein Erzählbogen an, der sowohl in seiner Länge und Ausführlichkeit als auch in seiner Stringenz und 'Vollständigkeit' ungewöhnlich ist (im Vergleich zu den anderen Erzählungen dieses Samples). In diesem Erzählbogen entfaltet Herr D. sozusagen 'in einem Guss' seinen gesamten Lebenslauf und es gelingt ihm, trotz inhaltlich zum Teil höchst detaillierter Berichte, den Gesamtablauf in lückenloser und 'fehlerfreier' chronologischer Folge wiederzugeben, was eine hohe Präsenz, Disziplin und geistige Leistung bedeutet. Verstärkt wird der Eindruck der Geschlossenheit (und einer gewissen 'Abschließung') dadurch, dass an keiner Stelle eine Kommentierung und Nachfrage der Interviewerin auftaucht, und dass Herr D. seinen 'Monolog' mit den Worten beendet: "Und dann war 's eigentlich", also die Gestalt seiner Erzählung explizit abschließt, damit zugleich aber auch transportiert, dass er sein Leben, über dessen momentane

Gestaltung (seine Aktivitäten im Ruhestand) er im letzten Teil seiner Erzählung spricht, als 'zu einem Ende gekommen' ansieht.

Herr D. folgt in seiner Lebenserzählung ganz den klassischen Vorgaben für einen Lebensbericht (Geburt, Aufwachsen, Schullaufbahn, Kriegsdienst, Studium, Berufseinstieg, Heirat, Berufskarriere, Ruhestand) und ist bei den Angaben von Daten und Orten sehr exakt. Auffällig ist, dass er ohne zu zögern mit seinem komplexen Bericht beginnt, und dass er im Einstieg dazu fast wörtlich die Vorgaben der Interviewerin aufgreift (wann er geboren und wo er aufgewachsen ist). Dies weist zum einen darauf hin, dass Herr D. ausgesprochen komplexe Sachverhalte überschauen, ordnen und darstellen und sich dazu souverän und geübt eines kulturell etablierten Musters ('wie man einen Lebenslauf berichtet') bedienen kann, es zeigt aber auch, dass Herr D. offensichtlich (nur) dann so souverän und präzise agieren kann, wenn er auf eine vertraute oder klar strukturierte 'Spur' gesetzt wird, auf der er sich auskennt und kompetent fühlt.

So bleibt Herr D. auch hinsichtlich der Schullaufbahn sowie des Kriegsdienstes und des Studienbeginns noch weitgehend in dem Raster einer Faktenaufzählung, wie sie für die Erstellung eines amtlichen Lebenslaufs wichtig wären (aus diesem Schema fällt hier lediglich heraus, dass er betont, auf ein "humanistisches Gymnasium" gegangen zu sein und nach seinem Abitur Anfang 1940 in einem Jahr drei Trimester Medizin studiert zu haben – also in sehr jungen Jahren (er war erst siebzehn Jahre alt) und in hoher Dichte).

Er durchbricht dieses Schema aber deutlich, als er vom "3. Mai 1945" berichtet, als er aus Russland kommend in Polen "in englische Kriegsgefangenschaft" gerät und als angehender Arzt (mit eben nur drei Trimestern Medizin) im Lazarett eines Konzentrationslagers Hilfe leisten muss: Hier wird der Bericht minutiös in der Schilderung der Umstände und persönlich in der Betroffenheit und emotionalen Belastung. Und auch in dem Bericht über die Nachkriegszeit, in der er Geld verdienen und aufgrund seines jungen Alters (er ist bei Kriegsende dreiundzwanzig Jahre alt) auf einen Studienplatz warten muss, weicht er von einer reinen Faktenaufzählung ab. Als reihende Aufzählung werden wieder angeboten: die Stationen auf dem Berufsweg als Arzt sowie die Heirat und die Geburt der Tochter. Breiter wiederum erzählt Herr D. von der Besonderheit der eigenen Praxis ("Konziliarpraxis") und der hohen Arbeitsbelastung sowie von einem "Herzleiden" (und entsprechenden operativen Eingriffen), das sich nach fünfundzwanzig Praxisjahren eingestellt und ihn zur vorzeitigen Aufgabe der Arzttätigkeit (mit vierundsechzig Jahren) gezwungen hat. Sehr ausführlich erzählt Herr D. abschließend von seinem jetzigen Dasein (insbesondere von seinen Aktivitäten) im Ruhestand, in dem er sich zum Zeitpunkt des Interviews seit neun Jahren befindet und den er als einen "ausgesprochene(n) Unruhestand" empfindet. An dieser Stelle trifft Herr D. auch eine entscheidende bilanzierende Feststellung, in der er ein typisches Verhaltensmuster kritisiert, das er im Ruhestand zunächst fortgesetzt hätte (sich nämlich durch zu viele Aktivitäten einen "hausgemachten Stress" herzustellen), dass er dies dann aber erkannt und zu ändern versucht hätte.

Geht man davon aus, dass die Detaillierung und Dichte eines Berichts in enger Korrespondenz zur emotionalen Dichte und persönlichen Bedeutung eines Erlebens steht, so ließen sich anhand der vorliegenden Einstiegserzählung folgende Erlebnisfelder als 'besonders' herausstellen:

— die Zeit von Mai bis November 1945, in der er in dem Lazarett eines Konzentrationslagers mit nur drei Trimestern Medizinstudium bereits als Arzt eingesetzt wurde;

— die ungewisse Zeit des Wartens und Sich-über-Wasser-Haltens in der Nachkriegszeit;

— die belastende Arbeit in der eigenen Arzt-Praxis;

— das "Herzleiden", die Operationen und das frühzeitige Ausscheiden aus dem Beruf;

— der Ruhestand, in dem sich Lebensmuster wiederholen, aber auch als 'falsch' wahrgenommen und verändert werden.

Was ergibt sich nun als 'Ertrag' aus dem hier in knappen Strichen angedeuteten 'ersten Eindruck' und welche weitergehenden Fragen lassen sich aus der feineren Analyse des ersten Erzählbogens entwickeln?

Herr D. scheint ein Mensch zu sein, der mit Sorgfalt, Disziplin, Präzision und Ausdauer an Aufgaben herangeht; dabei scheint es wichtig zu sein, dass die Anforderungen klar strukturiert sind – (nur) so kann er seine volle Kompetenz entfalten. Spannend ist die Frage, wie Herr D. reagiert, wenn diese Eindeutigkeit der Aufgabe nicht vorliegt oder wenn andere 'Irritationen' auftauchen, bei denen sich die bewährten Verhaltensmuster und -repertoires nicht anwenden lassen. Auf struktureller Ebene gibt das Gespräch hier die Antwort, dass Herr D. sich dann beispielsweise zunächst einmal auf 'ungefährliches' (abstraktes, neutrales) Terrain zurückzieht ('Zählen') oder dass er sich um Informationen bemüht ('Was wollen Sie von mir hören?'), die zur Strukturierung des Feldes beitragen können.

Auf inhaltlicher Ebene verweist das Gespräch bereits zu diesem frühen Zeitpunkt auf höchst interessante Momente: So ist zu vermuten, dass der Einsatz in einem KZ-Lazarett als junger, bei weitem noch nicht voll ausgebildeter Arzt eine erhebliche 'Irritation' darstellt und Herr D. hier nicht nur sehr früh mit menschlichem Elend und schwerem körperlichem und seelischem Leid konfrontiert wurde, sondern dass er auch in heftige Konflikte hinsichtlich divergierender ethischer und professioneller Ansprüche geriet (etwa in dem Sinne, helfen zu müssen und zu wollen, zugleich aber die eigene Unfähigkeit und Unfertigkeit zu spüren, was bei den vermutlich hoch ausgeprägten ärztlichen und persönlichen Ansprüchen an Leistung und Präzision äußerst problematisch gewesen sein dürfte). Dass Herr D. sein reihendes Erzählschema in diesem Kontext auflöst und die Erzählung bis auf die Ebene des wörtlichen Dialogs konkretisiert (*"ich hab' extra gesagt: 'Ich bin kein Arzt!' – 'Nein' (sagten die Engländer; d.V.), also: 'Du Arzt genug.'"*) zeigt, dass hier offenbar eine deutliche Belastung vorlag, wobei die 'Lösung' in diesem Falle kein Ausweichen sein konnte, sondern ein Sich-der-Situation-Stellen bedeutete.

Als eine weitere zentrale Belastung und Irritation lässt sich das "Herzleiden" vermuten. Als 'irritierend' wird es von Herrn D. jedoch zunächst nur insofern eingeführt, als es ihn zu einem vorzeitigen Einstellen der Praxistätigkeit zwang, wobei höchst beachtenswert ist, dass er in viermaliger Wiederholung betont, nur "*etwas vorzeitig aufgehört*" zu haben (*"allerdings nur ein Jahr, mit vierundsechzig Jahren hab' ich aufgehört, ein Jahr bevor ich 's geplant hatte"*). Offensichtlich hatte Herr D. sich fest vorgenommen, auf jeden Fall bis zum vollen Pensionsalter 'durchzuhalten', wird aber durch das "Herzleiden" an der konsequenten Durchführung seines Plans gehindert – die Betonung, dass es sich nur um ein Jahr vorzeitigen Aussetzens handelt (im Vergleich zu fünfundzwanzig Jahren eigener Praxisleitung) soll vermutlich den 'Ausfall' und die 'Abweichung' so gering wie möglich halten, was unterstreichen würde, dass Herr D. ein pflichtbewusster, ausdauernder und auch sehr ehrgeiziger Mensch ist, der vorgegebene Strukturen konsequent bis zum Ende und bestmöglichst erfüllen möchte. Und es legt weiter die Vermutung nahe, dass Herr D. Probleme hat, Gefühle und Belastungen zu artikulieren – zumindest fällt auf, dass er das "Herzleiden" nicht mit Äußerungen kommentiert wie 'das hat mir sehr zu schaffen gemacht' oder 'dadurch wurde ich verunsichert', sondern dass er betont, wie *wenig* dieses "Herzleiden" ihn aus dem normalen Ablauf gebracht hätte – und auch dies formuliert er eben nicht in psychischer Hinsicht, sondern im Sinne einer statusbezogenen oder formalrechtlichen 'Normalität' (Rentenalter). Die 'Lösung' also, die Herr D. in diesem Falle anwendet, ist, die Abweichung vom Normalfall so gering wie möglich zu halten, was die obige These unterstreicht, dass Herr D. ein Mensch ist, für den Strukturen und der 'normale' Gang durch diese Strukturen von besonderer Bedeutung sind.

Da das "Herzleiden" hinsichtlich der Körperthematik von zentraler Bedeutung ist, soll die Sequenz, in der Herr D. zum ersten mal von seinem Herzleiden spricht, im Folgenden einer genaueren Analyse unterzogen werden.

### 3.1.2. Das "Herzleiden" und seine Verweisungen: Stress und Leistung

Herr D. führt im Rahmen seiner lebensgeschichtlichen Einstiegserzählung das "Herzleiden" in folgender Weise ein:

> *Herr D.:"Und nach fünfundzwanzig Jahren – stellte sich bei mir ein Herzleiden ein. Ich hab' dann zunächst einen Schrittmacher bekommen – und hab' dann – etwas vorzeitig aufgehört mit der beruflichen Tätigkeit. Es war mir dringend angeraten worden, seitens der Kardiologen in (Stadt). Und äh – allerdings nur ein Jahr, mit vierundsechzig Jahren hab' ich aufgehört, ein Jahr bevor ich 's geplant hatte. Und äh musste jetzt vor zwei Jahren noch eine künstliche Herzklappe eingesetzt bekommen. – Auch in (Stadt) durchgeführt worden, die Operation."*

Obwohl es sich bei einem "Herzleiden" um ein Geschehen handelt, das zentral den Körper betrifft bzw. sich auf körperlicher Ebene abspielt und das Körperthema ein zentraler Fokus des biographischen Gesprächs ist, wird weder von Herrn D. noch von der Interviewerin an dieser Stelle ein entsprechender Bezug hergestellt. Was die Interviewerin angeht, so kann plausibel vermutet werden, dass sie den Gesprächsfluss und die Gesamtdarstellung von Herrn D. nicht vorzeitig unterbrechen wollte; denkbar wäre darüber hinaus, dass sie, gerade weil sie die Bedeutung des Themas

erkannt hat, zunächst einmal eine möglichst umfassende Eigendarstellung von Herrn
D. sowie günstigere Einstiegsmöglichkeiten zur Vertiefung des Themas abwarten
wollte.

Für Herrn D. wäre festzuhalten, dass er sein "Herzleiden" nicht als Erzählaufhän-
ger genutzt hat oder es ihm als Thema nicht präsent war, als die Interviewerin von
ihrem Forschungsinteresse bezüglich des Themas 'Körper' berichtet hat. Und dass
ihm auch in dem Moment, in dem er von dem "Herzleiden" spricht, dieser Bezug
nicht deutlich wird bzw. er ihn nicht herstellt. Dies verwundert umso mehr, wenn
man sich vergegenwärtigt, dass Herr D. Arzt (Internist) ist und von daher der Körper
*das* Aufmerksamkeitsmoment seiner beruflichen Tätigkeit darstellt. Also schon allein
aus dieser Perspektive würden sich für Herrn D. zahlreiche Thematisierungsmöglichkeiten ergeben, die er jedoch nicht 'sieht' oder die er nicht aufgreifen will oder
kann. Es liegt nahe, diese 'Blindheit' zunächst einmal darüber zu erklären, dass der
Körper für Herrn D. aufgrund seiner Profession vermutlich etwas so Selbstverständliches ist, dass er nicht thematisiert werden kann. Oder aber, etwas differenzierter,
dass der Zugang, den Herr D. als Arzt zum Körper hat, etwas so Spezielles und auch
Abgeschirmtes oder Abzuschirmendes ist, dass er in einem Gespräch (mit einer So-
ziologin) zur eigenen Biographie (und Körperlichkeit) nicht so ohne Weiteres thematisiert werden kann – dass sich das Körperthema für Herrn D. also in einem exklusi-
ven Bereich des Fachwissens befindet und er von dorther keine Brücke zum 'Profan-
bereich' schlagen kann. Um hierüber weiteren Aufschluss zu erhalten, wäre zu
fragen, wie Herr D. denn nun genau (an dieser Stelle und im weiteren Gespräch) mit
dem Thema 'Körper' umgeht.

Der oben zitierten Sequenz geht eine Passage voraus, in der Herr D. von der Ü-
bernahme einer Praxis in seiner Geburtsstadt, der überaus anstrengenden aber auch
befriedigenden Arbeit darin und der Besonderheit einer "Konziliarpraxis" (die er
trotz großer bürokratischer Hürden durchsetzen konnte) erzählt. Er sagt dazu u.a.:

*Herr D.: "Das ging fünfundzwanzig Jahre sehr gut – ich hab' zwar sehr, sehr*
*viel arbeiten müssen, aber es war auch eine befriedigende Arbeit."*

Lässt man einmal die Erläuterungen beiseite, die Herr D. direkt danach zu der
Durchfechtung seiner Konziliarpraxis gibt (er berichtet, dass er eine "recht spezielle
Praxis" hatte, und dass er bei den Krankenkassen eine Überweisungsregelung durchsetzen konnte, "wie sie an sich Krankenhäusern vorbehalten ist"), so ergibt sich folgender bezeichnende Anschluss:

*Herr D.: "Das ging fünfundzwanzig Jahre sehr gut – (...) Und nach fünfund-*
*zwanzig Jahren – stellte sich bei mir ein Herzleiden ein."*

Was Herr D. hier – zumindest implizit – zum Ausdruck bringt, könnte man wie folgt
beschreiben: 'Fünfundzwanzig Jahre ging es gut – dann ging es nicht mehr gut, dann
kam das Herzleiden.'. Es wird zwar kein ursächlicher Zusammenhang zwischen der
harten Arbeit und der Krankheit hergestellt, aber diese beiden Phänomene werden

über eine Sprachfigur (die "fünfundzwanzig Jahre") miteinander verbunden und stehen somit in einem *Sinnkontext*. Wie dieser Kontext weiter aufgeschlüsselt und entfaltet wird, muss die Analyse zeigen.

Zweites auffälliges Moment ist die Formulierung, dass sich bei ihm ein Herzleiden 'einstellte'. Obwohl er mit dem "bei mir" einen Bezug zur eigenen Person herstellt, wirkt die Beschreibung eher beobachtend und distanzierend und er wählt einen Standpunkt, den er auch für einen anderen (etwa einen Patienten oder einen pathologischen Bericht) einnehmen würde ('persönlicher' wäre es gewesen, wenn er beispielsweise gesagt hätte: 'Dann wurde ich herzkrank.' oder: 'Dann bekam ich ein Herzleiden.').

Dritte Auffälligkeit ist die Einführung medizinischer Autoritäten, mit der er die Entscheidung, vorzeitig mit dem Beruf aufgehört zu haben, verbindet. Nicht er selbst trifft die Entscheidung aufzuhören, sondern er tut es, weil Fachleute (ausgewiesene Spezialisten und Kollegen) es ihm "dringend" raten. Dies unterstreicht, wie ehrgeizig, pflichtbewusst oder arbeitsbesessen Herr D. ist – nämlich so ehrgeizig oder pflichtbewusst, dass es eines Aufgebots von Spezialisten und Kollegen bedarf, die ja vermutlich ein mindestens ebenso großes Pflichtbewusstsein und eine vermutlich ebenso hohe Belastungstoleranz haben wie er selbst, um ihn von der Notwendigkeit dieses Schrittes zu überzeugen (oder vielleicht sogar zu zwingen). Nicht er selbst gibt sich also die Erlaubnis, das Herzleiden zu versorgen und auch entsprechend kürzer zu treten, sondern er delegiert diese Entscheidung an Experten und Autoritäten und sichert sie damit zugleich ab.

Vierte Auffälligkeit ist, dass Herr D. in der Fortführung das 'Ich' völlig meidet und von den sich anschließenden Vorgängen in äußerst karger, fast protokollförmiger Weise berichtet: *"Und äh mußte jetzt vor zwei Jahren noch eine künstliche Herzklappe eingesetzt bekommen. – Auch in (Stadt) durchgeführt worden, die Operation."* Herr D. bezieht sich im Rahmen des Themas "Herzleiden" insgesamt stark auf medizinisch-technische Fakten ("Schrittmacher", "Kardiologen" in einer angesehenen Uniklinik, "künstliche Herzklappe", durchgeführte "Operation", Jahresangaben), sagt aber beispielsweise nichts darüber, wie er dieses Herzleiden gespürt hat, wie ihn die Umstände bewegt haben, was genau sich überhaupt hinter dem doch sehr vagen Begriff "Herzleiden" verbirgt und wie er sich danach oder jetzt mit diesem Herzleiden fühlt oder Vergleichbares. Das "Herzleiden" wird also – zumindest an dieser Stelle und in seiner Einführung – als ein medizinisch und operativ zu behandelndes Phänomen angeboten (man könnte auch schärfer sagen: darauf verkürzt), das in mehreren Schritten und unter fachkundiger Aufsicht 'versorgt' wurde.

Der abgehackte Sprachstil am Ende könnte jedoch andererseits auch darauf verweisen, dass Herr D. eine intensive Belastung spürt und ihn das gesamte Problem stark mitgenommen hat und noch mitnimmt. So wäre die Benutzung von und der Rückzug auf eine medizinische (und damit vertraute) Ebene auch als eine angemessene Form zu verstehen, mit dem Druck und vermutlichen Schmerz umzugehen, der entsteht, wenn von diesen Dingen (vor einer fremden Person) gesprochen werden muss. Es wäre im Weiteren also auch zu überprüfen, ob und wie sich Anhaltspunkte dafür finden lassen, dass Herr D. sein Fachwissen und sein Vertrautsein mit medizinischen Belangen als Strategie der Entlastung einsetzt und welche emotionalen Belastungen er hier in welcher Weise explizit thematisiert bzw. welche Belastungen er möglicherweise nur andeutet oder verschweigt.

Hinsichtlich der oben formulierten Frage, wie Herr D. mit dem Thema 'Körper' umgeht, ließe sich vorläufig also festhalten: Herr D. bewegt sich intensiv in einem professionellen, medizinischen Diskurs, in dem der Körper in einer spezifischen Weise existiert, und zwar in Form von Krankheitsbezeichnungen ("Herzleiden"), Organen und Transplantaten ("Schrittmacher", "künstliche Herzklappe"). Ein Bezug zur eigenen Person und zu der Tatsache, dass es sich hierbei um 'Körperliches' und um 'meinen Körper' handelt, scheint nicht so naheliegend, wird zumindest nicht spontan hergestellt. Diese ersten groben und vielleicht auch überzogen wirkenden (weil noch nicht hinreichend untermauerten) Feststellungen müssen im Zuge der Analyse sorgfältig überprüft und ausdifferenziert werden.

Vergegenwärtigen wir uns noch einmal jene Passagen, die in der Lebenserzählung von Herrn D. aufgrund ihrer Ausführlichkeit und emotionalen Dichte mit besonderem Gewicht versehen wurden, so fällt auf, dass das markante körperbezogene Erlebnis (das "Herzleiden" und die mit ihm verbundenen Operationen) umgeben ist von Erlebnissen, die mit unterschiedlichen Formen und Qualitäten von *Belastung* und *Stress* zu tun haben: die Arbeit im KZ-Lazarett, die schwierige Nachkriegszeit, die harte Arbeit in der eigenen Praxis, der Ruhestand, der durch einen "hausgemachtem Stress" (zunächst) zu einem "Unruhestand" gerät. Im Sinne einer Analyse, die sich der Struktur des Falles anpasst und jene 'Spuren' ernst nimmt, die das Material anbietet (bzw. die der Erzählende auslegt), könnte es lohnend sein, jene Textstellen aufzusuchen, die zum einen zur weiteren Erschließung des "Herzleidens" beitragen und die zum anderen im Kontext von Stress und Belastung stehen. Dabei wäre zu fragen, wie Herr D. diese Bereiche weitergehend entfaltet, welche Verbindungen er selbst zwischen diesen Dimensionen herstellt, welche Verbindungen sich herstellen ließen (von Herrn D. aber nicht gesehen oder dementiert werden), welche weiteren Anschlussstellen und Verweisungen sich ausmachen lassen und welche Leerstellen und offenen Fragen sich hieraus ergeben.

Aus Gründen der Transparenz und besseren Nachvollziehbarkeit sollen wesentliche Fakten und Auffälligkeiten hierzu zunächst einmal benannt werden (aus ökonomischen Gründen kann das aber lediglich in Form einer summarischen Auflistung und einer eher 'angedeuteten' Feinanalyse geschehen); um der Tiefenstruktur des Falles näher zu kommen, werden dann in einem zweiten Schritt exemplarisch einige Schlüsselstellen sequenzanalytisch untersucht und als den Blick schärfende Erkenntnisquelle genutzt. Folgende 'Szenen' und Thematisierungen werden von Herrn D. zum Thema "Herzleiden" im weiteren Gesprächsverlauf angeboten:

(a) Im zweiten Erzählbogen (S. 6/7 des Protokolls), im Zuge der Antwort auf die Frage nach dem eigenen Bruder ("Können Sie Ihren Bruder beschreiben?"), gibt Herr D. eine ausführliche Beschreibung des beruflichen Werdegangs, des großen Erfolgs und des vorbildlichen Charakters seines drei Jahre älteren Bruders. Es wird eine große Nähe deutlich: sowohl hinsichtlich gegenseitiger Achtung und Unterstützung der Brüder (dies wird von Herrn D. nachdrücklich unterstrichen) als auch hinsichtlich ihrer Lebenshaltung, insbesondere ihres hohen beruflichen Engagements und Einsatzes (diese Parallele wird von Herrn D. so nicht benannt, sie wird aber indirekt offensichtlich, etwa in der Vorbildfunktion, die der Bruder für Herrn D. hatte); zwischen den Höhepunkten der beruflichen Laufbahn des Bruders (er war Jurist und erfüllte hohe politische Ämter) und der Offenbarung, dass die Brüder "sehr aneinander gehangen" haben, wird die Bemerkung platziert: *"(der Bruder) is' aber dann, er war auch sehr schwer herzkrank, is' dann mit zweiundsechzig Jahren leider schon gestorben.".*

(b) Die Interviewerin fragt (S. 7 des Protokolls), ob es einen Zusammenhang zwischen den Herzproblemen des Bruders und den eigenen gibt bzw. ob Herr D. hier einen Zusammenhang sieht. Herr D. lehnt einen Zusammenhang kategorisch ab (mit: *"Nein."* und mit: *"Das sind zwei völlig verschiedene Dinge."*). Begründet wird dieser 'Nicht-Zusammenhang' auf der Ebene des medizinischen Erscheinungsbildes: Bei seinem Bruder war es eine Bluthochdruckerkrankung, bei ihm jedoch ein Klappenfehler. Der Zusatz: *"Also keine familiäre Belastung in der Hinsicht."* wäre in Verbindung mit dem gewählten medizinisch-pathologischen Erklärungsmuster zu interpretieren als Hinweis darauf, dass die Herzkrankheiten nicht aufgrund ererbter oder angeborener Herzanomalien (Herzschwäche, Herzfehler) eingetreten sind. Dazu in Widerspruch steht jedoch die Aussage, dass es sich bei der Erkrankung seines Bruders um einen Bluthochdruck handelte, *"der sich aus seiner Natur ergab"*. Wenn aber eine "familiäre Belastung" im Sinne einer Vererbung (eines 'Naturfehlers') ausfällt, so kann die Bemerkung eigentlich nur bedeuten: 'der sich aus seinem *Naturell* ergab' – und dies würde auf Eigenschaften der Person und auf Handlungsweisen, umfassend also auf die *Lebensweise* des Bruders verweisen. Dieser Zusammenhang wird jedoch von Herrn D. nicht explizit hergestellt, im Gegenteil: Die Formulierung, dass der Bluthochdruck sich aus der Natur des Bruders ergab, kaschiert und verschleiert diesen Zusammenhang, indem sie suggeriert, wir hätten es hier mit einem 'natürlichen' und 'naturhaft gegebenen Zustand' zu tun (was er aber aufgrund der obigen Aussage nicht sein kann), der sich jedoch aufgrund seiner 'Natürlichkeit' jeder weiteren kritischen, Zusammenhänge aufspürenden Analyse entzieht! Die auffällige, mehrfache und fast scharfe Betonung, dass es sich bei den Erkrankungen um "zwei völlig verschiedene Dinge" handelt, die "ganz unabhängig voneinander" sind, verstärkt den Eindruck, dass die Botschaft übermittelt werden soll: 'Hier gibt es keine Zusammenhänge zu entdecken !' (was für die medizinische Seite ja durchaus zutreffen mag).

Das von der Interviewerin vermutlich intendierte Nachdenken über mögliche Zusammenhänge zwischen der ehrgeizigen und engagierten Lebensweise der Brüder und ihrer Herzprobleme (eine derartige Verbindung drängt sich zumindest auf, wenn man die unmittelbar vorausgehende Beschreibung der "steilen Karriere" des Bruders mit seiner schweren Herzkrankheit und seinem frühen Tod in Verbindung setzt), wird also von Herrn D. an dieser Stelle vehement abgewehrt. Bezeichnend ist, dass die Abwehr unter Rekurs auf Fachwissen und eine medizinisch-pathologische Typisierung erfolgt, dass sich in diese Begründung aber höchst widersprüchliche und – ganz entgegen der Idee medizinischer Klarheit und Aufklärung – eher verschleiernde und fast mystisch wirkende Deutungsmuster einschleichen ("ein Blutdruck, *der sich aus seiner Natur ergab*"). Zu dieser Abwehr gegenüber dem Entdecken *lebensweisebezogener* Zusammenhänge passt, dass Herr D. in dieser Sequenz anmerkt, dass sein Bruder noch länger hätte leben können, wenn man damals die entsprechenden Medikamente zur Bluthochdruckbehandlung gehabt hätte. Also auch hier wird der Weg der Krankheits-Bekämpfung über medizinische Maßnahmen favorisiert (bzw. ist primär präsent), nicht aber etwa die Frage nach möglichen Belastungen und Handlungsweisen, die beim Bruder zu diesem Bluthochdruck geführt haben könnten.

(c) Zum Ende des sechsten Erzählbogens (S.29/30) kommt Herr D. erneut auf das "Herzleiden" zu sprechen. Er berichtet, dass er die Herzkrankheit körperlich nicht gemerkt hätte und sie auch nur durch einen Zufall (beim Testen eines Stetoskops in der eigenen Praxis) bei sich selber festgestellt hätte (über das Abhören der eigenen Herzgeräusche). Daraufhin seien eingehende medizinische Untersuchungen durchgeführt worden, bei denen festgestellt wurde, dass es sich um einen Klappenfehler handelt, der schwerer sei als zunächst angenommen, und der zunächst einen Schrittmacher und dann eine Klappenoperation nötig machte. Herr D. betont noch einmal:

*Herr D.: "Aber, deswegen bin ich ja drauf zu sprechen gekommen: Ich hatte auch zu Zeiten – wie das Herz schon anfing zu versagen, hab' ich nichts gemerkt. Ich war noch voll leistungsfähig!"*

Er fügt hinzu, dass dies allerdings typisch für diese Art von Herzklappenfehler sei, dass es sogar Olympiasieger gäbe, die noch jahrelang voll leistungsfähig sind und nichts bemerken würden. Er führt hier den Fachbegriff seines "Herzleidens" ein: eine Insuffizienz der Aortenklappe (Aorteninsuffizienz), und er betont, dass er der Apparatemedizin "sehr dankbar" sein müsse, denn ohne eine künstliche Herzklappe wäre er heute sicher nicht mehr am Leben. Denn es sei für den Verlauf der Krankheit auch typisch, dass, "wenn 's einmal anfängt abzurutschen", dann auch "schnell und unaufhaltsam" gehe:

*Herr D.: "Also dann ist lehrbuchmäßig keine lange Lebenszeit mehr drin."*

Er führt fort, dass sein großer Vorteil darin bestanden habe, dass der Klappenfehler in seinem Falle auf ein "hoch trainiertes Herz" gekommen sei, und er unterstreicht, dass er auch im höchsten beruflichen Stress zunächst (auch spät abends noch) auf den Heimtrainer (Fahrradfahren) gegangen sei, um zu trainieren. Auffällig an dieser Sequenz ist: 1. Die engagierte Betonung, von der Krankheit *nichts gemerkt* zu haben (was dadurch entkräftet werden soll, dass dies typisch für den Verlauf der Krankheit sei – was aber die Tatsache, dass Herr D. dieses 'Nicht-Spüren' heraushebt, keineswegs entkräftet, sondern eher unterstreicht); 2. die Hervorhebung seiner Leistungsfähigkeit, die in ihrer Qualifizierung in den Bereich der Superlative gerückt wird ("voll" leistungsfähig, "hoch trainiertes Herz", Vergleich mit "Olympiasieger(n)", also extrem gut trainierten und belastbaren Menschen); 3. das Extreme des Krankheitsbildes, das schwankt zwischen völliger Symptom- und Beschwerdefreiheit einerseits und einem schnellen und unaufhaltsamen Abrutschen in den Tod andererseits; oder anders ausgedrückt: ein Krankheitsbild, bei dem über einen langen Zeit-raum ein intensiv belastender Lebensstil ohne Einschränkungen möglich ist, und eine Krankheit, die es erlaubt, sie nicht wahrzunehmen – die dann aber, wenn es keine rechtzeitige und ausreichende medizinische Hilfe gibt, zu einem dramatischen und überraschend schnellen tödlichen Ende führen kann; 4. die Dankbarkeit gegenüber der 'Apparatemedizin', die ihm letztlich das Leben gerettet hat.

Es drängt sich die Vermutung auf, dass Herr D. eine Krankheit 'gewählt' hat, die ausgesprochen gut zu seinem Lebensstil 'passt', oder dass sich – etwas weniger ver-fänglich ausgedrückt – in der Krankheit von Herrn D. seine Lebensweise wie in einem Brennglas spiegelt. Etwa in dem Sinne – um dies als eine vorläufige und am Material weitergehend zu überprüfende These zu formulieren – , dass Herr D. zu einem Lebensstil neigt, der sich extremen Herausforderungen stellt und dabei extre-me Belastungen eingeht, ohne dabei die entstehenden 'Kosten' in den Blick zu be-kommen und etwa auf körperlicher Ebene keine Signale zu empfangen, die Belas-tungsgrenzen oder Überlastungen rechtzeitig und stetig anzeigen würden; die 'Bilanz' wird vielmehr in korrespondierender extremer Weise gezogen: unerwartet, heftig und endgültig. Dies wäre womöglich auch ein Leben und eine Lebensweise, die neben extremen Dimensionen des Leidens auch extreme Dimensionen der Freude und der Erfüllung kennt – also ein extrem intensives Leben – , das aber zugleich auch mit beständigen 'Schatten' lebt: mit Ausblendungen, Wahrnehmungslücken und eventuell ganzen Bereichen der Unempfänglichkeit. Ob sich für diese These An-haltspunkte finden lassen, muss die weitere Analyse zeigen.

Äußerst aufschlussreich ist hier zunächst, den vorangegangenen Kontext des Ge-sprächs, in dem Herr D. das Nicht-Spüren der Aorteninsuffizienz einführt, zur Ana-lyse hinzuzuziehen: Herr D. berichtet von seinem Stress in der eigenen Praxis (hohe Patientenzahl, weitgehend ohne Assistenten, aufwendige eigene radiologische Ar-beit, Unterbrechungen durch plötzliche Hausbesuche, Notfälle werden zur "Kata-strophe") und seiner Neigung, stark "in Spannung zu kommen". Umso mehr hätte er mit seiner Frau die Wochenenden und Urlaube genutzt und genossen (die er als ei-nen "Paroxismus von Wonnen") beschreibt, sei aber am Sonntagmittag oder in den letzten Urlaubstagen bereits wieder in diese Spannung gekommen. Auf die Frage der Interviewerin, ob er in den entspannenden Urlaubstagen auch eine körperliche Ver-änderung gespürt habe, antwortet Herr D.:

*Herr D.: "Ähm – körperlich, also ich glaube, da fragen Sie bei mir ein bisschen vergeblich nach immer wieder körperlichen Symptomen, denn die hab' ich eigentlich nie gehabt. Also ich hab' das nie – auch wenn ich mal sehr überfordert war. Ich war dann natürlich manchmal mehr gereizt als sonst und ähm und war auch mal mehr müde als sonst, zumal ich leider seit Jahrzehnten kein großartiger Schläfer mehr bin – und ähm – das hab' ich so gemerkt, aber körperlich eigentlich hab' ich das nie gemerkt. An keinerlei körperlichen Symptomen."*

Aus dem Angebot der Interviewerin, Zustände, Gefühle, Wahrnehmungen in der entspannten Situation des Urlaubs zu erinnern, sich möglicherweise in diese Situation auch körperlich einzufühlen, macht Herr D. eine Frage nach "körperlichen Symptomen" und verlagert damit den Schwerpunkt der Frage in bezeichnender Weise: von Gefühlen und Wahrnehmungen (die in erster Linie subjektiv wären) zu Symptomen (die sich medizinisch-objektivierend darstellen lassen); von möglicherweise *positiv* besetzten Empfindungen zu eher *negativ* besetzten Erscheinungen; von Wahrnehmbarem, Vorhandenem zu Abwesendem und Nicht-Vorhandenem.

An die zentrale Aussage, körperlich nie etwas gemerkt zu haben – die Herr D. dahingehend expliziert, keinerlei auffällige (pathologische) Symptome wahrgenommen zu haben – schließt dann der Bericht an, auch den Herzklappenfehler nicht körperlich gemerkt zu haben. Auffällig ist, dass sich in die zunächst pauschal abwehrende Äußerung, "eigentlich nie" körperliche Symptome gehabt zu haben (und den diese Abwehr unterstreichenden Hinweis an die Interviewerin, hier "ein bisschen vergeblich" zu fragen), im Zuge der Erzählung immer stärker Momente einschleichen, die genau dieser abwehrenden Behauptung widersprechen: etwa "sehr überfordert" gewesen zu sein, "gereizt" und "müde" gewesen zu sein und "kein sehr großartiger Schläfer mehr" zu sein. In der Fortführung entpuppt sich die letztgenannte Aussage als eine weitere Kaschierung und Verharmlosung, denn Herr D. leidet, wie er im Anschluss berichtet, seit Jahrzehnten (!) unter schlechtem Schlaf, was sich nach einer Phase intensiver zusätzlicher Belastung (Auftrag für einen Handbuch-Artikel) zu einer manifesten Schlaflosigkeit entwickelt hat.

Ähnliche Verschiebungen ergeben sich in folgender Sequenz, in der Herr D. erneut auf die Herzkrankheit eingeht (S. 36/37). Die Interviewerin fragt nach dem momentanen Körpererleben und Herr D. antwortet darauf:

*Herr D.: " – Körperlich drückt sich auch das wiederum nicht aus. – Es tut mir leid, dass ich Sie da enttäuschen muss, aber bei mir hat der Körper – bei all diesen Belastungen, bei all dem Stress, den ich hatte, der Körper als solcher, nie negativ reagiert. Und deswegen konnt' er jetzt auch nicht positiv reagieren. Im körperlichen Befinden hat sich keine Änderung ergeben, die hat sich höchstens insofern ergeben, als es rein – ähm – organpathologische Dinge sind. Ich hab' also nach dieser Herzoperation, hab' ich zunächst einmal vorübergehend schwerste Rhythmusstörungen bekommen, die sicher durch die Operation ausgelöst waren, die dann auch mindestens ein Jahr lang angehalten haben."*

Diese Sequenz transportiert gewichtige Hinweise zu dem spezifischen Körperverständnis und Körperverhältnis, das Herr D. aufgebaut hat und wird im Folgenden noch ausführlicher zu analysieren sein. Hier interessiert zunächst vor allem die Wiederkehr des oben skizzierten Musters, dass Herr D. die Frage nach körperlichem Befinden und körperlichen Wahrnehmungen nicht qualifizierend oder illustrierend aufgreift, sondern sie als Frage nach "Symptomen" begreift, dass er die Existenz solcher (der Frage unterstellten) körperlichen Symptome oder Reaktionen dann völlig beiseite schiebt, dass sich im Nachgang aber deutliche Beeinträchtigungen bis hin zu massivsten Störungen ausmachen lassen (oben: die Schlafstörungen, hier: ein Jahr schwerste Herzrhythmusstörungen, die Herrn D. auch psychisch sehr belastet haben, weil es für ihn schlimm war, sich körperlich nicht mehr so anstrengen zu dürfen).

Damit wiederholt Herr D. in der Erzählfolge genau das, was sich vermutlich auch im größeren biographischen Rahmen abspielt und abgespielt hat: das Begreifen des Körpers als Symptomträger, das Nicht-Spüren von Symptomen (im Sinne einer Abwesenheit des Negativen) und die trügerische Täuschung über das eigene Befinden, das erst auf den zweiten Blick in seiner ganzen Schwere wahrgenommen wird.

(d) Eine intensive Erzählung zu der Herzklappenoperation und ihren Auswirkungen auf das psychische Befinden und die Lebensweise findet sich im achten Erzählbogen (S. 41/42/43/44). Die Interviewerin hatte nach einem körperlich tiefgehenden Ereignis oder Erlebnis gefragt und Herr D. antwortet: *"Wenn Sie sagen körperlich tiefgehendes Ereignis: – Ja, das war eigentlich diese Operation."* Was sich in den oben zitierten Sequenzen zur 'Schlaflosigkeit' und zu den 'Herzrhythmusstörungen' abzeichnete, wird in dieser Passage sozusagen auf der Ebene der Gesamterzählung wiederholt: Ein zunächst (in der Einstiegserzählung) als medizinischer Sachverhalt angebotenes Ereignis (Schrittmacher, künstliche Herzklappe), das zu wenig Belastung oder Leistungseinschränkungen geführt hat (Herr D. betont, dass er dadurch nur ein Jahr früher als geplant mit seiner Arzttätigkeit aufhören musste) und das scheinbar 'unbemerkt' ablief, wird nun gegen Ende des Gesprächs 'belebt', gewinnt an Kontur und Verbindung zur eigenen Person, und es wird erstmals in seiner ganzen Schwere deutlich – nämlich als "ein *sehr* großer Eingriff" (mit "perioperative(n) Eingriffe(n)", "Herz-Lungenmaschine", "Unterkühlungsnarkose") mit hohem Risiko, von dem man sich, wie Herr D. bemerkt, "auch mental" nicht so schnell erholt, und mit massiven Konsequenzen für die weitere Lebensführung (etwa der ständigen Kontrolle der Gerinnungsfähigkeit des Blutes, die Herr D. mit einem eigenen Apparat zu Hause überwacht, der besonderen Vorsicht allein bei zahnärztlichen Eingriffen, der geringeren Belastbarkeit).

So wird beispielsweise deutlich, dass Herr D. die Achtsamkeit gegenüber Verletzungen aufgrund der ständig bestehenden Trombose- und Emboliegefahr als eine einschneidende Erfahrung erlebt. Er sagt in diesem Zusammenhang:

*Herr D.: "Und dann wird 's einem schon manchmal unangenehm bewusst, dass man nur noch ein halber Mensch is', nich'."*

In der Kontrastierung von stets "voll leistungsfähig" gewesen zu sein und "keinerlei körperliche Symptome" gespürt zu haben und der (im Gesprächsverlauf) sehr spät eingeräumten Tatsache, sich aufgrund der postoperativen Folgen und Einschränkungen manchmal nur noch wie ein "halber Mensch" zu fühlen, finden bereits bekannte strukturelle Phänomene ihren Ausdruck: zum einen die Haltung eines 'Entweder – Oder' bzw. eines 'Ganz' oder 'Gar nicht' (voll leistungsfähig zu sein oder nur ein halber Mensch), zum anderen die starke zeitliche Verzögerung, mit der Einschränkungen und Gegenerfahrungen der Behinderung und Schwäche benannt werden (was darauf hindeuten könnte, dass sie auch im gelebten Leben ebenso spät und zögernd bewusst und zugelassen werden). So wie in der Beschreibung des Krankheitsbildes (und der darin enthaltenen Kontrastierung von totaler Beschwerdefreiheit und Leistungsfähigkeit mit dem plötzlichen tödlichen 'Abrutschen') wird hier die Kontrastierung vollzogen, entweder ein vollwertiger, ganzer Mensch oder aber nur noch ein halber Mensch zu sein. Dies lässt vermuten, dass Herr D. in seinen Erwartungen an sich von einem vollständig gesunden, leistungsfähigen und belastbaren Menschen ausgeht und sich auch nur dann als 'ganzer Mensch' fühlt, wenn diese Erwartungen weitestgehend erfüllt werden. Entsprechend schwer fällt es ihm offensichtlich, sich auch dann noch als 'Ganz' zu empfinden, wenn sich Einschränkungen und die Notwendigkeit einer permanenten Achtsamkeit ergeben – zumindest deutet sich an, dass ein Umbau des Selbstkonzepts und eine Integration der Einbußen und Einschränkungen nicht so gelungen ist, dass Herr D. sich auch mit diesen neuen Belastungen als ein 'ganzer Mensch' empfinden kann.

Sieht man sich die Äußerung jedoch genauer an, die Herr D. im Zusammenhang mit der größeren Rücksichtnahme allein bei zahnärztlichen Eingriffen und dem Bewusstsein, nur noch ein halber Mensch zu sein, macht, so werden weitere Strategien deutlich. Er sagt:

*Herr D.: "Und dann wird 's einem schon manchmal unangenehm bewusst, dass man nur noch ein halber Mensch is', nich'. Aber – in der Zwischenzeit vergess' ich das sehr schnell immer. Gott sei dank is' bei mir auch die Einstellung mit dem Makumar, also das is' das Medikament, mit dem sie zum künstlichen Bluter werden (...) bei mir sehr einfach."*

Herr D. baut in diese Darstellung zahlreiche Puffer und distanzierende Elemente ein (das situativ und zeitlich eingrenzende "dann" und "manchmal", das distanzierende "wird 's einem" und "man", das relativierende "schon"), die das beschriebene Bewusstsein von der eigenen Person eher fernzuhalten scheint, als ein starkes persönliches Betroffensein zu signalisieren. Eine typische zweite Strategie liegt in dem 'Aber', das diesem Allsatz konsequenterweise folgt. Typisch deshalb, weil Herr D. nicht nur an der zitierten Stelle, sondern in der gesamten Passage ein Muster einsetzt, das sich ähnlich auch an anderen Textstellen finden lässt. Er beschreibt hierbei zunächst ein Phänomen als allgemein gravierend und bedrohlich, entschärft dieses Phänomen jedoch dann für sich persönlich in folgendem Sinne: 'In der Regel und bei anderen ist es ein echtes Problem und bedrohlich, bei mir jedoch ist es leichter, einfacher, günstiger, nicht so bedrohlich.' So wird beispielsweise der "sehr große Eingriff" kommentiert mit "ich hab' mich gewundert, wie leicht das zu überstehen ist"; die schwierige Kontrolle und Anpassung der Gerinnungsfähigkeit des Blutes wird als "wesentlich einfacher" als bei anderen beschrieben, weil Herr D. sie selber durchführen kann und weil "die Einstellung" bei ihm "sehr einfach" ist; dass es "viele" gibt, die unter der ständigen Trombose- und Emboliegefahr und der medikamentösen Behandlung mit ihren Risiken "ausgesprochen leiden", und dass das "Gott sei dank" bei ihm "nicht der Fall" sei.

Auf der anderen Seite lassen sich aber auch Formulierungen finden, in denen der Akzent genau umgekehrt gesetzt wird: Die Darstellung einer eigentlich recht leicht zu bewältigenden Aufgabe (Einstellung der Gerinnungsfähigkeit am eigenen Apparat) wird abgeschlossen mit einer Äußerung, die eine hohe Belastung transportiert:

*Herr D.: "Ich hab' da 'n entsprechenden Apparat dazu, der auch ziemlich kompliziert is', aber die Bestimmung selbst ist nicht sehr kompliziert, nich'. Und das*

*kann ich dann also laufend selber anpassen – und das (!) is' natürlich dann schon 'n*
*Einschnitt – ins Leben."*

Hier kippt also die vorher konstatierte 'Einfachheit' und die relative 'Harmlosigkeit'
und 'Glimpflichkeit', mit der die Herzklappenoperation von Herrn D. insgesamt und
die an dieser Stelle thematisierte Bestimmung und Einstellung der Blutgerinnungsfähigkeit belegt wird, um in ein das ganze Leben gravierend beeinflussendes Phänomen.

Ein 'Eingriff' und ein 'Einschnitt' sind – gerade auch wenn man sie in ihrer
körperlichen Materialität 'wörtlich' nimmt – tiefgreifende, schmerzhafte und verletzende Übergriffe, die Ganzheiten oder Kontinuitäten zerstören und die Wunden und
Narben hinterlassen. Als einen solchen tiefen Einschnitt nimmt Herr D. jedoch offensichtlich nicht die Operation selbst wahr (von der er erstaunt ist, wie leicht sie zu
überstehen ist) und auch nicht die zugrundeliegende Krankheit (den Herzklappenfehler, den er nur durch Zufall entdeckt und ansonsten nicht bemerkt hat), sondern etwas
ganz Anderes: "*das (!)*", was Herr D. durch seinen auffälligen Ausruf an dieser Stelle
als besonderen oder tatsächlichen Einschnitt in das Leben erlebt, ist die ständige
*Balance*, die er jetzt bezüglich der Blutgerinnungsfähigkeit am häuslichen Apparat
herstellen muss. Er beschreibt diesen diffizilen Prozess in auffälliger Ausführlichkeit
unter Hinzuziehung zahlreicher medizinischer Fachbegriffe und möglicher Komplikationen und pointiert diesen Prozess als eine "ständige Gratwanderung" auf einem
"verhältnismäßig schmale(n) Grat" (eine zu niedrige Gerinnungsfähigkeit verstärkt
die Gefahr von Blutungen, eine zu hohe die von Trombosen). Nicht unbedeutend ist,
dass er dabei auf seine klassische humanistische Bildung zurückgreift und diesen
Prozess mit dem Satz kommentiert:

*Herr D.: "Und das ist natürlich immer ein Zustand zwischen Scylla und Charyb-*
*dis (...)."*

Geht man davon aus, dass grundsätzliche und zentrale Lebenserfahrungen zum einen
häufig in konzentrierten Bildern, Metaphern oder Aphorismen ausgedrückt werden,
und dass diese Ausdrücke zum anderen häufig mit weit zurückliegenden und bedeutsamen Erfahrungsbeständen verknüpft sind (hier vermutlich mit dem Bildungsideal
des Vaters und einem tief verwurzelten humanistischen Bildungserbe), so gewinnt
die Darstellung dieser "Gratwanderung" besonders an Gewicht.

Aufschlussreich ist, an dieser Stelle noch eine andere Metapher einzuführen, die
Herr D. im Rahmen seiner intensiven Praxistätigkeit anführt: Unter dem Zwang, sehr
oft sehr schnell Diagnosen für seine Überweisungspatienten erstellen zu müssen, hat
er sich vielfach in einer Situation befunden, die er mit "Hic rhodos – Hic salter"
beschreibt. Während in der Situation der beruflichen Arbeit ein ständiges Sich-
Beweisen und direktes, spontanes Hineinspringen in die Situation – ein Entscheiden
und Handeln unter der höchst belastenden Paradoxie, gewissenhaft und gründlich,
zugleich aber auch schnell sein zu müssen – nötig waren, scheint nun, nach der Aufdeckung und Behandlung der Herzkrankheit, ein ständiges Ausbalancieren und Jus-

tieren nötig zu werden. Und genau mit dieser *Balance*, die Herr D. hinsichtlich der Seite der medizinischen Versorgung aufgrund seiner Profession nun ständig selbst im Auge hat oder haben muss, hat er offensichtlich Schwierigkeiten bzw. genau sie wird als tatächlich gravierender Einschnitt in das Leben aufgefasst.

Dabei ist die Balance hinsichtlich der Einstellung der Blutgerinnungsfähigkeit sicherlich nur eine eher vordergründige Seite, die allerdings – und auch das ist bezeichnend – stark von Herrn D. betont wird; weitaus gravierender für das Lebensgefühl scheint jedoch zu sein, dass sich Herr D. nicht mehr so frei bewegen kann, dass er sich nicht mehr so stark belasten darf, dass er insgesamt vorsichtiger, behutsamer mit sich umgehen und mehr auf körperliche Signale und Bedürfnisse achten muss. Auf diese Aspekte geht Herr D. jedoch nur in Andeutungen und äußerst sparsam ein.

Versucht man, die Lebensweise von Herrn D. vor der Feststellung des Herzleidens und die Veränderungen seit den Operationen zusammenzudenken, so ließe sich aufgrund der bis hierher entfalteten Momente folgendes Bild zeichnen: Die angestrengte und angespannte Arbeit in der eigenen Praxis haben alle Reserven mobilisiert und Herr D. hat seine Aufgaben unter Aufbietung aller Kräfte bestmöglichst zu erfüllen versucht. Diese 'ausbeuterische' Lebensweise – die treffend in dem Bild gebündelt wird, täglich an einer Klippe zu stehen und springen zu müssen – bedeutete eine permanente Gratwanderung zwischen Forderung und Überforderung. Erholung konnte zwar genossen werden, aber die Spannung stellte sich meist schon im Vorfeld wieder ein und die Arbeit war ein ständiges 'Sich-Puschen'. Das Typische an dieser Gratwanderung war zum einen, dass sie keine wirkliche Alternative bot, sondern in unterschiedlicher Intensität 'Mehr des Gleichen' verlangte (Forderung und Überforderung); und zum zweiten, dass der schmale Grat, auf dem Herr D. sich tatsächlich befand – nämlich zwischen voller Leistung und tödlichem Zusammenbruch – *nicht sichtbar* wurde. So, als ob sich ein Bergwanderer im dichten Nebel auf einem zwar anstrengend zu begehenden aber doch breiten Plateau wähnt, *tatsächlich* aber ständig an der Kante eines Abgrundes entlangwandert. Mit der Entdeckung des Herzfehlers und den operativen Folgen wurde der 'Nebelschleier' jedoch weggerissen und erstmals das Ausmaß der tatsächlichen Bedrohung und Gefahr sichtbar.

Mit dem Erkennen des schmalen Grats, auf dem er sich befindet, musste Herr D. eine neue Haltung entwickeln, sich und sein Leben neu ausbalancieren. Eine wichtige Strategie scheint in diesem Zusammenhang zu sein, die relative Leichtigkeit und Einfachheit des operativen Verlaufs und seiner Folgen zu sehen und zu betonen und dafür – der 'Apparatemedizin', aber auch in einem religiösen Sinne – dankbar zu sein. Eine weitere Strategie scheint zu sein, die eigenen medizinischen Kompetenzen einzusetzen und zu nutzen; mit dem Gewinn, die Kontrolle zu behalten und sich möglicherweise nicht so unsicher und ausgeliefert zu fühlen, wie andere Patienten, aber auch mit der Tendenz, in medizinische und organpathologische Fragen zu flüchten und andere Dimensionen des Balance-Problems nicht wahrzunehmen.

Was Herr D. selbst 'im Nebel' bezüglich einer Balance nicht leisten konnte (oder geleistet hat), weil er die Gefahr gar nicht gesehen hat, wird von ihm in gewisser Weise auch nach dem Sichtbar-Werden der Gefahr delegiert und erneut verschleiert: Denn die 'Apparatemedizin', der er dankbar ist und die er in einer längeren Passage engagiert gegen die Naturmedizin verteidigt, ermöglicht ihm fortgesetzt die Illusion, dass selbst massive Leiden und Eingriffe 'ganz leicht' und 'problemlos' zu überstehen seien. Sein eigenes Erstaunen als Patient darüber unterstreicht, mit welchen trügerischen Suggestionen die moderne medizinische Technik aufwartet und wie sie den Menschen damit in fataler Weise die Chance nimmt, zu spüren und wahrzunehmen, in welcher Gefahr sie sich *tatsächlich* befinden, was in ihrem Körper vorgeht und wie sie eigenständig eine Balance herstellen können.

Der 'Nebel', in dem Herr D. sich befindet, ließe sich übersetzen als eine spezifische Vereinseitigung von Werten und Orientierungen, die im Kern um das Thema 'Leistung' kreisen. Sowohl die Inhalte dieses Wertkomplexes als auch seine strukturelle Anlage und seine biographische Genese (im Sinne sozialisatorischer Prozesse) sollen im Folgenden anhand einiger zentraler Textstellen herausgearbeitet werden. Dabei soll ebenfalls der Frage nachgegangen werden, wie das Leistungs-Thema mit dem Thema 'Körper' und 'Körperlichkeit' verknüpft ist.

### 3.1.3. Inhaltliche, strukturelle und sozialisatorische Aspekte von 'Leistung' und 'Körperlichkeit'

Geht man entsprechend der Erkenntnisse der Sozialisationsforschung davon aus, dass Wertorientierungen, Haltungen und Verhaltensweisen nachhaltig im Kontext früher, dauerhafter und intensiver Lebensbezüge und Kontakte erworben und angeeignet werden, so liegt es nahe, sich zunächst einmal im familialen Umfeld umzutun und zu fragen, von wem und in welcher Weise im vorliegenden Fall entscheidende Impulse bezüglich des Themas 'Leistung' ausgegangen sein könnten.

In überragender Weise sticht hier der Vater von Herrn D. ins Auge – und zwar sowohl auf der Ebene der Erzählstruktur als auch in inhaltlicher Hinsicht.

Die Interviewerin hatte nach der Kindheit gefragt und angeregt, etwas über die Eltern und Geschwister zu erzählen. Herr D. bemerkt hierauf, eine "ausgesprochen glückliche Jugend" und "zwei sehr, sehr liebe Eltern" gehabt zu haben. Nach "Eltern" wird nahtlos angefügt: *"Mein Vater war ein hochbegabter Mann"* und es folgt eine ausführliche Aufzählung der enormen Bildung, der Begabungen, des Berufs und des Ansehens des Vaters (der Vater war "der führende Rechtsanwalt" in der Geburtsstadt von Herrn D.) – es wird aber auch betont, welch ein "ausgesprochen lieber Mann" der Vater gewesen sei. Die Mutter jedoch wird nicht für sich beschrieben, sondern lediglich unter "Eltern" mitgemeint und an die Charakterisierung des Vaters als "liebe(m) Mann" mit den Worten angehängt: *"und das gilt auch für meine Mutter"*.

Ähnlich wie zu dem drei Jahre älteren Bruder (der in die beruflichen Fußstapfen des Vaters tritt) lebt die Beziehung zum Vater einerseits aus einer großen Hochachtung und Bewunderung seines Wissens, seiner Bildung und seiner Qualitäten (und Herr D. beschreibt, dass er sich noch als Abiturient geschämt habe, wie viel an Wissen und Bildung sein Vater ihm voraus hatte), andererseits aber auch aus einer affektiven Nähe und Liebe. Vielleicht ist es gerade diese Mischung aus Bewunderung, Ansporn und Liebe, die Herrn D. als den 'Jüngsten' (und eher zart gebauten Sohn) so 'anfällig' für die hohen Ambitionen und Leistungserwartungen seines Vaters und seines Bruders gemacht hat. Eine Schlüsselfunktion hatte der Vater auch hinsichtlich der sportlichen Sozialisation seiner Söhne inne. Herr D. sagt dazu:

*Herr D.: "(...) da hat schon immer unser Vater großen Wert drauf gelegt, wir haben sehr viel Sport getrieben, weil der uns immer sagte: 'Ihr könnt, wenn ihr Primi seid an der Schule, müsst ihr trotzdem gute Sportler sein.' Das war schon immer so der Typus des Primus gewesen, der zwar viel wusste, aber im Sport nix taugte. Der körperlich nix hergegeben hat, nich'. Und das hätte unser Vater nicht gemocht. Und der hat uns also immer wieder angehalten, was wir allerdings auch selber sehr gern getan haben – dass wir ähm – viel Sport getrieben haben. Und auch im Sport viel geleistet haben."*

Deutlich wird, dass es offenbar nicht genügte, dass die Söhne sehr gut (oder sogar die Besten, nämlich 'Primi') in der Schule waren, sondern dass sie auch im Sport und hinsichtlich ihrer körperlichen Leistungsfähigkeit ein entsprechend hohes Niveau erreichen mussten. Als Kontrastbegriffe und Gegenhorizonte werden eingeführt, nichts zu taugen und körperlich nichts herzugeben, was gewendet auch heißen kann und vom Vater möglicherweise so als Botschaft signalisiert wurde: 'Nur wenn du *alles* hergibst, taugst du etwas.' Was auch heißen kann: Nur ein hoher (oder sogar totaler) Einsatz führt zu einem würdigen oder würdevollen Leben.

   Wie eng der Körper und die Körperlichkeit in diesem Fall mit Leistung (und mit leistungsbezogener sportlicher Betätigung) verknüpft sind, zeigt der Kontext, in dem das obige Zitat steht: Die Interviewerin hatte gefragt, ob sich Herr D. an seinen Körper in der Kindheit, als er so etwa zehn Jahre alt war, erinnern könne. Herr D. kann zunächst mit der Frage überhaupt nichts anfangen und fragt nach, was die Interviewerin darunter (unter "Erinnerung" und "Erinnerung an meinen Körper") versteht. Nachdem die Interviewerin einige Anhaltspunkte hierzu gegeben hat (Erinnerungen etwa bezüglich des Aussehens, des Gefühls als Junge, bestimmter Erlebnisse und Aktivitäten), sagt Herr D.:

*Herr D.: "Ja – nee, also – körperlich war ich normal gebaut – normal leistungsfähig und irgendwie – Besonderheiten gab 's eigentlich nicht, wir waren, da hat schon unser Vater immer großen Wert drauf gelegt, wir haben sehr viel Sport getrieben (...)."*

Offensichtlich fehlen Herrn D. Kategorien und Dimensionen, hinsichtlich derer der Körper und Körperliches strukturiert und beschrieben werden könnte. Dies heißt natürlich nicht, dass Herr D. seinen Körper und sich in, mit und durch diesen Körper – etwa in seiner Kindheit – nicht erlebt hätte oder keine Empfindungsfähigkeit hätte, sondern es heißt, dass Herr D. nicht über die sprachlichen Mittel verfügt, spontan (vielfältige) Erinnerungen an oder durch den Körper aufzusuchen und wiederzubeleben. Da die Sprache eng mit Bewusstseinsstrukturen sowie mit affektiven und emotionalen 'Ladungen' verbunden ist, heißt das auch, dass der Körper und Körperliches im Kontext von 'Erinnerungen an die Kindheit' nicht eben vielfältig und ausdifferenziert präsent ist. Dennoch findet Herr D. (nach den Angeboten der Interviewerin) einen Anker, an dem sich Erinnerungen festmachen lassen. In Anbetracht der Schwierigkeit, *überhaupt* einen Zugang zu der Frage zu finden, gewinnt dieser Anker natürlich eine besondere Bedeutung, denn er wird – wie auch die weitere Analyse zeigt – zu *dem* zentralen Fluchtpunkt, an dem Herr D. Körpererinnerungen versammelt. Wie sieht dieser Anker oder Fluchtpunkt aus?

In seiner oben zitierten Aussage zu Erinnerungen an den Körper in der Kindheit hebt Herr D. auf den Körperbau (wie er körperlich gebaut war) und die Funktion des Körpers (wie leistungsfähig er war) ab, die im Sinne medizinischen Grundwissens die anatomischen und physiologischen Dimensionen des Körpers beschreiben. Diese eher äußerlichen Merkmale werden dahingehend qualifiziert, dass sie "normal" waren und dass es keine "Besonderheiten" gab. Die Hervorhebung des 'Normalen' und 'Nichtbesonderen' verweist darauf, dass es Herrn D. offenbar wichtig ist festzustellen, dass es bei ihm und in der Familie (zu der in diesem Kontext nur der Vater und der Bruder gehören, aus der die Mutter implizit herausfällt) keine Abweichungen von der Normalität gab. Das kann weitergehend bedeuten, dass das Sprechen über Erinnerungen aus der Kindheit deshalb so schwer fällt, weil es nichts Auffälliges, Abweichendes zu berichten gibt, weil eben alles so 'normal' war. Damit hätte die so hergestellte 'Normalität' entscheidenden Anteil an der Verarmung des Potenzials, was sich hinsichtlich vielfältiger, breit gestreuter und phantasievoller Dimensionen zum Körpererleben denken ließe. Vielleicht kommt man dem, was 'Normalität' in diesem Falle heißt, etwas näher, wenn man sich anschaut, was Herr D. (und sein Vater) mit 'Abweichung' verbinden.

Aufschlussreich ist hierzu folgendes Sprachexperiment zur oben zitierten Aussage: Im ersten Sequenzteil wird die Verbindung hergestellt: 'ich war körperlich normal gebaut und normal leistungsfähig' und 'es gab keine Besonderheiten'; im zweiten Teil wird verbunden: 'es gab keine Besonderheiten' und 'wir haben viel Sport getrieben'; dies ließe sich auch als Weil-Motiv im Schütz'schen Sinne lesen: *weil* wir viel Sport getrieben haben, gab es keine Besonderheiten; eingeschoben wird, dass der Vater immer großen Wert darauf legte, dass die Söhne viel Sport getrieben haben (das durch diesen Einschub abgebrochene "wir waren", das dann in "wir haben" umgewandelt wird, hätte anbahnen können: "wir waren sehr sportlich"; dabei ist interessant, dass der Satz auf der Handlungsebene vervollständigt wird (was die Brüder unter der Weisung des Vaters *getan* haben) und nicht auf der Identitätsebene (was sie *waren*); nimmt man diesen abgebrochenen Satzanfang ("wir waren") einmal heraus, so ergibt sich folgender Zusammenhang: "Besonderheiten gab 's eigentlich nicht (...) da hat schon unser Vater immer großen Wert drauf gelegt". Der Vater hat also darauf geachtet und Wert gelegt, dass es keine Besonderheiten gab. Was unter der Führung des Vaters 'besonders' gewesen wäre, kann sich jedoch nicht auf außergewöhnlich gute Leistungen beziehen (denn die wurden von den Söhnen ja erbracht), sondern eigentlich nur auf Auffälligkeiten, die unterhalb der Leistungsstandards liegen, also auf *Abweichungen* im Sinne der Schwäche oder Schwächlichkeit, der Kümmerlichkeit, des Versagens.

Für den Körperzusammenhang heißt das: Das 'Normale' ist somit die volle Lei-
stungs- und Funktionsfähigkeit des Körpers und beschreibbar wären lediglich die
negativen Abweichungen von diesem Ideal. Da der Vater jedoch darauf geachtet hat,
dass es diese negativen Abweichungen nicht gibt, ist auch nichts beschreibbar. Man
könnte also formulieren, dass das Ideal der Leistungs- und Funktionstüchtigkeit
alternative Möglichkeiten und Bewusstseinsformen, die sich hinsichtlich des Bildes
vom und Erlebens des Körpers ergeben könnten, erstickt. Oder genauer: dass dieses
Ideal allenfalls zulässt, negative Abweichungen in den Grenzen seiner eigenen Logik
(also als Funktionseinbußen) zu registrieren, dass aber andere 'Logiken' und Dimensionen des Erfahrungszugangs so nicht kultiviert werden können. Dieser Zusammenhang könnte augenfälliger nicht illustriert werden, als es in jener bereits zitierten
Sequenz geschieht, in der Herr D. auf die Frage antwortet, wie er sich im Moment
(in dem Status, nicht mehr im Beruf zu sein) in seinem Körper fühlt:

*Herr D.: " – Körperlich drückt sich auch das wiederum nicht aus. – Es tut mir
leid, dass ich Sie da enttäuschen muss, aber bei mir hat der Körper – bei all diesen
Belastungen, bei all dem Stress, den ich hatte, der Körper als solcher, nie negativ
reagiert. Und deswegen konnt' er jetzt auch nicht positiv reagieren."*

Bezeichnend ist, dass sich ein Körpererleben und ein Körpergefühl für Herrn D.
körperlich nicht ausdrückt. Nimmt man diese paradox anmutende Formulierung
wörtlich, so heißt das ja: Es ist kein Gefühl oder Erleben vorhanden! Denn etwas,
was sich nicht ausdrückt, ist auch nicht greifbar oder wahrnehmbar. Dies hieße in der
Verlängerung: Der Körper ist für ihn eigentlich gar nicht existent.

In der Fortführung wird jedoch deutlich, dass offensichtlich keine sprachlichen
Mittel vorhanden sind, die etwas ausdrücken könnten, was *jenseits* der Wahrnehmung negativer körperlicher Reaktionen liegt (die, wie wir wissen, von Herrn D. im
Sinne organpathologischer Auffälligkeiten beschrieben und zunächst völlig dementiert, dann aber sukzessive aufgedeckt werden). Der Körper ist also durchaus präsent,
aber eben nur in einer *spezifischen* Weise: nämlich als Träger von "organpathologi-
schen Dingen" oder Symptomen. Vollkommen folgerichtig stellt Herr D. fest, dass
ein Körper, der "*nie* negativ reagiert" hat (was in seinem Fall so nicht stimmt), deswegen auch jetzt (nach Wegfall der Belastungen) nicht positiv reagieren konnte.
Folgerichtig deshalb, weil eine 'Logik', die nichts wahrnimmt außer der negativen
Abweichung vom Normalfall des Gesunden, Funktionsfähigen, keine Begriffe und
Dimensionen bereit hält, die ein Erleben auch in anderer Hinsicht ausdifferenzieren
könnte. Doch zurück zum Erwerb und zur Struktur und Qualität der Leistung, die
eng mit dem Sporttreiben verbunden ist.

Der Sport fand nicht in Vereinen oder Organisationen des Nationalsozialismus
statt, sondern im großen "parkartig(en)" elterlichen Garten, wo die Brüder gemeinsam mit Freunden und auch mit dem Vater Leichtathletik betrieben haben. Herr D.
beschreibt sich hier als einen Einzelgänger, der eine heftige Ablehnung gegen jede
Art von "Massenauftrieb" und Massenveranstaltungen hatte (er hebt auch hervor,
dass sein Vater nicht in der NSDAP war, was ihm als Rechtsanwalt einen schweren

Stand in der Stadt verschafft hat). Die im elterlichen Garten von der Masse abgeschirmten Aktivitäten standen ganz unter dem Motto der individuellen Leistungssteigerung ("immer weiter zu kommen", "immer schneller zu rennen") und wurden fast 'professionell' ausgestattet. Zwar war keine 400 Meter-Aschenbahn im Garten, wie Herr D. bemerkt, aber man konnte "schon im Garten ganz erhebliche Strecken laufen" und es wurde mit "Stoppuhr und allem" gemessen und geprüft. Insgesamt wird spürbar, dass sich hier offensichtlich ein humanistisches Bildungsideal (das ja auch von einer gleichwertigen Förderung und Ausbildung geistiger und körperlicher Fähigkeiten ausgeht) mit berufsständischem Prestigebewusstsein ('Erbfolge' in der Kanzlei, akademische Berufe mit hohem Ansehen) und Tendenzen individualistischer Abschließung sowie moderner Leistungsbezogenheit zu einem Ideal zusammenfügt, das man in mehrfacher Hinsicht als 'elitär' bezeichnen kann.

In diesem 'elitären' Umfeld hat Herr D. offensichtlich Ideale und Haltungen erworben, die sich nachhaltig eingeprägt haben. So beschreibt er beispielsweise, dass er das Fahrradfahren, das er bis heute noch sehr gern macht, immer mit "möglicher Leistungssteigerung" betrieben hätte und dass er "ganz unwillkürlich" in seinem Studienort "immer so schnell wir möglich" zweimal täglich die Strecke von der Wohnung zur Universität gefahren sei. Ein Effekt dieses 'Trainings' ist, dass er ein gesuchter Kandidat für kardiologische Testreihen wird. Bemerkenswert ist dabei, dass er diesem Sachverhalt in einer Reihung von Superlativen nachhaltig Ausdruck verleiht: Er hatte "unwahrscheinlich günstige Werte in der Atmung und im Kreislauf", er war "sehr konstant in allen Werten", "außerordentlich leistungsfähig", hatte "alle diese außerordentlich günstigen Trainingseffekte". Hier wird eine Tendenz zur Übertreibung und eine gewisse 'Gigantomanie' deutlich, die sich an folgender Stelle noch deutlicher finden lässt: Herr D. berichtet, dass er an sich die Tendenz festgestellt habe, dass er beim Bergsteigen, beim Langlaufskifahren oder beim Radfahren stets versucht habe, andere Personen, die vor ihm sind, zu überholen (dass er dann ganz unwillkürlich schneller wurde), und dass er sich zu wahren "Höchstleistungen" aufgeschwungen habe, wenn er das Gefühl kriegte, es wolle ihn jemand überholen: Das hätte ihn ganz "krabbelig" gemacht und er hätte es nur sehr schwer ertragen können. Interessant ist, dass Herr D. dieses Verhalten heute als eine "gewisse Versessenheit" einschätzt und von sich selber sagt:

*Herr D.: "(...) 'ne zeitlang (Räuspern) hab' ich ja auch da sicher übertrieben – gerade mit der körperlichen Leistungsfähigkeit."*

Auf die Frage, ob er eine Vermutung habe, woher dieser Ehrgeiz im Leistungsvergleich (gerade auch wenn es um körperliche Auseindersetzung geht), kommen könne, antwortet er sehr direkt:

*Herr D.: "Äh – das hab' ich von meinem Vater geerbt. Der war auch, ich sagte Ihnen ja schon, ein Mann von, er war bekannt dafür, von außergewöhnlich hohen geistigen Gaben, von einer Allgemeinbildung, wie man die heute eigentlich nur noch selten mal findet (...) und trotzdem war er auch ähm – – drauf – 'versessen' is' über-*

*trieben, aber erpicht, auch körperlich immer sehr leistungsfähig zu sein. (...) Er neigte auch zum Übertreiben. Er neigte zum Perfektionismus und das hab' ich von ihm geerbt."*

Herr D. ist also der Meinung, dass er diese Ideale und Haltungen (das Leistungsbe-wusstsein einschließlich seiner extremen Auswüchse im Sinne von Übertreibungen und Perfektionismus) von seinem Vater "geerbt" habe. Diese Formulierung verblüfft, denn 'erben' bezieht sich in der Regel auf materielle Dinge (Geld, Besitz, Titel) oder auf körperliche Eigenschaften oder Krankheiten (im Sinne einer biologischen oder genetischen Vererbung). Wenn Herr D. hier von 'Erbe' spricht, meint er jedoch die Übernahme sozialer Einstellungen, Haltungen und Verhaltensweisen.

Im 'Erbe' drückt sich in der Regel eine enge Verbundenheit zwischen Erblasser und Erbendem aus und der Wille zu Tradierung und Überantwortung. Natürlich kann man ein Erbe zurückweisen, aber wenn man es annimmt (und das hat Herr D. offen-sichtlich getan) übernimmt man damit nicht nur einen Teil oder das Insgesamt des Lebenswerkes des Erblassers, sondern auch Verantwortung für das Erbe. Damit wird ein enges Band geknüpft zwischen den Personen, die durch das Erbe verbundenen sind. Überträgt man dies auf den vorliegenden Fall, so zeigt sich darin zweierlei: a) mit dem 'Erbe' der Ideale und Haltungen des Vaters ist Herr D. eine enge Bindung eingegangen, die man auch als Ausdruck einer starken *Vater-Sohn-Identifikation* interpretieren kann; b) zwischen dem 'Ererben' und 'Erwerben' von sozialen Werten und sozialem Handeln liegt ein gravierender Unterschied: 'Ererbtes' bietet nur gerin-ge Chancen der eigenständigen Aneignung, der widerständigen Gegenwehr, der Überprüfung und Modifikation – es muss 'als Ganzes' übernommen werden oder noch schärfer: Es wird einem übergestülpt und kann dann in einer vereinnahmenden Totalität wirken. Dies heißt nicht, dass Herr D. keine eigenen Erfahrungen gemacht oder keine widerständigen Reifungsprozesse durchlebt hat, aber es heißt, dass er zentrale und nachhaltig wirksame Grundhaltungen in engster Identifikation mit dem Vater und mit wenig alternativen Spielräumen übernommen hat.

Die enge Identifikation wurde vermutlich in dem vorliegenden Fall noch dadurch verstärkt, dass der Vater 1945 im Volkssturm gefallen ist und einen jungen Sohn hinterließ (Herr D. war zweiundzwanzig Jahre alt), der nun vermutlich umso intensi-ver bemüht war, die entstehende Lücke auszugleichen und die vom hoch geschätzten und geliebten Vater vermittelten und vorgelebten Werte 'als Erbe' hochzuhalten und umzusetzen. Und es kommt vermutlich hinzu, dass Herr D. von eher schmächtiger Statur war, und von daher bemüht gewesen sein dürfte, seine Kräfte zu schulen und eine vermeintliche körperliche Unterlegenheit durch Schnelligkeit und Ausdauer wett zu machen. Herr D. verweist indirekt auf seine eher kleine Statur, indem er von sich als Junge sagt, er wäre "kein Riese" und "kein Athlet" gewesen. Seine Größe, sein Gewicht und seine Konstitution zum Zeitpunkt des Interviews vermitteln den Eindruck eines eher kleinen und zarten, aber außergewöhnlich zähen Mannes. Dies würde insgesamt plausibel machen, dass sich die starken Forderungen an die eigene Leistungsfähigkeit und die Tendenz zu selbstquälerischen Überforderungen so hart-näckig etabliert haben – was nicht nur in den überehrgeizigen sportlichen Überholmanövern sichtbar wird, sondern etwa auch zur Zeit des Examens, als Herr D. das intensive Lernen in den arbeitsfreien Nächten nur noch mit Hilfe des immensen Konsums eines Aufputschmittels (Pervitin) durchsteht, aber auch in der schlafraubenden Gestaltung der Praxistätigkeit bis hin zu der Überhäufung mit Aufgaben und Anforderungen im Ruhestand, die zu einem "hausgemachten Stress" führen.

### 3.1.4.  Verschattungen: Sexualität und die 'weibliche Linie'

An mehreren Stellen der Analyse wurde darauf hingewiesen, dass sich in den Wahrnehmungen und Beschreibungen von Herrn D. spezifische Ausblendungen, Lücken oder Verschattungen finden lassen. Besonders auffällig war dies bezüglich der grundlegenden und gravierenden Tendenz, körperliches Erleben und Empfinden auf die Anwesenheit von "Symptomen" (im Sinne eines medizinischen Körperverständnisses) zu reduzieren sowie das damit verknüpfte durchgängige Muster, negative körperliche Signale (wie Müdigkeit, Gereiztheit, Schlaflosigkeit bis hin zu schwersten Herzrhythmusstörungen) zunächst völlig auszublenden, sie im Nachgang dann aber doch einzuführen, ohne sie dabei explizit als 'körperlich' zu bezeichnen. Ebenso wurde herausgearbeitet, dass sich das Körperverständnis von Herrn D. neben dieser Symptomorientierung vor allem auch durch eine starke Leistungs- und Funktionsorientierung kennzeichnen lässt, deren 'Logik' es verhindert, dass sich alternative Formen der Körperwahrnehmung entfalten können. Diesem Zusammenhang soll im Folgenden unter Rekurs bisher ausgesparter biographischer Felder systematisch nachgegangen werden. Dabei ist von zentraler Bedeutung, dass diese 'bisher ausgesparten Felder' nicht aufgrund bestimmter Analysepräferenzen entstanden sind (sich also nicht [nur] der Auswahl der Interpretin verdanken), sondern dass sie von Herrn D. in spezifischer Weise ausgespart wurden (bzw. dass er andere Themen umgekehrt in besonderer Weise akzentuiert und betont hat). Mit anderen Worten: Die von Herrn D. vernachlässigten, umgangenen oder nur schwach bedachten Felder oder Themen stellen selbst bereits bezeichnende Lücken und Ausblendungen dar, die möglicherweise auf eine gemeinsame innere Struktur und eine eigene 'Logik der Aussparung' verweisen.

Bei der Durchsicht des Gesamtmaterials fällt auf, dass den umfangreichen und zum Teil sehr intensiven und ausführlichen Passagen zu den Themenkomplexen 'Herzleiden/Operationen', 'Belastung/Stress/Praxis', 'Leistung/Sport' und 'Vater/Bruder', 'Aktivitäten im Ruhestand' sowie weitreichenden Exkursen zu medizinischem Fachwissen vergleichsweise höchst schmale Ausführungen zu folgenden Themen gegenüberstehen: zu der Pubertät, der Sexualität, der Mutter, der Ehefrau, der Tochter, dem Genuss. Auf den ersten Blick ließen sich die stark repräsentierten Bereiche von den schwach beleuchteten Bereichen wie folgt abheben: Der stark betonte Bereich umfasst Dimensionen der Arbeit, der Leistung, des Wissens, der Herausforderung/ Belastung, negativ konnotierte Gefühle, männliche Personen – der schwach betonte Bereich umfasst Dimensionen der Latenz, der Intimität und Nähe, weibliche Personen, positiv konnotierte Gefühle. Um den oben angedeuteten 'Verschattungen' – ihrer Struktur und möglicherweise ihrer Genese – ein wenig näher zu kommen, sollen jene

Stellen, an denen Herr D. sich zu den schwach repräsentierten Feldern äußert, genauer analysiert werden.

*Pubertät:*

Die erste Episode, die Herr D. zum Thema 'Pubertät' einbringt, beschreibt einen Abbruch und eine mutwillige Verhinderung. Die Interviewerin hatte im Anschluss an den ersten Erzählbogen die von Herrn D. berichtete Beschäftigung mit Musik (früher: Klavierspielen, jetzt: Musiktheorie) aufgegriffen und gefragt, ob er auch einmal in einem Chor gesungen hätte. Daraufhin erzählt Herr D., dass er als Kind ein sehr gesuchter Sänger war, mit dem Stimmbruch aber die Stimme "*restlos* verdorben" wurde und er heute nicht mehr singen könnte. Ausführlich erzählt er dann, welche Anstrengungen er immer wieder entgegen der Bitten des Oberstudiendirektors unternommen hätte, seine Stimm*un*tauglichkeit zu demonstrieren (*"ich hab' gekräht wie ein Hahn"*), um im Dritten Reich nicht im Schulchor mitsingen zu müssen (bei dem es "nur auf Lautstärke hinaus" ging, was ihm ebenso zuwider war wie die Massenauftriebe und die Manipulation der Massen).

Bemerkenswert ist hier nicht so sehr die Tatsache, dass Herr D. ein Vermögen, das er als Kind besessen hat, verliert (oder dass er sich den Masseninszenierungen der Nazis entzieht), sondern die *Radikalität*, mit der er sich von diesem Können als Kind distanziert: Das 'restlose Verderben' der Stimme kommt einer totalen Vernichtung gleich, die keinen Anschluss an dieses kindliche Vermögen erlaubt. Fast scheint es so, dass der Stimmbruch – als eine zentrale physiologische Erscheinung der Pubertät – die Kindheit und Stärken der Kindheit restlos abgetrennt und zum Verschwinden gebracht hat. Auffällig ist auch hier wieder die Tendenz zur *Übertreibung* und die Hervorhebung höchst extremer Figuren: Ein "*sehr* gesuchter Sänger" mit einer "sehr gute(n) Stimme" wird durch den Stimmbruch zu einem Jugendlichen/Mann mit einer "restlos verdorben(en)" Stimme, der sich überdies noch durch Selbstpersiflagen zu einem 'krähenden Hahn' macht oder seine Frau damit "herzlich zum Lachen" bringt, der also das Unvermögen übertreibt und sich selbst karikiert. In dieser Übertreibung des Nicht-Könnens zeigt er eine bezeichnende Ausdauer und Hartnäckigkeit und hat letztendlich auch den gewünschten Erfolg: Er muss nicht mehr im Schulchor mitsingen (was der Oberstudiendirektor mit Ärger hinnehmen muss).

Verfolgt man den musischen Weg von Herrn D., so fällt auf, dass er den Vater ebenfalls als "hochmusikalisch" beschreibt und insofern auch hier ein väterliches 'Erbe' weiterträgt, dass sich seine musischen Aktivitäten aber in einen immer abstrakteren Umgang mit Musik verwandelt haben. Während das Singen in der Kindheit noch über den ganzen Körper stattfand (die Stimme als körpereigenes Instrument), ist das spätere Klavierspielen schon distanzierter, das Musikhören und schließlich die Auseinandersetzung mit Musiktheorie im Ruhestand abstrahieren immer mehr und verlagern sich deutlich von der körperlichen zur intellektuellen Ebene. Zu dieser Bewegung der Intellektualisierung und Vergeistigung des Lebens 'passen' nicht nur die anderen Hobbys von Herrn D. ausgesprochen gut (Beschäftigung mit Kosmologie, Sprachen, Geschichte; Weiterbildung in medizinischem Fachwissen auch nach der Praxistätigkeit), sondern sie ordnen sich auch bruchlos ein in die gegen Ende des Gesprächs benannte *Bewertung* des Körperlichen und des Geistigen. Hier bemerkt Herr D., dass es für ihn ausgesprochen wichtig wäre, sich geistig fit zu halten (er nehme seine Kurse und Prüfungen (!) in Musiktheorie oder seine intensiven historischen Recherchen zu Stadtführungen, die er leitet, als "Gehirn-Joggen" und ständige geistige Herausforderung), denn:

*Herr D.: "wenn ich vor einem Angst hab', dann is' es, im Alter zu verdeppen!"*

Diese Angst vor der 'Altersverdeppung', die ihn, würde er sie bemerken, "todunglücklich" machen würde, ist noch größer als die Angst, sich körperlich nicht mehr anstrengen zu dürfen (das Klavierspielen musste er wegen zunehmender Arthrose aufgeben). Während also körperliche Einbußen, mit denen Herr D. aktuell ja umfassend ringt, eher erträglich oder akzeptabel zu sein scheinen (weil sie als vergleichsweise 'glimpflich' und kontrollierbar erlebt werden?), werden geistige Einschränkungen als eine massive Bedrohung der Identität und Integrität der Person wahrgenommen – mit anderen Worten: Der Intellekt rangiert in seiner Bedeutung vor dem Körper.

Die zweite Episode zur Pubertät steht unter dem Tenor: *"man is' einfach nich' reif genug"*. Hier erläutert Herr D. von sich aus (im Anschluss an die Charakterisierung des Vaters), dass er gern zur Schule gegangen wäre und kurz vor dem Abitur eine Klasse übersprungen hätte, was ihm zwar den Vorteil brachte, bereits mit knapp siebzehn Jahren studieren zu können und den anderen ein Jahr voraus zu haben, dass er das aber andererseits nicht noch einmal machen würde, weil er spürte: "man is' einfach nich' reif genug". Er berichtet in diesem Kontext, dass er als Medizinstudent zwar in "gynäkologische Vorlesungen" durfte, nicht aber ins Kino, "wenn die Filme nicht jugendfrei" waren, oder auch abends nach zehn Uhr nicht mehr auf die Straße. Weitere Erläuterungen oder Erklärungen gibt es zu der allgemein formulierten Aussage "man is' einfach nich' reif genug" nicht.

Auffällig ist hier zunächst auf inhaltlicher Ebene, dass der Fakt, mit sechszehn Jahren bereits als Primus das Abitur gemacht zu haben, eine ausgesprochene 'Frühreife' bedeutet – dass dies aber in starkem Widerspruch zu dem Befund steht, 'einfach nicht reif genug' zu sein; und dass sich die Vorteile des zeitlichen Vorsprungs offensichtlich in den Nachteil zu früh abgebrochener Reifungsprozesse oder versäumter Entwicklungen verkehrt haben, dass zumindest aber ein Nachteil so spürbar wurde, dass das Überspringen der Klasse und der frühe Studienbeginn als 'Fehler' bezeichnet werden und so nicht wiederholt würden.

Ein zweiter Widerspruch wird inhaltlich von Herrn D. illustriert: Dass es ihm qua Studium zwar erlaubt war, in gynäkologische Vorlesungen zu gehen, dass er aber nicht-jugendfreie Filme nicht sehen und abends nicht allein auf die Straße gehen konnte. Wie passt dieser von Herrn D. illustrierte Widerspruch zu der Aussage, nicht reif genug zu sein? Herr D. stellt hier keinen Zusammenhang her, die Sequenzfolge macht jedoch deutlich, dass er diesen Widerspruch als Erläuterung der Aussage, 'einfach nich' reif genug' zu sein, *gemeint* hat. Vermutlich will Herr D. aussagen: 'Mit sechszehn, siebzehn Jahren ist man einfach noch nicht reif genug, ein Medizinstudium zu beginnen, in dem man sich auch mit Fragen auseinandersetzen muss, die mit dem weiblichen Körper zu tun haben. Während es Gesetze gibt, die den Umgang mit Filmen verbieten, die für Jugendliche noch nicht geeignet sind (weil sie pornographische oder sexuelle Elemente enthalten, zu deren Grundbestand in der Regel auch halbnackte oder nackte Frauen gehören), wird ein Medizinstudent mit allen anatomischen und physiologischen Details des weiblichen Körpers vertraut gemacht oder treffender: konfrontiert.' Dieses Bild bleibt jedoch schief und unvollständig. Denn Herr D. hebt an einer Stelle, an der es eigentlich um seine Gefühle und Empfindungen beim Anblick von Frauenkörpern im Studium oder im Umgang mit nicht-jugendfreien Kinofilmen gehen müsste bzw. könnte (etwa auch der Frage, ob ihn diese Filme gelockt oder abgestoßen haben, was er darüber wusste, ob er mal einen gesehen hat) auf gesetzliche Bestimmungen ab und auf pauschale Allgemeinsätze ("*man* is' einfach nich' reif genug"). Er spart überdies völlig aus, was denn der *Inhalt* gynäkologischer Vorlesungen oder besagter Filme ist und worin sie sich inhaltlich oder im Sinne einer 'Überforderung' treffen – denn nur über ihre Parallelitäten lässt sich ja sinnvoll auch eine Diskrepanz konstruieren im Sinne von: 'Obwohl sie das Gleiche oder Ähnliches beinhalten, ist das eine erlaubt oder wird mir als (viel zu jungem und unreifem) Medizinstudenten zugemutet und ist das andere verboten.'

Auch wenn diese Passage insgesamt nicht sehr 'ergiebig' erscheint, so lässt sich doch festhalten, dass Herr D. sich offenbar mit Studienbeginn (also mit sechszehn, siebzehn Jahren) als noch nicht reif genug empfunden hat. Die mangelnde Reife wird nicht explizit spezifiziert (etwa als mangelnde geistige, soziale, emotionale Reife), es erfolgt aber in Form einer explizierten Diskrepanz (der Diskrepanz zwischen der erlaubten gynäkologischen Vorlesung und den verbotenen nicht-jugendfreien Filmen) ein Hinweis, der auf eine mangelnde *sexuelle* Reife schließen lässt – denn gynäkologische Vorlesungen und nicht-jugendfreie Filme haben viel mit weiblichen Körpern zu tun, verweisen auf das andere Geschlecht, auf Geschlechtliches und auf Sexualität. Festzuhalten ist dabei weiter, dass Herr D. keinerlei weiterführende Erläuterungen hierzu macht und die hier hergestellte Verbindung von mangelnder Reife, weiblichem Körper und Sexualität allenfalls andeutet, jedoch nicht konkret benennt.

*Kontakt zum anderen Geschlecht:*

Äußerst aufschlussreich ist im Rahmen der Thematisierung von Pubertät und Sexualität die folgende Passage (S. 15/16). Die Interviewerin nimmt noch einmal Rekurs auf die Jugend und fragt, ob Herr D. sich daran erinnern könne, als der Punkt kam, "wo man Kontakt zum anderen Geschlecht aufnimmt". Darauf antwortet Herr D.:

*(0) Herr D.: "Da kann ich mich gut dran erinnern. In der Hinsicht, muss ich sagen, war ich ein ausgesprochener Spätentwickler."*

Inhaltlich entfaltet Herr D. dann folgende zentrale Aussagen, die hier ohne 'Zwischentext' summarisch wiedergegeben werden:

*(1) Herr D.: "Ich hab' also zum ersten Mal – einer jungen Dame einen Kuss, einen sehr, sehr schüchternen Kuss gegeben, das war schon meine Tanzstunden-Dame gewesen."*

*(2) Herr D.: "Die Tanzstunde war allerdings äußerst kurz, die ging im – späten Frühjahr '39 los (...) deswegen hab' ich äh – nur ganz wenig Tanzstunde gehabt."*

*(3) Herr D.: "Und dann über den Krieg, da gab 's herzlich wenig Gelegenheit, sich um diese Dinge zu kümmern – ."*

*(4) Herr D.: " – ich muss, muss auch immer wieder sagen: Ich war 'n Spätentwickler, in der Hinsicht."*

*(5) Herr D.: " (...) aber: Ich hab' natürlich Freundinnen gehabt, selbstverständlich."*

*(6) Herr D.: "Und hab' dann – – jah – meine Frau kennengelernt in (Universitätsstadt)."*

*(7) Herr D.: "(...) wir haben dort auch geheiratet, und ich muss sagen, ich hab' mit meiner Frau – das große Los meines Lebens gezogen, das kann ich ohne Übertreibung sagen (...)."*

*(8) Herr D.: "Ich hab' im Leben, muss ich ganz offen sagen, nicht das erreicht, was ich mal erreichen wollte, ich wollte mal die Universitätskarriere machen (...) und das is' immer so ein bisschen ein Stachel gewesen bei mir – aber meine Frau hat mich dafür reichlich entschädigt. Was ich beruflich nicht erreicht habe, was ich erreichen wollte – bin ich in der Ehe um so glücklicher geworden."*

Besonders auffällig ist hier Folgendes:

zu (0): Die verblüffende Verbindung, sich gut an den ersten Kontakt zum anderen Geschlecht erinnern zu können, sich gleichzeitig "in der Hinsicht" aber als einen "ausgesprochene(n) Spätentwickler" zu bezeichnen. Während der offensive Einstieg ("Da kann ich mich gut dran erinnern") nahe legt, dass der Kontakt zum anderen Geschlecht für Herrn D. in der Jugend ein vitales, vielfältiges und intensiv belebtes Feld gewesen sei (an das man sich deshalb besonders gut und gern erinnert), verweist der angeschlossene zweite Satz auf das Gegenteil: Ein "ausgesprochener Spätentwickler" hat vermutlich gar keine, sehr späte oder äußerst schmale Erfahrungen im Bereich sexueller Kontakte. Zu fragen wäre, woran sich Herr D. in diesem Zusammenhang also dann 'gut erinnert': Vermutlich an die Erfahrung, ein Spätentwickler zu sein, und – nimmt man die lustbetonte Eröffnung mit hinein – vermutlich an den brennenden *Widerspruch*, eigentlich an sexuellen Dingen interessiert zu sein, sie auch intensiv zu erleben, sich zugleich aber als ein "Spätentwickler" zu empfinden oder zu definieren und sich zurückzuhalten. Vielleicht geben andere Textstellen zu diesem Widerspruch noch weiteren Aufschluss.

zu (1): Während die Andeutungen der Interviewerin ("wo man Kontakt zum anderen Geschlecht aufnimmt") von Herrn D. unter (0) noch weiter verschlüsselt werden (mit: "in dieser Hinsicht"), erfolgt hier – auch bezogen auf den Gesamttext – eine erste inhaltliche Konkretisierung: Das, was "in dieser Hinsicht" passierte, war, dass Herr D. erstmals "einer jungen Dame" einen "sehr, sehr schüchternen Kuss gegeben" hat. Der Kontext, in dem erste 'sexuelle' Erfahrungen stattfanden, ist gekennzeichnet durch Etikette ("junge Dame"), ein distanzierendes bürgerliches Ritual ("Tanzstunde") sowie große Vorsicht und Schüchternheit ("sehr, sehr schüchterner Kuss"), in deren Umkreis der "Kuss" eher zu einer sozial reglementierten und damit unverfänglichen (körperlichen) Geste als zu einem Moment leidenschaftlicher sexueller Hingabe wird. Der Zusatz, dass diese junge Dame "schon" seine Tanzstunden-Dame gewesen war, unterstreicht die relative Verzögerung und den "späten" Zeitpunkt, zu dem eine Geste, die auf Sexuelles verweisen könnte, ausgetauscht wurde. Nicht unwichtig ist auch, dass Herr D. auf ein Erlebnis anspricht, bei dem er selbst aktiv war (den Kuss "gegeben" hat), in dem er also der sozial erwarteten Rolle des Kontakt aufnehmenden und gestaltenden Mannes (fast ist man versucht zu sagen 'ordnungsgemäß') gerecht wird.

zu (2), (3) und (4): Die Äußerungen (2) und (3) heben zunächst einmal wieder auf den Zeitfaktor ab: Die Tanzstunde sei "äußerst kurz" gewesen und sie begann im "späten Frühjahr '39", also zu einem Zeitpunkt, an dem der nahende Kriegsbeginn wenig Spielraum zu kontinuierlicher und andauernder Betätigung im Tanzsaal zuließ, mit der Konsequenz, dass Herr D. nur "*ganz* wenig Tanzstunde" gehabt hat. Ausgebaut wird dieses Motiv unter (3), indem der Krieg ursächlich dafür verantwortlich gemacht wird, dass Herr D. Kontakte zum anderen Geschlecht nicht hätte aufbauen können. Das heißt in der Zusammenfassung: 'Die viel zu knappen und kurzen Tanzstunden und der ausbrechende Krieg haben Gelegenheiten zerstört, sexuelle Kontakte zu entfalten oder zu pflegen.' Der so hergestellte Zusammenhang wirkt jedoch reichlich brüchig und es stellt sich beispielsweise die Frage, warum so einseitig auf die Tanzstunde als Kontaktgelegenheit abgehoben wird und ob diese inszenierten Zusammentreffen bürgerlicher Konvention tatsächlich der geeignete Ort waren, befriedigende Kontakte aufzubauen. Und auch der Krieg allein (zu dem Herr D. erst zweiundeinhalb Jahre später, Ende 1941, einberufen wird) reicht nicht hin, eine sexuelle Abstinenz oder ein Sich-nicht-Kümmern in diesem Bereich plausibel zu machen.

Herr D. scheint die Lückenhaftigkeit seiner 'Begründungen' zu spüren und unterstreicht unter (4) noch einmal, ein Spätentwickler gewesen zu sein. Die Einleitung mit "ich muss, muss auch immer wieder sagen" bekräftigt das bereits oben angebotene Motiv in seiner Funktion als zentralem Erklärungsanker: 'Die kurzen Tanzstunden und der Krieg mögen den Kontakt zum anderen Geschlecht erschwert haben, aber die Hauptursache für die Verzögerungen und eine gewisse Distanz oder Abstinenz liegt darin, dass ich ein "Spätentwickler" bin.' Offen bleibt, was Herr D. mit dieser Legitimationsformel konkret verbindet, was einen 'Spätentwickler' auszeichnet, wie sich ein 'Spätentwickler' verhält, was dazu geführt haben könnte, dass er ein 'Spätentwickler' ist usw. ...

zu (5): Befremdend wirkt der Einschub: "aber: Ich hab' natürlich Freundinnen gehabt, selbstverständlich". Während man sich unter (4) schon fast mit dem Gedanken angefreundet hat, dass Herr D. eben ein 'Spätentwickler' ist und der Eindruck entsteht, dass auch für Herrn D. diese 'Diagnose' stimmig und nicht weiter belastend ist, macht dieser Einschub schlagartig deutlich, dass wohl vorher (mit dem 'Spätentwickler') doch nicht alles 'normal' oder 'in Ordnung' war. Denn sonst müsste Herr D. nicht einen derart intensiven Aufwand betreiben, seinen Umgang mit Frauen in den Rahmen von 'Natürlichkeit' und 'Selbstverständlichkeit' zu stellen. Dieser Versuch der Suggestion 'natürlicher' Verhältnisse missglückt jedoch gründlich, denn die Pluralisierung von Frauen (also mehrere oder gar viele "Freundinnen") wirkt im Kontrast zu den bisherigen Äußerungen eher unglaubwürdig und überzogen, Frauen "gehabt" zu haben passt schon gar nicht in das Bild des scheuen Tanzstundenpartners und die Anonymisierung der Frauen zu nicht näher spezifizierten "Freundinnen" erweckt nicht gerade den Eindruck tatsächlich intensiver und persönlicher sexueller Kontakte.

Herr D. bedient sich hier ganz offensichtlich eines *Klischees*, das davon ausgeht, dass es normal, natürlich und selbstverständlich für einen Mann sei (sein müsse), Freundinnen/Frauen 'gehabt zu haben'. Dieses Klischee wird vermutlich an dieser Stelle von ihm eingeführt, um den Verdacht abzulenken, er sei als Spätentwickler 'anormal' und hätte beispielsweise keinerlei sexuelle Erfahrung. Andererseits wird deutlich, dass Herr D. dieses Klischee gar nicht bedienen kann, weil es nicht 'seines' ist und weil er im Umgang mit Frauen ganz andere Erfahrungen gemacht und sich auch ganz anders verhalten hat. Wie seine Erfahrungen aussahen, wird in der Fortführung deutlich:

zu (6): Bezeichnend ist der sprunghafte Wechsel von den unspezifizierten "Freundinnen", über die wir nichts weiter erfahren, zu "meine Frau", die erzählerisch dann ebenso sprunghaft vom 'Kennenlernen' zur 'Heirat' geführt wird und über die gesagt wird, sie sei "das große Los" des Lebens gewesen. Hier folgt also mehreren anonymen und erzählerisch ungefüllten Kontakten ein einziger, herausgehobener, besonderer und extrem glücklicher Kontakt, der wie ein 'Gewinn im Lotto' unerwartet über einen hereinbricht und der zugleich als der einzige, letztliche und rechtlich wie sozial legitimierte Kontakt dargeboten wird (Ehe). Dies wirkt so, als ob der Kontakt zum anderen Geschlecht (und die damit verbundenen sexuellen Energien), der ja Ausgangspunkt der Frage war, genau in das Loch zwischen den klischeehaft gehabten Freundinnen und der Ehefrau gefallen sei bzw. noch griffiger: irgendwo zwischen dem (nicht gelebten) Klischee und der Ehe 'versackt' sind.

zu (7): Auffällig an dem 'Abspann' zu der Frage ist die Gegenüberstellung beruflicher Ambitionen und der Ehe und die dabei vorgenommene Umbewertung und Kippung der Verhältnisse – denn inhaltlich stellt Herr D. hierzu fest, dass er beruflich nicht das erreicht hat, was er sich vorgenommen hatte (was angesichts seines Ehrgeizes tatsächlich ein deutlicher "Stachel" gewesen sein muss), dass seine Frau und seine Ehe ihn dafür aber "reichlich entschädigt" hätten. Eine 'Kippung' deshalb, weil im Rahmen tradierter männlicher Lebensmodelle Erfolg und Karriere im Beruf deutlich vor dem Glück in der Ehe rangieren und es vermutlich eher selten der Fall ist, dass die Ehe oder die Ehefrau als wert genug angesehen werden, zur Kompensation beruflicher Einbußen herangezogen zu werden.

Diese bilanzierenden Feststellungen haben zum einen etwas ausgesprochen Mutiges und Offenes (das Eingeständnis eines 'Versagens', der Rückgriff auf eher 'unmännliche' Bewertungen, das Bekenntnis zu Glück und Stolz im privaten Leben), sie haben aber auch etwas Erschlagendes und Erstickendes. Die 'zarte' Frage nach 'ersten Erfahrungen' in der Jugendzeit endet bei den fundamentalen Säulen des Lebenslaufs – 'Beruf' und 'Ehe/Familie' – , in die die sexuellen Erfahrungen der Jugendzeit und des Mannesalters einzementiert zu sein scheinen, ohne einer Wahrnehmung oder Beschreibung zugänglich zu werden. Dies könnte auch so gelesen werden: Die 'Karriere' (die zwar nicht so lief, wie sie laufen sollte) und die 'Ehe' (die ganz besonders glücklich war) stellen nicht nur den Ausgang der Geschichte 'Ich und meine Kontakte zu Frauen' dar, sondern sie *rechtfertigen* ihn überdies noch: 'Obwohl ich ein "Spätentwickler" bin' – was aufgrund der bis hierher geleisteten Analyse auch eine Chiffre sein kann für: 'Obwohl ich sexuell nur sehr wenige Erfahrungen gemacht habe, habe ich nicht nur zu einer sozial geregelten und sanktionierten Geschlechterbeziehung gefunden, sondern auch zu einer Frau, die mich sehr glücklich macht. Und zwar so glücklich, dass dies sogar die Karriere in den Schatten stellt, die mir sehr wichtig war und der ich viel geopfert habe – zum Beispiel auch das 'Sich-Kümmern' um Beziehungen zu Frauen.'

*Attraktivität und Sexualität:*

Im siebten Erzählbogen (S. 31/32) greift die Interviewerin noch einmal die Frage nach dem Kontakt zum anderen Geschlecht auf und wählt als Zugang die Frage nach der eigenen Attraktivität ("Fanden Sie sich attraktiv als junger Mann?"). Herr D. antwortet darauf mit: "Nee – eigentlich nicht" und gibt zu verstehen, dass er "in der Hinsicht" "keine große Einbildung" gehabt habe. Dies ließe den Schluss zu, dass ein junger Mann, der sich selbst attraktiv findet, eingebildet ist oder als eingebildet gelten könnte, und dass Herr D. diesen Eindruck vermeiden will. Es kann aber auch bedeuten, dass Herr D. sich nichts eingebildet hat, was er nicht auch erfüllen konnte – dass er also tatsächlich nicht sehr attraktiv war oder sich nicht sehr attraktiv fand. Herr D. sagt, dass er nicht wisse, ob er attraktiv war, fährt dann aber mit folgender Aussage fort:

*(1) Herr D.: "Es hat jedenfalls, is' es oft so gewesen – zumindest manchmal so gewesen – dass sich die Damen um mich mehr bemüht haben als ich mich um sie. (... vgl. nachstehend [2]...) damit kann vielleicht die Frage der Attraktivität erklärt sein oder nicht, ne –. "*

In diese wie ein Rätsel aufgebaute Formulierung (1) wird der noch weitaus rätselhaftere Zusatz (2) eingebaut:

*(2) Herr D.: "Also dass wir uns recht verstehen: Ich war zu keiner Zeit auch nur in irgendeiner Weise abnorm, nich ', (lacht gepresst, zischend:)/dass Sie jetzt das nich'/ in die falsche – Kehle kriegen, aber(rr) mhm – (damit kann vielleicht die Frage der Attraktivität erklärt sein oder nicht, ne – )."*

Herr D. stellt unter (1) einen Zusammenhang her zwischen der Tatsache, dass sich die Damen um ihn bemüht hätten, und seiner Attraktivität, und er benutzt dabei die erstgenannte Tatsache als einen Hinweis oder ein Zeichen dafür, dass er wohl attraktiv gewesen sein muss (zumindest sicher aber nicht völlig unattraktiv, denn sonst hätten sich die Damen ja nicht um ihn bemüht). Mit seiner rätselartigen Formulierung umgeht Herr D. die selbstbewusste und selbstbestimmte Aussage, attraktiv gewesen zu sein, und delegiert das Urteil an die Damen. Es entsteht hier also auf die Frage, ob er sich als junger Mann attraktiv fand, eine Stufung von 1. Verneinung ("Nee – eigentlich nicht") zu 2. Bedeutungsschmälerung ("keine große Einbildung") zu 3. Unsicherheit, Ungewissheit ("weiss ich nicht") zu 4. Delegation und *indirekter Bestätigung* der eigenen Attraktivität ('Damen bemühen sich um mich', "damit kann vielleicht die Frage der Attraktivität erklärt sein"), *ohne von der eigenen Attraktivität direkt sprechen zu müssen*. Mit anderen Worten: Herrn D. gelingt es, einen wesentlichen Teil sexueller Spannung – nämlich das Bewusstsein über seine eigene Attraktivität – auszublenden (durch Verneinung, Bedeutungsschmälerung, Ungewissheit, rätselhafte Andeutungen), ohne auf diesen Teil ganz verzichten zu müssen, weil er das Urteil darüber an die Frauen delegiert und ihr Bemühen um ihn als mögliches Zeichen seiner Attraktivität deutet (wie das Bemühen der Damen tatsächlich zu bewerten ist, scheint jedoch nicht gesichert, denn der Zusatz "oder nicht" am Ende von (1) lässt die Konstruktion in der Schwebe). Überträgt man die hier entdeckte Struktur auf den Umgang mit Sexualität generell, um den es im Kern bei der Frage nach der Attraktivität geht und auf die Herr D. ja auch eindeutig in diesem Sinne reagiert, so ließe sich behaupten: Herr D. hält sich sexuelle Dinge vom Leibe (durch Ausklammerung, Negation, Schmälerung, Unsicherheit, Delegation), ohne auf Sexualität ganz verzichten zu müssen.

Ausgesprochen krude wirkt der unter (2) zitierte Einschub, der das Rätsel um die eigene Attraktivität (und sexuelle Anziehung) zu einem wahren Labyrinth macht, in dem sich die Interviewerin auch prompt 'verstrickt' und nachfragen muss, wie was gemeint und aufeinander zu beziehen ist. Herr D. erläutert dann in genau dem oben skizzierten Sinne zunächst wie folgt:

*(3) Herr D.: "Weil Sie fragen, ob ich attraktiv war (...) ich sag', ich hab' mich selber nie für attraktiv gehalten (...) aber es war so, dass etliche junge Damen – das muss ich jetzt wiederholen, sich mehr um mich bemüht haben (...) als ich mich um sie (...) also so ganz unattraktiv kann ich nich' gewesen sein."*

Und auch in dieser erklärenden Erläuterung findet Herr D. nicht zu einer positiven Formulierung, sondern bemerkt im Sinne eines vornehmen oder bescheidenen 'Understatements', nicht "so ganz unattraktiv" gewesen sein zu können. Ebenso scheint es ihm peinlich zu sein, wiederholen zu müssen, dass sich Damen um *ihn* bemüht haben (mehr als er sich seinerseits um Damen bemüht hätte), so als ob es unanständig oder verwerflich sei, von sich etwas Positives zu behaupten. Vermutlich spiegelt sich hierin u.a. auch die großbürgerliche Schule des dezenten, zurückhaltenden, galanten Mannes, der sich und seine Vorzüge nie aufdringlich zur Schau stellt – schon gar nicht den "Damen" gegenüber. Mit dieser Erklärung (3) ist der befremdliche Einschub, "zu keiner Zeit auch nur in irgendeiner Weise abnorm" gewesen zu sein, allerdings noch in keiner Weise erläutert. Auf eine entsprechende Nachfrage sagt Herr D.:

*(4) Herr D.: "Jah, dass Sie nicht denken, ich bin äh – sei, na, sprech' ich 's ruhig aus, homosexuell oder so was (lacht:)/veranlagt/ (...) nich', weil ich mich nicht so sehr um die Damenwelt gekümmert hab'. Ich hab' 's später nachgeholt – das kann ich dazu sagen."*

Herr D. fürchtet also, sich dem Verdacht auszusetzen, homosexuell gewesen zu sein, weil er sich nicht entsprechend bestimmter sozialer Vorstellungen und einer wie auch immer gearteten 'Normalität' mit der nötigen Intensität um Frauen bemüht hat (und weil es offenbar auch nicht 'normal' ist, wenn sich Frauen um Männer bemühen oder *mehr* bemühen als umgekehrt). Das Engagement, das Herr D. unter (2) einsetzt, um "recht" verstanden zu werden, die Totalität, mit der er jede 'Abnormität' zurückweist ("zu keiner Zeit", "auch nur in irgendeiner Weise") und die eigentliche Grundlosigkeit, aus der heraus er plötzlich diese Erklärung anführt – denn die Interviewerin hatte in keiner Weise eine Andeutung in diese Richtung gemacht – verweisen auf zweierlei: Zum einen scheint eine panische und tief verwurzelte Angst zu existieren, auf sexuellem Gebiet nicht 'normal' oder 'abnorm' zu sein (dazu passt, dass im Bereich der Körperlichkeit ja auch hinsichtlich des Körperbaus und der Leistungsfähigkeit das 'Normale' von Herrn D. stark betont wurde). Zum anderen scheint ein recht enges oder rigides Konzept von Sexualität zu bestehen, bei dem ein Mann, der sich nicht angemessen um Frauen bemüht, unmittelbar in den Bereich gleichgeschlechtlicher (homosexueller) Neigungen hineinassoziiert wird und dort gemäß hartnäckiger sozialer Tabus als 'abnorm' gilt; diese Zuordnung hat Herr D. offensichtlich tief verinnerlicht. Deutlich werden in (4) auch bezeichnende Sprachbarrieren ("sprech' ich 's ruhig aus"), die auf starke Berührungsängste und Tabuisierungen des Themas verweisen, sowie die generelle intensive Abwertung der Homosexualität ("homosexuell oder so was", "abnorm").

Ausgesprochen interessant ist, dass Herr D. in der Fortsetzung dieser Passage auf die Fragen der Interviewerin, ob er eine Berührung mit Frauen zunächst abgewehrt hätte oder ob ihm der Kontakt zu Frauen unheimlich war, jeweils verneinend reagiert, wobei er die Abwehr dahingehend wendet, dass er "später dran" gewesen sei "als mancher in meinem Alter" und das Unheimliche kontrastiert mit der Aussage:

*Herr D.: "Unheimlich nicht, nein. Das also auf – ganz im Gegenteil: Mich hat 's eigentlich in der Pubertät, kann ich sagen, sehr umgetrieben, nich' – ."*

Hier ergibt sich plötzlich eine neue Dimension der Sexualität, die bisher in keiner Weise zur Sprache kam. Offensichtlich waren erhebliche sexuelle Energien in der sogenannten 'Latenzphase' vorhanden, die bemerkt und möglicherweise auch ausgelebt wurden. Vermutlich jedoch allein (Herr D. beschreibt sich an mehreren Stellen als einen typischen "Einzelgänger") und vermutlich auch eher in Phantasien oder ungestillten Sehnsüchten und Gefühlen, als in einer konkreten Praxis – wie dieses 'Umgetrieben-Werden' aussah und wie er es gelöst hat, erläutert Herr D. leider nicht (die Interviewerin fragt hier aber auch nicht nach).

Das plötzliche und zunächst unverständliche Umkippen in der Erzählung von den Damen, die sich mehr um ihn bemüht haben, als er sich um sie, zu der heftigen Dementierung, homosexuell gewesen zu sein, könnte hier eine tiefere Erklärung finden: Wenn die sexuellen Impulse – aus welchem Grund auch immer – nicht mit Frauen ausgelebt werden konnten, wenn zugleich aber offenbar sehr intensive Regungen vorhanden waren, so würde es nahe liegen, diese Regungen mit anderen jungen Männern auszuleben, zumal das Umfeld von Herrn D. ein deutlich von Jungen und Männern geprägtes Umfeld war (der Vater, der Bruder, die ausschließlich männlichen Schüler des Gymnasiums, die Soldaten, die fast ausschließlich männlichen Studenten). Vielleicht lagen solche Gefühle und Gedanken dem jungen Herrn D. gar nicht so fern, auch wenn sie 'selbstverständlich' nie auch nur ausgesprochen, geschweige denn realisiert wurden. Vielleicht blieben sie auch völlig unbewusst – vermutlich hatten sie aber eine gewisse latente Kraft und Bedeutung, sonst müssten sie hier nicht so 'urplötzlich' und so engagiert abgewehrt werden.

Andererseits vergibt Herr D. mit der degradierenden Haltung, die er der Homosexualität gegenüber einnimmt (und die ganz einem bürgerlichen Erbe entspricht) ein Feld sexueller Erfahrungen und manövriert sich damit in ein sexuelles Vakuum. Denn der anderen Seite – dem Kontakt zur "Damenwelt" – wird ebenfalls durch die (elterliche) Erziehung ein entscheidender Riegel vorgeschoben, und zwar in folgender Hinsicht:

*Herr D.: " – aber ich war jahrelang der Meinung, obwohl wir von unserem Vater ganz besonders, sehr liberal erzogen waren – ich war jahrelang der Meinung: Man tut 'nem Mädel irgendwas an – wenn man – sich mit der einlässt, nicht."*

Diese entscheidende Einschränkung wird unmittelbar nach der Aussage, dass es Herrn D. in der Pubertät "sehr umgetrieben" hätte, angefügt. Sie soll offenbar die logische Lücke schließen, die sich auftut, wenn einerseits von einer großen 'Umtriebigkeit' die Rede ist, andererseits aber mit Mädchen oder Frauen kein/kaum ein Kontakt stattfand. 'Ursache' dieses Widerspruchs ist – so wird nahegelegt – der Umstand, dass trotz der liberalen Erziehung des Vaters (von dem die Jungen auch aufgeklärt wurden, weil sie Jungen waren, wie Herr D. bemerkt) sich hartnäckig die Meinung hielt, dass man einem Mädchen etwas (Böses?) antue, wenn man sich mit ihr einlässt. Die angedeutete Verletzung (etwas 'antun'), die Vagheit der Folgen ("irgendwas") und der fast vulgäre Ausdruck "sich mit *der*" 'einzulassen' signalisieren illegitimen Übergriff, Ungewissheit, Niedrigkeit und soziale Distanzierung, schaffen also einen Kontext, in dem eine Annäherung – gerade in so einem elitären Milieu wie dem, aus dem Herr D. stammt – ausgesprochen deplatziert ist.

Offen bleibt hier, wie dieses Wissen kolportiert wurde und welche Rolle der Vater (oder die Mutter) bei der Vermittlung dieses Wissens nun genau spielten (es wird nur angedeutet, dass dieses Wissen offenbar in Widerspruch zu der liberalen Erziehung des Vaters stand), gleichwohl muss es jedoch eine nachhaltige Wirkung gehabt haben, denn Herr D. bemerkt auch, dass er "lang gebraucht" habe einzusehen, dass es ganz anders sei: Dass sich nämlich weder Jungen noch Mädchen an die damit verknüpfte Maxime hielten, dass ein "Mädel" "unberührt in die Ehe gehen" solle. Somit wirft diese 'Erklärung' Herrn D. wieder auf sich selbst zurück, denn es stellt sich (erneut) die Frage, warum Herr D. so lange an das 'Berührungstabu' geglaubt oder sich ihm unterworfen hat und was seine Distanz Frauen gegenüber tatsächlich begründet hat. Eine 'Spur' der Erklärung könnte in der Art des Verhältnisses liegen, das Herr D. erzählerisch zu seiner Mutter aufbaut.

*Die Mutter:*

Während der Vater an sechs Stellen verteilt über den Gesamttext erwähnt wird, die Ausführungen zu seinen Eigenschaften und seinen Lebensmaximen ausgesprochen plastisch sind und seine Vorbild-Wirkung und sowie der Einfluss, den er offensichtlich in zentralen Lebensbereichen gehabt hat (geistige und moralische Bildung, sportliche Erziehung, Fragen der Aufklärung), deutlich hervortreten, so bleibt die Mutter erzählerisch äußerst versteckt. Lediglich an zwei Textstellen wird sie überhaupt erwähnt – dabei zum ersten Mal in einem Nebensatz und beim zweiten Mal auf Nachfrage der Interviewerin. Zu den beiden Stellen im Einzelnen:

1. Im zweiten Erzählbogen, als die Interviewerin nach der Kindheit fragt, spricht Herr D. von seinen "sehr, sehr liebe(n) Eltern", geht dann aber zunächst – wie bereits oben angedeutet – auf seinen Vater ein; erst in der Wiederholung, dass sein Vater ein "ausgesprochen lieber Mann" gewesen sei wird diese Aussage verlängert in Richtung der Mutter mit: "und das gilt auch für meine Mutter". Diesem 'Zusatz' folgt jedoch keine weitere Erläuterung, wie diese 'Liebe' der Mutter aussah, ob und wie sie sich von der des Vaters unterschied oder welche anderen, ganz eigenen Qualitäten die Mutter sonst noch hatte. Stattdessen wird zu "wir" übergegangen ("wir waren eine ausgesprochen glückliche Familie"), eingeschoben wird der Bruder und fortgeführt wird mit den sportlichen Aktivitäten der Brüder im elterlichen Garten. Die 'hinzugefügte' und 'nicht eigenständig gewürdigte' Mutter wirkt wie ein Fremdkörper und scheint nicht recht integrierbar in die Welt der 'Männer' (Vater/Ehemann und Brüder/Söhne). Faktisch hat sie offensichtlich auch keinen Anteil an der Bildung, dem Sport und den beruflichen Aktivitäten der übrigen Familie.

2. An der zweiten Stelle (im siebten Erzählbogen) wird die Aufmerksamkeit von der Interviewerin auf die Mutter gelenkt: Sie fragt nach, welche Rolle die Mutter im Rahmen der Aufklärung und des Kontakts zum anderen Geschlecht gespielt hat (Herr D. hatte zuvor wiederum den Vater und seine liberale Erziehung in diesem Kontext eingeführt). Typisch für die sich anschließende Passage ist, dass sie auf der Ebene der Erzählstruktur nicht nur durch Sprünge und Brüche gekennzeichnet ist, sondern auch durch massive Stockungen und Ratlosigkeit (bei beiden Gesprächspartnern) sowie wiederum durch eine bezeichnende Häufung von Abstraktionen und

Negationen. So antwortet Herr D. auf die Frage "Welche Rolle hat ihre Mutter da gespielt?" nach kurzem Zögern:

*Herr D.: " – Keine hemmende! – Auf gar keinen Fall! Wir waren wie gesagt, wir sind liberal erzogen worden, nich'."*

Auffällig ist, dass von der Satzanlage her auf die Mutter als Subjekt oder Person in keiner Weise Rekurs genommen wird und dass die Spezifizierung ihrer Rolle oder Funktion nicht nur äußerst knapp, sondern auch als eine Negation formuliert wird ("Keine hemmende!"). Auch in der Fortführung wird nicht von der Mutter gesprochen, sondern in Kollektivform ein Tatbestand wiederholt, der eher eine erneute Anknüpfung an den Vater darstellt (der die Brüder "ganz besonders, *sehr* liberal erzogen" hat) als einen aufschließenden Hinweis zur Mutter. Und auch die weiteren Erläuterungen bringen keine Erzählungen zur Mutter, sondern führen immer weiter von ihr weg bzw. verlieren sich in Allgemeinsätzen zum familialen Klima hinsichtlich Fragen der Aufklärung und Sexualität ("dass sehr offen über alle diese Probleme gesprochen wurde", "Aber es ging bei uns keineswegs verklemmt zu."). Herr D. schließt seine Ausführungen zu der 'nicht hemmenden' Rolle der Mutter ab mit den Worten:

*Herr D.: "Also wir waren schon aufgeklärt. Wir waren Jungens, vom Vater aufgeklärt, aber wir konnten auch mit der Mutter sehr – sehr offen darüber sprechen."*

Von der Mutter erfahren wir also, dass sie nicht nur "lieb" war, sondern dass sie auch "offen" war. Diese Offenheit bleibt jedoch merkwürdig 'offen', denn es entsteht keinerlei Bild, wie die Mutter mit den Söhnen umgegangen ist, was sie in ihrer 'nicht-hemmenden' Art konkret getan, gesagt hat, wie Herr D. auf seine Mutter zugegangen ist, welche *Beziehung* überhaupt zwischen den beiden bestanden hat. (Die Beziehung zum Vater ist wesentlich deutlicher: Der Vater hat angespornt, Urteile gefällt, Herr D. hat sich ihm gegenüber geschämt, er hat ihn verehrt, er hat Einstellungen von ihm übernommen usw.).

Nachdem zu der Nachfrage, wie denn diese 'nicht-hemmende' Rolle aussah, keine Erzählungen zu der Mutter folgen, und auch die Tatsache, mit der Mutter "sehr offen darüber sprechen" zu können nicht illustriert wird, entsteht ein deutlicher Bruch im Gespräch. Die Interviewerin wechselt das Thema und fragt nach dem Einfluss der Mutter auf den Wunsch, Medizin zu studieren. Auch hier spricht Herr D. zunächst von den Eltern (die keinerlei Einfluss auf sein frühes und starkes Interesse an der Medizin hatten) und macht dann kurz einige Andeutungen zur Herkunft der Mutter (sie war die Tochter eines Metzgermeisters), um zu plausibilisieren, dass von der mütterlichen Richtung keinerlei Einfluss auf die Wahl des Medizinstudiums ausging. Bezeichnend ist, dass dieser Sequenz (die ja wiederum von einem Nicht-Zusammenhang lebt) eine längere Pause des Schweigens folgt und Herr D. dann bemerkt:

*Herr D.: "Jetzt wird 's schwer, weiter zu fragen?"*

Deutlich wird, dass Herr D. offensichtlich eine Blockade oder Stockung wahrnimmt. Er bezieht diese Stagnation jedoch nicht auf sich (indem er beispielsweise sagen würde: 'Mir fällt dazu nichts mehr ein.' oder 'Ich kann zu meiner Mutter wenig sagen.'), sondern wendet die Blockade in ein Problem der Interviewerin (die möglicherweise jetzt Schwierigkeiten hat, weiter zu fragen). Damit delegiert er die Verantwortung für den Gesprächsverlauf an sein Gegenüber und entzieht sich dem gesamten Themenkomplex. Offensichtlich ist aber ebenso die Ratlosigkeit der Interviewerin, die an dieser Stelle keinen Ansatzpunkt mehr findet, Substanzielles zur Mutter von Herrn D. zu erfahren. Insgesamt ergibt sich der Eindruck, dass an die Mutter von Herrn D. nicht 'heranzukommen' ist, was ja auch darauf verweisen könnte, dass Herr D. selbst *keinen Zugang* zu seiner Mutter hat gewinnen können. Zumindest aber – und das ist ganz offensichtlich – nicht so leicht einen Zugang zu ihr herstellen kann, wie ihm dies etwa bei seinem Vater oder seinem Bruder gelingt. Damit wäre ihm jedoch eine ganze Welt verstellt – nämlich die 'weibliche'. Und vielleicht hängt genau mit diesem verschlossenen Zugang zur Mutter die deutliche Sprachlosigkeit und Handlungslähmung von Herrn D. zusammen, die sich in allen Bereichen zeigt, die mit Frauen zu tun haben.

*Die Ehefrau und die Tochter:*

Die 'Verschattungen', die sich bei den Erzählungen zur Mutter zeigten, setzen sich bezüglich der Ehefrau und der Tochter fort. Bereits in der breiten Einstiegserzählung werden beide nur in folgendem Satz erwähnt:

> Herr D.: *"(...) bin dann an der Uniklinik in (Stadt) Assistent geworden – und ähm – dort hab' ich auch meine Frau kennengelernt, wir haben dort geheiratet, unsere Tochter ist dort auf die Welt gekommen – und: Eigentlich war (Stadt) unsere zweite Heimat geworden. Und ähm von (Stadt) aus wurd' ich dann Oberarzt an der Medizinischen Klinik in (andere Stadt) (...)."*

Herr D. baut also in die Beschreibung seines beruflichen Weges Frau und Tochter wie weitere Etappen ein, ohne sich ihnen ausführlicher zu widmen (allenfalls die Formulierung "unsere zweite Heimat" lässt darauf schließen, dass die Familie auch über ein Binnenleben verfügt und gemeinsame Affinitäten entwickelt hat). Der reihende Erzählstil mit der dreifachen Wiederholung des "dort" ist monoton und verleiht der Darstellung von Frau und Tochter etwas Enges, Schweres und auch Langweiliges. Zur Vorstellung der Frau wird auch hier die Figur 'Kennenlernen' und 'Heirat' verwandt, was den Eindruck von Ordnung und Regelmäßigkeit bestärkt, aber in seiner Formelhaftigkeit wie zu einer Fassade erstarrt, die das dahinter stehende Leben unsichtbar macht.

Die zweite Passage, an der von der Ehefrau die Rede ist, wurde bereits in dem Kapitel 'Kontakt zum anderen Geschlecht' angesprochen. Hier taucht die Frau nach den nicht näher explizierten "Freundinnen" auf und wird als "das große Los meines Lebens" vorgestellt. Um dieses "große Los" glaubwürdig zu machen, führt Herr D. eine Bekannte ein, die die Qualitäten der Ehefrau bestätigen würde, und erläutert:

*Herr D.: "Ich hab' eine ebenso liebe wie nette wie tüchtige Frau – mit der ich wirklich sehr, sehr glücklich geworden bin."*

Es folgt der bekannte Hinweis, dass die Frau ihn für die 'verpasste' Karriere "reichlich entschädigt" hätte und dass er "in der Ehe umso glücklicher geworden" sei. Vergleicht man diese beiden Textstellen, so wird eine bezeichnende Diskrepanz deutlich: Der eher distanziert und fassadenhaft wirkenden Vorstellung der Frau in der Einstiegserzählung folgt hier eine fast überschwengliche Lobeshymne und die Schilderung außergewöhnlichen Glücks – Kargheit, Distanz und eine gewisse Sprödigkeit wechseln mit überschießender Freude, Lust und Genuss. Dieses Muster des Pendelns zwischen Extremen und der Übertreibung ist inzwischen vertraut und scheint typisch für Herrn D. zu sein.

Es stellt sich jedoch zusätzlich die entscheidende Frage – auch angesichts der ansonsten ausgesprochen 'schattenhaft' repräsentierten Ehefrau, die wie die unsichtbare Verlängerung von Herrn D. in harmonischem Gleichklang mitgeführt wird -, ob dieses überbetonte Glück letztlich nicht auch eine Variante jener Sprachlosigkeit ist, die Herr D. im Umgang mit und in der Beziehung zu Frauen (vielleicht aber sogar generell in Beziehungen) zeigt. Das 'Glück' wirkt wie ein Siegel, das jeden weiteren Aufschluss, jede Differenzierung, jeden Widerspruch und damit auch jeden Konflikt zudeckt. Es könnte sein, dass Herr D. das 'Glück', mit dem er seine Frau und seine Ehe umgibt, als einen Schild einsetzt, der ihn davor schützt, sich *tatsächlich* mit Frauen, mit seinem Zugang zu Frauen und zur Weiblichkeit und letztlich vielleicht auch mit seiner eigenen 'Weiblichkeit' auseinandersetzen zu müssen. Und dies würde im Gegenzug auch bedeuten, dass er Probleme in der Identifikation mit dem Mann-Sein hat und dass das Thema 'Geschlechtlichkeit' insgesamt einen diffusen und nicht erschlossenen Raum in der Biographie von Herrn D. darstellt.

Bezeichnend ist weiterhin, dass ihm zur Charakterisierung seiner Tochter auch (nur) einfällt, dass sie "eine sehr liebe Tochter" und "auch eine sehr tüchtige" ist, und dass er angedeutete Schwierigkeiten bei der Trennung vom Elternhaus zunächst bagatellisiert, dann ausweitet und schließlich über den Vergleich mit anderen wieder entdramatisiert, ohne dabei aber auf die *Art* des Konflikts, seine eigenen Reaktionen und Gefühle in diesem Konflikt, das Verhalten der Tochter oder ähnliches einzugehen. Abgeschlossen wird die Erzählung zu der Tochter damit, dass er und seine Frau "ein Herz und eine Seele mit der Tochter" seien und dass dies damit zusammenhänge, dass beide Elternhäuser (das eigene und das der Frau) "sehr glücklich" gewesen seien sowie "völlig intakt" und so, dass auch die Ehefrau "nur mit großer Liebe und Dankbarkeit" an ihre Eltern zurückdenke. Also auch hier wird nichts entfaltet oder aufgeschlossen, sondern zugedeckt mit dem Tuch des großen Glücks und der totalen Stimmigkeit ("völlig intakt"), was an dieser Stelle (nicht nur angesichts der Konflikte mit der Tochter und eingeräumter Belastungen der Familie der Ehefrau durch den Tod des Vaters, Vertreibung und Flucht) überzogen und unglaubwürdig wirkt.

Auch hinsichtlich des Erlebens von *Genuss* ergibt sich eine starke Polarisierung und deutlich positiv konnotierte Gefühle stehen in unmittelbarer Korrespondenz zu starken Belastungen. Exemplarisch sei hier noch einmal auf die Textpassage verwiesen, in deren Vorfeld Herr D. ausführlich von seiner Daueranspannung in der überfüllten Praxis berichtet, an die er aber auch den Hinweis anknüpft, dass gerade der Freitagabend mit seiner Vorfreude auf das Wochenende "ein Paroxismus von Wonnen" gewesen sei, und dass er und seine Frau dies wie auch die Urlaube *"genossen"* hätten: *"also wirklich von der ersten bis zur letzten Stunde"* und *"wirklich ausgeschöpft bis zum Letzten"*. Diesem euphorischen Kontrast folgt jedoch eine Einschränkung:

*Herr D.: " – ich sag' allerdings bis zur letzten Stunde und da lag dann schon ein bisschen der Hase im Pfeffer: Ich bin dann zum Beispiel so ab Sonntagmittag, da kam ich schon wieder in Spannung, oder in den letzten Urlaubstagen, da war ich auch schon wieder in Spannung, nich', wie das jetzt, wie das jetzt weitergeht (...)."*

Wieder also begegnen wir der Figur der Übertreibung und es zeigt sich, dass Herr D. auch dieses Glücksgefühl nicht durchhalten kann – er muss es relativieren und einschränken (hier, weil ihn die dominante Arbeit und der Stress früher einholen, als es ihm lieb ist). Auf der anderen Seite legt das Nebeneinander von starker Belastung und Anspannung sowie das Erleben von "Wonnen" auch eine breite Skala von Gefühlen nahe und lässt auf *hohe Intensitäten* des Erlebens schließen. So bekundet Herr D. auch gegen Ende des Gesprächs von sich aus, dass er sein Leben als ein "reiches Leben" empfindet und dass er sich (jetzt) darum bemüht, bewusst zu leben und sich etwa klar zu machen, was in den letzten drei Wochen alles passiert ist und wie inhaltsreich sie doch waren. Festzuhalten ist, dass lustvolle Erfahrungen zum einen eng mit starken Belastungen verknüpft sind, und dass eine zunächst scheinbar ungetrübte und 'totale' Freude relativiert werden muss.

Wie bereits ausführlich dargestellt wurde, hat Herr D. große Schwierigkeiten, körperbezogene Themen und Erfahrungen aufzusuchen, die jenseits pathologischer Symptome oder rein organischer Abläufe angesiedelt sind. Und auch hinsichtlich solcher Themen, die in sein medizinisch orientiertes Körper-Konzept passen würden, verschweigt, bagatellisiert oder 'übersieht' er häufig Erfahrungen, die dann erst in einem zweiten Schritt nachgereicht werden. An einer Stelle jedoch (S. 36) spricht Herr D. erstaunlich differenziert von der Wahrnehmung seiner Herzklappe, die er entweder hört oder spürt oder auch hört *und* spürt, die manchmal einen unangenehmen Schlag verursacht, dem er aber durch Veränderung seiner Körperstellung begegnen kann. Er schließt diese sehr feine Beschreibung ab mit den Worten:

*Herr D.: "Aber das ist das Einzige, was ich jetzt körperlich spüren würde – und ähm – äh, äh – das is' rein organisch erklärt, nich.'"*

Die Interviewerin wirft ein, dass es ja auch andere Bereiche körperlicher Erfahrung gäbe, die sich nicht unbedingt auf Körpersymptome richten, und Herr D. fragt interessiert: "Was meinen Sie jetzt zum Beispiel?". Die Interviewerin bietet eine Erfahrung auf der Ebene körperlichen Genusses an (unter einer warmen Dusche zu stehen, sich einzucremen) und Herrn D. fällt dazu ein, dass sie (er und seine Frau) es sehr genießen, in die Sauna zu gehen:

> *Herr D.: "(...) und die genieß' ich wirklich immer, die Sauna. Also alleine schon diese Hitzeeinwirkung, ich neige da, wie überall, sehr zum Übertreiben (...) aber(rr) ähm – das kann ich schon genießen. Oder mich auch mal in die warme Sonne zu legen, wenn 's mir kalt ist (...). Also so, dass ich jeder Körperlichkeit abhold wäre, das is' sicher nich' der Fall."*

Herr D. greift hier zunächst ('brav') das Thema 'Wärme' auf, das in dem Beispiel der Interviewerin enthalten war, und entfaltet die Assoziationen 'Sauna', 'Sonne' und 'Heizofen' dazu. Auch hier taucht wieder das Moment der Übertreibung auf (wird von Herrn D. explizit eingebracht) und es zeigt sich erneut eine enge Verbindung von Genuss und Leiden, wobei hier durch Übertreibungen der Genuss in Leiden umkippt (die übermäßige Hitzeeinwirkung in der Sauna ist anstrengend, qualvoll und gesundheitlich auch nicht ungefährlich).

Verblüffend ist wiederum der Abschluss, dass es sicher nicht zutrifft, dass er "jeder Körperlichkeit abhold" wäre. Ähnlich wie er oben nach der Erzählung zum Spüren der Herzklappe das Thema 'Körper' als ein eher fruchtloses Feld abschließt (im Sinne von 'Da gibt es weiter nichts zu erzählen.' bzw. 'Wenn da überhaupt etwas Körperliches ist, dann ist es rein organisch erklärbar.'), so stellt er hier zunächst in den Raum, dass er "jeder Körperlichkeit abhold" wäre, um diesen Eindruck dann aber zurückzuweisen. Das kann heißen: 'Auch wenn leicht der Eindruck entstehen könnte, dass ich jeder Körperlichkeit abhold bin, so ist dies faktisch nicht der Fall.' Das hieße andererseits aber auch, dass Herr D. möglicherweise durchaus selbst spürt oder vielleicht auch weiß, dass er hinsichtlich körperlich-sinnlicher Genüsse nicht gerade aufmerksam oder bewusst mit sich umgeht, dass hier leicht der Eindruck einer gewissen Sprödigkeit entstehen kann und dass seine Übertreibungen und seine Versessenheit auf sportliche Leistung und Askese eine gewisse 'Fühllosigkeit' in sensibleren und lustbetonten Bereichen hervorrufen, die sich auch in einer bezeichnenden 'Sprachlosigkeit' in diesen Kontexten niederschlägt.

Und es ergibt sich noch ein anderer interessanter Zusammenhang: Während die 'Wärme', von der die Interviewerin spricht und die Herr D. kurz in mehreren Assoziationen aufgreift, sich wohlig ausbreitet, angenehme Empfindungen auslöst und etwas ist, dem man sich einfach passiv überlassen kann, stellt das Beobachten der Herzklappengeräusche ein Phänomen dar, das eine gespannte Aufmerksamkeit verlangt, das mit der geistigen Aktivität des Registrierens verbunden ist und das Gefühle der Angst sowie Kontrollbedürfnisse mobilisiert. Genau von diesem Phänomen aber erzählt Herr D. ausgesprochen detailliert und er bezeichnet es sogar als "das einzige, was ich jetzt körperlich spüren würde". Dies lässt vermuten – und wird durch den Gesamttext bestätigt – dass Herr D. in solchen Bereichen eine besondere Sensibilität entwickelt hat, die mit Aktivität, mit Ängsten des Versagens und mit einem Kontrollbedürfnis verknüpft sind.

So spricht er beispielsweise auch schon in der Einstiegserzählung ausführlich ü-
ber seine rechtzeitige Pflege von Hobbys, die er im Ruhestand dann so ausgebaut
hat, dass das Übermaß an Aktivität zu einem "Unruhestand" führte. Dahinter steht
die große Sorge, im Alter nichts mit sich anzufangen zu wissen (was er als negatives
Beispiel und Warnung bei einigen seiner Kollegen so erlebt hat) und die bereits
angesprochene Angst, im Alter zu "verdeppen", was insgesamt verbunden wäre mit
einem 'Absacken' und 'Durchhängen', letztlich aber mit dem Verlust von Leistungsfähigkeit und einem Kontrollverlust. Das Bemühen um die Aufrechterhaltung von
Aktivität, Leistung und Kontrolle ist also dominant und rangiert deutlich vor den
Momenten des passiven Sich-Überlassens. Damit soll nicht gesagt werden, dass Herr
D. unfähig wäre, sich überlassen zu können oder sich wohligen, angenehmen Empfindungen hinzugeben, sie wahrzunehmen und zu spüren – gesagt werden kann jedoch, dass dieser Pol in der Erzählung und damit in den Bewusstseinsstrukturen im
Gegensatz zu anderen Horizonten (dem der Aktivität, Leistung, Kontrolle) deutlich
unterrepräsentiert ist und nur dann mit vergleichsweise kargen Worten gefüllt werden kann, wenn er durch Impulse von außen (hier: dem Hinweis der Interviewerin)
hervorgelockt wird.

Zu dem Bereich des Genusses kann – zumindest potenziell – auch das Feld der
Sexualität gehören. Herr D. bezieht sich auf dieses Feld, als die Interviewerin nach
einem besonders schönen Erlebnis fragt, das Herr D. mit dem Körper verbindet. Er
beginnt hierzu mit den Worten: *"also auf Anhieb würde mir keins einfallen"*, setzt
dann aber fort:

*Herr D.: "Wenn Sie nich' das rechnen, was auch eine Ehe ausmacht, nich'."*
*I.: "Mhm! – Doch, das rechne ich auch (lacht)!"*
*Herr D.: "Mmjoa. – – – Das is' auch in meinem Leben – besonders glücklich*
*gewesen. Muss ich sagen."*
*I.: "Mhm! – Wollen Sie etwas dazu sagen?"*
*Herr D.: "Nein."*

Und auch hier zeigt sich das inzwischen hinlänglich vertraute Muster, dass *positive*
Körpererfahrungen nicht unmittelbar präsent sind. Hinzu kommt die für Herrn D.
ebenfalls 'typische' Verschleierung und Verkleidung, wenn es um sexuelle Dinge
geht. Hier mischen sich in den persönlichen Umgang mit dem Thema Sexualität
sicherlich auch deutlich sozial etablierte Muster, wie etwa das der engen Verknüpfung von Sexualität und Ehe und eine generelle Hemmung sowie ein allgemeines
Sprachtabu hinsichtlich des Themas, das in dieser Generation und vielleicht gerade
in gehobenen Schichten und unter Männern ausgesprochen intensiv zu wirken
scheint. (Zu unterschätzen sich dabei sicherlich auch nicht die Tatsache, dass die
Interviewerin eine jüngere Frau war.) Und es taucht schließlich das ebenfalls vertraute Muster auf, dass dieser Bereich (also der Kontext von Ehe – Sexualität – Ehefrau)
zwar als "besonders glücklich" bezeichnet wird, dass dieses 'Glück' aber nicht beschreibbar ist bzw. nicht beschrieben wird. Dies heißt wiederum nicht, dass Herr D.
keine erfüllende Sexualität mit seiner Frau leben konnte oder erfahren hat (wobei
aufgrund des Sprachtabus offen bleiben muss, was Herr D. als Erfüllung wahrge-

nommen hat, worin diese Erfüllung für ihn bestand und ob darin möglicherweise spezifische Einseitigkeiten und Ausblendungen enthalten sind), sondern es verweist auf das *strukturelle* Phänomen, dass ein übermäßig positiv konnotierter Raum ebenso plakativ wie vage hergestellt wird, dass dieser Raum aber letztlich ungefüllt und unbelebt bleibt.

### *3.1.5. Zusammenfassung*

Abschließend soll der Versuch unternommen werden, wesentliche Dimensionen der Analyse zu bündeln und einige zentrale Überlegungen zu der Verknüpfung sozialisatorischer Bedingungen und dem spezifischen Körperumgang und dem Körperverhältnis, das Herr D. unter diesen Bedingungen ausgebildet hat, anzustellen. Um die vorher geleistete ausführliche Analyse und ihre Erkenntnisse nicht unnötig zu verwässern, seien hier nur sehr knapp zentrale Dimensionen skizziert und auf wesentliche – zum Teil so noch nicht formulierte – Zusammenhänge pointiert hingewiesen.

Im Hinblick auf die familiale Sozialisation lassen sich als dominante Bedingungsfaktoren festhalten: die Dominanz des Vaters und einer männlichen Welt; der starke Einfluss des Vaters mit seinen Ansprüchen an Bildung, Leistung und Perfektion; der Einfluss des Vaters in moralischer Hinsicht und in Fragen der Aufklärung; das Vorbild des älteren Bruders; die schattenhafte Repräsentanz der Mutter (die zwar positiv konnotiert wird, inhaltlich aber ungreifbar bleibt); keine Schwestern (die eine Auseinandersetzung mit der Frage der 'Geschlechtlichkeit' hätten fördern können); das elitäre Umfeld; die Tendenz des Einzelgängertums, der Abkoppelung vom politischen und gesellschaftlichen Umfeld; der relativ frühe Verlust des Vaters.

Typische Erscheinungen im Rahmen der frühen Sozialisation (Kindheit/Jugend) sind: die radikale Distanzierung/Abbruch von ursprünglichen kindlichen Qualitäten; Bruch mit der Kindheit; eine handlungsbezogene, frühe Einführung in Leistungsmuster in einer männlich dominierten Welt (Sport mit Vater, Bruder); eine starke Identifikation mit den Erwartungen und Orientierungen des Vaters, das 'Erbe' seines Verhaltens (Perfektionismus); die extreme Frühreife hinsichtlich des Bildungsweges (Abitur, Studium); die deutlich verzögerte, verspätete Reife in sexueller Hinsicht (die einher geht mit einer gewissen Distanz gegenüber Frauen und mit späten sexuellen Erfahrungen).

Auf struktureller Ebene – im Sinne typischer Erzählstrukturen sowie im Sinne sichtbar werdender Handlungsstrukturen im gelebten Leben – lassen sich folgende Momente festmachen: die Suche nach klaren Vorgaben und einem klar strukturierten Handlungsrahmen; die Betonung von 'Normalität' und 'normalen' Verhältnissen; der Rückzug auf Abstraktionen; die starke Orientierung an professionellen Deutungsmustern und Fachwissen (Medizin); ein ausgeprägter Ehrgeiz und hohe Leistungserwartungen; Anstrengungen, die im Bereich des Extremen liegen; eine deutliche Tendenz der Negation: a) im Sinne einer überrepräsentierten Wahrnehmung des Negativen (und einer deutlich unterbelichteten Artikulation des Positiven), b) im Sinne der Dementierung des Negativen (als Nicht-Vorhandensein des Negativen), c) im Sinne der Vermeidung der Artikulation des Positiven, was durch eine doppelte Negation bewerkstelligt wird ("nicht unattraktiv", "keine hemmende" Rolle); starke Übertreibungen (sowohl im Sinne des 'Glücks' als auch hinsichtlich der sich selbst abgeforderten Leistung) sowie der Hang zur Schaffung extremer Gegensätze (etwa zwischen Daueranspannung und "Wonnen"); die Herstellung positiv konnotierter Räume, die ungefüllt bleiben; die Bagatellisierung und das deutlich verzögerte Eingestehen von Belastungen sowie eine Tendenz zur Selbsttäuschung (Übersehen, Verharmlosung); das Nicht-Erkennen oder Dementieren von Zusammenhängen (insbesondere im Kontext der eigenen Krankheit und der Lebensweise); eine starke Tendenz zur Harmonisierung und einer Nichtthematisierung von Konflikten; Probleme in der Herstellung von Balance: a) zwischen Anstrengung und Erholung, b) im Sinne angemessener und dauerhaft tragbarer Forderungen an sich selbst (wobei jeweils die Forderung und Überforderung dominiert).

Bezogen auf das Thema 'Körper' und 'Körperlichkeit' zeichnen sich insbesondere folgende Muster ab, die in enger Korrespondenz zu den oben skizzierten typischen Handlungsstrukturen stehen:

1. Eine auffällige Symptomorientierung, die sich durch folgende Merkmale auszeichnet: a) der Körper wird primär als Träger von Symptomen, die sich im Sinne medizinischen Wissens als organische Pathologien beschreiben lassen, aufgefasst; b) es wird in auffälliger Weise auf die *Abwesenheit* von Symptomen rekurriert; c) Symptome werden nur zögernd eingeführt und zugegeben; d) an anderen Stellen werden Symptome nicht als 'körperlich' aufgefasst, was den Eindruck verstärkt, dass der Körper gänzlich zum Verschwinden gebracht wird (weil es in diesem Konzept jenseits der Symptome keinen Körper gibt bzw. weil kein Konzept existent ist, das einen Körper jenseits von Symptomen kennen würde).

2. Eine starke Orientierung an der Funktionstüchtigkeit und Leistungsfähigkeit des Körpers, die im Rahmen der Biographie in folgender Weise besetzt ist: a) im Sinne einer ausgewogenen, allseitigen Ausbildung geistiger und körperlicher Kräfte (Bildungsideal); b) im Sinne eines Kapitals, mit dem man hohen Anforderungen und Belastungen standhalten kann (Praxistätigkeit, Herzleiden); c) im Sinne eines verselbständigten Prinzips der Leistungssteigerung ('Überholen', um zu überholen).

3. Eine deutliche Unterrepräsentanz von und 'Sprachlosigkeit' in Bereichen, die ein Körpererleben etwa im Sinne des passiven Genusses, der Entspannung oder der vielfältigen Zustände und Befindlichkeiten im Rahmen der Sexualität zum Gegenstand haben. Damit korrespondieren bezeichnende Defizite in der Artikulation und Präsenz von a) positiven Körpererfahrungen, b) einem positiv und offensiv formulierten Körperselbstbild, c) von 'persönlichen' Körpererfahrungen (die etwa in einer eigenen Sprache formuliert wären, die mit spezifischen kontextuellen Erinnerungen verknüpft wären und/oder die eine ganz eigene emotionale Aufladung hätten) sowie d) von phantasievollen und anregenden Bildern und Assoziationen zum Körper.

Fasst man die zentralen Figuren, in denen der Körper in der biographischen Erzählung von Herrn D. präsent wird, schlagwortartig zusammen, so ergibt sich folgendes Bild: der Körper erscheint als *Symptomträger*, als *Leistungsträger* und als *abwesender Körper*.

Für Herrn D. ist der Körper auf der Ebene des Bewusstseins in erster Linie ein *Träger von Symptomen* – dies steht in enger Korrespondenz zu seinem professionellen Körperverständnis als Mediziner und macht deutlich, wie intensiv Berufsstrukturen und dort verankerte Deutungsmuster in den Bereich des Alltagsbewusstseins hineinreichen und es prägen. Auf der Handlungsebene ist der Körper *'Leistungsträger'*: Er soll und muss Belastungen standhalten, er muss 'normal' funktionieren und zu diesem Zwecke wird er trainiert und fit gehalten. So hebt Herr D. ja auch nicht ohne Stolz hervor, dass die Herzkrankheit so gut zu überstehen war, weil sie auf ein so "gut trainiertes Herz" traf. In weiten Bereichen des Bewusstseins und des Erlebens ist der Körper jedoch *abwesend*. Zum einen entgeht er als Körper, der *keine* Symptome zeigt, der Aufmerksamkeit, zum anderen ist er in positiv konnotierten Feldern und in solchen, die mit Intimität und Nähe sowie mit Passivität und Sich-Überlassen verbunden sind, ausgesprochen kärglich repräsentiert.

Nimmt man die sozialisatorischen Bedingungen, unter denen Herr D. aufgewachsen ist, noch einmal in den Blick, so ließen sich folgende Hypothesen entwickeln:

Entscheidenden Anteil an der Ausbildung der oben aufgezeigten Handlungsstrukturen und Körperorientierungen haben vermutlich die Präsenz des Vaters und seine Ideale und Leistungsansprüche sowie die Präsenz des älteren Bruders, der die väterlichen Ideale voll aufgriff und vorlebte. Alternative Orientierungen konnten deshalb nicht oder nur schwer ausgebildet werden, weil zum einen die Mutter, die 'andere' Zugänge zum Erleben und Wahrnehmen hätte bieten können, als Gegenüber offensichtlich keinen nachhaltigen Eindruck hinterlassen hat oder nicht in der Lage war, eine solche Brücke zu bauen, und weil Personen anderen Geschlechts (wie Schwestern, Tanten, Großmütter) offenbar nicht zugegen waren (oder ebenfalls nicht wahrgenommen wurden), so dass auch aus dieser Richtung keine 'gegensteuernden' Impulse kommen konnten. Dies führte zu einer *totalen* Verinnerlichung der väterlichen Werte, wobei der frühe Tod des Vaters steigernd dazu beitrug, dass dieses 'Erbe' auch pflichtbewusst und bis über die Grenzen der eigenen Belastbarkeit hinaus fortgeführt wurde.

Die starken und ehrgeizigen Ambitionen des Vaters haben dazu geführt, dass Herr D. in zentralen Bereichen seiner Entwicklung nicht mithalten konnte und dass sich eine bezeichnende Spaltung zwischen einer geistigen und bildungsbezogenen Frühreife und einer emotional wie sexuell deutlich verzögerten Reife ergab. In dieser Situation diskrepanter und vermutlich auch stark belastender und überfordernder Zustände (in die durch das Kriegserleben und die schwierige Nachkriegszeit zusätzlich Verunsicherungen und Belastungen hineingetragen wurden) mag das Studium der Medizin mit seinen geistigen Herausforderungen, seiner Disziplin und geforderter Präzision, aber auch mit seiner Systematik, seiner klaren Struktur und seinen eindeutigen Vorgaben für den jungen Herrn D. *das* Feld gewesen sein, das ihm Sicherheit und Halt gegeben und das er voll aufgesogen hat. Von daher wäre verständlich, dass sich die dort vermittelte und im weiteren Verlauf in der eigenen Praxis immer wieder abgefragte und bestätigte Orientierung am Symptom sowie die damit korrespondierende Forderung des "leidenschaftslosen Blicks" auf den Körper des Patienten so tief und übergreifend im Bewusstsein etablieren konnte. Und auch hier hatte der Vater einen entscheidenden Anteil, denn er hat intensivst davor gewarnt, als Mediziner gerade den weiblichen Körper anders als 'leidenschaftslos' zu betrachten, was sich Herrn D. (*"wie alle Dinge, die mir mein Vater sagte"*) "sehr *eingeprägt*" hat.

Vielleicht lässt sich so auch ein weiterer Aspekt bezüglich des Phänomens des 'Spätentwicklers' und der Distanz zu Frauen entfalten. Es liegt nahe, dass sich intensive professionelle Haltungen weit in das Alltagsbewusstsein hineinschieben und auch das Alltagshandeln entscheidend strukturieren können, und dass in diesem Sinne das scheue und distanzierte Verhältnis Frauen gegenüber ein Ausfluss jener 'déformation professionel' sein könnte, die den 'leidenschaftslosen Blick' fordert und einen begehrlichen Blick als "Katastrophe" wertet. Nur am Rande sei hierzu bemerkt, dass diese einschlächtige Fixierung auf das Sexuelle und ihre radikale Brandmarkung wichtige Spielarten und Schattierungen eines *empathischen* Blicks verstellt und unempfindlich macht für die psychophysische Einheit des Menschen. Aber weitaus ergiebiger scheint hier der Umkehrschluss zu sein: Herr D. hat sich eventuell deshalb so früh und so intensiv in die Medizin hineingekniet, um den Fragen der Sexualität, der eigenen Geschlechtlichkeit, der Beziehungsaufnahme und des Verhältnisses zu sich selbst *ausweichen* zu können. Die Medizin hat ihm jenen sanktionierten Raum geboten, in dem Verhältnisse und Beziehungen – gerade auf der Ebene der Körperlichkeit – eindeutig festgeschrieben und 'geklärt' sind, in dem Unsicherheiten zum Schweigen gebracht und Probleme im Umgang mit diesen Fragen als 'gelöst' phantasiert werden können. Dies ist allerdings eine Spekulation (die sich unter Hinzuziehung psychologischer Theorien sicherlich weiter entfalten ließe), die sich aber nicht unmittelbar aus dem 'Text' ergibt.

Der relativ eindimensionale Zugang, den Herr D. zum Körper entwickelt hat, wird jedoch in dem Moment zum Problem, in dem sich eine massive Störung einstellt, hier das "Herzleiden". An dieser Stelle wird Herr D. herausgefordert, eine neue *Balance* herzustellen zwischen Belastung und Ausgleich, zwischen Forderungen an den Körper und dem Erkennen und Respektieren seiner Grenzen. Dies setzt jedoch voraus, dass Belastungen und Überlastungen überhaupt erst einmal erkannt werden und dass die Dimension der Entlastung und des Spannungsausgleichs – also jene 'sprachlosen' und unterbelichteten Bereiche des Körpererlebens – neu belebt werden. Mit dieser Balance hat Herr D. jedoch bezeichnende Schwierigkeiten.

Dies hängt vermutlich auch damit zusammen, dass er völlig ausblendet (an manchen Stellen sogar intensiv abwehrt), dass es irgendeinen Zusammenhang zwischen seiner überfordernden Lebensweise und dem Herzleiden gibt. Er also nicht erkennt oder erkennen will, dass die scharfen Herausforderungen an seinen Körper nicht nur dazu beitragen, dass er ein "gut trainiertes Herz" hat, sondern zugleich auch Ursache des Verschleißes und der Krankheit sein können und es, wenn man sich die Überforderungen in der Praxiszeit vergegenwärtigt (Arbeitstag von vierzehn Stunden, Daueranspannung, Arbeit geht zu Hause weiter, oft keine Zeit zum Essen, Schlaflosigkeit) wohl auch sind. So räumt auch Herr D. – ganz in der Tradition seiner Negativ-Formulierungen und des Ausschlussprinzips – ein, dass alle anderen möglichen Ursachen der Aorteninsuffizienz bei ihm ausfallen und dass es sich wohl um eine "degenerative" Erkrankung handeln muss. Die von Herrn D. betriebene 'Prophylaxe' liegt strukturell gesehen jedoch auf der gleichen Ebene wie die Herausforderungen, die zu Ausbeutung, Verschleiß und Degeneration führen, und verdankt sich einer einseitigen Fixierung auf eine funktionsorientierte und leistungsbetonte Lebensweise. Da Herr D. über wenig alternative Spielräume im Bewusstsein und im Handeln verfügt, fällt es ihm auch auf der Ebene des Körpers und der Körperlichkeit ausgesprochen schwer, die Einseitigkeit seines Körperzugangs zu entdecken. Dies zeigt sich zum einen darin, dass er den schmalen Grat, auf den ihn die Fixierung auf Höchstleistungen treibt, nicht erkennt und dass er sich zum anderen hinsichtlich der tatsächlichen Gefahr des Absturzes, in der er sich permanent befindet, systematisch mit Selbsttäuschungen (verleugnen, bagatellisieren, verschieben, harmonisieren) umgibt. Und diese Taktik verstellt fortgesetzt die Chance, das tatsächliche Balanceproblem zu sehen und die *andere* Seite der Waage – die Entspannung, die Passivität, das Sich-Überlassen, Genuss, Lust und Phantasie, aber auch die Fähigkeit, sich Beziehungen und Konflikten zu stellen – entsprechend zu kultivieren.

## 3.2. Der Körper als Fokus der Identität (Frau C., Jahrgang 1928)

### 3.2.1. Die Einstiegssequenz in das Gespräch mit Frau C.

*Der Gesprächskontext:*

Die Aufzeichnung des Gesprächs beginnt damit, dass die Interviewerin eine Sprech- und Aufnahmeprobe durchführen möchte und die Gesprächspartnerin darum bittet, etwas zu sagen, damit die Aussteuerung des Geräts überprüft werden kann. Zu diesem Zweck 'inszeniert' (besonders deutlich artikulierte Worte) Frau C. einen Dialog zu Kaffee, Milch und Zucker, der von der Interviewerin mitgespielt wird. Daraus entsteht die nachfolgende Sequenz:

*Frau C.: "... ja, sagen wir mal ..."*
*(Störung von außen: lauter Ton durch Übersteuerung)*
*Frau C.: "Oh Gott! ..."*
*I.: "Ja, 's gut jetzt, alles in Ordnung."*
*Frau C.: "... ja – das is', das is' ja das Problem: Ich weiß ja gar nicht, was Sie von mir wollen!! (lacht leise)"*
*I.: "Mhm. Also vielleicht sag' ich mal so grundsätzlich, was ich äh vorhabe. Ich möchte Lebensgeschichten sammeln von älteren Menschen, von Männern und Frauen, äh – und mich interessiert besonders äh – was Sie so von ihrem Körper erinnern, auch wenn Sie so ihr Leben, ihren Lebenslauf, so über die Kindheit, über die Jugend, Erfahrungen vielleicht auch, die Sie mit Gleichaltrigen dann gemacht haben, was Sie da so an Körpererinnerungen, Körpererfahrungen auch so mit sich tragen, und das setzt sich auch fort, so bis ins Alter, wie Sie jetzt Ihren Körper erleben, was Sie für ein Verhältnis zu Ihrem Körper haben."*
*Frau C.: "(hastig:)/Ja, geht es Ihnen/ – also, sagen, sagen wir mal, Körper und Seele, also ich mein', das haben Sie wohl gesagt, aber, wie der Körper reagiert*

*auf seelische Angelegenheiten oder umgekehrt – also wie meinen Sie das? Äh –*
*(sucht nach Worten)"*
*I.: "Also mir ist alles wichtig, was Ihnen dazu einfällt – was ... "*
*Frau C.: "Ja (stöhnt leise) – "*
*I.: "... wir können das auch, auch äh, wenn Sie da Schwierigkeiten haben, so di-*
*rekt auf den Körper einzusteigen, einfach mal anfangen, Sie erzählen mir ein*
*bisschen 'was von Ihrer Lebensgeschichte, ich weiß ja gar nichts über Sie!*
*(leichtes Lachen)."*
*Frau C.: " – Ja – ja, ich mein', jetzt muss ich Ihnen natürlich zwei, nein, jetzt*
*muss ich ja ewig zurückgreifen – ähm – fang' ich mal mit meiner Person an –*
*(gedehnt, betont:)/ich bin ein rotblonder Typ/ – bin daraufhin verhältnismäßig*
*äh in einigen Dingen empfindlicher als jemand anders – "*
*I.: " – mhm – "*
*Frau C.: "- äh – äh, auf der anderen Seite bin ich allerdings nachher in der*
*Länge meines Lebens dahintergekommen, dass ich ein ganz schön zäher Brocken*
*bin."*

*Sequenzanalytische Interpretation:*

*"(...) ja, sagen wir mal (...)"*
Frau C. setzt selbst den Beginn des Gesprächs und leitet in einer Phase, in der das
Thema 'Technik' noch nicht abgeschlossen ist, über zu 'ihrem' Thema. Dies lässt
vermuten, dass ihr das Thema oder Anliegen wichtig ist, vielleicht sogar 'unter den
Nägeln' brennt. Sie startet mit einem Versuch, etwas zu formulieren oder zu fokus-
sieren, was sich offensichtlich nicht so einfach sagen läßt. Mit "wir" und "mal" öffnet
sie ein allgemeines, weites Feld, das Möglichkeiten zulässt und als Annäherung an
einen Gegenstand verstanden werden kann. Es scheint etwas Schwieriges bevorzu-
stehen, an das man oder sie sich erst herantasten muss.

*(Störung von außen: lauter Ton durch Übersteuerung)*
*Frau C.: "Oh Gott! (...)"*
Die Technikprobe läuft noch (die richtige Aussteuerung scheint noch nicht gefunden
zu sein), Frau C. wird in ihrem frühen, vorzeitigen Einstieg in das Thema gestört.
Ihre Reaktion auf den lauten Ton ist heftig (sowohl in der Intonation [Ausruf!] wie in
der Wortwahl [Anrufung des Allmächtigen ]). Dies lässt möglicherweise auf einen
sensiblen Menschen schließen, der schnell und heftig auf Einflüsse von außen reagiert, der vielleicht auch zu Übertreibungen neigt.

*I.: "Ja, 's ist gut jetzt, alles in Ordnung."*
Die Interviewerin reagiert auf den Ausruf von Frau C. und signalisiert, dass jetzt
alles gut und in Ordnung sei. Damit ist vermutlich gemeint, dass sie die Aussteuerung nun im Griff hat, das Thema 'Technik' also abgeschlossen ist. Die Äußerung
könnte aber darüber hinaus auch die Botschaft enthalten: 'Ich habe das Leiden an
dem lauten Ton wahrgenommen und kann, möchte Sie jetzt beruhigen, dass diese
Gefahr vorüber ist und alles ruhig und friedlich seinen Gang gehen kann.' Dies würde
unterstreichen, dass die Interviewerin Frau C. für einen sensiblen Menschen hält, den

man schützen und beruhigen muss. Vielleicht hat die Interviewerin aber auch ge-spürt, dass in der Reaktion von Frau C. eine gewisse Gereiztheit und Entrüstung liegt, in jedem Fall eine überschießende Kraft, und sie möchte durch die Reihung von "gut" und "in Ordnung" diesen Ausbruch im Sinne einer Deeskalation kompen-sieren. Die Interaktionssequenz legt die Vermutung nahe, dass Sensibilität, Sponta-neität und Heftigkeit möglicherweise persönliche Merkmale oder Charaktereigen-schaften von Frau C. sein könnten; ob diese Eigenschaften tatsächlich dominant und typisch sind (oder welche anderen Züge sichtbar werden), muss die weitere Analyse zeigen. Eine weitere Botschaft könnte lauten: 'Kümmern Sie sich nicht weiter um die Technik, es ist viel wichtiger, was Sie sagen wollen.' Die formelhafte Kürze der Äußerung legt die Vermutung nahe, dass die Interviewerin die Störung möglichst schnell unter Kontrolle bringen, die Beeinträchtigung so gering wie möglich halten will. Dies würde bestätigen, dass die Interviewerin erkannt hat, dass Frau C. bemüht ist, einen schwierigen und wichtigen Sachverhalt zu formulieren.

*Frau C.: "(...) ja – das is', das is' ja das Problem:"(...)*
Frau C. hat ihren Schreck offenbar überwunden und greift mit dem "ja" den Faden wieder auf. In der Wiederholung von "das is'" wird deutlich, dass Sie nach wie vor mit der Annäherung an eine schwierige Sache beschäftigt ist, wobei unklar ist, was "das" ist. Das Ende der Sequenz bringt die Lösung: Die Sache, um die es geht, ist ein Problem. Und zwar nicht irgendein Problem, sondern *das* Problem. Also offensicht-lich ein Problem, das höchst zentral ist, ein Grundproblem. Da sich das Gespräch in einer Phase befindet, in der die Gesprächsbeziehung noch nicht etabliert ist und in der inhaltlich noch nichts entfaltet wurde, auf das sich Frau C. in dieser Weise bezie-hen könnte, liegt es nahe, dass sich das hier thematisierte "Problem" auf die Umstän-de bezieht, die den weiteren Gesprächsverlauf ermöglichen, behindern oder gar ver-hindern könnten. Also auf ein aktuelles und für den Gesprächsverlauf existenzielles Problem.

*(...)"Ich weiß ja gar nicht, was Sie von mir wollen!! (lacht leise)"*
Hier wird das Problem, dessen Formulierung Frau C. angebahnt hat, expliziert. Für den weiteren Fortgang des Gesprächs scheint es wichtig zu sein, dass Frau C. etwas weiß. Zum Problem wird entsprechend, dass sie nichts weiß, und zwar "gar nicht(s)" weiß und damit der Fortgang des Gesprächs möglicherweise grundlegend in Frage steht. Das, was Frau C. nicht weiß, aber dringend wissen muss, um das Gespräch fortsetzen zu können, ist, was die Interviewerin von ihr will.

Auffällig ist, dass sich Frau C. kleiner macht, als sie ist, nämlich zu einer gar-nichts-wissenden Person. Dass sie gar nichts weiß, steht im Widerspruch zu der Tatsache, dass Sie von der Interviewerin ein Anschreiben mit einer detaillierten Be-schreibung des Anliegens bekommen hat und von einer Vermittlerperson im Vorfeld über die Studie informiert wurde. Das Bedürfnis nach Wissen verrät das Bedürfnis nach Orientierung, Klarheit, Eindeutigkeit, nichts zu wissen, ist offenbar verbunden mit Unsicherheit oder gar völliger Orientierungslosigkeit. Andere Formen, sich in undurchsichtigem Gelände (und als solches ist ein freies Interview durchaus zu be-zeichnen) zu bewegen, wären, sich auf eine Ahnung, ein Gefühl zu verlassen, einem

Bedürfnis zu folgen oder seinem Willen. Frau C. wählt jedoch das Wissen. Es wäre im weiteren Kontext zu prüfen, welche Bedeutung Wissen für sie hat, ob sie eventuell Orientierungsprobleme durch Nichtwissen erlebt hat bzw. ob sie in bestimmten Lebenskontexten die Erfahrung gemacht hat, ohne ausreichendes Wissen in bedrohliche oder belastende Situationen zu kommen.

Auffällig ist weiterhin, dass sie unterstellt, dass die Interviewerin etwas von ihr will (was ja auch richtig ist), und dass dabei aus dem Blick gerät, dass sie selbst ja auch etwas wollen könnte. Auffällig ist in jedem Fall, dass sie sich an das klammert, was von ihr gewollt werden könnte und meint, nicht weiter zu kommen, nichts sagen zu können, wenn das, was das Gegenüber von ihr will, unklar bleibt. Zugespitzt ließe sich formulieren: Die Gesprächspartnerin macht sich klein, hilflos und passiv, fast zum Opfer, von dem etwas (Unklares, Undefiniertes, Unzumutbares?) gewollt wird. Um handlungsfähig zu werden, braucht sie ein Wissen, das ihr aber fehlt.

Diese Darstellung wird jedoch gebrochen durch eine nonverbale Äußerung: das *Lachen*. Das Lachen kann verstanden werden als Kommentierung der eigenen Äußerung und des Bildes, das sie dabei von sich entworfen hat. Das Lachen nimmt die Selbstdarstellung einer unwissenden und hilflosen Person zurück und kündigt an, dass sie sich selbst so hilflos gar nicht sieht, vielleicht sogar weiß, dass sie so hilflos nicht ist. Damit ironisiert sie sowohl das Bild der Hilflosen als auch die Totalität und Heftigkeit, mit der sie das Problem, vor dem sie scheinbar steht, thematisiert hat. Diese Brechung oder Dementierung der Aussage vom hilflosen Opfer wird jedoch zugleich ihrerseits gebrochen (also eine Brechung der Brechung), indem sie *leise* lacht. Sie nimmt also den mit dem Lachen transportierten ironisierenden und demaskierenden Hinweis ('Ich weiß, dass ich so hilflos und unwissend gar nicht bin.') partiell wieder zurück. In der Reduzierung der Lautstärke ist ein Rückbezug auf die eigene Person enthalten (ich nehme etwas dichter zu mir, an mich heran), so dass das leise Lachen bedeuten kann: 'Zu meinem Wissen gehört aber auch, dass ich ebenso hilflos und orientierungslos sein kann.'

Insgesamt wirft die Sequenz die Frage nach der *eigenen Identität* auf, wobei sich diese Identität als vielschichtig, schwankend und mindestens doppelbödig darstellt. Eine, wenn zu diesem Zeitpunkt natürlich recht kühne, Hypothese wäre, dass die Frage nach der eigenen Identität bzw. der eigenen Person ein zentrales Aufmerksamkeitsmoment für Frau C. darstellt und möglicherweise diese Frage das eigentliche "Problem" ist, auf das sie zusteuert – und zwar sowohl im Leben als auch in diesem Gespräch.

I.: *"Mhm. Also vielleicht sag' ich mal so grundsätzlich, was ich äh vorhabe. (...)"*
Aus ökonomischen Gründen kann die Analyse der Äußerung der Interviewerin hier nicht vollständig, sondern nur hinsichtlich ihrer zentralen Stoßrichtung wiedergegeben werden. Die Interviewerin geht auf den Appell, der in der Äußerung von Frau C. enthalten ist – ihr zu sagen, was sie von ihr will – ein und erläutert ihr Anliegen (noch einmal) grundsätzlich. Die *grundsätzlichen* Bemerkungen bestätigen die obige Vermutung, dass es sich bei dem von Frau C. formulierten Problem um ein Anliegen von grundlegender Bedeutung handelt. Die Interviewerin bestätigt durch ihre Erläu-

terungen aber auch Frau C. gegenüber, dass sie mit ihrer Unterstellung, die Interviewerin wolle etwas von ihr, recht hat und in gewisser Weise auch ihr Bedürfnis, sich über Wissen Klarheit und Orientierung zu verschaffen.

*Frau C.: "(hastig:)/Ja, geht 's Ihnen/ – "(...)*
Es fällt auf, dass Frau C. der recht langen Erläuterung der Interviewerin keine Pause des Nachdenkens folgen lässt und keine Bemerkung anschließt, die darauf hindeutet, dass sie das Gesagte gehört hat und nun verarbeitet, sondern dass sie sehr schnell, fast atemlos mit einer Konterreaktion im Sinne von 'Ja, aber' einsetzt. Die hastige Reaktion von Frau C. legt die Vermutung nahe, dass sie sozusagen 'auf dem Sprung' ist und es eilig hat, etwas zu entgegnen oder hervorzubringen, das mit einiger Dynamik in ihr zu gären scheint. Vielleicht hat sie auch gar nicht richtig hingehört, was die Interviewerin gesagt hat, sondern war mit dem beschäftigt, was sie als "Problem" mit sich herumträgt und noch nicht auf den Punkt bringen konnte. Die dritte Wiederholung des 'Ja' und eine ähnliche Fortführung der Satzstruktur ("ja, sagen wir mal"; "ja – das is'"; "ja, geht 's Ihnen") lässt vermuten, dass Frau C. in der Tat noch mit dem Anfangsgegenstand beschäftigt und insistierend bemüht ist, dem eigentlichen Thema zum Durchbruch zu verhelfen. Mit dieser Sequenz unterstreicht Frau C. weiterhin die Annahme, dass die Interviewerin etwas von ihr will, dass es der Interviewerin um etwas geht, und dass sie klar haben möchte, worum es dem Gegenüber geht. Dass es ihr auch um etwas geht (oder gehen könnte) bleibt verdeckt.

*(...)"also, sagen, sagen wir mal, Körper und Seele"* (...)
Das "also" kündigt an, dass sie jetzt konkret werden, etwas von dem bisher Gesagten oder Angedeuteten auf den Punkt bringen möchte; das "sagen wir mal" lässt diesen Impuls wieder zerfließen in einen allgemeinen und ungefähren Raum. In jedem Falle ist hier eine deutliche Bewegung (auf etwas zu) und Gegenbewegung (Rückschritt und Öffnung in die Weite) zu spüren, die an eine Katze erinnert, die um den heißen Brei schleicht, der sie lockt, der aber auch unheimlich und gefährlich zu sein scheint. Deutlich wird also wiederum der schwierige Weg der Annäherung an einen offensichtlich komplizierten Gegenstand. Auch in der Verdoppelung des "sagen" zeigt sich der Eifer und die emotionale Aufgeladenheit, mit der das angesteuerte Thema/Problem für Frau C. offenbar besetzt ist. Das Wiederaufgreifen des Anfangs ("sagen wir mal") bestätigt, dass es sich immer noch um eine Annäherung in gleicher Sache handelt und dass Frau C. offenbar das dringende Bedürfnis hat, etwas mitzuteilen, eine Aussage zu machen.

Nach dieser Odyssee von Anläufen (unterbrochen durch Störung und Erklärung) scheint Frau C. nun endlich dort angekommen zu sein, worauf sie zusteuerte. Der Höhepunkt ihrer Darstellung sind zwei Worte, die additiv verbunden werden: "Körper und Seele". Die Begriffe "Körper" und "Seele" stehen monolithisch im Raum und werden durch das "und" wie ein Paar ('Mann und Frau', 'Herz und Hand') zu einer Einheit gebündelt, die fast gigantische Züge trägt. Vergegenwärtigt man sich etwa die traditionsreiche, Jahrtausende umspannende kultur- und philosophiegeschichtliche Diskussion zur Körper-Seele-Geist-Problematik oder die Bedeutung, die das Verhältnis von Körper und Seele in der Psychologie, der psychosomatischen

Medizin und der Psychotherapie besitzt, so spürt man die Wucht, die hinter diesen beiden Worten steht. Es handelt sich – zumindest in unserer Denktradition – um Grundkonstituenten menschlicher Existenz. Bezogen auf die Thematik der Untersuchung sind "Körper" und "Seele" Zentralkategorien, hinter die es kein Zurück gibt, sondern um deren Aufschlüsselung und Entfaltung es geht. Frau C. trifft also mit den Begriffen "Körper und Seele" den 'Nerv' des Anliegens. Mit der Nennung der hochgradig aufgeladenen Schlüsselbegriffe fällt sie sozusagen 'mit der Tür ins Haus'. Der Kontrast von schleichender Annäherung und Sprung ins Zentrum der Materie ist imposant.

*(...)"also ich mein'"(...)*
Offenbar spürt Frau C. die Wucht ihrer Aussage und die Notwendigkeit einer Relativierung und einer erläuternden, differenzierenden Explikation. Mit dem "also" signalisiert sie den Rekurs auf das vorher Gesagte und baut sich die Brücke einer Neuformulierung, die mit "ich mein'" ausgebaut wird: Nun kann sie darstellen, was sie mit "Körper und Seele" verbindet. Beachtenswert ist, dass sie hier (das zweite Mal) das "ich" einführt, sich also im Zusammenhang von "Körper und Seele" und dem, was sie darüber noch 'meint' und aussagen möchte, als Person zu erkennen gibt. Das Ich wird also thematisch im Rahmen eines Problems (des Nicht-Wissens) und im Kontext von Körper und Seele.

*(...)"das haben Sie wohl gesagt, aber"(...)*
Frau C. konzidiert, dass das, was sie meint und wozu sie vermutlich auch gleich etwas Ergänzendes sagen wird, auch von der Interviewerin angesprochen wurde (was jedoch – zumindest in dem aufgezeichneten Gespräch – nicht der Fall war), schränkt diese Aussage jedoch zugleich durch "wohl" und "aber" dahingehend ein, dass sie noch etwas Anderes, Ergänzendes oder Erweiterndes dazu sagen möchte. Offenbar war sie so mit ihrem Thema und Anliegen beschäftigt, dass sie nicht wahrgenommen hat, dass die Interviewerin zum Komplex "Körper und Seele" nichts gesagt hat oder ihr Anliegen und ihre Gedanken zum Thema "Körper und Seele" sind so dominant, dass sie dieses Thema aus den Äußerungen der Interviewerin herausgehört hat. Es bleibt jedoch unbestimmt, was die Interviewerin zu dem Thema gesagt hat bzw. genauer: gesagt haben soll. Umso dringlicher wird nun die Ergänzung, was zu "Körper und Seele" (vermeintlich) gesagt wurde oder im Folgenden zu sagen ist.

*(...)"wie der Körper reagiert auf seelische Angelegenheiten oder umgekehrt"(...)*
Der langen, spannungs- und bewegungsreichen Anbahnung folgt nun der inhaltlich gefüllte Kern ihrer Aussage, ihrer Frage und möglicherweise sogar des "Problems", das sie von Anfang an einbringen wollte, zunächst aber kaschiert hatte hinter dem Problem des Nicht-Wissens darüber, worum es dem Gegenüber geht. An dieser Stelle macht sie deutlich, worum es *ihr selber* geht: um den Wechselbezug von Körper und Seele.

Im Zentrum dieser explizierenden Aussage steht jedoch nicht der Körper, sondern die Seele, die "seelischen Angelegenheiten": Der Körper *reagiert* auf die seelischen Dinge. Der umgekehrte Bezug, dass die Seele auf körperliche Dinge reagiert, wird nicht ausgeführt, sondern nur allgemein angedeutet, ist also wohl im Bewusstsein, aber nicht so präsent oder der eigenen Person nicht so nahe. Geht man davon aus, dass die Seele und seelische Angelegenheiten für Frau C. das 'Herzstück' ihrer Aufmerksamkeit bilden, so wird verständlich, worin für sie noch ein "Problem" liegen könnte: Herzstück dessen, was die Interviewerin von ihr will, ist der Körper, zu dem die Interviewerin in ihrer grundsätzlichen Erläuterung des Anliegens zahlreiche Thematisierungsangebote macht. Somit entsteht ein Konflikt zwischen dem, was Frau C. und was die Interviewerin in dem Gespräch wollen, und für Frau C. wird problematisch, ob sie in diesem Rahmen mit 'ihrem' Thema zum Zuge kommen kann, ob dafür Raum vorhanden ist.

Vielleicht fürchtet sie sich auch vor diesem Thema, will es eigentlich meiden, auch wenn es sich ihr sehr aufdrängt. So wäre die Bitte um Präzisierung des Anliegens ("was Sie von mir wollen", "(worum) geht 's Ihnen") auch als ein Puffer zu verstehen, nicht direkt auf dieses möglicherweise heikle und belastende Thema kommen zu müssen, sondern sich erst einmal rückzuversichern, was denn überhaupt gewollt wird. Auch hier also wieder die spannungsreiche Bewegung von Vorpreschen, das eigene Thema einbringen und einen Schritt zurück machen, sich bedeckt halten und absichern. Ebenso wird eine deutliche Mischung von Lust und Angst spürbar etwa in dem Sinne: 'Zu dem Thema, wie der Körper auf seelische Angelegenheiten reagiert, kann und will ich viel sagen.', und zugleich: 'Vor diesem Thema habe ich Angst, da muss ich mich ganz vorsichtig und absichernd herantasten.'

*(...)"also wie meinen Sie das? Äh – - (sucht nach Worten)"(...)*
Nachdem Frau C. erläutert hat, was sie meint (nämlich den Wechselbezug von Seele und Körper), gibt sie das Gespräch mit einer Frage an die Interviewerin ab. Der Vorstoß mit der eigenen Meinung wird also partiell wieder zurückgenommen durch die Suche nach Vergewisserung und Rückversicherung bei derjenigen Person, die das Gespräch initiiert hat und offensichtlich etwas Bestimmtes will. Diese Rückbindung an die Interviewerin könnte als ein Abgleich von Interessen gelesen werden, dominanter scheint jedoch die Wiederkehr der oben bereits eingenommenen Rolle der 'Passiven' und der Delegation des Interesses bzw. der Klärung dessen, was hier gewollt wird, an die Initiatorin des Gesprächs.

Das "also" bündelt das vorher Gesagte (die eigene Meinung) und gibt dieses wuchtige und schwer verdauliche Paket an die Interviewerin zurück in dem Sinne von: 'Nun sind Sie dran, das (für mich) zu klären.' Dieses Paket ist für die Interviewerin – so wäre zu vermuten – deshalb besonders schwer verdaulich, weil ihr etwas als 'Eigenes' zurückgereicht wird ("wie meinen Sie *das*"), was sie so gar nicht ausgegeben hat. Frau C. macht also unter der Hand ihr persönliches Anliegen/Problem zum Problem des Gegenübers. Andererseits könnte das anschließende "Äh" und die spürbare Suche nach Worten auch darauf hinweisen, dass Frau C. nicht nur delegiert, sondern auch selbständig nach eigenen Lösungen und entsprechenden ergänzenden Explikationen und Gedanken sucht. Dies würde wiederum bestätigen, dass ihr das Anliegen sehr wichtig und sie entsprechend involviert ist. Und es würde darauf verweisen, dass sie über mindestens zwei Strategien verfügt, mit Problemen umzugehen: nämlich sich Entlastung und Hilfe zu verschaffen (etwa durch Delegation), aber auch selbst tätig zu werden (auch auf die Gefahr hin, dabei mitunter das rechte Maß zu verlieren oder 'mit der Tür ins Haus' zu fallen).

*I.: "Also mir ist alles wichtig, was Ihnen dazu einfällt – was (...)"*
Die Interviewerin greift in dem ersten Teil ihrer Antwort auf die Frage von Frau C. zwei Momente auf, die Frau C. bis hierher eingebracht hat: die Unterstellung, dass die Interviewerin etwas will, und die Botschaft, dass es sich um etwas Wichtiges handelt. Damit stellt sie gleichzeitig auch eine Verbindung zwischen den in unterschiedlichem Maße entfalteten und verstandenen Anliegen der beiden Interaktionspartner her: Beide Anliegen sind 'wichtig'. Im zweiten Teil der Antwort gibt sie das Problem jedoch an Frau C. zurück, indem sie darauf hinweist, dass (ihr) das wichtig ist, was Frau C. dazu einfällt. Damit verfolgt die Interviewerin vermutlich die Absicht, Frau C. darin zu bestärken, das für wichtig, richtig und beschreibenswert zu erachten, was sie *selber* denkt und fühlt und sie zu einer entsprechenden Selbstäußerung auch gerade bezüglich des Körper-Seele-Problems zu ermutigen.

Das Problem an die Interviewpartnerin zurückzugeben ist sicherlich forschungsmethodisch völlig korrekt und sinnvoll, denn es geht ja um die subjektiven Relevanzstrukturen der Befragten, die sich in dem entfalten, was und wie sie etwas mitteilen. Zusätzlich kann in der Reaktion der Interviewerin aber auch der Impuls enthalten sein: 'Die Körper-Seele-Problematik kommt an dieser Stelle zu früh, ist zu kompliziert, überfordert mich/unser Gespräch, deshalb gebe ich das Thema hier wieder zurück.'

*Frau C.: "Ja (stöhnt leise) – "*
Frau C. signalisiert mit dem "Ja" vermutlich, dass sie die Äußerung der Interviewerin gehört hat, das leise Stöhnen könnte jedoch andeuten, dass sie das Zurückgeworfen-Sein auf die eigene Person als belastend empfindet und sich möglicherweise überfordert fühlt, das angedeutete Thema nun von sich aus weiter zu entfalten.

*I.: "(...) wir können das auch, auch äh, wenn Sie da Schwierigkeiten haben, so direkt auf den Körper einzusteigen, einfach mal anfangen, Sie erzählen mir ein bisschen 'was von Ihrer Lebensgeschichte, ich weiß ja gar nichts über Sie (leichtes Lachen)(...)"*
Auch die Interpretation dieser komplexen Sequenz kann nicht in aller Ausführlichkeit wiedergegeben werden und es seien daher nur die hervorstechendsten Merkmale benannt:
a) Offenbar interpretiert die Interviewerin das Stöhnen und Zögern von Frau C. als einen Hinweis auf Belastung und Überforderung und sie unterstellt Frau C., dass sie möglicherweise Schwierigkeiten haben könnte, so direkt auf den Körper einzusteigen. Angesichts der oben herausgearbeiteten Wucht und Aufladung, mit der das Körper-Seele-Thema von Frau C. eingebracht wurde, wäre die Reaktion der Interviewerin aber auch zu deuten als eine *Projektion* von Schwierigkeiten und mithin als eine Abwehr des Themas (zumindest es in dieser Form und zu diesem Zeitpunkt weiter zu verfolgen); b) mit der Sentenz "einfach mal anfangen" macht die Interviewerin zum einen deutlich, dass in ihrer Wahrnehmung das eigentliche Gespräch noch

gar nicht angefangen hat, sich beide also noch in der Phase einer Vorverständigung befinden, und sie verweist zum anderen darauf, dass sie einen "einfachen" oder einfacheren Anfang wählen oder vorschlagen möchte; dass der Anfang über den Körper bzw. den Körper-Seele-Zusammenhang also nicht einfach, sondern vergleichsweise schwierig oder gar zu schwierig wäre; c) die Interviewerin schlägt nun eine Alternative vor: und zwar etwas über die eigene Lebensgeschichte zu erzählen. Damit eröffnet sie wiederum ein riesiges Feld, aber sie schränkt dieses Feld ein durch die Zusätze von "ein bisschen" und "(et)was". Also auch hier eine Reduzierung und ein Herunterschrauben der immensen Ansprüche, die offenbar mit dem Körper-Seele-Thema verbunden waren; d) der nachgeschobene Hinweis "ich weiß ja gar nichts über Sie" kann als Versuch gelesen werden, der Gesprächspartnerin eine erleichternde Brücke zu bauen, indem Frau C. nun bezogen auf das interessierte Gegenüber zunächst einmal wesentliche Daten, Fakten oder Elemente ihrer Biographie darlegen kann. Auffällig ist, dass die Interviewerin hier (bewusst oder unbewusst) das von Frau C. eingebrachte Motiv des Nicht-Wissens aufgreift und nun aber genau wendet: 'Ich weiß nichts von Ihnen.' Damit stellt Sie das 'normale' Verhältnis vom Interviewer als Fragendem und dem Gegenüber als Befragtem wieder her und schafft die Bedingungen für einen Neustart unter ihren Prämissen, nämlich zunächst etwas über den Lebenslauf von Frau C. wissen zu wollen. (Abgesehen davon verfolgt die Interviewerin mit dem Einbringen des Themas 'Lebenslauf' natürlich auch die vorab festgelegte – und im methodischen Teil begründete – Strategie, das Gegenüber zu ausführlichen biographischen Narrationen anzuregen, was im weiteren Verlauf auch gelingt.)

*Frau C.: "Ja – ja, ich mein', jetzt muss ich Ihnen natürlich zwei"(...)*
Dieser Wunsch nach Klarheit, Struktur und systematischer, womöglich gar chronologischer Erzählung des Lebenslaufs wird (zunächst) nicht eingelöst. Im Gegenteil: Frau C. hebt an mit einem eher konfusen und verwirrenden Einstieg, der sozusagen im Niemandsland und mit einem Rätsel endet: Es bleibt ungesagt, was Sie meint, es bleibt ungesagt, was sie muss und es bleibt völlig rätselhaft was mit "zwei" gemeint ist. Die Äußerung hat etwas Orakelhaftes und wirkt wie die Androhung von Unheil im Sinne von: 'Ich muss Ihnen eine schwere, bedrückende Mitteilung machen.' Das "natürlich" verstärkt den Eindruck, dass es sich um eine irgendwie geartete Einschränkung handelt. Zugleich hat das "natürlich" auch etwas Intimes, von dem nur Eingeweihte etwas wissen können bzw. das nur dann als etwas "Natürliches" angesehen werden kann, wenn man davon Kenntnis aus einer Innensicht hat. Geht man davon aus, dass Frau C. den Vorschlag der Interviewerin, auf die eigene Lebensgeschichte einzugehen, gehört hat und nun darauf reagiert (was die beiden "Ja"s zu Beginn der Sequenz nahelegen), so kann diese Äußerung so interpretiert werden, dass der Lebenserzählung eine Botschaft vorausgeschickt werden soll, die etwas mit einer schicksalhaften Einschränkung zu tun hat. Oder stärker noch: dass ihr Leben, das sie im Folgenden möglicherweise auszubreiten bereit ist, nur dann verstanden werden kann, wenn man es vor dem Hintergrund dieser eventuellen Einschränkungen und dieser noch offenen "zwei" (Momente, Komponenten, Tatsachen?) ansieht.

*(...)"nein, jetzt muss ich ja ewig zurückgreifen"(...)*

Das "nein" kündigt an, dass Frau C. sich offensichtlich in ihrem orakelhaften Einstieg etwas vergaloppiert hat und das Gesagte irgendwie revidieren möchte. Mit "jetzt muss ich ja ewig zurückgreifen" signalisiert sie, dass sie sich offensichtlich nun doch in dem angebotenen Feld 'Lebensgeschichte' bewegt und in diesem Rahmen auf etwas zurückgreifen will, das sehr lange zurückliegt, vielleicht sogar noch länger als die eigene Kindheit, vielleicht also auf etwas, das *grundsätzlichen* Charakter hat. Das Rätselhafte des Einstiegs und die Andeutung eines Rückgriffs in die 'Ewigkeit' oder auf etwas 'Ewiges' können gelesen werden als Hinweis auf eine hochgradig bedeutsame Dimension, die Frau C. nun entfalten möchte. Es fällt die Parallelität zu den Anstrengungen der Anbahnung des Problems des Nicht-Wissens und des Körper-Seele-Problems auf und es liegt die Vermutung nahe, dass diese drei Komplexe nicht nur von ähnlicher Tragweite sind, sondern dass sie auch miteinander verknüpft sind. Mit anderen Worten: Dass Frau C. immer noch mit der Anbahnung an das eigentliche Thema und Problem beschäftigt ist und die Einführung des Nicht-Wissens und der Körper-Seele-Thematik *Stufen* auf dem Weg dorthin darstellen.

*(...)"ähm – fang' ich mal mit meiner Person an – "(...)*
Folgt man der vorherigen Interpretation, so ist hier der eigentliche Höhepunkt der Darstellung und das Ziel der mühsamen und ausdauernden Anbahnung erreicht: nämlich die explizite Thematisierung der eigenen Person. Die frühe Vermutung, dass ein zentrales Aufmerksamkeitsmoment von Frau C. die Frage nach der eigenen Identität und somit der eigenen Person ist, wird hier explizit bestätigt. Nicht die Lebensgeschichte als Ablauf von persönlich bedeutsamen Ereignissen steht im Vordergrund, sondern die eigene Person. Und zwar – im Rückgriff auf die vorangegangene Interpretation – : die eigene Person in ihren *seelischen Dimensionen* bzw. wie sie auf "seelische Angelegenheiten" oder seelische Herausforderungen reagiert. Beachtenswert ist die Ausdauer, die Frau C. in der Verfolgung ihres Themas zeigt und wie sie sich jeweils mit 'ihrem' Thema (der Körper-Seele-Problematik und der Frage nach der Identität bzw. der eigenen Person) durchsetzt. Für den Fortgang der weiteren Interpretation wird also ein besonderes Augenmerk darauf zu richten sein, mit welchen Inhalten Frau C. diese beiden für sie offenbar zentralen Komponenten – den Wechselbezug von Körper und Seele und die Frage nach der eigenen Identität – füllt und welche Spielräume, welche Verknüpfungen, welche Schlussfolgerungen und Einsichten sie in diesem Rahmen herstellt.

*(...)" – (gedehnt, betont:)/ich bin ein rotblonder Typ/"(...)*
Frau C. beginnt hier den zuvor hergestellten Rahmen ("meine Person") im Sinne der Grundkonstellation der Identitätsfrage – Wer oder was bin ich? – zu füllen. Sie tut dies – und das ist besonders beachtenswert – im Sinne einer *totalen* Identifikation. Die Aussage: "ich bin ein rotblonder Typ" wird durch keinerlei Wort- oder Satzpartikel relativiert, sondern wirkt wie eine Totaldefinition, so als ob die ganze Person im Rotblond-Sein aufgeht und sich aus der Tatsache, ein rotblonder Typ zu sein fast schicksalhaft der gesamte Lebensweg ergibt bzw. sich aus dieser Tatsache die zentralen Erklärungen gewinnen lassen, dass der Weg so verlaufen ist, verlaufen *musste*.

*(...)" – bin daraufhin verhältnismäßig äh in einigen Dingen empfindlicher als jemand anders"(...)*

Frau C. stellt eine Verbindung zwischen dem herausragenden körperlichen Identitätsmerkmal "rotblonder Typ" und einer seelischen Befindlichkeit, nämlich *empfindlich* zu sein, her: 'Weil ich rotblond bin, bin ich empfindlich'. Damit leistet sie zum einen eine spezifische Verknüpfung von Körper und Seele, zum anderen eine Verknüpfung des Körper-Seele-Themas mit der Identitätsfrage bzw. ihrer Person, denn ein körperliches Merkmal (ein rotblonder Typ zu sein) ist die Ursache für eine spezifische seelische Befindlichkeit und beides macht zu einem hohen Grad ihre eigene Person aus (ich *bin* rot-blond und empfindlich). Das Empfindlich-Sein wird relativiert durch "verhältnismäßig" und "in einigen Dingen", hier wird also die Totalität gelockert, die Einführung der anderen ("als jemand anders") ist jedoch zu lesen als *Bekräftigung* der vorher entfalteten Identität im Sinne von: 'Ich bin anders als andere, weil ich rotblond bin und weil dieses Merkmal mich zu einer Person macht, die anders reagiert als andere.' Es wird also ein Verstärkerzirkel von 'Rotblond-Sein', 'Anders-Sein als andere' und 'Identität' aufgebaut.

*(...)" – äh – äh, auf der anderen Seite bin ich allerdings nachher in der Länge meines Lebens dahintergekommen, dass ich ein ganz schön zäher Brocken bin."*

Diese Sequenz entfaltet einen weiteren, anderen Aspekt der eigenen Person und des eigenen Lebens, der gestaltschließenden Charakter hat, denn die Erzählung wird hier durch die Formulierung "auf der anderen Seite" (im Sinne der Erzählfigur 'einerseits – andererseits') zunächst einmal zu einem Ende geführt.

Vielleicht ist diese Passage die Lösung des Rätsels, das Frau C. am Beginn der Sequenz mit dem offen gelassenen "zwei" hergestellt hat: Sie wollte möglicherweise von zwei Seiten einer Sache – in diesem Kontext also von zwei Seiten oder Aspekten ihrer Person – erzählen. Der einen Seite der Person, der totalen Identifizierung mit dem Rotblond-Sein und der daraus resultierenden Empfindlichkeit, wird eine andere Komponente gegenübergestellt, nämlich die, ein "ganz schön zäher Brocken" zu sein. Hier werden jedoch nicht einfach zwei Personenbeschreibungen im Sinne von 'Ich bin rotblond und ein zäher Brocken' abgegeben, sondern es wird auch eine andere *Genese* der Merkmale transportiert. Während das Rotblonde etwas zu sein scheint, was sozusagen schicksalhaft mitgegeben ist und im Sinne des 'Ewigen' als eine weit zurückreichende und unhintergehbare Bedingung der eigenen Existenz aufgefasst zu werden scheint, ist das Merkmal "zäher Brocken" offenbar das Produkt eines langen, sogar eines lebenslangen Erfahrungs- und Erkenntnisweges. Die Erfahrung, ein zäher Brocken zu sein, wird dabei in spezifischer Weise kontrastiert mit der Grunderfahrung, rotblond und empfindlich zu sein. Pointiert könnte man formulieren: 'Die Erfahrungen im Laufe meines Lebens haben mir gezeigt, dass ich nicht nur rotblond und von daher sehr empfindlich bin, sondern dass ich durchaus auch ein zäher Brocken sein kann.'

Hier werden also zwei Seiten, zwei Möglichkeiten der Identität angesprochen, die beide präsent sind, und die zum einen als Mitgift 'gegeben', zum anderen aber auch als Produkt der Auseinandersetzung im Lebenslauf entstanden sind. Somit sind auch die Dimensionen 'Schicksal' und 'Entwicklung durch Auseinandersetzung' präsent, die für die weitere Analyse des Falles genutzt werden können. Zwischen der Empfindlichkeit und dem Merkmal, ein "zäher Brocken" zu sein, besteht ein spannungsreicher Kontrast. Es ist zu vermuten, dass Frau C. eine Person ist, die mit großen Widersprüchen lebt und von daher auch mit einem großen Energiepotenzial. Im Zuge der Analyse dieser Einstiegssequenz wurde dieses Potenzial sichtbar etwa in der Hartnäckigkeit, mit der sie 'ihr' Thema verfolgt und durchsetzt oder in der Vehemenz und Wucht, mit der sie das Thema einführt und die Interviewerin damit konfrontiert. Die Selbsttitulierung als "zäher Brocken" verrät ein gewisses Maß an Humor und Selbstironie, kann aber auch interpretiert werden als Sarkasmus und eine nicht gerade zimperliche Art mit sich (und anderen?) umzugehen, beinhaltet also auch etwas Abwertendes. Im 'Zäh-Sein' stecken sowohl Stolz und Ausdauer als auch Unbeugsamkeit und Ungeniessbarkeit, der 'Brocken' transportiert etwas Ungehobeltes, schwer Umgängliches. Ein "zäher Brocken" könnte also jemand sein, dem man Respekt zollt, weil er ein widerständiges Leben mit großer Ausdauer meistert, der aber im sozialen Umgang auch schwer zu handhaben und schwer verdaulich sein kann. Es wäre zu fragen, wie konsistent dieses Selbstbild ist und welche Funktion es im Rahmen der Selbstdeutung erfüllt.

Eine weitere wichtige Komponente – die abschließend noch herausgearbeitet werden soll – steckt in dem "dahintergekommen". Hinter etwas zu kommen, etwas aufzudecken, ein Geheimnis zu lüften, ist Ausdruck für einen Prozess des Erkennens: 'Ich habe etwas entdeckt, gelernt, erkannt, verstanden.' Frau C. teilt mit, dass sie im Laufe ihres Lebens erkannt hat, dass sie ein "ganz schön zäher Brocken" ist, sie hat also einen Teil ihrer Person oder Persönlichkeit entdeckt und möglicherweise besser verstanden und vielleicht auch besser nutzen, einsetzen können. Somit hat sie einen Prozess durchlebt, der als ein *Prozess der Selbsterkenntnis* zu bezeichnen wäre. Der Prozesscharakter wird unterstrichen durch die Formulierung "in der Länge meines Lebens" (vermutlich hat es sich also nicht nur um einen langen, sondern auch um einen entsprechend mühsamen und steinigen Lernprozess gehandelt) und durch das "nachher". Der Erkenntnis, ein "zäher Brocken" zu sein ist offensichtlich ein 'Vorher' vorausgegangen. Geht man davon aus, dass das "nachher" mit der "anderen Seite" einer Erfahrung verbunden ist, so liegt es nahe, dass das 'Vorher' mit der erstgenannten Erfahrung zusammenhängt, also mit dem Rotblond- und Empfindlich-Sein. Hypothese wäre, dass über eine lange Lebensphase und vermutlich besonders in der Kindheit das Rotblond- und Empfindlich-Sein eine zentrale und belastende Erfahrung war, die "nachher" in der Auseinandersetzung mit bestimmten Situationen, Personen oder Konflikten durch die Erfahrung, auch ein "zäher Brocken" zu sein, gemildert oder kompensiert wurde. Zu fragen wäre also: Ist ein Prozess der Selbsterkenntnis im weiteren Verlauf der Analyse rekonstruierbar, wird er eventuell explizit thematisiert, ist er vielleicht sogar ein zentrales Lebensthema? Und wenn dem so ist: Welche Genese und welche Konturen zeigt dieser Prozess, welche Themen werden in ihm virulent, welche Themen sind mit ihm verbunden?

### 3.2.2. Zwischenbilanz

Anliegen der hier verfolgten interpretativen Idee ist es, den Fall aus seinen eigenen Strukturen heraus – und nicht etwa entlang eines vorgegebenen Analyserasters – zu verstehen. In diesem Sinne hat die Analyse der Einstiegssequenz dazu beigetragen, dass bestimmte Themen und Momente sichtbar wurden, die den Fall auszeichnen *könnten* und die es lohnen, sie im Zuge der weiteren Interpretation zu verfolgen. Dabei wird es darum gehen, diese ersten Eindrücke und Vermutungen sorgfältig am Material zu prüfen und sie entsprechend auszubauen und inhaltlich zu füllen, sich aber zugleich auch für neue Dimensionen und vor allem für entstehende Widersprüche offen zu halten und den Fall bis zu dem Moment in der Schwebe zu halten, an dem sich eine Gestaltschließung ankündigt. Beim Abschluss des Falles ist genau zu beschreiben und zu begründen, in welcher Hinsicht, auf Grund welcher Datenlage und bezüglich welcher Fragestellung der Fall als in seiner Gestalt erfasst gelten soll (und in welcher Hinsicht der Fall als weiterhin offen gelten muss).

Der entscheidende Erkenntnisgewinn der hier demonstrierten 'feinmaschigen' Interpretation liegt darin, dass vor allem auch auf struktureller Ebene (also *wie* Frau C. etwas einbringt und *wie* sie ihre Beiträge kontextualisiert) weitreichende Einsichten im Hinblick auf die Strukturiertheit ihres Handelns und damit auch ihrer Person gewonnen werden konnten, die bei einem flüchtigen 'Überfliegen' des Textes, das sich nur an den Inhalten festhakt, verloren gegangen wären. Bezogen auf die Person bzw. den Fall legt die Analyse der Einstiegssequenz folgende Themen und Momente als aussichtsreiche Fragerichtungen nahe:

*1. Identität und Selbsterkenntnis als Prozess:* Es fällt auf, dass für die Befragte die eigene Person eine wichtige, wenn nicht sogar *die* zentrale Dimension der Wahrnehmung und des Erlebens darstellt. Verbunden mit dieser Wahrnehmung sind Fragen der Identität, der Selbsterkenntnis und der Entwicklung, des Lernens als lebenslanger Prozess. Zu fragen wäre also, welchen Stellenwert diese Themen im Leben bzw. in der Lebensdarstellung der Befragten tatsächlich haben, wodurch diese Themen motiviert und wie sie ausgearbeitet wurden oder noch werden.

*2. Zum Zusammenhang von Körper, Seele und Identität:* Die Befragte bringt zu einem sehr frühen Zeitpunkt und mit hohem emotionalem und energetischem Aufwand die Wechselwirkung von körperlichen und seelischen Prozessen ins Spiel. Ebenso wird eine enge Beziehung zwischen körperlichen Dispositionen, seelischer Befindlichkeit und Identität hergestellt. Körper und Seele scheinen also hier eine besondere Bedeutung zu haben und es wäre zu fragen, in welchen Kontexten, in welcher Weise und mit welchen Konsequenzen Körper und Seele thematisiert werden, welche Verbindungen zwischen Körper und Seele hergestellt werden und welche Funktionen sie im Rahmen der Lebensgeschichte und der zu vermutenden Entwicklungsgeschichte einnehmen, wie sie dort platziert und gedeutet werden.

*3. Widersprüche:* Die Sequenzen geben Hinweise auf einen widersprüchlichen, konträren, impulsiven und eventuell schwierigen Charakter. Es wäre zu prüfen, welche Selbstbilder die Befragte im weiteren Verlauf entwirft, welche Eigenschaften in der Gesprächsinteraktion sichtbar werden und welches Persönlichkeitsprofil sich insgesamt abzeichnet. Dabei ist vor allem die Frage interessant, warum die Befragte bestimmte Charaktereigenschaften hervorkehrt, welche Strategien sie damit verfolgt und welche Effekte sie damit erzielt.

4. *Weitere Themen, die verfolgt und in ihrer Bedeutung ausgelotet werden könnten, wären:* die Bedeutung von und der Umgang mit Wissen bzw. Nicht-Wissen sowie das Thema der Hilflosigkeit, des Sich-klein-Machens oder Sich-klein-Fühlens; das Thema des Sich-bedeckt-Haltens, der Vorsicht; das Problem der Delegation, der Übertragung von Verantwortung an andere; das Thema der Konfrontation (eventuell der Brüskierung); das Thema übersteigerter, impulsiver Reaktionen (eventuell des Kontrollverlusts) und ihre jeweilige Bedeutung.

Der Überhang an Themen zum Kontext Person, Persönlichkeit, Charakter ist kein Zufall, sondern hängt mit dem Fokus zusammen, den die Befragte einnimmt und den sie inhaltlich bedient. Die sich anbietenden Themen sind also ein Spiegel der Darstellung der Befragten und unterstreichen die Bedeutung, die die Identitätsfrage für sie hat. Denkbar wären in einem Einstieg auch ganz andere Themen, die sich aufdrängen, etwa Dimensionen im Bereich beruflicher Tätigkeit, politisches Engagement, Fragen zum Zweck der Studie, eine lückenlose Darstellung des Lebenslaufs, Aussagen zum Gesundheitszustand etc., die natürlich auch Teil einer Selbstdarstellung sind und Rückschlüsse auf die Persönlichkeit zulassen, die aber die eigene Person nicht derart zentral zum *Thema* machen.

Betont werden soll noch einmal: Die bis hierher herausgearbeiteten Themen und Fragerichtungen verweisen auf *Möglichkeiten*, den Fall im weiteren Verlauf zu befragen – falsch wäre es, den Fall nun auf diese Dimensionen (etwa die Frage nach dem Prozess der Selbsterkenntnis) zu reduzieren und gegenläufige oder andere Themen zu ignorieren. Es ist also bei jedem weiteren Interpretationsschritt sehr genau und immer wieder neu zu fragen: Was liegt hier vor? Wie passt es zu dem bis hierher Entfalteten und Entdeckten? Lassen sich die Vermutungen tatsächlich bestätigen oder führen sie in eine Sackgasse? Es geht also einerseits darum, einer entdeckten Spur nachzugehen und sie vertiefend zu beschreiben, andererseits aber auch aufmerksam ihren Abbruch oder ihr Verschwinden zu analysieren.

## 3.2.3. *Körperthematisierungen*

Die Analyse der Einstiegspassage des Gesprächs mit Frau C. hat wichtige Anhaltspunkte und thematische Markierungen zu Tage gefördert: a) die besondere, ja existenzielle Bedeutung des Körper-Seele-Themas, b) die enge Verbindung von körperlichen und seelischen Prozessen mit der eigenen Person und der Frage nach der eigenen Identität sowie c) den Hinweis auf einen lebenslangen Prozess des Lernens und der Selbstentdeckung. Zu fragen wäre, wie diese Themen im weiteren Verlauf entfaltet werden und welche *neuen* Aspekte und Dimensionen Frau C. im Kontext der Körperthematisierung einführt. In der anschließenden Passage wird der erste Aspekt der oben analysierten zwei Seiten der eigenen Person ("ich bin ein rotblonder Typ") weiter ausgebaut, die daraus resultierende besondere Empfindlichkeit und Sensibilität bekräftigt und erweitert um die Dimension heftiger, entlastender Reaktionen. So stellt Frau C. etwa fest: *"das Reaktionsvermögen geht natürlich auch bis auf die*

*Haut dann – wenn man also blond ist"; "dass ich natürlich null-komma-nichts Son-nenbrand hatte"; "dass ich leicht fror", "vielleicht leichter fror als andere".*

Durch den Einschub "also wir gehen ja auf's Körperliche" kennzeichnet Frau C. diese Reaktionen explizit als körperliche. Sie thematisiert in diesem Kontext aber auch – ohne dies allerdings als eine seelische Reaktion, ein Gefühl, eine Befindlich-keit zu markieren – , dass ihr das (das Reaktionsvermögen bis auf die Haut, der Son-nenbrand) eben auch in der Kindheit "zu schaffen gemacht" hat, dass sie "wahnsin-nig schrie", wenn sie als Kind irgendwo kalt wurde und dass sie "gelitten" hat, "laut gelitten" hat unter diesen Dingen. In dieser Passage zeigt sich also erneut der Zu-sammenhang, dass eine körperliche Disposition a) die Quelle von Leid und heftiger Reaktion ist und dass sie b) die eigene Andersartigkeit markiert (leichter frieren als andere, die Schwester reagiert nur mit Schlucken auf Kälte, dunklere Typen reagie-ren anders).

Das Thema wird fortgesetzt mit dem Hinweis auf "Kinderkrankheiten", die die schulpflichtige Schwester mit nach Hause brachte, und zwar "alle" und "auf einen Ritt", die sie dann "alle übergestülpt" kriegte – mit der Konsequenz, dass sie, bedingt durch eine zusätzlich sich einstellende Lungenentzündung, "also wirklich fast ge-storben wäre". Beachtenswert ist hierbei die Steigerung des Themas bis hin zur po-tenziellen, fast stattgefundenen Vernichtung: 'Ich bin empfindlich, ich reagiere hef-tig, ich bin verletzlicher als andere, ich bin bedrohter als andere, ich wäre fast ver-nichtet worden.' Neu eingeführt bzw. deutlich akzentuiert wird hier die Dimension: 'Ich bin ein *Opfer* (dem man etwas überstülpt, das man durch die Wucht von 'sehr viel', 'sehr früh' und 'alles auf einmal' fast erschlägt).' Der Körper wird also nicht nur thematisch als Quelle von Leid, sondern auch als Quelle existenzieller Bedrohung (fast gestorben) in sehr früher Zeit (mit vier Jahren).

Beachtenswert ist in diesem Zusammenhang weiter, dass die eben skizzierte the-matische Linie (Empfindlichkeit – Bedrohung – fast Vernichtung) durch einen zwei-ten thematischen Strang hindurch verfolgt wird, also quasi unterirdisch weiterläuft, so wie ein *Grundthema* oder sinnfälliger vielleicht noch: wie ein *Grundakkord* des Lebens. Diese zweite thematische Linie bezieht sich auf ein ebenfalls höchst bedeut-sames Motiv: einen entscheidenden ersten "Bruch", den sie mit vier Jahren erlebt. Eingeführt wird dieser Bruch mit der Formel "in meinem Leben waren große Unter-schiede", die als eine Variation des Themas "die zwei Seiten meiner Person" gelesen werden könnte und wiederum auf Widersprüche, Spannungen und vermutlich *extre-me* Erfahrungen hinweist. Als "großer Unterschied" wird hier die Erfahrung formu-liert, in einer "gutbürgerlichen", "kompletten Familie" aufgewachsen zu sein und durch finanzielle Verluste des Vaters (Besitzer einer Fabrik) dieses "Paradies" auf-geben zu müssen (und im weiteren Verlauf – wie sie später berichtet – durch Schei-dung der Eltern und Wegzug der Mutter mit den Kindern den Vater zu verlieren, dann auch noch das vertraute Kindermädchen).

Mit der Bemerkung "naja, also das hab' ich alles überlebt" bündelt Frau C. ihre Aussagen zu dem gravierenden "Bruch", der Vertreibung aus dem "Paradies" und zu dem Leiden unter der Empfindlichkeit und der extremen Bedrohung durch die Krankheiten in der Kindheit. Damit macht sie – analog zum "zähen Brocken" – ein hohes Widerstandspotenzial deutlich, das sich nicht nur gegen körperliche Bedrohung, sondern auch gegen seelischen Schmerz (Verlusterfahrungen) behaupten kann. In der Formulierung "das" "alles überlebt" zu haben steckt etwas Gigantisches, so als ob sie sich gegen *jede* Art von Bedrohung wehren und behaupten könnte und müsste, und zwar ganz *allein* und *gegen* alle anderen: also verbunden mit viel Einsamkeit und viel Kampf. Mit der Subsummierung der verschiedenen Formen von Herausforderungen unter ein "alles" nimmt sie eine Entdifferenzierung vor. Es wäre zu vermuten, dass sie sich damit nicht nur *überfordert*, sondern auch die Chance der modifizierenden Betrachtung von Problemen, des Abwägens und der *Auseinandersetzung* mit Schwierigkeiten vergibt. Auf der anderen Seite klingt daraus (das alles überlebt zu haben) auch viel Robustheit und eine gute Portion Sarkasmus und Selbstironie, die in stark belastenden Zusammenhängen ein sinnvoller und notwendiger Schutz sein können. In jedem Fall markiert Frau C. hier, dass sie in ihrem Leben großen Herausforderungen ausgesetzt war, dass sie an diesen Herausforderungen jedoch nicht zerbrochen ist, sondern sie überlebt und durchgestanden hat.

Die thematische Linie Empfindlichkeit – Bedrohung – Überleben wird zu Ende geführt und abgeschlossen mit der bilanzierenden Bemerkung, einen "Herzschaden behalten" zu haben, die sich als eine Metapher lesen lässt für 'das, was im Kampf zurückbleibt': 'Das Leben hat mich schon früh extrem herausgefordert, ich hab' es überlebt, aber ich habe auch Blessuren zurückbehalten.' Erweitern ließe sich der Herzschaden von einem rein organischen Befund auf tiefe Erschütterungen und Verletzungen, die auch die Seele stark in Mitleidenschaft gezogen und seelische Narben hinterlassen haben – nicht umsonst spricht man in diesem Zusammenhang ja auch von "verwundeten Herzen". In dieser Richtung äußert sich Frau C. an dieser Stelle jedoch nicht. Im Gegenteil: Den Blessuren, der Schwäche des Herzens, werden direkt wieder hohe Energien entgegengestellt: Ich hatte "ein wahnsinniges Temperament", "dass ich also immer bis zur Erschöpfung mich austobte". Damit wird erneut ein Widerspruch (Herzschaden – sich bis zur Erschöpfung austoben) und eine bezeichnende Spannung zwischen entgegengesetzten Kräften konzeptualisiert. Es dominiert das Prinzip, auf eine Herausforderung mit Energie und Kraft zu reagieren (Alternativen wären, einer Belastung nachzuspüren oder sich einem schmerzlichen Gefühl zu überlassen).

Schließlich bringt Frau C. in den Komplex 'körperliche Disposition' (immer noch anknüpfend an die Feststellung "ich bin ein rotblonder Typ") zwei weitere körperliche Merkmale ein, von denen sie sagt, dass sie ihr ihr "ganzes Leben lang eigentlich ziemlich zu schaffen gemacht" haben: Sie ist Linkshänderin, und sie ist Legasthenikerin. In diesem Zusammenhang gewinnt 'Wissen' eine wichtige Rolle. Sie beschreibt den Prozess einer typischen Stigmatisierung ("man kam in das Töpfchen 'ist ja geistig oder körperlich minderbemittelt'"), unter der sie besonders in der Schulzeit sehr gelitten hat, und führt aus, dass damals einfach noch viel zu wenig Wissen darüber vorhanden war, was Linkshändigkeit und Legasthenie bedeuten (und wie man möglicherweise schonend und förderlich mit diesen Phänomenen umgehen könnte). Nicht-Wissen (hier: der anderen, verantwortlichen Personen) führt zu einer unangemessenen Behandlung, zu Ausgrenzung und zu Leid. Und dieses Leid hängt wiederum eng mit dem Körper zusammen: der Disposition, die linke Hand besser gebrauchen zu können als die rechte, damit aber anders zu sein als andere, und der damit verbundenen Schwierigkeiten im Umgang mit der Schrift (also mit einer elementaren kulturellen Technik, deren Erwerb gerade in der Schulzeit zentrale öffentliche Aufmerksamkeit zukommt).

Aus diesem Leid findet sie jedoch einen Ausweg: "dass ich schrecklich gern malte". Während die Schule insgesamt für sie ein "Grauen" war, hielt sie (neben dem Turnen und dem Sport) das Malen aufrecht, weil sie dort konkurrenzlos gut war, aber auch weil sie eine Vision entwickeln konnte: "wenn also die Schule fertig ist (...) dann geh' ich in einen Beruf, wo ich malen kann". Der Körper ist also nicht nur Quelle von Leid, sondern auch Ausgangspunkt von Kraft, denn die Arbeit mit den Händen (das Malen) und die sportliche Betätigung – was beides im weiteren Gespräch mehrfach aufgegriffen und zum Teil höchst plastisch und lustvoll illustriert wird – hat in weiteren Lebensphasen eine hohe entlastende Bedeutung.

Unter dem Motto "wie der Körper reagiert auf seelische Angelegenheiten" ließe sich der Bericht fassen über ständige Mittelohrvereiterungen, Husten und Schnupfen, Probleme mit den Atemwegen in der Kindheit. Es liegt nahe, diese Anfälligkeit als Reaktion auf die dicht aufeinander folgenden Verlusterfahrungen im Alter von vier und fünf Jahren zu deuten. Diese Deutung nimmt Frau C. an dieser Stelle zwar nicht explizit vor, es ist jedoch auffällig, dass sie zuvor feststellt, sehr unter der Trennung der Eltern gelitten zu haben, dass sie das Kindermädchen verloren habe, ihre Mutter *sehr* jung" gewesen sei, und dass sie sich nur an diese ständigen Mittelohrvereiterungen erinnern könne. (An mehreren anderen Stellen wird dann jedoch ein Zusammenhang zwischen äußeren Umständen, seelischem Erleben und körperlicher Reaktion explizit hergestellt, was noch ausführlicher beschrieben werden soll.)

Über die Ohren- und Atemwegsgeschichten eröffnet Frau C. jedoch zunächst noch eine ganz andere, neue Dimension der Körper-Seele-Thematik. Die Anfälligkeit führte dazu, dass sie, in erster Linie von der Mutter (die hier bezeichnenderweise in der Erzählung entpersonalisiert und als anonymisierte Macht behandelt wird) "wahnsinnig gesund gehalten" wurde und "Wollstrümpfe an bis über die Ohren" kriegte. Als Kontrastfolie zur überbehütenden Mutter wird die freizügige Patentante ins Feld geführt, die sie machen ließ, was sie wollte: "und das, was ich wollte, war: Kniestrümpfe den ganzen Winter über anziehen, und das hab' ich gemacht und wurde *nicht* krank!". Diese Passage zeigt zweierlei sehr schön: wie a) die Umwelt (hier die Mutter) auf eine körperliche Reaktion reagiert und damit weiteres Leid zufügt (etwa durch die erstickende Enge von Wollstrümpfen) und wie b) über den Körper zugleich aber auch Gegenerfahrungen von Freiheit (Kniestrümpfe im Winter), Durchsetzungsfähigkeit ('Ich will das und kriege das!') und Erfolg ('Ich werde nicht krank!') gemacht werden können. Anders ausgedrückt: Die Episode 'Kniestrümpfe im Winter' (an anderer Stelle auch das "Dirndl", das sie zu Hause nicht bekam, bei der Tante jedoch "gleich bis runter an die Füße" haben durfte) steht für wichtige Erfahrungen und Grundhaltungen im Leben von Frau C. – etwa der Erkenntnis, immer schon sehr eigenwillig gewesen zu sein und lieber aus eigener Erfahrung eine Lehre zu ziehen als aus den Diktaten anderer. Sie steht auch für das ausgeprägte

Bedürfnis nach Freiheit (nicht reglementiert, überbehütend eingesperrt zu werden, wozu gerade die sehr brave, sehr junge, sehr auf Etikette bedachte Mutter extrem neigte). Das entscheidende ist, dass sich diese Grunderfahrungen und Grundhaltungen auf *körperlicher* Ebene niederschlagen bzw. genauer: dass sie in körperlichen Handlungen und körperlichen Erfahrungen Ausdruck gefunden oder sich Ausdruck verschafft haben.

Betrachtet man den Zusammenhang vor dem Hintergrund von Erleben, Erfahrung und Erinnerung, erfüllt der Körper hier eine dreifache Funktion: 1. Er vermittelt in der Situation Kindheit ein Erleben von Enge und Unfreiheit, aber auch von Freiheit; damit wird er zum Motor von Bewegungen, die auf Befreiung hinzielen. 2. Er verschafft Erfahrungen (wie es ist, sich frei oder unfrei zu fühlen) und verhilft zu Erfahrungswerten (etwa nicht krank zu werden, auch wenn man Kniestrümpfe im Winter trägt; und weiter: 'Wenn es mir gelingt, das zu bekommen, was ich brauche, dann geht es mir gut.'). 3. Er transportiert Erinnerungen: Das Erleben und die Erfahrung aus der Kindheit haben im Körper einen Anker der Erinnerung, sie sind erinnerbar und plastisch präsent, weil sie im Körper gespeichert, als Körpererfahrung abrufbar sind.

Im Zusammenhang mit den Ohrengeschichten führt Frau C. dann erneut 'Wissen' als eine Möglichkeit der Entlastung ein: Erst sehr spät habe man herausgefunden, dass sie "ein Ohr etwas eng" habe, was ein "ganz kleiner Naturfehler" sei, und dass sich sozusagen an der "schwächsten Stelle" dann immer etwas festgesetzt habe. Liest man dies im Zusammenhang mit dem 'Wissen', so ergibt sich ein Hinweis in dem Sinne von: 'Hätte man früher genauer gewusst, wie es um das Ohr bestellt ist, hätte mein ständiges Kranksein nicht permanent als Beweis missbraucht werden können, dass ich ein schwacher, wehleidiger, überempfindlicher Mensch bin.' Das Wissen hätte also – wie auch in dem Kontext von Linkshändigkeit und Legasthenie – das Leiden am Leiden, das vornehmlich durch die stigmatisierenden Äußerungen der anderen erzeugt wurde, außer Kraft setzen können. Insofern hat Wissen und das Aufgeklärt-Sein eine zentrale, Leid reduzierende Bedeutung für Frau C..

Fasst man die bis hierher entfalteten Aspekte hinsichtlich der Körperthematisierung zusammen, so ergeben sich folgende Motivkomplexe, in denen der Körper jeweils eine spezifische Funktion erfüllt bzw. in spezifischer Weise an Bedeutung gewinnt (zur Illustration werden zentrale Inhalte dieser Motive in Paraphrase noch einmal angedeutet):

*1. Der Körper als Identitätsmarker sowie*
*2. Der Körper als Quelle von Stigmatisierung und Leid (was auf das Engste verbunden ist):*
— 'Ich bin rotblond.'
— 'Ich bin empfindlicher als andere.'
— 'Ich bin Linkshänderin.'
— 'Ich bin Legasthenikerin.'
— 'Ich bin anders als andere.'
— 'Ich friere schneller, kriege sehr schnell Sonnenbrand.'

- 'Ich werde als geistig und körperlich minderbemittelt eingestuft.'
- 'Ich leide sehr unter diesen Umständen.'
- 'Weil ich so empfindlich bin, werde ich furchtbar gesund gehalten, muss beengende Dinge tragen.'
- 'Ich bekomme alle Kinderkrankheiten übergestülpt.'

3. *Der Körper als Resonanzfläche und Bedrohung:*
- 'Auf die frühen Verlusterfahrungen habe ich mit ständigen Erkrankungen der Ohren und Atemwege reagiert.'
- 'Ich wäre fast gestorben.'

4. *Der Körper als Ventil und Ausweg aus dem Leid:*
- 'Ich habe wahnsinnig geschrieen, laut gelitten.'
- 'Ich habe schrecklich gern gemalt und geturnt, das war mein Ausweg.'

5. *Der Körper als Lern-, Erfahrungs- und Durchsetzungsfeld:*
- 'Ich habe Kniestrümpfe im Winter angezogen und wurde nicht krank!'

Die sich hier andeutenden Besetzungen und Verweisungen des Körpers werden im Rahmen der Gesamterzählung immer wieder aufgegriffen und in besonderer Weise ausgebaut. Insgesamt zeichnet sich jedoch bereits an dieser Stelle ab, dass der Körper und Körperliches in dieser Biographie einen höchst bedeutsamen Platz einnimmt bzw. genauer: dass Frau C. diese Zusammenhänge intensiv und aktiv durchlebt hat, dass sie reflexiv über sie verfügt und sie mit entsprechender Intensität im Interview als eine Deutungs- und Verstehensmöglichkeit ihres Lebens anbietet. Der Körper wird dabei sowohl a) in seiner Wirkung nach außen wahrgenommen (Urteile, Stigmatisierungen, Vorkehrungen der anderen) als auch b) in seiner Wirkung nach innen (als Quelle von Leid und Bedrohung) und c) in seiner Wirkung von innen nach außen (als Resonanzfläche auf psychisches Leid, als Medium der Entäußerung und als Quelle von Kraft und Entfaltung). Damit wird wiederum deutlich, dass die Lebensgeschichte und die Identität von Frau C. auf das Engste mit der Körper-Seele-Thematik verknüpft sind und sich – so wäre zu postulieren – die Gestaltung des Lebensweges sowie die Lebensführung in ständiger Tuchfühlung mit körperlichen und seelischen Prozessen bewegen, vielleicht sogar aus ihnen gespeist werden und ihr Leben überhaupt von dort aus seinen Antrieb erhält. Diese weitreichende These soll im Folgenden anhand der Rekonstruktion des Bildungs- und Arbeitsweges sowie der familialen biographischen Entwicklung überprüft werden. Im Zuge dieser Rekonstruktion werden die oben aufgelisteten Verweisungen und Bezüge in den Körperthematisierungen weiter an Kontur gewinnen.

### 3.2.4. *Der Körper im Lebenskontext*

Die oben postulierte enge Verbindung von Körper und Biographie lässt sich in der Tat in zentralen Lebensbereichen und an Schlüsselstellen der Biographie nachweisen. Um die Qualität und Reichweite dieser Verbindungen besser einschätzen zu können, seien zentrale Thematisierungen und ihre jeweilige biographische Platzierung hier kurz skizziert. Dabei wird an dieser Stelle aus Gründen der besseren Übersichtlichkeit von der Erzählchronologie abgewichen und der rekonstruierten Lebenslaufchronologie sowie bestimmten thematischen Feldern (die sogleich erläutert werden) gefolgt. Selbstverständlich wird dabei weiterhin beachtet, an welcher Stelle des

Gesprächs und in welchem Erzählkontext die jeweils akzentuierten Aussagen zu finden sind, auf welche anderen Aussagen sie verweisen oder zu welchen Aussagen sie in Widerspruch geraten. Folgende Lebensbereiche und Schlüsselstellen sind in der oben skizzierten Hinsicht besonders auffällig bzw. werden von Frau C. in besonderer Weise betont:

1. Die Bedeutung von Turnen und Sport in der Schule und der Schulzeit, des Sich-Austobens und der Bewegung.

2. Die Bedeutung von Tanz und Sich-Ausleben in der Nachkriegszeit, damit verbunden auch die Überschreitung von 'Grenzen' im Rahmen der Sexualität und entsprechender körperlicher und sozialer Konsequenzen (uneheliche Schwangerschaft, Formen sozialer Ächtung, lebensbedrohliche Austragung des Kindes).

3. Die Bedeutung des Malens in der Schule, als Berufswunsch, als "Hobby" im weiteren Lebenslauf (insbesondere in der zweiten Lebenshälfte).

4. Der körperliche Widerstand gegen den ihr zugedachten Beruf.

5. Eine körperliche Affinität zu ihrem Ehemann, der sie zur Wahl dieser Bindung führt.

6. Heftige körperliche Reaktionen auf belastende Lebensereignisse: a) Alkoholprobleme des Mannes, b) ständige Abwertung durch den Stiefvater, c) heftigste Auseindersetzungen mit der älteren Schwester, d) Zerwürfnis mit dem Ehemann und den eigenen Kindern, e) Konflikte mit der Vorgesetzten an der Arbeitsstelle, f) Ärger mit den Vermieterinnen.

7. Abgrenzungen und Gemeinsamkeiten mit der Schwester, die stark über den Körper laufen.

8. Metaphern, die Lebenserfahrungen 'verkörpern'.

Diese Thematisierungen ließen sich in folgender Weise bündeln (wobei diese Bündelung weder trennscharf noch vollständig ist, sondern lediglich einem neuen Analysezugang dienen soll):

(a) Der Körper als Medium der Befreiung.

(b) Der Körper als Resonanzfläche.

(c) Der Körper als Quelle von Fähigkeiten, Können und Erkenntnis.


*(a) Der Körper als Medium der Befreiung:*
Ein Schlüsselmoment, in der der Körper sich dem vorgegebenen Weg verweigert und zur Durchsetzung einer alternativen Wahl beigetragen hat, liegt in der Phase der Berufswahl. Der Kontext: Frau C. ist mit ihrer Mutter und den Geschwistern nach Kriegsende '45 bei der Großmutter mütterlicherseits, die eine Korbwarenfirma besaß, untergekommen und führt für die Familie zunächst den Haushalt. Sie ist zu diesem Zeitpunkt achtzehn Jahre alt. Nachdem "alle einen Beruf hatten", sollte sie "nun auch noch einen kriegen" und man hat sie in die Korbwarenfirma zum Körbe flechten gesteckt. Als sie dort steht und draußen das wunderschöne Frühlingswetter sieht, wehrt sich alles in ihr und sie sagt sich: "Da gehst du kaputt! Das kannste nich', das is 'n Gefängnis, da musst du *raus!!* Raus, raus, raus!!" Nach diesem Erlebnis setzt sie durch, dass sie in der Stadtgärtnerei anfangen darf, wo sie eine Gärtnerinnenlehre abschließt.

In der Art, wie sie diese Episode zur Berufsfindung erzählt, wird erneut ein zentrales Motiv deutlich: nämlich die entstehende Spannung zwischen Dingen, die man für sie aussieht, die man ihr zuweist – und die man ihr bezeichnenderweise als Letzte (!) in der Geschwisterreihe und mit einiger Lieblosigkeit zuzuweisen scheint – und den Dingen, die sie selber will. Damit ist eine Lebensfolie hergestellt, die neben ständig erfahrener Abwertung auch auf Konfrontation angelegt ist. Der sich hierin spiegelnde Freiheitsdrang und die Ablehnung von Vorschriften sind ein Motiv, das sich bis in das momentane Alter durchzieht. So geht sie beispielsweise nicht zum Seniorentanz, sondern "wedelt" viel lieber nach selbst gewählter, klassischer und auch "supermoderner" Musik in freier Improvisation durch die eigene Wohnung, denn:

*Frau C.: "Die stellen Vorschriften, und die will ich nicht! Ich will keine Vorschriften! – Is' vielleicht verkehrt, was ich da mache – ich weiß es nicht. Ich mag keine Vorschriften."*

Ausgesprochen auffällig ist, dass eine der intensivsten Passagen zur Bedeutung der Freiheit und des Sich-Ausagierens über den Körper einer Erzählung folgt, in der die Herkunftsfamilie thematisiert wird: die geschiedene Ehe der Eltern, zu der die Kinder eigentlich nur "eine Zugabe" waren, das belastende Verhältnis zur Mutter, von der sie nicht verstanden wird in ihrem Temperament und ihrem Wollen, und die überaus quälende Situation mit dem abwertenden und schikanierenden Stiefvater. Die Interviewerin greift an dieser Stelle die zu Beginn gemachte Bemerkung von Frau C. auf, dass in der Schule das Turnen so ziemlich das einzige gewesen sei, was sie hochgehalten habe. Darauf reagiert Frau C. wie folgt:

*Frau C.: "Ja. Ich brauch' eine unheimliche Ausarbeitung meiner Selbst, also – äh – ich muss mich bewegen. Ich muss, die Bewegung is' ein, ein, sagen wir mal, mindestens das halbe Leben immer bei mir gewesen!"*

Und sie führt fort:

*Frau C.: " (...) wenn ich kann, dann tanz' ich für mich alleine hier auch mal in der Wohnung, einfach an der Freude mit der Musik oder – einfach die Bewegung (...) ich find' – in der Bewegung ist auch sehr viel Ausdruck drin. (...) Und – ich bin eigentlich immer viel gelaufen (...) ich hab' Leichtathletik mit Freuden betrieben und war da sehr gut (...) das is' mir zugefallen, das war einfach mein Temperament, das hat mich gejagt, das hat mich getrieben, das hat mich springen lassen. Und äh – wahrscheinlich hab' ich damit sehr viel verarbeitet oder, oder ausgearbeitet oder ja – abgestoßen wahrscheinlich auch, ne – ."*

Frau C. entwirft hier also die Hypothese, dass die intensive körperliche Ausarbeitung in der Jugend und auch in späteren Jahren (ausgedehnte Spaziergänge, Schwimmen, Tanzen in der Wohnung, eigenes Programm aus Gymnastik, Yoga, Autogenes Training) ein guter Weg waren, Belastungen zu 'verarbeiten', 'auszuarbeiten' oder 'abzustoßen'. Sich also zu befreien von seelischem Müll oder unerträglichem Leiden, indem Gegenkräfte mobilisiert, Stärken spürbar werden, eine Lebendigkeit spürbar wird. Gerade die Betonung von Freiheit und Beweglichkeit wird an vielen Stellen des Interviews und in unterschiedlichen Kontexten einer erlebten Steifheit, Begrenzung, Einengung entgegengestellt. Vielleicht war die körperliche Ausarbeitung auch deshalb ein guter Weg, sich bestimmte Dinge 'vom Leibe zu halten', weil Frau C. sich so belastenden Situationen gut entziehen konnte – sie war 'woanders' (im Wald, auf dem Sportplatz). Hier scheint ein Muster durch, das besonders für männliche Kinder und Jugendliche typisch ist: sich der Einflusssphäre der Familie, im Kern vor allem der Mutter und der weiblichen Welt bzw. dem weiblichen Zugriff, zu entziehen und sich 'draußen' das eigene Aktivitäts- und Bewährungsfeld zu suchen.

Verfolgt man diesen Strang weiter, so ergeben sich in der Erzählung von Frau C. tatsächlich deutliche Anhaltspunkte für eine Affinität zu 'männlich' konnotierten Verhaltensweisen und einer Ablehnung bestimmter Bereiche weiblicher Identität. So betont Frau C., dass sie sportlich aktiv in erster Linie mit Jungen war, dass sie "mehr auf dem Sportplatz als irgendwo anders" gewesen sei und dass sie "eigentlich versucht" habe, "gegen diese Pubertät irgendwie anzukämpfen". Als Begründung gibt sie an dieser Stelle an, dass ihr die Periode und "die Wirtschaft damit" lästig gewesen seien, sie behindert hätten, eben weil sie "'n Sportler war". Hier wird also auch eine *Abwehr* des Körpers bzw. eines typisch weiblichen Körpervorganges deutlich – ein Phänomen, das fast durchgängig auch in den anderen Frauen-Biographien dieses Samples auftaucht (vgl. dazu auch die Ausführungen im nachfolgenden Kapitel; Teil 2/bes. Kap. 4.3.).

Zurück zum Thema 'Befreiung über den Körper': In dem oben angeführten Zitat macht Frau C. auch deutlich, dass die Ausarbeitung über den Körper eine Frage des *Temperaments* sei – also einer Mitgift, die sie wiederum von anderen abhebt ('Ich war wilder als andere Kinder, habe heftiger reagiert.'), die sie aber auch in gewisser Weise entlastet. Denn der Drang zu heftiger Bewegung, mit dem die Mutter offenbar überhaupt nicht umgehen kann, wird so entschuldbar und muss nicht in eigene Regie genommen werden. In der faszinierenden Reihung von "das hat mich gejagt, das hat mich getrieben, das hat mich springen lassen" bekommt das Temperament die Züge einer fast dämonischen Macht, die von der Person Besitz ergreift, es zum Spielball seiner wilden Launen macht und hinreißt zu Verbotenem.

In enger Korrespondenz zu dieser Stilisierung steht der Bericht über ein weiteres Schlüsselereignis in der Biographie von Frau C., vielleicht sogar *dem* Schlüsselereignis, wenn man die Reichweite der daraus resultierenden Folgen in den Blick nimmt. Bereits im ersten Erzählbogen (in dem Frau C. ohne wesentliche Nachfragen zentrale Momente ihrer Biographie entfaltet und der im Transkript 12 von 83 Seiten umfasst) führt Frau C. aus, dass sie in der Nachkriegszeit – wie alle anderen jungen Mädchen ("wir") – "wahnsinnig lebenshungrig" war und das intensive Bedürfnis hatte, sich auszuleben ("Denn wir hatten also bis dahin keinen Tanz und keine Männer und *nichts* gehabt."). Sie lernte ihren späteren Mann auf einer Tanzveranstaltung kennen und wurde schwanger. Dies war ein doppelter Skandal, weil der Mann verheiratet war und sie ein uneheliches Kind zur Welt bringen würde. Insbesondere der

Stiefvater reagierte mit großer Verachtung auf den Vorgang und schikanierte den Mann auch als späteren Ehemann noch unausgesetzt. Im Kontext des Themas 'Kontakt zum anderen Geschlecht, Tabus und Verbote' (das sie selbst im Zuge ihrer Ausführungen zu 'Körpererinnerungen als junges Mädchen' einbringt) bietet sie folgende Erklärung zu der Schwangerschaft an:

> Frau C.: "Und Verhütung gab 's doch praktisch nicht, deswegen hab' ich auch mein Kind gekriegt – weil eben dann die Gefühle irgendwann mal eben durchgebrochen sind. Diese ewig verdrängten und – verdrückten Gefühle."

Und an anderer Stelle (auf die Frage, ob die Sexualität mit ihrem Mann am Anfang auch mit Angst verbunden war):

> Frau C.: "Nee, da, da – komisch, ich weiß nicht, da ist bei uns der Verstand durchgegangen".

Diese Äußerungen liegen genau auf der oben angesprochenen Linie, die man auch als *Kontrollverlust* bezeichnen könnte: Gegen jede Vernunft, gegen bestehende Tabus ("wir hatten ja noch tausend Verbote") und gegen die eigenen Ängste wird etwas getan, weil *es* 'mit einem durchgeht'. (Genauso wie das Temperament sie zu heftiger Bewegung jagt und treibt, und – wie in dem Interview deutlich wird – auch zu heftigen Gefühlsausbrüchen und Konfrontationen mit anderen.) Es wird auch gesagt, dass sich hier endlich etwas Bahn schafft, was schon lange hinaus will, weil es permanent unterdrückt und 'verdrückt' wurde – aber eigentlich Raum braucht. Hier von 'sexueller Befreiung' zu sprechen ist einerseits zu hochtrabend, andererseits viel zu undifferenziert. In dem vorliegenden biographischen Kontext erfüllt die 'unkontrollierte' Handlungsweise im Rahmen der Sexualität spezifische Funktionen. Sie ist zum einen zu sehen vor dem Hintergrund höchst beklemmender Familienverhältnisse, aus denen sich Frau C. befreien will und die sich zu einem großen Teil speisen aus dem erstickenden religiösen Eifer der Mutter (die streng, züchtig und sexualitätsfeindlich erzogen wurde) sowie der älteren Schwester, von der Frau C. sagt, sie sei "bigott" gewesen. Zum anderen wohl aber auch vor dem Hintergrund einer eigentümlichen Persönlichkeitsdynamik, die sich dahingehend beschreiben ließe, dass die zugeschriebene und sich selbst verstärkende Andersartigkeit von Frau C. in Kombination mit einem hohen energetischen Potenzial (Temperament, Widerständigkeit) Konfrontationen nicht nur permanent heraufbeschwört, sondern sie zur Bestätigung des widerständigen 'Dennoch' in dem Anderssein geradezu existenziell *braucht*.

Sexualität bzw. sexuelles Handeln kann jedoch nur dann zu einem Widerstandsmoment werden, wenn es sich reibt mit gesellschaftlichen Vorstellungen von Normalität. Immerhin war Frau C. zum Zeitpunkt dieser ersten Schwangerschaft bereits dreiundzwanzig Jahre alt, was damals ein eher spätes Alter für Erstgebärende war (ihre eigene Mutter hat bereits mit achtzehn Jahren ihr erstes Kind bekommen). Aber viel entscheidender war offensichtlich, dass sie ein *uneheliches* Kind bekommen hat, also die Sexualität nicht unter dem Schutzdach der Ehe (und dann auch noch mit einem verheirateten Mann, der somit eine andere Ehe bricht!), sondern im 'Freien' stattgefunden hat. 'Unkontrolliert' ist die Handlungsweise von Frau C. also nur vor dem Hintergrund dieser zu ihrer Zeit offensichtlich noch massiv wirkenden Tabus und Verbote.

Die Folgen dieses 'Kontrollverlustes' sind erheblich: Frau C. gerät nicht nur bei ihrem Stiefvater und der übrigen Familie massiv in Misskredit, sondern sie bindet sich damit auch an einen Mann, der im weiteren Verlauf zu einer extremen Herausforderung wird, weil er sich gemäß der Beschreibungen von Frau C. als gesundheitlich und psychisch höchst labil herausstellt, zum Alkoholiker wird, "die ganze Familie umkrempelt" und sie letztlich auseinanderbringt. Die Tragödie, die sich aus diesen Entwicklungen ergibt, beschreibt Frau C. als "Drama ohne Ende", als "Hölle" und als "Katastrophe". In diesem Kontext erlebt Frau C. ihren persönlichen Tiefstpunkt ("ich war am Boden zerstört"), was sich erzählerisch vor allem auch darin zeigt, dass mehrere ihrer zum Teil auch weitreichenden Erzählbögen bei dieser Krise enden.

*(b) Der Körper als Resonanzfläche:*
Noch im ersten Erzählbogen, in dem Frau C. von sich aus ohne wesentliche Nachfragen der Interviewerin zentrale Lebensstationen in chronologischer Reihenfolge ausbreitet, schildert sie auch die Reaktionen, die sich aus der Krise mit ihrem alkoholkranken Mann ergaben. Sie bekommt aufklärerische Hilfe von einer Cousine, die Ärztin und angehende Psychologin ist, so dass sie zu einer Kur gehen kann, "um überhaupt wieder also – Mensch zu werden". Sie bekommt aber auch Krebs, muss in die Klinik, wird operiert und bestrahlt (woraufhin der Mann "tobt", von zu Hause weg bleibt und einen völlig unsteten Lebenswandel beginnt). Gemeinsam mit der jüngsten Tochter holt sie sich Hilfe bei den Anonymen Alkoholikern und sie setzt durch, dass sie und ihr Mann in der Wohnung getrennte Bereiche erhalten und jeder so leben kann, wie er es für richtig hält. Diesen Rückzug erlebt sie als sehr belastend und er führt zu einem irreparablen Bruch ("es is' was kauptt gegangen") mit den beiden älteren der drei Kinder, weil der Mann die Kinder in ihrer Wahrnehmung gegen sie einnimmt. Aber es gelingt ihr damit, die erdrückende Verantwortung für den Lebenswandel ihres Mannes abzulegen und ein eigenes Leben führen zu können.

Dieser Prozess der Ablösung vom Ehemann und dem Zerwürfnis mit den Kindern, von denen sie sich nicht "schikanieren" und "ausnehmen lassen" will, hat sie "zwei Jahre lang schwere Tränen gekostet". Sie bemerkt weiter in diesem Zusammenhang:

*Frau C.: "Ja. Das is' jetzt ja eigentlich weniger körperlich gewesen als seelisch, also sagen wir mal seelisch, äh körperlich ist vielleicht das Weinen gewesen – äh – mit dem Körper reagiere ich auf jeden Fall (...) ich krieg' also leicht auf der Haut irgendwelche – sagen wir mal Reizungen, wenn irgendwas is', ich hab' von der Operation noch bis zum heutigen Tag Phantomschmerzen (...)".*

Bezeichnend ist der Versprecher "seelisch, äh körperlich", der auf die enge Verbindung seelischer und körperlicher Prozesse verweist, mit denen Frau C. offensichtlich intensiv konfrontiert ist und um deren Verbindung sie weiß. Bezeichnend ist auch, dass Frau C. von sich aus das Thema 'körperliche Reaktion' an dieser Stelle erneut einbringt, das sie leitmotivisch bereits zu Beginn des Gesprächs eingeführt hatte ("wie der Körper reagiert auf seelische Angelegenheiten"). Hier liegt also eine Schlüsselszene vor, in der der Körper heftig reagiert (mit Weinen, Hautreizungen, postoperativen Phantomschmerzen). So beschreibt Frau C. beispielsweise auch, dass sie in der Phase des Konflikts mit einer Vorgesetzten im Sozialdienst (in der der Alkoholkonsum des Mannes steigernd nebenher lief) mit starken Schweißausbrüchen und Schlafstörungen reagiert hat.

Es fällt jedoch auf, dass Frau C. die Krebserkrankung an dieser Stelle nicht explizit in einen kausalen Zusammenhang mit den erfahrenen Belastungen stellt (in dem Sinne von: 'Weil ich so viel Belastendes erleben musste, hat mein Körper mit Krebs reagiert.'), was sich jedoch aufdrängt. Gegen Ende des Gesprächs hebt sie aber hervor, dass sie im Zuge der postoperativen Betreuung eine Psychologin aufgesucht hat, die ihr klar machte, dass Menschen, die ihre Grenzen nicht beachten und sich immer wieder ohne entsprechenden Ausgleich in hohe Belastungen hineinbegeben, sehr anfällig für Krebs sind. Sie unterstreicht das mit der Selbstbeobachtung, dass sie früher immer nur kurz wieder Luft geholt, alles reingeatmet, sich angefeuert und dann weiter gemacht hat – ihr also völlig das Luftablassen, Ausatmen fehlte. Gegen Ende des Gesprächs gibt es eine Passage, in der sie auf die Frage nach einem besonders intensiven Körpererlebnis von ihrer Erfahrung berichtet, das Weinen wieder gelernt zu haben:

*Frau C.: "(...) das hab' ich mir eigentlich seit dem Krebs angewöhnt – dann geb' ich dieser Sache nach – . Und dann heul' ich mal 'ne Runde – dann kriech' ich auf die Couch, zieh' mir die Decke bis oben hin und lass' das – raus. (...) – dieses Rausweinen – dieses – dieses Schmerzes – wenn der raus is', is' er dann raus – und, und man ist eigentlich dann jedesmal ein Stück weiter. Also die Erfahrung hab' ich auf jeden Fall. (...) Ich könnt' auch nicht mehr weinen. – Ich hatte, ich, ich – könnt' auch nich' mehr. (...) Ich hab 's erst wieder lernen müssen."*

Dazu passt, dass sie die Krebserkrankung bereits zu Beginn des Gesprächs (im ersten Erzählbogen) als ihre "Überlebenschance überhaupt" bezeichnet. Dazu führt sie aus:

*Frau C.: "Und ich glaub', das war meine Überlebenschance überhaupt gewesen – ähm, dass ich – äh mich eigentlich erst richtig gelernt hab', zu mir selbst zu bekennen und äh – ja, mich, ja eigentlich mich selbst zu bekennen und zu sagen: 'Das is' wirklich alles richtig und äh – da bin ich schuldfrei und das und das gibt es einfach nicht und – mein Leben ist so und das ist wirklich mein Weg', also dieses Revolutionäre, was ich immer in mir trug, das ist richtiger als das, was die anderen machen."*

Hier wird deutlich, dass der Krebs – als eine körperliche Reaktion auf stark belastende Umstände und einen unangemessenen Umgang mit den Belastungen – eine entscheidende Weichenstellung hin zu einem modifizierten Verhalten und zu einem wichtigen Stück Selbsterkenntnis und Ich-Stärkung eingeleitet hat. Dies würde in herausragender Weise die Eingangsthese bestätigen, dass die Suche nach der eigenen Identität und der Prozess einer Selbsterkenntnis nicht nur ein zentrales Moment in der Biographie von Frau C. ist, sondern darüber hinaus auch in intensiver Weise mit dem Körper und körperlich-seelischen Vorgängen verbunden ist. Und offensichtlich haben gewinnbringende Prozesse eingesetzt, die zu einer größeren Annahme der eigenen 'Andersartigkeit' und zu der Fähigkeit des Nachlassens und Loslassen-Könnens geführt haben. Wesentliche Impulse hat Frau C. hier sicherlich durch die Kontakte in der Krebsnachsorge und die Psychologin erhalten und es ist nicht zu übersehen, dass sich in der Wahrnehmung und Deutung der berichteten Erfahrungen partiell auch die Übernahme professioneller Deutungsmuster niederschlägt (vgl. dazu Flick 1991, Mutz/Kühnlein 1991, Jacob 1995). Auf der anderen Seite bedarf es einer gewissen inneren Kraft oder eines starken Bedürfnisses und auch der Fähigkeit, sich Hilfe einholen zu können, über die Frau C. offenbar verfügt. Bemerkenswert ist hierbei jedoch, dass der Schritt, zu einer Psychologin zu gehen, nicht in erster Linie durch die Krebsnachsorge ausgelöst wurde, sondern durch einen heftigen Streit mit der Schwester, die ihr "Verschiedenes vorgeworfen" hat:

*Frau C.: " (...) und da kam also wieder dieses Eigenwillige in mir hoch und da hab' ich mir gesagt: 'Also irgendwas stimmt hier nich', ich will (das) jetzt mal ganz genau wissen.'"*

Offenbar war der Leidensdruck durch fortgesetzte Angriffe aus der Familie aus-schlaggebender als die Nachbetreuung im Rahmen der Krebsbehandlung. Hier wird deutlich, dass Frau C. in die Auseinandersetzung mit Familienangehörigen und die Konfrontation viel Energie investiert, und dass sie zugleich jemand ist, der sich Klarheit verschaffen will und kann. 'Aufklärung' ist für sie so auch ein Schlüsselbe-griff in ihrem Leben und sie bemerkt an mehreren Stellen, wie "dumm erzogen" ihre Generation war, wie wenig sie wusste, sie "ahnungslos" sie in bestimmte Dinge "hin-eingeschlittert" sei und wie schmerzhaft dieses Nicht-Wissen in vielen Fällen war: nicht nur hinsichtlich der Mittelohrvereiterungen, der Linkshändigkeit und der Le-gasthenie, sondern vor allem auch im Kontext der Sexualität und im Kontext des Umgangs mit einem alkoholkranken Mann.

Um abschließend noch einmal den Bogen zu dem oben ausgeführten Freiheits-drang zu schlagen: Die Befreiung 'verdrückter' Gefühle und die damit verbundene oder erwirkte Befreiung von der erdrückenden, religiös motivierten Sexualmoral der Mutter, der Großmutter, der Schwester und dem Stiefvater haben Frau C. in einen wiederum höchst belastenden Lebenskontext gebracht, in dem sie sich als Mensch fast verloren hat (sie musste zur Kur, um wieder "Mensch zu werden") und durch eine Krankheit schwer bedroht wurde. Diese Herausforderungen, die körperlich-seelisch eingeleitet wurden (das Sich-Ausleben in der Nachkriegszeit, die Affinität zu dem späteren Mann, die über die Haut geht, die Entfesselung lange zurückgestau-ter sexueller Gefühle) und die intensive körperliche und seelische Resonanzen er-zeugt haben (Krebs, Phantomschmerzen, Reizungen der Haut, Schweißausbrüche, Schlafstörungen, heftiges Weinen) haben jedoch auch den Weg geebnet für ein bes-seres Umgehen mit Belastungen und Konflikten und ein besseres Verstehen und

Akzeptieren der eigenen Person. Insofern hat der Körper in der Bewegung der 'Befreiung' aus der familiären Enge und der Bewegung der schmerzhaften Regression (Krankheit, Weinen) eine entscheidende *Katalysatorfunktion* hinsichtlich des von Frau C. intensiv verfolgten Prozesses der Selbsterkenntnis und Selbstwerdung.

*(c) Der Körper als Quelle von Fähigkeiten, Können und Erkenntnis:*
Wie bereits oben angedeutet fungiert der Körper bei Frau C. nicht nur als Quelle von Stigmatisierung und Leid sowie als Resonanzfläche im Rahmen körperlich-seelischer Prozesse, sondern auch als eine Quelle von Kraft, die zum einen einem ausgeprägten Freiheitsdrang zum Durchbruch verhilft (Sich-Ausleben, Sich-Ausagieren, sich von Steifem, Einengendem, Begrenzendem befreien) und die zum anderen besondere Stärken und Fähigkeiten transportiert sowie in engem Kontakt mit bestärkenden Lebenserfahrungen steht. Exemplarisch sei in diesem Zusammenhang kurz auf die Bedeutung der künstlerischen Tätigkeiten von Frau C. eingegangen und auf ein von ihr thematisiertes Erlebnis, das in typischer Weise eine zentrale Lebenserfahrung 'verkörpert'.

Im Kontext des Leidens an den Zuschreibungen, die sie als Linkshänderin und Legasthenikerin in der Schule erfahren hat, erwähnt Frau C. bereits sehr früh (im ersten Drittel des ersten Erzählbogens), dass in der Schule das Malen ihr "Ausweg (...) aus diesem Gebiet" war. An anderer Stelle (zum Abschluss des ersten Erzählbogens, dessen Ende sie mit einer Bemerkung im Sinne eines Ist-Standes ["Ja, das is', so sieht 's bei mir aus"] markiert), erzählt sie in ausgesprochen lustvoller Weise, wie sie dieses Malen auch körperlich-sinnlich anspricht:

*Frau C.: " (...) und dann hab' ich mich also mit richtiger Kreide also beschäftigt und da fand ich herrlich, dass man also da, damit hab' ich, mit den Fingern hab' ich Kreise gemacht und so, und das fand ich also irgendwie ganz wichtig, dass man äh, Berührung mit dem Material, dass man auch drücken kann und dass man leicht drüberstreichen kann und ich hatte vor allen Dingen auch die Chance, wieder meine linke Hand endlich mal wieder zu verwenden (...) die mir ja seit der Schule aberz(-), abdressiert war, die ich also nur im Nähen und im – Malen eigentlich hauptsächlich behalten habe (...)."*

Die Platzierung dieser Äußerungen zum Ende des ersten Erzählbogens verbinden das Angekommen-Sein (am Ende der eigenständigen Darstellung und im Hier und Jetzt des momentanen Lebens) mit einem 'Gewinn': Frau C. hat etwas zurückgewonnen, was man ihr früh 'aberziehen' – oder noch schärfer: "abdressieren" (für diese Formulierung entscheidet sich Frau C.) – wollte. Sie kann in einer kreativen Tätigkeit ihre linke Hand einsetzen und spüren und hat damit nicht nur ein Körperteil zurückgewonnen, sondern auch eine Fähigkeit: sich über Farben und Formen, deren Konturierung und Verwischung, auszudrücken und Genuss zu verschaffen. Damit signalisiert sie auch: 'Am Ende meines Lebens (jetzt, im Alter) wird deutlich, dass ich nicht nur ein "zäher Brocken" bin und hohe Belastungen ertragen und Probleme bewältigt habe, sondern dass ich auch einen unerschütterlichen Kern von Fähigkeiten und "Leidenschaften" (wie sie das Malen und andere ihrer vielfältigen kunsthandwerklichen Tätigkeiten bezeichnet) besitze, die ich mitgeführt, weitergeführt und wieder neu aufgegriffen habe und die mir Kraft geben. Und dass ich Wege gefunden habe, mit meiner körperlichen Mitgift (der Linkshändigkeit) so umzugehen, dass sich ihr Potenzial entfalten und mich und mein Leben bereichern kann.'

An mehreren Stellen spricht Frau C. an, dass sie fest entschlossen war, das Malen als Beruf fortzusetzen und an eine bestimmte Kunstakademie zu gehen und zu studieren. Zweimal gibt sie dazu an, dass der Krieg einen Strich durch diese Rechnung und das Kriegsende "ein anderes Programm" aus ihrem Leben machte. Vergegenwärtigt man sich die hohe Bedeutung, die das Malen und die handwerkliche Arbeit für Frau C. hatten (sie bezeichnet es als ihren "Ausweg"!), und wenn man hinzunimmt, dass Frau C. höchst lernbegierig war, sich eine klassische Bildung jenseits der Schule selbst angeeignet hat und sehr gern studiert hätte, so mutet der Einbruch des Krieges, der diese existenziellen Pläne durch Flucht und einen höchst bescheidenen Neuanfang in einer fremden Region zunichte macht, wie eine Katastrophe an.

Hier liegt offensichtlich eine für die Kriegsgeneration typische Verhinderung von Berufs-, Entfaltungs- und Lebensplänen vor. Dabei ist jedoch jeweils zu fragen, welche Erlebnisse oder Umstände genau einen Plan verhinderten, welche Rolle kriegsbedingte Einflüsse tatsächlich spielten und ob der Krieg mitunter nicht auch als eine Folie eingesetzt wird, andere Motive und Mechanismen, die zu dauerhaften Verhinderungen oder Einschränkungen geführt haben, zu überdecken. Gerade für die Berufswege von Frauen, deren Lebensweg durch den zweiten Weltkrieg gekreuzt wurde, ist ein besonderes Augenmerk auf die genauen Umstände, die angeführten Begründungen, die gewählten Umwege, Alternativen oder auch Sackgassen zu legen.

Für diesen Fall lässt sich sagen: Frau C. ist es zwar nicht gelungen, ihre künstlerische Stärke und ihre Stärke für das, was "anfassbar" ist ("Alles, was irgendwie anfassbar war, war für mich leichter.") in einen künstlerisch-akademischen Beruf umzusetzen, aber es ist ihr gelungen, diese Fähigkeiten als Leidenschaft und Hobby bis ins Alter zu pflegen und den kreativen Umgang mit Materialien – zum Teil auch aus Gründen existenzieller Not – zum Lebensunterhalt einzusetzen (etwa in der Herstellung von Kleidung und textilen Arbeiten für die ganze Familie). Auffällig ist hier, dass der Wunsch, auf eine Kunstakademie zu gehen, nicht nur am Krieg und den Kriegsfolgen scheitert, sondern dass sich eine Dynamik im Bereich des privaten Lebens ergibt (Mithilfe im Haus der Großmutter, Abhängigkeit von den Eltern, Geburt von drei Kindern, Ehe mit einem alkoholkranken Mann), die ein Wiederaufgreifen der Pläne offensichtlich völlig aussichtslos machen. Die Verstrickung in und Bindung an die Herkunftsfamilie sowie an die Zeugungsfamilie prägt die Lebensgeschichte von Frau C. – und es ist auffällig, dass diese intensive Bindung vor allem über Streit, Schikane und Konfrontation hergestellt wird, was zu einer hohen emotionalen Aufladung und zu einem wahren Kampf um Abgrenzung und Distanzierung führt und hohe Energien bindet.

Abschließend sei noch auf einen weiteren Aspekt verwiesen, den Frau C. im Rahmen ihrer Körperthematisierungen einführt. Hierbei geht es um die Möglichkeit, dass der Körper bzw. eine körperliche Erfahrung ein verdichtetes Bild, einen komprimierten Ausdruck für eine Lebenserfahrung oder eine Lebenshaltung geben kann

– also im Sinne einer Metapher wirkt und Erfahrungen 'verkörpert'. Frau C. erzählt in diesem Sinne folgende Episode: Während eines Kuraufenthaltes wird den Teilnehmer/innen die Aufgabe gestellt, sich zu Musik frei zu bewegen, die Musik in Bewegung umzusetzen. Frau C. hatte sich den Fuß verstaucht und versucht, trotz dieses Handicaps eine Lösung für die Aufgabe zu finden. Sie sagt dazu:

> Frau C.: *"Da hab' ich gedacht, jetzt probierste mal mit dem, mit dem stehenden Fuß, was de da alles rausholen kannst, mit den Armen, mit dem Rücken, mit dem Kopf, machste irgendwas (lacht!) – also immer – eigentlich – mhm – – kann bei mir der Mangel an irgendeiner Sache meinen Geist beflügeln, wenn ich was will. (...) Also, wie soll ich das noch mal deutlicher sagen? Eben: Ich kann nicht mittanzen wie die anderen, ich stehe fest mit dem Fuß, aber ich will (!) trotzdem tanzen. Dann fällt mir doch was ein."*

Frau C. leitet aus diesem Erlebnis, das man betiteln könnte als 'Improvisation mit Handicap', eine generelle Aussage ab: Die Einschränkung von Handlungsmöglichkeiten führt nicht zu Resignation und Rückzug, sondern fordert sie im Gegenteil heraus und treibt sie zu kreativen Lösungen. In dieser Episode verdichten sich zentrale Lebensthemen und Lebenserfahrungen und es ist – zieht man den Gesamttext heran – kein Zufall, dass diese Verdichtung 'verkörpert', also als ein *über den Körper laufendes Erkennen* angeboten und artikuliert wird.

Das hier angesprochene zentrale Lebensthema und die damit verknüpfte Erkenntnis lassen sich wie folgt benennen: Frau C. ist – wie ja insbesondere im Kontext der körperlichen 'Mitgift' deutlich herausgearbeitet wurde – der Meinung, dass sie zur Meisterung des Lebens nicht nur mit anderen, sondern im Kern auch mit komplizierteren, zum Teil auch mit behindernderen Voraussetzungen ausgestattet ist als andere Menschen, dass sie aber gleichwohl immer wieder Mittel und Wege findet, wie sie sich in ungünstigen Situationen 'retten' kann. Solche Lösungen lassen sich in vielerlei Hinsicht ausmachen: Neben der Fähigkeit, sich in großer Bedrängnis Hilfe holen zu können (etwa durch eine Selbsthilfegruppe, eine Psychologin), und dem Gespür, dass künstlerische Tätigkeit sowie ein ausreichendes Maß an Bewegung und Sich-Austoben für sie gute Quellen zur Selbststärkung sind, wird der Zusammenhang von 'Schicksal und Ausweg' beispielsweise auch im Kontext der Lebensbewältigung in der Nachkriegszeit thematisch. Hierzu stellt Frau C. fest, dass das 'Improvisieren-Können' im Haushalt unabdingbar war zum Überleben und dass sie "aus Scheiße Gold gemacht" hätte, um ihre Familie nach dem Krieg und noch in den 50er Jahren über die Runden zu bringen. Dieses Improvisieren habe sie sich bis zum heutigen Tage behalten – und sei es nur, dass sie jetzt aus Papiermüll Faschingsblumen macht, womit jedoch die Frauen ihrer Umgebung (die sie als steif, distanziert und antriebslos erlebt) nichts anfangen könnten.

Und auch in diesem Kontext wird erneut das Thema 'Schicksal und Ausweg' virulent: Frau C. fühlt sich in der Region, in der sie seit dem Krieg und der Flucht aus dem Osten lebt, und unter den Menschen, die dort wohnen, nicht wohl. Sie sagt dazu u.a., sie sei mit diesen Menschen "nie ganz warm geworden", was sie seit dem Tod ihres Mannes besonders intensiv wahrnehme und sich immer mehr zurückgezogen habe, was ihr gut tue. Auch hier betont Frau C. wieder ihr Anderssein: Sie habe "ein anderes Schicksal" als die "Hiesigen", die nicht alles verloren und wieder bei Null hätten anfangen müssen, wie sie mit ihrer Mutter und Schwester, was sich auch in "anderen Wertmaßstäben" und in einem anderen "Lebensinhalt" ausdrücken würde (etwa darin, sorgsamer mit Dingen umzugehen, besser improvisieren zu können, mehr Liebe zu den kleinen Dingen und dem Selbstgemachten zu haben). Bezeichnend ist, dass sie in dieser Situation nicht (nur) still leidet, sondern sich aktiv mit dem Gedanken auseinandersetzt, was es bedeuten würde, wieder zurück in die alte Heimat zu gehen. Die deutsch-deutsche Grenzöffnung 1989 hat sie als eine große Befreiung erlebt und sie hat bereits mehrmals die alte Heimat besucht. Also auch hier – im Alter von immerhin fast siebzig Jahren – ist der Drang nach "Freiheit" noch stark (Frau C. betont in diesem Zusammenhang besonders das Unbeschwerte, Offene, Humorvolle und Nicht-Steife der Menschen ihrer Heimatregion) und vor allem die Suche nach einem *Ausweg*.

Und auch ein anderer, bereits mehrfach herausgestellter Grundzug wird hier sichtbar: Frau C. befindet sich mit der Überlegung, nach fünfzig Jahren (!) eventuell wieder zurück in die alte Heimat zu gehen, erneut in einem intensiven *Prozess,* der sie zum Abwägen von Konsequenzen, zum Ansehen von Gefühlen und Ängsten zwingt (so stellt sie diesen Prozess dar) und damit wiederum zur Auseinandersetzung mit der eigenen Person – also letztendlich zu einer Variante jenes Prozesses der Selbsterkenntis und Selbstfindung, der eingangs der Analyse als zentral und 'typisch' für den Lebensweg von Frau C. postuliert wurde.

### 3.3.    Das 'verkörperte' Leben – eine Leidensgeschichte (Frau F., Jahrgang 1926)

In der Lebensgeschichte von Frau F. schält sich als dominantes Motiv oder 'Thema' eine spezifische *Familiendynamik* heraus, die sich im biographischen Verlauf zu einer prekären *Mutter-Tochter-Dynamik* zuspitzt. Zugleich bietet Frau F. in ihrer biographischen Erzählung für zentrale Lebensphasen (Kindheit, Jugend, junges und mittleres Erwachsenenalter, Alter) jeweils markante Körpererinnerungen und Thematisierungen des Körpers an, die in enger Verbindung zu dieser Familienkonstellation stehen – wobei Frau F. diese Verbindungen und Zusammenhänge (typischerweise) jedoch nicht systematisch erkennt und/oder benennt.

Im Folgenden soll deshalb der Versuch unternommen werden, zentrale Körperthematisierungen in der Lebensgeschichte von Frau F. zu beleuchten und aus den berichteten Körpererinnerungen sukzessive die dahinterstehende Familiendynamik herauszuschälen sowie die gegenseitigen Verweisungen von Körpererfahrungen und familialer Konstellation zu entschlüsseln. Dabei wird unter anderem zu beachten sein, dass im vorliegenden Fall die familiale Dynamik entscheidend auch durch spezifische soziokulturelle Besonderheiten und Brüche zusätzlich 'angeheizt' wird.

### 3.3.1. Körpererinnerungen der Kindheit

Zu den intensivsten Erinnerungen aus der Kindheit gehören für Frau F. die Begegnungen und gemeinsamen Aktivitäten mit ihrem zwei Jahre älteren Bruder. So beschreibt sie als ihre "erste Erinnerung" aus der Kindheit:

> *Frau F.: "(...) dass er mich an der Hand genommen hat und mit mir zum Kindergarten gewandert ist."*

An anderer Stelle unterstreicht sie, dass sie sich an dieses An-die-Hand-genommen-Werden vom Bruder ganz genau erinnern würde ("das weiß ich genau"), im Gegensatz zu anderen Kindheitserinnerungen, bei denen sie sich nicht sicher ist, ob dies tatsächlich eine Erinnerung sei oder ob sie es im Nachhinein nur von Bildern (Fotographien) aus dieser Zeit wisse. (Diese Unsicherheit greift Frau F. an vier Stellen des Gesprächs auf, was weiter unten noch ausführlicher zu analysieren sein wird.) Der Bruder hat seine kleine Schwester hinter sich hergezogen, weil es ihm nicht schnell genug ging, im Kindergarten jedoch wird Frau F. von ihrem Bruder anderen gegenüber "immer beschützt" und sie stellt fest: "ich bin immer sehr gut weggekommen". Etwas später (mit fünf, sechs Jahren) hält der Bruder, der ein guter Skiläufer und Sportler ist, Frau F. zum Skifahren an:

> *Frau F.: "(...) der hat mich immer im Schlepptau gehabt und dann immer erklärt: 'Dann machst du das und dann machst du das.'"*

Es schien in der Gegend üblich zu sein, dass man an Wettkämpfen teilnimmt, und auch bei diesen Wettkämpfen instruiert der Bruder die jüngere Schwester und Frau F. kolportiert lachend die Drohung des Bruders, sich genau an seine Weisungen zu halten, sonst würde sie es mit ihm zu tun kriegen. Sie sagt von sich in diesem Zusammenhang:

> *Frau F.: "Ich war an sich eine etwas Vorsichtige, ich hab' nicht gern, zu sehr, also zu waghalsig war ich nicht."*

An anderer Stelle spricht Frau F. erneut davon, dass sie nicht wüsste, was sie noch Besonderes aus ihrer Kindheit und Jugend berichten solle, dass sie sich aber ganz deutlich daran erinnert, dass sie sich immer in die "Obhut" ihres Bruders begeben hätte und zum Beispiel auch beim Schlittenfahren viel eher mit ihrem Bruder hinuntergefahren ist als mit ihrem Vater und dass sie ihrem Bruder gegenüber "unbegrenztes Vertrauen" gehabt habe. Bis in das Alter von zehn, zwölf Jahren hätte sich diese Beziehung so gestaltet, dass der Bruder sie "immer hinten so – im Schlepptau", "immer bei der Hand" gehabt habe mit den Worten: "'Komm', komm' endlich, mach!'"

Frau F. begibt sich also ihrem Bruder gegenüber in die Rolle der Abhängigen und Schutzbedürftigen, die sich führen, anleiten und beschützen lässt, die aber auch unter Druck gerät und nicht so recht zu ihrem Tempo und der eigenen Dosierung von Aktivitäten und Risiken gelangt – denn die Kehrseite eines 'unbegrenzten Vertrauens' ist Selbstaufgabe und Selbstverlust. Selbstverständlich würde es zu weit gehen, aus diesen knappen Hinweisen einen 'Selbstverlust' ableiten zu wollen. Festzuhalten ist allerdings, dass sich in der frühen ersten Beziehung, an die sich Frau F. so genau und als besonders bedeutsame erinnert, deutlich das Motiv des Geführt- und Beschützt-Werdens abzeichnet, also eine gewisse Passivität und Hilflosigkeit, sowie die Tendenz, von einer Person, der man zutiefst vertraut und an die man sich somit intensiv bindet, unter Druck gesetzt und zur Anpassung an dessen Bedürfnisse gezwungen wird. Und dabei ist es sicherlich kein Zufall, dass das 'An-der-Hand-gehalten-Werden' (das für den Schutz- und Vertrauensanteil steht) sowie das 'Gezogen-Werden' (das für den Anteil, unter Druck gesetzt zu werden, steht) so deutlich erinnert wird – denn hier fliessen Erinnerungsspuren, die sich *körperlich* manifestiert und Ausdruck gefunden haben mit emotionalen Besetzungen zusammen und verdichten sich zu einer erinnerungsfähigen Gesamtgestalt. Oder anders ausgedrückt: Hier erinnert nicht nur die Psyche oder der Geist, sondern hier erinnert auch der Körper.

Ein zweites zentrales Thema im Rahmen der Erinnerung an die Kindheit stellt das bereits oben angedeutete Problem dar, dass sich Frau F. nicht sicher ist, was sie aus ihrer Kindheit tatsächlich 'selbst' erinnert und was sie lediglich aufgrund vorhandener Bilder (Fotos) aus dieser Zeit weiß. Auf die Frage, ob sie sich daran erinnern könne, wie sie als kleines Mädchen ausgesehen und wie sie sich in dieser Zeit erlebt hat, antwortet Frau F.:

*Frau F.: "Naja, ich hab' ja Bilder! Von daher weiß ich, wie ich ausgesehen hab'. (...) Ich fand mich sehr herzig (lacht)."*

Die Interviewerin fragt nach, ob Frau F. eigene Erinnerungen an die Zeit habe oder ob sie sich dabei nur auf die Bilder stützen könne, und Frau F. gibt zu bedenken – was so ja auch zunächst verständlich ist -, dass sie nicht sicher weiß, ob sie das selbst erlebt habe, ob ihr das nur erzählt wurde oder ob sie das aufgrund der Bilder 'erinnern' würde. Eine eigentümliche Dynamik erhalten diese anzutreffenden Verschiebungen von erlebter (eigene Erfahrung), kolportierter (Erzählungen) und dokumentierter (Fotos) Erinnerung jedoch durch folgenden Bericht, der an mehreren Stellen des Gesprächs von Frau F. aufgegriffen und ausgebaut wird: Die Mutter hat leidenschaftlich gern fotografiert (was damals noch einen erheblichen Aufwand mit Stativ und Platten bedeutete) und so gibt es von Frau F. und ihrem Bruder aus der Kindheit (Kindergarten, Einschulung, Schule, Geburtstag, Urlaub) zahlreiche Aufnahmen "aus allen Lebenslagen", "überall" und "in jeder Pose", was zu dieser Zeit eher eine besondere Ausnahme bedeutete. Die Mutter hat "fortwährend" und "ständig" den Fotoapparat "gezückt" und ihre (sowie andere) Kinder zu Aufnahmen postiert. Zu dem Ablauf der Prozedur (auf die Frage, ob sie sich gern hat fotographieren lassen) bemerkt Frau F.:

*Frau F.: " (...) ich glaub', da bin ich gar nicht gefragt worden, ich bin halt hingestellt worden (...) und da hab' ich mich halt (lacht) fotographieren lassen."*

Das oben zitierte Urteil, sich als kleines Mädchen "sehr herzig" gefunden zu haben, steht zum einen in enger Korrespondenz zu dem Bericht, von dem Kindermädchen "wie eine Puppe" ausstaffiert worden zu sein – und auf diesen Fotos dann vermutlich entsprechend niedlich gekleidet zu erscheinen – , es entspricht in der Formulierung aber eher einem kolportierten Urteil über ein hübsch angezogenes kleines Mädchen, das von Erwachsenen ausgesprochen wird, also *nicht* dem eigenen Erleben entspringt, obwohl es von Frau F. als eigenes Erleben angeboten wird. Diese bezeichnende Verschiebung der Erinnerung vom 'Erleben' zum 'Dokument' sowie die Überlagerungen und Verwischungen der Grenzen zeigen sich besonders eindrücklich in folgender Passage:

*Frau F.: "(...) das Bild (...) wo sie (die Mutter; d.V.), die sie gemacht hat, also sie hat – dadurch – is' eben Vieles, was ich auch wahrscheinlich auf den Bildern gesehen hab', gleichzeitig, gleichbedeutend mit dem, dass ich 's auch so erlebt habe. Das weiß ich nicht mehr. (...) wie soll ich mich jetzt ausdrücken – es is', ich kann mich eben, ich kann es wirklich nicht sagen, ob ich das nun von diesen Bildern weiß oder ob, ob das jetzt eine Erinnerung is'."*

Das, was Frau F. auf den Bildern gesehen hat, wird also – vermittelt durch die Begriffe "gleichzeitig" und "gleichbedeutend" – *identisch* mit dem, was sie erlebt hat, die Ebenen 'Erleben' und 'Bild' werden zur Deckung gebracht und untrennbar miteinander verwoben. Schaut man jedoch genau hin, so wird noch etwas viel Gravierenderes ausgedrückt: Die Bilder, die die Mutter anfertigt und zu denen sie ihre Tochter ausstaffieren lässt und postiert, gewinnen gegenüber dem eigenen Erleben von Frau F. eine *determinierende* Kraft, denn das auf den Bildern Gesehene ist (oder wird) "gleichbedeutend mit dem, *dass* ich 's auch so erlebt habe", das Bild bestimmt also das Erleben. Damit zeichnet sich ein Mechanismus ab, der ebenso weitreichend wie folgenschwer wäre, würde er sich als Lebensmuster etablieren – was in der weiteren Analyse zu untersuchen wäre. Denn zugespitzt ließe sich formulieren: Die Bilder der Mutter steuern das Erleben und die Erinnerung der Tochter, die so gänzlich die Orientierung darüber verliert, was 'fremdes Bild' und 'eigenes Erleben' ist.

Eine weitere Episode, an die sich Frau F. "ganz genau" erinnert, ist ihre Taufe mit sechs Jahren. Sie erinnert sich dabei an ihr rotes Samtkleid mit einem großen Spitzenkragen, an den langen Weg durch das Kirchenschiff ("wie ich durch das ganze, ganze Kirchenschiff gegangen bin"), dass sie vor dem Pfarrer gestanden hat – und dass sie das "in keiner Weise beeindruckt" hat, dass es sie "eigentlich nicht irgendwie berührt hat", dass sie keine Scheu oder Ehrfurcht empfunden hat, sondern dass sie sich gefragt hat, was der Pfarrer da eigentlich macht und dass sie "das Ganze (...) irgendwie fast wie belustigt" hat. Im Vorfeld der Taufe gab es zwischen den Eltern viel "Ärger", weil sie sich nicht auf einen Tauf-Namen für die Tochter einigen konnten, was immer wieder zu einem Aufschub der Taufe geführt hat und die Taufe zum Termin der Einschulung dann zur unumgänglichen Pflicht wurde.

Die hier durchscheinenden Muster ließen sich in folgendes Bild bringen: Frau F. wird zu einem besonderen Ereignis gerüstet (Samtkleid, Spitzenkragen) und legt einen langen Weg zurück (Gang durch das ganze Kirchenschiff), um dann dem eigentlichen Höhepunkt und 'Ziel' seinen Zauber zu nehmen, sich auf das Geschehen nicht einzulassen und ihm mit verschiedenen Formen *emotionaler Distanz* zu begegnen (nicht beeindruckt sein, nicht berührt sein oder sich nicht berühren lassen, sich belustigen). Der 'späte', hinausgezögerte und immer wieder verhinderte Zeitpunkt des Ereignisses sowie seine Ursache – der Namensstreit der Eltern – sind hier wichtige Komponenten und mögen dazu beigetragen haben, dass Frau F. sich auf diesen eigentlich feierlichen und aufregenden Moment emotional nicht einlassen konnte.

Zu diesem 'Tauferlebnis' und seiner spezifischen Konstellation gibt es in der Erzählung von Frau F. ein korrespondierendes Erlebnis (das an dieser Stelle im Vorgriff nur kurz benannt sei, weiter unten dann ausführlicher kommentiert wird): Mit fast den gleichen Worten berichtet Frau F. von ihrem ersten sexuellen Kontakt – den man ja auch als einen Akt der 'Taufe' im Sinne der Einführung und Aufnahme in einen neuen Erfahrungs- und Lebensbereich ansehen könnte, bei dem sie aber ähnlich wie bei ihrer kirchlichen Taufe mit sechs Jahren "überhaupt nichts empfunden" hätte.

Eine weitere körperliche Erfahrung der Kindheit hängt mit der sporadischen Brutalität des Vaters zusammen: Frau F. berichtet, dass der Vater oft sehr schlecht gelaunt aus dem Geschäft nach Hause kam (er besaß eine eigene Apotheke) und seinen Ärger dann "zu Hause abgeladen" hat; schon an seinem Gang, an der Art, wie er geklopft oder geklingelt hat, konnte man "wissen", "was für eine Gemütsverfassung er hat". Seine Wut hat er dann etwa daran ausgelassen, Vokabeln abzufragen – worum er sich sonst nie gekümmert hat – und vor allem auch darin, die Kinder mit einem Teppichklopfer zu schlagen. In der Detaillierung der Erzählung ist besonders bemerkenswert, dass Frau F. nicht von ihrem Schmerz, ihren Tränen oder ihrer Angst vor den Schlägen, die sie bekommen hat, berichtet, sondern die Episode des 'Geschlagen-Werdens' an anderen Momenten verankert: Dominant ist, dass sie entsetzlich darunter gelitten hat (und dies auch breit ausführt) wenn ihr *Bruder* geschlagen wurde (mit dem der Vater sehr brutal umgegangen ist), sie dann daneben oder draußen stand und zuhören musste und "vor Entsetzen geweint" hat; die Schläge, die sie selbst bekommt, werden an denen des Bruders gemessen und als "nicht so schlimm wie bei meinem Bruder" etikettiert; die eigentlichen Schläge werden nicht illustriert, sondern es werden Momente betont, die dem Geschehen vorausgehen (es als höchst entwürdigend erlebt zu haben, den Teppichklopfer auch noch selbst holen zu müssen) und die das Geschehen bilanzieren (sich schon als Kind zu denken und vorzunehmen, dass man seine eigenen Kinder nie schlagen wird).

Zwei Momente stechen hier ins Auge: 1. Frau F. begibt sich erzählerisch nicht in den Kern eigener Betroffenheit, sondern umrandet das Thema; sie steht also bezogen auf ihre eigenen Gefühle und ihr eigenes Erleben 'außen vor'. 2. In der Episode, in der Frau F. eigenes Leid formuliert (angesichts des Leidens des Bruders) steht sie bezüglich der Situation faktisch 'außen vor'. Das heißt mit anderen Worten: Situation, Erleben und Sprechen über das Erleben bleiben jeweils eigentümlich gespalten und kommen an dieser Stelle – der Erzählung eines massiven körperlichen und psychischen Erlebnisses – nicht in allen ihren Anteilen zur Deckung, sondern werden aufgesplittet und verschoben. Weiterhin ist beachtenswert, dass diese Episode zum

Geschlagen-Werden relativ spät thematisiert (S.80/81/82 von 124 Seiten) und vermutlich auch eher durch 'Zufall' angesprochen wird – was bedeutet, dass dieses massiv die eigene Integrität berührende und verletzende Thema 'verschluckt' wurde.
Diese Formen des Umgangs mit einem brutalen körperlichen Ereignis haben einen
gemeinsamen Nenner: Es sind Varianten einer spezifischen Distanzierung – nämlich
der Distanzierung vom *eigenen* Leid. Zentraler Mechanismus dieser Distanzierung
ist die Unterdrückung von Gefühlen. Die Analyse hätte zu klären, ob sich weitere
Belege für dieses Muster finden lassen und ob es sich hierbei eventuell sogar um
eine zentrale Lebensstrategie handelt.

Darüber hinaus ist es nicht unwichtig, in welchem Kontext dieses Thema dann
doch 'zufällig' zur Sprache kommt: Frau F. hatte berichtet, dass sie sich bis in das
Alter von zehn, zwölf Jahren immer in die Obhut des Bruders begeben habe, dass
sich die Geschwister aber etwa ab dreizehn Jahren (der Bruder war fünfzehn Jahre
alt) "sehr zu streiten" anfingen und dass der Bruder sie "unwahrscheinlich be-
schimpft" habe, als sie Schuhe ohne Strümpfe anzog (sie würde aussehen und sich
aufführen "wie eine Zigeunerin"). Die Interviewerin versteht, dass der *Vater* diese
Bemerkung gemacht hat – was ja auch nahe liegt, denn es sind in der Regel doch
eher die Väter, die auf das angemessene und nicht zu freizügige Äußere ihrer Töchter achten (zumindest in der damaligen Zeit in gehobenen bürgerlichen Kreisen) und
nicht ein lediglich um zwei Jahre älterer Bruder. Über dieses Missverständnis erläutert Frau F., dass sich ihr Vater um solche Dinge gar nicht gekümmert hat (sie glaubt
dies zumindest), sie erinnert aber (nach einigem Zögern und leisem Stöhnen), dass
man seine "Gemütsverfassung" immer genau spürte und er sich bei schlechter Laune
(die man hörte und fühlte) in der oben beschriebenen Weise um die Kinder 'kümmer-
te'. Die gesamte Erzählung macht deutlich, dass der Bruder für Frau F. in der Kindheit – und, wie sich in anderen Kontexten zeigt, auch in der gesamten Jugend – *die*
zentrale männliche Bezugsperson war und dass der Bruder in weiten Teilen sogar die
Rolle des Vaters eingenommen und 'ersetzt' hat.

In deutlichem Kontrast zu der Brutalität des Vaters und seinem entwürdigenden
Schlagen sowie den ständigen Meinungsverschiedenheiten und heftigen Streitereien
der Eltern (bei denen es vordergründig um finanzielle Dinge ging, im Kern aber
wohl eher um Fragen der Macht und Autonomie) steht die Idylle einer Puppen- und
Spielwelt, die die Kindheit von Frau F. auszeichnete. Nach einigem Suchen und in
eher 'gelangweiltem' Ton ("also was damals üblich war") berichtet Frau F. zunächst
von Drehwürfeln, mit denen man wie bei einem Puzzle nach einer Vorlage durch
richtiges Drehen der Würfel Bilder zusammensetzen konnte. Sie besaß drei (!) Satz-
kästen dieser Würfel mit Märchenmotiven und ihr fällt ein, dass sie mit diesen Wür-
feln stundenlang "mit Leidenschaft!" gespielt habe. Die anschließende Beschreibung
ihrer Puppenspielwelt besticht durch einen fast dekadenten Luxus: Es gab Puppen-
wagen für draußen und Stubenwagen, eine Puppenküche mit beheizbarem Herd, auf
dem man richtig kochen konnte, einen Liegestuhl für die Lieblingspuppe und eine
wunderschöne Gliederpuppe mit einem Porzellankopf und grazilen Gliedmaßen, bei
der man alle Gelenke und sogar jeden Finger einzeln bewegen konnte, und die echte
Haare hatte. Diese (wie auch andere) Puppe(n) hat die Mutter "benäht und bestrickt

und behäkelt" und "ausstaffiert mit allem, was Sie sich vorstellen können" – unter anderem mit einem schwarzen Samtmantel mit roten Knöpfen und einer weißen gehäkelten Baskenmütze. Frau F. hat diese empfindliche Puppe sehr pfleglich behandelt. Und ihr fällt ein: "wir haben viel gespielt, eigentlich, wenn ich jetzt so darüber nachdenk'".

Die Beschreibung dieser Spielwelt hinterlässt durch das, *was* beschrieben wird und *wie* es beschrieben wird, vielerlei Empfindungen und Assoziationen, die sich in weiten Teilen mit der Atmosphäre und der Grundstimmung decken, die von dem Gesamttext (und von der Präsentation in der aktuellen Erzählsituation) ausgehen, die an dieser Stelle der Interpretation aber zunächst einmal versuchsweise und zu heuristischen Zwecken eingeführt werden: in einer *falschen* 'heilen Welt' leben; diskrepanten Gefühlen allein, ohnmächtig gegenüberstehen; im Überfluss leben, verwöhnt werden; Gefühle werden mit Dingen zugestellt; die Mutter erstickt die Puppen; selbst wie eine Puppe behandelt werden; distanziert und nicht als Kind/Mensch behandelt werden; Langeweile, Einsamkeit; kreative Unterforderung, emotionale Überforderung.

Fasst man abschließend die Eindrücke zusammen, die sich bezüglich zentraler Personen in der Kindheit, ihrer 'Atmosphäre' und ihrer Bedeutung für Frau F., ergeben, so lässt sich festhalten: 1. Der Bruder ist die zentrale Bezugsperson für Frau F., mit ihm passiert das 'Leben': Er führt und begleitet sie, gibt ihr Hilfen und Impulse, beschützt sie, fordert sie heraus, sorgt sich um sie und 'erzieht' sie; fast drängt sich das Gefühl auf, der Bruder ersetzt *beide* Eltern: den Vater und die Mutter. 2. Die Mutter ist präsent über das, was sie tut (fotografieren, die Puppen 'benähen') und über die Dinge/Medien, die sie dabei einsetzt bzw. herstellt (Fotos, Puppenkleider), eine unmittelbare Verbindung zu der Tochter wird jedoch nicht spürbar; das Tun der Mutter hat etwas Manipulierendes, Erstickendes/Zudeckendes und Distanzierendes. Hinzu kommt, dass wesentliche Mutteraufgaben (z.B. das Ankleiden, die Versorgung mit Essen) von einem Kindermädchen übernommen werden, ein unmittelbarer Kontakt also auch in diesen essenziellen und körperbetonten Lebensvorgängen zwischen Mutter und Tochter nicht stattfindet. 3. Über den Vater weiß Frau F. nicht viel (etwa worum er sich bei den Kindern tatsächlich gekümmert hat), deutlich wird seine Brutalität, die unverständlich bleibt, und die latente Angst vor ihm ('Wie ist er gelaunt?'). Berührungen mit dem Vater weicht Frau F. eher aus.

### 3.3.2.  *Körpererinnerungen der Jugendzeit*

Es fällt auf, dass Frau F. zu einem sehr frühen Zeitpunkt des Gesprächs (S.2/3) auf ein doch recht heikles Thema eingeht: die *Aufklärung durch die eigene Mutter*. Aus den ergänzenden Gesprächsnotizen geht hervor, dass Frau F. bei der Vorstellung des Untersuchungsanliegens durch die Interviewerin (sich auch über Körpererinnerungen und Körpererfahrungen auszutauschen) spontan und wortreich dieses Thema einführt – so wortreich, dass es der Interviewerin erst nach etwa fünfzehn Minuten gelingt, das Aufzeichnungsgerät einzuführen und mit der Aufname zu beginnen.

Der Zusammenhang, den Frau F. spontan herstellt und mit Beginn der Aufzeichung erneut aufbaut und erweitert, lässt sich wie folgt skizzieren (Paraphrase): 'Die Mutter hat mich bezüglich der Menstruation und was sexuelle Dinge anbelangt nicht hinreichend aufgeklärt. Dies liegt zum einen daran, dass meine Mutter eine Halbwaise ist (den Vater früh verloren hat) und von der eigenen Mutter recht lieblos behandelt und uninformiert aufgezogen wurde. Es liegt aber auch daran, dass es bei uns zu Hause, in der Gegend und zu der Zeit, in der ich aufgewachsen bin, sehr patriarchalisch, distanziert und förmlich zugegangen ist (dass die Kinder auf dem Dorf die eigenen Eltern sogar noch in der dritten Person angesprochen haben), und dass es bei uns überhaupt nicht möglich war, offene Gespräche über die Menstruation oder gar über sexuelle Fragen zu führen.'

Die 'Aufklärung', die Frau F. bezeichnenderweise erst in dem Moment erhalten hat, als sie sich nicht mehr vermeiden ließ – nämlich anläßlich ihrer ersten Menstruation und ihrer besorgten Frage an die Mutter, ob mit ihr etwas in "Unordnung" sei oder ob sie sich nur geschnitten oder gestoßen hätte – war für Frau F. zutiefst unbefriedigend, und sie erklärt: *"Ich bin mir – allein gelassen vorgekommen."*. Die Mutter hat ihr "das dann ganz biologisch erklärt" und "ganz genau" – was Frau F., so vermutet sie im Nachhinein, nicht verstanden aber so hingenommen hat – über die "näheren Umstände" und "was eventuell die Folgen sein könnten" hätte die Mutter jedoch kein Wort verloren. Hierbei fällt auf, dass sich zwischen dem Hinweis, die Mutter habe das "ganz genau" erklärt und der Angabe, sie hätte über die "näheren Umstände" nichts gesagt, ein gewisser Widerspruch ergibt. Dieser Widerspruch löst sich jedoch, wenn man auf die jeweiligen Konnotationen achtet. Eine 'ganz genaue' Erklärung liegt meist auf einem hohen Abstraktionsniveau, ist neutral, analytisch, distanziert, sie sagt zwar die 'Wahrheit', aber sie *vermittelt* nichts – denn in dem Bedürfnis, etwas über die "näheren Umstände" erfahren zu wollen, schwingt auch das Bedürfnis nach Einweisung mit, nach Vertrauen, nach persönlicher Mitteilung und dem verbindenden Teilen eines 'Geheimnisses', was eine Nähe und vertrauliche Präsenz der vermittelnden Person voraussetzt. Und gerade diese 'Nähe' und Greifbarkeit der Mutter, wenn es um intime und sexuelle Fragen ging, hat Frau F. vermutlich so vermisst. Über diese Gefühle ('Ich habe die Nähe zu meiner Mutter vermisst.') spricht Frau F. aber nicht und kann sie vielleicht auch gar nicht sprechen. Stattdessen schiebt sie andere Erklärungen für die Distanz und Sprachlosigkeit vor: das patriarchalische Gepräge der Zeit, die generelle Unmöglichkeit, über diese Themen zu sprechen und die Bedingungen des Aufwachsens der Mutter.

Neben dieser auffälligen Wahrnehmungs- und Thematisierungslücke von Gefühlen fällt hier noch ein weiteres Handlungsmuster auf: das *wortreiche* Sprechen. So ist es kein Zufall, dass Frau F. von der Interviewerin nur mühsam gestoppt werden kann und dass sie selbst nach dem ersten Erzählbogen (S.15) bemerkt: "Ich rede wie ein Wasserfall" (entsprechend lang ist das Interviewtranskript im Vergleich zu anderen Gesprächen von gleicher Zeitdauer). Es drängt sich die Vermutung auf, dass dieses dichte Sprechen eine strategische Funktion erfüllt, nämlich die des *'Zuredens'* von Problemen oder problematischen Sachverhalten. Denn ähnlich wie mit viel Essen oder mit viel verzärtelnder Liebe kann man auch mit vielen Worten Belastendes zuschütten und unsichtbar machen. Nimmt man hypothetisch einmal an, dass Frau F. ihren Redeschwall zu Beginn in diesem Sinne eingesetzt hat, so könnte sich dahinter verbergen, dass sie sich mit der Thematisierung der 'Aufklärung' (und im Kern damit mit der Thematisierung der Sexualität) einem für sie persönlich ausgesprochen problematischen und belastenden Bereich genähert hat. Zu fragen wäre natürlich, warum sie dann gerade diesen Bereich als Eingangsthema ansteuert (denn sie hätte dem Thema ja auch ausweichen können). Vermutlich kommt hier zweierlei zusammen: Zum einen scheint das Thema 'Körper' einen Assoziationsautomatismus zu 'Sexualität' in Gang zu setzen, der dann ebenso automatisch unterschiedlichste Formen abwehrender Gegenreaktionen produziert (dies ist ein auffälliger genereller Befund der Untersuchung, der im Zuge der Herausarbeitung typischer Formen des 'Alltagswissens' über den Körper ausführlicher analysiert wird [vgl. Teil 2/bes. Kap. 4.2. und 4.3. ]). Zum anderen liegen in diesem Fall vermutlich Störungen im Bereich der Sexualität vor und Frau F. greift dieses Thema auf, weil sie aufgrund ihrer Ängste und 'Störungen' in diesem Bereich von Anfang an das Thema nach ihren Regeln steuern und unter Kontrolle halten will. Das 'Viel-Reden' hätte dann die Funktion, zu den *eigentlichen* Problemen in diesem problematischen Bereich nichts sagen zu müssen.

Im ersten Erzählbogen (S.5/6/7/8) findet sich eine weitere Passage zum Thema Aufklärung und Sexualität, in der folgende Themen angesprochen werden: 1. Frau F. ist ab der 10. Klasse des Gymnasiums in einem Internat untergebracht und sie genießt es sehr, von zu Hause fort und unter Gleichaltrigen zu sein. Besonders positiv erinnert sie den Austausch unter den Mädchen, der gerade auch in Sachen 'Sexualität' recht rege und wesentlich intensiver als zu Hause/mit der Mutter war. 2. Hauptthema dieses Austausches waren offensichtlich die Jungen (die in einem weiteren Gebäude des Internats untergebracht waren). Aufschlussreich ist, wie Frau F. in ihrer Erzählung in diesem Zusammenhang die "Beziehungen zu Jungen" entfaltet: Zunächst ist von *Gefahr* die Rede: von der "Gefahr, die da auf einen lauert, falls da, es zu intimen Beziehungen kommt"; dann wird die eingeführte Gefahr *entthematisiert*: "das war bei uns also überhaupt kein Thema!"; dann werden die Jungen kollektiviert und eingemeindet ("unsere Jungen", "meine Schulkameraden") und als harmlos und ungefährlich eingestuft ("die wären nicht auf die Idee gekommen"); und schließlich wird noch einmal expliziert, worin die Gefahr besteht und was es bedeutet, wenn Jungen sich nicht so brav, sittsam und anständig verhalten wie "unsere Jungen": nämlich "einem Mädchen *zuzumuten*, dass sie – mit ihr äh – sexuelle, also intime Beziehungen hat."

Natürlich spiegeln sich in dieser Darstellung typische konventionelle Tabus und Anstandsregeln wider, aber es ist andererseits doch auch aufschlussreich, wie hier ein frühes Szenario im Kontext der Sexualität aufbereitet wird. Besonders auffällig ist das Motiv der Gefahr, die eigentlich keine ist, die die Mädchen aber vermutlich dennoch oder gerade wegen ihrer Latenz zu besonders heftigem Austausch angeregt hat. Ebenso auffällig ist die 'Entschärfung' der Gefahr durch Eingemeindung (womit der sexuellen Spannkraft natürlich einige Dynamik geraubt wird, denn mit "unsere(n) Jungen" lässt sich kaum ein erotisches Abenteuer phantasieren). Besonders gravie-

rend ist der Schlenker, dass die Jungen einem Mädchen etwas *zumuten* (!), wenn sie
sie sexuell 'bedrängen', bzw. – noch genereller – dass eine intime Beziehung eine
Zumutung ist, denn Frau F. sagt in der Zusammenziehung der obigen Sequenz: "einem Mädchen zuzumuten, dass sie (...) intime Beziehungen hat". Im Gegensatz zu
den Jungen des Gymnasiums fahren die deutschen Soldaten in dieser Gegend eine
andere Gangart: "die gingen dann schon zur Sache" und haben "dann schon auch
andere Dinge von einem verlangt". Frau F. sagt, es sei schwierig gewesen, "sich
dagegen zur Wehr zu setzen", sie habe aber andererseits nie den Eindruck gehabt,
ernstlich bedroht zu werden oder vor der Gefahr zu stehen, 'vergewaltigt' zu werden.
Sie sagt dazu wörtlich:

> *Frau F.: "also ich hab' da (...) nie den Eindruck gehabt, wenn ich mich wirklich
> zur Wehr gesetzt hab', und gesagt hab': 'Ich will das nicht!', ganz kategorisch, dass,
> dass, dass ich dann in, in Schwierigkeiten gekommen wäre."*

Und auch hier wird wiederum deutlich, dass das 'Klima', in dem Sexualität und der
Kontakt zu Männern steht, geprägt ist von Zumutungen (etwas von einem 'verlangen') sowie von Gefahr (in Schwierigkeiten kommen, vergewaltigt werden) und den
entsprechenden Gegenmaßnahmen (sich zur Wehr setzen, etwas ablehnen, "kategorisch" reagieren). Besonders 'hübsch' an der zitierten Sequenz ist, dass Frau F. auf
sprachlicher Ebene durch ihre Tempuswahl das Sich-zur-Wehr-Setzen als einen
tatsächlich gewesenen Fakt anbietet – was dafür spricht, dass sie in diese Gegenwehr
stark involviert und als Person in diesem Kontext sehr präsent ist – , dass die 'Gefahr'
jedoch bezeichnenderweise lediglich als *potenzielle* Möglichkeit formuliert wird
("dass ich dann in Schwierigkeiten *gekommen wäre*"), nicht aber als tatsächlich
erlebter Übergriff. Und insgesamt steht die Aussage nicht in einem erzählenden (und
dem Erleben nahen) Rahmen, sondern in einem reflektierenden und hypothetischen
Rahmen: Sie rekurriert auf einen "Eindruck". Ob es tatsächlich zu Annäherungen
und/oder Situationen kam, in denen Frau F. sich wehren musste, bleibt offen. Was
klar artikuliert wird, ist die *potenzielle* Bedrohung und die Angst vor Begegnungen.
  Mit dieser Angst vor Männern bzw. der Angst vor sexuellen Übergriffen ist intensiv auch die Mutter verknüpft. So erwähnt Frau F. beispielsweise, dass die Mutter
sich große Sorgen gemacht hat, als Frau F. nach dem Krieg mit dem Fahrrad abends
allein regelmäßig in einer gefährlichen Gegend unterwegs war. Es habe dort ständig
"Überfälle" von Polen gegeben, die in einer Mulde in der Nähe eines Baches wild
wohnten und sie sei einmal knapp einem Überfall entgangen, weil ein amerikanischer
Jeep zufällig vorbei kam:

> *Frau F.: "wenn der nicht gekommen wär', hätt' ich eben, also ich weiß nicht,
> was da geschehen wär'."*

Auch hier dominiert die *Angst* vor sexuellen Übergriffen und die entsprechenden
*Phantasien* sind stärker als das Wissen und die Erfahrung. Mit 'den Polen', die eine
Randgruppe darstellen, die in einer undurchsichtigen Gegend leben, die in Häuser
einbrechen und die auch "schon mal welche umgebracht haben", wird hier geradezu

klassisch ein 'Feind' aufgebaut, über den man eigentlich gar nichts weiß, dem man aber alles zutraut. Es kann hier nicht 'geklärt' werden, wie gefährlich diese polnische Gruppe tatsächlich war, auffällig ist aber, dass Frau F. erneut die Sexualität in den Kontext einer *Gefahr* stellt, der sie knapp entkommt, aus der sie aber – außer der Angst – keine Erfahrungen und 'Wissenswerte' mitnimmt. Die Konsequenz dieser Angst, die sich nach der 'Rettung' verstärkt, ist, dass sie sich nicht mehr getraut, die Fahrradfahrten fortzusetzen, worin sie durch die Mutter eindringlich unterstützt wird. Dies bedeutete für sie jedoch gleichzeitig auch das Ende der Abendschule, auf der sie das Abitur nachholen wollte, das sie kriegsbedingt in ihrer Heimat nur ganz knapp nicht mehr absolvieren konnte. Damit hat die im Kontext der Sexualität angesiedelte Angst weitreichende Konsequenzen für den weiteren Lebensweg und Frau F. bedauert es an mehreren Stellen des Interviews zutiefst, nicht das Abitur zu haben.

In deutlichem Kontrast zu der eher 'belastenden' und 'verhindernden' Atmosphäre, mit der Frau F. die Sexualität umgibt, stehen jene Körpererinnerungen und Körpererfahrungen der Jugendzeit, die mit sportlichen Aktivitäten verbunden sind. Frau F. hat es sehr genossen, als junges Mädchen mit ihren Freundinnen auf dem Fahrrad unterwegs zu sein ("das Fahrrad, das war so mein 'Ein-und-Alles'"), sie gerät ins Schwärmen, als sie von mehrtägigen Radwanderungen über Land zum Baden erzählt, und es wird deutlich, dass diese Mobilität und die Gemeinsamkeit mit Gleichaltrigen vor dem Hintergrund des "doch behüteten Elternhaus(es)" und der Tatsache, dass die "Eltern sich auch viel gestritten haben" als Entlastung und Befreiung erlebt wird.

Beachtenswert ist aber auch hier wiederum, dass Frau F. diese Erzählpassage einleitet mit den Worten: "ich hab' aus meiner Jugend ja nur positive Erinnerungen (...) an mein Erleben als junger Mensch", dass sie diese positive Beurteilung dann einschränkt mit der Ergänzung: "Ich kann mich in keiner Weise beklagen", und dass sie schließlich in eher verschleiernden Einschüben auf Belastungen im Elternhaus hinweist (behütet sein, Streit der Eltern), *ohne sie als belastend zu kennzeichnen.* Indirekt bestätigt wird diese erfahrene aber nicht artikulierte Belastung durch die erzählerische Fortführung, dass sich die Konstellationen im Elternhaus "darauf nicht ausgewirkt" haben, dass sie Freundinnen hatte, dass sie Spaß mit diesen Freundinnen hatte und dass sie ihre Jugend insgesamt als schön erlebt hat. (Dieser Satz macht ja nur dann Sinn, wenn die Konstellationen im Elternhaus als *negativ* oder belastend erlebt wurden, denn nur dann können sie sich störend auf die positiven Kontakte außerhalb des Hauses auswirken.)

Das Körpererleben und die Körperwahrnehmung in der Jugend sind geprägt von Vitalität und Stolz: Frau F. war eine gute Schwimmerin, sogar Gaumeisterin im Brustschwimmen über 200 Meter, und sie sagt, dass sie "an sich eine äußerst Sportliche" war, die auch eine "entsprechende Figur gehabt" hat: "nie dünn", aber "auch nicht dick", sondern "eben muskulös", und dass sie sich für "wohlproportioniert" gehalten habe. Sie bemerkt: "ich war eigentlich schon zufrieden mit meinem Körper", an anderer Stelle erwähnt sie:

*Frau F.: "Ich bin, wie ich diese Schwimmerfolge hatte, da war ich – ja noch jung, also da war ich ja vielleicht so – vierzehn, fünfzehn Jahre alt. Ich mein', da*

*fing man schon an, mit seinem Körper zu kokettieren, aber – na, doch, da war ich*
*schon auch stolz auf mich und auf meine Figur."*

Auffällig sind sie zahlreichen kleinen Einschränkungen und Relativierungen, die
Frau F. im Rahmen ihrer Körperwahrnehmung einschleust, die den Eindruck erwecken, dass Frau F. ihren Körper eher 'gebrochen' positiv wahrgenommen hat, nicht
aber mit tief überzeugtem Stolz und Selbstbewusstsein. Dieser Eindruck erhärtet
sich, wenn man die folgende Sequenz hinzuzieht:

*Frau F.: "Nein, also ich muss schon sagen, ich war zufrieden mit mir und ich*
*hab', hab' eben auch – äh – ich meine, nicht, dass ich das Bedürfnis hatte, mich zur*
*Schau zu stellen oder so etwas, nicht, aber ich – ich hab' – also keine Scheu gehabt,*
*mich im Badekostüm oder Badeanzug zu zeigen (...) Ich kann nicht sagen, dass ich*
*irgendwie ganz besonders 'g'schamig' war, wie man so schön sagt, nicht."*

Diese Sequenz lebt von Negativismen (*nicht* das Bedürfnis haben, sich zur Schau zu
stellen; *keine* Scheu haben, sich zu zeigen; *nicht* sagen können, ganz besonders
'g'schamig' gewesen zu sein) und situiert das Körpererleben in einem Rahmen von
Ängstlichkeit, Zurückhaltung, Scheu und Scham. Frau F. scheint es wichtig zu sein,
*nicht* den Eindruck einer außergewöhnlichen Schamhaftigkeit zu erzeugen und sie
investiert einiges, um glaubhaft zu machen, dass sie relativ offen mit der Nacktheit
und der Sichtbarkeit ihres Körpers umgegangen ist. In den Gemeinschaftskabinen
hätten die Mädchen "schon einmal nackt voreinander gestanden" und sich "sicher"
auch "neugierig gegenseitig beäugt" (was hier bezeichnenderweise nur 'angenommen',
nicht aber als eigenes aktives Handeln formuliert wird!) – und da hat sie sich eben
nicht als "ganz besonders 'g'schamig'" erlebt. Von einer tatsächlich stolzen und
selbstbewussten *Präsentation* des Körpers sind diese Beschreibungen weit entfernt,
und es ist bezeichnend, dass Frau F. das 'Kokettieren', von dem sie oben spricht, in
einen Allgemeinsatz kleidet ("da fing man auch schon an, mit seinem Körper zu
kokettieren"), der es *vermeidet*, von sich selbst und dem eigenen Handeln in diesem
Kontext zu sprechen (etwa in dem Sinne von: 'Ich habe stolz mit meinem Körper
kokettiert.') und der vor allem die Seite völlig ausblendet, der gegenüber 'man kokett-
tiert' hat: die Jungen oder jungen Männer.

Insgesamt lässt sich festhalten: Es soll hier offensichtlich ein gelassenes, normales und positiv getöntes Verhältnis zum Körper angeboten werden ('Sportlichkeit',
'wohlproportionierte' Figur). Durch diese positive Maske hindurch werden in den
Beschreibungen jedoch ganz andere Sinnkontexte evoziert, die zeigen, dass es im
Kern um etwas anderes geht: nämlich um die Abwehr der offensiven Präsentation
des Körpers und um die Bewältigung von Gefühlen der Scham und Scheu, deren
gemeinsamer Nenner die massive latente *Angst* ist, 'enthüllt' und in der eigenen Körperlichkeit sichtbar und entdeckt zu werden.

Ausgesprochen interessant ist die Fortsetzung dieser Passage, die einen Bezug zu
den Eltern herstellt. Frau F. formuliert sehr klar: "vor meinem Vater hätt' ich mich
nicht nackt ausgezogen". Man beachte auch hier wieder die Negativierung (in Form
des berichteten Fakts, sich *nicht* nackt vor dem Vater auszuziehen), das Moment der

Distanzierung (in Form der konjunktivischen Wendung "*hätt'* ich mich nicht nackt ausgezogen", die nicht von einem tatsächlichen Ereignis, sondern nur von einem angenommenen/phantasierten Phänomen spricht) und schließlich auch die ganze Absurdität und Unwahrscheinlichkeit der Situation (denn welche Tochter zieht sich schon wie eine Stripperin nackt *vor* dem Vater aus), die in dieser Unwahrscheinlichkeit natürlich leicht als Ganze abgelehnt werden kann – was andererseits aber auch genau verhindert, dass sich ein entspanntes und natürliches Verhältnis hinsichtlich der Wahrnehmung des eigenen Körpers im Kontext des Gesehen-Werdens vom Vater (oder einem anderen Mann) entwickeln kann, und was wiederum darauf verweist, dass dieses Verhältnis faktisch gespannt ist (und dass durch absurde Konstruktionen von dieser Spannung abgelenkt werden soll).

Desweiteren berichtet sie, dass sie es als unangenehm empfunden hat, wenn ihr Vater sie angefasst hat, und dass sie dann immer versucht hat, sich "der Sache zu entziehen" – und sie stellt fest, dass ihr das jetzt so einfalle, "wo wir darüber sprechen", und dass ihr das "eigentlich gar nicht bewusst geworden ist". Und auch hier führt Frau F. wieder Phantasien und Ängste ein: Sie habe dabei aber nicht daran gedacht, vergewaltigt zu werden oder dass ihr Vater mit ihr "Unzucht treiben" wolle, hätte es aber als unangenehm empfunden, "wenn er mich angefasst hat". Haften bleibt in diesem Kontext wiederum: eine (unangemessene) *Sexualisierung* der Beziehung zum Vater, die intensiv abgewehrt wird ('sich der Sache entziehen') und die weggestellt wurde (ihr "nicht bewusst geworden" ist). So wie sie ihrem Vater hinsichtlich körperlicher Berührungen ausweicht (und sich hierbei eher an ihren Bruder hält), so 'ausweichend' antwortet sie auf die Frage, ob es körperlichen Kontakt und Zärtlichkeiten zwischen ihr und ihrer Mutter gab. Frau F. antwortet darauf:

*Frau F.: "Ja. Meine Muter, ja, also Gott, die hab' ich schon umarmt und geküsst und, meinen Vater ja auch! (...) ich hab' den schon, mich ihm um den Hals gehängt und hab' ihm auch mal einen 'Bussi' gegeben, wie wir gesagt haben, aber bei uns gab es diese Zärtlichkeit, dass man sich auf den Mund geküsst hat, da(s) gab 's nicht bei uns. (...) Ich finde ja, auch heute finde ich das nicht schön, wenn die Eltern ihre Kinder auf den Mund küssen."*

Folgendes fällt auf: Der Einstieg auf die Frage ist zögernd, wirkt fast gequält und transportiert mehr 'lästiges Ritual' als herzliche Zuwendung. Es ist nicht die Rede von Zuwendungen, die die Mutter der Tochter gibt, sondern von Zuwendungen, die die Tochter der Mutter gibt. Diese Zuwendungen sind 'geregelt' (Kinder und Eltern küssen sich nicht auf den Mund, sondern auf die Wange oder die Stirn; Umarmen und 'Um-den-Hals-Hängen' sind gängige Formen). Es ist ausführlich die Rede von Zärtlichkeiten, die es *nicht* gab, und das Ausbleiben dieser Zärtlichkeiten wird ausführlich begründet (im Sinne einer Angemessenheit). Der Fokus der Ausgangsfrage – der körperliche Kontakt zur Mutter – *versackt* völlig in der Erläuterung von Formen des Kontakts und deren Angemessenheit bzw. Unangemessenheit. Nach dieser Sequenz nimmt Frau F. stöhnend eine Thematisierung der Mutter wieder auf mit den Worten:

*Frau F.: " – Naja (stöhnt). Und meine Mutter, die war eben, die war schon sehr liebevoll. Wissen Sie: Meine Mutter, die war also ein, ein eigentümlicher Zwitter: Auf der einen Seite, da war sie wirklich die Herzensgüte in Person und hat alles für einen getan und hat sich zerquintelt (...) und auf der anderen Seite aber: Wehe man hat halt konträre Ansichten gehabt! Dann war die, dann war das vorbei. Da konnt' sie sehr, sehr böse werden."*

Und auch hier wird in typischer Weise verschleiert. Die Aussage, dass die Mutter "sehr liebevoll" war, ist nicht nur brüchig, sondern schlicht unglaubhaft. Das Stöhnen, die Einleitung mit "die war eben" (die man nicht gerade benutzt, wenn man einen besonders positiven Umstand beschreiben will) und das relativierende "schon" ("sehr liebevoll") machen das deutlich. So als ob Frau F. dieser Aussage selbst nicht über den Weg traut, schiebt sie nach: "Wissen Sie", was ankündigt, dass sie den Sachverhalt genauer erklären will. Dass sie dazu das Gegenüber explizit hineinholt, lässt vermuten, dass sie nun nicht nur 'genauer' sein will, sondern auch ehrlicher und vielleicht auch unangenehme oder belastende Dinge ansprechen will, wozu sie sich im Vorfeld eine vertrauensvollere Ebene schaffen muss. Inhaltlich folgt dann die Erläuterung, dass die Mutter ein "eigentümlicher Zwitter" war: auf der einen Seite 'herzensgut' und 'aufopfernd', auf der anderen Seite intolerant, dominant und jähzornig (setzt man die Verhaltensbeschreibungen in Eigenschaften um). Interpretiert man diese Äußerungen im Kontext der Ausgangsfrage nach körperlicher Zuwendung, so ergibt sich folgender zentrale Zusammenhang: Die Eigenschaften der Mutter, ihr Wesen, *verstellen* der Tochter den Weg zu einem körperlichen Zugang. Diese Eigenschaften lassen sich – unter Hinzuziehung anderer Textstellen – als ausgesprochen doppelbödig beschreiben, und die Mutter fällt als unberechenbares und dominantes Wesen auf, das sowohl in seiner Intoleranz sowie in seiner Überfürsorge *erstickende* Züge trägt.

Aber es lässt sich auch noch eine weitergehende Hypothese formulieren. Ein "Zwitter" ist auch ein Mensch, der *sexuell* uneindeutig ist (der etwa in verwirrender Weise männliche und weibliche Züge gleichermaßen trägt). Da es in der Ausgangsfrage um körperlichen Kontakt ging, könnte die Wahl dieser Assoziation sich auch auf Eigenschaften beziehen, die die Mutter in sexueller Hinsicht zu einer uneindeutigen und unberechenbaren Figur machten, die der Tochter keine klaren und keine eindeutig positiven Signale bezüglich der 'Besetzung' des weiblichen Körpers geben konnte, was sich dann auch auf Momente der sexuellen Attraktivität, des sexuellen Verhaltens und des sexuellen Handelns in Beziehungen auswirkt. Die sich hier aufdrängende Annahme, dass die Mutter von Frau F. hinsichtlich der Sexualität 'impulslos' und 'verhindernd' war, wird gegen Ende des Gesprächs explizit bestätigt. Hier berichtet Frau F., dass sie mit ihrem Vater zwar nie darüber gesprochen und er sich auch nicht dazu geäußert hätte, dass sie aus verschiedenen Mitteilungen ihres Vaters aber doch den Eindruck gewonnen hätte, dass er unter der sexuellen Zurückhaltung der Mutter gelitten habe und dass ihre Mutter in einer gewissen Weise wohl "doch frigide" war. Sie hätte nach der Geburt der Kinder nur noch für die Kinder gelebt und wäre nach Aussagen des Vaters (sexuell) "überhaupt nicht mehr ansprechbar" gewesen, worunter das Eheleben sehr gelitten hätte. Von der Mutter vermutet Frau F., dass sie hier – im Zustand sexueller Abstinenz – nichts vermisst hätte.

### 3.3.3.  Körpererinnerungen des jungen Erwachsenenalters

Im jungen Erwachsenenalter fallen folgende drei markante körperliche Erfahrungen besonders ins Auge:

(1) Der körperlich harte und auch unangenehme, aber überaus befriedigende Einsatz in einem landwirtschaftlichen Betrieb in der Nachkriegszeit, bei dem es Frau F. gut tut, sich so "richtig ausarbeiten" zu können und einen "gestrafften Körper" zu bekommen.

(2) Heftige körperliche Symptome (Herzjagen, Schwindelanfälle, Platzangst), die um das dreizigste Lebensjahr einsetzen und in enger Korrespondenz zu den aktuellen Lebensbedingungen und psychischen Momenten stehen, die Frau F. übergreifend als "Torschlusspanik" kennzeichnet.

(3) Die Geburt ihres ersten und einzigen Kindes (einer Tochter) mit zweiunddreizig Jahren, zu der Frau F. bemerkt: "nachdem ich mein Kind hatte, bin ich gesund gewesen wie nie!".

Die unter (2) angedeuteten vegetativen Störungen und psychosomatischen Reaktionen stellen einen *Knotenpunkt* in der Lebensgeschichte von Frau F. dar. Hier verdichten sich sozialisatorische Bedingungen, die akute Lebenssituation, die Strategien des Umgangs mit Belastungen sowie die daraus insgesamt resultierenden kulminierenden Ängste zu einem Syndrom, das sich körperlich in der skizzierten Weise Ausdruck verschafft. Dieser 'Schlüsselszene' der Biographie soll im Folgenden genauer nachgegangen werden.

Um das dreizigste Lebensjahr herum hat Frau F. heftige Beschwerden, die nicht eindeutig zu definieren sind, die der Arzt aber als "vegetative Dystonie" bezeichnet hat. Das 'Szenario' dieser körperlichen Beeinträchtigungen gibt Frau F. mit einer beeindruckenden und zugleich vielsagenden Liste von Symptomen wieder: Herzjagen; sich schlecht fühlen; Schwindelanfälle; "mitten auf der Straße musst' ich dann plötzlich stehen bleiben, weil ich nicht mehr wusste, ob ich links oder rechts gehen will"; "das war ausgesprochen von den Nerven her"; "ich hatte richtig Platzangst" (im Kino kann sie sich nur an die Seite setzen, damit sie "jederzeit die Möglichkeit hatte, auch hinaus zu gehen"); "Ich hab' manchmal das Gefühl gehabt, dass ich beim Laufen, dass mir der Boden unter den Füßen verschwindet – also dass ich, dass ich in 's, in 's – *Abgrund (!) stürze* oder, oder in 's Bodenlose stürze"; "das war schon ein bisschen – ja, es war, es war hysterisch".

Abschließend resümiert Frau F.: "Und das war schon so – 'n bisschen vielleicht auch eine Art Torschlusspanik, ich weiß nicht?". Diese 'Panik' konkretisiert Frau F. dahingehend, dass sie massive Angst hatte, mit dreizig Jahren keinen Mann mehr zu finden und womöglich auch kinderlos zu bleiben. Diese Panik wird in ihrer ganzen Tragweite und 'Berechtigung' jedoch erst dann plausibel, wenn man die näheren Umstände in Rechnung stellt, unter denen Frau F. zu dieser Zeit lebte. Dazu sei an dieser Stelle in einem Exkurs der familiale und soziokulturelle Hintergrund der Lebensgeschichte von Frau F. in wesentlichen Punkten kurz skizziert:

### 3.3.4.   Exkurs: Der biographische Rahmen

Die Familie von Frau F. hat bis zum Ausbruch des zweiten Weltkriegs in ausgesprochen gut begüterten Verhältnissen in einer deutschen Enklave im Osten gelebt. Beide Eltern waren Apothekare und der Vater besaß eine eigene Apotheke. Frau F. betont, in einen *deutschen* Kindergarten und auf ein *deutsches* Gymnasium gegangen zu sein, was die fast sektiererische Abgrenzung gegenüber anderen Volksgruppen und eine gewisse elitäre Inselbildung der Familie und der Gruppe der Deutschen unterstreicht.

Die Eltern haben sich sehr viel gestritten und Frau F. begründet diesen Streit zum einen mit dem Altersabstand der Eltern (der Vater war neun Jahre älter als die Mutter, die sehr jung geheiratet hat) und zum anderen mit der kulturellen Bildung der Mutter und ihrem eigenen Kopf, den sie – insbesondere in Geldangelegenheiten – dem Mann gegenüber durchgesetzt hat, was zu ständigen Reibereien führte, da der Vater das Geld in fast geiziger Weise zusammenhalten wollte. Frau F. betont, dass die Lebensverhältnisse damals und auch in der Familie ausgesprochen "patriarchalisch" geprägt waren und dass der Respekt gegenüber den Erwachsenen sowie der Gehorsam gegenüber den Eltern ein Diktum waren "wie das Amen in der Kirche".

Mit Ausbruch des Krieges verändern sich die Familienverhältnisse dramatisch: Der Vater und der Bruder werden zum Heer eingezogen, 1943 – kurz vor dem Abitur – müssen Mutter und Tochter ihre Heimat verlassen und flüchten gemeinsam in den 'Westen', der Bruder fällt im April 1945 und der Vater bleibt nach Kriegsende bis zum Jahre 1963 im Osten, um die Apotheke zu retten und weiterzuführen, siedelt dann aber auch in den 'Westen' über und wohnt, wie die Mutter, ebenfalls bis zu seinem Tode bei der Tochter. Für Frau F. bedeutet das faktisch, dass sie seit 1943 ständig mit der Mutter zusammen ist, dass sie ab 1958 mit der Geburt ihrer Tochter drei Menschen zu versorgen hat, dass sie ab 1966 bei voller Berufstätigkeit zusätzlich noch den Vater versorgen muss, dass sie bis zum Auszug der eigenen Tochter 1977 über zehn Jahre mit vier Menschen in einer Drei-Zimmer-Wohnung leben muss und dass sie beide Eltern bis zu ihrem Tode (die Mutter stirbt 1983, der Vater 1986, im Jahr ihrer eigenen Pensionierung) in dieser Wohnung zum Teil sehr aufwendig pflegen muss.

Erschwerend kommt hinzu, dass die Mutter den Sohn fast abgöttisch geliebt (er war ihr "Sunnyboy" und "Liebling") und der Tochter eindeutig vorgezogen hat. Der Tod des Sohnes ist für die Mutter ein derartig schwerer Schlag, dass sie "wie gelähmt" ist, sich nur noch "in Sack und Asche" hüllt, sich zu nichts mehr aufraffen kann, schwer herzkrank wird, 1952 für 'arbeitsunfähig' erklärt wird und eine kleine Rente erhält. Dieses 'Absacken' der Mutter bedeutet für Frau F., dass sie ab dem achtzehnten Lebensjahr ständig mit ihrer Mutter zusammen ist und für sie *beide* sorgen muss – zunächst durch Arbeit auf dem Lande, dann durch Bürotätigkeiten, für die sie sich durch entsprechende Kurse qualifiziert und schließlich ab 1950 beim

Amtsgericht, bei dem sie bis zu ihrer Pensionierung 1986 in gehobener Position tätig ist. Aus dieser 'Klammer' kann sich Frau F. aus folgenden Gründen nicht lösen:

1. Die Mutter kann nicht allein leben, außerdem ist der Wohnraum nach dem Krieg knapp und für 'Flüchtlinge' ohnehin ein Luxus (so erhält Frau F. auch erst 1959 nach der Geburt ihrer Tochter eine Zwei-Zimmer-Wohnung, in der sie bis 1963 mit Mutter und Tochter wohnt, dann erfolgt der Umzug in eine Staatsbediensteten-Wohnung mit drei Zimmern, in der sie heute noch lebt).

2. Der Vater ermahnt die Tochter in Briefen aus dem Osten, sich um die Mutter zu kümmern, sie in ihrer Trauer und Bedürftigkeit nicht allein zu lassen, denn dies sei die "Pflicht" einer Tochter den Eltern gegenüber. Diese moralische Verpflichtung und den Druck des Vaters gibt Frau F. als zentralen Grund an, warum sie sich von der Bindung an die Mutter nicht gelöst hat, warum sie 'nicht gegangen' ist.

3. Frau F. spürt deutlich eine Isolation als "Zugereiste" und betont immer wieder, wie schwer es war, Kontakt zu bekommen, von den Einheimischen angenommen zu werden, und sie litt sichtlich unter dem Gefühl, als "Mensch zweiter Klasse" behandelt zu werden. Mindestens ebenso stark leidet sie aber auch unter dem Verlust der Heimat und dem dort gelebten Leben mit seiner Kultur und seinem Wohlstand – dabei war es aber wohl weniger schlimm, 'nichts' mehr zu haben, sondern wirklich schlimm war es, davon nichts *erzählen* zu können, weil die 'Hiesigen' diesen luxuriösen Lebensstandard gar nicht geglaubt haben. Dieses weitreichende Abgeschnitten-Sein von der eigenen Herkunft, die spürbare Distanz zum neuen Umfeld und auch ein gewisser Standesdünkel haben Mutter und Tochter vermutlich zusätzlich aneinander gebunden, wobei dieses 'Klammern' die Isolation eher verstärkt als abgebaut haben mag.

Das Problem, in der neuen Gegend so schwer Kontakt zu finden, wird von Frau F. auch als Grund benannt, dass sie ihre sportlichen Aktivitäten nicht wieder aufgegriffen hat. Um etwa in einen Sport- oder Schwimmverein zu gehen, hätte sie Anschluss an andere Leute gebraucht oder an jemanden, der sie 'mitnimmt'; die Parallele zu dem 'An-die-Hand-genommen-Werden' von dem Bruder ist unübersehbar. Damit geht ihr jedoch ein wichtiger aktiver Teil ihres Lebens verloren, denn gerade in der körperlichen 'Ausarbeitung' hat Frau F. sich in ihrer Jugend ja sehr wohl gefühlt. Diese körperliche Passivität und die sich einschleichende Bequemlichkeit (nicht mehr mit dem Rad, sondern mit dem Bus zu fahren) beschleunigen den Prozess, dass sich "Pfunde" ansammeln und – so ist zu vermuten – dass sich auch eine gewisse, nicht nur körperliche, Trägheit und Unbeweglichkeit breit macht, die sich wie ein 'Panzer' um die Person legt und nicht nur *Ausdruck* der entstandenen Isolation ist, sondern auch deren *Verstärker*. Diese Zusammenhänge werden jedoch von Frau F. nicht thematisiert, vielleicht werden sie auch gar nicht gesehen. Oder sie werden – was am wahrscheinlichsten ist – 'übersehen', weil sie als Erkenntnis nicht zugelassen werden dürfen.

Frau F. hat also ein Leben geführt, in dem sie – wie sie selbst bemerkt – "immer für die anderen da sein" musste und in dem es keinerlei Spielräume für eigene Aktivitäten gab. Die physische und psychische Belastung dieses Lebens muss immens gewesen sein. Denn die Doppelaufgabe von voller Berufstätigkeit als 'Alleinernährerin' eines vierköpfigen Haushalts (die Eltern konnten fast nichts beisteuern) und *gleichzeitiger* voller Versorgung des Haushalts sowie Pflege von Kind *und* älteren Menschen war nur die eine Seite der Belastung. Weitaus gravierender muss der psychische Stress gewesen sein, zwischen zwei Personen vermitteln zu müssen ("ich war das Bindeglied"), die sich deutlich auseinandergelebt hatten (denn die Eltern "hatten sich nichts mehr zu sagen"), dennoch aber ständig aneinander gerieten, und eine Mutter auszuhalten, die sich in alles und jedes einmischte, die Tochter "gängelte" und ihr keinerlei Freiraum gönnte und zubilligte.

### 3.3.5. Die "Torschlusspanik"

Die "Torschlusspanik", die Frau F. vermutet, wenn sie von ihren psychosomatischen Symptomen um das dreizigste Lebensjahr berichtet, trifft also – um das noch einmal herauszustellen – in jene biographische Phase, in der Frau F. seit über zehn Jahren mit ihrer Mutter zusammenlebt, in der die Mutter endgültig 'arbeitsunfähig' geschrieben wird und in der Frau F. noch kein Kind hat. Um die Heftigkeit der körperlichen Reaktionen zu verstehen, muss man wissen, dass sich die Mutter von Frau F. derartig nachhaltig und störend in sich anbahnende Beziehungen eingemischt hat, dass alle Männer "Reißaus genommen haben", wenn sie von ihrer Mutter hörten, und die Interventionen der Mutter so weit geführt haben, dass sie eine über acht Jahre dauernde Beziehung zu einem jungen Mann aus der Heimat (einer "Schülerliebe", die sich im 'Westen' fortentwickelte) auseinander gebracht hat, indem sie den Mann (einen Graphiker ohne Hochschulabschluss) als 'Habenichts' bezeichnet und "systematisch zermürbt" hat. Frau F. vermutet, dass ihre Mutter davon ausgegangen ist und erwartet hat, dass ihre Tochter keine sexuellen Kontakte hat und bis zur Ehe (die die Mutter allerdings ständig verhinderte) 'jungfräulich' bleibt. So hat Frau F. ihrer Mutter auch nicht verraten, dass sie von dem Graphiker ein Kind erwartet, und sie hat auch dann nichts erwähnt, als sie das Kind im dritten Monat verloren hat.

Hinsichtlich dieser Version der Geschichte – die im Kern lautet: 'Meine Mutter hat durch ihr eingreifendes Verhalten verhindert, dass ich sexuelle Kontakte haben kann.' – stellen sich aber auch Zweifel ein. Denn es spricht einiges dafür, dass die auffällige sexuelle Abstinenz von Frau F. nicht allein den Interventionen der Mutter geschuldet ist (wenn sie hier auch erheblich zu Irritationen und Verhinderungen beigetragen haben mag), sondern biographisch und psychisch weitaus grundlegender in der eigenen Person und dem sozialisatorischen und lebensgeschichtlichen Verlauf (auf den die Mutter als gleichgeschlechtliche Bezugsperson natürlich ebenfalls einen nicht unerheblichen Einfluss hatte) angesiedelt ist. Dafür sprechen folgende Hinweise: Frau F. hat mit achtzehn Jahren einen "Flirt" und dann einen ersten sexuellen Kontakt mit einem Offizier, bei dem sie "überhaupt nichts empfunden" hat, "also buchstäblich *nichts*", was sie selbst verwundert und ihr schon fast unangenehm ist. Als dieser Offizier ('die erste Liebe') kurz vor dem Tod ihres Bruder fällt, trauert sie ihm weitaus weniger nach als dem Bruder; spürbar wird, dass der Bruder für sie mehr 'Geliebter' war als der Offizier. Sie hat lange (mehrere Beziehungen) gebraucht, bis sie beim sexuellen Kontakt etwas empfunden hat und bis sie "zum sogenannten Orgasmus" gekommen ist, wobei sie bis heute noch nicht versteht, was andere so faszinierend dabei finden, sie hätte es nie als schön oder "besonders doll" erlebt. Es fällt auf, dass die langjährige Beziehung zu dem Graphiker sich aus einer "Schülerliebe" entwickelt, wobei deutlich wird, dass die gemeinsame Herkunft und gemeinsame Erinnerungen an die verlassene Heimat für Frau F. gewichtiger sind als eine sexuelle Anziehung oder erotische Komponente. Sie geht dann eine Beziehung mit einem verheirateten Mann ein und bekommt ein uneheliches Kind (worüber die Mutter "*fassungslos*" ist!); es kommt zu keiner Ehe (der Mann stirbt) und Frau F. ist Alleinerziehende. Nach der Geburt ihrer Tochter hat Frau F. keinerlei Interesse mehr an Sexualität und geht auch keine Beziehung zu einem Mann mehr ein.

Mit anderen Worten: Frau F. selbst ist zögernd, ambivalent und halbherzig in der Aufnahme sexueller Kontakte und ihr ist es beispielsweise wesentlich wichtiger, ein Kind zu haben (nach dessen Geburt es ihr blendend geht und das sie mit Kraft und Stolz gegen die anfänglich immensen Widerstände der Mutter aufzieht), als einen Mann zu haben. Die Interventionen der Mutter werden also nur vorgeschoben, um die eigenen Intentionen und Verhaltensweisen im Kontakt zu Männern zu kaschieren. Dabei ist beachtenswert, dass Frau F. hier genau das Muster wiederholt, das auch ihre Mutter gelebt hat: sich nach der Geburt der Kinder um sexuelle Kontakte in keiner Weise mehr zu kümmern und darunter auch nicht zu leiden. Fasst man diese Hinweise zusammen, so könnte man auch hier von einer gewissen 'Frigidität' sprechen, wobei eine derart globale Etikettierung natürlich nicht weiterhilft und den Blick eher verstellt, als ihn für die in diesem Falle wirkenden Mechanismen und Handlungsmuster zu öffnen.

Weiter kommt man an dieser Stelle, wenn man sich vom Thema 'Sexualität' löst, und die 'vegetativen Symptome' noch einmal vor dem Hintergrund der in dieser Zeit bestehenden Lebensverhältnisse betrachtet: Diese Verhältnisse waren – das sollte in dem Exkurs zum biographischen Rahmen deutlich geworden sein – in physischer und psychischer Hinsicht ausgesprochen beengend und erstickend. Die "Platzangst", von der Frau F. hier spricht, ist eine entsprechende körperliche Reaktion auf diese Enge, nicht mehr zu wissen, wohin man gehen soll, und das Gefühl, ins Bodenlose zu stürzen, sprechen ebenfalls eine deutliche (Körper-)Sprache: Frau F. hat die Orientierung und die Führung über ihr Leben verloren, sie gerät in einen 'bodenlosen' Strudel des Selbstverlustes. Entscheidende Mechanismen und grundlegende Handlungsmuster dieses *Selbstverlustes* sind: 1. Das Sich-Überlassen einer anderen Person gegenüber bzw. die *Passivierung* der eigenen Person, die damit zum 'Freiwild' für andere wird (und leicht mit Appellen über vermeintliche Pflichten an der Kandare gehalten werden kann). 2. Die durchgängige und überaus prekäre *Unterdrückung von Gefühlen* und die damit verbundene *Selbsttäuschung* über bzw. *Verleugnung von Belastungen*. Anschaulicher und überzeugender könnte dieses zweite Handlungsmuster nicht vorgeführt werden, als in jener Passage, die dem Bericht zu den Symptomen der "Torschlusspanik" vorausgeht. Dort erzählt Frau F. von einer Situation, in der ihre Mutter krank im Bett lag:

*Frau F.: "(holt tief, zischend Luft) Können Sie sich das vorstellen? Wenn Sie tagsüber ins Büro gehen und mittags eine Dreiviertelstunde Mittagspause haben, nach Hause kommen, kochen, die Mutter füttern, den Vater versorgen, wieder, wieder ab, wieder ins Büro – dann wieder am Abend nach Hause – so ging das einmal, ein ganzes Jahr lang, ne."*

Als die Interviewerin fragt, ob sie angesichts dieser Belastungen nicht krank geworden wäre, antwortet Frau F.:

*F.: "(verneinend, kurz, leise:)/mhmh/. Nu ja, ich bin ja 'ne verhältnismäßig robuste Natur."*
*I.: "Mhm – "*
*F.: "- Ach Gott, jetzt tränen mir die Augen vor lauter – – – nnn, also, ich meine so, so, so, – was eben die Ärzte so unter, unter 'vegetative Dystonie' verstehen – das hab' ich schon gehabt."*

Das besonders Eindringliche an dieser Passage ist, dass Frau F. hier nicht nur über den Inhalt und die strukturelle Anlage der Erzählung den Eindruck erzeugt, Gefühle zu unterdrücken und Belastungen zu unterschlagen, sondern diese Gefühlsunterdrückung ganz konkret und 'leiblich' auf der Handlungsebene *vorführt*: Sie *unterdrückt ihre Tränen*. Mit anderen Worten: Sie erlaubt es sich nicht, den Gefühlen einen körperlichen Ausdruck zu verleihen (Weinen) bzw.: Sie lässt nicht zu, dass sich die Gefühle körperlich Bahn brechen können, sondern sie kapselt die Gefühle in sich ein. Dazu passt, dass sie die Tatsache, den Tränen nahe zu sein, dementiert bzw. bagatellisiert ("Ach Gott, jetzt tränen mir die Augen vor lauter") und dass sie sich und dem Gegenüber nicht eingesteht, dass sie die Vergegenwärtigung der damaligen Belastungen und des damit verbundenen immensen *Drucks* noch heute schmerzen. Schon im Vorfeld nimmt sie den Belastungen ihren Stachel, indem sie behauptet, eine "robuste Natur" zu sein (auf der man viel, sehr viel 'abladen' kann).

Die 'erstickende', dominierende und manipulierende Mutter hatte vermutlich deshalb ein so leichtes Spiel, weil Frau F. sich hier (im Gegensatz zu ihren angedrohten Reaktionen aufdringlichen Männern gegenüber) *nicht* 'zur Wehr gesetzt' hat: Sie hat sich "gängeln lassen", wie sie selbst erkennt und von sich aus einräumt. Was sie jedoch nicht erkennt (und vielleicht auch nicht erkennen kann), ist, dass sie damit eine permanente *Selbstunterdrückung* betreibt – die Unterdrückung durch die Mutter und den (abwesenden [!] und sich seiner Pflichten entziehenden [! ]) Vater also aktiv in eine Unterdrückung ihrer eigenen Person umwandelt – und dass diese Selbstunterdrückung die eigentliche Ursache ihrer heftigen Reaktionen um das dreizigste Lebensjahr herum sind. Diese Reaktionen mögen zwar durch den Gedanken, keinen Mann mehr zu bekommen, zusätzlich an Zündstoff erhalten haben, entscheidender sind jedoch die tief verankerten Muster der Passivierung und der Gefühlsunterdrückung. Dies wird umso plausibler, wenn man sich vergegenwärtigt, dass es eigentlich ja gar nicht um einen Mann oder eine sexuelle Beziehung ging, sondern wohl eher um das Bedürfnis, eine gewisse 'Ordnung' im Leben herzustellen und eine *eigene* Familie zu gründen bzw. ein Kind zu haben, das dann vielleicht auch die Ablösung von der Mutter erleichtern könnte – denn es ist auffällig, dass Frau F. nach der Geburt des Kindes sexuelle Ambitionen völlig aufgibt. Und vielleicht 'passt' es auch gut in dieses Konzept, dass der Vater des Kindes, der mit einer anderen Frau verheiratet war, zwei Jahre nach der Geburt der Tochter und bevor die Scheidungsauflagen erfüllt sind, stirbt. Der *eigentliche* Tod der Sexualität von Frau F. hat jedoch schon weitaus früher eingesetzt und steht in enger Korrespondenz zu den erstickenden Impulsen der Mutter, zu der Unterwerfung unter die Macht der Mutter und zu der damit verbundenen Passivierung der eigenen Person, die auch zu einer Initiativlosigkeit (und vielleicht auch 'Fadheit') im Geschlechterkontakt beigetragen hat.

Sprechender körperlicher Ausdruck der jahrzehntelangen Unterdrückung von Gefühlen sind die unübersehbare Korpulenz von Frau F. sowie (damit verbunden) Herzrhythmusstörungen und ein höchst instabiler Blutdruck, der sie zur Einnahme von "Betablockern" zwingt, die sie sehr müde machen. Frau F. sagt, dass sie seit ihrer Bürotätigkeit (also seit fast vierzig Jahren) sehr mit den Pfunden zu kämpfen habe, diesen Kampf aber nun aufgegeben hätte. Einen Zusammenhang zwischen den psychischen Belastungen und ihrem ungesunden Umgang damit (alles zu 'schlucken' und sich selbst nicht zu aktivieren) stellt sie nicht her. Der Körper von Frau F. wirkt jedoch – diese Bemerkung sei hier erlaubt, auch wenn sie die Ebene der Textinterpretation verlässt und sich auf den unmittelbaren körperlichen Eindruck bezieht, den die Interviewerin von Frau F. im Kontakt gewonnen hat – wie ein 'riesiger Berg', in den alle Wut und alle Trauer 'hineingefallen' ist und die dann innwendig, wie in vielen kleinen und ungehörten Implosionen, kollabiert. Der 'Körperpanzer', den Frau F. aufgebaut hat, korrespondiert mit einer emotionalen Abschottung, die beispielsweise auf der Handlungsebene auch darin Ausdruck findet, dass Frau F. bei einer späteren, zufälligen Begegnung mit der Interviewerin auf der Straße bagatellisierend bemerkt, sie habe das Gespräch schon längst wieder vergessen, obwohl sie in dem Gespräch stark involviert, engagiert und auch betroffen war (sich also immunisiert hat gegen ein tieferes Erleben); und die sich auch darin spiegelt, dass Frau F. stolz erzählt, sie habe bei der Geburt ihrer Tochter "keinen Laut" von sich gegeben – denn das habe sie sich ganz fest vorgenommen: trotz des Schmerzes *nicht zu schreien ...*

## 3.4.    Zerstörung des Körpers – Zerstörung des Lebens? (Herr H., Jahrgang 1935)

### 3.4.1.    Kurzbiographie

Herr H. ist 1935 geboren und zum Zeitpunkt des Interviews einundsechzig Jahre alt. Er lebt als Frührentner in einem Alten- und Pflegeheim, dort fand auch das Gespräch statt. Anhand der im Gesprächsverlauf berichteten Fakten lassen sich folgende biographische Merkmale und Stationen in groben Zügen rekonstruieren:

Herr H. ist der älteste von vier Brüdern und wird in eine "Notehe" hineingeboren (die Eltern heiraten im Oktober 1935, im November wird er geboren). Der Vater der Mutter, der eine Brauerei in einem Dorf besitzt, ist entschieden gegen diese Ehe und die Mutter hätte den Mann nicht geheiratet, wenn sie nicht schwanger gewesen wäre. Der Vater von Herrn H., der aus bescheidenen Verhältnissen kommt (sein Vater ist Schuster, seine Mutter Wäscherin), übernimmt die Brauerei des Schwiegervaters und die kleine angegliederte Landwirtschaft, die Mutter bedient in der Gastwirtschaft und arbeitet in Hof und Haushalt. 1937, 1940 und 1951 werden die Brüder geboren, von denen Herr H. folgende Beschreibungen abgibt: Der Zweite lernt zunächst Brauer, schult dann aber um auf Fernfahrer; der Dritte macht eine Banklehre und wird Kassierer und Anlageberater, mit ihm versteht sich Herr H. am besten; der "Nachzügler" wird vom Vater vorgezogen und "verzogen", er übernimmt die Brauerei, schließt sie dann aber und "veredelt" die Gastwirtschaft in ein Restaurant; mit diesem Jüngsten können die anderen Brüder nichts anfangen.

Ab dem vierten Lebensjahr bis zur Pubertät hat Herr H. nachts häufig starke Krämpfe (epileptische Anfälle, Krämpfe im Mundbereich), nach den Anfällen ist er immer todmüde und versäumt viel in der Schule, in die er 1942 eingeschult wird. Vom Sommer 1944 bis Sommer 1946 fällt der Unterricht wegen kriegsbedingten Lehrermangels aus, so dass Herr H., als er 1950 die Volksschule verlasst, nur sechs Jahre Unterricht hatte. 1947 kommt der Vater aus dem Krieg zurück und Herr D. bemerkt, dass es ohne den Vater sehr schön war, mit ihm aber wieder sehr schlimm wurde: Er verprügelt die Kinder brutal, ist gemein zu seiner Frau und man kann mit ihm nicht reden. 1948 – mit dreizehn Jahren – hat Herr H. eine Alkoholvergiftung (er hatte im elterlichen Schlafzimmer eine Likörflasche entdeckt und ausgetrunken) und er erzählt, dass er vorher schon einmal mit seinem Bruder so viel Dünnbier getrunken habe, dass es ihnen zur Nase herausgelaufen ist. Die Pubertät erlebt er als schlimm: Er schämt sich wegen des Stimmbruchs, er rasiert alle Haare an den Beinen, unter den Achselhöhlen und im Intimbereich ab und will kein Mann werden.

Er hat den sehnlichen Wunsch, Kaufmann zu werden, sein Vater ist jedoch dagegen und will, dass er (als Ältester) Brauer wird und den Betrieb übernimmt. 1950 beginnt Herr H. eine Lehre als Braumeister, steht die Lehrzeit auch durch, macht jedoch keine Prüfung. Er hat zu dieser Zeit bereits viel getrunken, hat sich die Prüfung nicht zugetraut und war "als Brauer nicht mehr tragbar". Mit sechszehn Jahren ist er Alkoholiker. 1954 beginnt er eine zweite Lehre als Landwirt, absolviert die Lehre, macht aber auch hier keine Prüfung. Noch mit neunzehn, zwanzig Jahren wird er von seinem Vater brutal geschlagen (beispielsweise als er beim Heuen den Wetzstein für die Sense vergessen hat).

1962 (mit siebenundzwanzig Jahren) unternimmt er mit Tabletten einen Selbstmordversuch und wird in eine Psychiatrische Klinik eingewiesen, die ihn aber aufgrund seines Alkoholproblems nicht behalten kann. Nach dem Selbstmordversuch habe er sich gesagt: "Jetzt ist Schluss." und von der Zeit von 1962 bis 1972 behauptet Herr H., es sei dann "alles in Ordnung" und "gar nichts" gewesen. Das Alkoholproblem bleibt jedoch. In der Erzählung bleibt unklar, was Herr H. in diesem Zeitraum genau gemacht hat, vermutlich jedoch hat er nach dem Klinikaufenthalt zu Hause gewohnt und dort mitgeholfen. In diese Zeit fallen vermutlich auch die Fortbildungen an der Volkshochschule, die er im kaufmännischen Bereich macht (Steno, Schreibmaschine, Buchführung).

1972 wird bei einem weiteren Klinikaufenthalt diagnostiziert: "manisch depressiv mit schizophrenem Beiwerk", Herr H. wird in eine Nervenklinik eingewiesen und dort medikamentös behandelt. 1973 stirbt die Großmutter mütterlicherseits an Magenschleimhautkrebs. Sie war für ihn die wichtigste Bezugsperson und er nimmt großen Anteil an ihrem Dahinsiechen ("sie wurde immer weniger", "man konnte nichts machen").

Von 1973 bis 1976 arbeitet er in einer Großstadt in einem Lebensmitteldiscount, zunächst als Lagerist und dann in der Warenannahme. Insgesamt lebt er sechs Jahre allein in der Großstadt und hat dort eine Freundin, der er "sympathisch" sein möchte und für die er Ehrgeiz entwickelt. Aufgrund seiner Alkoholprobleme kommt es aber sexuell zu keiner Begegnung. Herr H. berichtet später (unter Schamgefühlen und mit Selbsthass), dass er in Bordellen verkehrt habe. Im Dezember 1975 hat er eine schwere Depression, die ihn nicht ansprechbar macht, und er bezeichnet dies als ein "Schlüsselerlebnis". Aufgrund seiner Alkoholprobleme und der Depressionen wird er Ende März 1976 in dem Lebensmitteldiscount entlassen.

1978, mit dreiundvierzig Jahren, wird er als Frührentner eingestuft und verbringt die 80er Jahre in einem Dämmerzustand. 1980 geht der elterliche Betrieb an den jüngsten Bruder über und er bekommt dort ein möbliertes Zimmer auf Lebenszeit. Bis 1989 hat er über dreizig Klinikaufenthalte hinter sich. Im August 1990 wird er im Alten- und Pflegeheim untergebracht, wird dann aber 1992 wieder in eine Nervenklinik eingewiesen. Aus Wut über diese Einweisung kündigt er den Platz im Alten- und Pflegeheim. In der Klinik verweigert er die Einnahme von Medikamenten und wird in ein Heim für Alte und psychisch Kranke eingewiesen, in dem es schrecklich ist und er droht, sich aus dem Fenster zu stürzen, wenn er nicht sofort wieder in die Klinik zurück darf. Im Dezember 1992 stürzt er sich dann in der Klinik aus dem Fenster (zweiter Selbstmordversuch), trägt erhebliche Verletzungen mit sich (u.a. Schädelbasisbruch, Lähmungserscheinungen) und muss ein Jahr lang im Rollstuhl sitzen. An die Monate Januar und Februar 1993 hat er keine Erinnerung mehr, denn er wird wegen der Schmerzen mit Morphium "vollgepumpt".

Im Juli 1993 stirbt der Vater, der 1991 einen Schlaganfall hatte, und Herr H. bemerkt: "ich habe ihm keine Träne nachgeweint". Nach dem Tod des Vaters habe sich die Mutter sehr positiv verändert und sie hätte ihm kürzlich erstmals einen Kuss auf die Wange gegeben, was er als "ein sehr schönes Erlebnis" bezeichnet. Mitte November 1993 ist Herr H. wieder zurück in dem Alten- und Pflegeheim, wo es ihm recht gut gefällt. Er trinkt seit November 1993 nicht mehr und gibt als Grund an, dass das Geld dafür nicht mehr reichen würde (weil seine Mutter ihm nichts mehr zusteckt). Der Arzt hätte ihm gesagt, er sei medikamentös "super eingestellt" (wovon er selbst nichts verstünde) und ihm in Aussicht gestellt: "Wenn Sie nicht mehr trinken, sehen Sie keine Nervenklinik mehr von innen". Herr H. bezeichnet sein Leben als "würdelos" und klagt sich an wegen seiner "Charakterschwäche". Er wünscht sich, das Jahr 2000 noch zu erleben – dann wäre er fünfundsechzig Jahre alt.

### 3.4.2.  *Kommentar zur Biographie und psychologische Interpretation*

Die Lebensgeschichte von Herrn H. ist im wahrsten Sinne des Wortes 'erschütternd'. Sie konfrontiert mit intensivem Leid, mit elenden Zuständen, mit Hoffnungslosigkeit und Ohnmacht. In einigen Teilen wirkt sie auch monströs und unbegreiflich. Sie macht nicht nur 'betroffen' – was viel sagen würde, wenn der Begriff nicht derart desavouiert wäre – , sondern auch unsicher und ratlos.

Einerseits lässt sich die Geschichte relativ leicht als eine tragische Suchtkarriere rekonstruieren – Herr H. sagt von sich selbst, er habe eine "Alkoholkarriere" *und* eine "Klinikkarriere" hinter sich. Dabei wird deutlich, dass er über seine Sozialisation in Kliniken und psychologischen Gesprächen ein gutes Gespür für psychische Zusammenhänge entwickelt hat und intuitiv psychologisches Wissen sinnvoll zur Erklärung seiner Geschichte anbietet. Andererseits stellen sich hier aber – stärker als bei anderen Lebenserzählungen – zunächst einmal Gefühle der Scham und der Unsicherheit ein: Darf ich tatsächlich so tief in das Elend eines anderen Menschen schauen, darf ich es entblößen und analysieren? Und: Kann ich es wirklich verstehen? Dabei ist zu bedenken, dass die 'Entblößung' ja bereits stattgefunden hat: Herr H. hat sich im Gespräch entblößt, er hat – offen wie ein Kind – sehr viel von sich preisgegeben und dies hat ihm offenbar auch gut getan, denn er sagt zum Ende des Gesprächs, er fühle sich jetzt "freier", sonst sei er immer so gehemmt. Die bei der Interviewerin ausgelöste Scham und Unsicherheit sind so vielleicht Reaktion und Spiegel auf eine bereits gezeigte Offenheit und Scham, die mit irritierenden und belastenden Details eines 'würdelosen Lebens', wie Herr H. sein Leben selbst benennt, konfrontiert. Und vielleicht hat gerade ein so tragisches und 'fehlgelaufenes' Leben ein (besonderes) Recht, aufmerksam angesehen und rekonstruiert zu werden.

Es liegt nahe, die von Herrn H. angebotenen biographischen Fakten zunächst als die Geschichte einer psychischen Krankheit zu rekonstruieren und sich dabei des psychologischen und psychoanalytischen Wissens zur Genese von Suchtkrankheiten zu bedienen:

Herr H. ist ein unerwünschtes Kind bzw. wird zur 'Ursache' einer nicht gewollten, gespannten Situation. Es ist zu vermuten, dass seine Mutter unter der Situation gelitten hat und ihm als Säugling und Kleinkind nicht die nötige Aufmerksamkeit und Liebe geben konnte. Die frühen epileptischen Anfälle und 'Krämpfe' (mit vier Jahren), gerade im oralen Bereich, könnten ein deutliches Körperzeichen sein für fehlende sorgende Nähe und einen 'Entzug' an wichtigen Lebensstoffen, zu denen eben nicht nur die Nahrung, sondern auch emotionale, körperlich spürbare Zuwendung gehört. So ist gerade für die Alkoholsucht typisch, dass die frühe 'orale Gier' des Kindes nicht befriedigt wurde. Zu diesen frühen 'Entzugserscheinungen' kommt ein weiterer, massiver 'Entzug': Der Vater erlaubt dem Sohn nicht, den von ihm gewünschten Beruf zu erlernen. Stattdessen 'vergewaltigt' er den Sohn und setzt ihn dem Druck aus, sich für die Übernahme des elterlichen Betriebes (Brauerei und Landwirtschaft) zu qualifizieren. Wie stark einerseits der Druck des 'Familienerbes' war und wie wenig Neigung die Söhne hatten, dieses Erbe anzutreten, zeigt sich in den Berufswegen der Brüder: Der eine verschafft sich als Fernfahrer eine deutliche räumliche Distanz, der andere erlernt das, was der Vater dem Ältesten verboten hat, und erst der mit Abstand Jüngste übernimmt den Betrieb tatsächlich, um ihn dann aber zu schließen und etwas Eigenes daraus zu machen.

Aus der Erzählung geht weiter hervor, dass der Vater brutal war, jähzornig und unberechenbar der Frau und den Kindern gegenüber und dass er als Gesprächspartner ausfiel. Es ist zu vermuten, dass die Mutter sich dem Zorn gebeugt hat (so sagt Herr H., dass sie unter dem Vater nicht 'gemuckt' hätte, aber den Gästen gegenüber oft sehr unfreundlich und gereizt war) und durch die Arbeit in der Gastwirtschaft, auf dem Hof und im Haus als Bezugsperson ebenso ausfiel. Es blieb allein die Großmutter mütterlicherseits, zu der Herr H. ein gutes Verhältnis hatte. Sie konnte aber wohl die Spannungen und die Leere, die die Eltern hinterließen, nicht gänzlich auffangen.

Bedeutsam ist weiter, dass der Vater mit seiner Rückkehr aus dem Krieg 1947 vermutlich in ein familiales Arrangement hineinbrach, in dem Herr H. als Ältester möglicherweise eine Stellvertreter-Position für den abwesenden Vater eingenommen hatte, in dem er aber wohl in jedem Fall mit den Frauen (Mutter und Großmutter) und den jüngeren Brüdern ein recht gutes Auskommen hatte, denn er bemerkt, dass es *ohne* den Vater sehr schön war, mit ihm aber (wieder) "schlimm" wurde. Der sich steigernde Konsum von Alkohol beginnt mit der Pubertät (wobei das Trinken im Jugendalter natürlich auch ein wichtiges 'Ritual' und Medium der Selbsterprobung und Grenzerfahrung ist); in dieser Konstellation jedoch hat es eine andere Funktion und es ist sicher kein Zufall, dass Herr H. ein Jahr nach der Rückkehr seines Vaters eine erste Alkoholvergiftung hat. Bezeichnend ist auch, dass das Kompensationsmittel gerade im elterlichen Schlafzimmer gefunden wurde – dies jedenfalls wird erinnert und erzählt –, also an einem Ort, an dem die Eltern intim sind und an dem man – statt des Alkohols – ihre Nähe finden *könnte*. Und es fällt auf, dass das Trinken nicht im Rahmen von Saufgelagen unter Jugendlichen thematisiert wird, sondern in einem eher privaten Raum: Neben dem elterlichen Schlafzimmer taucht auch einer der Brüder als Trinkgefährte auf. In dramatischer Weise begünstigt wird der Alkoholkonsum durch den Brauereibetrieb, in dem das Suchtmittel ständig präsent ist, und es ist geradezu tragisch, dass der Vater auf eine Brauereilehre besteht, gegen die Herr H. heftige innere Widerstände zeigt, die er aber dennoch zu Ende bringt. Das heißt aber auch: Er setzt sich oder kann sich gegen den Vater mit seinen eigenen Anliegen nicht durchsetzen.

Der Alkoholkonsum hätte damit in mehrfacher Hinsicht eine kompensierende und entlastende Wirkung: Er wäre eine Antwort auf die frühe emotionale Unterversorgung durch die Mutter, er würde die ungelösten Rollenprobleme (als 'Ältester' und als 'Mann', der er eigentlich nicht sein will) 'zuschütten' und er wäre eine Flucht aus den Konflikten, die sich zwischen den beruflichen Aspirationen des Vater für den Sohn und den eigenen Wünschen ergeben, bzw. eine Kompensation der Unzufriedenheit und Leere, die mit dem Verzicht auf die eigenen Wünsche einhergehen. Die enge Verwobenheit von privaten und familialen Momenten im Szenario des Alkoholkonsums – der Brauereibetrieb des Vaters, das *heimliche* Trinken als Jugendlicher, der Zugang zum Suchtmittel im Schlafzimmer der Eltern, der Bruder als Verbündeter, die lange Bindung an das Elternhaus und die (krankheitsbedingte) Rückkehr 'in den Schoß der Familie', die darin kulminiert, dass Herr H. im Elternhaus ein Zimmer auf Lebenszeit erhält – könnten ein Hinweis darauf sein, dass die Familie und der private häusliche Rahmen nicht nur der Austragungsort der Krankheit sind, sondern in einer 'krakenartigen' und bindenden Weise auch deren maßgebliche *Ursache*.

Es drängen sich hier deutliche Parallelen zu einem Fall auf, den Ottomar Bahrs, Wolfgang Frede und Rüdiger Litzba im Rahmen eines Projekts zu "Epilepsie und Arbeitswelt" sequenzanalytisch aufbereitet haben (vgl. Bahrs/Frede/Litzba 1994). Die Konstellation ist insofern ähnlich, als ein junger Mann ("Herr Wiesenhütte") auf Wunsch des Vaters in den familieneigenen Fleischereibetrieb einsteigen soll, dieses Ansinnen aber in Kontrast steht zu den Vorstellungen der Mutter, die für den Sohn etwas 'Besseres' (u.a. den Besuch des Gymasiums) ausersehen hat. Eine besondere Dynamik erhält der Fall dadurch, dass der Sohn eine Frühgeburt ist (auch Herr H. kam für seine Mutter ja 'zu früh') und dass die Mutter – auch aufgrund einer problematischen Beziehung zur Großmutter, permanenter Schuldgefühle angesichts der komplizierten Geburt und eigener Aufstiegsphantasien – existenziell darauf angewiesen ist, dass aus dem Jungen 'etwas wird', dass er seine Leistungsfähigkeit beweist und aus dem Herkunftsmilieu aufsteigt.

Das Motiv des 'Aufstiegs' wird bei Herrn H. ebenfalls virulent, aber in einer anderen Form: Auch hier ist es die Mutter, die das 'bessere' Milieu verkörpert, denn ihr Vater ist Besitzer der Brauerei, und der Ehemann heiratet als Sohn eines Schusters und einer Wäscherin gegen den Willen des Vaters seiner Frau in diesen Betrieb lediglich ein. Aber Herr H. könnte deutlich miterlebt haben, wie der eigene Vater vom Großvater mütterlicherseits missachtet wird und dadurch in einen Loyalitätskonflikt hineingezogen worden sein.

Der Sohn in dem oben zitierten Fall (Herr Wiesenhütte) steht in dem überfordernden Dilemma, gleichzeitig zwei völlig konträren Vorstellungen folgen zu sollen. Seine Krankheit – die epileptischen Anfälle, die mit vierzehn Jahren beginnen – erfüllt in diesem Zusammenhang eine Schlüsselfunktion und ist vor dem Hintergrund des Falles die einzig 'angemessene' Lösung, die Herr Wiesenhütte für sich und für die Familie finden kann. Die Autoren bemerken dazu u.a.:

*"Herr Wiesenhütte entsprach also den Ansprüchen beider Eltern nicht. Beide Eltern hätten die Selbständigkeit des Befragten wünschen müssen – und damit sehr Unterschiedliches gemeint. Hoffte die Mutter, er würde – an ihrer Statt – den engen Rahmen der Familie überschreiten, so hätte er im Sinne des Vaters die Familie zu repräsentieren, indem er in ihr verblieb. Einig sind sich die Eltern offenbar darin, dass die Krankheit eine von Herrn Wiesenhütte nicht zu verantwortende Unselbständigkeit bewirkt. Die unterschiedlichen Definitionen von Selbständigkeit werden damit verdeckt. Herr Wiesenhütte 'löst' mit der Symptombildung den Dauerkonflikt und stellt gleichzeitig 'Unselbständigkeit' als Familienproblem explizit nach außen dar"(a.a.O., 262).*

Mit anderen Worten: "Im Anfallsleiden verdichten sich die divergierenden Interessenlagen zu einer 'formalen' Lösung, die aber gerade deshalb auch in sich widersprüchlich bleibt. Die Krankheit ist gleichzeitig Verstellung des 'Familienproblems' und dessen Darstellung" (a.a.O., 276). Auch wenn der Fall von Herrn H. anders strukturiert ist als der oben zitierte Fall und das Material systematischer unter der Fragestellung der familialen Dynamik durchgearbeitet werden müsste, um tatsächlich zu profunden Aussagen über den elterlichen und familiengeschichtlichen Einfluss zu

gelangen, so lässt sich doch vermuten, dass auch der Alkoholkonsum von Herrn H. –
der ebenfalls im Jugendalter einsetzte und dem epileptische Anfälle von der frühen
Kindheit bis ins Jugendalter hinein vorausgingen – als der Versuch gewertet werden
kann, auf breiter Front und nachhaltig eine *'Unselbständigkeit'* herzustellen, die ihn
aus den oben skizzierten Konflikten und seelischen Nöten befreit. Diese Lösung ist
insofern 'familienangepasst', als sie auf ein Lösungsmittel (Alkohol) zurückgreift, das
zentrales Medium der familialen Existenz ist (Brauereibetrieb und Gastwirtschaft)
und das auch solange 'unauffällig' und 'angepasst' bleibt (was in bezeichnender Weise
deutlich 'weibliche' Züge trägt), bis plötzlich die 'Normalität' (das übliche und sozial
notwendige Trinken) in Krankheit umkippt, Herr H. sozial untragbar wird ("Ich war
als Brauer nicht mehr tragbar.") und damit – und fatalerweise jetzt erst sichtbar – aus
der Familie herauskippt.

Das weitere Leben entfaltet sich dann wie eine klassische Sucht- und Klinikkarriere, aus der es kein Zurück mehr gibt. Kurze Phasen des Lernens, der Berufstätigkeit und der relativen Abstinenz wechseln mit heftigen depressiven Schüben, Klinik-
aufenthalten, medikamentösen Behandlungen und einem stetig steigenden Alkoholkonsum. Die Kündigung und die Einstufung als Frührentner mit dreiundvierzig
Jahren ist Ausdruck seiner sozialen Einordnung als 'berufsuntauglich' und gliedert
ihn in Anbetracht der 'Erwerbszentriertheit' unserer Gesellschaft nicht nur aus dem
Erwerbsleben, sondern aus dem gesamten sozialen Leben aus. Die beiden Selbstmordversuche mit siebenundzwanzig Jahren und mit siebenundfünfzig Jahren sind
jeweils selbstgesetzte Signale, die deutlich machen, dass Herr H. sein Leben uner-
träglich findet und dieses Leben beenden will.

Fast wie ein 'Wunder' mutet es an, dass Herr H. nach seinem schweren Sturz am
Heiligen Abend (dem zweiten Selbstmordversuch) wieder in das Alten- und Pflegeheim zurückkommt und dass er plötzlich mit dem Trinken aufhört. Seine banale
Begründung, dass das Geld dafür einfach nicht mehr reiche, wirkt angesichts der
langen Vorgeschichte sowie der Dramatik und Schwere seiner Erkrankung faden-
scheinig und unglaubwürdig. Und auch die Aussage, er sei medikamentös jetzt "super eingestellt" hat etwas von Gaukelei und transportiert eine prekäre Doppelbödigkeit. Zum einen weiß Herr H. nicht, was es bedeutet "super eingestellt" zu sein (er ist
also nicht nur von den Medikamenten, sondern auch von den ärztlichen Einschätzungen voll abhängig), und zum anderen bemerkt er, dass diese 'gute Einstellung' nur
so lange funktioniert, bis sich der Körper wehrt und bestimmte Organe erkranken
oder durch Überlastung ihre Arbeit aufgeben – die 'Behandlung' und ihre Suggestionen schädigen und gefährden also mindestens ebenso massiv sein Leben wie der
Alkoholkonsum und es scheint nur eine Frage der Zeit zu sein, wann der Körper
und/oder die Psyche kollabieren. In diesem fatalen und zutiefst *abhängigen* Schwe-
bezustand befindet sich Herr H. zum Zeitpunkt des Gesprächs.

Das 'Monströse' des Falles hat möglicherweise auch in diesem letztgenannten
Aspekt seine Ursache. Es wird eine 'Gesundheit' und ein 'Leben' vorgegaukelt, das
faktisch an der subtilen Dosierung bestimmter Medikamente hängt. Herr H. lebt, hat
Zuversicht und ist stolz, vom Alkohol 'losgekommen' zu sein, zugleich aber befindet
er sich in einer unsichtbaren Abhängigkeit, die ihn weitaus stärker der Chance zur

Kontrolle beraubt als der Alkohol. Das 'Unheimliche' und Angstauslösende an dieser Situation ist, dass man einem offenen, interessierten und liebenswerten Menschen gegenübersteht, der tatsächlich aber wie eine Marionette an einem *fremden* seidenen Faden hängt, der ausgeliefert ist und in weiten Teilen die Selbststeuerung über sein Leben verloren hat.

Die Interpretation des Falles ließe sich in psychologischer Hinsicht anhand des vorliegenden Materials sicher weiter vertiefen und ausdifferenzieren und ein Psychologe könnte vermutlich eine relativ komplette Skizze zur Genese und zu zentralen Mechanismen der Erkrankung im vorliegenden Falle liefern. Dies ist hier jedoch nicht das Anliegen. Zentrales Anliegen hier ist, die Lebensgeschichte hinsichtlich fallspezifisch typischer *Orientierungs-*, *Handlungs-* und *Sinnstrukturen* zu untersuchen und zwar in einer besonderen Weise: nämlich im Hinblick auf den Umgang mit dem eigenen Körper. Dies könnte natürlich auch wiederum in einer ausführlichen Sequenzanalyse geschehen, aber es gibt auch andere Möglichkeiten.

So sollen hier zunächst einmal alle Verweisungen auf den Körper im Rahmen der *Kurzbiographie* und alle Äußerungen des *Gesamttextes*, die sich auf den Körper beziehen, summarisch aufgelistet und in eine sich anbietende oder 'aufdrängende' Ordnung gebracht werden. In einem zweiten Schritt soll gefragt werden, welche markanten 'Körperthemen' sich abzeichnen; welche Rolle der Körper im Laufe der Biographie (zu welchen Zeitpunkten, in welchen Kontexten) gespielt hat bzw. welche zentrale(n) Funktion(en) er übernommen hat; wie der Körper an diesen Punkten wahrgenommen und beschrieben wird; welche sozialen oder kollektiven Deutungsmuster dabei durchscheinen; welche Beziehung/Beziehungen zum Körper insgesamt aufgebaut wurden und wie dem Körper gegenüber gehandelt wurde und wird.

### 3.4.3. Körperthematisierungen

*Körperthematisierungen im Rahmen der Kurzbiographie:*

Betrachtet man die notierte Kurzbiographie von Herrn H. und die Verweisungen auf den Körper, so fällt Folgendes besonders deutlich ins Auge: 1. Die *Häufung* körperbezogener Themen, die den Eindruck erwecken, dass die Lebensgeschichte von Herrn H. im Kern eine 'Körpergeschichte' ist, dass also wesentliche Stationen und Entwicklungen der Biographie in enger und expliziter Verbindung zum Körper stehen. 2. Die starke Präsenz von Thematisierungen, die sich in körperbezogenen *Übergangsbereichen* befinden – besonders deutlich vertreten sind der Übergangsbereich 'Körper – Psyche' sowie die Verlängerungen in den Bereich der Krankheit und des Todes. 3. Die Häufung von Begriffen und Beschreibungen, die mit *Alkohol* zu tun haben.

*Körperthematisierungen im Gesamttext:*

Die Aussagen, die Herr H. im protokollierten Gesamttext zu seinem Körper und körpergebundenen Vorgängen macht, ließen sich wie folgt ordnen:

    (a) Äußerungen, die darauf verweisen, dass dem Körper etwas zugefügt wird;

(b) Äußerungen, die darauf verweisen, dass der Körper reagiert;
(c) Hinweise zu Kontrolle/Kontrollverlust;
(d) Hinweise zu Gedächtnis/Erinnerung/Wissen;
(e) Intimität/Sexualität/Pubertät;
(f) Lüge(n);
(g) 'Tod';
(h) positiv konnotierte körperbezogene Zuwendung;
(i) Bilanzierungen/Selbsteinschätzungen.

Unter diese Rubriken fallen dann folgende zentrale Äußerungen (die hier exemplarisch und überwiegend in Paraphrase wiedergegeben werden):

*zu (a) Dem Körper etwas zufügen:* alle Äußerungen, die mit dem Konsum von Alkohol zu tun haben (sehr viel trinken, Flasche auf Ex ausgesoffen, versoffen sein, viel Alkohol getrunken, laufend eine Fahne gehabt, richtig voll sein, Dünnbier-Saufen etc.); alle Äußerungen, die mit der Einnahme von Medikamenten zu tun haben (hier insbesondere Psychopharmaka in den Kliniken, Beruhigungsmittel als Tabletten, Spritzen; vollgetropft werden; kriminelle Dosis; Alkohol und Psychopharmaka sind Gift; Morphium gegen die Schmerzen; medikamentös super eingestellt sein); Überdosis von Tabletten, den Sud trinken (erster Selbstmordversuch); zu viel Stollen essen (zweiter Selbstmordversuch); sich auf den Balkon setzen und rückwärts fallen lassen (zweiter Selbstmordversuch); vom Vater furchtbar geschlagen werden, 'n paar Ohrfeigen bekommen, noch mit neunzehn, zwanzig Jahren geschlagen werden; die Haare abrasieren: unter den Achseln, im Intimbereich, an den Beinen.

*zu (b) Der Körper reagiert:* Folgen des Alkoholkonsums: Alkoholvergiftung; aufgedunsen sein, schrecklich aussehen, die Wangen sind gebläht, aufgebläht sein, Säuferbauch – das hat man eben gesehen; Sachen passen nicht, keine passenden Sachen kaufen, nur zwei Trainingsanzüge besitzen; auf der Straße hinfallen; Katerstimmung; sich übergeben, Gebiss fällt in das Zeug hinein, es nicht mehr tragen können, sich ekeln; Zähne nicht gepflegt, sind kaputt gegangen, ausgefallen, gezogen worden; aus dem Rachen stinken wie ein Hopf; sexuell ging gar nichts mehr; etliche Entzugserscheinungen: Hände haben so gezittert, ich hab' gezittert, gereizt sein; plötzlich manisch geworden, manisch depressiv mit "viel schizophrenem Beiwerk"; schlimmste Depressionen, nicht ansprechbar; plötzlich anfangen zu weinen; Folgen des zweiten Selbstmordversuchs: doppelter Schädelbasisbruch, zwei Rippen gebrochen, in die Lunge gespießt, doppelten Lendenwirbelbruch, Magendurchbruch; Operation/Narben, linker großer Zeh gelähmt, im Rollstuhl gesessen, starke Schmerzen; Folgen der medikamentösen Einstellung: bis sich ein Organ wehrt, es nicht mehr packt (Leber, Galle, Niere); das Kinn zittert so 'n bisschen; Krämpfe als Kind bis zur Pubertät: der Mund hat sich verzogen, unartikulierte Geräusche; Folge der Krämpfe: todmüde sein, in der Schule viel verpassen, vor sich hindösen, schwach sein in der Schule.

*zu (c) Kontrolle/Kontrollverlust:* Folgen des Alkoholkonsums: unkontrolliert sein, einen lockeren Lebenswandel führen, etwas machen und sagen, was man heute nicht mehr versteht; rettungslos darin sein; Folge des ersten Selbstmordversuchs: nicht mehr an Tabletten heran dürfen; Folge der Krankheiten (Alkoholkonsum/Depression): Nervenarzt verschreibt Mittel, sie haben verschiedene Medikamente ausprobiert; keine Ahnung von dem Zeug haben; super eingestellt sein; Folge der psychischen Krankheit: die Gedanken nicht mehr kontrollieren können, Wahnvorstellungen (Größenwahn: Gott geschöpft zu haben; Verfolgungswahn: die Ärzte wollen mich vergiften, wollen Experimente mit mir machen, Fernsehsendungen sind auf mich zugeschnitten, vor Wut den Fernseher aus dem Fenster geworfen); den Weisungen der Physiotherapeutin genau folgen.

*zu (d) Gedächtnis/Erinnerung/Wissen:* Folgen der Krämpfe: oft in der Schule gefehlt, schwach in der Schule, vor sich hingedöst; Folgen des Alkoholkonsums: keine Prüfung machen können, das Gehirn funktioniert nicht richtig, dauernd im Tran leben, nichts mehr wissen ('Filmriss'); Folgen der Krankheiten (Alkoholkonsum/Depressionen): Psychopharmaka machen das Hirn 'n bisschen blöd, Gedächtnisstörungen durch Psychopharmaka und Alkohol; "wenn ich rede, dann verlier' ich oft den Faden"; Frühalterserscheinungen; "wenn ich so erzähle, fällt mir Zeug ein, was ich schon längst vergessen (...) zu haben glaube"; das Erzählen von Erinnerungen macht frei(er).

*zu (e) Intimität/Sexualität/Pubertät:* das Körperthema ist "eigentlich 'n bisschen sehr intim"; nicht gern darüber sprechen, wenn es in den Intimbereich geht; Verknüpfung von Intimität und Alkoholiker-Sein; lockerer Lebenswandel; ich bin in Bordellen verkehrt, hat mich eines Tages sehr angekotzt, angeekelt; es rührt sich sexuell gar nichts mehr, vollkommene Funkstille, dem Schöpfer dafür dankbar, kein Mann mehr sein – keine Bedürfnisse mehr haben; Lieblingsbruder: geschlechtsloses Wesen, nur eine Frau gehabt; mit Freundin keine Sexualität, mit Alkohol ging gar nichts (ihr sympathisch sein wollen, Ehrgeiz entwickeln, gute Freunde sein); Pubertät: Scham wegen Stimmbruch, nichts mehr sagen wollen; Scham wegen der Körperhaare (Haare wegrasiert); nicht erwachsen werden wollen, sich mit den Anzeichen ein Mann zu werden nicht abfinden können, ein Kind bleiben wollen, unter den Haaren leiden; zweiter Bruder: hat mit vierzehn Jahren Verkehr mit einer Dreizehnjährigen; Vater: ist brutal und zugleich weibisch, ein Weichling, ein widerwärtiger Mann.

*zu (f) Lüge(n):* wenn es um den Körper (um Intimität, um Alkohol) geht, würde ich Sie anlügen; in der Klinik haben sie mir auf den Kopf zugesagt: 'Sie sind Alkoholiker' (das hat man eben gesehen); es ist nachweisbar, ob man seine Medikamente nimmt, Ärzte haben meine Lüge aufgedeckt; "das unwiederruflich letzte Mal, dass ich an Selbstmord gedacht habe"; ich habe noch mit zwölf Jahren an das Christkind geglaubt; "(...) warum soll ich 's Ihnen net sagen: Ich bin äh – in Bordells verkehrt."; der kranken Großmutter nicht den Spiegel geben.

*zu (g) 'Tod':* rettungslos darin sein; meine Urne soll in das Grab meiner Mutter; Alkoholvergiftung, Vergiftungswahn, Psychopharmaka und Alkohol sind Gift, kriminelle Dosis; Selbstmordversuche; unwiederruflich das letzte Mal; todmüde nach Anfällen; totale Ruhe auf der Station (kriminelle Dosis), nicht ansprechbar sein; Zimmer auf Lebenszeit;

Sexualität: vollkommene Funkstille, Schöpfer hat einen Schlussstrich gezogen, es ist nichts mehr; größter Wunsch: das Jahr 2000 noch erleben wollen.

*zu (h) positiv konnotierte körperbezogene Zuwendungen:* zum Friseur gehen, zur Fußpflege; eine Freundin haben, verliebt sein, ehrgeizig werden; sich früher keine Kleider kaufen, jetzt Geld sparen für Kleider; welches (alkoholfreie) Bier schmeckt zu welcher Speise; Fußübungen der Physiotherapeutin genau befolgen, wieder auf die Beine kommen; sich mit dem Gedanken tragen, eine Gesamtbrücke machen zu lassen; schwimmen mit dem Lieblingsbruder im Bach, stemmen, sich hochheben, Spaß haben, Blödsinn machen; Großmutter verbreitet schöne weihnachtliche Gefühle; Krankheit der Großmutter, sie begleiten; Versuch der Nierenspende an den zweiten Bruder; Kuss der Mutter auf die Wange, (hat sie früher nie gemacht, sie war kalt, kaltschnäuzig), "jetzt umärmelt sie mich immer beim Abschied".

*zu (i) Bilanzierungen/Selbsteinschätzungen:* "Ich war früher Alkoholiker."; "Durch den Alkohl hab' ich 'n sehr lockeren Lebenswandel gehabt – einen – – ich war – so unkontrolliert, das ist komisch."; "Also ich war ja, *rettungslos (!)* war ich darin – rettungslos!!"; "Ich hab' damals – hab' ich nur im Tran gelebt. Des, des war – schlimm."; "Ach, des war – ich hab 'n würdeloses Leben gelebt. (...) Weil ich gesoffen habe (...) das is' doch Charakterlosigkeit, Frau Doktor."; "Ich bin äh – in Bordells verkehrt. (...) Und das hat mich dann eines Tages so angekotzt – so angeekelt, entschuldigen Sie – und (...) seit 1979 – 89 – rührt sich überhaupt nichts mehr bei mir. – Is' vollkommene Funkstille. Und ich bin froh darum, dafür bin ich meinem Schöpfer dankbar, dass er, dass er da 'n Schlussstrich gezogen hat. Also ich, es ist nichts mehr."; "Ich bin kein Mann mehr. Ich hab' keine Bedürfnisse mehr."; "Ich wollte einfach Kind bleiben."; "ich war ein blöder Hund" (bezogen auf Rasur der Beinhaare); (auf die Frage, wie Herr H. sich fühlt, nachdem so viele Erinnerungen wach geworden sind:) "Och, komischerweise – ich fühl' mich jetzt so richtig frei oder – jedenfalls 'n bisschen frei (...) – sonst bin ich immer so gehemmt ".

In der Zusammenschau der Äußerungen zum Körper wird zunächst einmal deutlich, dass das zentrale Bindeglied der Körperthematisierungen der übermäßige Konsum von Alkohol ist. Dies zeigt sich vor allem darin, dass der Alkohol bzw. das Trinken in *alle* weiteren Kategorien des gefundenen Ordnungsschemas hineinreicht. So kann die zu Beginn geäußerte bilanzierende Bemerkung "Ich war früher Alkoholikcr." zwar als eine programmatische Ankündigung gelesen werden (in dem Sinne von: 'Alles, was ich erlebt habe und jetzt erzählen werde, kann nur vor diesem Hintergrund verstanden werden.'), eine wirklich überzeugende und inhaltlich gefüllte Bestätigung erhält diese Ankündigung jedoch erst im Zuge der Erzählung und den hierbei hergestellten bzw. auftauchenden Verweisungen, die mit Hilfe des Ordnungsschemas nicht nur sinnvoll aufeinander bezogen werden können, sondern die das Ordnungsschema vielmehr selbst *generieren*.

Der Alkohol und das übermäßige Trinken, das ein psychophysisch motivierter und gesteuerter Vorgang ist, stellt also zentrale Körperbezüge her und 'verwaltet' sozusagen das biographische Geschehen, das sich in enger körperlicher Bezogenheit abspielt. Die Körperbezüge sind dabei überaus vielfältig und weitreichend und ließen sich noch einmal wie folgt systematisch ordnen:

1. Das Trinken und seine unmittelbaren Folgen (sich übergeben, sich vergiften, 'Filmriss', Katerstimmung, hinfallen etc.);

2. Das Trinken und seine weitergehenden körperlichen, psychischen und sozialen Folgen: im Tran leben; der Körper bläht sich (aufgedunsenes Gesicht, Säuferbauch), andere sehen das; Verwahrlosungserscheinungen (keine Zahnpflege, aus dem Rachen stinken, keine Kleider kaufen); (sexuell) unkontrolliert sein, einen lockeren Lebenswandel führen, in Bordellen verkehren, Unmögliches machen und sagen; keine Sexualität mehr haben, keine sexuellen Bedürfnisse haben, sexuell versagen, kein Mann mehr sein; Selbsthass (sich ekeln, sich schlimm, schrecklich finden, sich anklagen); Entzugserscheinungen (Zittern, gereizt sein); Gedächtnisstörungen (durch die Kombination von Psychopharmaka und Alkohol); rettungslos im Alkoholproblem gefangen sein; 'Ausweg' liegt in Selbstmord (Tod), in manischer Depression (die unansprechbar macht); Prozesse sozialer Ausgliederung: keine Prüfungen machen können, gekündigt werden, Frührentner werden, in ein Alten- und Pflegeheim kommen; Kombination von Alkohol und psychischer Erkrankung führt zu starker Medikamentenabhängigkeit mit hoher Belastung für den Organismus und weiterem Kontrollverlust (Abhängigkeit von den Weisungen der Ärzte, deren Dosierungen – dies verstärkt Gefühle der Ohnmacht und setzt Wahnvorstellungen in Gang/Kontrolle über die Gedanken verlieren – dies führt zu verstärkter Kontrolle durch Ärzte); der Sturz aus dem Fenster (zweiter Selbstmordversuch), mit dem Herr H. den Teufelskreis seiner Abhängigkeit vermutlich beenden wollte (und bei dem ihn am Heiligen Abend Gefühle der Verzweiflung einfach überschwemmt haben) führt zu erheblichen Verletzungen und Lähmungserscheinungen, macht weitergehend bewegungsunfähig und abhängig (Morphium, Operationen, Rollstuhl) und der Körper bedarf in der Folge einer besonderen Aufmerksamkeit (Pflege, Physiotherapie, Übung).

3. Neben diesem Hauptstrang – dem Alkoholkonsum und seinen Folgen – lassen sich einige bedeutsame körperbezogene 'Nebenstränge' entdecken: die Krämpfe in der Kindheit (mit ihren Folgen); die Scham über die Pubertätserscheinungen (Stimmbruch, Haarwuchs) und ihre radikale 'Vernichtung' (Haare abrasieren, nichts mehr sagen wollen); die Weigerung, ein Mann zu werden und Kind bleiben zu wollen; die Erfahrung von Schlägen bis weit über die Pubertät hinaus; der Entzug von Zuwendung (keine Umarmung, keine Küsse; kein Sprechen mit dem Vater).

Verfolgte man die Lebensgeschichte in ihrer inneren Linie und Psychodynamik, so würden sich auch diese 'Nebenstränge' sicherlich sinnvoll in die Genese der Suchtkrankheit einbauen lassen und beispielsweise – wie bereits oben angedeutet – als frühe Reaktionen (Krämpfe; regressive Weigerung, erwachsen zu werden) auf vorenthaltene Nähe und Zuwendung bzw. fortgesetzte Infantilisierung und Entwürdigung (Schläge und Zurückweisungen des Vaters) angesehen werden können. Doch auch ohne eine subtile psychologische Interpretation lässt sich festhalten, dass der Körper für Herrn H. schon in früher Kindheit ein zentraler 'Umschlagplatz' seines Erlebens und Handelns war und dass sich diese Fixierung auf den Körper im Laufe seines Lebens – insbesondere über das Trinken, die Entwicklung seiner manischen

Depression und die Selbstmordversuche – intensiviert hat und dass der Körper zu *dem* zentralen Ort geworden ist, an dem sich das Leben von Herrn H. in allen seinen Schattierungen primär abspielt. Mit anderen Worten: Die 'Lösungen', die Herr H. für seine psychischen Probleme ergreift – den Alkoholkonsum und die regressive Weigerung, erwachsen werden zu wollen – *binden* ihn verstärkt an den Körper und stellen über hinzutretende Mechanismen (Kontrollverlust, Abhängigkeit von Medikamenten, Ärzten, Pflegern) jene 'Infantilität' genau her, nach der Herr H. sich offenbar sehnt – insofern wäre er sehr 'erfolgreich'.

Für diesen 'Erfolg', die Position des Kindes (das abhängig ist und das man umsorgt) nicht verlassen zu wollen bzw. noch nicht verlassen zu haben, lassen sich auch auf der Ebene der Erzählstruktur zahlreiche Hinweise finden: etwa in den häufig gebrauchten Wendungen "das ist komisch" und "das ist sonderbar" (mit denen er sich über Sachverhalte wundert, die jedem 'normalen Erwachsenen' völlig klar sind); die Ansprache der Interviewerin mit "Frau Doktor", bei der sich Vermischungen mit den betreuenden Ärzten ergeben und die Einnahme einer unterwürfigen, abhängigen Haltung wiederholt wird; die Frage: "Frau Doktor, jetzt muss ich schnell man wohin", die so ein (artiges, schüchternes) Kind einem Erwachsenen stellen würde; der Glaube und der Versuch, dass man andere über die eigene Krankheit täuschen und anlügen kann; Formulierungen der Selbstanklage, die von einem sich selbst ausschimpfenden Kind stammen könnten; eine fast rührende Naivität und Offenheit in einigen Beschreibungen.

Die Fixierung auf den Körper steht in diesem Falle also in enger Verbindung zu *regressiven Wünschen* und der Körper ist das *zentrale Vehikel* zur Einlösung dieser Wünsche, indem er infantilisiert, in seiner Entwicklung gestört, an der Ausführung seiner normalen organischen Abläufe gehindert und abhängig gemacht wird. Damit wäre eine grundlegende *Funktion*, die der Körper in dieser Biographie einnimmt, herausgearbeitet. Welche *Beziehung* oder welche *Beziehungen* baut Herr H. nun aber dem Körper gegenüber auf? Und wie lassen sich solche Beziehungen anhand der exzerpierten Körperthematisierungen und ihrer Kontexte erschließen? Grundsätzlich ließen sich dabei folgende Äußerungsformen bzw. 'Repräsentanzen' unterscheiden:
- es wird von einer Handlung dem Körper gegenüber gesprochen;
- es wird von einem Gefühl dem Körper gegenüber gesprochen;
- es wird von einer Reaktion des Körpers gesprochen;
- es wird eine Handlung/ein Gefühl/eine Reaktion kommentiert;
- es wird eine Haltung dem Körper gegenüber deutlich;
- es wird explizit über die Haltung/Beziehung zum Körper gesprochen.

Folgt man dem oben skizzierten Ordnungsschema – das Aussagen des Gesamttextes gemäß ihrer quantitativen Präsenz, ihrer inhaltlichen Bedeutsamkeit und im Sinne einer gewissen 'Folgelogik' systematisiert – so stößt man zunächst auf eine Dimension des *Handelns*: dass nämlich in der vorliegenden Biographie dem Körper fortgesetzt etwas 'zugefügt' wird. Und dies sowohl im Sinne selbst zugefügten Leids (das Trinken, das Abrasieren der Haare, die Überdosis an Tabletten, das Sich-Überfressen mit Stollen, der Sturz aus dem Fenster) als auch im Sinne fremd zugefügten Leids (Schläge, Ohrfeigen vom Vater; Medikamente, insbesondere Psychopharmaka in kriminellen Dosen von Ärzten, Psychiatern), wobei die Fremdeinwirkungen eigentlich nur in der Phase zwischen zwanzig und siebenundzwanzig Jahren – also bis zum ersten Selbstmordversuch – vorübergehend aussetzen. Dieses Handeln dem Körper gegenüber ist in erster Linie gekennzeichnet durch *Gewalt*. Auch wenn die berichtete Szene, in denen die Brüder so viel Dünnbier trinken, bis es ihnen zur Nase herausläuft, zunächst wie ein harmloser Jungenschabernack wirkt (und als solcher vor einem anderen biographischen Hintergrund auch getrost interpretiert werden könnte), so enthält diese Beschreibung bereits zentrale gewalttätige Mechanismen. Der Körper wird mit einer Flüssigkeit gefüllt, die in Anbetracht des Alters der Jungen zu deutlich 'destabilisierenden' Wirkungen führt, und dieses 'Füllen' geschieht in einem derartigen Übermaß, dass die natürlichen Wege und Funktionen des Körpers außer Kraft gesetzt werden (es läuft zur Nase heraus) – der Körper wird also überfüllt, überflutet, überschwemmt und damit 'vergewaltigt'.

Wie gewalttätig der Alkoholkonsum insgesamt ist, lässt sich ermessen, wenn man sich das Ausmaß der Beeinträchtigungen und Schädigungen allein auf körperlicher Ebene vergegenwärtigt, die Herr H. in seinen Erzählungen selbst auch erwähnt: die Gehirnfunktionen und damit zentrale Dimensionen der motorischen Kontrolle, der Kontrolle von Gedanken und Gefühlen sowie der Erinnerung und des Gedächtnisses werden beeinträchtigt, die sexuelle Potenz wird lahm gelegt, der Körper wird unförmig, Körperteile (Organe, Zähne, Blutgefäße, Zellen) werden zerstört, der Körper wird vergiftet. Dieses gewalttätige Handeln dem Körper gegenüber hat Herr H. jahrzehntelang selbst praktiziert und er hat ebenfalls über einen langen Zeitraum erduldet (und zugelassen), dass andere seinem Körper Gewalt antun (ihn schlagen, 'vergiften', körperlich abhängig machen) – man könnte also sagen, dass ein zentrales Beziehungsmuster von Herrn H. zu seinem Körper sich als ein *Gewaltverhältnis* beschreiben ließe.

Wichtig ist hierbei jedoch festzuhalten, dass Herr H. sein Handeln in den oben geschilderten Zügen zwar beschreibt und auch implizit (etwa durch eine abfällige Wortwahl wie "gesoffen" zu haben) sowie explizit (durch Bekundungen des Ekels, der Selbstverurteilung) deutlich macht, dass er dieses Handeln heute zutiefst ablehnt, dass er es aber an keiner Stelle als gewalttätig beschreibt und nie auch nur eine Andeutung darüber macht, dass dem Körper durch diese vielfältigen Übergriffe Gewalt angetan worden sein könnte.

Die Tatsache, dass dieser Bezug nicht gesehen wird, verweist andererseits auf eine weitere typische Komponente des Körperverhältnisses: Der Körper hat keine eigene Würde, kein eigenes Recht, seine Gesetze werden nicht geachtet und er fällt als ein Gegenüber aus – denn ein *Bewusstsein* von Gewalt kann sich nur dort entwickeln, wo auch ein eigenständiges Gegenüber zumindest *angenommen* wird, dessen Grenzen dann aber eben *nicht* respektiert und (bewusst) überschritten werden. Gesehen und wahrgenommen wird der Körper so auch von Herrn H. erst dann, wenn die *Folgen* des Alkoholkonsums sich körperlich auswirken – erst an diesen Stellen wird auch ein tatsächliches Gefühl platziert (sich über Verwahrlosungserscheinungen und Kontrollverluste zu schämen, sich vor dem lockeren Lebenswandel, dem Verkehr in Bordellen zu ekeln) – nicht jedoch im Vorfeld und im Akt des Trinkens. Man könnte also formulieren: *Das eigene (gewalttätige) Handeln geschieht in einen leeren oder bewusstseinslosen (Körper-)Raum hinein.*

### 3.4.4.  Intimität

Ein weiterer auffälliger Bezug zum eigenen Körper wird gleich zu Beginn des Gesprächs hergestellt. Die Interviewerin hat ihr Anliegen vorgestellt, vor allem auch über Körpererfahrungen (Erinnerungen, Erlebnisse) in verschiedenen Lebensaltern etwas erfahren zu wollen und Herr H. reagiert darauf mit folgenden Äußerungen:

*(1) Herr H.: "Oh wei – – das is' eigentlich 'n bisschen sehr intim – Frau Doktor. (atmet schwer, sucht nach Worten)"*

Die Interviewerin stellt in Aussicht, dass es ganz in dem Ermessen und der Entscheidung von Herrn H. liegt, was er erzählen möchte und worüber er nicht sprechen will; Herr H. sagt darauf:

*(2) Herr H.: "Mein Gott, ich glaube, ich würde Sie anlügen."*
*I.: "Sie würden mich anlügen?"*
*Herr H.: "Ich würde Sie anlügen."*
*I.: "Was meinen Sie damit?"*

*(3) Herr H.: "Nu, wenn es beispielsweise in den Intimbereich geht, das Gespräch – also des – darüber sprech' ich net gern. (...) Ich war früher Alkoholiker – also lange Zeit (...)."*

Herr H. baut hier eine Konstellation auf, die sich wie folgt entschlüsseln ließe: 'Körpererfahrungen' sind für Herrn H. spontan mit 'Intimität' verknüpft. Der Ausruf des Erschreckens ("Oh wei") und die längere 'Bedenkpause' signalisieren, dass mit dem Thema und der Aufforderung darüber zu sprechen, Gefühle mobilisiert und der Person nahe gerückt wurden, die über einen Puffer ersteinmal kontrolliert werden müssen. Der Hinweis, dass das Thema "eigentlich" (zu) intim sei, lässt jedoch die Möglichkeit eines 'Aber' offen ('eigentlich ist es zu intim, aber vielleicht kann oder will ich ja doch etwas sagen'), das Schwanken in der Charakterisierung des Themas als "'n bisschen (intim)" und "sehr intim" deutet ebenfalls auf Ambivalenzen und Dispositionsspielräume hin. Die Interviewerin hat dieses Schwanken wohl bemerkt, nimmt aber auch die 'Blockade' des Gegenübers ernst – sie versucht, ihm eine Brücke zu bauen, indem sie zum einen das Nicht-Sprechen als Möglichkeit akzeptiert, zum anderen aber auch an seine Entscheidungsbefugnis appelliert, zu trennen, was 'Sagbar' und was 'Nicht-Sagbar' ist und entsprechend zu handeln. Diese erste Sequenz (1) lässt jedoch offen, was Herr H. mit "sehr intim" verbindet – und die Interviewerin fragt an dieser Stelle auch nicht nach.

Im Kontext von 'das Körperthema ist sehr intim' stehen weiter folgende Äußerungen:

Es wird eine Verbindung hergestellt zur Lüge, zum Anlügen, also zu dem Umstand, nicht die Wahrheit zu sagen, etwas zu verschweigen, zu verheimlichen, zu verdecken (2). Es wird eine Verbindung zum "Intimbereich" hergestellt (3) (wobei sich hier eindeutiger als in (1) ein Bezug zur Geschlechtlichkeit, zu Geschlechtsregionen des Körpers und zur Sexualität herstellen lässt). Es wird eine Verbindung hergestellt zu der Tatsache, lange Zeit Alkoholiker gewesen zu sein (3). Begreift man die Sequenzfolge (1) bis (3) als sukzessive Annäherung an einen problematischen Sachverhalt (den man nur in Schichten entblättern kann) und kehrt man die Reihenfolge der Fokussierungen von (2) und (3) entsprechend genau um, so steht das Körperthema für Herrn H. – in nachstehender Rangfolge – in enger Verbindung zu: 1. dem Alkoholismus, 2. der Sexualität (die durch den Alkohol würdelose Formen angenommen hat und über die man anderen gegenüber nicht gern spricht), und 3. der Lüge (bzw. zu Verleugnung, Verheimlichung, Selbstbetrug, wie es typisch für das Krankheitsbild des Alkoholikers ist). Verbindet man die erste Aussage (dass das Körperthema "eigentlich 'n bisschen sehr intim" ist) mit jenem Themenkomplex, auf den Herr H. inhaltlich zusteuert, so ergibt sich folgender Bezug: Das Körperthema ist deshalb "eigentlich 'n bisschen sehr intim", *weil Herr H. Alkoholiker war.* In diesem Rahmen hat Herr H. vermutlich Erfahrungen gemacht, die zum einen sehr dicht mit dem Körper verbunden sind (und zu denen er im Laufe des Gesprächs zahlreiche Erzählungen anbietet), die zum anderen aber auch mit intensiven Gefühlen der Scham und des Ekels belegt sind und über die er anderen gegenüber nicht gern spricht. Herr H. hält jedoch an dieser Stelle in der Schwebe, auf welche Körpererfahrungen als Alkoholiker er hier abhebt und welche dieser Erfahrungen ihm so peinlich (oder 'zu intim') sind, dass er nicht darüber sprechen mag. Im weiteren Text lassen sich viele Anhaltspunkte für solche Erfahrungen finden und Herr H. kommentiert eine ganze Reihe von Körper-Episoden mit "schrecklich", "furchtbar", "schlimm" und "grauenvoll" (etwa wie er eine Likörflasche "auf Ex ausgesoffen" hat, dass er damals "nur im Tran gelebt" hat oder wie er sich übergeben musste und sein Gebiss "in das Zeug hineingefallen" ist).

Andererseits lässt die Formulierung "wenn es beispielsweise in den Intimbereich geht" den Schluss zu, dass im *Zentrum* der 'Peinlichkeiten' die Sexualität steht – als ein Bereich, in den es 'hineingeht', der also nicht sofort zugänglich ist, sondern den man sich erschließen muss, der also von einem Außen abgetrennt und geschützt ist. Und auch die anschließende Formulierung "durch den Alkohol hab' ich 'n sehr lockeren Lebenswandel gehabt" (S.5) führt die Frage der 'zu intimen' Körpererlebnisse in die Richtung der Sexualität, wobei ein 'sehr lockerer Lebenswandel' alltagssprachlich insgesamt mit Unstetigkeit, Leichtlebigkeit, Verantwortungslosigkeit verbunden wird, im Kern aber eben mit sexueller Freizügigkeit. Aber auch an dieser Stelle präzisiert Herr H. noch nicht, was genau im Zentrum seiner Schamgefühle steht – was wiederum das kulturelle Muster der *Tabuisierung* von Sexualität bestätigt. Erst in der zweiten Hälfte des Gesprächs (S.47/48/49) wird konkret, was Herr H. (unter anderem) verheimlichen wollte:

*Herr H.: "Furchtbar war das bei mir. (...) warum soll ich 's Ihnen net sagen. Ich bin äh – in Bordells verkehrt. (...) Und das hat mich dann eines Tages so angekotzt – so angeekelt, entschuldigen Sie – und – naja – und seit 1979 – 89 – rührt sich über-*

*haupt nichts mehr bei mir. – Is' vollkommene Funkstille. Und ich bin froh darum,*
*dafür bin ich meinem Schöpfer dankbar, dass er, dass er da 'n Schlussstrich gezogen*
*hat. Also ich, es ist nichts mehr. (...) Ich bin kein Mann mehr."*

Es drängt sich der Schluss auf, dass der 'lockere Lebenswandel', von dem Herr H.
oben spricht, in enger Verbindung zu dem hier konkretisierten sexuellen Verhalten
steht, in Bordellen verkehrt zu haben. Wie wir wissen, hatte Herr H. nur in der kurzen Phase seiner Berufstätigkeit in einer Großstadt eine Freundin, mit der jedoch
aufgrund seiner Alkoholprobleme sexuell nichts lief ("zum Intimverkehr kam es
damals nicht"). Seine Sexualität spielte sich also nur in Bordellen ab und Herr H.
umgibt diese Handlungsweise mit Beschreibungen wie "unkontrolliert", "heute ver-
steh' ich mich gar nicht mehr", "furchtbar", das hat mich "so angekotzt", "so angeekelt" – also mit deutlichen Distanzierungen und Verurteilungen (die dadurch noch
gesteigert werden, dass er sich sogar auf der Metaebene für die Wortwahl seiner
Selbstanklage entschuldigt).

Aufschlussreich ist die anschließende Wendung des Themas: Dem lockeren Lebenswandel in Bordellen folgt die "vollkommene Funkstille", über die er froh und
sogar dem Schöpfer dankbar ist. Auffällig ist auch hier die Radikalität und Endgültigkeit, mit der sexuelle Regungen ausgelöscht werden. Es wird ein "Schlussstrich"
gezogen, der eine "vollkommene Funkstille" herstellt und einen Zustand, in dem
"nichts mehr" ist. Offen bleibt, wie es zu dieser 'Funkstille' kam und bezeichnend ist,
dass Herr H. dem "Schöpfer" dafür dankbar ist, dass er also die 'Funkstille' nicht als
Resultat seines eigenen Handelns ansieht, sondern als eine Entscheidung – fast könnte man sagen 'Erlösung' – 'von göttlicher Hand'. Vergleicht man diese Aussage mit
jenen Textstellen, an denen Herr H. über seine innere Abwehr gegen das Mann-
Werden spricht (S.79/80 und S. 85/86/87), so wird die These bestätigt, dass Herr H.
viel Energie darauf verwandt hat, Kind bleiben zu können bzw. nicht Mann werden
zu müssen, und dass seine Bemühungen letztlich von 'Erfolg' gekrönt sind: Das Ausbleiben sexueller Bedürfnisse (und sexueller Potenz) kann gewertet werden als erfolgreiches Indiz "kein Mann mehr" zu sein. So ist es vielleicht auch nicht unbedeutend, dass Herr H. seinen Lieblingsbruder (mit dem er sehr gut auskam und mit dem
er oft ins Kino gegangen ist) als ein "geschlechtsloses Wesen" beschreibt, der auch
überhaupt nur eine Freundin hatte (und die dann auch seine Frau wurde). Noch deutlicher wird die Abwehr der eigenen Geschlechtlichkeit in der intensiven Scham über
die Pubertätserscheinungen (Stimmbruch, Haarwuchs), denen Herr H. ebenfalls
radikal begegnete (durch das Abrasieren der Haare sogar an den Beinen).

Mit der Rasur von Achsel- und Beinhaaren – die Herr H. damit kommentiert, ein
"blöder Hund" gewesen zu sein – , vollzieht er Handlungen, die für Frauen typisch
sind. Frauen tun dies, um das 'Animalische', 'Unkultivierte', 'Rohe' zu beseitigen, das
der Körperbehaarung in westlichen Kulturen zugeschrieben wird. Auch wenn Herr
H. dieses Verhalten heute verurteilt, so hat es früher vermutlich eine wichtige Funktion erfüllt. Es könnte nämlich nicht nur bedeuten, dass er dem Mann-Werden,
Mann-Sein oder Erwachsen-Sein ausweichen wollte, sondern eventuell auch Hinweis
auf eine stille und unbewusste Sehnsucht sein, eigentlich viel lieber *Frau* sein zu

wollen – also eigentlich das 'falsche' Geschlecht zu haben und damit eigentlich auch in einer 'falschen' Welt zu leben. Expliziert oder angedeutet wird dieser Wunsch an keiner Stelle, aber eine Reihe von Aussagen tragen in ihrer inhaltlichen wie strukturellen Qualität und Anlage durchaus etwas 'Feminines' (bzw. genauer: beziehen sich auf Züge und Eigenschaften, die in unserer Kultur eher Frauen als Männern zugeschrieben werden) – doch dieser Hauch ist mehr spürbar als 'nachweisbar' (die Nähe zur und Aufmerksamkeit für die Großmutter, die 'weichen' Züge des pazifistischen Lieblingsbruders und die Empfänglichkeit für die spät gezeigte Zärtlichkeit der Mutter könnten solche 'Spuren' sein).

### 3.4.5.  Zusammenfassung

Fassen wir den Ertrag der hier geleisteten Analyse zusammen, so ergeben sich folgende typische Beziehungen, die Herr H. zu seinem Körper aufbaut:

1. Das dominante Beziehungsmuster lässt sich als *Gewaltverhältnis* beschreiben (dem Körper wird Gewalt angetan), wobei der Körper im Vollzug des Handelns wie ein leerer, bewusstseinsloser Raum fungiert und erst angesichts der Folgen des Handelns wahrgenommen wird.

2. Ein weiteres Beziehungsmuster liegt in der Dominanz abwehrender und verheimlichender Gefühle: Gefühle der Scham, des Ekels, der Peinlichkeit bestimmen die Beziehung und *distanzieren* den Körper sowohl als Gegenstand, über den gesprochen werden kann, als auch als Teil der eigenen Person. Diese Schamgefühle resultieren überwiegend aus den (sozial geächteten) *Folgen* des primären gewalttätigen Handelns dem Körper gegenüber (im Kern: dem Trinken), aber auch aus 'natürlichen' Vorgängen des Wachstums und der Reife (Pubertät).

3. Es gibt Bereiche des Körpers, die besonders intensiv *bekämpft* und letztlich völlig ausgelöscht werden. Im Zentrum dieser Vernichtung steht die eigene Geschlechtlichkeit (das Mann-Sein), deutlichstes Zeichen der Abtötung ist die Aufhebung sexueller Bedürfnisse und sexueller Potenz, die mit 'Freude' und 'Dankbarkeit' wie eine schicksalshafte Fügung angenommen, nicht aber mit dem eigenen Handeln dem Körper gegenüber in Verbindung gebracht wird. In enger Korrespondenz zu dieser spezifischen Vernichtung steht die generelle Tendenz der *Vernichtung des eigenen Lebens*, die sich nicht nur in den beiden Selbstmordversuchen zeigt, sondern auch in der schleichenden Selbstzerstörung durch den Alkohol und in dem Aufsuchen todesähnlicher Zustände ("todmüde" sein nach den nächtlichen Krämpfen, in der Schule vor sich 'hindösen', "im Tran" leben, ganze Jahre im "Dämmerzustand" verbringen, in den Depressionen 'nicht ansprechbar' sein, sich 'an nichts mehr erinnern' können).

Der Tod ist für Herrn H. offensichtlich keine einschneidende Veränderung, sondern ein vertrauter Zustand, ein 'Lebensbegleiter', den er nicht fürchtet, sondern kennt, ersehnt und mit Hoffnungen verbindet. So fällt es ihm beispielsweise im Kontext der Erinnerung an die eigene Kindheit (!) und die Eltern nicht schwer, einen nahtlosen Übergang zu seiner eigenen Bestattung herzustellen (S.7/8), die ihn mit der Mutter (nicht aber mit dem Vater) verbinden soll ("Und meine Urne, die soll in das Grab meiner Mutter."). Dies zeigt nicht nur, wie präsent der Tod für Herrn H. ist (so präsent, dass er ihn scheinbar unvermittelt zu einem sehr frühen Zeitpunkt des Gesprächs thematisiert), sondern es zeigt auch den Versuch, wenigstens im Tod eine Nähe (hier zur Mutter) herzustellen, die ihm im Leben versagt blieb. Als eine weitere Beziehung zum Körper ließe sich also formulieren:

4. Leben und Tod gehen fliessend ineinander über und das Leben scheint für Herrn H. jederzeit gegen den Tod austauschbar. Damit steht letztlich der Körper *zur freien Disposition* – ihm wird keine Verantwortung geschuldet.

Offensichtlich ist durch das Leben von Herrn H. nach dem zweiten Selbstmordversuch ein deutlicher 'Ruck' gegangen, der sich auch darin zeigt, dass Herr H. seit dem Fenstersturz nicht mehr trinkt (wobei die totale Abhängigkeit von fremder Hilfe nach dem Sturz sowie die verbesserte psychologische, medizinische und pflegerische Betreuung sicherlich eine wichtige Rolle gespielt haben). Herr H. kann nun sagen "Ich war früher Alkoholiker." und es wird deutlich, dass er seine Haltung dem Körper gegenüber verändert hat. Er beachtet nun Dinge der Pflege und Fürsorge für den Körper (zum Friseur gehen, Fußpflege machen, sich eine Gesamtbrücke [Zähne] machen lassen, Geld für Kleidung sparen), die er früher total hat 'verschlampen' lassen (was er selbstkritisch so bemerkt), und er übernimmt Verantwortung für seinen Körper: befolgt gewissenhaft die Anordnungen der Physiotherapeutin, macht regelmäßig seine Fußübungen, demonstriert sie sogar der Interviewerin an der Kommode und sieht einen Zusammenhang zwischen seiner 'Folgsamkeit' (Herr H. betont in fast rührender Kindlichkeit, dass er seine Gymnastik *"genau* so" mache, wie die Therapeutin es angebe) und der Tatsache, dass er nach dem schweren Sturz wieder "auf die Beine gekommen" ist – er verbindet also hier sein Handeln mit den Folgen des Handelns. Damit zeichnen sich weitere Beziehungsmuster zum Körper ab:

5. Die Beziehung, die Herr H. zu seinem Körper als Alkoholiker eingenommen hat, ist gekennzeichnet durch *Gleichgültigkeit, Lieblosigkeit* und *fehlende Fürsorge.* Nach dem dramatischen Sturz aus dem Fenster – in dem er sich, sein Leben und seinen Körper völlig aufgegeben hat – und der 'wundersamen Rettung' hat sich das Verhältnis verändert. Der fehlende Alkohol macht Platz für Möglichkeiten der Pflege und Fürsorge und Herr H. entwickelt (sicherlich unterstützt durch die Angebote und Anregungen des Alten- und Pflegeheims) so etwas wie *Verantwortung* für seinen Körper.

6. Das Tragische an dieser Situation einer neu entdeckten und gelebten Verantwortung für den Körper ist, dass Herrn H. diese Verantwortung zugleich auch wieder partiell aus den Händen genommen wird. Die neue Abhängigkeit, in die er durch die (notwendige) medikamentöse Behandlung gerät, ist tückischer als der Alkoholkonsum. Hier "versteht" Herr H. noch weniger, was seinem Körper zugeführt wird und wie es sich auswirkt, hier ist er noch hilfloser und – was das besonders Fatale ist – hier wird ihm etwas *vorgegaukelt*: eine 'Gesundheit', die faktisch jedoch eine zerstörerische Gratwanderung ist. Und Herr H. lässt sich auch etwas 'vorgaukeln' – gutgläubig und vertrauensvoll wie ein Kind – vielleicht, weil dies die einzige 'Alternative' ist, die ihm bleibt. Er bemüht sich dabei nicht um ein Verstehen der Zusammen-

hänge und um Einsicht in seinen tatsächlichen körperlichen Zustand. Und genau dieses Verhalten passt zu dem herausgearbeiteten *regressiven* Grundmuster, zu dessen Inventar Selbsttäuschungen ebenso gehören wie das treuherzige Sich-den-Ärzten-Überlassen bezüglich deren Interventionen und Versprechungen (wozu es in der Lage von Herrn H. aber wohl auch kaum Alternativen gibt) und der euphorische Glaube an 'Wunder' und 'Rettungen' bei dem Sturz aus dem Fenster ("Ich hatte drei Schutzengel.").

### 3.5.    Der 'unweibliche' Körper und die Suche nach geschlechtlicher Identität (Frau E., Jahrgang 1929)

*3.5.1.    Auffälligkeiten im Erzähleinstieg und die besondere Bedeutung eines 'anderen' Körpers*

Ähnlich wie im Falle von Herrn D. und Frau C. enthält auch die Einstiegssequenz in die Erzählung von Frau E. wichtige Hinweise auf zentrale thematische und strukturelle Momente der Biographie. Dieser Einstieg in das Gespräch – hier: die erste längere Erzählpassage von Frau E. (Seite 1/2 des Protokolls) – soll genutzt werden, um wesentliche Dimensionen der biographischen Struktur und ihrer Vernetzung mit körperthematischen Feldern und Bezügen zu entfalten. Dabei gilt auch hier, dass sich die – fast programmatische – Bedeutung der Einstiegssequenz für den Gesamtfall selbstverständlich erst im Zuge der Analyse herauskristallisierte und erst 'vom Ende der Analyse her' ihre volle Gestalt und ihren vollen Sinngehalt gewinnen konnte. Auf der anderen Seite verdient gerade der Beginn einer Erzählung eine besondere Aufmerksamkeit, weil davon ausgegangen werden kann, dass der/die Erzählende hier die entscheidende 'erste Spur' legt und zentrale Verortungen, Einordnungen und Akzentsetzungen stattfinden: Er/sie *strukturiert* das Thema.

Nachdem die Interviewerin das Anliegen des Gesprächs, insbesondere das Interesse an Körpererinnerungen und Körpererfahrungen, ausführlich erläutert hat (diese Erläuterung wurde nicht aufgezeichnet) und die aufnahmetechnischen Fragen geklärt sind (mit der Aufnahmeprobe beginnt das Protokoll), bietet sie einen offenen Erzählbeginn zum "allgemeinen biographischen Rahmen" an (etwas "über Ihr Leben – Ihren Lebenslauf" zu erzählen). Daraus entsteht folgende Sequenz:

*Frau E.: " – Der (der Lebenslauf; Anm.d.V.) is' sehr lang ..."*
*I.: "Jaaah (lacht) ... wir haben ja auch Zeit!"*
*Frau E.: " ... der is' auch sehr äh – na – wie soll man: 'variabel'?, mh (lacht), ich weiß nicht – "*
*I.: "Mhm – "*
*Frau E.: "Also gut. Ich bin das vierte von fünf Kindern – (hat sich verschluckt) – "*
*I.: "Mhm – "*
*Frau E.: " – mhmhm – zwei, zwei Söhne, drei Mädchen. Und die drei Mädchen waren die (mit gehobener Stimme:)/Jüngeren/, und – jetzt kommt mir immer Ihre Rede von dem Körper dazwischen (lacht), weil ich sofort dran dachte, dass ich*

*also so – als 'Trampelchen' verschrie'n war. Äh – wenn ich also wo, wo vorbei-
ging, dann brach' was ab oder es – fiel 'was um oder so, ne, also etwas unge-
schickt – was sich später dann aber Gott sei Dank gegeben hat. Und – wir sind
sehr viel umgezogen – "*
*I.: "Mhm – "*
*Frau E.: " – ich glaub', zwölf mal oder so – und man musste also sich immer
wieder in 'ner neuen Stadt zurechtfinden, in 'ner neuen Schule – als wir dann älter wurden im Krieg sind die Jungens gefallen, da blieben nur noch die drei
Mädchen über, was natürlich für die Familie ganz fürchterlich war – und für die
Mutter besonders. Und für uns Mädchen auch. Weil, weil also die, die Kronsöhne weg waren und die Mädchen äh – das nie ersetzen konnten, was die Jungens
an Lücke hinterlassen hatten. Joah – naja – jetzt bin ich schon, bin ich schon
fast erwachsen – mhm – dann kam diese Nachkriegszeit (...) ich war sechszehn,
als der Krieg zu Ende war – und da war – jetzt wieder der Körper dabei – der
Körper ... die Kraftquelle in dieser Familie: also – der kräftigste Mann in der
Familie war ich! (lacht). "*

Aus ökonomischen Gründen kann und soll hier keine ausführliche Sequenzanalyse
vorgeführt, sondern es können lediglich zentrale Gesichtspunkte kurz skizziert werden. Dazu werden aus pragmatischen Gründen auch spätere Textstellen und der
Ertrag der Gesamtauswertung des Textes herangezogen.

Frau E. beginnt ihre Erzählung mit einer Art Präambel, in der sie ihren Lebenslauf überblickshaft charakterisiert – man könnte auch von einer Bilanzierung sprechen: Ihr Lebenslauf sei "sehr lang" und er sei auch "sehr 'variabel'". Mit der Aussage, ihr Lebenslauf sei "lang" hebt sie hier sicherlich nicht auf die Zeitdimension ab
(denn er kann ja faktisch nur so 'lang' sein, wie Frau E. Jahre zählt, zum Zeitpunkt
des Interviews sind das siebenundsechzig Jahre), sondern dass sie damit eine *Qualität* zum Ausdruck bringen möchte, etwa die, dass ihr Leben so umfangreich, bewegt
oder auch vielgestaltig ist oder war, dass es zu diesem Leben viel zu erzählen gibt
(was lange dauern kann – entsprechend reagiert die Interviewerin mit dem Hinweis,
dass dazu auch genügend Zeit wäre). Unterstützt wird diese Interpretation durch das
qualifizierende und heraushebende "sehr" (lang) und durch die zweite Charakterisierung ihres Lebenslaufs als "'variabel'", die ebenfalls durch ein "sehr" betont wird.
Diese doppelte Setzung von "sehr" deutet darauf hin, dass es sich bei diesem Leben
um ein ausgesprochen *intensives* Leben handelt (bzw. von Frau E. als solches wahrgenommen und vorgestellt wird), in dem viel passiert ist und in dem möglicherweise
auch viel Wechselhaftes, Unterschiedliches oder Konträres, Heterogenes aufgetreten
ist. Die Wortwahl "'variabel'", nach der Frau E. sucht ("äh – na – ", "wie soll man
[sagen]") und bei der sie nicht sicher ist, ob sie tatsächlich treffend oder verständlich
ist (fragende Stimme, Lachen, "ich weiß nicht") zeigt an, dass es schwer ist, dieses
(vielgestaltige?) Leben mit einem Wort auf den Begriff zu bringen und dass es sich
möglicherweise um ein sehr *besonderes* Leben handelt, für das es keine feststehende
oder eindeutige Charakterisierung gibt und dem man sehr viele *verschiedene* Aspekte, Dimensionen und Deutungen abgewinnen kann. Inhaltlich verweist der Ausdruck

"'variabel'" ebenfalls auf etwas, das veränderlich, verschiebbar, flexibel, facetten-
reich, also in jedem Falle *vielgestaltig* ist.

Nach dieser Einführung – die im Kern deutlich macht, dass Frau E. ihr Leben
nicht nur als ein (in noch genauer zu klärender Weise) besonderes, intensives und
vielgestaltiges versteht, sondern ihr auch daran liegt, dass ihr Leben so vom Gegenüber verstanden wird – setzt Frau E. selbst eine Zäsur ("Also gut.") und hebt mit der
'eigentlichen' Lebenserzählung an. In dieser ersten kurzen Sequenz umspannt sie die
ersten sechszehn Jahre ihres Lebens – also die gesamte Kindheit und Jugend – und es
ist davon auszugehen, dass sie sich in dieser äußerst gerafften Form auf das Wesentliche und Entscheidende in dieser Lebensphase konzentriert: auf das, was sie geprägt
hat. Hierzu gehören offensichtlich folgende Umstände: ihre Stellung in der Geschwisterreihe (als das vierte von fünf Kindern), womit an herausragender Stelle (zu
Beginn der Lebenserzahlung) ein zentrales Element von 'Familie' und 'Familienkonstellation' angesprochen wird; die Tatsache, dass *zuerst* "zwei Söhne" kamen und
*dann* "die drei Mädchen", wobei die Geschwister in doppelter Hinsicht (qua Geschlecht und Alter) gruppiert und voneinander separiert werden: die älteren Jungen
(Jahrgang 1921 und 1922) von den jüngeren Mädchen (Jahrgang 1924, 1929, 1934);
der Verlust der beiden Brüder bzw. der "Kronsöhne" im Krieg (beide fallen 1941)
und das 'Überbleiben' der drei Mädchen; der Verlust, der für die Familie und besonders für die Mutter "ganz fürchterlich" war; die Tatsache, dass "die Mädchen (...) das
nie ersetzen konnten, was die Jungens an Lücke hinterlassen hatten".

Allen diesen Beschreibungen liegt ein Muster zugrunde, das man so auf den
Punkt bringen könnte: Das Kollektiv der drei Mädchen ("die drei Mädchen", "die
Mädchen") muss antreten gegen die beiden zuerst geborenen Söhne, die als "Kronsöhne" eine ganz besondere Stellung in der Familie genießen und vermutlich besonders von der Mutter in herausragender Weise geliebt, bewundert und gebraucht wurden (der Gesamttext bestätigt diese Hypothese). Dieser Kampf ist jedoch aussichtlos,
weil zum einen mit dem Tod der Brüder das konkrete Gegenüber fehlt, und weil zum
anderen die von den Jungen hinterlassene Lücke so groß und uneinholbar ist bzw. –
vermutlich maßgeblich von der Mutter – zu einer derart uneinholbaren Lücke stilisiert wird, dass "die Mädchen" daran permanent scheitern müssen: Sie können "das
*nie* (sic!) ersetzen".

Es fällt auf, dass Frau E. nicht von ihren Brüdern und Schwestern spricht, sondern dass sie eine distanzierte Position einnimmt, die die eines *jenseits* der Geschwisterreihe stehenden Beobachters ist. Über "Söhne" und "die Mädchen" könnte
die Mutter sprechen, es könnte sich aber auch um ein kollektiv geronnenes Schema
handeln, wie 'man' in dieser Familie über die Mitglieder und ihre Stellung oder Funktion gedacht und gesprochen hat, und es könnte sich schließlich auch um eine Sichtweise handeln, die Frau E. im Nachhinein auf die eigene Herkunftsfamilie und die
darin entfaltete Dynamik entworfen hat. Weiter fällt auf, dass von "zwei *Söhnen*" die
Rede ist, analog nicht aber von drei *Töchtern*, sondern von den drei Mädchen. Und
schließlich verwundert, dass der Vater in diesem Kontext überhaupt nicht erwähnt
wird (Wo ist er in der Zeit? Wie reagiert er auf den Verlust der Söhne?) und so der
Eindruck entsteht, dass nach dem Verlust der Söhne offenbar nur noch die Mutter

und die drei Mädchen (also vier Frauen) in der Familie präsent waren. Fasst man diese Beobachtungen zusammen, so ergeben sich folgende Überlegungen:

Die Mutter hat offensichtlich eine sehr enge Beziehung zu den beiden Jungen aufgebaut, was auch dadurch bestätigt wird, dass von "Söhnen" die Rede ist, was allgemein ja auf die Beziehung zwischen Eltern und ihren männlichen Kindern abhebt, hier aber im Kern die Beziehung "Mutter – Sohn/Söhne" meint, da der Vater ja weitgehend 'außen vor bleibt' und die Mutter diejenige ist, die besonders unter dem Verlust der Söhne leidet. Eine vergleichbare "Mutter – Tochter/Töchter"-Beziehung wird hier nicht hergestellt. Die Mädchen werden vielmehr kollektiviert, auf ihr Geschlecht reduziert und damit in gewisser Weise auch neutralisiert: Sie tauchen auf als anonyme, weibliche Masse, zu der die Mutter keinen individuellen Zugang aufbaut. In ihrer Beschreibung der Familienkonstellation greift Frau E. somit vermutlich eine Sichtweise auf, die sich aus einem Gemisch von mütterlicher Haltung den Kindern gegenüber, implizit kolportierter familialer Deutung des familialen Beziehungsmusters und dem eigenen Erleben herausgebildet hat – einem Erleben, das in zentralen Bereichen durch Distanz bzw. durch Distanzierungsleistungen gekennzeichnet ist. So spricht sie nicht von ihren Geschwistern (womit sie sich in die Konstellation hineinbegeben und sich mit ihr identifizieren würde), sondern von "Söhnen" und "Mädchen" und auch nicht von ihrer Mutter, sondern von *der* Mutter.

Es entsteht die Frage, wie Frau E. mit dieser Zurücksetzung durch die Mutter (in das Kollektiv der Mädchen eingereiht zu werden, die strahlenden "Kronsöhne" vor Augen zu haben und "nie" an deren Leistungen und Vermögen herankommen zu können) zurecht gekommen ist. Da Frau E. die Familie und diese besondere Konstellation an den Anfang ihrer Erzählung stellt, kann davon ausgegangen werden, dass die hierin angelagerten Probleme von besonderer, wenn nicht sogar von lebensbestimmender Bedeutung sind. In der strukturellen Anlage der Erzählsequenz wird deutlich, dass sich Frau E. offensichtlich nicht in der Familienkonstellation verfangen hat und von ihr aufgesogen wurde, sondern dass sie eine *Distanzierungsleistung* vollbracht hat. Ob und wenn ja, in welcher Hinsicht ihr das gelungen und mit welchen möglichen Kosten das verbunden ist, wäre zu überprüfen und zu zeigen. Die erste Erzählsequenz legt neben dieser Fähigkeit zu Distanzierung als mögliche Lösungsstrategie aber auch noch einen anderen Weg nahe, der stark mit dem Körper und mit Körperlichem zusammenhängt und im Folgenden entfaltet werden soll.

Frau E. unterbricht – und das ist auffällig – ihre (gewichtige) Einstiegsbeschreibung zur Familienkonstellation mit dem Einwurf "jetzt kommt mir immer Ihre Rede von dem Körper dazwischen". Stimmt man der Prämisse zu, dass der Erzählbeginn wichtige Themen markiert und geht man zugleich davon aus, dass etwas, was sich "dazwischen" drängt (also aus dem Hintergrund in den Vordergrund rückt), Aufmerksamkeit auf sich zieht und zum Ausdruck, zur Mitteilung drängt, ebenfalls mit hohen (psychischen) Energien versehen sein muss, so kann man sagen: Das Körperthema scheint für Frau E. von besonderer Bedeutung zu sein und es scheint in enger Verbindung zu dem Familienthema zu stehen, von dem sie gerade im Begriff ist zu sprechen. Zumindest scheint es kein Zufall zu sein, dass sich der Körper an dieser Stelle derart in den Vordergrund drängt.

Die erste Assoziation, die Frau E. "sofort" durch den Kopf ging (vermutlich schon während die Interviewerin das Körperthema erläuternd eingeführt hat) und die nun – im Kontext der Darstellung der Familiensituation – zur Mitteilung drängt, ist die Tatsache, dass sie (in der Familie) "als 'Trampelchen' verschrie'n war", durch Ungeschicklichkeit auffiel und entsprechende Spuren hinterließ ("dann brach' was ab", "es – fiel 'was um"). Das 'Trampelchen' steht in Kontrast zu jenen Stereotypen, die über (kleine) Mädchen existieren, von denen man annimmt, dass sie leichtfüßig, grazil, geschickt, lautlos und unauffällig sind. Frau E. jedoch fiel (unangenehm) auf und damit aus dem Mädchen-Schema heraus. Dies könnte als ein erster möglicher Hinweis darauf gelesen werden, dass Frau E. einen Weg gefunden hat, wie sie sich aus der Kollektivierung als Mädchen lösen und eine alternative Rolle entwickeln konnte – oder weniger voluntaristisch oder intentional ausgedrückt: Das Hinterlassen von Spuren und das nicht-mädchengerechte Verhalten könnten eine wichtige Funktion gehabt haben im Hinblick auf die Entwicklung einer eigenen, besonderen und beachteten Identität.

Dass die Rolle des 'Trampelchens' hochgradig ambivalent und im eigenen Erleben eher auch negativ besetzt war, wird deutlich in dem Hinweis, dass sich dieses 'Ungeschickte' "später dann aber Gott sei Dank gegeben hat", dass sie es also 'los' wurde (an anderer Stelle beschreibt Frau E. dazu, dass sie ihren Körper durch intensives, lust- und kraftvolles Sporttreiben [Schwimmen, Rudern, Ballspiele] "wesentlich gesteuerter" einsetzen und das auch voll genießen konnte). Hinzu kam, dass sie unter dem Vergleich mit ihrer dünnen, grazilen und tänzerisch begabten älteren Schwester immer sehr gelitten hat, wobei dieser Vergleich in ihren Augen aber auch unangemessen und ungerecht war ("der Vergleich – der hinkte immer"). Sie fühlte sich stark in die "Konkurrenz zu diesem Zarten" gesetzt, dem sie nicht nachkommen und gerecht werden konnte, sondern im Gegenteil als 'die Dicke' bezeichnet wurde – eine Einschätzung, die sie so auch nicht teilt, sondern dahingehend relativiert, dass sie "wohl stämmig, aber nich' dick" war, was man auch an Bildern überprüfen könne. Auch hier wird deutlich, dass es Frau E. gelingt, Strategien der Entlastung zu finden, indem sie sich fremde Urteile nicht einfach überstülpen lässt, sondern sich von ihnen auch ein Stück weit kritisch distanzieren kann, indem sie sie etwa als unangemessen und zum Teil auch falsch zurückweist.

Gravierend für die weitere biographische Dynamik ist jedoch, dass Frau E. offensichtlich nicht nur – wie oben gezeigt – den Brüdern gegenüber in ein Anerkennungs-Defizit gerät, sondern dass sie auch der älteren Schwester gegenüber Mängel und Defizite aufweist. Bezogen auf die Geschlechtlichkeit und ein geschlechtlich 'angemessenes' oder 'erwartetes' Verhalten sitzt Frau E. damit zwischen allen Stühlen. Sie verfügt weder über das Profil, das die Jungen (besonders in den Augen der Mutter) verkörpern (wobei dieses Profil nicht konkretisiert, sondern lediglich diffus idealisiert wird und damit letztlich ungreifbar und unerreichbar bleibt), noch kommt sie dem weiblichen Stereotyp der Schlanken, Grazilen und Musischen nach, sondern 'zerschlägt' es im Gegenteil durch ihre 'unweibliche' derbe, etwas ungeschickte und polternde Art.

Von hieraus mag das Bemühen erwachsen sein, sich ein ganz eigenes, alternatives Profil zu geben (bzw. es anzunehmen und zu entfalten), das in den diffusen bis plakativen Stereotypen tradierter Geschlechtlichkeit nicht vorkommt und darin auch nicht verortet oder subsummiert werden kann. Und in der Tat: Der Gesamttext verweist darauf, dass ein zentrales Lebensthema von Frau E. in der Suche und Ausbildung einer Identität und eines Selbstverständnisses liegt, das eben nicht in den Kategorien von 'männlich' oder 'weiblich' aufgeht, sondern das das 'Männliche' im Frau-Sein zu leben sucht. Und dies ist eine Suche, die immer wieder schmerzhaft an die kulturell etablierten Grenzen und normativen Setzungen im Rahmen der Geschlechtlichkeit stößt. In ihrem umfangreichen und bewegten beruflichen Leben und in der Auseindersetzung mit zentralen Beziehungen (insbesondere in der Beziehung zur Mutter und in der Beziehung zu einem Mann, mit dem sie die Ehe versucht) wird diese Reibung an geschlechtlichen Grenzen und die Suche nach einer ganz eigenen Mischung geschlechtlicher Identität deutlich, wie weiter unten gezeigt werden soll.

Bezogen auf den eigenen Körper und seine Bedeutung in der Familienkonstellation führt Frau E. im Verlauf der ersten Erzählsequenz einen zweiten gewichtigen Aspekt ein, der in enger Verbindung zu dem eben skizzierten Problem geschlechtlicher Verortung und Identifikation steht: Sie bezeichnet ihren Körper in der Nachkriegszeit – als die Brüder nicht mehr da sind und der Vater "sehr unterernährt" aus der Gefangenschaft kommt – als "die Kraftquelle in dieser Familie" und sich selbst als den kräftigsten Mann ("also – der kräftigste Mann in der Familie war ich! [lacht]"). An anderen Stellen des Textes werden diese Kraftleistungen und auch eine zupackende und unerschrockene Art in harten, körperlich anstrengenden, handwerklichen und technischen Dingen ausführlich beschrieben und ausgeschmückt und es wird ein Stolz auf diese Leistungen spürbar. Frau E. sagt dazu u.a.:

*Frau E.: "(...)Holz hacken, Holz fällen, Kartoffeln holen, äh – überall wo Kraft nötig war, das war mein Gebiet und das hab' ich auch mit Freuden gemacht. Und das hat mich immer irgendwie ja auch selbstbewusst gemacht (...)."*

Es wird deutlich, dass der Körper für Frau E. also nicht nur Quelle der Zurücksetzung (gegenüber der grazilen älteren Schwester) und Schmähung ist ('Trampelchen', 'die Dicke', 'verschrieen sein'), sondern dass er – *in* seinen oder gerade *wegen* seiner 'unweiblichen' Qualitäten (Kraft zu haben, robust und zupackend sein zu können) – zu einer Quelle wird, die Stärke und Selbstbewusstsein verleihen kann. Frau E. deutet diese Funktion an, wenn sie sagt, dass die Aufgaben, die Kraft verlangten, "mein Gebiet" waren – also ein Bereich, in dem sie nicht nur über *besondere* Kompetenzen verfügte, sondern in dem sie auch *allein* über diese Kompetenzen verfügte (im Gegensatz zu den anderen Frauen der Familie, dem geschwächten Vater und den fehlenden Brüdern). Diese Kompetenzen waren überdies in Anbetracht der Lebensbedingungen in der Nachkriegszeit von herausgehobener, wenn nicht sogar *existenzieller* Bedeutung. Frau E. wurde damit zu einem zentralen, überlebenswichtigen Faktor in der Familie. Wenn Frau E. bemerkt, dass sie der "kräftigste Mann in der Familie" war, dann klingt damit zugleich auch das erste Zurücksetzungsthema an (dass die Mädchen die "Kronsöhne" nie ersetzen konnten). Durch ihren 'anderen' und 'unweiblichen' Körper gelingt es Frau E. in bestimmten Bereichen, 'Jungen-' und 'Männerarbeit' zu übernehmen und damit zumindest partiell die entstandene "Lücke" zu füllen, die die Brüder hinterlassen haben.

Es ist zu vermuten – und wird an einer späteren Textstelle von Frau E. auch explizit so formuliert – , dass der ausdauernde Einsatz im Rahmen harter körperlicher Arbeit (insbesondere in der Nachkriegszeit) mit dem Wunsch verbunden war, in besonderer Weise anerkannt und geliebt zu werden. Der Gesamttext macht jedoch auch deutlich, dass dieser Wunsch nicht eingelöst werden kann: Gerade der Vater, von dem sich Frau E. eine Anerkennung ihrer Leistungen sehr erhoffte, verweigert das ersehnte Lob und die Bestätigung, und auch die Mutter verhält sich eher neutral bis ambivalent den Anstrengungen der Tochter gegenüber und verändert auch ihre emotionale Fixierung auf die beiden verstorbenen Söhne nicht. Das Selbstbewusstsein, das Frau E. aus ihren 'männlichen' Aktivitäten ziehen kann, bleibt also in gewisser Weise brüchig und unbefriedigend (was beispielsweise auch Ausdruck findet in der mehrfach 'gebrochenen' Wendung, die Kraftarbeit hätte sie "irgendwie" und "ja auch" selbstbewusst gemacht), weil das entsprechende 'soziale Echo' ausbleibt, und es muss in erster Linie im Sinne einer Selbstanerkennung quasi 'aus sich selbst heraus' verliehen werden. Aber genau diese Brüchigkeit und die in dem Anerkennungswunsch steckende *Vergeblichkeit* sind dann vermutlich der entscheidende Motor dafür, dass Frau E. *immer wieder* "sehr viel Kraft" einsetzt und auch "viel Kraft verbraucht" – nicht nur in der Nachkriegszeit, sondern auch in ihrem langen beruflichen Leben und in der Beziehungsarbeit mit der Mutter und dem Ehemann, wie sie bilanzierend feststellt.

Wie bereits angedeutet, verweist der Gesamttext darauf, dass ein zentrales, aber zugleich auch latentes und von Frau E. nicht explizit so benanntes Lebensthema das Ringen um die geschlechtliche Identität darstellt, wobei nicht so sehr die Frage ansteht, welches Geschlecht überhaupt verkörpert und gelebt werden kann oder soll, sondern mehr die Frage, wie Frau E. als Frau das ausleben kann, was kulturell und sozial eher oder nur den Männern zugestanden wird. Als zentrales 'Kampffeld', in dem Frau E. mit dieser Frage intensiv konfrontiert wird und ringt, erweist sich ihre berufliche Laufbahn und Tätigkeit, aber auch in der Auseinandersetzung mit der Mutter und dem Mann wird das Thema der (geschlechtlichen) Selbstfindung virulent.

### 3.5.2.   Der berufliche Weg, der Körper und die Geschlechtlichkeit

Der Beruf bzw. die beruflichen Tätigkeiten von Frau E. nehmen nicht nur faktisch oder 'objektiv' einen breiten Raum in ihrem Leben ein, sondern sind auch im Sinne der subjektiven Bedeutung lebensprägend und lebensbestimmend. Dies zeigt sich auf der Ebene der Erzählstruktur unter anderem darin, dass Frau E. sehr früh (direkt nach der oben zitierten Einstiegssequenz) und sehr ausführlich über ihren beruflichen Werdegang und ihre diversen Tätigkeiten und Erfahrungen in Betrieben berichtet. (Während sie für die Phase bis in die Jugend zunächst nur eine Seite des Protokolls benötigt, füllen ihre ersten berufsbezogenen Ausführungen Seite 2 bis Seite 8 des

Protokolls und es ist die Interviewerin, die den Faden dann wieder zurück zur Kindheit lenkt.)

Frau E. blickt insgesamt auf ein Arbeits- und Berufsleben von einundvierzig Jahren zurück. Nach der mittleren Reife und einem von der Mutter initiierten Schreibmaschinen- und Stenographie-Kurs ist sie vierzehn Jahre (von 1948 – 1962) als Bürokraft in einem Museum tätig, 1962 – mit dreiunddreizig Jahren – beginnt sie eine Umschulung zur Werkstattassistentin in einem großen Elektrokonzern und arbeitet in dieser Position dann dreizehn Jahre in insgesamt fünf verschiedenen Werken der Firma verteilt über das ganze Bundesgebiet und im benachbarten Ausland. 1976 (mit siebenundvierzig Jahren) wechselt sie erneut die Stelle und arbeitet weitere vierzehn Jahre bis zu ihrer Pensionierung 1989 (mit sechzig Jahren) in einem kleineren Werk der gleichen Firma in der Sozialberatung. Insgesamt hat sie damit an sechs verschiedenen Orten jeweils 1.200 bis 3.000 neue Mitarbeiter kennengelernt, eingearbeitet und betreut.

Die vielen Orts- und Betriebswechsel hat sie als belastend erlebt, ebenso das Kennenlernen immer wieder neuer Menschen, die Gewöhnung an ein neues Betriebsklima und neue Aufgabenstellungen. So stellt sie mehrmals fest, dass sie "sehr viel Kraft verbraucht" hat, was ihr aber "erst irgendwann mal am Ende dieser Arbeitszeit klar geworden ist". Andererseits gewinnt sie den neuen Positionen auch immer wieder Positives ab, es wird ein gewisser Stolz spürbar und auch eine staunende Verblüffung, wieviel neue Kontakte sie in ihrem Arbeitsleben hergestellt und bewältigt hat. Vor allem wird deutlich, dass sie ihre Berufswechsel jedesmal aus tiefer innerer Überzeugung eingeleitet hat und stets mit viel Engagement, Lust und Interesse an die neuen Aufgaben herangegangen ist.

So wurde die Umschulung zur Werkstattassistentin motiviert durch das schmerzliche Ende einer langjährigen Liebe (Beziehung) und das zugleich stark erwachende Bedürfnis, etwas anderes machen zu wollen und die eigenen Talente zu entdecken bzw. weiter auszubauen – insbesondere ihr "brennendes" Interesse für Psychologie und Soziologie und ihre Stärke im Kontakt mit Menschen. Und auch die Einarbeitung auf ihrem letzten langjährigen Arbeitsplatz als Sozialberaterin sieht sie als eine neue Chance und Herausforderung und betreibt sie mit großem Eifer (insbesondere durch den Besuch von entsprechenden Fortbildungen.) Bezeichnenderweise wird auch der letzte berufliche Wechsel begleitet von dem Ende einer Beziehung (und der Unzufriedenheit mit der dortigen beruflichen Tätigkeit): Frau E. lässt sich nach fünfjähriger Ehe von ihrem Mann scheiden und wechselt aus dem Ausland zurück nach Deutschland.

Frau E. bemerkt, dass sie eine "miserable Schulbildung", "nichts gelernt" bzw. "nich' richtig was gelernt" habe und lediglich durch den Impuls der Mutter und ihren Kontakt zu einem Museumsdirektor relativ spät (mit neunzehn Jahren) und "mehr oder weniger holperig und stolperig" anfing, in diesem Museum als Schreibkraft zu arbeiten. Dort habe sie allerdings – nicht zuletzt durch die wohlwollende und geduldige Haltung ihrer Chefs – sehr viel gelernt und an Bildung nachgeholt, vor allem aber hat sie ihr Talent entdeckt, "wenn es so um zwischenmenschliches Getue" ging. Hinter dieser abwertend-schnodderigen Beschreibung verbirgt sich die Fähigkeit, von sehr unterschiedlichen Menschen ("die einfachen Leute", "aber auch manche Chefs") angesprochen, aufgesucht und um Rat oder Hilfe gefragt zu werden, wenn es um zwischenmenschliche Konflikte oder persönliche Sorgen ging. Frau E. erlebte sich also bereits während ihrer Museumstätigkeit als gefragte Ansprechpartnerin und auch Vermittlerin im Bereich sozialer Kontakte – und es ist unüberhörbar, dass sie um diese Kompetenz weiß, dass sie stolz darauf ist und dass sie sie zu ihrem weiteren beruflichen Werdegang nutzen und ausbauen will.

Diese Chance zur Ausbildung ihrer Talente sieht Frau E. gekommen, als sie (erneut von ihrer Mutter) eine Ausschreibung zugesteckt bekommt, in der für einen "neuen Frauenberuf" geworben wird: "Man sollte sich für Psychologie interessieren und Soziologie, man sollte der Technik aufgeschlossen gegenüberstehen, man brauchte keine Vorbildung, man wurde ausgebildet bei vollem Gehalt anderthalb Jahre, und da hab' ich mich beworben" Als sie den Eignungstest besteht, ist sie "seelig" und merkt sofort: *"'Das is' es jetzt für mich!' Also es war 'n richtiges, großes Glück!"*. Als Werkstattassistentin kann Frau E. sowohl ihrem Interesse an handwerklich-technischen Dingen als auch ihrer Stärke im kommunikativen Bereich nachgehen. Ihre Aufgabe besteht vor allem darin, einen "Puffer" und "Ausgleich" zwischen den (häufig ausländischen) Arbeiterinnen, den Anleiterinnen und den männlichen Vorgesetzten zu bilden, wozu sie sich nicht nur selbst ganz konkret in die technischen Abläufe hineinknien muss (etwa durch mehrmonatige Arbeit an den Frauenarbeitsplätzen), um den Bewegungsablauf verbessern und angemessene Anlernpläne erarbeiten zu können, sondern sich vor allem auch in die unterschiedlichen Bedürfnisse und 'Sprachen' (die "Frauensprache" der Arbeiterinnen, die "Vorgesetzten-Sprache") hineinfinden und die entstehenden, mitunter heftigen und nervenzerreibenden, Spannungen zwischen diesen Gruppen auffangen und ausgleichen muss.

Ihren Sinn für das Praktische und Pragmatische demonstriert Frau E. an einer hübschen Episode: Eine ganze Reihe von Arbeiterinnen hat erhebliche Schwierigkeiten mit der Bedienung einer Maschine. Als sich Frau E. an die Maschine setzt und den Ablauf probiert, fällt ihr recht schnell auf, dass die feine Arbeit ('einfädeln') mit der linken Hand, die grobe jedoch ('festklemmen') mit der rechten gemacht werden muss. Nach endlosen Debatten mit dem vorgesetzten Techniker, der darauf besteht, dass es so sein müsse und nicht anders gehe, fragt sie ihn: "Sind Sie Linkshänder?", was er bejaht. Mit anderen Worten: Die Maschine ist so konzipiert, dass sie dem Bewegungsvermögen eines Linkshänders entgegen kommt, dem Techniker ist diese 'subjektive' (für ihn günstige) Anlage jedoch nicht aufgefallen und es kommt ihm auch gar nicht in den Sinn, von seiner Situation zu abstrahieren und sich in die Lage anderer, die die Maschine bedienen, hineinzuversetzen. Frau E. resümiert: *"Und da hab' ich manches mal gestaunt, hab' ich gedacht: Also irgendwas (lacht) is' da – ne, verkehrt".*

Diese Episode wird eingebaut in einen allgemeinen Eindruck, den Frau E. von Männern und insbesondere von Technikern gewonnen hat: Diese Männer seien "'n bisschen stupide" und "sehr (!) ausgerichtet auf 's Funktionieren" und es fehle ihnen eine entscheidende Komponente: Sie könnten sich den *Menschen* gar nicht vorstellen, der an so einer Maschine sitzt bzw. sie versetzten sich einfach nicht in die Lage der dort arbeitenden Frauen und deren ganz pragmatischen Problemen. Diese Aufgabe des *Sich-hinein-Versetzens* und der *Übersetzung* von Bewegungsproblemen in Pläne zur Anleitung und zur Strukturierung des Arbeitsablaufs sowie der Übersetzung von Bewegungsproblemen der Arbeiterinnen in die Sprache der verantwortlichen Techniker und Vorgesetzten ist aber gerade eine besondere Stärke von Frau E. (und das Qualitätsmerkmal ihres Arbeitsplatzes) und damit ein Kompetenzbereich, der sie von ('stupiden' und einseitig 'funktionsorientierten' Männern) positiv abhebt. Vor dem Hintergrund der Frage nach der Geschlechtlichkeit ist dieses Element nicht unbedeutend, ich komme darauf zurück.

Einen entscheidenden und immer wiederkehrenden Punkt der Auseinandersetzung im Rahmen der Geschlechtlichkeit markiert Frau E. jedoch, wenn sie sagt:

*Frau E.: "(...) die Zusammenarbeit mit den Männern is', is' sehr schwierig gewesen. Weil es, weil ich in einem Bereich gearbeitet hab', wo die Männer da was zu sagen haben, ne. In der Werkstatt und in der Fertigung, in der Technik – da is' 's dann 'n bisschen doof, wenn da 'ne Frau plötzlich 'was von versteht."*

Frau E. gibt zu verstehen, dass sie "dieses Technische" (insbesondere das praktische Ausprobieren und die Suche nach besseren und den Frauen angepassteren Bewegungslösungen) "lieber gemacht" habe "als die Sozialberatung". Gerade aber in dem Bereich, der ihr besonders am Herzen liegt, gerät sie in die stärkste Konkurrenz mit Männern, vermutlich, weil sie damit in eine Männerdomäne eindringt. Als besonders belastend hat sie dabei erlebt, von männlichen Vorgesetzen hängen gelassen zu werden (etwa durch ständige Vertröstungen bei dringenden Angelegenheiten), mit eigenen Anliegen abgeblockt zu werden (etwa wenn ein Meister sich weigerte, die angelernten Frauen rechtzeitig zu übernehmen und einzusetzen) oder durch Formen des Lächerlich-Machens (etwa als sie für eine bestimmte Aufgabe einen Mann anfordert, ein leitender Vorgesetzter darauf witzelt: "Frau E. braucht einen Mann", die ganze versammelte Männerrunde lacht und ihr dann "der Doofste aus der ganzen Abteilung" zugeordnet wird). Auf der anderen Seite sagt Frau E. von sich selbst, sie sei "kein Diplomat" gewesen und sie hätte keine Lust gehabt ,"über die Frauenschiene da irgendwas zu machen". Darüber hinaus wäre es in diesem Beruf auch nicht gegangen, "klein und mäuschenhaft" etwas zu machen. Es wird deutlich, dass Frau E. nicht eben selten 'angeeckt' ist, vermutlich gerade deshalb, weil sie sich der Konfrontation mit Männern gestellt bzw. sich nicht klein gemacht und geduckt hat. So fragt sie beispielsweise einmal einen Meister, was die denn eigentlich verkehrt mache (woher ihre Schwierigkeiten mit Männern kommen könnten) und er antwortet ihr (so Frau E.): *"Sie brauchen da gar nichts zu machen, wenn Sie reinkommen, dann is' das Zimmer voll".* Offensichtlich kommen hier mehrere Momente zusammen, die den Umgang mit Männern und das Frau-Sein in einem männlich geprägten Berufsfeld so schwierig machen: 1. die Angst, heimliche Kränkung und daraus resultierende Ablehnung der Männer, wenn plötzlich eine Frau etwas von 'ihrem' Metier versteht; 2. der ebenfalls vermutlich für Männer bedrohliche Aspekt, dass eine Frau über einen Kompetenz-*vorsprung* verfügt (etwa hinsichtlich des Erkennens pragmatischerer, ökonomischerer und menschengerechterer Lösungen im Rahmen arbeitstechnischer Abläufe und hinsichtlich der sozialen Fähigkeit, übersetzen, vermitteln und ausgleichen zu können); 3. die geringe Neigung von Frau E., sich 'diplomatisch' zu verhalten oder sogar 'klein' und 'mäuschenhaft' zu zeigen; und 4. die Tatsache, dass Frau E. offensichtlich über eine derart 'natürliche' Präsenz und Stärke verfügt, dass sogar Männer innerlich einen Schritt vor ihr zurückweichen ("wenn Sie reinkommen, dann is' das Zimmer voll"). Frau E. unterstreicht diesen Aspekt ihrer Präsenz und mitunter fast einschüchternden Außenwirkung, wenn sie sich mit Leuten identifiziert, 'die *da* sind' und bei denen andere denken: *"'Man, da geh' lieber 'n Stück zurück'"*.

Und auch hier wird deutlich, dass Frau E. auf mehreren Ebenen *sowohl* mit ihren 'weiblichen' Anteilen und Kompetenzen (eine Frau zu sein, sich gut in andere Frauen hineinversetzen zu können, gut vermitteln und ausgleichen zu können) *als auch* mit ihren 'männlichen' Anteilen und Stärken (das gute Gefühl für technische Dinge, ihre Kraft, ihre Präsenz, ihre Bereitschaft zur Konfrontation statt zum eher weiblichen 'Ducken' und 'Kleinmachen') aneckt, Konflikte heraufbeschwört und in einem von Männern dominierten Arbeitsfeld Irritationen und 'Schwierigkeiten' auslöst – wobei die 'Schwierigkeiten' weniger in den spezifischen Dispositionen von Frau E. liegen, sondern mehr in der 'Unfähigkeit' der Männer, angemessen mit diesen Dispositionen umzugehen. Diese Unfähigkeit hängt natürlich wiederum eng mit den kulturell und sozial etablierten normativen Grenzziehungen zusammen, die geschlechtsspezifische Räume, Verhaltensweisen, Eigenschaften und Kompetenzen markieren, und mit dem entsprechend ausgebildeten individuellen psychischen Apparat, der immer dann 'Alarm' schlägt, wenn sich ein Mann oder eine Frau *nicht* gemäß dieser Setzungen und Erwartungen verhalten.

Beachtenswert ist dabei vor allem auch der Umstand, dass Frau E. es strikt ablehnt, "über die Frauenschiene da irgendwas zu machen" – was bedeutet, dass sie sich bewusst nicht jener Strategien bedient und bedienen will, die Frauen als 'Waffe' zur Selbstbehauptung oder aber als purer Überlebensschutz in einem männerdominierten Bereich zur Verfügung stehen: etwa sich still anzupassen, stets ein freundliches und charmantes Gesicht zu zeigen, sich diplomatisch zu verhalten oder auch ihre weiblichen (erotischen) Reize einzusetzen. Mit der *Verweigerung* dieser weiblichen Muster der Anpassung und den oben skizzierten geschlecht*übergreifenden* Fähigkeiten und Kompetenzen wird Frau F. – insbesondere für die Männer – nicht nur zu einer Konkurrentin, sondern vor allem auch in gewisser Weise zu einer (geschlechtlich) 'unberechenbaren' Person. Sie lässt sich weder bequem in das Frauen-Schema einordnen und entsprechend behandeln, noch ist sie ein 'richtiger' Mann, zu dem man eine echte Konkurrenz aufbauen und mit dem man wie mit 'Seinesgleichen' umgehen könnte. Zugleich aber kann sie durch ihren Kompetenzvorsprung im praktischen und sozialen Bereich *mehr* als ein Mann und ist auch auf dieser Ebene schwer einzuschätzen und für Männer (möglicherweise) bedrohlich. (Zu den massiven Konflikten von Frauen in Männerdomänen vgl. u.a. Brothun 1988, Hausen/Nowotny 1986, Aulenbacher/Goldmann 1993).

Mit anderen Worten: Frau E. liegt durch die Bündelung spezifischer Stärken, die sowohl 'weibliche' wie 'männliche' Eigenschaften und Kompetenzen beinhalten und in weiten Bereichen *jenseits* traditioneller oder erwarteter Weiblichkeit angesiedelt sind, quer zu *beiden* tradierten Geschlechterstereotypen und sie befindet sich damit in der prekären Situation, *weder* eindeutig 'weiblich', *noch* eindeutig 'männlich' zu sein – also in einer Art 'geschlechtlichem Niemandsland' zu leben. Vielleicht ist ein guter Teil der Kraft, die Frau E. im Laufe ihres Berufslebens als Frau in einem männlich dominierten Arbeitsfeld verbraucht hat (ohne es zunächst zu merken) auch in dieses anstrengende Ringen um die geschlechtliche Identität geflossen: Ein Identitätsprofil entwickeln und leben zu müssen – also auch im sozialen Kontakt einzubringen und leiblich zu 'verkörpern' -, das kulturell so nicht existiert und damit auch nicht als eine gesicherte Orientierungs- und Handlungsfolie für Frau E. selbst und für andere Personen vorliegt.

Um die geschlechtliche Selbstverortung und die Verkörperung von Geschlecht, die Frau E. entfaltet, genauer zu verstehen, müssen noch weitere Komponenten benannt und entschlüsselt werden. Eine dieser Komponenten schält sich gegen Ende der Berufstätigkeit besonders deutlich heraus. Frau E. stellt im Rahmen ihrer Tätigkeit als Sozialberaterin in einer kleineren Niederlassung des großen Elektrokonzerns fest:

*Frau E.: "'Jetzt bin ich fünf Jahr' hier, och, jetzt bin ich hier zu Hause', und dann war ich zehn Jahre da und da dacht' ich: 'Och, jetzt bin ich ja hier die Mutter vom Ganzen!' Also jetzt, jetzt bin ich ja – sozusagen – ne – 'ne Institution."*

Diese Wahrnehmung scheint mir vor allem deshalb beachtenswert, weil sich in ihr erneut 'weibliche' und 'männliche' Anteile mischen und zugleich aber auch ein Element besonders hervorsticht: die Selbstbezeichnung als "die *Mutter* vom Ganzen". Die Betonung dieser 'mütterlichen' Seite, die auf der oben geschilderten sozialen Kompetenz aufruht und von Frau E. im Rahmen ihrer beraterischen Tätigkeit vermutlich besonders kultiviert und ausgebaut wurde, verweist auf ein genuin 'weibliches' Aktionsfeld, wenn nicht sogar auf 'Weiblichkeit' schlechthin, denn die Rolle der Mutter, das Mütterliche und 'bemutternde' Qualitäten bilden das traditionale *Kernstück* der Frauenrolle und sind von der Geschlechtlichkeit als Frau nicht zu trennen (wobei natürlich die jeweiligen Attribute, Erwartungen und Verhaltensprofile der Mutterrolle historisch variieren und durchaus widersprüchlich sein können; vgl. dazu u.a. Schütze 1991). Damit identifiziert sich Frau E. mit einem zentralen Element von Weiblichkeit und lebt einen wesentlichen Teil weiblicher Geschlechtlichkeit aus – etwa auch, wenn sie sagt, sich in dem Betrieb und in ihrer Aufgabe nach einer gewissen Zeit "zu Hause" zu fühlen, denn das Herstellen von 'Häuslichkeit' (im Sinne von sich wohlfühlen, behaglich fühlen, sicher fühlen) und 'Mütterlichkeit' hängen ja eng zusammen.

Zugleich aber schießt auch in diese Wahrnehmung (die 'Mutter *vom Ganzen*' zu sein) ein erheblicher Anteil 'männliche' Energie: Denn der Zugriff auf 'das Ganze' (den ganzen Betrieb und die gesamte Komplexität der dort angesiedelten Beziehungen, Konflikte und Aufgaben) ist nicht eben kleinräumig und bescheiden, sondern passt eher in das Selbstverständnis eines Unternehmers, der sich als 'der Chef vom Ganzen' geriert. Unterstrichen und verstärkt wird dieser Eindruck durch die Fortführung, in der Frau E. ihre Rolle als "Mutter vom Ganzen" und damit letztlich sich selbst sogar als eine "Institution" bezeichnet. Damit erhält ihre Tätgkeit und ihr Engagement sozusagen einen übergeordneten Rahmen, der nicht nur auf Etablierung und Stabilität verweist, sondern der sogar etwas Amtliches, eine strukturelle Neutralität und damit etwas Überpersönliches erhält. Institutionen zeichnen sich in unserer Kultur in der Regel aus durch Organisation, personenunabhängige Sachbezogenheit und Professionalität und genießen den Status relativer Autonomie und Souveränität. Die Reihung von 'sich zu Hause zu fühlen', 'sich als Mutter vom Ganzen zu fühlen' und schließlich wie eine 'Institution' etabliert zu sein, könnte unter dieser Prämisse gelesen werden als ein karriereförmiger Aufstieg von einem personenbezogenen häuslichen 'Muttern' zu einem strukturell verankerten und mit dem Anstrich des Öffentlichen und Amtlichen versehenen professionellen Tun, das anerkannt wird und hinter das es kein 'Zurück' gibt. Damit wäre auch ein Aufstieg markiert, der aus einem (eher informellen) weiblichen Kompetenzfeld ein offizielles männliches berufliches Handeln macht. Meine Vermutung ist, dass Frau E. ihre Tätigkeit in diesem Sinne verstanden wissen möchte: als einen Karriereaufstieg und als (im tradierten Verständnis eher 'männliches') Vermögen, sich durch berufliches Handeln einen Bereich von Einfluss, Macht und Anerkennung zu verschaffen. Als "Mutter vom Ganzen" und als "Institution" bürdet sich Frau E. natürlich auch eine Menge auf und es liegt die Vermutung nahe, dass eine einzelne Person, die sich als 'Institution' versteht, leicht in Überforderungen und Momente der Selbstausbeutung hineingerät. Die Kraft, die Frau E. verbraucht hat, ist zu einem weiteren Teil vielleicht auch in diese Form der Überforderung geflossen.

### 3.5.3.  Die Beziehung zur Mutter und zum Ehemann

Im Gegensatz zum Vater, der vor dem zweiten Weltkrieg als Architekt bei der Luftwaffe beruflich sehr viel unterwegs ist (die eingangs zitierten vielen Umzüge in der Kindheit von Frau E. sind Folge dieser räumlichen Mobilität des Vaters, die Frau E. bezeichnenderweise in ihrem eigenen Berufsleben dann fortsetzt), der geschwächt aus dem Krieg zurückkehrt und bereits 1955 (als Frau E. sechsundzwanzig Jahre alt ist) stirbt, hat die Mutter für Frau E. nicht nur eine deutlich längere lebenszeitliche Präsenz (sie stirbt Anfang der 1980er Jahre), sondern ist vor allem auch als zentraler Reibungspunkt für Frau E. von weitaus höherer biographischer Bedeutung als der Vater.

Dem Vater gegenüber hat Frau E. – insbesondere in der Nachkriegszeit – starke Schuldgefühle aufgebaut, weil er – so vermutet sie – in dem Frauenhaushalt (Mutter und drei Töchter) keinen Platz mehr gefunden und unter der Frauendominanz wohl auch gelitten hat. Der 'Ausschluss' des Vaters aus der Familie ging so weit, dass Mutter und Töchter der Meinung waren: "'Vater is' überflüssig, der – fehlt nich'". Den intensiven "Heulzusammenbruch", den Frau E. anlässlich seines Todes erleidet, deutet sie entsprechend: Die Endgültigkeit des Todes machte ihr schmerzlichst klar, wieviele verpasste Chancen zurückblieben bezüglich der Auseinandersetzung und der Aussprache mit dem Vater. Diese 'Unterpräsenz' des Vaters und der frühe Tod der Männer in dieser Familie mag für Frau E. zu einem doppelten Problem geworden sein: Es fehlte ein Gegenpol, zu dem sie sich als Mädchen/Frau in Beziehung hätte setzen können, und es fehlte die Unterstützung und Bestätigung ihrer 'männlichen' Anteile durch Männer.

Wie bereits oben angedeutet, war es stets die Mutter, die die Geschicke der Tochter in die Hand nahm (Impuls zur Berufstätigkeit, Schreibmaschinen-Kurs, Vermittlung der Stelle im Museum, Annonce zur Ausbildung als Werkstattassistentin) und einen steuernden Einfluss ausübte. Frau E. beschreibt das Verhältnis zu ihrer Mutter als ein "besonders intensives" und es wird an mehreren Stellen des Textes deutlich, dass sie die Mutter nicht nur sehr geliebt hat, sondern dass sie sich auch in einer besonderen Weise für sie *verantwortlich* fühlte und sich um sie gekümmert und bemüht hat. So sagt Frau E. beispielsweise:

*Frau E.: "Ich hab' mich wahnsinnig bemüht, diese Frau zu verstehen und, und ihr auch zu helfen. Ich hab' auch gemerkt, ich hab' mal zu ihr gesagt: 'Es wär' besser gewesen, ich wär' deine Mutter gewesen (...) dann ginge es dir besser – weil ich dich besser verstanden hätte als deine Mutter und, und du mich nich' verstehen kannst, weil du eben so bist wie du bist.'"*

Zum Ende des Interviews kommt Frau E. noch einmal von sich aus auf die Mutter zu sprechen (sie ergänzt das Gespräch um eine Erzählung zum Tod ihrer Mutter) und bringt dabei die Besonderheit dieser Frau zum Ausdruck. Im Gegensatz zu sich selbst hat Frau E. ihre Mutter als einen Menschen erlebt, der nie zufrieden sein konnte, der immer etwas auszusetzen und zu bemeckern hatte (Frau E. hebt es als ein "großes Geschenk" heraus, selbst "innerlich zufrieden" sein zu können). Darüber hinaus hat die Mutter beständig Konflikte heraufbeschworen – und zwar nicht nur durch ihre nörgelnde Art, sondern auch durch ihr schnelles Beleidigtsein und einen gekränkten Rückzug. Dies wurde unterstützt durch ihre Neigung zu Intransparenz und Diffusität: "offene Reden" und das offensive Austragen und Durchstehen von Konflikten gab es nicht, sondern Konflikte wurden harmonisiert, verheimlicht und verschleppt. Schließlich konnte die Mutter weder das Alleinsein aushalten (war dann sehr unglücklich, traurig, verzweifelt), aber auch das Zusammensein mit anderen klappte nicht, weil sie dann die eben skizzierten unerträglichen Launen, 'Zickigkeiten', Verletzlichkeiten und konfliktvermeidenden Strategien einsetzte (etwa sich beleidigt aus dem Staub zu machen, statt sich zur Wehr zu setzen).

Es wird deutlich, dass Frau E. sehr unter dem Unglücklichsein der Mutter gelitten hat, ihre Unzufriedenheit beheben, sie verstehen und ihr helfen wollte. Damit nimmt sie der eigenen Mutter gegenüber eine 'mütterliche' Rolle ein und verkehrt die herkömmliche Rollenverteilung: dass nämlich die Mutter der Tochter hilft und sie zu verstehen versucht (und nicht umgekehrt). Festzuhalten ist auch, dass Frau E. der festen Überzeugung ist, ihre Mutter könne sie nicht verstehen, worin sich nicht nur das Gefühl der Fremdheit und Unzugänglichkeit ausdrückt (sie ist für die Mutter nicht verstehbar und erreichbar), sondern auch eine gewisse Rigidität und Absolutheit (das Nicht-verstanden-Werden wird nicht relativiert oder auf bestimmte Bereiche eingegrenzt, sondern als eine generelle Grenze markiert). Damit wird ein Einbahnstraßen-Verhältnis konzipiert: 'Ich komme als Tochter zu dir (und zwar in einer helfenden, mütterlichen Rolle), aber du kommst als Mutter nicht zu mir.' bzw.: 'Ich lasse Dich als Mutter nicht an mich heran.'

Frau E. beschreibt sich in der Familie (im Kern in der Frauenkonstellation) als "das schwarze Schaf", das stets bemüht war, "Klarheit" und "Eindeutigkeit" in diffus schwelende Konflikte und Emotionen hineinzubringen. Damit übernahm sie familienintern nicht nur eine anspruchsvolle Vermittlerrolle, sondern hat sich auch exponiert als diejenige, die "Rabbatz macht" und auf die sich dann der Unmut und Zorn der übrigen Familie richtete (dann kam "das Tribunal" zusammen, um ihre Offenheit zu verurteilen). In allen diesen Fällen – der 'Einbahnstraßen-Beziehung' zur Mutter, der exponierten Rolle als schwarzes Schaf, Vermittlerin und 'Troublemaker' – wird spürbar, dass Frau E. nach Autonomie sucht bzw. für sich eine autonome Position reklamiert. Besonders eindrücklich wird diese Suche nach Autonomie im Rahmen ihrer ersten Schwangerschaft und den darauf folgenden Reaktionen von Mutter und Tochter:

Frau E. ist mit siebzehn, achtzehn Jahren mit einem Studenten liiert und wird von ihm schwanger. Der Student will sie jedoch nicht heiraten und die Beziehung damit legalisieren, und die Mutter von Frau E. bietet spontan an, sich dann gemeinsam mit der Tochter um das Kind zu kümmern. Angesichts dieser Vorstellung gerät Frau E. jedoch geradezu in Panik:

*Frau E.: "Und dann sah ich also schon die Krake wieder über mir, nich', dass ich also da in 'ner totalen Abhängigkeit lande. Ich kenn' ja meine Mutter! (...) Und dann hab' ich also nur noch panisch rumgeschrieen, also jedenfalls: 'Ich krieg' dieses nich'!' (...) . Ja gut, also meine Mutter wollt' es ja anerkennen, nich', die, also, die hat ja sofort ihre Hilfe angeboten (...). Das war ja auch lieb und das meinte sie auch so, aber sie hatte natürlich auch gleichzeitig – unbewusst äh, da wieder ihre Krallen drauf, ne. Da hätte sie jetzt was gehabt, wo sie uns mit festhalten konnte. Denn die Ablösung von meiner Mutter, das ging also sehr, sehr schwer. Wir sind dann zwar alle weggezogen, sie hat mir ja auch selber diese Bewerbung da in die Hand gedrückt – aber sie war dann allein, ne. Und sie hat das ganz schlecht ausgehalten."*

Frau E. fürchtet, durch die Annahme der Hilfe der Mutter in eine Falle zu geraten. Dazu dramatisiert sie nicht nur die Situation (etwa indem sie die Mutter zur "Krake" mit "Krallen" stilisiert und eine "totale Abhängigkeit" fürchtet), sondern sie setzt auch viel Energie ein ('Schreien', Abtreibung unter schwierigen Bedingungen, Trennung vom Freund), um nicht in den bemächtigenden Zugriff der Mutter zu geraten und von ihr abhängig zu werden und ihre eigene Autonomie und Unabhängigkeit zu bewahren. Zugleich steckt in der oben zitierten Schilderung aber auch eine Verkennung: Es wird betont, dass die Mutter starke Probleme mit der Ablösung der Töchter hat (was sicherlich auch zutreffen mag), verschwiegen wird jedoch, dass auch Frau E. Probleme mit der Ablösung von der Mutter hat, und zwar in einer besonderen Weise: Sie kann die Mutter nicht leiden sehen, sie kann sie nur schwer allein lassen und sie hat damit selbst – in ihrer liebenden und helfenden Haltung der Mutter gegenüber – ein Ablösungsproblem.

Fasst man alle bisher entfalteten Beziehungsaspekte zusammen, so kann man konstatieren, dass Frau E. in einer dreifachen Bindung zu ihrer Mutter steht: 1. in einer tiefen Zuneigung und Liebe, die vielleicht gerade deshalb so intensiv ist, weil sie so *vergeblich* ist: denn die Mutter "liebte die Jungens über alle Maßen" und hat sich – so vermutet Frau E. – mit den beiden Söhnen "zwei Säulen rechts und links erzogen", auf die sie vertraute und nichts kommen ließ (so wurden die drei Mädchen immer wieder mit den Jungens verglichen und die verstorbenen Brüder als Vorbild hingestellt: "das wäre mit den Jungens nich' passiert" war ein beständig wiederkehrender Satz der Mutter); 2. in dem die Kompetenz der Tochterrolle überschreitenden Wunsch, der leidenden, unglücklichen, unzufriedenen Mutter *helfen* zu wollen; und 3. zugleich in der Notwendigkeit, sich von der verschlingenden und bemächtigenden Mutter *distanzieren* und *ablösen zu müssen*, um den eigenen Weg gehen und die eigenen, auch 'unweiblichen' und von der Mutter wie von den Schwestern eher missbilligend und ablehnend wahrgenommenen Qualitäten (wie die Fähigkeit zur Direktheit, Offenheit und Konfrontation, aber auch die körperliche Kraft, Ausdauer und Durchsetzungsfähigkeit) leben zu können.

Diese Bindungsaspekte sind ausgesprochen heterogen und lassen sich nur schwer vereinbaren – vielleicht binden sie aber gerade deshalb so stark an die Mutter. *Dass* diese Bindung sehr stark ist, lässt sich beispielsweise auch daran ablesen, dass Frau E. über einen langen Zeitraum einen intensiven Briefwechsel mit der Mutter geführt hat (insbesondere auch im Alter zwischen vierzig und fünfundvierzig Jahren, als sie im Ausland verheiratet ist), dass sie starken Anteil an den Aktivitäten der Mutter nimmt und sie bis zum Tod und im Tod begleitet hat, und dass sie auch nach dem Tod "jeden Tag" an die Mutter denkt. Mit der Herausarbeitung dieser Beziehungsaspekte vertieft sich die eingangs bereits angedeutete biographische Dynamik: Um die Liebe der Mutter gewinnen zu können, muss sich auch Frau E. mit den Leistungen 'der Jungens' messen lassen, zugleich treibt die Mutter jedoch ein ungerechtes doppeltes Spiel, denn sie erkennt die 'männlichen' Leistungen der Tochter nicht an und lässt sie auch nicht als gleichwertigen 'Ersatz' für die Leistungen der Jungen gelten. Zugleich erzeugt die Mutter durch ihre leidende Art in Frau E. mütterlich-helfende Impulse, die jedoch auch unangemessen wirken (weil sie die Mutter-Tochter-Rollen verkehren) und nicht recht platziert werden können. So muss sich bei Frau E. der Eindruck verfestigen, dass es keinerlei Chance gibt, von der Mutter je verstanden und anerkannt zu werden und sie sieht sich gezwungen, ihre Kompetenzen in radikaler *Abtrennung* (Distanzierung, Ablösung) von der Mutter zu entwickeln – also in einer Form der Abtrennung, die gemäß klassischer psychoanalytischer Sozialisationstheorien eher dem männlichen Weg der Individuation zugesprochen werden als dem weiblichen. Diese radikale Ablösung und Selbständigkeit gelingt ihr zwar partiell in der beruflichen Tätigkeit, beschwört aber (wie oben gezeigt) neue Konflikte, insbesondere mit Männern, herauf.

Die sorgende und fürsorgliche Haltung anderer Menschen gegenüber droht auch in der zweiten wichtigen Beziehung von Frau E. – der Verbindung mit einem Mann, den sie heiratet und mit dem sie fünf Jahre zusammenlebt – zu einer Falle zu werden. Ähnlich wie die Mutter stellt sich der Ehemann als ewiger Querulant und Nörgler heraus, aber auch als Langweiler und Schönredner (der großartige Versprechungen macht und sie dann nicht einhält). Entscheidend ist jedoch, dass er sich infolge einer nicht eindeutig identifizierbaren Krankheit (die Diagnosen schwanken zwischen Bluthochdruck, Schlaganfall und Multipler Sklerose), wochenlangen Krankenhausaufenthalten und der Einstufung als Invalide und Frührentner total hängen lässt. Frau E. gerät damit wiederum in eine mütterliche Versorgerinnenrolle, in der sie sich allerdings immer mehr von sich selber entfernt. Angesichts der Passivität des Mannes und ihrer vergeblichen Versuche, ihn zur Selbsttätigkeit anzuregen und aufzufordern, hat sie das Gefühl, "verrückt" zu werden und sagt dazu u.a.: *"Ich hab' mich so von mir selbst entfernt, dass ich, dass ich nur noch irgendwie 'ne Rolle gespielt hab', ich war das gar nich' mehr selber."* Äußeres und körperliches Zeichen dieser Selbstentfremdung ist beispielsweise eine lockige Perücke ("ein Monstrum von Perücke"), die sie über ihre sonst langen, fest eingeschlagenen, "schön" und "ordentlich" sitzenden Haare stülpt. Erst drei Jahre nach der Trennung von dem Mann findet sie den Mut, diese Perücke wieder abzusetzen und zu ihrer 'alten' Identität zurückzukehren.

Festzuhalten ist, dass Frau E. in dieser Beziehung letztlich den Überblick behält und sich nicht total von dem Mann vereinnahmen und 'umgarnen' lässt. Sie registriert rechtzeitig die entstandene Selbstentfremdung, ringt sich zur Scheidung durch und sucht sich bereits im Vorfeld einen neuen Arbeitsplatz in Deutschland. Ihr Wunsch nach Unabhängigkeit (oder die Angst vor einer ausbeuterischen und erstickenden Beziehung) ist so stark, dass sie bereits beim Heiratsversprechen darauf besteht, eine "Rückfahrkarte" lösen zu können – die Ehe wird also bereits als ein 'Versuch' mit der Möglichkeit der Aufkündigung angelegt. Dennoch leidet Frau E. unter der Trennung und ist heftig bewegt (weint), als sie diesen Prozess im Interview noch einmal durchlebt. Bezeichnend ist, dass sie zur Erläuterung dieses Zusammenhangs eine distanzierende Darstellungsform wählt: Sie zitiert aus Briefen an die Mutter, in der es um diesen Trennungsprozess (das Für und Wider, die Lähmung, die Unerträglichkeit der Situation) geht und die im Sinne eines Briefmonologs veröffentlicht wurden (ein Verlag hat sie gemeinsam mit den Briefwechseln zwischen anderen 'Müttern und Töchtern' herausgegeben). In dem Vorwort des Buches wird Frau E. von der Herausgeberin als "eine selbstbewusste, vielseitig interessierte Frau" vorgestellt (was Frau E. nach ihren Tränen nicht ohne Stolz noch nachträgt) und die Trennung vom Mann als ein zwar zäher, sich hinschleppender, aber letztlich gelungener Prozess der *Emanzipation*. Frau E. leidet so auch nicht so sehr unter dem Verlust der Beziehung als eines wichtigen Halts im Leben oder unter dem Verlust eines wertvollen Menschen, sondern vielmehr unter der Tatsache, dass es ihr nicht gelungen ist, die Beziehung zu erhalten und erträglich zu gestalten: Sie fühlt sich schuldig und als Versagerin. So stellt sie etwa zu der Trennung fest:

*Frau E.: "(...) man weiß, dass es richtig ist, es is', is' aber 'ne Vergeblichkeit auch da drin, ne – die – die eben dazu führt, dass man – sagt, man hat das nicht geschafft oder man hätte es schaffen müssen."*

Offen bleibt, was Frau E. hätte "schaffen" wollen: Dass ihr Mann sich verändert, dass sie selbst noch geduldiger die Passivität und Lähmung des Mannes erträgt oder was sonst? Und es stellt sich die Frage, ob die einzig mögliche Lösung in so einem Fall nicht tatsächlich die Trennung ist. Frau E. hält jedoch lange an dieser Schuldzuweisung fest und erst ein Psychologe bringt sie auf den entlastenden Gedanken, dass an dem Scheitern einer Beziehung immer beide Seiten Anteil haben und dass sie sich viel zu sehr *allein* zuständig und verantwortlich für den Beziehungsausgang gefühlt habe.

Frau E. gerät also mit ihrer Ehe zum dritten Mal in eine Situation, in der sie eine "Vergeblichkeit" spürt. Es war vergeblich für sie, an die Liebe der Mutter heranzukommen, es war vergeblich, vom Vater Anerkennung zu erhalten und es war vergeblich, sich für die Aktivierung des Mannes und die Gestaltung einer Ehe einzusetzen. Dass Frau E. ihr Agieren in Beziehungen als 'Scheitern' erlebt, mag vor allem daran liegen, dass sie hier emotional sehr viel – wenn nicht sogar *zu* viel – investiert und sich aufgrund einer besonderen sozialen 'Ader' oder Begabung auch immer wieder dafür zuständig fühlt, hier viel zu investieren. Entscheidend ist aber wohl, dass sie aufgrund der familialen Dynamik 'gelernt' hat, dass ihre besonderen Dispositionen als Vermittlerin und offensive Kämpferin auch ihre *Chance* darstellen, sich aus dem Kollektiv der Mädchen herauszuheben, eine besondere (und beachtete) Rolle einzunehmen und ein eigenes Identitätsprofil (mit einer deutlichen Nähe zu 'männlichen' Eigenschaften und Kompetenzen) zu entwickeln.

### 3.5.4. *Körperlichkeit und Geschlecht in der Kindheit und Jugend*

Auf die Frage nach Körpererinnerungen aus der Kindheit antwortet Frau E. spontan im Sinne der oben angedeuteten Fremd- und Selbstwahrnehmungen. Sie sei als 'die Dicke' angesehen worden (was sie dahingehend relativiert, "wohl stämmig, aber nich' dick" gewesen zu sein), sie hätte unter dem unangemessenen Vergleich mit der grazilen Schwester sehr gelitten und wäre auch immer sehr ungern mit den beiden Schwestern unterwegs gewesen, da sie deutlich größer und schwerer als sie war ("ich kam mir dann immer 'n bisschen leuchtturmmäßig vor") und auch früher "gesiezt" wurde als ihre fünf Jahre ältere Schwester. Ausgeschmückt wird die wahrgenommene und eingeschätzte Körperlichkeit als kraftvoll, derb und etwas ungehobelt durch zahlreiche Episoden, in denen sie u.a. schildert, wie sie beim Handstand-Machen in der Klasse einen gusseisernen Haken abgebrochen hat, aber auch, wie sie in der Turnhalle an einem hängenden Seil bis zur Decke klettern und dann stolz "da oben meinen Abtritt hinterlassen" konnte.

Diese Körpererfahrungen der Kindheit haben mithin zwei Seiten: eine kränkende, bei der sie in ihrer Weiblichkeit gegenüber den Schwestern abgewertet wird und sich selbst auch als minderwertig empfindet, und eine stärkende Seite, bei der es ihr gelingt, aus der anfänglichen Ungeschicklichkeit und Plumpheit einen gesteuerten und lustvollen Einsatz ihrer Kraft zu machen, deutliche 'Spuren' zu hinterlassen und damit – etwa ängstlichen und schwachen Mädchen gegenüber – auch einen Kompetenzvorsprung zu nutzen und auszubauen. Andererseits gibt Frau zu E. zu verstehen: "Aber sonst hab' ich natürlich nich' viel über meinen Körper nachgedacht, ne". Das ließe sich so lesen, dass Frau E. – jenseits dieser eben beschriebenen Kränkungen und der Wahrnehmung der eigenen Kraft – den Körper in der Kindheit nicht weiter beachtet, sondern eher als etwas Selbstverständliches so hingenommen hat, wie er nun mal ist. Darin findet auch eine gewisse Unbekümmertheit und Lebenslust Ausdruck, die besonders dann Gestalt gewinnt, wenn man sich jene Momente vergegenwärtigt, die Frau E. aus ihrer Kindheit und Jugend in besonders positiver Erinnerung sind. Dies sind jene Aufenthalte und Jahre zum Ende des Krieges (etwa ab dem elften Lebensjahr), die sie auf dem ländlichen Gut von Onkel und Tante verbringt (mit vierzehn und fünfzehn Jahren geht Frau E. – statt einer Kinderlandverschickung – auch von dem Gut aus zur Schule). Sie genießt das freie, unbeaufsichtigte Leben auf dem Land in vollen Zügen ("da war ich vogelfrei und das war wunderbar"), ist viel in der Umgebung, in der Natur und bei den Tieren unterwegs und wird von ihrer Tante umfangreich mit Nahrung verwöhnt.

Der entscheidende soziale Bezug, den Frau E. im Rahmen dieser Aufenthalte entwickelt, ist der Kontakt zu den *Jungen* des Dorfes. Und auch hier hat sie eine besondere Position inne. Sie unternimmt nicht nur viel mit der männlichen Dorfjugend (zu der die zunächst noch mitspielenden Brüder wohl die Brücke bauten), sondern sie wird auch zu deren wichtigster Ansprechpartnerin ("dass sie sich immer an mich gewendet haben, wenn sie irgendwelche Ungereimtheiten hatten") und zu einem bewunderten Vorbild, was das Schwimmen angeht (die Dorfjugend konnte nicht schwimmen und Frau E. demonstriert mit einem mutigen Kopfsprung vor versammelter Jungenmannschaft ihre Schwimmkünste in einer Kieskuhle). Frau E. erinnert sich, dass ihr (sie war inzwischen sechzehn Jahre alt) ein Junge sagte: "'Du solltest Pastor werden'", weil sie so viel redete und immer mit einem guten Ratschlag zur Stelle war.

Frau E. gibt zu verstehen, dass es ihr gar nicht so wichtig war, von den Jungen bewundert zu werden, sondern ihr vor allem darum ging, mit ihnen gemeinsam etwas unternehmen zu können. An der Episode mit dem Kopfsprung wird jedoch auch deutlich, dass es Frau E. wichtig war, vor den Jungen keine (weibliche) Schwäche zu zeigen und von ihnen anerkannt zu werden. Ein Fußsprung wäre ihr "zu pimpfelig" gewesen, und so hat sie sich mutig "mit 'nem Köpper 'reingestürzt", bei dem sie denkt, ihr "bricht der Schädel auseinander". Sie nimmt also Risiken und Härten in Kauf, um vor den Jungen bestehen zu können. Dieses Verhalten (und andere Leistungen, wie gekonntes Weitwerfen und kluges Reden) bringen ihr in der Tat Respekt und Sympathien ein, so dass der Onkel scherzend und bewundernd bemerkt: "'Deine Galerie sitzt wieder auf der Pferdebank'" (dort warteten die Jungen auf sie). Aber mit zunehmendem Alter merkt Frau E., dass den wirklichen "Erfolg" bei den Jungen ein anderer Typ von Mädchen hat: "den Erfolg hatten – die Zicken. – Die nix konnten, ne". Entsprechend bilanziert sie:

*Frau E.: "Und je mehr ich da – Power machte, desto weniger – äh – is' ja heute noch so, denk' ich heute noch! (...) Dass Frauen, die, die – äh – die sich einsetzen, und die, die, die den Mund aufmachen – Angst erzeugen – bei dem männlichen Geschlecht, ne."*

Frau E. macht deutlich, dass sie sich keinesfalls mit diesem Typ von Mädchen identifiziert (mit solchen Mädchen, die hilflosleise jammern, sie könnten das nicht und sich dann gern von Jungen helfen lassen), und dass sie andererseits aber auch in keiner Weise an Jungen und Männern interessiert ist, die so mit Mädchen und Frauen umgehen bzw. die auf diesen Typ von Mädchen/Frauen abfahren. Mit dieser Haltung – die im Kern eine Ablehnung der klassischen Geschlechterstereotype bedeutet – gerät Frau E. jedoch in eine problematische Situation, in der sich das Spektrum der lebbaren Kontakte mit Männern immens reduziert:

*Frau E.: "Aber – das hat gleichzeitig, war das auch 'ne Auslese, dass man – – für viele nicht in Frage kam."*

Frau E. trifft also sehr früh – bereits in der Kindheit – eine Rollenwahl, die *quer* liegt zu den klassischen Erwartungen an die Geschlechter und in der sie – ganz 'unweiblich' – ihre Kompetenzen und Stärken nicht verleugnet, sondern die körperlichen und geistigen Dispositionen offensiv nutzt. In welche Ambivalenzen Frau E. mit dieser Rollenwahl gerät, wird besonders im Rahmen der Sexualität (insbesondere des ersten Verliebtseins und des Kontakts zum anderen Geschlecht) deutlich.

Den weiblichen Körpervorgängen gegenüber – insbesondere der Menstruation – hält Frau E. in der Jugend eine deutliche Distanz. Sie bemerkt, dass sie die Periode "eigentlich eher gestört" und dass sie ihre Tage "immer verheimlicht" hätte, um nicht vom Turnunterricht suspendiert zu werden, und sie betont, "*immer* mitgeturnt" zu haben (auch dieses Verhalten steht wiederum in deutlichem Kontrast zu einem typischen Mädchenverhalten, bei dem die Tage in der Regel genutzt werden, um dem anstrengenden Sport fernbleiben zu können). Und auch das Brustwachstum hat Frau E. eher gestört, weil es sehr weh tat, wenn sie einen Völkerball auf die Brust kriegte – und sie spielte mit Leidenschaft und großer Wurfkraft Völkerball! Also gerade auch auf körperlicher Ebene wird das eigene weibliche Geschlecht als störend und hinderlich empfunden und tendenziell aus dem eigenen Wahrnehmungsfeld herauskatapultiert (etwa durch 'Verheimlichen', an anderer Stelle auch durch 'Nichtwichtig-Nehmen', 'Sich-nicht-betroffen-Fühlen', es 'wegräumen'). So sind es häufig auch die Mutter und die Schwestern (also nahestehende andere Frauen), die Frau E. drauf aufmerksam machen, dass sie ihre Tage habe (etwa wenn "etwas Flockiges" im Badewasser schwimmt oder Blut in ihrem Schlafanzug ist). Zwar habe sie die Tage erwartet (weil 'man' sagte, dass 'man' das als Mädchen kriegt), aber es war für sie ein Ereignis, das "so nebenher" passierte und das sie – außer dass es störend war – eher unberührt ließ. So stellt Frau E. auf die Frage, ob sie über die Menstruation in Mädchenkreisen gesprochen habe, fest:

*Frau E.: "Nee. Also in den, also – meine Freundin hat mir gesagt, dass sie ihre Tage hat, und da sag' ich: 'Aha, du hast sie schon'. Das war so, so irgendwie war da was, also das hat man oder man hat 's nich', aber dass es einen von innen her betrifft, dass das also was is', was in meinem Körper passiert, das hab' ich überhaupt nich' so – als wichtig. Vielleicht hab' ich das auch weggeräumt".*

Die Menstruation bleibt für Frau E. etwas eher 'Äußerliches', ein Geschehen, das man hat oder nicht hat – es wird also nicht mit dem inneren Erleben und mit der Innerlichkeit des Körpers verbunden, was auch heißt, dass es nicht mit dem Kern der eigenen Person verbunden wird bzw. dass keine innere Identifikation stattfindet. Zwar verstärkt sich der Wunsch von Frau E., die Tage auch haben zu wollen, als sie entdeckt, dass andere Mädchen ihres Alters sie schon haben, aber es bleibt ein Phänomen, das wie ein 'Ding' behandelt und von der eigenen Person eher distanziert wird. Geht man davon aus, dass die Menstruation ein zentraler Bestandteil der *weiblichen* körperlich-sexuellen Entwicklung ist, so kann man auch sagen: Frau E. distanziert sich – auch auf dieser körperlichen Ebene – von Weiblichkeit und ihrem eigenen Geschlecht.

Diese Distanz zu weiblichen Körpervorgängen hängt zu einem großen Teil mit den etablierten kulturellen Umgangsweisen mit diesen Phänomenen zusammen (etwa wie die Mutter, die Freundinnen, das weitere soziale Umfeld mit der Menstruation umgehen) und die Textsequenzen, in denen Frau E. von ihren diesbezüglichen Erfahrungen spricht, sind voll von Verweisungen auf diese kulturelle Ebene (was in den fallübergreifenden Analysen zur Sexualität als kulturellem Deutungsmuster entfaltet wird). Auf der anderen Seite hat die Distanz aber auch ihre individuelle Komponente und ist verbunden mit der besonderen Stellung, die Frau E. sich selbst in der Geschlechterordnung verleiht und die ihr durch Nahelegungen, Bewertungen und Reaktionen von anderen zugewiesen wird, wobei beide Mechanismen (die Selbst- und die Fremdverortung) im Sinne einer komplexen 'Figuration' ineinandergreifen und nicht auf Ursache und Wirkung hin eindeutig voneinander geschieden werden können.

Das Übergangsfeld von der Kindheit zur Jugend erweist sich in der Biographie und in der Erzählung von Frau E. als markanter Bereich, in dem die 'unangepasste' oder 'quere' Rollenwahl in ihrer spezifischen Beschaffenheit und Problematik sichtbar und greifbar wird. So fällt an der Erzählkonstruktion auf, dass Frau E. Schwierigkeiten hat, den Übergang von der Kindheit zur Jugend – im Kern die 'Pubertät' – zeitlich zu verorten (sie fragt nach, wann denn die Pubertät beginne) und sie baut dann eine Erzählung auf, die von ungestümen, wilden und ausgelassenen Spielen auf der Straße mit vielen anderen Kindern ausgeht (sie bezeichnet sich in dieser Phase als "'n kleinen Feger", der auch fegen durfte), in die dann im Rahmen dieses wilden, körperbetonten Spiels ein 'Freund' eingelassen wird (von dem sie sich Spielmaterial ausleihen; sie ist zwölf Jahre alt) und die – fast abrupt – damit endet, dass sie in dem Moment aufhörte auf der Straße zu spielen, als sie sich in diesen Freund *verliebte*. Mit anderen Worten: Der Übergang von der Kindheit zur Jugend wird markiert durch den Übergang vom ausgelassenen und öffentlichen Spiel zum Rückzug aus der Öffentlichkeit und vom Zusammensein mit 'Vielen' zu der Fixierung auf 'Einen'. Während das kindliche Spiel deutlich 'männliche' Züge trägt (die in dieser Altersphase auch bei Mädchen noch toleriert oder neutral als 'kindliches' Toben ausgelegt werden), findet in dem Verliebtsein eine plötzliche Wende zu ausgesprochen 'weiblichen' Attitüden statt. Frau E. begründet das abrupte Aufhören mit dem Straßenspiel wie folgt:

*Frau E.: "Weil – weil mir diese Liebe zu spannend wurde und zu ängstlich, das war – war ich dann nich' gewachsen".*

Vor dem bisher entfalteten biographischen Hintergrund wirkt diese Wende verblüffend, denn Frau E. bekundet an dieser Stelle Eigenschaften, die nicht in das bisher gezeichnete Bild der Unerschrockenen, Kraftvollen, Zupackenden passen. Sie erlebt eine innere Spannung, wird ängstlich und fühlt sich der Situation nicht gewachsen. Der erste Freund (er ist sechszehn Jahre alt) schreibt malerische Briefe an sie, in denen er auch vom 'Hand-in-Hand-Gehen' und seiner Sehnsucht nach einem ersten Kuss spricht, und als Frau E. nach einem längeren Aufenthalt auf dem Gut des Onkels zurückkehrt, hat sie fürchterliche Angst, dass sie von diesem Freund "jetzt sofort irgendwo in eine Ecke (ge)zerrt" und geküsst wird. Sie reagiert auf diese Angst mit entschiedener Durchsetzung, aber wenig souverän und ungerecht, wie sie im Nachhinein findet, denn sie lässt ihn mit schnippischen und kühlen Bemerkungen total abfahren. Als er ihr einen Abschiedsbrief schreibt, weint sie sehr.

Offensichtlich werden also in Anbetracht der sexuell konnotierten Beziehung zum anderen Geschlecht Verhaltensweisen virulent, die sich nicht mehr glatt in das Schema der burschikosen Draufgängerin einpassen lassen, sondern die an andere Quellen des Gefühls und des Selbstverständnisses rühren – hier wird's plötzlich kribbelig, brenzlig und ängstlich. Frau E. stellt fest, dass der Weg zu ihrem ersten Kuss (den sie dann mit siebzehn Jahren zugelassen hat und der ein "Dauerbrenner erster Klasse" war) sehr lang war und dass sie sich "sehr verweigert" habe. Auf der einen Seite war sie "elektrisiert", wenn der Junge, der sie dann mit siebzehn Jahren küssen durfte, sie berührte (etwa beim Kohlenholen die Hand auf ihren Rücken legte), auf der anderen Seite "aber absolut scheu". Der Junge bettelte ausdauernd um diesen Kuss, aber sie wehrte immer rigoros ab mit den Worten (imitiert sich selbst mit tiefer, energischer Stimme): *"'Lass' das! Sei nich' so albern'!"*

Drei 'Bewegungen' werden hier sichtbar: eine deutliche Spannung und Erregung (also auch Empfänglichkeit auf sexueller Ebene), eine ausgelöste *innere* Reaktion von Angst und Scheu und eine *äußere* Reaktion der schroffen Abwehr und des Hinhaltens, die mit der Attitüde von Reife und Überlegenheit umgeben wird (etwa indem das Ansinnen des Jungen als 'albern' bewertet wird). Was Frau E. im Vorfeld besonders geängstigt hat, ist die Vorstellung, dass sie mit dem Sich-Einlassen auf den Kuss etwas 'Totales' und 'Endgültiges' eingeht und dass es keine Annäherung gibt ("Das war nich' so 'ne Annäherung [...]"), sondern – so ist zu vermuten – ein plötzliches Überrollt-Werden von einem Ereignis einsetzt, über das sie dann keine Kontrolle mehr hat. Da das Gegenstück zu der Tatsache, dass es keine Annäherung gab, von Frau E. nicht expliziert wird (die erzählerische Gestalt bleibt an dieser Stelle unvollendet), kann nur vermutet werden, dass Frau E. das 'Plötzliche' so erschreckt hat und dass dies mit der Angst vor einem Kontrollverlust verbunden ist. Ebenso 'unvollendet' bleibt, weshalb sie mit einem Kuss etwas 'Totales' oder 'Endgültiges' assoziiert und warum diese Gefühle sich allein schon bei der *Vorstellung* von einem Kuss so mächtig in den Vordergrund drängen.

Auch hier wirken sicherlich wieder kulturelle Muster: etwa das, dass Mädchen gewarnt werden, sich nicht zu früh mit einem Jungen einzulassen (so hat beispielsweise auch die Mutter Frau E. bewusst nicht in die Kinderlandverschickung sondern auf das Gut des Onkels gegeben, weil sie dort [vermeintlich] sicherer vor Jungens war), und dass Mädchen dazu erzogen werden, sich zu 'zieren' und sich nicht zu früh und bedenkenlos an der Erstbesten zu 'verschenken'. Zugleich aber ist die heftige Reaktion im Falle von Frau E. sicherlich auch verbunden mit ihrem zutiefst ausgeprägten Bedürfnis nach Unabhängigkeit, Selbstbestimmung und Freiheit: Die fehlende Annäherung raubt ihr die Chance zu selbstbestimmtem Handeln und droht ihr das Zepter aus der Hand zu nehmen.

Wie wichtig ihr diese Freiheit und Autonomie ist, wird auch in anderen Fällen deutlich: So trennt sie sich beispielsweise von einem Mann (mit einundzwanzig Jahren), der sie sexuell bedrängt und sogar zu erpressen versucht (wenn sie nicht willig wäre, würde er sich eine andere suchen) – denn Erpressen-Lassen will sie sich auf keinen Fall! Und auch von ihrem späteren Ehemann lässt sie sich durch aufwendige Geschenke und Schmeicheleien nicht erpressen und bei der Stange halten.

Frau E. versetzt sich in die Lage der Jungen und jungen Männer zu der damaligen Zeit und kommt zu dem Schluss, dass sie "arm dran gewesen" sind, weil sie alle möglichen Tricks anwenden mussten, um die sich zierenden und verweigernden Mädchen "ins Bett zu kriegen", und sie verhehlt angesichts dieser schwierigen Situation ihre Bewunderung den Jungen gegenüber nicht. Mit diesem Blickwinkel ergreift sie eine Perspektive *jenseits* der eigenen Betroffenheit, sie nimmt die Position der Beobachterin und der Verstehenden ein – also einen übergeordneten Standpunkt – und steht somit nicht mehr selbst als Betroffene im Geschehen. Diese erzählstrukturelle Wendung spiegelt die handlungspraktische 'Lösung', die Frau E. u.a. in diesem Kontext entwickelt hat: Wenn das Agieren in der Praxis zu kompliziert und/oder zu bedrohlich wird und wenn sie allzu sehr auf eine unbefriedigende weibliche Rolle festgelegt werden soll, zieht sie sich auf die (geschlechtlich) neutrale Position der Beurteilenden, Bewertenden und Abwägenden zurück.

### 3.5.5. Zusammenfassung

Abschließend sollen zentrale 'Puzzle-Steine' hinsichtlich der Sexualität, des Umgangs mit dem anderen Geschlecht und der eigenen Positionierung in diesem Kontext zusammengefügt werden (wobei auch Elemente hinzugezogen werden, die hier nicht ausführlich entfaltet werden konnten), um anhand dieses Kaleidoskops die ambivalente und verzwickte Lage, in der Frau E. sich bezüglich Sexualität und Geschlechtlichkeit befindet, herauszuarbeiten.

Frau E. besitzt eine Empfänglichkeit für sexuelle Impulse und kann Sexualität auch in vollen Zügen genießen (das wird etwa deutlich, wenn sie von ihrem ersten Kuss schwärmt, wenn sie die elektrisierende Spannung im Vorfeld einer erotischen Begegnung illustriert, die sie immer besonders genossen hat, oder wenn sie Worte findet für die Dichte, Nähe und Innigkeit eines befriedigenden körperlichen Kontakts). Auf der anderen Seite ist festzustellen, dass Frau E. trotz vielfältiger sexueller

Kontakte keine dauerhafte Partnerschaft eingegangen ist (abgesehen von dem kurz-fristigen 'Ehe-Versuch') und dass sie seit der Scheidung (mit fünfundvierzig Jahren) allein lebt. Neben dieser 'Diskrepanz' von sexueller Offenheit und nicht-gelebten Beziehungen (die allerdings nur dann eine 'Diskrepanz' darstellt, wenn man dem traditionellen Verständnis folgt, dass Sexualität eng an Partnerschaft oder eine dau-erhafte Beziehung gebunden ist) zeigt sich eine weitere 'Widersprüchlichkeit': der inneren Angst und Scheu, wenn es um das Sich-Einlassen auf Sexuelles oder eine Bindung geht, steht ein äußeres Verhalten gegenüber, das sich durch Gesten der schroffen Abwehr und eine (gespielte) Überlegenheit auszeichnet. Wobei auch dies eigentlich kein 'Widerspruch' ist, sondern einer tiefen inneren Logik folgt: Gerade *weil* die Angst so groß ist, sich in einer Beziehung zu verlieren, von ihr 'überrollt' zu werden und damit die eigene Autonomie preiszugeben, muss die äußere Gegenwehr so massiv ausfallen. Für die ersten Beziehungen in der (sehr) frühen Jugend ist diese Gegenwehr verständlich, denn Mädchen sind in der Regel in dieser Phase psychisch noch nicht stabil und gefestigt genug, mit dem Ansturm der ausgelösten 'erregenden' Gefühle zurechtzukommen, und kulturell etablierte 'Mythen' (etwa von der Gefähr-lichkeit der Sexualität) verunsichern zusätzlich. Wie bereits erläutert haben die fast panischen Abwehrreaktionen auf Annäherungen von Männern im Falle von Frau E. aber auch eine spezifische individuelle Bedeutung.

Versuchen wir uns einmal vorzustellen, wie Frau E. auf Männer – als sexuelles Wesen und in ihrer Geschlechtlichkeit – wirken mag (und nutzen wir dazu auch die in den voranstehenden Kapiteln skizzierten Persönlichkeitsmerkmale): Frau E. ist von kräftiger Statur, größer und schwerer als andere Frauen, und sie hat ein Auftre-ten, das anderen (sogar Männern) Respekt einflößt. Sie lässt sich nicht den Mund verbieten, duckt sich nicht, sondern hakt nach und fordert auch heraus. Sie verfügt über Kompetenzen, die 'eigentlich' Männern zustehen und dringt damit in einen männlichen Machtbereich ein. Sie verfügt zugleich über Kompetenzen, die über die Fähigkeiten von Männern hinausgehen und ist ihnen damit auch überlegen. All diese Aspekte passen nicht in das Bild, das Männer sich von Frauen machen, bzw. decken nicht den Typ von Frau ab, mit denen Männer als sexuelle Partnerinnen in der Regel gewohnt sind umzugehen. Entsprechend ihres dominanten Auftretens hat Frau E. Schwierigkeiten, von Männern als Sexualpartnerin angesehen zu werden (sie kommt für viele "nicht in Frage"), wobei sie sich ihrerseits von Männern abgrenzt, die das traditionelle 'Weibchen' suchen (und sich damit zwar eine Entlastung schafft, aber auch dem Zirkel der Abgrenzung und Ablehung durch Männer weiter Nahrung gibt).

Auf der anderen Seite gibt es durchaus Momente, in denen Frau E. auch eine höchst attraktive Weiblichkeit ausstrahlt: So erwähnt Frau E., dass sie wegen ihrer schönen Beine berühmt war, dass sie viele Männer darauf ansprachen und auch ihr Ehemann ganz "verrückt" wurde, wenn sie im Sommer im leichten oder kurzen Rock mit übereinander geschlagenen Beinen dasaß. Und sie wurde oft auch von Männern aufgesucht, die sich bei ihr Rat holen wollten und die ihre vermittelnden und mütter-lichen Kompetenzen schätzten. Der Gesamttext liefert jedoch den Eindruck, dass Frau E. an einer weiblich-erotischen Attraktivität für Männer gar nicht so interessiert war, sondern dass sie weitaus eher ihre Energien in den Kampf um Selbstbehauptung investiert hat (sich mit den eigenen Kompetenzen durchzusetzen, die Talente zu entfalten und sich von den Männern nicht die Butter vom Brot nehmen zu lassen), und dass sie die Annäherung an Männer nicht über ihre weiblichen Reize gesucht hat, sondern über ihre mütterlichen und bemutternden Kompetenzen. So ist symptomatisch, dass sie das Flirten im Urlaub mit einem (deutlich jüngeren) Mann erotisch entschärft, indem sie es mit mütterlichen Impulsen umgibt: Sie wollte dem Mann aus seiner Schweigsamkeit und Einsamkeit heraushelfen. Und auch bei ihrem Ehekontakt wird deutlich: Nicht die eigene erotische Attraktion wird ausgebaut, sondern die Rolle der Helfenden und der Erziehenden, die den Mann aus seiner Lethargie herausbringen will.

Trotz ihrer sexuellen Empfänglichkeit, ihrer durchaus vorhandenen weiblichen Attraktivität und ihrer Lust, Männer 'anzumachen' (wobei sie auch dabei fatalerweise aus dem kulturell 'erlaubten' Schema ausbricht und für Irritationen sorgt), bleibt Frau E. also in einer Rolle gefangen, die Männern einen sexuellen Zugang zu ihr schwer macht bzw. sogar verunmöglicht.

Damit steht Frau E. in der paradoxen Situation, trotz ihres geschlechtlichen Reichtums – denn sie verfügt ja, wie ausführlich gezeigt, über weitreichende 'männliche' *und* 'weibliche' Kompetenzen – in sexueller und partnerschaftlicher Hinsicht in relativem Ödland zu stehen (für viele Männer nicht in Frage zu kommen, keine langfristige Beziehung eingegangen zu sein, allein zu leben; und es gehört wohl auch dazu: weibliche Körpervorgänge eher abgelehnt zu haben, keine Kinder zu haben). Weil sie *beides* hat ('männliche' und 'weibliche' Anteile) und weil sie alles allein im Griff haben möchte, kann sie sich nicht auf den 'weiblichen' Part einlassen, in dem sie *auch* die Begehrte, Gewollte und damit auch partiell Ohnmächtige, Machtlose und Abhängige zu sein hätte (oder sein dürfte). Dies ist eine 'Unfähigkeit', die in der Regel typisch für Männer ist – gerade Männern gelingt es nicht, diesen Part in der Sexualität (auch) einzunehmen. Für eine gelungene Sexualität ist jedoch von Bedeutung, dass *beide* Geschlechter in der Lage sind, *beide Parts* zu übernehmen, denn nur so kann sich das lustvolle und gleichberechtigte *Wechselspiel* von Macht und Ohnmacht, von Aggression und Leiden, von Dominanz und Hingabe entfalten (vgl. dazu auch die Analyse von Gunter Schmidt; Schmidt 1996).

Zusammenfassend ließe sich formulieren: Frau E. investiert sehr viel, um ihr besonderes Selbstverständnis durchsetzen und leben zu können. Dabei ist sie gezwungen, die 'männlichen' Anteile mit besonderem Nachdruck zu kultivieren: Zum einen, weil sie eine Frau ist und 'man' ihr diese Seite nicht so ohne weiteres abnimmt (hierzu ist Nachdruck von nöten), zum anderen, weil gerade die 'männlichen' Stärken *das* Vehikel darstellen, mit dem sie im familialen Kontext (trotz der damit verbundenen Kränkungen und des partiellen Unverständnisses) Identität und Anerkennung zu gewinnen hofft, womit ein hohes energetisches Potenzial verbunden ist, das weitreichende Auswirkungen auf die Gesamtbiographie hat. Mit der Kultivierung der männlichen Seite verbunden ist allerdings auch die Gefahr, dass Frau E. in ein geschlechtliches Niemandsland gerät (weil sie für Männer unattraktiv wird) und dass sie sich die Einseitigkeiten und 'Krankheiten' der männlichen Geschlechtssozialisation gleich miteinhandelt: etwa die Unfähigkeit, sich auch schwach, abhängig und bedürftig erleben und verhalten zu können. Dass Frau E. in ihrem Leben so "sehr viel Kraft verbraucht" hat (was sich jetzt auch im Alter rächt), hängt zentral mit dem verschleißenden Kampf zusammen, den Frau E. an mehreren Fronten zugleich geführt hat: als Frau in ihren 'männlichen' Anteilen anerkannt zu werden; sich gegen Männer durchsetzen zu müssen; anderen helfen zu wollen; sich für Beziehungen allein verantwortlich und zuständig zu fühlen; die Kontrolle und den Überblick über die Situation nicht verlieren zu dürfen; und die (vermeintlich schwachen) weiblichen Seiten in Schach halten zu müssen bzw. nicht leben zu dürfen.

Eine kraftverschleißende, weil permanent offene und im Ungewissen schwebende Frage mag gewesen sein: Wo gehöre ich als geschlechtliches Wesen und als Mensch überhaupt eigentlich hin? Wo gibt es Orientierung, Anerkennung und ein Aufgehoben-Sein für meine besondere Art, mein Frau-Sein zu leben? Der (sozial ausformulierte geschlechtliche) Körper hat im Rahmen dieser verwirrenden, herausfordernden und anstrengenden Suche nach geschlechtlicher Identität eine herausragende Bedeutung: In seiner Anlage und seinen Möglichkeiten (der 'Kraftseite') steht er 'quer' zu den tradierten Vorstellungen von 'Weiblichkeit' und 'eckt' sozusagen permanent an, zugleich aber markiert er das eigene Geschlecht als 'weiblich' und zwingt zum Umgang mit dieser (biologischen und sozialen) 'Mitgift'.

### 3.6.    Der Körper als 'Umschlagplatz' des Lebens – zusammenfassende Überlegungen zur biographischen Bedeutung des Körpers

Je stärker Erkenntnisse verdichtet und auf Kernaussagen zugespitzt werden, desto eher stehen sie in Gefahr, zu 'Allgemeinplätzen' oder Banalitäten zu verkommen. Diese Gefahr ist umso größer, je stärker sich Phänomene 'im Fluss' befinden und je stärker sie an spezifische Kontexte gebunden sind – beides trifft in hohem Maße auf biographische Entwicklungen und die damit verknüpften Fragen (etwa die Ausbildung von Handlungsstilen, Persönlichkeitsprofilen oder Identitäten) zu. Die *Gestalt* derartiger Phänomene kann nur dann angemessen erfasst werden – was auch Thomas Luckmann in seinen Ausführungen zur Rekonstruktion von Identitäten deutlich macht –, wenn man ihrer 'Geschichte' folgt, und wenn man den spezifischen Kontextualisierungen von Handlungen nachgeht. Oder anders gesagt: 'Biographien' und 'Identitäten' lassen sich nicht in komprimierten Ausdrücken oder 'Kurzformeln' verstehen, sondern nur im Zuge ihrer sukzessiven, umsichtigen und aufwendigen *Entfaltung*.

Unter diesen Denkvoraussetzungen wird der nachfolgende Versuch einer 'resümierenden' Betrachtung mit dem ausdrücklichen Hinweis gestartet, die allgemeinen Aussagen immer wieder am Einzelfall gegenzulesen, weil sie nur von hier aus ihren spezifischen 'Eigen-Sinn' gewinnen bzw. wahren können. Die bis hierher geleistete Analyse zeichnet sich ja gerade dadurch aus, dass sie sich 'dicht' an dem jeweiligen Fall bewegt und die spezifische Struktur, die besondere Dynamik und die individuelle Problematik eines Falles so plastisch wie möglich herauszuarbeiten versucht. Dabei hat das Material eines jeden Falles – das vorliegende Gesprächsprotokoll bzw. der 'Text' sowie die körperlich-sinnlichen (oder auch 'leiblichen') Eindrücke, die in den Interaktionssituationen aufgenommen werden konnten – die Schritte der Auswertung quasi 'diktiert': Jede Analyse folgt einem anderen Fokus, weil sie sich dem jeweiligen Fall anschmiegt, die in ihm enthaltenen Relevanzen und Akzentsetzungen aufgreift und sie in ihren Konturen nachzeichnet. In diesem Sinne liegen jetzt fünf 'Miniaturen' vor, die auf ganz unterschiedliche Weise zeigen, 1. wie der Körper von den Befragten gedanklich in den eigenen Lebenskontext hineingeholt wird, 2. welche Beziehung die Befragten zu ihrem Körper aufgebaut haben, 3. wie der Körper überhaupt – auf einer allgemeineren Ebene – im Sinne alltäglichen Wissens und Bewusstseins sprachlich repräsentiert wird und welche Diskurse und Deutungsmuster dabei aktiviert werden und 4. welche Bedeutung und Funktion der Körper im biographischen Kontext haben kann.

An dieser Stelle soll in erster Linie der unter Punkt 4. angedeuteten Frage nachgegangen werden, die sich auch so formulieren lässt: Wie greift der Körper in das Leben ein? Wie gestaltet, formt, strukturiert er es? Im Vordergrund stehen also nicht so sehr die aktiven Leistungen und Handlungsweisen der Subjekte ihrem Körper gegenüber, sondern eher die strukturbildende und Biographien generierende Kraft des Körpers, wobei auch die von den Befragten hergestellten Körperbezüge sowie die dahinter stehenden sozial etablierten Deutungen des Körpers hier selbstverständlich zum Tragen kommen und mitgedacht werden müssen. Die Fragen nach zentralen 'Wissensbeständen' sowie nach typischen Beziehungsmustern und Umgangsweisen werden im nachfolgenden Kapitel aufgegriffen (vgl. Teil 2/Kap. 4.).

Zu der hier nun interessierenden Fragestellung ist anzumerken: Sie stellt eine aussichtsreiche Verschiebung der Perspektive dar, weil sie den gewohnten Fokus, bei dem der Körper zum passiven Gegenstand sozialen Handelns gemacht wird, durch einen Blickwinkel ergänzt, der die Wirkmächtigkeit und lebensgestaltende Kraft des Körpers ins Zentrum rückt. Diese perspektivische Verschiebung entspringt nicht so sehr dem 'gewollten' Versuch, dem Material möglichst viel und Reizvolles zu entlocken, sondern auch sie wird vielmehr von dem Material 'diktiert' und durch die Analyse 'nahegelegt'.

So lässt sich als ein erster und weitreichender Befund festhalten: Der Körper hat – so wie er von den Befragten repräsentiert, also kulturell verstanden, sozial ausformuliert, gedeutet und 'mit Sinn belegt' wird – eine hohe (explizite und implizite) Bedeutung im Hinblick auf die Gestaltung von Lebenswegen und Biographien: Er ist entscheidender 'Motor', 'Umschlagplatz' und 'Moderator' des Lebens.

Im Folgenden wird es darum gehen, diese – zugegebenermaßen sehr allgemeine und auch nicht eben 'neue' – Erkenntnis noch einmal zusammenfassend zu skizzieren und auszudifferenzieren. Die entscheidende inhaltliche Sättigung dieser Zusammenhänge ist – ganz im Sinne der einleitenden Bemerkung – ja bereits in den vorangegangenen Einzelfallanalysen erfolgt. In allen fünf Fällen stellt der Körper eine spezifische *Herausforderung* dar, die nicht nur weite Lebensbereiche und/oder Lebensphasen beeinflusst, sondern die mitunter sogar richtungsweisend und lebensbestimmend wird. Unter diesem Gesichtswinkel ließen sich die in Frage stehenden Fälle noch einmal wie folgt akzentuieren:

*Herr D.:*

Wie gezeigt, entwirft Herr D. einen Körperbezug, der sich durch 'Normalisierung' und Betonung von Unauffälligkeiten ebenso auszeichnet wie durch Bagatellisierung und Dementierung körperlicher Belastungen und Einschränkungen, und bei dem zugleich die Leistung und Leistungsfähigkeit des Körpers stark betont wird. Damit ergibt sich ein strukturelles und atmosphärisches Feld, das von Verschleierung (verschweigen, bagatellisieren, normalisieren von Belastungen) und Vereinseitigungen (Symptomfixierung, Leistungsfixierung) geprägt ist.

In diesem Kontext bricht das 'Herzleiden' gleichsam mit archaischer Wucht ein und zwingt zur Auseinandersetzung. Auf der Ebene des Erlebens löst es Empfindungen der Verunsicherung und Kränkung aus (die Operation wird als ein 'tiefer Eingriff' wahrgenommen, 'unangenehm' ist das Gefühl, 'nur noch ein halber Mensch' zu sein), auf der Ebene des Handelns eine erzwungene Zurücknahme der körperlichen Belastung und damit verbunden auch des beruflichen Engagements. Typisch für Herrn D. ist, dass er dabei seine Leistungs*ansprüche* keineswegs aufgibt, sondern verlagert und sie in geistigen Aktivitäten kompensatorisch zu erfüllen sucht. Zur 'Leistung' wird auch die mit dem operativen Eingriff verbundene *spezifische* Fürsorge für den Körper (die Kontrolle der Blutgerinnung am eigenen Apparat), die Herr D. mit höchster Präzision und Sorgfalt und unter Ausnutzung seiner medizinischen Kompetenz vornimmt.

Sieht man jedoch genauer hin und überblickt dabei das gesamte 'gelebte Leben', so schiebt sich angesichts der Frage nach der biographischen Bedeutung des Körpers bei Herrn D. ein ganz anderer Bezug in den Vordergrund: Nicht der Körper *ist* eine Herausforderung, sondern der Körper *wird* von Herrn D. lebenslang *herausgefordert*. Denn typisch für den Fall ist ja, dass dem Körper in beruflicher, sportlicher und freizeitmäßiger Betätigung permanent etwas über seine Grenzen hinaus abverlangt wird, und dass die dabei entstehenden degenerativen Prozesse nicht in den Blick geraten oder genommen werden. Und typisch ist weiter, dass selbst in dem Moment, in dem der Körper zur Herausforderung wird (weil er ein 'Leiden' entwickelt und versorgt werden muss), diese Herausforderung nicht tatsächlich angenommen, sondern umschifft wird: Der alte ehrgeizige und leistungsbetonte Lebensstil wird fortgesetzt, körperliche Belange erfahren gegenüber geistigen Ambitionen eine Abwertung, der Körper wird eingespannt in medizinische Kontrolle und Überwachung. Mit anderen Worten: Die Chance, die der 'sich wehrende' Körper in der Symptomatik des 'Herzleidens' bietet, und die zu einem Innehalten und kritischen Überdenken der eigenen Lebensführung anregen könnte, wird nicht genutzt. Und sie kann vermutlich auch gar nicht (mehr) genutzt werden, weil die biographisch erworbenen und ausgestalteten Orientierungen und Handlungsmuster zu tief verankert und 'resistent' gegen Veränderung sind.

Wenn oben gesagt wurde, dass der Körper für Herrn D. keine Herausforderung *ist*, sondern Herr D. den Körper lebenslang herausfordert und zu 'Höchstleistungen' anspornt, so zeigt sich hierin, dass kein passiver, sondern ein *aktiver* Modus hinsichtlich des Körperbezugs dominiert. Der Körper ist hier weniger 'Motor' und 'Impulsgeber' des Lebens, sondern vielmehr eine *Ressource*, die in diesem Falle nicht nur genutzt, sondern über weite Strecken des Lebens auch ausgebeutet wird. Mit anderen Worten: Nicht der Körper bestimmt das Leben, sondern das von Herrn D. geführte Leben bestimmt den Körper. Damit liegt ein Modus vor, der für westliche moderne Gesellschaften typisch und tragend ist – der Modus der Herrschaft und Kontrolle über den Körper. Die einzige 'Herausforderung', die der Körper in diesem Kontext (noch) darstellt, besteht darin, ihn zu unterwerfen, berechenbar und dienstbar zu machen – andere Formen der Herausforderung sind zum Verstummen gebracht worden. In den Ausblendungen und 'Verschattungen', die im Rahmen des Umgangs mit Sexualität, körperlicher Berührung und Nähe, Momenten von Weiblichkeit, genussvoll konnotierten Empfindungen etc. herausgearbeitet wurden, konnte angedeutet werden, in welchen Bereichen nicht entfaltete Dimensionen und Potenziale in der Bezugnahme auf den Körper liegen könnten.

*Frau C.:*

Der Fall 'Frau C.' zeigt, wie der Körper auch anders (etwa im Sinne eines passiven Modus) zur biographischen Herausforderung werden kann.

Für Frau C. wird der Körper aufgrund zahlreicher *körperlicher Handicaps* zur biographischen Herausforderung, wobei die Tatsache, ein 'rotblonder Typ' und von daher sehr empfindlich zu sein, als besonders gravierend erlebt wird. Einschneidend und lebensbestimmend sind aber auch ihre Linkshändigkeit und ihre Legasthenie sowie ihr "wüstes" Temperament, ihr unbändiger Bewegungsdrang und ihre Neigung zur Konfrontation und zum 'Querdenken', wobei die letztgenannten Momente zwar nicht unmittelbar körperlicher Natur sind, aber von Frau C. doch in eine enge Korrespondenz zu ihrer körperlich bedingten 'Andersartigkeit' gestellt werden.

Der Körper wird somit in der Lebensgeschichte von Frau C. zu einer beständigen *Quelle von Leid*. Sie leidet körperlich (etwa weil sie schnell friert, schnell einen Sonnenbrand bekommt, ihr Körper bei psychischen Belastungen heftig reagiert) und sie leidet psychisch: weil sie als 'minderbemittelt' eingestuft wird, ihre besonderen Stärken (das Malen, die Bewegung) nicht hinreichend gewürdigt und gefördert werden.

Zu einer besonderen Herausforderung wird die Krebserkrankung. Mit Hilfe einer Psychologin begreift Frau C. die Erkrankung als eine körperliche Reaktion auf Überforderung und fehlende psychische Entlastung und sie lernt dabei nicht nur, ihren Empfindungen wieder körperlich Ausdruck zu verleihen (sie lernt das Weinen wieder), sondern sie erhält auch Anregungen, ihre bisherige Haltung und Lebensweise zu überdenken und sie gewinnt neues Selbstvertrauen.

Die besondere körperliche Mitgift und die Krankheit regen Frau C. mithin zur Ausbildung spezifischer Strategien der Lebensbewältigung und des Überlebens an: Sie lernt es, zu ihrer 'Andersartigkeit' zu stehen, Konfrontationen nicht zu meiden, sondern durchzustehen, sich in Krisen Hilfe zu holen und sich kleine Nischen zu schaffen, in denen sie ihre Talente ausleben kann. Außerdem wird der Körper zu einem wertvollen Ventil angesichts belastender Situationen und zu einer Quelle von

Lebenslust und Lebenssinn: Frau C. sucht die körperliche 'Ausarbeitung ihrer selbst', das 'Abstoßen' von Belastendem durch Bewegung und körperlich-sinnlichen Ausdruck sowie den Genuss künstlerischer Produktion ('Herumfliegen' auf dem Sportplatz, Tanzen im Wohnzimmer, Malen mit bloßen Händen, Gestalten mit Materialien unterschiedlichster Art).

Wie lebensbestimmend auch kleinere körperliche Gebrechen und 'Anormalien' sein können, zeigt beispielsweise auch der Fall von Herrn G. (der hier nicht ausführlicher entfaltet werden kann). Herr G. muss bereits in der Kindheit eine starke Brille tragen, wird als "Brillenglotzer" verschrieen und von den Mädchen bei Tanzveranstaltungen eher gemieden. Er 'wird' dann von einer Frau geheiratet, die "die Brille nicht stört" und von der er lebenslang abhängig bleibt. Selbstverständlich wirkt dabei nicht allein das körperliche Merkmal, aber der körperliche Mangel 'unterstützt' nachhaltig die lebensbestimmende Beziehungskonstellation, in der Herr G. steht. Eine Analyse der Beziehungsdynamik macht deutlich, dass die Dominanz von Frau G. und die gleichzeitige Nachgiebigkeit und Konturlosigkeit von Herrn G. das Beziehungsmuster der Abhängigkeit effektiv installiert und festigt.

*Frau E.:*

Und auch für Frau E. wird der Körper zur biographischen Herausforderung. Dieser Fall wurde in die Reihe der 'Miniaturen' aufgenommen, weil er für ein bedeutsames Problem steht, das auch in anderen Fällen immer wieder in den unterschiedlichsten Varianten thematisch wird: das Problem des 'geschlechtlichen' Körpers oder genauer: das Problem, einen Körper zu haben, der *nicht* den sozialen Erwartungen entspricht, die an einen 'weiblichen' oder an einen 'männlichen' Körper gestellt werden. Ich denke, dass die Spannung, in der Frau E. aufgrund ihrer körperlichen Kraft und ihres resoluten Auftretens – gerade in einem 'männlich' konnotierten und von Männern dominierten Berufsfeld – permanent stand, hinreichend deutlich werden konnte und hier nicht noch einmal referiert werden muss. Gleiches gilt für den daraus resultierenden Kampf um Emanzipation – als Frau in und mit ihren 'männlichen' Anteilen anerkannt zu werden – sowie für das Problem der zu findenden Balance zwischen ihrer 'zarten' und ihrer 'kraftvollen' Seite.

*Herr H.:*

Ein Pendant zu diesem Fall stellt der Fall 'Herr H.' dar. Auch Herr H. leidet unter seiner Geschlechtlichkeit und er weigert sich, erwachsen und ein Mann zu werden. Die biographische Gesamtkonstellation ist bei Herrn H. jedoch weitaus ungünstiger angelegt als bei Frau E., so dass er seine Widerstände gegen die angetragenen Männlichkeitserwartungen und das Bedürfnis, seine 'weiblichen' Anteile auszuleben, nicht produktiv wenden bzw. umsetzen kann, sondern an ihnen scheitert.

Das einfache, reflexionsarme und impulslose Herkunftsmilieu, die rigiden elterlichen Erwartungen und Planungen für seinen Lebensweg, die Brutalität des Vaters und die Schroffheit der Mutter, die generelle emotionale Kälte und Sprachlosigkeit in emotionalen Dingen mögen zu diesem Scheitern beigetragen haben. Gravierender scheint mir jedoch zu sein, dass eine *Ablehnung* des männlichen Körpers oder von

Männlichkeit sozial weitaus weniger 'vorgesehen' ist als eine Ablehnung des weiblichen Körpers – die, so legen es auch die weiteren Ergebnisse der vorliegenden Untersuchung nahe, fast zum gängigen und sozial erwünschten Repertoire des Körpererlebens von Frauen zu gehören scheint. Als Mann *kein* Mann zu sein oder sein zu wollen, berührt vermutlich allzu empfindlich das sozial etablierte und nach wie vor wirkmächtige Selbstverständnis männlicher Überlegenheit und Größe (vgl. dazu u.a. auch Hollstein 1993, Böhnisch/Winter 1994, Bongers 1995, Meuser 1998).

Die Lebensgeschichte von Herrn H. verweist auch noch in anderer Hinsicht auf Grundsätzliches. Sie kann im Kern als eine Geschichte der *Zerstörung* des Körpers gelesen werden und unterscheidet sich in meinen Augen nur graduell von den destruktiven Tendenzen der Ausbeutung des Körpers und der Missachtung seiner Grenzen, die etwa auch der Lebensgeschichte von Herrn D. innewohnt. Auch bezüglich der psychischen Dynamik, die die körperliche Destruktion anheizt, gibt es deutliche Parallelen, wobei Herr D. den sozial gebilligten und positiv sanktionierten Weg der (suchthaften) Fixierung auf Arbeit, Leistung, Erfolg wählt, Herr H. jedoch den sozial verachteten Weg des Alkoholkonsums und der gewaltsamen Beendigung des Lebens (wobei sehr genau zu fragen ist, was an dieser 'Entscheidung' tatsächlich 'freie Wahl' ist oder sein kann). Die 'Funktion' oder 'Bedeutung', die der Körper in diesem Kontext besitzt, lässt sich eigentlich nur 'negativ' beschreiben: Der Körper wird um seine Existenz gebracht und damit im faktischen und übertragenen Sinne umfassend *negiert*. Er ist nicht Akteur, sondern Opfer, und seine 'Funktion' liegt lediglich darin, *Austragungsort* und *'Fläche'* eines Kampfes zu sein, der von sozialen Erwartungen, persönlichen Ansprüchen und bereitstehenden 'Lösungen' bestimmt wird.

*Frau F.:*

Auf einer ähnlichen Linie liegt auch die Lebensgeschichte von Frau F., bei der zusätzlich folgendes Moment von Bedeutung ist: Der Körper wird bei Frau F. zu einem Medium, das nicht nur viel leistet und nach außen gibt, dabei auch ausgebeutet wird, sondern darüber hinaus – deutlicher als in anderen Geschichten – zu einem biographisch nachhaltigen 'Umschlagplatz' von Zumutungen und Gefühlen wird. Die heftigen psychosomatischen Reaktionen sind sprechender körperlicher Ausdruck im Sinne einer 'Antwort' auf die reglementierenden Übergriffe der Mutter und die damit verbundenen Gefühle der Einschnürung und eines 'verpassten Lebens' ("Torschlusspanik"). Zugleich wird der Körper aber auch zum *Gefängnis* dieser Gefühle, die unterdrückt und hinter einem 'Körperpanzer' verschanzt werden. Die 'Funktion' des Körpers liegt in diesem Fall darin, den stillen Koalitionspartner zu stellen, mit dem man sich (durch Korpulenz und 'Stillhalten') gegen das Leben immunisieren und es 'aussitzen' kann, ohne allzu sehr verletzt zu werden.

Festzuhalten wäre in meinen Augen – im Sinne einer großen, übergreifenden Linie – Folgendes:

1. *Entgegen* der eingeschlagenen Perspektive, die den Körper in seiner *aktiven* biographischen Funktion und Bedeutung begreifen wollte, zwingen die Fallanalysen

zu dem Schluss, dass der Körper weitaus eher als *passives* Tableau des gelebten Lebens fungiert: Mit dem Körper 'wird gemacht'.

2. Dennoch wird der Körper immer wieder auch zu einer spezifischen *Heraus-forderung*: nicht nur im Sinne der notwendigen existenziellen Versorgung (Nahrung, Kleidung, Schlaf, Hygiene, Bewegung etc.), sondern auch aufgrund besonderer Dispositionen (körperliche Einschränkungen, Gebrechen, Handicaps sowie die Geschlechtlichkeit und damit zusammenhängende Phänomene der sexuellen Entwicklung). In diesem Kontext wird deutlich, dass der Körper immer schon in ein dichtes Netz aus sozialen Erwartungen, Bewertungen und Zuschreibungen eingesponnen ist und dass sich die daraus resultierende biographische Dynamik nur verstehen lässt, wenn die jeweils virulent werdenden sozialen Setzungen, Mythen und Diskurse hinreichend untersucht werden.

3. Eine wesentliche Funktion des Körpers liegt schließlich darin, dass er 'Umschlagplatz' des Lebens ist. In diesem Sinne ist er Quelle von Wahrnehmung, Expansion und Aktivität überhaupt, aber er ist auch *Resonanzfläche*: Er nimmt auf und er bringt 'zum Ausdruck'. Funktionsstörungen, psychosomatische Reaktionen und Krankheiten können in diesem Sinne als körperliche Antworten auf das gelebte und geführte Leben begriffen werden und moderierend auf die biographische Gestaltung einwirken. Dabei entscheidet sich am einzelnen Fall, ob die 'Störung' oder körperliche Reaktion als Chance und Impuls zur Veränderung wahrgenommen wird (wie etwa bei Frau C. das Krebsleiden), oder ob sie unterdrückt, bekämpft oder gänzlich negiert wird (wie in der Tendenz bei Frau F.).

Die biographische Bedeutung und Funktion des Körpers kann vielleicht noch weiter an Kontur gewinnen, wenn sie mit der Frage nach 'persönlicher Identität' verknüpft wird – was abschließend versucht werden soll.

Es scheint mir eine wichtige Forschungsaufgabe zu sein – und ein sozialwissenschaftlich bisher weitgehend 'unbeacktertes' Feld – , Bezüge zwischen Momenten der Körperlichkeit und Momenten der Gewinnung, Artikulation und Sicherung von Identität herzustellen sowie die hierbei virulent werdende Dynamik zu analysieren. Auch wenn die Kategorie 'Identität' in den Sozialwissenschaften – als eine eher (sozial)-psychologische Größe – immer wieder Probleme macht und sich als ausgesprochen 'sperrig' erweist – wie etwa anhand der Bestimmungsversuche von Luckmann gezeigt werden kann – , so ist sie in meinen Augen doch auch eine unverzichtbare Dimension, will man Menschen als eigenständige Systeme und als wirklichkeitsschaffenden gesellschaftlichen 'Faktor' in die Analyse von Sozialität und Gesellschaft systematisch einbeziehen.

Hier können die sich eröffnenden Fragen zum Verhältnis von Körperlichkeit, Identität und Gesellschaft auch nicht annähernd entfaltet und diskutiert werden – dazu wäre ein viel subtilerer Zugang zum Identitätsthema und insgesamt eine andere Anlage der Untersuchung nötig gewesen. 'Identität' kann also hier lediglich als eine Art 'Randerscheinung' von biographischen Verläufen und biographischen (Selbst)thematisierungen behandelt werden. In diesem Sinne soll die stark eingeschränkte und eher sondierende Fragestellung verfolgt werden, welche markanten und typischen Bezüge sich zwischen den repräsentierten 'Körperthemen' und den sichtbar werdenden 'Iden-

titätsthemen' herstellen lassen bzw. zum Teil auch von den Befragten explizit hergestellt wurden.

Dabei wird mit Thomas Luckmann davon ausgegangen, dass Identitäten als sinn-
stiftende und sinnmotivierte Steuerungsprinzipien subjektiven Handelns zu begreifen
sind, dass sie sich in interaktiven, im primären Rahmen vornehmlich leiblich gebundenen sozialisatorischen Prozessen und über die Sedimentierung von 'sinnhaften'
Erinnerungen (an eigene und fremde Erfahrungen, Handlungen) im Gedächtnis ausbilden, dass sie reflektierbar sind, aber auch jenseits ihrer Reflexion 'wirken', und
dass sie über die Analyse von (erzählten und getätigten) Handlungen (bei angemessener Berücksichtigung von 'Geschichte', Kontext, individueller Bedeutung der
Handlung) rekonstruiert werden können (vgl. dazu besonders Luckmann 1986,
1988a, 1988b, 1993, 1996).

Gehen wir die fünf Fälle noch einmal unter dem Aspekt durch, welche *Identitäts-
themen* in ihnen sichtbar werden und welche dominanten oder besonders markanten
Bezüge zwischen Identität und Körperlichkeit sich jeweils auftun:

*Herr D.:*

Herr D. kann als ein typisches Beispiel für den 'Berufsmenschen' angesehen werden,
der sich in hohem Maße mit seiner beruflichen Rolle und dem darin angelagerten
'Expertenwissen' (das nicht nur kognitive Inhalte, sondern auch erworbene Haltungen
und zur Selbstverständlichkeit gewordene Handlungsstile beinhaltet) identifiziert.
Mit anderen Worten: Herr D. gewinnt seine Identität vornehmlich und relativ 'bruchlos' aus dem Umstand, Arzt zu sein.

Die Skizzierung seines Lebensweges hat deutlich gemacht, dass die Erfahrungen
im Rahmen seiner 'primären Sozialisierung' – bei der die Leistungserwartungen des
Vaters, seine geistigen, moralischen und körperlichen Ansprüche an die Söhne sowie
sein 'Perfektionismus' in besonderer Weise von Herrn D. betont werden und prägend
gewirkt haben mögen – und die Erfahrungen in seiner weiteren schulischen, militäri-
schen und beruflichen Sozialisation hochgradig 'deckungsgleich' verlaufen, sich
ergänzen und stabilisieren und entsprechend wenig Anlass zu 'Konflikten' oder 'Brü-
chen' geben. 'Konflikte' ergeben sich allenfalls berufsintern und entlang der gleichen
'Logik' – etwa wenn sich zwei Leistungsansprüche gegenseitig zu behindern drohen
(zum Beispiel 'sorgfältig' und zugleich 'schnell' in den Diagnosen sein zu müssen).

Im Rahmen seiner Tätigkeit als Arzt (und unterstützt durch einen 'gleichsinnigen'
sozialisatorischen Vorlauf) hat Herr D. Deutungsmuster und Handlungsstile entwickelt, die nicht nur sein körperbezogenes Handeln und sein Körperverständnis als
Arzt bestimmen, sondern die auch seinen 'privaten' Umgang mit Körperlichkeit und
mit seinem eigenen Körper prägen, und die ausgesprochen wenig 'Spielräume' für
alternative Umgangsweisen eröffnen. Worin das körperbezogene Handeln von Herrn
D. besteht, in welchen Deutungsschemata es sich bewegt und wie mit dem Körper
'umgegangen' wird, wurde ja ausführlich herausgearbeitet und muss hier nicht noch
einmal referiert werden.

Das 'Expertentum' von Herrn D. hat also einen immensen 'Ausstrahlungseffekt' auf die Lebensgestaltung und die Gestaltung der Beziehung zum eigenen Körper, die 'Berufsrolle' prägt die Identität und das Leben von Herrn D.. Dazu passt, dass Herr D. ein beachtlich konsistentes Bild von seiner Person und seinem Selbstverständnis zeichnet (sich selbst in der beschriebenen Weise als ehrgeizig, pflichtbewusst, leistungsversessen, zu Übertreibungen neigend charakterisiert und 'andere' Seiten seiner Person nicht einführt), dass dieses Selbstbild in Übereinstimmung steht mit der Art, wie er sich in seinem Handeln im Gespräch präsentiert, sich also auch in dieser Hinsicht eine Konsistenz zeigt (was insbesondere in der Analyse der Einstiegssequenz herausgearbeitet wurde) und dass ihm – vermutlich deshalb – das Thema 'Identität' insgesamt nicht zum Problem wird – auch wenn er gewisse 'Einseitigkeiten' in seinem Handeln durchaus sieht und anmerkt.

*Frau C.:*

Anders als bei Herrn D. ist das Thema 'Identität' für Frau C. in hohem Maße 'problematisch' und stellt einen zentralen Fokus ihrer Aufmerksamkeit dar. Aufgrund ihrer körperlichen 'Mitgift' (ihren Besonderheiten und 'Handicaps') sowie ihrer (von ihr selbst eingeführten) 'charakterlichen' und 'temperamentspezifischen' Anlagen erlebt sie sich als 'anders', und diese Andersartigkeit wird ihr immer wieder zum Problem. Insofern hat die Frage der Identität eine lebensthematische Bedeutung für Frau C. und sie befindet sich in einem intensiven Prozess der *Suche* nach der Umsetzung ihrer Andersartigkeit in befriedigende Haltungen, Handlungsweisen und soziale Arrangements. Während sich für Herrn D. sagen ließe: 'Ich lebe, was ich geworden bin.', könnte es für Frau C. heißen: 'Wer bin ich?' und: 'Wie kann ich leben, was ich bin?'. Das Identitätsthema wird von Frau C. *explizit* eingeführt, an den oben angedeuteten persönlichen körperlichen und charakterlichen Eigenarten festgemacht und als ein Prozess der Selbstfindung beschrieben (wozu beispielsweise für sie gehört zu lernen, 'zu sich selbst zu stehen' oder sich neue bzw. verlorene Fähigkeiten wie das Weinen [wieder] anzueignen).

Der Körper hat für Frau C. im Sinne der Identitätsfrage eine existenzielle Bedeutung: Er ist nicht nur 'Ressource' zur Lebensbewältigung oder 'Austragungsort' von Konflikten, sondern er ist zentraler 'Aufhänger' der Bestimmung des Selbstseins und der Entfaltung bzw. Verhinderung von Lebensmöglichkeiten. Als 'Mitgift' berührt der Körper den Nerv des Selbstverständnisses und der Lebensgestaltung und ist für Frau C. entsprechend ambivalent besetzt. Der Bezug, den Frau C. zu ihrem Körper entwirft, ließe sich so als eine Art 'Hass-Liebe' kennzeichnen (und wird gegen Ende des Gesprächs auch von Frau C. selbst so akzentuiert).

*Frau E. und Herr H.:*

Die Fälle 'Frau E.' und 'Herr H.' treffen sich im Sinne der Problematisierung des eigenen Geschlechts und könnten als zwei Varianten des Ringens mit der geschlechtlichen Identität gelesen werden. Dabei ist zu beachten, dass die Befragten a) in beiden Fällen in ihren Erzählungen eine Menge 'Material' ausbreiten, das auf Probleme mit dem eigenen Geschlecht (besonders deutlich bei Herrn H.) bzw. auf Probleme mit dem Ausleben der *gegen*geschlechtlichen Anteile im sozialen Raum (ausgeprägt bei Frau E.) hinweist, und dass sie b) auch explizit zu verstehen geben, wie sie etwa unter ihrem männlich werdenden Körper gelitten haben (Herr H.) oder wie sie mit ihren 'männlichen' Eigenschaften auffielen, 'angeeckt' sind, für Irritation gesorgt haben und aus den geschlechtsbezogenen 'Normalerwartungen' herausfielen (Frau E.), dass sie selbst aber diese Probleme nicht als zentrale *Identitäts-* oder *Lebensthemen* 'betiteln'. Das scheint darauf zu verweisen, dass die Kategorie 'Identität' nicht unbedingt ein alltagsweltlich etabliertes Konzept darstellt, auf das die Befragten sofort und flüssig rekurrieren könnten, sondern dass es sich wohl eher um eine (sozial)wissenschaftlich elaborierte Folie handelt, die an alltagsweltliches Erleben und Handeln quasi von außen 'angelegt' werden kann. Und es verweist darauf, dass Identität als 'Ganzes' in erster Linie *gelebt* und nicht unbedingt reflektiert wird, sowie darauf, dass den Akteuren des Alltags (allenfalls) 'Teilstücke', einzelne Aspekte, besondere Reibungspunkte ihres Selbstverständnisses und ihres latenten Identitätskonzepts in den Blick geraten (reflektiert und vor anderen thematisiert werden) – und zwar vermutlich erst oder besonders dann, wenn bestimmte Aspekte der eigenen Entwicklung, des Selbsterlebens oder des 'gelebten Selbst' als bedrohlich, schmerzhaft oder belastend erfahren werden.

Die Körperthematisierungen des hier zur Diskussion stehen Samples zeigen, dass die Themen Körper / Identität / Geschlecht in enger Verbindung stehen und dass Körperlichkeit und Identität in hohem Maße 'geschlechtlich' durchsetzt sind. In den Fallanalysen zu Frau E. und Herrn H. wurde dieser Bezug bereits konkretisiert, in den weiteren Ausführungen zur Körperlichkeit und Sexualität im Erleben der Geschlechter sowie zu geschlechtsspezifischen Umgangsweisen mit dem Körper werden diese Zusammenhänge an Kontur gewinnen, so dass auf Ausführungen hierzu an dieser Stelle verzichtet werden kann.

Bei Herrn H. zeigt sich noch ein weiteres zentrales Identitätsmoment, das eng mit Körperlichkeit verbunden ist: Herr H. bezeichnet sich rückblickend als Alkoholiker ("Ich war Alkoholiker.") und bereitet sein Leben erzählerisch von diesem Fokus her als eine "Suchtkarriere" und eine "Klinikkarriere" auf. Dabei mischt er Versatzstücke eines medizinischen, psychologischen, sozialpädagogischen und 'pflegerischen' Expertenwissens mit 'Alltagstheorien' zu seiner Krankheit und mit 'naiv-kindlich' anmutenden Kommentaren und Selbstverurteilungen. Herr H. gewinnt seine Identität aus der Tatsache, Alkoholiker (gewesen) zu sein, ähnlich 'total' wie Herr D. aus seinem Beruf. Der Körper kommt hier in besonderer Weise ins Spiel: als 'Austragungsort' und zugleich 'Opfer' psychischer Konflikte (die – folgt man dem von Herrn H. angebotenen 'Material' – in einer spezifischen familialen Dynamik ihren Ausgang nehmen und von Herrn H. dahingehend 'gelöst' werden, dass er sich 'unmündig' macht). Bei diesen 'Lösungsversuchen' gerät der Körper in einen Strudel von Gewalt und Zerstörung – er wird 'überspült' und 'zugeschüttet', in seinen Funktionsabläufen massiv irritiert, gerät außer Kontrolle und 'versinkt' in todesähnlichen Zuständen bzw. ist dem Tod über weite Strecken näher als dem Leben. Die Analyse hat deutlich gemacht, wie differenziert die zahlreichen körperlichen Reaktionen von Herrn H. wahrgenommen und dargestellt werden und wie der Körper in seinen Dysfunktionen und Ausfallerscheinungen zum lebensbestimmenden Thema wird. Besonders beachtenswert scheint mir dabei zu sein, dass das gewaltförmige Handeln am und gegen den Körper in einen *unreflektierten* (quasi 'bewusstlosen') Körper-Raum hinein geschieht, und dass erst die körperlichen *Folgen* (Funktionsstörungen) sowie die sie begleitenden psychosozialen Reaktionen (Ekel, Verzweiflung, Selbsthass, Selbstaufgabe, Todeswünsche etc.) reflexiv in den Blick genommen werden.

*Frau F.:*

Unter dem Aspekt von 'Identität und Körperlichkeit' ließe sich der Fall 'Frau F.' noch einmal wie folgt akzentuieren: Frau F. liefert ein besonders plastisches Beispiel für die intensive Wechselwirkung von sozialen Lebensbedingungen, psychischen Dispositionen und Entwicklungen und körperlichen Reaktionen. Die "Torschlusspanik" im jungen Erwachsenenalter (mit ihrem spezifischen biographischen Hintergrund und ihren psychosomatischen Reaktionen) sowie eine deutliche emotionale Abschottung (nichts an sich herankommen zu lassen, Belastungen zu 'schlucken', Gefühle zu unterdrücken und 'wegzustellen') und der körperliche Zustand im Alter (Korpulenz, Herzrhythmusstörungen, Kreislaufprobleme) sind markante Beispiele für diese Wechselwirkung. Man könnte also auch sagen: Der Körper von Frau F. drückt aus, was das 'Ich' ist, er 'verkörpert' wesentliche Dimensionen der Identität. Oder aus einer anderen Perspektive: Das 'Ich' bzw. die Identität von Frau F. formt ihren Körper. Dabei erzeugen die verbalen und 'leiblichen' Präsentationen von Frau F. (um der allgemeinen Aussage auch einen Inhalt beizugeben) das Bild eines 'eingeschlossenen', 'verkapselten', irgendwie 'unterdrückten' und 'verhinderten Ich'. Enttäuschung, Blockade und eine erstickende Selbstgenügsamkeit sprechen aus den Darstellungen von Frau F., und der Körper wirkt wie ein Panzer, der die Belastungen des Außen abpuffert, der aber zugleich mit einem hochgradig 'nervösen' Innenraum ausgestattet ist .

Zusammenfassend betrachtet repräsentieren die herangezogenen Fälle exemplarisch folgende Dimensionen des Zusammenhangs von Identität und Körperlichkeit: *Herr D.* steht für den Typus des 'Experten', der in seiner Berufsrolle aufgeht, seine Identität weitgehend aus beruflich bestimmten Haltungen und Handlungsweisen bezieht und dessen Verhältnis zur Körperlichkeit und zum eigenen Körper nachhaltig durch die umfassenden 'Wissensformen' seiner Expertenschaft (als Arzt) geprägt ist. Das Beispiel *'Frau C.'* zeigt, wie der Körper zum *Identitätsaufhänger* werden und Anlass zu einer lebensbestimmenden *Suche nach Identität* geben kann. Der Fall zeigt darüber hinaus auch, wie der Körper zu einer Quelle von Artikulation, Selbstausdruck und Lebensfreude werden kann. Bei *Frau E.* und *Herrn H.* findet sich eine kulturell hochbedeutsame Variante des Themas 'der Körper als Identitätsaufhänger': Hier wird der *geschlechtliche Körper* (in seinen biologischen Anlagen und seinen sozialen Bewertungen) zur Reibungsfläche und zwingt zur Auseinandersetzung mit der *geschlechtlichen* Identität. Die Lebensgeschichten von *Herrn H.* und von *Frau F.* machen – auf je spezifische Weise – deutlich, wie eng *Identität, Körperlichkeit* und *Psyche* miteinander verbunden sind. In beiden Fällen wird die Identität massiv durch (ungelöste) psychische Konflikte gestaltet und beide Fälle demonstrieren die

'Verkörperung' von psychischem Leid (Herr H. in den Symptomen der Sucht, Frau F. in psychosomatischen Reaktionen und ihrer körperlichen Erscheinung). Der Fall *'Herr H.'* macht überdies auf einen fatalen Zirkel zwischen Identität und Körperlichkeit aufmerksam: Sofern (psychische) Konflikte auf der Ebene des Körpers in destruktiver – also den Körper *zerstörender* – Weise ausgetragen werden, werden auch Identitäten zutiefst beschädigt (Verlust des Ansehens, Stigmatisierung, Ablehnung, Selbsthass) und die so 'lädierte' Identität gerät in einen fortgesetzten Strudel aus Selbstablehnung, Gewalt und Selbstzerstörung.

Die hier herausgestellten Bezüge sind selbstverständlich nicht auf den jeweils herangezogenen Fall beschränkt, sondern lassen sich auch in (den) anderen Fällen in Abschattungen und Variationen finden. So werden etwa auch bei Herrn D. nicht nur Momente der 'Verkörperung' seiner professionellen Haltungen in einem entsprechend asketisch kontrollierten, leistungsfähigen und 'drahtigen' Körper deutlich, sondern etwa auch Momente der Gewalt sowie (durchaus) auch – wenn auch in höchst latenter Weise – Momente der sinnlich-genussvollen Zuwendung zum eigenen Körper und zu Körperlichem. Oder es scheint auch bei Frau C. das Thema geschlechtlicher Identität und seine Konflikthaftigkeit durch. Aber hier ging es ja nicht primär darum, dem jeweiligen Fall in allen Facetten und seiner ganzen Vielgestaltigkeit 'gerecht' zu werden – das kann ohnehin keine (wissenschaftliche) Analyse leisten –, sondern vielmehr darum, jeweils *dominante* strukturelle Merkmale des Falles zu markieren und die Fälle zu (mehr oder weniger) 'prototypischen' Profilen zu verdichten.

Insgesamt empfiehlt es sich, die Frage nach der biographischen Funktion und Bedeutung des Körpers um die oben angedeuteten Fragestellungen zu erweitern – denn nur wenn die Beziehungsmuster, Umgangsweisen und 'Wissensbestände', mit denen der Körper umgeben wird, hinreichend erfasst und ausdifferenziert werden, kann die biographische Relevanz und die Einbindung des Körpers in Identitäten generierende und moderierende Mechanismen umfassend verstanden werden. Dieser Aufgabe der Herausarbeitung körperbezogener 'Wissensbestände', Umgangsweisen und Beziehungsmuster widmen sich die nachfolgenden Analysen.

# 4.    Alltagswissen im Kontext der Körperlichkeit – fallübergreifende Analysen

## 4.1.    Alltagswissen, Diskurse, Deutungsmuster und Mythen – Hinweise zur begrifflichen Verständigung

Wenn in den nachfolgenden fallübergreifenden Analysen nach typischen alltagsweltlichen Thematisierungen des Körpers und der Körperlichkeit gefragt wird, so geschieht das im Rahmen der von Alfred Schütz vorgelegten (und von Berger/Luckmann aufgegriffenen) Konzeption des Wissens in der alltäglichen Lebenswelt oder auch des 'Alltagswissens'. Die Frage nach körperbezogenen Diskursen und Deutungsmustern lässt sich stimmig in diese Konzeption einfügen und theoretisch dort verorten. Mit einigen knappen Strichen seien deshalb (noch einmal) die Schütz'schen Ausführungen zum 'Alltagswissen' umrissen, um dann – ebenfalls sehr komprimiert – wesentliche Dimensionen der Diskursanalyse und der Deutungsmusteranalyse benennen und die Anliegen dieser Zugangsweisen auf die Konzeption alltagsweltlichen Wissens beziehen zu können. Schließlich ist dann zu erläutern, in welcher Form diese Ansätze hier eingesetzt und genutzt werden (sollen).

Schütz geht davon aus, dass unser gesamtes Wissen von der Welt "Konstruktionen" enthält, also Abstraktionen, Generalisierungen, Formalisierungen, Idealisierungen. Insofern gibt es keine 'reinen' oder 'einfachen' Tatsachen, sondern alle Tatsachen sind immer schon aus einem universellen Zusammenhang durch unsere Bewusstseinsabläufe ausgewählte und interpretierte Tatsachen (so wie sinnhaftes Erleben nur möglich wird, wenn ein Ereignis umgrenzt, fixiert und reflexiv zugänglich gemacht wird). Entsprechend betont Schütz, dass uns die Welt zur *Auslegung* aufgegeben ist, und dass wir jeweils nur *bestimmte Aspekte* der Welt erfassen können. Dies gilt für die wissenschaftliche Erfassung der Welt (in theoretischer Einstellung) ebenso wie für die alltagsweltliche Erfassung (in natürlicher Einstellung). Während der wissenschaftliche Zugang in erster Linie künstliche Abstraktionen vornimmt und Modelle von der Welt und ihrem Funktionieren erstellt, die den Relevanzen und Denkmöglichkeiten des wissenschaftlichen Systems entsprechen, 'konstruiert' das alltägliche Denken und Verstehen partikulare Zusammenhänge, die vordringlich pragmatischen Motiven folgen und der praktischen Bewältigung des Alltags dienen (vgl. Schütz 1971a, bes. 5ff.).

In diesem Sinne hält Schütz fest: "Das Alltagswissen des Einzelnen von der Welt ist ein System von Konstruktionen ihrer typischen Aspekte" (a.a.O., 8). Das beinhaltet u.a., dass wir in eine bereits vorausgelegte Welt hineingeboren werden, dass wir in jeder Situation zu Auslegungen/Interpretationen gezwungen sind und dass wir zur Bestimmung und Bewältigung der Situation auf einen bereits etablierten "Wissensvorrat" zurückgreifen (müssen). Dieses sozial hergestellte Wissen von der Welt liegt in Typisierungen vor, und es enthält neben Wissensbeständen mit eher universellem

Charakter (den sogenannten "Grundelementen" des Wissensvorrats) auch Wissensbestände, die inhaltlich kultur- und bereichsspezifisch sowie durch den eigenen biographischen Standort konkret gefüllt sind (vgl. dazu besonders Schütz/Luckmann
1994, 133ff.).

Zu den Grundelementen des Wissensvorrats gehört strukturell die Begrenztheit
der Situation und ihre zeitliche, räumliche und soziale Gliederung. Als Wissensinhalte manifestieren sich diese strukturellen Begrenzungen vor allem in unserem Wissen
über die Zeitgebundenheit des Lebens und seine Endlichkeit, im Wissen über die
Körpergebundenheit des Lebens und den damit gegebenen zeitlichen und räumlichen
Begrenzungen, im Wissen um die biographische Prägung der Situation und die damit
einhergehende Begrenztheit des Wissens sowie im Wissen über die interaktive
Struktur der sozialen Welt – wozu unser Wissen gehört, dass andere Menschen einen
Körper und ein Bewusstsein besitzen (Schütz konzipiert den Menschen als "mit
Bewusstsein ausgestatteten Körper"), der meinem Körper und Bewusstsein ähnelt,
dass wir dennoch einzigartig sind, dass wir uns verständigen und verstehen können,
weil wir gemäß der Idealisierungen der Generalthese der Reziprozität der Perspektiven unseren Standpunkt tauschen können und über kongruente Relevanzsysteme
verfügen etc.. Typisch für das Wissen über diese Universalien ist, dass es zwar potenziell verfügbar ist, aber in der Regel in der pragmatischen Haltung des Alltags
nicht zum Gegenstand der Reflexion gemacht wird.

Gerade für das Körperthema ist von Bedeutung, dass Schütz auf die fliessenden
Übergänge von den Grundelementen des Wissensvorrats zu konkreten Teilinhalten
aufmerksam macht und eine breite 'Grauzone' markiert (insbesondere repräsentiert
durch die körpernahen Formen des Gewohnheitswissens), in der das Wissen um
unsere körpergebundene Existenz lediglich 'mehr oder weniger' explizit mit je spezifischen Inhalten gefüllt und ausgestaltet wird. Das lässt den Schluss zu, dass es im
Rahmen der Körperlichkeit Wissensschichten gibt, die in der Regel nicht aktualisiert
werden und sozusagen 'unthematisch' bleiben (vgl. dazu auch Teil 1/Kap. 2.2.5.).

Gewinnbringend sind in diesem Zusammenhang die Schütz'schen Überlegungen
zur 'Struktur des Nichtwissens', zum Vergleich von Wissen und zu den 'Konturen des
Selbstverständlichen' (vgl. Schütz/Luckmann 1994, bes. 203ff., 214ff., 219f.). Schütz
gliedert die Lebenswelt des Alltags in "relativ durchsichtige, relativ undurchsichtige
und grundsätzlich undurchschaubare 'Bereiche'" (a.a.O., 220). Die Akteure des Alltags legen in der Regel nicht Rechenschaft über die Struktur ihres Wissensvorrats ab
und die Lebenswelt präsentiert sich ihrem Bewusstsein *nicht* "als ein System von
Vertrautem, Glaubwürdigem, Bestimmtem und Widerspruchslosem, das wohlum-
grenzt in einen (...) Bereich des relativ Undurchsichtigen eingefügt ist und von einem
Gebiet des grundsätzlich Undurchschaubaren umgeben ist" (a.a.O.). Die Lebenswelt
zeichnet sich im alltagsweltlichen Wissensvorrat des Einzelnen eher als ein kontu-
riertes 'Ganzes' von Selbstverständlichkeiten ab, wobei sich die 'Vertrautheitsgrade'
sinnbildlich durch mehr oder weniger starke Schraffierungen auszeichnen, das relativ
Undurchsichtige durch 'leere Stellen', die sich aber grundsätzlich füllen ließen, und
nur "das grundsätzlich Undurchschaubare bildet eine echte *terra incognita*"(a.a.O.,
221).

Schütz hebt hervor, dass der individuellen Situation in der Lebenswelt sowohl die relative Undurchsichtigkeit als auch die absolute Undurchschaubarkeit der Lebenswelt auferlegt ist. Ebenso wie der Wissenserwerb als solcher grundsätzlich nie abgeschlossen werden kann, so sind auch die Auslegungen, in denen sich spezifische Wissenselemente konstituieren, grundsätzlich unvollständig: Erfahrungen sind zwar prinzipiell unbegrenzt, die Auslegungen selber aber (die aus dem inneren und äußeren Horizont von Erfahrungen resultieren) sind "grundsätzlich beschränkt" (a.a.O., 205). Entscheidend ist, wie mit diesem unabwendbaren 'Nichtwissen' umgegangen wird.

Schütz markiert hier zwei Möglichkeiten: die 'unterbrochenen' Auslegungen und die 'endgültig abgeschlossenen' Auslegungen. Im ersten Fall tritt die relative Undurchsichtigkeit der Lebenswelt ins Bewusstsein, das Wissen wird als potenziell erweiterbar begriffen und das Unerkannte 'bedroht' den bisherigen Vertrautheitsgrad mit einem Erfahrungsobjekt. Im zweiten Fall erscheint der Rest an Undurchschautem als irrelevant und es geht keine 'Bedrohung' von möglichem Nichtwissen aus. Kennzeichnend für die Wissensstruktur der Alltagswelt ist, dass die Akteure in hohem Maße mit 'endgültig abgeschlossenen' Auslegungen operieren und ihr Nichtwissen akzeptieren bzw. als irrelevant ansehen, weil und sofern es das pragmatische Handeln nicht stört.

Und schließlich weist Schütz darauf hin, dass Merkmale des Wissensvorrats – insbesondere "Wissenslücken" – in Form von *Vergleichen* identifiziert werden können: als 'interner' Vergleich von Wissensbeständen im eigenen Bewusstsein, als Vergleich mit den Wissensbeständen anderer und als Vergleich mit einem 'objektiven' Wissen (also mit dem, was in einer Gemeinschaft über diesen Gegenstand allgemein gewusst wird und/oder vom Einzelnen potenziell gewusst werden könnte).

Bezogen auf das Körperthema bieten die Schütz'schen Differenzierungen interessante Möglichkeiten der Strukturierung körperbezogenen Wissens: 'Körperwissen' (als Wissen *über* den Körper) kann als Teil des lebensweltlichen Wissensvorrats aufgefasst werden, und es ließe sich in Analogie zum lebensweltlichen Wissensvorrat eine 'Landkarte' zeichnen, in der unterschiedliche Zonen der Bekanntheit und Vertrautheit (bzw. der Unbekanntheit und Fremdheit) mit körperbezogenen Wissensbeständen eingetragen und einzelne Bereiche in ihrer je spezifischen inhaltlichen Füllung und in ihrem Bezug zueinander markiert werden. Die Analysen der vorliegenden Arbeit legen nahe, dass hinsichtlich des Körperthemas nicht nur die 'endgültig abgeschlossenen' Auslegungen dominieren, sondern dass das körperbezogene Wissen (bzw. Nichtwissen) auch weit in die Zone des 'grundsätzlich Undurchschaubaren' hineinreicht. Und es kann im Vergleich von Wissensbeständen gezeigt werden, dass die Bereiche körperbezogenen Wissens in ihrer Dichte, in der Art der inhaltlichen Füllung und in ihrer Kontextualisierung besonders deutlich in geschlechtsspezifischer Hinsicht variieren.

Den *sozialen* Charakter des Wissens in der alltäglichen Lebenswelt fasst Schütz klar unter drei Aspekten der Sozialisierung des Alltagswissens: Das Alltagswissen ist *strukturell* sozialisiert, weil es gemäß der Generalthese der Reziprozität der Perspektiven interaktiv vermittelt wird, es ist *genetisch* sozialisiert, weil es über Prozesse der

Tradierung und Legitimierung (über Generationen, Gruppen, Institutionen etc.) weitergereicht und gebilligt wird, und es ist im Sinne der *sozialen Wissensverteilung* sozialisiert, denn: "jedes Individuum kennt nur einen Sektor der Welt, und das gemeinsame Wissen von ein und demselben Sektor variiert individuell je nach dem Grad seiner Bestimmtheit und Klarheit, dem Grad des Bekanntseins oder des bloßen Meinens" (Schütz 1971a, 71). Diese Aspekte – die Struktur, die Genese, die Funktion und Verteilung des Wissens in der Gesellschaft – werden in den "Strukturen der Lebenswelt" differenziert beschrieben und analysiert, was hier aber nicht nachvollzogen werden soll. Und auch in den 'Gesammelten Aufsätzen' finden sich wertvolle Unterscheidungen bezüglich der Qualität des Wissens (etwa im Sinne des 'gut informierten Bürgers', des 'Mannes auf der Straße' und des 'Experten'; vgl. Schütz 1972a, 85ff.).

Auf einen gewichtigen Aspekt im Rahmen der Sozialisierung des Wissens sei jedoch noch verwiesen, weil er in großer Nähe zu der in der vorliegenden Arbeit angestrebten *kulturellen* Verankerung und Vertiefung des Wissens über den Körper steht. Schütz betont den intersubjektiven Charakter des Alltagswissens, indem er alltagsweltliches Denken und alltagsweltliche Konstruktionen als eine "intersubjektive Kulturwelt" kennzeichnet (vgl. u.a. Schütz 1971a, 11ff.). Sie ist *intersubjektiv*, weil Menschen durch gemeinsames Einwirken und Arbeiten an sie gebunden sind, sie ist eine *Kulturwelt*, weil die Welt des täglichen Lebens von allem Anfang an für uns ein "Universum von Bedeutungen" ist und einen "Sinnzusammenhang" darstellt, den wir interpretieren müssen. Und: Dieser Sinnzusammenhang entspringt menschlichem Handeln. Daraus folgt umgekehrt: "Alle kulturellen Gegenstände – Werkzeuge, Symbole, Sprachsysteme, Kunstwerke, soziale Institutionen etc. – weisen in Ursprung und Bedeutung auf die Tätigkeiten menschlicher Individuen zurück" (a.a.O., 12). Biographische Erzählungen und Narrationen über den (eigenen) Körper (oder genauer: die 'Protokolle' bzw. 'Texte' dieser Erzählungen) können in diesem Sinne als kultureller Gegenstand aufgefasst werden, der in sozialer Interaktion hervorgebracht wurde (in der Forschungssituation) und der vorangegangene Interaktionen (als vom Erzählenden objektivierte Konstruktionen) enthält. Erzählungen stellen selbst Wissensformen dar und sie enthalten (auf mehreren Ebenen) sozial tradiertes und vermitteltes Wissen. Insofern können Erzählungen bzw. die in ihnen enthaltenen Erzählmuster – wie gängige Diskurse, Mythen, Anekdoten, Assoziationen, Bilder etc. – als Repräsentationen sozial hergestellten Wissens aufgefasst werden. In diesem Sinne wird in der Sozialpsychologie (eingeleitet von Moscovici zu Beginn der 1960er Jahre) von "sozialen Repräsentationen" gesprochen, auf die auch Uwe Flick im Rahmen seiner Untersuchungen zum Alltagswissen über Gesundheit und Krankheit rekurriert (vgl. Flick 1991, bes. 20ff.):

Nach Flick setzt die Idee der sozialen Repräsentationen an alltäglichen Prozessen des Verstehens und der Begriffsbildung durch die Subjekte im Alltag an. In Anlehnung an Moscovici und in Abgrenzung zu kognitivistischen Vorstellungen der 'Informationsverarbeitung' und des 'Verhaltens' von Menschen (statt des Konstruierens und des Verstehens von Wirklichkeit) begreift Flick soziale Repräsentationen als "spezifische Phänomene, die sich auf eine besondere Art zu verstehen und zu kommunizieren beziehen" (vgl. a.a.O., 21). Jodelet hat folgenden Definitionsvorschlag unterbreitet:

> "Soziale Repräsentationen sind Modalitäten des praktischen Denkens, die auf Kommunikation, Verstehen und die Beherrschung der sozialen, materiellen und ideellen Umwelt gerichtet sind. In dieser Hinsicht stellen sie spezifische Typen in Bezug auf die Organisation der Inhalte, auf die mentalen Operationen und auf die Logik dar. Die soziale Kennzeichnung der Inhalte oder Prozesse der Repräsentation ist bezogen auf die Bedingungen und Kontexte, in denen die Repräsentationen zum Vorschein kommen, auf die Kommunikationen, durch die sie sich verbreiten und auf die Funktionen, die sie in der Interaktion mit der Welt und den anderen erfüllen" (Jodelet 1984, zit.n. Flick 1991, 20).

Entscheidend ist, dass soziale Repräsentationen nicht am individuellen Wissen ansetzen (so wie etwa subjektive Theorien), sondern am kollektiven Wissen. Es wird davon ausgegangen, "dass Vorstellungen sozial geteilt sind, d.h. weniger individuumsspezifisch als gruppenspezifisch zu finden sind" (a.a.O., 21). Mit Moscovici hebt Flick hervor, dass über soziale Repräsentationen Zugang zur Art und Weise gefunden werden soll, wie eine Gesellschaft in Bezug auf einen bestimmten Bereich oder Gegenstand 'denkt', und er zitiert zusammenfassend Moscovicis Hinweis: "Soziale Repäsentationen sollten als eine besondere Weise begriffen werden, das zu verstehen, was wir bereits wissen und darüber zu kommunizieren" (Moscovici 1984, zit.n. Flick 1991, 21f.).

In der vorliegenden Arbeit geht es in den fallübergreifenden Analysen in erster Linie darum, zentrale, wiederkehrende und kollektive Muster der Thematisierung und Kontextualisierung des Körpers in alltagsweltlicher Rede herauszuarbeiten. Man könnte auch sagen: Es geht um die Ermittlung typischer körperbezogener *Diskurse* im Sinne sozialer Repräsentationen. Um den Analysegegenstand noch genauer fassen zu können, soll kurz auf wesentliche Dimensionen der sozialwissenschaftlichen Diskursanalyse eingegangen werden.

Ein wenig ernüchternd stimmt zunächst die Feststellung, dass die Diskursanalyse kein genuines Feld der Soziologie ist, sondern ihre Wurzeln eher in der Soziolinguistik, der Literatur, der Geschichts- und Politikwissenschaft sowie in der Sozialpsychologie hat. So konnte sie bisher auch keine eigenständige soziologische Methode herausbilden (die Diskursanalyse ist auch keine Methode, sondern eher eine 'Fragerichtung'!) und es fehlt ein eigenständiger sozialwissenschaftlicher Diskussionsstrang (vgl. Keller 1997). Reiner Keller unternimmt dennoch den Versuch, das diskurstheoretische Gerüst und das empirische Vorgehen einer *soziologischen* Diskursanalyse zu umreißen und die Diskursanalyse als ein weiterzuentwickelndes Instrument in den Kanon einer sozialwissenschaftlichen Hermeneutik einzugliedern.

Keller markiert drei Traditionslinien im Hinblick auf die begriffliche Bestimmung und die Auffassungsweisen von 'Diskursen': 1. der Diskurs als ein Begriff der Alltagssprache, der im angelsächsischen und französischen Sprachraum für 'Gespräch' oder 'Rede' steht, 2. eine Diskursauffassung, die die Regeln von Gesprächen (allgemein: mündlicher Kommunikation) in lebensweltlichen und institutionellen Kontexten untersucht (besonders einflussreich ist hier die sprachanalytische Philosophie (Austin, Searle), aber auch der Symbolische Interaktionismus [Blumer] und der ethnomethodologische Ansatz [Garfinkel ]) und schließlich 3. ein Zugang, der die

Sprache und die Theorie der Sprache ins Zentrum stellt, wobei die Sprache als Zeichensystem (langue) und/oder in ihrer Anwendung des Sprechens (parole) interessiert.

Die Soziolinguistik (Labov, Cicourel) und der französische Poststrukturalismus – insbesondere der geschichtswissenschaftliche Poststrukturalismus Michel Foucaults – hat innerhalb dieses dritten Strangs zu den soziologisch bedeutsamsten Weiterentwicklungen geführt und die wissenschaftliche Vorstellung von Diskursen als "institutionalisierten und geregelten Redeweisen" besonders geprägt. Hier interessiert vor allem die *kollektive* Ebene von Prozessen gesellschaftlicher Wirklichkeitskonstruktionen, die in allgemein öffentlichen und in Spezialdiskursen untersucht wird. So hat Foucault über seine materialen Analysen das Interesse auf Diskurse wissenschaftlicher Disziplinen (Geisteswissenschaft, Psychologie, Recht, Medizin) als zentrale Orte bzw. Institutionen der Diskursentstehung und -verankerung gelenkt (Keller verweist hier auf: 'Die Ordnung der Dinge' [1974], 'Die Ordnung des Diskurses' [1974], 'Archäologie des Wissens' [1981 ]). Von zentraler soziologischer Bedeutung sind dabei insbesondere Foucaults Hinweise auf die *Ermächtigungs-* und *Ausschlusskriterien* von Diskursen sowie auf die vermittelnde Funktion *diskursiver Praktiken*, die eine Verknüpfung von Denk- und Deutungsschemata mit Handlungsschemata leisten.

Die bis hierher vorgestellten Aspekte reihen den Ansatz in wissenssoziologisches Denken ein, und ganz in diesem Sinne markiert Keller die Diskursanalyse als "wissenssoziologisch-konstruktivistisch orientierte(n) Ansatz der Analyse objektiver Bedeutungssysteme", "ihrer historisch bestimmbaren Genese" sowie "ihrer diskursinternen und -externen Funktionen im gesellschaftlichen Kontext" (Keller 1997, 329). Zentrale 'Hintergrundtheorien' und Annahmen der Diskursanalyse (die in erster Linie dem Symbolischen Interaktionismus und den diskurstheoretischen Überlegungen des französischen Poststrukturalismus entstammen) rekurrieren auf eine konstruktivistische Grundperspektive und damit auf die wahrnehmungssteuernde Funktion sozial konstruierten Wissens. Diskurse sind zentraler Bestandteil dieses Wissens und produzieren bzw. reproduzieren die symbolische Ordnung einer Gesellschaft. Sie sind also ebenso Ausdruck des Sozialen wie Konstitutionsbedingung des Sozialen. Sie organisieren den Fluss des Wissens durch die Zeit und stellen dabei Deutungen auf Dauer (Aspekt der Institutionalisierung), sorgen aber auch für deren Verflüssigung (Aspekt der Delegitimation).

Keller hebt hervor, dass in diesem Kontext Sprache nicht als Zeichensystem untersucht wird, das wir benutzen, um einer 'realen' Welt Ausdruck zu verleihen, sondern als Zeichensystem, mit dem wir Bedeutungen produzieren (a.a.O., 315): "Die Bedeutungen liegen in den Diskursen nicht als lose, unzusammenhängende Zeichenpartikel, sondern in je spezifischen, gebündelten oder strukturierten Formen vor" (a.a.O.). Mit anderen Worten: Die in Diskursen enthaltenen (oder: "prozessierten") Deutungen sind als typisierte und typisierbare Schemata organisiert, "die in der diskursspezifischen Textproduktion, aber auch im Deuten und Handeln der in den Diskurs eingebundenen Akteure aktualisiert werden" (a.a.O.).

Dieses Diskursverständnis verweist auf übergreifendere Konzeptionen der Organisation von Wissen bzw. von Bedeutungen und Deutungen (wie sie etwa in Form von 'Interpretationsrepertoires', 'frames' 'Rahmen', 'story lines' oder 'Scripts' vorliegen) und so auch auf den Ansatz der *Deutungsmusteranalyse*, der im methodischen Teil der Arbeit bereits vorgestellt wurde (vgl. Kap. 1.6. des 2. Teils). Ganz im Sinne der an Schütz und Berger/Luckmann orientierten Konzeptualisierung von Wissen begreift die soziologische Diskursanalyse Diskurse als verdichtete Elemente des Wissensvorrats, die in ihrer 'Tiefenschicht' auf grundlegende(re) Deutungsschemata verweisen. In ihrer 'weicheren' und 'flüssigeren' Form sind Diskurse auch als das zu begreifen, "worüber in einer Gesellschaft gesprochen wird, was als Problematik und Thema verhandelt wird und was zur kollektiven Sinnproduktion beiträgt" (Keller 1997, 316). So lässt sich zusammenfassend mit Keller sagen, "dass Diskurse themenbezogene, disziplin-, bereichs- oder ebenenspezifische Arrangements von (Be)Deutungen sind, in denen je spezifische Handlungsvoraussetzungen und -folgen (Institutionen, Praktiken) impliziert sind" (a.a.O., 317). Diskurse können unterschiedliche Formalisierungsgrade und Fokussierungen haben, und es lassen sich 'alltäglich' verwendete Diskurse von 'öffentlichen' oder 'Expertendiskursen' unterscheiden, wobei auch hier das 'Absickern' öffentlicher Diskurse in den Verwendungszusammenhang des alltäglichen Lebens (mit Schütz: in die Wissensbestände des 'gut informierten Bürgers' und des 'Mannes auf der Straße') besondere Aufmerksamkeit gewidmet wird.

Bezüglich des methodischen Vorgehens hat die Diskursanalyse bisher keine eigenständigen Vorschläge unterbreitet (und sie versteht sich ja auch nicht als eine 'Methode', sondern eher als eine spezifische Frage- und Thematisierungsweise). Mithin steht die Diskursanalyse vor den gleichen methodologischen Fragen und Problemen wie andere Ansätze sozialwissenschaftlicher Hermeneutik und bedient sich ähnlicher Verfahren, auf die hier allerdings nicht noch einmal eingegangen werden soll (vgl. dazu ausführlich Kap. 1. des 2. Teils). Generell gilt auch hier, was bereits Schütz immer wieder betont hat: Dass das jeweilige Frageinteresse genau gekennzeichnet werden muss, weil die Fragen bzw. die formulierten Probleme (im Kern: die 'Relevanzen' des Wissenschaftlers) die Art des Zugriffs sowie den Horizont und die Aussagekraft der Ergebnisse bestimmen. Entscheidend ist hier vor allem auch, sich über den Status des vorliegenden Diskurses (bzw. des Protokolls eines Diskurses) klar zu werden. Die fixierte Rede enthält in der Regel nicht einen Diskurs als 'Ganzes', sondern lediglich *Diskursfragmente*, und es ist zu fragen, welcher Ausschnitt des Diskurses so jeweils abgebildet und erfasst werden kann und wie eine Komplettierung dieses Bildes gelingen kann. Das führt zu einem zweiten gewichtigen Problem: der Frage der Bewältigung der nötigen Datenmengen, um etwa einen themenbezogenen Diskurs möglichst vollständig einfangen zu können.

Für die vorliegende Untersuchung ist deshalb festzuhalten: Wenn hier körperbezogene Diskurse herausgearbeitet werden sollen, so gilt es im Auge zu behalten, dass es sich dabei 1. um die 'Rede' über den (eigenen) Körper handelt, die sich in *bestimmten Kohorten* (hier die Jahrgänge 1905 bis 1935) ausgebildet hat bzw. dort auffindbar ist; dass 2. vornehmlich jene 'Rede' fokussiert wird, die sich im *'alltägli-*

*chen'* Diskurs etabliert hat (also nicht die Rede von Expertenschaften bezüglich des Körpers im Vordergrund steht, sondern die Rede des 'Normalbürgers', der allerdings mehr oder weniger 'gut informiert' sein und mehr oder weniger stark von Expertenwissen 'infiziert' sein kann – etwa weil er als Klient mit professionellem Körperwissen in enge Berührung gekommen ist oder weil er über Ausbildung und Beruf sogar dort 'hineinsozialisiert' wurde); dass 3. diese 'Rede' in einer *spezifischen Forschungssituation* eingefangen wurde (die Rede ist hier Produkt einer künstlichen Situation [Interview] und nicht Produkt der natürlichen Interaktion im Alltag); dass sich 4. anhand der wenigen Fälle zwar immer wiederkehrende und daher (für dieses Sample) 'typische' Diskurse herausarbeiten lassen, dass es jedoch eine empirisch offene Frage bleiben muss, wie grundlegend diese Diskurse (für diese Kohorten oder auch für die Mitglieder dieser Gesellschaft) insgesamt tatsächlich sind, und ob nicht (bei einer anderen Auswahl des Samples oder einer anderen Gestaltung der Gespräche) noch ganz andere zentrale Diskurse sichtbar geworden wären oder die hier herausgestellten Diskurse eine andere 'Farbe' erhalten hätten.

Ähnliches ließe sich auch für die herausgestellten bzw. noch herauszustellenden Deutungsmuster sagen, wobei der übergreifendere und 'stabilere' Charakter des Deutungsmusters gegenüber den 'flüssigeren' und 'vielgestaltigeren' Diskursen vermutlich dazu beiträgt, dass sich zentrale Deutungsmuster eher auch aus einem einzigen Fall ableiten lassen als Diskurse. So wurde ja bereits auf die fundierenden Qualitäten von Deutungsmustern hingewiesen: auf ihre Eigenschaft als Träger kollektiver Sinngehalte, auf ihre normative Geltungskraft, auf ihre innere Konsistenz und verhältnismäßig hohe Stabilität sowie auf ihre Ansiedlung auf einer tiefenstrukturellen und latenten Ebene (Deutungsmuster stellen eine Ebene des Wissens im Sinne einer "latenten Sinnschicht" dar). Damit ist allerdings zugleich das Problem gegeben, dass Deutungsmuster nur begrenzt reflexiv verfügbar und zugänglich sind: Sie tragen zwar erheblich zur Organisation der Wahrnehmung von sozialer und natürlicher Umwelt in der Lebenspraxis des Alltags bei, werden aber in der Regel dabei nicht selbst thematisch. Somit steht die Deutungsmusteranalyse vor ähnlichen Schwierigkeiten wie die Erforschung des Selbstverständlichkeiten im Alltag – bei der Wahl des 'Körpers' als Referenzpunkt verdreifachen sich diese Schwierigkeiten in gewisser Weise sogar.

'Alltagswissen', Diskurse und Deutungsmuster ließen sich also wie folgt aufeinander beziehen: Die phänomenologisch orientierte und wissenssoziologisch-konstruktivistisch ausformulierte Bestimmung von 'Alltag' und 'Wissen' sowie alltagsweltlich verankerter Wissensbestände dient als große Klammer und hat das 'Alltagswissen' als soziale Konstruktion und als Orientierungsfolie des Einzelnen zur (intersubjektiven) Bewältigung des Alltags definiert. Diskurse können als spezifische Verdichtungen dieses Alltagswissens aufgefasst werden, die als eine Art 'wiederkehrender Rede' von den Akteuren des Alltags aufgegriffen, gestaltet und zur Alltagsbewältigung genutzt werden. Die Diskurse werden von Deutungsmustern getragen, die auf einer 'tieferen' Ebene angesiedelt sind und aufgrund ihrer höheren inneren Konsistenz und ihres 'latenten' und weniger greifbaren Charakters die Diskurse 'unterschichten' und lebendig halten. Diskurse und Deutungsmuster haben gemeinsam, dass sie

Träger kollektiver Sinngehalte sind und als soziale Repräsentationen aufgefasst werden können.

In einem Überlappungsbereich von Diskursen und Deutungsmustern ließen sich in diesem Modell *Mythen* platzieren. Als eine etablierte Erzählform sind Mythen eine spezifische Form (oder auch Träger) eines Diskurses, und sie werden zugleich von Deutungsmustern gespeist. In Lebenserzählungen können Mythen dazu eingesetzt werden, dem Erlebten und Erzählten eine spezifische Bedeutung zu verleihen. Dieser Aspekt des Mythos wird deutlich, wenn man Mythen als Strategie begreift, alltägliche Kämpfe zu bewältigen. Alexander Freund und Laura Quilici betonen in dieser Sichtweise den *abwehrenden* Charakter von Mythen und die Gestaltungsarbeit, die hier geleistet wird: "Menschen kreieren und benutzen Mythen als ein Mittel, um vergangene Ereignisse zu kontextualisieren. Diese Kontextualisierung wird erreicht, indem vergangene Geschehnisse versetzt, ausgelassen und reinterpretiert werden" (Freund/Quilici 1997, 215). Mythen enthalten stets Übertreibungen, Ausblendungen, Vereinseitigungen und Verzerrungen. Die zentrale Funktion dieser 'Gestaltungsarbeit' liegt darin, Situationen so zu kontextualisieren (oder auch zu reinterpretieren und umzudeuten), dass sie ihren belastenden oder bedrohlichen Charakter verlieren und sich ohne allzu große Erschütterungen in das eigene Selbst- und Weltbild einfügen lassen. Mythen dienen somit der Alltags- und Lebensbewältigung und stehen in enger Verbindung zu Fragen der Identitätssicherung (Wahrung von Kontinuitäten, von Selbstbildern und Überzeugungen, Schutz vor dem Eindringen 'fremder' und 'bedrohlicher' Elemente).

Freund/Quilici illustrieren diese Funktion von Mythen u.a. anhand der Lebenserzählungen von deutschen Einwanderinnen nach Vancouver nach dem zweiten Weltkrieg. Die befragten Frauen schufen den Mythos, dass die eigentlich entwürdigende und enttäuschende Realität (von den sie aufnehmenden Familien für Hausarbeiten eingesetzt und ausgebeutet zu werden) ihnen als Sprungbrett in die erhoffte Freiheit, Unabhängigkeit und Karriere dienen würde. Mit dem Mythos der 'Hausarbeit als Sprungbrett' gelang es ihnen, die tatsächlich erlebte Fremdheit, Unterdrückung und Enttäuschung zu bewältigen. Die realen Belastungen mussten so nicht anerkannt und bearbeitet werden, sie konnten ihre Identität als junge, abenteuerlustige und unabhängige Frauen wahren und es gelang ihnen, mit dem alltäglichen Stress besser klar zu kommen. Und selbst die aufgebürdete oder sogar freiwillig übernommene Mehrarbeit konnte über diesen Mythos zu einem Teil der Selbstbestimmung umgedeutet werden.

Im Rahmen der Körperthematisierungen ist damit zu rechnen, dass Mythen mit ihren typischen Auslassungen, Verzerrungen und Einseitigkeiten und ihrer abwehrenden Funktion gerade dann besonders stark ausgebildet sind und eingesetzt werden, wenn es sich um belastende, kulturell verdrängte und tabuisierte Dimensionen des Körpers und der Körperlichkeit handelt. Eine herausgehobene Bedeutung dürften Mythen daher im Kontext der Thematisierung von Sexualität und sexuell konnotierten Aspekten haben. Bezogen auf den Doppelaspekt von Mythen als Diskurs *und* Deutungsmuster ließe sich festhalten, dass Mythen einerseits gängige kollektiv etablierte alltagsweltliche Anschauungen und 'Gewißheiten' transportieren bzw. repräsentieren, und dass sie andererseits von solchen kulturell tief verankerten Mustern getragen und gespeist werden, die in der oben angedeuteten Weise mit Fragen der Identitätssicherung, der Aufrechterhaltung des Selbstverständnisses und der individuellen wie kollektiven Abwehr von Bedrohlichem verbunden sind. Wie diese körperbezogenen Mythen inhaltlich ausgestaltet und strategisch im Rahmen der hier vorliegenden Lebenserzählungen eingesetzt werden, ist eine lohnende Frage.

In Anlehnung an die so eben geleistete begriffliche Verständigung sollen im Folgenden zentrale alltagsweltliche Wissensbestände zum Thema 'Körper' (die als Diskurse, Mythen, Deutungsmuster vorliegen können) aufgezeigt sowie systematisiert und in übergeordnete, soziologisch relevante Zusammenhänge gestellt werden. Bevor dieser Versuch unternommen wird, sei eine kurze Vorbemerkung gestattet:

Die Aufgabe der Herausarbeitung zentraler Diskurse und Deutungsmuster ist komplex und kompliziert. Bereits ein einziger Fall (bzw. der entsprechende Text eines Falles) enthält eine unendliche Fülle von körperbezogenem Wissen und körperbezogenen Deutungsmustern und jeder Satz, der im Horizont des Körperthemas ausgesprochen wurde, verweist jeweils auf eine Vielzahl von Interpretationsmöglichkeiten als körperbezogenem Deutungsmuster. Zudem ist letztlich nie ganz trennscharf zu unterscheiden, was an einer Thematisierung 'in den Horizont des Körperthemas' genau gehört und was nicht mehr dort hinein gehört. Das Körperthema ist von einem großen und weit verzweigten 'Hof' von Nachbarthemen (wie Sexualität, Geschlechtlichkeit, Krankheit, Bewegung etc.) umlagert und die Gefahr des 'Abdriftens' in benachbartes Gelände ist groß.

## 4.2. Der 'erste' Zugang zum Körper – spontane Assoziationen

Im Hinblick auf die übergreifende Fragestellung, wie der Körper in unserer Kultur im Alltagsbewusstsein verankert ist und welche körperbezogenen 'alltäglichen' Wissensformen sich etabliert haben, soll zunächst einmal untersucht werden, welche spontanen und fallspezifisch typischen Zugänge die Befragten *von sich aus* zu der Körperthematik anbieten: Was verbinden sie mit dem Thema 'Körper' (bzw. mit dem Körperthema in einem biographischen Kontext?) Welche spontanen und dominanten Assoziationen entfalten sie? Welche Gefühle und Stimmungen werden virulent? Welche weiteren Themen werden mit dem Körper in Zusammenhang gebracht? Aber auch: Welche Formen der Abwehr, der Irritation und Ratlosigkeit und des 'Nicht-Zugangs' zeigen sich? Dabei wird davon ausgegangen, dass sich gerade in den spontanen Assoziationen – also in dem, was sich den Befragten unmittelbar aufdrängt, direkt präsent ist und spontan präsentiert wird – jene Denkmuster und Bewusstseinsstrukturen spiegeln (oder auf sie verweisen), die für den Körperumgang und das Körperverhältnis der Befragten typisch sind und/oder die eine besondere Bedeutung für den jeweiligen Fall haben.

Anhand von zwölf Fällen wird illustriert, wie die Befragten das Thema 'Körper' im ersten Zugang einführen und inhaltlich füllen. Dazu werden vornehmlich die Einstiegssequenzen in das Gespräch analysiert und es wird nach der weiteren Entwicklung dieser Einstiegsfokussierung des Körperthemas im Gesamttext gefragt. Im Rahmen dieses Samples von zwölf Fällen zeichnen sich typische Thematisierungsprofile ab; sie können und sollen in einem zweiten Schritt dazu genutzt werden, die thematisch fokussierte Analyse des Materials insgesamt zu strukturieren. Aus ökonomischen Gründen kann hier keine ausführliche Sequenzanalyse demonstriert, sondern es sollen lediglich zentrale Aufmerksamkeitsrichtungen benannt werden.

### 4.2.1.   Thematisierungsweisen – skizziert an zwölf Fällen

#### (1) Herr D. (Jahrgang 1923)

*Herr D. geht von sich aus nicht auf das Körperthema ein.* Wie gezeigt (vgl. Teil 2/Kap. 3.1.1.) liefert er zunächst einen kompletten, chronologischen Überblick über seinen Lebenslauf, ohne sich explizit auf den Körper zu beziehen bzw. eine Verbindung zum Forschungsanliegen herzustellen, und es ist die Interviewerin, die das Thema immer wieder anhand verschiedener Aufhänger (wie etwa Körpererinnerungen aus der Kindheit und Jugend) einbringt oder körperbezogene Elemente der Erzählung aufgreift und vertiefende Nachfragen stellt (wie etwa Äußerungen zum Sporttreiben, zum Kontakt zum anderen Geschlecht, zur medizinischen Berufspraxis, zum Herzleiden). Folgende falltypische Thematisierungen kristallisierten sich dann im weiteren Gesprächsverlauf heraus: Der Körper wird als etwas vorgestellt, das sich bei ihm *nicht* bemerkbar macht oder gemacht hat. Der Körper wird thematisiert als 'Träger von *Symptomen*'. Und er kommt in den Blick als *Leistungsträger* (indem er 'funktioniert' und 'in Ordnung' ist bzw. 'keine Schwierigkeiten' macht und gute bis sehr gute Trainingsleistungen und -effekte zeigt).

Damit zeichnet sich ein funktionalistisches Verständnis des Körpers ab, das jedoch nicht nur einseitig ist, sondern zugleich prekäre Ausblendungen zeitigt. Denn indem der Körper auf ein störungsfreies Funktionieren reduziert und nur dann wahrgenommen wird, wenn er *nicht* funktioniert, kann er in anderen Dimensionen kaum oder gar nicht mehr wahrgenommen werden – er wird zu einer 'Nicht-Existenz'. Deutlicher Ausdruck dieser 'Nicht-Existenz' des Körpers bzw. des einsinnig funktionalistischen Körperverständnisses sind die häufigen Negationen in den Körperthematisierungen von Herrn D. (die *Abwesenheit* von Symptomen, *nicht* vorhandene Schwierigkeiten, *keine* Auffälligkeiten etc.), die Sprödigkeit und Ratlosigkeit angesichts der Fragen nach Gefühlen und Erinnerungen an den Körper sowie der fehlende Bezug von 'Körper' und 'Biographie': Der Körper wird nicht mit der eigenen Lebensgeschichte in Verbindung gebracht und auch zwischen dem professionellen Umgang mit Körperlichem als Arzt und der Frage nach dem Körper wird keine Beziehung hergestellt.

Das heißt nicht, dass Herr D. keine körperliche Sensibilität oder Empfindungsfähigkeit besitzt oder keine Bezüge zwischen Körperlichem und Biographischem herstellen könnte (der Text zeigt das Gegenteil), sondern es heißt, dass diese Momente – den Körper jenseits seiner Funktionstüchtigkeit auch in seinen sensiblen, gefühlsbezogenen, psychischen und individuell-biographischen Bezügen zu denken – nicht fest verankert sind bzw. nicht zum Grundbestand des Alltagsbewusstseins von Herrn D. gehören.

*(2) Frau C. (Jahrgang 1928)*

Wie in der Fallanalyse (vgl. Teil 2/Kap. 3.2.1.) ausführlich gezeigt wurde, spricht Frau C. bereits in der Einstiegssequenz einen fundamentalen Zusammenhang an. Sie verweist auf das *Verhältnis von Körper und Seele* und stellt damit einen weitreichenden, übergeordneten und biographisch bedeutsamen thematischen Rahmen her. In der Fortführung wird dieser Rahmen weiter ausgebaut durch die Hinzunahme eines zentralen individuellen körperlichen Merkmals (das 'Rotblond-Sein') und typischer Charaktereigenschaften ('empfindlich' zu sein, 'anders' zu sein als andere und ein 'zäher Brocken' zu sein). So entsteht ein thematischer Horizont, der Körperliches, Seelisches und individuell Biographisches aufeinander bezieht und tatsächlich werden dann im weiteren Text zentrale Themen und Konflikte des Lebens genau vor diesem Hintergrund von Frau C. entfaltet und ausgeleuchtet.

Die Thematisierungen von Frau C. verdichten sich zu der Frage nach der eigenen Identität, sie rekonstruieren einen biographischen Suchprozess im Sinne der Selbstfindung (der noch in Bewegung ist) und sie bilden diesen Prozess auch strukturell (durch die Art, wie erzählt und reflektiert wird) ab. Damit ist Frau C. in intensiver Auseinandersetzung mit der eigenen Person und sie teilt dies auch mit und lässt andere daran teilhaben. Außerdem sieht sie ihren Körper in enger Verwobenheit mit seelischen Prozessen und dadurch auch mit der eigenen Person und ihrer Geschichte. Die unterschiedlichen Facetten der Bedeutung des Körpers im Leben von Frau C. wurden ja oben ausführlich analysiert und sollen hier nicht erneut aufgerollt werden. Anders als bei Herrn D., der einen spontanen Zugang zum Körper nicht findet, wird hier der Körper über die Seele (und emotionale Vorgänge) in das Leben und in die biographische Thematisierung hineingeholt und in den Kontext einer 'Entwicklungsgeschichte' (Identität, Selbstfindung, Emanzipation) gestellt.

*(3) Frau F. (Jahrgang 1926)*

Auffällig an der Interaktion mit Frau F. ist der Einstieg in das Gespräch. Bereits vor dem Beginn der Aufzeichnung 'überfällt' sie die Interviewerin mit einem Wortschwall und die Interviewerin hat Mühe, das Tonband-Gerät einzuführen und mit der Aufzeichnung zu beginnen. Inhalt der ersten (nicht protokollierten, aber nachträglich anhand schriftlicher Notizen in wesentlichen Zügen rekonstruierten) Sequenz ist das Thema *'Aufklärung'*:

Als die Interviewerin das Anliegen der Untersuchung vorstellt und das Körperthema anspricht, reagiert Frau F. spontan mit dem Hinweis auf eine *'fehlende Aufklärung'*: Ihre Mutter habe ihr durch ihre asexuelle Haltung einen zentralen Bereich des Lebens vorenthalten, sie sei ohne jedes Wissen mit der Menstruation konfrontiert worden und habe auch bezüglich sexueller Kontakte keinerlei Informationen von der Mutter erhalten. Der Vater habe die Aufgabe der Aufklärung an die (nichts sagende) Mutter delegiert. Erklärt wird die Verweigerung und sexuelle Abstinenz der Mutter durch die Tatsache, dass sie in dieser Hinsicht selbst lieblos und uninformiert aufgezogen worden sei. Nach dem Beginn der Aufzeichnung wird das Thema 'fehlende Aufklärung durch die Mutter' fortgesetzt: Die patriarchalischen Lebensverhältnisse zur Zeit ihrer Kindheit (absoluter Respekt und Gehorsam gegenüber den Eltern, distanzierter Umgang, fehlende Offenheit, Gottesfürchtigkeit) hätten dazu geführt, dass Fragen dieser Art (Menstruation, sexueller Kontakt / Zeugung / Verhütung, Schwangerschaft / Geburt) nicht behandelt werden konnten ("Also bei uns war das gar nicht möglich – Gespräche zu führen in dieser Weise.").

Spontane Assoziationen zum Thema Körper sind bei Frau F. also: die 'fehlende *Aufklärung*' und damit ein *spezifischer Bereich* der Körperlichkeit: die Sexualität; die Betonung eines *verstellten Zugangs* zur Körperlichkeit ('*fehlende* Aufklärung') und damit zu einem zentralen Lebensbereich (die Sexualität wird als etwas Wichtiges, auch persönlich Bedeutsames angesehen); auffällig ist die Wucht, mit der dieses Thema eingeführt wird (die Interviewerin wird überrollt und kommt nicht zum Zuge); die Verbindung mit den vorgeborenen Generationen von Frauen (die Mutter wird verantwortlich gemacht für den verstellten Zugang und zugleich entschuldet durch die Handlungen der Mutter der Mutter).

Die vehemente Platzierung dieses Themas zu Beginn des Gesprächs ist erklärungsbedürftig: Warum wird ein Thema eingebracht, dass derart 'heikel' ist? Heikel im Sinne eines doppelten Problemcharakters: Denn Frau F. muss damit etwas thematisieren, was 'verstellt', blockiert, nicht zugänglich gemacht wurde, und sie muss auf eine schwierige Beziehungskonstellation eingehen (das gespannte Verhältnis zu ihrer Mutter, das in der Fallanalyse herausgearbeitet wurde; vgl. Teil 2/Kap. 3.3.). Der Gesamttext legt die Vermutung nahe, dass Frau F. sich ein anderes Verhältnis zur Sexualität gewünscht hätte und dass hier ein tiefes Bedauern vorliegt, nicht freier, offener mit diesem Thema (auch mit dem sexuellen Kontakt zu Männern) umgegangen zu sein. So wird zum Einstieg etwas individuell stark *Belastendes* thematisiert, was ein Bedürfnis nach Entlastung verrät. (Analog hierzu gibt Frau F. gegen Ende des Gesprächs zu verstehen, dass sie das Sprechen im Rahmen dieses Interviews über den Luxus und hohen großbürgerlichen Standard in ihrer damaligen Heimat entlastet und "befreit" hätte, weil sie mit 'Hiesigen' darüber nicht sprechen kann, denn sie glauben diesen Luxus nicht oder halten ihn für Aufschneiderei. Vielleicht hat Frau F. auch nach einer Entlastung bezüglich des ambivalent besetzten Themas *Sexualität* gesucht.)

Auf der anderen Seite wird mit der Betonung der *fehlenden* Aufklärung auch ein Schutzwall errichtet: 'Über etwas, von dem ich nichts weiß, über das ich nicht hinreichend informiert wurde, das mir verstellt wurde, kann ich auch nichts sagen.' Und es wird eine *passive* Haltung kultiviert: 'Ich kann nicht, weil es mir keiner gezeigt hat.' Durch die enge Koppelung von 'Körper' und 'Sexualität' (zum Körper fällt spontan die sexuelle 'Aufklärung' ein) wird das Körperthema insgesamt verstellt und *dethematisiert* und gerät in den Sog einer trägen, passiven Gleichgültigkeit. 'Trägheit' (die sich auch in der körperlichen Erscheinung im Sinne einer Korpulenz manifestiert hat) und eine gewisse emotionale Abschottung (die einhergeht mit einer körperlichen Abschottung im Sinne eines 'Körperpanzers') wurden ja als typische Elemente des Falles herausgearbeitet. Insgesamt wird also eine *Abwehr* des Körperthemas spürbar, die eng mit der biographischen Abwehr von Sexualität verbunden ist sowie mit der

Abwehr biographisch belastender Momente (Ereignisse, Konstellationen, Entwicklungen, Verhinderungen, Manifestationen).

*(4) Herr H. (Jahrgang 1935)*

Noch während die Interviewerin das Anliegen vorstellt (die Frage nach Körpererfahrungen und Körpererinnerungen) wirft Herr H. ein: *"Oh wei – (...) das is' eigentlich 'n bisschen sehr intim – Frau Doktor"*. Wie bereits herausgearbeitet (vgl. Teil 2/Kap. 3.4.) stellt Herr H. eine enge Verbindung von 'Intimität' ("das is' eigentlich 'n bisschen sehr intim"), 'Lüge' ("ich würde Sie anlügen") und seinem Alkoholproblem her ("Ich war früher Alkoholiker."). Der Körper bzw. die angefragte Thematisierung des Körpers bringt ihn in eine schwierige Lage (Ausrufungen wie "Oh wei", "Mein Gott" zeigen das an): Er muss über Dinge, Vorgänge, Erscheinungen sprechen, die offenkundig intensiv mit *Scham* besetzt sind.

Das 'Intime' wird mit zwei Bedeutungen belegt: Als intim (oder 'zu intim') werden all jene Körpervorgänge (körperliche Deformationen und Ausfallerscheinungen, Kontrollverluste) angesehen und erlebt, die in enger Verbindung mit dem Alkoholismus stehen (Dinge, vor denen er sich ekelt, die er schlimm, schrecklich und verabscheuungswürdig findet), und als intim (oder als 'Intimbereich') wird auch das Feld der Sexualität begriffen, wobei das Alkoholproblem und seine körperlichen Folgen auch dieses Feld belasten und zu einem mit doppelter Scham besetzten Bereich machen.

Die spontane Assoziation zum Körper ist also auf das Engste verbunden mit der eigenen Biographie und dem (regressiven) Verfangen-Sein auf körperlicher Ebene. Der Alkoholismus konfrontiert intensiv mit dem eigenen Körper und seinem Zerfall (der Körper ist 'Austragungsort' der Konflikte) und das Körperthema konfrontiert mit dem Alkoholproblem und der konfliktreichen Biographie. In der Fallanalyse konnte zudem gezeigt werden, dass der Körper auch 'Anlass' eines Konflikts ist (des Konflikts mit der eigenen Männlichkeit und der Weigerung, 'erwachsen' zu werden). Und dass die Beziehung, die Herr H. zu seinem Körper gelebt hat, geprägt ist durch Gewalt und Zerstörung.

*(5) Frau E. (Jahrgang 1929)*

Ähnlich wie bei Frau C. besitzt der Körper auch für Frau E. eine hohe biographische Bedeutung, die entsprechend reflektiert wird. Wie gesehen (vgl. Teil 2/Kap. 3.5.) drängt sich der Körper bereits nach den ersten Sätzen in den biographischen Erzählfluss hinein ("jetzt kommt mir immer Ihre Rede von dem Körper dazwischen") und wird mit zwei Feststellungen als bedeutsam verankert: mit der Zuschreibung, als "'Trampelchen' verschrie'n" gewesen zu sein und den Körper als eine entscheidende Quelle von Kraft (und Selbstbewusstsein) erlebt zu haben. Die biographische Bedeutung des Körpers wird also festgemacht an zwei zentralen Säulen der Körperwahrnehmung: der *Fremd*wahrnehmung des Körpers (wie andere ihn gesehen haben) und der *Selbst*wahrnehmung des Körpers (wie er erlebt wird). Dabei ist es kein 'Zufall', sondern passt zu dem Selbstbild von Frau E., dass die Fremdwahrnehmung negativ konnotiert ist (ein 'Trampelchen' zu sein, nicht der weiblichen Norm zu genügen) und die Selbstwahrnehmung positiv (die eigene Kraft zu spüren, sie einzusetzen, daraus Gewinn zu ziehen für das Selbstwertgefühl).

Während das Thema 'Geschlecht' und die Suche nach einer geschlechtlichen I-dentität bei Frau C. nur gelegentlich anklingt, ist es bei Frau E. ein zentrales Identi-tätsthema (besonders deutlich wird es in ihrer Suche nach Anerkennung als 'Frau mit männlichen Eigenschaften' in einer von Männern geprägten Berufswelt und im Rah-men ihrer Positionierung als Frau im Hinblick auf sexuelle Kontakte mit Männern). Insgesamt zeigt auch die biographische Erzählung von Frau E., dass sie sich intensiv mit ihrem persönlichen Werdegang auseinandergesetzt und einen Prozess (oder so-gar mehrere Prozesse) der Emanzipation durchlaufen hat. In diesem intensiv und reflektiert durchlaufenen Leben wird der Körper zu einem zentralen Fokus: Zu-schreibungen und Wahrnehmungen, die auf ihn treffen (bzw. von denen er umgeben wird) und die ihn als einen 'anderen', 'unweiblichen' Körper ausweisen, tragen hohen Aufforderungscharakter – insbesondere die geschlechtliche Verortung und Selbstfin-dung, die maßgeblich vom Körper getragen wird und körperlich verankert ist, wird zur biographischen Herausforderung.

*(6) Frau T. (Jahrgang 1921)*

Auch Frau T. fällt der Interviewerin ins Wort (ähnlich wie Herr H.) bzw. lässt sie mit der Vorstellung ihres Anliegens nicht zum Zuge kommen (ähnlich wie Frau F.). Wie alle Befragten hatte auch Frau T. ein Anschreiben mit der Erläuterung des For-schungsanliegens bekommen und die Interviewerin stellt zu Beginn des Gesprächs erneut das Anliegen vor:

*I.: "... vielleicht sag' ich Ihnen zum Einstieg noch ein bisschen genauer – worum es mir geht, was ich eigentlich möchte – das is' ja zunächst einmal ein etwas – ja – ungewöhnliches Ansinnen, so über den eigenen Körper zu sprechen – ."*

Daraufhin entsteht ein kommunikatives 'Gerangel', bei dem sich Frau T. durchsetzt (Frau T. setzt zum Sprechen an, nimmt den Ansatz zurück, die Interviewerin ermun-tert zum Einwurf, Frau T. winkt ab, die Interviewerin bietet Frau T. an, es im Kopf zu behalten, was sie sagen wollte und will selbst fortsetzen, da ergreift Frau T. doch das Wort) und sagt:

*Frau T.: "Ja, ja! Das wird sowieso ein bisschen, eine – h-h-heikle Sache werden! Denn – meine Generation is' ja nun – schon die dritte praktisch nach der jetzigen – vor (!) der jetzigen, vor der jetzigen (!) – und da is' ja natürlich alles – alles ganz anders gewesen, extrem anders gewesen – äh – die ganze Einstellung auch zum Körper oder auch – das Sexualleben oder was es auch sei, ja. (...) Äh (räuspern) – was damals zu verklemmt war, ist heute an und für sich zu – – ähm – find' ich, zu – frei und zu unverschämt, also, das is' meine Meinung und das is' auch die Meinung meiner Generation im Großen und Ganzen, ja – aber bitte (räuspern) fahren Sie fort".*

In ihrer spontanen Assoziation hebt Frau T. also ab auf generelle, sozial etablierte Einstellungen und Meinungen dem Körper gegenüber und verweist damit in den Raum des Allgemeinen (sie bringt also das Thema nicht mit ihrer eigenen Person und biographischen Momenten in Verbindung (so wie es Frau C. und Frau E. tun) und sie bindet das Thema 'Körper' und (verklemmte) 'Sexualität' auch nicht in ein persönliches Erleben ein (wie es Frau F. tut, die die 'fehlende Aufklärung' mit der Mutter in Verbindung bringt und als eine persönliche Beschneidung empfindet und thematisiert). In diesem allgemeinen Raum verschafft sich Frau T. zusätzlich Sicherheit, indem sie andere (Mitglieder ihrer eigenen, 'dritten' Generation) als Gewährsleute einführt, die ihre Meinung teilen und damit bekräftigen sollen. Kern ihrer Aussage ist: 'Es wird vermutlich sehr schwer werden, zu dem Körperthema etwas von mir zu erfahren, weil dieses Thema so "heikel" ist. Schuld daran ist die Tatsache, dass meine Generation mit einer ganz anderen und zwar sehr verklemmten Einstellung zum Körper und insbesondere zur Sexualität aufgewachsen ist.'

Bemerkenswert ist dabei vor allem Folgendes: die Distanzierung des Themas von der eigenen Person (durch den Rekurs auf allgemeine Einstellungen und Meinungen); die Zuspitzung des Themas 'Körper' auf die Sexualität ("das Sexualleben"), denn allein in dieser Hinsicht erfolgt eine inhaltliche Präzisierung des Körperthemas (die bezeichnenderweise aber auch zugleich wieder ins Beliebige aufgeweicht wird durch den Zusatz "oder was es auch sei", so als sollte das Thema 'entschärft' und ihm die 'heikle' Brisanz genommen werden); die schematische Gegenüberstellung von 'früher' und 'heute' sowie die Totalität ("alles"), Extremität ("ganz", "extrem") und Unüberbrückbarkeit, mit der die Gegensätze zwischen 'früher' und 'heute' konzipiert werden ("alles" war "ganz" und "extrem anders") und schließlich der defizitäre Status, der früheren und heutigen Einstellungen zum Körper zugeschrieben wird.

In allen diesen Äußerungen schwingen Ablehnung und Distanz zum Körper mit. Mit der Herstellung einer unüberbrückbaren Kluft zwischen 'früher' und 'heute' versetzt sich Frau T. auf eine Zeitinsel, in der sie – gerade in persönlichen und heiklen Fragen – unerreichbar und unangreifbar ist (so betont sie im Gespräch immer wieder auch die Unterschiede zwischen 'früher' und 'heute' in ganz alltäglichen Dingen und ordnet die Interviewerin mehrfach explizit in eine 'andere', jüngere Generation ein, die Vieles überhaupt nicht mehr verstehen und nachvollziehen kann). Auf den Punkt gebracht wird die Distanzierung des Körperthemas durch den letzten Aspekt: Weder die verklemmte frühere Haltung noch die zu freie und unverschämte Haltung heute können einen Zugang zum Körper schaffen: Beide *distanzieren* ihn. Mithin liegt auch hier eine spezifische Form der *Abwehr* des Körperthemas vor.

*(7/8) Frau G. und Herr G. (beide Jahrgang 1932)*

Das Gespräch mit Frau G. und Herrn G. stellt eine Besonderheit dar, weil es sich hier um einen Austausch 'zu Dritt' handelt. Bei der Terminabsprache hat Frau G. (über die der Kontakt hergestellt wurde und die in der Beziehung die Fäden 'nach draußen' in der Hand hat) darauf bestanden, dass das Gespräch *gemeinsam* mit ihrem Ehemann (und nicht etwa einzeln) geführt wird. Zu Beginn des Gesprächs spricht die Interviewerin diese besondere Situation an und Frau G. reagiert mit den Worten:

> *Frau G.: "Also ich äh sag' Ihnen das gleich:Ich wollte Zeit sparen. Net dass wir zweimal drei Stunden, jeder, 'n Nachmittag opfern soll – ja? (...)."*

Deutlich höhere Priorität als einem Austausch über die eigene Lebensgeschichte und damit verbundenen Körpererfahrungen wird der Tatsache eingeräumt, dass man "viele Interessen" hätte und insbesondere bei schönem Wetter zum Wohnwagen hinausfahren würde. Als zweite Begründung für eine pragmatische und zeitsparende Zusammenlegung der Termine gibt Frau G. dann an: *"(...) Außerdem haben wir voreinander ja keine Heimlichkeiten."*

Die sich daran anschließende Gesprächssequenz (S. 2/3 des Protokolls) ist hinsichtlich der inhaltlichen Füllung des Körperthemas äußerst aufschlussreich und sie gibt zugleich einen beredten Einblick in die Interaktionsdynamik und Beziehungsstruktur, die sich zwischen Herrn und Frau G. im Laufe der Ehe entwickelt hat. An diesem Beispiel kann deutlich werden, wie der Umgang mit einem Thema (hier dem Körperthema) maßgeblich auch durch die Interaktionsstruktur von Beziehungen gesteuert wird bzw. wie Interaktionen und Beziehungsmuster ein Thema 'herstellen' und 'verwalten'. Um das besser nachvollziehen zu können, sei die entsprechende Passage hier in voller Länge zitiert und anschließend interpretativ bearbeitet:

> *Frau G.: "(...) Außerdem haben wir voreinander ja keine Heimlichkeiten."*
> *I.: "Mhm. – Und wie sehen Sie (zu Herrn G. gewandt) das?"*
> *Herr G.: " – Najaahh – also wenn des, des sagen wir mal, der Sex mit 'nein spielt und so weiter und so fort ..."*
> *Frau G: (unv. gemurmelter Einwand)*
> *Herr G.: "... – also da könnt' ich mir vorstellen – dass da mei Frau da halt Hemmungen hat, da das äh äh zu erzählen. Ja – "*
> *I.: "Mhm. Also Sie vermuten ..."*
> *Herr G.: " – könnt' ich mir vorstellen. Mhm?"*
> *I.: " ... Sie vermuten, dass das auch so 'ne – Angst – äh (lacht leicht) -reaktion ist?"*
> *Herr G.: "(zögernd:)/Jjah/ – "*
> *I.: "Sich nicht auf so viel Zeit einzulassen? Oder sich auf so viel ..."*
> *Frau G.: "(gerufen:)/Nö, das weniger!/"*
> *Herr G.: "Ja, ja also – "*
> *Frau G.: "Das hat jetzt da mit Sex nix zu tun! Sondern ... "*
> *Herr G.: "Also das ganze Spektrum, das könnt' schon riesig werden oder oder sein, also jetzt im Punkt – – Sex sagen wir mal. Ja."*
> *I.: "Mhm. – Und bei Ihnen (zu Herrn G. ) ist das nicht so, dass Sie da vor dem Thema Hemmungen hätten?"*

*Herr G.: "Ja, normalerweis' nit, aber wir war'n (lacht), wir war'n uns einig, dass wir das Thema äh praktisch ähm – "*
*Frau G.: "Mir, mir ist das zu intim! Und, und, Sie können 's drehen und wenden, wie Sie wollen, ich find' es ist Intimsphäre – "*
*I.: "Mhmm"*
*Frau G.: "die einen Dritten (betont:)/nichts angeht/."*
*I.: "Mhm."*
*Frau G.: "Ja?"*

Die spontanen Assoziationen, die die Befragten zum Thema 'Körper' anbieten, lassen sich so umschreiben: Frau G. bringt das Thema mit *"Heimlichkeiten"* in Verbindung (die das Ehepaar, wenn es um das Körperthema geht, *nicht* voreinander hat); und sie assoziiert weiter unten das Thema mit *'Intimität'*, wobei sie erklärt, dass ihr das, was ihr Mann als "Sex" eingebracht hat, "zu intim" sei, dass es hierbei um eine/die "Intimsphäre" ginge und dass dies "einen Dritten (...) nichts angeht". Beachtenswert ist jedoch, dass Frau G. sich offensichtlich nicht mit dem identifiziert, was ihr Mann unter dem Stichwort "Sex" thematisiert, denn sie dementiert vehement, dass die ihr vom Mann unterstellten "Hemmungen" etwas mit Sex zu tun hätten ("Das hat jetzt da mit Sex nix zu tun!"). Und sie dementiert auch die von der Interviewerin vermutete Angst, sich auf dieses Thema einzulassen ("Nö, das weniger!"). Offen bleibt jedoch, was Frau G. mit dem verbindet, was ihr Mann "Sex" nennt (sie benutzt in der entscheidenden Sequenz einen sprachlichen Platzhalter ("mir ist *das* zu intim!") und füllt diese Worthülse auch in der Fortführung nicht). Vermutlich aber will sie darauf hinweisen – und sie tut das gegen Ende der Sequenz sehr klar und bestimmt (fast schroff) –, dass sie über die intimen, und zwar (so ist zu vermuten) die sehr persönlichen und privaten, Vorgänge im Bereich der Sexualität sehr wohl mit ihrem Mann kommunizieren kann (da gibt es keine Heimlichkeiten), dass diese ganz privaten Dinge jedoch vor Dritten geheim gehalten werden sollen und Außenstehende nichts angehen. Entsprechend hat sie mit ihrem Mann im Vorfeld offenbar eine Vereinbarung getroffen: Über dieses Thema soll im Interview nicht gesprochen werden – so jedenfalls wäre der Hinweis von Herrn G. zu lesen, dass man sich "einig" war (dass das Thema umgangen oder nicht angesprochen werden soll). Bezeichnenderweise wird diese Sinnfigur jedoch nicht zu Ende gebracht, sondern bleibt ihrerseits unausgesprochen, denn Frau G. fällt ihrem Mann an dieser Stelle mit ihrer resoluten Erklärung ins Wort.

Bezüglich der Beziehungsdynamik fällt auf, dass Herr G. in dieser Sequenz dreimal den gemeinsamen Konsens und die Loyalität zu seiner Frau unterläuft: Er führt das Thema 'Sex' ein und bricht damit die gemeinsame Absprache; er unterstellt seiner Frau Hemmungen bezüglich des auszusparenden Themas; und er bricht schließlich sogar auf der Metaebene den Konsens, indem er die Absprache selbst öffentlich macht. Thematisch und atmosphärisch agiert Herr G. mit diesen Offenlegungen dicht am Gegenstand: Er 'verrät' ein (oder sogar mehrere) Geheimnis(se), deckt also jene "Heimlichkeiten" auf, die Frau G. eingeführt hat. Beziehungsdynamisch könnte man auch von Boykott und Brüskierung durch *Verrat* sprechen, womit die Beziehungsaspekte 'Kampf' und 'Macht' virulent werden. Vielleicht zeigt sich in diesem Verrat die Gegenwehr des 'kleinen Mannes', der sich einem 'Konsens' fügen musste, der eigentlich gar nicht der seine ist. Die Formulierung von Frau G., "wir" hätten keine Heimlichkeiten voreinander, dokumentiert eine starke Eingemeindung des Partners in das eigene Denken und insgesamt drängt sich der Eindruck auf, dass Frau G. in einer dominanten Weise stets die Angelegenheiten *für beide* regelt (sie führt die Außenkontakte, sie entscheidet über das Gesprächssetting und verwaltet die gemeinsame Zeit, sie hat den internen 'Konsens' initiiert, sie setzt – nicht nur in dieser Sequenz – jeweils die entscheidenden Akzente und Schlusspunkte im Gespräch). Die Analyse des Gesamttextes bestätigt sowohl auf inhaltlicher wie auf struktureller Ebene die herausragende Führungsrolle, die Frau G. in der Beziehung inne hat.

Welche spontanen Assoziationen zum Körperthema bringt nun Herr G. ein? Vermutlich reagiert Herr G. auf das von seiner Frau eingeführte Stichwort "Heimlichkeiten" (das wie ein Reizwort zu wirken scheint) und füllt das Thema 'Körper' mit dem Stichwort *"Sex"*. Dieses Stichwort wird von ihm zwar hartnäckig verfolgt (auf Seite 3/4 des Protokolls folgen dazu weitere Ausschmückungen, wie etwa der Hinweis auf das offene Reden in Talkshows über 'Sex', der ungehemmte Austausch zwischen Jugendlichen über Kondome und Verhütung, das Selbstverständliche nackter Busen in Illustrierten, die fehlende eigene Aufklärung in der Jugendzeit), zunächst aber steht es karg und monolithisch im Raum. Wobei auch hier eine merkwürdige Dehnung und Ausweitung ins Beliebige stattfindet (der 'Sex', der da irgendwo "mit 'nein spiel(en)'" könnte, die diffuse Aufweichung des Satzes durch "und so weiter und so fort") und sich zugleich eine plumpe Direktheit zeigt ("also jetzt im Punkt – – Sex sagen wir mal"), die allerdings ebenfalls an den Rändern des Satzes im ungreifbar Monströsen und Diffusen verschwimmt ("Also das ganze Spektrum, das könnt' schon riesig werden oder oder sein", "sagen wir mal").

In dieser letztlich 'alles-und-nichts'-sagenden sprachlichen Leere kann das Thema 'Sex' so recht keine Kontur erhalten – und gerade das scheint mir typisch für den Umgang mit dem Thema Sexualität (und eine bestimmte Form des Alltagsdiskurses zur Sexualität) zu sein. Unter dem platten Etikett "Sex" wird das Thema Sexualität zu einem 'riesigen' Syndrom, in dem sich die unterschiedlichsten Versatzstücke der *öffentlichen Präsentation* von Sexualität und sexuell konnotierten Elementen versammeln (nicht umsonst spricht Herr G. weiter unten auf Talkshows, Illustrierte, die ungenierte Nacktheit in diesen Blättern und die [medial vermittelte] freizügige Diskussion zu sexuellen Fragen unter Jugendlichen an). Sexualität als "Sex" wird zwar öffentlich und 'schamlos' goutierbar, aber es wird auch zu einem unüberschaubaren Feld, in dem man sich in seiner persönlichen Betroffenheit nicht mehr wiederfinden kann und sich vielleicht sogar noch nicht einmal wirklich angesprochen fühlt: Der 'Sex' läuft ohne Tiefenwirkung an einem vorbei.

Herr G. scheint – im Gegensatz zu seiner Frau – genau diesem Mechanismus aufzusitzen: Er kann über das Thema offen sprechen, es zur Sprache bringen, weil er nicht von jener Sexualität redet, die seine Frau im Sinn hat (Sexualität als ein persönliches, privates Geschehen), sondern weil er sich auf das 'ungefährliche' Feld des öffentlichen Diskurses zur Sexualität begibt. So muss er das Thema nicht wirklich an sich heranlassen und es ist bezeichnend, dass er in diesem Kontext ja auch von seiner

Person ablenkt, indem er die Hemmungen seiner Frau zum Thema macht. Also auch hier haben wir es mit einer Form der *Abwehr* zu tun – sie ist nur nicht so offensichtlich wie die schroffe Abgrenzung seiner Frau. Denn vermutlich ahnt auch Herr G., dass man sich in dem "ganzen Spektrum", das die Sexualität darstellt und das "riesig werden oder oder sein" könnte, verlieren könnte – nämlich dann, wenn man sich tatsächlich den hierin angesiedelten persönlichen Fragen (Gefühlen, Unsicherheiten, Ängsten, Peinlichkeiten) stellen würde.

Festzuhalten ist schließlich auch noch, dass offensichtlich Frau G. die Verwalterin in Sachen 'Sexualität' ist: Sie setzt den Zeitrahmen des Gesprächs und sie erlässt das Sprachtabu bezüglich des Themas. Hier zeigt sich, dass der Einfluss, den Frauen auf die Herstellung des Klimas haben, in dem Fragen der Körperlichkeit und der Sexualität behandelt werden, erheblich ist und dass sie maßgeblich dazu beitragen, *wie* über diese Dinge gesprochen wird, *was* gesagt wird und was *nicht* gesagt werden darf.

*(9) Herr N. (Jahrgang 1909)*

Die spontanen Assoziationen, die Herr N. zum Körperthema anbietet, beziehen sich im Wesentlichen auf *Krankheiten*. Der Körper wird also hinsichtlich seiner organischen Funktionstüchtigkeit zum Thema gemacht.

Nach der Einführung und Erläuterung des Anliegens durch die Interviewerin beginnt Herr N. seine Erzählung zunächst mit wesentlichen biographischen Angaben (dass die Eltern drei Söhne hatten, seine Brüder Zwillinge waren und er "als Nesthäkchen" sechs Jahre später kam. Ergänzt wird, dass es sich um eine "bürgerliche Familie" handelte, der Vater "Malerobermeister" war und dass "also alles in Ordnung war" und "wir" (vermutlich er und die beiden Brüder) in der Jugendzeit "keine besonderen Schwierigkeiten gehabt" haben). Nach den nicht vorhandenen Schwierigkeiten werden die Krankheiten eingeführt:

> Herr N.: "(...) *natürlich: Kinderkrankheiten: Masern, Röteln – aber sonst eigentlich äh – keine Besonderheiten, ja. Ich hab' mir dann noch mal den linken Fuß vertreten (...) seitdem lauf' ich 'n bisschen krumm (...) hatte immer 'n bisschen Not dann mit dem linken Fuß.*"

Die Geschichte mit dem Fuß wird ausgebaut und ergänzt durch eine weitere Krankheit bzw. einen Unfall in der Kriegsgefangenschaft: Ihm ist eine Eisenbahn-Lore über den Fuß und das Bein gerollt, dann hat sich eine Flechmone dort eingenistet und musste operiert werden, was insgesamt aber im weiteren Verlauf "keine besonderen Schwierigkeiten" gemacht, sondern nur zu einer "kleine(n) Behinderung" geführt habe. Gleichwohl wird diese Episode (wie das Bein unter die Lore gerät) an zwei weiteren Stellen des Textes aufgegriffen und detailliert, was vermuten lässt, dass dieser Unfall doch mehr belastet, als zugegeben wird.

Die Krankheiten werden also getaucht in eine Atmosphäre der Harmlosigkeit, Natürlichkeit und Unauffälligkeit – zum Teil wird auch heruntergespielt und bagatellisiert. Ähnlich wie bei Herrn D. fallen auch hier die Negationen ins Auge: "*keine* besonderen Schwierigkeiten", "*keine* Besonderheiten" gehabt zu haben. Wie wichtig Herrn N. offenbar die 'Normalität' und das 'Reibungslose', 'Unauffällige' ist, wird auch im Anschluss deutlich: Hier weist er erneut auf die "geordneten Familienverhältnisse" hin, in denen ein "normaler, gesunder Familienton" herrschte und in denen es keine Schläge, keinen Zwang und kein Drangsalieren gab.

Danach führt Herr N. das Thema 'Krankheiten' weiter aus. In der Kriegsgefangenschaft hätte er Dyphterie gehabt und sei sehr abgemagert heimgekehrt. Mit der Erinnerung an die harte Zeit in der Kriegsgefangenschaft wird auch ein zentrales Lebensmotto von Herrn N. zum ersten Mal angesprochen, das an späteren Stellen im Text voll entfaltet wird: sich mit den gegebenen Verhältnissen zu arrangieren, die jeweilige Lage zu akzeptieren, nicht pessimistisch zu jammern und sich seelisch nicht unterkriegen zu lassen. Damit habe er sich durch viele schwierige Situationen gerettet und sein Stolz wird spürbar, dass er zu den Wenigen gehört, die die mörderischen Bedingungen im Kriegsgefangenenlager auf diese Weise überlebt haben.

Das Thema 'Krankheit' bekommt hier einen anderen Klang: Es steht in enger Verbindung zu tiefen körperlichen und seelischen Erschütterungen im Krieg und passt keinesfalls mehr in die harmlose bürgerliche Idylle, die zu Beginn hergestellt wird. Doch auch hier wird 'normalisiert' und verharmlost: Etwa wenn Herr N., der auf unter 50 kg abgemagert war, davon spricht "sehr schlank geworden" zu sein, oder wenn er in mehreren Anekdoten eigentlich dramatische Vorkommnisse entschärft (so entgegnet er seinen Kameraden, die Angst vor dem Verhungern haben: "Macht nicht so 'n Quatsch. Wir leben hier und hier kriegen wir was zu essen und zu trinken", und er witzelt "Krieg' ich noch 'n Nachschlag Essen?", als er ausgerufen wird, dass er das Lager verlassen und in die Heimat zurückkehren darf). Aber vermutlich ist genau das die Strategie, die es Herrn N. erlaubt hat, die schwere Zeit im Lager zu überstehen.

Festzuhalten ist: Das Körperthema berührt durchaus einschneidende und belastende Punkte der Biographie (Herr N. spricht in mehreren intensiven Passagen das Erleben im Lager von sich aus an und ist dabei zum Teil emotional sehr bewegt), zunächst wird es jedoch unter dem Motto 'natürlicher' "Kinderkrankheiten" in den Grundgestus der Lebenserzählung eingefügt, der darauf abhebt, dass es sich um ein unauffälliges, normales, geordnetes und gesundes Leben handelt. Hinter dieser Fassade der 'Normalität' und der Abwesenheit von Schwierigkeiten wird versteckt, was eigentlich oder zumindest *auch* belastet. Ein ähnliches Muster der Verharmlosung und Bagatellisierung von Krankheit und Belastendem wurde ja auch bei Herrn D. deutlich.

*(10) Herr O. (Jahrgang 1911)*

Aufgrund einer psychophysischen Besonderheit (Gedächtnisschwäche) gelingt es Herrn O. nicht, einen Zugang zum Körperthema zu finden.

Herr O. leidet seit seiner Kindheit unter einer spezifischen Form der Gedächtnisschwäche, die sich vor allem darin zeigt, dass er "nichts behalten" kann (das Auswendiglernen von Gedichten oder die Speicherung von Wissensinhalten war ihm fast unmöglich). Diese Gedächtnisschwäche hat weitreichende Konsequenzen: Herr O. bezeichnet sich als einen "totale(n) Versager" was "das Theoretische" und "das Schriftliche" angeht und er bekennt, sich in seinem Beruf als Montageingenieur stets so "durchgemogelt" und "geblufft" zu haben. Von den praktischen Abläufen hat er sehr viel verstanden, konnte anderen alles erklären, war gefragt und ist beruflich viel herumgekommen – man hat ihm sogar einen leitenden Posten angeboten, den er jedoch abgelehnt hat, weil er fürchtete, dass dann seine schriftlichen Schwächen sichtbar werden.

Im Verlauf des Interviews 'stolpert' Herr O. immer wieder über dieses Defizit. Es fällt ihm außerordentlich schwer, Dinge zu erinnern und zusammenhängend zu erzählen. Er bemerkt und thematisiert dieses Unvermögen immer wieder und leidet im Gespräch darunter: Er würde gern erzählen, aber er könne sich nicht erinnern. So ist der Text typischerweise gekennzeichnet durch starke gedankliche Sprünge, unlogische Anschlüsse und weitreichende Ungereimtheiten und Leerstellen, die auch durch Nachfragen nicht geklärt werden können. (Vermutlich kommt zu der frühen Gedächtnisschwäche auch noch eine Form der Altersdemenz hinzu).

Entscheidend ist eine weitere Komponente dieser Gedächtnisschwäche: Herr O. stellt an mehreren Stellen des Interviews fest, dass er so "drauflos gelebt" und sich "keine Gedanken gemacht" hätte. Damit verbindet er die Tatsache, dass er nie über irgendwelche Themen, Probleme oder Konflikte wirklich ernsthaft nachgedacht habe, sondern die Dinge so habe "laufen lassen". Diese Selbstanklage steht in enger Verbindung zu dem Leiden, nichts behalten, sich nicht erinnern und damit auch nichts erzählen zu können: Er könne sich wohl unterhalten, aber *erzählen* könne er nicht, weil er sich nicht erinnert und weil er sich nie intensiv Gedanken um etwas gemacht hat!

An diesem Fall wird eindringlich vorgeführt, wie eng Gedächtnis, Erinnerung, Reflexion und Bewusstsein und das narrative Vermögen zusammenhängen, und dass Menschen, die von der Möglichkeit des Sich-Erinnerns abgeschnitten sind, auch von ihrer eigenen Geschichte und dem reflexiven Umgang mit dieser Geschichte in weiten Teilen abgeschnitten sind. Wobei Herr O. ja nicht unter einer völligen Aphasie leidet, sondern ihm bestimmte Elemente seines Lebens und auch das besondere Defizit, dem er ausgesetzt ist, durchaus zugänglich sind. (Vielleicht benutzt er die Schwäche auch als bequemes Vehikel, sich keine Gedanken machen zu müssen und er hat sich längst oder über weite Teile seines Lebens mit dem 'Drauflosleben' und praktischen Agieren arrangiert. Für die psychischen Hintergründe dieser Gedächtnisschwäche gibt der Text einige Anhaltspunkte – insbesondere der strenge und ehrgeizige Vater, der Pastor war, scheint hier eine besondere Rolle zu spielen – , diesen Zusammenhängen kann hier jedoch nicht nachgegangen werden.)

Für die Frage nach Erinnerungen an den Körper hat diese Gedächtnisschwäche 'vernichtende' Konsequenzen: Herr O. ist nicht in der Lage, einen reflexiven Zugang zu dem Thema zu finden und reagiert an einer Stelle mit einer fast barschen Abwehr, als die Interviewerin erneut nach dem körperlichen Erleben fragt. Dies erstaunt umso mehr, wenn man sich vergegenwärtigt, dass Herr O. in seiner praktischen Tätigkeit ständig mit dem Körper umgegangen ist, der Körper *das* Medium seines Handwerks war. Aber vermutlich stellt das praktische Tun (ganz im Sinne des 'impliziten Wissens') eine eigene und unzugängliche Welt dar. Der reflexive Zugriff auf diese praktischen Dimensionen konnte oder wurde nicht kultiviert und es fehlt mithin die Fähigkeit, das gelebte Leben gedanklich einzuholen und zu spiegeln. Und so sind auch keine Erzählschemata für das Thema 'Körper' zuhanden.

*(11) Herr P. (Jahrgang 1905)*

Herrn P. gelingt kein spontaner, direkter Zugang zum Körperthema. Er beginnt seine Erzählung mit dem starken Eindruck und der Begeisterung, den der Beginn des ersten Weltkriegs (Herr P. ist 1905 geboren und der älteste der Befragten) bei ihm als Kind ausgelöst hat und leitet dann über zu der "Not", die man im Krieg hatte: "vor allem in der Ernährung". Das Thema Hunger, die Beschaffung von Nahrung und von Brennmaterial (Holz, Kohle) für die Familie wird dann weiter ausgebaut und auch in nachfolgenden Passagen öfter aufgegriffen (er war der Älteste und seine Mutter hat und konnte sich in dieser Hinsicht auf ihn verlassen).

Das Körperthema ist insofern präsent, als das Hungern und Frieren im Krieg natürlich zutiefst körperliche Phänomene sind und sicherlich das Leben entscheidend geprägt haben. Es ist jedoch zu beachten, dass diese Verbindung zum Körperthema implizit bleibt und dass Herr P. keinerlei Hinweis gibt, dass oder wie er seine Ausführungen auf das Körperthema bezieht. So bleibt auch völlig im Dunkeln, ob er das Forschungsanliegen überhaupt wahrgenommen hat und was ihm dabei durch den Kopf geht.

Dieses kommunikative Vakuum zieht sich durch das gesamte Gespräch und Herr P. bleibt in gewisser Weise als Interaktionspartner unerreichbar. Dazu passt, dass er am Ende des Gesprächs fragt, ob bei einem nächsten Treffen (um das die Interviewerin bittet) ähnlich "harmlose Fragen" gestellt würden, zugleich aber bekundet, dass er heikle Dinge nicht erzählen würde. Mit anderen Worten: Herr P. hat sich in ein harmloses Plaudern gerettet (denn nicht die Fragen waren 'harmlos', sondern das, was er daraus gemacht hat) und das Gespräch 'ausgesessen'. Und auch dies ist eine Form der *Abwehr*.

*(12) Frau B. (Jahrgang 1912)*

Das Gespräch mit Frau B. fand unter anderen Ausgangsbedingungen statt als die übrigen Gespräche: Frau B. war der Interviewerin durch einen Vortrag im Rahmen eines Kongresses zum Thema 'Alter' bereits vor dem ersten Treffen als eine aussichtsreiche Gesprächspartnerin aufgefallen und sie wurde aufgrund dieser Tatsache gezielt angesprochen (die anderen Begegnungen entstanden durch Vermittlung über Dritte [Fachhochschuldozentin, Heimleiterin] und waren mehr oder weniger dem 'Zufall' überlassen).

Frau B. hatte in diesem Vortrag, der stark biographische Züge trug, unter anderem erwähnt, dass sie den Körper und die Leiblichkeit für sich im Alter ganz neu entdeckt hätte. Insofern war der Einstieg in das Gespräch in gewisser Weise vorgegeben: Die Interviewerin nahm Bezug auf diesen Hinweis und die ersten Assoziationen (die in diesem Falle zwar nicht 'spontan' von Frau B. ausgingen, sehr wohl aber einen biographisch bedeutsamen und an anderer Stelle [Vortrag] ja bereits entsprechend thematisierten Aspekt des Körperbezugs trafen) kreisten entsprechend um dieses Thema.

Die Schilderungen, die Frau B. hierzu im Gesprächseinstieg liefert, sind ausgesprochen lebendig und engagiert. Sie hat im Alter (seit ihrer Emeritierung) die Bewegung, den freien künstlerischen Tanz und eine Form der meditativen künstlerischen Gestaltung (Malen) für sich entdeckt und berichtet begeistert von den expressiven Freiräumen, den Artikulations- und Ausdrucksmöglichkeiten und der Vitalität, die durch dieses Tun ausgelöst wird. Insgesamt wird deutlich, dass sich Frau B. intensiv mit ihrer Biographie auseinandergesetzt hat und reflektiert beispielsweise auch mit den Wechselwirkungen von psychischen und körperlichen Erscheinungen umgeht, und dass sie jetzt – im Alter engagiert politischen, sozialen, kulturellen und körperbezogenen Fragen nachgeht – und zwar sowohl als 'Teilnehmerin' (etwa von Kursangeboten zu Tanz und Bewegung oder als aufmerksames Mitglied der sie umgebenden Alltagswelt) als auch als Initiatorin und Leiterin entsprechender formeller und informeller Arbeitskreise (Lesezirkel, politische Diskussionen). Dabei profitiert sie insbesondere von ihren beruflich erworbenen Kompetenzen als Dozentin im Bereich der Sozialen Arbeit.

Festzuhalten ist: Die Erzählungen von Frau B. stehen in großer Nähe zu den Äußerungen von Frau C. und Frau E.. Alle drei Frauen befinden sich in einer intensiven reflexiven Auseinandersetzung mit der eigenen Lebensgeschichte und sie nehmen ihren Körper dabei (in je spezifischer Weise) als ein bedeutsames Element wahr.

### 4.2.2. Typische Körperzugänge und Thematisierungsprofile

In einem zweiten Schritt soll nun der Versuch unternommen werden, die spontanen Assoziationen der hier vorgestellten Fälle entsprechend ihrer thematischen Ausrichtung und ihres Zugangs zum Phänomen 'Körper' zu gruppieren. Dabei ist zu bedenken, dass 'spontane Assoziationen' natürlich nicht die ganze Komplexität der Beziehung einfangen können, die die Befragten im Laufe ihres Lebens bzw. im Rahmen ihrer Lebenserzählung zu ihrem Körper aufgebaut haben. Aber darum soll und kann es hier ja auch nicht gehen. Auch wenn die Fallzahl recht gering ist, so lassen sich in meinen Augen doch deutlich folgende Thematisierungsprofile gegeneinander absetzen:

*(1) Der Körper im Kontext einer emotionalen Öffnung und des Wissens um die Zusammenhänge von Körper, Psyche und Biographie.* Eine Gruppe von Fällen zeichnet sich durch eine besondere emotionale Öffnung der eigenen Person, der eigenen Geschichte und des eigenen Körpers gegenüber aus. Diese Öffnung und psychische Durchlässigkeit korrespondiert mit einem hohen biographischen Reflexionsniveau und einer hohen biographisch-narrativen Kompetenz sowie mit dem Wissen um Zusammenhänge von Körper und Psyche. Für den Zugang zur Thematisierung des Körpers bedeutet das: Der Körper wird bewusst im Rahmen einer biographischen Genese angesiedelt (dort gedanklich hineingeholt und vor dem Hintergrund der eigenen Lebensgeschichte reflektiert) und der Körper wird in einen psychophysi-

schen Zusammenhang gestellt (er wird nicht nur emotional besetzt, sondern in dieser emotionalen Besetzung auch thematisiert und bewusst in den Kontext von seelischen Vorgängen und Prozessen gestellt). Zu dieser Gruppe zählen insbesondere: *Frau C.*, *Frau E.* und *Frau B.*.

Aber auch *Herr H.* ist in gewisser Weise hierzu zu rechnen, der im Rahmen seiner Klinikaufenthalte ein Gespür für und Wissen um psychophysische und biographische Zusammenhänge entwickelt hat, dieses Wissen im Rahmen seiner Erzählung einbringt und deutlich macht, dass er sich mit seiner Suchtkarriere und damit verbundenen körperlichen und psychischen Momenten intensiv auseinandersetzt. So stellt Herr H. das Thema 'Intimität' (hinsichtlich dieser 'spontanen Assoziation' wäre er auch in die Gruppe [3] einzuordnen) unmittelbar in Verbindung mit seiner Alkoholkarriere und damit mit einem bedeutsamen biographischen Moment.

*(2) Der Körper als Träger von Symptomen – ein funktionalistischer Zugang.* In dieser Gruppe ließen sich jene Fälle zusammenfassen, in denen der Körper spontan im Sinne seines organischen Funktionierens verstanden wird. Als prototypisch hierfür kann *Herr D.* angesehen werden, aber auch *Herr N.* passt mit seinen spontanen Assoziationen zu 'Krankheiten' (die ähnlich wie bei Herrn D. in den Kontext von 'Ordnung', 'Normalität' und reibungslosem Ablauf gestellt werden) in diese Gruppe. Und auch *Frau G.* hat bei der Herstellung des Kontakts am Telefon spontan mit dieser Assoziation reagiert (sie sagte sinngemäß):

*Frau G.: 'Also dazu kann ich gar nichts sagen, der Körper, das ist doch alles ganz normal: Wenn ich gesund bin, bin ich gesund, wenn ich krank bin, bin ich krank, das ist so meine Haltung! Da weiß ich nicht, was Sie da 'rauskriegen wollen.'*

Auf der anderen Seite räumte Frau G. sinngemäß auch ein: 'Na, da müsste man dann im Gespräch so d'rauf kommen.' (was sonst noch zum Körper zu sagen wäre), und auch hinsichtlich der Tatsache, dass Lebensgeschichten von Männern und Frauen gesammelt werden sollen, zeigte sie sich aufgeschlossen – sonst wäre der Kontakt wohl kaum zustande gekommen. Und wie im Gespräch dann deutlich wurde, hatte Frau G. eine ganze Reihe von Einfällen zum Körper und zeigte sich auch biographisch reflektiert (doch hier geht es ja um die *spontanen* Reaktionen der Befragten).

In der spontanen Reaktion von Frau G. am Telefon zeigt sich noch eine weitere Variante der Verbindung von 'Körper' und 'Normalität': Der Körperbezug von Frau G. bewegt sich in 'normalen' Bahnen, weil sie den Körper in seinem 'normalen' (oder selbstverständlichen, 'natürlichen') Gegebensein versteht, nämlich als 'gesunden' oder als 'kranken' Körper und damit als Körper, der organisch funktioniert oder nicht funktioniert. Und über diesen 'normalen', an die Natur gebundenen Körper lässt sich nichts sagen. Mit anderen Worten: Die Reduktion des Körpers auf sein Funktionieren macht 'sprachlos', in diesem Kontext lässt sich wenig entfalten – allenfalls die Redundanz, dass der gesunde Körper eben gesund und der kranke Körper eben krank ist. In dieser 'Falle' ist – wie ausführlich gezeigt wurde – sehr deutlich ja auch Herr D. gefangen.

*(3) 'Sexualität' und 'Aufklärung' als Assoziationsautomatismus.* Eine dritte Gruppe von Fällen rekurriert angesichts des Themas 'Körper' spontan auf die Sexualität und auf damit verbundene Momente wie 'Aufklärung' und 'Intimität'. Dabei zeigt sich das paradoxe Phänomen, dass das (vermeintlich) offene und direkte Ansprechen der Sexualität (als meist tabuisiertem Körperthema [!]) als Vehikel genutzt wird, um sich dem Thema 'Körper' nicht wirklich stellen und seine eigene Person dabei nicht ins Spiel bringen zu müssen. 'Sexualität' wird also benutzt als Mittel der *Abwehr* des Körperthemas. Besonders deutlich wurde das im Fall von *Frau T.* und von *Herrn G..* Aber auch bei *Frau F.* und bei *Frau G.* wurden Momente des 'Zustellens' und der Abwehr sichtbar bei gleichzeitigem offensiven Ansprechen dieses 'heiklen' Feldes zu Beginn des Gesprächs (wobei Frau F. deutlicher als alle anderen das Thema 'Aufklärung' bereits im Gesprächseinstieg mit persönlichen Erfahrungen in Verbindung gebracht hat).

*(4) Kein spontaner Zugang zum Körperthema.* In einer vierten Gruppe schließlich ließen sich jene Fälle versammeln, die keinen spontanen Zugang zum Körperthema finden konnten. Besonders eindringlich war das (nicht zuletzt aufgrund der 'Gedächtnisschwäche') bei *Herrn O.* der Fall, und auch *Herr P.* konnte sich nicht auf das Körperthema einlassen und stellte keine aktive Verbindung zur Thematik her. In gewisser Weise passt auch *Herr D.* in diese Gruppe, denn er stellt aktiv keinen Zugang zum Thema her (betont immer wieder das *Nicht*-Vorhandensein von körperlichen Reaktionen) und es gelingt ihm im weiteren Verlauf kaum, jenseits seiner Symptomfixierung auf körperliches Erleben, auf Gefühle und Verbindungen zur eigenen Biographie aus eigenem Antrieb zu sprechen zu kommen. Allerdings zeigt er sich nicht verschlossen, sondern offen und sogar lernbegierig: Ihn beginnt die Fragestellung zu interessieren (das äußert er explizit zum Ende des Gesprächs) und er bemüht sich im Gespräch spürbar um ein Verstehen und die Umsetzung des Anliegens.

Und wenn man so will, gehört auch *Herr G.* in diese Gruppe: Mit seiner plakativen Einführung der Sexualität unter der Chiffre "Sex" und mit dem Verweis auf die möglichen Hemmungen seiner Frau stellt er die eigene Person nicht zur Disposition, sondern *distanziert* sich von Situation und Thema, schafft also keinen Zugang, sondern eher einen 'Abgang'.

Meines Erachtens ist es kein Zufall, wie sich die Geschlechter auf die einzelnen 'Profile' verteilen. Zur Population der emotional Offenen und biographisch Reflektierten (Gruppe (1)) zählen fast ausnahmslos Frauen. Und bezeichnenderweise zeichnet sich der einzige Mann, der auch zu dieser Gruppe zu rechnen wäre, durch eine 'abweichende' Biographie aus. Er hat ein Leben gelebt, das geprägt war durch intensive *Widersprüche* im körperlich-emotionalen Bereich: durch das Leiden an der eigenen Geschlechtlichkeit, durch die Ablehnung des Mann- und Erwachsen-Werdens und spürbar 'weibliche' Züge sowie durch eine Gratwanderung zwischen gewaltsamer Zerstörung des Körpers durch die Sucht und den intensiven Versuchen, wieder zurück ins Leben zu finden (wozu für ihn auch gehört, den Körper zu achten und zu pflegen). Zudem ist er durch seine Sucht- und Klinikkarriere in Kontakt mit den in diesem 'Profil' virulent werdenden Denkformen gekommen und kann seine eigene Geschichte entsprechend verstehen und erzählerisch aufbereiten.

Ebensowenig zufällig ist, dass in der Gruppe der Funktionsorientierten (Gruppe [2]) sowie in der Gruppe derjenigen, die keinen [spontanen, persönlichen] Zugang zum Körperthema finden konnten (Gruppe [4]) überwiegend Männer vertreten sind. Wobei der Nicht-Zugang zum Körper und die Fixierung auf funktionelle Aspekte des Körpers bezeichnenderweise in enger Korrespondenz stehen und sich darin gleichen, dass der Körper nicht als Teil der eigenen Person, der eigenen Geschichte und des persönlichen Erlebens und Betroffenseins begriffen bzw. reflektiert wird. Was keinesfalls bedeuten muss, dass er in dieser Weise nicht *erlebt* wird oder werden kann (wie er *tatsächlich* erlebt wird, entzieht sich unserer Kenntnis). Was sich jedoch sagen lässt ist, dass er (überwiegend von den Männern) nicht in dieser Weise sprachlich *repräsentiert* wird und dass er (vermutlich) auch nicht in dieser Weise im Bewusstsein verankert ist.

In dem 'Profil' derjenigen, die die Thematisierung von Sexualität als Vehikel der Abwehr einsetzen (Gruppe [3]) überwiegen wiederum die Frauen (wobei es angesichts der geringen Fallzahl sicherlich unzulässig wäre, hier von einer typisch weiblichen Strategie zu sprechen). Vielleicht zeigt sich in dieser Gruppe aber in gewisser Weise das Gegenstück zu den Frauen in Gruppe (1): Während die Frauen der ersten Gruppe offensiv die eigene Person ins Feld führen, errichten die Frauen (und Männer) der Gruppe (3) ein Schutzschild hinsichtlich der Thematisierung der eigenen Person, was aber andererseits auch heißt (oder heißen kann), dass sie sich der persönlichen Brisanz des Themas sowie der eigenen Geschichte sehr wohl bewusst sind oder diese Brisanz zumindest ahnen und von daher Ängste und entsprechende Abwehrmechanismen entwickeln.

Eine weitere Überlegung wäre: Vielleicht bringen gerade Frauen das 'heikle' Thema 'Sexualität' ein, weil sie von diesem Thema in besonderer Weise betroffen sind. Sie werden als Menstruierende, Fruchtbare, Schwangere, Gebärende, Stillende sowie als Töchter, Geliebte, Ehefrauen, Mütter und Großmütter kulturell besonders dicht in das Netz jener Mythen eingesponnen, die sich um die Sexualität ranken, sie gelten in diesem Bereich als besonders 'gefährdet' (ein zentraler Mythos in diesem Kontext [!]) und sie besitzen als Nährende, Pflegende und Erziehende in diesem Bereich ein enormes Machtpotenzial, was allerdings auch ängstigen und kleinhalten kann bzw. was dazu Anlass geben kann, Frauen zu ängstigen und kleinzuhalten. Das vorliegende Interviewmaterial belegt plastisch, wie tief Frauen aufgrund ihrer sozialisatorischen Erfahrungen in das Themenfeld 'Sexualität' verstrickt sind und wie stark sie an der Bildung von Mythen in diesem Bereich beteiligt sind – wie im Folgenden gezeigt wird.

### 4.3.    Zentrale Diskurse und Mythen im Bereich von Körperlichkeit und Sexualität

Dem Themenbereich 'Sexualität' und sexuell konnotierten Thematisierungen eine besondere Aufmerksamkeit zu widmen, ist insofern gerechtfertigt, als dieser Problemkreis von den Befragten ausgesprochen 'dicht' präsentiert wird. Wie im vorangegangenen Kapitel zu typischen 'Thematisierungsprofilen' ausgeführt wurde (vgl.

Teil 2/Kap. 4.2.) bringen die Befragten (insbesondere die Frauen) das Körperthema sehr zügig von sich aus mit Sexualität und sexuell konnotierten Themen (wie Aufklärung, Pubertät, Attraktivität, Nacktheit, Kontakt zum anderen Geschlecht) in Verbindung und entfalten dazu ausführliche Narrationen. So entsteht der Eindruck, dass das Körperthema zutiefst von sexuellen Fragen durchsetzt ist, und dass der Körper in seinem Kern – im Alltagsbewusstsein dieser Kohorten – ein *sexuelles Thema* ist.

Die Ausführungen der Befragten sind in dieser Hinsicht erstaunlich konform. Sie decken sich nicht nur in ihrem Grundtenor, sondern weisen auch inhaltlich – mitunter bis auf die Ebene der Wortwahl – eine große Ähnlichkeit auf. Deutlich werden allerdings auch hier geschlechtsspezifische Unterschiede, die es im Auge zu behalten gilt. So sind beispielsweise die Ausdifferenzierungen, die Frauen in diesem Kontext vornehmen, vielgestaltiger und facettenreicher, und es scheint auch so, dass die Frauen sich von diesem Bereich noch stärker emotional betroffen und auch bedroht fühlen als die Männer.

'Einig' sind sich alle Befragten über folgende Punkte: Sie gehören einer Generation an, in der über sexuelle Dinge nicht offen gesprochen wurde, was zur Folge hatte, dass sie keine oder nur eine höchst rudimentäre und einseitig biologisch-funktionelle Aufklärung erhalten haben, ansonsten aber in diesen Dingen "völlig dumm" gehalten sowie "verklemmt" und "körperfeindlich" erzogen wurden. Neben dieser Übereinstimmung auf der Ebene inhaltlicher Aussagen zeigt sich auch auf struktureller Ebene eine große Parallelität, die den Inhalt abstützt: Offensichtliche Hemmungen, über diesen Bereich zu sprechen, Verkleidungen und Verschleierungen, Leerformeln und Lücken in der Darstellung sind struktureller Ausdruck des allgemeinen Sprachverbots, das über diesen Erlebensbereich verhängt wurde und dem die Befragten voll ausgesetzt waren und sind. In der Feinanalyse der Narrationen von Frau C. (die aus Platzgründen hier nicht präsentiert werden kann) konnte exemplarisch herausgearbeitet werden, wie intensiv diese Sprachblockaden verankert sind und wie nachhaltig sie einen gelassenen Umgang mit dem Thema behindern, auch wenn – wie das bei Frau C. der Fall ist – auf inhaltlicher Ebene eine Öffnung bekundet und im Sinne einer 'Projektion in die Zukunft' ganz offensichtlich nach einem unbefangeneren Zugang zu diesem Feld gesucht wird (vgl. dazu Abraham 2000a).

Im Sinne einer Diskursanalyse lassen sich mithin zwei zentrale Feststellungen treffen:

*1. Dominant ist ein Diskurs, der den Körper im Horizont der Sexualität und sexuell konnotierter Themen wahrnimmt.* Da 'Sexualität' und benachbarte Themen jedoch stark tabuisiert sind, gerät auch der Körper insgesamt in einen Sog der Tabuisierung und Dethematisierung. *Der Körper wird Opfer dieser Sprachlosigkeit sowie Opfer der negativ getönten und distanzierenden Bewertungen, mit denen Sexualität umgeben ist.*

*2. Der Hauptdiskurs, den die Befragten zum Thema 'Sexualität' anbieten, ließe sich im Kern auf die Aussage der 'fehlenden Aufklärung' und alle daraus resultierenden Verhinderungen, Befangenheiten, Unfreiheiten zuspitzen.* Dieser Diskurs lebt jedoch von einem weiteren, zweiten Diskurs, der zwar zumeist implizit bleibt, der aber den nötigen 'Gegenhorizont' abgibt. *Dieser zweite Diskurs kolportiert eine spe-*

*zifische Sicht auf neuere Entwicklungen und inszeniert 'das heutige Sexualleben' (sowie alle damit berührten Fragen) als freier, weniger verklemmt, informiert und aufgeklärt, aber auch als 'zu freizügig' und 'schamlos'.* Mit anderen Worten: Die Befragten bewegen sich beständig *zwischen* zwei Diskursen, wobei der erste das eigene Erleben faktisch massiv gesteuert und bestimmt hat, und der zweite jene 'neue' (selbst überwiegend nicht gelebte) Folie abgibt, die der ex post Bewertung der eigenen Erfahrungen dient. Bezeichnend ist dabei, dass diese 'neue Folie' wiederum eher zu einer Distanzierung und Abwehr des Themas beiträgt als zu einer persönlichen Aneignung und Integration, indem nämlich zum einen unrealistische Idealisierungen eingeführt werden (die die tatsächlichen Probleme, die auch die nachfolgenden Generationen mit dem Thema haben, ausblendet) und indem zum anderen Schreckensvisionen von totaler Zügellosigkeit entfaltet werden, die die persönliche Abwehr rechtfertigen (sollen) – der Fall Frau T. zeigt diesen Zusammenhang besonders plastisch.

Die Analyse der Erzählungen hat deutlich gemacht, dass die im Rahmen der Sexualität (und benachbarter Felder) kursierenden Diskurse und Mythen den Körper nicht nur in hohem Maße sprachlich und gedanklich absorbieren, sondern dass sie – weitaus tiefgreifender – Lebenshaltungen, Lebensentscheidungen und Lebensführungen massiv geprägt haben, und zwar in erster Linie in einer einschränkenden, verhindernden oder sogar blockierenden Weise (etwa im Hinblick auf den Umgang mit dem anderen Geschlecht, die Wahl des Partners, die Gestaltung von Kontakten und Aktivitäten bis hin zu bildungsbezogenen und beruflichen Wahlen). Hier wird deutlich, dass eine Diskursanalyse oder die Analyse von Wissensbeständen überhaupt sich nicht darin erschöpfen kann, ihren Inhalt zu beschreiben, sondern soziologisch erst dann zu einer 'Aussage' wird, wenn ihre Bedeutung und Wirkung im Lebenszusammenhang erfasst wird. In diesem Sinne läßt sich fallübergreifend festhalten:

*3. Die dominanten Diskurse und Mythen im Rahmen der Sexualität haben die Mitglieder dieser Generationen nicht nur daran gehindert, einen offenen und positiv getönten Zugang zu ihrem eigenen Körper zu finden, sondern sie haben auch verhindernd, unterdrückend und versagend in die Lebensführung eingegriffen.* Besonders deutlich wird diese 'versagende' Tendenz im Kontext der Begegnung der Geschlechter und der Regulierung sexueller Kontakte. Da in diesem Rahmen zentrale Diskurse und Mythen angesiedelt sind, soll dem Inhalt und der Reichweite dieser Diskurse noch einmal etwas detaillierter nachgegangen werden.

### 4.3.1.  Der Kontakt zum anderen Geschlecht

Die Analyse hat gezeigt, dass die Frage nach der Pubertät und den dabei virulent werdenden körperlichen Veränderungen mit einer verblüffend zügigen Dynamik auf das jeweils andere Geschlecht zugeführt wird (das war nicht nur im Falle von Frau C. so, sondern auch in anderen Fällen, bei den Männern und bei den Frauen). Es entstand der Eindruck, dass gar nicht so sehr der eigene Körper interessiert, sondern dass das Zentrum der Aufmerksamkeit vielmehr das 'Für-den-anderen-Sein' ist. Zugleich aber wird auch dieses 'Für-den-anderen-Sein' nicht offensiv und positiv besetzt, sondern ist atmosphärisch von Verboten und Ängsten umgeben. Hier tun sich für beide Geschlechter vielfältige Fallen und Sackgassen auf, wie im Folgenden gezeigt werden soll. Beginnen wir mit jenen Diskursen und Mythen, die die weiblichen Befragten ins Spiel bringen. Zur (erneuten) 'Einstimmung' sei eine Passage aus dem Gespräch mit Frau F. zitiert (es geht um Erinnerungen aus ihrer Jugendzeit), in der in geballter Form zentrale Mythen und Diskurse anklingen:

*Frau F.: " (...) also: – ich mein', ich bin an sich frei aufgewachsen. Das ist nicht so, dass wir irgendwie ein verklemmtes Verhältnis zu unseren Schulkameraden oder unseren Freunden hatte(n), im Gegenteil: Wir haben, sind zusammen ins Gebirge gegangen und haben zusammen im, im Massenquartier geschlafen und all das! Also, das war – eine Selbstverständlichkeit, aber das wäre nie zu intimen Beziehungen gekommen! Zwischen, ich meine jetzt – ganz in- , ganz intime. Geküsst und gedrückt haben wir uns schon, und, und haben uns auch, auch – waren auch eifersüchtig, und was eben alles so dazugehört. Aber irgendwie hat das wohl mit unserer Erziehung zusammengehangen. Das wäre einem Jungen, wäre das nie eingefallen – ein Mädchen – zu bedrängen. Erst wie die deutschen Soldaten kamen, da haben sie dann da schon was mitgekriegt oder was abge-, abgeguckt würde ich sagen, da fing' es dann an, auch auf der, von der Beziehung – da haben sie dann schon auch mal gesagt: 'Hör' mal'. Naja, und wir in unserer Angst, wir wussten nur: Wenn 's zu einer, zu einer intimen Beziehung kommt, wenn wir miteinander schlafen, dass dann ein Kind daraus entsteht und so. Ich meine, wir waren ja dumm wie Bohnenstroh (lacht), was das betrifft (lacht). (...) Wir haben wirklich überhaupt keine Ahnung gehabt! Kein Mensch hat uns irgendwie vorgewarnt oder irgendwie gesagt, wie man etwas verhüten könnte oder dergleichen. Also – da – absolut nix. "*

Die in dieser Passage enthaltenen Diskurse und Mythen ließen sich wie folgt paraphrasieren:

*(a) 'Es ist nicht gut, unfrei oder verklemmt aufzuwachsen.'*

Würde dieser Diskurs nicht wirken, müsste Frau F. nicht so viel investieren, um den Eindruck zu zerstreuen oder zu dementieren, unfrei oder verklemmt aufgewachsen zu sein. Denn wie wir wissen, hat die Gesamtanalyse des Falles deutlich gemacht, dass Frau F. unter der sexuellen Abstinenz und Verschlossenheit der Mutter ebenso gelitten hat wie unter der mangelhaften Aufklärung und dass sie ein eher ablehnendes Verhältnis zur eigenen Sexualität entfaltet hat – mit anderen Worten: dass sie in sexueller Hinsicht keinesfalls 'frei' erzogen wurde und sich nicht 'selbstverständlich' in diesem Feld bewegt hat! Auf der anderen Seite liegt Frau F. aber offensichtlich viel daran, den Eindruck zurechtzurücken, nur 'verklemmt' aufgewachsen zu sein. Frau F. beginnt also mit einem Diskurs, der den eigenen Erfahrungen zutiefst widerspricht (und der oben als 'neue Folie' des Umgangs mit Sexualität bezeichnet wurde) und sie bewertet damalige Ereignisse und Erfahrungen vor diesem 'Gegenhorizont'.

Die ganze Passage hat etwas Gezwungenes und Gewolltes: Frau F. will eine Freiheit und Selbstverständlichkeit suggerieren, die faktisch so nicht gegeben war (schon die Formulierung 'an sich' frei aufgewachsen zu sein, lässt Zweifel an der unterstellten Freiheit aufkommen). Dazu gehört u.a. auch, dass sie eine Argumentationsfigur des 'Zwar – aber' aufbaut: *Zwar* gab es eine Zeit, in der Jungen und Mädchen unbekümmert und frei miteinander verkehrten, *aber* – so ließe sich die implizit bleibende Aussage verlängern – es kamen auch Situationen und Zeiten, in denen die Unbekümmertheit verloren ging. Diese Konstruktion wird durch folgende Diskurse und Setzungen abgestützt:

*(b) 'Es ist eine Selbstverständlichkeit (oder erlaubt), als Mädchen mit Jungen zu wandern und in Massenquartieren zu schlafen.'*

*'Es darf dabei aber nicht zu intimen Beziehungen kommen.'*

*"Küssen' und 'Drücken' und 'eifersüchtig sein' ist im Kontakt zwischen jugendlichen Mädchen und Jungen erlaubt, intime Beziehungen sind verboten, sie machen Angst, sind gefährlich, es muss (wird) 'vorgewarnt' (werden).'*

*'Ganz intime Beziehungen liegen dann vor, wenn man miteinander schläft.'*

Der Versuch der Paraphrase der implizit mitgeteilten Botschaften macht deutlich: Hier werden Definitionen bezüglich intimer Handlungen erlassen und Grenzen zwischen (zu damaliger Zeit) erlaubten und (noch) nicht erlaubten körperlichen Berührungen und Umgangsweisen gezogen. So werden zwei Welten konzipiert: die Welt des harmlosen, kindlich-jugendlichen Treibens (das mit 'Küssen', 'Drücken' und 'Eifersucht' fast so ist, wie das 'richtige Leben'), und eine Welt, in der es ernst wird: Hier lauert Gefahr! Diese Konzeption wirft ein bezeichnendes Licht auf die oben behauptete 'Freiheit'. Das Aufwachsen mit dem anderen Geschlecht war 'frei' und 'nicht verklemmt', *weil es so harmlos war* und eben *nicht* in den eigentlich 'heiklen' Bereich der Sexualität vorstieß. Schärfer könnte man auch sagen (und die Gesamtanalyse des Falles rechtfertigt diese Einschätzung): weil es so brav, angepasst, kontrolliert und bieder war. Die an anderer Stelle vorgenommene 'Zähmung' und 'Verhäuslichung' des anderen Geschlechts durch die Sprachfigur "unsere Jungens" (mit der Frau F. die Jungen ihrer Schule und Umgebung meint) ist ein Hinweis in diese Richtung: Dem 'Aggressor' wird der Stachel genommen. Entsprechend machen die weiteren Botschaften deutlich, woher die Gefahr kommt: Sie liegt in der Intimität (im Kern: in dem 'Miteinander-Schlafen') und sie geht von den Jungen aus, denn:

*(c) 'Jungen neigen dazu, Mädchen zu bedrängen.'*

*'Jungen fordern Mädchen zur Sexualität auf.' (Sie sagen: "'Hör' mal.'")*

*'Fremde Soldaten sind fordernder als die heimischen Jungen.'*

*'Die heimischen Jungen lernen von den Soldaten.'*

Entscheidend ist hierbei zweierlei: Die transportierte Verteilung der Rollen, die als völlig selbstverständlich unterstellt wird (dass die Jungen aktiv sind (die Mädchen 'bedrängen') und dass die Mädchen passiv sind ['bedrängt werden']) sowie der Umstand, dass die Annäherung oder das fordernde Handeln von Jungen eine Zumutung ist. Sexuelles Handeln, in dessen Kontext Mädchen passiv und 'Opfer' sind, wird vor allem deshalb zur Zumutung und Bedrohung, weil sich hartnäckig der Mythos hält:

*(d) 'Intime Beziehungen führen automatisch zu einem Kind.'*

Dieser Mythos wird von Frau F. zwar ex post als Ammenmärchen entlarvt, faktisch aber war er wohl wirksam und hat Ängste und ein abwehrendes Verhalten der Mädchen erzeugt. Damit korrespondiert der von ihr angeführte Umstand:

*(e) 'Aus heutiger Sicht würde ich sagen: Wir waren dumm wie Bohnenstroh, wir wussten über die einfachsten Dinge wie Schutz und Verhütung nicht Bescheid.'*
Mit anderen Worten: Die eigene Passivität im sexuellen Kontakt findet eine indirekte Erklärung in der Gefahr, schwanger zu werden, und in dem fehlenden Wissen darüber, wie dies zu verhindern wäre. Es drängt sich die Frage auf, ob diese Konstruktion nicht nur 'erklären', sondern vielmehr auch *legitimieren* soll, dass Mädchen aufgrund der drohenden Gefahren und der gleichzeitigen Unwissenheit zur Passivität in diesem Bereich quasi 'gezwungen' sind. So fällt auf, dass Frau F. in keiner Weise gedanklich belebt, was gewesen wäre, wenn eine entsprechende Aufklärung vorgelegen hätte. Und es ergeben sich keinerlei Anhaltspunkte, dass Frau F. die eigene passive Rolle zu durchbrechen gewünscht hätte – ja noch nicht einmal dafür, dass sie sie überhaupt wahrnimmt!

Was sich hier am Einzelfall andeutet, gewinnt in der Zusammenschau des Materials deutlich an Kontur. Die Erwartungen an Männer und Frauen im Kontext sexuellen Handelns folgen ganz dem Schema 'aktiver Mann – passive Frau' und es dominieren Gebote und Ängste, die auf einen Schutz der Frau hinauslaufen. Die Aussagen der Männer und Frauen dieser Generationen sind in dieser Hinsicht erstaunlich deckungsgleich und sie verweisen auf ein Handlungsfeld mit komplementär angelegten Rollenmustern. So scheint eine feste Regel darin zu bestehen, dass 'Männer sich um Damen bemühen' müssen (so wie Herr D. es ausgedrückt hat) und es wird ein gewisser sozialer Druck deutlich, 'eine Frau gehabt zu haben' (wobei in dem 'Haben' auch die soziale Erwartung anklingt, die Frau könnte oder sollte 'Besitz' des Mannes sein). Doch auch hier gibt es feine Nuancierungen, die für die Männer eine erste Falle bedeuten. Einerseits scheint es wünschenswert, nicht nur eine, sondern möglichst viele Frauen und entsprechende sexuelle Erfahrungen 'gehabt' zu haben, andererseits stehen dieser Erwartung eine ganze Reihe bremsender und versagender Setzungen gegenüber, von denen die zentralen lauten:
*'Man tut einem Mädel etwas an, wenn man sich ihm sexuell nähert.'*
*'Frauen sollen unberührt in die Ehe gehen (können).'*
*'Sexuelle Beziehungen soll man nur zu einer Frau haben und sie bedürfen des Rahmens der Ehe.'*
Analog dazu heißt es für die Frauen:
*'Sich mit Jungen/Männern einzulassen ist höchst gefährlich!'*
*'Frauen müssen jungfräulich in die Ehe gehen.'*
*'Frauen müssen auf ihre Ehre achten und dürfen sich nicht dem Erstbesten verschenken.'*
*'Ein uneheliches Kind zur Welt zu bringen ist ein Skandal. Solche Frauen haben ihre Ehre verloren.'*
Auf der Handlungsebene stehen die Männer durch eine zusätzliche Erwartung in einem Dilemma: Einerseits sollen sie rücksichtsvoll und vorsichtig mit Frauen umgehen (um sie nicht zu bedrängen oder in Gefahr zu bringen), auf der anderen Seite sollen sie agieren, verführen und sich als Initiator betätigen. Radikalisiert wird diese Seite der Erwartung durch die Forderung, ein 'Scharfer' zu sein, ein 'Draufgänger' zu sein. Die Männer des Samples haben diese Forderung tief verinnerlicht – auch wenn sie sie nicht leben, sondern sie abwehren oder – etwa als "jämmerlicher Draufgän-

ger" (wie sich Herr G. selbst tituliert) – (zwangsläufig) an ihr scheitern (müssen). Entsprechend dieser konträren Erwartungen stehen Männer auch vor dem Problem, dass einerseits ein vorehelicher Verkehr sozial verpönt ist, dass andererseits aber dieses Gebot von den meisten/vielen anderen Männern nicht beachtet wird. Es scheint dabei eine schichtenabhängige Frage zu sein, ob die Treue zur Moral und zur 'rechten Sitte' betont wird (so wie bei Herrn D., der erst 'spät' mitbekommt, dass es 'anders läuft') oder ob das Durchbrechen dieser Etikette handlungsleitend ist (wie bei Herrn G., der sich mit dem Ruch des Draufgängers umgibt und auch faktisch sehr früh sexuelle Erfahrungen macht).

Die Rollenerwartung an die Frau scheint hinsichtlich der Frage sexuellen Handelns eindeutiger und weniger widerspruchsvoll: Frauen dürfen und müssen sich Männern gegenüber zieren und zurückhalten (um den drohenden Gefahren auszuweichen) und sie geraten weitaus eindeutiger in Verruf und werden härter bestraft als Männer, wenn sie etwa offensiv auf Männer zugehen oder gar 'mehrere Männer haben' (so stellt beispielsweise Frau E. fest, dass es in ihrer Familie total verpönt war, wenn eine Frau einen Mann 'angemacht' hätte).

Hinzu kommt ein drittes Moment, das 'versagend' wirkt: das Homosexualitätstabu. Wenn etwa Herr D. mit großem Aufwand den Verdacht zerstreuen will, er könne sich sexuell mit anderen Männern eingelassen haben, und derartige Neigungen als 'abnorm' auf das Schärfste verwirft, so wird deutlich, wie stark homosexuelles Handeln für Männer dieser Generationen sozial geächtet war. Im Gegenzug wird deutlich, wie verbindlich die sexuelle Verpflichtung auf Frauen war und wie stark sexuelles Handeln überdies in seinem Kern auf *eine* Frau und auf den legalisierenden Rahmen der Ehe gerichtet zu sein hatte. Mithin ergibt sich für Männer eine überaus dilemmatische Situation: Die Sexualität mit Männern ist untersagt und die Sexualität mit Frauen verstrickt sie systematisch in komplizierte 'Doublebind-Strukturen' (Frauen 'erorbern' zu sollen, ohne ihnen dabei etwas 'anzutun', 'scharf' zu sein und zugleich 'vorsichtig'). Es stellt sich die Frage, wie es Männern angesichts dieser Sackgassen überhaupt gelingen konnte, sexuelle Bedürfnisse zu entfalten und auszuleben. Das Material zeigt, dass die Männer in hohem Maße Opfer dieser Fallen wurden und ihnen ein befriedigendes Sexualleben nur sehr eingeschränkt gelang. Das lässt sich u.a. an den 'Lösungen' ablesen, die die Befragten in diesem Kontext entwerfen:

1. Es gibt zahlreiche Passagen, in denen Mädchen und Frauen kollektiviert und abgewertet werden (etwa durch Formulierungen wie "die Mädel und so weiter", "sich mit denen einlassen", auf "Mädchenjagd" gehen). Damit werden nicht nur die Mädchen/Frauen auf Abstand gehalten, sondern sexuelles Handeln insgesamt wird in seinen 'unübersichtlichen' Momenten distanziert – man(n) muss sich nicht tatsächlich darauf einlassen und damit auseinandersetzen.

2. Es erfolgt eine deutliche Einschränkung sexueller Kontakte auf *eine* Frau, die dann auch die Ehefrau wird oder ist. Damit korrespondiert die Betonung, *kein* 'Scharfer' gewesen und mit Frauen immer sehr 'vorsichtig' gewesen zu sein. Die Männer nehmen also eine deutliche 'Entschärfung' und 'Einfriedung' der Situation vor.

3. Das eigentliche sexuelle Handeln (etwa im Kontext der Ehe) unterliegt einem massiven Sprachtabu: Es kann sprachlich nicht belebt werden. Hier verweigern die Männer jegliche Narration oder verstecken das Geschehen umständlich hinter leerformelhaften Begrifflichkeiten. So können weder positive Momente des Erlebens noch problematische Seiten der Sexualität thematisiert werden. (Der Einfluss, den die Konstellation der Gesprächssituation auf diese Sprachblockade hatte, muss dabei natürlich auch in Rechnung gestellt werden.)

Die im Rahmen der Sexualität etablierten und 'geglaubten' Diskurse und Mythen treiben Männer also faktisch in die Enge. Sie beschneiden in prekärer Weise den möglichen Handlungsraum in diesem Feld, zwingen die Männer in einen weitreichenden Rückzug aus diesem Bereich (so jedenfalls reagieren die Befragten überwiegend) und berauben sie damit einer wichtigen Erfahrungs- und Ausdrucksquelle. Hinzu kommt, dass es Männern sozial weitaus weniger gestattet und ermöglicht wird, an *anderen* Formen körperlicher Nähe zu partizipieren (Formen der Zärtlichkeit, der körperlichen Pflege anderer Menschen etc.) und dass diese Generationen insgesamt – da sind auch die Frauen eingeschlossen – in einem (familialen) Klima aufwuchsen, das von Strenge, emotionaler Unterkühltheit, "Nüchternheit" (wie Herr N. bemerkt), Prüderie und äußerst kargen wie reglementierten Formen körperlicher Nähe und Berührung gekennzeichnet war (so beschreibt etwa Frau F. anschaulich, wie sich Eltern und Kinder zu küssen haben und was sich in diesem Rahmen nicht schickt – auch das ist ein tragender 'Diskurs').

Zusammenfassend könnte man also sagen: Der Körper der Männer wird in diesem Szenario in seinen sinnlichen, erotischen und sexuellen Bedürfnissen und Kompetenzen weitgehend blockiert und lahmgelegt. Aber auch bei den Frauen verkümmern sexuelle Impulse: Die Frauen flüchten sich in eine platonische Liebe, der einmalige 'Liebes-Rausch' lässt sich nicht in den Alltag überführen oder das 'Durchbrechen der Gefühle' endet in der ehelichen Katastrophe, Beziehungen zu Männern versanden, nach einem Kind erlöschen jegliche sexuellen Bedürfnisse, beim Orgasmus wird "überhaupt nichts empfunden".

Für die sexuelle Situation der Frauen sind in meinen Augen drei Diskurse besonders bestimmend:

1. Der oben angedeutete Diskurs zur *Gefährdung des Körpers und des Ansehens der Frau*, wenn sie sich mit Männern 'einlässt'. Dieser Diskurs ist äußerst wirkmächtig und wird von allen befragten Frauen entsprechend plastisch dargestellt – und zwar nicht nur im Sinne kolportierter Erwartungen oder Warnungen und nicht nur in den Dimensionen der Angst vor ungewollter Schwangerschaft, sondern häufig auch als 'am eigenen Leibe' schmerzlich erlebter Zusammenhang (etwa in Verbindung mit Abtreibungen und deren Komplikationen, mit unehelicher Geburt eines Kindes und mit der entsprechenden Ächtung durch engste Angehörige und das soziale Umfeld). Die Darstellungen legen den Eindruck nahe, dass sich die Warnungen im Kern gar nicht so sehr auf die Gefährdung des Körpers richteten, sondern dass sie auf die Wahrung der 'Ehre' abzielten – der eigentliche Skandal lag in der Übertretung des Verbots, außerhalb der Ehe "ganz intim" zu sein.

2. Ein zweiter zentraler Diskurs ließe sich so paraphrasieren: *'Der Körper der Frau ist in seinen biologischen Funktionen schmutzig.'* sowie: *'Über diese Dinge redet man nicht.'* Diese Diskurse werden überwiegend durch die Frauen des nahen Umfeldes (Mütter, Großmütter, ältere Schwestern, Freundinnen) sowie durch die Umgangsweisen mit diesen Vorgängen im öffentlichen Raum (Schule, Internat, Hochschule, Blicke und Kommentare von Mitschülern, medizinische Versorgung etc.) an die Befragten herangetragen. Auch hierzu sind die Narrationen ausgesprochen eloquent und laufen immer wieder auf die gleiche Grundfigur zu: weibliche Körpervorgänge wie Menstruation, Schwangerschaft, Geburt, Menopause sind unangenehm, lästig, behindernd, sie müssen versteckt und geheimgehalten werden. Zu beachten ist hierbei die Vermischung und Überlagerung von 'Diskurs' und eigenem Erleben: Der Körper und seine physiologischen Vorgänge werden so erlebt und gelebt, wie es der Diskurs vorschreibt oder nahelegt – abwertend, ablehnend, unterdrückend.

3. Der dritte Diskurs bezieht sich auf die Frage der eigenen Attraktivität. Hier liegt eine merkwürdige Spaltung vor, die sich auf der Ebene der daran beteiligten Diskurse so formulieren ließe: *'Es gibt recht genaue Vorstellungen davon, was eine Frau zu einer schönen Frau macht.'* und: *'Es schickt sich nicht, sich zur Schau zu stellen.'* Wie exemplarisch anhand der (hier nicht ausführlich vorgestellten) Narrationen von Frau C. deutlich wurde, existiert ein höchst ausgefeilter Diskurs hinsichtlich der Schönheitsvorstellungen, auf die sich Frauen beziehen (sollen). Die Frauen greifen diese Vorstellungen in ihren Erzählungen auf und messen sich an ihnen. Dabei gehen sie zum Teil recht kritisch und selbstbewusst mit diesen Vorgaben um, häufig jedoch leiden sie (dennoch) an ihnen, weil sie ihnen nicht gerecht werden können. Nicht selten reagieren sie dann auch mit Resignation, einer gewissen Gleichgültigkeit diesem Bereich gegenüber, einer 'Umbewertung der Werte' oder mit einer trotzigen Verweigerung. Die Frauen legen recht hohe Maßstäbe an die Bewertung ihrer eigenen Attraktivität und es fällt auf, dass sich *keine* der Befragten in ihrer Jugend schön gefunden hat – in einer Phase, in der die eigene Attraktivität für die Chancen beim anderen Geschlecht von nicht eben unerheblicher Bedeutung ist. Hinzu kommt das kontraproduktive Diktum, sich nicht 'zur Schau stellen' zu sollen, was sowohl beinhaltet, sich nicht *zu* schön zu finden (und womöglich damit anzugeben), als auch, sich nicht zu sehr herauszuputzen und aufzufallen.

Nimmt man die unter 2. und 3. formulierten Diskurse zusammen, so ergibt sich auch für die Frauen ein spezifisches Dilemma. Die Frauen müssen ihren Körper in doppelter Hinsicht *ablehnen* – im Sinne der 'unreinen', 'peinlichen' und 'behindernden' weiblichen Körpervorgänge und im Sinne der fehlenden Schönheit und den damit verbundenen Selbstentwertungen und Rückzugstendenzen (wobei die Schönheitserwartungen zusätzlich durch die Setzung gebrochen werden, nicht aufzufallen oder durch die äußere Erscheinung gar 'aufzureizen' und sich 'schön bescheiden' zu verhalten). Die umfangreiche Ablehnung des Körpers entzieht den Frauen jedoch den Boden, den Körper selbstbewusst und lustvoll als Quelle sexueller Neugier und als Spiel- und Handlungsraum sexuellen Erlebens zu entdecken und auszuloten.

Ähnliches lässt sich auch für die Männer des Samples sagen. Auch sie verfügen über keine positiv getönten und selbstbewussten Bilder hinsichtlich der eigenen Attraktivität, sondern verschanzen sich überwiegend hinter der Setzung, dass es sich nicht gehört, sich zur Schau zu stellen, und dass ihnen kein Urteil in dieser Frage zustünde. Damit korrespondiert, dass ihre Vorstellungen und Visionen vom eigenen Aussehen und der eigenen Wirkung (etwa auch auf Frauen) – anders als bei den Frauen – extrem dürftig sind und sich letztlich darin erschöpfen, sich als "normal gebaut" und "normal leistungsfähig" zu charakterisieren und Fragen der eigenen Attraktivität abzuwehren.

Zusammenfassend ließe sich – bezogen auf das 'Schicksal' des Körpers – folgende Bewegung markieren: Der Körper wird von den Befragten stark sexualisiert (indem sie das Körperthema zentral in diesem Bereich verorten und ihre Rede immer wieder auf dieses Feld hinweist bzw. dezidiert dort anknüpft), um ihn in dieser *sexualisierten* Position dann 'sterben' zu lassen. Die im Rahmen des Themenfeldes 'Sexualität' angesiedelten Diskurse und Mythen – die hier nur exemplarisch angedeutet und bei weitem nicht in ihrer ganzen Fülle und Nuanciertheit dargestellt und diskutiert werden konnten – sind so angelegt (und werden auch so gelebt), dass sie sexuelles Handeln weitreichend blockieren und lahmlegen. Besonders gravierend scheint mir dabei zu sein, dass sie den Männern und den Frauen die Möglichkeit nehmen, den Körper positiv zu besetzen und zu bejahen, und dass sie einen angstfreien Umgang und das *Spiel* mit sexuellen Impulsen (zu denen auch sinnliche, zärtliche, latent erotische Erfahrungen gehören) über weite Strecken verhindern.

### 4.3.2.   *Fragen der Vermittlung und der Generationenzusammenhang*

Wie oben festgestellt wurde, steht die Frage der *Aufklärung* im Zentrum der Thematisierungen, die die Befragten im Kontext 'Sexualität' entfalten. Der diesbezügliche Hauptdiskurs lautet: *'Unsere Generation ist in Fragen der Sexualität völlig dumm und uninformiert aufgewachsen.'* Die Analysen haben deutlich gemacht, wie rudimentär und einseitig das im Rahmen einer Aufklärung vermittelte Wissen war, und wie unpersönlich und distanzierend mit diesen Fragen umgegangen wurde. Hier müssen zur Illustration einige Stichworte genügen:

Über die physiologischen Vorgänge geschlechtlicher Reifung (Menstruation, Samenerguss) wird erst dann informiert, wenn 'es' bereits passiert ist. Erklärungen hierzu beziehen sich lediglich auf die biologisch-technische Ebene. Gefühle und Ängste können nicht thematisiert werden, weil die Erwachsenen sich dem Geschehen und dem Erleben der Heranwachsenden nicht wirklich öffnen können. Die emotionalen Reaktionen der nächsten Umgebung tauchen das Geschehen vielmehr in eine Atmosphäre von Abwehr, Ekel, Belastung, Bedrohung. Hinweise zum Kernthema der Sexualität (der geschlechtlichen Vereinigung) erfolgen entweder gar nicht, höchst gequält und umständlich oder mit einer (unangemessenen) Betonung der 'technischen' Seite des Vorgangs. Fragen zur Verhütung werden nicht offensiv angesprochen, sondern allenfalls 'unter der Hand' vermittelt. Und selbst hinsichtlich der Fragen von Schwangerschaft und Geburt erleben sich die Frauen als völlig uninformiert und fühlen sich diesen Prozessen entsprechend hilflos ausgeliefert und allein gelassen. Besonders defizitär ist die Lage hinsichtlich des Problems der Abtreibung, die zwar häufig Realität für die Frauen ist, die aber juristisch und sozial unter strenger Strafe steht und nur in äußerster Geheimhaltung und unter oft lebensbedrohenden medizinischen Bedingungen durchgeführt werden kann.

Desweiteren konnte herausgearbeitet werden, dass die Aufklärung ein Feld ist, das *geschlechtshomogen* vermittelt wird: Für Fragen der weiblichen Körpervorgänge sind die Frauen des näheren und weiteren Umfeldes zuständig, für Fragen der männlichen Körpervorgänge männliche Bezugspersonen (insbesondere der Vater und Gleichaltrige bzw. Jungen mit einem Entwicklungsvorsprung). Die hier geführten Diskurse werden also *geschlechtsintern* geführt und tragen massiv zu einer Separierung der Geschlechter ab der Pubertät bei: Die Jungen werden den Mädchen 'fremd' gemacht und umgekehrt. Ein wechselseitiges Interesse an den Befindlichkeiten und dem Erleben des anderen Geschlechts sowie eine entsprechende Toleranz kann so nicht entstehen. Vor diesem Hintergrund wird umso verständlicher, dass das andere Geschlecht vornehmlich als Gefahr wahrgenommen, abgewertet oder ganz gemieden wird – auch wenn das 'Fremde' zugleich seinen Reiz hat und die Geschlechter durch die entsprechenden sozialen Erwartungen (sexuelle Erfahrungen zu machen, eine Ehe einzugehen) aufeinander zugetrieben werden.

Beachtenswert ist, dass sich die Frauen mit den im Rahmen der Aufklärung anstehenden Fragen nicht nur wesentlich intensiver auseinandergesetzt haben (und diese Fragen entsprechend einen deutlich breiteren Raum in ihren Lebenserzählungen einnehmen als bei den Männern), sondern dass sie die damit verbundenen Themen auch in einem wesentlich dichteren Bezug zu ihren Müttern und Großmüttern sowie zu ihren eigenen Töchtern zur Sprache bringen. Mit anderen Worten: Sie stellen das Thema 'Aufklärung' in einen *generationenübergreifenden* Zusammenhang und es zeigt sich, dass die Frauen ein deutliches Gespür dafür ausgebildet haben, wie intensiv sie bezüglich dieses Themas – oder vielleicht auch *aufgrund* dieses Themas (!) – in eine *Generationenkette* eingebunden sind, und wie stark die Großmütter die Mütter, die Mütter sie selbst und sie ihre eigenen Kinder durch ihr Verhalten und (Nicht-)Handeln in diesem Bereich geprägt haben und prägen. Diese generationale Einbindung und das höhere Engagement der Frauen in dieser Hinsicht findet vor allem in folgenden Momenten Ausdruck:

1. Die Frauen bringen im Rahmen der Frage der Aufklärung wesentlich spontaner und ausführlicher die weiblichen Mitglieder ihrer Herkunftsfamilie ins Spiel als die Männer.

2. Sie äußern wesentlich vehementer Kritik an ihren Müttern und Großmüttern als die Männer (an ihren Vätern oder Eltern, die Großeltern werden bei den Männern in diesem Kontext gar nicht erwähnt).

3. Sie verfolgen die Linie der negativen (verstellenden, verschleiernden, behindernden) Beeinflussung weiter zurück als die Männer und nehmen die Situation der eigenen Mütter vor dem Hintergrund der Situation der Großmütter wahr.

4. Sie äußern sich spontaner zu ihrem eigenen Erziehungsverhalten bezüglich der eigenen Kinder (wobei sich die Detaillierungen meist nur auf die Töchter beziehen und die Söhne 'vergessen' werden).

5. Sie bringen wesentlich ausgefeilter die oben beschriebene 'neue Folie' im Hinblick auf sexuelle Fragen ein (im Sinne eines wünschenswerten freieren, ermöglichenderen Umgangs).

6. Sie reiben sich stärker an den erlebten Versagungen und Verhinderungen als die Männer und man gewinnt den Eindruck, dass sie ihre Mütter und Großmütter auch direkter und persönlicher in diesem Zusammenhang sehen und meinen – das gilt sowohl für die latente Anklage, so unfrei und 'dumm' erzogen worden zu sein, als auch für das partielle Bemühen um Verstehen der Handlungsweisen der Mütter und Großmütter.

7. Die 'Erklärungen' für die eigene fehlende Aufklärung erfolgen meist im Sinne eines Zirkelschlusses bzw. im Sinne einer 'Endloskette': Die Unsicherheit, Distanziertheit und Steifheit der Mütter wird mit der Unsicherheit, Distanziertheit und Steifheit der Großmütter erklärt. Wesentliche Erklärungs-Komponenten sind dabei eine starke religiöse Bindung ('bigotte Haltungen') sowie das Aufwachsen dieser Frauen in 'ungeordneten' Verhältnissen, die den entsprechenden Halt und die nötige Fürsorge vermissen ließen (als Waise, bei der Urgroßmutter, bei der Tante).

Bei den Männern fehlt ein derart 'verstehender' Zugang und die Erzählungen vermitteln den Eindruck, dass die Männer in diesen Fragen gar nicht so sehr in 'persönlichen' Beziehungen standen, sondern dass sie sich weitaus eher an öffentlich vermittelten Diskursen zu diesen Fragen orientierten.

Es ist zu vermuten, dass sich die Frauen deshalb so stark engagieren, weil sie aufgrund ihrer physiologischen Dispositionen bzw. genauer: aufgrund der *sozialen Ausgestaltung* (!) dieser physiologischen Dispositionen und den damit verbundenen (sozial arrangierten) Bedrohungen von der Qualität der Aufklärung wesentlich stärker tangiert sind: Eine *fehlende* Aufklärung hat für Frauen massivere Konsequenzen als für Männer. 'Bedrohungen' gehen nun aber in den seltensten Fällen von der Physiologie 'an sich' aus (das wäre eventuell bei einer lebensbedrohenden Schwangerschaft oder Geburt der Fall, wobei selbst hier zu fragen wäre, welche sozialen Umstände dazu beigetragen haben, dass der Verlauf lebensbedrohliche Formen annimmt), sondern sie entstehen durch die Art und Weise, wie sozial mit Menstruation, sexuellem Verkehr, Schwangerschaft, Geburt etc. umgegangen wird – was inhaltlich im Kern meint: wie diese Dinge unterdrückt, verbogen und 'skandalisiert' werden. Und vielleicht – so wäre weiter zu vermuten – ist aufgrund dieser größeren persönlichen Betroffenheit auch die Kritik heftiger, die Anklage persönlicher und die Einbindung in den Generationenzusammenhang konkreter und intensiver. Das heißt aber auch: Das heikle Thema 'Sexualität' *bindet* die Frauen über Generationen hinweg stark aneinander. Das Prekäre ist, dass diese Bindung 'negativ' ist: Sie lebt für die Mitglieder dieser Generationen aus der 'Nicht-Öffnung', dem 'Nicht-Kontakt', der 'Nicht-Thematisierung' oder, anders ausgedrückt, aus dem Verschweigen, Verschleiern, Umgehen, Unterdrücken sexueller Fragen und Impulse. Diese Frauen sind mithin über Generationen in einer *Klammer der Verhinderung* gefangen. Und diese Klammer wird vermutlich auch noch längere Zeit wirken, wie kurz plausibilisiert werden kann und soll:

Gabriele Vierzigmann und Simone Kreher haben in einer Untersuchung zur Familiendynamik und zu Familiendiskursen in biographischen Erzählungen deutlich gemacht, wie nachhaltig sich familiale Mitgiften im Generationenzusammenhang auswirken und noch für die Kinder und Enkel lebensbestimmend sein können (Vierzigmann/Kreher 1998). Sie stellen einleitend zu ihrem Forschungsprojekt fest: "Wir hatten es dabei unversehens mit einer Familiengeschichte zu tun, in der sich über alle historischen Diskontinuitäten hinweg transgenerationale Konstruktionsprozesse vollziehen und innerfamiliäre Diskurse die individuellen Lebensskripte so durchdringen, dass bestimmte Leitmotive (...), in denen sich Probleme der Familiendynamik, zentrale Familienthemen wie auch herrschende gesellschaftliche Diskurse verdichten, immer wieder aufscheinen bzw. immer wieder aufgegriffen werden" (a.a.O., 23).

Auch wenn es bei Vierzigmann/Kreher allgemeiner um die Analyse von familienspezifischen Grundmustern in zentralen Lebensentscheidungen und Lebenshaltungen geht (die in ihrer Aneignung und Bearbeitung über drei Frauen-Generationen verfolgt werden), so ergeben sich doch Übertragungsmöglichkeiten für das hier interessierende Problem. Da familiale Mitgiften nicht von einer zur nächsten Generation einfach über Bord geworfen, sondern in ihrem Kernbestand lange tradiert und nur allmählich modifiziert werden, ist zu vermuten, dass auch hinsichtlich des Umgangs mit sexuellen Fragen im Generationenzusammenhang eine eher schleppende Öffnung und 'Befreiung' zu erwarten ist. Vor allem auch deshalb, weil die in diesem Bereich kolportierten Mythen so intensiv mit kulturellen Tiefenschichten und psychodynamischen Momenten verbunden und von daher – wenn überhaupt – nur mühsam modifiziert werden (können).

Wie intensiv das "Leitmotiv" sexueller Distanziertheit in den Generationen der Kinder nachwirkt, zeigen auch die eigenen Erhebungen. Die Analyse der beiden Fälle, die einer jüngeren Kohorte angehören (Jahrgang 1949, Jahrgang 1960), weist darauf hin, dass auch diese Generationen noch erheblich mit der 'Verklemmtheit' ihrer Mütter zu ringen haben und hinsichtlich der eigenen Sexualität heftig 'ins Schwimmen' geraten sind. Das hektische Aufsuchen von letztlich unbefriedigenden "One-Night-Stands" oder der generelle Abbruch intimer Beziehungen zu Männern können als Ausdruck einer weitreichenden Unsicherheit und Verunsicherung gewertet werden. Zu diesen Irritationen hat vermutlich besonders der Widerspruch beigetragen, dass im öffentlichen Bereich eine 'sexuelle Befreiung' stattgefunden hat, der das familiale Umfeld offensichtlich nicht nachfolgen konnte – hier herrscht bezüglich sexueller Aktivitäten weiterhin eher ein negierendes und diffuses Klima. (Eine ausführliche Auswertung und Darstellung dieses Materials kann hier leider nicht erfolgen.)

Hinzu kommt im Falle von Sexualität und Aufklärung, dass die familial vermittelten Diskurse und Mythen nicht nur intensiv durch einen entsprechenden öffentlichen Diskurs abgestützt bzw. vom ihm getragen werden, sondern dass sie – wie bereits angedeutet – darüber hinaus ausgesprochen resistente Tiefenschichten besitzen. Begreift man Sexualität als Deutungsmuster, so gehören zu den zentralen und überdauernden Tiefendimensionen dieses Musters wohl folgende Annahmen (oder

auch Diskurse): *'Sexualität ist schmutzig.'* und: *'Sexualität ist gefährlich.'* Daraus
folgt auf einer etwas 'weicheren' und handlungsbezogenen Ebene: *'Alles, was damit
zusammenhängt, muss versteckt werden.', 'Über diese Dinge spricht man nicht.',
'Diese Dinge gehören der Intimsphäre an und sind öffentlich tabu.'* Da aber auch
'privat' über diesen Bereich nicht gesprochen wird (oder nur in der oben skizzierten
einseitigen, abwehrenden und abwertenden Weise), handelt es sich im Kern um einen diskreditierten und sprachlos gemachten Bereich.

## 4.4.  Berufliche Arbeit und 'Beziehungsarbeit' als Moderatoren eines geschlechtsspezifischen Körperbezugs

In diesem Abschnitt soll es darum gehen, die spezifischen, von den Männern und
Frauen des Samples realisierten, *Bezüge* zum (eigenen) Körper (die in Thematisierungen, Umgangsweisen, Handlungen und Haltungen ihren Niederschlag finden) vor
dem Hintergrund der Einbindung der Geschlechter in berufliche Arbeit und 'Beziehungsarbeit' zu analysieren. Dazu sei zunächst – in knappen Strichen – auf zentrale
sozialstrukturelle und sozialisatorische Rahmenbedingungen verwiesen:

'Arbeit' gilt gemeinhin – neben anderen institutionalisierten Bereichen der Le-
bensorganisation wie Familie, Bildung, Freizeit – als ein Grundpfeiler der 'Vergesellschaftung' des Individuums. Im Rahmen der Frauen- und Geschlechterforschung
hat sich dabei der Terminus der "doppelten Vergesellschaftung" durchgesetzt, der
darauf abhebt, dass die Geschlechter im Rahmen unterschiedlicher Anforderungsprofile ihr Leben organisieren und ihre Identität ausbilden müssen – nämlich in der
Sphäre der sogenannten 'produktiven' Arbeit (die im Kern die berufsförmig organisierten und bezahlten Arbeitsformen meint) und in der Sphäre der sogenannten 're-
produktiven' Arbeit (die um nicht bezahlte, privatförmig organisierte familiale Arbeit
gruppiert ist). Im Rahmen der Frauenforschung und einer Soziologie sozialer Ungleichheit der Geschlechter wird dabei besonders hervorgehoben, dass Männer und
Frauen in je *spezifischer Weise* in diesen beiden Sphären 'vergesellschaftet' werden:
Frauen stehen nach wie vor unter der Hauptverantwortung und Hauptlast familialer
Versorgungsarbeit, *zugleich* aber sind sie zunehmend in berufliche Arbeit einbezogen (wenn auch tendenziell in anderen beruflichen Segmenten und mit einer anderen
biographischen Gewichtung als Männer) (vgl. dazu u.a. Becker-Schmidt 1987, Beck-
Gernsheim 1980, Kreckel 1992, 1993, Frerichs/Steinrücke 1993). Diese doppelte
Bezüglichkeit kann zwar eine besondere Chance bedeuten – Frauen können Kompetenzen in beiden zentralen Lebensbereichen erwerben, sie können die Bereiche kompensatorisch und sich gegenseitig entlastend in ihrer Lebensgestaltung einsetzen – ,
sie bedeutet häufig jedoch (und dieser Aspekt wird in der kritischen Frauen- und
Ungleichheitsforschung betont) eine doppelte bis dreifache Belastung und zieht eine
erhebliche Benachteiligung von Frauen nach sich. Zu diesen benachteiligenden Ef-
fekten zählen insbesondere:

(a) Eine 'gespaltene' Aufmerksamkeit in der biographischen Planung, die dazu
führt, dass sich Mädchen und junge Frauen nur 'halbherzig' auf eine tragende und
existenzsichernde berufliche Laufbahn einstellen und vorbereiten, weil sie immer

auch – wenn auch mitunter nur sehr diffus – eine familiale Karriere als Partnerin und Mutter im Sinn haben (vgl. u.a. Diezinger 1991, Hagemann-White 1993, Rabe-Kleberg 1995).

(b) Eine 'gespaltene' Aufmerksamkeit im Vollzug der beiden Arbeitsformen, die zum einen dazu führt, dass berufliche Ambitionen nicht mit der vollen Kraft und dem vollen Einsatz verfolgt werden können, wie dies Männern möglich ist, was wiederum zu deutlichen Abstrichen in der Verfolgung von Karrierezielen und den damit verbundenen weitreichenden materiellen Nachteilen führt, und die zum anderen einen erheblichen *Stressfaktor* darstellt (bzw. darstellen kann): *erstens* weil Frauen ständig zwischen völlig konträren Anforderungsprofilen wechseln müssen (sachbezogene berufliche Arbeit verlangt eine gänzlich andere Form der Zuwendung und innere Haltung als die emotional getönte Beziehungs- und Versorgungsarbeit in der Familie), *zweitens* weil Frauen ständig in belastenden Gefühlen der Angst und der Schuld stehen, für beide Seiten nicht voll da sein und genug tun zu können und *drittens* weil die emotionale wie handlungsbezogene 'Zerrissenheit' und die Verhinderung eines vollen Engagements und einer vollen Anerkennung in 'einer' Sache zu tiefer Unausgeglichenheit und Unzufriedenheit führen kann.

(c) Eng verbunden mit diesen Momenten ist eine weitreichende gesellschaftliche Benachteiligung von Frauen hinsichtlich ihrer Lebenschancen und Entfaltungsmöglichkeiten. Helga Krüger hat in diesem Zusammenhang nachhaltig darauf aufmerksam gemacht, dass sich der Arbeitsmarkt in Form geschlechtsspezifischer Segmentierungen in der beruflichen Bildung und in der Berufsstruktur nicht nur auf die 'doppelten' Ambitionen von Mädchen und Frauen (sowohl familialer als auch beruflicher Arbeit nachgehen zu wollen) einstellt, sondern dass er diese 'Doppelbindung' durch die Schaffung spezifischer Bildungswege, Berufe und Arbeitsplatzsegmente für Frauen nachhaltig unterstützt und damit zugleich – und das ist das Entscheidende – *'defizitäre'* Berufskarrieren für Frauen institutionalisiert und festschreibt (vgl. Krüger 1995a, 1995b, 1996, 1997). 'Defizitär' sind diese Berufswege, weil sie in typische Sackgassen führen, weniger Aufstiegs- und Umstiegsmöglichkeiten bieten als 'Männerberufe', geringer entlohnt werden und besonders stark von arbeitsmarkt- und wirtschaftsbedingten Fluktuationen und Kürzungen betroffen sind (befristete Verträge, Kündigungen, Streichungen durch Rationalisierungsmaßnahmen, gesperrte Neubesetzungen etc.). Zu der Frage der materiellen Einbuße, der daraus resultierenden prekären Alterssicherung von Frauen und den damit verbundenen weitreichenden Benachteiligungen hinsichtlich der Lebenschancen und Gestaltungsmöglichkeiten hat Jutta Allmendinger profunde Forschungen vorgelegt (vgl. u.a. Allmendinger/Brückner/Brückner 1991, Allmendinger 1995; vgl. dazu ebenso die überblickshaften Darstellungen von Gertrud M. Backes zu prekären Momenten in den Lebenslagen und zu typischen Alter[n]srisiken von Frauen, Backes 1993, 2001).

Nun werden auch Männer 'familial' und 'privat' vergesellschaftet (etwa indem sie eine/ihre Rolle als Sohn, Partner oder Vater finden müssen), aber sie sind nicht in dem Maße für die Sorge und Pflege von Haus und Familie zuständig wie Frauen. In ihrer biographischen Planung, den sozialisatorisch ausgebildeten Orientierungen und den eingeschlagenen Entwicklungswegen sind sie vielmehr weitaus eindeutiger als

Frauen auf den Sektor beruflicher Arbeit bezogen und auf ihn ausgerichtet. Diese Eindeutigkeit erlaubt eine stringentere Karriereplanung und ein anderes Selbstverständnis: Männer sind im Beruf sozusagen 'zu Hause', können sich dort souverän bewegen und die berufliche Arbeit als 'ihr' Kompetenzfeld begreifen. Diese 'Eindeutigkeit' ist auf der anderen Seite jedoch auch ein Einfallstor für Überlastungen und Überforderungen. Die einseitige Fixierung auf den Beruf und die hohen Erwartungen in diesem Bereich können dazu führen, dass sich Männer in ihm hochgradig aufreiben und verschleißen. Die fehlende Ausbildung und Bereitstellung kompensatorischer Möglichkeiten – etwa des Rückzugs in den privaten Bereich, der Pflege emotionaler und beziehungsbetonter Arbeit und der daraus resultierenden Befriedigung – zwingt Männer in die 'Arbeitsmühle' und kann zu erheblichen gesundheitlichen Einbußen führen. Symptomatisch hierfür ist die erhöhte Anfälligkeit von Männern für stressbedingte, degenerative Erkrankungen wie Bluthochdruck und Herzinfarkt – von denen allerdings in zunehmenden Maße auch Frauen mit einem berufszentrierten 'männlichen' Lebensstil betroffen sind (vgl. Maschewsky-Schneider 1996) – sowie die kürzere Lebenserwartung von Männern.

In der vorliegenden Untersuchung wird davon ausgegangen, dass 'Arbeit' – in ihrer doppelten Verfasstheit als 'produktive' und 'reproduktive' Arbeit – einen herausragenden Stellenwert für den Entwurf und die Ausbildung von Orientierungen und Stilen der Lebensführung sowie von Kompetenzen und Ressourcen hat. Diese These wird im Rahmen der Sozialisationsforschung nachdrücklich vertreten (auch wenn diesem Sozialisationsfeld eine geringere Aufmerksamkeit gewidmet wird als den Instanzen frühkindlicher, kindlicher und jugendlicher Sozialisation) und sie kann auch durch das empirische Material dieser Untersuchung bestätigt werden. Vor diesem Hintergrund interessieren hier nun vor allem folgende Fragen:

(1) Welche geschlechtsspezifischen 'Profile' zeichnen sich hinsichtlich des Aufgreifens beruflicher und familialer Arbeit in dem vorliegenden Sample ab? Dies bezieht sich auf Fragen wie: Welche beruflichen und familialen 'Karrieren' werden ergriffen und ausgebaut? Wie werden diese Formen im Lebenslauf gewichtet und kombiniert? Wie werden die 'Karrieren' inhaltlich gefüllt und akzentuiert? Mit welchen Wertigkeiten, welcher Bedeutung im Lebenskontext werden sie belegt? Welche biographischen Einflüsse und 'Vorentscheidungen' kommen hier zum Tragen?

(2) Welchen Einfluss hat die spezifische Wahl, der Ausbau und die Akzentuierung von beruflichen und/oder familialen 'Karrieren' auf den Umgang mit und das Verhältnis zum eigenen Körper?

*zu (1):* Typisch für das befragte Sample ist, dass die Frauen – ganz im Sinne der klassischen Rollenteilung – in stärkerem Maße in die Formen familialer Arbeit einbezogen sind als die Männer. Allerdings zeigen sich hier auch gewichtige Besonderheiten.

(a) Es kann keineswegs die Rede davon sein, dass die befragten Frauen ein typisches Hausfrauen- und Ehedasein geführt haben (oder 'Nur-Hausfrauen' waren). Alle Befragten haben einen Beruf erlernt und waren berufstätig: zum Teil phasenweise und erst nach einer Familienphase (so Frau C.), zum Teil aber auch kontinuierlich neben der familialen Tätigkeit und mitunter sogar als 'Alleinernäherin' für die eigene

Familie und die Eltern (wie Frau F., Frau G., Frau T.,) sowie im Sinne einer Vollbe-
rufstätigkeit, bei der familiale Aufgaben kaum eine Rolle spielten (weil Partner
und/oder Kinder fehlten und die Frauen sich voll dem Beruf widmeten [Frau B., Frau
E.]).

Vielleicht haben die Frauen teilweise von der Emanzipationswelle in den 1920er
und 30er Jahren profitiert (deren Errungenschaften dann allerdings im Nationalsozialismus wieder zurückgenommen wurden) und von einer liberalen, aufgeschlossenen
Erziehung im Elternhaus – dies trifft sicherlich auf Frau B. und Frau E. zu. Entscheidend war aber auch, dass die Not in den Nachkriegsjahren die Frauen zur Erwerbstätigkeit gezwungen hat (besonders deutlich bei Frau F., Frau T., aber auch bei Frau
C.), wobei auch hier Momente des Wunsches nach Unabhängigkeit von einem Mann
bzw. die vollzogene Trennung vom Partner eine gewichtige Rolle spielten. Zum Teil
waren es auch persönliche Besonderheiten (große Familie, Behinderung des Ehe-
partners), die den Erwerb nötig machten (so wie bei Frau G.).

Das Sample ist insofern 'einseitig', als die Überzeugungen von Autonomie und
Selbständigkeit überdurchschnittlich hoch ausgebildet sind und die Frauen sehr
selbstbewusst ihren 'eigenen' Weg jenseits einer Fixierung auf häusliche Arbeit und
Kindererziehung gesucht haben und gegangen sind – auch wenn sie dazu mitunter
durch kriegsbedingte Not sowie durch Turbulenzen und Umbrüche in der Partnerschaft herausgefordert und gezwungen worden sein mögen.

Vielleicht hat diese generelle Aufgeschlossenheit und das selbständige 'Sich-
Durchbeißen' im Leben dazu geführt, dass sich gerade diese Frauen auch auf ein
Gespräch über das eigene Leben und den Bezug zum eigenen Körper einlassen konnten und andere Frauen – die sich allein in familialen Bezügen bewegt haben – über
eine geringere Neigung zur Reflexion verfügen. Entscheidend ist hierbei sicherlich
auch der Umstand, dass diese 'häuslichen' Frauen im öffentlichen Leben weitaus
weniger präsent sind und beispielsweise nicht jene sozialen Orte aufsuchen, über die
die Kontakte zu den befragten Frauen stattfanden (Tagung zu Problemen des Alterns,
kulturelle und soziale Arbeit mit alten Menschen).

(b) Diejenigen Frauen, die Kinder zu versorgen hatten, haben sich dieser Aufgabe auch voll gewidmet, wobei Frau B. hier wiederum eine Ausnahme darstellt (ihre
akademische Karriere nahm deutlich Priorität ein, die Erziehung des Sohnes wurde
weitgehend delegiert [an die Mutter, einen Bruder, ein Internat]). Dabei fällt auf,
dass der täglichen familialen und häuslichen Arbeit in den Gesprächen kein besonderer Platz eingeräumt wird, obwohl sie ein grundlegendes strukturierendes Moment
des Frauenalltags darstellt. Aber vermutlich besitzt gerade das 'Alltägliche' in seiner
wiederkehrenden Routine eine derartige Selbstverständlichkeit, dass es nicht eigens
thematisiert werden muss bzw. auch gar nicht thematisiert werden *kann*. Ein Phänomen, das uns beim 'Selbstverständlichkeitscharakter' des Körpers immer wieder begegnet. 'Erzählfähig' wird die versorgende Arbeit dann, wenn es zu besonderen Belastungen kommt: etwa wenn Hunger, Kälte, Feuchtigkeit der Wohnung zu einem
echten Problem werden oder wenn Kinder einer besonderen medizinischen Betreuung bedürfen.

Höchst bedeutsam ist allerdings, dass aus den Erzählungen der Frauen hervorgeht, wie intensiv sie in *Beziehungen* verstrickt sind und wie stark sie sich darin engagieren. Dabei lassen sich drei thematische Hauptfelder ausmachen: 1. die überwiegend problematische und konflikthafte Beziehung zur eigenen Mutter, die in der ausführlichen Fallanalyse von Frau F. besonders eindringlich dokumentiert ist (vgl. Teil2/Kap. 3.3.), die aber auch in den Lebensgeschichten von Frau E. (vgl. Teil 2/Kap. 3.5.) und von Frau C. (vgl. Teil 2/Kap. 3.2.) eine gewichtige Rolle spielt; 2. die Auseinandersetzung mit und Trennung vom Ehepartner (besonders deutlich bei Frau E. und Frau C., bedeutsam aber auch bei Frau B., Frau F., Frau T.) sowie 3. Probleme mit und Sorgen um die Kinder (Frau B., Frau C., Frau F., Frau G.).

Es kann und soll hier nicht vertiefend auf diese Beziehungskonflikte eingegangen werden – festzuhalten ist jedoch, dass die Frauen in diese Form der 'Beziehungsarbeit' stark involviert sind, sich intensiv damit auseinandersetzen und viel Kraft in diesen Bereich investieren. Und diese Auseinandersetzung in Beziehungen hinterlässt – wie auch in den biographischen Einzelanalysen sichtbar wurde – deutliche leiblich-affektive und körperliche Spuren (etwa in Form psychosomatischer Reaktionen, Herz-Kreislaufstörungen, Übergewicht, Krebserkrankung).

In der mitunter harten und konfrontativen Reibung mit anderen Menschen werden die Frauen aber nicht nur stark gefordert, sondern sie fordern auch sich (und das Gegenüber) heraus und sie fördern damit den Prozess ihrer 'Subjektwerdung'. Sie zwingen sich, den eigenen Standpunkt zu klären, ihn zu artikulieren und nach außen zu vertreten, und sie werden sich klarer über die Möglichkeiten und Grenzen ihrer Selbstentfaltung, über ihre biographischen Wünsche und deren Realisierbarkeit sowie über die psychischen und physischen Kosten ihrer Entscheidungen und ihres Handelns. Kurzum: Sie betreiben einen intensiven Prozess der *Selbstreflexion*. Zu diesem Prozess gehört zwingend auch das *Scheitern*: etwa in Form eines Verhaftetseins und Verhaftetbleibens in destruktiven Beziehungsfallen (besonders deutlich in der Mutter-Problematik von Frau F.) oder in Form verschleißender Abgrenzungs- und Selbstbehauptungskämpfe (Frau C., Frau E.). Als eine besondere Kompetenz erweist sich in diesen Fällen dann auf der anderen Seite die Fähigkeit, die 'Fallen' zumindest ex post zu erkennen und anzuerkennen und die Fähigkeit, sich eine Hilfe von außen zu holen, etwa durch Lektüre, Gespräche mit anderen Frauen, psychologische Beratung, Selbsterfahrungskurse, psychotherapeutische Betreuung (zu diesen Zusammenhängen vgl. vertiefend auch Abraham 2002).

Eine zweite Bedeutsamkeit ergibt sich hinsichtlich der spezifischen Gewichtung, die die Frauen in ihren beruflichen Bezügen entfalten. So weisen die beruflichen Orientierungen derjenigen Frauen, die sich besonders intensiv mit der eigenen Lebensgeschichte auseinandergesetzt haben und hierin über eine besondere reflexive Kompetenz verfügen eine deutliche 'soziale' und 'emotionale' Tönung auf. So misst Frau B. etwa im Rahmen ihrer Dozententätigkeit der Praxis und der Auseinandersetzung mit Menschen einen herausragenden Stellenwert bei, engagiert sich Frau E. als Werkstattassistentin und später im Sozialen Dienst des Werkes in hohem Maße in Formen der Beziehungsarbeit und widmet sich auch Frau C. (neben ihrer handwerklichen und künstlerischen Arbeit, die u.a. auch zur Versorgung der Familie beitragen) in späteren Jahren der Sozialen Arbeit (Ausführung und Koordination von sozialen Dienstleistungen). Frau C. bringt dabei besonders eindringlich auf den Punkt, welchen Stellenwert das soziale und emotionale Engagement für sie haben. In ihrer abschließenden Bilanzierung betont sie, wie wichtig ihr soziale Bezüge sind und wie zentral sie es findet, "die Augen offen zu halten für 's Mitmenschliche".

Beruflich hat Frau C. bei weitem nicht die Chancen erhalten, die sie sich gewünscht hätte. Ihre Schulbildung endete kriegsbedingt mit der 10. Klasse, die Wirren und die Not der Nachkriegszeit zwangen sie zur Aufgabe ihrer Wunsches, an eine Kunstakademie zu gehen, und zunächst zur Mithilfe im Haushalt der Mutter und Großmutter. Die dann für sie ausersehene Berufsausbildung (Korbwarenfirma) empfindet sie als Zumutung, ein Kompromiss ist eine Gärtnerlehre. Dann entsteht jedoch die Beziehung zu ihrem späteren Mann, die Kinder werden geboren und eine weitere berufliche Entwicklung kann nicht verfolgt werden. Erst zu einem späteren Zeitpunkt (als die jüngste Tochter bereits zwölf Jahre alt ist) nimmt Frau C. berufliche Tätigkeiten im Verkauf an (Textilgeschäft, Buchhandlung), dann im Sozialen Dienst, wo sie selbst Betreuungsarbeit und Hilfe im Haushalt anbietet, später dann diese Arbeiten koordiniert. Dieses Schicksal teilt Frau C. mit vielen Frauen ihrer Generation, denen der zweite Weltkrieg einen "Strich durch die Rechnung" machte und berufliche Karrieren, wenn nicht verunmöglichte, so doch extrem umwegig und schwierig werden ließ. In dem hier dokumentierten Sample wird dieses Problem besonders eindringlich auch von Frau E. erlebt und beschrieben sowie von Frau F. , Frau G. und Frau T., die nach mehreren Schleifen und Umwegen eine Anstellung im Dienstleistungsbereich (also in typischen 'Frauenberufen') gefunden haben (als Verwaltungsangestellte sowie als Sekretärin).

Frau C. sagt bezüglich ihres beruflichen Weges, sie habe eigentlich ihr Leben lang "gewurschtelt", in vielen Dingen "improvisiert" und gelernt "aus Scheiße Gold zu machen". Sie bedauert die vorenthaltenen Chancen (auffällig ist, wie häufig sie darauf hinweist, "dumm" erzogen und "dumm" gehalten worden zu sein) und bemerkt kritisch, wie sie im Sozialen Dienst lediglich auf das zurückgegriffen hat, was Frauen ohnehin zugetraut wird und was sie im Rahmen ihrer häuslichen Sozialisation erwerben. Entsprechend beschreibt sie ihre Hilfeleistungen in fremden Haushalten mit den Worten: "wir waren – total geübte (betont:)/Hausfrauen/". Auf der anderen Seite haben ihr diese Tätigkeiten Spass gemacht und sie erweitert die Notwendigkeit dieses Engagements zu einer *Lebensmaxime*, die sich u.a. in folgenden Feststellungen niederschlägt: "ich bin eigentlich auch sehr gern – Mutter"; "es ist eigentlich manchmal auch ganz wichtig, dass es Menschen zwischendrin gibt (...) die äh – Dinge auffangen, ohne die heute Vieles gar nicht mehr ginge"; "ich finde ganz wichtig diese mitmenschlichen – äh Verbindung, die wir haben"; "wir können entweder Dasein mit auffangen, *mit* anderen leben – oder – ja – oder, oder sterben". Und dezidiert in einem übergreifenderen Fokus:

*Frau C.: "(...) da hab' ich manchmal Angst mit der Zukunft allgemein: Wohin das führt. (...) – dass diese Stellen, die Auffang(becken) und dass die Mitmenschlichkeit zerbricht und äh – die nächsten Generationen teilweise gar nicht mehr – wissen, was das überhaupt darstellt, was wirklich Wärme, Wärme, Nächstenliebe äh – das sind, das muss ja nicht immer gleich sogar 'ne Streicheleinheit sein, obwohl man die ja auch verteilen soll, aber die Geste"* (worauf mehrere Beispiele alltäglicher Umsicht und Hilfestellung für andere Menschen der näheren Umgebung folgen).

Im Gegensatz zu dieser Betonung sozialen ("mitmenschlichen") und emotionalen Engagements auch in der beruflich orientierten Arbeit von Frauen weisen die Männer des Samples eine deutlich sachbezogenere Akzentuierung ihrer beruflichen Arbeit auf. So wird in den Erzählungen zur beruflichen Aktivität die wissenschaftliche oder technische Seite des Arbeitsvollzugs näher erläutert, es kommen Anforderungsprofile und Belastungen der Tätigkeiten ins Blickfeld oder es wird über Strategien und Erfolge in diesem Bereich berichtet. Ein Bezug zu Fragen des Arbeitsklimas, der Beziehung zu Kollegen und Klienten oder des emotionalen Engagements in diesem Bereich wird kaum explizit hergestellt. In die direkte familiale Arbeit sind die Männer ohnehin weitaus weniger involviert als die Frauen und sie zeigen hierin – stärker als die Frauen des Samples – ein strikt 'klassisches' Verhalten. Eindeutig im Vordergrund steht das berufliche Engagement, wobei auch die Männer dieses Samples mitunter heftig unter den kriegsbedingten Unterbrechungen ihrer beruflichen Laufbahn gelitten haben, es ihnen aber jeweils relativ schnell gelang, wieder den Anschluss zu finden – entweder aus eigener Kraft und aufgrund einer bereits hohen Qualifikation oder durch die Hilfe anderer Personen (Verwandte, Kollegen, aufmerksame Vorgesetzte). Entsprechend dieser deutlichen Berufsorientierung werden familiale Beziehungen zwar als ein *Rahmen* der Lebensorientierung und der Selbstdarstellung erzählerisch angeboten – insbesondere vermutlich deshalb, weil damit der Status von 'Normalität' und 'Geordnetheit' dokumentiert werden kann und soll, denn es gilt in dieser Generation überwiegend noch als sozial erwartet und 'normal', verheiratet zu sein und Kinder zu haben – , diese Beziehungen werden aber erzählerisch kaum weiter verfolgt, bleiben über weite Passagen vage und ungefüllt oder werden von einer idealisierenden Hülle des 'Glücks' umgeben, hinter der mögliche Konflikte und Ambivalenzen versteckt werden (besonders deutlich bei Herrn D., aber auch bei Herrn N.). Dies verweist darauf, dass Beziehungen nicht zum zentralen Aufmerksamkeitshorizont der befragten Männer zählen und dass sich das Engagement und das persönliche Involviert-Sein in diesem Bereich deutlich in Grenzen hält.

Was bedeuten diese geschlechtsspezifischen Akzentuierungen nun für den Umgang mit dem eigenen Körper im Lebensverlauf sowie im Alter? Dazu einige zentrale Befunde und Thesen:

Die Frauen des Samples setzen sich deutlich stärker mit Beziehungsmustern und Konflikten im zwischenmenschlichen Bereich auseinander und sie betreiben in weitaus stärkerem Maße eine offensive und bewusste Selbstreflexion in diesem Bereich. Dazu holen sie sich Hilfe von außen und sie weichen einer Selbstbegegnung und Selbsterfahrung weniger aus als die Männer. In diesem Sinne verfügen sie über elaboriertere Deutungsschemata im Hinblick auf seelische Vorgänge und psychisches Geschehen, es fällt ihnen leichter, über die eigenen Gefühle zu sprechen und sie sind in ihren Beschreibungen dichter 'dran' am eigenen Erleben und der eigenen Person.

Der Grad dieser Öffnung und emotionalen Durchlässigkeit ist allerdings sehr verschieden und auch die reflexive Kompetenz ist – abhängig vom Bildungsstand und der jeweiligen geistig-seelischen Kraft – unterschiedlich intensiv ausgebildet. So gibt es auch in diesem Sample Frauen, die vor einer echten Selbstbegegnung eher zurückweichen und die viel Energie darauf verwenden, problematische Seiten zu verstecken und eine Fassade aufrecht zu erhalten. Auf der anderen Seite kann eine 'Verweigerung' in diesem Bereich ja auch gerade darauf hinweisen, dass die Person besonders sensibel ist und um die Gefährdungen, die eine Öffnung im Interview für die Stabilität der eigenen Person haben könnte, weiß oder sie zumindest erahnt (dies trifft sicher auf die beiden Frauen zu, die ein Gespräch aus eben diesem Grund ablehnten; vgl. Teil 2/Kap. 2.2.2.: "Die emotionale Seite biographischer Arbeit").

Wie in den Fallanalysen herausgearbeitet werden konnte, zeichnet sich der Körperbezug der befragten Frauen tendenziell (und im Vergleich zu den Männern) durch folgende Momente aus:

(a) Der Körper wird deutlich stärker, als das bei den Männern der Fall ist, als Teilaspekt eines *leiblich-psychischen Geschehens* begriffen. Die Frauen greifen dabei wesentlich ausgeprägter auf das Deutungsschema der Vernetzung von körperlichen und seelischen Vorgängen zurück (wobei der 'Einfluss' psychologischen und psychotherapeutischen Expertenwissens in die alltäglichen Wissensbestände der Befragten unübersehbar ist) und sie bringen diese Wechselwirkung von 'Körper' und 'Seele' in unterschiedlichsten Formen – und das ist entscheidend – mit dem *eigenen Erleben* in Verbindung. Dieses Wissen bleibt also nicht äußerlich, sondern mit ihm wird 'gearbeitet': Es wird in die eigenen Interpretationsschemata integriert und es wird in enger Verbindung mit dem eigenen Erleben und inneren Prozessen biographisch genutzt und 'umgewälzt' – dient also auch einer Erweiterung persönlicher Grenzen und des persönlichen Handlungsspielraums.

(b) In diesem Sinne ist der Körper deutlich stärker *emotional besetzt* – und zwar sowohl in seinen belastenden und einschränkenden als auch in seinen positiv-belebenden Aspekten – und er wird wesentlich *dichter an die eigene Person* herangeholt.

(c) Durch die engere Verbindung zu den eigenen Gefühlen, zur eigenen 'Seele' und zur eigenen Person entstehen – so meine Vermutung – auch *farbigere, lebendigere, vielfältigere und persönlichere Sprachbilder* zum Körper und zum körperlichen Erleben. Dieser 'dichtere' und 'emotionalere' Körperbezug scheint mir eine wichtige Voraussetzung dafür zu sein, dass Frauen stärker *mit* und *in* ihrem Körper leben als Männer. Und dies wiederum eröffnet größere Chancen, den Körper bewusster wahrzunehmen, sensibler auf seine Bedürfnisse zu achten und ihm eine 'Fürsorge' zukommen zu lassen. Damit verfügen Frauen über günstigere Ausgangspunkte, den Körper für das Alter vorzubereiten und im Alter sorgsam mit ihm umzugehen.

Allerdings wird auch deutlich, dass diese Einschätzung stark idealisierend ist. Denn es darf nicht unterschätzt werden, dass Frauen *zugleich* auch ein höchst ambivalentes und *'gebrochenes'* Verhältnis zu ihrem Körper haben, das durch eine intensive Ablehnung des weiblichen Körpers gekennzeichnet ist, durch 'Hass' auf seine Funktionen und seine Erscheinung und durch entsprechende Haltungen des Kampfes *gegen* den Körper (der bis zur Zerstörung gehen kann) oder der Abspaltung und

einer weitreichenden Gleichgültigkeit seinen Bedürfnissen gegenüber. In den Fallanalysen konnten diese Aspekte deutlich herausgearbeitet werden, insbesondere in
den Passagen, die sich den Vorgängen der Menstruation, der Attraktivität und der
Sexualität widmeten; so etwa auch in der Fallgeschichte von Frau F., die mit ihren
ungelösten Beziehungskonflikten sozusagen in ihrem eigenen Körper 'versackt' ist
(wofür auf der körperlichen Ebene der hohe Blutdruck, die Korpulenz und die relative Trägheit stehen) oder in den Ausführungen von und zu Frau G., die in weiten
Teilen über ihren Körper (insbesondere über seine äußere Erscheinung) hinweggese-
hen hat und noch hinwegsieht, und die nicht gerade 'zimperlich' mit frauenspezifi-
schen physiologischen Vorgängen (Menstruation, Einnahme und Absetzen der Pille)
umgeht (vgl. dazu ausführlicher Abraham 2000a). Diese Ambivalenz dem Körper
gegenüber hebelt in meinen Augen jedoch nicht die oben skizzierten Chancen aus,
denn neben dieser Ambivalenz existieren ja auch die ausgeführten Momente der Nähe und des leiblich-seelischen Bezugs. Insbesondere in den Fallgeschichten von Frau
B. und Frau E. konnte deutlich werden, unter welchen Bedingungen und in welcher
Form Frauen – vielleicht gerade *wegen* dieser Ambivalenz und ihrer emotionalen
Aufladung – einen aufgeschlossenen und positiv getönten Zugang zu ihrem Körper
finden. (Zu den Spannungen und Konflikten, die der 'zyklisch' organisierte weibliche
Körper in einer überwiegend 'linear' strukturierten Gesellschaft für Frauen hervor-
ruft, vgl. bes. auch Hardach-Pinke 1982, Ritter 1996).

Die zentrale These lautet also: *Den Frauen gelingt ein 'dichterer' und tragfähi-
gerer Bezug zum Körper, weil sie in ihrer gesamten Lebenskonstruktion Elemente
der Nähe zu den Dingen, der Gestaltung von Beziehungen, des Sich-Einlassens auf
andere und Anderes sowie der Begegnung mit der eigenen Person (den eigenen
Gefühlen, dem eigenen Erleben) stärker kultivieren als Männer.* Dies hängt sicherlich auch mit den kulturellen und sozialen 'Nahelegungen' und Arrangements zusammen, die es Frauen stärker als Männern erlauben, mit dem Körper und mit Gefühlen in Kontakt zu treten – etwa durch die Überantwortung der Aufgaben des Pfle-
gens und Nährens, aber auch durch die soziale Fixierung auf den attraktiven und
erotischen weiblichen Körper und durch die weitreichende Mystifizierung und Abdrängung weiblicher Körpervorgänge, die den Körper für Frauen zu einem zwar
höchst ambivalenten, aber umso intensiver *emotional besetzten* Bereich macht.

Die Männer des Samples entwickelten einen anders akzentuierten Körperbezug
mit entsprechend anderen Konsequenzen für den Körperumgang im Alter. Das kann
exemplarisch und pointiert anhand der körperbezogenen Thematisierungen von
Herrn D. und Herrn N. aufgerollt werden:

Bei Herrn D. fällt auf: die lineare Verlängerung seines berufsbedingten Lebens-
stils in das Alter hinein mit einer Tendenz zu Überforderung und Unzufriedenheit
(die er selbst als "hausgemachte(n) Stress" erkennt); die Priorität, die geistigem
Vermögen vor körperlichem Vermögen gegeben wird; ein stark symptomorientierter
Zugang zum Körper (der Körper als Träger von Symptomen); ein funktionsorientier-
ter Zugang zum Körper (der Körper als physiologisch störungsfrei funktionierender
Körper und als Leistungsträger); ein starker Leistungsbezug im Körperverhältnis, der
tendenziell Formen der Überlastung, der Überforderung und der Zumutung beinhal-

tet und die physiologischen Grenzen des Körpers überschreitet (Herr D. spricht hier von "Übertreibungen"); eine Bagatellisierung und Verharmlosung von körperlichen und psychischen Belastungen, sowie ein weitgehend nicht elaborierter Zugang zu der Vernetzung von körperlichen und seelischen Dimensionen; ein fehlender Bezug zu den eigenen Gefühlen im Rahmen körperlicher Thematisierungen; kaum Beiträge zum eigenen Erleben in diesem Kontext; eine auffällige Distanzierung des Körpers von der eigenen Person; entsprechend 'farblose' und eindimensionale Sprachbilder bzw. kaum spontane, persönliche oder kreative Assoziationen zum Körper und zum Körpererleben.

Ähnliches lässt sich für Herrn N. herausstellen: Gefühle (etwa der Resignation, der Enttäuschung) werden – zumindest auf der verbalen und 'offiziellen' Ebene – versteckt, unterdrückt, nicht gezeigt und das Sprechen über eigenes Erleben wird häufig umgangen (etwa in Form von 'Man-Sätzen'); dem Aufbau einer Fassade der 'Normalität' und 'Geordnetheit' wird sehr viel Aufmerksamkeit gewidmet; dominant ist eine auffällige 'Bescheidenheit' im Sinne des Sich-Arrangierens und des Sich-nicht-in-Positur-Stellens (also eine Zurücknahme der eigenen Person); körperliche und psychische Belastungen werden spät eingeführt und mit der Aura der Harmlosigkeit, der Problemlosigkeit und des Selbstverständlichen umgeben; aus Fragen zur gefühlsbetonten Beziehung zum Körper (den Körper "gern haben") wird eine Frage des Funktionierens des Körpers; über den Körper werden sich "keine Gedanken" gemacht – zumindest nicht, so lange er störungsfrei funktioniert; der Körper steht deutlich im Dienste der Arbeit, es werden Schädigungen billigend in Kauf genommen oder gar nicht gesehen; typisch ist eine leistungsbetonte, asketische Lebensführung in der Jugend, die allerdings in späteren Lebensphasen nicht mehr trägt; es fehlen alternative Folien des Körperumgangs (etwa sinnlich und expressiv getönte Umgangsweisen); im Bereich von Zärtlichkeit und körperlicher Berührung sowie im Bereich der Sexualität konnte ein angstfreier, spontaner und befriedigender Umgang nicht entwickelt werden und auch intime physiologische Abläufe sind stark mit Scham besetzt; insgesamt wird der Körper auf Distanz gehalten und – ähnlich wie bei Herrn D. – höchst sparsam mit persönlichen, gefühlsnahen und auf das unmittelbare eigene Erleben bezogenen Assoziationen gefüllt bzw. sprachlich belebt.

Mir scheint, dass die hier versammelten Zugangsweisen zum Körper und der Bezug auf ihn eine eher ungünstige bis prekäre Basis darstellen, den Körper als einen Grundpfeiler der eigenen Person und der eigenen Existenz annehmen und sich ihm entsprechend – gerade auch im Alter – zuwenden zu können. Als besonders prekär wirken sich dabei vor allem folgende Umstände aus:

1. Jenseits der Leistungsbezogenheit sowie der Funktions- und Symptomorientierung haben Herr D. und Herr N. kaum Alternativen des Körperbezugs ausgebildet. So fehlt beispielsweise nicht nur die Kultivierung sinnlich-expressiver und kreativer Dimensionen (über die die Frauen des Samples wesentlich deutlicher verfügen), sondern auch die Entwicklung von Potenzialen im Bereich körperlicher Nähe, körperlicher Berührung und Zärtlichkeit ist rudimentär.

2. Im Gegensatz zu den Frauen des Samples verfügen die Männer nicht über elaborierte Folien und Deutungsschemata, die den Körper mit dem seelischen Emp-

finden, den eigenen Gefühlen, dem eigenen Erleben und der eigenen Person zusammenschließen würden – zumindest werden solche Schemata im Gespräch nicht eingesetzt. Das verweist auf ein gering ausgeprägtes *Bewusstsein* über diese Zusammenhänge und lässt die Vermutung zu, dass die Abläufe täglichen Handelns entsprechend auch nicht durch diese Schemata geprägt werden – strukturgebend und damit 'lebensbestimmend' sind vermutlich die Orientierungen der Leistungsbezogenheit und der Funktions- wie Symptomorientierung.

Vielleicht sollte hier noch einmal angemerkt werden, dass wir über das *tatsächliche* Erleben anhand der Texte nichts aussagen können und dass wir so auch nicht entscheiden können, welche Gefühle und Empfindungen etwa Herr D. und Herr N. ihrem Körper gegenüber in ihrer 'ureigensten Unmittelbarkeit' tatsächlich verspüren. Ausgesagt werden kann nur etwas über das, was sprachlich sichtbar wird und was auf spezifische Strukturen und Motive des Handelns verweist. Und *in diesem Sinne* sind die obigen Hinweise zu lesen.

3. Aufgrund der einseitig ausgebildeten Zugangsweisen zum Körper, der Tendenz zur 'Normalisierung' und 'Bagatellisierung' körperlicher Vorgänge, der fehlenden alternativen Folien und Deutungsschemata sowie der 'Verarmung' von Potenzialen und Kompetenzen, sich dem Körper 'anders' zuzuwenden, fällt es den Männern deutlich schwerer als den Frauen, flexibel und positiv unterstützend auf körperliche Veränderungen im Alter zu reagieren. Da der Körper von den Männern nicht als Teil der eigenen Person begriffen wird, sondern weitaus stärker als ein abgespaltenes 'Ding' (das zu funktionieren und seine Leistung zu bringen hat), ist ihnen in weiten Bereichen die Möglichkeit versperrt, den Körper im Alter für sich neu und anders zu entdecken – etwa als einen Ort, der eben nicht nur 'Verfall' und 'Leiden' bedeuten muss, und über den man getrost hinwegsehen kann, wenn 'alles in Ordnung' ist, sondern als einen Ort, der selbst im Alter noch zu einer Quelle von Freude und Lebenslust werden kann, und der eine lebendige Resonanzfläche darstellt, weil er 'man selbst' ist.

## 4.5. Alltagswissen und Umgangsweisen im Kontext der Körperlichkeit – der Versuch eines Resümées

Zweifellos handelt es sich bei dem Körper – das sollten die geleisteten Analysen deutlich gemacht haben – um ein ausgesprochen komplexes und schwer in den Griff zu bekommendes Phänomen. Im Hinblick auf seine Eigenschaften als im Alltagsbewusstsein in spezifischer Weise verankertes Gebilde und als ein '*gedeutetes* Ding' ist der Körper sowohl gesellschaftlich durchgängig 'irgendwie' präsent, als zugleich auch in hohem Maße 'latent' und ungreifbar und nur unter (wissenschaftlichem) Aufwand in seinen latenten Anteilen sichtbar zu machen. Für den Körper gilt, was Meuser/Sackmann u.a. anhand des Deutungsmusters 'Generation' betonen: Je stärker ein Phänomen als "eingeschliffene kulturelle Selbstverständlichkeit" gesellschaftlich und im Alltagsbewusstsein der Akteure verankert ist, desto stärker ist es "der lebensweltlichen reflexiven Verfügbarkeit (...) entzogen" (Meuser/Sackmann 1992, 20). Krisen- und Umbruchsituationen können dazu führen, dass die "in solchen Situationen notwendig erhöhte lebensweltliche Reflexivität" das Phänomen (bzw. Deutungsmuster) 'manifest(er)' werden lässt – weil ein verstärkter Explikationsbedarf besteht – , bevor es im Zuge erneuter Routinisierung wieder "in Latenz 'absinken'" mag (a.a.O.). Das Material der vorliegenden Untersuchung verweist in diesem Zusammenhang auf Folgendes:

1. Die 'Latenz' des Körpers (im Sinne eines implizit bleibenden Wissens oder auch eines nicht-reflektierten Raums) ist ausgesprochen hoch. Deutliche Indizien sind die schmale Spur, entlang der der Körper thematisiert wird, sowie die Verschattungen und Ausblendungen hinsichtlich potenzieller Thematisierungsmöglichkeiten und die in einigen Bereichen anzutreffende völlige 'Sprachlosigkeit'.

2. Obwohl die Mitglieder des Samples zahlreichen und heftigen gesellschaftlichen Umbrüchen und Krisen ausgeliefert waren, haben diese kollektiven Turbulenzen nicht dazu geführt, dass der Körper als Deutungsmuster seinen latenten Status verlassen hat – dass er etwa plötzlich neu gesehen oder in zentralen und bisher 'übersehenen' Dimensionen deutlich akzentuiert worden wäre. Die Latenz des Körpers erweist sich also – bezogen auf das Alltagsbewusstsein – als gesellschaftlich überdauernd und erstaunlich stabil.

3. Das schließt nicht aus, dass auf einer 'vordergründigeren' oder 'oberflächlicheren' Ebene vielfältige 'Körper-Diskurse' im Umlauf waren (und sind) und dass diese Diskurse auch ihre Gestalt gewechselt haben. Schaut man jedoch genauer hin, so wird deutlich, dass ein Diskurs *über den Körper* im Alltag eigentlich nie existiert hat oder geführt worden ist. Die kursierenden 'Reden über den Körper' waren (und sind) vielmehr körper*bezogene* Diskurse. Sie verweisen auf andere Felder alltagsweltlichen Erlebens und Handelns und machen den Körper vor dem Hintergrund der dort geführten Diskurse zum Thema (etwa im Sinne des gesunden/kranken Körpers, des sportiven Körpers, des schönen Körpers, des sexuellen Körpers etc.).

4. Die Latenz des Körpers wird allenfalls dann (partiell) aufgehoben, wenn der Körper zu einer *persönlichen* Krise führt und so einen *Anlass* zur Reflexion stiftet (etwa im Falle von Krankheit und Sucht oder wenn körperliche Dispositionen die Fragen von Identität und Geschlechtlichkeit virulent werden lassen). Hiervon bleiben jedoch die kollektiven Wissensbestände in ihren Tiefendimensionen und die Latenz des Körpers unberührt, das kollektiv verankerte Wissen wird vielmehr aktiviert und ('lediglich') im Rahmen der individuellen Reflexionen zum Einsatz gebracht.

Wenn ich das Anliegen der Deutungsmusteranalyse und – allgemeiner – der Analyse von alltagsweltlich in Umlauf befindlichen Wissensbeständen richtig verstanden habe, so geht es im Kern darum, jene Schichten dieses Wissens (oder dieser Muster) sichtbar zu machen, die im Alltagsgebrauch zwar stets mitschwingen, die aber in der Regel nicht reflektiert oder thematisiert werden. Es geht also um einen 'genaueren' Blick auf den eingefleischten Selbstverständlichkeitscharakter dieses Wissens (wobei auch in der Deutungsmusteranalyse ganz im Sinne von Alfred Schütz davon ausgegangen wird, dass es sich vornehmlich um einen *graduellen* Unterschied handelt, wie die Akteure des Alltags und die Soziologen/innen eine derartige Aufdeckungsarbeit leisten; vgl. auch Meuser/Sackmann a.a.O.). Vor diesem Hintergrund können in einer ersten groben und unsystematischen Annäherung folgende zentrale Elemente des Wissens über den Körper und des Körpers als Deutungsmuster festgehalten werden:

(1) Der Körper wird als *Gegenstand* betrachtet und erhält damit 'Objektstatus'.

(2) Alle Befragten konnten mit dem Konzept 'Körper' *prinzipiell* etwas anfangen.

(3) Das Thema 'Körper' und 'Körpererleben' ruft in unterschiedlichem Maße Irritationen, Befremden, Ratlosigkeit und Sprachlosigkeit hervor.

(4) Der Körper wird in *situative Kontexte* versetzt und kommt nur in ihnen (und nicht als Körper 'an sich') zur Sprache.

(5) Das bedeutet mit anderen Worten:

(a) Der Körper kommt nur *indirekt* zur Sprache.

(b) Der Körper unterliegt einer *Zersplitterung*, er ist im Alltagsdiskurs nur in Fragmenten präsent (und nicht im Sinne eines einheitlichen Ganzen oder in seiner 'ganzen Gestalt').

(6) Die Analyse hat gezeigt, dass der Körper im Alltagsbewusstsein (dieses Samples) vor allem in folgenden sozialen Kontexten oder Feldern verankert ist und zur Sprache gebracht wird:

(a) im Kontext der *Sexualität* und sexuell konnotierten Feldern (geschlechtsspezifische Körpervorgänge und geschlechtliche Reifung, Aufklärung, äußere Erscheinung und Attraktivität etc.), davon berührt sind in hohem Maße Fragen der (geschlechtlichen) Identität und der Beziehungsgestaltung, die jedoch in der Regel von den Befragten selbst nicht als solche thematisiert und explizit eingeführt, sondern vielmehr im Forschungsprozess als solche identifiziert wurden;

(b) im Kontext von *Krankheit* und *körperlichen Beeinträchtigungen* oder *Störungen* sowie

(c) im analogen Kontext von *körperlicher Leistungsfähigkeit, Gesundheit* und *'Normalität'*;

(d) im Kontext körperlicher *Belastung* und existenzieller *Bedrohung* (harte körperliche Arbeit, Hunger, Frieren, Verschüttet-gewesen-Sein etc.);

(e) im Kontext sportiver und ästhetischer *Bewegung* (Sport, sportähnliche Bewegung, Spiel und Herumtollen, Tanz, körperlicher Ausdruck etc.);

(f) im Kontext des beruflichen und familialen *Arbeitslebens* (die Körper-Thematisierungen bleiben hier jedoch meist implizit und verweisen auf die weitgehend unreflektierte Nutzung des Körpers als Arbeitsmittel sowie auf ein systematisches 'Übersehen' und 'Vergessen' des Körpers in den absorbierenden Arbeitsanforderungen und -routinen).

(7) Der Körper wird *personifiziert, belebt* und *beseelt*.

(8) Der Körper wird in unterschiedlichem Maße mit der eigenen Person in Verbindung gebracht. Das bedeutet andererseits: 'Person' ('Ich') und 'Körper' werden als *getrennte Einheiten* konzipiert und meist erst in einem zusätzlichen gedanklichen Schritt als eine Einheit betrachtet ('Mein Körper, das bin ja ich!').

(9) Der Körper wird in hohem Maße als *'Werkzeug'* begriffen.

(10) Der Körper wird vornehmlich im Hinblick auf sein *'Funktionieren'* wahrgenommen und thematisiert.

Im Folgenden sollen diese Aspekte inhaltlich gefüllt werden (was zum Teil ja bereits recht ausführlich geschehen ist und nur noch angedeutet werden muss), sowie die Körper-Thematisierungen auf typische Argumentationsmuster zugespitzt werden, um so ihrer inneren Logik und ihren handlungsgenerierenden Tiefenschichten ein wenig näher zu kommen. Dabei gilt auch hier, dass es letztlich eine Frage des Blickwinkels und des Forschungsinteresses ist, was als 'innere Logik' oder 'Tiefenstruktur' jeweils markiert wird – es sind auch andere Hervorhebungen denkbar und möglich. Beginnen wir mit den unter (1) und (2) genannten Aspekten, die ebenso banal wie von fundamentaler Bedeutung sind.

*zu Punkt (1) und (2):*

Indem wir über den Körper nachzudenken beginnen, machen wir ihn zwangsläufig zum 'Gegenstand' (unserer Betrachtung). Diesem Fakt sind die Akteure des Alltags, die zu ihrem Körper und Körpererleben 'befragt' werden, ebenso ausgesetzt wie der/die Forscher/in, die etwas über das Erleben, das Wissen, das Verhältnis zum Körper erfahren möchte. Der 'Objektstatus' des Körpers ist mithin im Forschungszugriff und in der Fragestellung bereits enthalten und aus dieser Positionierung gibt es auch kein Entrinnen. Der Körper ist uns nur *als Objekt* zugänglich und wir sind qua dieser 'Positionalität' in der Lage, aber auch genötigt, ein 'Verhältnis' zu unserem Körper aufzubauen. Hier kommt voll zum Tragen, was Plessner mit dem 'Herausgesetzt-Sein' aus der eigenen Mitte und der anthropologischen Besonderheit der 'Exzentrizität' gemeint und verdeutlicht hat.

Festzuhalten ist, dass die Befragten mit diesem Konzept – dass der Körper eine 'Einheit' oder einen 'Gegenstand' darstellt, den man betrachten kann – *prinzipiell* keine Probleme haben. Wäre das nicht so, hätte sie das Forschungsansinnen in unüberwindliche Schwierigkeiten gestürzt und sie hätten es als unverständlich oder unsinnig zurückgewiesen. Die entscheidende Frage ist mithin, *wie* der Körper zum Gegenstand gemacht wird (wobei die Klärung dieses 'Wie' in der Analyse des *Inhalts* der Thematisierungen und in der Analyse des 'Nicht-Gesagten im Gesagten' bzw. des *latenten Gehalts* der Äußerungen liegt).

*zu Punkt (3):*

Auch wenn alle Befragten mit dem Konzept (oder: Begriff) 'Körper' etwas anfangen konnten (und nicht etwa fragten: 'Was soll denn das sein?'), so taten sich doch erhebliche Schwierigkeiten auf, dieses 'Konzept' inhaltlich zu füllen. Die entstehende Rat- und Sprachlosigkeit zeigte sich auf struktureller und inhaltlicher Ebene.

Indikatoren auf *struktureller* Ebene waren vor allem: die Suche nach Worten; das Ausweichen der Frage und der Fragestellung (etwa durch 'Überhören', nicht [von sich aus] darauf eingehen, mit einem Redefluss zuschütten etc.); das Fehlen von Narrationen im Sinne ausführlicher und mit eigenem Erleben gefüllter Bilder, Beschreibungen, Assoziationen o.ä.; das Sprechen in Worthülsen, Leerformeln, verschleiernden Begrifflichkeiten; Wiederholungen und Redundanzen, die abstrakt und formelhaft blieben (etwa wenn immer wieder von 'Symptomen' gesprochen und der Körper auf diese Wahrnehmungsfolie verkürzt wurde).

Auf *inhaltlicher* Ebene (im Sinne expliziter Hinweise) verwiesen vor allem folgende Äußerungen auf (mitunter massive) Thematisierungs- und Sprachblockaden: sich über den Körper 'keine Gedanken' gemacht zu haben und zu machen; darüber nicht sprechen zu wollen (besonders weil es 'zu intim' ist); dazu nichts sagen zu können (weil einem dazu 'nichts einfällt'); Probleme, etwas 'richtig' zu beschreiben, es 'genau' zu sagen; sich nicht erinnern zu können.

Die vorab vermuteten Schwierigkeiten, über den Körper zu sprechen, schlagen hier also voll durch. Die Ursachen dieser Sprach- und Reflexionsprobleme liegen, wie bereits mehrfach erläutert wurde, auf drei Ebenen: a) auf einer 'phänomenologischen' Ebene (die den 'Hiatus' zwischen 'Leben' und 'Denken' markiert und auf die Crux verweist, das, was wir *sind*, reflexiv nur undeutlich und mit erheblichen Verlusten fassen und artikulieren zu können); b) auf einer alltagsweltlich-pragmatischen Ebene (im Sinne des Problems der Thematisierung und Explikation des Selbstverständlichen); c) auf einer kulturell-normativen Ebene (im Sinne der kulturellen Verödung, Abdrängung und Tabuisierung von Erlebensbereichen). Diese strukturell und inhaltlich begründbaren Zugangs- und Erkenntnisschwierigkeiten haben dazu beigetragen, dass der Körper nur rudimentär und entlang recht einseitiger Folien und Deutungsschemata von den Befragten versprachlicht werden konnte.

*zu Punkt (4), (5) und (6):*

In den unter Punkt (4) bis (6) angedeuteten Aspekten kommt (erneut) zum Audruck, dass sich der Körper als 'Phänomen' – im Sinne einer Ganzheit und im Hinblick auf seine Wesenhaftigkeit – unserer Erkenntnis entzieht: Er ist nur in *Fragmenten* und in *Verweisungen* zu haben.

So hatte auch die Analyse stets mit dem Problem zu kämpfen, aus den Erzählungen den körperlichen Kern der Thematisierung oder die 'Essenz' von Körperlichkeit herauszufiltern und gegen benachbarte Themenbereiche und Kontexte abzugrenzen. Es bedurfte einer gewissen, die Verhältnisse vergewaltigenden Strenge, zu entscheiden, was (noch) zum Thema 'Körper' gehört und was nicht (mehr) dorthin gehört, und eine trennscharfe Unterscheidung ist selten wirklich gelungen. Besonders deutlich wurde das in dem Bereich der Sexualität, bei dem die Analyse unwiderstehlich von dem Sog angezogen wurde, der von so lebensbestimmenden Fragen wie der Frage nach der Geschlechtlichkeit, der geschlechtlichen Entwicklung und Identität, der Attraktivität, des sexuellen Kontakts und der Beziehungsgestaltung ausging.

Als ebenso schwierig erwies sich die Abgrenzung zwischen 'körperlichen' und 'seelischen' Erscheinungen. Phänomene wie das Weinen (bei Frau C.), die 'hysterischen' vegetativen Störungen (bei Frau F.) oder der Alkoholkonsum mit seinen physischen und psychischen Komponenten (bei Herrn H.) haben diese Grenzverwischungen deutlich gemacht und auf das Körperliche im Seelischen und das Seelische im Körperlichen hingewiesen.

An dieser Stelle ist ein gewichtiger methodischer Hinweis geboten. Es muss beachtet werden, dass beständig zwei Analyseebenen ineinander schwingen, die deutlich zu trennen sind: auf der einen Seite das Verständnis und die Deutungsschemata, die die Interpretin an das Material anlegt, und auf der anderen Seite die von den Befragten eingebrachten und kolportierten Schemata. Das Beispiel 'Weinen' zeigt, dass die Befragte (Frau C.) von einer engen Verwobenheit von körperlichen und seelischen Prozessen ausgeht und dass sie bezüglich der von ihr selbst aufgeworfenen Frage, wo beim Weinen das Körperliche und das Seelische jeweils beginnen und enden in 'Abgrenzungsprobleme' gerät (sie schwankt bei der Einordnung des Weinens mehrfach zwischen der Zuordnung zum seelischen oder zum körperlichen Bereich). Frau C. 'löst' das Problem, indem sie die Fähigkeit des Weinen-Könnens bzw. den Verlust dieser Fähigkeit eher als 'seelisch' markiert und den Vorgang des Weinens in seinen physiologischen Komponenten (dass Tränen fliessen) mehr als 'körperlich'.

Bei den Beispielen 'vegetative Dystonie' und 'Alkoholismus' dominieren die Deutungen der Interpretin: Die Befragten liefern zwar das 'Material' für eine Vernetzung der berichteten psychischen und physischen Komponenten, sie stellen diese Vernetzung aber nur in Andeutungen (Frau F.) bzw. gar nicht (Herr H.) selbst her. Eine Vernetzung 'drängt' sich der Interpretin auf, weil sie über entsprechende Deutungsschemata (hier: Wissen über psychosomatische Zusammenhänge und über Suchtverhalten) verfügt und sie an die Fälle anlegt.

Die Wahrnehmungen der Interpretin im Forschungsprozess sowie die Explizierungen der Befragten (die durch den Filter der Wahrnehmung der Interpretin 'gebrochen' werden) erhärten die Einschätzung der Fragmentiertheit des Körpers und seines Verweisungscharakters. Offensichtlich ist der Körper derart tief mit zentralen Lebensfragen und mit psychischen Dimensionen verbunden, dass er ohne diese kontextuellen Einbindungen zu einer leeren Hülle und ungreifbar wird. Diese Einsicht ist zwar im strengen Sinne kein 'Deutungsmuster', aber sie verweist auf ein wichtiges Element des strukturierenden Hintergrunds, vor dem der Körper sich uns darbietet. Auf der anderen Seite wird der Körper von den Befragten aber auch (mehr oder weniger) explizit in dieser Weise kontextualisiert, also (mehr oder weniger) direkt und ausdrücklich mit zentralen Lebensbereichen, lebensbestimmenden Erfahrungen und psychischen Dimensionen in Verbindung gebracht, so dass man die Kontextualisierung (*dass* sie geschieht und *in welchen* großen Linien sie vorgenommen wird) durchaus auch als ein typisches Element in der Deutung des Körpers ansehen kann.

So hat sich gezeigt, dass die Befragten immer (auch) über 'Anderes' sprachen, wenn sie über ihren Körper sprachen, oder schärfer noch: dass ihnen ein Nachdenken und Sprechen über den Körper überhaupt nur gelang (oder gelingen konnte), *indem* sie den Körper mit anderen Dingen in Verbindung brachten – insbesondere mit den unter (6a) bis (6f) aufgeführten Lebensfeldern, die die Befragten vor allem zu körperbezogenen Äußerungen und Assoziationen angeregt haben (wobei die Reihenfolge der Nennungen in etwa der Gewichtung der Themenfelder entspricht). Die Darstellungen wurden umso lebendiger und inhaltsreicher und der Körper gewann in seinen vielfältigen Bedeutungen und Dimensionen umso mehr an Kontur, je stärker er mit zentralen Lebensbereichen und Lebensthemen, mit der eigenen Person und mit lebensbestimmenden Problemen und Konflikten sowie mit Krisen, Gefühlen und Befindlichkeiten verknüpft wurde. Dabei ergaben sich bezeichnende geschlechtsspezifische Differenzen (wie in Teil 2/Kap. 4.4. näher ausgeführt wurde). Die Punkte (7) bis (10) greifen diesen Aspekt auf.

*zu Punkt (7) und (8):*

Die Frauen des Samples haben wesentlich deutlicher als die Männer den Körper als einen 'Partner' oder als ein 'Gegenüber' akzentuiert, zu dem man aktiv eine *Beziehung* aufnehmen kann oder auch aufnehmen muss. In diesem Sinne 'personifizieren' sie den Körper – sie machen ihn zu einem ernst zu nehmenden Gegenüber –, und sie verleihen ihm eine eigene Seele. Das zeigte sich etwa in solchen Kleinigkeiten wie der Ansprache des Körpers ('Ich muss mich um ihn kümmern.'), eines verkörpernden und personifizierenden Dialogs von unterschiedlichen Seiten des Körpers, von der Frau E. berichtet (die rechte Hand repräsentiert in einem dialogischen Spiel die 'Kraftseite', die linke Hand die 'zarte Seite' des Körpers, beide Hände 'sprechen' miteinander) oder in der Art und Weise, wie von dem Körper als eigenständigem und zu respektierendem Gegenüber gesprochen wird (so wie Frau B. es tut, die von dem Leib spricht, der 'sich gebärdet', der 'Affekte zeigt', der 'sich wehrt').

Die gedankliche und sprachliche *Belebung* des Körpers findet ihren stärksten Ausdruck in dem Umstand, dass die Frauen den Körper dicht an die eigene Person heranholen und ihn in seiner biographischen Bedeutung ansprechen – etwa wenn körperliche Dispositionen oder körperliche Reaktionen mit Fragen der Identitätsfindung und der Persönlichkeitsentwicklung in Verbindung gebracht werden.

*zu Punkt (9) und (10):*

Bei den Männern fehlt dieser 'partnerschaftliche' oder 'beseelende' Zug und die explizite Verbindung von Fragen der Körperlichkeit mit Fragen der Identität weitgehend. Bei ihnen dominiert ein Zugang, der sich als 'funktionalistisch' und 'instrumentalistisch' bezeichnen ließe. Die Betonung der Leistungsfähigkeit des Körpers, die Fixierung auf körperliche 'Symptome' (im Sinne des medizinisch Auffälligen), das schnelle Einspuren auf die Erfassung des Körpers als 'gesund' oder 'krank' sowie als 'normal' und 'unauffällig' wurden als Merkmale dieses Körperbezugs ja hinlänglich herausgearbeitet.

Ganz in dieser Tradition ist der Körper auch in wissenschaftlichen (philosophischen und anthropologischen) Diskursen immer wieder als 'erstes Werkzeug der Kulturen' und als 'Instrument' begriffen, aber auch zunehmend kritisiert worden. Und auch in den zentralen sozialen Feldern von 'Arbeit' und 'Kultur' ist die Vorstellung vom Körper als 'Instrument', das zu dienen und zu funktionieren hat, dominierend und gestaltet in hohem Maße den Körperumgang und damit auch den Umgang mit Leben insgesamt.

Im Bühnentanz – als einem Bereich, in dem zentrale Tugenden der Moderne wie Leistung, Askese, Selbstaufgabe für die Sache idealtypisch verkörpert werden – wird dieser Körperbezug quasi 'auf die Spitze getrieben'. So stellen beispielsweise Tänzerinnen ihren Körper ganz in den Dienst des Tanzes, beuten ihn aus und wissen um diese Ausbeutung. Nicht selten spielen sie dabei den Körper gegen die eigene Seele aus und spalten den Körper von dem Horizont des 'eigenen' oder wirklich 'betreffenden' Erlebens ab: dem Körper wird bewusst etwas angetan, was der Seele nicht zugemutet werden soll (vgl. Abraham 1992, Band 2, bes. 161ff.). Aus dem Bereich des Hochleistungssports sind ähnliche Zusammenhänge bekannt (vgl. exemplarisch Hoischen 1983, Aufmuth 1984).

Die im Rahmen dieser Arbeit geleisteten Analysen erlauben also folgende Zuspitzungen:

Offensichtlich haben wir es beim 'Körper' mit einem Phänomen zu tun, das 1. einen hohen Grad von Latenz besitzt, das 2. in seiner 'ganzen Gestalt' nicht greifbar wird und das 3. alltagsweltlich nur über die kontextuelle Verbindung mit spezifischen Lebensbereichen und Lebensthemen zugänglich ist. In dieser kontextuellen Einbindung zeichnen sich zwei grundlegende Deutungsschemata ab, die in hohem Maße geschlechtlich 'gerahmt' sind. Das eine Schema ließe sich wie folgt paraphrasieren: *'Der Körper ist ein eigenständiges, belebtes Gegenüber, das auffordert und herausfordert.'* Das andere Schema könnte so ausgedrückt werden: *'Der Körper hat zu funktionieren und seinen Dienst zu tun.'*

In beiden Deutungsschemata klingt die oben ausgeführte Grundsetzung an, dass der Körper 'Gegenstand' ist (und mithin ein abgrenzbares, abgegrenztes und den 'Leib' von der 'Umwelt' abgrenzendes Ding; vgl. dazu auch Lindemann 1996, 173f.). In der ersten Variante ist jedoch der *Respekt* vor dem Körper ausgeprägter als in der zweiten Variante, die den Körper stärker als eine (auszubeutende) *Ressource* begreift. In den Ausführungen beider Geschlechter schwingt diese zweite Variante – der Körper habe zu funktionieren und Dienste zu leisten – als eine latente Schicht mit. Die Frauen des Samples akzentuieren jedoch eher *auch* die erste Variante als die Männer. Man könnte auch sagen: Sie begreifen den Körper in einer *durchlässigeren* Weise, die nicht so sehr (allein) auf Beherrschung und Kontrolle setzt, sondern auch Momente des 'Hörens' und 'Reagierens' auf den Körper kennt und stärker um die Macht des Körpers weiß. Oder die – wie in Anlehnung an Lindemann an anderer Stelle formuliert wurde (vgl. Teil 1/Kap. 2.4. sowie Lindemann 1992) – die Komponente des *passiven* leiblichen Eingebunden-Seins stärker in Rechnung stellt und vermutlich auch stärker lebt und erlebt.

Beide Deutungsvarianten, die in unterschiedlicher Weise die 'Beziehung' zum Körper regeln und gestalten, werden in meinen Augen von einem Deutungsmuster unterschichtet, das einen noch fundamentaleren Charakter besitzt. Dieses Deutungsmuster klang bereits in der Analyse zentraler Mythen und Diskurse im Bereich der Sexualität an und kann in seiner Bedeutung für den Körper nun wie folgt verlängert und in das Gesamtszenario eingebaut werden:

Es wurde festgestellt, dass alle Diskurse in diesem Bereich den latenten Gehalt transportieren, der Körper sei *'schmutzig'* und *'gefährlich'*. Das bedeutet im Kern: *Der Körper wird zentral als eine 'Bedrohung' phantasiert.* Da das alltagsweltliche Wissen, die Diskurse und Mythen im Bereich der Sexualität ausgesprochen 'dicht' und stark im Bewusstsein (dieser Kohorten) repräsentiert sind, und da der sexualisierte Körper – wie gezeigt – in hohem Maße andere zentrale Lebens- und Erlebensbereiche 'infiziert' und durchdringt, kann davon ausgegangen werden, dass der bedrohliche Charakter, mit dem der Körper umgeben wird, umfassend und nachhaltig auch den alltagsweltlichen Umgang mit dem Körper steuert und reguliert. So liegt es nahe, in der *Abwehr von Bedrohung* ein dominantes *Handlungs*muster zu sehen, das die 'Beziehung' zum Körper reguliert. Bedrohungen und Gefahren müssen kontrolliert, bewacht, eingefriedet werden. Eine besonders effektive Form der Regulation und Kontrolle scheint mir bereits auf der Ebene des latenten Gehalts der Deutungen selbst angesiedelt zu sein: Sie liegt in der Weise, wie der Körper von sprachlichen Negativismen umgeben, auf struktureller und inhaltlicher Ebene negiert und so 'sprachlos' wie unfühlbar gemacht wird.

Es ist davon auszugehen, dass die so eben herausgestellten Deutungen des Körpers körperbezogene *Handlungsweisen* in erheblichem Maße beeinflussen, wenn nicht sogar grundlegend konstitutieren. In diesem Sinne soll in einem zweiten Schritt gefragt werden, welches *Verhältnis* die Befragten zu ihrem Körper und zur Körperlichkeit aufbauen, durch welche *Beziehungsmuster* sich dieses Verhältnis auszeichnet und in welchen *Handlungsweisen* dem Körper gegenüber es sich ausdrückt. Die Analysen legen nahe, folgende Bezüge als dominant und prägend anzusehen:

1.  Ein Bezug, den man treffend vielleicht mit folgender Metapher umschreiben kann: *'Der Körper ist ein bewusstloser Raum.'*
2.  Ein Bezug, der durch *Gewalt* gekennzeichnet ist.
3.  Ein Bezug, der sich als *'Hass-Liebe'* zeigt.
4.  Ein Bezug, bei dem die *Ohnmacht* dem Körper gegenüber dominiert.

Beginnen wir mit der *Gewalt* dem Körper gegenüber. Die Facetten dieses Bezuges sind vielfältig und sie prägen das Körperverhältnis besonders nachhaltig. In diesen Kontext fallen alle Handlungsweisen, die

(a) mit der Unterdrückung von körperlichen Bedürfnissen (Bedürfnissen des Körpers) und

(b) mit der Unterdrückung von körperlichen Reaktionen zu tun haben,

(c) die als 'Kampf' gegen den Körper geführt oder ausgelegt werden,

(d) die im Sinne einer Überlastung und Ausbeutung des Körpers angelegt sind,

(e) die in eine Zerstörung des Körpers münden.

Es zeigte sich, dass die gewaltförmige Beziehung zum Körper vor allem im Kontext beruflicher Arbeit virulent wird, dass sie in enger Verbindung zum Problemkreis der Geschlechtlichkeit steht (und dort als eine Weigerung gegenüber physiologischen Prozessen und sozialen Erwartungen zu lesen ist) und dass sie dort auftritt, wo psychische Belastungen und Bedrohungen nicht (mehr) angemessen bewältigt werden können.

In enger Korrespondenz zu der Dominanz von Gewalt steht die Tatsache, dass der Körper als ein *'bewusstloser'* Raum konzipiert wird bzw. 'bewusstlos' (im Sinne des Nicht-Reflektierten, Nicht-Explizierten) bleibt oder gemacht wird. Besonders anschaulich konnte der Zusammenhang von Gewalt und 'Bewusstlosigkeit' anhand des Falles 'Herr H.' demonstriert werden: Das gewaltförmige Handeln selbst geschieht in einen nicht-reflektierten Körperraum hinein, erst die körperlichen *Folgen* des Handelns geraten in den Blick. Der Körper scheint gerade deshalb ein so geeignetes Einfallstor für gewalttätiges Handeln zu sein, weil er so 'bewusstlos' gehalten wird. Sich über den Körper nicht viele oder keine Gedanken zu machen, seine Signale nicht zu hören oder ernst zu nehmen, ihn im Sinne einer Normalisierung und Bagatellisierung zu übersehen, ihn auf seine Symptome zu reduzieren, ihn im Rahmen einer weitreichenden Sexualisierung zu tabuisieren etc. sind typische Spielarten dieser 'Bewusstlosigkeit'.

Dem gewaltförmigen Handeln steht eine Umgangsweise gegenüber, die man als *'Hass-Liebe'* bezeichnen könnte. Diese Hass-Liebe wird von der sozialen Aufforderung getragen, sich um den Körper kümmern zu müssen. Grundsätzlich werden damit zwei mögliche Seiten des Körperbezugs eröffnet: eine Seite der aufmerksamen, respektierenden und vielleicht sogar 'liebenden' Zuwendung zum Körper, und eine Seite der Notwendigkeit, des Müssens und des Zwangs – ja vielleicht auch der Wut und der Kränkung, dass der Körper einem etwas abverlangt, dass er nicht so 'tut', wie er soll, dass er Ansprüche stellt, gepflegt und versorgt werden will. Typisch für den Körperbezug der Befragten scheint mir zu sein, dass eine liebevoll respektierende und versorgende Beziehung zum eigenen Körper in der Regel nicht aufgebaut wird. Im Vordergrund steht vielmehr das späte und erzwungene Reagieren auf körperliche Beeinträchtigungen und die Darstellungen erzeugen den Eindruck, dass die Auffor-derung, sich um den Körper kümmern zu müssen, eher als eine Last und sozial kon-trollierte Verpflichtung begriffen wird, denn als eine tatsächlich gewollte, bejahte und selbst initiierte Lust an körperlicher Zuwendung.

Die Lebenserzählungen enthalten eine ganze Reihe von Hinweisen, warum ein 'liebevoll' annehmender Körperbezug den Mitgliedern dieser Kohorten vermutlich nicht möglich war. So wurde u.a. deutlich, dass es verpönt war, sich 'zur Schau zu stellen', sich selbst attraktiv zu machen oder zu finden und dem Körper als einer Quelle des Genusses eine besondere Aufmerksamkeit zu widmen. Und auch eine übergreifende 'Selbstliebe' war weder kulturell verankert noch möglich. Auf der Ebene einer symbolischen (Körper-)Ordnung und im Sinne tief verankerter und weitreichender körperbezogener Deutungsmuster konnte gezeigt werden, wie inten-siv der Körper in diesen Kohorten *sexualisiert* und damit *distanziert* und *tabuisiert* wird, und wie einseitig er primär in seiner Funktions- und Leistungsfähigkeit begrif-fen wird. Hinzu kommen die spezifischen Lebensverhältnisse der Mitglieder dieser Generationen: wirtschaftliche Krisen und Notzeiten, Flucht und Vertreibung, exi-stenzielle Sorgen, der Zwang zum Neubeginn und Wiederaufbau unterbrochener Lebenskontinuitäten und die damit verbundenen Rückschläge und Einbußen haben alle Mitglieder dieser 'Kriegsgenerationen' in je spezifischer Weise tangiert und ihnen viel abverlangt. Es ist zu vermuten, dass eine positiv getönte (oder gar 'liebe-volle') Zuwendung zum eigenen Körper in diesem Kontext überhaupt keinen Platz finden konnte. Der Körper wurde 'gebraucht', als Ressource gefordert, er musste herhalten und viel aushalten. Erst mit der (Re-)etablierung einigermaßen gesicherter Lebensverhältnisse und der Expansion von Bildung, Weiterbildung, Freizeit, Kon-sum etc. nach dem zweiten Weltkrieg konnte eine entsprechende Plattform geschaf-fen werden, die einen positiv zugewandten Körperbezug erlaubt bzw. erlauben wür-de (ob und wie ein positiv getöner Bezug realisiert wird und welche Faktoren diese potenzielle Möglichkeit weiterhin zunichte machen, wäre zu untersuchen).

Alle Lebenserzählungen enthalten auch Momente der *Ohnmacht* gegenüber kör-perlichen Dispositionen, Befindlichkeiten und Reaktionen. Die körperlichen 'Handi-caps' von Frau C., das Herzleiden und die schweren operativen Eingriffe in den Kör-per bei Herrn D., die psychosomatischen Reaktionen von Frau F. (bei denen sie den 'Boden unter den Füßen' verliert), der Kontrollverlust über den Körper bei Herrn H., der 'Kräfteüberschuss' bei Frau E., von sexuellen Impulsen 'umgetrieben' oder von seinem Temperament 'gejagt' und 'getrieben' zu werden – all das sind Beispiele für die Tatsache, dass der Körper partiell ein 'Eigenleben' zu führen scheint und dass die Befragten sehr wohl das Faktum registrieren, dass es Momente, Situationen, Zustände gibt, in denen sie nicht mehr 'Herr im eigenen Hause' sind. In der Regel setzen diese unterschiedlichen Formen des Überrollt-Werdens von körperlichen Herausforderungen und Reaktionen intensive Mechanismen der Gegenwehr in Kraft, die darauf angelegt sind, den Körper wieder 'in den Griff' und unter Kontrolle zu bekommen. Wo das nicht gelingt – etwa in den Alkoholekzessen von Herrn H. oder wenn bei Frau C. die "ewig verdrückten" sexuellen Gefühle "durchbrechen" – stellen sich Scham und Ekel ein bzw. ein schlechtes Gewissen und Rechtfertigungen.

In geschlechtlicher Hinsicht zeichnen sich tendenzielle und graduelle Unterschiede im Umgang mit Gefühlen der Ohnmacht angesichts körperlicher Herausforderungen ab: Männer scheinen stärker als Frauen dazu zu neigen, den Körper symbolisch einzugrenzen, zu vereindeutigen und agierend unter Kontrolle zu halten (prototypisch verkörpert in den Deutungs- und Handlungsweisen von Herrn D.), Frauen reagieren sensibler auf körperliche 'Zeichen' und nehmen körperliche Krisen eher zum Anlass, eine Verbindung zur eigenen Person und Geschichte herzustellen sowie eigene Handlungsweisen zu überdenken.

Insgesamt konnte gezeigt werden, dass der Körper in ein dichtes Netz von sozialen Deutungen, Erwartungen und Setzungen eingespannt ist. Besonders 'dicht' ist dieses Netz im Bereich der Sexualität. Die in diesem Rahmen erlassenen 'Gebote' und 'Verbote' sind nicht nur detailliert und erstaunlich konform formuliert, sondern sie sind auch faktisch hochgradig wirksam (durch die Ankündigung entsprechender Sanktionen bei Übertretung, durch die Aufrechterhaltung ihrer Präsenz und Permanenz durch beständige Wiederholungen etc.). Überdies haben sie einen enormen Ausstrahlungseffekt auf andere Bereiche körperlichen Erlebens (die geschlechtliche Identität, Fragen der Attraktivität und Schönheit, die erlaubte/unerlaubte Zuwendung zum eigenen Körper) und sie moderieren und gestalten somit das Körperverhältnis in hohem Maße mit – und zwar in einem überwiegend verbietenden, verhindernden, einschränkenden, kontrollierenden Sinne. Die Frauen dieser Generationen scheinen von der Sexualisierung des Körpers und den damit verbundenen Verhinderungen in besonderem Maße erfasst zu sein, aber auch bei den Männern des Samples wirken die in diesem Kontext erhobenen Setzungen hemmend und verstellen einen offensiven, positiv konnotierten, sensiblen, vielfältigen und 'bejahenden' Zugang zum eigenen Körper.

# Literatur

Abraham, Anke (1992): Frauen – Körper – Krankheit – Kunst. Zum Prozess der Spaltung von Erfahrung und dem Problem der Subjektwerdung von Frauen. Dargestellt am Beispiel des zeitgenössischen künstlerischen Tanzes. 2 Bde., Oldenburg (bis).

Abraham, Anke (2000a): Lebensgeschichten und Körpergeschichten. Ein wissenssoziologischer Beitrag zur Erforschung des Körpererlebens im biographischen Kontext und des 'Alltagswissens' über den Körper. (unv. Habilitationsschrift).

Abraham, Anke (2000b): Bewegung und Körperlichkeit im biographischen Rückblick. In: Wolfram Schleske, Barbara Schwaner-Heitmann (Hrsg.): Bewegung als Weg. Immenhausen (Prolog-Verlag), 47 – 70. (Reihe Bewegungslehre und Bewegungsforschung, Band 7).

Abraham, Anke (2001): Sport und Bewegung im biographischen Kontext. Aktivitätsprofile im Alter vor dem Hintergrund des gelebten Lebens. In: Reinhard Daugs u.a. (Hrsg.): Aktivität und Altern. Schorndorf (Hofmann) (Schriftenreihe des Bundesinstituts für Sportwissenschaft, Band 107), 329 – 344.

Abraham, Anke (2002): Weibliche Lebenslagen im Spiegel der Körperlichkeit. In: Veronika Hammer, Ronald Lutz (Hrsg.): Weibliche Lebenslagen und soziale Benachteiligung. Frankfurt/New York (Campus), 266 – 287.

Alheit, Peter (1989): Erzählform und "soziales Gedächtnis": Beispiel beginnender Traditionsbildung im autobiographischen Erinnerungsprozess. In: Peter Alheit, Erika M. Hoerning (Hrsg.): Biographisches Wissen. Frankfurt/New York (Campus), 123 – 147.

Alheit, Peter, Bettina Dausien (1991): Biographisierung von Frauenleben. In: Peter Alheit et al. (Hrsg.): Bildung in der Arbeitsgesellschaft. Teil 1 (Forschungsreihe des Forschungsschwerpunkts Arbeit und Bildung, Bd. 13), Universität Bremen, Bremen, 570 – 585.

Alheit, Peter, Bettina Dausien (1992): Biographie – ein "modernes Deutungsmuster"? Sozialstrukturelle Brechungen einer Wissensform der Moderne. In: Michael Meuser, Reinhold Sackmann (Hrsg.): Analyse sozialer Deutungsmuster. Pfaffenweiler (Centaurus), 161 – 182.

Alheit, Peter, Erika M. Hoerning (Hrsg.) (1989): Biographisches Wissen. Beiträge zu einer Theorie lebensgeschichtlicher Erfahrung. Frankfurt/New York (Campus).

Alheit, Peter, Bettina Dausien, Wolfram Fischer-Rosenthal, Andreas Hanses, Annelie Keil (Hrsg.) (1999): Biographie und Leib. Gießen (Psychosozial-Verlag).

Alkemeyer, Thomas (1995): Sport, die Sorge um den Körper und die Suche nach Erlebnissen im Kontext gesellschaftlicher Modernisierung. In: Jochen Hinsching, Frederik Borkenhagen (Hrsg.): Modernisierung und Sport. Sankt Augustin (Academia), 29 – 64.

Alkemeyer, Thomas (1996): Gesellschaft, Körper, Tanz. Zur Kritik des Glaubens an den universalen Körper – Folgerungen für den Gebrauch des sozialen Körpers als Medium einer "zweiten Aufklärung" in Kunst und Erziehung. In: Jahrbuch Tanzforschung, Band 6, Wilhelmshaven (Noetzel) 1996, 9 – 26.

Alkemeyer, Thomas, Alfred Richartz (1995): Inszenierte Körperträume: Reartikulationen von Herrschaft und Selbstbeherrschung in Körperbildern des Faschismus. In: Eugen König, Ronald Lutz (Hrsg.): Bewegungskulturen. Sankt Augustin (Academia), 67 – 77.

Allmendinger, Jutta, Hannah Brückner, Erika Brückner (1991): Arbeitsleben und Lebensarbeitsentlohnung. Zur Entstehung von finanzieller Ungleichheit im Alter. In: Karl Ulrich Mayer u.a. (Hrsg.): Vom Regen in die Traufe. Frauen zwischen Beruf und Familie. Frankfurt/New York (Campus), 423 – 459.

Allmendinger, Jutta (1995): Die sozialpolitische Bilanzierung von Lebensverläufen. In: Peter A. Berger, Peter Sopp (Hrsg.): Sozialstruktur und Lebenslauf, Opladen (Leske + Budrich), 179 – 201.

Amft, Susanne, Jürgen Seewald (Hrsg.) (1996): Perspektiven der Motologie. Schorndorf (Hofmann) (Reihe Motorik, Bd. 19).

Aulenbacher, Brigitte, Monika Goldmann (Hrsg.) (1993): Transformationen im Geschlechterverhältnis. Frankfurt/New York (Campus).

Backes, Gertrud M. (1993): Frauen zwischen 'alten' und 'neuen' Alter(n)srisiken. In: Gerhard Naegele, Hans Peter Tews (Hrsg.): Lebenslagen im Strukturwandel des Alters. Opladen (WDV), 170 – 187.

Backes, Gertrud M. (2001): Aktivität vs. Rückzug im Alter – gesellschaftliche Möglichkeiten und Grenzen. In: Reinhard Daugs u.a. (Hrsg.): Aktivität und Altern. Schorndorf (Hofmann) (Schriftenreihe des Bundesinstituts für Sportwissenschaft, Band 107), 289 – 304.

Badura, Bernhard (1985): Zur Soziologie der Krankheitsbewältigung. Oder: Das emotionale Defizit soziologischer Handlungstheorie. In: Zeitschrift für Soziologie, Jg.14, Heft 5, 339 – 348.

Bahrs, Ottomar, Wolfgang Frede, Rüdiger Litzba (1994): "Ist ja schon mal, das erste Mal, mit vierzehn Jahren". Lebensgeschichte in standardisierter und biographischer Befragung. In: Detlef Garz, Klaus Kraimer (Hrsg.): Die Welt als Text. Frankfurt/M. (Suhrkamp), 247 – 280.

Barkhaus, Annette u.a. (Hrsg.) (1996): Identität, Leiblichkeit, Normativität. Neue Horizonte anthropologischen Denkens. Frankfurt/M. (Suhrkamp).

Baron, Ulrich, Hans-Harald Müller (1995): Die 'Perspektive des kleinen Mannes' in der Kriegsliteratur der Nachkriegszeit. In: Wolfram Wette (Hrsg.): Der Krieg des kleinen Mannes. Eine Militärgeschichte von unten. München/Zürich (Piper), 344 – 360.

Bast, Helmut (1997): Der Körper als Maschine. Das Verhältnis von Descartes' Methode zu seinem Begriff des Körpers. In: Elisabeth List, Erwin Fiala (Hrsg.): Leib Maschine Bild, Graz (Passagen), 19 – 29.

Baudrillard, Jean (1981): Der schönste Konsumgegenstand: der Körper. In: Claudia Gehrke (Hrsg.): Ich habe einen Körper. München (Matthes & Seitz), 93 – 128.

Beck, Ulrich (1972): Soziologische Normativität. In: Kölner Zeitschrift für Soziologie und Sozialpsychologie, Jg. 24, Heft 2, 201 – 231.

Beck, Ulrich (1986): Risikogesellschaft. Frankfurt/Main (Suhrkamp).

Beck, Ulrich (1995): Eigenes Leben. Skizzen zu einer biographischen Gesellschaftsanalyse. In: Eigenes Leben: Ausflüge in die unbekannte Gesellschaft, in der wir leben. (Ausstellung "Eigenes Leben", Hrsg.: Bayrische Rückversicherung Aktiengesellschaft, München), München (Beck).

Beck, Ulrich, Elisabeth Beck-Gernsheim (1994): Riskante Freiheiten. Frankfurt/M. (Suhrkamp).

Becker-Schmidt, Regina (1987): Die doppelte Vergesellschaftung – die doppelte Unterdrückung: Besonderheiten der Frauenforschung in den Sozialwissenschaften. In: L. Unterkircher/I. Wagner (Hrsg.): Die andere Hälfte der Gesellschaft. Wien (ÖGB-Verlag), 10 – 25.

Beck-Gernsheim, Elisabeth (1980): Das halbierte Leben. Männerwelt Beruf, Frauenwelt Familie. Frankfurt (Fischer).

Beier, Rosmarie, Bettina Biedermann (Hrsg.) (1993): Lebensstationen in Deutschland 1900 bis 1993. Katalog und Aufsatzband zur Ausstellung des Deutschen Historischen Museums, 26. März bis 15. Juni 1993 im Zeughaus Berlin. Giessen (anabas).

Belgrad, Jürgen u.a. (Hrsg.) (1987): Zur Idee einer psychoanalytischen Sozialforschung. Dimensionen szenischen Verstehens. Frankfurt/M. (Fischer).

Berger, Peter A. (1990): Ungleichheitsphasen. Stabilität und Instabilität als Aspekte ungleicher Lebenslagen. In: Peter A. Berger, Stefan Hradil (Hrsg.): Lebenslagen, Lebensläufe, Lebensstile. Soziale Welt, Sonderband 7, Göttingen (Schwartz & Co.), 319 – 350.

Berger, Peter A., Stefan Hradil (1990): Die Modernisierung sozialer Ungleichheit – und die neuen Konturen ihrer Erforschung. In: Peter A. Berger, Stefan Hradil (Hrsg.): Lebenslagen, Lebensläufe, Lebensstile. Soziale Welt, Sonderband 7, Göttingen (Schwartz & Co.), 3 – 24.

Berger, Peter A., Peter Sopp (1995): Dynamische Sozialstukturanalysen und Strukturerfahrungen. In: Peter A. Berger, Peter Sopp (Hrsg.): Sozialstruktur und Lebenslauf. Opladen (Leske + Budrich), 9 – 24.

Berger, Peter L. (1977): Einladung zur Soziologie. Eine humanistische Perspektive. München (dtv).

Berger, Peter L., Thomas Luckmann (1996): Die gesellschaftliche Konstruktion der Wirklichkeit. Eine Theorie der Wissenssoziologie. Frankfurt/M. (Fischer), (zuerst New York 1966).

Bergmann, Jörg R. (1985): Flüchtigkeit und methodische Fixierung sozialer Wirklichkeit. Aufzeichnungen als Daten der interpretativen Soziologie. In: Wolfgang Bonß, Heinz Hartmann (Hrsg.): Entzauberte Wissenschaft, Soziale Welt, Sonderband 3, Göttingen (Schwartz & Co.), 299 – 320.

Bergmann, Klaus (1991): Lebensgeschichte als Appell. Autobiographische Schriften der 'kleinen Leute' und Außenseiter. Opladen (WDV).

Bergold, Jark B., Uwe Flick (Hrsg.) (1987): Ein-Sichten. Zugänge zur Sicht des Subjekts mittels qualitativer Forschung. Forum 14, Tübingen (dgvt).

Berr, Marie-Anne (1984): Die Sprache des Körpers. Wider den Vandalismus des Rationalen. Frankfurt/M. (extrabuch-Verlag).

Bertels, Lothar, Ulfert Herlyn (Hrsg.) (1990): Lebenslauf und Raumerfahrung. Opladen (Leske + Budrich).

Bette, Karl-Heinrich (1989): Körperspuren. Zur Semantik und Paradoxie moderner Körperlichkeit. Berlin/New York (de Gruyter).

Bette, Karl-Heinrich (1992): Kultobjekt Körper. In: Roman Horak, Otto Penz (Hrsg.): Sport. Kult & Kommmerz. Wien (Verlag für Gesellschaftskritik), 113 – 137.

Bilden, Helga (1991): Geschlechtsspezifische Sozialisation. In: Klaus Hurrelmann, Dieter Ulich (Hrsg.): Neues Handbuch der Sozialisationsforschung, Weinheim/Basel (Beltz), 279 – 301.

Bilden, Helga (1994): Feministische Perspektiven in der Sozialpsychologie am Beispiel der Bulimie. In: Heiner Keupp (Hrsg.): Zugänge zum Subjekt. Frankfurt/M. (Suhrkamp), 147 – 185.

Blanke, Beate (Hrsg.) (1995): Frauenforschung sichtbar machen. Sportwissenschaftliche Werkstattberichte. Hamburg (Czwalina).

Blohmke, Maria (1983): Stadt-Land-Unterschiede im Gesundheitszustand historischer und heutiger Bevölkerungen. In: Arthur E. Imhof (Hrsg.): Leib und Leben in der Geschichte der Neuzeit. Berlin (Duncker & Humbolt), 63 – 75.

Böhme, Gernot (1980): Wissenschaftliches und lebensweltliches Wissen am Beispiel der Verwissenschaftlichung der Geburtshilfe. In: Wissenssoziologie. Kölner Zeitschrift für Soziologie und Sozialpsychologie, Sonderheft 22, Opladen (WDV), 445 – 463.

Böhnisch, Lothar, Reinhard Winter (1994): Männliche Sozialisation. Bewältigungsprobleme männlicher Geschlechtsidentität im Lebenslauf. Weinheim/München (Juventa).

Boltanski, Luc (1976): Die soziale Verwendung des Körpers. In: Dietmar Kamper, Volker Rittner (Hrsg.): Zur Geschichte des Körpers. Perspektiven der Anthropologie. München/ Wien (Hanser), 138 – 183.

Bongers, Dieter (1995): Das Körperselbstbild von Männern. In: Elmar Brähler (Hrsg.): Körpererleben. Gießen (Psychosozial-Verlag), 137 – 146.

Bonß, Wolfgang, Heinz Hartmann (Hrsg.) (1985): Entzauberte Wissenschaft. Zur Relativität und Geltung soziologischer Forschung. Soziale Welt, Sonderband 3, Göttingen (Schwartz & Co.).

Bormann, Monika (1994): "Am liebsten ginge ich in Sackleinen": Wenn Frauen sich ihrem Körper ausgeliefert fühlen. In: Irmgard Vogt, Monika Bormann (Hrsg.): Frauen-Körper. Lust und Last. Forum 19, Tübingen (dgvt), 73 – 89.

Bourdieu, Pierre (1976): Entwurf einer Theorie der Praxis auf der ethnologischen Grundlage der kabylischen Gesellschaft. Frankfurt/M. (Suhrkamp).

Bourdieu, Pierre (1985): Sozialer Raum und 'Klassen'. Zwei Vorlesungen. Frankfurt/M. (Suhrkamp).

Bourdieu, Pierre (1993): Sozialer Sinn. Kritik der theoretischen Vernunft. Frankfurt/M. (Suhrkamp).

Bovenschen, Silvia (1997): Soviel Körper war nie. In: Die Zeit, Nr. 47, 63 – 64.

Brähler, Elmar (Hrsg.) (1995): Körpererleben. Ein subjektiver Ausdruck von Körper und Seele. Beiträge zur psychosomatischen Medizin. Gießen (Psychosozial-Verlag).

Brähler, Elmar (1995): Körperleben – ein vernachlässigter Aspekt der Medizin. In: Elmar Brähler: Körpererleben. Gießen (Psychosozial-Verlag), 3 – 18.

Brose, Hanns-Georg, Monika Wohlrab-Sahr, Michael Corsten (1993): Soziale Zeit und Biographie. Opladen (WDV).

Brothun, Mechthild (1988): Ursachen der Unterrepräsentanz von Frauen in universitären Spitzenpositionen. In: Kölner Zeitschrift für Soziologie und Sozialpsychologie, Jg. 40, Heft 2, 316 – 336.

Brüggelmann, Jan (1983): Medikalisierung von Säuglings- und Erwachsenenalter in Deutschland zu Beginn des 19. Jahrhunderts aufgrund von medizinischen Topographien. In: Arthur E. Imhof (Hrsg.): Leib und Leben in der Geschichte der Neuzeit. Berlin (Duncker & Humblot), 177 – 192.

Bublitz, Hannelore (1992): ErkenntnisSozialstrukturen der Moderne. Theoriebildung als Lernprozess kollektiver Erfahrungen. Opladen (WDV).

Bublitz, Hannelore (1993): Geschlecht. In: Hermann Korte, Bernhard Schäfers (Hrsg.): Einführung in die Hauptbegriffe der Soziologie. Opladen (Leske + Budrich ), 59 – 78.

Bude, Heinz (1985): Der Sozialforscher als Narrationsanimateur. Kritische Anmerkungen zu einer erzählhistorischen Fundierung der interpretativen Sozialforschung. In: Kölner Zeitschrift für Soziologie und Sozialpsychologie, Jg. 37, Heft 2, 327 – 336.
Burkhart, Günter (1995): Biographische Übergänge und rationale Entscheidungen. In: Bios, Jg. 8, Heft 1, 59 – 88.
Butler, Judith (1991): Das Unbehagen der Geschlechter. Frankfurt/M. (Suhrkamp).
Butler, Judith (1995): Körper von Gewicht. Die diskursiven Grenzen des Geschlechts. Berlin (Berlin-Verlag).

Clemens, Wolfgang (1993): Soziologische Aspekte eines "Strukturwandels des Alters". In: Gerhard Naegele, Hans Peter Tews (Hrsg.): Lebenslagen im Strukturwandel des Alters. Opladen (WDV), 61 – 81.

Damasio, Antonio R. (1997): Descartes' Irrtum. Fühlen, Denken und das menschliche Gehirn. München (dtv).
Dewe, Bernd (1991): Wissenssoziologie – Begriff und Entwicklung. In: Harald Kerber, Arnold Schmieder (Hrsg.): Soziologie. Arbeitsfelder, Theorien, Ausbildung. Reinbek (Rowohlt), 495 – 515.
Dietrich, Knut, Henning Eichberg (Hrsg.) (1993): Körpersprache. Über Identität und Konflikt. Butzbach (Afra-Verlag).
Dietzsch, Ina, Irene Dölling (1996): Selbstverständlichkeiten im biographischen Konzept ostdeutscher Frauen. Ein Vergleich 1990 – 1994. In: Berliner Debatte INITIAL, Jg. 9, Heft 2, 11 – 20.
Diezinger, Angelika (1991): Frauen: Arbeit und Individualisierung. Chancen und Risiken. Eine empirische Untersuchung anhand von Fallgeschichten. Opladen (Leske + Budrich).
Douglas, Mary (1981): Ritual, Tabu und Körpersymbolik. Sozialanthropologische Studien in Industriegesellschaft und Stammeskultur. Frankfurt/M. (Suhrkamp).
Dross, Margret (1991): "Warum bin ich trotz allem gesundgeblieben?" Subjektive Theorien von Gesundheit am Beispiel von psychisch gesunden Frauen. In: Uwe Flick (Hrsg.): Alltagswissen über Gesundheit und Krankheit. Heidelberg (Asanger), 59 – 69.
Duden, Barbara (1991): Geschichte unter der Haut. Ein Eisenacher Arzt und seine Patientinnen um 1730. Stuttgart (Klett-Cotta).
Duden, Barbara (1993): Die Frau ohne Unterleib: Zu Judith Butlers Entkörperung. In: Feministische Studien 2, 24 – 33.
Duerr, Hans-Peter (Hrsg.) (1981): Der Wissenschaftler und das Irrationale. Beiträge aus Ethnologie und Anthropologie. 2 Bd., Frankfurt/M. (Syndikat).
Duerr, Hans Peter (1994): Nacktheit und Scham. Der Mythos vom Zivilisationsprozess. Frankfurt/M. (Suhrkamp).

Echabe, Augustin Echebarria, José L. Gonzáles Castro (1995): Soziales Gedächtnis – makropsychologische Aspekte. In: Uwe Flick (Hrsg.): Psychologie des Sozialen. Reinbek (Rowohlt), 119- 139.
Elias, Norbert (1976): Über den Prozess der Zivilisation. Soziogenetische und psychogenetische Untersuchungen. 2 Bde., Frankfurt/M. (Suhrkamp), (zuerst Basel 1939).
Enders-Dragässer, Uta, Brigitte Sellach (2002): Weibliche "Lebenslagen" und Armut am Beispiel von allein erziehenden Frauen. In: Veronika Hammer, Ronald Lutz (Hrsg.): Weibliche Lebenslagen und soziale Benachteiligung. Frankfurt/New York (Campus), 18 – 44.
Ernst, Heiko (1990): Von der Seele reden. In: Psychologie Heute, Jg. 17, Heft 10, 22 – 27.
Ernst, Heiko (1994): Dem Leben Gestalt geben. In: Psychologie Heute, Jg. 21, Heft 2, 20 – 26.

Faltermaier, Toni (1987): Das Subjekt in einer Lebensereignis-Perspektive. Ein qualitativer Forschungsansatz. In: Jarg B. Bergold, Uwe Flick (Hrsg.): Ein-Sichten. Zugänge zur Sicht des Subjekts mittels qualitativer Forschung. Forum 14, Tübingen (dgvt), 137 – 148.
Filstead, William J. (1979): Soziale Welten aus erster Hand. In: Klaus Gerdes (Hrsg.): Explorative Sozialforschung. Stuttgart (Klett-Cotta), 29 – 40.
Fischer, Wolfram (1982): Alltagszeit und Lebenszeit in Lebensgeschichten von chronisch Kranken. In: Zeitschrift für Sozialisationsforschung und Erziehungssoziologie, Jg. 2, Heft 1, 5 – 19.

Fischer, Wolfram, Martin Kohli (1987): Biographieforschung. In: Wolfgang Voges: Methoden der Biographie- und Lebenslaufforschung. Opladen (Leske + Budrich), 25 – 49.

Fischer-Homberger, Esther (1983): 'Krankheit Frau'. In: Leib und Leben in der Geschichte der Neuzeit. Hrsg.v. Arthur E. Imhof, Berlin (Duncker & Humblot), 215 – 229.

Fischer-Rosenthal, Wolfram (1996): Schreiben – Rechtfertigen – Umschreiben. Biographische Arbeit im Umgang mit deutschen Vergangenheiten. In: Berliner Debatte INITIAL, Jg. 9, Heft 2, 62 – 78.

Fischer-Rosenthal, Wolfram, Peter Alheit (1995) (Hrsg.): Biographien in Deutschland. Soziologische Rekonstruktionen gelebter Gesellschaftsgeschichte. Opladen (WDV).

Fischer-Rosenthal, Wolfram, Gabriele Fischer-Rosenthal (1997a): Warum Biographieanalyse und wie man sie macht. In: Zeitschrift für Sozialisationsforschung und Erziehungssoziologie, Jg. 17, Heft 4, 405 – 27.

Fischer-Rosenthal, Wolfram, Gabriele Fischer-Rosenthal (1997b): Narrationsanalyse biographischer Selbstpräsentationen. In: Ronald Hitzler, Anne Honer (Hrsg.): Sozialwissenschaftliche Hermeneutik. Opladen (Leske + Budrich), 133 – 164.

Flaake, Karin, Vera King (Hrsg.) (1993): Weibliche Adoleszenz. Zur Sozialisation junger Frauen. Frankfurt/New York (Campus).

Flick, Uwe (1987): Das Subjekt als Theoretiker? Zur Subjektivität subjektiver Theorien. In: Jark B. Bergold, Uwe Flick (Hrsg.): Ein-Sichten. Forum 14, Tübingen (dgvt), 125 – 134.

Flick, Uwe (Hrsg.) (1991): Alltagswissen über Gesundheit und Krankheit. Subjektive Theorien und soziale Repräsentationen. Heidelberg (Asanger).

Flick, Uwe (Hrsg.) (1995): Psychologie des Sozialen. Repräsentationen in Wissen und Sprache. Reinbek (Rowohlt).

Foucault, Michel (1977): Überwachen und Strafen. Die Geburt des Gefängnisses. Frankfurt/M. (Suhrkamp).

Freese, Waltraud (1996): Weibliche Sexualität im Lebenskontext. Biographische und sexuelle Lebenswelten von Frauen der Jahrgänge 1911 – 1932. Pfaffenweiler (Centaurus).

Frerichs, Petra (1997): Klasse und Geschlecht 1. Arbeit. Macht. Anerkennung. Interessen. Opladen (Leske + Budrich).

Frerichs, Petra, Margareta Steinrücke (Hrsg.) (1993): Soziale Ungleichheit und Geschlechterverhältnisse. Opladen (Leske + Budrich).

Frerichs, Petra, Margareta Steinrücke (1993): Frauen im sozialen Raum. Offene Forschungsprobleme bei der Bestimmung ihrer Klassenposition. In: Petra Frerichs, Margareta Steinrücke (Hrsg.): Soziale Ungleichheit und Geschlechterverhältnisse. Opladen (Leske + Budrich), 191 – 205.

Frerichs, Petra, Felizitas Pokora, Margareta Steinrücke (1996): Klasse und Geschlecht. Ergebnisse eines empirisch-theoretischen Forschungsprojekts. In: ISO-Informationen (Institut zur Erforschung sozialer Chancen), Nr. 7, Köln, 1 – 5.

Freund, Alexander, Laura Quilici (1997): Die Erforschung von Mythen in den Erzählungen von Frauen: Italienische und deutsche Einwanderinnen in Vancouver 1947 – 1961. In: Bios, Jg. 10, Heft 2, 209 – 228.

Fritsch, Ursula (1988): Tanz, Bewegungskultur, Gesellschaft. Verluste und Chancen symbolisch-expressiven Bewegens. Frankfurt/M. (Afra-Verlag).

Fuchs, Werner (1984): Biographische Forschung. Eine Einführung in Theorie und Praxis. Opladen (WDV).

Fuchs, Werner (1985): Möglichkeiten der biographischen Methode. In: Lutz Niethammer (Hrsg.): Lebenserfahrung und kollektives Gedächtnis. Frankfurt/M. (Suhrkamp), 436 – 470.

Funke, Jürgen (1980): Körpererfahrung. In: sportpädagogik, Jg. 4, Heft 4, 13 – 20.

Funke, Jürgen (Hrsg.) (1983): Sportunterricht als Körpererfahrung. Reinbek (Rowohlt).

Gather, Claudia (1996): Geschlechterkonstruktionen bei Paaren im Übergang in den Ruhestand. Zum Problem des Zusammenhangs von Geschlecht, Macht und Erwerbsarbeit. In: Soziale Welt 2, 223 – 249.

Garz, Detlef, Klaus Kraimer (Hrsg.) (1991): Qualitativ-empirische Sozialforschung. Konzepte, Methoden, Analysen. Opladen (WDV).

Garz, Detlef, Klaus Kraimer (Hrsg.) (1994): Die Welt als Text. Theorie, Kritik und Praxis der objektiven Hermeneutik. Frankfurt/M. (Suhrkamp).

Gebauer, Gunter (1982): Ausdruck und Einbildung. Zur symbolischen Funktion des Körpers. In: Dietmar Kamper, Christoph Wulf (Hrsg.): Die Wiederkehr des Körpers. Frankfurt/M. (Suhrkamp), 313 – 329.

Geertz, Clifford (1994): Dichte Beschreibung. Beiträge zum Verstehen kultureller Systeme. Frankfurt/M. (Suhrkamp), (zuerst Frankfurt/M. 1983).

Gehlen, Arnold (1993): Anthropologische und sozialpsychologische Untersuchungen. Reinbek (Rowohlt), (zuerst Reinbek 1957 und 1961).

Gerhards, Jürgen (1988): Soziologie der Emotionen. Fragestellungen, Systematik und Perspektiven. Weinheim/München (Juventa).

Gerhardt, Uta (1985): Erzähldaten und Hypothesenkonstruktion. Überlegungen zum Gültigkeitsproblem in der biographischen Sozialforschung. In: Kölner Zeitschrift für Soziologie und Sozialpsychologie, Jg. 37, Heft 2, 230 – 256.

Giegel, Hans-Joachim: (1995) Strukturmerkmale einer Erfolgskarriere. In: Wolfram Fischer-Rosenthal, Peter Alheit (Hrsg.): Biographien in Deutschland. Opladen (WDV), 213 – 231.

Glaser, Barney G., Anselm L. Strauss (1974): Interaktion mit Sterbenden. Beobachtungen für Ärzte, Schwestern, Seelsorger und Angehörige. Göttingen (Vandenhoeck & Ruprecht), (zuerst: B.G. Glaser, A.L. Strauss (1965): Awareness of Dying, Chicago).

Glaser, Barney G., Anselm L. Strauss (1979): Die Entdeckung begründeter Theorie. In: Klaus Gerdes (Hrsg.): Explorative Sozialforschung. Stuttgart (Klett-Cotta), 63 – 67.

Glaser, Barney G., Anselm L. Strauss (1993): Die Entdeckung gegenstandsbezogener Theorie: Eine Grundstrategie qualitativer Sozialforschung. In: Christel Hopf, Elmar Weingarten (Hrsg.): Qualitative Sozialforschung. Stuttgart (Klett-Cotta), 91 – 111.

Gösken, Eva (1994): Das Werden von Erfahrung im Lernprozess – ein Beitrag zur Diskussion um erfahrungsbezogene Bildungsarbeit mit älteren Menschen. In: Ludger Veelken, Eva Gösken, Matthias Pfaff (Hrsg.): Gerontologische Bildungsarbeit – Neue Ansätze und Modelle. Hannover (Vincentz), 151 – 164.

Goffman, Erving (1967): Stigma. Über Techniken der Bewältigung beschädigter Identität. Frankfurt/M. (Suhrkamp).

Goffman, Erving (1993): Rahmen-Analyse. Ein Versuch über die Organisation von Alltagserfahrungen. Frankfurt/M. (Suhrkamp).

Grathoff, Richard (1978): Alltag und Lebenswelt als Gegenstand der phänomenologischen Sozialtheorie. In: Kurt Hammerich, Michael Klein (Hrsg.): Materialien zur Soziologie des Alltags. Kölner Zeitschrift für Soziologie und Sozialpsychologie, Sonderheft 20, Opladen (WDV), 67 – 85.

Grathoff, Richard (1995): Milieu und Lebenswelt. Einführung in die phänomenologische Soziologie und die sozialphänomenologische Forschung. Frankfurt/M. (Suhrkamp).

Hämmerle, Christa (1991): Formen des individuellen und kollektiven Selbstbezugs in der popularen Autobiographik. In: Hermann Heidrich (Hrsg.): Biographieforschung. Gesammelte Aufsätze der Tagung des Fränkischen Freilandmuseums am 12. und 13. Oktober 1990, Bad Windsheim (Verlag Fränkisches Freilandmuseum ), 36 – 60.

Hagemann-White, Carol (1984): Sozialisation: Weiblich – männlich? Opladen (Leske + Budrich).

Hagemann-White, Carol (1993): Berufsfindung und Lebensperspektive in der weiblichen Adoleszenz. In: Karin Flaake, Vera King (Hrsg.). Weibliche Adoleszenz. Zur Sozialisation junger Frauen. Frankfurt/New York (Campus), 64 – 83.

Hagemann-White, Carol (1995): Die Konstrukteure des Geschlechts auf frischer Tat ertappen? Methodische Konsequenzen einer theoretischen Einsicht. In: Ursula Pasero, Friederike Braun (Hrsg.): Konstruktion von Geschlecht. Pfaffenweiler (Centaurus), 182 – 198.

Hahn, Alois (1979): Basis und Überbau und das Problem der begrenzten Eigenständigkeit von Ideen. In: Kölner Zeitschrift für Soziologie und Sozialpsychologie, Jg. 31, Heft 3, 485 – 506.

Hahn, Alois, Rüdiger Jacob (1994): Der Körper als soziales Bedeutungssystem. In: Peter Fuchs, Andreas Göbel: Der Mensch – das Medium der Gesellschaft? Frankfurt/M. (Suhrkamp), 146 – 188.

Halbwachs, Maurice (1985): Das Gedächtnis und seine sozialen Bedingungen. Frankfurt/M. (Suhrkamp), (zuerst Paris 1925).

Hammerich, Kurt, Michael Klein (Hrsg.) (1978): Materialien zur Soziologie des Alltags. Kölner Zeitschrift für Soziologie und Sozialpsychologie, Sonderheft 20, Opladen (WDV).

Hardach-Pinke, Irene (1982): Schwangerschaft und Identität. In: Dietmar Kamper, Christoph Wulf (Hrsg.): Die Wiederkehr des Körpers. Frankfurt/M. (Suhrkamp), 193 – 208.

Haupert, Bernhard (1991): Vom narrativen Interview zur biographischen Typenbildung. Ein Auswer-tungsverfahren, dargestellt am Beispiel eines Projekts zur Jugendarbeitslosigkeit. In: Detlef Garz, Klaus Kraimer (Hrsg.): Qualitativ-empirische Sozialforschung. Opladen (WDV), 213 – 254.

Hausen, Karin, Helga Nowotny (Hrsg.) (1986): Wie männlich ist die Wissenschaft? Frankfurt/M. (Suhrkamp).

Helfferich, Cornelia (1994a): Jugend, Körper und Geschlecht. Die Suche nach sexueller Identität. Opladen (Leske + Budrich).

Helfferich, Cornelia (1994b): Zwang von Natur und Gesellschaft: Alltagsbilder vom Körper aus der Sicht von Frauen. In: Irmgard Vogt, Monika Bormann (Hrsg.): Frauen-Körper. Lust und Last. Forum 19, Tübingen (dgvt), 9 – 37.

Herriger, Norbert (1998): Lebensgeschichtliche Spuren. Biographiearbeit und Empowerment. In: Soziale Arbeit, Heft 3, 85 – 89.

Herrmann, Ulrich (1991): Historische Sozialisationsforschung. In: Klaus Hurrelmann, Dieter Ulich (Hrsg.): Neues Handbuch der Sozialisationsforschung. Weinheim/Basel (Beltz), 231 – 250.

Hildenbrand, Bruno, Walther Jahn (1988): "Gemeinsames Erzählen" und Prozesse der Wirklich-keits-konstruktion in familiengeschichtlichen Gesprächen. In: Zeitschrift für Soziologie, Jg. 17, Heft 3, 203 – 217.

Hirschauer, Stefan (1994): Die soziale Fortpflanzung der Zweigeschlechtlichkeit. In: Kölner Zeitschrift für Soziologie und Sozialpsychologie, Jg. 46, Heft 4, 668 – 692.

Hirschauer, Stefan (1995): Dekonstruktion und Rekonstruktion: Plädoyer für die Erforschung des Bekannten. In: Ursula Pasero, Friederike Braun (Hrsg.): Konstruktion von Geschlecht. Pfaffenweiler (Centaurus), 67 – 88.

Hitzler, Ronald (1991): Dummheit als Methode. Eine dramatologische Textinterpretation. In: Detlef Garz, Klaus Kraimer (Hrsg.): Qualitativ-empirische Sozialforschung. Opladen (WDV), 295 – 318.

Hitzler, Ronald (1993): Verstehen: Alltagspraxis und wissenschaftliches Programm. In: Thomas Jung, Stefan Müller-Doohm (Hrsg.): "Wirklichkeit" im Deutungsprozess. Frankfurt/M. (Suhrkamp), 223 – 240.

Hitzler, Ronald (1996): Die Bastel-Existenz. In: Psychologie Heute, Heft 7, 30 – 35.

Hitzler, Ronald (1999): Konsequenzen der Situationsdefinition. Auf dem Weg zu einer selbstreflexiven Wissenssoziologie. In: Ronald Hitzler u.a. (Hrsg.): Hermeneutische Wissenssoziologie. Standpunkte zur Theorie der Interpretation. Konstanz (Universitätsverlag), 289 – 308.

Hitzler, Ronald (2000): Unterwegs in fremden Welten. Zwei Reportagen eines beobachtenden Teilnehmers. In: Eva Barlösius u.a. (Hrsg:): Empirische Kultursoziologie. (Fernuniversität der Gesamthochschule Hagen), 171 – 260.

Hitzler, Ronald, Anne Honer (Hrsg.) (1997): Sozialwissenschaftliche Hermeneutik. Opladen (Leske + Budrich).

Hochschild, Arlie Russell (1983): The managed Heart. Commercialization of Human Feelings. Berkeley.

Hoeg, Peter (1994): Fräulein Smillas Gespür für Schnee. München/Wien (Hanser).

Hoeg, Peter (1995): Der Plan von der Abschaffung des Dunkels München/Wien (Hanser).

Hoerning, Erika M., Michael Corsten (Hrsg.) (1995): Institution und Biographie. Die Ordnung des Lebens. Pfaffenweiler (Centaurus).

Hörning, Karl H., Matthias Michailow (1990): Lebensstil und Vergesellschaftungsform. Zum Wandel von Sozialstruktur und sozialer Integration. In: Lebenslagen, Lebensläufe, Lebensstile. Hrsg.v. Peter A. Berger, Stefan Hradil, Göttingen (Schwartz & Co.), 501 – 521.

Hohl, Joachim (1994): Die zivilisatorische Zähmung des Subjekts. Der Beitrag von Norbert Elias zu einer historischen Sozialpsychologie. In: Heiner Keupp (Hrsg.): Zugänge zum Subjekt. Frankfurt/M. (Suhrkamp), 21 – 53.

Hoischen, Norbert (1983): Körperwahrnehmung und Körpererfahrung eines männlichen Spitzensportlers. In: Michael Klein (Hrsg.): Sport und Geschlecht. Reinbek (Rowohlt), 75 – 88.

Hollstein, Walter (1993): Die Männerfrage. In: Aus Politik und Zeitgeschichte. Beilage zur Wochenzeitschrift Das Parlament, hrsg.v.d. Bundeszentrale für politische Bildung, Bonn, B 6, 3 – 14.

Honegger, Claudia (1983): Überlegungen zur Medikalisierung des weiblichen Körpers. In: Leib und Leben in der Geschichte der Neuzeit. Hrsg.v. Arthur E. Imhof, Berlin (Duncker & Humblot), 203 – 213.

Honegger, Claudia (1991): Die Ordnung der Geschlechter. Die Wissenschaft vom Menschen und das Weib. Frankfurt/New York (Campus).

Honer, Anne (1989): Einige Probleme lebensweltlicher Ethnographie. Zur Methodologie und Methodik einer interpretativen Sozialforschung. In: Zeitschrift für Soziologie, Jg. 18, Heft 4, 297 – 312.

Honer, Anne (1993): Das Perspektivenproblem in der Sozialforschung. Bemerkungen zur lebensweltlichen Ethnographie. In: Thomas Jung, Stefan Müller-Doohm (Hrsg.): "Wirklichkeit" im Deutungsprozess. Frankfurt/M. (Suhrkamp), 241 – 257.

Hopf, Christel, Elmar Weingarten (Hrsg.) (1993): Qualitative Sozialforschung. Stuttgart (Klett - Cotta).

Horn, Klaus, Christel Beier, Michael Wolf (1983): Krankheit, Konflikt und soziale Kontrolle. Eine empirische Untersuchung subjektiver Sinnstrukturen. Opladen (WDV).

Hradil, Stefan (1994): Neuerungen der Ungleichheitsanalyse und die Programmatik künftiger Sozialepidemiologie. In: Andreas Mielck (Hrsg.): Krankheit und soziale Ungleichheit. Sozialepidemiologische Forschungen in Deutschland. Opladen (Leske + Budrich), 375 – 392.

Huinink, Johannes, Karl Ulrich Mayer (1993): Lebensverläufe im Wandel der DDR-Gesellschaft. In: Hans Joas, Martin Kohli (Hrsg.): Der Zusammenbruch der DDR. Frankfurt/M. (Suhrkamp), 151 – 171.

Hurrelmann, Klaus, Dieter Ulich (Hrsg.) (1991): Neues Handbuch der Sozialisationsforschung. Weinheim/Basel (Beltz).

Imhof, E. Arthur (Hrsg.) (1983): Leib und Leben in der Geschichte der Neuzeit. Berlin (Duncker & Humblot).

Irigaray, Luce (1976): Waren, Körper, Sprache. Der verrückte Diskurs der Frauen. Berlin.

Jacob, Rüdiger (1995): Krankheitsbilder und Deutungsmuster. Wissen über Krankheit und dessen Bedeutung für die Praxis. Opladen (WDV).

Jeggle, Utz (1980): Im Schatten des Körpers. Vorüberlegungen zu einer Volkskunde der Körperlichkeit. In: Zeitschrift für Volkskunde, Jg. 76, Heft 2, 169 – 188.

Jeggle, Utz (1983): Lebensalter und Körpererleben. In: Arthur E. Imhof (Hrsg.): Leib und Leben in der Geschichte der Neuzeit. Berlin (Duncker & Humblot), 89 -102.

Jung, Thomas, Stefan Müller-Doohm (Hrsg.) (1993): "Wirklichkeit" im Deutungsprozess. Verstehen und Methoden in den Kultur- und Sozialwissenschaften. Frankfurt/M. (Suhrkamp).

Kamper, Dietmar, Volker Rittner (Hrsg.) (1976): Zur Geschichte des Körpers. Perspektiven der Anthropologie. München/Wien (Hanser).

Kamper, Dietmar, Christoph Wulf (Hrsg.) (1982): Die Wiederkehr des Körpers. Frankfurt/M. (Suhrkamp).

Kamper, Dietmar (1995): Körper – Zeit – Sport. Nochmaliger Versuch einer Kritik der "instrumentellen Vernunft". Ein Diskussionsbeitrag in vier Thesen. In: Eugen König, Ronald Lutz (Hrsg.): Bewegungskulturen. Sankt Augustin (Academia), 9 – 13.

Katschnig-Fasch, Elisabeth (1997): Die Magie der Bilder. Kulturelle Veränderungen durch die Wiederkehr des Körpers. In: Elisabeth List, Erwin Fiala (Hrsg.): Leib Maschine Bild. Graz (Passagen), 103 – 120.

Keil, Annelie, Herbert Maier (1984): Körperarbeit als Wiederaneignung von Lebensperspektive. In: Michael Klein (Hrsg.): Sport und Körper. Reinbek (Rowohlt), 111 – 126.

Keller, Reiner (1997): Diskursanalyse. In: Ronald Hitzler, Anne Honer (Hrsg.): Sozialwissenschaftliche Hermeneutik. Opladen (Leske + Budrich), 309 – 333.

Kerkhoff, Engelbert (1995): Altenkulturarbeit. "Das gelebte Leben verlebendigen ...". In: Engelbert Kerkhoff (Hrsg.): Kompetenz im Alter zwischen Routine und Neubeginn. Fachhochschule Niederrhein, Fachbereich Sozialwesen, Band 14, 111 – 123.

Kerkhoff, Engelbert (1996): Erfahrungswissen und Erinnerungsarbeit – Altenarbeit in Erzählcafés und Wissensbörsen. In: Wilhelm Klüsche (Hrsg.): Die Herausforderung des Alters. Antworten der sozialen Arbeit in Europa. Fachhochschule Niederrhein, Fachbereich Sozialwesen, Band 16, 451 – 455.

Keupp, Heiner, Helga Bilden (Hrsg.) (1989): Verunsicherungen. Das Subjekt im gesellschaftlichen Wandel. Göttingen/Toronto/Zürich (Hogrefe).

Keupp, Heiner (Hrsg.) (1994): Zugänge zum Subjekt. Perspektiven einer reflexiven Sozialpsychologie. Frankfurt/ M. (Suhrkamp).

Kibelka, Ruth (1996): Wolfskinder. Grenzgänger an der Memel. Berlin.

Klein, Gabriele (1992): FrauenKörperTanz. Eine Zivilisationsgeschichte des Tanzes. Weinheim/Berlin (Quadriga).

Klein, Michael (Hrsg.) (1983): Sport und Geschlecht. Reinbek (Rowohlt).

Klein, Michael (Hrsg.) (1984): Sport und Körper. Reinbek (Rowohlt).

Klein, Michael (1990): Frauen und Gesundheit / Krankheit. In: tanz & therapie, hrsg. v. Bundesverband für Tanztherapie Deutschland e.V., Heft 1 + 2, 16 – 20.

Klein, Michael (1991): Von der Seele des Körpers. Aufsätze zur Soziologie, Pädagogik und Psychologie des Sports. 2 Bde., Oldenburg (bis).

Kleining, Gerhard (1995): Qualitativ-heuristische Sozialforschung. Schriften zur Theorie und Praxis. Hamburg-Harvestehude (Fechner).

Kleinspehn, Thomas (1991): Der flüchtige Blick. Sehen und Identität in der Kultur der Neuzeit. Reinbek (Rowohlt).

Knorr, Karin (1980): Die Fabrikation von Wissen. Versuch zu einem gesellschaftlich relativierten Wissensbegriff. In: Wissenssoziologie. Kölner Zeitschrift für Soziologie und Sozialpsychologie, Sonderheft 22, Opladen (WDV), 226 – 245.

Knorr-Cetina, Karin (1989): Spielarten des Konstruktivismus. In: Soziale Welt, Jg. 40, Heft 1/2 (Über Soziologie – Jubiläumsheft zum 40. Jahrgang), 86 – 96.

Koepping, Klaus-Peter (1981): Lachen und Leib, Scham und Schweigen, Sprache und Spiel. Die Ethnologie als feucht-fröhliche Wissenschaft. In: Hans Peter Duerr: Der Wissenschaftler und das Irrationale, Band 1, Frankfurt/M. (Syndikat), 296 – 329.

König, Eugen, Ronald Lutz (Hrsg.) (1995): Bewegungskulturen. Ansätze zu einer kritischen Anthropologie des Körpers. Sankt Augustin (Academia).

König, René (1984): Soziologie und Ethnologie. In: Ernst Wilhelm Müller u.a. (Hrsg.): Ethnologie als Sozialwissenschaft. Kölner Zeitschrift für Soziologie und Sozialpsychologie, Sonderheft 26, Opladen (WDV), 17 – 35.

König, René, Michael Klein (1982): Rezension zu Hans Peter Duerr: Der Wissenschaftler und das Irrationale. In: Kölner Zeitschrift für Soziologie und Sozialpsychologie, Jg. 34, Heft 3, 574 – 580.

Kohli, Martin (1981a): Wie es zur "biographischen Methode" kam und was daraus geworden ist. Ein Kapitel aus der Geschichte der Sozialforschung. In: Zeitschrift für Soziologie, Jg. 10, Heft 3, 273 – 293.

Kohli, Martin (1981b): Zur Theorie der biographischen Selbst- und Fremdthematisierung. In: Lebenswelt und soziale Probleme. Verhandlungen des 20. Deutschen Soziologentages zu Bremen 1980. Hrsg. im Auftrage der DGS von Joachim Matthes. Frankfurt/New York (Campus), 502 – 520.

Kohli, Martin (1985): Die Institutionalisierung des Lebenslaufs. Historische Befunde und theoretische Argumente. In: Kölner Zeitschrift für Soziologie und Sozialpsychologie, Jg. 37, Heft 1, 1 – 29.

Kohli, Martin (1990): Das Alter als Herausforderung für die Theorie sozialer Ungleichheit. In: Peter A. Berger, Stefan Hradil (Hrsg.): Lebenslagen, Lebensläufe, Lebensstile. Soziale Welt, Sonderband 7, Göttingen (Schwartz & Co.), 387 – 406.

Kohli, Martin (1992): Altern in soziologischer Perspektive. In: Paul B. Balthes, Jürgen Mittelstraß (Hrsg.): Zukunft des Alterns und gesellschaftliche Entwicklung. Berlin/New York (de Gruyter), 231 – 259.

Kohli, Martin, Harald Künemund (Hrsg.) (1999): Die zweite Lebenshälfte. Gesellschaftliche Lage und Partizipation. Ergebnisse des Alters-Survey, Band 1, Opladen (Leske + Budrich).

Kohli, Martin, Harald Künemund (2000): Alter und gesellschaftliche Partizipation als Thema der Soziologie. In: Susanne Becker, Ludger Veelken, Klaus Peter Wallraven (Hrsg.): Handbuch Altenbildung. Theorien und Konzepte für Gegenwart und Zukunft. Opladen (Leske + Budrich), 94 – 106.

Kolip, Petra (1997): Geschlecht und Gesundheit im Jugendalter. Die Konstruktion von Geschlechtlichkeit über somatische Kulturen. Opladen (Leske + Budrich).

Kotre, John (1996): Die weißen Handschuhe. Wie das Gedächtnis Erinnerungen schreibt. München (Hanser).

Krämer, Ursula (1994): Selbstreflexive Alternsprozesse – dargestellt an der Biographiearbeit im Tagebuch. In: Ludger Veelken, Eva Gösken, Matthias Pfaff (Hrsg.): Gerontologische Bildungsarbeit – Neue Ansätze und Modelle. Hannover (Vincentz), 190 – 209.

Krasmann, Susanne (1995): Simultaneität von Körper und Sprache bei Michel Foucault. In: Leviathan, Heft 2, 240 – 262.

Kreckel, Reinhard (1992): Politische Soziologie der sozialen Ungleichheit. Frankfurt/M.; New York (Campus).

Kreckel, Reinhard (1993): Doppelte Vergesellschaftung und geschlechtsspezifische Arbeitsmarktstrukturierung. In: Petra Frerichs, Margareta Steinrücke (Hrsg.): Soziale Ungleichheit und Geschlechterverhältnisse. Opladen (Leske + Budrich), 51 – 63.

Krüger, Helga (1995a): Prozessuale Ungleichheit. Geschlecht und Institutionenverknüpfungen im Lebenslauf. In: Peter A. Berger, Peter Sopp (Hrsg.): Sozialstruktur und Lebenslauf. Opladen (Leske + Budrich), 133 – 153.

Krüger, Helga (1995b): Dominanzen im Geschlechterverhältnis: Institutionalisierung von Lebensläufen. In: Regina Becker-Schmidt, Gudrun-Axeli Knapp (Hrsg.): Das Geschlechterverhältnis als Gegenstand der Sozialwissenschaften. Frankfurt/New York (Campus), 195 – 219.

Krüger, Helga (1996): Die andere Bildungssegmentation. Berufssysteme und soziale Ungleichheit zwischen den Geschlechtern am Beispiel der Umstrukturierung in Pflegeberufen. In: Die Wiederentdeckung der Ungleichheit. Jahrbuch Bildung und Arbeit. Opladen (Leske + Budrich), 252 – 274.

Krüger, Helga (1997): *Gender*sensible Chancenforschung. In: ISO-Informationen (Institut zur Erforschung sozialer Chancen), Nr. 8, Köln, 17 – 24.

Kudera, Werner (1995): Lebenslauf, Biographie und Lebensführung. In: Peter A. Berger, Peter Sopp (Hrsg.): Sozialstruktur und Lebenslauf. Opladen (Leske + Budrich), 85 – 105.

Larsen, Oivind (1983): Leben auf dem Lande: dem Körper nicht nur förderlich. In: Arthur E. Imhof (Hrsg.): Leib und Leben in der Geschichte der Neuzeit. Berlin (Duncker & Humblot), 53 – 62.

Legewie, Heiner (1987): Sinnfindung und Sinnverlust in biographischen Selbstdarstellungen. In: Jark B. Bergold, Uwe Flick (Hrsg.): Ein-Sichten. Forum 14, Tübingen (dgvt), 173 – 181.

Legnaro, Aldo (1974): Wenn einer neben dem Common sense herläuft. Zum Beispiel Till Eulenspiegel. In: Kölner Zeitschrift für Soziologie und Sozialpsychologie, Jg. 26, 630 – 636.

Leithäuser, Thomas, Birgit Volmerg (1988): Psychoanalyse in der Sozialforschung. Eine Einführung am Beispiel einer Sozialpsychologie der Arbeit. Opladen (WDV).

Lindemann, Gesa (1992): Die leiblich-affektive Konstruktion des Geschlechts. Für eine Mikrosoziologie des Geschlechts unter der Haut. In: Zeitschrift für Soziologie, Jg. 21, Heft 5, 330 – 346.

Lindemann, Gesa (1995): Geschlecht und Gestalt: Der Körper als konventionelles Zeichen der Geschlechterdifferenz. In: Ursula Pasero, Friederike Braun (Hrsg.): Konstruktion von Geschlecht. Pfaffenweiler (Centaurus), 115 – 142.

Lindemann, Gesa (1996): Zeichentheoretische Überlegungen zum Verhältnis von Körper und Leib. In: Annette Barkhaus u.a. (Hrsg.): Identität, Leiblichkeit, Normativität. Neue Horizonte anthropologischen Denkens. Frankfurt/M. (Suhrkamp), 146 – 175.

Lindesmith, Alfred R., Anselm L. Strauss (1983): Symbolische Bedingungen der Sozialisation. Eine Sozialpsychologie. 2 Bde., Frankfurt/M./Berlin/Wien (Ullstein).

List, Elisabeth (1993): Die Präsenz des anderen. Theorie und Geschlechterpolitik. Frankfurt/M. (Suhrkamp).

List, Elisabeth (1997): Vom Enigma des Leibes zum Simulakrum der Maschine. Das Verschwinden des Lebendigen aus der telematischen Kultur. In: Elisabeth List, Erwin Fiala (Hrsg.): Leib Maschine Bild. Graz (Passagen), 121 – 137.

Löning, Petra, Jochen Rehbein (Hrsg.) (1993): Arzt-Patienten-Kommunikation. Analysen zu interdisziplinären Problemen des medizinischen Diskurses. Berlin/New York (de Gruyter).

Lohmann, Robin, Gereon Heuft (1996): Autobiographisches Gedächtnis und aktuelle Lebens-
    perspektive im Alter. Eine empirische Studie biographisch rekonstruierter Kriegserfahrun-
    gen. In: Bios, Jg. 25, Heft 6, 59 – 73.
Lüders, Christian (1991): Deutungsmusteranalyse. Annäherungen an ein risikoreiches Konzept.
    In: Detlef Garz, Klaus Kraimer (Hrsg.): Qualitativ-empirische Sozialforschung. Opladen
    (WDV), 377 – 408.
Lüders, Christian (1994): Rahmenanalyse und der Umgang mit Wissen. Ein Versuch, das Kon-
    zept der Rahmenanalyse E. Goffmans für die sozialwissenschaftliche Textanalyse nutzbar zu
    machen. In: Nobert Schröer (Hrsg.): Interpretative Sozialforschung. Olpladen (WDV), 107 –
    127.
Lüders, Christian, Michael Meuser (1997): Deutungsmusteranalyse. In: Ronald Hitzler, Anne
    Honer (Hrsg.): Sozialwissenschaftliche Hermeneutik. Opladen (Leske + Budrich), 57 – 79.
Luckmann, Thomas (1972): Zwänge und Freiheiten im Wandel der Gesellschaftsstruktur. In:
    Hans-Georg Gadamer, Paul Vogler (Hrsg.): Neue Anthropologie. Band III, Stuttgart (Thie-
    me) und Hamburg (dtv), 168 – 198.
Luckmann, Thomas (1979): Phänomenologie und Soziologie. In: Walter M. Sprondel, Richard
    Grathoff: Alfred Schütz und die Idee des Alltags in den Sozialwissenschaften. Stuttgart (En-
    ke), 196 – 206.
Luckmann, Thomas (1980): Lebenswelt und Gesellschaft. Grundstrukturen und geschichtliche
    Wandlungen. Paderborn/München/Wien/Zürich (Schöningh).
Luckmann, Thomas (1986): Zeit und Identität: Innere, soziale und historische Zeit. In: Friedrich
    Fürstenberg, Ingo Moerth: Zeit als Strukturelement von Lebenswelt und Gesellschaft. Linz
    (Trauner), 135 – 174.
Luckmann, Thomas (1988a): Die sozialen Strukturbedingungen der Identitätsbildung. In:
    Synthesis philosophica. vol.3, fasc.1, 53 – 62.
Luckmann, Thomas (1988b): Persönliche Identität und Lebenslauf – gesellschaftliche Voraus-
    setzungen. In: Hanns-Georg Brose, Bruno Hildenbrand (Hrsg.): Vom Ende des Individuums
    zur Individualität ohne Ende. Opladen (Leske + Budrich), 73 – 88.
Luckmann, Thomas (1990): Lebenswelt: Modebegriff oder Forschungsprogramm? In: Grundla-
    gen der Weiterbildung, Jg. 1, Heft 1, 9 – 13.
Luckmann, Thomas (1993): Persönliche Identität: Ein sozialwissenschaftlicher Grundbegriff als
    gesellschaftliche und geschichtliche Gegebenheit. In: Werner Weidenfeld (Hrsg.): Deutsch-
    land. Eine Nation – doppelte Geschichte. Köln (Verlag Wissenschaft und Politik), 369 – 378.
Luckmann, Thomas (1996): Persönliche Identität, Rolle und Rollendistanz. In: Odo Marquard,
    Karlheinz Stierle (Hrsg.): Identität, Poetik und Hermeneutik. Band. VIII, München (Fink),
    293 – 213, (zuerst 1979).

Mader, Wilhelm (1995): Altwerden in einer alternden Gesellschaft? – Auf dem Wege zu plura-
    len Alterskulturen. In: Wilhelm Mader (Hrsg.): Altwerden in einer alternden Gesellschaft.
    Opladen (Leske + Budrich), 13 – 36.
Maiwald, Kai-Olaf (1996): Die Wirklichkeit des Lebens und seiner Deutung: Auf dem Weg zu
    einer Methodologie der Biographieforschung. In: Soziologische Revue 19, 465 – 473.
Martin, Emily (1989): Die Frau im Körper. Weibliches Bewusstsein, Gynäkologie und die
    Reproduktion des Lebens. Frankfurt/New York (Campus).
Maschewsky-Schneider, Ulrike (Hrsg.) (1996): Frauen – das kranke Geschlecht? Mythos und
    Wirklichkeit. Ein Beitrag aus gesundheitswissenschaftlicher Perspektive. Opladen (Leske +
    Budrich).
Matthiesen, Ulf (1992): Lebensstile und Deutungsmuster. Randbemerkungen zu Problemen bei
    der Analyse einer zeitdiagnostischen Zentralkonstellation. In: Michael Meuser, Reinhold
    Sackmann (Hrsg.): Analyse sozialer Deutungsmuster. Pfaffenweiler (Centaurus), 103 – 113.
Mauss, Marcel (1989): Soziologie und Anthropologie, Band 2. Frankfurt/M. (Fischer), (zuerst
    Paris 1950).
Mayer, Karl-Ulrich (Hrsg.) (1990): Lebensverläufe und sozialer Wandel. Kölner Zeitschrift für
    Soziologie und Sozialpsychologie, Sonderheft 31, Opladen (WDV).
Mayer, Karl Ulrich (1990): Lebensverläufe und sozialer Wandel. Anmerkungen zu einem For-
    schungsprogramm. In: Karl-Ulrich Mayer (Hrsg.): Lebensverläufe und sozialer Wandel. Köl-
    ner Zeitschrift für Soziologie und Sozialpsychologie, Sonderheft 31, Opladen (WDV), 7 –
    21.

Mayer, Karl Ulrich, Hans-Peter Blossfeld (1990): Die gesellschaftliche Konstruktion sozialer Ungleichheit im Lebensverlauf. In: Peter A. Berger, Stefan Hradil (Hrsg.): Lebenslagen, Lebensläufe, Lebensstile. Soziale Welt, Sonderband 7, Göttingen (Schwartz & Co.), 297 – 318.

Mayer, Karl Ulrich, Jutta Allmendinger, Johannes Huinink (Hrsg.) (1991): Vom Regen in die Traufe: Frauen zwischen Beruf und Familie. Frankfurt/New York (Campus).

Merchant, Carolyn (1987): Der Tod der Natur. Ökologie, Frauen und neuzeitliche Naturwissenschaft. München (Beck).

Merleau-Ponty, Maurice (1966): Phänomenologie der Wahrnehmung. Berlin (de Gruyter).

Mertens, Wolfgang (1978): Krise der Sozialpsychologie? Zur Krisendiskussion über die theoretischen und methodologischen Grundlagen der Sozialpsychologie. München (Ehrenwirth).

Merton, Robert, Patricia L. Kendall (1993): Das fokussierte Interview. In: Christel Hopf, Elmar Weingarten (Hrsg.): Qualitative Sozialforschung. Stuttgart (Klett-Cotta), 171 – 204.

Meuser, Michael (1998): Geschlecht und Männlichkeit. Soziologische Theorie und kulturelle Deutungsmuster. Opladen (Leske + Budrich).

Meuser, Michael, Reinhold Sackmann (Hrsg.) (1992): Analyse sozialer Deutungsmuster. Beiträge zur empirischen Wissenssoziologie. Pfaffenweiler (Centaurus).

Milz, Helmut (1992): Der wiederentdeckte Körper. Vom schöpferischen Umgang mit sich selbst. München/Zürich (Artemis & Winkler).

Mitterauer, Michael (1991): Lebensgeschichten sammeln. Probleme um Aufbau und Auswertung einer Dokumentation zur popularen Autobiographik. In: Hermann Heidrich (Hrsg.): Biographieforschung. Gesammelte Aufsätze der Tagung des Fränkischen Freilandmuseums am 12. und 13. Oktober 1990, Fränkisches Freilandmuseum Bad Windsheim, Neustadt a.d. Aisch, 17 – 35.

Mutz, Gerd (1996): Das Problem der Versprachlichung von Arbeitslosigkeit in West- und Ostdeutschland. In: Bios, Jg. 25, Heft 6, 93 – 113.

Mutz, Gerd, Irene Kühnlein (1991): Lebensgeschichte als Skript? Verwendung alltäglicher und wissenschaftlicher Wissensbestände bei der biographischen Rekonstruktion von Krankheitsverläufen. In: Uwe Flick (Hrsg.): Alltagswissen über Gesundheit und Krankheit. Heidelberg (Asanger), 230 – 242.

Mutz, Gerd, Irene Kühnlein (1993): Im Spannungsfeld zwischen Kollektiv- und Individualbiographie. Ein Fallbeispiel zum Umgang mit unterschiedlichen biographischen Konstruktionsmustern. In: Bios, Jg. 6, Heft 6, 47 – 69.

Nedelmann, Birgitta (1997): Gewaltsoziologie am Scheideweg. Die Auseinandersetzungen in der gegenwärtigen und Wege der künftigen Gewaltforschung. In: Kölner Zeitschrift für Soziologie und Sozialpsychologie, Sonderheft 37, 59 – 85.

Niethammer, Lutz (Hrsg.) (1985): Lebenserfahrung und kollektives Gedächtnis. Die Praxis der 'Oral History'. Frankfurt/M. (Suhrkamp).

Oevermann, Ulrich (1973): Zur Analyse der Struktur von sozialen Deutungsmustern. (unv. Ms., Frankfurt).

Oevermann, Ulrich (1993): Die objektive Hermeneutik als unverzichtbare methodologische Grundlage für die Analyse von Subjektivität. Zugleich eine Kritik der Tiefenhermeneutik. In: Thomas Jung, Stefan Müller-Doohm (Hrsg.): "Wirklichkeit" im Deutungsprozess. Frankfurt/M. (Suhrkamp), 106 – 189.

Oostrik, Hans (1996): Erzählrituale und Erzählarbeit – "Narrative Coaching" als Methode in der Erwachsenenbildung und Seniorenberatung. In: Wilhelm Klüsche (Hrsg.): Die Herausforderung des Alters. Antworten der Sozialen Arbeit in Europa. Fachhochschule Niederrhein, Fachbereich Sozialwesen, Band 16, 459 – 468.

Osterland, Martin (1990): "Normalbiographie" und "Normalarbeitsverhältnis". In: Peter A. Berger, Stefan Hradil (Hrsg.): Lebenslagen, Lebensläufe, Lebensstile. Soziale Welt, Sonderband 7, Göttingen (Schwartz & Co.), 351 – 362.

Petzold, Hilarion (1982): Leibzeit. In: Dietmar Kamper, Christoph Wuf (Hrsg.): Die Wiederkehr des Körpers. Frankfurt/M. (Suhrkamp), 68 – 81.

Petzold, Hilarion (1985): Leiblichkeit. Philosophische, gesellschaftliche und therapeutische Perspektiven. Paderborn (Junfermann).

Peyker, Ingo (1992): Was weiß mein Körper, was ich nicht weiß? Oder: was weiß ich, das mein Körper nicht versteht? In: Österreichische Zeitschrift für Soziologie, Jg. 17, Heft 4, 75 – 91.

Plessner, Helmuth (1975): Die Stufen des Organischen und der Mensch. Einleitung in die philosophische Anthropologie. Berlin/New York (de Gruyter), (zuerst 1928).

Plügge, Herbert (1967): Der Mensch und sein Leib. Tübingen (Niemeyer).

Polanyi, Michael (1985): Implizites Wissen. Frankfurt/M. (Suhrkamp).

Povlsen, Jorgen (1993): Schrift am Körper. Alter und Bewegungskultur. In: Knut Dietrich, Henning Eichberg (Hrsg.): Körperprache. Butzbach (Afra), 65 – 90.

Prohl, Robert, Jürgen Seewald (Hrsg.) (1995): Bewegung verstehen. Schorndorf (Hofmann).

Rabe-Kleberg, Ursula (1995): Auf dem Weg zur Bildungsbiographie? Oder warum Frauen immer länger auf bessere Schulen gehen und trotzdem als "ungelernt" gelten. In: Erika M. Hoerning, Michael Corsten (Hrsg.): Institution und Biographie. Die Ordnung des Lebens. Pfaffenweiler (Centaurus), 26 – 38.

Radtke, Frank-Olaf (1985): Hermeneutik und soziologische Forschung. In: Wolfgang Bonß, Heinz Hartmann (Hrsg.): Entzauberte Wissenschaft. Soziale Welt, Sonderband 3, Göttingen (Schwartz & Co.) 1985, 321 – 349.

Redeker, Hans (1993): Helmuth Plessner oder Die verkörperte Philosophie. Berlin (Duncker & Humblot).

Reichertz, Jo (1988): Verstehende Soziologie ohne Subjekt? Die objektive Hermeneutik als Metaphysik der Strukturen. In: Kölner Zeitschrift für Soziologie und Sozialpsychologie, Jg. 40, Heft 2, 207 – 222.

Reichertz, Jo (1997): Plädoyer für das Ende einer Methodologiedebatte bis zur letzten Konsequenz. In: Tilmann Sutter (Hrsg.): Beobachten verstehen, Verstehen beobachten. Opladen (WDV), 98 – 132.

Reichertz, Jo, Norbert Schröer (1994): Erheben, Auswerten, Darstellen. Konturen einer hermeneutischen Wissenssoziologie. In: Norbert Schröer (Hrsg.): Interpretative Sozialforschung. Opladen (WDV), 56 – 84.

Rigauer, Bero (1980): Bewegen – Erinnern – Bewusstwerden. In: sportpädagogik, Jg. 4, Heft 4, 49 – 52.

Ritter, Martina (1996): Die Freiheit der Frau, zu sein wie der Mann. In: Annette Barkhaus u.a. (Hrsg.): Identität, Leiblichkeit, Normativität. Neue Horizonte anthropologischen Denkens. Frankfurt/M. (Suhrkamp), 404 – 422.

Rittner, Volker (1982): Krankheit und Gesundheit. Veränderungen in der sozialen Wahrnehmung des Körpers. In: Dietmar Kamper, Christoph Wulf (Hrsg.): Die Wiederkehr des Körpers. Frankfurt/M. (Suhrkamp), 40 – 51.

Rose, Lotte (1995): Karriere-Körper – Überlegungen zur Formierung der Frauenkörper in der Moderne. In: Marie-Luise Klein (Hrsg.): "Karrieren" von Mädchen und Frauen im Sport. Sankt Augustin (Academia), 15 – 26.

Rosenthal, Gabriele (1995a): Erlebte und erzählte Lebensgeschichte. Frankfurt/New York (Campus).

Rosenthal, Gabriele (1995b): Überlebende der Shoah: Zerstörte Lebenszusammenhänge – Fragmentierte Lebenserzählungen. In: Wolfram Fischer-Rosenthal, Peter Alheit (Hrsg.): Biographien in Deutschland. Opladen (WDV), 432 – 455.

Rothschuh, K. (Hrsg.) (1978): Konzepte der Medizin in Vergangenheit und Gegenwart. Stuttgart (Hippokrates).

Rumpf, Horst (1981): Die übergangene Sinnlichkeit. Drei Kapitel über die Schule. München (Juventa).

Scarry, Elaine (1995): Der Körper im Schmerz. Die Chiffren der Verletzlichkeit und die Erfindung der Kultur. Frankfurt/M. (S. Fischer).

Schaefer, Gerhard (1992): Der Gesundheitsbegriff bei verschiedenen Völkern. Eine internationale Vergleichsstudie. In: Alf Trojan, Brigitte Stumm (Hrsg.): Gesundheit fördern statt kontrollieren. Eine Absage an den Mustermenschen. Frankfurt/M. (Fischer), 50 – 71.

Schlüter, Christian (1996): Ich war der arabische Knabe. Eine neue Werkausgabe erlaubt neue, freie Blicke auf den DDR-"Staatsdichter" Arnold Zweig. In: Die Zeit, Nr. 41, 21.

Schmerl, Christiane (1978): Sozialisation und Persönlichkeit. Zentrale Beispiele zur Soziogenese menschlichen Verhaltens. Stuttgart (Enke).

Schmidt, Gunter (1996): Das Verschwinden der Sexualmoral. Über sexuelle Verhältnisse. Hamburg (Klein-Verlag).

Schmitz, Hermann (1996): Der Leib. In: Cyriak Schwaighofer (Red.): Der befreite Körper – Lust und Last. Goldegg (Eigenverlag Kulturverein Schloß Goldegg), 15 – 29.

Schneider, Gerald (1988): Hermeneutische Strukturanalyse von qualitativen Interviews. In: Kölner Zeitschrift für Soziologie und Sozialpsychologie, Jg. 40, Heft 2, 223 – 244.

Schröder, Hans Joachim (1995): Erika von Hornstein. Pionierin des Tonbandinterviews. In: Bios, Jg. 8, Heft 1, 43 – 58.

Schröer, Norbert (Hrsg.) (1994): Interpretative Sozialforschung. Auf dem Wege zu einer hermeneutischen Wissenssoziologie. Opladen (WDV).

Schröer, Norbert (1997): Strukturanalytische Handlungstheorie und subjektive Sinnsetzung. Zur Methodologie und Methode einer hermeneutischen Wissenssoziologie. In: Tilmann Sutter (Hrsg.): Beobachten verstehen, Verstehen beobachten. Opladen (WDV), 273 – 302.

Schütz, Alfred (1971): Gesammelte Aufsätze I. Den Haag (Nijhoff).

Schütz, Alfred (1971a): Zur Methodologie der Sozialwissenschaften. In: Alfred Schütz: Gesammelte Aufsätze I, Den Haag (Nijhoff), 3 – 110.

Schütz, Alfred (1971b): Symbol, Wirklichkeit und Gesellschaft. In: Alfred Schütz: Gesammelte Aufsätze I, Den Haag (Nijhoff), 237 – 411.

Schütz, Alfred (1972): Gesammelte Aufsätze II. Den Haag (Nijhoff).

Schütz, Alfred (1972a): Der gut informierte Bürger. In: Alfred Schütz: Gesammelte Aufsätze II, Den Haag (Nijhoff), 85 – 101.

Schütz, Alfred (1972b): Don Quixote und das Problem der Realität. In: Alfred Schütz: Gesammelte Aufsätze II, Den Haag (Nijhoff), 102 – 128.

Schütz, Alfred (1981): Theorie der Lebensformen. In: Alfred Schütz. Theorie der Lebensformen. Hrsg. u. eingeleitet v. Ilja Srubar. Frankfurt/M. (Suhrkamp), 77 – 201.

Schütz, Alfred (1993): Der sinnhafte Aufbau der sozialen Welt. Eine Einleitung in die verstehende Soziologie. Frankfurt/M. (Suhrkamp), (zuerst 1932).

Schütz, Alfred, Thomas Luckmann (1994): Strukturen der Lebenswelt. 2 Bde., Frankfurt/M. (Suhrkamp), (zuerst 1979).

Schütze, Fritz (1976): Zur Hervorlockung und Analyse von Erzähldaten. In: Arbeitsgruppe Bielefelder Soziologen (Hrsg.): Kommunikative Sozialforschung. München (Fink), 159 – 259.

Schütze, Yvonne (1992): Das Deutungsmuster "Mutterliebe" im historischen Wandel. In: Michael Meuser, Reinhold Sackmann (Hrsg.): Analyse sozialer Deutungsmuster. Pfaffenweiler (Centaurus), 39 – 48.

Schwarzer, Ralf, Anja Leppin (1989): Sozialer Rückhalt und Gesundheit. Göttingen/ Toronto/Zürich (Hogrefe).

Seewald, Jürgen (1991): Plädoyer für ein erweitertes Bewegungsverständnis. In: Praxis der Psychomotorik, Jg. 30, Heft 1, 30/35 – 37.

Seewald, Jürgen (1995): "Entstörungsversuche" – Bewegung motologisch verstehen. In: Robert Prohl, Jürgen Seewald (Hrsg.): Bewegung verstehen. Facetten und Perspektiven einer qualitativen Bewegungslehre. Hofmann (Schorndorf), 199 – 235.

Seewald, Jürgen (1996): Motologie im Fernstudium? Über Erfahrungen in der motologischen Lehre. In: Motorik 19, Heft 2, 87 – 89.

Seewald, Jürgen (1997): Der "Verstehende Ansatz" und seine Stellung in der Theorielandschaft der Psychomotorik. In: Praxis der Psychomotorik, Jg. 22, Heft 1, 4 – 15.

Sexl, Martin (1996): Ich weiß nicht, dass ich weiß ... Über die Zusammenhänge zwischen Erfahrung, Information und Literatur. In: Berg '96. Alpenvereinsjahrbuch (hrsg.v. Deutschen und Österreichischen Alpenverein und vom Alpenverein Südtirol), München/Innsbruck/Bozen (Bergverlag Rother), 143 – 149.

Singer, Monika (1995): Der Körper als Baustelle. Über die neuen Technologien und die Geschlechterdifferenz. In: Ursula Marianne Ernst u.a. (Hrsg.): Rationalität, Gefühl und Liebe im Geschlechterverhältnis. Pfaffenweiler (Centaurus), 24 – 41.

Sobiech, Gabriele (1994): Grenzüberschreitungen. Körperstrategien von Frauen in modernen Gesellschaften. Opladen (WDV).

Soeffner, Hans-Georg (Hrsg.) (1988): Kultur und Alltag. Soziale Welt, Sonderband 6, Göttingen (Schwartz & Co.).

Soeffner, Hans-Georg (1989): Auslegung des Alltags – Alltag der Auslegung. Zur wissenssoziologischen Konzeption einer sozialwissenschaftlichen Hermeneutik. Frankfurt/M. (Suhrkamp).

Soeffner, Hans-Georg, Ronald Hitzler (1994): Hermeneutik als Haltung und Handlung. Über
methodisch kontrolliertes Verstehen. In: Norbert Schröer (Hrsg.): Interpretative Sozialforschung. Opladen (WDV), 28 – 54.

Soerensen, Annemette (1990): Unterschiede im Lebenslauf von Frauen und Männern. In: Karl-
Ulrich Mayer (Hrsg.): Lebensverläufe und sozialer Wandel. Kölner Zeitschrift für Soziologie
und Sozialpsychologie, Sonderheft 31, Opladen (WDV), 304 – 321.

Spöhring, Walter (1989): Qualitative Sozialforschung. Stuttgart (Teubner).

Sprondel, Walter M., Richard Grathoff (1979): Alfred Schütz und die Idee des Alltags in den
Sozialwissenschaften. Stuttgart (Enke).

Srubar, Ilja (1979): Die Theorie der Typenbildung bei Alfred Schütz. Ihre Bedeutung und ihre
Grenzen. In: Walter M. Sprondel, Richard Grathoff: Alfred Schütz und die Idee des Alltags
in den Sozialwissenschaften. Stuttgart (Enke), 43 – 64.

Srubar, Ilja (1981): Alfred Schütz. Theorie der Lebensformen. (Frühe Manuskripte aus der
Bergson-Periode). Frankfurt/M. (Suhrkamp).

Stagl, Justin (1981): Die Beschreibung des Fremden in der Wissenschaft. In: Hans Peter Duerr:
Der Wissenschaftler und das Irrationale. Band 1, Frankfurt/M. (Syndikat), 273 – 295.

Stefan, Verena (1975): Häutungen. Autobiographische Aufzeichnungen, Gedichte, Träume,
Analysen. München (Frauenoffensive).

Steinbach, Lothar (1985): Lebenslauf, Sozialisation und "erinnerte Geschichte". In: Lutz
Niethammer (Hrsg.): Lebenserfahrung und kollektives Gedächtnis. Frankfurt/M.
(Suhrkamp), 393 – 435.

Stehr, Nico, Volker Meja (Hrsg.) (1980): Wissenssoziologie. Kölner Zeitschrift für Soziologie
und Sozialpsychologie, Sonderheft 22, Opladen (WDV).

Straub, Jürgen (1996): Zur narrativen Konstruktion von Vergangenheit. Erzähltheoretische
Überlegungen und eine exemplarische Analyse eines Gruppengesprächs über die "NS-Zeit".
In: Bios, Jg. 25, Heft 6, 30 – 58.

Strauss, Anselm L. (1988): Körperliche Störungen und Alltagsleben? oder Körper, Hand-
lung/Leistung und Alltagsleben? In: Hans-Georg Soeffner (Hrsg.): Kultur und Alltag. Soziale
Welt, Sonderband 6, Göttingen (Schwartz & Co.), 93 – 101.

Strauss, Anselm L. (1994): Grundlagen qualitativer Sozialforschung. München (Fink).

Sutter, Hansjörg (1994): Oevermanns methodologische Grundlegung rekonstruktiver Sozialwissenschaften. Das zentrale Erklärungsproblem und dessen Lösung in den forschungspraktischen Verfahren einer strukturalen Hermeneutik. In: Detlef Garz, Klaus Kraimer (Hrsg.): Die
Welt als Text. Frankfurt/M. (Suhrkamp), 23 – 72.

Sutter, Tilmann (Hrsg.) (1997): Beobachtung verstehen, Verstehen beobachten. Perspektiven
einer konstruktivistischen Hermeneutik. Opladen (WDV).

Tanner, Jakob (1994): Körpererfahrung, Schmerz und die Konstruktion des Kulturellen. In:
Hans Medick, Utz Jeggle, Jan Peters (Hrsg.): Historische Anthropologie. Kultur – Gesellschaft – Alltag. Köln/Weimar/Wien (Böhlau), Jg. 2, Heft 3, 489 – 502.

Tavris, Carol (1994): Der Streit um die Erinnerung. In: Psychologie Heute, Jg. 21, Heft 6, 20 –
30.

Tews, Hans Peter: (1993): Neue und alte Aspekte des Strukturwandels des Alters. In: Gerhard
Naegele, Hans Peter Tews (Hrsg.): Lebenslagen im Strukturwandel des Alters. Opladen
(WDV), 15 – 42.

Thurn, Hans-Peter (1986): Abbau von Kultur: Dekulturation. In: Kölner Zeitschrift für Soziologie und Sozialpsychologie, Sonderheft 27, Opladen (WDV), 379 – 396.

Tibon-Cornillot, Michel (1983): Die transfigurativen Körper. Zur Verflechtung von Technik und
Mythen. In: Dietmar Kamper, Christoph Wulf (Hrsg.): Die Wiederkehr des Körpers. Frank-
furt/M. (Suhrkamp), 145 – 164.

Veelken, Ludger (1990): Neues Lernen im Alter. Bildungs- und Kulturarbeit mit "Jungen Alten".
Heidelberg (Sauer).

Veelken, Ludger (1994a): Geragogik/Sozialgeragogik – eine Antwort auf neue Herausforderungen an gerontologische Bildungsarbeit, Kultur- und Freizeitarbeit. In: Ludger Veelken, Eva

Gösken, Matthias Pfaff (Hrsg.): Gerontologische Bildungsarbeit. Neue Ansätze und Modelle. Hannover (Vincentz), 13 – 52.

Veelken, Ludger (1994b): Vorbereitung auf Alter und Ruhestand (VAR). Ergebnisse der Begleitforschung der VAR-Seminare der Deutschen Bundespost 1982 – 1992. In: Ludger Veelken, Eva Gösken, Matthias Pfaff (Hrsg.): Gerontologische Bildungsarbeit. Neue Ansätze und Modelle. Hannover (Vincentz), 211 – 241.

Veelken, Ludger (2000): Geragogik: Das sozialgerontologische Konzept. In: Susanne Becker, Ludger Veelken, Klaus Wallraven (Hrsg.): Handbuch Altenbildung. Theorien und Konzepte für Gegenwart und Zukunft. Opladen (Leske + Budrich), 87 – 94.

Veelken, Ludger, Eva Gösken, Matthias Pfaff (Hrsg.) (1994): Gerontologische Bildungsarbeit. Neue Ansätze und Modelle. Hannover (Vincentz).

Veith, Herrmann (1995): Überlegungen zur Theorie und Geschichte der Sozialisation. In: Zeitschrift für Sozialisationsforschung und Erziehungssoziologie, Jg. 15, Heft 3, 194 – 207.

Vierzigmann, Gabriele, Simone Kreher (1998): "Zwischen den Generationen" – Familiendynamik und Familiendiskurse in biographischen Erzählungen. In: Berliner Journal für Soziologie, Band 8, Heft 1, 23 – 37.

Virilio, Paul (1996): Die Eroberung des Körpers. Vom Übermenschen zum überreizten Menschen. Frankfurt/M. (Fischer).

Voges, Wolfgang (Hrsg.) (1987): Methoden der Biographie- und Lebenslaufforschung. Opladen (Leske + Budrich).

Vogt, Irmgard, Monika Bormann (Hrsg.) (1994): Frauen-Körper. Lust und Last. Forum 19, Tübingen (dgvt).

Vogt, Irmgard (1994): Wer ist die Schönste im ganzen Land? Über die Herstellung des schönen Frauenkörpers. In: Irmgard Vogt, Monika Bormann (Hrsg.): Frauen-Körper. Lust und Last. Forum 19, Tübingen (dgvt), 91 – 107.

von Polenz, Silke (1994): Und er bewegt sich doch. Ketzerisches zur Körperabstinenz in der Psychoanalyse. Frankfurt/M. (Suhrkamp).

von Trotha, Trutz (1997): Zur Soziologie der Gewalt. In: Kölner Zeitschrift für Soziologie und Sozialpsychologie, Sonderheft 37, Opladen (WDV), 9 – 56.

Welzer, Harald (1997): Die anhaltende Macht der Gefühle. In: Psychologie Heute, Jg. 24, Heft 6, 53 – 56

Wex, Marianne (1980): "Weibliche" und "männliche" Körpersprache als Folge patriarchaler Machtverhältnisse. Frankfurt/M. (Frauenliteraturvertrieb).

Wiedemann, Peter M. (1995): Konzepte, Daten und Methoden zur Analyse des Körpererlebens. In: Elmar Brähler (Hrsg.): Körpererleben. Gießen (Psychosozial-Verlag), 199 – 219.

Will, Herbert (1995): Der ewige Streit zwischen Körper und Seele. In: Verteidigung des Körpers. Kursbuch Nr. 119, Berlin (Rowohlt), 51 – 65.

Willems, Herbert (1996): Goffmans qualitative Sozialforschung. Ein Vergleich mit Konversationsanalyse und Strukturaler Hermeneutik. In: Zeitschrift für Soziologie, Jg. 25, Heft 6, 438 – 455.

Woderich, Rudolf (1996): Biographische Unsicherheit und berufliches Handeln von Lehrerinnen. In: Berliner Debatte INITIAL, Jg. 9, Heft 2, 33 – 45.

Woderich, Rudolf, Heinz Bude (1996): Dynamische Gelegenheitssucher und defensive Einfädler. Rudolf Woderich sprach mit Heinz Bude über Biographieforschung im neuen Osten und im alten Westen. In: Berliner Debatte INITIAL, Jg. 9, Heft 2, 3 – 10.

Wohlrab-Sahr, Monika (1992): Insitutionalisierung oder Individualisierung des Lebenslaufs? Anmerkungen zu einer festgefahrenen Debatte. In: Bios, Jg. 21, Heft 5, 1 – 19.

Wohlrab-Sahr, Monika (1995): Erfolgreiche Biographie – Biographie als Leistung. In: Wolfram Fischer-Rosenthal, Peter Alheit (Hrsg.): Biographien in Deutschland. Opladen (WDV), 232 – 249.

Wünsche, Konrad (1982): Die Muskeln, die Sinne, die Reden: Medien im pädagogischen Bezug. In: Dietmar Kamper, Christoph Wulf (Hrsg.): Die Wiederkehr des Körpers. Frankfurt/M. (Suhrkamp), 97 – 108.

Zimmer, Dieter E. (1987): Das Gedächtnis. Im Kopf die ganze Welt (4). In: Zeitmagazin, Heft 19, 46-60.

zur Lippe, Rudolf (1978): Am eigenen Leibe. Zur Ökonomie des Lebens. Frankfurt/M. (Syndi-
     kat).
zur Lippe, Rudolf (1982): Am eigenen Leibe. In: Dietmar Kamper, Christoph Wulf (Hrsg.): Die
     Wiederkehr des Körpers. Frankfurt/M. (Suhrkamp), 25 – 39.